北京古籍叢書

[清]慶桂 編纂　左步青 點校

國朝宮史續編

上册

圖書在版編目（CIP）數據

國朝宫史續編：共2册 /（清）慶桂編纂；左步青點校. — 北京：北京出版社，2018.2
ISBN 978-7-200-13458-2

Ⅰ. ①國… Ⅱ. ①慶… ②左… Ⅲ. ①宫廷—史料—中國—清前期 Ⅳ. ① K249.06

中國版本圖書館 CIP 數據核字（2017）第266550號

項目策劃：安　東　　項目統籌：許　可
責任編輯：喬天一　許　可　　責任印製：宋　超
裝幀設計：郭　宇

北京古籍叢書

國朝宫史續編

共2册

［清］慶桂　編纂　左步青　點校

出　版　北京出版集團公司
　　　　北京出版社
地　址　北京北三環中路六號
郵　編　一〇〇一二〇
網　址　www.bph.com.cn
總發行　北京出版集團公司
經　銷　新華書店
印　刷　北京虎彩文化傳播有限公司
開　本　八八〇毫米×一二三〇毫米　三十二
印　張　三三點七五
字　數　六五〇千字
版　次　二〇一八年二月第一版
印　次　二〇二三年五月第二次印刷

書號　ISBN 978-7-200-13458-2
定價　168.00圓（共2册）
如有印裝質量問題，由本社負責調换
質量監督電話　010-58572393

《國朝宫史續編》前言

左步青

《國朝宫史續編》（以下簡稱《宫史續編》），是清入關後的第五代皇帝顒琰於嘉慶五年（一八〇〇年）命大學士慶桂、王杰、董誥、朱珪、彭元瑞、紀昀等編纂，十一年十二月書成。在此之前的《國朝宫史》（以下簡稱《宫史》），係乾隆七年（一七四二年）乾隆帝弘曆命大學士鄂爾泰、張廷玉等編纂，三十四年十二月方始告成，分爲六門：『訓諭』、『典禮』、『宫殿』、『經費』、『官制』、『書籍』，共三十六卷，收入《四庫全書》史部。這部清代中葉以前的宫廷史，將順治、康熙、雍正和乾隆二十六年以前有關宫廷的各種資料彙集在一起，内容包括宫闈禁令、宫殿苑囿建置、内廷各項事務和典章制度、官修重要書籍概况等，對研究清史有一定的參考價值。（北京古籍出版社已於一九八七年出版。）《宫史續編》是其延伸。

從編纂《宫史》完成到編纂《宫史續編》，相隔四十餘年，其間最重要的政治事件莫過於『内禪』。乾隆六十年，弘曆宣佈將皇位授與皇十五子永琰（卽位後改爲顒琰），自己當了太上皇。弘曆在位期間，清王朝經順、康、雍三朝近百年的休養生息，社會穩定，經濟文化繁榮，達到鼎盛時期。弘曆作爲鼎盛局面下的最高統治者，功業煊赫，國威遠震，稱得上是清王朝乃至中國封建社會史上一位傑出的君主。

但是他驕侈偏私，荒於遊宴，且連年用兵，費繁役困，吏治腐敗，致使社會危機四伏。弘曆當了三年太上皇，嘉慶四年正月，帶着未能將川楚白蓮教大起義鎮壓下去的遺憾死去。嗣皇帝顒琰是一位勤政圖治的守成君主，他力求清除乾隆朝的各種積弊，希望保持前期的國勢。《宮史續編》就是在這樣的歷史背景下命文臣編纂的。當然，顒琰後來没有、也不可能從根本上扭轉清王朝中衰之勢。

《宮史續編》的編纂者考慮到這四十餘年間應當收録編入的内容很多，如果逐門補入《宮史》，體例安排比較繁難，『盛事鉅典前所未有者，無可承接附麗，難於編纂』，因此，擬照康熙年間欽定《律吕正義》一書的成例，於《宮史》之外另爲後編。經顒琰批准，將乾隆二十七年以後的内容編爲《宮史續編》。仍按《宮史》的六大門，子目略有增加。（見本書卷首『進書表』）書成凡一百卷，篇幅增加了近一倍，堪稱乾嘉時期清宮史料集大成之書。

（二）

《宮史續編》首列『訓諭』一門，較多的諭旨仍然是約束太監的。弘曆認爲，『太監等由來惡習，不可不嚴加整頓』。他嚴禁太監與内務府官員往來，更禁止太監與外廷官員『交言識面』，認爲這『實係最惡習氣』。對太監偷竊、飲酒、賭錢等，都嚴加處罰。他告誡稱：卽太監的兄弟子姪也祇宜在屯務農，或小本營生度日，不許外出到官府當差。不僅是太監，諸皇子前使喚女子的親屬也應安分營生，不許倚恃借端生事。（見本書卷一，訓諭一、二）

這一部份還收録了一些教育皇子的諭旨。清代對皇子的教育一向非常嚴格，弘曆恪守這一家法。八阿哥永璇私自從圓明園書房入城，受到弘曆斥責。（見本書卷一，訓諭一）尚書房師傅無故缺席，被發現後，總師傅及一大批師傅除年已衰邁情有可原外，都嚴加議處，其中有兩名滿族内閣學士還被各責四十板。（見本書卷三，訓諭三）八阿哥永璇、十一阿哥永瑆奉命校勘《四庫全書》，按例，四庫全書館總裁校書被發現有錯誤，即應受到處分，弘曆發佈上諭：『嗣後阿哥等所校之書如有錯誤，應一體查核處分，以昭公當；其應罰之俸，著照尚書例議罰坐扣。』（見本書卷二，訓諭二）

弘曆對諸皇子的教育，從維護清王朝統治的根本利益着眼，寓意深遠。一次他看到皇十五子永琰手執的扇子上題畫詩句是出自十一阿哥永瑆之手，落欵有『兄鏡泉』字様，認爲這是師傅輩的書生習氣，以别號爲美稱，非皇子之所宜。諭旨稱：『皇子讀書，惟當講求大義，期有裨於立身行己』，『尋章摘句，已爲末務，……我國家世敦淳樸之風，所重在乎習國書，學騎射，凡我子孫，當恪守前型』，『阿哥等此時即善詞章，工書法，不過儒生一藝之長，朕初不爲喜』，他要阿哥們警惕『習爲文弱而不能振作』。（見本書卷一，訓諭一）乾隆四十三年九月，弘曆出山海關至盛京謁祖陵，途中所經城郭，悉爲當年太祖努爾哈赤、太宗皇太極艱辛百戰之區，他親臨其地，感慨萬千，發佈諭旨昭示子孫，要後代體念『昔日艱難開創』，『知守成之難，兢兢業業，永保勿墜』；以明朝中葉以後『宴安酖毒，終於不可救藥』爲殷鑑；並規定以後每三年都要派皇子到盛京謁陵，使子子孫孫『處尊位而常緬前勞』。（見本書卷二，訓諭二）

『訓諭』還輯録弘曆爲受寵愛的惇妃毒毆使唤女子致死受到處分的諭旨。惇妃因這一過失降封爲嬪，罰她出銀一百兩給死者父母殮埋；首領太監等各罰錢糧，其一半亦由惇嬪代繳。他訓示諸皇子、福晉、格格，不許縱性濫刑，虐待奴婢。（見本書卷二，訓諭二）

嘉慶初年的『訓諭』收録不多，内容亦較雜。嘉慶八年閏二月十六日陳德在神武門内順貞門行刺顒琰的事並未提及。收録的嘉慶十五年二月的兩封諭旨，指責有人從午門潛入協和門放爆竹，又斥責膳房太監之姪在外膳房私自留宿兩個月後投井致死。諭旨稱：『禁城重地，咫尺宸垣，守衛不可不嚴，體制不可不肅；乃近來門禁廢弛，各處值班官兵不認真管轄，以致閒雜人等任意攔入，毫無稽查。』（見本書卷六，訓諭六）如果聯繫到三年以後的嘉慶十八年九月，畿輔天理教林清率領二百人衝進紫禁城『謀反』，可以想見嘉慶年間宮廷警衛是何等鬆弛了。

『典禮』一門，《宮史》原將内廷各項典禮及常行規制編爲禮儀三卷，宮規一卷，冠服、儀衛各一卷。《宮史續編》將這一門大加擴充，禮儀三卷之目分爲五：盛典、册寳、祭禮、勤政、宴賚；宮規增爲四卷；冠服、儀衛仍各一卷。這反映了弘曆陶醉於『盛世』的承平景象，更加追求『典盛禮崇』的皇家氣派。

『盛典』中最爲耀眼的是傳位大典。乾隆六十年九月初三日，弘曆御勤政殿，宣示立皇十五子、嘉親王永琰爲皇太子，以次年丙辰爲嗣皇帝嘉慶元年。册立皇太子並未舉行儀式；弘曆卽將遜位，表示要效法皇祖康熙，也不上尊號，可是傳位大典辦得極爲隆重。《宮史續編》收入的有傳位前的諭旨和傳位後稱太上皇的『敕旨』，御製詩文（傳位後，太上皇詩文稱『聖製』），内閣、軍機處、禮部陳奏的有關傳寳、頒詔、内殿外朝一切典禮儀注、慶賀樂章、臣下稱賀表式等。弘曆在一些諭旨和詩文中，絮絮不休地講述自己『慎選儲貳』的經過。不立太子爲有清一代特色。弘曆再三强調『前代建儲諸弊及我朝家法相承，於立儲一事不可行』。他命諸皇子、軍機大臣、尚書房師傅將歷代册立太子之爲禍事蹟採輯成書，名爲《古今儲貳金鑑》，以垂訓後世。（見本書卷十一，典禮五，盛典五）這顯然也是對當時朝野輿論要求早日選定皇太子的回答。『盛典』中除傳位大典外，還有皇帝萬壽、元旦、冬至三大節慶賀儀，皇太后萬壽、元旦、冬至三大節慶賀儀，册尊皇太后、皇貴太妃等儀，册封皇后、皇貴妃、妃、嬪儀，皇子皇孫婚儀，公主下嫁儀等。

『册寶』主要列出貯放在交泰殿的寶璽二十五方，詳載每一方寶璽的方厚、程式、質地及用途，還記録了弘曆晚年鐫刻的『古稀天子之寶』、『五福五代堂古稀天子寶』、『八徵耄念之寶』等。在弘曆撰寫的《八徵耄念之寶記》、《十全老人之寶説》等文章中，他頗爲自得地稱自己爲『歸政之全人』。他歷數中國歷史上漢唐以來年登七十的皇帝祇有六人，其中年登八旬者僅梁武帝、宋高宗、元世祖，而『梁武帝自貽傾覆，宋高宗忘耻偷安，皆所素鄙。惟元世祖乃創業大有爲之君』，可是元世祖建號僅三十五年，也未能五世同堂，（見本書卷二十三，典禮十七，册寶一）祇有自己『得國之正，擴土之廣，臣服之普，民庶之安』，爲『自古所未有』；生動地刻劃出這位老皇帝垂暮之年的安富尊榮、志得意滿。

在『典禮』一門中，『祭祀』佔有突出地位。這是因爲滿洲貴族承襲其祖先入關前游牧於白山黑水之間的風俗習慣，宫廷的祭祀活動十分頻繁。各項祭祀活動中又首推坤寧宫祀神儀。這是遵照入關前盛京清寧宫舊制極爲隆重的祭神活動，與皇帝每逢元旦詣堂子神前行禮之義相同。《宫史》已有關於坤寧宮祀神儀的細節，『宮史續編』補輯祀神時的祝詞、誦神歌禱詞、讚詞以及皇帝、皇后親自行禮的程式。這些文獻史料是根據乾隆四十五年弘曆命重譯滿洲祭天祭神典禮編入『四庫全書』時，依據滿文詳爲訂正。從這裏可以瞭解到少爲人知的滿洲貴族的習俗，如坤寧宮所朝祭者是佛，是關聖帝君。但仍有許多根據滿文對音用漢字記載下來的神歌、祈請辭、禱辭等不明其涵義，可是畢竟保存下珍貴的民族史料供後人研究。（見本書卷二十六，典禮二十，祭祀一）在弘曆爲『二月朔日坤寧宮胙肉』吟詩的註釋中還提到，愛新覺羅家族的家法，春秋大祀後，皇帝必合王公大臣進坤寧宮食胙肉，吃不完時，由輪值的侍衛入內食之。太宗皇太極往往持佩刀親自割肉，以躬示倡率。可是物換星移，時代變遷，舊有的習俗也在慢慢改變。乾隆五十二年十二月，弘曆在一封諭旨中指斥太監把坤寧宮祀神後應給散秩大臣、侍衛吃的肥肉偷走，用零星碎肉充數，以致散秩大臣、侍衛視吃胙肉不以爲榮，反以爲耻，進內食肉的逐漸減少。他認爲，這是『風俗不古』，於是派御前侍衛一人、乾清門侍衛二人進宮同吃，以免太監從中作弊。（見本書卷三，訓諭三）這是一則有趣的清宮軼聞。

此外，奉先殿饗祀儀是皇帝家廟之祭，也相當受重視，皇帝有時親饗特祭，也有逢國之大慶，或耕耤、謁陵、巡狩、回鑾等禮成的告祭。壽皇殿供奉本朝歷代帝后御容，按室懸掛，皇帝每年元旦前往瞻拜。還有南郊、北郊、祈穀、常雩、太廟、社稷等祭禮。皇帝親祭前兩三日要進齋宮齋戒，閱視祝版。這些名目繁多的祭祀活動都分別有詳細介紹。弘曆一生，大祀必親自行禮，年老了，仍跪拜如儀，後來應羣臣之請纔稍稍裁減一些儀注。至於祀東厨竈君，有一條詩註説，竈神是漢晉以後所傳七祀之一，但古無明文，非天子應行大典，因此，康熙帝在位六十一年從未舉行。是雍正帝胤禛始定的嘉平月（臘月）二十三日祭竈，皇帝向竈王爺神位三拜。弘曆在位時，年年謹遵此典。（見本書卷三十，典禮二十四，祭祀五）

『典禮』中的『勤政』一項，包括御門聽政儀、宮中常日視事儀、御殿視朝儀、經筵進講儀、御殿傳臚儀、懋勤殿勾到儀等。御門聽政儀是以皇帝御乾清門聽政而得名，起始於康熙六年（一六六七年）。康熙帝玄燁親政後，改變順治帝御太和殿聽政爲乾清門聽政。屆時，大臣入班遲到或行走班次錯誤、讀本生疏的，都要受到訓斥。弘曆『戊戌御門』詩的註釋稱：內閣學士都要在事先背誦奏摺，凡記憶未熟或清語（卽滿語）生疏者，往往遺忘訛舛，視爲難事。每奏一摺本完畢，皇帝都用清語降旨，漢族大學士中曾習清語者亦能領會。（見本書卷三十一，典禮二十五，勤政一）

豐富的史料從各方面反映清代皇帝處理政務的情況。如太常寺有關壇廟祭典的奏摺，呈進時要列於是日各本章之前，太監應準備盥洗器皿，皇帝浣手後披閱，以示虔敬。（見本書卷三十二，典禮二十六，勤政二）經筵進講儀是由翰林院派滿漢講官各二人講解經書，題目例由皇帝圈定後，在文華殿舉行，講官講畢，皇帝也加以闡述，各官跪聽。禮成後，在文淵閣爲講官及侍班諸臣賜茶。（見本書卷三十四，典禮二十八，勤政四）御殿傳臚儀在太和殿舉行，皇帝御殿陞座，傳臚官唱名，新録取的進士行三跪九叩禮。有兩封諭旨表明，弘曆不喜歡殿試的試卷中有過份的頌揚之辭，他認爲，『文章華實不同，卽係士習淳漓之辨，貢士等進身伊始，若徒撏撦浮辭，習爲腴頌，豈敦尚實學本意？』他多次將不過事鋪張的文章拔置前茅，而將措辭浮誇的酌量抑置。（見本書卷三十五，典禮二十九，勤政五）懋勤殿勾到儀，『上繫刑章，下關民命』，皇帝操生殺大權。封建社會迷信鬼神，遇有國家喜慶或日、月蝕及地震等都停止勾決。嘉慶朝的一封諭旨內稱，一次御殿勾到前夕，顒琰『默參天時氣候，以驗用刑之能否協中』，恰好在審核一犯人竄入禁城放爆竹的案情，原定『情節甚重，自應予勾』。這時天氣漸漸轉變，風色稍覺陰寒，顒琰心存畏懼，恐有差錯獲罪於天，於是重新查核案由，鑒於該犯委係貧寒，一時情急糊塗，可寬其一綫，決定免勾。不多時天氣轉晴，等到次日陞殿，風日融和，顒琰慶幸天人感應，没有令死者含冤地下。（見本書卷三十六，典禮三十，勤政六）這也未免近於神話了。

『宴賚』也是宮廷裏頻繁舉行的重要活動。列入『典禮』這一門的『宴賚』有十多種，如皇太后宴儀、乾清宮家宴儀、皇后千秋宴儀、皇貴妃千秋宴儀、太上皇帝宴儀、乾清宮宴親藩儀、乾清宮普宴宗室儀、太和殿元會宴儀、保和殿宴外藩儀、乾清宮千叟宴儀、皇極殿千叟宴儀、文淵閣賜宴儀，等等，不勝枚舉。這些宴會，與宴者身份不一，宴會規模從幾十人到數千人，禮儀也各有差別，但總的來説，都是要形成一種『萬象清寧，海宇承平』的氣氛，誇耀皇家的權勢和豪富。其影響整個社會由儉入奢，乾隆朝無疑是一個轉折點。

列入『典禮』門的『宮規』分爲三則：一，宮中定制：包括殿龕供奉、內廷朝賀、中宮慶賀、皇后千秋慶賀、宮中遇喜（娠娠）、皇子誕生、皇子就傅、引選秀女等；二，宮中事例：包括歲末書『福』頒賜、新正重華宮茶宴聯句、迎春帖子、進時憲書、上燈、開寶、封寶；三，宮中門禁：這是參考《皇朝通考》和《大清會典》增輯的，包括合符、宿衛、傳籌、門鑰等制度。這一項補輯，看來是顒琰遇刺後加强禁城防範措施的反映。

這裏值得注意的是引選秀女某些定制的改變。嘉慶五年十一月，顒琰發佈上諭稱：『向來挑選秀女，皇后、皇貴妃、妃、嬪之親姐妹俱應挑選，於禮殊有未協。嗣後至嬪以上，其親姐妹著加恩不必挑選』。次年又發佈諭旨：『從前公主多有下嫁蒙古王之子，……每遇挑選八旗秀女，並未另立章程，將公主之女亦一體挑選。……嗣後每遇挑選秀女，加恩將公主之女停其挑選，永著爲例。』十一年五月又規定，『八旗漢軍文職筆帖式以上、武職驍騎校以上官員秀女，預備選看；兵丁等秀女，毋庸預備選看。』（見本書卷四十五，典禮三十九，宫規一）

關於進時憲書，據《宫史續編》記載：在弘曆内禪以後，丙辰年改稱嘉慶元年，但宫中時憲書仍記乾隆六十一年。這種時憲書刊行一百本，用以頒賞内廷及皇子、皇孫、親近王公大臣。這種雙軌制的頒時憲書延續了三年，直到弘曆去世。（見本書卷四十六，典禮四，宫規二；又，卷五十三，宫殿三，外朝三）

（二）

『宫殿』一門共十八卷，較之《宫史》原僅有六卷增加很多，分『外朝』、『内廷』、『西苑』三目。也是按這些建築羣的路徑相屬，依次記述。不僅詳細記載各處景物、禁匾楹帖，還附以相關御製詩文。如記述雍和宮門宇殿堂，附以弘曆撰寫的《喇嘛説》；記述中南海勤政殿，附以顒琰撰寫的《勤政殿記》，以類相從，讀之引人入勝。

清入關以後，紫禁城内悉沿前明之舊，順治、康熙兩朝僅繕飾而居，很少别有興築。至乾隆年間，新建、擴建一批宮殿，土木丹青，窮極閎麗。從《宮史續編》的記載中可知其大略：

寧壽宮：乾隆三十七年修建。原擬將坤寧宮所奉之神位、神竿移來，一如坤寧宮祀神之禮。其後又於寧壽宮後築養性殿，制如養心殿，以爲弘曆倦勤後寢興之所。（見本書卷五十九，宮殿九，内廷六）

毓慶宮：康熙時爲皇太子允礽特建。弘曆十二歲入居此宮，十七歲結婚後移居重華宮。定制：皇子六歲入學，多居於此宮。弘曆卽位後，毓慶宮爲『龍潛發跡』之地，其他人不能再居住此處，實際上閒置起來。至乾隆六十年九月立顒琰爲皇太子，纔重新葺治，顒琰移居此宮。（見本書卷六十，宮殿十，内廷七）

乾清宮：嘉慶二年十月失火重建，三年十月竣工，復還舊觀。（見本書卷五十四，宮殿四，内廷一）

文淵閣：在文華殿後，明時已毁於火，向僅沿襲虚名。乾隆三十九年重建，制倣寧波范氏天一閣藏書樓，貯藏第一份《四庫全書》。大臣官員有嗜古勤學者許赴閣觀覽，但不許携出室外。《四庫全書》告成時，弘曆在此宴修書大臣；每次御經筵畢，也在此賜講官茶。（見本書卷五十三，宮殿

三，外朝三）

紫光閣：乾隆二十五年重修，二十六年一月落成，四十一年展接前廡。閣内有大學士、公傅恒以下五十人的畫像，弘曆親撰讚詞，並收藏得勝靈纛及西師俘獲軍器。大小金川之役結束後，曾在此凱宴成功將士。《宫史續編》於此編入御製文《十全記》、《平定回部告成太學碑文》、《平定兩金川告成太學碑文》、《戰勝廓爾喀圖序》、《平定準噶爾告成太學碑文》、平定回部紀事詩《黑水行》等詩文。（見本書卷六十五，宫殿十五，西苑四）

記述宫殿苑囿附載的一些御製詩文，其中不少是自我頌揚、謳歌『盛世』之作，但『詩以證史』，由此也可以看到歷史的足跡。弘曆多次用兵，顒琰調重兵鎮壓白蓮教起義，這兩代皇帝主持軍事大計，運籌帷幄，批答奏章，時而爲取得進展而大喜過望，時而又爲前方受挫而憂心忡忡，這些亦喜亦憂的情緒在許多詩篇和註釋中都有所表露。如：『剿捕教匪，久應蕆事，乃遲遲尚未奏到，賊情萬變，軍情遥遠難知』，『在天垂鑒，惟望嘉佑師貞』，『仰望列祖垂祐，速靖邊陲』，焦灼之情，躍然紙上。有一條詩註寫道：乾隆五十三年（戊申）正月初九，向例舉行重華宫茶宴聯句，忽聞紅旗報至，云生擒臺灣林爽文，一時與宴羣臣及執事人等皆歡喜動色。及覽福康安奏摺，衹挐獲林爽文父母等親屬，弘曆爲此怏怏不樂，聯句也未舉行。（見本書卷五十六，宫殿六，内廷三）某年夏日，弘曆在太液池泛舟，因連日盼軍郵心切，適於舟上接阿桂、富德從新疆前線發來奏函，隨命登岸，於輿中取閱，回宫批答，還即興寫了一首詩：『鳴榔聲裏忙登岸，爲接軍書報置

郵。』（見本書卷六十六，宮殿十六，西苑五）

不少詩文也反映了弘曆父子關心農業生產、盼望雨雪、盼望河工早日合龍、盼望豐收的情緒。乾隆朝人口激增，弘曆多次在詩文中寫道：『户口日以增，穀帛日以昂，養且不能，那更言教？蒿目焦心，難臻大當。』『昇平日久，户口日滋，物價騰涌，勢所必然。』『天地所生之物祇有此數，昔以十人食之，今以千百人食之，米安得不貴？米既貴，諸物安得不貴？』（見本書卷七十一，經費三，聖製《節儉論》）公允而論，弘曆是非常關注國勢民情的。

『經費』一門，主要指内廷經費開支。《宮史續編》没有像《宮史》那樣詳細列出皇太后六十、七十大慶時進獻的奇珍異寶，炫耀皇家的富甲天下。書中所列出的皇太后以下后妃人等的鋪宮、宮份（卽年例、日用）、吉禮例用、嘉禮例用，筵宴例用等數額，與《宮史》所載數額基本相近，畧有降低。但綜覽『經費』這一門的内容，使人感到意在强調節省。所載乾隆三十三年七月軍機大臣呈送給弘曆的一份奏摺，是回覆弘曆命查對宮中經費等開支情況。核查結果是：前明時各項錢糧、木柴、紅羅炭用的數額最大，時宮女多達數千人；康熙時較前明時大爲節省，乾隆朝開支最少。（見本書卷七十一，經費三）不言而喻，一些統計數字是不真實的。此外，收録的一些諭旨有弘曆斥責臣工送貢品太多，有弘曆以太上皇身份責令内外臣工不許在自己和嗣皇帝壽辰時進貢物，還有顒琰將禮部元旦進皇后筵宴、羊、酒減去三分之二，等等。編入弘曆、顒琰各自撰寫的《節儉論》，是要宣揚這兩代皇帝深知物力維艱的美德。

但是，在『恩賜事例』中有兩封諭旨足以説明弘曆並不是一向節儉之君。他長於太平之時，習於驕奢，八十壽辰時一次就賞賜諸皇子、公主白銀各五千兩；退位前夕，又賞給皇子皇孫黄金共一千三百兩。比起父皇，顒琰本人倒是素習儉樸，他秉政後多次表示要崇尚儉約，以轉移社會風氣，減輕百姓負擔。可是在他五十壽辰時，賞賜幾位叔輩親王、郡王每人白銀萬兩，手面也是非常闊綽的。（見本書卷七十，經費二，恩賜事例）

『官制』一門是專指内官之制。清代官修有關典章制度的書籍中，從不收録管理宦官方面的各項制度，以表示對其鄙薄。只有《宫史》和《宫史續編》例外。《宫史續編》所載處分太監則例、額數職掌，比《宫史》詳細。另增加了恩卹則例（太監死後埋葬塋地、廟宇香火等費用支付辦法）、恩賞則例（年終賞銀支付）。同時還編入乾隆三十四年十一月關於永遠停止派用漢教習給年幼太監授課的諭旨。弘曆認爲，太監職在供給使令，不識字何礙？即使識字，粗辨字劃足矣。他要以前明寵信太監，『司禮秉筆，惟所欲爲』爲鑑戒。（見本書卷七十三，官制二）嘉慶朝則有停止挑取旗下太監等諭旨。

（三）

弘曆以其精深的漢文化素養，非常重視書籍的考訂、編纂、刊刻和流傳。在《宫史續編》中，『書籍』一門，内容極其豐富，篇幅佔全書的四分之一，共二十五卷。所載書目，都是上接《宫史》書籍門，卽從乾隆二十七年起至嘉慶初年編纂、考訂、庋藏的。分類很細，有：實録、聖訓、聖製、御製、御題、鑑賞、欽定、方略、典則、經學、史學、志乘、字學、類纂、校刊、石刻、圖像、圖刻、圖繪共十九目。將這麽多書籍的編書緣起、内容提要和御製序文、評語、詩篇等編纂在一起，蔚爲大觀，反映了當時文化昌盛。正如顒琰所説：『開創之時，武功赫奕；守成之時，文教振興。』（見本書卷九十三，書籍十九，類纂，御製《熙朝雅頌集》序）當然，這和弘曆本人熟讀儒家經典、全面通曉中國傳統文化也是分不開的。乾嘉時期正是中國封建社會學術文化發展史上最後一個高峰時期。

下面擇要作一些介紹。一般爲人熟知的内容不贅述，以節省篇幅。

『御題』：係《四庫全書》完成後，弘曆選擇其中五十九種書籍，詳審其是非得失，親自在篇首題詠，爲之論定表章。如北宋李若水撰《忠愍集》，原書已散失，四庫全書館臣從《永樂大典》中輯出。若水於金兵圍攻開封時，隨宋欽宗往金營，被拘，不屈而死。弘曆爲該書作出評語，並引伸對明永樂帝的義憤：

（李）若水厲志不屈，捐軀以成其志，克全臣節，亦其生辰之不幸。然大金當革命之時，自非若水之所得而抗，殺之以全其名，亦卽以申己之義。其事本非得已，第解頤斷舌，處之太慘，金將尼瑪哈不免過當。夫金宋在當時猶敵國也。若明永樂篡逆，於不附己者横加誅戮，則皆其本朝臣子，且洪武所留貽者，仍俱戕戮不顧，其於天理澌滅殆盡，甚且投鐵鉉於鑊，剥景

清之皮，則殘忍慘毒，尤非人類所爲。向每爲之不平，兹論及李若水之事，因併及之。（見本書卷七十八，書籍四，御題）

這樣的評語，文筆犀利，寓意深刻，頗能發人深思。

『鑒藏』：列入『鑒藏』的書目，有《天禄琳瑯書目》十卷，四百二十餘部；後編二十卷，六百五十餘部。宋遼金元明五朝梓本俱全。這些書籍都經過詳細檢驗楮墨，旁稽互證，凡前人評跋、名家印記，確有可徵，絶無翻雕駮文爲坊肆書賈及好事家僞託者，方得編入。其中最善本經弘曆鑒賞後，將他的畫像寫於卷端，弘曆親題識語、詩篇，鈐璽。昭仁殿後有『五經萃室』，藏宋岳珂刊版《五經》，弘曆寫了一篇《五經萃室記》，敍述這部《五經》發現經過，並引申道：『吾於是慨岳武穆之忠，而喜其有文孫承繼家聲也。又恨宋高宗之信奸相，忘復仇，而自壞其長城也。』（見本書卷八十一，書籍七，鑒藏三）弘曆誠不愧是以能文聞名，又是一位賞識鑒定古籍、書畫、古物的專家。

『欽定』：弘曆親自主持許多書籍的編纂，其中最主要的是《四庫全書》的編纂。舉凡編書中涉及的重要問題，都由他自己作出裁決，從不假手於人。《宮史續編》把修書過程中有關諭旨按時間順序載入，如搜訪民間遺書，定四庫全書以經史子集爲綱領，一些書目的取捨，各種遺書應刊、應鈔及存目的決定，對明季諸臣著述的區别處理，以及對江浙兩省藏書家呈獻書籍的奬勵，等等。並附以《四庫全書總目》。

『方略』：『方略』爲史家紀事的一種體裁。清制：凡遇較大的軍事用兵事畢，都收集有關的文書材料纂修成書，名爲『方略』或『紀略』。清代編撰方略始於康熙朝。康熙帝玄燁三次親征準噶爾，事後命撰寫《平定朔漠方略》，是爲『簡册書勳』之始。乾隆朝武功極盛，揚威邊陲，編撰方略也最多，除《開國方略》等書外，弘曆自詡的『十全武功』皆有紀績之書，並一一親爲之序。在這些序文中，他一方面誇耀武功，滿懷民族自豪感聲稱：『我滿洲舊風，以不得捐軀國事、死亡牖下爲耻』，認爲『守中國者，不可徒言偃武修文，以自示弱也』。另一方面，也流露出對封建國家治亂循環的隱憂。他在《開國方略》序文中說：

太祖開國之始，躬干戈，冒鋒刃有不忍觀、不忍言而落淚者。……欲我萬世子孫皆如予觀此書之志，其弗動心落淚，深思永念，以敬天命，守祖基，兢兢業業，懼循環治亂之幾，則亦非予之子孫矣。（見本書卷八十五，書籍十一，方略）

正是這種『懼循環治亂』的思想，促使他多次採取重大軍事行動以保護國家和民族的利益。在《平定兩金川方略》等書的序文中，他一再表示耽心後世指責他窮兵黷武。他替自己辯解爲消弭邊患不得已而用兵的苦心，『兵凶戰危，且予老矣，豈更樂於用兵而有窮黷之爲？』『願洗兵韜甲，與民休養，保泰持盈，日慎一日，以待歸政之年。』後世史家讀了他的這一番自白，當有助於對他的一生功過、歷史地位作出公正的評價。這一部份文獻史料中，還有顒琰撰寫的《平定三省紀略》序文。嘉慶元年，白蓮教起義爆發，聲勢浩大，蔓延甚廣，顒琰在序文中分析産生起義的原由，痛切指陳地方官吏『視官階爲利藪，不恤國計民生，惟思保位謀利，苟且因循，遷延疲玩，守牧既如此處心積慮，又何能體察小民之疾苦？……以致衆怨沸騰，激而生變，官逼民反之語，信非謬也。』（見本書卷八十五，書籍十一，方略）能够認識到這場社會大動蕩的根源是『官逼民反』，也算是頭腦比較清醒的了。

（四）

『史學』：『書籍』一門中的『史學』最具特色。『盛世修史』，乾隆年間編撰的史籍甚多，從『宫史續編』中不僅可以看到詳細的史學書目，還可以從輯録的諭旨中看到弘曆論述修史的觀點，評價歷史事件和歷史人物的尺度。弘曆認爲，國史所以傳信，公是公非所關，應當功則功之，罪則罪之；瑕瑜互見、功不掩過之處當並存其實，據筆直書。對重要史籍的編纂，弘曆都要親自審定，若館臣辦理疏漏，有失公允，卽命重新修輯，毫不含糊，總裁及纂修大員甚至要交部議處。他命國史館將明末望風歸附諸臣區别對待，分别情况編入貳臣傳甲編、乙編或逆臣傳。對明末殉難諸臣，如史可法不屈而死，他認爲，其時支撑殘局，力矢孤忠，事後平情而論，皆無愧於疾風勁草，應崇獎忠貞，風勵臣節，不可令其湮没不彰。（見本書卷九十，書籍十六，史學三）館臣以吴三桂爲叛臣，不寫其擒桂王朱由榔事，而屬之定西將軍愛星阿。弘曆不同意，他認爲，吴三桂入緬俘桂王，擊李定國，降白文選，都應『盡載其入緬事，莫删』。（見本書卷八十九，書籍十五，史學二）

他也不同意修史時將甲申李自成陷京師卽繫以明亡，必俟次年福王於蕪湖被執始書明亡，因爲『唐王桂王遁跡閩滇，不復成其爲國，與宋末之帝昺、帝昰流離海島相類，不可仍以正統屬之。』（同前）弘曆對修史的一整套觀點，在今天看來，也是實事求是和審慎嚴謹的。

《增批歷代通鑑輯覽》一書的編纂，可以反映出弘曆在史學領域的不懈追求。他看到明正德時李東陽等所撰《通鑑纂要》一書褒貶失宜，記載蕪漏，不足以言大義，命大學士傅恒等編纂《歷代通鑑輯覽》，書成，經他詳細披閱，並於書中多處評斷批註，乃成《御批歷代通鑑輯覽》。旋又發現康熙帝於各部史籍中曾作不少批語，遂命將康熙帝所批收錄在書中適當卷章上，而他自己亦增加不少批註，並親爲之序，乾隆三十三年完成《御序增批歷代通鑑輯覽》一百二十卷，三百多萬字。自黃帝元年甲子至明崇禎甲申，四千三百四十一年，其間治亂興亡，民生安危，無不一一記述，『盡去歷朝臣各私其君之習而歸之正』，『必公必平，惟嚴惟謹而無所容心曲徇於其間』，編纂體例也比較好，便於閱讀、檢索，是一部學術價值較高的巨著。

在《欽定宗室王公功績表傳》書目之後，附錄弘曆於乾隆四十三年正月初十日發佈的爲攝政王多爾袞昭雪的諭旨。這是清代歷史上的一件大事。清初，八旗諸王相互傾軋爭權，多爾袞於順治七年（一六五〇年）死後，次年被削去王爵。弘曆的諭旨大意稱：多爾袞開國時統兵入關，一切創制規模皆所經劃，定國開基，以成一統之業，厥功最著。顧以攝政有年，威福不無擅專，諸王大臣未免畏而忌之，遂致歿後爲蘇克薩哈等所搆，誣以謀逆，經諸王定罪除封，久抱不白之冤於泉壤，應復還睿親王封號，補入玉牒，並照親王園寢制度修其塋墓，春秋致祭。弘曆命國史館將多爾袞原傳重新撰寫，照實録所載增補，編入《宗室王公功績表傳》，以恢復歷史本來面目。受多爾袞之誣獄牽連的豫親王多鐸、禮親王代善、鄭親王濟爾哈朗、肅親王豪格及克勤郡王岳托，皆恢復其原號。

『志乘』：收入的書目有《大清一統志》、《皇朝通志》、《八旗通志》、《盛京通志》、《熱河志》、《滿洲源流考》等。其中附録於《熱河志》書目的《熱河考》一文，是弘曆在避暑山莊派喀喇沁郡王拉特納錫第、内大臣努三往尋熱河之源的勘察記録。另有《河源紀略》一書，也值得重視。此書緣起於乾隆四十七年春河南青龍岡漫口，合龍未就，弘曆命乾清門侍衛阿彌達往青海尋找黄河之源，告祭河神。阿彌達發現星宿海西南有一條河名阿勒坦郭勒，長達三百餘里，其源有噶達素齊老峰，『其崖壁黄赤色，壁上爲天池，池中流泉噴涌，灑爲百道，皆作金色，入阿勒坦郭勒，則真黄河之上源也。』這是我國古代對黄河河源所作的一次最詳細的調查，否定了康熙帝派侍衛拉錫探查河源時認爲星宿海卽黄河之源的陳説。弘曆命館臣詳細訂正兩漢以來自正史以及各家記載之誤，編爲《河源紀略》一書詳述經過。這些都反映了弘曆豐富的地理、人文知識和審閲地理著作時嚴肅認真、一絲不苟的態度。他重視實地考查，使康乾時期我國對地理學的研究和著述水平達到前所未有的成就。黄河發源於星宿海以西的噶達素齊老峰的結論，一直沿用到中華人民共和國建國初期。

『字學』：除載入《音韻述微》等書目外，在《滿珠蒙古漢字三合切音清文鑑》序文中，弘曆敍述自己卽位之初習蒙、藏、維吾爾語的經過，認爲『既可爲餘暇之消遣，復足聯中外之性情』。（見本書卷九十二，書籍十八，字學）在《增訂清文鑑》序文中，他闡述自己對語言文字的看法：『稽古語言文字之傳，不能不隨方隨時，代爲變易。』從這部份史料中還可以瞭解到，弘曆命重新審定遼金元史中的人名、地名、官名，是因爲遼金元入主中原時，其人未必盡曉漢文，致使音同誤用，多不準確；以後編纂歷史書籍，因非本國之人，甚至借不雅之字以寓其詆毁之意，必須重新審定。（同前）這也是有利於促進民族團結的措施。

『類纂』：載入的書目《孚惠全書》，是記載乾隆朝歷次賑災蠲免，繫日編年滙集而成，這是弘曆關心民瘼的真實記録。《宫史續編》還編入一封諭旨，也反映弘曆的重視民心。他模仿李迪的繪畫《雞雛待飼圖》也畫了一幅，刷印多份，賜給各省督撫，要他們愛護百姓要像照料飼養的雞雛一樣，『卽雛哺之微，寓牧民之旨，欲督撫等體朕惠愛黎元之心，時時以保赤爲念，遇有災賑事務，實心經理，勿忘小民嗷嗷待哺之情。』《辛酉工賑記事》是記嘉慶六年六月京師大雨數日夜，永定河下游數十州縣受災，後以工代賑，修土石堤工，録入有關諭旨和地方官員奏摺。古語云：『救荒無善策』，但後世史家對康雍乾三朝重視民生，蠲免賦税頗多好評，對推動農業生產力的增長有積極意義，應予充分肯定。『類纂』書目列入的《熙朝雅頌集》，是嘉慶九年山東巡撫鐵保採輯八旗滿洲、蒙古、漢軍的詩集，收八旗諸王以下百僚庶尹及武士、閨媛所作詩一百三十四卷，顒琰賜以書名並撰寫序文。他寫道：八旗以弧矢威天下，『吟詠詞章非本朝之所尚，而發抒心志，亦盛世之應存。』他希望八旗臣僕代代相傳，『崇文而未忘習武』。另有乾隆五年續編的《祕殿珠林》、《石渠寶笈》各一部，係内府所藏歷代名人書畫目録。乾隆時，内府蒐集唐宋以來名人書畫不遺餘力，儲積稀世珍品萬有餘種，誠爲人類文明史上寶貴的藝術遺産。

『校刊』：乾隆朝刊版之書，較之康熙時更多。設書局於武英殿，凡纂修諸書告成，專司刊刻，頒行海内。《宫史續編》載入武英殿聚珍版印行書目一百二十六種。弘曆在《武英殿聚珍版十韻詩》注釋中述及，康熙時編纂《古今圖書集成》，首次刻銅字爲活版，排印蕆工後，銅字貯武英殿，歷年既久，被竊缺少，司事者怕受處罰，適值乾隆初年京師錢貴，遂請毁銅字供鑄，『所得有限而所耗甚多』，後日思及此事，爲之惋惜不已。（見本書卷九十四，書籍二十，校刊）

『圖像』、『圖刻』、『圖繪』：清代比較重視用圖像來描繪人物、事件和文物典制，如南巡、大閲、獻俘、禮器、鹵簿、職貢等，都有精美的圖片貽留後世。《宫史續編》詳細列出南薰殿保存的歷代帝后圖像目録和茶庫收藏的歷代功臣像目録。内務府輿圖房掌圖版之屬，内容極其豐富。輿圖分爲天文、輿地、江海、河道、武功、巡幸、名勝、瑞應、效貢、鹽務、寺廟、山陵、風水等類，乾隆二十六年編爲《蘿圖薈萃》，六十年續編。《宫史續編》列出的輿地圖圖目達五百多幅，包括全國和各省、州、府的地圖等。其中康熙五十七年經十年之久繪成的《皇輿全覽圖》，是經過實地測量而繪制的我國第一幅詳細的全國地圖，被李約瑟博士稱爲『不但是亞洲當時所有的地圖中最好的一幅，而且比當時的所有歐洲地圖更好，更精確。』（見李約瑟：《中國科學技術史》第五卷，第一册，第二三五頁）由於繪製此圖時，天山南北尚處在準噶爾部的控制之下，未能派人去實測，故此圖西部只到哈密爲止。乾隆時，平定準噶爾和回部，弘曆派劉統勳率領何國宗、明安圖及外國傳教士到伊犂和南疆進行測量，到達今我國新疆境内許多地方，後來編成《皇輿西域圖志》。乾隆二十五年，在此圖基礎上修訂增補，完成比康熙朝《皇輿全覽圖》更爲詳細完備的《乾隆内府輿圖》。

在『圖刻』這一部份，有《御題平定伊犂回部全圖》目録一份。此圖共十六幅，銅版紙印本，每幅縱一尺六寸，横二尺七寸。描繪此戰役經過，始於伊犂受降，訖於回部獻俘，亦稱《得勝圖》。説起此圖，亦有些來歷。據有關學者考證，西陲平定之後，弘曆命内廷西洋畫家郎世寧（Giuseppe Castiglione）、王致誠（又名巴德尼Jean Denis Attiret）、艾啓蒙（Ignace Sickelpart）、安德義（Jean Damascene）繪成戰圖十六幅，乾隆三十年命兩廣總督李侍堯寄往法國，雕成精美銅版，印出圖畫運回北京，前後歷時十年，成爲中外文化交流史上的一件盛事。弘曆將這批珍貴的銅版畫陸續賞賜諸皇子及文武大臣，至今尚有頒賞清單存於故宮博物院。内廷西洋畫家後來又奉命作《平定兩金川圖》、《臺灣戰圖》、《廓爾喀戰圖》、《安南戰圖》，皆内務府造辦處在中國自製銅版刷印。（見莊吉發《清高宗十全武功研究》附録：《清代乾隆年間的銅版得勝圖》，第五一八頁，臺灣故宮博物院出版）

（五）

以上將《宮史續編》作一簡要介紹。這部書爲官修史書，材料來自清宮檔案，雖在編排和内容取捨上有不盡完美之處，但通觀全書，除了竭力頌揚本朝及弘曆自我標榜的色彩較重外，許多文獻史料都是有價值的，究非一般筆記雜録所能比擬。其中如典禮門較爲詳盡，且準確可靠，富有實用性；書籍門提供的清代編纂的重要書籍的目録學資料，從文化積累的價值看，也是彌足珍視的。本書不僅可供清史研究者參考，對一般讀者來説，閲讀此書，也可以增加不少歷史文化知識。

《宮史續編》在清代向無刻本。故宮博物院藏有鈔本多部。一九三二年（民國二十一年）故宮博物院圖書館據懋勤殿所藏之本校印，改書名爲《清宮史續編》。這次北京古籍出版社據以校點出版，改正了原書許多排印上的錯誤，並恢復原書名《國朝宮史續編》，以示與北京古籍出版社一九八七年出版的《國朝宮史》相銜接。

一九九二年五月三十一日

大學士臣慶桂等謹奏：臣等奉勅纂輯國朝宫史續編告成，恭呈御覽。謹奉表上進者：伏以宸居端紫極席，蘿徵八會之圖；天府麗珠躔耀，藻祕三霄之籍。福崇堂構，亶彰御宇之鴻規；心亹羹牆，式篤紹庭之令緒。惟議禮、制度、考文，是爲王者三重；必身修、家齊、國治，而后天下太平。綈案發函，瑶編演紀。臣等誠懽誠幸，稽首頓首上言：竊惟周官馭内，義昉禮經；爾雅釋宫，名參王制。緬六朝之簿録，殿廷首冠黄圖；刱一志於史通，禁闕備臚丹地。自夫元人编載，衹沿門牓標題；降而明季奄書，竊述官家瑣事。體原鮮要，詞且不經。塵封五秩之遺，鑑視千秋之炯。敬遡我高宗純皇帝，化被久徵，政詒端本，著百餘年肅清之國典，綜卅六卷詳備之宫規。令宣鑄鐵以猶新，誠述卧碑而俱古。龍圖璀璨，皆世爲天下法之程；鶴鑰深嚴，無不許外人知之秘。讀一章之發論，臚四事之傳心。是則是傚以守先，丕顯丕承而啓後。顧惟神謨聖德，積歲月以增贏；亦且史筆士言，陋見聞之未稔。疇克博通乎掌故，類皆懸揣乎觚棱，從未有疊采摹雲，重光繪日，文武布方策，廣姬書百版之儲；堯舜協勳華，續唐典一編之舊，如今日者也。欽惟皇帝陛下嘉會建元，慶符毓瑞。帝出乎震，契東朝炷祝之馨；星共於辰，御北斗杓旋之正。祥肇初基之履阼，恩依繼德之那居。極茂軌於盈廷，總鴻章於當扆。迨閲親政三年之久，聿念貽徽。卌載以來，典富珠囊，訓藏金檢。鑒館局紬書之近，畀儒臣給札之榮。考時累洽以重熙，卽事援今而證古。仍史家續志之例，擺目六門，舉皇朝大内之經，恢綱百代。麄慚脱稿，屢蒙乙覽之賜裁；僂計成編，適屆丙弧之周紀。荷宣觀於鉅製，加弁首之序言。虔誦再三，傾心倍萬。條貫叙文之要旨，筦闚纂述之精心。闡雎誥定中之篇，追鄗雒復古之雅。溯盛京之開國，儉留土壁糠燈；緬章祖之宅都，輝增雲棟松牖。作室昌五世，俾勤墉塗雘以垂庥；如堂凛一尊，胥納匭針車而効順。家法仰乾清匾上，天與子卽與賢；寶圖陳交泰几端，聖其德有其位。寢門咫尺，篤日三問膳之懷；閶闔九重，勤夜午求衣之地。朝待章而秉燭，智本如神；晝接對以褰帷，顔常有喜。乃至樸椽由舊，弗繁興土木之工；內帑積盈，無宣索金錢之事。備使令於禁闥，額猶未及三千；節供用於歲支，數止畧逾二萬。而且誌仁皇之惜福，木椀斑存；銘憲祖之遺恩，革鞓圍式。座巍勤政，曾聞不易虹氊；廡接端凝，具記所藏髹櫝。永寶吉祥之法物，恒昭淳茂之古風。克於邦而克於家，識其大以識其小。鋪觀盛事，當禮明樂備之辰；裒輯彝章，在文煥功成之會。憶曩日飴承萱幄，介七旬以暨八旬；自誕年算益椿庭，衍五袠而躋九袠。養尊太上，親見四朝天子之儀；瑞報初生，倍開百室玄孫之祉。寧壽聽金鏞之奏，耆筵再次行觴；惇敘翔朱芾之班，宗衮二千增牒。伊古帝王家庭無此樂，凡皆朝廷典册所必登。至夫左太廟，右社稷，歲時輦肅稷街；東文淵，西武英，今古䉤充蘭栱。啓朱垣而幸苑，覲藩偕百部之徠；凌紫閣而建標，讌凱偉十全之績。地竝連乎宫籞，景非翫以蓬瀛。間從特筆之書，參仿前編之式。先縢丹緈，因記事以纂言；繼録黄綾，備證詩而爲史。虞百一之罣漏，幸重疊以綴聯。從頭載校夫汗青，拜手欣陳乎副墨。伏願德徧紘埏，命基宥密。清寧贊化，長膺萬福之原；彝訓憲章，高媲一經之作。嚴恭寅畏，所其無逸。聰明睿知，足以有臨。統天曰太和中和保和，斂時以建極會極歸極。從此球圖珍重，並源通津溯，粲瑯嬛仙府之光華；卽今瓊笈流傳，等周監夏殷，崇矩䕶先民之制作。臣等曷任踴躍欽忭之至。謹將纂次國朝宮史續編計一百卷，併前編三十六卷，裝成十四函，隨表恭進以聞。

嘉慶十一年十二月十二日

大學士臣慶桂臣董誥
户部尚書臣德瑛
吏部侍郎臣玉麟臣劉鳳誥
工部侍郎臣英和
宗人府府丞臣陳崇本
翰林院侍講學士臣施杓
候補庶子臣法式善等
稽首頓首謹上

臣慶桂、王杰、董誥、朱珪、彭元瑞、紀昀、豐紳濟倫、文寧等謹奏：爲請旨事，上年臣慶桂、臣董誥、臣彭元瑞面奉諭旨，續修國朝宮史。伏查原書於乾隆二十六年纂成恭進。書列六門：曰訓諭，曰典禮，曰宮殿，曰經費，曰官制，曰書籍。計三十六卷，已入四庫全書史部。此次增纂，事經四十餘年，若逐門補入原書，不特排架貯函勢須全行移動，而成書後盛事鉅典、前所未有者，無可承接附麗，難於編纂。臣等恭查律吕正義一書，初經聖祖仁皇帝欽定，至乾隆六年高宗純皇帝以朝祭樂章俱經改撰，而聲音字譜闕如，且郊勞鐃歌，從前未有，爰命於原書之外，另爲後編。謹擬恭照此例，於乾隆二十七年以後，典禮門如授寶、千叟宴，宮殿門如寧壽宮、毓慶宮、文淵閣，臚纂詳備；另爲續編六大門，仍照原書。新事别增子目。是否如此辦理，伏祈皇上誨示遵行。其纂辦司事者，臣等謹遴勤敏慎默之員充其選，提調官則現充實録館提調、軍機處行走、員外郎玉寧，翰林院編修施杓；纂修官則内閣學士吉綸，大理寺卿恩普，詹事玉麟，翰林院侍讀學士劉鳳誥，侍講學士李宗瀚，侍講法式善，修撰姚文田，編修狄夢松，帥承瀛；總校官則候補郎中謝揚鎮；收掌官則刑部郎中查有圻，中書桂寧、多容安，翰林院典簿朱掄英，吏部筆帖式崑山，翰林院筆帖式長文，皆係現在承辦實録之員。至校對謄録供事，亦在本館揀派，俱支有桌飯銀兩，不必更議經費。恭候命下，俟聖駕幸圓明園後，臣等謹率各員日赴内廷，敬慎纂辦。此外，尚有應行籌辦事宜，隨時再行請旨。謹奏。

嘉慶六年二月十四日奉旨：「依議。欽此。」

臣慶桂、王杰、董誥、朱珪、彭元瑞、紀昀、豐紳濟倫、文寧等謹奏：臣等奉旨續修國朝宮史，前經奏准於實録館纂修内遴選九員續纂。兹副都御史恩普、太常寺卿劉鳳誥、修撰姚文田，俱放學差；又侍講學士李宗瀚，呈報開缺。現在編纂需人，臣等查在館行走各員，有少詹事茅元銘，編修陳崇本、周系英、黄焜望，於辦理書籍尚爲認真，相應奏請續補纂修，俾上緊修輯，陸續進呈。爲此奏聞，謹奏。

嘉慶六年九月初二日奉旨：「知道了。欽此。」』

國朝宮史續編目録

國朝宫史續編卷之一

訓諭

尚書冏命曰：「出入起居，罔有不欽；發號施令，罔有不臧。」誠以帝王教本身先，宫寢之地，尤嚴出納，所爲言而世爲天下則也。臣等謹按：國朝宫史編於乾隆七年，復輯於乾隆二十六年。排卷三十有六，分列六門。首登訓諭，溯自世祖章皇帝，笵金樹則，垂誡深遠。聖祖仁皇帝、世宗憲皇帝，家法相承，懋昭崇訓。逮高宗純皇帝，博綜治要，内政聿修。其在乾隆二十六年辛巳以前諭旨，固與三聖典謨，後先臚載，是訓是行矣。由是化彰久照，貽訓倍周。自二十七年迄乾隆六十年，歲奉聖諭，實有關於億萬年之大經大法，所謂不出家而教成天下者，胥在是焉。欽惟我皇上道本見知，統承授受，傳中有自，固一以高宗之心爲心，高宗之訓爲訓，整綱飭紀，法度修明。以嚴出入，則門禁有常制也。以節冗汰，則使令有定額也。而且仁必逮下，無不周之隱；知必旁燭，杜交結之端。並宜勒爲典要，肅著彝章。臣等奉旨續修宫史，仍依前編六門排次，冠以訓諭，起乾隆二十七年壬午，由嘉慶元年丙辰以次登輯。綜括二典，薈萃成書，敬拜手稽首，録高宗純皇帝諭旨爲五卷，皇上諭旨爲一卷。

訓諭一

高宗純皇帝諭旨

乾隆二十八年十月二十二日，奉諭旨：造辦處工匠，向令蘇州織造及粤海關監督等挑選送京。乃該工匠等往往到京未久，輒行藉詞告假。造辦處奏請行文本籍，令其查明後，再行給假，辦理未嘗不是。但該處行文往返未免遲緩，蘇州、廣東工匠甚多，此後挑選時，應擇其手藝精工而無家累牽制者送京，亦可省將來告假紛紛、稽查往返之煩。著將此傳諭知之。

十二月十二日，總管潘鳳等將八阿哥下太監王玉年歲繕寫緑頭牌，帶領至御前，口奏八阿哥放本家太監王玉爲首領，請旨按無官職首領每月賞給三兩錢糧米石。奉諭旨：爾總管等殊屬多事。阿哥將本家太監放爲首領，何必又奏添給錢糧？阿哥每月現食月銀五百兩，欲添給若干，應聽阿哥酌給，不必又添賞官錢糧。以後阿哥下太監首領，以此爲例。

乾隆二十九年十月十三日，總管王常貴奉諭旨：傳諭總管等，永安寺遺失陳設一案，已經外邊大臣等審明，係本處太監王玉柱同本處蘇拉定柱、老兒偷竊。可見太監劉文，掌鑰匙數年，並無遺失，尚屬妥實，因將伊派出孝差，所管鑰匙交與太監王玉柱掌管，致有偷竊情弊。其總管賈進禄，係管瀛臺等處總管，理應斟酌將妥協太監留在本處當差，將平日滑懶太監派撥外差方是。賈進禄於此等事件，自應留心辦理，伊所司何事？瀛臺等處，不必賈進禄管理，著總管王忠管理，並將賈進禄交總管治罪。至太監王玉柱，原係瀛臺當差太監，曾有偷竊太監什物之事，因首領未經呈報總管，以致今日偷竊官物；應將彼時首領查明，一併交總管治罪。再：近來各處太監等飲酒賭錢者甚多，大抵因久賭無錢，必致偷竊，本處首領一經知覺，即當呈報總管；總管或不具奏，亦應從重責處，調撥苦處當差，使太監等知此等小事即行呈報處治，自不致偷竊官物。併使太監等共知某太監因行竊賭錢，即調撥苦處當差，庶各處太監咸知警戒，亦得預爲防範。邇來各處首領太監每多畏事，遇有賭錢偷竊太監什物，並不呈報總管。如見總管時，概以無事爲辭，總管亦不願聞有事。因循日久，以致偷竊官物。如永安寺之事，因不能掩飾，始行具奏，此皆素日未經管束所致。數年前總管等尚查拏賭錢太監，近來賭錢太監甚多，總管等竟不查拏，將此嚴行傳諭各處首領太監等知之。錯派劉文外差之永安寺該管首領，本應從重治罪，但既經大臣等已將伊等治罪，内裹毋庸另議。

乾隆三十年九月十三日，總管内務府大臣等奉諭旨：太監張鳳，因盜燬金册，拏獲正法，並將失查之總管太監等分别議處。張鳳身爲首領，乃敢肆行無忌如此，補放首領時，該總管等果能慎重揀選，何至似此妄爲！况首領有何緊要事件，但取其老成謹慎而已。乃總管等於補放首領時，並不加意慎選，祇就其平日合意、巧便伶俐者保舉。太監首領，無足輕重，不過就其帶來正陪中補放，及至補放首領後，豈能盡無過愆？然從前犯法各案，皆從别處發覺，從未見總管等參奏一人。此皆伊等一味掩飾，冀圖無事。此等習氣，最爲不堪，以致釀成張鳳盜燬金册之事。譬如中外大臣保舉屬員，遇有作奸犯科者，皆隨時參劾。如瞻徇迴護，經他人揭參，並將原保大臣按例降調，處分甚嚴，豈止僅以罰俸了事。爾總管等處分，不過量罰月銀，及年終查辦時，尚可邀恩寬免，間有不免者，伊等卽以爲處分過重。此皆太監等由來之惡習，不可不嚴加整頓。嗣後除特旨補放首領外，其該總管等保舉首領，務擇其行走勤慎，爲人誠實，已過三十年者，方准保舉。仍一面報明總管內務府大臣查覈，不得任意濫舉。如有違例妄保者，內務府大臣卽查參，嚴加治罪。

乾隆三十一年二月初五日，總管王常貴奉諭旨：朕於初三日至兆祥所，看視五阿哥病症。於無意中問及，現在患病，何能坐起剃頭？據五阿哥奏稱，福園門外，有一民人剃頭甚好，著人喚進來剃的。朕想阿哥剃頭，自有按摩處太監，何用外邊民人？今五阿哥既用民人剃頭，阿哥中用民人剃頭者，諒不止一人，著總管查明具奏。再福園門係園庭禁地，不應令外人出入。今既將剃頭民人領至阿哥住所，若優伶等輩亦可喚入乎？該管總管及五阿哥諳達等，交宮內總管治罪。

五月十三日，上於乾清宮召見大學士、軍機大臣，諭曰：朕昨見十五阿哥所執扇頭，有題畫詩句，文理字畫，尚覺可觀，詢之知出十一阿哥之手。幼齡所學如此，自屬可教。但落欵作「兄鏡泉」三字，則非皇子所宜。此蓋師傅輩書生習氣，以別號爲美稱，妄與取字，而不知其鄙俗可憎。且於蒙養之道，甚有關係。皇子讀書，惟當講求大義，期有裨於立身行己。至於尋章摘句，已爲末務，矧以虛名相尚耶？皇子中或年齒已長，間有書齋名字，見之圖章，尚無大礙。若十一阿哥方在童年，正宜涵養德性，尊聞行知，又豈可以此種浮僞之事，淆其見識耶！朕昔在藩邸，未嘗不留心詩文，然從未有彼此唱酬題贈之事，亦未私取別號。猶憶朕年二十二歲時，皇考世宗憲皇帝因辦當今法會一書，垂問汝等有號否？朕謹以未曾有號對。我皇考因命朕爲長春居士，和親王爲旭日居士。朕之有號，實由皇考所賜，然亦從未以之署欵題識，此皆和親王所深悉，可問而知也。我國家世敦淳樸之風，所重在乎習國書、學騎射，凡我子孫，自當恪守前型，崇尚本務，以冀垂貽悠久。至於飾號美觀，何裨實濟，豈可效書愚陋習，流於虛謾而不加察乎？設使不知省改，相習成風，其流弊必至令羽林侍衛等官，咸以脱劍學書爲風雅，相率而入於無用。甚且改易衣冠，變更舊俗。所關於國運人心良非淺鮮，不可不知儆惕。朕前此御製皇朝禮器圖序，特暢申其旨，曾令阿哥等課誦。邇來批閱通鑑輯覽，於北魏金元諸朝，凡政事之守舊可法、變更宜戒者，無不諄切辨論，以資考鑑。將來書成時，亦必頒賜講習，益當仰體朕之思深計遠矣。阿哥等誕育皇家，資性原非常人可及，其於讀書穎悟，自易見功。至若騎射行圍等事，則非身習勞苦，不能精熟。人情好逸惡勞，往往趨於所便，若不深自提策，必致習爲文弱而不能振作，久之將祖宗成憲亦罔識遵循，其患且無所底止，豈可不預防其漸耶！阿哥等此時卽善辭章，工書法，不過儒生一藝之長，朕初不以爲喜。若能熟諳國語，嫻習弓馬，乃國家創垂令緒，朕所嘉尚，實在此而不在彼。總師傅等須董率衆師傅，教以正道。總諳達亦督令衆諳達，時刻提撕勸勉，勿使阿哥等躭於便安。著將此諭敬録一道，實貼尚書房，俾諸皇子觸目警心，咸體朕意。毋忽。

乾隆三十三年六月十二日，奉諭旨：大門上侍衛等皆在内廷當差，一切進班扈從，甚屬緊要。

伊等各宜謹慎小心，黽勉差務。今據領侍衛内大臣等奏稱，侍衛等在紫禁城東園、南園進班及跟隨阿哥等出入，有空班者數人。進班之散秩大臣，非正管之人，往往含糊了事。請飭散秩大臣等，嗣後進班，務須嚴查侍衛等語。侍衛等疏懶成習，朕屢經降旨訓飭，伊等仍復不悛，皆因領侍衛内大臣平日並不嚴查所致。如傅恒、阿里衮係軍機大臣，管項甚多，無暇及此；其餘該管大臣扎拉豐阿、兆德、達色等，所司何事？理宜留心稽查，嚴加管束。嗣後各該管大臣如不嚴查，以致因循空班，查出必將伊等一併從重治罪，並令進班之散秩大臣等留心稽查本班侍衛空班，應參奏者參奏，應稟知領侍衛内大臣者卽行稟知。倘不以爲事，因循故縱，被領侍衛内大臣查出，將散秩大臣一併參奏。再：前恐紫禁城内進班之護軍等，坐更送籌疏懶，特飭委員嚴查，至今並未派委，日久恐又怠惰。著將此旨並交各該管大臣，通行曉諭侍衛、護軍，敬謹遵行。

乾隆三十五年五月初七日，奉諭旨：阿哥等在書房讀書，所以檢束身心，自當出入有常，跬步必謹。如每月派祭奉先殿等事，原可循例徑行，其餘或有他故外出，必須以實奏聞，庶舉動不得自由，且有合於出告之禮。今八阿哥以己事入城，並未奏知，又不關白師傅，殊屬非理。且皇子每出，例派散秩大臣、侍衛等護行，非惟體制宜然，亦所以致其防閑，使不得行止任情，趨於所便也。乃八阿哥僅帶親隨及園門護軍數人，策騎同往，有何急務，而忽遽若此？縱不自重，其如大體何。率此以往，或相習效尤，無所顧忌，必將肆意遊行，無所不至。且恐外間愚妄之徒，得以藉端詭遇，馴至結納依附諸弊，皆從此隱伏，其所關繫尤鉅，不可不爲先事之防。況阿哥等漸皆長成，尤宜慎於所習，卽在書房，原非專事儒生佔畢，惟當循循規矩，使心志不至外馳。且兄弟輩昕夕相聚，砥礪交資，盡化其畛域忮忌之見，亦甚有益。至阿哥等之未習職事者，固當以就學爲先務，卽如四阿哥派管武英殿等處，六阿哥派管内務府，綿恩阿哥派管前鋒統領，遇有應行事宜，及有與同事大臣商酌者，自不防各就官所辦公；其無事之時，仍當日理常課；卽文書畫諾，亦可携至齋中，正復並行不悖，其他更不容稍有曠廢矣。至於八阿哥進城之事，朕初亦竟不知，因近日派諸皇子詣黑龍潭分班祈雨，八阿哥與十一阿哥同班，適伊二人下班之期，朕遣人喚至，傳旨詢及雨壇事，惟十一阿哥對答，始知八阿哥之私自入城。朕並非有意覘察，而其蹟自然發露，得以因事提撕，小懲大戒，未必非諸皇子之福。在八阿哥惟當益深感懼，卽衆阿哥亦當共知奮勉，方不負朕教育成全恩意。若八阿哥謂十一阿哥訐發其私，隱懷嗔恨，此乃不明理之見，諒亦不出此。試思十一阿哥，當朕問及時，設稍爲其兄掩飾彌縫，豈非欺父？若喚來面詢，何能復隱？且朕非特慈愛諸皇子，爲之杜漸防微，實敬念我祖宗貽澤之長，惟期世世子孫，永守無斁，因不惜諄諄教迪。諸皇子宜善體朕心，恪遵朕訓，志日篤而業日修，復彼此相親相愛，式好無尤，方能永承福慶。至師傅爲諸皇子授讀，豈僅以尋章摘句爲能，竟不知隨事規勸，俾明大義，而總師傅則尤當盡心誨導，凡事納之於善，勿使稍有過愆，方爲無忝厥職。今於八阿哥擅自出入一節，漫無覺察，所司何事？且朕昨歲卽聞書房中諸務懈弛，乃總師傅從無人奏及一語，此非漠不關心，卽係務爲姑息，以致阿哥等不復畏憚，釀成此事。所謂愛之適以害之，又豈朕委任老成本意乎？若諳達等之不曉事理，自取咎戾，更不足責備矣。今已將八阿哥及師傅、諳達分別示儆，並爲明切誡諭，令録一通，實貼尚書房，使皇子等朝夕觀省，知所勸戒。

八月十九日，駐蹕要亭行宮，胡世傑奉諭旨：著傳諭王常貴，八月十三日係萬壽聖節，十四日，暢春園總管李文貴卽奏總管鄧榮貴病故。今歲係六旬大慶，太監總管病故，何關緊要，李文貴豈不知尊卑大體？況伊在養心殿當差多年，何事不諳，今乃糊塗若此。卽王公大臣如有此事，亦不敢具奏。著問李文貴，伊於雍正年間亦敢如此冒昧乎？彼時若果如此，已發往黑龍江矣。著王常貴問明，從重治罪。再：總管王忠，曾於八月初四日擅奏總管潘鳳病故，亦屬非是。卽潘鳳病故，亦當俟過萬壽月，或俟改鑾後發報具奏，亦不爲遲。著將王忠一併議罪。再：總管等近來漸無忌憚，嗣後凡遇此等事件，毋得於萬壽月妄行具奏。至鄧榮貴病故，著賞銀二十兩。

十二月初三日，奉諭旨：今日偶有詢問四阿哥之事，遣人至書房傳旨，知四阿哥因祀神竟未進內。祀神行禮，原在清晨，祀畢仍可照常進內。乃四阿哥藉此爲名，一日不進書房，殊屬非是。但較之夏間八阿哥自圓明園擅行入城者，其過稍輕，此次姑從寬免責，向後如不知省改，一經查出，不能再爲曲恕。其師傅、諳達所司何事？著卽查參議處。

國朝宮史續編卷之二

訓諭二

乾隆三十七年十月二十二日，奉諭旨：朕閲三通館進呈所纂嘉禮考内，於遼金元各代冠服之制，叙次殊未明晰。遼金元衣冠，初未嘗不循其國俗，後乃改用漢唐儀式。其因革次第，原非出於一時。卽如金代朝祭之服，其先雖加文飾，未至盡去其舊，至章宗乃概爲更制。自應詳考詮次，以徵蔑棄舊典之由，並酌入按語，俾後人知所鑒戒，於輯書關鍵，方爲有當。若遼及元，可例推矣。前因編訂皇朝禮器圖，曾親製序文，以衣冠必不可輕言改易。及批通鑑輯覽，又一一發明其義。誠以衣冠爲一代昭度，夏收殷冔，本不相沿襲。凡一朝所用，原各自有法程，所謂禮不忘其本也。自北魏始有易服之説。至遼金元諸君，浮慕好名，一再世輒改衣冠，盡失其淳樸素風。傳之未久，國勢寖弱，洊及淪胥。蓋變本忘先，而隱患中之，覆轍具在，甚可畏也。況揆其所以議改者，不過云衮冕備章，文物足觀耳。殊不知潤色彰身，卽取其文，亦何必僅沿其式。如本朝所定朝祀之服，山龍藻火，燦然具列，悉皆義本禮經，更何通天絳紗之足云耶？且祀莫尊於天祖，禮莫隆於郊廟。溯其昭格之本，要在乎誠敬感通，不在乎衣冠規製。夫萬物本乎天，人本乎祖，推原其義，實天遠而祖近。設使輕言改服，卽已先忘祖宗，將何以上祀天地，經言：「仁人饗帝，孝子饗親」。試問仁人孝子，豈二人乎？不能饗親，顧能饗帝乎？朕確然有見於此，是以不憚諄復教戒，俾後世子孫，知所法守，是創論、實格論也。所願奕葉子孫，深維根本之計，毋爲流言所惑，永永恪遵朕訓，庶不爲獲罪祖宗之人，方爲能享上帝之主，於以永綿國家億萬年無疆之景祚，實有厚望焉。其嘉禮考，仍交館臣，悉心確覈遼金元改制時代先後，逐一臚載，再加擬按語證明，改繕進呈，俟朕鑒定，昭示來許。並將此申諭中外，仍録一通，懸勒尚書房。

十一月十九日，奉諭旨：皇子原與外間王公有間，一切服用，悉如親王。現在皇子中，四阿哥、六阿哥俱錫封郡王，其俸銀及護衛官員，自應視其爵秩，而一應服用，仍應照皇子之例。俟朕八旬開六歸政時，再各按爵秩，方爲允協。著將此旨交宗人府及尚書房，均各登記。

乾隆三十八年九月二十日，胡世傑奉諭旨：著傳諭總管等，今日下雨時，見太監等戴用紅帽套者甚多。嗣後只准總管首領、奏事太監、詩本太監、養心殿内首領小太監等戴用，其餘俱不准戴紅帽套。如再見有各處太監戴用者，卽將總管等治罪。

乾隆三十九年七月二十四日，奉諭旨：昨高樸奏，太監高雲從洩漏道府記載一案，降旨將觀保、蔣賜棨、吴壇、倪承寬等革職交刑部查審。朕辦理此事，並不得謂之過嚴。我朝家法，太監止供使令，從不許干涉政務。至於外廷臣工，尤當禁絶往來。若聽其認識交言，實非善事。卽如蔣賜棨，於高雲從買地一案，雖未爲辦理，然當此政治清明之時，伊等尚不敢任意妄爲，若此次不行整飭，將來不知何所底止。又如倪承寬，因在内廷行走，認識高雲從，乃又欲同官之申保，亦與認識，尤不可解。至於記名道府人員，硃批記載，乃皇考世宗憲皇帝留意人材，以備隨時録用，實屬法良意美，所當永遠遵守。至於所用道府，亦不過照例補放，或後經督撫參劾，朕亦無從庇護。若其中果有人本平常，或夤緣倖得，九卿等確有實據，何妨據實參奏，朕必爲之嘉獎，又何所容其私相議論。乃觀保等既不能指實直陳，徒於班聯之上妄行竊議，意欲何爲？況觀保本屬庸材，屢經獲譴。蔣賜棨、吴壇，甫經擢用，尤宜恪勤奉職，又何暇評論人材乎？此事高樸初奏，朕尚以爲必無，於召見軍機大臣時論及此事，是于敏中尚不能在朕前稍存飾混，況他人乎？朕臨御三十九年，勵精圖治，宵旰不遑，正賴神志清明，覺察衆人情僞，不致倦勤。若此日正當精明强固，可以振作有爲之時，豈容於此等事必酌量彼時精神與此時無異，不容輕意混過。從前雖有志願，至八十五歲時即當歸政，然亦與伊干涉之事，察于敏中所奏，尚欲意存迴護，希冀顢頇了事。今據審出，即有竟置不問乎？今據審出案情屬實，則高樸所奏，尚具有良心，何九卿中屢經召見，並無一人奏及？若與高雲從素有關涉者，自不肯直奏。糊塗如蔡新者，或不能舉發。其餘九卿，豈直一無見聞？又豈朕不肯召見九卿耶？即如英廉係内務府大臣，於内廷諸事最爲熟悉，舒赫德到京已將一載，在軍機處行走，此等情事，豈有不知？乃高樸尚有見聞，豈英廉、舒赫德竟得諉爲不知？朕開誠布公以待諸臣，而諸臣轉不能竭誠盡力以圖報効。諸臣清夜自思，良心安在？舒赫德、英廉著傳旨嚴行申飭，九卿等亦著一體申飭。朕因此事大有關係，專行剴切教誡，並通諭中外臣工知之。

七月二十六日，奉諭旨：現在查審太監高雲從，訊出李文照放粤海關監督時，聽受高雲從囑託，攜帶伊弟高雲惠爲長隨一事，太覺膽大。昨已降旨將李文照革職，拏解來京，交内務府大臣嚴審矣。向來内務府官員好與太監交結，實係最惡習氣。今朕因李文照在如意館行走多年，小心勤謹，是以用爲監督，乃甫經加恩，卽敢聽太監囑託，徇私收録，實係其福薄，不能承受朕恩。況太監等兄弟子姪，止宜在屯務農，或小本營生度日，是其正理。今乃跟監督充當長隨，其意不過欲在關口婪索舞弊，累商竊課，皆所不免，豈可不急行嚴禁？今李文照現經敗露，朕卽將伊斥革，拏問治罪。可見與太監往來，非惟無益，且必身獲重譴，後悔莫及。李文照卽是衆人榜樣。凡内務府官員，俱宜引以爲戒，痛自警省，毋蹈覆轍。嗣後倘有犯此者，朕不能稍爲寬貸也。著交内務府大臣傳諭内務府官員知之。

同日，奉諭旨：昨審訊太監高雲從，供有高雲龍在臨清州當長隨。外任知州，因何得與太監認識，收留伊弟爲長隨？據供並不認識臨清州知州，係託曾押貢到天津之參將王普，懇其將伊弟高雲龍帶往山東，尋覓跟隨官府。後得信，知已在臨清州魏家灣坐口等語。太監高雲從既不認識臨清州知州，與該州無涉，無庸革職審訊。至王普身爲武職大員，乃敢與太監認識，聽其囑託，將伊弟代薦長隨，殊屬不堪。著傳諭徐績，卽將王普革職，嚴審確情具奏。

七月二十八日，奉諭旨：向來在京部院各衙門陳奏事件，及各省督撫等齎奏差弁赴宮門具摺，設有奏事官員接遞，轉交奏事太監進呈。所以嚴内外之防，使宦寺人等概不得與外人交接，法至善也。乃近來奏事官員日久懈弛，致有山東隨至天津之參將王普與太監高雲從認識，聽其囑託。高雲從不過寫字處下賤太監，何得與外省參將相識？則是太監等與外廷官員在宫内覿面交談之處，大概可知。奏事處向派有御前侍衛一員管理，原以查察各項弊竇。今春寧在奏事處，於此等情事不能稽查，所司何事？春寧不必管理奏事處之事，仍交御前大臣等議罪。另派安泰代管。安泰向曾管理此事，今行走雖不及昔日，而稽查管束，尚所能爲，務宜小心謹慎。若再有太監與外廷官員人等在宫内交言識面之處，惟安泰是問。嗣後除軍機處應奏事件仍照舊交奏事太監呈遞外，其餘各部院衙門奏摺，俱悉從奏事官員接收轉交。卽内務府衙門一切事件，雖係家務，亦著由奏事官員轉交，概不得由奏事太監等接奏。大臣官員等並不得與太監交談，如敢再有違犯，必將伊等從重治罪。著將此旨嚴切傳諭奏事處及各衙門知之。

乾隆四十年五月初四日，奉諭旨：日前總管内務府衙門奏，商人義和泰呈請展限交銀一案，因其事尚屬可行，已依議矣。是日召見金簡，詢係何人收呈？奏稱不知何人接收。數日後，召見邁拉遜，詢及此事，奏以六阿哥收呈，交衙門公辦。又數日，詢之英廉，則稱忘係何人所收各等語。衙門中同辦一事，豈有不知呈所從來，及遺忘何人收呈之理？不過邁拉遜據實覆奏，而英廉、金簡不肯明言，殊屬非是。英廉、金簡俱著交部嚴加議處。皇子派令辦事，如無過失，大臣等必不能造言誣陷，設有其人，斷難逃朕洞鑒，亦無從逞其伎倆。若行事稍有不合，又豈大臣等所能瞻顧隱瞞？蓋英廉、金簡在内廷年久，心靈曉事，明知阿哥不應收呈，言之與阿哥有礙，故不免含糊隱諱耳。

至六阿哥派管内務府事，收呈本非其分所應爲，恐相沿日久，跟阿哥人衆或有潛行藉端需索之事，究與阿哥聲名有損，不可不防其漸，並將此通諭知之。

十一月二十八日，奉諭旨：從前賞給十一阿哥使唤之殷姓女子，其母兄現在來京，投至府中，當經阿哥交出。詢之，據稱想念伊女，到京探望，今知在阿哥府内，可以放心，卽擬料理回家等語。此等賞給阿哥女子，非有名號，自不便歸入内務府旗分，給以養贍。但伊等或因其女在阿哥府内，卽視爲榮貴，倚恃生事，此風斷不可長。今既詢無别項情節，祇須遣回本籍，無庸查辦。著傳諭舒文，於伊等到家後，留心察訪，如果安分營生，原可聽其自便，倘稍有倚藉阿哥名目，借端滋事之處，卽應照例治罪。從前安寧、普福於此等事每意存容隱，致獲咎愆，此舒文所深知者，務須引以爲戒，毋得稍存姑息。將此傳諭知之。

乾隆四十一年正月初二日，奉諭旨：前據邁拉遜奏，拾獲匿名揭帖一紙，内有開寫綿德阿哥賞給禮部郎中秦雄褒字畫食物，並經相見送禮一節，隨密諭福隆安查訪。今據奏稱，拏獲曾在綿德阿哥處雇工之馬成、蘇二訊供，秦雄褒曾進見綿德阿哥，致送畫册爐瓶等物。綿德阿哥亦賞給綢紗字扇屬實。此事甚有關係。阿哥等在内廷讀書，理應謹慎自持，不當與外人交接。況秦雄褒不過一禮部漢司員，與阿哥等毫無干涉，非若書房行走之翰林等可比。秦雄褒何所爲而必欲謁見綿德？綿德又何所爲而必欲認識秦雄褒乎？秦雄褒係秦道然一家，從前秦道然在康熙年間卽有交通塞思黑之事，其家風本不馴謹。今秦雄褒復敢如此，幸而早爲發覺，尚不致久滋事端，此卽阿哥等之福。若不示以懲儆，恐諸皇子皇孫無所畏憚，漸失我朝家法。綿德著革退王爵及翎頂、黄馬褂，作爲閒散宗室，其定郡王爵，卽令綿恩承襲。綿德之師傅李中簡，不能教誡管束，咎無可辭。該員本係緣事降調，復經賞給編修職銜，仍令在書房行走，今復不能盡職，卽著革職，逐出書房。至秦雄褒身爲司員，敢與綿德往來餽送，殊屬可惡，著革職，卽日發往伊犁，不准贖罪。至此事係朕特交福隆安查辦，若福隆安稍存徇隱，不肯據實查出，朕必重治其罪。福隆安寧敢瞻顧阿哥等而轉不畏朕乎？今經此小懲大戒，不特綿德當知感愧，卽諸皇子皇孫亦均當感激自勵。若因福隆安之查奏，輒心懷嫌怨，斷難逃朕洞鑒，必不稍爲寬宥也。將此通諭知之。投遞匿名揭帖之人，仍著軍機大臣查審具奏。

二月初八日，内務府大臣等奉諭旨：向來養心殿太監等遇有一應零星活計，輒傳喚造辦處各項匠役整理，漫無稽核，殊屬非是。圓明園等處亦然。宮殿重地，豈容外人出入，卽有應行修整之事，亦應告之總管内務府大臣等，派員放匠，不當任聽太監等專擅徑行。昔皇祖時，曾有諭旨飭禁，載在宮史。今相沿日久，太監等又復漫無顧忌，不可不實力整頓。著交總管内務府大臣，將太監傳喚匠役進内之事，嚴行禁止。嗣後如有必須放匠修整活計之事，俱令呈明該總管大臣，派員查點，仍將某處放進次數，於年底彙摺具奏。

十月初四日，奉諭旨：諸王襲爵，經朕酌定，由軍功封晉者世襲罔替；其餘恩封諸王，襲爵時皆應以次遞降。又念親郡王以下，不過六七傳，卽至奉恩將軍，心有不忍。曾經降旨，凡親王以次遞降者，至鎮國公而止；郡王以次遞降者，至輔國公而止。其公爵均屬世襲罔替。蓋錫爵延恩，若不定以等差，則國家億萬年之久，王爵愈積愈多，又不免於冗濫。昨四庫全書薈要處呈進繕本宋史，朕幾餘披閱，見宗室世系表内，其燕王、楚王之子，卽降爲公；公之後，降爲三班奉職，是其再傳而後，卽已下同齊庶。視現今所定恩封之親王、郡王以次遞襲者，仍得世膺公爵。其厚薄爲何如耶？且朕於諸子中，惟皇長子、皇五子皆因病劇時始加封親王；至於皇四子、皇六子，則以出嗣諸叔，得襲郡王爵，餘尚未有特予册封者。非朕沽名而薄待己子，正因理當然耳。所以昭示久遠之道，無有大於此者。我世世子孫所當遵守勿替。著將此旨録示阿哥書房，並諭令宗室王公等知之。

乾隆四十二年正月二十九日，上召大學士臣舒赫德、臣于敏中、協辦大學士尚書公臣阿桂、額駙尚書公臣福隆安、尚書公臣豐昇額、將軍伯臣明亮、尚書臣袁守侗、侍郎臣梁國治、臣和珅，面奉諭旨：今日奉移大行皇太后梓宫於暢春園之九經三事殿，妥侑聖靈。蓋緣暢春園乃皇祖舊居，雍正九年，皇妣孝敬憲皇后喪儀卽在此安奉。朕恭奉聖母皇太后頤和養志四十餘年於暢春園，神御所安，最爲怡適。是用易蓋黄瓦，敬設几筵，奉移成禮。所謂禮緣義起，行乎心之所安也。若圓明園之正大光明殿，則自皇考世宗憲皇帝爰及朕躬，五十餘年莅官聽政於此，而門前内閣及各部院朝房左右環列，規模遠大，所當傳之奕禩子孫，爲御園理政辦事之所，恐萬年後子孫有援九經三事之例，欲將正大光明殿改換黄瓦者，則大不可。且觀德殿及静安莊所建殿宇宫門，體制閎整，以之移奉暫安，足以備禮盡敬，何必别議改作乎？至園内之長春園及宫内之寧壽宫，乃朕葺治爲歸政後所居，將來我子孫有紹美前休、耄期歸政者，亦可留爲憩息之地，均不宜輕事更張。若暢春園則距圓明園甚近，事奉東朝，問安侍膳，莫便於此，我子孫亦當世守勿改。著將此旨録寫，封貯尚書房、軍機處各一份，傳示子孫，以誌毋忘。

二月二十日，上召皇六子、皇八子、皇十一子、皇十五子及大學士臣舒赫德、額駙尚書公臣福隆安、尚書臣袁守侗、侍郎臣梁國治、臣和珅，面奉諭旨：前於正月二十九日召軍機大臣等面降諭旨，以圓明園之正大光明殿爲皇考及朕躬數十年來聽政之所，當傳之奕禩子孫，不得援九經三事之例，改换黄瓦。至暢春園距圓明園甚近，事奉東朝，亦子孫所當世守勿改，已令記録此旨封存尚書房、軍機處各一份。至於列聖列后安奉神御神位之處，禮緣義起，朕惟一本前規，不敢不及，亦不敢有過。所應詳晰訓諭，俾并録存記者，如壽皇殿安奉聖祖仁皇帝、世宗憲皇帝御容，列聖、列后向年惟除夕、元旦兩日恭奉御容，瞻拜於此。若恩佑寺原奉皇祖御容，嗣於圓明園内建立安佑宫，朕卽奉移皇祖御容，並奉皇考御容。至現在之恩佑寺，惟供佛像，歲時誦經展禮。蓋緣神御尊嚴，不敢瀆奉。昔我皇祖爲孝莊文皇后於南苑建永慕寺，亦止奉禮佛像，用申誠敬。是以朕昨命將悟正菴改建恩慕寺，爲聖母皇太后恭薦慈福，少抒哀慕之忱，並無供奉神御之事也。至養心殿之東佛堂，圓明園之東佛堂，因皇考時曾恭奉皇祖神位，並恭奉孝恭仁皇后神位，是以朕亦遵奉此制而行，不敢有所損益。至避暑山莊之永佑寺，則止奉皇祖皇考御容。此皆子孫所當敬謹遵奉。又宫内之長春宫，向有孝賢皇后及皇貴妃等影堂，朕不過每歲於臘月二十五忌辰之日一臨，但思列后及聖母均未有專奉聖容處所，則長春宫卽歲暮亦不便懸像矣。此事著停止。列后神御俱尊藏皇壽殿内神厨，將來朕之子孫遵照安奉，亦足以昭敬慎。將此旨令皇子等一併録寫存記，用誌毋忘。

乾隆四十三年三月二十七日，奉諭旨：前派八阿哥、十一阿哥校勘四庫全書。向來總裁校書，經朕指出錯誤者，例有處分。嗣後阿哥等所校之書，如有錯誤，亦應一體查覈處分，以昭公當。其應罰之俸，著照尚書例議罰，卽於應得分例内坐扣。

五月二十五日，奉諭旨：雍正元年，曾奉皇考諭旨，太監等見諸王大臣進内，必須起立，行走必須讓路，以存恭敬。令總管太監等不時嚴傳與衆太監，如有違犯，必不輕恕。本日朕在乾清宫西暖閣，於窗内望見西廊下有穿補服者二人，向北行走，又有一不穿補服者南行，相遇並不讓路。因思補服者必係職官，其不穿補服者必係太監，既已相遇，自宜在旁避讓，乃竟交臂不顧，全無恭敬之心，皆總管太監等日久視爲具文，不能管教之故。今經朕目睹，不可不防其漸。著嚴行傳諭總管太監，務須隨時教飭約束，毋許肆慢無禮。此後如再不凛遵，定將該總管首領太監等一併治罪。

九月初一日，奉諭旨：朕此次詣盛京，恭謁祖陵，蹕路出山海關而行，憑覽關城形勢，屹然雄鎮。明季於此置大員，設重兵拒守，以防我朝。而大軍每從沿邊諸隘口直入，如蹊無人之境，可見險固不足恃也。然以當時盛京而論，有此關控扼其中，内外氣脈，不能貫注，卽由他路入邊，而彼終得撓我之後。所以天聰二年，太宗文皇帝親統大軍征明，進圍燕京，仍復釋之而去。聖謨深遠，未嘗不籌慮及此。迨後攻克永平、灤州、遵化，皆留將督兵駐守，或欲藉以爲内外夾攻山海關之策。乃代鎮之貝勒阿敏，乖張怯懦，竟棄已得之各城而歸。太宗憤甚，數其罪而責之，雖貸其死而全親親之誼，遂不復躬總六師入邊，亦深以山海關中隔爲難也。洎乎闖賊陷闕，明社遂墟，吴三桂乃開關迎請王師，爲之復仇戡亂。於是我睿親王卽率勁旅入關，一戰而殲賊衆，追逐李自成，至京城而遁，克集大勳。恭奉我世祖章皇帝定鼎燕京，統壹寰宇，用奠我萬世丕丕基。夫同此山海關也，前屢圖之而不得其機，後則直入焉而無所於阻，蓋上天眷佑我國家，誠非意計所能豫及。而所謂在德不在險者，於此益見。迄今追思，更不禁感鴻貺而凛景命矣。且自出關後，途中所經城郭，則寧遠、錦州、廣寧等處，山川則松山、杏山、大凌河、薩爾滸、尚間崖、渾河等處，悉我太祖、太宗艱辛百戰之地，歷歷在目。溯自興京肇迹，遼瀋遷都，業基於勤而謀成於斷，皆世世子孫所當深念者。朕自臨御以來，每間日恭閲列祖實録一册，週而復始，於創業垂統之蹟，敬識之弗敢忘。前此癸亥、甲戌再臨陪都，展謁陵寢，所歷川原形勝，因見徵聞，並爲詩篇以紀。而薩爾滸一戰，破明四路之兵二十餘萬，遠近承風震讋，尤爲締造鴻規。向曾親製書事長篇，昭示來許。昨歲爲全韻詩，於太祖、太宗大烈耿光，咸誌述成什，端委畢該，洪纖具備，實足以垂法守，非僅託爲吟咏而已。兹戊戌秋三莅斯土，境之履者益以習，蹟之著者益以晰，其或地名今昔傳訛，介於疑似顯晦間者，復周諏而深考之，乃得曉然於心而無所惑。夫以朕之景仰前型，勤懇若是，必三至乃得曉然於心。凡我子子孫孫紹登大統者，可不體朕志以爲志，睠懷遼瀋舊疆，再三周歷，蘄於祖宗遺緒，身親而目覩哉。至於朕叩謁永陵、福陵、昭陵，每至必淚隨聲湧，瞻戀不忍去，此非可以强致也。夫太宗爲朕之高祖，而自太祖以上至肇祖，雖遞推遞遠，然追溯水源木本，一派相承，則固甚親而甚近。且奕禩之昇平景運，皆昔日艱難開創之所留貽，永言思之，豈能不痛？理也，亦情也。我後世子孫，誠能遵朕此旨，處尊位而常緬前勞，覽當年原轆而興思，拜舊里松楸而感愴，自必凜然於天眷之何以久膺，憬然於先澤之何以善繼，知守成之難，兢兢業業，永保勿墜，則我大清累洽重熙之盛，洵可綿延於億萬斯年矣。非然者，或輕視故都而憚於遠涉，或偶詣祖陵視同延攬古蹟而漠不動心，是則忘本而泯良，設有其人，卽爲國家之不幸，實不願我後嗣之若此也。子若孫可不恪奉朕訓而知儆懼乎？歷代事蹟湮遠，姑不具論，卽如勝國洪武草昧初開，未嘗不得之艱苦。而中葉以後，罔念厥祖，若正德之荒淫蕩佚，恬不爲怪；嘉靖、萬曆、天啓之昏庸逸樂，阿柄下移，以致權臣奸宦相繼而擅威福，亂政害良。此數君惟知蒙業而安，於國事懵然罔覺，雖未及身而喪，不數傳而馴至滅亡。使有能奮然振興，追念洪武之舊圖，勵精求治，未必不可挽回於末造。而宴安酖毒，終於不可救藥，自覆厥宗。殷鑒甚近，尤足爲炯戒耳。或我子孫尚知遵朕此旨，欲莅陪京，而其時無識之臣工，妄以爲人主當端處法宮，綜理庶政，不宜輕出關外，此卽我朝之亂臣賊子，當律以悖命之罪，誅之毋赦。蓋盛京爲根本重地，發祥所自，後世不可不躬親閱歷。昔我皇祖曾三舉斯典，朕今亦三次矣。如陞殿、祀神、閱射行賞之類，仍循成例。而於三陵之察紅椿，移近居，及葺盛京舊有壇廟，以至沿途之繕城垣，檢覈各庫諸事，則皆前兩巡所未及，而今悉舉而行之，益可見臨幸之有益矣。十數年後，朕躬若尚如今日之康强，仍當再修上陵之禮，然尚須有待。嗣後每閲三年，卽派皇子二三人恭謁祖陵，每次於秋冬間啓行，途間既不煩修治橋道之勞，而傔從無多，更可不豫安營頓，俾之歷覽舊京風土，自皆惕然動念，感天佑而仰祖功，無負朕諄切垂訓之意。欽承毋忽。將此通諭中外，並録一道，交尚書房存記。其三年一次簡派皇子之事，屆期著軍機大臣請旨。

十一月初八日，召見皇子及軍機大臣等，諭曰：昨惇妃將伊宫内使唤女子責處致斃，事屬駭見，爾等想應聞知。前此妃嬪内間有氣性不好，痛毆婢女，致令情急輕生者，雖爲主位之人，不宜過於狠虐，而死者究係窘迫自戕，然一經奏聞，無不量其情節懲治，從未有妃嬪將使女毒毆立斃之事。今惇妃此案，若不從重辦理，於情法未爲平允，且不足使備位宫闈之人咸知警畏。況滿漢大臣官員，將家奴不依法決罰、毆責立斃者，皆係按其情事，分别議處，重則革職，輕則降調，定例森然，朕豈肯稍存歧視。惇妃卽著降封爲嬪，以示懲儆。并令妃嬪等嗣後當引以爲戒，毋蹈覆轍，自干重戾。朕辦理此事，準情酌理，惟協於公當，恐外間無識之徒，或有竊以爲過重者，不知朕心已覺從寬，事關人命，其得罪本屬不輕，第念其曾育公主，故從末減耳。若依案情而論，卽將伊位號擯黜，亦豈得爲過當乎？朕臨御四十三年以來，從不肯有溺愛徇情之事，爾諸皇子及衆大臣皆所深知。卽如惇嬪平日受朕恩眷較優，今既有過犯，卽不能復爲曲宥。且不特此也，如大臣等辦理事務，今日有善，卽從而眷遇；明日有過，卽予以訓飭。如其有心干犯，私過亦卽嚴懲，禍福悉視其人之自取，絲毫不設成見，且不可存某事必須某人辦理之心。如大學士鄂爾泰、張廷玉，大學士公傅恒，協辦大學士公兆惠，皆在左右襄贊機務，伊等既逝，未嘗無承辦政事之大臣。又如尚書張照、汪由敦，大學士梁詩正、劉綸，皆在内廷經理筆墨，伊等病歿，亦未嘗無接辦文墨之詞臣。此外皆可類推。若爲人君，不能見及於此，何以撫御天下，董正羣臣乎？此卽爲君難之一端也。諸皇子各有福晉、格格，家庭之事，當法朕於宮闈，不稍溺愛徇情。其下亦有官員、太監，卽可以小喻大，當法朕於臣工，不稍專恃偏護。國家一理，事可相通，諸皇子可不知所遵守乎？至若縱性濫刑，虐毆奴婢，不但福晉、格格等不宜有，卽諸皇子亦當切戒。且如朕爲天下主，掌生殺之權，從未嘗有任一時之氣，將閹豎輩立斃杖下，諸皇子豈不知之？從前小太監胡世傑、如意等，在朕前常有惹氣之事，不過予以薄懲，杖責二十，極多亦不過四十者。諸皇子當遵朕此諭，咸知效法。倘或管教不嚴，及自行任性毒毆，致死奴婢者，朕一有所聞，必不輕恕。所有惇嬪此案，本宮之首領太監郭進忠、劉良獲罪甚重，著革去頂帶，並罰錢糧二年。其總管太監亦難辭咎，除桂元在奏事處，蕭雲鵬兼司茶膳房，每日在御前伺候，不能復至宮内稽查，伊二人著免其議罪；其王忠、王成、王承義、鄭玉柱、趙得勝專司内庭，今惇嬪毆斃使女，伊等不能豫爲勸阻，所司何事？著各罰錢糧一年。但其事究因惇嬪波累，著將伊等應罰錢糧，於各名下扣罰一半，其一半亦著惇嬪代爲繳完。所有毆斃之女子，並著惇嬪罰出銀一百兩，給其父母殮埋。此案雖係小事，朕一秉大公至正，與綜理庶務無異，亦可恍然咸喻朕意矣。將此旨交總管内務府大臣，傳諭内府諸人知之。並著繕録一通，交尚書房、敬事房存記，令諸皇子共知警省，永遠遵奉。

乾隆四十七年四月十七日，奉諭旨：昨於養心殿存貯各書内檢有明朝宫史一書，其中分類叙述宫殿樓臺及四時服食宴樂，并内監職掌、宫闈瑣屑之事，卷首稱蘆城赤隱吕毖較次，其文義猥鄙，本無足觀。蓋明季寺人所爲，原不堪採登册府，特是有明一代，粃政多端，總因閹寺擅權，交通執政。如王振、劉瑾、魏忠賢之流，俱以司禮監秉筆，生殺予奪，任所欲爲，遂致阿柄下移，乾綱不振。每閲明代宦官流毒事蹟，殊堪痛恨。即如此書中所稱司禮監掌印、秉筆等，竟有「秩尊視元輔，權重視總憲」之語，以朝廷大政，付之刑餘，俾若輩得以妄竊國柄，奔走天下，卒至流寇四起，社稷爲墟，伊誰之咎乎？著將此書交該總裁等，照依原本，鈔入四庫全書，以見前明之敗亡，實由於宫監之肆横。則其書不足録，而考鏡得失，未始不可藉此以爲千百世殷鑒。並將此旨録冠簡端。

國朝宮史續編卷之三

訓諭三

乾隆四十八年七月二十六日，奉諭旨：盛京爲王迹肇基之地，朕御極以來，敬惟祖宗開創艱難，佑啓萬年統緒，於癸亥、甲戌、戊戌暨今癸卯，四詣盛京，恭謁祖陵，以申積悃。所歷川原形勝，因見徵聞，並爲詩以識。而於太祖、太宗締造鴻規，耿光大烈，咸恭紀成篇，實足以垂法守，非僅託爲吟咏。所有四詣盛京御製詩，著皇子等分年按次，每人各録一分，裝成四卷，彙貯一匣，以昭觀揚垂裕之至意。

十一月初八日，軍機大臣阿桂等奉諭旨：傳諭總管等，嗣後宮内等處，倘遇有火燭之事，總管等卽行開門，放外邊王公大臣進内撲救。並著總管等量其相近之門開放，不可著外邊人等遶遠。如開較遠之門，未免遲滯。以後謹記。

乾隆四十九年正月十五日，奉諭旨：皇孫綿德前因與革職禮部郎中秦雄褒往來餽遺書畫，革去承襲定郡王，嗣復加恩封爲公爵。綿德爲皇長子定安親王嫡長子，係朕長孫，設如書生拘迂之見，若明洪武時懿文太子既歿，劉三吾建議謂「皇孫世嫡，禮宜承統」，洪武泥於法古，遂立建文爲皇太孫，其後釀成永樂靖難之變，禍亂相尋，臣民荼毒，皆劉三吾一言喪邦之所致也。朕惟深鑒於歷代建儲之失，是以再三宣諭，并令纂輯儲貳金鑑一書，爲萬世法戒。若如洪武之泥古立儲封建，以祖宗神器之重，輕爲付託，豈我大清宗社萬年之福乎？今念綿德之子奕純，新歲可以得子，朕慶抱玄孫，五世一堂，實爲古稀盛事，自應特沛恩施，以衍奕禩雲礽之慶。綿德著加恩晉封固山貝子，嗣後宜益加謹飭，常存敬畏，以期永承恩澤，副朕諄切訓勉之至意。此旨著入於儲貳金鑑。

十月初四日，奉諭旨：向來宗室惟近支依皇子、皇孫輩命名，其支派稍遠者，命名卽不得依此行輩。本年因得五世玄孫，命名載錫，將來載字輩下，再得六世來孫，應用奉字。因令宗人府查宗室内載字下一輩，遠支已有希賢、覺隆阿二人。是自太祖以下至今，已有十一世，瓜瓞繁衍，本支極盛，朕心深爲欣慶。著加恩依奉字輩，希賢賜名奉福，覺隆阿賜名奉壽，以示朕親族推恩，仰承天眷，啓佑萬年之至意。

乾隆五十年六月十七日，奉諭旨：前因近日進宫太監短少，由於未經投進之先，州縣胥役鄉約人等藉端向其家屬需索所致。已降旨令直隸總督、順天府尹嚴飭各州縣，嗣後如有自行净身者，不得拘其家屬，准其投内務府派撥當差，原以杜胥役需索之弊。但此等净身之人，情節不一，必當於其投到時交該司詳細盤詰驗看，如實係家道貧苦，而舉動又復馴良，與現在熱河當差之年幼太監王成相仿者，卽應准其投進。如其人桀驁不馴，或言語支離，卽應行文原籍，查其有無别故，另行辦理。此事全在總管内務府大臣隨時察看，方能妥協。朕在京時，内務府大臣人多，查察或尚能周到。若遇朕巡幸熱河等處，内務府大臣等留京者少，查察恐有未周，致多混雜。宮禁森嚴，所關匪細，著諭令總管内務府大臣，嗣後於太監甫經投進時，必當兩三人同看，務宜留心驗看，查訊明確，再行交進當差，毋得濫收，致有弊混。至太監人等向係掌儀司管理，其投進時，自由該處司官查驗，回堂辦理。若稽查不密，或領催書役以及司員之跟隨人等，又復向其勒索，勢必又蹈州縣胥役需索之弊，則情願投充太監者，仍復短少，更屬不成事體。並著總管内務府大臣嚴密稽察，如有似此掯勒需索者，卽行查明嚴處，以示懲儆。

十月十一日，奉諭旨：内庭坐更，最關緊要。至御前更，尤宜慎重，倍加認真，輪流坐守。向來坐御前更者，所有更頭、更二，俱係首領太監及食三兩錢糧執事太監之差。雍正年間，尚有總管太監亦坐更者。乃近日御前更，經朕偶一問及，俱係不知姓名微末之人，并未見有首領太監及奏事太監答應者。再，向來巡幸地方，黄車上均有首領太監扶車，惟年至六十以上者，念其年老不派。乃近日從未見有首領太監當此差者，自係因從前扶車太監，每逢賞賜，皆是一月錢糧。食四兩錢糧首領太監，卽得四兩賞銀；食三兩錢糧太監，卽得三兩賞銀。若輩希圖多得銀兩，尚有願在黄車當差者。自一律改賞二兩之後，伊等無所希冀，不復當此差使，祇令掌儀司及各等處微末太監充當塞責。此皆由該總管等不能秉公揀派，實力查管，又復卑鄙見小，實屬不堪，因小失大，流弊伊於何底！該總管太監等俱著傳旨嚴行申飭，並交總管内務府大臣議罪。嗣後總管太監等務須小心勤慎，循分當差。如仍前廢弛怠玩，再有似此弊混之事，必將伊等從重治罪。將此旨交敬事房存記，傳與各太監敬謹遵行。

乾隆五十二年六月二十一日，奉諭旨：向來太監肆口詈駡，久經嚴禁。此案太監金福，因厨役德泰蒸做食物不妥，輒行辱駡。該厨役德泰卽因金福屢次吹求，凌辱不堪，難以忍受，亦應在外間報復，尚近情理，乃敢在禁地官所，持刀行兇，情節可惡。德泰著改發黑龍江充當苦差。太監金福於該局厨役任意詈駡，且又屢次尋衅凌辱，太監輩此等惡習甚多，殊屬可惡，僅發往吴甸鍘草不足蔽辜，金福著發往打牲烏喇充當苦差，以示懲儆。至首領太監楊柱，平時不能管束，任聽所屬太監尋人角口凌辱，且不問是非，袒護同伴，兩次勒令德泰向金福賠罪，致德泰積忿行兇，激成事端，卽著革去首領，充當太監差使，仍罰一年錢糧。

十二月初六日，奉諭旨：舊制，坤寧宫每日祀神祭肉，理應净潔熟煖，給散秩大臣、侍衛等分食。乃近來該首領太監等每將塊肉肥脂者私行偷用，以零星者分給充數，以致散秩大臣、侍衛等進内食肉者漸少。滿州舊制，祭祀敬神祭肉，晚間背燈者，例交膳房散給各處；其早間所供者，例不准出殿門，原承不留神惠之意。乃風俗不古，散秩大臣、侍衛等或竟不以此爲榮，反以爲辱，固屬非是。但太監等從而染指，以平常之肉分給，尤不可不嚴行查禁。嗣後祀神祭肉，著派總管太監劉成專管。每日吃肉之時，仍著派御前侍衛一員、乾清門侍衛二員同吃肉之散秩大臣、侍衛等進宫一體分食，並遍加查看，如有仍前弊端，卽據實查奏。務將總管太監全行治罪外，其派去專管太監劉成，加倍治罪。如劉成遇有疾病等事，卽著該總管太監等奏請另派。仍著總管内務府大臣於宫庭内外隨時稽查，倘有私行偷出售賣者，卽行嚴拏究辦。再，膳房辦給各大臣、阿哥師傅、侍衛等項官飯，近日亦多偷減，平常有名無實，並著該管大臣一體查察，毋得仍前草率偷減。倘經查出，一並從重治罪。

乾隆五十三年十二月十九日，奉諭旨：皇子、皇孫等俱戴紅絨結頂帽。載錫係朕玄孫，亦應戴紅絨結頂帽。朕仰承天庥，臨御五十餘年，現届八旬，子孫繁衍，五世一堂，洵古來罕有。嗣後曾玄孫阿哥等，俱著戴用紅絨結頂帽。如載錫得子，係朕六代奉字輩玄孫，亦著一體戴用。俟分封後，再行量職戴頂。著爲令。

乾隆五十四年三月初七日，奉諭旨：朕閲内左門登載尚書房阿哥等師傅入直門單，自三十日至初六日，所有皇子、皇孫之師傅竟全行未到，殊出情理之外。因召見皇十七子同軍機大臣並劉墉等面加詢問，如係阿哥等不到書房，以致師傅各自散去，則其咎在阿哥，自當立加懲責。今據皇十七子奏稱，阿哥等每日俱到書房，師傅們往往有不到者，曾經阿哥們面囑其入直，伊等連日仍未進内等語。皇子等年齒俱長，學問已成，或可無須按日督課。至皇孫、皇曾孫、皇玄孫等正在年幼勤學之時，豈可稍有間斷？師傅等俱由朕特派之人，自應各矢勤慎，卽或本衙門有應辦之事，亦當以書房爲重。況現在師傅内多係閣學、翰林，事務清簡，並無不能兼顧者，何得曠職誤功，懈弛若此。皇子爲皇孫輩之父叔行，與師傅等胥有主賓之誼，師傅等如此怠玩，不能訓其子姪，皇子等卽當正詞勸諭，如勸之不聽，亦應奏聞，乃竟聽伊等任意曠職，皇子等亦不能無咎。至書房設有總師傅，並不專司訓課，其責專在稽查，與總諳達之與衆諳達等無異。師傅等有怠惰不到者，總師傅自應隨時糾劾，方爲無忝厥職。今該師傅等竟相率不到七日之久，無一人入書房，其過甚大。而總師傅復置若罔聞，又安用伊等爲耶？此而不嚴加懲創，又復何以示儆？嵇璜年已衰邁，王杰兼軍機處行走，情尚可原，著從寬交部議處。劉墉、胡高望、謝墉、吉夢熊、茅元銘、錢棨、錢樾、嚴福、程昌期、秦承業、邵玉清、萬承風，俱著交部嚴加議處。至阿肅、達椿，身係滿洲，且現爲內閣學士，毫無所事，其咎更重，均著革職，仍各責四十板，留在書房効力行走，以贖前愆而觀後効。

三月初八日，奉諭旨：昨因尚書房阿哥等師傅，自二月三十至本月初六七日之久，無一人入書房，殊出情理之外。已降旨將總師傅嵇璜、王杰交部議處；劉墉與胡高望等交部嚴加議處矣。劉墉係大學士劉統勳之子，朕念伊父宣力年久，特加恩擢用。其在府道任內，頗覺黽勉；及爲學政，即不肯認真；逮授湖南巡撫，聲名亦屬平常。因內用尚書，其辦理部務，更復一味模棱，朕尚曲賜優容，未加譴責。伊自當感激朕恩，亟思愧奮，益矢勤慎。今阿哥師傅等不到書房至七日之久，劉墉身爲總師傅，又非嵇璜年老、王杰兼軍機處行走者比，乃竟亦置若罔聞，似此事事辜負溺職，於國家則爲不忠，於伊父則爲不孝，其過甚大，豈可復邀寬宥？且伊係大員，亦不必再俟部議，劉墉著降爲侍郎銜，仍在總師傅上行走，不必復兼南書房，以觀其能愧悔奮勉否？至皇子等年齒俱長，學問已成，或可無須按日督課。皇孫、皇曾孫、皇玄孫等，正當年幼勤學之時，豈可少有間斷？師傅等之任意懈弛，皆由總師傅不能稽察督飭所致。嵇璜年力衰邁，王杰兼軍機處、南書房行走，既不實能隨時查察，卽不必復兼此虛名總師傅之職。著改派阿桂、李綬爲總師傅，以專責成。王懿修現患病，竟毋庸交部，亦不必在尚書房行走，著總師傅等另選人品端方、學問優長之員，帶領引見，候朕簡派。謝墉在學政任内，聲名平常，本係獲咎之人，前京察議處時，經吏部議以革職，念其學問尚優，是以從寬留任，仍令在尚書房效力，伊更當知過感奮，乃亦復偷安七日不到，更屬有乖職守。謝墉著降爲編修，革職留任，不必復在尚書房行走，著在武英殿修書處效力贖罪。其餘各師傅等統俟部議上時，再降諭旨。

國朝宫史續編卷之四

訓諭四

乾隆五十五年正月初三日，奉諭旨：朕爲皇子時，於雍正五年大婚，自毓慶宫遷居西二所。踐阼之後，升爲重華宫。其後漸次將四五所搆爲建福宫、敬勝齋等處，以爲幾餘遊憩之地，建置規模，已極美備，無可復加。朕臨御五十五年以來，仰荷昊蒼眷祐，壽增八袠，五代同堂，是重華宫等處實爲興祥之所，卽歸政以後，亦尚思年節重臨，奉時行慶，世世子孫，惟當永遠奉守。所有宫内陳設規制，亦應仍循其舊，毋事更張。若皇子、皇孫果能善體朕懷，謹守此訓，幾暇優游，年節行慶，傳之奕禩，實爲朕所深願。至東五所内爲年少皇子、皇孫公共所居，隨侍内監等住屋亦在此内，率無隙地矣。若照重華宫之例，另行興建，不特宫牆四圍别無空隙之地可以廓展，且亦非朕垂示後昆之意，自不如一循此時舊制之爲善也。著將此旨交尚書房敬謹存記，俾我萬世子孫永遵無斁。

十月二十二日，奉諭旨：朕披閲臣工等所進萬壽歌頌，内有尚書房行走、侍講吴壽昌恭紀九言詩一册，上下句用韻分叶，體製新穎，詩句藻麗，其辭章雖屬可觀，不免有騁博見才之意。因思尚書房翰林，入教皇子、皇孫等讀書，惟須立品端醇，藉資轉導，原不同應舉求名者僅在文藝辭章之末。況皇子及皇孫年長者學業已成，其年幼之皇孫、皇曾孫、玄孫等甫經就傅，不過章句誦讀之功，尚屬易於啓迪。選擇師傅，祇以品行爲先，與其徒藉詞藻見長，華而不實，轉不若樸誠循謹之人，尚可資其坐鎮。卽如阿肅，學問雖未優長，而資格已深，人亦謹飭，於皇子師傅頗屬相宜。現在皇子等俱已年長，尚書房翰林等皆係皇孫、皇曾孫、玄孫之師傅，若以外間師弟世誼而論，行輩多屬相等，且有誼屬晚輩者。在皇子師傅親身訓課，自不至交結干求，而輩行較晚之師傅等分同賓友，恐不安本分之人藉以結納交通，致有如前秦雄褒與皇孫綿德往來交結之事，不可不防其漸。向來尚書房師傅缺出，係掌院學士揀選，僅會同內閣帶領引見。今阿桂、嵇璜俱已年老，精力不周，嗣後著大學士等公同揀選，不必專取才華，務擇資深立品之員，帶領引見，候朕簡用。至皇子、皇孫等與尚書房師傅朝夕晤對，祇須勸勉訓課，不得泛論文藝，相聚閒談，爲俗例唱和之舉，致啓夤緣。倘或該員等有營求干請之事，一經發覺，朕必照綿德、秦雄褒之例，從重治罪，決不寬貸。著將此旨恭録一道，交尚書房存記，俾知警惕。

十月二十九日，總管王承義等奉諭旨：著傳諭宮內及外圍、圓明園、清漪園各等處首領太監知之，畫舫齋、得性軒被竊，遺失陳設等件，經大臣等審訊，據首領太監供稱，有十餘日不曾進殿担掃，二十四日進殿，始行知覺被竊等語。首領並未查看，其情可惡，將首領張進顏、王太平卽行發遣，太監等嚴行審訊。嗣後各處首領所司各地方，務要勉力勤勞，不時查看，令太監等小心看守。

當差日久，不可廢弛。著總管等不時稽查，似此滑懶不堪之首領太監，爾等查出，指名參處，照張進顔、王太平等一例治罪。將此旨著敬事房記載檔案。

乾隆五十六年正月二十二日，軍機大臣等奉諭旨：傳諭總管蕭得禄，伊參奏圓明園總管一事，所參甚是。是理宜具摺，不應口奏。至總管趙進忠，夜間雖在長春園上夜，平日失於稽查，亦有應得之咎。蕭得禄因與趙進忠曾在淳化軒一處當差，是以未將伊指參，此係蕭得禄徇私之處。蕭得禄、趙進忠俱著各罰一月月銀。劉進忠、吴天成各寬免三個月，仍各罰三個月月銀。再，乾清宫總管原有管轄圓明園之責，嗣後圓明園首領太監若有過犯，總管等徑行管責，不必告知圓明園總管。

八月十三日，奉諭旨：本年屆朕八旬開一，年穀順成，雨暘時若。壽辰之前夕，微雨飄灑，次旦曦景晶瑩，天色開朗，太和翔洽，實爲渥荷天庥。十一日，命皇子、皇孫、曾孫、玄孫等山莊校射，玄孫載錫年方八歲，五發三中，朕心深爲嘉悦，賜以黄褂。因憶昔年朕隨侍皇祖山莊閲射，朕連中五矢，仰蒙天語褒嘉，慈顔大悦，蒙賜黄褂，其時朕年十有二歲。今玄孫甫及八齡，即能連發命中，仰見昊蒼篤祐，家法貽庥，慶澤延洪，克膺備福。現在八旬開袠，玄孫業已長成就傅，計朕壽躋九旬時，又可見六代來孫，同堂稱慶。敬惟鴻貺駢蕃，貽謀悠遠，朕於感荷之餘，倍深兢業，不敢以景運增隆，稍存自足。惟有勵精宵旰，孜孜不怠，益務敬天勤民，仰酬恩佑。從前因誕育玄孫，爲史册稀有盛事，曾命督撫等查明各省有五世同堂者，據實奏聞，特頒恩賚。今思朕逮事皇祖、皇考，復得玄孫，朕已親見七代，篤慶錫光，更爲古今罕有。著交八旗都統、步軍統領、順天府府尹及各直省督撫，詳查臣民中如有實曾親身上見祖父、下逮玄孫，有指證者，據實奏聞，候朕優加恩賚，以昭壽寓同登之盛。

九月初五日，奉諭旨：南府學藝人等，乃國家歲時宴會備用音樂所必需。内務府包衣人等，皆朕之旗下臣僕，其俸餉皆有定額。若將京師漢人、蘇州優伶及太監等之弟姪子孫入於内府三旗，勢必分占包衣人等挑錢糧地步。但此項人内如果實心黽勉、効力有年者，或將其一二人酌入包衣尚可，第不得任意多入。是以朕臨御以來，將此輩入於包衣者甚少，從未有因其懇恩卽行率准者。此事在朕躬可以自保，惟恐後世子孫偶失檢點，或因若輩乞請，率意准行，難爲豫必。著交總管内務府大臣加意存記，將來朕之子孫不得任意多將此項人等入於包衣旗下，儻諫勸弗納，必欲將此輩入旗，可執朕此旨，毅然諫阻。著將此旨於阿哥書房、軍機處、總管内務府衙門各録一道尊藏。

九月初十日，奉諭旨：朕偶閲嘉靖年間所刻文獻通考，其序文内有命司禮監重刻以傳之語。文獻通考一書，於歷代制度典章采摭綜覈，鏤板以傳，原屬表章之道。但自應交與儒臣詳校精覈，付諸梨棗，庶於稽古崇文較有禆益。乃竟付諸奄豎之手，率行承辦，書内句讀及所别四聲，多有舛誤。卽此可見嘉靖年間惟知溺志焚修，躭心齋醮，於政治朝綱廢弛不講。此書不值特加論説，重爲駮正。著將此旨録存首册，以示朕崇實黜浮至意。

乾隆五十八年十二月初十日，奉諭旨：昨安徽巡撫朱珪進御製説經古文，閲其後跋，以朕説經之文，刊千古相承之誤，宣羣經未傳之藴，斷千秋未定之案，開諸儒未解之惑，頌皆過當。但歷舉朕敬天、法祖、勤政、愛民各大端見諸設施者，與平日闡發經義實有符合，語皆紀實，並非泛爲諛詞。夫六經爲治世之書，内聖外王之道，無不賅備。若止尋章摘句，僅能得其糟粕，無由探索精微。即使窺見義藴，垂諸著述，不能躬體力行，亦屬空言無補。朕臨御以來，勵精圖治，惟日孜孜，幾餘典學，於詩書六藝之文，偶有闡發，俱與政治相關。即義疏相承、舛訛未正者，爲之折衷定論，亦有裨於世道人心。凡平日出治之要，皆可與説經之言相印證。蓋發爲文章者，胥應見諸政事。我世世子孫，果能善繼善述，欽承法守，學於古訓，見諸躬行，以朕之心爲心，以朕之政爲政，則是我國家億萬年無疆之庥，朕於兹有厚望焉。此册著諸皇子及皇孫綿恩各繕寫一部，並將此旨冠於簡端，將頒設諸處，以垂久遠。

乾隆五十九年五月二十三日，奉諭旨：乾隆四十五年，朕年已七旬，恐於秩祀大典儀節有愆，始於南郊大祀時令諸皇子分詣配位前奠帛。其北郊儀注内升香奠帛，禮臣尚復沿照親行舊例具奏。此夫圜丘、方澤，皆稱大祀，而南郊配天，典禮尤重。乃未經一律更定，自係彼時禮臣辦理遺漏。此次大祀方澤，皇地祇位前香帛，朕親自供獻。列祖列宗配位前，宜如南郊禮，朕親自升香。其奠帛禮儀，亦遣諸皇子分獻。此非朕怠於將事。緣郊祀大典，務在精誠孚格，禮節無愆，方足以昭肸蠁。况朕春秋已八旬開四，距乾隆四十五年又閲十有四載，雖仰邀昊眷，精神强固如常，然於登拜趨蹌，究未免稍遜於昔。若列祖列宗配位前奠帛一節，仍勉强將事，不特南北郊儀文軒輊，未協崇效卑法之義；且慮節文繁重，跪起維艱，或至遣官恭代，轉於郊祀大典未獲躬親，尤非盡誠昭事之道。朕自臨御以來，夙夜孜孜，惟以敬天報本爲念。郊壇大祀，靡不恸恖欽承。兹因年壽已高，不得不酌減儀文，以冀升香告備，是非敢自惜其勞，正所以要之於久。我世世子孫承禧衍慶，如能似朕之年躋上壽，實我國家無疆之庥，所有郊祀經曲繁文，自不妨照所減禮儀，奉爲法守。若未逾耆耋，則於圜丘、方澤、宗社大祀，仍應恪遵定制，肅奉明禋。倘或稍憚勤勞，耄年未屆，遽思節減，卽非勵精昭格之義。我子孫其敬承無替，倍矢虔恭，以迓億萬年無疆福祚，方無負朕諄切訓誡至意。此旨著於尚書房、軍機處、禮部、太常寺各恭録一道，敬謹遵照。

十月初四日，奉諭旨：雍和宮爲皇考世宗憲皇帝肇封潛邸，皇考踐阼後，命曰雍和宮。迨朕紹承大統，以神爽憑依之地，理應祇肅潔蠲，爰卽舊時宮殿，供佛莊嚴，每歲朕親詣拈香瞻禮，藉抒永慕之忱，用昭崇奉之義。因憶乾隆初年，鄂爾泰曾提奏，其意欲將雍和宮賞給和親王居住，朕未之允也。和親王乃朕之弟，俾居此處，雖無不可，但究係皇考肇迹之區，若令列邸分藩者居此發祥之地，不特鄰於褻越，並恐無福祇承。況和親王分府之後，曾遭回禄，使當日遂允鄂爾泰所請，則此潛邸舊地，或值不戒於火，更成何事體。卽或斯地曾爲皇考臨御，百神呵護，不致有意外之災，但自和親王而後，襲爵業經四次，本應遞減，今當襲貝子。朕格外加恩，兩次襲封親王、郡王，今綿循仍恩襲郡王，而所居王府已不能修葺整齊，堊飾榱題，漸就剥落。設以雍和宮爲和親王藩府，豈能如今日之紺宇梵宮、輪奐長新，爲萬世所瞻仰乎？然兹雍和宮内，朕未經敬安神御者，蓋因皇考升祔太廟，蒸嘗禘祫，肸蠁昭虔，揆諸古制，原無别安神御之禮。況宮中有奉元殿，景山有壽皇殿，圓明園有安佑宫，歲時瞻拜，已足伸愾聞僾見之思。故雍和宫供奉三寶，不復敬安神御，參稽禮意，實爲至當。更思寧壽宫乃朕稱太上皇後頤養之所，地在禁垣之左，日後必不應照雍和宫之改爲佛宇。其後之淨室佛樓，今即有之，亦不必廢也。其宫殿永當依今之制，不必更改。若我大清億萬斯年，我子孫仰膺昊眷，亦能如朕之享國日久，壽屆期頤，則寧壽宫仍作太上皇之居，祥衍無疆，更屬盡美盡善，吉祥盛事。本日朕因親詣雍和宫拈香，景仰前徽，思垂奕禩，用是特頒訓諭。著繕録兩道，一交尚書房，一交内閣存記。俾我子孫知所憲章，勿得輕爲改作，用垂法守。

十月二十二日，奉諭旨：前因雍和宫爲皇考世宗憲皇帝潛邸，乾隆初年鄂爾泰曾請賞給和親王居住，殊屬非是，朕未之允，業經降旨交尚書房、内閣存記。本日恭閲世宗憲皇帝實録，雍正二年，禮部奏：請將皇考潛邸升爲宫殿，交工部會同内務府敬謹營造，翰林院撰擬嘉名，當蒙降旨允從。敬維皇考之意，亦以潛邸舊地，應升爲宫殿，俾爲萬世景仰，以肅觀瞻。朕前降之旨，適與聖意相合。夫以發祥肇迹之區，自應潔蠲祇肅，况已升爲宫殿，若復令分藩列邸者居此，降爲王府，有是理乎？鄂爾泰在雍正年間即爲大學士、軍機大臣，逌恭纂實録時，伊復充總裁官。皇考諭旨，鄂爾泰寧未之知，乃復爲此奏，其意不在見好於和親王，乃在得時譽耳。大臣居心，豈宜若是？現在鄂爾泰子孫式微，不能克家，未必不由於此。是雍和宫必當改爲佛宇，斷不可作爲王府。將來我子孫内有由藩邸紹承大統者，並應永遠欽承，用昭法守。此旨亦著繕録二道，分交尚書房、内閣，同前旨一併存記。

國朝宮史續編卷之五

訓諭五

乾隆六十年十月二十一日，皇太子及皇子等、軍機大臣等面奉諭旨：朕纘紹洪圖，懋膺景祚，仰荷祖宗眷佑，篤祜延釐，周甲紀元，舉行歸政典禮，一切事宜，斟酌成法，期於可行，不事虛文，我子孫皆可永遠遵循。惟念禮經所載，廟制綦崇，天子享祀告虔，惟於祖廟升禋展孝，至漢代始別立原廟，後世踵行故事，增置滋多，其制原非近古。我朝開國承家，於太廟歲時禘祫，對越駿奔，典禮最爲隆備。又仿原廟及前明之制，在奉先殿以時行禮，已足伸愾聞僾見之思。雍正年間，復於景山建壽皇殿。乾隆年，圓明園移恩佑寺奉安皇祖神御於安佑宮，敬將皇考神御一體崇奉，所謂有舉莫廢。朕不敢奉皇考神御於雍和宮，意在此也。然揆諸古制，已屬有加，此後更可無庸增設。我國家景運延洪，繩繩萬禩，若繼體之君，皆欲特爲所生崇祀，以展孝思，於父皇平日居處燕息之地，奉安御容，非特於禮制未符，而宮庭之内，供奉亦無餘地。且增設處所過多，豈能一一躬親行體，勢必別遣恭代，轉非精禋專壹之義。朕御極以來，因雍和宮爲皇考肇封潛邸，禮應祇肅潔蠲，不可賜爲第宅。爰卽舊時宮殿，供佛莊嚴，每歲親詣拈香，以伸瞻慕。又慈寧宮爲聖母皇太后所居，頤和益壽，最爲吉祥福地；後世子孫，逮事慈幃，卽可於此承歡隆養。至重華宮爲朕藩邸時舊居，朕頗加修葺，增設觀劇之所，以爲新年宴賚廷臣、賦詩聯句、蒙古回部番衆錫宴之地。來年歸政後，朕爲太上皇帝，率同嗣皇帝於此臚歡展慶。我後世子孫亦能如朕之躬膺上壽，諸福備臻，再舉行禪授盛典，卽可遵循例事。太上皇帝於正殿設座，嗣皇帝於配殿設座，以迓蕃禧而伸孝養，實乃億萬載無疆之慶。朕臨御六十年，殿庭園籞，俱爲朕臨御之所，將來我子孫祇循前典，惟當於壽皇殿、安佑宮，舊奉神御處所，一體展敬，足抒孺慕。設因重華宮係朕藩邸舊居，特爲崇奉，勢必扃閉清嚴，轉使歲時錫慶之地，無復燕衎之樂，何如仍循其舊，俾世世子孫衍慶聯情，爲吉祥福地之爲愈乎？現在重華宮陳設大櫃一對，乃孝賢皇后嘉禮時裝奩；其東首頂櫃，朕尊藏皇祖所賜物件；西首頂櫃之東，尊藏皇考所賜物件；其西，尊藏聖母皇太后所賜物件。兩頂櫃下所貯，皆朕潛邸常用服物，後世子孫，隨時檢視，手澤口澤存焉。用以篤慕永思，常懷繼述，是則孝之大者，正不在多爲崇奉，以致蹈禮煩則亂之戒也。著將此旨敬録二道，一存貯重華宮，一存貯尚書房，用昭世守。

十月二十二日，皇太子及皇子等、軍機大臣等面奉諭旨：國朝舊典，最重祭神，如遇有服制，百日之内，例不薙髮，卽不舉行祭祀。朕思三年之喪，自天子達於庶人，通行已久。從前皇祖升遐時，皇考卽欲行三年之禮，經王大臣等再四敦勸，勉從國制。皇考龍馭上賓之日，朕亦欲仿行古禮，爾時王大臣等亦曾奏勸，朕皆不允，因奏知聖母皇太后，蒙嚴諭：「皇帝此舉差矣。我朝舊制，服孝不應薙髮。設三年之久不薙，與前代漢人蓄髮何異？且祭神最爲吉禮，若因不薙髮，遂三年不祭神，更非吉事，且於國典有關，此斷斷不可之事。」朕承慈訓諄諄，實爲至當不易，初未念及此也。彼時卽祗遵聖母訓諭，不敢泥古。今朕仰邀昊眷，御極六十年，舉行歸政大典，凝禧篤祜，衍慶方長。將來嗣皇帝如亦欲仿行古禮，當思天子之孝與士庶異，我皇清之制與漢姓殊。嗣皇帝仔肩重器，惟當效法祖宗及朕敬天、愛民、法祖、勤政，勉承付託，此卽孝之大者。且朕歸政後，嗣皇帝以天下養，仰承朕志，舉措得宜，俾海寓咸臻郅治，合萬國之歡以奉予一人，寧不愈於斤斤法古耶？特恐後來書生之見，猶不免以事不師古爲言。不知純孝篤慕，惟在寸心之誠，孔子所答宰予之語，但當存此心，而難盡拘其跡。若必泥行此禮，則蓄髮三年，又與改裝漢人何異？且必有因此而慫恿改服制者。前代北魏、遼、金、元，初亦循乎國俗，後因惑於浮議，改漢衣冠，祭用衮冕，一再傳而失國祚。是以祖宗垂訓，無得改用漢人服色，實萬萬年貽謀燕翼之道。設云天子應服衮冕以祀天，不服衮冕卽非敬天之義。則我國家用本朝禮服，將事郊壇，百數十年來，累洽重熙，懋膺洪貺。我聖祖仁皇帝踐阼六十一年，逮至朕躬，紀元周甲，復舉行禪授盛典，享國延長，兩朝共閱百二十餘年之久，昊天眷佑之隆，孰踰於此。較之北魏、遼、金、元輕改服色，轉不克享天心，未數傳而不祀者，得失豈不彰明較著哉？若後世無識之徒，復有循古衣冠之議者，卽可執此諭以破其迷。總之，事貴斟酌成法，期於可行。我國家素敦醇樸，不尚繁文，卽如本日太常具奏，禮部咨稱孝儀皇后神牌升祔奉先殿，前期告祭天地太廟一事，亦未免失當。孝儀皇后乃朕因係嗣皇帝生母，恩旨册贈，止應於奉先殿祭告，若因此而舉行天地廟祀大典，轉褻於瀆，已著不必舉行。後世子孫，遇有册贈母后，卽遵朕此旨辦理，以昭虔敬而省繁瀆。此旨亦著敬録二道，一存貯尚書房，一存貯内閣，我世世子孫，其欽承無忽。

十二月初八日，總管太監等奉諭旨：明年元旦，御内殿受賀，嗣皇帝之皇后，仍照每年常例於重華宮行禮，班次在公主、福晉之前。公主、福晉與嗣皇帝及皇后均係同輩，仍應行家人常禮，俱不必跪叩。若皇后受册封及御交泰殿、蠶壇諸大禮，公主、福晉自應照外班舊例行。再，嗣皇帝之貴妃、妃嬪等卽同皇子等側福晉一例，其職分俱不至朕前行禮。明年元旦，卽著照此。交與總管太監存記，屆時遵行。

十二月十四日，奉諭旨：長春宮向有孝賢皇后東珠頂冠、東珠朝珠等件在彼陳設。因思國家宮殿，俱有定制，若皇后服物陳設宮中，則其地卽扃閉清嚴，未便再行居住。一朝之后，服物陳設一宮，世代相承，禁籞幾無餘地。況此等貴重物件，原爲端闈服飾，自當爲世代皇后之用，又何必虚爲供奉，致占宮闈之地。朕前降諭旨，以重華宮爲每年錫宴之所，將來不應復安神御，當循其舊，以爲世世子孫衍慶聯情，吉祥福地，卽猶此意。所有長春宮供奉孝賢皇后東珠頂冠，東珠朝珠等物，嗣皇帝卽位後，皇后卽可服用。從此雲礽繼慶，翬翟增輝，更爲無疆盛事。此旨著交内閣、尚書房、内務府、敬事房各存貯一分，以垂法守。

嘉慶元年二月初八日，奉太上皇帝勅旨：此次朕與嗣皇帝恭謁西陵，所有隨從執事太監等，原祗須照常通融承應，儘足敷用，毋庸添派多人。即或稍有零星什物需人隨帶，亦祗須酌量少增。乃總管太監等喜事鋪張，擬派過多，已將張進喜等分別懲治。至此後隨朕同行，皆用此例。如嗣皇帝經朕命獨往何處，不與朕同行之時，則執事太監等自應酌添派往。著交敬事房存記將此次硃筆清單提奏，候朕酌定。

嘉慶二年十月二十二日，奉太上皇帝勑旨：朕仰承昊貺，臨御六十年來，常懷祗畏，日慎一日，罔敢怠荒。自上年舉行授受典禮後，又仍每日訓政，弗懈益虔，期與天下臣民共享昇平之福。茲於本月二十一日乾清宮、交泰殿災，朕心悚惕，寢食靡寧。恭讀聖祖仁皇帝實録，內載康熙十八年十二月初三日太和殿災，聖祖諭曰：「殿廷告災，所關止屬臨御之所；但得海宇清晏，置斯民於衽席之上，則今所居，較諸前代茅茨土階，尚或過矣。」大哉訓言，垂教至爲深切。朕自當凜遵聖訓，期四海之乂安，即一人之有慶。惟是上天示警，自有所由，因念聖祖仁皇帝八齡御極，在位六十一年，享壽六十有九。朕二十有五踐阼，紀元六十年，傳位皇帝，茲春秋八十有七，精神純固，康健如常，親見五代玄孫，武功十全，諸福備具，並未倦勤，日親訓政，此皆仰邀昊貺篤祜之隆，逾於皇祖。自揣受恩過厚，益凜特盈，今上天於默佑之中，示以儆戒，正是天心仁愛，啓迪朕躬及嗣皇帝。我父子祗懼之餘，尤深欽感。且朕仍居養心殿，皇帝則居毓慶宮，而乾清宮係接見臣工聽政之所，相距俱遠，祇因承值太監等不戒於火，致有此事。現在朕雖已傳位爲太上皇帝，而一切政務仍親理訓示，政事有缺，皆朕之過，非皇帝之過。即太監人等不能加意小心，大臣等將伊等按例治罪，朕引爲己過，尚從寬典。而救火出力之官員、步軍及太監人等，均分別恩賚，此卽朕不肯諉過於下，深自刻責於衷之意。或此一念修省，冀蒙上蒼默監。況二十一日晚間火起時，勢甚猛烈，坤寧宮前簷已爲熏灼所及，幸賴西北風起，而大臣等統率官員兵役竭力汲水救護，得保無虞，足徵神佛垂佑，實乃不幸中之幸。謹於本日清晨，虔誠祀謝，以答靈貺。目下已將屆仲冬，天氣沍寒，庀材鳩工不易，明年元旦，朕仍御太和殿，受皇帝率領王公大小臣工慶賀；於重華宮前殿，受皇子皇孫等慶賀；後殿，受嬪妃公主福晉等慶賀，與往歲常行無異，亦足以備典禮而迓天錫春祉。自是之後，益勵懋修戒滿之念，勉思補救，庶幾消弭災眚，敬迓祥和，以期上答天恩，欽承祖訓，此尤朕所朝夕乾惕不敢稍自暇逸者。所有應修工程，著該管大臣等於春融集料興工，卽行修葺完善，諸復舊規，不必加意，用垂億萬年無疆之慶，將此通諭知之。

國朝宮史續編卷之六

訓諭六

皇上諭旨

嘉慶四年正月初九日，總管蕭得禄、張進喜、閻進喜、常永貴、張進忠奉諭旨：朕在養心殿召見滿漢大臣，仍照向例，俱由乾清門行走。惟内廷軍機大臣等准由内右門行走，有年逾七旬滿漢文武大臣等，亦准由内右門行走。懋勤殿行走之官員趙秉沖及匠役人等，出入走内右門。本處太監帶領太醫院值班御醫出入走乾清門。本處太監帶領茶膳房章京、拜唐阿、厨役、值年内管領，出入走内右門，不許進月華門、遵義門。值班侍衛一名、拜唐阿二名隨膳行走。本處首領太監帶領傳行關防，造辦處官員進内接活計，出入走内右門。内廷工程營造司官員匠役人等，如有差務放匠報門，總管奏知放匠。再，軍機處滿漢章京只許在南書房辦事，不許向别處行走，出入隨軍機大臣走乾清門。如朕在某處召見軍機大臣，軍機章京不准跟隨。再，軍機大臣出入取送事件，使令南書房太監。

正月十六日，奉諭旨：諭總管等，嗣後南府總管首領、凡有官職太監及各學教習、學生等，在宫内及圓明園裏邊行走者，准其翻穿貂褂、海龍褂。若至外邊，不許穿出。如有翻穿出門者，著總管等鎖拏。若翻穿進門者，即行逐回。違者立即鎖拏。倘失於查察，即治總管等之罪。再，總管首領太監内，從前曾經賞過貂褂、海龍褂者，概不許穿用，任其典賣收存。

五月十六日，總管内務府大臣等奏：和珅家太監呼什圖，擅入寧壽宫，照式燙樣，蓋造楠木房屋一案，議將並不阻止、輒行放入之總管太監蕭得禄、閻進喜各罰錢糧二年；首領太監董士玉、李進孝、高進喜、鄧進忠各罰錢糧一年。奉旨：蕭得禄、閻進喜，著罰錢糧一年；董士玉、李進孝、高進喜、鄧進忠，著罰錢糧半年。

十一月初六日，總管蕭得禄等奉諭旨：傳諭宫内及南府景山總管等，近因審訊監督廣霈一案，供出曾送過吴天成食物。據吴天成供稱，五月、八月節，送過監督廣霈食物三次，廣霈給過銀四百兩，内有搬運陳設園户等飯食開銷，尚存銀二百八十兩，以備西爽村安擺陳設應用。餘剩銀兩，總管首領太監均分。據王吉祥供稱，送過監督廣霈紗袍一件，沉香朝珠一盤；廣霈給過王吉祥銀五十兩，楊木檩三十根，碎磚二方。據劉進喜供稱，送過監督廣霈火羊皮二十五張，荷包扇子等物；廣霈給過劉進喜銀一百兩。似此縱意徇私，大干法紀。將此供單，著奏事太監交軍機大臣，照單審訊廣霈。再，圓明園、清漪園、静明園等處太監，素來惡習，與監督交好情弊，朕早知之。嗣後務要嚴行禁止内外交結。將吴天成降爲七品總管，王吉祥、劉進喜革去頂戴，降爲無職首領，仍交與軍機大臣，隨廣霈之案，從重治罪。再，將吴天成現收銀二百八十兩，劉進喜銀一百兩，王吉祥銀五十兩，著即追交敬事房。王吉祥楊木檩三十根，碎磚二方，著追交盛住，以備工程應用。此後再有此等事件，必嚴加治罪，決不輕恕。

嘉慶五年正月二十七日，奉諭旨：慶郡王永璘，自幼蒙穎貴太妃撫養，現值穎貴太妃七十壽辰，備物申祝，本屬誼所應有，但必應在朕前先行奏明，方可呈進。今永璘竟不豫行陳奏，輒令護衛太監等徑赴壽康宮陳遞，經穎貴太妃處太監奏明，朕始得知。從前孝聖憲皇后每遇萬壽慶辰，如和親王、果親王及内外臣工等備物申悃，無不奏明皇考，始行呈進，從未有擅自遞進者。此時穎貴太妃尤與東朝尊養，禮節懸殊，乃永璘竟自令護衛太監遞進，並不先奏朕知，交結近侍之舊習復萌，以此嘗試朕能知否，若朕不能知，或知而不問，則故態復作矣。再，從前恭遇皇考巡幸，朕與成親王永瑆俱謹隨輦蹕，不敢稍離。而永璘則往往偷安，行走落後，竟不繫撒袋，直至駕詣行宮時，始隨班跟入。今年朕恭詣裕陵，往還途次，留心察看，永璘尚不知悛改，仍復在後行走，並不隨侍。永璘前在書房，即喜與太監人等相近，諸凡不知大體。著退出乾清門，並交宗人府議處，加恩仍留内廷行走，隨同儀親王永璇等當差，以觀後效。如再不知改悔，則當退出内廷，令隨同閒散諸王行走，不能全其顔面矣。

二月十五日，奉諭旨：朕惟崇儉黜奢，治道所尚。朕素喜儉樸，乃出於天性，一切起居服御，從不肯稍事紛靡，儀親王永璇等素所深知。乾隆四十年以前，書房中每遇年節饋歲等事，於師傅及諸昆弟等偶有備物將意之處，不過如意、荷包、食物，此往彼來，互相酬答，從未有以陳設玩器相持贈者。迨近年以來，不免踵事增華，沾染習俗，間有陳設之物，朕已深爲憎厭。總由習尚浮侈，外省官員養廉豐厚，又三節兩生日，得受屬員規禮，惟以華靡相高，遂致吏治難以整頓。至在京官員，得項本屬有限，亦復轉相仿效，漸事奢靡。又藉口於俸入較薄，日用不敷，最爲陋習。是以朕於親政之初，節經降旨停止貢獻，禁絶苞苴，以期還淳返樸，復我滿洲敦龐風氣，使旗民人等咸知節儉，庶生計日臻寬裕。訓諭再三，至爲嚴切。乃本日肅親王永錫因三阿哥於本月十八日上學，備進玉器陳設等物，並不奏明，輒令伊本府太監轉交皇后飯房太監遞進，實大不是。向來皇子上學，外廷臣工本不應與聞。卽朕兄弟子姪從前入學讀書，廷臣亦初不知有其事。如儀親王永璇、成親王永瑆、慶郡王永璘、定親王綿恩等，均係近支，因曾在尚書房讀書，備物致送，亦衹係筆墨等件，並無玉器。若永錫，衹係遠派宗藩，三阿哥上學，與彼何涉，若伊先行陳奏，朕必不准其呈遞。又況所進之物，内中並有玉器陳設等件，乃並不奏明，私派太監遞送至皇后飯房，更屬冒昧。永錫自因恭阿拉之女係屬伊媳，欲因此牽涉瓜葛，在朕前嘗試。伊卽與恭阿拉誼屬姻親，互相往來，原所不禁，與朕同皇后何涉，豈得因此而干及内廷皇子乎？其心不可問矣。前此慶郡王永璘於穎貴太妃七十壽辰備物申祝，因其未經先行奏明，輒令護衛太監擅自呈遞，是以將永璘退出乾清門，並交宗人府議處。但永璘本係内廷王子，又因幼蒙穎貴太妃撫養，呈遞壽儀，理所宜然，所欠者未奏耳。今永錫迥非永璘可比，乃似此妄行呈遞，其罪更重於永璘百倍。且永錫管理圓明園八旗事務，諸事高興，擅將宏雅園私行居住。現在二十七月内，朕尚不詣圓明園，而永錫轉將官園私住，有是理乎？

永錫種種不合，著將伊所管鑲藍旗漢軍都統及管理圓明園八旗事務俱行革退，仍著交宗人府議處。伊子敬敏，著革去副都統；敬敍，革去額外散秩大臣，俱在閒散王公上當差，稍示内外之限制。至内外臣工此後如尚有不知謹飭，仍前以陳設玩好私相餽送者，一經察出，必重治其罪，決不姑貸。將此通諭王公、内外滿漢大臣等，一體凜遵，並著傳集各親王、郡王，將永錫所進物件，當面擲還。

七月初四日，奉諭旨：朕臨御以來，凡於内廷太監等頻加賞賚，屢有恩施。迺竟不知感戴，漸致驕縱，甚至本日補放五品總管，蕭得禄膽敢於朕前妄行瀆奏，濫保常永貴可勝五品總管之職，實屬謬妄已極。若不嚴行懲治，無足以示儆誡。蕭得禄著革去督領侍，降爲食二兩錢糧太監，著往裕陵當差。常永貴平日在敬事房，於差務尚爲熟習，是以屢次加恩，近來漸多狂妄，今竟敢於朕前欲辭總管，往萬年吉地當差，是其驕縱已甚。常永貴著革去六品總管，降爲八品首領，仍食四兩錢糧，在萬壽山當差，交管理三山大臣不時稽查。伊若再不知悛改，即行參奏嚴辦。所有督領侍之缺，著張進喜補授；其五品總管之缺，著閻進喜、馬朝棟補授；其六品總管之缺，著裕陵首領太監張國泰補授。並著總管内務府大臣派委司員，將蕭得禄解往，即帶領張國泰來京當差。

嘉慶六年十一月二十五日，奉諭旨：據護軍統領丹巴多爾濟等奏，失察中正殿太監及護軍等賭博一事，自請議處，已加恩寬免矣。向來紫禁城内派有六大班，諸王、文武大臣及前鋒統領、護軍統領等輪流值宿，嚴密稽查，乃日久漸涉疏懈。又總管内務府大臣等從前均輪班上夜，後亦廢弛，以致太監及護軍人等竟敢乘夜賭博，無所畏忌。禁地森嚴，豈可不加意整肅？嗣後總管内務府大臣等著照舊輪班值宿，除該六大班之諸王體制宜尊及領侍衛内大臣職分較大，無庸派令查夜外，其該六大班之文武大臣、前鋒統領、護軍統領、總管内務府大臣等俱著輪流查夜，以昭嚴密。該大臣等務須不時周歷巡查，如各該處地方查有夜深不息燈火及賭博等事，立卽鎖拏究辦，次早卽行具奏，不得瞻徇情面。如該班大臣等巡察不嚴，再有疎懈，必一併議處。若日久廢弛，亦不輕恕。

嘉慶八年閏二月二十日，奉諭旨：大内門禁，關防實爲緊要。是以朕諄諄降旨教道，原恐不法之人滋生事端。今再嚴傳等處他坦内，雇覓蘇拉、厨役，如有酗酒不法無藉之徒，卽行逐出，不可容留在内傭工。嗣後如有雇覓人等，俱要知來歷，有保人，方許留用。再，向例隨侍等處當差之太監，俱係進宫年久之人，近來有新進太監，爾等卽補隨侍等處當差。至茶膳房，係辦理御用口味之地，尤關緊要，新進太監尤不可補給當差。嗣後如有新進太監，補給外圍各門當差，俟過三年後，看其老實勤慎，再撥給隨侍等處、茶膳房、各宫内廷下當差，以後爲例。再，傳與圓明園總管等，嗣後緊守園庭門禁關防，如有新進太監，亦撥給外圍遠處當差，俟過三年後，看其勤慎老實，再撥給九洲清晏、内圍等處當差。敬謹遵行，著爲例。

十月十六日，奉諭旨：嗣後凡遇朕御養心殿召見時，除内廷諸臣例得内右門行走者，仍照舊行走外，其餘文職三品以上、武職二品以上各大臣内，有年逾六十者，均加恩著奏事處官員帶領，一體由内右門出入，以示體恤。

嘉慶九年二月初七日，奉諭旨：朕恭閲皇考高宗純皇帝乾隆三十一年實録，因朕所執成親王題畫扇頭，有「兄鏡泉」三字，當承聖諭，以十一阿哥幼齡所學，文理字畫，尚覺可觀，但落欵鏡泉，則非皇子所宜。此蓋師傅輩書生習氣，以別號爲美稱，妄與取字，於蒙養之道，甚有關繫。皇子讀書，惟當講求大義，期有裨於立身行己。至於尋章摘句，已爲末務，矧以虛名相尚耶？我國家世敦淳樸，所重在乎習國書，學騎射，豈效書愚陋習，流於虛謾。設使相習成風，其弊必至令羽林侍衛，咸以脱劍學書爲風雅，甚且改易衣冠，變更舊俗，不可不知儆惕。等因，欽此。仰見我皇考崇實黜華、敦本貽謀至意。自奉皇考訓諭以後，咸各凜遵弗忘。今皇子等在書房誦讀，本無另取別號之事，而聖訓昭垂，意至深遠，所當敬謹申明，俾知法守。將來皇子中年齒稍長者，間取一二字顔其書齋，鐫之圖章，尚無不可。總不得自署別號，競尚虛文。惟當講明正學，以涵養德性，通達事理爲務。至詞章之學，本屬末節。況我朝家法相傳，國語騎射，尤當勤加肄習。若竟以風雅自命，與文人學士爭長，是舍其本而務其末，非蒙以養正之意也。著將此旨實貼尚書房，俾皇子等提撕警覺，用仰副皇考及朕諄諄垂訓之至意。

嘉慶十年正月二十六日，奉諭旨：本日朕恭閱皇考高宗純皇帝實録，乾隆四十一年二月内，欽奉諭旨，養心殿太監等遇有零星活計，輒傳唤造辦處各項匠役整理，漫無稽覈，殊屬非是。圓明園等處亦然。宫殿重地，遇有應行修整之事，應告之總管内務府大臣，派員放匠，不當任聽太監等專擅徑行。昔皇祖時曾有諭旨飭禁，載在宫史。今相沿日久，太監等漫無顧忌，著交總管内務府大臣嚴行禁止。嗣後如有必須放匠修整活計之事，俱令呈明該總管大臣，派員查點，仍將某處放進次數於年終彙摺具奏。欽此。仰見皇考祗循成憲，訓誡詳明，宜實力奉行，日久弗懈。朕前曾疊次降旨，申嚴門禁。原以宮庭重地，本非外人所可擅進，其應行進内者，如豫備召見引見人員，及内廷行走大臣官員，各有專司，又有奏事太監帶領，立法原屬周備。至匠役等人數混雜，豈容漫無查考，必當派員帶領出入，方符體制。今原立章程，久而廢弛，每年底並未見該管大臣等彙奏，不可不重申舊制，加之整頓。嗣後禁城及圓明園等處，遇有應行放進匠役，修整活計等事，著太監呈明總管太監，總管太監呈明總管内務府大臣，派員查點明晰，將某處放進次數人數，按月具摺，隨月摺彙奏。毋許太監等任意傳唤，擅自出入，以昭嚴肅。所有乾隆四十一年二月内原奉聖諭，及此次所降諭旨，均著該館敬謹纂入宮史，垂示久遠，遵行勿替。

六月初九日，奉諭旨：本日朕閲館臣所進宮史續編，内載乾隆四十八年十日初八日，欽奉皇考高宗純皇帝聖諭，傳諭總管等，嗣後宮内等處倘遇有火燭之事，總管等即行開門放外邊王公大臣進内撲救，並着總管等量其相近之門開放，不可著外邊人等遶遠；如開較遠之門，未免遲滯，以後謹記。欽此。仰見皇考慎重宮禁，聖慮周詳，訓諭昭垂，實爲明切。惟思宮衛森嚴之地，若忽遽之際，總管等自行開門放人進内，漫無稽考，究非體制。嘉慶二年間，乾清宮失火時，各門洞開，人衆嘈雜，即有一漢軍披甲在内潛藏兩日，始經查出，實屬不成事體。嗣後自萬無此意外之災，但宮廷重地，不得不倍加詳慎。將來設偶遇火燭，總當候旨啓放何門，諭令何人帶人進内撲救，該總管太監等始遵旨放行，並著管門之大臣官員等向進内之王公大臣等詢明所帶官員等共若干人。至兵役人等進内時，詢明係何員管帶，人數若干，覈對相符，方許放進，勿許閒人溷入，庶人衆有可稽考，而禁衛亦昭嚴肅。著將此旨傳諭總管太監等一體欽遵，並著館臣載入宮史，用垂久遠。

閏六月初六日，奉諭旨：向來大學士、尚書等簡派尚書房總師傅，及翰林官員派充阿哥師傅，命下之日，自應恭摺謝恩。至尚書房師傅等間有出差、隨圍等事，將所教阿哥派令他人講課，原不過隨時調派，從無謝恩之事。此乃尚書房舊例，儀親王等皆所深知。昨因玉麟簡放吏部侍郎，派秦承業改充三阿哥師傅；又因萬承風係二阿哥師傅，出差未回，暫派朱珪照料，況係總師傅，卽無旨亦應照料。伊等惟當如舊行走。乃本日朱珪、秦承業俱具摺陳謝，甚屬不合。朱珪在尚書房侍直有年，豈不諳習舊例，何必爲此無謂之奏，其摺内稱惟有益加慎勤，不敢曠功，是不過欲借此在圓明園直廬居住，不復進署辦事，殊非勤職之道。朱珪不必在尚書房行走，伊現管内閣、翰林院、工部等衙門，俱有應辦事務，著常川進署辦事，遇有該班奏事日期，方准到園，兼至南書房行走。至秦承業前此曾充二阿哥師傅，卽未謝恩，何以此次又具摺奏謝？且摺内有恭膺寵命，侍課三阿哥，及仰答高厚於萬一等語，尤不成話。皇子師傅，職分皆同，若云此次派令改充三阿哥師傅爲榮，豈派充二阿哥師傅爲辱乎？伊若妄存歧視之見，則居心大不可問，其獲罪更重。秦承業著降爲編修，逐出尚書房，若稍有怨望，其罪不赦矣。現在二阿哥學問已成，萬承風未回京以前，毋庸再派師傅。三阿哥師傅著改派温汝適；其督課書房伴讀之師傅，著派戴殿泗。防微杜漸之苦衷，諸臣其共諒之。

八月二十七日，奉諭旨：我朝肇基東土，景命誕膺，興京、盛京，實爲發祥之地。橋山鼎建，萬古維昭，一切剏建規模，悉本列聖經營締造，謨烈存焉。朕於乾隆癸卯秋曾隨侍皇考高宗純皇帝虔詣三陵，荷蒙眷顧深恩，欲畀以付託之重，將朕名默告祖宗，籲祈鑒佑。今寅承大統，十載以來，勤求宵旰，不敢怠荒，幸海宇乂安，庶政就理，此皆仰賴列聖在天之靈，垂慈啓牖。兹届升薦對越，大禮告成，景企前型，彌殷依戀。緬維我祖宗昔日開創艱難，櫛風沐雨，凡我後世子孫，惟當敬念詒謀，祇申僾僾。今歲因諸皇子年齒尚輕，未及扈侍，嗣後再舉謁陵典禮，著派皇子等隨從展謁，俾瞻仰珠丘，咸知追遠報本至意。至陵寢宫殿户牖及繚垣栓桓，閲年稍久，每有風雨侵損處所，蓋因從前典守之員，未能以時修葺。此次朕躬詣陪都，特發帑金，派員督率修理，各項工程，均經完繕，允宜敬謹護守，歷久常新。著盛京將軍會同盛京工部侍郎隨時省視，遇有應辦工程，即奏明動項興修，勿致再有欹損。嗣後每閲二年，著軍機大臣提奏，請旨簡派宗室王、貝勒、貝子、公暨大學士、六部尚書等數人，前赴盛京查看一次。如陵寢宫殿各處工程有欹損不行修理者，即行參奏，惟該將軍侍郎是問。且宗室王、貝勒、貝子、公等，均係天潢一派，伊等祖墓俱近在興京、盛京一帶，若非扈從前來，安能歲時祭掃？此後奉使查工，既得叩謁山陵，又得各申私慕，展酹松楸，亦準情定制之一端也。著將此旨存記，並通諭知之。

九月二十四日，奉諭旨：盛京爲我朝發祥之地，橋山弓劍，王迹肇基，謨烈昭垂，燕貽億禩。從前我皇考高宗純皇帝四次恭謁祖陵，一切川原形勝，風土物宜，因見徵聞，發抒睿藻。曾於癸卯年將四次東巡盛京聖製詩命質親王、儀親王、成親王及朕分年按次，每人各録一分，裝潢彙貯，以示觀揚垂裕至意。維時朕所敬録，即係癸卯年聖製詩，天章炳焕，悉關締造鴻模，非特流覽吟題之作。朕此次祇遹成模，初舉謁陵之典，蹕路往來，徧循舊蹟，仰維創業艱難，櫛風沐雨，紹聞衣德，時寓篇章，凡得詩一百五十首，皆係皇考曾經題詠，並多恭依元韻成什。自應恪循家法，貽我後人，著將此次御製詩篇交皇次子、皇三子各録一分，裝成二卷，彙貯一匣，俾知敬念前型，永垂法守。

嘉慶十一年六月二十三日，奉諭旨：本日管理茶膳房大臣蘇楞額等呈遞奏單一件，内有阿哥内膳房、外膳房字樣，殊屬錯謬。定制，惟承應御膳之處稱爲膳房，豈可率意書寫？朕從前在藩邸時，即稱飯房，蘇楞額容或不知，阿明阿在藩邸隨從多年，素所深悉。乃任令該章京等如此書寫，不行更正，非尋常疏忽可比。蘇楞額著罰俸半年，阿明阿著罰俸一年。其擬稿之内務府護軍統領兼尚茶膳正李鏞，革去護軍統領尚茶膳正，降爲膳房二等侍衛。繕寫之筆帖式嵩林，著革去筆帖式，作爲拜唐阿，仍令在膳房行走。此係朕從寬薄罰，若加深究，罪在不赦矣。此旨另録一道，著尚書房存記，俾諸皇子觸目警心，永循軌度。

十一月初八日，奉諭旨：向例，尚書房師傅春分以後於申正退直，秋分以後於申初退直，本有一定時刻，所以專課程也。近來尚書房師傅竟不按向來例定時刻，退直甚早，意涉疎懈。且從前師傅等於散直時，必將係某時刻散去告知管門太監登記，以備稽覈。而現在師傅等並不照舊日章程告知太監，太監等亦置不問，均屬不合。所有尚書房師傅萬承風、桂芳、戴殿泗俱著罰俸半年。此因積久因循，初次查出，姑示薄懲。嗣後尚書房師傅遵照向例，春分後於申正散直，秋分後於申初散直，並將散直時刻告知管門太監，按日登記。其管理部院在尚書房行走大臣，如遇有部院應辦事務及奉旨特派事件應早散直者，亦著將因何早散緣由，管門太監隨時登記，以備查覈。倘經此次申諭之後，仍有任意踈懈情事，一經查出，必行嚴懲不貸。

嘉慶十二年正月初四日，奉諭旨：綿懫、綿慜、載銓已加恩在尚書房伴讀，現在伴讀師傅祇有戴殿泗一人，著秦承業仍在尚書房行走。至伴讀功課，與阿哥不同。阿哥師傅定例春分以後申正散直，秋分以後申初散直；其伴讀及師傅春分以後著於未正散直，秋分以後著於未初散直。

五月十五日，奉諭旨：向來尚書房阿哥功課，自初伏以至末伏，因天氣暑熱，俱係半課，每日散學，並無一定時刻。因思末伏在立秋之後，天氣已日就涼爽，而節候一交夏至，便已炎熱。所有尚書房阿哥功課，嗣後著改於夏至後、立秋前作半課，不必以入伏出伏爲程，其散學時刻亦應有定。所有夏至以後、立秋以前，二阿哥、三阿哥及各師傅俱每日於午初散學，其伴讀阿哥及其師傅，每日於巳正散學。著爲例。

七月十四日，奉諭旨：慶桂等奏，現在實録館全書告成，將數年來請出高宗純皇帝硃筆恭繳，其應尊藏何處，請旨遵行等語。列朝硃筆，向俱在紅本處存貯，屆當纂辦實録時，敬謹請出。俟纂辦完畢，仍奉歸原處尊藏。惟是列朝硃筆，日久增積，存貯倍多。恭查皇祖世宗憲皇帝硃筆，即存貯十五箱。現在皇考高宗純皇帝硃筆，又共有一百八十四箱。若統歸紅本處存貯，則日積日多，幾成充棟，且箱隻亦大小不齊，殊非敬謹尊藏之道。除現在每年各處存繳硃筆，仍交紅本處隨時存貯，以備查覈外，所有先朝硃筆，恭請至太和殿東夾室，永遠尊藏。著派總管内務府大臣恭查皇祖世宗憲皇帝、皇考高宗純皇帝兩朝硃筆，應分貯明黄油寬大板箱共若干隻，卽行如數董造，敬謹裝貯，届時奏聞，擇吉恭備綵亭，敬將皇祖世宗憲皇帝硃筆由紅本處請至乾清門外，舁往安奉。皇考高宗純皇帝硃筆，此時應暫貯實録館，毋庸繳進。届時一體恭備綵亭，卽由實録館請出，舁往安奉，億萬年永遠遵行。

嘉慶十四年十一月初七日，軍機大臣面奉諭旨：重華宮本西二所，爲皇考高宗純皇帝潛龍舊邸，至卽位後，詔升爲宮，實爲吉祥初地。每歲新韶慶節，嘉與臣工等樂衎賡吟，數十年舉行盛軌。乾隆五十五年正月内，曾經欽奉諭旨，以世世子孫惟當永遠奉守，毋事更張。至東五所爲年少皇子、皇孫等公共所居，若照重華宮之例，另行興建，不特宮牆四圍别無隙地可以廓展，亦非朕垂示後昆之意。聖訓煌煌，奕禩所當敬守。朕從前爲皇子時所居之處，如東華門内擷芳殿之中所，宮内之東頭所、二所，福園門内之西北所，現在仍準皇子等在彼居住。惟毓慶宮係朕於乙卯九月仰蒙皇考高宗純皇帝敕立爲皇太子後，於是年十一月特命由擷芳殿移居，並蒙賜額繼德堂，錫福凝祥，始基於此。迨丙辰元旦，寅承大寶，訓政三年，朕尚在此宮居住，是則非東五所諸屋可比。是以自嘉慶四年之後，略加修葺，以備幾餘臨莅，不復令皇子輩居住，所以杜中外揣摩之漸，不得不然。

我國家景運延洪，繩繩萬葉，將來衍祥紹慶，我子孫有如朕之躬沐鴻庥，敕立爲皇太子者，則仍可居此宮，用昭燕翼。著將此旨交尚書房敬謹存記，並載入宮史續編，世世遵守。

十一月初十日，奉諭旨：向來宮中門禁，屢經降旨，嚴立章程。而於西苑等處，尚未申明定制。因思瀛臺之西苑門、福華門，悦心殿之承光左門、承光右門、陟山門，闡福寺之西角門，舊例王公大臣等至此下馬進内，卽皇子亦不得乘騎行走，向俱敬謹遵循。在王公大臣等恪守功令，自不敢乘騎擅入。唯恐伊等或因年老癈疾，步履維艱，藉端私行乘入，此風斷不可開。若果伊等自揣艱於行走，不妨據實奏懇，僅在門外伺候，亦必俯準所請。朕於耆臣未嘗不曲加優恤，而體制攸關，亦不可稍踰尺寸。至御用馬匹，本應在街市騎試，亦不得藉試馬爲名，擅行出入。倘經此次申禁後，如有乘騎進内者，著該班侍衛、章京等攔阻，若再不遵，卽著禀知該管大臣，指名參奏，照違旨例治罪不貸。將此通諭王公大臣等知之，並著叙入宮史續編，永遠遵行。

十一月十二日，奉諭旨：昨經降旨申明西苑等處門禁，並令王公大臣等自揣衰疾不能前往，奏請在門外伺候，以示體䘏。今又思由西苑門至遐矚樓、春耦齋，路逕稍遠，王大臣等内之年老有病者，艱於行走，亦屬實在情形。卽令在門外伺候，該處並無房屋可以駐足，又斷無准其乘騎進内之理。嗣後朕赴西苑用膳辦事，所有内廷、外廷王公大臣等俱在西苑門外下馬，步行進門至馬頭。著御船處預備船隻，照進同樂園之例，結冰後卽用拖床，至每年十月間冰薄之時，必須步行隨入之候，年在六十以上者，自揣步履尚健，照常赴彼外，其餘著加恩不必前往。俟朕進宮時，在隆宗門内站班。如年未至六十，而實有殘疾、人皆共知者，亦著在隆宗門内伺候。至親王等例得在紫禁城内騎馬，近聞儀親王、成親王、定親王綿恩進内時俱不乘用，意欲練習步履，此則未免過當。諸王等如果意在習勞，府中儘可散步，何必於衆人觀瞻之所，徒步而行，此後均著照常乘騎，用符體制。卽朕在宮中園中，時常散步，並不覺勞，若宮門外亦步行可乎？過猶不及，亦非理也。此旨亦著叙入宮史續編。

十一月十九日，奉諭旨：向來宮内圓明園首領太監、太監等，遇有年老殘疾不堪當差者，經總管太監等具奏，卽准其爲民，從未特派人驗。其中恐有請托揑飾等事，不可不預防其漸。嗣後凡有年老、殘疾、患病不能當差者，經總管太監奏明後，著内務府大臣等逐加親驗，其有卧病不起者，著内務府大臣揀派司員，前往查驗屬實，奏明後方准爲民。倘有揑飾等弊，將該太監嚴行審訊，並將總管太監等參奏治罪。著爲令。現有奏請爲民首領太監等十名，卽照新例辦理。

嘉慶十五年二月二十日，奉諭旨：前因刑部審擬蔣廷柱由午門潛入協和門内私放爆竹一案，降旨令軍機大臣將是日值班官兵在門當差有無曠誤之處，查訊具奏。兹據覆奏，傳訊午門該班之副護軍參領廷安，護軍校巴揚阿、哈福、三達色等，俱供無曠誤情事。惟該官兵等職司門禁，不能實力稽查，致備謊言混進，殊屬疏忽。所有是日該班之參領護軍校等，著交該管大臣記過。其該班兵丁量予責懲，亦無庸加以斥革。至協和門該班之護軍校忠敏、護軍珠爾松阿，一聞爆竹聲響，卽將該犯拏獲，尚屬認真，自應量加奬賞。前次永琦具奏時，僅行自請議處，並未將該官兵等奏請分別勸懲，亦屬疎漏。所有應賞之忠敏、珠爾松阿二人，罰令永琦自行酌給。

六月十三日，奉諭旨：昨據膳房總管太監奏，有膳房太監之姪，於十二日寅刻在紫禁城內外膳房投井身死，並稱該太監之姪先於十一日在內住過一宿等語。禁地森嚴，派有前鋒護軍統領、代領侍衛內大臣、該班之內大臣及六班王大臣等每日輪流值宿，並有總管內務府大臣一員在內稽查，遇有此等事件，應隨時據實奏聞。卽云昨早查知，未及趕繕奏摺，今日亦當奏上。乃事已隔宿，猶未見伊等具奏。命軍機大臣傳問永琦，伊竟茫然不知，實屬無用之物。且此案昨交內務府大臣桂芳查審，而本日桂芳亦未具奏，俱屬膽玩公事。膳房太監之姪，何得擅入禁門？直班諸臣平日既漫無覺察，及遇有此等事故，又不卽時具奏，自請處分，均屬有乖職守。所有查出是日該班之永琦，除革去所管各項，仍實罰貝勒俸一年。桂芳及內務府值宿之司員等，均著交部議處。明亮、永珠、書明阿、景祿著交部查議。

六月二十四日，奉諭旨：本日吏兵二部議處失察太監于進忠之姪得林在紫禁城內外膳房投井身死一案之在內該班護軍統領、章京及內務府大臣並司員等各摺，紫禁城內關係太監事務，係內務府大臣官員等專管，此案得林在外膳房居住已經兩月，又復投井身死，其失察內務府官員獲咎較重。今吏部將內務府值宿之司員僅照例擬以降留，未免過寬；而兵部轉將該班之章京等於降留本例加等議以降調，又未免過嚴，殊未平允。所有內務府值宿郎中那奎、內管領達冲阿、正黃旗副護軍參領福昇，俱著實降一級調用。其值班之內務府大臣桂芳、英和、穆克登額、和世泰、徵瑞、常福，俱照議罰俸一年。明亮、永珠、書明阿、景禄，著改爲罰俸半年。又桂芳應奏不奏，例降二級留任之處，著從寬改爲降一級留任。明亮、永珠、書明阿、景禄，在内值宿，未經得信，是以未具奏，情尚可原，其處分著加恩寬免。至護軍參領玉成等，俱係是日進班之員，朕因得林在内值宿兩月，若將四月以後進班之護軍官兵等概行懲處，未免人數過多，是以加恩寬免。如祇將是日進班之人予以實降，亦未免過重。所有護軍參領玉成、副護軍參領新德、護軍參領司鑰長如來保、嵩山，俱著改爲降一級從寬留任。鄂勒哲依圖、綿志，雖係護軍統領，俱未進班，兵部以該二員未經預爲交派巡查，各議以罰俸，未免深文。伊二人處分，著加恩寬免。

六月二十八日，奉諭旨：前明舊制，紫禁城内，非特官員等不能輕至，卽大臣亦祇在外聽宣，不敢無事輒入。其宫廷之内，狃于宴安，廷僚召對絶少，以致内外阻隔，下情不能上達，綱紀墮壞。我朝革除一切秕政，首在通下情而宣上意，每日宵衣視事，召對臣僚，周咨庶政，乃至外來道府等官，亦俱准其親詣宫門，遞摺請訓，無不隨時召對，法良意美，從無堂廉隔絶之事。然禁城重地，咫尺宸垣，守衛不可不嚴，體制不可不肅。乃近來門禁廢弛，各處值班官兵全不認真管轄，以致閑雜人等任意攔入，毫無稽考。卽如前日查出膳房太監于進忠之姪得林，在外膳房居住兩月，投井身死，該值班之文武大臣官員等均全然未知，可謂憒憒。迨一經懲治之後，則相率嚴緊，紛紛查辦，專向各太監下處檢察閑人，卽以爲認真查禁，不過數日之後，旋卽因循怠玩。况禁城之内，如各王公大臣值班之處，以及各館、内閣、文華殿、中正殿各處，豈别無閑雜之人容留居住，何以不一律查辦概行清理乎？又，朕昨由圓明園進宫時，見神武門站班官兵，在西邊管轄者，尚爲嚴整；至東首站班官兵之外，則竟有無數閑人在巷口擁擠，該官兵並不早爲驅逐，此等諒係跟隨御前乾清門行走之人，然或竟有外來閑人攙雜在内，亦未可定。在各王公大臣等進内之時，原不能不酌帶跟役，但祇須足供使令，又何必隨從多人，漫無限制，以致閑人亦得冒充混入。設其時遇有叩閽等情，成何事體！朕又聞午門之外，往往有市井閑人，祇圖行路省便，穿走朝門，來往自如，無人過問。並聞壇廟重地，當朕行禮之時，常有不及引避之人，屏匿壇壝左近，任意窺望。該管官員兵丁，所司何事？竟敢鬆懈至此，不可不嚴切申誡，以杜將來。嗣後各該處值班官兵以及該管大臣等，務當隨時隨地留心管轄，不可仍前泄泄，尤不可專務一時之嚴緊，日久又復懈弛。至於進内之各王公大臣文武官員等，並須各自檢束，毋得多帶跟役，稍令滋事。如跟役内有不遵法度者，一經拏獲，惟伊主是問。其該管官兵有查察不嚴、私情縱容等事，并將該管大臣等一併嚴行懲治不貸。將此通諭知之。

七月初六日，奉諭旨：儒臣入直尚書房，職司訓課，責任綦重，理應克勤克慎，無曠厥官。昨日晚間，朕閱内左門門單，尚書房師傅周系英、果齊斯歡、秦承業三人均未入直，當卽詢問二阿哥三阿哥，以師傅等均不進内，是否阿哥等因陰雨難行，有言阻止，抑該員等另有他故？據二阿哥三阿哥覆奏，是日俱早至書房，循例至午刻散歸，久候師傅等未到，不知何故。本日令軍機大臣傳到周系英等查詢，據稱，因澄懷園門内外積雨水深，未能趨直等語。昨日早間，宫門左近雖間有積水，各部院衙門仍照常奏事。召見時，大臣中年老者亦均未誤班。尚書房翰林寓居澄懷園，距宮門咫尺，何至不能入直？明係伊等怠惰偷安，有曠職守。從前乾隆年間，因尚書房師傅曠功，曾經皇考高宗純皇帝降旨，將劉墉等分別嚴懲，並將阿肅、達椿加以責處。今周系英等藉端曠誤，不可不加以懲治。周系英著降一級調用，再罰俸一年。果齊斯歡，念係宗室，免其責處，賞留宗室頂戴，降補法式善所出左庶子缺，再罰俸一年。伊二人均仍令在尚書房行走。秦承業係訓課伴讀綿愷、載銓，責任較輕，免其降調，著罰俸一年；伊年老衰頹，著退出尚書房。綿愷、載銓，年已漸長，無庸進尚書房伴讀，著各回本家讀書。王懿修係屬總師傅，本應議處，念其年力已邁，著加恩寬免處分，不必在尚書房行走。董誥著加恩充尚書房總師傅。此旨應載入宮史，仍鈔録一道，交尚書房存記。

國朝宮史續編卷之七

典禮

國家朝會、享祀、宴賚、行慶之儀，著於會典通禮，釐然秩然，粲乎大備。兹宮史之識典禮，宮則以大順大同之化，初不越納身軌物，觀其會通，家國天下共之。按前編所載，分禮儀三卷，宮規一卷，冠服、儀衛各一卷。今時閱數紀，鴻儀茂典，僂舉莫殫，於是闡揚而光顯之，所以表宏模、彰盛軌也。夫以我朝重熙累洽，列聖相承，至高宗而化光德博，福應畢臻，標四得之論，篆十全之寶；三閣建而宴啓文淵，千叟集而觴陳寧壽。而尤有篤承昊貺等諸百世所未聞者，則以紀元周甲之歲，詔宣歸政，符慰初心，於丙辰月正元日授受禮成。我皇上欽承付畀，於時法宮訓政，大祀躬虔，令節元旬，稱觴介壽。雖伊耆表遜於前，猶未若此之紹聞衣德，著萬年之家法也。臣等恭與編次，分禮儀三卷之目爲五，曰盛典，曰册寶，曰祭祀，曰勤政，曰宴賚；其宮規增爲四卷；冠服、儀衛則仍其舊爲二卷。由是昭代之宮儀，焕然三千三百之盛焉。

典禮一 盛典一

授受儀一

臣等謹案：授受之際，典盛禮崇。自軒、頊、昊、嚳，皆世及，惟堯首舉禪儀。顧觀型讓德，在下升聞，雖二聖相嬗，姓非一脉。虞書惟受終一語，肆類以下，皆攝位後典禮。舜之禪禹，亦僅紀受命神宗而已。竹書載帝不降、帝扃，則兄弟相及，禮亦未聞。厥後上儀寥闊，偏閏無稱。唐之三帝，高祖睿宗迫於勢；順宗沉於疾，傳授不正，遑問其儀；明皇身受傳位，手定開元禮，而兹典蔑聞，蓋無足述也。宋之三朝，高宗避位之餘，旁支繼序；孝宗外怵强敵，内圖偏安；光宗之事，出於慈幄樞庭，非其本志。宋史禮志，載高宗傳禪儀數十百言，全無節次，至周必大之壬午龍飛録，周密之紹熙行禮記，皆臣下私家撰述，事不可以蘄一時，禮安得以垂百世？我朝熙洽綿長，慶流萬棄，高宗純皇帝以上聖之資，撫郅隆之運，初載升香，志定卜協，默監聖嗣，告於天祖。蓋御極三十八年，而爲天下得人；躋聖壽八十六齡，而爲天子父。我皇上聖能揆一，孝著朝三，纘緒紹庭，以承付託之重。當元正上日，授受一堂。太和前殿，黼扆廉陛之間，太上端拱穆清，與天同契；皇帝篤恭謙吉，爲日重光。事爲萬世未有之隆，禮則三古未行之盛。謹纂輯内閣、軍機處、禮部所陳奏傳寶、頒詔、内殿外朝之鴻儀茂典，而推原於前後所奉聖諭，並聖製詩文，立言垂訓，及皇上躬膺大器，敬承繼述之作，排比事類，以爲宮史續編典禮門之發端。

乾隆六十年，乙卯。高宗純皇帝紀元周甲，初願昭符，諏吉於孟冬頒朔以前，九月初三日册立皇太子，宣示中外，以來歲丙辰元日行授寶禮，卽以是年爲嗣皇帝嘉慶元年。詔曰：朕寅紹丕基，撫綏方夏，踐阼之初，卽焚香默禱上天，若蒙昊眷，俾得在位六十年，卽當傳位嗣子，不敢上同皇祖紀元六十一載之數，其時亦未計及壽登八旬有六也。自臨御以來，仰荷昊蒼垂佑，列聖貽庥，寰海昇平，重熙累洽，御宇之年，慶週甲子。敬念維天維祖宗所以付託在予者，至重且鉅，於繼體授受之際，曷敢不倍切兢兢。朕前此不卽立儲之由，節經頒發諭旨，反覆申明。盖以歷觀史册，三代而下，由漢迄明，儲貳一建，其弊百端，前鑒具在。我朝太祖、太宗、世祖，俱未豫立儲位。惟聖祖仁皇帝曾以嫡立理密親王爲皇太子，後竟爲宵小誘惑，兼患瘋疾，不克祇承。其時大臣中曾有以國本應行建立陳請者，仰蒙皇祖聖裁獨斷，訓諭特頒，不復册立。迨傳位皇考，十三年勵精圖治，内外肅清。雍正元年，皇考卽親書朕名，貯於乾清宮正大光明匾額之上，又另書密緘，常以自隨。朕纘紹洪業，六十年間，景運龐鴻，版圖式廓，十全紀績，五代同堂，積慶駢蕃，實爲史册所罕覯。此皆仰賴皇祖、皇考貽謀燕翼，用能啓佑後人，綏兹多福。朕欽承家法，踐阼後亦何嘗不欲立嫡，以皇次子爲孝賢皇后所生，曾書其名，遵皇考之例，貯於正大光明匾上。不意其早年無禄，不能承受，曾同大臣等啓緘閲看，贈爲端慧皇太子，此中外所共知者。嗣於癸巳年冬至，南郊大祀，敬以所定嗣位皇子之名，禱於上帝，並默禱所定嗣位皇子，倘不克負荷，請降之罰，俾臣得另簡元良，以爲宗祏延遠無疆之福。又於盛京恭謁祖陵時，敬告太祖、太宗在天之鑒。是朕雖不明立儲嗣，而於宗祏大計，實早爲籌定，特不效前代之務虛文而貽後患耳。夫建儲一事，三代以後，建立嫡嗣，舊制相沿，具載史册。若以此等歷代踵行、名正言順之事爲非，則朕亦非讀書稽古之人矣。設名分未定，或致如前史「夜半宮中出片紙」之語，其弊更不可言。方今紀綱肅清，宮府一體，歷代權奸婦寺諸秕政，絶無其事，斷不致因儲位未早宣示，致滋他慮。我子孫果能效法祖宗，及朕之敬天、勤民、勑幾、親政，卽不明詔立儲，實可萬年無弊。然此言卽朕自問，亦不敢自以爲是，千萬世後，必有以爲非者。且令其平心觀我祖宗及朕所行，與國家之得實益、政治之享太平與否可耳。朕誕膺大寶，今六十年矣。迴念踐阼時，默禱上帝之語，並追憶朕年五旬後，曾於聖母皇太后前奏及歸政之事，彼時蒙聖母諄諭，以朕躬膺付託之重，天下臣民所繫望，卽至六十年，亦不當傳位自逸。次晨，朕卽以聖母所諭，默奏上帝，若能常奉慈寧，壽躋頤慶，朕亦何敢復執前願？乃自丁酉年以來，所願既虛，於是仍冀得符初志。兹天恩申錫，竟獲週甲紀元，壽躋八旬開五，精神康健，不至倦勤，天下臣民以及蒙古王公、外藩屬國，實皆不願朕卽歸政。但天聽惟聰，朕志先定，難以勉順羣情。兹以十月朔日頒朔，用是諏吉於九月初三吉日御門理事，召皇子、皇孫、王公、大臣等，將癸巳年所定密緘嗣位皇子之名，公同閱看，立皇十五子嘉親王□□爲皇太子，用昭付託。定制孟冬朔頒發時憲書，其以明年丙辰爲嗣皇帝嘉慶元年。俟朕長至齋戒後，皇太子卽移居毓慶宮，以定儲位。皇太子生母令懿皇貴妃，著贈爲孝儀皇后，升祔奉先殿，列於孝賢皇后之次，其應行典禮，該衙門查照定例具奏。皇太子名上一字改書□字，其餘兄弟及近支宗室一輩，以及內外章疏，皆書本字之永，不宜更改。其皇子、王公、臣下之名，清書缺寫一點，以示音同字異，而便臨文。至朕仰承昊眷，康强逢吉，一日不至倦勤，卽一日不敢懈弛。歸政後，凡遇軍國大事及用人行政諸大端，豈能置之不問，仍當躬親指教。嗣皇帝朝夕敬聆訓諭，將來知所秉承，不致錯失，豈非國家之大慶。至郊、壇、宗、社諸祀，朕年當望九，於登降拜跪儀節恐精力稍有未充，不足以將誠敬，自應嗣皇帝親詣行禮。部院衙門並各省具題章疏，及引見文武官員尋常事件，俱應嗣皇帝一同披閱，效朕所爲，以副天下臣民之望。所有册立皇太子典禮，一切虛文俱不舉行。其明年歸政一切典禮儀文，著軍機大臣會同各該衙門敬謹條議以聞。將此通諭中外知之。

九月初四日，皇太子奏言：本月初三日，欽奉上諭：朕寅紹丕基，撫綏方夏，踐阼之初，卽焚香默禱上天，若蒙眷佑，得在位六十年，卽當傳位嗣子，不敢上同皇祖紀元六十一載之數。茲天恩申錫，竟獲週甲紀元，壽躋八旬開五，精神康健，不至倦勤，天下臣民以及蒙古王公、外藩屬國，實皆不願朕卽歸政。但天聽維聰，朕志先定，難以勉順羣情。茲以十月朔日頒朔，用是諏吉於九月三日御門理事，召皇子、皇孫、王公、大臣等，將癸巳年所定密緘嗣位皇子之名，公同閱看，立皇十五子嘉親王□□爲皇太子，用昭付託。定制孟冬朔頒發時憲書，其以明年丙辰爲嗣皇帝嘉慶元年。俟朕長至齋戒後，皇太子卽移居毓慶宮，以定儲位。等因，欽此。臣伏讀之下，悚惕恐惶，不知所措。洪惟我皇父陛下，大德受命，久道化成，膺昊蒼之篤佑，纘列祖之貽庥，臨御以來，六十年如一日，自敬天、勤民、用人、行政諸大端，以及出入起居，發號施令之間，兢兢業業，罔有不欽。是以紀綱肅清，寰海悦預，文懿武鑠，時和歲豐，諸福畢臻，如響斯應，天人訢合，曠隆往牒。方今聖壽將躋九秩，履帝位者，甲子重週，猶復體健勵精，孜孜惟日，薄海臣民，共知共見。臣幸際萬古未有之鴻庥，親依一人在上之慈蔭，抃蹈之懷，何可名喻。兹者恭誦詔旨，荷沐恩慈，册立臣爲皇太子，以臣之材質，撫衷循省，已弗克勝。復奉慈諭，將以來年畀政於臣。臣五内戰兢，跼蹐彌日。竊維神器之重，天下之大，皇父淵默取裁，所以篤念維天維祖宗者，陳義高而垂訓切，臣何敢以區區之私，效前代辭讓具文，上瀆君父之聽。顧維臣知識檮昧，雖自幼讀書，日侍慈顔，粗識典要，但年齒尚少，閲事日淺，於措施經緯，全體大用，夙夜省循，斯未能信，惴惴焉深以弗克負荷爲懼。况恭逢皇父八旬衍衮以來，仰見聖壽日高，康强純固，神運萬幾而有餘，慮周羣下所不逮，念徵省歲，給復蠲租，惠澤及人，淪浹肌髓，非特寸心愛日之私，依戀椿暉之芘，即内外大小臣工，下逮億兆黎庶，屬國藩臣，靡不含和吐氣，喁喁焉願長奉悠久無疆之盛治。伏願我皇父御極延禧，躬攬庶政，上答天眷，俯遂輿情。臣既蒙恩册立，謹當備位儲宫，朝夕侍膳問安之暇，得以稟受至教，勉自策勵。敬俟我皇父期頤策衍，上儀慶成，惟時載頒成命，臣敢不敬謹祗承。所有現在改元歸政事宜，伏祈勅停舉行，臣慺慺寸誠，措詞罔知體要，伏惟聖慈鑒察，俯賜俞允，實深屏營籲懇之至。

同日，内外王公大臣等奏：欽惟我皇上治懋登咸，化隆熙洽，以聖神文武之至，膺位禄名壽之全，景運龐鴻，福禔曼羨，八徵念範，十全紀功，五代同堂，九旬衺衍。自繩契以來，鋪鴻庥，揚偉烈，未有若斯之懿鑠隆茂、純嘏緝熙者也。乃特頒詔旨，定儲位，將以來歲丙辰，紀元歸政。蓋自我皇上御宇之初，敬念神器至重，默籲昊慈，紀年週甲，不敢上同聖祖。所以凜貽謀、昭付畀，意深典鉅。詎臣等管蠡之見所能窺測萬一。竊稽内禪之文，前史所載，休烈無聞，不足仰方今日，惟勳華之盛軌，實授受之上儀。然帝堯巽位，七十三載；帝舜三十徵庸，三十在位，又三十三載始行禪授，計年俱將百有餘歲。我皇上握乾符，闡坤珍，履帝位者六旬，法天行如一日，視伊耆應更延光被。例有撝尚未逮倦勤，而且莊敬日强，幾康時勅。宵旰勤思政要，暑寒念切民依。丹筆批章，彤廷引對，萬幾躬攬而晷刻弗踰，四遠周知而精神罔間。惟天錫聖主康强逢吉之徵，即啓聖主億萬無疆之紀。皇上凝承寶命，動必稽天，今敬迓天庥，允宜久履天位。且億兆人之心，上帝之心也。皇上闓澤涵濡，湛恩汪濊。近自蔀屋編氓，遠而外藩屬國，凡夫含齒戴髮、跂行喙息之倫，莫不怙冒如日月，瞻依若父母。矧臣等渥被恩慈，淪浹肌髓，犬馬戀主之私，動於不自知，而發於不容已。以臣等區區懇欵之心，合之薄海内外喁喁萬衆之心，益知天心之保佑申命，未有艾也。伏願皇上寶籙崇躋，瑶圖益焕，本至誠悠久之德，兆貞元迭啓之祥；增上壽於期頤，輯蕃釐於章蔀；然後精一傳心，以聖授聖，紀重光之盛瑞，修太上之鴻儀。斯仁壽之符，倍光於前典；聲烈之茂，愈播於來兹。臣等不揣冒昧，謹合詞恭摺籲懇，仰乞皇上俯順羣情，卽賜俞旨，臣等不勝依切待命之至。奏入，上宣諭曰：皇太子及王、貝勒、貝子、公暨内外文武大臣、蒙古王公等，各具摺籲請俯順羣情，俟朕壽躋期頤，再舉行歸政典禮。朕逐加披閲，見其情詞懇欵，實皆出於至誠。敬念維天維祖宗所以付託在予者，至重且鉅。臨御以來，仰荷眷佑，海宇大安，康强逢吉，勤求治理，惟日孜孜，朕亦何敢稍存自暇自逸之念。惟是朕紹承大統，踐阼之初，卽焚香默禱上天，若蒙昊蒼垂佑，得在位六十年，卽當傳位嗣子，不敢上同皇祖紀元六十以次增載之數，且實未計及歸政之年，朕壽當八旬有六也。迨五旬後甫經念及歲月舒長，倍深兢業，初不敢以此自必。兹幸天恩申錫，竟獲週甲紀元，壽躋八旬開五，始願克償。此皆仰荷上天篤祐，列祖貽庥，躬舉授受上儀，實爲曠古所未有。用是特降詔諭，册立皇太子，於丙辰年改元歸政。今皇太子及宗室、蒙古王公、内外大臣以朕八旬衍袠以來，精神純固，仍請躬攬庶政。皇太子及臣工等日侍禁廷，渥承恩眷，臚誠籲懇，愛戴依戀，朕未嘗不深鑒其誠悃。卽天下臣民、外藩屬國，飲和食德，久沐涵濡，實皆不願朕卽歸政。但朕齋心默禱之意，精誠孚格，久荷昊慈垂鑒，歷數十年如一日。今若因羣情依戀，勉遂所請，則朕初心焚香告天之語，轉爲不誠，是實難以聽許，毋庸再行瀆請。况朕仰承天眷，純固有常，一日不致倦勤，卽一日不敢懈弛。歸政後，凡遇軍國大事及用人行政諸大端，豈能置之不問？仍當勅幾體健，躬親指教。嗣皇帝朝夕敬聆訓諭，可以知所禀承，不致錯失。而大小臣工恪恭盡職，亦可謹凛遵循。迨朕壽臻頤慶之後，優游無爲，豈不更爲亘古未有之盛事？將來嗣皇帝紹膺大統，若能如朕之敬天愛民，勵精圖治，景祚綿長，上躋耆壽，亦如朕之舉行歸政，明彰典禮，大廷授受，尤爲我國家億萬年無疆之庥，此則朕所至願也。

初六日，奉諭旨：向例皇帝之名，理應避寫。明歲卽行歸政，皇太子名下一字，乃舊有清語，又係常用之字，毋庸廻避。朕意皇太子名下一字，旁加一點，繕寫口字。嗣後單寫連寫之王字，俱不必迴避，仍照舊書寫。

二十八日，内閣大學士等奉諭旨：朕歸政後，應用喜字第一號玉寶鐫刻太上皇帝之寶。册，卽將御製十全老人之寶説鐫刻，作爲太上皇帝寶册，用彰熙朝盛瑞。將來嗣皇帝亦能如朕之懋承天眷，壽届期頤，再舉上儀，一切典禮，皆可敬謹遵循，實我國家億萬年無疆之福，將此通諭中外知之。

國朝宮史續編卷之八

典禮二 盛典二

授受儀二

乾隆六十年十月十八日，軍機大臣等議奏：丙辰年舉行傳位大典，所有各直省並各該衙門應行備辦事宜，開列條欵，豫飭遵照。

一、丙辰年歸政，嗣皇帝登極，頒發傳位詔書一道，鈐用太上皇帝之寶，次用皇帝之寶，所有恩詔條欵，一體叙入。

一、太上皇帝諭旨稱爲勅旨。

一、太上皇帝仍稱朕字。

一、丙辰年太上皇帝起居注，嗣皇帝起居注，交該衙門敬謹分纂。

一、題奏行文，凡遇天、祖等字，高四格擡寫；太上皇帝，高三格擡寫；皇帝，高二格擡寫。

一、恭遇太上皇帝慶節，稱萬萬壽；嗣皇帝慶節，稱萬壽。

一、恭遇太上皇帝萬萬壽慶節及元旦、冬至令節賀表，嗣皇帝萬壽慶節及令節賀表，俱由內閣撰擬表式，一體頒發遵照。

一、丙辰年恭進列祖列宗實録，交内閣循照向例，按期於嗣皇帝前恭進。

一、丙辰年恭遇大祀，由各該衙門具題，嗣皇帝親詣行禮；其中祀、小祀，應行分別親詣恭代之處，俱循照向例題請。

一、經筵、耕耤、大閲、傳臚各典禮，屆期由各該衙門奏請嗣皇帝循例舉行。

一、恭遇太上皇帝萬萬壽慶節、令辰，一切典禮應用樂章另行恭擬，交樂部遵用。

一、恭遇太上皇帝、嗣皇帝慶節、令辰及掖輦巡幸地方，内外大臣恭遞慶賀請安摺，俱繕備二分呈遞；其隨奏事件請安摺，俱照常繕備一分，呈進嗣皇帝批閲。

一、外廷筵宴，由各該衙門循例奏請嗣皇帝恭奉太上皇帝親御宴座，嗣皇帝侍坐，一切儀注臨時具奏。

一、各部院衙門題本、改簽放缺、奏派各項差使，俱循例題奏，恭候嗣皇帝批閲遵行。其各部院衙門及各省題奏事件，俱照常式，恭繕皇上睿鑒字樣，後書嘉慶年號，按照向例呈進，不必繕備二分。

一、御門聽政，恭候嗣皇帝折本，示期遵辦。

一、鄉會試、殿試、朝考、散館及一切考試題目，由各該衙門循例奏請嗣皇帝命題考試。

一、嗣皇帝登極後，應請太上皇帝勅旨，册立皇后。所有應行典禮，交各該衙門循例遵行。

一、丙辰元旦，奉先殿、堂子行禮，在未傳位以前，皇太子隨皇上行禮。

一、陛見文武大員及新授道府以上，具摺恭請太上皇帝恩訓、嗣皇帝恩訓。

一、丙辰新正遞丹書克，乃係奏太上皇帝詞句，且有賀六十年國慶之事，應仍於太上皇帝前恭遞。

奉旨：「依議」。

太上皇帝萬萬壽慶節稱賀表式

具官某等，誠懽誠忭、稽首頓首上賀。伏以寶命延禧，推筴啓重光之祚；祥源錫羡，環瀛開曼壽之期。欽惟太上皇帝陛下，泰宇純熙，乾符廣運，箕疇闡繹，統四得而德爲聖人；軒籙崇增，邁十全而養以天下。懋膺多祜，申錫無疆。臣等恭遇昌辰，欣逢慶節，伏願康彊逢吉，詒燕翼於皇圖；福禄來成，迓鴻庥於景算。臣等無任瞻天仰聖懽忭之至。謹奉表稱賀以聞。

太上皇帝元旦稱賀表式具官至上賀同前。

伏以仁壽同符，獻歲協履端之吉；泰元衍筴，授時徵合朔之祥。欽惟太上皇帝陛下，治啓重熙，德隆廣運。太和氣盎，涵六合以如春；繼照暉長，麗三陽而兆瑞。懋膺多祜，慶洽初韶。臣等恭遇昌期，欣逢元旦，伏願九如叶頌，添筴瑞於堯階；萬福凝釐，茂椿齡於軒紀。臣等無任瞻天仰聖懽忭之至。謹奉表稱賀以聞。

太上皇帝長至稱賀表式具官至上賀同前。

伏以祥開北陸，黄鍾叶吹琯之期；慶集東朝，蒼璧應指杓之序。欽惟太上皇帝陛下，德符燾載，福被垓埏。躬上壽以延和，筴推迎日；介純熙而協吉，臺驗書雲。玉燭時雍，彤廷頌洽。臣等幸際重光盛治，欣逢亞歲昌辰，伏願寶籙彌崇，兆寰寓醇龐之瑞；洪釐增邕，溥億年茂育之庥。臣等無任瞻天仰聖懽忭之至。謹奉表稱賀以聞。

皇帝萬壽慶節、元旦、長至令節稱賀表式

具官某等誠懽誠忭、稽首頓首上賀。伏以德統乾元，首正六龍之位；建用皇極，肇開五福之先。恭惟皇帝陛下，率育蒼生，誕膺景命。蘿圖席瑞，共球集而萬國來同；黼扆凝釐，陬澨恬而八方和會。太平有象，慶祚無疆。臣等恭遇熙朝，欣逢聖誕，元旦長至伏願玉燭長調，溥時雍於九牧；金甌永固，綿泰運於萬年。臣等無任瞻天仰聖懽忭之至。謹奉表稱賀以聞。

太上皇帝三大節樂章

萬萬壽奏「乾平之章」，曰：「壽録位名全，猶日孜孜寶篆鐫。保佑命膺天，繼序重光福祚延。乾符久仔肩，文巍焕，武昭宣。瑞應角亢躔，龐褫衍，萬斯年。」○還宮奏「太平之章」，曰：「曼壽慶瑶樽，萬方玉食至尊尊。舞綵上儀敦，堯辰舜丙合乾坤。詄蕩啓天門，帝奉帝，孫有孫。祥雯燦紫閣，歌景福，飫洪恩。」

元旦奏「元平之章」，曰：「壽寓拱金甌，繩武乘乾甲子周。燕翼篤貽謀，子帝欽承德澤流。歲首建華斿，蓍衍筴，海添籌。五福萃箕疇，臚實政，訓鴻猷。」○還宮奏「和平之章」，曰：

「天下養尊崇，萬禩頤和郅治隆。泰運懋延洪，嘉會朝正萬國同。康强仰聖躬，八徵念，十全功。勵治尚初衷，膺篤祜，競呼嵩。」

冬至奏「遂平之章」，曰：「陽回玉琯新，祗承忭蹈率臣民。行健政躬親，問安侍膳秉鴻鈞。帝範示遵循，共球集，韶濩陳。皇祺茀禄臻，紀馨烈，頌恒春。」〇還宫奏「允平之章」，曰：「懿鑠纘羲圖，雨暘時若泰階符。逢年渥澤敷，三除玉粒五蠲租。元吉惠心孚，恩匝寓，德覃區。寅承保聖謨，履端慶，舞康衢。」

三大節丹陛行禮，奏「慶平之章」，曰：「御宇六旬，九有浹深仁。勳華一家禔福臻，歲萬又萬頌大椿。文武聖神，帝夏皇春。」

三大節内庭行禮，奏「雝平之章」，曰：「雝雝在宫，天符人瑞同。太上立德更立功，京垓億兆運龐鴻。雲礽衍慶，萬福來崇。」

十月二十六日，皇太子率户工二部臣請分卯並鑄乾隆嘉慶通寶，並飭各直省遵照通行。奏言：欽惟皇帝陛下，壽宇延洪，仁恩覃洽。解阜叶虞琴之奏，普邕民生；懋遷率周府之模，通流國寶。近自水曹金部，遠而藏地回疆，莫不奉九式之良規，仰萬年之鴻號。紹三朝而裕後，布四極以懷珍，實厚生利用之資，係理財正辭之重。越來歲丙辰紀序，周甲增籌；迺豫期嘉慶書年，初元播詔。近承慈旨，合有實文，陶鑄總本於大鈞，模範勉遵於良治。敢違成命，竊惕下懷。伏念錢布爲百貨之源，事最切乎羣黎日用；載紀歸一人之統，化久洽乎丕冒海隅。合八方澤溥衢尊，職貢虔通九牧；惟三品利頒泉府，輪廓善仿五銖。象有取於大員，式孚乾德；號莫崇於太上，最稱隆名。宜秉一尊，長垂萬祺。肉好悉依乎軒製，幕文敬勒夫羲年。如謂嘉與維新，慶當同兆，兩字本庭闈之命，一元偕正朔之頒。既經涣號宣綸，宜遵辰告；則請都官制幣，量酌卯期。志洪恩於初哉首基，聿昭年紀；鐫寶字於京垓億兆，益衍符珍。永荷聖慈，祇承天貺。子臣不揣冒昧，謹率同户工二部^臣^合詞陳請，自丙辰年爲始，寶泉、寶源二局錢文，乾隆嘉慶年號各半分鑄。至各省俟開鑄之期，亦準此例。除新疆等處照舊遵行外，其衛藏錢文，均令照此辦理。從此日引月長，泉流山積，體尊親之共戴，鑄自由堯；溥美利於不言，行還權子。俾荒陬僻壤，咸樂範曰壽曰富之徵；且越契踰繩，共仰乾爲圜爲君之象。

奉旨：「如所請行」。

國朝宫史續編卷之九

典禮三　盛典三

授受儀三

乾隆六十年十一月十八日，禮部奏進丙辰年正月初一日皇上御太和殿親授寶璽，皇帝受寶禮成，御太和殿登極，頒發傳位詔書各儀注。奉旨：「依議。」

丙辰元日，鑾儀衛陳鹵薄於太和殿前，步輦於太和門外，五輅及馴象、仗馬、黄蓋、雲盤均於午門外。樂部設中和韶樂於太和殿前檐下，丹陛大樂於太和門内，導迎樂及龍亭、香亭均於午門外。鑾儀衛於太和殿檻内正中設皇太子拜褥。内閣、禮部、鴻臚寺官於太和殿東楹設詔案，西楹設表案，又設黄案於丹陛正中。内閣學士奉傳位詔安於東楹案上，禮部官陳傳位賀表於西楹案上。内務府官於御座左右旁設几二，大學士、内閣學士詣乾清門請皇帝之寶，内閣學士恭捧，大學士從，恭設左旁几上。大學士二人分左右立殿檐下，王以下文武百官朝服咸集。朝鮮、安南、暹羅、廓爾喀各國使臣集於班末。欽天監官於乾清門外報時。禮部堂官先詣毓慶宫，請啓皇太子朝服祗竢。是時，後護内大臣二員率侍衛二十員於乾清門外，禮部堂官二員於門階下，前引大臣十員於太和殿後階下，咸左右序立。禮部堂官奏請皇上禮服乘輿出宮，皇太子隨行。禮部堂官前引後護，内大臣從，至中和殿後降輿。皇上御中和殿升座，皇太子在殿内西向立。鴻臚寺官引執事大臣官員，按班不贊，行九叩禮。侍班官先趨出，就外朝班位立。中和韶樂作，奏「元平之章。」皇上御太和殿升座，皇太子在殿内西向立。樂止，鑾儀衛官進至中階右，贊「鳴鞭」，階下鳴鞭三。鳴贊官贊「排班」，丹陛大樂作，奏「慶平之章」，禮部堂官導引皇太子詣正中拜位後立，鴻臚寺官排班，引王公立丹陛上，文武百官暨外藩各國使臣在丹墀下立。鳴贊官贊「進、跪」，皇太子率王公以下皆跪。贊「宣慶賀傳位表」，宣表官由西檐入殿右門，從西楹案上奉至殿檐下正中跪，大學士二人左右跪，展表，樂止。宣訖，仍奉原案上。退，贊「興」，皇太子仍就立左旁，西向。大學士二人恭導皇太子近御座前，跪左旁，大學士請寶，跪奉，皇上親授皇太子，皇太子跪受，右旁大學士跪接，奉設御座右几上。大學士導引皇帝仍詣拜位，樂作，贊「跪，叩，興」，皇帝率王以下行九叩禮。贊「退」，樂止，禮部堂官奏禮成，贊「鳴鞭」如前，中和韶樂作，奏「和平之章」，太上皇帝啓座，乘輿還宮。内監豫設樂懸，太上皇帝御内殿，内廷主位、公主、福晉及未受爵之皇孫、皇曾孫、皇玄孫行慶賀禮。皇帝於保和殿暖閣更服皇帝禮服。内閣學士豫奉傳位詔、皇帝之寶於太和殿正中案上。禮部官豫奉登極賀表於殿東楹案上。其前引後扈俱侍立於保和殿外，如前儀。欽天監官報時，禮部堂官奏請皇帝御中和殿。執事大臣官員按班，不贊，行九叩禮，趨出，就班次如前。皇帝御太和殿登極，中和韶樂作，奏「元平之章。」皇帝升寶座，樂止，贊「鳴鞭」如前。丹陛大樂作，奏「慶平之章」，贊「進，跪」

如前。贊「宣慶賀登極表」，宣表官由東檐入殿左門，奉東楹前案上表文。樂止，宣讀如前。樂作，贊「叩，興」，王公以下暨外藩各國使臣行九叩禮，退，復班次立。大學士進殿左門，禮部堂官進至檐下，大學士奉詔由闌東出殿中門，授禮部堂官。禮部堂官跪受，興，奉至丹陛正中黄案上恭設，行三叩禮，興。復奉由中階下至丹墀，陳於雲盤内。禮部官一員跪受，興，由中道出。禮部堂官奏禮成，贊「鳴鞭」如前。中和韶樂作，奏「和平之章」，皇帝啓座，乘輿還宮。大學士、内閣學士詣乾清門送寶，禮部恭鐫傳位詔書，頒行天下。詔曰：

朕纘紹丕基，撫綏函夏，勤求治理，日有孜孜。仰賴上天眷佑，列聖貽謀，寰宇乂安，烝黎康阜；聲教四訖，中外一家。御極以來，平定伊犁、回部、大小金川，擴土開疆數萬餘里，緬甸、安南、廓爾喀以及外藩屬國，咸震懾威棱，恪修職貢；其自作不靖者，悉就殄除。功邁十全，恩覃六合。普免各省漕糧者三，地丁錢糧者四，展義巡方，行慶施惠，蠲逋賑貸，不下數千萬億。振興士類，整飭官常。嘉與萬邦黎獻，海隅蒼生，同我太平，躋之仁壽。朕持盈保泰，弗懈益虔，勤念雨暘，周諮稼穡，於庶言庶獄庶慎，靡不躬親，宥密單心，時幾交敕，用覃上副祖宗付畀之重，下撫億兆仰戴之誠，日慎一日，六十年於兹矣。回憶踐阼初元，曾默籲上蒼，若紀年周甲，當傳位嗣子，不敢仰希皇祖以次增載。今敬迓洪釐，幸符初願。朕康彊逢吉，九旬望衰，五代同堂，積慶延祺，光於往牒。非昊慈篤佑，申命用麻，曷克臻此？天生民而立之君，使爲司牧，授受之際，敢不兢兢。溯自癸巳南郊，卽以嗣位皇子之名默奏上帝，並於盛京恭謁祖陵，敬告列祖在天之鑒。昨冬頒朔，屆期特宣布詔旨，明定儲位，以丙辰爲嘉慶元年，豫勅所司，敬議歸政典禮。皇太子秉性謙沖，臚誠固讓，率同内外王公、大臣等，具章請朕至百歲始行斯典。但天聽維聰，朕志先定，再四申諭，勿得懇辭。皇太子仁孝端醇，克肩重器，宗祏有託，朕用嘉焉。已諏吉祇告天地、宗廟、社稷，皇太子於丙辰正月上日卽皇帝位。朕親御太和殿，躬授寶璽。可稱朕爲太上皇帝，其尊號繁文，朕所弗取，毋庸奏上。凡軍國重務、用人行政大端，朕未至倦勤，不敢自逸。部院衙門及各省題奏事件，悉遵前旨行。履端首祚，禪授上儀，宜沛新綸，同敷愷澤。所有合行事宜，條列於左：

一、在京在外諸王以下至公等以上，俱加恩賜。

一、内外自公主以下至格格，各加恩賜。

一、内外滿漢文武大小官員，俱加一級。

一、内外大小各官，除各以現在品級已得封贈外，凡升級及改任者，著照新銜封贈。

一、文官在京四品以上，在外三品以上，武官在京在外二品以上，照現任品級，各廕一子入監讀書。

一、内外文職自四品以下，武職自三品以下，降革留任及住俸罰俸處分，准其開復。

一、會試額數，俟禮部臨期奏明人數，請旨酌量廣額。鄉試，大省加三十名，中省加二十名，小省加十名，滿洲，蒙古加六名，漢軍加三名。

一、各直省入學額數，大學加七名，中學加五名，小學加三名。

一、國子監貢、監生及各官學教習，免坐監一月。

一、各直省儒學，無論府州縣衛，俱於本年以正貢作恩貢，次貢作歲貢。

一、每府州縣衛，各舉孝廉方正，暫賜以六品頂帶榮身，以備詔用，務期採訪真確，毋得濫舉。

一、歷代帝王陵寢，孔子闕里，及五嶽四瀆等祀，應遣官致祭者，照舊例舉行。

一、官吏兵民人等有犯除謀反叛逆，子孫謀殺祖父母、父母，内亂，妻妾殺夫，奴婢殺家長，殺一家非死罪三人，採生折割人，謀殺故殺真正人命，蠱毒魘魅，毒藥殺人，强盗妖言十惡等真正死罪不赦外，軍機獲罪、隱匿逃人亦不赦外，其餘自嘉慶元年正月初一日以前，已發覺、未發覺、已結、未結者，咸赦除之。有以赦前事告訐者，以其罪罪之。

一、各省軍流人犯，查明到配三年實在安静守法，及年逾七十者，釋放回籍。

一、各旗籍、内務府並五旗包衣人等，凡侵貪挪移，一切賠罰應追銀兩，實係本人家産盡絶者，查明准予豁免；其分賠代賠、以及牽連著賠者，一概豁免。

一、凡官員因公賠罰等項，而其子孫又代祖父著賠者，查明寬免。

一、旗營官兵，有因出征及被災借支俸餉者，免其扣還。

一、滿漢兵丁曾經効力行間，因被傷年老閑住者，除例得優卹外，查明酌加恩賚。

一、各直省有同堂五世及親見七代者，除例賞匾額外，查明各加恩賞。

一、天下之本農爲重，各府州縣衛果有勤於耕種、務本力作者，地方官不時加獎，以示鼓勵。

一、年老之人，自古所重，滿漢七十以上，除家奴外，給與品級之處，該部查議具奏。

一、除五旗包衣佐領下披甲人等不賞外，八旗滿洲、蒙古、漢軍、護軍披甲人、礮手、步軍、各賞一月錢糧。

一、軍民年七十以上者，許一丁侍養，免其雜派差役；八十以上者，給與絹一疋，棉一觔，米一石，肉十觔；九十以上者倍之。

一、各處養濟院，所有鰥寡孤獨及殘疾無告之人，有司留心，以時養贍，無致失所。

於戲！常厥德，保厥位，深維創業垂統之心；本諸身，徵諸民，聿昭繼體守文之治。欽此。」

予小子祇承慈命，勉荷洪圖，謹奉宣勑旨，布告天下，咸使聞知。

太上皇帝授寶傳位賀表

子臣□□率王公大臣等謹奏：丙辰元旦，皇父太上皇帝親授大寶，子臣敬承慈命，謹率同王公文武大臣等奉表恭賀者，伏以乾符廣運，貞元協悠久之徵；泰寓洪延，授受際純熙之會。欽惟皇父太上皇帝陛下，仁同燾載，壽益羲軒，膺寶籙而升馨，繩武顧符週甲。御大廷而畀璽，執中敬守傳心。稱鉅典於元正，祥開首祚；集蕃釐於太上，吉兆重光。却崇號以示沖，綜文武聖神、莫名巍蕩；勒鴻章而誌喜，輳位禄名壽、共載尊親。子臣祇受洪圖，欽承涣詔，輯共球於萬國，賡颺臚率士之歡；衍章蔀於億齡，亭育荷如天之福。伏願皇春日永，祥和播南朔東西；聖壽川增，羡曼積京垓兆秭。子臣及諸臣等曷勝欽悦慶忭之至。謹奉表稱賀以聞。

皇帝受寶登極賀表

王、貝勒、文武官員臣等，誠懽誠忭、稽首頓首上賀。伏以貞符肇啓，上儀崇芝璽之文；大寶凝承，景命顯蘿圖之瑞。恭惟皇帝陛下，泰元建極，精一傳心。彤廷秉親授之謨，祥開億禩；黼扆表知臨之德，盛際重光。雲縵星輝，溥六合而嘉徵有象；川珍嶽貢，輯九如而慶洽無疆。駿業方亨，鴻圖式涣。臣等忝隨鵷列，欣遇龍飛，伏願鼎祚廷洪，裕太平於調燭；樞辰端拱，基郅治於垂裳。臣等無任瞻天仰聖懽忭之至。謹奉表稱賀以聞。

嘉慶元年二月十七日，禮部奏：恭照乾隆五十四年皇帝肇封嘉親王，所有金册、金寶並皇后肇封福晉金册，前經製造存貯，相應奏明恭繳。奉勅旨：「知道了。」尋軍機大臣等傳奉諭旨：著交禮部堂官，將此項册寶敬謹收貯，於朕本月十三日進宮齋戒，次日清晨用彩亭安放，齎送前星門，交總管太監接收，以便照重華宮例式，在毓慶宮供奉。

國朝宮史續編卷之十

典禮四　盛典四

授受儀四

高宗純皇帝聖諭

臣等謹案：乾隆二十七年以來所奉聖諭，攸關於内政之修明、皇躬之端本者，謹已立爲訓諭一門。伏思初元告天，周甲歸政，志雖先定，而聖心淵穆，未播綸綸。蓋以事關大計，年匪耄期，無庸以宥密早爲宣示也。至乾隆戊戌，始有通諭中外之旨，計在癸巳定嗣五年之後。聖訓煌煌，無疆基祚，自後引申暢發。凡以昭授受之隆規者，次第登載，以重上儀。

乾隆四十一年十一月十二日，奉諭旨：朕御極之初，大學士等奏請避朕御名。朕以避名之典，雖歷代相沿，實乃文字末節，無關大義。特降諭旨，遇朕御名，上一字少寫一點，下一字將中間禾字書爲木字，以存其義。至臣工命名有相同者，概不令改易。彼時趙宏恩曾請改避，亦未允行。若二名不偏諱，聞之孔子，而嫌名不諱，則韓愈諱辯，言之甚詳。是以朕於御名同音之字，凡臣工奏對，俱不令迴避，衆所共知。至於清字，既不可缺筆，而十二字頭之字本少，每一字必對音數字至十餘字不等，與漢字嫌名無異，更何必諱乎？卽漢字亦有不能盡同者。如永字世所習用，而體義亦不宜缺筆，綿字爲民生衣被常稱，尤難迴避。且皇子輩永字，乃皇祖欽定；皇孫輩綿字，則朕所命名。而近派宗支蕃衍，依次取名者，愈久愈多。我世世子孫，自必遵朕舊章，不令改易。第恐後來臣工等不能深體朕意，妄謂於心不安，輕有所請，或至無可適從。自當豫示折衷，以垂法守。朕以爲，與其改衆人之名以避一人之名，莫若改一人之名，使衆無可避，較爲妥善。將來繼體承緒者，惟當以永作口，以綿作旻，則係不經用之字，缺筆亦易，而永綿等字，均可毋庸改避。至於清文，則仍其舊，總不必改避。其奕字輩以下，則所謂過此以往，朕未之或知，然亦可推廣此意，永遠遵行。此旨著軍機大臣敬謹存記，並繕録二通，一交內閣封存，一令阿哥等於書房恭貯敬識。朕常有願，俟春秋八十有五卽當歸政，至時再行宣示。

乾隆四十三年九月二十一日，奉諭旨：朕歷覽諸史，今古異宜，知立儲之不可行，與封建井田等，實非萬全無弊之道也。蓋一立太子，衆見神器有屬，幻起百端。弟兄既多所猜嫌，宵小且從而揣測，其懦者獻媚逢迎，以陷於非；其强者設機媒孽，以誣其過，往往釀成禍變。遂至父子之間，慈孝兩虧；家國大計，轉滋罅隙。平心而論，其事果有益乎？無益乎？且人君當以堯舜爲法，唐虞之世，無所謂太子者。卽夏后氏不傳賢而傳子，亦云啓賢能敬承繼禹之道，未聞立啓爲太子。紂以嫡立而喪商，若立微子之庶，商未必亡也。太子之名，蓋自周始。禮記因有文王世子之篇，其後遂相沿襲。然至幽王時，太子宜臼卽以讒廢。後世若漢武帝之立太子據，卒爲江充搆陷，致有巫蠱之大事，朕未嘗不計及也，曾於乾隆三十八年冬手書應立皇子之名，密緘而識藏之，並以其事諭知軍繼病逝。設如古制之亟亟有册立之事，則朕在位而前星四隕，復成何事體？故不得不慎也。然此等子，不復再立。且皇七子亦皇后所出，又復逾年悼殤，而以長以賢，則莫若皇長子、皇五子，亦相名立爲皇太子，而藏其名於正大光明匾内，未幾薨逝，遂將前旨徹出，明示衆人，謚爲端慧皇太纘承洪緒，衆皆欽悦。乾隆元年，朕效法前徽，以皇次子爲孝賢皇后所出，人亦貴重端良，曾書其名，緘藏於乾清宫正大光明匾内，而不豫宣布。及十三年八月，皇考升遐，遵向諭敬啓御函，朕卽福乎？迨康熙六十一年十一月，皇祖龍馭上賓，皇考紹膺大寶，中外帖然。雍正元年，皇考親書朕廢，自是皇祖遂不復建儲，而屬意於我皇考。使理密親王、弘皙父子繼踐尊位，豈大清宗社臣民之從而蠱惑，遂致屢生事端。幸而皇祖洞燭先幾，卽行廢黜，尚冀其悔悟而復立之，尋仍以怙終再未豫定儲位。蓋天命人心所屬，自符萬年垂裕之謀。迨皇祖時，曾立理密親王爲皇太子，亦因羣小良慘戮。此立嫡立長之貽害，不大彰明較著乎？我朝家法，實爲美善。太宗、世祖，聖聖相承，皆立太宗，明太祖不立建文而立永樂，則玄武門之變，金川門之難，皆無自而起，何至骨肉傷殘，忠高令其嗣位，何至有吕氏之禍？又如唐太宗爲羣雄所附，明永樂亦勇略著聞，使唐高祖不立建成而載，大都可考，得不引以爲鑑乎？至於立嫡立長之説，尤非確論。漢之文帝最賢，並非嫡子，使漢傾，東宫諸臣接踵下獄，幸而洪熙謹慎，得以保全，然以憂讒畏譏成疾，在位弗克永年。史册所禍。唐太宗立太子承乾，亦爲魏王泰讒搆，竟以謀逆廢黜。卽明洪熙爲太子時，漢王高煦百計相機大臣，特未明示以所定何人。而是年冬至南郊大祀，命諸皇子侍儀觀禮，因以書立皇子之名，默禱上帝，如其人賢，能承國家洪業，則祈佑以有成；若其不賢，亦願潛奪其算，毋使他日貽誤，予亦得以另擇元良。朕非不愛己子也，然以宗社大計，不得不如此。惟願爲天下得人，以繼祖宗億萬年萬疆之緒，此意昊蒼實式憑之。是朕非不立儲，特不肯顯露端倪，俾衆人有所窺伺耳。此正朕之善於維持保護，天地祖宗，實鑒朕心。若子子孫孫能以朕此心爲心，則我大清億萬斯年，又永承天佑也。然朕此舉，天下臣民無由共聞，未嘗無竊議朕爲貪戀寶位不肯立儲。不知朕踐阼之初，曾焚香告天云，昔皇祖御極六十一年，予不敢相比，若邀穹蒼眷佑，至乾隆六十年乙卯，予壽躋八十有五，即當傳位皇子，歸政退閒。第此意向未宣示，衆亦不能深悉也。迨朕六旬大慶後，即勅豫葺寧壽宮爲將來優游頤養之所，臣工應莫不共聞共見，豈有所僞飾乎？今朕春秋六十有八，康强尚如昔時，自當代上天愛養億兆，董治百官，以期無負祖宗付託之重，必不敢遽釋仔肩。但今距乙卯尚十七年，爲日甚長，若朕精力始終不懈，惟當日慎一日，兢業守成，克全朕之初志，豈不甚善。設或七旬八旬以後，神志稍衰，不能似今之精勤求治，亦不肯貪天位以曠天工。且歷代帝王享位四五十餘年而歸政者，實所罕覯。朕非不知足者，又何必定以六十年爲期乎？昔唐宣宗聞裴休立儲之請，曰：「若立太子，則朕爲閒人。」又宋仁宗儲位既定，鬱鬱不樂。宋英宗立太子後，泫然涕下。皆朕所嗤鄙，曾於批閱通鑑輯覽時評斥其非，安肯蹈其庸陋之見乎？且此數君之所以戀戀不舍者，惟知席豐履厚，以爲君爲樂，而不知爲君之難也。自朕論之，人君一日二日萬幾，庶司百職之事皆其事，非躬親總攬，則柄或下移，其弊將無所底止，豈能稍自暇逸？而天下之大，羣黎之衆，疾苦時繫於衷，非先事疇咨，民隱或無由上達，宵衣旰食，不遑寧居，但覺其難，而不覺其樂。若至倦勤歸老，乃可以釋重負而圖真樂，此理顯而易曉。朕久積有深願，但如宋高宗、孝宗值多事之秋，當勵其有爲之志。乃未及耄期，而遽行内禪，圖遂一己之佚樂，而不顧國計之重輕，其人實不足取，則又朕所深薄者耳。又前史所載，每有因愛其母，而欲立其子者。遠代姑弗具論，如明神宗寵鄭貴妃，諸臣遂有立愛之疑，共爲建儲之請，盈廷爭執，致首相王錫爵爲朝士所逼，幾欲自戕，尚復成何政體？本朝家法，則無是也。至於朕現在之諸皇子，皆已無所生妃母，寧復有愛憎之見參其中乎？又古來惟以豫教之説屬之太子，於是明季遂有因儲嗣未定，不肯令皇子出閣者，衆皆起而爭之，此甚非理。若我國家之制，諸皇子六歲以上，卽就尚書房讀書，卽皇孫、皇曾孫亦然。既選京堂翰林以分課其讀，復派大學士尚書數人以總視其成，更簡滿洲、蒙古大臣侍衛等，以肄之國語騎射。長幼相聚，昕夕程功，初無歧視之心，詎有嫌疑之迹，實大異乎勝國之所爲也。蓋從來諫請立儲者，動輒徵引古説，自以爲得忠臣事君之道，不知其心隱以爲所言若得採納，卽屬首功，可博他日之富貴，名議國是，而實爲身謀。卽或其年已老，亦爲其子孫計，大端不出乎此。朕今爲之抉其隱微，作僞者尚何所託辭乎？總之，不可不立儲，而又不可顯立儲，最爲良法美意，我世世子孫當遵守而弗變者。倘億萬年後，或有拘泥古説，復立太子之人，必不能安然無恙，及禍患既生，而始歎不悟朕言，悔當晚矣。朕此意本欲俟將來歸政時再行宣布，以明朕心。因昨有錦縣逆犯金從善，逞其悖逆邪説，甚以不正之運自待一語毁斥本朝，其罪固不容誅，恐天下臣民雖不敢如逆犯之抵觸，而立儲之説，未必不耿耿潛蓄於心，用是反覆開導，明白宣諭，俾中外知之。

乾隆四十八年九月三十日，奉諭旨：朕閲館臣所進職官表志詹事府一門，其按語内稱：「詹事爲東宫官屬，我國家萬年垂統、家法相承，不事建儲册立，詹事府各員留以備詞臣遷轉之階」等語。是書館臣因朕前降諭旨，於建儲一事之斷不可行，明切訓示，故於按語内特爲揭出。其實書生拘迂之見，豈能深計及此，且使是書留傳後世，安知不又訾議館臣爲無奈迎合諭旨，非其本懷耶？用是不得不再爲明白宣諭。夫堯授舜，舜授禹，唐虞固公天下，卽禹之傳啓，亦非於在位時有建立太子之事。三代以後，人心不古，秦漢豫立太子，其後争奪廢立，禍亂相尋，不可枚舉。遠而唐高祖立建成爲太子，至於兄弟相殘，建成被害。近而明神宗朝，小臣奏請豫立國本，紛紜擾亂，大率皆爲後來希榮固寵之地，甚至宵小乘間伺釁，釀爲亂階，如梃擊等案，神宗召見太子、泣爲慰藉，父子之間，至於如此，閲之真可寒心。可知建儲册立，非國家之福，召亂起釁，多由於此。卽以我朝而論，皇祖時理密親王亦嘗立爲皇太子，且特選公正大臣如湯斌者爲之輔導。乃既立之後，情性乖張，卽湯斌亦不能有所匡救，羣小復從而蠱惑，遂致屢生事端，上煩皇祖聖慮，終至廢黜。且卽理密親王幸而無過，竟承大統，亦不過享國一二年。其長子弘皙，縱欲敗度，不克幹蠱，年亦不永。使相繼嗣立，不數年間，連遭變故，豈我大清宗社臣民之福乎？是以皇祖有鑒於兹，自理密親王既廢，不復建儲。迨我皇祖龍馭上賓，傳位皇考，紹登大寶，十三年勵精圖治，中外肅清。皇考敬法前徽，雖不豫立儲位，而於宗祏大計，實早爲籌定。雍正元年，卽親書朕名，緘藏於乾清宮正大光明匾內。又另書密封一匣，常以隨身。至雍正十三年八月，皇考升遐，朕同爾時大臣等敬謹啓視傳位於朕之御筆，復取出內府緘盒密記，覈對吻合，人心翕然，此天下臣民所共知者也。朕登極之初，恪遵家法，以皇次子乃孝賢皇后所生嫡子，爲人端重醇良，依皇考之例，曾書其名藏於乾清宮正大光明匾額後，乃稟命不融，未幾夢逝，遂命大學士鄂爾泰、張廷玉等將其名徹出，追諡爲端慧皇太子，是未嘗不立嫡也，但不以明告衆耳。嗣後皇七子亦孝賢皇后所出，秉質純粹、深愜朕心，惜不久亦卽悼殤。其時朕視皇五子於諸子中覺貴重，且漢文、滿洲蒙古語、馬步射及算法等事，並皆嫻習，頗屬意於彼而未明言，乃復因病旋逝。設依書生之見，規仿古制，繼建元良，則朕三十餘年之內，國儲凡三易，尚復成何事體！是以前於癸巳年復書所立皇子之名，藏於匣內，常以自隨。是年南郊大祀，令諸皇子在壇襄事，曾以所定皇子默禱於上帝，若所定之子克承堂構，則祈昊蒼眷佑，俾得年命延長；倘非天意所屬，則速奪其算，朕亦可另爲選擇，毋誤我國家宗社生民重寄。本年恭詣盛京，祗謁祖陵，亦如告天之言，默祝於太祖、太宗之前，仰祈靈爽式憑，永垂昭鑒。朕非不愛子也，誠以宗社爲重。若朕之子孫皆以朕此心爲心，實大清國億萬斯年之福也。今日召對諸皇子及軍機大臣，面降此旨，卽朕前所默告上帝祖宗之言，豈容有絲毫虛飾耶？朕於天下一切庶務，無不宵旰勤求，悉心籌畫，寧於繼體付託之重，轉不早爲定計乎？秋間朕於避暑山莊河岸御鎗打鵓鴣，失足落水濕衣，其時不特御前王公、大臣等聞知，俱卽趨至問安，卽漢軍機大臣亦接踵前赴該處，朕仍率伊等談笑而行，並未有因内廷禁地太監等敢於阻止者。設朕起居偶有違和，大臣等俱可直詣寢所，此皆由朕平日君臣一體，無日不接見諸臣，面奉諭旨，何至有若前代「夜半禁中出片紙」之語，爲杞人之憂乎？總之，建儲一事，即如井田封建之必不可行。朕雖未有明詔立儲，而於天祖之前，既先爲齋心默告，實與立儲無異，但不似往代覆轍之務虚名而受實禍耳。故現在詹事官屬，雖沿舊制，而其實一無職掌，衹以備員爲翰林升轉之資。因再明切宣諭，我子孫其敬承勿替，庶幾億萬年無疆之休，其在斯乎。總之，此事朕亦不敢必以爲是，其有欲遵古禮爲建立之事者，朕亦不禁。俟至於父子兄弟之間，猜疑漸生，釀成大禍時，當思朕言耳。並諭館臣，特將此旨冠於是編之首，俾天下萬世咸知朕意。

十月十九日，奉諭旨：朕歷覽前代建儲諸弊，及我朝家法相承，於立儲一事之不可行，已明降諭旨，宣示中外。至史册所載，因建立儲貳致釀事端者，不可枚舉。自當勒成一書，以昭殷鑒。著諸皇子等同軍機大臣及尚書房總師傅等，將歷代册立太子事蹟有關鑑戒者，採輯成書，陸續進呈。即著皇孫等之師傅爲謄録。書成，名爲古今儲貳金鑑。

十二月初八日，奉諭旨：朕恭閲康熙三十三年聖祖實録，禮部奏祭奉先殿儀注，將皇太子拜褥設置檻内，上諭尚書沙穆哈曰：「皇太子拜褥應設檻外。」沙穆哈即行奏請諭旨記於檔案。經聖祖降旨，交部嚴加議處，部議革職一事。禮臣安設拜褥未協，既經聖祖面諭，業已遵奉移設，乃沙穆哈胸中即豫存畏忌皇太子之見，奏請諭旨記檔，以爲日後卸責地步。我皇祖洞燭其隱，將伊革職。以皇祖之仁慈大度，皇太子維時年幼，尚無縱恣事蹟，禮臣因關係儲位，卽心懷顧忌如此，厥後日漸失德，致遭黜廢。夫仁如聖祖，册立儲貳，猶致有理密親王之事。設後之人主未能如聖祖之慈愛明哲，而爲太子者，又不能小心謙謹，必致漸生嫌隙，鮮有能始終獲保萬全之理，可見建儲册立之斷不可行也。在書生拘墟之見，必有竊議其非，而後之人不思深慮遠，仍踵前轍，或啓事端，彼時當益信朕言之早經灼見耳。前經朕疊頒諭旨，明切曉諭，並令皇子及總師傅、軍機大臣等編輯古今儲貳金鑑，垂示久遠，因恭閲皇祖實録，禮臣安設拜褥，請旨記檔，卽此一節，益可見朕所慮者不爽。並令編入古今儲貳金鑑卷首。

乾隆四十九年十二月初六日，上召見諸皇子、大學士、軍機大臣，諭曰：昨和珅、福長安、伊齡阿覆審内務府郎中海紹妄斷地畝、釀成人命一案，訊出海紹曾於上年十月具稿呈堂，内務府大臣俱經閲畫，而原參摺内未將曾經畫稿之處聲明，實屬迴護，請將内務府大臣交部嚴加議處。朕以内務府大臣取巧迴護，自應嚴議，乃述旨時僅寫「餘依議」字樣，竟未聲明叙入，經朕硃筆添出，蓋因六阿哥兼管内務府，欲爲之隱諱耳。方今綱紀肅清，諸皇子皆敬慎小心，奉公守法，諸臣亦斷無有畏憚迎合者。而因有皇子在内，形跡之間，猶不免稍存瞻顧，此甚非也。卽朕有錯誤處，不容大臣及御史等明言乎？卽如前代之建儲册立，其流弊不可屈指數。朕近閲皇祖聖祖仁皇帝實録，康熙三十六年八月上諭，内務府總管海喇孫等，膳房人花喇、額楚，哈哈珠子德住，茶房人雅頭，伊等私在皇太子處行走，甚屬悖亂。著將花喇、德住、雅頭處死，額楚交與伊父英赫紫圈禁家中一事，其時理密親王尚在年幼，皇祖何等英明，而膳房人花喇等，即致心存彼此、依附覬覦。皇祖洞燭先幾，將花喇等正法，以示懲創。厥後羣小復從而蠱惑，遂致屢生事端，上煩皇祖聖慮，終至廢黜。自理密親王既廢，不復建儲。迨我皇祖傳位皇考，十三年勵精圖治，中外肅清。及朕纘承洪業，五十年間，日理萬幾，朝乾夕惕，重熙累洽，海宇昇平。使理密親王及弘晳父子繼踐尊位，不數年間，屢遭事故，豈大清宗社臣民之福乎？夫以我皇祖之慈愛明哲，猶有理密親王之事，設後之人主未能如皇祖之仁慈英斷，而爲太子者，又不能小心謙謹，必致漸生嫌隙，鮮能始終獲保具全之理。可見建儲册立之斷不可行也。又朕偶閱續通志，載李林甫搆陷太子瑛一事，紀載未明，因檢查通鑑輯覽，稱明皇惑於武惠妃之譖，欲廢太子瑛，張九齡犯顔强諫，武惠妃密使宫奴謂九齡曰：「有廢必有興，若爲之援，宰相可長處。」九齡叱之，即以其語奏聞，明皇爲之動容。九齡實賢臣，若使明皇能斷，應立抵武惠妃之罪，乃致九齡反罷斥，李林甫專國，阿附宫闈，搆陷太子。卒與鄂光二王廢黜，同日賜死。夫以儲位之故，搆煽交乘，致明皇一日而殺三子，天下銜寃。足見儲貳一建，幻起百端，弟兄既多所猜嫌，宵小且從而揣測，其懦者獻媚逢迎，以陷於辜；其强者設機媒孽，以誣其過，往往釀成禍變。遂致父子之間，慈孝兩虧，而臣工亦必由此身罹刑憲。平心而論，其事果有益乎？無益乎？朕即位之初，即默告上天，若蒙穹蒼眷佑，願如皇祖御極六十年之久，不敢復有奢望。其時朕年甫二十五歲，並未計及六十年當至八十五歲。至過五旬萬壽後，始憶及此，因暇日侍聖母時，面奏及此。曾蒙慈訓：「皇帝如此勤政愛民，天下臣民，亦必不肯聽皇帝歸政。」朕因默念，若得上天嘉佑聖母，壽踰百齡，朕卽八十五歲，亦何敢卽言歸政？今既始願不遂，追憶斯言，實深悲咽。朕春秋七十有四，距歸政尚十一年，自當仰體上天，愛養億兆，董治百官，猶日孜孜，不敢自暇逸。倘蒙嘉貺，將來得歸政頤養，親爲授受，豈非古今稀有之盛事？而朕之心亦可明於天下後世。朕辦理天下一切大小庶務，無不宵旰勤求，悉心籌畫，卽安置一物，亦必期其穩妥，寧於繼體付託之重，轉不早爲詳慎定計？是朕非不立儲，特不肯效立儲之虛名，俾衆人有所窺伺，致父子之間，有責善則離之不祥，此正朕維持調護之殷衷。天地祖宗，實鑒朕心。若子子孫孫皆能以朕此心爲心，則我大清億萬年可永承鴻貺於無疆也。總之，立儲一事，如井田封建之必不可行，尚有過之，將來書生拘墟之見，必有心生竊議，且謂今日諸臣有意迎合，不知此等陽爲國家根本之論，而陰實遂其鑽營結納之私，卽億萬年後，朕之子孫有泥古制而慕虛名，復爲建立之事者，亦所不禁。但人心不古，如江河日下之勢，父子之間必有爲小人搆成釁隙，復啓事端，彼時始信朕言之不爽，然悔已晚矣。此事前屢頒訓諭，並令皇子及總師傅、軍機大臣等編輯古今儲貳金鑑，垂示久遠。茲恭閱皇祖實録，處治膳房人花喇等事，用是再行明切申諭。並著補載入古今儲貳金鑑。

乾隆五十年十一月二十九日，奉諭旨：五十一年正月初一日日食，業經頒諭停止朝賀，其救護典禮，禮部遵例奉行。朕躬仍於内殿恭設香案，虔申祈禳，以答上天垂象、儆惕修省之意。至於下詔求言，史册所稱，朕以爲轉涉虛文。蓋事天以實，爲人君者，敬天勤民，躬理庶務，日慎一日，乃職分所當然，卽大臣言官應行陳奏事件，原當隨時入告，豈待日食然後求言？況今每日御便殿聽政，批答奏章，大學士、軍機大臣及九卿科道等不時召見，咨詢政務。即外省自督撫至道府，無不隨到宣召，未致民隱壅於上聞。詎因日食方始下詔求言耶？至薄蝕天變，日食度數有定。昔宋仁宗康定元年正月丙辰朔，應日食，先是日官楊惟德等請移閏於庚辰年，則日食在前月之晦。帝曰：「閏所以正天時而授民事，其可曲避乎？」不許，所見甚爲合理。蓋凡日食必以合朔，移於晦日，尤爲非理。又考漢唐以來，如光武帝建武二年，北魏孝文帝延興四年，太和十四年，唐太宗貞觀六年，均以正月朔日食。昔我皇祖時，以康熙三十一年及五十八年正月朔日食，且三十一年有錫伯瓜爾察達呼爾等來歸，喀爾喀格楚爾喀亦以屬裔來歸之事，可見日食爲定數，而君人者則當因此益加戒懼。至於以改移爲消弭之説，則尤斷斷不可。朕踐阼之始，即叩天默禱，以若蒙天佑，享國至六十年，即當傳位歸政，不敢如皇祖之數逾花甲。今幸五十年來，壽逾古稀，康强如昔，惟有宵旰勤求，不遑暇逸，以仰副上天眷顧之殷，祖宗付託之重。設以天變爲可消弭，即於今歲歸政，則是欲移咎後人，圖卸己責。如宋高宗年未六十，傳位孝宗，置軍國大事於不問，不獨無以對天，并無以對子，朕豈肯出此乎？從前推算天行度數，乾隆六十年乙卯亦當正旦日食，與今歲同，若於是年歸政，則值嗣子首歲元旦，尤屬非宜，朕心亦有不忍。何若以是歲爲朕臨御六十年頤和錫福之餘，即以次年爲嗣子迎庥改元之始，國祥家慶，天日重光，以符朕肖祚之祈，以紹我大清億萬年之寶命，不其懿歟！然此願亦不敢期必，總以猶日孜孜，以静俟上天垂佑耳。將此通諭中外臣民，咸知朕意。

乾隆五十九年八月十五日，奉諭旨：朕臨御天下五十九年，仰蒙昊蒼眷佑，列聖貽庥，薄海昇平，梯航向化，重熙累洽，惟日孜孜，無時不以敬天勤民爲念。行慶施惠，錫祜延禧，普免漕糧二次，地丁錢糧四次。而偶遇水旱偏祲，隨時蠲租賜復，賑貸兼施，不下帑金數千萬兩。所以休養生息，子愛黎元，至周且渥。兹紹膺統緒，明年正屆六十年，粤稽史册，前代帝王享國長久者，未可多得，卽有一二，或係沖齡踐阼，用能多歷年所。朕則春秋二十有五，始卽位誕膺大寶，迄今八旬開四，康彊逢吉，五代同堂，景運增隆，寰瀛寧謐，享國之年，幸周甲子，壽祚延洪，實爲古今罕覯之盛事。此皆上蒙昊貺駢蕃，克膺備福。朕於感荷之餘，彌深兢業。早經欽天監推算，六十年元旦日食，上元月食。古來史傳所載，有日食修德、月食修刑之説。固因上天垂象，理宜修省，其實君人之道，於德刑二事，平日本宜刻深兢勵，亦何待日月薄蝕，始懷寅戒之心？應天以實不以文，與其託諸空言，寧若見諸行事之實。修德莫大於愛民。若覃敷恩澤，加惠閭閻，俾海宇子民，共臻樂利，則所謂修德孰大於是。所有六十年各省應徵漕糧，著再加恩普免一次，其應如何分年輪免之處，仍著該部核議具奏。至以修刑而論，則停免勾到，卽所以恤刑。但赦非善政，利於宵小而不利於善良，昔人卽有此論。明年係六十年國慶，後歲丙辰，爲嗣皇帝卽位元年，俱應錫慶施仁，矜恤刑獄。若今年停勾，則三年連緩，莠民恃有寬政，作奸犯科者無所儆畏，轉非辟以止辟之意。是以本年仍照舊勾到。明年元旦，著照五十一年之例，不御殿，不受朝賀。是日午後，向有諸王暨皇子皇孫等内廷家宴之例，五十一年元旦日食復圓後，曾經舉行，明歲究係六十年周甲年分，所有内廷家宴亦著一併停止舉行。朕於是日亦不御禮服，照每年例，恭謁奉先殿、堂子及先師各等處。行禮時，御龍袍貂褂，將届日食時，即换常服，以示寅恭而寓修省。日月薄蝕，躔度本屬有定，數千百年後，皆可推算而得，所謂千歲之日至，可坐而致。但元旦、上元，適值日月虧蝕，究爲昊穹示儆之象。幸天恩垂佑，適在明歲，爲朕即位周甲告成之年，自應祇承無斁。設在丙辰正月，則爲嗣皇帝即位之元年，於吉祥盛事轉爲未慊，是即日月薄蝕一事，而上天之篤祐朕躬，以貽我子孫萬年無疆之庥者，至優至厚。朕惟有益感天恩，倍深乾惕。又，明年乙卯爲朕臨御六十年，本欲於萬壽節前由熱河回京受賀，今春因中外臣工懇請舉行慶典，適以上冬雪澤未獲優霑，春間又復缺雨，業經降旨宣諭，令將明年慶典停止舉行。若仍照庚戌年八月之例，於萬壽前回京，則王公、外藩以及大小臣工等，必又再四懇請舉行慶典，則似朕今春所降諭旨，轉爲不誠。是以明年仍定於熱河駐蹕，過萬壽後再行回鑾，俟至丙辰正月歸政嗣皇帝，以符正月上日受終文祖之義。彼時備儀授受，盛典光昭，嗣皇帝率領臣民以天下養，介禧祝嘏，慶洽敷天，尤爲千古罕覯盛事，實我大清億萬載無疆之福也。將此通諭知之。

乾隆六十年十月初八日，奉諭旨：朕自臨御以來，勤求民隱，日有孜孜，惟期藏富於民，家給人足。仰荷昊天眷佑，列聖貽庥，寰宇昇平，重熙累洽。行慶施惠，闓澤頻加，節經普免天下漕糧三次，地丁錢糧四次。其餘遇有偏災、隨時蠲賑，不下千億萬兩。近將各省積欠錢糧，概行蠲免，又復千餘萬兩。所以子惠元元、休養生息者，至周且渥。今朕紀年慶符周甲，丙辰元旦，舉行歸政典禮，爲嗣皇帝登極初元。大廷授受，篤祜延釐，實爲千古吉祥盛事，允宜廣沛恩綸，俾薄海羣黎，共霑湛愷。本於新正傳位後降旨，但思二月間卽屬開徵之期，恐遠省接奉稍遲，著將嘉慶元年各直省應徵地丁錢糧通行蠲免，以示朕與嗣皇帝愛育閭閻、錫恩至意。其如何按年輪免之處，該部查明向例，覈議具奏施行。

十二月十六日，奉諭旨：朕紀年周甲，於丙辰元旦舉行授受大典，王公等及文武百官慶賀禮成，本應筵宴。但朕是日御太和殿授寶後，嗣皇帝御殿登極，若於是日復舉行筵宴，儀節未免繁縟。是以初四日特舉千叟宴盛典，臚歡申慶，宣愷頒酺，卽以示元正授政，於寧壽宮初御皇極殿，賜賚受賀，普迓春祺，諸慶俱備。其餘繁文，不必行矣。

國朝宫史續編卷之十一

典禮五　盛典五

授受儀五

高宗純皇帝聖製文

臣等謹案：儲貳金鑑於疊奉諭旨外，恭録聖製文六篇，冠於簡首。援古衡今，咸仰折衷至當，聖謨所發，著爲大文，識深慮遠，剴切詳明。六篇外，凡有關授受者，如慎建儲貳諭，專爲萬世詒謀垂訓；又如酌天家冠服之宜，申進册紀元之理，經權悉秉聖心，謨典宜昭奕禩。依類編載，敬識聖人立言爲經，用彰法守。

讀公羊

公羊於隱公之何以不言卽位也，曰：「成公意也。」卽又申其義曰：「立嫡以長不以賢，立子以貴不以長。」夫成公意是矣。而以長不以賢、以貴不以長之説，實甚謬。蓋以貴不以長，或者祛諸孽覬覦之心，猶託於各安其分之義。至於以長不以賢，則均貴也。均貴則擇賢棄不肖，有何不可？而亦必爲之防微杜漸，曰以長不以賢乎？且啓賢而賤，辛貴而不肖，立辛而商以亡，是非萬世之炯鑒乎？

余以爲，棄辛之貴而立啓之賤，猶不至於屋商之社。夫商之宗祀不絶，與棄貴而立賤，其是非輕重，必有能辨之者。知此則公羊之説之謬，不亦章章明甚哉？而劉頌引其言，以爲事情之不可易者，識見庸愚，固不屑再闢矣。且以天下與人易，爲天下得人難。堯舜禹傳賢傳子之事，韓愈論之詳矣。夫與賢之説，後世固不可行，顧於諸子中，獨不可擇賢而與之，必拘於以長以貴之小節，而不爲天下萬民擇賢君而立之，是直以祖宗社稷爲輕，而以己妻媵娣爲重，千金之家，有所不可，而況天下萬民之大乎？或曰，後世嬖幸妾而立少子，以致敗國亡家者，亦有之矣，不若守公羊之言爲無患。雖然，嬖幸而立少，十未必有其一二，不擇賢而守分，將十必居其十。審是言，則公羊之説，爲宜從乎？爲不宜從乎？

論漢光武廢郭后事

余向讀公羊立長立貴之言，而斥其不韙，既已論之詳矣。玆因光武廢郭后事，更進其説而申之。夫光武以陽爲賢，而彊不及，廢彊立陽，是不泥於以長以貴而與賢，可謂知輕重、利社稷，非卓識英斷之君，必有所不能。然有所惜者，何不徘徊少待，必先立彊而後復廢之乎？至於牽過其母，並郭后廢之，則失德莫甚焉。且郭后，史徒稱其寵衰懷怨，無可廢之大過也。寵衰懷怨，婦人之常，今以將廢其子而並廢其母，聞之母以子貴，不聞母以子賤，則光武之嫟新棄舊，雖百置喙豈能辭哉？胡寅論綱目，於此節乃云：「春秋聞立長立德不聞貴，若云貴卽彊母不嘗爲后乎？」夫彊可廢也，郭不可因彊而廢也。后正位中宫，孰非其子乎？寅之意，蓋以爲不宜廢郭及彊，遂不覺自與其論矛盾，且於公羊之言亦少舛，因並識之。

書明列代玉册事

予於戊辰年奉藏歷代帝后像於南薰殿，並弆勝朝列帝玉册之貯於工部者於殿之西室，其時究年少，未問及於有册而無寶也。兹因一律重造太廟册、寶告成，因取明十三帝玉册觀之，並思其有册無寶之故。蓋其册多用條玉，四條湊成一板，以繩穿之。此卽玉檢金繩之遺義耶？於是憬然悟曰：此册之所以存，而寶之所以失也。夫一板四條，而又有穿，成造時豈不費琢磨？然析其條，則爲無用之物矣。若其玉寶，則固囫圇一物，磨去其字，仍然一寶，改製他器，隨意可成。且宋元近代，其册、寶胥不見於世，亦可徵也。而明末經流賊之變，蹂躪兵燹，遷其重器，寶失而册存，其理固然，夫何疑之有？蓋天難諶，命靡常，常厥德，保厥位。歷觀諸史，開創者多賢，或一二世，或二三世，卽有不常厥德，以致失其祖宗之業者。此非天使之亡，實自取其亡也。宗器固重，而九有萬民，其重於宗器，奚啻倍蓰，未有失民心而能保其宗器者也。而獨於宗器中計其歷久不失，斯亦小矣，奈何不敬？奈何不慎？是則予之弆徹出之册寶於陪京之太廟者，其亦有深意耶！予之子孫，以至百世雲仍，亦以予慄慄危懼之心爲心，而敬天愛民，以凜難諶，其庶幾乎！其庶幾乎！

濮議辨

濮議：司馬光等以濮安懿王宜稱皇伯，而歐陽修引禮云：「爲人後者爲其父母報，則是雖出繼，而其本生猶稱父母也。」光與修皆號正人，而持論各不相下，迄未有折衷一是。蓋嘗論之，本生父母，天性之親也。子雖爲人後，聖人著之禮。經曰：「爲人後者，爲其父母報。報者，降服齊衰期也。」盖服可降，父母之名不可改，所以明示天下爲萬世法也。且人臣出繼爲人後者，世所嘗有，皆得推恩封其本生父母，不改稱伯叔，禮也。天子以孝教天下，而因出繼稱所生父爲伯叔，是以帝王爲重，而以父母爲輕，可乎？舜竊負而逃，雖孟子强爲之辭，然實有以見父母重於帝王也。明興獻王之議，張璁、桂萼等阿諛逢迎，力請去本生之號，至稱爲皇考，追謚帝號入廟。苟以竊一時之利禄，而不顧其君貽天下萬世之訾議，其亦可謂最無忌憚之小人者矣。予以爲，爲帝王者，苟不違君道，以致見棄於天，自無有無嗣旁支入繼之事。苟有其事，則必其身或其祖考，有得罪於天之事，卽所謂國家將亡，必有妖孽而已。然設萬一有其事，何不稱所生曰「皇帝本生父」，殁則稱「本生考」，立廟於所封之國。無國，則於其邸第爲不祧之廟，祀以天子之禮，亦合父爲士、子爲大夫，葬以士、祭以大夫之義。則尊親之誼交盡，而於公義私恩，兩無遺憾。何昔之議禮者，未見及此，而紛紛聚訟爲耶？余因感司馬光、歐陽修濮議之事，以局外而觀局中，爲之權衡斟酌，期合夫天理人情之正，因著濮議辨，爲萬世旁支承統者有所折衷，俾不致賢如司馬、歐陽，互爲水火；邪如張璁、桂萼，爲夤緣捷徑。而總歸於戒爲君者，平時敬天愛民，不致見棄於天。嗚呼？可不慎哉！

讀召誥

詩三百，一言以蔽之，曰思無邪。予讀召誥之篇，求其一言以蔽之者，莫若曰曷其奈何弗敬。

蓋召公因成王始政，拳拳致告，蔡傳所謂究其歸，以諴民爲祈天之本，而又以敬德爲諴民之本，一篇之中，三致意焉，則所謂奈何弗敬者，非挈一篇之領要乎？夫奈何者，一唱三歎之意，言有盡而義無窮。奈何者，更有不忍人之心。以不忍人之心，行不忍人之政，則敬之施於外者也。敬勝怠者吉，義勝欲者從，然必敬勝而後能義勝，則又敬之存乎内者也。内外交養，誠實無妄，祈天永命，其弗基於此乎？兹因謁明陵，而思及受命保命之要，必當以奈何弗敬爲棘。且君者，天之子也；天者，君之父也。父之於子，無不亟其愛；子之於父，當無不亟其敬。然及其失父之愛，一再失其敬者，猶示以警以訓誨之，至於訓誨而弗改，則父亦弗愛之而已矣。嗚呼！可不懼乎？可不敬乎？歷代遥矣，不可屈指數，明之事，則近可徵也。如永樂之篡位，大行誅戮，應其亡也，而天弗亡之。正統之北狩，應其亡也，而天亦弗亡之。正德之荒淫失德，應其亡也，而天尚弗亡之。此非慈父之逭其罪，而仍有所顧惜乎？必至萬曆怠政，天啓童騃，崇禎有猜忌之失，無恢復之能，而後亡之。讀史而有受命保命之責者，可不知懼知敬乎？人莫不飲食，鮮能知味也；人莫不讀召誥，鮮能知要也。兹舉其一言以蔽之者於謁明陵之日，後之覽者，亦可以絜矩知吾意矣。

讀韓愈對禹問

韓愈爲對禹問，所云堯舜之利民大，禹之利民深。亦既理暢辭明，足爲千古定論矣。其論孟子所謂與賢與子，乃云求其説而不得，從而爲之辭。余以爲，愈於此亦不免有求其説而不得，從而爲之辭者矣。夫天何言哉？與賢與子，何以命之？是宜觀泰誓所云：「天視自我民視，天聽自我民聽。」

民之所與，卽天之所與。是以人君祈天永命，莫先於愛民。得民心則爲賢而與之，失民心則爲否而奪之，可不慎乎！可不懼乎！或曰三代以下，率與子而不與賢，是誠天意乎？是皆得民心而應與之者乎？曰：利民之大與深，韓愈固言之詳矣，兹不贅論。三代以下，其嬗代不一氏，是非不與子而與賢乎？雖其中亦有奸雄攘竊，如曹操、司馬懿之倫，不可謂之賢，然必其繼世之子之不可與者也。若繼世之子上能繩其祖，下能得其民，天必不以與他人也。是語也，人或不敢言，而余因讀韓文，闡義爲辭，其意正重乎此。有守器之責者，可不熟讀是文而知慎知懼乎？儲貳金鑑之書已成，因命續録於篇，向所著讀公羊傳等六篇，皆有繫於天命人心、嫡庶賢否之要，並著續録焉。

慎建儲貳論

予踐阼默禱之事，言之屢矣。兹仰沐昊慈，克符初願。因十月朔例應頒時憲書，特於九月初吉，宣立皇太子，用昭付託。前此不立儲嗣之由，亦節經降旨申明，至爲詳盡。夫建儲立嫡，三代以下，無不遵行。朕讀書稽古，豈於此名正言順之事，輕議其非？昔我聖祖仁皇帝曾以嫡立理密親王爲皇太子，並特選正人輔導，如湯斌、徐元夢皆係公正大臣，非不盡心匡弼，乃竟爲宵小誘惑，不能恪共子職，終致廢斥，後遂不復册立。夫以堯舜之聖，而有丹朱商均之子，可見氣稟不齊，卽聖君而兼嚴父，日以敬天法祖、勤政愛民，面命耳提，尚難期其遷善改過。孟子所謂父子之間不責善，蓋實有見於此。何況一二輔翊之臣，安能格其非心、變化氣質乎？是則繼體象賢，惟賴天心眷佑，篤生哲嗣，及嗣子之能承受與否耳。予自卽位後，亦何嘗不欲立嫡嗣？初以皇次子爲孝賢皇后所生，循照雍正初年皇考親書朕名緘貯乾清宫正大光明匾上之例，亦將其名親書密緘匾上，不意其早年無禄，曾同大臣等啓緘閲看，贈爲端慧皇太子。後以皇七子亦係孝賢皇后所生，原擬書名緘貯，因其年未長成，遲而未果，旋亦早世。嗣於癸巳年南郊大祀，敬以所定嗣位皇子之名，禱於上帝，並於盛京恭謁祖陵時，敬告太祖、太宗在天之鑒。是朕雖不明立儲嗣，而於宗祏大計，實早爲籌定，特不效前代之豫行册立，務虚名而無實益耳。今荷天恩申錫，周甲紀元，壽躋八旬開五，計丙辰歸政不過數月，始將密緘嗣子之名，召對皇子、皇孫、王公大臣等，公同閲看，宣布諭旨，明示中外。來歲大廷親授，錫慶延釐，實從來史册所未有。若未經頒旨以前，設臣工中或有建議立儲者，其人必非真懷忠愛，不過託爲讜論，陽附正人君子之列，實則冀徼後福，陰爲夤緣干進之階，非爲名卽爲利，而名利兩收，終歸爲利者多。似此莠言亂政之人，自當立予重辟。然國家儲副，極非小事，彼既託爲正言，而抵之罪，究非美舉。今朕躬行上儀，親爲付畀，中外翕然，臚歡交慶。皇太子體度端凝，仁孝夙著，克肩負荷，新正授受之間，實爲盡善盡美，天下後世公論，以朕爲戀位乎？不戀位乎？設朕於此稍有不欲歸政之心，又何妨不行此典？且皇太子及内外大臣，皆具摺籲請，至期頤始行歸政，情詞懇摯，出於至誠，朕亦何難俯俞所請？乃朕於御極初年，卽以紀年六十傳位嗣子之意，齋心默禱；近年屢於諭旨内諄諄述及。是朕籲天歸政之語，不肯繫戀天位之心，上帝鑒之，天下臣民亦無不共見之。今賴昊蒼默佑，諸吉備臻，欣慶之餘，實深欽感。迴念聖祖大漸，授位皇考，其時係内大臣隆科多宣傳顧命。逮皇考傳位朕躬，宣示密緘，倉猝之際，朕不敢自行啓封，召同大學士鄂爾泰、張廷玉，當面展緘敬閲。茲朕躬享大年，懋膺多福，明頒詔旨，親御殿廷，付授神器，以今視昔，吉祥善事，孰逾於此。此實上天保佑申命，有加無已之洪貺。朕今壽望九秩，精神康健，視聽未衰。若來歲歸政，遽思自暇自逸，竟置天下重務於不問，則非所以敬承天眷，亦非御極初年定期歸政、不肯戀位之初心矣。夫天下至大，神器至重，儲副之寄，運祚所關。方今綱紀肅清，外無攬權怙勢之臣，内無婦寺偏寵之事，朕親裁庶政，鉅細無遺，宫中府中，皆爲一體，雖不明詔立儲，實無絲毫流弊。若如前代權奸柄國，女謁公行，黨援門户，秕政百端，而書生迂見，惟斷斷然争持國本之論，甚至君臣父子，不免猜疑。如前史所載，唐宣宗時，裴休請立太子，帝云：「若立太子，則朕遂爲閒人。」宋太宗因太子廟見還宫，都人擁道喜躍，帝聞之不懌，曰：「人心遽屬太子，欲置我於何地？」又明神宗因梃擊一事，召文武諸臣，責以間離父子，因執太子手，謂諸臣曰：「此兒極孝，朕極愛惜，使朕有别意，何不早更置」等語。此由唐宋諸君，繫戀天位，以神器爲私，靳而不予。而明神宗又因内寵固結，覬覦非分，以致盈廷聚訟，骨肉生嫌，前事具在，可爲殷鑒。我朝家法相承，乾綱獨斷，惟期慎簡元良，從不稍存私愛。而朕紹承統緒，首以付託得人爲重，無一毫繫戀天位之心，無一息非凝承帝命之念，用能默通呼吸，感召庥嘉。實朕御極以來，六十年如一日也。總之，儲貳一建，其弊叢生，不特僉壬依附，易啓嫌隙，而名分早著，日久必致流於驕佚而不知。我國家不明詔立儲，燕翼貽謀，慮至深遠，即緘名密貯，務當慎之又慎，不可豫爲宣露。如朕現在舉行歸政，亦必俟爲期至近，頒旨宣示，此實萬年無弊之法。我世世子孫，若能敬效祖宗及朕之用人行政，於以欽承昊眷，祗迓鴻庥，亦如朕之躬躋上壽，再立太子，踵行歸政典禮，禔福延洪，用昭億萬禩無疆之慶，此朕所深望於方來者也。特將始末緣由，再行申諭。此旨著於尚書房、内閣、軍機處各鈔録一通，敬謹存記，永爲法守。

命歸政後諸皇子、孫、曾、玄輩仍在尚書房讀書及應用冠服訓

我國家重熙累洽，列聖相承，敬天愛民，海内昇平，梯航向化。朕春秋二十有五御極，踐阼初，卽拈香叩祈天恩，設能如聖祖仁皇帝之享祚綿長，仰邀昊眷，克繩祖武，壽祚延洪，享國六十年，卽當歸政，不敢更冀有所過算。今荷天恩篤佑，八旬開五，康彊逢吉，五代同堂，撫御寰區，幸周甲子。明歲丙辰，卽届歸政之期，大廷授受，景運增隆，實爲史册罕覯。惟念諸皇子、皇孫以及曾玄，於子皇帝嗣位以後，一切章服儀制，例有一定等差，不可僭越。但朕爲太上皇帝，而皇子、皇孫不能照諸皇子、皇孫之例，遂與宗室等倫，於親親之誼，似有未協。著於明年歸政後，所有諸皇子、皇孫以及曾孫、玄孫，仍在尚書房讀書，應用冠服、韁轡等項，俱著仍照現在之例，不必更改。朕年登九秩，卽得六世來孫，亦當視玄孫一例，豈不更爲千古未有之吉祥盛事？我子子孫孫，纘膺統緒，倘亦能如朕之享國綿長，舉行歸政典禮，爲太上皇者，其皇子、皇孫等，亦如今日朕加恩曾、玄輩之服物禮秩，照此永以爲法，光昭奕禩，衍慶徵祥，實我大清億萬斯年之福。若無太上皇之稱，則當照國家宗室舊例，不可僭越，有紊成憲。用是特頒訓諭，交尚書房敬謹存記，俾我世世子孫，知所稟承，以示惇睦而昭法守。

授受禮成申示撰進頌册諸臣諭

本年舉行傳位大典，大小臣工，撰進册頁。朕幾餘披閲，多有稱頌功德，揄揚盛美，其辭未免過諛，實甚慚愧。朕御極六十年來，敬天、勤民、用人、行政，一切實心實事，天下臣民所共見共聞。今將諸臣所進各册，遴其措詞尤雅者，以備觀覽，自宜酌加奬賚。特將内庫藏貯蟒袍、緞疋、荷包等件，分别頒賞，以志一時賡颺之盛。惟册内間有稱乾隆六十一年者，雖係臣下頌禱之詞，但朕自御宇初年卽焚香敬告上蒼，若紀年周甲，當傳位嗣子，不敢仰希皇祖以次增載之數，節經明降諭旨，宣示中外。今敬迓洪釐，幸符初願，新歲大廷授璽，鉅典斎皇，實史册所罕覯。朕仰邀昊眷，精神純固，於巨細政事，仍當躬親綜攬，弗懈益虔。至於授時頒朔，已書嘉慶初元，若於乾隆六十年後，復以次增紀，轉非朕當日籲天不敢同皇祖之初志。卽嗣皇帝於年前率領王公大臣等恭進乾隆六十一年時憲書百本，朕亦祇令於宫廷陳設，及頒親近王大臣。而各省頒行，仍俱係嘉慶年號。内外章奏，亦一體令書新元。可見朕志先定，積久弗渝。今自元辰授位，時序均調，現屆中和節，已沛春膏優渥，視往歲更爲雨暘應時，此皆朕誠意久孚，於默禱初心，不敢稍有踰越，用能懋膺景貺，篤祜延釐。而諸臣獻册臚忱，既過於頌禱，又兼懷觀望，未能深喻朕志。特此再行明白宣諭，用示朕凝承天命，永矢敬誠至意。

閲授受禮成示撰進頌册諸臣諭識語

前諭既申明朕卽位之初，焚香告天，紀元周甲，當傳位嗣子，不敢仰希皇祖，用舊年號以次增載。及授受禮成後，遂命內外章奏，一體令書嘉慶新元，用示凝承天命至意。惟乙卯頒朔之時，因嗣皇帝率領王公大臣等，恭進乾隆六十一年時憲書。朕不欲重違所請，祇令備進百本，陳設宮廷，及頒賜親近王大臣等，不令偏行中外。而勅旨頒發書太上皇帝者，自應仍以乾隆紀年，亦體制不得不爾。敬思朕自十二齡時，受皇祖恩眷，卽有福澤較厚之諭，今果荷蒙昊蒼洪貺，於六十年舉行傳位大典。朕年躋望九，精神純固，日勤訓政，親見五代玄孫，來年卽可冀得來孫之喜，諸福具備，此實受天之祜，過於皇祖。當日眷顧深衷，貫至今日，朕疊受藩釐，益深敬凜。於凡朕之御旨御筆，紀元仍用乾隆叙年，亦體所當然，於朕初元籲天，不敢仰希皇祖以次增載之意，仍並行不悖，益以徵國家景祚龐鴻，延庥襲慶，爲千古以來未有之盛軌也。因披覽前諭，復申識語如右。乾隆六十二年仲秋月。

國朝宮史續編卷之十二

典禮六　盛典六

授受儀六

高宗純皇帝聖製詩

臣等恭繹聖製詩集，自乾隆乙未以來，即豫計歸政之期，因言見志，望遂初心。逮夫周甲紀元，詔宣成命，凡所以彰勳華之禪繼，紀福祚之龐鴻者，雅頌所無，敬登卷帙。至聖製詩餘集，丙辰以後，尤多訓政之篇，並宜臚載。我皇上於受寶之日，敬契傳中，紀恩成頌，堯典舜典，虞書本合爲一篇。謹彙録以昭盛軌焉。

元旦試筆　乙未

賀祚御正行次第，禮雖多覺體安舒。六旬得歲又開五，四十踐基益勵初。物阜民恬恒願彼，宵衣旰食敢疎予。未知始望能符否，予初登極時，曾對天立願，若臨御至六十年，予春秋亦八十有五，即當歸政。以今歲計之，尚有二十年也。屈指廿年猶待諸。

重華書室坐逾時，開筆元辰例在兹。資始心經述祖典，向每元旦，必書心經一册，至每月朔望書心經，則自今歲元旦始，遵皇祖成例也。藉因佛力祝慈釐。祇緣歷久惕持久，未至無爲勗有爲。几展花牋挍初句，尋思那可易言詩。

元旦試筆 丙申

逢申共識應連酉，得酒還欣於乞漿。運斗旋杓環紫極，卿雲旭日麗青陽。訓民符節觀新物，傳道陬風誦四方。更值邇來頻報捷，前日阿桂奏攻克朗阿古斯拉瓦等碉卡，進據則朗拉克了口，駐噶占山梁，擬卽整兵直擣賊巢。昨明亮奏已得乃當賊碉，乘勝前進，攻克甲雜賊寨，并將河西一帶後路肅清，現擬渡河攻勤雍中喇嘛寺，并力合擊噶喇依。此刻明亮等復奏攻克獨松卡拉爾舍斯滿一帶，並稱阿桂已攻克舍齊喇嘛寺，現在圍勤噶喇依。同時富德亦奏攻得馬爾邦等處，卽日可期掃穴擒渠，紅旗速至。速希蕆績籲天慶。歲辨坤方得朋吉，月占乾卦九三臨。樓陰雪色鋪瑞色，市上人音聽喜音。亹亹心存無暇逸，昌昌福迓有壬林。廿年勤政方歸政，予踐阼之初，曾告天陳願，至乾隆六十年卽當歸政，以今歲計之，尚需二十載，然敬勤之心，始終如一，不敢稍暇也。不負初心勉自今。

元旦試筆 己亥

東皇佈氣報初青，品物都教鬯色形。淵獻詎惟嘉獻可，屠維更以切維寧。有虞舊典猶應待，予夙願至八十五歲卽當歸政，於乾隆乙卯元日下詔，距其時尚十六年。西漢新儀已再停。硃筆綵牋依例試，耽吟結習得權聽。旋轉璿璣信有神，奉天勤政又從新。開科芃樸惠多士，来歲爲予七旬萬壽，豫勅不行慶典，第念士子志切彙征，不免想望恩泽，因詔開恩科，於己亥八月鄉試，庚子三月會試。截漕官糧富萬民。丙戌歲曾普免直來漕糧一周，兹亦因省歲萬壽，加惠萬民，詔於庚子爲始，分五年輪免七省全漕一次。百姓足斯君亦足，三陽春與物皆春。太和王會殊元載，丙辰爲予御極初元，曾御太和殿受朝。兹不宜引以爲比，因仍照上元例，停止升殿朝賀。凡朝正外藩立勅停免，其兼內廷行走之內扎薩克、蒙古王公至者，亦分別御前乾清門班次，於年節前後遣歸。仍罷朝正來雁臣。

元旦試筆 壬寅

古云七十歲懸車，歲過懸車有二予。奢望乾隆滿周甲，卽當寧壽就閒居。十三年月彼猶遠，余意於乾隆六十年歸政，頤志寧壽宮，自今計之，尚有十三年。宵旰勤勞兹敢疏。俶祉昌昌迓元旦，綵牋試筆遂成書。

新年四日值初辛，齋在元朝致敬寅。己（未）丙（寅）戊（寅）丁（酉）殊往歲，（今歲正月初四日上辛，朕以雍王七年皇考諭旨，因元旦朝賀不宜展祈穀之期，於次辛行禮，其乾隆己未、丙寅、戊寅、丁酉四次用次辛者，以詣東朝慶賀，儀節不宜有闕也。今非向年可比，宜謹遵皇考明諭，祈穀仍用上辛，自元旦即齋戒，其朝賀行禮改用初五日。禮以義起，斯之謂乎。）豆籩璧帛合躬親。爰遵雍正明禋諭，那重慈寧慶禮申。（撫今思昔，不覺悵然。）審理酌情垂典則，邀庥奕葉福斯民。

元旦試筆　甲辰

達曙聲聲爆竹喧，皇都景物慶滋繁。持盈保泰從頭起，課雨量晴切己論。昔日謾教思老伴，（孝賢皇后與予齊年，若在，亦當古稀有四，視玄孫矣。）開年且喜得玄孫。（曾孫奕純完婚已數年，云新歲可得玄孫。）如蒙昊眷辰重值，快覩吾兒初改元。（乾隆元年爲丙辰，計六十年歸政支幹正周。今距歸政尚十一年，予亦惟日孜孜，以期燕翼繩承，敬迓昊天佑命耳。）

古稀天子承天佑，卌九年臨萬國朝。肅肅予心惟主敬，熙熙物意總含韶。孟春朔旦肇顓頊，元載四千仰帝堯。（帝堯元載亦甲辰，故云。）歲甲朔辰後三日，丁寧民事始今朝。

元旦試筆　乙巳

昒昕曙色晃晨光，玉帛太和朝萬方。累洽重熙百年久，思艱圖易一心長。滿旬冀授吾嫡子，其繼應稱太上皇。能否如斯豈敢必，顒乎企矣籲穹蒼。

康熙元載在壬寅，六十一年重值新。不敢相同夙申願，（憶予踐阼之日，叩天而祝，若上蒼錫歲至乾隆六十年，即當禪位，不敢同皇祖六十一年也。）豈知可幾（讀作計）庶褆身。（即位初年幼，竟未計及若至六十年，予當八十五歲，後逾五旬，方始計及八十五歲豈易得者。然茲竟過古稀，去歸政之年，亦祇餘十歲，或可副所望，惟敬俟天佑耳。）七旬登壽凡六帝，（已見古稀說。）五十紀年惟一人。（六帝中在位五十年者，惟漢武帝一人。）漢武却非所景仰，宋家高孝更非倫。（漢武帝雖尚稱有爲之主，然失德頗多，非吾所慕。若宋之高宗、孝宗，國仇未復，而遽圖逸身，未老而稱太上皇，遊宴西湖，益堪鄙薄，吾豈爲之哉。）

元旦試筆　丙午

丙午而逢朔丙午，元辰弗集女元辰。欽天監奏，元旦日食，躔女宿自一度至三度。雖云日至致千歲，實凜天心警一身。規避忍爲辭政事，昔宋高宗以五十六、孝宗以四十八即倦勤，稱太上皇，此皆圖一己之逸，不顧宗社大計也。予今七十有六，律以人臣懸車之義，歸政亦當矣，然宿願必至六十年而後歸政，且今元旦及後十年乙卯元旦，胥值剥蝕之災，予應當之，亦不忍以貽嗣子也。若蒙天佑，過乙卯則次歲丙辰爲嗣皇帝改元新祉，慶何如之。支持尚覺有精神。當之以已祈乾佑，猶日孜孜待滿旬。

太和朝賀例須停，交儆同欽勗在廷。詎肯諉之爲氣數，無非教也慎聲形。六街喜爆原無禁，禮不下庶人，京都比户慶正，原所弗禁也。萬户屠蘇自可聽。漏報正中羣仰照，是日午初三刻復圓。寸心餘惕未遑寧。

戊申元旦

元辰喜值會干支，是日甲子百歲希逢肇首禧。甲是東方生物始，子居北極冠時基。爲君難日欽無逸，莅政久時勵有寅。七十八翁八旬近，七年歸政此徯之。

戊申除夕

甲子會元旦，誠然穫有秋。吕覽云，元旦值甲子穀賤，今歲正值甲子。綏豐幸各省，賑沴亟荆州。今夏惟荆州水災最重。祈歲一心切，迎年萬福求。如斯復七度，歸政得優遊。

元旦試筆　己酉

農諺申過酉入礽，乞漿得酒祝休徵。論旬負扆七將八，數上聲世弄孫玄繼曾。漫惜歲增爲歲減，且欣年減是年增。處尊莅久滋深畏，消息理昭切業兢。

四始開晨法太微，勅幾方寸凜惟幾。亮功凝績理紀協，九寓萬邦留熟祈。戒老已忘戒彼壯，用寬自勝用其威。歷干以六逮乎丙，歸政吾將泯是非。

庚戌元旦

庚戌三陽又肇春，天恩沐得八之旬。七希曾數六誠有，三逮應知半未臻。三代後，帝王年登古希者，惟漢武帝、梁武帝、唐明皇、宋高宗、元世祖、明太祖六帝。至於年登八十者，又惟梁武帝、宋高宗、元世祖三帝，然總未五代同堂。予仰沐天恩，備邀諸福，尤深感荷。幸值久安户孳盛，殷懷長治俗還淳。自彊不息重銘志，予既鐫八徵耄念之寶，復副以自彊不息，亦猶七旬時刻古稀天子之寶，副以猶日孜孜，皆銘乾惕之志也。歸政乾乾待丙辰。

元旦試筆　壬子

辛歲纔過朔值辛，悉新協洽慶生寅。晴量雨較從頭起，旰食宵衣一意諄。已力敢辭曰耄耋，天恩惟賴有精神。四年歸政期爲近，希得高閒作上人。

東皇生意發初青，萬物羣雍表色形。前括周詩三十鼓，己酉就太學石鼓所存之字，復集成詩十章，於太學及熱河文廟各爲新鼓十樹之，並舊有石鼓，爲三十鼓矣。今摹歷代十三經。自漢魏以來，歷代俱有石刻十三經。去歲命以内府舊藏蔣衡所書十三經，選石摹勒，立於辟雍，同文盛舉，更爲大備。曰時曰會敬惟奉，一息一消體弗停。不得已師靖廓爾急讀爲一字喀，速來捷報籲蒼靈。

元旦試筆　癸丑

倦勤猶待丙辰年，敢懈而今未歇肩。亹始慎終勵不息，若暘時雨祝無愆。農祥慶幸逢三白，武績何期賦十全。泰保盈持祈昊貺，永銘斯志寸衷虔。

憶自幼齡知讀書，匆匆今至八旬餘。德修行踐曾何有，内聖外王總忸如。與物春臺共絛鬯，撫時六幕願和舒。古云適百半九十，惜分寸陰正慎予。

甲寅元旦試筆

一氣貞元運顥穹，恩光區宙普包蒙。羣雍啿啿欣條秀，舒亹徐徐逮棣通。曰九曰三著羲象，惟乾惟惕慎淵衷。財成輔相胥應勗，自謂於中責在躬。

開元歷五十有九，本不敢期恩賚天。誰識忽忽過爾許，祇成矻矻尚依然。民安吏治夫何有，手拱衣垂肯自便。轉瞬丙辰餘二載，庶幾符望老人全。

乙卯元旦

心願符初六旬歲，（予自丙辰踐阼以來，乾惕日增，旰宵相繼，光陰荏苒，今歲乙卯，竟周六甲迴。憶卽位之初，焚香告天，惟願在位得至六十年，卽當歸政。何幸年臻耄耋，身體康强，每日勤政勑幾，無殊往昔。當寧壽宮初葺時，卽有符望閣、初堂之額，今幸心願符初矣。）遂天恩賜百二十平聲春。（依古以來，祖孫兩代享國百二十餘年者，史牒俱在，未之有聞。而今歲二月遇閏，九十春光衍成，百廿太和翔洽，元氣舒長，運數適相符合，益昭恩貺獨優。）敢如皇祖多餘數，（上聲。朕在位日久，海内臣民愛戴之情，出於真悃。又見予精神强健，莫不願予弗卽歸政。蒙古諸藩皆予兒孫輩行，親愛不啻家人父子，卽外藩朝貢諸國，承事日久，接踵來賓，諒亦無一願予歸政者。然朕當卽位之初，已默陳不敢上同皇祖在位六十一年，豈因藐躬康健，遽違初願耶？）誠幸朝家茀禄頻。（孔子論治，以必世百年爲難遇，形之歎慕。皇祖與予御宇皆閲兩必世，合計之則百年而過其數矣。非敢侈運會之隆，所幸我大清熙洽駢增，如卷阿所云，爾受命長，茀禄爾康。詩人以爲頌詞者，今何修而重疊遇之。）三代問誰幾周甲，藐躬惕己益增寅。增寅以實無虛語，惟有惠鮮平聲勗愛民。（書無逸：惠鮮鰥寡。孔安國傳云：加惠鮮乏鰥寡之人。陸德明釋文，鮮音息淺反，如其説，是鮮乏鰥寡爲三項人。若專以鮮連惠，既不能成文，且與上懷保語句不協。案蔡沈謂，鰥寡之人，賚予賙給之，使有生意。蓋本吕祖謙之説，其後董鼎、陳櫟、王天與、朱祖義諸家，並從其解。至明劉三吾書傳會選鮮音僊，則鮮之宜作平聲，更爲明確。又考漢石經，作惠于鰥寡，漢書谷永傳引經曰：惠于鰥寡。則漢儒本無困乏一解，是蔡沈集傳與經旨，最合予臨莅愈久、益切夔虞，惟愛民爲實政。今年復普免漕糧，全蠲積欠，國慶與兆民同之。至隨時隨事莫不愛養，而惠鮮之彌以此自勗耳。）

乙卯元旦試筆用丙午韻

迴憶登基乙卯歲，戊之月值亥之辰。是年九月初三日御殿卽位，其日己亥。熙雍歷歷胥過載，耄耋忽忽竟逮身。企聖效王雖勵志，日孜月矻祇慚神。欽承天眷誠獨厚，幸得乾隆紀六旬。

覆載無私照莫停，奉三屋漏卽明廷。風霆雨露何非教，朔始望初凜示形。日月之食，雖千載以前可坐而致。然今歲正月朔望，上天垂象，爲君者自當心存警凜。惟是應天以實不以文，予上冬心深思過自責，見諸實政，天下臣民，昭然共知，不事求言招諫之虛文也。帝命不違欽顧諟，心傳將近慎聽聽。更平聲乎羣仰中天麗，喜爆聲喧歲旦寧。

除夕　乙卯

此日乾隆夕，明朝嘉慶年。古今難得者，天地錫恩然。父母敢言謝，心神增益虔。近成老人說，云十幸能全。予壬子著十全記，以識武功。因鐫十全老人之寶，並爲說以明。君人之職，不止武功一事，且一日立乎其位，必當一日盡乎其職。惟當益切敬天勤民之念，虔希純佑。兹除日已至，明日元旦授璽子皇帝，爲千古未有盛事，幸符十全之願矣。

丙辰元旦

開泰三陽肇吉徵，羲爻乾德凜時乘。勳華上日法授受，唐宋衰年鄙逼凌。儆倖已躬勗無射，頻繇眷佑愧難承。雖云歸政仍訓政，兩字心傳業與兢。

元旦試筆用乙卯試筆韻

乙亥輪周逮乙卯，自乙亥始，至昨乙卯，每年元旦一首，元旦試筆二首，已總成百廿首矣。三章例用詠元辰。共成百以廿爲什，不覺八開六至身。憶昨居諸猶惕息，昨歲乙卯，以躔度所經元旦上元，見於懸象。予心深怵，若思過應天，以實幸無他故。今既爲天下得人，肇開吉祚，尊養隆長，卽此仰感昊恩，亦曷敢以釋肩自怡，少存佚志耶。卽今尊養敢怡神。後兹歲月聽而已，那復勞勞計幾旬。

嘉慶開元舊合停，予紀號乾隆，慶周六甲。昨歲九月，以孟冬朔即須頒朔，先詔立皇太子，以丙辰年定名爲嘉慶元年，凡內外章疏文字，俱用嘉慶年號。子申虔籲率朝廷。皇太子率王公大臣具摺籲請時憲書仍用乾隆年號，情詞懇摯，實出悃誠。鑒孚意實出誠悃，問本願微愧體形。即位建元，古今大義。而皇太子及諸臣懇請統於一尊，又屬臣子至情，不能徑却，因允所請，一用嘉慶年號書後紀年，自乾隆二年丁巳至嘉慶元年丙辰，以昭建立授時之正。一遵照康熙六十年時憲書式，遞年增載乾隆年號，以順子臣愛戴之誠。每年祇須此憲書一百帙，以爲宮庭及賜御前親近王大臣等，俾披閱懽忻，足爲盛世嘉瑞而已。然自問踐阼之初，炷香上告，不敢有同皇祖紀年以次遞增之本願未遂，究微有愧耳。自六旬仍數上聲甲乙，徧諸省令改觀聽。十月朔日，頒普天下之憲書惟用嘉慶年號者，仍此不改初志也。迴思踐阼炷香叩，總覺衷心夔弗寧。

暮春擕嗣子皇帝恭謁東西兩陵，是日啓蹕，用成長句　有序　丙辰

稽父傳子繼，堯舜之禪遜承家；仰宗德祖功，文武之道佑啓後。憶昨歲瞻鼎成之地，告越年行璽授之儀，雖已臻周甲之期，尚未逮開元之始。今則允符前願，克遂初心，太和典重於大廷，嘉慶朔頒於薄海。緬紹祖讓祖之本志，心慕匪虛；亹歸政訓政之永懷，肩仔未歇。若非詒燕，曷能左券之先操；況迺垂鴻，久篤前言之默祝。仰酬何極，躬率惟虔。雖歲月以冀之長，仍籲重來九衺；本擬庚申年予壽躋九十再謁兩陵，是以昨歲桃花寺行宮詩云：九旬重至切。予思今年盛典慶成，升香符願，上酬先德，下訓後人，禮以時爲大，即宜躬率嗣子皇帝春舉上陵之典。而雨露既濡之愛，允宜卽舉三春。且我國家受天眷命，紀元八號，再繼丙辰。太祖建號天命元年丙辰，乾隆元年暨今嘉慶元年皆丙辰。開國萬年，三迴甲子。自太祖建國至今歲，凡一百八十有一年。作述積百廿之算，春秋躋八六之齡，閱惇史未前聞焉。恧藐躬何修遇此，雖慚大當，可告小康。廣輪闓益地之圖，乾惕夔御天之籙。養民四鬴，稠施錢漕之蠲；省歲八徵，順籲雨暘之若。豐真開歲，物總登春。清明之和暢經旬，上已之韶熙三日。杖鳩千叟，纔奉爵於新正；葱犗四推，甫扶犁於吉亥。兆姓惟壬爲任養，百昌以子而孳萌。是日壬子初發軔於天門，顧掖

輦之子舍。雖尚能磬控，既言耄而可以御輿；用示習勤勞，便承顏而最宜策馬。思十全克成夫往蹟，佇三捷卽聽夫今朝。迓鑾輅而匝地歡欣，翹弓劍而在天對越。彼拜前拜後，雖諸侯尚盛事之傳；況文子文孫，皆先世所垂裕之慶。謁珠邱而有恪，鑒寶器之克承。想祖宗下顧而歆然，與皇帝偕奉以欽若。里記建鼓，什肇和鈴。

丁巳元旦

昨歲瞻陵告授終，能乎與否尚疑衷。予昨歲以踐阼六十年，將於今春傳位嗣子，因諏吉閏二月中旬恭謁東西兩陵，舉祇告授終之典。但其時距今歲尚有一年，每念國策，行百里者半九十里之語，能乎與否，未敢自信。乃寅荷昊恩祖德，竟得紀元周甲，心願符初。於今歲正月上日大廷授璽，付託得人。仰蒙天祖眷佑，如此優隆，予何忍卽自圖暇逸。且精神强固未減昔時，是以訓政勅幾，仍不敢不自勉耳。天恩上日竟傳璽，心願初年或匪蓬。適百里誠九十度，付千葉那寸方窮。輿行馬從去聲垂常例，近年每逢巡幸，啓蹕時予仍策馬，至途間乘輿，隨從之皇子等俱騎馬扈行，此恒例也。我朝家法，肄武習勞，萬年所當遵守。是以此次嗣皇帝仍乘騎侍行，一如舊例。予則以年近九旬，安輿尊養，禮亦宜然也。家法兼因詰武功。

乾隆嘉慶並聯行，前年乙卯九月，建立皇太子詔，以丙辰爲子皇帝嘉慶元年，頒朔中外。其時子皇帝率王公大臣等懇請時憲書仍用乾隆年號，不能徑卻，因允所請，每歲備乾隆紀年憲書百帙，以爲頒賜宮庭及御前親近王大臣等之用。今年丁巳，仍以乾隆六十二年憲書用備頒賜，其通行天下者，俱爲嘉慶二年，實從來未有之盛事也。六十二同二載成。豐稔幸逢寰寓普，廓清全報逆苗平。黔楚逆苗滋事，不得不調兵聲討。節次已將首逆吳半生、吳八月、石三保、石柳鄧等擒獲斬馘，並將石柳鄧之子生擒，平隴賊巢全已剗毁。惟吳八月之子吳廷義一犯潛匿未獲，昨於歲前二十六日書福後，明亮等奏，平隴附近降苗震懾兵威，設法將吳廷義生縛獻出，并其家屬一併解京正法。此次苗疆用兵，原出於不得已，仰蒙上蒼昭鑒垂佑，全已平定，首惡無一漏網者。至湖北邪教等，各處乘機竊發匪衆，亦先後爲官兵剿洗，止剩一二賊渠，往來奔竄，以冀延喘旦夕。現在大兵四路圍捕，賊勢已窮，無難全獲蕆事。感荷天恩助順，十全武功之外，又贏一績。惟益勵敬勤，孜孜自勉，以仰酬昊貺耳。孜孜仍此躬訓政，懇懇欣看子孝情。惇史問他千古者，實曾稀有凜持盈。

元旦試筆　丁巳

數上聲越康熙又一年，恩綸皇祖夙曾宣。皇祖八齡踐阼，在位六十一年，已爲自古帝王所罕有。予即位時則年已二十有五，乃竟得紀元周甲，克遂初心，尤爲難得。自上年元旦大廷授璽，仰蒙天恩貺佑，予精力康强，訓政如昔，孜孜自勉。近逮九旬，上視皇祖紀元，又越一歲。昔皇祖常有福過於予之訓，蓋聖慈恩眷，早已鑒及今日矣。八旬有七望九近，愧志爲榮益敬虔。久道化成亦何有，其盈則昃莫殊然。以斯慄慄難舒意，敢曰高閒娱老便。

日干恰與月同居，元旦干支爲壬寅，與正月建相同。按漢書任養於壬，吉協重重，允爲豐豫之兆。任養新春萬彙舒。大寶箴仍懷蘊古，西銘語亦憶横渠。邪平苗靖雖完彼，此次黔楚苗人勾結滋事，不得已而用兵。而邪教匪徒乘機煽誘搶掠，雖經官兵掃蕩，苗境全平，渠魁盡得，大功告蕆，邪教匪徒亦已痛加翦刈，屢獲賊目正法。惟首逆劉之協、姚之富二人竄匿苟延，卽日亦可就擒。其已經勦淨之處，閭閻俱得寧謐，然臨陣斬馘爲數甚多，雖係伊等自作之孽，罪無可逭，而朕念好生，實有所弗忍，究不能不以齊之以刑爲愧耳。盡勦多誅究愧予。此後惟祈永戢武，十贏一矣那重胥。

戊午元旦

元之三更六之三，嘉慶乾隆父子覃。訓政心仍晝宵篤，承歡膝下清温諳。知予望捷衷均苦，翦逆同籌不盡談。吉戊向陽旋寶運，喜旌應卽到西南。

己未元旦

乾隆六十又企四，初祉占豐滋味參。史記律書云，未者，言萬物皆成有滋味也。八十九齡兹望九，乾爻三惕敢忘三。雖云謝政仍訓政，是不知慙實可慙。試筆多言今可罷，自乾隆乙亥年既成元旦詩一首，復有元旦試筆二首，此後率以爲例。洎丙辰授璽以來，於一切年例之作漸從簡省，而元旦試筆仍依例成吟。今予春秋八十有九，仰賴昊蒼眷佑，精神康健，訓政如常。欣值履端吉旦，自應有詩以紀。然望九之年，允宜静攝，其試筆二章，兹擬減吟矣。高年静養荷旻覃。

皇上御製詩

丙辰元旦太上皇父御太和殿授受禮成紀恩恭頌

大清國寶授當朝，涼德虔祈六幕調。三十登庸愧虞舜，萬年禀命仰神堯。保民慎位書言守，戒滿撝謙易理昭。子職勤修刻無逸，自天景福溥新詔。

國朝宫史續編卷之十三

典禮七 盛典七

皇帝萬壽、元旦、冬至三大節慶賀儀

臣等謹案：前編於每歲元正上御殿受朝並萬壽聖節、令節、行慶諸儀，均經臚載。查會典，每遇十年國慶，則有朝會宴饗之禮，恭逢聖壽正慶之年，亦豫於元日舉行筵宴。仰惟高宗純皇帝於雍正十三年乙卯九月初三日御極，時聖年二十有五，以次年丙辰爲乾隆元年，每至紀年逢五，則爲聖慶，紀年逢十，又爲國慶。由是周甲紀元，每十年一次朝會，經禮臣題請，依例舉行。至祝釐盛典，必俟聖壽八旬，始允臣民籲請，忭舉上儀。謹按年恭輯聖諭，並聖製詩什，以鋪闡鴻庥，垂諸奕禩。

乾隆二十七年正月元旦，上御太和殿，王以下文武大臣官員暨外藩使臣等，進表行慶賀禮，如儀（儀具前編）。至三十四年皆如之。八月十三日，萬壽聖節，上駐蹕避暑山莊，御淡泊敬誠殿，扈從王以下文武大臣官員暨藩部蒙古王公、台吉等行慶賀禮，在京王公大臣於乾清門、庶官於午門行禮，至三十四年皆如之。十一月，冬至次日，禮部照例題請御殿，得旨免行禮。

二十八年十一月，冬至次日，上御太和殿，王以下文武大臣官員進表行慶賀禮，如儀。儀具前編。

二十九年十一月，冬至次日，免行禮。

三十年十一月，冬至次日，上御太和殿，王以下文武大臣官員進表行慶賀禮，如儀。儀具前編。

三十一年十一月，冬至次日，免行禮，至六十年皆如之。

三十四年八月丁巳，奉諭旨：前者朕五十誕辰，恐直省臣民有啓經壇、立碑亭、貢獻稱祝之事，或致糜耗物力，曾豫勅禁止之。明年八月，屆朕六十正誕，意中外耆庶，必有以週甲聖節，非五旬大慶比，欲申祝釐，以抒愛戴者，情固難卻，而非朕心所樂從。用是明切宣示，朕臨御三十四年以來，承累洽重熙之盛，海宇乂寧，民氣恬樂。復仰荷上蒼眷佑，連歲屢豐，方思上答鴻庥，宏敷闓澤，以嘉惠吾民，益臻熙阜。國家之瑞，莫大於此。且越歲辛卯，卽恭遇聖母皇太后八旬萬壽，璇闈慶典，亘古稀逢，朕將率天下臣民，臚歡舞綵，敬迓慈禧，自當聽衢巷謳歌，共展尊親之義，又何必因朕躬慶辰，頻年祝嘏，多此繁文縟節爲哉？其布告天下，咸體朕意。一切仍遵二十四年所降諭旨，不必舉行。各省督撫亦不必以來京叩祝爲請，並不必進奉珍玩及綢緞表裏等物。至在籍大臣中如尚書沈德潛，壽屆期頤，錢陳羣亦年逾八袠，不宜復以遠涉勞筋力，已諄復傳諭，令其無庸親詣京師叩祝，俾黃髮耆臣，領袖江鄉父老，攜杖呼嵩，爲熙朝盛事，不亦美歟！着將此通行傳諭知之。

三十五年，聖壽六旬正慶。正月元旦，上御太和殿，王以下文武官員暨外藩使臣等，進表行慶賀禮，頒恩詔中外。禮成，復御太和殿，賜王公臣工等宴。四月戊辰，奉諭旨：本年爲朕六旬慶辰，中外臣民或有以週甲聖節籲請祝釐者，雖出愛戴至誠，但崇尚繁文，必致耗糜物力，朕心不以爲然。昨歲已明降諭旨，豫爲飭禁。今據高晉奏稱，江南士民，擬在該處各寺觀建壇唪經、演戲稱祝者，殊爲未喻朕旨。朕臨御三十五年以來，祗膺昊蒼鴻眷，寰宇乂寧，民氣和樂。惟期推仁究澤，嘉惠海内元元，益臻康阜。國家上瑞，莫大於是。況歲屆辛卯，卽恭逢聖母皇太后八旬萬壽，朕將率天下臣工耆庶，舞綵臚歡，敬以迓慈禧而隆慶典。若因朕躬誕辰，頻年稱祝，致多方豫備，朕心實所不取。該督等誠切呼嵩，屆期祗須率領宫吏紳士於萬壽宫照常行禮慶祝，已足共抒忱悃，所有建壇演戲等事，概不必行。高晉既有此奏，恐他省亦有似此瀆陳者，實非朕所樂聞。著再通行明切曉諭，俾咸體朕意，毋有所請。

閏五月丙辰，又諭：今日各部旗大臣等具奏，以本年爲朕六旬慶辰，請於御園豫備稱祝。所奏不必行。園中地本不寬，勢難令文武大員聯班並列。且越歲辛卯，卽恭逢聖母皇太后八旬萬壽，普天慶洽，朕將躬率臣工舞綵臚歡，用以敬迓慈禧，宏敷慶典，九卿等屆期自可共抒忭蹈之誠。若因朕躬誕辰，頻年稱祝，爲此無益之舉，實非朕所樂從。昨歲恐中外臣民因朕週甲聖節，籲請建設經壇，延釐祝嘏，徒致耗糜物力，已明降諭旨，豫爲飭禁。今復思大臣中有因萬壽備物進獻者，伊等身膺顯秩，藉此以申忱悃，原非過分，但亦當予以限制。如内而大學士、尚書、都統，外而總督、巡撫，尚可允其奏進，其在京侍郎、副都統以下，并外省提鎮、學政、藩臬等，人數既繁，若紛紛呈進，在諸臣既徒事分心購辦，進覽時朕又增檢閱之煩，甚無謂也。所有伊等豫備之處，概不必行，並勅奏事處毋許傳進。朕臨御三十五年以來，夙夜孜孜圖治，惟期推仁究澤，嘉惠元元，於以仰紹列祖貽庥，祗膺昊蒼鴻眷。其所厚期於諸臣者，惟能以朕心爲心，以國事爲事，愛養黎庶，整飭官方，行之以實心實力，使綱紀愈以肅清，海宇益臻康阜，其視崇尚繁文縟節，冀爲朕躬稱慶，實爲遠勝。況將來由七旬八旬而上，晉袠益高，原可俯順羣情，俾抒誠悃，正無藉此時之喁喁叩請爲也。用是明切宣諭知之。

八月癸未、乙酉，上奉皇太后幸壽安宫，侍早晚膳，賜宗室王公、内廷大臣及諸外藩回部伯克等宴，丙戌，萬壽聖節，上御太和殿，王以下文武官員暨外藩使臣等進表行慶賀禮，如常儀。儀具前編。

三十六年正月元旦，上御太和殿，王以下文武大臣官員暨外藩使臣等進表行慶賀禮，如儀。儀具前編。至四十二年皆如之。八月，萬壽聖節，上駐蹕避暑山莊，御淡泊敬誠殿，扈從王以下文武大臣官員暨藩部蒙古王公、台吉等，行慶賀禮。在京王公大臣於乾清門、庶官於午門行禮。至四十一年皆如之。

三十八年正月壬辰，奉諭旨：元旦陞殿受賀，在朝百寮及外藩陪臣，例應以次分班行禮。乃昨日朝臣班行禮畢，階下已贊鳴鞭，詢之禮部，據稱高麗、安南兩國陪臣，已綴朝臣之末，爲一班行，先期曾開入儀注進呈，是以未經另摺具奏等語。典禮專司，不應顢頇舛誤若此。上年冬，安南陪臣到京，該部曾經具奏，綴朝臣之末，一同行禮。此係隨時陞殿謝恩，朝臣員數，多寡本無一定，不妨因便帶領朝見。若元旦正節，大禮攸關，中外觀瞻所屬，藩國陪臣，豈可與朝臣班聯參錯，並無次第？向以藩服來朝者衆，若一一分班臚贊，未免需時，曾命於朝臣班外將諸藩統列一班。今該部乃並此一班亦省入朝臣之班，更不特摺請旨，朦朧列入儀注内。夫所進儀注特係歲歲常行、刊板不移之規則，朕臨御三十八年以來，禮部所進儀注，皆躬親素所熟嫺。卽遇壇廟大祀，於一切儀注，亦不過舉手加額，用展誠敬，其間儀文次第，原無待逐一更爲檢視也。元旦衆臣朝朕之儀，何用朕披覽？將以朕之未經檢視儀注爲不能勤政可乎？如六曹奏牘本多，内户部刑部之事尤爲殷劇，其題奏之案，朕惟就其有關節要者，悉心斟酌。若錢糧名目字數，案件彙結姓名，又豈必逐一研討，而後定其進止耶？况專務於此，無論日不暇給，並慮逐其末而忘其原，大非慎憲勅幾之道，於政要又復何裨？禮部堂官等以似此朝會鉅典，於常例有所增損之處，不爲妥議，專摺請旨，轉以列入儀注爲辭，咎將誰諉，著禮部堂官明白回奏。

四十二年八月萬壽聖節，停止朝賀。四十三年如之。

四十三年正月元旦，停止朝賀。四十四年如之。十月，大學士管兩江總督高晉等奏：請於四十五年聖駕南巡，俯順江浙臣民望幸之誠，就近舉行皇上七旬萬壽慶典。得旨：朕本意以庚子年爲朕七旬慶辰，越歲辛丑卽恭逢聖母九旬萬壽，斯則敷天同慶，自當臚歡祝嘏，以抒萬姓悃忱。今既不能遂朕初願，尚復何心爲己稱慶？况朕蹕途所經，老幼歡迎，扶攜恐後，未嘗不顧而樂之。若經棚戲臺，侈陳燈綵，點綴紛華，飾爲衢歌巷舞，深所不取，且非所以深體朕意也。不特江浙臣民不當爲祝釐之舉，即凡内外大小臣工，於朕七旬萬壽時亦不得請行慶典，以及進貢獻詩。若伊等謂欲藉以申其尊敬之誠，是轉增朕心之不悦，尚得謂之忠愛乎？但天下士民遇朕七旬萬壽，皆不免望恩倖澤，此則情理之常。朕亦何肯因不舉行慶典，併靳恩施乎？著於己亥年八月舉行恩科鄉試，庚子年三月舉行恩科會試，以彰壽考作人之盛。至各省漕糧，曾於乾隆三十一年普免一次。兹蒙昊蒼眷佑，累洽重熙，朕敬體天心，愛養億兆，用是再沛恩膏，著於庚子年爲始，復行普免天下漕糧一次，俾藏富於民，共享盈寧之福。所謂斂福錫民，慶莫大焉。其開科事宜，著交禮部查例辦理。其各省漕糧應如何分年輪免之處，著交户部詳悉妥議具奏。將此通諭中外知之。

四十四年八月萬壽聖節，上駐蹕避暑山莊，御淡泊敬誠殿，扈從王以下文武大臣官員暨藩部蒙古王公、台吉等行慶賀禮，在京王公大臣於乾清門、庶官於午門行禮。至五十四年皆如之。己巳，奉諭旨：前因江浙督撫等以兩省臣民望幸，奏請巡閲河工海塘，已降旨允於庚子春正月諏吉南巡。至所稱明歲爲朕七旬萬壽，欲就近申祝，則斷乎不可，業經宣諭飭禁。蓋朕本意原以庚子爲朕七旬誕辰，辛丑即聖母九旬萬壽，連歲疊逢大慶，中外臚歡，自可聽其抒誠祝嘏。今既不能遂朕初願，朕復何心爲己稱慶？惟念士民想望恩澤，積有歲年，因詔開鄉會恩科，並輪免各省漕糧一週，以洽羣悃。明年南巡迴鑾後，俟北郊禮成，即啓程幸避暑山莊駐蹕。八月慶辰，一切仍照常年例行。若在京受賀，惟恐轉多棖觸，遂至山莊以避之。至於西藏班禪額爾德尼豫請覲祝，實屬吉祥盛事，是以允其前來，即令於山莊瞻謁，俾從其便。朕並非因其稱祝，先期往就之也。恐内外臣工尚未能深喻朕意，仍有以慶典爲請者，非惟不能博朕之悦，適以增朕之懷，又豈臣子愛敬之道乎？俟朕八旬大慶，則當聽從諸臣稱祝。此次必不允行。又前屆朕六旬萬壽時，古北口、熱河兩處，曾有點綴段落燈綵之類，本屬朕所不取，明年尤當嚴禁，將此再行通諭知之。

四十五年，聖壽七旬正慶。正月元旦，上御太和殿，王以下文武大臣官員暨外藩使臣等進表行慶賀禮，頒恩詔中外。禮成，復御太和殿，賜王公、臣工等宴。三月癸未，奉諭旨：前以庚子年爲朕七旬萬壽，恐内外臣工欲申祝嘏，屢經宣諭飭禁。此次南巡迴鑾後，一俟北郊禮成，即啓程幸避暑山莊，各督撫等斷不必前來稱祝。恐外省督撫不能仰體朕懷，因七旬萬壽，欲取九九之義，購備貢品，誇多鬭靡，甚至力有不逮，而隨衆效尤，勉爲充數，尤屬不必。各省督撫身任封疆，惟當大法小廉，奉公勤職，副朕委任，本不當以進奉見長。著再傳諭各督撫，今年八月慶辰，一切仍照常例。若借七旬萬壽爲名，多事繁文，以申媚兹之悃，不但爲朕所不取，且現經降旨，令奏事處屆期遇有多進貢物，著一概不准接收。諸臣其善體朕意，毋得藉詞請覲，致增繁費，轉滋擾瀆。將此通諭各督撫知之。

四十六年正月元旦，上御太和殿，王以下文武大臣官員暨外藩使臣等進表行慶賀禮，如儀。儀具前編。十二月庚辰，奉諭旨：明年元旦，係上辛祈穀齋戒日期，所有元旦應行拈香各處，仍親詣行禮。初五日升殿受賀。

四十七年正月壬寅，上御太和殿，王以下文武官員暨外藩使臣等進表行慶賀禮，如儀。儀具前編。

四十八年正月元旦，上御太和殿，王以下文武官員暨外藩使臣等進表行慶賀禮，如儀。儀具前編。

四十九年如之。

五十年正月元旦，上御太和殿，王以下文武官員暨外藩使臣等進表行慶賀禮，頒恩詔中外。禮成，復御太和殿，賜王公臣工等宴。十一月甲辰，奉諭旨：明年元旦日食，著停止朝賀筵宴。所有救護典禮，著該衙門敬謹豫備。

五十一年正月元旦，停止御殿受賀。十二月乙丑，奉諭旨：據總管内務府大臣奏，乾隆五十五年朕八旬萬壽，請循照前例，諸王内外大臣虔造無量壽佛延禧祝嘏等語。因思朕六旬七旬萬壽，該管大臣俱先期奏請成造佛像，以伸慶祝。維時朕恭侍聖母皇太后慈闈，凝禧篤祜，内外臣工，共抒忱悃，是以俯允所請，藉用承歡錫慶。兹因朕八旬之慶，先期備辦，非朕所喜，且廻思益增悵然。朕仰邀昊眷，年逾古稀，康强勤政，惟期日慎一日，敬迓鴻庥，以俟八旬有五之歸政。朕一人之福，即億兆臣民之福，又何必循用具文，徒滋繁費乎？所有該管大臣等奏請成造佛像之處，著不必行。

五十二年正月元旦，上御太和殿，王以下文武官員暨外藩使臣等進表行慶賀禮，如儀。儀具前編。

至五十四年皆如之。

八月，大學士等奏：五十五年庚戌，恭届聖壽八旬，薄海臣民，詠德懷仁，情殷祝嘏，伏乞俯俞所請，以慰輿情，其應行典禮，下部議行。得旨：王公大臣及直省將軍督撫大吏等，以乾隆五十五年朕八旬萬壽，籲請舉行慶典，豫祝蕃釐，覽奏具見誠悃。著照所請，於五十五年舉行萬壽典禮。

丁未，奉諭旨：朕寅紹鴻圖，仰承昊眷，臨御五十餘年，壽躋上耋，五世一堂，錫光篤慶，介景延禧，允爲史册罕覯昇平盛瑞。兹王公大臣及直省將軍、大吏等，以乾隆五十五年朕八旬萬壽，籲請舉行慶典，豫祝蕃釐。覽奏具見誠悃。前此朕七旬慶節，内外大臣奏懇恭祝萬壽，朕以徒增糜費，未俞所請。今内而王公、大臣，外而將軍、督撫、大吏，以朕壽屆八旬，臣工身際昌期，久承渥澤，感激懽忭，出自積誠。朕若仍不允准，無以申臣下臚懽祝嘏之願，轉似近於矯情。且載稽前史，三代以後，帝王克享大年，莅國最久者，不過六君，其年逾八旬者，僅梁武帝、宋高宗、元世祖三君，而其在位不過三四十年。若朕躬膺上壽，海宇乂寧，親理萬幾，孜孜不倦，五十餘年如一日者，實古所未有。此皆朕仰賴上天嘉佑，列祖垂庥，用能膺受純熙，康彊逢吉。允宜光昭盛軌，以答昊貺而洽輿情。著照所請，於五十五年舉行萬壽典禮，所有一切儀文，俱照從前率天下臣民恭祝聖母皇太后六旬七旬八旬萬壽慶典之例備辦，毋得稍有加增，致滋糜費。若内外臣工等不能仰體朕意，惟務踵事增華，鋪張過甚，轉非至誠愛戴之心，逮時朕亦必不受也。至此次慶節，率土歡騰，宜特沛殊恩，以光鉅典。所有應行加恩各事宜，著内閣及軍機大臣擬開條款進呈，候朕酌定，另降諭旨。

五十三年三月乙亥，奉諭旨：上年八月，王公大臣及直省將軍督撫大吏等，以乾隆五十五年朕八旬萬壽，籲請舉行慶典。朕因王公、內外大臣等身際昌期，久承渥澤，臚歡祝嘏，出自積誠。且朕自臨御以來，親理萬幾，孜孜不倦，五十餘年如一日。兹仰荷上蒼眷佑，列祖垂庥，膺受純熙，錫光篤慶，躬躋上壽，五世一堂，實古所未有。允宜光昭盛軌，以答景貺。若却而不行，轉覺矯情。是以特俞所請，並恐王公、內外大臣等過事鋪張，業經諄切諭令，衹照聖母皇太后六旬七旬八旬萬壽慶典之例備辦，毋得稍有加增。現在王公內外大臣等因朕俯允所請，踴躍歡忭，亟欲抒誠，其應備儀文典禮甚鉅。若不專派大臣董理其事，恐承辦之員，未喻朕意，仍不免踵事增華，致滋繁費，非所以體朕嘉與諸臣效誠獻悃之心也。所有五十五年萬壽慶典各事宜，著派阿桂、和珅、劉墉、福長安、胡季堂、金簡、李綬、伊齡阿總辦，以期經理得當，用光鉅典。

五十五年正月元旦，上御太和殿，王以下文武官員暨外藩使臣等進表行慶賀禮，頒恩詔中外。禮成，復御太和殿，賜王公臣工等宴。

庚戌，奉諭旨：朕本年八旬萬壽，寰宇臚歡，薄海內外臣民，咸深慶忭，即在屬國藩封，或親赴闕廷，或遣使叩覲，無不競趨王會，抒悃祝釐。外省將軍、督撫、都統、提鎮、藩臬等官，自必情切葵傾，盡思瞻覲。第念各省文武大吏，職守綦重，若同時並赴，恐地方營伍事務管理乏人，或有貽誤，轉非敬事効忱之意。朕於各省將軍、督撫、副都統、提鎮、藩臬內，每省各酌派二三員，均於八月初五日以前到京，並各酌帶道府丞倅將備二三人，隨同班列，其未經派令來京者，毋庸紛紛籲請，庶各省文武官員既得遂其祝嘏之誠，而於本任職司要務又可不虞曠廢，方爲妥善。將此通諭知之。

二月戊辰，又諭：朕披閱康熙年間萬壽盛典，恭載聖祖仁皇帝六旬萬壽時，各省老民多有來京慶祝者。今朕壽屆八旬，普天同慶，薄海臣民，咸深忭舞。朕恐外省文武大員紛紛籲請，是以每省酌派二三員，並令各帶道府丞倅將備等來京，以遂其祝釐瞻覲之忱。至各省耆民人等，雖未降旨准其赴闕，而草野情殷葵向，思欲遠來効悃、祝延萬壽者，各省想亦不少。朕思年老之人，正須頤養，長途跋涉，未免辛勤，或因不服水土，偶生疾病，轉非體恤高年之意。不但外省地方，道路遥遠，不便前來，卽順天直隸老民，僻處鄉隅，亦不必齊赴京師，以示體恤。前已於恩詔内令查明各省耆民，賫以品職銀物，溥被恩施。兹特再降諭旨，著各督撫轉飭地方官，出示曉諭，凡欲來京慶祝之老民等，俱著不必前來，以副朕安老引年至意。將此通諭知之。

七月壬寅，上自避暑山莊廻鑾。戊申，駕至圓明園，大駕鹵簿，豫陳於大東門外，騎駕鹵簿，由前屯鼓吹導引，上還圓明園。先是禮部奏，請於萬壽月初一日起，中外大小臣工穿蟒袍補服一月。得旨：萬壽慶節，著於八月初一日起至二十一日，王公百官穿蟒袍補服。

八月戊午，召見皇子、皇孫、大臣等宣示聖製四得論、四得續論二篇。聖製論恭載後卷。并奉諭旨：本年爲朕八旬壽辰，内外臣工，情殷祝嘏，籲請舉行慶典，用抒慶忭之忱。所辦工作點綴，朕尚未經寓目，昨詣恩慕寺、永寧寺拈香，始見道旁點景處所，過於繁費。臣工等固屬競効臚歡，而踵事增華，不但不以爲喜，朕心轉覺不安。朕臨御五十五年，海寓昇平，太和翔洽，幅員廣拓，夷裔咸賓。朕躬壽躋八旬，精神强固，曾玄衍慶，五世同堂。凡兹備福克膺，皆賴昊蒼篤祐，朕惟自慚薄德，兢業彌深，不敢以景運之增隆，遂謂天人之協應。是以勤求宵旰，敬念庶徵，惟日孜孜，常懷寅畏，日思仰酬鴻貺，非故示謙沖。本年自七月而後，藩部君長等祝釐入覲，雖設樂賜筵，朕心不遑暇逸，惟懼稍廢政務。卽本日距萬壽之期不過三日，猶復披覽奏章，召見大臣，寧以時際隆平，遂敢謂豫大豐亨、侈然自足耶？且辦理慶典，從前因恭遇聖母皇太后萬壽大慶，合萬國之歡心，躬致孝養，娱侍慈寧。兹朕年已登八袠，猶以不及恭慶皇考六旬暨聖母皇太后九旬爲憾，撫今追昔，愴然於懷，方深感慕。今歲雖循例舉行慶典，難卻臣民之請，實不忍以幸值慶辰，遽思行樂也。卽如所演大慶戲劇，原係皇考恭祝皇祖萬壽舊本，從前聖母皇太后五旬六旬七旬八旬萬壽慶節，朕屢加增改，綵舞稱觴。現今皇子、大臣等雖有進呈樂章，以其詞過頌揚，亦祇節其靡文，並未加之潤色。朕之崇實黜浮，不肯稍事鋪張，於兹可見。再，平日興建工程廟宇，皆係經營規制，嚴肅觀瞻，可以垂諸永久，猶嘗引以爲過，著之論説。若此次點景綴設，不過塗飾一時，聊以娱目，更爲無益繁文。幸荷上天恩佑，彌月晴明，設或連遇風雨，豈不徒耗物力？今已成事不説，未便全行裁徹。仍著該管大臣將一切綵飾量爲減省，以示朕式靡崇儉至意。將此通諭中外知之。

庚申，上自圓明園進宫，乘禮輿，大駕鹵簿豫陳於西華門内以至隆宗門祗候。騎駕鹵簿前導，於常用導迎樂外，恭集聖製詩句，爲「萬壽衢歌」三百章，衢歌具載萬壽盛典。隨路分班合奏。駕入大内，於重華宫張樂稱慶。

十三日辛酉，恭屆萬壽正誕，鑾儀衛陳法駕鹵簿於太和殿前，步輦于太和門外，五輅及馴象、仗馬均於午門外。樂部設中和韶樂於太和殿檐下，丹陛大樂於太和門内。設表案於太和殿内東楹次。禮部官捧進賀萬壽表文，恭陳案上。鴻臚寺官引和碩親王以及入八分公、暨安南國王在丹陛上，文武各官在丹墀内，朝鮮、安南、南掌、緬甸使臣等於西班末，均按班排立。屆時，禮部堂官奏請皇上具禮服，乘輿出宮。皇上御中和殿，鴻臚寺官引内大臣、侍衛等，按班不贊，行三跪九叩禮。禮部堂官前引，皇上御太和殿，中和韶樂作，奏「乾平之章」，皇上升座。樂止，鑾儀衛官贊「鳴鞭」，階下鳴鞭三。鳴贊官贊「排班」，丹陛大樂作，奏「慶平之章」，鴻臚寺官引王以下百官暨安南國王、朝鮮、南掌、緬甸使臣等，按班排立。鳴贊官贊「進，跪」，贊「宣表」。宣表官從黄案上捧表，至殿檐次正中，大學士二人左右跪，展表，樂止。宣訖，仍奉原案上，退，鳴贊官贊「叩，興」，王以下百官暨安南國王、朝鮮、南掌、緬甸使臣等，行三跪九叩禮。鳴贊官贊「退」，王以下百官暨安南國王、朝鮮、南掌、緬甸使臣等，退復班次。樂止，王以下、入八分公以上，並滿漢大學士，進殿列班，行一跪一叩禮，坐。皇上進茶，王公、大學士等，各於坐次行一叩禮，仍就坐。侍衛等進前，分賜王公、大學士等茶，各於坐次行一叩禮，飲訖，復行一叩禮，起立。鑾儀衛官贊「鳴鞭」，階下鳴鞭三，中和韶樂作，奏「太平之章」，以上樂章如常朝，具會典。皇上啓座，乘輿還宮。先是宮殿監設中和韶樂於乾清宮檐下，丹陛大樂於乾清門内，屆時，奏請皇上御内殿，受賀行禮，如儀。儀具前編。是日，皇上受賀禮成，御乾清宮壽宴。皇子、皇孫、皇曾孫、皇玄孫等，以次綵舞，敬獻萬萬壽之觴，奏綵舞樂十八章，其樂章曰：「皇帝萬萬壽，福如大海源。亭育德恩普，熙和暢八埏。一章 歲維庚戌，恭遇八旬，神人祝嘏，天庥益臻。二章 洞開九重，辟公呼嵩，祥光罨靄，歌舞攸同。三章 敬天勤民，歲書大有，萬壽無疆，山岳悠久。四章 文光炳二曜，武烈宣萬方，義正仁以育，詁遹胥來王。五章 宴千叟兮嘉龐眉，賜筇杖兮拜鴻施。臚歡介祉兮叩彤墀，羣登壽寓兮祝耆耋。六章 篤天潢，錫章服，燦五采，親九族。本支百世感殊恩，歡洽羣情益敦睦。七章 臨雍釋菜，文教振興。人材樂育，爲國之楨。八章 輯四庫書，譽髦鼓舞。惠茲藝林，上下今古。九章 修大藏兮譯金經，廣善緣兮福羣生。慈雲布濩兮光晶瑩，和風甘雨兮彌八紘。十章 藩王部長咸來賓，遐荒重譯職貢陳。依光景化同尊親，赤子之慕中外均。十一章 緬甸來歸，恩施幬覆。錫賚駢蕃，奔走先後。十二章 生番向化，傾心太平。恩浹肌髓，感畏惟誠。十三章 聖人久照，福綏綿綿。吉祥屢臻，億萬斯年。十四章 慶承天貺，祥徵滋至。載衍九疇，祚延萬世。十五章 卿雲純縵，光華復旦。於萬斯年久道成，如松柏茂如升恒。十六章 子孫曾玄戲綵舞，壽而康兮備純嘏。歲歲年年兮福履增，天地合德同博溥。十七章 中和樂舞遭韶韺，普天率土懽同聲。慶萬壽兮茀祿膺，受天佑兮莫不承。十八章」壽宴禮成，幸寧壽宮，於閱是樓張樂稱慶。甲子，上還圓明園，乘禮輿，大駕鹵簿豫陳於御園宮門外祇候，騎駕鹵簿隨路奏樂導引如前。

五十六年正月元旦，上御太和殿，王以下文武官員暨外藩使臣等，進表行慶賀禮。至五十九年皆如之。八月，萬壽聖節，上駐蹕避暑山莊，御澹泊敬誠殿，扈從王以下、文武大臣官員暨蒙古王公、台吉等，行慶賀禮，在京王公大臣於乾清門、庶官於午門行禮。至六十年皆如之。

五十九年十二月己巳，奉諭旨：明年元旦，恭詣堂子行禮，還宮時，尚在日未食之前，不應作樂。

六十年正月元旦，日食，停止御殿受賀。

嘉慶元年正月元旦，皇上受寶禮成，恭侍太上皇帝還宮，御太和殿，王以下文武大臣官員暨外藩使臣等，進表行慶賀禮。至四年皆如之。

十月初六日萬壽節，皇上奉太上皇帝御圓明園正大光明殿，躬率皇子及諸王、貝勒以下文武大臣官員，各按班次，行慶賀禮，恭俟太上皇帝還宮。上在勤政殿西書房少坐，禮部奏請御正大光明殿，皇子及諸王、貝勒以下文武大臣官員，仍各按班次，行慶賀禮。至三年皆如之。十一月，禮部疏請，冬至次日皇上御殿受賀。得旨：「著照向例停止。」至五年皆如之。

四年十月萬壽節，停止朝賀，五年如之。

五年正月元旦，停止御殿受賀。六年如之。

六年十月萬壽節，上御圓明園正大光明殿，皇子及諸王、貝勒以下文武大臣官員，各按班次，行慶賀禮。每年皆如之。十一月，冬至次日，上御太和殿，王以下文武大臣官員進表行慶賀禮，如儀。

七年正月元旦，上御太和殿，王以下文武大臣官員暨外藩使臣等，進表行慶賀禮。每年皆如之。十一月，冬至次日，免行禮。至十一年如之。

國朝宮史續編卷之十四

典禮八　盛典八

皇帝萬壽、元旦、冬至三大節慶賀儀

高宗純皇帝聖製文

古稀說

余以今年登七袠，因用杜甫句，刻古稀天子之寳，其次章卽繼之曰猶日孜孜。蓋予宿志有年，至八旬有六，卽歸政而頤志於寧壽宫。其未歸政以前，不敢弛乾惕，猶日孜孜，所以答天庥而勵己躬也。正壽之慶，羣臣例當進獻辭賦，於是彭元瑞有「古稀之九頌」，既以文房等件賜之，以旌其用意新而遣辭雅，顧一再翻閲，頗有不得不爲之説，以申予意者。其詞曰：

古人有言，頌不忘規。兹元瑞之九頌，徒見其頌而不見其規。在元瑞爲得半而失半，然使予觀其頌，洋洋自滿，遂以爲誠若此，則不但失半，又且失全。予何肯如是夫？由斯不自滿，歉然若有所不足之意充之。以是爲敬天之本，必益凛旦明，毋敢或渝也。以是爲法祖之規，必思繼前烈，而慎聰聽也。以是勤民，庶無始終之變耳。以是典學爲實學，以是奮武非黷武。以是籌邊非鑿空。以是制作非虛飾。若夫用人行政，旰食宵衣，孰不以是爲慎修思永之樞機乎？如是而觀元瑞之九頌，方且益深予臨深履薄之戒，則其頌也，卽規也。更惓思之，三代以上弗論矣，三代以下，爲天子而壽登古稀者，纔得六人，已見之近作矣。自三代以下，帝王年逾七十者，漢武帝、梁高祖、唐明皇、宋高宗、元世祖、明太祖，凡六帝。昨七旬慶典詩有「七旬屈指數今古，六帝因心驗法懲」之句。至夫得國之正，擴土之廣，臣服之普，民庶之安，雖非大當，可謂小康。且前代所以亡國者，曰强藩、曰外患、曰權臣、曰外戚、曰女謁、曰宦寺、曰奸臣、曰佞倖，今皆無一仿佛者。卽所謂得古稀之六帝，元明二祖爲創業之君，禮樂政刑，有未遑焉。其餘四帝，予所不足爲法，而其時其政，亦豈有若今日哉？是誠古稀而已矣。夫值此古稀者，非上天所賜乎？天賜古稀於予，而予設弗以敬承之，弗勵慎終如始之志，以竭力敬天、法祖、勤政、愛民，古云「適百里者半九十里」，慄慄危懼，誠恐耄荒而有所隕越，將孤天恩，予又何敢如是？然則元瑞九頌，有裨於予者大焉，故爲之説如右。羣臣獻辭賦者甚夥，大約不出於元瑞之九頌，予將以是説概之，則所爲有頌而鮮規者，亦畢視之爲進規而非啻頌矣。

四得論

昨自避暑山莊廻至御園之作，有「慚愧德無稱四得」之句，蓋引而未發。玆乃叙而論之。

夫子思引孔子之言，以爲位禄名壽，胥因德而得之。則知有德而得之者爲實，無德而得之者爲虛。若予無其實而得其虛，其慚愧可勝言哉。蓋予之位，天地之所命，祖宗之所授，無是二者，予因何而得之？亦惟栗栗危懼，慮鰥厥官，遑敢自詡其得以傲物哉？至於禄，則九宇所同仰，萬民所共奉，豈啻十目十手之視指哉？毫釐之失，謬以千里。威福玉食，一涉私欲之作，必致越其始而隕其終，能常保其得乎？若夫名爲實之賓，實則賓之主也。居九重之上，臨百辟之尊，孰不以虛言譽之。即今八旬大慶之獻詞頌者，不可僂指數，則此名也，詎其實乎？雖文德武功，微有實蹟之可稱，然無一不由兢兢業業中所出。且恐具其始而失其終，得將不保，敢自怡乎？玆逮八旬，不可不謂之壽，然此壽乃天地默佑，祖宗延禧，予一人幸逢其會，敢强顔以爲有所致哉？且予五十五年之間，無一日因微疾而不理事者，求仙素所鄙，即醫理並不識，亦惟慎起居，節飲食，以爲養生之常道爾，則又有何術之可得？凡此四者，皆予所得，而實皆非德之所致也。非德之所致，則所謂有其名而無其實，忸怩之不暇，又何能肆然自居而不疑？方將慎半九十之懼，孜孜矻矻，以待五年之歸政，可稱全人，則惟敬待天恩而不敢或必者耳。著論自警，並以示羣臣之獻詞頌者。

四得續論

近作四得之論，非自謙也，蓋紀身之鮮實德與己之所實見耳。然尚有未盡意者，前論切乎己；續論公天下，抑亦有所獨重者耳。

蓋中庸第十七章，子曰至子孫保之而止，所以戒爲天子者，保其位而已。此皆夫子之言。其下四得之繹，意謂子思之語，非夫子之語也。以位言之，易曰：「君子思不出其位」，則君子之位也。又曰：「聖人之大寶曰位」，則聖人之位也。豈必曰天子之位乎？堯舜禹有天子之德，可謂得天子之位，其餘皆不可謂得天子之位。孔夫子有聖人之德，可謂得聖人之位，其餘皆不可謂得聖人之位也。孟子所云，故益、伊尹、周公不有天下，其心未嘗不羨天子之位，雖欲行其道之意耶？然非至言也。蓋益得益之位，伊尹得伊尹之位，周公得周公之位，非不得也，若孔子必無是語。而朱子註子思此章，直以爲必受命爲天子，是亦孟子之遺意耳。予以爲後世之亂臣賊子，未必非此言有以啓之。然此言非予言之，他人不敢言也。且自古至今，無一代無天子，是皆得其位者乎？予不敢以得位自居，實因德不勝而滋懼耳。至於禄，則自天子以至百辟卿士，皆食禄者也，盡其職乃可謂之得，鰥厥官不可謂之得，而其本均不出於修德也。王禹偁待漏院之記，微見其端矣。若夫名乃實之賓，實者，德之謂也。無其實而有名，不滋愧乎？三代以下，惟恐不好名。予謂此語亦未臻，而清流操室中之戈者，非因名有以害之乎？古來盡節以終者，謂之不能得保其壽，可乎？兹故申而論之，以戒後世之壽乎？顔淵果不得壽乎？壽則秉來之氣數，所不可强，盜蹠壽而顔淵夭，盜蹠果得不務修其德，而徒慕四得，以反致敗其德，且以靖天下後世之託聖賢之書，以妄興其欲有所得之位之心。有位與無位之人，可不深思所以自處哉。

作是論時，引用繫辭「聖人之大寶曰位」，蓋亦斷章取義耳。予之意，則以天子有天子之位，聖人有聖人之位，分而言之，然亦非始予意也。蓋中庸上節孔子之言，德爲聖人，尊爲天子，已區而二之矣。既而思之，繫辭本文下，即繼以何以守位曰仁，何以聚人曰財，理財正辭，禁民爲非曰義，是則天子之事也。似繫辭所指聖人，即天子也。然按諸經，從無尊當時天子爲聖人，如後代所稱聖君聖主聖上者。大禹謨乃聖乃神，爲益對舜、對堯之詞；微子之命克齊聖廣淵，爲成王對微子稱湯之辭，皆非稱當時天子也。三代上君臣之際，情親而語質，無取乎頌語。惟莊子華封人祝堯，使聖人壽，使聖人富，使聖人多男子，爲當時語。堯固聖人也，然則稱天子爲聖人，起於周秦之間，亦如「朕」之字，專爲天子自稱，乃昉自秦也。十翼爲孔子作，不應繫詞有是語，且上繫第十一章，莫大乎富貴，莫大乎聖人，又分著矣。歐陽修以擇之不精，繁衍叢脞，近於戰國後語，疑十翼爲雜取後世講師之説，非孔子所作，亦不爲無見。論成偶思及此，并按於後。

高宗純皇帝聖製詩

元正太和殿賜宴紀事二律　庚寅

征緬官兵振旅旋，朱波懷畏靖蠻邊。六旬大慶從羣請，今歲逢朕六十萬壽，禮臣稽典，請於元旦賜宴，先期具疏以聞。卅五君臨勵久虔。盛禮又週十年閲，自庚辰舉行慶典，屆今歲紀一週。通班嘉許百工聯。底須給事陳祥按，見唐書禮樂志。實政勤祛虚瑞傳。

曉晴傍午佈濃陰，旋見祥花飄鬱森。禮重晨參而書會，庚居辰過又寅臨。試看雁詣還麟萃，詎在奉珪與獻琛。較量農占誠大吉，元旦日，欲風日雲雪皆有，爲上歲祥占，是日正符嘉兆。垂衣南面倍生欽。

八月十三日六旬慶典，率内外王公、大臣詣慈寧宫行禮，遂御殿受賀，爰成長句示志　庚寅。

慈寧愛日麗清暾，晉拜躬倡近遠藩。重譯來王來賀節，霍罕使臣入貢，是日命隨班行禮。十年一度一臨軒。每歲誕辰，率在山莊，逢大慶始御殿受賀。六旬亦自尋常有，萬壽微嫌慶祝繁。久道斯之化成未，敬勤兢業勗存存。

元正太和殿賜宴紀事二律用旋轉韻體　庚子

十年一舉又逢庚，元會應從舊典行。午始辰循綿國慶，寅過子值沐天榮。桃符焕處宜春殿，柏酒擎來獻壽觥。敷錫歛時崇實政，雞竿爰命覃恩并。五位輪年十必遇，十成紀歲五常并。予踐阼時年二十有五，每至紀年逢五，則爲旬慶。若紀年遇十，春秋又恰逢五，乾隆十五年庚午，四十萬壽，正值五位輪年，始舉元會典禮。蓋五與十成數相合，有不期然而然者。錢陳羣所進五十萬壽詩序，曾發明其義，其言演天地之數所賴者五、十，與易之大衍自然符合，頗爲詳晰。今歲庚子，紀元四十五年，正朕七十萬壽。爰於元旦賜宴，并特頒恩詔，敷錫臣民，用以綿國慶而答天庥。龍鱗旭朗青瑣闥，雉尾春輝白獸觥。黼黻玄黄胥賀祉，飛潛動植總含榮。行年七十知非合，揆度吾惟凜後庚。

八月十三日於避暑山莊行七旬慶典卽事成什　庚子

御殿庚寅禮未仍，每歲誕辰率在山莊，逢大慶始於京師御殿受賀。故庚寅有「十年一度一臨軒」之句。今歲以不能似庚寅率羣臣於慈寧宮行禮，故不忍御殿受賀，祇在山莊照常例舉行。山莊聊聽慶岡陵。七旬屈指數上聲今古，六帝因心驗法懲。三代以後，帝王享國年逾七旬者六帝，漢武帝、梁高祖、唐明皇、宋高宗、元世祖、明太祖，其中可法者，惟元世祖、明太祖耳。然亦不能無遺憾焉。其餘皆予所鄙以爲戒者。北塞駢田朝衆部，西天歡喜祝神僧。班禪額爾德尼自後藏遠來慶祝，各蒙古王公台吉、喀爾喀衛拉特等一聞其來，無不歡忭踴躍，實爲我國家吉祥盛事。宜言吉日弗言憾，東望松齋憾不勝。正殿之左卽松鶴齋，爲昔年逢萬壽節率羣臣行禮之處。

初五日御太和殿行慶賀禮詩以紀事　壬寅

三元獻歲致齋誠，五位撫辰慶典呈。曰德恰欣符歲德，是日壬寅禮行惟是奉天行。螾生共沐陽交泰，任養同霑物喜嬴。心所安緣義以起，從前四次用次辛者，以詣東朝慶賀，禮不可闕。今歲謹遵皇考前訓，仍用上辛祈穀，朝正慶賀，於初五日行禮，實協重農宿志云。得遵前訓重農耕。

元正太和殿賜宴紀事二律　庚戌

晨參午會慶元正，幸復浹旬一舉行。庚午予年四旬，始於元正賜宴太和殿，以後每至十年，禮臣稽典，先期奏請。自庚子至今歲庚戌，又閱十年，慶登八袠，世際重熙，元正朝會，依例舉行，用洽羣情，實昭景貺。四十肇臻八成十，午庚旋值戌臨庚。帝蒙天眷爲獨厚，夕惕朝乾所戒盈。和共百工承錫羨，難斯罷也矯予情。

十五推年五十逢，予於二十五歲踐阼，自後紀年逢五，則爲正壽；紀年遇十，春秋又恰逢五，五與十皆成數。而今歲五十五年，又值天地之數，自然會合，循環相生，未可思議，昊蒼眷佑，於予若有獨厚者然。欽膺天數惠偏鍾。歸誠適豫正平聲而賀，廓爾喀在西藏之西，萬里歸誠，適於歲内嘉平望間到京，元正亦隨班末行禮，得瞻朝會典儀，自必倍加欣幸。祝壽兼呈貢以重。暹羅本年值例貢之期，專遣使臣並賫萬壽貢品。至朝鮮歲有慶祝例貢，今歲因八旬萬壽，復增貢一分，非重其物，嘉其愛戴之忱，可謂明於大義。玉爵屠蘇百禮洽，金猊瑞靄萬祥濃。撫時幸值承平會，泰九三思凜益恭。

八月十二日進宮行八旬慶賀禮，沿觀内外所備衢歌巷舞，自覺過當，因成二律 庚戌

大慶未教行庚子，庚子七旬，未允臣民之請舉行慶典。今歲八旬，昊恩優錫，實亦史册罕聞。如再矯情過却，未免阻衆悃誠。昊恩優錫浹重臻。矯情可再衆誠阻，予壽願同萬姓均。五十五年天地數，八旬八月誕生辰。憑輿歷覽迓過當，弗以爲欣爲愧頻。

不惟夾路笙歌沸，抑且蔽街樓閣羅。增己慚翻心怵惕，幸天庥賜日晴和。今早旋宮，沿途羅列景亭，競陳歌舞，衆情固覺欣躍，設遇陰雨，物力亦覺可惜。昨日微陰，幸今天氣晴朗，夾道臚歡，俱得申慶忭之忱，是亦仰荷天庥也。詎知踵事華如許，昔年恭值聖母六旬七旬八旬大慶，俱自圓明園至宮中陳設點綴，藉博慈懽。今惟予八旬慶典，司事者踵事增華，殊嫌過當。雖經旨諭酌行減徹，然好爲議論者，保無退有後言。且予方以不及恭慶皇考六旬暨聖母九旬爲憾，茲雖羣情難却，而覩茲繁費，不覺轉益歉懷矣。那免後言滋恁麼。慶典分明成闕典，爲君難識語非訛。

臣等恭稽實録，乾隆五年庚申，十五年庚午，爲高宗純皇帝三旬四旬聖壽正慶。疊奉聖諭，以未屆應行祝嘏之時，凡臣工陳請恭祝者，概却而弗許。茲嘉慶四年皇上四旬萬壽，虔諗壽皇殿

展拜神御，罷舉朝儀。伏讀御製詩，追述恩諭垂詢，倍深孺慕，仰見孝思之篤，實昭錫福之原。謹依例備登御製丙辰以來元旦辰什，爲盛典引申之始。

皇上御製詩

丙辰元旦

玉律先春豐楙宣，靈臺重紀丙辰年。乾隆建極億齡啓，嘉慶承恩萬福延。紫禁蔥蘢凝瑞霧，金爐紛郁結祥煙。渺躬寅荷蒼生祉，欽若皇衷格上天。

十月六日率王公大臣等皇父前行禮敬紀

緬憶懸弧始，庚辰十月初。予生於乾隆庚辰歲御園內天地一家春。沐恩實超古，稱慶益慚予。皇父德隆福備，如天丕冒，行道無疆，以欲符初願，授寶訓政。予以薄德，獨荷恩慈，時以弗克敬承是懼。而事超前古，實史册所未有。今以初度之日，復蒙錫賚駢蕃，循例行慶，撫衷倍增乾惕爾。旭影輝珠閣，香風裊玉除。誕敷仁壽宇，率祝集簪裾。

丁巳元旦

太和元會集冠裳，萬國臚歡祝上皇。顧諟天恩欽曰旦，聰聽父訓凜惟康。成文慶洽春佳麗，說文：巳者，萬物皆成文章也。彊圉年占穀稔穰。爾雅：丁曰彊圉。蒇績定功王教正，楚黔苗匪誅擒已盡，年前降苗縛吴廷義以獻，具見苗已格心。至教匪屢經勦洗，現在各路兵力厚集，交奏捷音，計日當可悉擒首逆，以期早安反側，共歸王化。喜音疊至自南方。元旦喜神正南方。

戊午元旦

日啓三元淑靄新，天開人瑞值重寅。三統人生於寅，今元旦值甲寅月、丙寅日。幹占豐楙嘉祥協，支衍敦牂德化均。漢書：

豐楙於戊。爾雅：太歲在午曰敦牂。史記正義，敦，盛也。牂，壯也。言萬物盛壯也。今上溯乾隆三年戊午，花甲又週，太和翔洽，豐美安敦，同遊壽寓，樂我太平盛壯之義，適協書年矣。九衺迎禧膺景福，新年皇父聖壽八旬有八，身見七代，再兩歲爲九衺萬萬壽。今春玄孫載錫屆成婚禮，計普天同慶之年，早得來孫，六世同堂，親見八代，真從來史牒未有之盛事。十全贏績格愚民。皇父平定金川、準部、廓爾喀各二次，平定回部、臺灣、安南、緬甸各一次，武功十全。楚黔苗匪滋事，復再平之，白蓮教匪自外生成，簡師搜勦，現在釜魚阱獸，指日俘擒。斯皆贏績，從此愚頑格化，永慶昇平。延洪曼壽朝正祝，躬率嵩呼拜紫宸。

己未元旦

春開舊歲繼新年，正始迎韶福履駢。庶物熙和敷里巷，青陽洋溢徧垓埏。德純剛健人瞻聖，算衍期頤慶錫天。時憲乾隆六十四，九旬恩詔典逾前。明歲庚申，皇父九旬萬萬壽，篤祜凝禧，天行彌健，率土臣民，籲辭舉行慶典，已蒙恩允。一切鴻儀俱照康熙六十年及乾隆五十五年八旬萬壽典禮，豫於今歲舉行恩科文武秋試，嘉惠士林，以彰壽考作人之盛。景運昌期，實從古史册所未有也。

萬物庚庚玉燭調，法天行健頌神堯。熹微瑞旭浮丹禁，糺縵卿雲集慶宵。小醜風移歸正教，近據惠齡等奏，已將逆首羅其清擒獲解京，各股匪徒俱已窮蹙，其冷天祿一股被勦保圍困既久，不日即可就擒。至張漢潮逃竄陝豫之間，復被明亮等兩路兜截，已成釜魚阱獸，從此除逆安民，同歸正教，實殷盼望。名藩星拱賀王朝。盡承庭訓覃恩澤，徧錫寰區帝德昭。每歲新韶行慶，六十餘年常如一日。上年各直省普稱上稔，無事賑蠲。惟山東曹單一帶，因上年漫工積水尚未全涸，安徽蒙亳等處雖工堵築，亦未完竣。其江蘇淮徐海等府州，亦因濱臨湖河，收成不無少歉。節經降旨，分別給賑，復念今春青黃不接之時，民食或致拮据，仍於春正賞給口糧，展賑數月，以期普迓春祺，同霑優澤。

四十壽辰自紀

去歲承恩旨，追思倍愴神。去歲在奉三無私行禮時，蒙皇父問及，知今歲爲予小子四十整壽，即降旨屆時題奏，加賜皇帝冠服、陳設等項。今祇餘向壽皇殿神御前望空展拜，四十年父子至情，一旦成虛矣。升香心敬告，易服典欽遵。敬查宮中舊制，二十七月內遇萬壽正日，如親詣神御前展拜，暫穿衮服，還宮仍易素服。孺慕切一己，考慈佑萬民。默祈錫厚福，速靖蜀秦塵。

壬戌元旦

序啓青陽品彙新，生寅留熟應昌辰。壬寅月、癸酉日。履端慶始三元集，交泰咸亨百福臻。歲美人安恩徧錫，文修武偃俗還淳。上年發帑截漕，爲直隸九十餘州縣民生籌畫安全，修築永定河，挑挖護城河，以工代賑，於常例外，加恩製備棉衣散給。其新正展賑恩例豫於嘉平先發，令百姓早洽盈寧。本日啓鑾，恭謁裕陵，所有經過地方，蠲免錢糧十分之三。又以雖交春令，氣候尚寒，加恩於通州、三河、薊州、遵化四州縣賞給棉衣二萬件，於回鑾後均勻給散，俾畿輔閭閻同慶温飽。至陝楚地方，早經寧謐。惟川省零星餘孽未淨，然民間堡寨寧固，兵多氣奮，即日大功告成，從此樂業安居，共享太平之福。太和上日臨朝會，旭麗罘罳寰宇春。

癸亥元旦

珠杓斡運啓三陽，福自天來惠萬方。癸揆敷春八極協，亥荄成化六符昌。履新之始兆民泰，舉正於中庶事康。年稔兵消咸樂業，彌殷勤敬報高皇。

國朝宮史續編卷之十五

典禮九　盛典九

皇太后聖壽、元旦、冬至三大節慶賀儀

臣等謹案，前編自乾隆六年迄二十六年，聖母皇太后五旬六旬七旬聖壽，臚慶承歡，諸儀備舉。逮三十六年，恭際聖壽八旬，高宗純皇帝以子帝之耆齡，奉萱闈之曼壽，爰承懿旨，於禮儀稠疊之中，恩勤愛護，撙節以時，尤徵慈孝並彰，德福隆備。謹依前編，登載祝釐樂章及聖製頌詩，用著壽康盛典。至若元會班朝，履長申慶，所有四十二年中舉行事宜，恭稽實録，以次備書。

乾隆二十七年正月元旦，上於御殿前率王以下文武大臣詣皇太后宮行慶賀禮。儀具前編。至四十二年皆如之。十一月，冬至次日，遵懿旨，免行禮。至二十九年皆如之。是月二十五日，癸未，聖母皇太后聖壽節，行禮如常儀。儀具前編。至三十五年皆如之。是年，内閣通政司衙門奏：各省督撫慶賀皇太后本章，面頁用黄綾黄簽；恭遇聖壽節，賀本面簽應敬書徽號。奉旨允行。

三十年十一月，冬至次日，上率王以下文武大臣詣皇太后行禮。儀具前編。

三十一年十一月，冬至次日，遵懿旨，免行禮。至四十一年皆如之。

三十四年十一月三十日，軍機大臣等議奏：向例慶賀之期，福晉、命婦均應齊集行禮，現多有不到者。嗣後凡遇慶賀，例應行禮之命婦等，令其由該旗咨報禮部，於年終彙查。除實有事故外，其三次不到者，交部照本職齊集不到之例察議。得旨：依議。但大臣命婦，諒非敢違例不到，或因無朝服所致。著加恩交内務府製備朝衣二十分。其品秩較崇者，不准給領。若副都統、内閣學士及子男命婦，如無朝服者，臨期行禮，准其服用。嗣後倘仍託故不到，即照例查議。

三十六年十一月，聖母皇太后八旬聖壽節。先期甲寅，大學士由内閣奉奏書出，陳設綵亭上，華蓋御仗前導，導迎樂作，内閣、禮部官前引，大學士、學士、禮部堂官隨引，至暢春園宮外，樂止。大學士奉奏書入，至九經三事殿，置正中黄案上。内監總管恭奉奏書，詣皇太后宮陳設。上禮服，詣暢春園，恭進皇太后崇上徽號奏書。奏書恭載前卷冊尊儀。丙辰，上自暢春園奉皇太后御輦，上龍袍衮服，乘騎前導。三班九老、王公、宗室、滿漢文武大臣、庶官、在京文武外吏，以及各大臣命婦並在籍紳士、老民老婦等，各於恭祝萬壽亭前依次跪迎。奉懿旨：頒賚各有差。皇太后駕還壽康宮。午刻，上禮服，御太和殿恭閲冊、寶，率王公大臣詣慈寧宮，恭上徽號，進冊、寶，行禮如儀。儀具前編。冊文、寶文恭載後卷冊寶門。丁巳，上奉皇太后於壽安宮侍膳。至乙丑皆如之。庚申，賜三班九老宴遊香山，命畫工艾啓蒙繪圖，御題九老會詩。聖製詩恭載卷内。辛酉，聖壽節，上詣壽康宮行慶賀禮，王、大臣於慈寧門、庶官於午門行禮。上製「鴻稱積慶頌」，書屏恭進。聖製頌恭載卷内。是日，上奉皇太后於壽安宮侍早膳，慈寧宫侍宴，上捧進御題玉蟠桃，綵衣躬舞，捧觴上壽，諸皇子、皇孫、皇曾孫、額駙以次進舞。禮成，頒恩詔中外。

臣等謹案，前編於乾隆二十四年恭遇聖母皇太后聖壽，又值平定回部，另撰樂章，登載卷内。兹三十六年恭際聖壽八旬，樂章亦經另撰。謹依例載入，用昭禮備樂隆之盛。

聖母皇太后八旬聖壽樂章

聖母萬萬歲，既壽而康。皇帝逾六旬，孝治彌光。絪緼化宇兮，太和洽翔；諸福畢至兮，純嘏爾常。右第一章 重光冒卯歲序新，萬壽八秩啓令辰。景祐自兹以永慶，日引而日申。右第二章 皇帝舞綵，聖母燕喜。協氣充周，福録萃止。右第三章 璇宫丹臒新增，卿雲糺縵交凝。端符翕集，如松柏之茂承。右第四章 奉安輿以時邁，迺東至於岱宗。陟喬嶽而行禮，百神衛佑咸來從。右第五章 普陀肇靈刹，宗乘宣祝延慈釐；羣藩諸部長，咸來膜拜瞻威儀。右第六章 敷天合歡忭，共球萬邦獻。玉册揚徽稱，輝煌晉萱殿。右第七章 慶筵樂備，孫曾效舞。成文協節，嘏詞迭舉。右第八章 壽如南山崇，福如瀛海廣。運會超鄆隆，亘古實無兩。右第九章 振振繩繩樂含飴，撙撙總總福履綏。捧進如意肩相隨，同祝聖壽徵攸宜。右第十章 金門詄蕩開，綵仗棽麗陳。羣工忭賀，莫不尊親。右第十一章 八方太平日，負戴來紛闐。僉曰盛哉乎斯世，惟申慶於萬年。右第十二章 湛恩汪濊，中外禔福。臣庶戴德，久而彌篤。右第十三章 鴻化迪矣，昭爲奕矣。羣黎百姓，洽教澤矣。右第十四章 慈訓式於九圍，維聖母之貽。醲膏浹無外，勿替引令祺。右第十五章 歲功屢告豐穰，五風十雨兆祥。荷昊穹兮錫佑，協皇心兮降康。右第十六章 遠藩内面誠殷，土爾扈特願歸我幅員。率户口以數萬

計，呼嵩鞠跽來如雲。右第十七章 慈顔有喜安以愉，德洋恩普周寰區。純麻永永慶那居，億萬斯年樂于胥。右第十八章

三十七年十一月，禮部奏：本月二十五日，皇太后聖壽節，二十七日長至，恭屆南郊大祀，已入齋戒期内，所有慶賀典禮，請先期於二十二日舉行。得旨：是。癸丑，奉諭旨：奉皇太后懿旨，向來每遇慶典令節，皇帝詣慈寧宫朝賀，至永康左門外卽降輿步入。今皇帝春秋已逾六旬，雖氣體强健，精力如常，而禮數過勞之處，亦宜隨事撙節。嗣後遇元旦行禮，在慈寧門東階下降輿；萬壽行禮，在慈寧門西階下降輿，並就門旁著内監設便坐，以資小憩，以示惓惓愛護之意。欽此，朕欽承慈命，敢不祗遵。著傳諭各該衙門，載入儀注，敬謹遵照。

高宗純皇帝聖製文

恭祝聖母皇太后八旬萬壽鴻稱積慶頌 謹序

臣聞思齊顯德，徽乃播音，繁祉介眉，慶宜歌頌。惟天保之福孔固，以莫不增；由嘉樂之佑自申，必得其壽。累萬萬而推軒紀，旋八八以暢伶箾。列纂組以成文，效臺萊而稱祝。恭惟聖母崇慶慈宣康惠敦和裕壽純禧恭懿安祺皇太后陛下，承天資始，斂福用敷。俔摯纘莘，駕姒任之毓粹；膴原正域，本嫄簡之儲祥。俾壽而臧，昭德之致。日星以爲紀，歲以爲量，惟曰至于萬年；子孫其逢吉，身其康彊，推而放諸四海。兹者苞符介祉，圖筴衍禔，並悠久於兩儀，届延洪之八袠，年符丕冒，運際悉新。月陽則庚兆大横，日德則酉占留熟。駢彰壽牒，疊奉椵詞，賦沿古詩之流，五旬俶

啓；頌集羣經之液，六甲環週。洎乎七十萬壽之年，祥呈合璧；爰有六十三章之作，體演聯珠。爾乃吉祚大來，熙臺共上。屯豐濛氾，畝服紈牛。阜遠渥洼，道通綝馬。耕有餘者三九，扇景濩甘；躅惟正者萬千，鏐租漕糈。三依綵鷁，標水誌以恬瀾；四奉和鸞，漲沙亹而鞏軸。接析津之星次，海近添籌；寫岱嶽之真形，山基積壽。廣途銓士，彙吉茅茹。特榜興賢，作人棫樸。槐街鄉禄，越百歲以扶鳩；棘院耆儒，錫乙科而鳴鹿。門旌人瑞，翁媪齊登。書授民時，羲和增録。凡皆寅循慈訓，九垓布大順之庥；實惟申錫景禧，六幕蒸太和之氣。況復純嘏彌厚，戩穀罄宜，秉莊敬以日强，茂養恬之時引。松齋留憩，頤凝性以加康；蘭塞廻瞻，喜和神之益健。膝前子帝，蔭越六旬；庭下孫曾，支蕃五世。負黼扆而臻三紀，萃寰瀛以奉一尊。愛日方升，春暉久煦。每當嘉辰令節，宴侍顔和。荷承温語之有加，謂可禮文之從簡。言不稱老，敢紓鞠𦠆之虔；命滋益恭，彌戴恩勤之德。且夫高堂華髮，競羡萱榮，前席綵衣，艷稱萊戲。適大年之眠食，事美含飴；羅問旦之兒孫，人夸點頷。此在一門有喜，便成家慶之圖。矧乃六合同春，罕覯史書所紀。予小子並受其福，故能以孝事親；我聖母長發其祥，是謂承天之祜。慶逢祝嘏，忻展呼嵩。敞都福之庭，璇宮賁采；崇歸善之典，璆册肇尊。寶甓八鴻，春盈瑞露。金函四果，壽普慈雲。擊壤聽歌，尌衢稱畢。筐篚備陳庭之實，絲綸宣錫類之恩。嘉予九有臣民，共兹大慶；外逮四裔君長，莫不來同。盛禮咸昭，上儀具舉。躋一世於仁壽，無疆惟庥；合萬國之歡心，有秩斯祜。臣愉殷酌斗，忭溢循陔，十六字義繹鴻稱，億萬年詞申燕喜。結纏綿之至性，緒倍抽絲；迓曼羡之貞齡，繡徵添線。鸞璈八疊，王母歌介壽之章；雲錦七襄，天孫獻長生之籙。兆綏洪算，載晉長言。作頌曰：

昊緈凝命，誕畀我大清。累洽重熙，率俾紘瀛。厚載光大，至哉坤元。登虹附樞，亶毓祥源。肆台小子，依暉卽阼。尊以聖母，養以天下。叶樹德孔峻，納禄式固。敻乎煒而，三五靡並。萬福來崇，一人有慶。右崇慶第一章。

維聖母之慈，以駕藐躬。鞠育顧復，自我童蒙。六十年於兹，與日俱長。叶尚迪懿訓，聿臻大同。夙興瓊闈，其曷敢不宵衣；分甘頤席，其曷敢不旰食。叶蔓哉負扆，惟日孜孜。佑歡適豫，顒副翼貽。宣昭中外，維聖母之慈。右慈宣第二章。

鴻化奕奕，德音洋洋。亦既康止，匪居匪康。掖輦行慶，以巡四方。壽相臺懷，天中嵩洛。齊魯東奄，吴越南宅。叶陪京甸服，及河喬嶽。惠綏萬民，慶賞乃作。睿顧以懌，而康而安。湛恩旣中，祝頌闐歡。右康惠第三章。

安土敦仁，坤輿廣生。理大物博，蕃廡盈寧。秋弛輸秸，夏貸税畝。藏富在民，財可以阜。數逾千萬，推澤敦厚。朝陽翽羽，中沚菁莪。有孝有德，式舞且歌。以和召和，乃大和會。調幕登臺，兆民永賴。右敦和第四章。

郅福垂裕，裕乃以民寧。長之養之，啿啿羣生。遊於化宇，皇之人多壽。其爾有位，國之耆耇。或禄成均，或續賢書，或偕期頤，綽楔表閭。三元甲子，循環遞嬗。維臣庶介釐，維聖母錫羨。合萬萬人，奉萬萬算。右裕壽第五章猗歟純禧，同天所燾。昔定武功，粤晉大號。久底敉寧，文同五譯。馬貢龍駼，雁臣玉帛。戊巳告豐，畋田宅宅。一尉一候，誕受方國。維德之純，膺禧單厚。遠至二萬里，奔走恐後。自痕都以東，咸徠獻壽。右純禧第六章。

周銘有言，惟恭則壽。昭哉聖母，徽柔是篤。叶課請問雨，心勤占農。率作蠶事，分繭稱絲效功。暢春祁幄，壽康萃宮。端居慎動，示榘表冲。恪秉淵懿，克勤克儉。彼哉明德，徒飾衣練。彤史書型，莫窮紀撰。右恭懿第七章。

全德胥彰，顯名丕揚。茀禄多益，慶辰迎長。儀備禮洽，彝典何加。摺册東朝，隆以苕華。令善高厚，莫贊一詞。吉語臚實，上祝安祺。其安維何，如彼南山。其祺維何，福海大環。引申繼續，京垓紀年。右安祺第八章。

高宗純皇帝聖製詩

冬至月二十五日聖母皇太后八旬大慶慈寧宫行禮喜成長什　辛卯

璿册新鐫薦懿稱，萊衣晉舞率孫曾。以天下養慶儀備，居五福先繁祉膺。名壽都緣大德得，康强欣共介齡增。六旬帝子八旬母，史策誰曾見此曾。

詠蟠桃玉石子　辛卯

和闐玉河産玉久，水精土氣侵尋受。出亦待時非凡偶，萱闈兹值八旬壽。地不愛寶呈瓊玖，一顆形似綏山有。暈霞含赤如中酒，三千歲熟雙成取。崑崙致獻西王母，億萬斯年祝曼耇。

九老會詩 有序 辛卯

徵會昌之盛事，祝耋曾頌叶作朋；繼辛巳之鴻儀，增美仍序偕尚齒。茲屆慈闈八旬萬壽，復得香山九老三班，秩文武之崇階，領以宗藩矍鑠；列林泉之耆碩，遂其嘉會逍遥。合廿七人之歲月多多，積榮而延洪若券；卜萬億年之升恒永永，依旬而紀瑞如環。累洽重熙，欣符景運。載賡作繪，具有成規。用倡長言，更期遞舉。

九老三班前例曾，十年一舉介耋增。八旬慶溯七旬典，辛卯祥開辛丑徵。旰食宵衣猶此佐，右二王七文臣，共六百八十八歲。啓疆拓宇底須能。右武臣九人，共六百八十五歲。優游林下同來賀，右致仕九人，共七百二十九歲。萬壽稱觴合作朋。

皇太后聖壽節慈寧宫行禮是日雪卽事成什 壬辰

值齋慶典例移前，今年冬至在月之廿七日。聖壽節前一日，卽應致齋，因預於廿二日行慶祝禮。節步新叨恩諭宣。向遇朝賀行禮，例於永康左門降輿步入。今恭奉懿旨，以朕年逾六旬，雖精力强健，亦宜隨時撙節，命嗣後元旦於慈寧門東階下降輿，萬壽節於西階下降輿，並就門旁預設便座，以資小憩。敬率羣公趨鳳闕，恰逢六出降瑶田。瓦溝積累連祥色，樹杪懸英引瑞烟。駢疊天庥何以荷，愛民勤政益乾乾。

臣等恭輯冊尊皇太后儀，並及冊尊太妃之禮。伏讀聖製詩集，有温惠皇貴太妃八旬、皇貴裕太妃九旬壽詩，謹依前卷之例，以次登載。

高宗純皇帝聖製詩

恭祝温惠皇貴太妃八旬千秋 壬午

椒塗連歲慶筵頻，五世孫曾共燕申。八秩鴻禧初啓節，三宫眉壽最高人。芳稱早見盈彤史，淑氣時方麗小春。每憶堯年承眷日，推恩推教出情真。

恭祝皇貴裕太妃九旬壽 戊戌

令辰正值一陽旋，遐算堪徵幾度緜。百載宮闈固多慶，九旬介壽此初傳。宮中太妃等曾慶七旬八旬者有之，若九旬則此爲刱見云。

今而視昔寧無爾，忻以爲悽合有然。强笑不妨作慰語，莫須更憶囊隨肩。太妃爲吾弟和親王生母也。

國朝宮史續編卷之十六

典禮十 盛典十

太上皇帝萬萬壽、元旦、冬至三大節慶賀儀

臣等謹案：尊親之至，莫大乎以天下養。漢展未央之儀，唐舉興慶之典，宋於德壽宮上壽，雖極一時奉養之文，略有紀載，而作述無關，其事不足以薌千古。欽惟我皇上道繼傳中，鼇承備養，自丙辰受璽，閱丁巳、戊午，於元日朝正恭奉太上皇帝御太和殿；己未，御乾清宮，躬率王公、大臣官員暨藩部使臣等宣表稱賀，仰乾行久照之規，衍軒籙恒春之筴，禮隆曠代，慶洽上儀。恭屆萬萬壽節，每歲咸奉蹕山莊，躬率扈從王公、大臣官員暨蒙古王公、台吉等行慶賀禮，臚忭中外，效祝升恒。敬紀宸章，以昭熙代承歡茂典。

正月元日，鑾儀衛陳法駕鹵簿於太和殿前，步輦於太和門外，五輅及馴象、仗馬均於午門外。樂部設中和韶樂於太和殿檐下，丹陛大樂於太和門内，恭設皇上拜褥於太和殿檻内正中，設表案於太和殿内東楹次，禮部官捧進賀太上皇帝表文，恭陳案上。鴻臚寺官引和碩親王以下、入八分公以上在丹陛上，文武各官在丹墀内，各外藩使臣等於西班末，均按班排立。禮部堂官奏請皇上具禮服於保和殿暖閣祇竢。屆時，奏請太上皇帝乘輿出宮，至太和殿後降輿。太上皇帝御太和殿，太和韶樂作，奏「元平之章」，太上皇帝升座。皇上於殿內東楹立，西向，鑾儀衛官贊「鳴鞭」，階下鳴鞭三。鳴贊官贊「排班」，丹陛大樂作，奏「慶平之章」，皇上就拜位，北向。是時，鴻臚寺官引王以下文武各官暨外藩使臣等東西班立。鳴贊官贊「進，跪」，皇上率王以下衆官暨外藩使臣等行三跪九叩禮畢，皇上旋位立，王以下衆官暨外藩使臣等皆退復班次。樂止，鑾儀衛官贊「鳴鞭」，階下鳴鞭三，中和韶樂作，奏「和平之章」，以上樂章皆於前卷授受儀恭載。太上皇帝啓座，乘輿還宮。先是宮殿監設中和韶樂於乾清宮檐下，丹陛大樂於乾清門內。屆時，奏請太上皇帝御内殿受賀。

嘉慶元年正月元旦，行授寶禮於太和殿。皇上率王公、大臣、官員、蒙古王公、台吉、各外藩使臣等進表行慶賀禮。

二年正月元旦，皇上奉太上皇帝御太和殿，躬率王公、大臣、官員、蒙古王公、台吉、各外藩使臣等進表行慶賀禮。三年如之。

四年正月元旦，皇上奉太上皇帝御乾清宮受賀。

皇上御製詩

萬萬壽節率王公大臣等行慶賀禮恭紀　丙辰

肇建山莊辛卯年，壽固無量慶因緣。康熙辛卯肇建山莊，皇父以是年誕生。瑞啓苞符，山徵仁壽，京垓億秭，綿算循環，以怙冒奕禩，此中因緣不可思議。麗丁南極珠躔見，御丙北辰花甲旋。玉殿輝煌騰瑞旭，金鑪馥郁裊祥烟。子臣敬獻升恒祝，康健純常億禩綿。

萬萬壽節率王公大臣等行慶賀禮恭紀　丁巳

長春寶祚綿悠久，拜祝山莊都福庭。合萬方歡羣愛敬，以天下養式儀型。敬惟皇父以辛卯歲誕生，而山莊之建，亦適成於是歲。瑞應祥徵，默孚寶祚，御極以來，乂安海寓，兆姓胥蒙景福。茲子臣隨侍山莊，恭逢萬萬壽節，率王公大臣行慶賀禮，以天下養，遠邇歡騰，悠久無疆，與天同壽，曷勝欣忭之至。九旬筴衍東瀛海，八月書祥南極星。欽感昊恩錫康健，升恒環轉永延齡。

萬萬壽節率王公大臣等行慶賀禮恭紀　戊午

山莊行慶例年年，感沐昊恩福壽全。六代來孫將繞膝，九旬太上孰齊肩。皇父渥承昊眷，諸福備臻，年躋八十有八，康强純固，即德兼四得不自聖，心凜尊爲太上皇帝，日勤訓政，實自古所未有。且家慶駢蕃，本支繁衍，玄孫載錫，今春已成婚禮，可冀得來孫之喜。後年恭慶九旬萬萬壽，一堂六代，娱侍慈顔，尤爲史册希有盛事，欣祝彌增。三無益敬天。合宇宙歡祝純嘏，綵衣忭舞率班聯。

國朝宮史續編卷之十七

典禮十一　盛典十一

册立皇太子儀

臣等恭輯授受儀，詳繹節次所奉聖諭並聖製各篇。每以立儲爲宗祏大計，今古異宜。凡往牒臨軒出閤之文，概可弗舉。計自乾隆癸巳，聖志先定，而辰告未宣。逮乙卯紀元周甲，然後詔示大廷，册建儲位。實不泥古而仍寓法古之深心也。謹輯聖製、御製詩，並列册立皇太子儀，而以廷臣集議各條附焉。

乾隆六十年乙卯，九月初三日辛亥，上於圓明園御勤政殿聽政之期，召諸皇子、皇孫、内外王公、大臣等，宣示册立皇太子，並下廷臣敬議册立後儀制典禮。聖諭恭載前卷授受儀。

九月初五日，軍機大臣遵旨恭議皇太子祇謁兩陵儀注，請諏吉於本月十二日啓程，二十六日回京，乘用車轎，遵旨俱用金黄色。於奉旨派出領侍衛内大臣、内諳達隨往外，擬派禮部堂官一員、護軍統領一員、總管内務府大臣一員、散秩大臣二員、詹事府堂官一員、乾清門侍衛四員，前虎鎗三對、後豹尾鎗八桿，共用侍衛三十員。其内務府、武備院、上駟院及茶膳房各該處，應行隨從官員兵丁，請照皇子向例增添。至該地方官迎送預備之處，遵旨查照雍正八年和親王赴闕里告祭之例，行知直隸總督遵辦。奉旨：「依議。」

又奏：皇太子於奉旨册立後，應定儀制九條：

一、皇太子每十日率諸皇子、皇孫恭請聖安一次。

一、皇太子行走在諸皇子前，坐次：皇太子正坐，諸皇子旁坐。凡遇令節及皇太子慶日，諸皇子於皇太子前行三叩禮。在尚書房，俱如家人常禮。皇孫至皇玄孫，悉照現行之禮。

一、宗室王、貝勒、貝子、公等，遇令節及皇太子慶日，行六叩禮。

一、皇太子福晉，應請旨立爲皇太子妃，班次在諸皇子福晉前；皇太子妃，在内庭主位前，俱與常禮同。公主、諸皇子福晉見皇太子妃，與諸皇子見皇太子禮同。皇太子之子行走在諸皇孫前，皇太子之女行走在諸皇孫女前。

一、皇太子移居毓慶宮日及皇太子慶日，王大臣官員等俱蟒袍補服，齊集前星門行禮，無庸具牋。其外省督撫提鎮各員，亦俱無庸牋賀。

一、皇太子移居毓慶宮後，於前星門派散秩大臣一員，率領侍衛班領一員、侍衛十員，更番上值。未經移居以前住居三所，卽照此值宿。

一、會典内載，皇太子禮服用秋香色。臣等面奉諭旨：現在皇子禮服，俱用金黄，不必更改，冠帶亦著照舊。理合遵照。

一、會典內載有皇太子儀仗，現遵諭旨，册立典禮既未舉行，其儀仗亦無庸製備。謹擬皇太子出入內朝，於現例所有導從侍衛二員外，加派二員，並隨班輪派乾清門侍衛二員，導從出入。如出外朝及城市內外，除皇子例隨散秩大臣一員、侍衛十員外，添派乾清門侍衛四員、領侍衛內大臣一員帶領，前設虎鎗三對，後設豹尾鎗八桿，並令步軍統領衙門飭屬除避。

一、皇太子妃所乘車亦金黄色，凡進城出城，與內庭主位同行。

一、皇太子暨皇太子妃應得月費飯食分例等項，均擬照現在諸皇子、皇子福晉應得分例加倍支領。奉旨：「知道了。」

十月初六日，皇太子千秋節，預期傳知各該衙門行慶賀禮。屆日，皇太子先詣奉先殿行禮，隨詣皇上前行禮，還毓慶宫，御惇本殿受賀。王、貝勒、貝子、公、文武大臣及文職京堂翰詹科道以上、武職三品以上，俱蟒袍補服，齊集前星門，鴻臚寺官排班，王、貝勒、貝子、八分公等於惇本殿丹墀上序立，不入八分公及一品文武大臣等在丹墀下序立，二三品堂官在祥旭門外序立，翰詹科道及武職三品等官在前星門外序立，恭候皇太子升殿。鴻臚寺官贊行二跪六叩禮，禮成，皇太子還宫，王公俱退出，惟奉旨派出入宴之王、額駙、大臣預備惇本殿入坐。

高宗純皇帝聖製詩

諏吉九月初三日宣諭建儲書事 乙卯

予蒙昊蒼垂佑，列聖貽庥，幸符初願，得在位六十年。兹近歸政之期，因十月朔日，例頒來歲時憲書，爰諏吉九月初三日，宣諭建立皇太子，以明年丙辰爲嗣皇帝嘉慶元年。敬書長句，用誌夙懷。

歸政丙辰天佑荷，改元嘉慶憲書觀。祖孫兩世百廿紀，繩繼千秋比似難。弗事虛名收實益，建儲立嫡，原以預定國本。三代以後，自漢迄明踵行之。若朕以爲非，則朕非讀書稽古之人矣。然攷之史籍，儲貳一建，其弊百端，可爲炯鑒。我皇祖初建嫡嗣，理密親王爲皇太子，其後不克祗承眷顧。我皇考卽位之初，親書朕名，貯於乾清宮正大光明匾上，並另書密緘，常以自隨，實爲千古至善之制。是以朕踐阼後，曾以皇次子爲孝賢皇后所生，遵皇考之例，書名藏貯，不意早年無祿。嗣於癸巳年南郊大祀，敬以繼定儲嗣之名奏之上帝，並默禱所定嗣子倘不克負荷，祈降之罰，俾得另簡元良，以膺大寶。又於盛京展謁，敬告太祖、太宗，是朕以神器爲重，雖不明立儲嗣，而於宗祏大計，實爲預定，特不效前代之務虛名而鮮實益耳。茲以歸政期近，召皇子、皇孫、王公、大臣等啓視密緘，立所定皇十五子嘉親王爲皇太子，用昭付託之重。至朕仰承懋眷，精神强固，未至倦勤，歸政後凡於用人行政及軍國大事，豈肯竟躭安逸，置之不問，仍當躬親指教，令嗣皇帝稟承練習，豈非國家天下之大慶，更爲千古以來史策所未有之盛事也。惟循家法肅朝端。古今惇史誠希見，愧以爲欣敬染翰。

皇上御製詩

乾隆乙卯九月三日，蒙天恩晉封皇太子，感激涕零成詩恭紀

天光下賁到臣身，秩晉青宮恩命申。一己愚衷頻戰栗，千秋金鑑凜遵循。謙恭作則欽先訓，胞與爲懷體聖仁。自愧凡材何以報，趨庭昕夕侍君親。

國朝宮史續編卷之十八

典禮十二　盛典十二

冊尊皇太后儀

臣等謹案：宮史前編於冊尊皇太后恭上徽號儀下，詳列奏進冊、寶並慈寧宮行慶諸典禮。茲考乾隆三十六年辛卯，恭逢聖母皇太后八旬壽籙開圖，祝釐著典；四十一年丙申，大小金川耆定，歸善臚忱。由是懋晉徽稱，鴻儀疊舉。恭稽實録，敬輯節次所奉聖諭，並登聖製詩，以昭顯揚盛軌。

乾隆三十六年，聖母皇太后八旬萬壽，禮臣奏請恭上徽號，並擬進尊加字樣。奉諭旨：朕寅承天眷，懋迓慈禧，治允洽乎昇平，世咸躋於仁壽。茲當緹室律肇三元之始，恭遇璇闈觴稱八十之辰。朕衺初度六旬，孫枝正綿五代，侍膳而身先舞綵，書屏而遞進賡吟，推福應所兼臻，悉史編所罕覯。矧庥徵之洊至，會慶典之便蕃。紀春巡則東岱迎祥，展秋覲則北庭送喜。舊屬偕新藩畢湊，臚歡與錫羡方長。前者集議廷工，參稽祖制，維璠璵之珍選，宜冊寶之晉崇。撰書皆重以躬親，瑑並程之内府。爰諏吉旦，敬考彝章，加上聖母皇太后徽號曰崇慶慈宣康惠敦和裕壽純禧恭懿安祺皇太后。洪惟至德，丕介純釐，同抒祝頌之忱，永愜尊親之願。應行典禮，爾部敬謹詳議具奏。

十一月丁酉，又諭：朕於本月廿日，恭奉皇太后安輿回京，崇上徽號，恭進册、寶。先期於十八日赴暢春園恭進奏書。屆日甲寅，上奏言：臣聞德爲福基，名因實懋，介延洪於純嘏，履祥允協乎安貞；隆愛敬於尊親，颺頌彌增大茀禄。閎庥丕顯，鉅典宜崇。欽惟聖母崇慶慈宣康惠敦和裕壽純禧恭懿皇太后，體順凝禧，含章集祉。璇闈晝永，頤和備尊養之儀；寶幄春融，導豫錫貞恒之祚。勗勤思於宵旰，卅六年化叶修和。衍慶惠於春秋，億萬里恩周服屬。本鴻仁爲徧濩，欣鳳紀之頻增。恭逢八旬萬壽之昌辰，春暉正永；喜愜五代一堂之盛事，慈蔭方長。蓋繁釐爲簡牒所未聞，而大禮實臣民所咸仰。前此重光紀歲，聯珠合璧，早兆休徵。今兹冒卯占年，納賮獻琛，還符瑞應。布達喇山莊肇建，聯情用輯諸藩；衛拉特沙塞偕徠，陪宴兼收全部。爰集冠紳而將舞蹈，敬成册寶以篤尊親。上稽皇祖之隆規，方貢倍珍夫刻玉。虔晉聖慈之徽號，儀型尤重乎笵金。茂典聿昭，洪稱永洽。伏祈聖鑒，俯賜慈俞，臣不勝慶忭之至。丙辰，恭上徽號，行禮如儀。儀具前编，册文寶文恭載後卷。禮成，頒恩詔天下。

臣等謹案：是年，聖母皇太后八旬萬壽正慶，聖製「鴻稱積慶頌」，書屏恭進，並聖製詩諸篇，均列於皇太后三大節慶賀儀下，登載前卷。

四十一年平定兩金川，二月乙卯，奉諭旨：將軍阿桂等奏：金川全境蕩平，逆酋兄弟及助惡頭人悉皆擒獲，大功告成，紅旗報捷。此皆仰賴昊蒼鴻佑，朕惟益凛敬寅。而邊徼輯寧，從此銘勳偃武，實由聖母福庇，詒慶滋長，歸善顯揚，尊崇宜極。謹擬加上皇太后徽號，朕率王公大臣等共申慶賀，以昭慈闈燕喜。所有應行典禮，著内閣博考彝章，交各該衙門敬謹具儀以聞。尋擬進尊加字樣，奉諭旨：朕寅承天命，歡奉慈禧，永惟中外之安，共篤尊親之戴。比以金川稔惡，邊徼餘氛，溯解網以施恩，俾延食息；迺跳梁而搆虐，自外生成。憑陵而令約罔聞，抗拒而奸頑弗率。惟違命有必伸之律，逮加兵非得已之懷。簡八旗而氣志同堅，任一將而腹心專倚。履山川以越險，挾雷電以伸威。擒渠適届於五年，靖逆遂窮其三窟。籌筆緬羽書批答，每煩蘭殿之詢；告功逢露布飛馳，藉慰萱闈之念。送喜而福增芝籙，歸美而慶積鴻名。敬考彝章，爰諏吉旦，恭上聖母皇太后徽號曰崇慶慈宣康惠敦和裕壽純禧恭懿安祺寧豫皇太后。寶册式彰夫嘉玉，瑑雕克協乎隆儀。既摛文染翰之必親，復典器飭工之維謹。溥綏和於寰宇，懋愷樂於純釐。同抒頌禱之忱，長衍京垓之慶。應行典禮，爾部敬謹詳議以聞。

四月庚午，上奏言：臣聞德爲福基，履坤貞而永固；名因實茂，符泰運而彌光。忻覯昌符，虔諏上禮，欽惟聖母崇慶慈宣康惠敦和裕壽純禧恭懿安祺皇太后，仁敦厚載，道契安貞。榯六幕之鴻熙，尊親並戴；介億齡之寶筴，慶喜兼隆。前兹月竁恢疆，吉籙頻申夫祝嘏；今者星弧底績，捷書益懋夫臚歡。溯五年聚米籌邊，每荷垂詢於長樂；正萬里櫜弓送喜，聿宜歸美於璇闈。凡武功震疊於遐方，皆慈福溥將於闔寓。文增兩字，重九數而義叶環生；日撰初辰，肇午朔而祥開大盛。晉徽稱於寧豫，嘉名之遞積彌長；揚懿美於升恒，頌策之親摛仍謹。攷典敬陳夫册寶，抒忱爰率夫冠紳。伏冀鴻慈，俯俞所請，臣不勝歡忭誠懇之至。

尋奉諭旨：茲因平定金川，恭上皇太后徽號。會典所載，屆期應御太和殿閱視册、寶，隨奉至慈寧宫躬進，并宣表行慶賀禮。昨奉皇太后懿旨：是日儀典繁重，皇帝春秋已越六旬，若拜跪太久，予心憐之，止須將册、寶豫陳殿中，至時皇帝率王公、大臣行禮，即表文亦無庸宣讀。欽此。仰見聖母慈愛備至，體恤周詳，但自念精力尚健，拜跪不覺過勞，因奏聖母云：恪遵温諭，酌省恭閱册、寶一節，以副慈懷。其餘仍循儀典，以展尊敬之忱。至恭慶聖母九旬萬壽，當悉遵此次恩訓而行，仰邀俞允。洪惟萱庭集福，承慶方長，體懿慈更足以伸愛慕。著内閣、禮部存記，於辛丑恭逢萬壽慶典，加上徽號，敬謹遵照，具儀以聞。五月辛未，恭上徽號，行禮如儀。儀具前編，册文寶文恭載後卷。禮成，上御太和殿，王、貝勒以下文武官員行慶賀禮，頒恩詔天下。

高宗純皇帝聖製詩

平定金川恭上皇太后徽號禮成誌慶　丙申

五年籌筆合予躬，厪念慈恩日夜同。幸值鴻功靖笮徼，宜崇燕喜悦萱宫。欣擎册晉和闐玉，平定回部以來，和闐歲貢大玉，恭遇加上徽號，册寶即擇貢玉中之最佳者琢爲之，於慶典倍昭尊貴。那數柱題交阯銅。位禄壽名得因德，真堪古史邁其彤。

恭上皇太后徽號禮成御殿受賀成什識懷　丙申

夜陰將謂雨侵晨，册晉慈寧旭景新。式禮太和遂受賀，叩恩諸將那忘辛。聯班更進百千衆，恭上聖母册寶，慶賀禮成，御太和殿，將軍及成功將士列班謝恩畢，次王公百官宣表行慶賀禮，遂頒詔。同志亦惟一二人。耆定幸逢諸務蕆，自銘戒滿倍虔寅。

國朝宮史續編卷之十九

典禮十三　盛典十三

冊尊皇貴太妃、貴太妃、太妃儀

臣等謹案：冊尊太妃之禮，列朝崇奉，具有常儀，著於會典。伏查乾隆四十三年，高宗純皇帝冊尊裕皇貴太妃，躬奉冊寶行禮，慶仲展愛，典越尋常。皇上躬際庭闈之盛，益昭推養之忱。謹次第臚述，補叙儀注於前，並輯舉行事宜，以昭隆備。

尊封太妃之禮：制下，禮部諏吉以聞，偏布諸司供備。預期，禮部、工部官會製冊、寶、印。皇貴太妃、貴太妃冊寶，太妃冊印，太嬪冊。均送內閣，恭鐫冊文、寶文。前期一日，遣官祗告太廟後殿、奉先殿，如常儀。是日，鑾儀衛設仗皇貴太妃、貴太妃儀仗，太妃以下采仗。於本宮門外，內監設冊寶案於宮內，正中南嚮。禮部尚書詣內閣，暨大學士朝服，奉冊、寶、印於采亭，禮部官前引，導以繖仗，恭送至太妃宮，授內監，奉冊、寶、印陳於案上，恭上太妃，出，告禮成。大學士、尚書各退。如尊加太妃封號之日，皇帝親詣行禮，鑾儀衛設仗如前儀。內監設太妃座於宮內。皇貴太妃、貴太妃座南嚮，僉設；太妃座西嚮，旁設。如同日並封皇貴太妃、貴太妃，西南東南嚮，僉設；太妃以下東西嚮，旁設。所司設案於宮門外，正中南嚮；又設案於門左，西嚮。禮部侍郎詣內閣，暨內閣學士朝服，奉金册、金寶、金印，並册、寶、印文於采亭内，列御仗前導，至太和殿御案前，左右陳設。（册亭左，寶亭右，如同日並封，僉設、旁設，各從其宜，皆册亭在上，寶、印亭在下。）禮部堂官詣乾清門，奏請皇帝禮服乘輿出宮，導引扈從如常儀，御太和殿，南嚮立，閱册、寶、印訖。禮部官奉采亭，詣太妃宮，大學士二人，（如同日並封，兼用侍郎、學士，奉接皆同。）奉册、寶、印文，由中階升，陳於門左案，卻立案後，西面。禮部侍郎、内閣學士奉册、寶、印從升，陳於中案，退。宣讀官二人，（如同日並封，各用一人。）立西檐下，糾儀御史、禮部官各二人，立西階下，均東面。鴻臚寺鳴贊官二人，立左右檐下，東西面。皇帝乘輿至太妃宮門階前降輿，禮部堂官二人恭導，升自中階，門左西嚮立。内監啓太妃禮服升座，皇帝詣正中案前，北嚮立。大學士進至中案左，鳴贊奏「進册」，大學士跪進册文，皇帝立受，拱舉，仍授大學士。大學士興，陳於中案，退，奏「進寶、印」，儀與進册同。大學士皆退，自東階降。贊「宣册」，宣讀官進至中案前，北面奉册跪，宣訖，陳於案。興，退。贊「宣寶、印」，亦如之。皆退，自西階降。内監奉册、寶、印案進設太妃座前，鳴贊奏「跪，拜，興」，皇帝行二拜禮，太妃起，避立座旁。太妃降座還宮，禮部尚書奏「禮成」。皇帝由中階降，乘輿還宮。至禮成翼日，是否御殿受賀之處，預請旨遵行。

乾隆四十三年二月壬辰，内閣大學士等奉諭旨：裕貴妃母妃，侍奉皇考，誕育和親王，淑慎素著。朕御極之初，即欽奉聖母皇太后懿旨，晉封貴妃，以申敬禮之意。四十餘年，慈寧隨侍，親愛尤深。兹年屆九旬，實爲宮闈盛事，宜崇位號，以介藩釐，應晉封爲皇貴妃。所有應行事宜，各該衙門察例豫備，屆期蠲吉舉行。十月甲申，上親奉册、寶行禮。如前儀。（册文、寶文恭載後卷。）

嘉慶六年正月乙酉，奉諭旨：婉太妃母妃，從前皇考在藩邸時，蒙皇祖所賜，侍奉皇考多年，嗣經晉封爲妃，現在壽康宫位次居首，年躋八十有六，康建頤和，宜崇位號，以申敬禮，應尊封爲婉貴太妃。所有應行事宜，著各該衙門查照定例豫備，於四月十五日舉行。屆日辛酉，上御太和殿，閱册、寶，命使奉册、寶恭上貴太妃尊號，如前儀。册文、寶文恭載後卷。

國朝宮史續編卷之二十

典禮十四　盛典十四

冊立皇后儀

臣等謹案：乾隆六十年九月，皇上欽承付畀之命，誕膺儲位。尋内閣及禮臣以冊立中宮典禮具奏。遵奉敕旨，於嘉慶元年正月舉行冊立皇后禮。嗣於嘉慶二年奉敕旨今皇后晉封皇貴妃，於嘉慶六年四月遵行冊立中宮之禮。謹登先後所奉聖諭及嘉慶六年諭旨，並補輯乾隆二十八年聖諭於前，以彰家法。其冊立儀文，悉具前編。

乾隆二十八年十月二十四日，奉諭旨：今日閲禮部所進會試録、登科録本内，俱有恭進皇太后及皇后各一本等語。此係沿襲具文，非事關典禮者可比。如慶賀表箋及進春、進時憲書之類，自應遵循舊例。至若會試登科録，部本原即移交内閣照例收貯，此不過循例進呈，在朕尚不必親加披閲，況我朝宮闈肅穆，不惟一切政務從不與聞，即尋常細事亦無絲毫干與。似此相沿舊套，徒費鈔寫，自應停止。此外尚有類此繁文縟節、未經更正者，並著大學士會同該部詳查更正，妥議具奏。尋奏請停止，報聞。

六十年十二月十三日，奉諭旨：内閣衙門因丙辰正月初四日降勅册立嗣皇帝元妃爲皇后，照例撰擬恩詔進呈。似此繁文，所請可不必行。明年元旦歸政後，朕爲太上皇帝，嗣子爲皇帝，其嫡妃自應立爲皇后，此乃宫廷一定禮儀，祇當循照向例，祭告天地宗廟，以昭茂典足矣。何必撰擬恩詔，布告天下，多此縟節繁文。皇后正位端闈，恪修内職，非如皇太后之爲母后，分應尊崇者可比。我朝家法，宫壼肅清，從不干與外事。來歲舉行册立皇后典禮，不特恩詔不必頒發，即王公、大臣及外省督撫等，亦毋庸因立皇后於朕前及嗣皇帝、皇后前呈進慶賀表箋。且皇后壽節暨元旦、冬至與外廷無涉，嗣後俱當永行停止箋賀，並以爲例，以肅體制而垂法守。

嘉慶元年正月元日，皇上受寶禮成，遵奉勅旨，皇后以元妃正位中宫。初三日庚戌，皇上親詣奉先殿行禮。翼日辛亥，太上皇帝御乾清宫，皇上、皇后恭詣謝恩。禮成，皇上御太和殿閲册、寶，命使册立如儀。儀具前編，册文寶文恭載後卷。

二年五月二十日，奉太上皇帝勅旨：皇帝自受政以來，夙夜仰體朕意，承歡孝養；皇后亦克盡孝敬，朕心深爲欣悦。不意皇后不幸薨逝，朕甚悼焉。今已逾百日，不但皇后中宫不可久曠，即晨昏定省，子婦之職闕如，朕心亦頗不愉。但皇后薨逝，甫經百日，雖不便即舉行繼立皇后典禮，自應爲皇帝先行册封皇貴妃。貴妃鈕祜禄氏，係朕從前選擇賜皇帝爲側福晋者，觀其人品端謹莊重，且能率下，即將貴妃鈕祜禄氏册封爲皇帝之皇貴妃，表率宫庭，上以孝養朕躬，佐皇帝以綏福履，襄成内治。俟二十七月後，再舉行册立皇后典禮。所有册封皇貴妃典禮，著各該衙門查例辦理。

六年正月初八日，奉諭旨：前於乾隆六十年欽奉恩旨，於次年正月傳位後，册立朕元妃爲皇后。經内閣照例撰擬恩詔進呈。其時我皇考日勤訓政，一切禮儀詔令，自應統於所尊。蒙聖訓，循例祭告天地宗廟，不必撰擬恩詔，停止慶賀表箋，並以皇后壽節暨元旦、冬至亦俱停止箋賀。禮緣義起，朕受寶以後，敬謹遵行。嗣於嘉慶二年先皇后逝世，蒙皇考賜謚孝淑，晉封朕之貴妃爲皇貴妃，命於孝淑皇后二十七月後舉行册立皇后典禮。四年四月，欽遵勅旨，令皇后正位中宫。而册立之禮，理宜朕俟釋服後舉行。因思立后頒詔，乃本朝家法，載在會典，實亦古今通義。誠以皇后母儀天下，佐理化原，於册立之際，祭告天地宗廟，並頒詔天下，以昭慎重。列聖舊章，自當恪守。至著於本年四月十五日御殿行册立禮，其應頒恩詔，著遵例舉行。一切事宜，各該衙門查照預備。至於中外臣工慶賀表箋及遇壽節令節奏上箋賀，欽遵聖訓，仍行停止。四月辛酉，皇上御太和殿，閲册、寶，舉行册立皇后禮。禮成，頒詔宣示中外如儀。儀具前編，册文、寶文恭載後卷。

皇后千秋、元旦、冬至三大節慶賀儀

臣等謹案：皇后三大節慶賀典禮，並箋文送閣，會典紀載綦詳。至外朝之列班行禮，每奉停止。恭查乾隆六十年十二月，奉聖諭：嗣後皇后壽節暨元旦、冬至，與外廷無涉，俱當停止箋賀，並以爲例。嘉慶四年四月，今皇后正位中宫。六年四月，行册立禮。正月，奉皇上諭旨，循照會典成例，頒詔天下，而於壽節、令節，奏上箋賀之文，仍不舉行。是年九月，禮部具題：皇后千秋令節，中外臣工，咸衣蟒袍一日。得旨允行。謹依例登載，以彰慶典。

嘉慶六年九月十三日，禮部疏請：十月初十日，恭遇皇后千秋令節，皇后率妃嬪詣皇帝前行禮，妃嬪率公主、福晉、命婦等詣皇后前行禮。是日，皇后宮設宴；王公百官咸衣蟒袍一日。所有中外臣工恭進慶賀表箋，於本年正月初八日先經奉有諭旨停止。其行禮筵宴之處，遵例具題請旨。得旨：「著停止筵宴；其在外公主、福晉及命婦等，俱停止行禮。餘依議。」

國朝宮史續編卷之二十一

典禮十五　盛典十五

册封皇貴妃、貴妃、妃、嬪儀

臣等謹案：前編於册封皇貴妃、貴妃、妃、嬪典禮，臚述綦詳。兹恭本實録，登載乾隆二十七年迄六十年中册封諭旨，及今嘉慶元年以來，記注内所奉諭旨，並舉行事宜，次第編輯，以彰禮經九御之條，著彤史六宫之盛焉。

乾隆三十年五月初九日，内閣奉諭旨：奉皇太后懿旨：令貴妃敬慎柔嘉，温恭端淑，自膺册禮，内治克勤，應晉封爲皇貴妃，以昭壼範。欽此。所有應行典禮，各該衙門照例舉行。六月乙卯，孝儀純皇后由貴妃晉封皇貴妃，如儀。儀具前編，册文、寶文恭載後卷。

三十三年六月初五日，内閣奉諭旨：奉皇太后懿旨：慶妃著晉封貴妃，容嬪著封爲妃，貴人鈕祜禄氏著封爲嬪。欽此。所有應行典禮，各該衙門察例具奏。十月庚申，命使册封慶貴妃、容妃、順嬪如儀。儀具前編，册文、寶文、印文恭載後卷。

三十六年十月初一日，内閣奉諭旨：奉皇太后懿旨：永貴人汪氏著晉封爲嬪。欽此。所有應行典禮，各該衙門照例舉行。十一月戊申，命使封册惇嬪如儀。儀具前編。册文、印文恭載後卷。

三十九年九月初八日，内閣奉諭旨：奉皇太后懿旨：惇嬪著晉封爲妃。欽此。所有應行典禮，各該衙門查例辦理。十一月乙丑，命使册封惇妃如儀。儀具前編。册文、印文恭載後卷。

四十一年六月二十五日，内閣奉諭旨：奉皇太后懿旨：順嬪著晉封爲妃。欽此。所有應行典禮，各該衙門查例辦理。十一月十八日，内閣奉諭旨：奉皇太后懿旨：貴人鈕祜禄氏、貴人伊爾根覺羅氏，俱著晉封爲嬪。欽此。所有應行典禮，各該衙門照例辦理。嗣於四十四年十月庚午，命使册封順妃、誠嬪、循嬪如儀。儀具前編。册文、印文恭載後卷。

五十九年十月二十二日，内閣奉諭旨：婉嬪、循嬪著晉封爲妃；貴人林氏著封爲恭嬪。陳氏著封爲芳嬪。常在錫林覺羅氏、柏氏著封爲貴人。所有應行典禮，各該衙門察例具奏。十二月壬子，命使册封婉妃、循妃、恭嬪、芳嬪如儀。儀具前編。册文、印文恭載後卷。

嘉慶元年正月元日，上受寶禮成。越四日辛亥，御太和殿閲册、寶。今皇后肇封貴妃，同日命使册封諴妃、瑩嬪如儀。儀具前編。册文、寶文、印文恭載後卷。

二年五月，遵奉勅旨，今皇后繼位中宫。於舉行册立禮以前，先行册封皇貴妃禮。勅旨恭載本卷册立儀。十月壬子，命使册封皇貴妃如儀。儀具前編。册文、寶文恭載後卷。

三年四月十五日，奉勅旨：穎妃在妃中最久，且年屆七旬，著加恩封爲貴妃。芳嬪亦屬年久，著加恩封爲妃。一切典禮，著交各該衙門查例辦理。十月己酉，命使册封穎貴妃、芳妃如儀。儀具前編。

（册文、寶文、印文恭載後卷。）

六年正月初八日，内閣奉諭旨：瑩嬪著晉封爲華妃；淳貴人著晉封爲淳嬪，春貴人著晉封爲吉嬪。所有應行事宜，著各該衙門查照定例豫備，統於四月十五日舉行。屆日辛酉，上御太和殿閲册、寶，命使册封華妃、淳嬪、吉嬪如儀。（儀具前編。册文、印文恭載後卷。）

九年十二月十八日，内閣奉諭旨：如貴人著晉封爲如嬪。所有應行事宜，著各該衙門查照定例豫備。十年六月己未，命使册封如嬪如儀。（儀具前編。册文、印文恭載後卷。）

十三年四月二十一日，内閣奉諭旨：朕仰蒙昊蒼鴻祐，列聖慈恩，於本日得皇長孫，雲礽兆慶，奕葉延釐。明歲正值朕五旬萬壽，嘉貺頻仍，洵爲吉祥喜事，允宜加惠宫闈，用昭福瑞。諴妃著加恩晉封爲諴貴妃，吉嬪著加恩晉封爲莊妃，信貴人著加恩晉封爲信嬪。二阿哥之官女子那拉氏，慶育皇孫，著加恩封爲側室福晉。所有册封典禮，著各該衙門照例辦理。十一月壬申，命使册封諴貴妃、莊妃、信嬪如儀。（儀具前編，册文、寶文、印文恭載後卷。）

國朝宮史續編卷之二十二

典禮十六　盛典十六

皇子婚儀

臣等謹案：前編於皇子婚儀，具列指婚、納幣、奉迎、合巹諸儀。兹考禮部則例，備録飭知遵照各條。又案：前編於公主下嫁禮，具列初定、會燕諸儀。兹本通考、會典，分載額駙品級，筵宴次數，及命使册封、公主受封儀注，並登乾隆年中先後所奉聖諭、聖製詩，用昭帝庭禮法之宗，爲漢唐往制所不逮云。

皇子婚禮：於指婚命下，内務府飭備儀物，禮部轉行該旗，知會福晉本家。若外藩，行理藩院轉傳。内務府諏吉具奏，並請簡襄禮大臣，用夫妻結髮者。屆吉，偕福晉父咸綵服，詣乾清門駕駐圓明園，詣出入賢良門。候旨，謝恩行禮，禮部堂官率屬吉服司儀。

奉旨指婚後，内務府奏明諏吉，皇子至福晉父家行定禮，行知本家豫備。禮部行知宗人府轉傳宗室覺羅二品以上，吏兵二部轉傳滿官世爵二品以上，領侍衛處傳知各侍衛，除該班停止齊集外，餘俱於筵宴日往福晉父家齊集。鴻臚寺派員引禮，欽天監派員候時，並行知宗人府、八旗、蒙古、漢軍都統，轉傳二品以上大臣命婦，均於筵宴日齊集，其福晉親族中有頂戴人員，一體與宴。乾隆十九年，八旗命婦停止齊集。

婚禮儀注，内務府會同禮部恭進後，行知福晉父家及各衙門遵照。

婚禮筵宴，執事人員及入宴人數，筵宴處所，由内務府禮部行知。若分府，卽於府第齊集。

成婚日，禮部行知鑾儀衛，備輿仗，兵部、步軍統領衙門除道，護軍統領按時啓門。皇子福晉行九日歸寧禮，内務府定期知會禮部，轉行福晉父家飭備，並行兵部、步軍統領衙門除道，與成婚日同。

嘉慶十一年二月初七日，奉諭旨：本日禮部會同鑾儀衛、内務府衙門具奏，請將皇子婚禮舊例執事内燈籠、火把、紅氈酌量加增，事屬可行。至稱向來皇子迎娶福晉，例無儀衛，因查親王、郡王向俱專設儀衛一分，謹公同商擬，比較親王之例，增設皇子儀衛一分，於成婚迎娶時陳設導引，禮成後卽由鑾儀衛另庫收貯等語。所議大謬。皇子班次，本在諸王之上，至册封則位有差等，並非一例錫封親王。朕兄弟中卽有郡王、貝勒，焉有於成婚時卽用親王儀衛之例？是皇子必應封親王矣。況親王未分府者，均不設用儀衛，若於成婚時概照王例制造，禮成後又復另庫收貯，日後若祇封郡王、貝勒，則此一分儀衛，又將焉用？該衙門議奏此事，不加詳慎，甚屬不合。此摺係禮部主稿，該堂官定議舛錯，著交部議處。其率行會奏之鑾儀衛、内務府堂官，俱著交部察議。此後仍循舊章，不准用儀仗。又據奏，公主釐降時，請將應得儀仗一例陳設導引等語。定例，固倫公主、和碩公主本有差等，向各有儀仗一分，係歸寧時陳設。今議於下嫁時用以陳設導引，並非例外增添，自無不可，著照所奏辦理。

皇孫婚儀

皇孫婚禮：於奉旨指婚後，内務府飭備儀物，所有筵宴、齊集禮儀，會同禮部具奏，行知各該處遵照。如分府，即傳於府第齊集。乾隆五十九年，皇曾孫成婚，交本家自行備辦。初定成婚日，並免齊集。

公主下嫁儀

公主爲中宫所出，封固倫公主；妃所出，封和碩公主。額駙依公主封號。固倫額駙品級與固山貝子同，和碩額駙品級與鎮國公同。固倫公主初定日、成婚日筵宴二次，和碩公主初定日筵宴一次。

册封公主

命下，工部製金册，禮部諏吉，奏請命正、副使持節往封，如親王之儀。是日，府屬官豫設節案於公主府廳事正中，前設香案，左設册案，設樂於儀門内，設儀仗於庭中。正使持節入，公主禮服迎於門内，副使奉册、隨節升自中階，以節、册陳於案，退就案東立。宣册官、禮部官立於後，均西面。執事女官引公主由西階升，詣堂中，北面立。樂作，行六肅三跪三叩禮，興。樂止，進至香案前，跪。禮部官詣案展册，宣册官西面宣讀訖，授副使，副使奉册授内監，内監跪接授女官，女官跪接授公主。公主祗受，陳於案。公主興，退，就拜位，行六肅三跪三叩禮。樂止，正副使奉節出，公主跪送節於儀門，如初迎禮。

乾隆三十五年二月初六日，奉旨：向來公主格格下嫁，各項禮儀，俱未畫一。嗣後固倫公主著照和敬公主已行事例，和碩公主著照和嘉公主已行事例；其和碩格格以下所有應行禮儀，著禮部會同内務府另行妥議具奏。尋議：查宗室王公等格格吉禮，本家自備，惟特恩由内聘嫁者，應酌定規制。其下嫁朝臣者，郡主成婚聘禮，馬七、鞍七、宴五十席、酒五十瓶、羊三十六隻、茶五十桶。縣主聘禮，馬五、鞍五、宴四十席、酒四十瓶、羊二十七隻、茶四十桶。郡君聘禮，馬四、鞍四、宴三十席、酒三十瓶、羊二十一隻、茶三十桶。縣君聘禮，馬三、鞍三、宴二十席、酒二十瓶、羊十七隻、茶二十桶。鄉君聘禮，馬二、鞍二、宴十六席、酒十六瓶、羊十四隻、茶十六桶。其納采均不進禮物，停宴。陪嫁，郡主女六名、人四户，縣主四名三户，郡君三名二户，縣君二名二户，鄉君二名。其下嫁外藩者，郡主納采，駝一、馬四、羊四，無宴；成婚聘禮，馬六、牛六、羊六十、宴三十六席、酒三十六瓶、羊三十六隻、茶二十八桶。縣主納采，駝一、馬三、羊五，無宴；聘禮，馬五、牛五、羊五十、宴三十六席、酒三十六瓶、羊三十六隻、茶二十八桶。郡君納采，駝一、馬二、羊六，無宴；聘禮，馬四、牛四、羊四十、宴三十席、酒三十瓶、羊三十隻、茶二十四桶。縣君納采，馬三、羊六，無宴；聘禮，馬三、牛三、羊三十、宴二十四席、酒二十四瓶、羊二十四隻、茶十八桶。鄉君納采，馬二、羊七，無宴；聘禮，馬二、牛二、羊二十、宴二十四席，酒二十四瓶、羊二十四隻、茶十八桶。陪嫁，郡主女六名、人四户，縣主四名三户，郡君三名二户，縣君二名二户，鄉君二名。以上宴茶，光禄寺備。羊酒，額駙家備。報聞。

四十年正月初二日，奉諭旨：額駙等向俱照公主封號，授爲固倫額駙、和碩額駙。惟公主所生之子，未經定例賞給品級，此内如下嫁蒙古王公之公主等所生之子，本各有應得品級，無庸另爲辦理。至在京公主所生之子，若不授以品級，於體制殊未允協。嗣後在京公主所生之子，至十三歲時，如係固倫公主所生，卽給予伊父固倫額駙品級；和碩公主所生，卽給予伊父和碩額駙品級。著爲例。

七月二十一日，奉諭旨：三阿哥之格格，指與丹巴多爾濟爲婚。完姻在邇，恐伊等念係朕之孫女，於一切典禮俱按公主一體舉行，亦未可定。朕之孫女，較之公主又隔一輩，自不應按照公主仍行主僕之禮。卽如扎拉豐阿所尚，係皇祖之孫女，伊於姑前如何行禮之處，三阿哥之格格，自應仿照而行。如果能按家禮，克盡婦道，朕方爲之欣悦。倘必欲固執以爲朕之孫女，應照公主禮相待，反與朕之施恩指婚本意不合。再，羅卜藏多爾濟之子旺沁班巴爾，曾將五阿哥之格格指與爲婚，俟完姻時，亦應一體遵行。嗣後朕之孫女指婚後，俱照宗室格格禮行，毋違朕諭。

五十一年七月初二日，奉諭旨：向來親王、郡王、固倫公主、和碩公主門上總管首領太監，俱無給與頂戴之例。原以此等太監在親王等門上服役，非承值内庭者可比，是以向來雖有總管首領名色，並無官職。但親王、郡王爲宗潢屏翰，公主係皇帝親女，其諳達太監、總管首領太監内，卽酌量給與頂戴一人，尚不過分。從前親王、郡王、公主家太監，亦有特恩賞給頂戴者。嗣後親王、郡王、固倫公主、和碩公主太監內，各准給八品頂戴一人，將姓名報禮部、內務府備查，不得私有增益。至固倫公主、和碩公主均爲皇女，體敵藩封，一切禮儀護衛，會典內並未定有等級，遂至體例不一，互有增損。嗣後固倫公主品秩著視親王，和碩公主品秩著視郡王。其額駙品級頂戴，仍照會典舊例。至公主下嫁時，一切禮儀護衛員數，固倫公主卽照和敬固倫公主之例，和碩公主卽照和嘉和碩公主之例，著禮部、內務府會同定議具奏，載入會典則例，永遠遵行。尋議：固倫公主分內，定爲三品翎頂長史一員，頭等護衛一員，二等護衛二員，三等護衛二員，六品典儀二員；和碩公主分內，定爲四品翎頂長史一員，二等護衛二員，三等護衛一員，六七品典儀各一員。從之。

五十四年閏五月初二日，奉諭旨：凡下嫁外藩固倫公主，例支俸銀一千兩，如係在京居住者，卽照下嫁八旗之例支給。從前和敬固倫公主雖係在京居住，而俸銀緞匹仍照外藩之例支領，年久未便裁減，是以降旨仍許照舊關支。今和孝固倫公主係朕幼女，且在朕前承歡侍養，孝謹有加，將來下嫁後，所有應支俸祿，亦著一體賞給一千兩，以昭平允而示嘉獎。

聖製和靜固倫公主下降喀爾喀親王成袞扎布之世子拉旺多爾濟，是日成婚，禮成賜宴詩以誌事　庚寅

藩屏世澤効劻勷，重平聲見秦臺引鳳凰。成袞扎布之父超勇親王策凌，在皇祖時尚大長公主爲額駙。今拉旺多爾濟復尚主，世承恩澤，蒙古中亦罕有。畏侮和親鄙婁敬，漢畏匈奴强侮婁敬，因倡議和親，厚遺隆禮，究無解於邊患。唐於吐蕃、突厥，亦以婚姻修好，其失策畧同。若今中外一家，諸藩部世効誠悃，其尚主者禮則家人，而誼等臣僕，列居邸第，何有漢唐降尊遠適之嫌哉？費奢暱愛

笑同昌。唐同昌公主出降，賜錢至五百萬貫，且以内府寶貨實其宅奩，具務爲奇巧，房櫳雜器飾皆珍寶，金銀糜耗無度。今公主婚禮，所費不過數萬金，而一切取具内府，並不用户部帑項，制而有節，實我朝善法耳。結褵戒勿恃尊貴，就邸勉教孝舅嫜。嘉宴聊因循典則，無須蘭省賦催粧。

國朝宮史續編卷之二十三

典禮十七　冊寶一

臣等謹案：國寶留貽，典章綦重。我朝法宮珍貯，曩沿明時内監所書册檔之譌，以致紀載失真。自我高宗純皇帝攷釐定數，默籲昊禧，冀如姬周鼎卜之長，義備於乾隆丙寅聖製《國朝傳寶記》恭見前編暨嘉慶丙辰聖製《匣衍記》中。臣等續輯宮史，謹據皇朝文獻通考，列交泰殿寶二十有五，詳其方廣程式，以衍世傳守器之重。至夫列聖通用諸璽，具詳欽定寶譜，惟載敬天勤民四字珍刻，特表三朝詒翼之舊章。又如高宗純皇帝勑制信天主人、古稀天子、五福五代堂古稀天子、八徵耄念、十全老人、太上皇帝諸大寶，著在奎文，實彰瑞貺，允宜舉要特書。又如乾隆年間崇上璇闈徽號，鏐璧增輝；嘉慶年間錫封紫掖綸音，金泥疊耀，均關典禮之大。謹分著爲册寶門，恭紀册文，並詳制度。至宮廷寶、印，例用玉筯篆，一循定式鐫文，不備録焉。

御定交泰殿二十五寶

「大清受命之寶」，以章皇序。　白玉，方四寸四分，厚一寸，盤龍鈕，高二寸。

「皇帝奉命之寶」，以章奉若。　碧玉，方四寸四分，厚一寸一分，盤龍鈕，高三寸五分。

「大清嗣天子寶」，以章繼繩。　金，方二寸四分，厚八分，交龍鈕，高一寸七分。

「皇帝之寶」，以布詔赦。　青玉，方三寸九分，厚一寸，交龍鈕，高二寸一分。

臣等謹案：右寶四，皆開國貽珍，崇昭景命。其青玉寶一，本清篆，傳自太宗文皇帝時。蓋爾時專用國書，既乃兼用古篆。恭見聖製交泰殿「寶譜序」後云。

「皇帝之寶」，以肅法駕。　栴檀香木，方四寸八分，厚一寸八分，盤龍鈕，高三寸五分。

「天子之寶」，以祀百神。　白玉，方二寸四分，厚八分，交龍鈕，高一寸三分。

「皇帝尊親之寶」，以薦徽號。　白玉，方二寸一分，厚七分，盤龍鈕，高一寸三分。

「皇帝親親之寶」，以展宗盟。　白玉，方二寸二分，厚一寸二分，交龍鈕，高一寸二分。

「皇帝行寶」，以頒賜賚。　碧玉，方四寸八分，厚一寸九分，蹲龍鈕，高二寸五分。

「皇帝信寶」，以徵戎伍。　白玉，方三寸三分，厚六分，交龍鈕，高一寸六分。

「天子行寶」，以册外蠻。　碧玉，方四寸八分，厚一寸九分，蹲龍鈕，高二寸三分。

「天子信寶」，以命殊方。　青玉，方三寸八分，厚一寸三分，交龍鈕，高一寸七分。

「敬天勤民之寶」，以飭覲吏。　白玉，方三寸一分，厚一寸五分，交龍鈕，高一寸七分。

「制誥之寶」，以諭臣僚。　青玉，方四寸，厚二寸，交龍鈕，高二寸七分。

「敕命之寶」，以鈐誥敕。　碧玉，方三寸五分，厚一寸三分，交龍鈕，高一寸八分。

「垂訓之寶」，以揚國憲。　碧玉，方四寸，厚一寸五分，交龍鈕，高二寸。

「命德之寶」，以奬忠良。青玉，方四寸，厚一寸四分，交龍鈕，高二寸一分。

「欽文之璽」，以重文教。墨玉，方三寸六分，厚一寸五分，交龍鈕，高一寸六分。

「表章經史之寶」，以崇古訓。碧玉，方四寸七分，厚二寸一分，交龍鈕。高二寸二分。

「巡狩天下之寶」，以從省方。青玉，方四寸七分，厚二寸，交龍鈕，高二寸五分。

「討罪安民之寶」，以張征伐。青玉，方四寸八分，厚二寸，交龍鈕，高二寸五分。

「制馭六師之寶」，以整戎行。墨玉，方五寸三分，厚一寸四分，交龍鈕，高二寸二分。

「敕正萬邦之寶」，以誥外國。青玉，方三寸八分，厚一寸五分，盤龍鈕，高二寸三分。

「敕正萬民之寶」，以誥四方。青玉，方四寸一分，厚一寸五分，交龍鈕，高二寸。

「廣運之寶」，以謹封識。墨玉，方六寸，厚二寸一分，交龍鈕，高二寸。

臣等謹案：右寶二十有一，自乾隆十三年高宗純皇帝指授儒臣，製爲清文各篆體書，爰勅所司仿從新制，一律改鐫，左清篆，右漢篆，詳定位置，並貯交泰殿。其文或複見及國初行用諸寶，齎藏盛京鳳凰樓，别爲寶譜云。

附詳寶盝諸制

御寶盝，高九寸，方八寸五分，金質，鈒香草花文。外櫝，高尺有三寸，方尺有二寸，木質，朱髹，繪龍文。架，高二尺一寸，方尺有八寸，柟木爲之，朱髹，金飾，雕刻龍文。寶色池，連蓋，高三寸四分，方六寸四分，純素，金質，袱墊均用黄緞。

聖制匣衍記

匣衍記有三，一以誌交泰殿所藏御用國寶，一以誌端凝殿所藏御用朝珠，乾清宮爲正殿，東西兩廊爲長廡，東廡中三楹爲端凝殿，取端冕凝旒之義，是以御用冠袍帶履俱貯於此，列聖所御冠服朝珠均恭貯其南三楹，蓋因貯藏香及西洋鐘表等項，是以沿稱爲自鳴鐘，實仍統於端凝殿也。詳見國朝宮史。其西廡中三楹爲懋勤殿，取懋文勤武之義，故以貯典籍文房，其南三楹，則每日所進閣本批票之處，皆係內閣侍讀中書等官入直者，司其收發，仍係內閣大學士所轄，不似明季一任秉筆太監高下其手，此我朝制度之善，所以迥越前代也。一以誌壽皇殿所藏御用諸璽。予卽位之初，承三朝所貽御物，頭緒紛繁中，使無晰理明文之人，屏當或致顛倒，初政無暇及此也。乾隆十一年春，始因交泰殿舊藏國寶，記載流傳，其數失實，爰取周易大衍天數二十有五之義，定爲二十有五之數，詳見本殿記。又於乾隆十七年春，閱乾清宮東廡之端凝殿恭貯列聖禮服所御朝珠，更定二十五層之匣，以俟奕葉按代遞用，亦詳見本殿記。復於乾隆四十六年冬，敬將聖祖、世宗常用諸璽，及朕自青宮至御極以來，數十年中所用諸璽，製爲寶藪匣，並豫裝空册，亦定爲二十五層，藏於壽皇殿，以備將來依次存貯簽用，世爲法守。右此尊藏三大事，予皆定以天數二十有五者，其義亦有説乎？曰：有説。蓋天子所重以治宇宙、申經綸，莫重於國寶，而涉筆記事之璽，卽其次也。我國家禮服，飾以朝珠，祖宗所御，典禮攸存，定寶數之時，密用姬周故事，默禱上蒼，祈我國家若得仰蒙慈佑，歷二十五代以長，斯亦躋矣，此亦侈望。然郟鄏定鼎，卜世卜年，已著其例。敬思自古以來，未有一家恒享昊命而不變者，此意恒存於心而不敢言。兹予以難期八十有六歲之侈望，而得符願傳位授政，實賴鴻眷，或者侈望我大清得享號二十有五之數，亦可俯賜符願乎？夫卜世卜年固在人，而賜世賜年則在天。叨天之佑，非敬天愛民無別道。而此敬愛之心，若一時有間，欲希昭鑒弗可得，此不大應懼乎？予所以因昊貺而愈侈望，愈憂惕，虔爲是記，以示奕葉之聰聽者。

高宗純皇帝御用寶

「敬天勤民」，白玉，方二寸九分，四周鐫聖製詩並序。

聖製敬天勤民寶四言詩 有序 戊辰

皇祖御書鈐用諸璽，皇考製箱以藏之，惟留是寶於外，以鈐用御書。予小子敬遵成典，收藏皇考御寶時，亦留是寶於外，常鈐用焉。是寶也，經三世而一例寶用，且將垂之奕禩而無窮，豈以追琢其章哉？蓋取義有足重耳。故記其梗概而系以詩。

交泰御璽，定數遵天。國朝傳寶，向貯交泰殿中。予詳加考定，凡二十有五，以符天數，並爲之記，且著成譜。藏之内閣云。掌之黄閣，傳以億年。粤是諸璽，綴文寓意。玉案揮毫，以資抑埴。栝棬弗用，篋衍尊藏。繡繅金鐍，永閟虹光。惟此截肪，用以三世。匪貴其材，實珍其義。其義云何，敬天勤民。祖考有勗，逮於藐身。天視民視，天聽民聽。一二二一，作狂作聖。挈綱提要，四字心傳。於千萬葉，永矢乾乾。

「信天主人」，白玉，方三寸二分，厚一寸三分，交龍鈕，高一寸三分。

臣等謹案：西陲底定，高宗純皇帝追維用兵之始，設爲春秋碩儒，臻成大夫往復語，而折衷於信天主人，作《開惑論》，因鐫「信天主人」寶，蓋用論中稱謂，紀成功、昭睿斷也。

「古稀天子之寶」，青玉，方三寸四分，四周鐫聖製《古稀説》。恭載前卷慶節儀。

聖製用乾清宮西暖閣貯敬天勤民寶之例，貯古稀天子之寶於東暖閣，既刻古稀說於寶端，並繫以詩　辛丑

祖宗貽玉寶，敬天及勤民。兹予逮古稀，爰始刻貞珉。敬勤傳家法，奕世當永遵。設我子孫中，年或古稀臻。此寶亦宜用，弆之櫝匣陳。斯則待乾貺，未敢預卜頻。西清者恒守，（謂西暖閣之敬天勤民寶。）左个者偶循。（謂東暖閣之古稀天子寶。）嗣福祈承命，犖謙勗慎寅。

聖製題匣貯古稀天子寶　己酉

天子古稀九，玉章匣貯閑。畫工獻彼技，射虎肖其間。（匣蓋面鐫飾射虎圖，宛肖圍場中風景。）又已十年閱，何曾一瞬慳。雄心漸消泯，逸志在高閒。

「古稀天子之寶」，青玉，方二寸二分，厚一寸，蟠螭鈕，高一寸。

臣等謹案：是寶與前同文，並聖壽七袠時所刻，其副章曰「猶日孜孜」，方徑相等，洵萬世凝承之吉祥法物也。（諸寶重文分貯各宮，詳見寶譜者，不備載。）

「五福五代堂古稀天子寶」，青玉，方四寸一分，交龍鈕，高一寸四分。

臣等謹案：乾隆丙申，重葺寧壽宮之景福宮，聖製五福頌書屏。迨甲辰，慶得玄孫，一堂五世，因卽景福宮增書五福五代堂，爲文以記，並鐫是寶，以誌亘古稀有盛事。

「八徵耄念之寶」，青玉，方四寸，交龍鈕，高三寸七分。

聖製八徵耄念之寶記

予年七十時，用杜甫句，鐫古稀天子之寶，而卽繼之曰猶日孜孜，不敢怠於政也。蒙天眷佑，幸無大隕越，於兹又浹旬矣。思有所以副八旬開袠之慶，鐫爲璽以殿諸御筆，蓋莫若洪範八徵之念。且予夙立願，八十有五，滿乾隆六十年之數，卽當歸政。今雖八十，逮歸政之歲尚有六年，一日未息肩，萬民恒在懷，庶徵之八，可不念乎？念庶徵卽所以念萬民。曲禮，八十曰耄，老而智衰之謂。兹逮八十，幸賴天佑，身體康强，一日萬幾，未形智衰，不可不自勉也。如至果不能自勉，則亦不敢曠職以待六年之期，何則？壇廟之祀，不可不躬親；雨暘之時，不可不常驗；中外之政，不可不日勤；民物之養，不可不心存。苟失其一，叢脞隨之，則吾豈敢。是則耄而敬念庶徵，仍古稀猶日孜孜之意也；亦五福五代堂之説，所謂皇極斂錫之志也；亦卽近讀洪範著論，所謂六極中不能去其三曰憂之義也。夫漢唐以來，古稀天子纔得六，六之中，至八旬者，纔得三，而三帝之中，惟元世祖可稱賢，其二則予所鄙也。三代下諸帝，登七十者僅六見，予向所爲古稀説。而六帝之中，惟梁武帝、宋高宗、元世祖年登八十。梁武帝自貽傾覆，宋高宗忘恥偷安，皆所素鄙。惟元世祖乃創業大有爲之君，然踐阼非早，建號僅三十五年，傳孫成宗，其諸王世系，元史雖無表可稽，但計其世次，訖順帝不過四傳，亦不能如今五世同堂之盛。是則予之仰荷天眷至爲深厚，不特云稀，且自古所未有。如是而不祗承鴻貺愛養黎元，則予曷敢抑亦有所不忍也。卽元世祖，亦未如予之五代同堂，是予沐昊乾鴻貺爲獨深。而予之所寅承錫羡當何如？亦曰體天愛民，誠心勤政，與洪範五之斂錫，八之念徵，九之三憂，孜孜惕惕，日進無疆云爾。予之子孫，能心予之心，政予之政，惕予之惕，憂予之憂，或得仰邀天眷，有年至七旬八旬者，繼用此寶，則又我大清國億萬斯年無疆之庥，所不敢必而深願者也。是爲記。

聖製新正重華宮茶宴廷臣及內廷翰林，用八徵耄念之寶聯句，復得詩二律　庚戌古稀慶典未教行，登八如前太矯情。庚子年，王公及內外臣工奏請慶祝七旬萬壽，未即允行。前歲復再三懇請於今歲舉行八旬慶典，予思藐躬荷膺天眷，實亦史冊所罕聞，而天下臣民愛戴之忱，出於至誠，如再爲固卻，轉屬矯情，因俯允所請，仍飭毋得過於華侈，致滋糜費。製寶仍勤庶徵念，聯篇惟冀衆規呈。較於衛武年猶少，比似周寧銘以誠。機鑑豆觴資日用，絲綸況此繫王貞。刻璽由來祖制遺，皇祖望七時，欲刻一通用小璽，命內廷翰臣擬文，皆無當聖意者，乃定「戒之在得」四字。予於七旬時鐫「古稀天子」、「猶日孜孜」二寶，及此次鐫「八徵耄念」「自彊不息」二寶，亦恭仿我皇祖之意，藉自儆惕云。兩言戒得緬宏規。作堂前與後爲記，避暑山莊戒得堂有前後記二篇。紀袠七過八及期。自幸每因增自惕，予受皇祖眷顧之恩，至爲優渥，矢願亦祇希皇祖享國之年，即當歸政。今惟餘六載，竊幸已躋八袠，惟念皇祖以幼齡踐阼，在位六十一年，而壽實未及七旬，追憶之餘，彌切愴懷。惟慚那更侈惟怡。六春秋閱當歸政，獲否天恩敬候之。

「十全老人之寶」，碧玉，方四寸，厚一寸九分，交龍鈕，高三寸，四周鐫聖製說。

聖製十全老人之寶說

十全記既成，因選和闐玉鐫十全老人之寶，並爲說曰：十全本以紀武功，而十全老人之寶，則不啻此也。何言之？武功不過爲君之一事，幸賴天佑，劼劬蕆局，未加一賦而賦乃蠲四，弗勞一民而民收無萬，今收伊犁及回疆戶口，豈止數千萬。祇或免窮黷之譏耳。若夫老人之十全，則尚未全也。蓋君人之職，豈止武功一事哉？朱子曰：「一日立乎其位，則一日業乎其官；一日不得乎其官，則一日不敢立乎其位。」官者何？職之謂也。君之職不能盡言，況敢云盡其職乎？未盡其職，則十全老人之寶，不亦涉自欺與誇，而增慚愧乎？然老人之十全，實更有奢望，不敢必以敬待天佑者。十全之武功，誠叨天佑矣，則十全之盡君職，或亦可以希天佑乎？夫適百里者半九十里，予今三年歸政之全人，不啻半九十，而且如三十年之久矣。是以逮七十而繫「猶日孜孜」以爲箴，至八十而繫「自强不息」以爲勉，則此可必不可必三年中，敢不益勵宵衣旰食之勤，益切敬天愛民之念，虔俟昊貺，或允臻十全之境，視三年誠如三十年之遠，幸何如之！企何如之！惕何如之！是爲説。

「太上皇帝之寶」，碧玉，方七寸，厚三寸六分，交龍鈕，高二寸四分，四周鐫聖製詩。

聖製自題太上皇寶 丙辰

由古來云太上皇，徽稱懿號謂非當。史策所載，太上皇帝有加上尊號之文，在當時意取尊崇，實皆繁文縟節，深所不取。昔年皇祖平定三藩，及恭遇慶節，臣工等屢有以上尊號爲請者，皇祖皆却而弗許，聖訓煌煌，實可爲萬世之法。予仰蒙昊貺，踐阼六旬，今歲元正授璽子皇帝，惟命鐫太上皇帝之寶，並豫先降旨，不令請加尊號。蓋人君敬天愛民，惟在實心實政，誠不藉聖神文武之虚稱也。卽斯六袠慶猶幸，加以雙文愧莫遑。自問生平奚立德，永言繩繼祝丕昌。窗銘几凈西銘讀，謂全篇之末句恰合隨時愛景光。

臣等謹案：右寶爲欽定喜字第一號玉所製。嘉慶丙辰元日，肇舉禪儀，既親授皇帝之寶於皇帝，爰命於寧壽宮皇極殿御案，左陳太上皇帝之寶，右陳十全老人之寶説玉册。備東朝之鉅典，屏尊號之彌文。闐玨書祥，炷香符祝。復荷恩慈屢諭，恭見乾隆壬寅、甲寅兩次聖諭中。願皇帝以逮萬葉雲仍，遵循定制，寶用無疆，聖聖相傳，實爲受福延洪之始基矣。

國朝宮史續編卷之二十四

典禮十八　冊寶二

冊尊皇太后冊、寶

金冊，十頁，高七寸一分，廣三寸二分，每頁金重十有八兩，聯以樞鈕，面鈒升降龍文。內櫝，高九寸，長一尺，廣六寸五分。外櫝，高尺有三寸，長尺有三寸五分，廣一尺。架，高二尺一寸，方一尺八寸，均柟木，朱髹，金飾，繪龍鳳文。袱、墊用黄緞。

金寶，方四寸四分，平臺，交龍鈕，厚一寸二分。

寶盝，方八寸，高七寸八分。寶色池，方四寸八分，高二寸，均以金製。盝，重百有七兩，池重六十兩。外櫝，繪龍鳳文。

乾隆三十四年十二月初一日，奉諭旨：朕尊養璇闈，展愛承歡，一切務臻隆備。前者每逢慶典，加上聖母皇太后徽號，悉遵會典成規，敬製金冊、金寶，以爲准儀昭度，程式宜然。近檢稽體仁閣尊藏法物，則孝莊文皇后玉冊、玉寶俱存，皆康熙年間皇祖歷次加奉太皇太后徽號所進者，乃知冊、寶原有刻玉之制。因思國家傳寶，質皆瑑玉，而下逮親藩封爵，冊寶亦得笵金，是嘉玉較視良金尤爲寶貴。越歲辛卯，恭遇聖母八旬萬壽，朕將躬率羣臣，恭加徽號，用洽彝章。所奏册寶，自宜備極珍崇，以稱朕尊親茂慶之志。著大學士會同該部博稽舊典，敬謹詳議以聞。

三十六年尊上皇太后徽號，恭進玉册、玉寶。册文曰：璇闈錫羡，德施昭曼壽之徵；蘭殿敷慈，福集紀鴻名之熾。際自古希聞之大慶，祥軼羲軒；晉從今遞積之徽稱，音揚任姒。孚歡陬澨，洽喜清寧。欽惟聖母崇慶慈宣康惠敦和裕壽純禧恭懿皇太后陛下，厚德頤恬，繁禧垂裕。禔源昌熾，履箕範之斂敷；順氣彌綸，協坤輿之光大。天開聖節，景迓長春。欣八袠之崇登，祝萬年之介祉。亹遵懿訓，寅奉怡顔。依愛日以循陔，舞綵逮六旬以上；戴春暉而負扆，垂衣臻三紀於茲。膝繞雲礽，臚嘉祥於五世；野多耄耋，開壽宇於八方。有慶則兆民同，尊親以天下養。頌賡偏德，疊觴二税以阜成；雅詠作人，聯啓兩闈而彙吉。四言下管，新包茂之瑶宫；萬歲呼嵩，掖省巡之翟輅。維錫類承歡之茂集，總合羣黎百姓之心；凡家慶國瑞之駢臻，皆由聖母一人之福。載稽舊典，式備多儀。制更重於祥金，禮特隆夫嘉玉。用宜延喜，珍來西母之琯環；矧乃象功，貢底闐河之璆璧。彝章肇定，顯號洊加。謹告天地、宗廟、社稷，率諸王、貝勒、文武羣臣恭奉册寶，上徽號曰：崇慶慈宣康惠敦和裕壽純禧恭懿安祺皇太后。肅布愉悰，虔申祈頌。繹象辭之應地，安乃永貞；次詩什於生民，祺維介景。捧瑶箋而獻籙，陳芝牒以迎釐。伏願純嘏長綏，茀禄彌劭。律生萬事之本，八暢元音；籌添億歲之盈，十基積數。從此京垓演策，川長山壽，躋悠久於坤元；章蔀引年，日升月恒，益增興於天保。臣誠懽誠忭，稽首頓首謹言。

四十一年尊上皇太后徽號，恭進玉册、玉寶。册文曰：堯門啓瑞，樞光昭耆定之模；姒幄基祥，栟蔭衍昇平之慶。頌孚海宇，忭集臣鄰。欽惟聖母崇慶慈宣康惠敦和裕壽純禧恭懿安祺皇太后陛下，聖裕徽音，福徵厚德。尊親並戴，合萬國以臚歡；名壽兼隆，臻億齡而履順。兹值金川之底績，爰陳瑶牒以告勳。溯彼蠻觸搆争，始猶寬其齋斧。繼乃貙狼肆抗，終難逭其威弧。揚兩路之先聲，兵非得已；簡八旗之勁旅，勇且知方。越險摧堅，不啻功成百戰；擣巢翻窟，於斯事蒇五年。予小子籌筆辛勤，每廑慈詢之垂念。師武臣劘旌勞勩，克馳捷奏以慰懷。兵銷騰日月之光，升恒祝嘏；樂作叶韶韺之盛，美善歸親。宜晉鴻稱，用崇燕喜。精璆聯珏，稽朝家隆重之儀；嘉璽瑂珍，抒中外喁于之願。謹告天地、宗廟、社稷，率諸王、貝勒、文武羣臣，恭奉册寶，上徽號曰：崇慶慈宣康惠敦和裕壽純禧恭懿安祺寧豫皇太后，顒捧芝函，虔申葵悃。繹箕疇之來備，是曰康寧；演羲畫之利行，實惟豫順。懿美式彰夫蒼籙，蕃釐允迓乎琅編。伏願道契安貞，性彌愷樂。闡昌符於金石，寶琰恒新；熙洪號垓埏，蘿圖益焕。常來王而常來享，共球同紀殷篇；莫不興而莫不增，川岳長賡周雅。臣誠懽誠忭，稽首頓首謹言。

四十三年加上裕貴太妃尊號，進册、寶。貴妃金册、金寶詳後卷册封儀。册文曰：璇扉篤慶，喬齡昭多壽之徵；芝檢騰輝，崇嘏致延洪之祝。聿稽彝典，載奉鴻稱。裕貴妃母妃，德秉安貞，性成淑慎。椒庭佐治，嫻内則而矩度彌彰；蘭掖凝祥，育介弟而藩維式衍。侍愉怡於長樂，高年之親愛尤深；申敬禮於初元，懿號之尊崇久晉。彤編紀盛，頤和逾卌載而遥；瑶筴增禔，益算慶九旬之屆。宜隆位秩，用集麻嘉。謹以册寶，尊爲裕皇貴妃。於戲！綏茀禄於翬衣，丕焕琅函之采。式令儀於鶴髮，永欽瑀佩之徽。謹言。

六十年以皇太子正儲位，追贈令懿皇貴妃爲孝儀皇后，薦册、寶如儀。册文曰：朕惟離繼照以兆明，誕膺福祚；坤承天而正位，長發祥源。賢卜於天，景命方隆於授受；貴徵以子，追封允協於尊崇。惟令懿皇貴妃魏氏，德著誠莊，性昭淑順。柔嘉維則，班初亞於三宫；式禮無愆，秩洊升於九御。六五叶黄裳之卜，歡奉萱闈；千億開朱芾之占，喜宜蘭殿。昔篤生夫睿哲，兆協横庚；今懋建夫元良，紀符周甲。昭兹來許，萬年之歲月方長；佑我後人，廿載之音容如昨。兹以儲徽克茂，繼序其皇。吉啓密緘，既正前星之號；幸符夙願，將循上日之文。嗣服無疆，承華有自。特溯雲軿於桂闈，用懷月御於椒塗。茂舉上儀，聿崇升祔。兹册贈爲孝儀皇后。於戲！本篤慶衍禔之德，母允垂儀；循名正言順之規，子當承統。福所基也，爾子孫克紹於鴻圖；禮亦宜之，我國家肇稱之盛典。志維先定，靈其歆承。

嘉慶六年加上婉太妃尊號，進册、寶。貴妃金册、金寶詳後卷册封儀。册文曰：翊坤儀而布化，德茂前徽；修壼教以延庥，年登大耋。式稽彝典，益闡芳聲。皇考婉妃陳氏，稟則柔嘉，持躬肅慎。宵衣日侍，小心夙著於椒闈；宫翟申頒，恩眷久隆於星掖。樹采珩之令範，羣奉師宗；標彤管之徽音，宜崇位號。謹以册寶，尊爲皇考婉貴妃。於戲！舒長歲月，彌膺介祉以康寧；肅穆規型，洊受期齡之福履。謹言。

國朝宮史續編卷之二十五

典禮十九　冊寶三

冊立

乾隆四十三年十月初四日，奉諭旨：冊封清語，原係通稱，並無上下之別。嗣後朕用以奉上者，俱繕寫冊表外，其冊封皇后、妃、嬪及王、貝勒以至外藩王等，仍用冊封字樣。

皇后冊、寶

金冊，制與皇太后同。

金寶，方四寸四分，平臺，蹲龍鈕，厚一寸二分。盝、池、櫝飾，均與皇太后同。

嘉慶元年，皇后以元妃正位中宮，行冊立禮。皇帝欽奉太上皇帝勅曰：撫臨萬國，先占家吉之貞；表率六宮，宜正坤元之位。遵睢麟之王化，儀輔孚邦；布穜稑於天宮，職崇修壼。爾皇太子妃喜塔臘氏，祥傳渭涘，淑著河洲。珩璜習虞汭之容，褕翟謹周門之則。分榮少海，方寵命之同承；佐治內朝，尚徽音之克嗣。慶際十全之歲，肅肅雝鳴；歡承五福之堂，莘莘螽羽。玆以皇帝嗣位初元，是用立爾爲皇后，錫以金冊、金寶。於戲！繹三朝之寶訓，毓德蘭闈；樹九室之芳型，揚輝桂殿。欽此。茲朕謹遵奉太上皇帝勅旨，舉行册立典禮，尚其祗承無斁。

二年，今皇后繼位中宮。六年，行册立禮。册文曰：朕聞圖闈坤珍，儷宸樞而著象；景宣舒御，凝寶曜以齊輝。資福耦之克承，表鴻儀而作配。宮庭禮洽，典册光崇。咨爾皇貴妃鈕祜禄氏，粹毓名宗，慶貽勛閥。安貞中乎矩度，應地時行；敬順本於性成，俔天祥定。早從潛邸，揚令德於翬褕；夙奉彝章，佐同功於繭館。列星妃之貴重，璿掖升華；增彤史之煒煌，黼帷錫祉。寶命篤椿庭之鑒，蕃釐衍椒室之祥。閱三載以屆期，正中宮而協吉。茲朕欽遵皇考高宗純皇帝勅旨，以金册、金寶立爾爲皇后，爾其敬仰恩慈，勉勤内職。秉虔恭於齋敦，肅禮法於琚裳。布仁惠之芳風，翊昇平之郅治。母儀尊於天下，相須而成；王化基自宮中，端本而善。丕膺顯命，懋迓洪禔。欽哉。

册封一

皇貴妃册、寶

金册，十頁，每頁金重十有五兩。杉櫝。架用椵木爲之，朱髹，金飾，繪鸞鳳文。寶櫝同。

金寶，方四寸，平臺，蹲龍鈕，厚一寸二分。寶盝，金製。寶色池，銀製金飾。袱、墊用柘，黄緞。

貴妃册、寶

金册、金寶，制均與皇貴妃同。寶册櫝，繪雲鳳文。袱、墊用紅緞。

妃册、印

金册，十頁，每頁金重十有四兩八錢。

金印，方三寸六分，平臺，龜鈕，厚一寸。册、寶櫝、袱、墊均與貴妃同。

嬪册

金册，四頁，每頁金重十有四兩六錢有奇。册櫝、袱、墊均與妃同。

乾隆三十年，孝儀純皇后由貴妃晉封皇貴妃，行册封禮。册文曰：朕惟彤闈贊化，本敬順以揚麻；紫掖升名，表恪恭而錫慶。爰稽彝典，式播温綸。咨爾令貴妃魏氏，早侍深宮，夙嫻懿範。襄廿年之内治，麟趾凝祥；超九御之崇班，鳳章優秩。自膺册命，益茂芳徽。祗事小心，克承歡於璇殿；含章明順，更流譽於椒庭。兹仰奉皇太后懿旨，以册、寶晉封爾爲皇貴妃。尚其勉副慈恩，光昭壺德。永懷淑慎，輝翟服以垂型；彌凜謙沖，綿鴻禧而迓福。欽哉。

三十三年，册封慶貴妃。册文曰：朕惟襄化理於宮闈，專資淑德；耀恩光於褘翟，遞進崇階。既珩度之不昭，宜綸音之載錫。爾慶妃陸氏，秉姿淑慎，表範温恭。蘭掖承歡，奉慈徽而有恪；椒庭佐治，體朕志以無違。柔嘉式九御之班，已夙勤於表率；令則協四星之位，應晉被夫褒榮。兹奉皇太后慈諭，册封爾爲貴妃。尚其贊宣内職，彌揚象服之華；懋敕芳儀，永荷龍章之重。欽哉。

同日，册封容妃。册文曰：朕惟褘褕著媺，克襄雅化於二南；綸綍宣恩，宜備崇班於九御。爰申茂典，式晉榮封。爾容嬪霍卓氏，端謹持躬，柔嘉表則。秉小心而有恪，久勤服事於慈闈；供内職以無違，夙協箴規於女史。茲奉皇太后慈諭，册封爾爲容妃。尚其仰承錫命，最令德以長綏；祗荷褒嘉，劭芳徽於益懋。欽哉。

同日，册封順嬪。册文曰：朕惟職修婦學，聯九御以承恩；譽起壼儀，迓百祥而贊化。爰昭寵錫，用焕新綸。爾貴人鈕祜禄氏，秉質柔和，持躬端慎。茂繁禧於蘭殿，分秩内官；荷慈慶於璇宫，承華戚屬。茲奉皇太后慈諭，册封爾爲順嬪。尚其祗崇令德，贊壼敦以無違；式受鴻庥，膺翟褕而有恪。欽哉。

三十六年，册封惇嬪。册文曰：朕惟備六宫而修内職，分理紫廷；資九御以佐壼儀，揚芬彤管。恩綸式焕，寵錫斯彰。爾貴人汪氏，毓質柔嘉，禔躬端淑。迓百祥於椒殿，芳範無違；慶多福於萱庭，慈顔有喜。茲奉皇太后慈諭，封爾爲惇嬪。尚其玉齍克贊，昭令德之攸崇；褕翟增華，受隆恩之永被。欽哉。

三十九年，册封惇妃。册文曰：朕惟褕衣列職，分内治於彤扉；鏤簡宣恩，晉榮稱於紫掖。爰加錫命，用備彝章。爾惇嬪汪氏，夙協芳規，早膺德選。嫻蘭宫之禮教，聿著壼儀；慶萱幄之純禧，能承慈眷。自褒封之既具，徽敬事之無愆。茲奉皇太后慈諭，册封爾爲惇妃。爾其益懋柔嘉，荷鴻庥而克副；彌彰淑慎，被象服以增輝。欽哉。

四十一年，遵奉皇太后懿旨，册封順妃、誠嬪、循嬪，均於四十四年補行册封禮。册封順妃，册文曰：朕惟璇扉選德，承慶澤於椒塗；鏐册鐫華，晉褒封於芝檢。秩膺申錫，典協榮稱。爾順嬪鈕祜禄氏，毓本世家，訓嫻内則。率箴規之令範，壼教彌敦；揚圖史之清芬，彝章式備。既鴻庥之克副，宜象服之增輝。兹奉皇太后懿旨，封爾爲順妃。爾其煒管延禔，益茂柔嘉之譽；鳴璜奉職，倍昭敬慎之儀。欽哉。

同日，册封誠嬪。册文曰：朕惟紫庭列職，聿揚鳴瑀之芬；丹綍褒封，宜備鐫鏐之典。特加命秩，丕焕彝章。爾貴人鈕祜禄氏，禀質粹和。禔躬端謹，協芳型於蘭帊，内則無違；奉介祉於璿闈，慈愉克荷。用賁龍光之錫，爰增翟服之輝。兹奉皇太后懿旨，封爾爲誠嬪。爾其敬事彌昭，茂衍柔嘉之澤；榮稱式副，倍彰淑慎之儀。欽哉。

同日，册封循嬪。册文曰：朕惟彤闈率範，宜茂秩之攸加；紫掖延釐，勉嘉稱之克副。新綸式焕，渥典斯彰。爾貴人伊爾根覺羅氏，毓自名家，昭兹粹質。播芳聲於椒殿，壼教能嫻；迓蕃祉於萱闈，慈歡懋洽。既協鳴璜之譽，爰宣鏤册之恩。兹奉皇太后懿旨，册爾爲循嬪。爾其奉職彌虔，荷鴻庥而衍慶；持榮益慎，膺象服以增輝。欽哉。

五十九年，册封循妃。册文曰：朕惟典徵絲枲，秩每視乎彤庭；度慎珩璜，品宜崇於紫掖。進參翟采，用賁鸞書。爾循嬪伊爾根覺羅氏，備位後宫，分班内職。家人演卦，順符大吉之占；女史垂箴，静協含章之道。兹晉封爾爲循妃，錫之册印，爾其懋修懿德，遵禮則以綏嘉；允荷徽章，引福祥而宜穀。欽哉。

同日，册封婉妃。册文曰：朕惟錫寰區以都福，肇始宫闈；修内教而服勤，首隆位號。爰申嘉命，用晉榮封。爾婉嬪陳氏，夙著徽柔，允稱淑慎。舊依桐邸，小心久侍乎丹宸；新耀翬衣，令範克傳於彤史。慶掖庭之盛事，壽屆八旬；賁綸綍之殊榮，禮隆九御。兹晉封爾爲婉妃，錫之册印。尚其欽承彝典，宣四德以延庥；益荷恩光，迓萬年而篤慶。欽哉。

同日，册封恭嬪。册文曰：朕惟九御承庥，協坤儀而宣化；六宮備位，彰媛德以垂型。載錫綸言，用昭嬪則。咨爾貴人林氏，久簉掖庭，動循禮法。肅雍奉職，持圭璧以維虔。嘉順揚徽，凜冰淵而著慎。年逾周甲，延壽宇之蕃釐；歲紀演寅，晉榮封之懋典。兹晉封爾爲恭嬪，錫之册命。爾其光崇令譽，長依日月之華；益飭芳規，克式鵷鸞之序。欽哉。

同日，册封芳嬪。册文曰：朕惟教德容以率屬，表質椒庭，展功緒而分司，延休柘館。綸言錫慶，翟采增輝。咨爾貴人陳氏，早備內官，夙襄中壼。俯丹墀之雅度，淑慎其身；昭紫室之光儀，柔嘉維則。兹晉封爾爲芳嬪，錫之册命。爾其徽章用荷，記良月以承恩；懿範彌敦，瞻樞星而服職。欽哉。

嘉慶三年，奉太上皇帝勅旨，册封頴貴妃。册文曰：朕惟承恩婉順，芳箴夙著彤闈；錫福康彊，令典宜加紫掖。爰頒鳳詔，用賁鸞書。爾頴妃巴林氏，淑慎聿彰，柔嘉允協。位崇九御，欣壼職之久襄；年近七旬，應宏階之遞進。兹特晉封爲貴妃，錫之册寶。爾其知恩敬授，長符吉於安貞；迪德懋修，倍引和於雍穆。欽哉。

同日，奉勅旨，册封芳妃。册文曰：朕惟內官選德，先綏履福之常；中壼服勤，尤念承恩之久。功既襄於褕采，寵宜被以綸音。咨爾芳嬪陳氏，秉質柔嘉，持躬溫淑。早傳婉娩，椒庭之禮教維嫻；計厥歲年，蘭殿之職司無斁。兹晉封爾爲芳妃，錫之册印。爾其式膺茂典，副優渥之殊榮；彌表懿徽，昭敬恭于勿替。欽哉。

册封二

嘉慶元年，今皇后肇封貴妃，行册封禮。皇帝欽奉太上皇帝勑曰：椒庭備秩，贊坤極之安貞；桂殿分榮，沛巽申而畀錫。冠崇班於翟鞠，壼職兼修；襄順德於珩璜，芳型是式。爾皇太子側妃鈕祜禄氏，柔嘉維則，淑慎不昭。名族鍾祥，允協瑶筐之吉；内朝輔治，庶騰煒管之徽。兹以皇帝嗣位初元，册立皇后，是用封爾爲貴妃，錫以册寶。於戲！翊化六宫之長，迓厥繁禧；拜恩九御之先，膺兹鴻慶。欽此。兹朕謹遵奉太上皇帝勑旨，舉行册封典禮，尚其祇承無斁。

同日，册封諴妃。皇帝欽奉太上皇帝勑曰：政承修壼，榮分内治之隆；慶際膺圖，德奉中宫之化。鴻禧克迓，象服攸宜。爾劉佳氏，式禮聿嫻，秉心惟粹。温恭成性，修紃組以甄儀；柔善流聲，協珩璜而表度。兹以皇帝嗣位初元，册立皇后，用以册印封爾爲諴妃。爾其勤宣淑問，更懋贊乎坤儀；備著芳獻，用祇承乎巽命。欽此。兹朕欽遵奉太上皇帝勑旨，舉行册封典禮，尚其敬膺無斁。

同日，册封瑩嬪。皇帝欽奉太上皇帝勑曰：椒掖承華，進崇班於月御；芝函錫命，昭令範於星闈。爰沛新綸，用光懋典。爾侯佳氏，夙秉小心，克嫻内教。佐褘衣而協吉，禮贊三宫；習瓊珮以迎祥，職參九室。兹以皇帝嗣位初元，册立皇后，用以金册封爾爲瑩嬪。爾其徽章祇荷，新恩均拜於蘭宮；閫訓虔遵，蕃祉同承於桂戺。欽此。兹朕欽遵奉太上皇帝勅旨，舉行册封典禮，尚其敬膺無斁。

二年，今皇后繼位中宫，先行册封皇貴妃禮。皇帝欽奉太上皇帝勅曰：全付有家，必資賢於内助；聿綏多福，宜佐治於中闈。矧訓政之方長，尤承歡之攸贊。爰循茂典，式舉彝章。爾貴妃鈕祜禄氏，華胄鍾祥，德門毓粹。早依光於桂邸，敬慎恒昭；嗣領秩於蘭宮，温恭愈懋。問安侍膳，時襄温清之文；獻繭稱絲，夙樹儉勤之本。用載揚夫蕙問，鏐簡升華；佇特晉於椒塗，褘衣作則。兹封爾爲皇貴妃，錫之册寶。爾其庥承滋至，彌隆尊養之誠；化裕始基，並著謙和之範。尚徽柔之允叶，體順垂模；期蕃祉之備膺，含章播譽。克衍坤元之慶，倍徽泰運之亨。欽哉。

六年，册封華妃。册文曰：朕惟椒掖佐肅雝之化，必賴芳型；蘭闈彰柔順之聲，宜襄中壼。彝章允洽，懿典式頒。咨爾瑩嬪侯佳氏，賦性静專，秉心恪慎。寅承夙夜，鳴環悉協於禮儀；祇助宫庭，分繭克勤夫婦職。是用晉封爾爲華妃，錫之册命。爾其益懷恭謹，答庥命之寵膺；彌勵謙沖，迓蕃釐之懋集。欽哉。

同日，册封淳嬪。册文曰：朕惟教德容以帥屬，治肅六宫；展功緒而慎司，班躋五職。綸言寵逮，鞠采輝增。咨爾貴人董氏，早著柔嘉，夙彰渠範。叙椒塗之茂秩，静事惟宜；揆蘭掖之嘉稱，嫮修獨粹。是用晉封爾爲淳嬪，錫之册命。爾其徽章先荷，謹式度於彤闈；蕃祉遄膺，朗升名於華券。欽哉。

同日，册封吉嬪。册文曰：朕惟位正天闈，宜後星之增朗；教先婦學，允邦媛之攸司。綺觀升華，絲言錫慶。咨爾貴人王佳氏，紫庭助德，彤史摛辭。初履善以含和，早流蕙問；用延祥而集祉，宜荷芳名。是用晉封爾爲吉嬪，錫之册命。爾其粢盛致潔，無忝於明齍玉敦之儀；桑曲襄勤，克贊夫元紞緑籩之典。欽哉。

十年，册封如嬪。册文曰：朕惟椒庭翊化，教婦學於六宫；蘭殿承輝，備内官於九室。鸞章光賁，翟采榮增。咨爾貴人鈕祜禄氏，德著柔嘉，心存敬慎。協彤闈之禮秩，繩矩明衷；茂紫掖之聲華，珩琚合度。是用晉封爾爲如嬪，錫之册命。爾其玉齍贊潔，式膺蕃祉於璇闈；珠珮宣勤，益勵芳規於綺觀。欽哉。

十三年，以慶得皇長孫，並來歲恭際皇上五旬萬壽正慶，加惠宫闈，册封諴貴妃、莊妃、信嬪，均於本年行册封禮。

册封諴貴妃，册文曰：朕惟靈鍾瓜瓞，禎符開五代之祥；化贊褘褕，吉事錫六宫之福。欣歌麟趾，式賁鸞章。咨爾諴妃劉佳氏，德協柔嘉，儀彰淑慎。承恩椒殿，已看九御攸崇；送喜桐階，豈惟一人有慶。既延釐於寶祚，宜頒貺於瑶光。是用晉封爾爲諴貴妃，錫之册命。爾其雍和懋迪，聿襄中壺以垂型；嘉瑞頻仍，長奉宸軒而拜命。欽哉。

册封莊妃，册文曰：朕惟升椒佐治，肅雍襄九御之勤；衍瓞推恩，敷錫普六宫之慶。值雲礽之肇祉，賁綍綸以欽承。咨爾吉嬪王佳氏，賦質金昭，秉心玉粹。柔嘉維則，鳴環允叶乎徽音；淑慎其儀，獻繭克修夫内職。是用晉封爾爲莊妃，申之册命。爾其恪膺茂典，益彰褕翟之輝；迓式繁釐，光贊睢麟之化。欽哉。

册封信嬪，册文曰：朕惟教崇婦學，推恩贊褕翟之華；瑞啓孫謀，錫命篤雲礽之祜。椒塗普慶，鞠采增榮。咨爾貴人劉佳氏，柔則夙持，令儀早著。分絲獻繭，襄蠶事於中宮；顧史陳圖，識雞鳴之大體。是用晉封爾爲信嬪，錫之册命。爾其思名義而彰順德，凛義經履信之文；展功緒以答徽章，佐周雅嗣音之化。欽哉。

國朝宮史續編卷之二十六

典禮二十　祭祀一

坤寧宮祀神儀

臣等謹案：前編於祀神儀，敬載每歲元旦行禮暨正月二日迎神還大内，諏吉展祭。祭日，召王公、大臣食肉。祭之翼日，還愿，並月祭、日祭、朝祭、夕祭。四孟月獻神。春秋二季，堂子立神桿，前期報祭，祭後，仍於坤寧宮大祭。以及十二月二十六日請神進堂子。四月八日堂子浴佛，仍迎神還大内。諸儀臚述綦詳。伏查乾隆四十五年，奉高宗純皇帝聖諭，重譯滿洲祭天祭神典禮，編入四庫全書。維時依據清文，詳加推繹。坤寧宮所朝祭者，爲佛，爲聖帝。夕祭者，爲穆哩罕諸神。祝辭内所稱納丹岱琿，爲七星之祀。喀屯諾延，卽蒙古神，以先世有功而祀者。餘如年錫、安春阿雅喇諸號，哲伊埒呼哲、納爾琿以及安哲、鄂囉羅諸子，雖訓義未詳，而流傳有自。其樹柳枝求福之神，稱爲佛立佛多鄂謨錫瑪瑪者，知爲保嬰而祀者也。謹補輯祝辭、贊辭暨求福諸儀，並恭録聖製大祭食胙諸什。敬惟我國家禮重祀神，凡祭必於正寢。兹坤寧宮日祭及春秋立杆大祭，一遵清寧宮舊制，陶唐淳俗，視周雅之執豕酌匏爲有過之。故於誌祀事首列焉。

祀神之禮，每正月二日，由堂子迎神還坤寧宮，司俎奉安神位後，擇吉展祭。並有月祭、朔祭、日祭。儀均具前編。

朝祭誦神歌禱祝辭月祭日祭同。

上天之子，佛及菩薩，大君先師，三軍之帥，關聖帝君：某年生小子，某年生小子，爲某人祭，則呼某人本生年。今敬祝者：豐於首而仔於肩，衛於後而護於前。畀以嘉祥兮，齒其兒而髮其黄兮，年其增而歲其長兮，根其固而身其康兮。神兮貺我，神兮佑我，永我年而壽我兮。

朝祭灌牲耳禱辭月祭、日祭同月祭，大祭灌用醴酒，日祭、報祭用淨水。

上天之子，三軍之帥，關聖帝君：稱某生如前。敬獻粢盛，嘉悦以享兮。

朝祭供肉祝辭月祭、日祭同。稱聖帝號如灌牲辭，稱某生及敬祝以下辭，均如前。

夕祭坐於杌上誦神歌祈請辭月祭、日祭同。

自天而降，阿琿年錫之神，與日分精，年錫之神：年錫惟靈，安春阿雅喇，穆哩穆哩哈，納丹岱琿，納爾琿軒初，恩都哩僧固，拜滿章京，納丹威瑚哩，恩都蒙鄂樂，喀屯諾延。稱某生及敬祝以下辭，均如前。

初次誦神歌禱辭月祭、日祭同。

納丹岱琿，納爾琿軒初。稱某生及敬祝以下辭，均如前。

二次誦神歌禱辭月祭、日祭同。

恩都哩僧固，僧固恩都哩。稱某生及敬祝以下辭，均如前。

末次誦神歌禱辭（月祭、日祭同。）

拜滿章京，納丹威瑚哩，恩都蒙鄂樂，喀屯諾延。（稱某生及敬祝以下辭，均如前。）

誦神歌禱祝後跪祝辭（月祭、日祭同。）

上天之子，年錫之神：安春阿雅喇穆哩穆哩哈，納丹岱琿，納爾琿軒初，恩都哩僧固，拜滿章京，納丹威瑚哩，恩都蒙鄂樂，喀屯諾延。（稱某生及敬祝以下辭，均如前。）

夕祭灌牲耳禱辭（月祭、日祭同。稱神號如跪祝辭，稱某生及敬獻之辭如朝祭。）

夕祭供肉祝辭（月祭、日祭同。稱神號如跪祝辭，稱某生及敬祝以下辭如朝祭。）

背鐙祭初次向神鈴誦神歌祈請辭（月祭、日祭同。）

哲伊埒呼哲，納爾琿。掩户牖以迓神兮，納爾琿。息甑竈以迓神兮，納爾琿。來將迎兮，侑坐以俟，納爾琿。秘以俟兮，几筵具陳，納爾琿。納丹岱琿，藹然降兮，納爾琿。卓爾歡鐘依，惠然臨兮，納爾琿。感於神靈兮來格，納爾琿。莅於神鈴兮來歆，納爾琿。

二次搖神鈴誦神歌禱辭（月祭、日祭同。）

納丹岱琿，納爾琿軒初，卓爾歡鐘依，珠嚕珠克特亨。（稱某生及敬祝以下辭，均如前。）

三次向腰鈴誦神歌祈請辭（月祭、日祭同。）

哲伊埒呼哲，古伊雙寬。列几筵兮以敬迓，古伊雙寬。潔粢盛兮以恭延，古伊雙寬。來將迎兮盡敬，古伊雙寬。秘以祀兮申虔，古伊雙寬。乘羽葆兮陟於位，古伊雙寬。應鈴響兮降於壇，古伊雙寬。

四次摇腰鈴誦神歌禱辭（月祭、日祭同。）

籲者惟神，迓者斐孫，犧牲既陳，奔走臣鄰。（稱某生及敬祝以下辭，均如前。）

祭神翼日祭天贊辭（月祭、日祭同。）

安哲，上天監臨我覺羅。某年生小子。（爲某人祭，則呼某人本生年。）蠲精誠以薦蘋兮，執豕孔碩。獻於昊蒼兮，一以嘗兮，二以將兮。俾我某年生小子，年其增而歲其長兮，根其固而身其康兮。綏以安吉兮，惠以嘉祥兮。

每歲四季獻神儀（儀具前編。）

朝祭祝辭（稱神號，稱某生，與月祭、日祭同。）

今敬祝者，謹以黄金、白銀、蟒緞、龍緞、片金、倭緞、閃緞、各色緞、布、良馬、健牛，獻於神靈。（以下辭與月祭、日祭同。）

夕祭祝辭（稱神號，稱某生，與月祭、日祭同。敬祝以下辭如朝祭。）

春秋二仲月立神杆大祭前期一二日坤寧宮報祭儀（儀具前編。）

朝祭誦神歌禱祝辭（稱神號，稱某生，與月祭、日祭同。）

今敬祝者，貫九以盈，具八以呈，前期一二日，虔備粢盛，以祭於神靈。（以下辭與月祭、日祭同。）

朝祭灌牲耳禱辭，朝祭供肉祝辭（稱神號，稱某生，及敬獻敬祝以下辭，均與月祭、日祭同。）

夕祭坐於杌上誦神歌祈請辭，初次誦神歌禱辭，二次誦神歌禱辭，末次誦神歌禱辭，誦神歌禱祝後跪祝辭（稱神號，稱某生，均與月祭、日祭同，敬祝以下辭如朝祭。）

夕祭灌牲耳禱辭，夕祭供肉祝辭（稱神號，稱某生，及敬獻敬祝以下辭，均與月祭、日祭同。）

背鐙祭初次向神鈴誦神歌祈請辭，二次搖神鈴誦神歌禱辭，三次向腰鈴誦神歌祈請辭，四次搖腰鈴誦神歌禱辭（稱神號，稱某生，均與月祭、日祭同，敬祝以下辭如朝祭、夕祭。）

坤寧宮大祭儀（儀具前編。）

朝祭誦神歌禱祝辭（稱神號，稱某生，與月祭、日祭同。）

今敬祝者，貫九以盈，具八以呈，九期屆滿，立杆禮行，爰繫索繩，爰備粢盛，以祭於神靈。

（以下辭與月祭、日祭同。）

朝祭灌牲耳禱辭，朝祭供肉祝辭（稱神號，稱某生，及敬獻敬祝以下辭，均與月祭、日祭同。）

夕祭坐於杌上誦神歌祈請辭，初次誦神歌禱辭，二次誦神歌禱辭，末次誦神歌禱辭，誦神歌禱祝後跪祝辭（稱神號，稱某生，均與月祭、日祭同，敬祝以下辭均如前。）

夕祭灌牲耳禱辭，夕祭供肉祝辭（稱神號，稱某生，及敬獻敬祝以下辭，均與月祭、日祭同。）

背鐙祭初次向神鈴誦神歌祈請辭，二次搖神鈴誦神歌禱辭，三次向腰鈴誦歌祈請辭，四次搖腰鈴誦神歌禱辭（稱神號，稱某生，均與月祭、日祭同，敬祝以下辭均如前。）

大祭翼日祭天贊辭（辭與月祭、日祭同。）

求福祀神儀

求福之祭，諏吉有期，預釀醴酒。前期數日，司俎官等向無事故滿洲九家内，攢取棉綫並綢片，敬捻綫索二，紉小方戒綢三。前期一日，司俎官會同奉宸苑官員至西苑，斫取高九斤、圍徑三寸柳樹全株。屆期，安樹柳枝石於坤寧宮廊下，樹柳株於石，懸淨紙並三色戒綢於柳枝上。幔内懸神像，如朝祭儀。儀具前編。炕上，設低案一，陳香碟三，醴酒三，豆糕九，煤餻九，打餻九。炕前列罇酒。西炕之南，設求福高案，陳醴酒九，鯉魚二，稗米飯二，水鍴子二，豆糕等皆以九數，層累排列案上。立神箭於炕前所列罇酒之北，以練麻並所捻九家綫索繫神箭上。又以綫索爲繩，用各色綢片夾繫之，内繫於西壁鐵環，外由户穿繫於柳枝。司香以内管領下婦人充。鋪采氈，皇帝皇后親詣行禮，如朝祭儀。儀具前編。内監及司俎官率所屬進，向上坐，奏神絃，鳴拍板。司祝以覺羅婦諳習者充。執神刀進，致辭誦禱者三。每致禱，鳴拍板之内監等歌鄂囉羅以和之。禱畢，司香舁綫索並神箭，授於司祝。司香舁求福高案，出於户外，列柳枝前。司祝左執神刀，右執神箭，進案前立。司香於檻内鋪采氈，皇帝立案前正中，皇后於檻内東次立，均跪。司祝對柳枝舉揚神箭，以練麻拂拭柳枝。初次誦禱畢，司祝舉箭奉練麻於皇帝，皇帝三捋而懷之，鳴拍板之内監等歌鄂囉羅。二次舉揚神箭，誦禱畢，仍奉練麻於皇帝三捋懷之及内監歌鄂囉羅如前。三次舉揚神箭，誦禱畢，奉練麻於皇后，皇后三捋而懷之。内監歌鄂囉羅如前。皇帝皇后一叩，興，就西炕升座，舉案上所陳之酒，灑於柳枝，所陳之糕，夾於柳枝間。司香仍舁求福高案於原次。司祝入，至神位前，舉揚神箭。如前三次儀。司祝以神刀、神箭授於司香。皇帝進於神位前，就常祭位次跪。司祝以神箭上所繫綫索，一奉皇帝，一奉皇后。司祝致辭，叩，興，合掌致敬。皇帝皇后同一叩，興，仍於西炕上升座。司祝進福胙，皇帝皇后受福，興，還宮。凡祀肉不出門，並柳枝上所夾之餻，均令司俎人等盡食之。釀酒所餘糟粕，俱爲粥，分給食盡。魚之鱗刺送於河。其夕祭求福，皇帝皇后行禮，如夕祭儀。儀具前編。柳枝所繫綫索，貯於囊，懸西壁上。柳枝，司俎官等送堂子，至除夕，同神杆淨紙化之。

樹柳枝求福司祝於户外對柳枝舉揚神箭誦神歌禱辭

佛立佛多鄂謨錫瑪瑪之神位：某年生小子，某年生小子。爲某人祭，則呼某人本生年。今敬祝者，聚九家之綵綫，樹柳枝以牽繩。舉揚神箭，以祈福佑，以致敬誠。憫我某年生小子，某年生小子，綏以多福，承之於首。介以繁祉，服之於膺。千祥薈集，九叙臯盈。亦既孔皆，福禄來成。神兮貺我，神兮佑我。豐於首而仔於肩，衛於後而護於前。畀以嘉祥兮，偕老而成雙兮。富厚而成雙兮，富厚而豐穰兮。如葉之茂兮，如木之榮兮。食則體腴兮，飲則滋營兮。甘旨其獻兮，朱顔其鮮兮。歲其增而根其固兮，年其永而壽其延兮。

求福朝祭祝辭稱神號，與月祭、日祭同，增佛立佛多鄂謨錫瑪瑪之神位句，稱某生及敬祝以下辭如前。

求福夕祭祝辭稱神號，稱某生，及敬祝以下辭如朝祭。

樹柳枝爲嬰孩求福，司祝於户外對柳枝舉揚神箭，誦神歌禱辭稱神號，稱某生，與求福同。敬祝以下易偕老而成雙兮二句，爲體其暢而身其康兮，餘辭同。

朝祭祝辭，夕祭祝辭稱神號，稱某生，與求福同，敬祝以下辭如前。

春季獻子鷄夏季獻子鵝背鐙祭祀祝辭稱神號，稱某生，與月祭、日祭之朝夕祭辭同。

敬以家畜珍禽，搤頸落羽，以獻於神。以下祝辭與月祭、日祭同。

秋季獻魚背鐙祭祀祝辭　稱神號，稱某生，與月祭、日祭之朝夕祭辭同。

敬以江河於獲羞珍，以獻於神。以下祝辭與祭月、祭日辭同。

冬季獻雉背鐙祭祀祝辭　稱神號，稱某生，與月祭、日祭之朝夕祭辭同。

敬以山林所獲饈珍，以獻於神。以下祝辭與月祭、日祭同。

獻鮮背鐙祭祀祝辭　稱神號，稱某生，敬獻敬祝辭與冬季獻雉同。

聖製二月朔日作　辛卯

國章重祭神，大祭必躬親。常以春秋仲月行大祭禮。致敬還清禁，對時届仲春。勑幾敢有忽，歷久倍惟寅。雪後生微冷，虞妨舉趾人。

聖製二月朔日坤寧宮胙肉六韻　丁未

受胙遵家法，肆筵合雅詩。祭而食胙，周雅屢稱之，後世莫之行也。惟本朝家法，春秋大祀神後，必合王公、大臣進坤寧宮食胙肉，猶滿洲淳樸風也。春秋欽大祀，上下沐鴻禧。敬億我太宗嘗御翔鳳樓，諭王貝勒大臣等曰：先時儒臣巴克什、達海、庫爾禪勸朕改滿洲衣冠，效漢人服飾。朕不從，輒以爲朕不納諫。試思設我等寬衣大袖，右佩矢，左挾弓，忽遇碩翁科羅巴圖魯勞薩挺身突入，我等能禦之乎？若廢騎射，寬衣大袖，待他人割肉而後食，與尚左手之人何異？朕此諭實爲子孫萬世之計，恐日後子孫忘舊制，故常切此慮耳。乾隆壬申，恭讀太宗實録，敬述此諭，立卧碑於箭亭，鐫示子孫臣庶，用垂萬禩。是以每食胙肉，必以佩刀親割，躬示倡率，冀世世無忘家法也。割肉躬爲倡，頒糕遠莫遺。滿洲舊例，晨祭之胙，必於室中親友共食畢之，不令出户。福酒福糕，則偏遺未至之親友，敦睦純儉，曲盡情理，應世守之。睦親兼寓儉，逮衆是爲慈。大祀，執豕博碩肥腯，王公、大臣共食，弗盡，仍命入直侍衛等入坤寧宮食之。於此應言吉，滿洲舊俗，於祭神房内最忌傷感。無端亦繾思。憶丁酉以前，凡遇大祀神，必恭進慈寧宮糕酒，茲十年無其事矣。述先示後世，勿漫視常辭。

國朝宮史續編卷之二十七

典禮二十一　祭祀二

奉先殿饗祀儀

臣等謹案：順治十四年，世祖章皇帝崇建奉先殿於宮中之左垣，凡歲時展禮，出入啓告，遇誕辰令節及諸慶典，皆有特饗。以内務府掌儀司領其事。是爲天子家廟之祭，所以孚精忱於密邇者至矣。兹恭考乾隆四十二年，孝聖憲皇后升祔奉先殿禮成，於次年孟秋朔，高宗純皇帝行特祭禮。嘉慶四年，高宗純皇帝、孝賢純皇后、孝儀純皇后升祔奉先殿禮成，於次年孟秋中元日，皇上恪禀前謨，亦詣奉先殿行特祭禮。此列聖、列后升祏孔安，特饗奉先殿之成例也。又考乾隆四十三年、四十八年，駕詣盛京，恭謁祖陵，禮成旋蹕，行告祭禮。此因事祗告奉先殿之令典也。謹臚述行禮事宜，並次第恭録聖諭、諭旨、聖製、御製詩，以著祭法周詳，爲曠古所未備。載考乾隆三十七年，奉有聖諭，爲我皇上躬承廟祀之始。大褰將事，恩注引長，實與躬詣盛京時敬告珠邱，意同深遠。謹按年登輯卷首，益徵付畀之所見端云。

乾隆三十七年十一月十九日，奉諭旨：皇十五子年已長成，業經賞與端罩，致祭奉先殿，亦著開列。

四十二年五月乙丑，孝聖憲皇后神牌升祔太廟禮成，尋升祔奉先殿。上具衮服，乘輿，由景運門出，至誠肅門降輿，詣神庫前，恭捧孝聖憲皇后神牌入奉先殿，奉安神牌於祗見拜位，行參拜世宗憲皇帝、孝敬憲皇后禮。上於祗見位次稍後，設拜褥，恭代三跪九叩，興，就前跪，恭捧孝聖憲皇后神牌，奉安於世宗憲皇帝之右寶座上。上就拜位，致祭行禮，如大饗儀。儀具前編。禮成，上乘輿還宮。命皇十一子永瑆恭捧孝聖憲皇后神牌，入奉先殿後殿。皇十五子□□恭捧孝賢皇后神牌，出至穿堂跪迎，隨行進右第二室，行參拜世宗憲皇帝、孝敬憲皇后禮。皇十一子永瑆，安奉孝聖憲皇后神牌於拜位，恭代行參拜禮，敬捧孝聖憲皇后神牌，奉安於世宗憲皇帝之右寶座上。皇十五子□□安奉孝賢皇后神牌於拜位，恭代行參拜孝聖憲皇后禮，恭捧孝賢皇后神牌，還御寢室，奉安行禮。翼日，頒詔天下。

四十三年七月戊子，上詔奉先殿行禮。

臣等謹案：乾隆四十二年五月，孝聖憲皇后升祔太廟，本年孟秋時享，高宗純皇帝卽躬詣行禮。而奉先殿自升祔以來，未經特祭，至是敬展初禋，以申孝慕。所謂禮緣義起，亦因時制宜之一端也。

四十三年九月癸丑，上詣奉先殿行禮。

四十八年十月戊子，上詣奉先殿行禮。

臣等謹案：乾隆四十三年，高宗純皇帝三詣盛京。四十八年，四詣盛京，謁陵禮成，於旋蹕之翼日，恭詣奉先殿前殿致祭。閟宮蕆禮，受祜觀成，允宜昭茲來許云。

六十年九月初六日，奉諭旨：皇太子恭謁兩陵，所有拜位，應在琉璃門內，石五供南，安設拜褥行禮。恭祭太廟、奉先殿，拜位應在殿門檻外階上，安設拜褥行禮。其拜褥俱用金黃色。

十月甲辰，孝儀皇后升祔奉先殿。內務府執事官恭請列聖、列后、孝賢皇后神牌於前殿。屆時，皇太子龍袍補服，詣神庫前，恭捧孝儀皇后神牌入奉先殿，奉安神牌於祗見拜次。行參拜列聖、列后、孝賢皇后禮，皇太子於祗見位次稍後，設拜褥，恭代三跪九叩。興，就前跪，恭捧孝儀皇后神牌，奉安於孝賢皇后之次寶座上。皇太子就位，致祭行禮，如大饗儀。儀見前編。禮成，皇太子還毓慶宮，內務府執事官恭請列聖、列后、孝賢皇后、孝儀皇后神牌，還御寢室，升香行禮如常儀。

臣等謹案：乾隆六十年乙卯，九月初三日，冊立皇太子。維時奉有聖諭：皇太子生母令懿皇貴妃贈爲孝儀皇后，升祔奉先殿，列孝賢皇后之次。是年十月二十七日，行升祔禮。敬登饗祀儀，以著隆禮推尊之盛。

嘉慶四年九月甲戌，高宗純皇帝、孝賢純皇后、孝儀純皇后神牌升祔太廟禮成，尋升祔奉先殿。皇上具袞服，乘輿，由景運門出，至誠肅門降輿，詣神庫前，恭捧高宗純皇帝神牌，派出成親王永瑆恭捧加上廟謚孝賢純皇后神牌，慶郡王永璘恭捧加上廟謚孝儀純皇后神牌隨行。入奉先殿，奉安高宗純皇帝神牌於東次第三室正中寶座；孝賢純皇后、孝儀純皇后神牌，安奉於祇見拜位。行參拜高宗純皇帝禮，皇上於祇見位次稍後，設拜褥，恭代三跪九叩。興，派出之親王、郡王進至拜位前，恭捧孝賢純皇后、孝儀純皇后神牌，奉安於高宗純皇帝寶座之左右次。皇上就拜位，致祭行禮，如大饗儀。（儀具前編。）禮成，皇上乘輿還宮。內務府執事官恭捧高宗純皇帝、孝賢純皇后、孝儀純皇后神牌，入奉先殿後殿，奉安高宗純皇帝神牌於後殿東次第三室，寶座殿中；孝賢純皇后、孝儀純皇后神牌，左右奉安寶座，升香行禮。翼日，頒詔天下。

五年六月初三日，奉諭旨：上年九月，皇考高宗純皇帝升祔後，朕於孟冬時享，歲暮祫祭，恭詣太廟行禮。而奉先殿尚未經特祭，恭讀皇考御製詩集註內，詳載乾隆戊戌年因孝聖憲皇后升祔後，未經親祭奉先殿，特於是年孟秋之朔，親詣致祭。而孟秋時享太廟，循例遣王恭代。朕思中元爲祭祀之辰，朕本擬恭詣裕陵致祭，因查乾隆二年皇考曾經降旨，以秋令正值禾黍暢茂，恐致扈從人馬踐踏，是以未經前詣泰陵。朕自當謹守前謨，不敢過禮。至奉先殿致祭，則有皇考成例，所當倣法遵行。今朕特於中元恭詣奉先殿前殿，讀祝致祭，以申誠敬。所有應行典禮，著該衙門照例敬謹預備，並詣壽皇殿拈香行禮。屆日，上詣奉先殿、壽皇殿行禮，如大饗儀。（儀見前編。）

八年八月二十一日，孝淑皇后神牌升祔奉先殿。前期一日，皇上親詣奉先殿告祭。升祔之日，命皇次子綿寧行禮。是日，孝淑皇后神牌由靜安莊入東華門，儀仗全設，皇次子綿寧於門內跪迎，隨行至誠肅門。皇次子綿寧詣神牌前，行一跪三叩禮，恭捧神牌入奉先殿，安奉孝淑皇后神牌於祇見拜位。行參拜列祖、列后禮，皇次子綿寧恭代三跪九叩。興，就前跪，捧孝淑皇后神牌，奉安寶座。皇次子綿寧就拜位，致祭行禮。禮成，内務府執事官恭捧列祖、列后神牌，還御奉先殿後殿。孝淑皇后神牌，奉安寢室，升香行禮。

十年九月癸酉，上詣奉先殿行禮。

臣等謹案：是年皇上初詣盛京，謁陵禮成，於旋蹕之翼日，恭詣奉先殿前殿行禮。謹依例登載，用彰展敬初儀，並著祭義之欽承法守者焉。

十一年十月二十八日，奉諭旨：向來太常寺衙門每次呈進恭祭太廟本章，内閣將親詣行禮及遣員恭代之處，照例票擬雙簽請旨。惟恭祭奉先殿，内務府衙門祇將派出輪值行禮之阿哥、王、貝勒、貝子、公指名繕寫緑頭牌奏聞。其有應行親詣行禮者，俱係屆期特旨諭知，内務府從不先行奏請，辦理未能畫一。嗣後著内務府於恭祭奉先殿，除例係阿哥及王、貝勒等輪值行禮日期仍照舊輪流奏聞外，其應親詣行禮日期，著繕寫緑頭牌兩分，將親詣行禮或遣派恭代，奏明雙請，候旨遵行。

聖製七月朔日躬祭奉先殿禮成述事 戊戌

年節雖恒叩後殿，每於元旦及皇祖、皇考聖誕忌辰，必躬詣後殿拈香行禮。未曾前殿祭斯陳。況經升祔四時閲，應似秋嘗昨典循。昨歲孟秋，以聖母升祔後，初值時享太廟，是以親詣行禮。而奉先殿則自聖母升祔以來，未經特祭，因於孟秋之朔，敬備祀事。至太廟時享，仍如例遣親藩恭代。恭代親藩詣太室，必躬家廟舉精禋。奉先殿，蓋如天子之家廟也。禮因義起施殊處，祇覺悲傷勝敬寅。

御製中元日敬詣奉先殿致祭禮後詣壽皇殿拈香詩以誌哀　庚申

祇餘祭以禮，敢弗竭衷誠。原廟躬親叩，山陵兄代行。（中元節，命成親王恭詣裕陵代謁行禮。）舊章心敬守，永慕痛常縈。悲值中元節，況逢歲建庚。（今歲爲皇考九齡正壽，未得與臣民同申慶祝，迴思夙願，哀感深尤。）多年漏網賊，無意得生擒。泣感照臨澤，如聞僾愾音。（劉之協爲教匪滋事首逆，竄匿多年，屢煩聖慮，今始擒獲，庶釋在天之廑，益感默佑之恩也。）浙黔恩普被，（謂風蕩洋盜、兵勦青苗二事。）隴蜀盼尤深。叩籲赦民刦，早酬望捷心。

壽皇殿饗祀儀

臣等謹案：雍正年中，世宗憲皇帝始於景山恭建壽皇殿，奉安聖祖仁皇帝神御。乾隆元年，高宗純皇帝奉安世宗憲皇帝神御。殿址舊在景山東北。至十四年，乃移建於山向正中，明堂九室，規製清嚴。嘉慶四年，皇上繼序追虔，孝思維則，恭奉高宗純皇帝神御敬安壽皇殿，申羹牆之慕百世於以觀德焉。緬維太祖高皇帝、太宗文皇帝、世祖章皇帝暨列后胥有御容，向於體仁閣函奉尊藏，未修時祭。乾隆十五年，始合請於壽皇殿，序依昭穆，按室恭懸，每年祼獻如例。茲恭考乾隆四十二年，奉安孝聖憲皇后神御；嘉慶四年，奉安高宗純皇帝、孝賢純皇后、孝儀純皇后神御於壽皇殿，皇上躬行饗祀之禮，並恭録乾隆五十七年聖製詩，用彰世德之隆，昭垂億禩。餘元旦、令節、朔望時祭、常日設供、薦新各典禮，備著前編。

乾隆四十二年五月丁丑，奉安孝聖憲皇后神御於壽皇殿，上親詣行禮，如大饗儀。（儀具前編。）

嘉慶四年九月二十日，奉諭旨：朕明日敬詣壽皇殿，供奉高宗純皇帝、孝賢純皇后、孝儀純皇后神御，著皇次子綿寧、儀親王永璇、成親王永瑆、慶郡王永璘、定親王綿恩、質郡王綿慶、貝勒綿懿，俱穿蟒服，於壽皇殿西門外伺候，恭隨行禮。翼日，皇上親詣行禮，如大饗儀。儀具前編。

臣等謹案：壽皇殿展謁，元旦，王公隨行禮；除夕、正月初二日，皇子輪班行禮，此成例也。是年秋，以奉安神御吉饗，特命皇子、親王恭隨行禮，蓋準廟祫之儀，篤庭闈之慕，天家逮事，不啻環仰生存，益見聖人制禮，推愛殫情，務協仁孝誠敬之極則焉。

聖製元旦壽皇殿瞻禮紀事 有序 壬子

我太祖、太宗、世祖三朝，胥有御容，向惟收供體仁閣，無展謁獻祭之禮。予小子既重修壽皇殿，奉皇祖、皇考御容，以時瞻拜獻祭，因敬於乾隆庚午年元旦，恭奉三朝御容於壽皇殿，一如奉先殿昭穆次序，俱南向，按室懸像，行獻祭禮。翼日收奉於殿之左，別爲一殿曰衍慶者，比祧廟之制。自此每年元旦瞻拜如例。且體仁閣於乾隆癸卯年曾經回禄，若三朝御容非於庚午預移，則不可問矣。豈非天佑我祖宗神御之明驗，而予小子之大幸乎？誠感昊貺，非言可喻，是舉雖爲禮刱，實因義起。念兹事體大，故久而弗敢著言，逮今四十有二年矣。然不可不以示子孫，是用成什，敬誌予懷。

天命天聰及順治，三朝胥有御容真。尊藏祇是體仁久，太祖、太宗、世祖御容向祇尊藏於體仁閣，從無展獻之禮。移奉爰於衍慶新。乾隆庚午，命重葺壽皇殿，左曰衍慶，右曰綿禧，別爲二殿，因自體仁閣奉移三朝神御於衍慶殿敬藏，元旦肇行祭禮。昭穆次惟依太室，太廟之祭，太祖居中，左右昭穆以次，東西相向，兹因懸展御容，東西相向不便，因敬俱南向設祭。日星表合叩元辰。長言敬此示奕葉，瞻拜心應繩繼諄。

御製八月十三日皇考誕辰，率兄弟子姪敬詣神御前展拜，泣述悲懷 庚申

質明禮神御，稽顙倍欷歔。四代人同在，九旬願恨虛。憂懷實難釋，悲緒莫能舒。何以酬遺志，餘氛未盡除。

國朝宫史續編卷之二十八

典禮二十二　祭祀三

齋戒儀

臣等謹案：祭法昭垂，禮嚴遷坐。會典載，南郊、祈穀、常雩，例於祭前三日，上御大内齋宫；北郊、太廟、社稷饗祀，均於養心殿致齋。溯自乾隆二十七年迄六十年，高宗純皇帝躬承大祀，齋祓維謹。惟四十八年北郊遣代一次，四十九年祈穀遣代一次，五十五年、七年、九年常雩遣代三次。其間疊奉聖諭，雖祀事未經躬舉，而先期端居嚴謐，仍循潔膳徹懸之文，以表蠲肅。洵乎聖必慎齋，而祭則受福也。至夫感通之捷，由乎專壹之本，備著於節年聖製詩。鉅典恒經，允宜證詩爲史，其間有因中祀齋居，寅虔罔間，見諸御集。有關舉典者，謹詳録焉。欽惟我皇上主鬯薦馨，毖忱將事，屢於齋宫述懷志警，一以高宗純皇帝之心爲心，仁孝之饗，預戒彌虔。爰按年恭載御製齋居諸什，以昭繼續凝承，聿光簡册。至太常於齋期恭進銅人，懸齋戒牌，及尚膳不御葷，法司不奏刑名諭事例，悉具前編。

乾隆四十八年五月十九日，奉諭旨：朕臨御以來，祗畏寅恭，凡遇壇廟大祀，無不恪誠齋祓，親詣行禮。兹屆夏至北郊，於十九日進宫齋戒，適因氣滯舊患作痛，現在令醫加意調攝，尚未全痊，誠恐升降儀節有愆，轉不足以昭誠敬，朕卽在御園齋戒，派皇六子永瑢恭代行禮。若臨期體氣全安，朕仍親往肅恭莅祀。

四十九年正月初二日，奉諭旨：朕臨御以來，祇承寅畏，於郊壇大典，罔不恪恭將事，親詣行禮。本年正月初五日，上辛祈穀，因去歲所患氣滯舊恙偶發，誠恐登降儀節或愆，轉不足以申誠敬。此次著派皇六子永瑢恭代行禮，朕仍於齋宫敬謹齋宿，屆期親詣大高殿行禮。

臣等謹案：乾隆五十五年以後，常雩遣祭凡三次。蓋以聖駕方有事於時巡，庚戌幸江浙，壬子幸五臺，甲寅幸津淀。禮臣例於未屆齋期之前，疏請恭代，揆諸宸衷儼恪，實無地不殷爲民祈福之誠也。

嘉慶四年九月二十七日，奉諭旨：向來每歲舉行祈穀典禮，俱由禮部等衙門隔年預行奏聞。明歲庚申正月初八日上辛，應行祈穀大祀係在立春以前，所有致祭日期，業於昨歲奏明高宗純皇帝，自當屆期舉行，不敢改議。惟朕思禮經所載，孟春祈穀，原爲本年歲事預兆農祥，若在立春前舉行，於乘陽之義，未爲精當。因檢查大清會典、文獻通考，書内載，康熙五十四年欽奉諭旨，以次年正月初十日雖係上辛，尚未立春，從前亦有於次辛、下辛致祭之時，交大學士會同太常寺議奏。旋經議准於下辛行禮。又雍正十二年，亦以次年正月十二日立春，初十日應行恭祀祈穀壇，欽奉諭旨，以祈穀乃新春典禮，似不應在立春以前，交該部會同定議，亦改期次辛，並請嗣後每年祈穀，均在立春後上辛日舉行。又乾隆十五年二十九年，俱因次年上辛在立春以前，改用次辛。又四十六年，禮部具題次年祈穀日期，改用次辛。欽奉諭旨：朕御極以來，遇正月初三日以前上辛，因必須隔年齋戒，是以改用次辛。其有初四日上辛，亦改用次辛者，則因聖母皇太后祝釐初祉，儀不容失。至明年正月初四日上辛，並非向年可比，況冬至南郊禮成，有於次日受賀者。所有明歲祈穀，仍用上辛，並著爲令。可見祈穀典禮，我聖祖、世宗、高宗，俱以應在立春以後，得辛舉行爲是，理應敬謹遵行。嗣後每年祈穀，總以立春爲度。如立春在本年臘月，而上辛亦在年内，未便隔年舉行祭祀之禮，自應改用次辛。又立春係在年内，而得辛如在元旦及初二、初三，則歲除之日，既未便於城外宿壇，卽得辛在正月初二、初三等日，而除夕亦係齋戒之期，朕應住宿齋宮，於元旦應祭堂子、奉先殿、壽皇殿及宫中拜神之處，亦未便分别行禮，俱應改用次辛。總之，每年春後得辛，如在正月初四日以後，則當用上辛；在初四日以前，則當改用次辛。設得辛日期適遇正月初七日世祖章皇帝忌辰，則祗承之義，統於一尊，不必因此而展祈穀之期，仍當於是日恭行致祭，壇上亦仍照儀注作樂，惟禮成回宫，鹵簿大樂則設而不作。至元旦朝賀，原屬臣下敬上儀文，因值齋戒期内，停止受賀，以昭朕凝承禋祀之儀，於禮原屬無失。況南郊禮成，向有次日受賀之例。此後凡遇元旦齋宿，其朝正典禮，應於祈穀次日補行。著爲令。

五年閏四月初五日，奉諭旨：向來恭遇祭祀齋戒日期，各部院衙門例不進本，但思大禮圜丘、祈穀、常雩，朕精誠專壹，祗宿齋宫，自應循例不進本章，以昭虔敬。其方澤、太廟、社稷，均係大祀，雖照常齋戒，而不親宿齋宮。若各衙門本章概不呈進，恐致事多積壓。嗣後凡遇齋戒日期，如圜丘、祈穀、常雩親宿齋宮之日，各部院仍照向例不進本章；至方澤、太廟、社稷，致齋三日內，除刑部不必進本，及各部院、外省本章有關涉刑名者俱不呈進外，其餘尋常事件，著各該衙門照常進本。卽以本年方澤大禮爲始，著爲令。

初七日，奉諭旨：禮部具奏五月初一日夏至方澤大禮，高宗純皇帝升配事宜一摺，於祭日先詣高宗純皇帝神牌上香行禮，尚未周備。上年冬至，恭逢圜丘大祀，祇奉高宗純皇帝神牌升配，朕於前一日恭赴天壇齋宿，卽敬詣皇穹宇拈香，隨至高宗純皇帝神牌黄幄敬謹行禮。今春祈穀升配，前一日，先詣皇乾殿，次詣神牌黄幄，禮節亦同。今方澤大祀，高宗純皇帝升配地壇，因每年例係在宮內齋宿，禮部請於祭日先詣神牌黄幄行禮，視升配天壇禮儀尚缺先期致告一節，朕心殊覺未安。因思地壇於乾隆十七年初建齋宮，皇考曾詣齋宿一次，彼時新栽樹木，尚未成陰，隨從官員致有受暍者，皇考俯加體恤。以後夏至地壇，俱卽齋宿宮内。祭日，始詣壇行禮。此次升配前一日，自應先期致告，若禮畢仍還宮，於義未合。若住宿壇内齋宮，雖屬正理，但隨從之王公、大臣、侍衛人等，車馬喧闐，其時高宗純皇帝神牌黄幄恭設北天門外，相距甚近，實不足以昭虔肅，心實不安。再四思維，惟有前一日閱祝版畢，還宮辦事後，朕由東華門恭赴皇秖室拈香，隨至高宗純皇帝神牌黄幄行禮畢，卽詣雍和宮齋宿。其隨從王公、大臣、侍衛等，亦可就近致齋。朕於次早恭詣地壇行禮，庶圜丘方澤升配前期致告之儀，既昭畫一，而禮緣義起，節次更爲詳備。著禮部遵照此旨，於儀注内敬謹增載，此次專爲升配增此禮節。嗣後夏至地壇齋宿，仍照舊例行。

八年十月二十七日，奉諭旨：向來孟春太廟時饗，係於正月上旬諏吉舉行，非如夏秋冬之必於孟月朔日著有定期者可比，且較之祈年祀典定以辛日將事者，亦屬有間。因思祭期若在正月初四、五、六等日，則初三日適當致齋之期，正期皇考高宗純皇帝忌辰，是日朕若仍御青袍青褂，則廟祀爲重；若竟御齋戒常服，朕心實切不安。卽臣工等常服將事，亦究有未協。禮緣義起，自當斟酌變通，明年孟春時饗祭期，本擇於正月初六日，但既係蠲吉舉行，卽非不可改移之期。檢查嘉慶元年以來，正月初八、初九等日，均曾練日明禋，明歲正月初八日，亦係吉期，卽著改於是日舉行孟春時饗典禮。嗣後孟春時饗日期，總於正月初八、初九、初十等日内擇吉舉行。著爲令。

臣等謹案：齋戒以神明其德，無闕典，無廢事，志洒壹焉。皇上定得辛之大禮，以崇歲祉，著進本之常例，以飭政經。而於高宗純皇帝升配方丘鉅典，斟酌從宜，特詣雍和宫齋宿，表宅心之敬，擷禮意之精，不特自古帝王致齋無此竭誠，實亦自古儒臣議禮，無從仰窺萬一者爾。

閱祝版儀

臣等謹案：我朝定制，皇帝親舉大享，例以祝版陳詞，敬申昭告。時祭之文，具有常式。遇特祭，則史官因事虔撰，舍人盥而録諸版，閣臣恭書御名，祭之日，奉常官嫻奏讀者讀焉。書用清文，讀用國語，昭假上下，不啻呼吸之相感通。盛哉乎禮之以文宣，而誠之以辭達者，端重乎此。每祀前一日，皇帝御殿祗閱，齋潔以臨。視古史筴祝，僅詔春官掌之，尤爲儀節詳而眡察謹，其奠玉及供薦香、帛，躬閲如制。臣等於前編外增輯祝版規制，並視版儀注事宜，以駕出殿庭將事，本肅共神明之德，裕承致多福之原，允足以彰宫史鉅儀，不特補曩代禮書所未及。謹据會典通禮諸編，臚次如左。

祝版之制，以木爲之。圜丘、方澤，方一尺五寸，徑八寸四分，厚三分。祈穀壇方一尺一寸，徑一尺，厚如之。太廟後殿方一尺二寸，徑八寸四分。前殿方二尺，徑一尺一寸，厚如之。常雩、社稷壇、日壇、月壇，均與太廟後殿同。餘中祀、羣祀，方徑各有差。天壇，青紙青緣朱書。地壇，黄紙黄緣黑書。太廟、社稷壇，均白紙黄緣黑書。中祀日壇，朱紙朱書。月壇，白紙黄緣黑書。羣祀，白紙黑書，不加緣。太常寺派祝版官先期褾飾，於祀前二日昧爽送内閣，授中書，安奉潔室。書祝辭畢，仍授祝版官緣邊。内閣典籍，預設黄案於政事堂正中，中書奉版陳於案，南嚮，大學士詣案前立，北面展祝文，敬書御名畢，覆以銷金青緞袱，仍尊藏潔室。翌日，陳於内閣，竢太常寺官祗請。

凡親詣之祭，前二日，太常寺奏請皇上於祀前一日閲祝版。是日，奏派讀祝官一員，並請恭閲玉、帛、香如儀。圜丘、祈穀、常雩祝版，御太和殿閲視。方澤、太廟、社稷祝版，御中和殿閲視。欽天監以定例日出時刻送太常寺具奏，如奉旨，改於日出前數刻。祝版案上，設羊角鐙二，由掌儀司官率殿中首領内監燃燭預備，太常寺執事官屆期執鐙以竢。

視版之日，太常寺設黄案於太和殿内正中御座之南，設香亭於殿内左楹之東，設奉祝版亭、奉玉帛香亭於殿内右楹之西。中和殿不設香帛亭，餘儀同。太常寺贊禮、讀祝各官具玉帛於篚，貯香於盤，祗竢太和門外。太常寺卿率屬贊事殿内。至時，詣乾清門啓奏。皇帝御龍袍衮服，中和殿視版，御衮服。如遇忌辰，惟太廟祝版御常服閲視。

乘輿出宮，前引後扈如常儀。至太和殿北階降輿，升太和殿內，近中間東槅扇西嚮立。記注官四人立殿右門外，東面。太常寺官自內閣奉祝版入太和中門，玉、帛、香隨入，前列提鑪二，贊禮郎十人，導引升中階，至丹陛上止。司祝各官奉祝版，並玉、帛、香進殿中門，以次陳於黃案，三叩，退。太常寺卿就案前立，啓祝版袱，退。贊禮郎進前跪，鋪拜褥，退。皇帝詣案前立，次第恭閱畢，行一跪三拜禮，興，復位立。太常寺卿韜祝版，贊禮郎徹拜褥，司祝各官進至案前，三叩，興。恭奉祝版、玉、帛、香依次設亭內，三叩，退。司香官就香亭奉香合，立於亭東。司拜褥官鋪拜褥於香亭前，退，立香亭之右。太常寺卿二人，恭導皇帝至香亭前立。司香官跪進香。皇帝上香，行一跪三拜禮，興，復位。司拜褥官徹拜褥，司香官奉香合置亭內，退。鑾儀衛率校尉舁亭，香亭在前，祝版亭、玉帛香亭以次由中道出，前引如儀。請祝版架、祝版案官，各就案前奉祝版架、案，由殿西槅扇出。太常寺卿跪奏「禮成」。皇帝乘輿還宮。大祀如遣官行禮，即將停止視版與停進齋戒牌、銅人一併具奏。中祀、羣祀，由太常寺官赴內閣徑請送祭所，不具奏。

國朝宮史續編卷之二十九

典禮二十三　祭祀四

聖製祈穀齋居詩　壬午

首歲祈年躬謹行，齋居遷坐肅精誠。銅人對似臨師保，玉漏聆常凛旦明。瑞色農占宿三白，宮聲市語徹新正。春聯朱户書金馬，悉我殷殷奉若情。

聖製祈穀齋居即事　癸未

元旦賀慈寧，正朝拜夷使。有事弗得齋。次辛依往例。然予益惆衷，端居滋惕惴。樂固簾徹懸，炬乃簷猶綴。春朝恒卜昌，亦曰祈農瑞。雨詎非爲澤。昨年殊亟備。顒調八有休，肅凛三無義。

聖製仲春齋居詩　甲申

仲月臨上戊，將以祈右壇。法官肅致齋，穡事籌大田。去歲沐鴻貺，二收頗可觀。稍以濟災黎，吾心爲少寛。即今農方興，夔夔敢即安。顒希暘雨若，庶得綏豐連。所厪萬民食，所凛爲君難。高居非習静，默審敬怠端。

聖製三月朔日齋居對雨詩 甲申

鼎新古帝廟，落成莫之春。先二日致齋，是爲中祭倫。怵惕念代興，惟天詎由人。厥德苟匪常，難諶命亦淪。遷居弗遑安，思艱圖易民。甘膏邇屢霑，潤溽利耕畇。卽慮後難繼，敢曰稔可臻。處順益屏營，庶幾承澤頻。

聖製首夏雩祭齋居六韻 甲申

孟夏方過祭，常雩又值齋。還宮惟毖祀，遷坐此澄懷。琴瑟音全徹，辛腥味並排。紅蕤辭苑杏，緑葉張（去聲）庭槐。勅政中和致，甄心肅静皆。晚來雲氣好，便冀雨尤佳。

聖製祈穀齋居詩 乙酉

民所重惟食，聖所慎惟齋。祈穀將大祀，遷坐欽銅牌。五味舉用淡，（葱韭類不用。）八音徹克諧。清夜省厥成，韶春迓欲來。濃雲韜月光，復雪當益佳。

聖製養心殿齋居詩 乙酉

旭影遲前階，風炎避廣殿。遵例坐弗遷，（冬至祈穀雩祭，例御齋宫，餘祀皆卽養心殿而齋。）祛辛食則變。無逸勅幾政，有簫覿俊彦。卓午亦餘暇，披涼不知倦。攲案展雲編，疏屏辭綵扇。夕春雲氣濃，因之復生羡。

聖製冬至齋居詩 乙酉

禮云毋不敬，繼曰儼如思。況值一陽復，將臨大祀時。政稀心敢逸，書在手勤披。安静天行奉，無爲卽有爲。

聖製仲春齋居詩　丙戌

上戊屆春祈，齋三居禁闈。漏長晷漸短，寒盡雪全晞。主敬所無逸，得閒益勅幾。明窗下簷影，卽此悟流暉。

聖製耕耤齋居詩　丙戌

中祀雖云兩日齋，一心敬豈有殊差。暮春祇盼雲生宇，北景已看日下階。濕土龍孫生埭筍，細陰兔目吐宮槐。披芸寧爲資該博，欲溯文言究道荄。

聖製齋宮對雨詩　丙戌

東壁潔齋廬，大齋遷以居。將雩顒有若，遂雨慶何如。潤意滿金甼，寒光切碧疏。昔題一再讀，觸目敬深予。

聖製夏至齋居詩　丙戌

雨足炎如失，日遲晝正長。致齋存一敬，撫序過純陽。徹樂無琴瑟，消閒有縹緗。薰風方應候，殿厦納微涼。

聖製雩祭齋居對雨詩　丁亥

協紀見龍星，將爲請雨祭。仲春雨小降，風乃清明自。其後雖間零，終讓蓬蓬勢。邇來日以甚，踊懼旱將致。三齋始今辰，侵曉雲容萃。細灑及密霏，自辰達于未。顒望轉彷徨，實覺欠優被。傍晚復連纖，渥恩企霑暨。

聖製辛祭齋居詩　戊子

民以食爲天，祈穀重民事。幸園奉慈豫，還宫凜大祭。齋居肅遷坐，政簡澄心意。庶務可暫屏，軍郵卽批示。時正值我軍征緬甸鑾結，連破其砦，直抵宋賽，已近阿瓦城，日望捷音之至。丙夜亦夙興，渴望捷音至。

聖製耕耤齋居詩　戊子

中祀齋兩日，同然敬一心。仲春已和邕，廣殿亦深沈。静此萬幾勑，紛其衆理斟。漸增愁雨意，風每逐輕陰。

聖製雩祭齋居詩　戊子

今春雨霑膏，緑野足一犂。昨自郊外來，二麥秀欲齊。幸此承天貺，惟敬益日躋。龍見舉明禋，祈澤遑敢稽。遷坐兹虔齋，又見興朝隮。無何風散之，失望徒怦兮。及時希優霖，篤篤聞鳩啼。

聖製仲春齋居詩　己丑

新正平聲倏過仲春至，兩祭併爲一次齋。仲春上丁祭文廟，上戊祭社稷壇，例應併齋。今歲適皆親詣行禮。且喜節餘心適静，更逢雪足澤涵佳。星中鳥宿將臨度，日北簷陰已下階。日向北行，則簷影漸下而南。雖是肅居有清暇，命師籌遠正去聲縈懷。

聖製四月朔日齋宫作　己丑

大齋必遷坐，孟夏又辭春。宫樹陰將密，銅人時正陳。明衣惟此潔，變食戒其辛。屢見濃雲作，希哉雨及辰。

聖製齋居卽事　庚寅

齋以敬爲要，穆如謹視聞。雖逢政斯簡，猶恐志微紛。窗紙移曦影，鑪香裊篆紋。撫時方出震，惕若作之君。

聖製雩祭齋居詩　庚寅

依例此遷坐，齋宮静雨餘。銅人儼師保，黼扆惕居諸。雲作復顒若，風生更惄如。自知不知足，莫可少悛予。

聖製冬至齋居詩　庚寅

日精門左側，廣殿值齋臨。陽復天心見，鴉歸暮色侵。政章雖簡奏，治理要詳斟。更有挑燈暇，經書趣可尋。

聖製祈穀齋居詩　辛卯

齋必坐居遷，仍於左个焉。齋宮在乾清門左。新正政方簡，首祭意彌虔。冬澤雖云被，春膏亟欲連。同雲時聚散，顒望又殷然。

聖製新正齋居詩　壬辰

元正作纔過，大祀今將臨。遷坐居齋宮，精一勅寸心。庶政雖云簡，萬幾敢弗欽。西川厪奏章，丙夜問披衾。首祚重祈年，臘雪積未深。潤墢占三白，正月九宮，三白在下，農占易雪。望雲凜難諶。

聖製二月朔日齋居作　壬辰

祈社候將臨，齋居值養心。殿名。還宮恒所御，以非郊祭，例即此齋居。非郊弗遷坐，亦祀敢忘欽。閒味芸編趣，靜聽蓮漏音。春雲方集霰，凝望轉難禁。

聖製季春齋居詩 壬辰

小祀例惟兩日齋，齋斯同一敬爲偕。潤滋東畝無需盼，捷待西川至繫懷。曦北低看移牖影，晝長遲覺報壺牌。輕雲薄霧常奄靄，不雨何妨雨亦佳。

聖製夏日養心殿齋居詩 癸巳

祭重躬親每勗予，深沈彤殿暑全袪。雖然長夏渾忘夏，縱不遷居亦肅居。夏至致齋，雖不御齋宮，而儼恪之忱，則與有事南郊之齋肅無異也。風帶涼知雨所致，他應霑愧此仍虛。早間微雨後，風來頗涼，知他處必有渥霑甘澍者，而此地僅濡霡霂，爲之惄然。萬幾云暇忙猶在，點勘新增四庫書。時詞臣勘校永樂大典，擇其可以刊行者，按四庫先繕十數種以進，足供幾餘檢閱。

聖製四月朔日齋居詩 甲午

三春倏已過，孟夏又來臨。所幸霑膏雨，無能惜寸陰。遷居有常例，大齋於宮内齋宮居，信宿預日詣壇。變食爲清心。政簡雖餘暇，仍勞盼捷音。我師臨賊巢甚近，益切望捷音之至。

聖製祈穀齋居詩 乙未

祈年躬祭望恩覃，左个齋居豫日三。潔膳去辛辣徹懸心致肅，華鐙綵勝例聽諳。初春惟念耕桑始，遺暇無妨書史耽，題壁率多盼捷句。每遇齋居，多有詩紀事。邇年以盼金川捷奏，屢見於辭。幾迴清詠不勝慚。

聖製仲春齋居詩 乙未

右社將臨祭，深宮此致齋。晝長日出早，春暖雪消皆。牆柳稊籠院，庭莎芽紐階。誰云幾務簡，籌筆正縈懷。阿桂奏至，堪布卓西南山腿上尚有碉寨，必須攻克此處，前進始無妨礙。官兵先已圍其三面，並移礮轟摧，又分兵四路，於廿四日半夜乘雪進攻，賊已知覺抵禦，尋恐被截在內，一面出碉抗拒，一面逃竄。官兵鎗箭齊施，斃十數賊，餘俱竄至河邊，落水淹斃者甚多。因得其大碉一，木城一，石卡二，其沿河六寨，賊人雖步步退守，尚須節節力攻，然以形勢度之，必能次第攻佔。隨卽指示機宜郵發，益盼捷音遄至。

聖製祈穀齋居詩　丙申

遷坐居左个，大齋異燕去聲時。戒辛清口味，簡政謐神思。户換宜春字，屏多望捷詩。去歲齋居，有「題壁率多盼捷句，幾迴清詠不勝慙」之句。幸哉圍賊穴，仍急盼紅旗。阿桂奏，已統兵直擣噶喇依，圍其四面，卽日便當掃穴擒渠，紅旗迅至。

聖製冬至齋居詩　丁酉

嬗代無刻停，窮陰陽欲復。大祀莫大兹，齋居致虔肅。明衣例卽吉，二十七月內常服純素，遇齋戒則服色從吉，視祝版及詣壇則仍服龍袞，所以昭誠敬也。所爲祈天福。詎緣一己邀，實厪萬民篤。江南及秦西，六霙報深沐。齋豫晉畿內，偏被未優渥。上下兩江均於十一月初五日得雪三四五六寸不等，已據高晉奏報。是日，畢沅亦奏陝西各屬於十一月初四五日密雪優霑。至山東、河南、山西、直隸雖亦報得雪，而未能普徧。京城則月初僅飄微霰，目下雖非急盼之時，亦祈佑佈祥霙，以徵農慶云。以此益顒恩，敢謂候非促。凡事豫則立，汜勝心殷卜。

聖製祈穀齋居詩　戊戌

首祭重祈辛，遷居左个寅。農占晴叶穀，春復昨成人。初七日立春。常服易其素，齋居不應服素，因從向例，易常服。新禧爲此民。皇州真富庶，爆竹達楓宸。

聖製春祭社稷壇齋居有作　戊戌

去歲闕春祈，其闕不可言。昨歲春祭社稷壇，正當百日縞素期內，不能躬詣行禮。兹當過小祥，大祭躬始安。豫齋應從吉，素衣易舊觀。二十七月内，凡遇壇廟大祀齋戒，例當暫易素服，從吉御常服。惟是廟堂制，補衣更百官。羣臣已過期年，服色例應如舊，朔望及逢五逢十應易補服。諸王大臣以爲請，因朕躬尚在二十七月素服期内，對之心覺不安，命宮内爲正朝所在，勉從其議，在圓明園則仍如去歲例。對之意不懌，踟躕鼻爲酸。一愧非素心，一傷歲月殫。守禮豈易云，斯卽爲君難。

聖製祈穀齋居詩　己亥

新正哉生魄，六日得辛，初三日卽致齋。遷坐居齋宮。本是徹懸久，而值易服恭。二十七月之内，常時仍素服，遇大齋則易吉服，所以致敬也。爲民祈農祥，守禮敢從躬。自我望雪來，忽忽過三冬。昨知晉豫霑，屢沛復山東。奈何畿輔間，曾未時霙逢。茲當祈年殿，大祀對昊穹。事簡益幾勑，恩籲增心顒。晚宇佈春雲，曷惠六花濃。

聖製祈穀齋居詩　庚子

今歲齋居異昨年，春屏仙木列粘駢。峙庭雙栝雪培澤，遷坐三朝樂徹懸。幸罷希膏切畿輔，京畿元旦新正連得瑞雪，至今尚未消盡，較之往年齋居望澤，實深慶幸也。仍殷補漏繕河堧。深寬加倍鳩夫役，昨阿桂奏，王家莊引河頭之長三百丈者，已開有七十餘丈，又上下一律加深一尺五寸，現在鳩集夫役，晝夜督辦。其南北兩壩，亦仍一面接做邊埽土戧，俾口門收窄時，引河挑挖亦可同時竣工，不致有彼此等候及壩工著重之慮云云。所奏引河壩工同時併辦之處，頗合機宜。惟盼喜音速至，迅奏合龍成功耳。冀卽成功奏喜箋。

聖製祈穀齋居詩　辛丑

左个昔猶昔，齋居今復今。勤民勗常德，惕己凜難諶。首祀寅清奉，初正氣象愔。七旬又開一，敬畏與年深。

聖製齋居卽事　辛丑

雨後節遲暑尚慳，（今年逢閏五月，晦日始夏至。）涼生秘殿遠塵闤。對時已惕陰將長，撫（上聲）序應知歲漸孱。心尚清明敢辭老，政關治忽戒偷閒。齋居永晝閒原有，詩本黄綾手自删。

聖製祈穀齋居詩　壬寅

禮節緟新年，齋居喜静便。玉樓明積雪，金鼎裊祥烟。重穀祈鴻佑，側身致恪虔。庶人原不下，爆竹聽喧闐。

聖製齋居詩　壬寅

黄扉簡奏章，（齋戒例不進本，照常辦事。）略屏萬幾忙。齋戒志守一，清和日正長。望雲惟有嘆，撫序切無遑。何歲不求雨，固知吾德涼。

聖製養心殿齋居詩　壬寅

南郊有成例，遷坐居齋宫。北郊弗遷坐，便殿如常同。禮雖有區分，一例致戒躬。三日無不陰，數（去聲）點旋霽空。益滋渴望焦，况復扇炎風。深沈九重高，尚難禁藴隆。茅簷與黍畝，民艱念何窮。

聖製癸卯夏至北郊以微痾遣皇子恭代，詩以自責　癸卯

雍正年蒙恩兩詣，（余爲皇子時，於雍正甲寅、乙卯頻年蒙皇考遣詣北郊，恭代行禮。）乾隆四十五行躬。逮今恭代祇三次，（余御極四十八年以來，每歲方澤，皆親詣行禮。惟乾隆五年、十三年及今年，遣親王、皇子恭代三次。）將事未承切寸衷。（今年夏至北郊於十九日應進宫齋戒，適因氣滯舊患作痛，醫治尚未全痊，誠恐升降儀節有愆，轉不足以昭誠敬，因即在御園齋戒，派皇六子永瑢敬謹恭代行禮。然不能躬親將事，惟引咎自責，深切慙懼耳。）久以安貞荷厤貺，恐因儀節失欽崇。自慙自咎自深懼，益籲垂慈鑒

我沖。

聖製齋宫卽事　甲辰

昨年夏至北郊祭，今歲上辛祈穀禋。都以微疴闕躬詣，昨歲夏至北郊，以氣滯舊疾偶作，未克躬親將事。今歲上辛祈穀，復因前恙微發，均遣皇子恭代。仍於齋宫齋戒，至期詣大高殿行禮。是因深疚切心寅。雖非耄耋逮望八，敢不起居慎養身。粘壁吟題閒歷讀，猶希歸政重去聲逢辰。乾隆元年爲丙辰，今歲在甲辰，距丙辰歸政之期尚十一年。

聖製齋宫卽事疊去歲韻　乙巳

昨歲祈辛未與祭，今春慎養得躬禋。受恩逾重心逾惕，經事益多志益寅。昭格惟誠懷體物，端凝以久勗修身。浹旬年更殷勤數，猶上聲日孜孜待丙辰。自今歲乙巳計之，再閱十年，至丙辰歲卽應歸政，惟敬俟昊蒼純佑耳。

聖製養心殿齋居詩　乙巳

中祀齋兩日，毖躬同一心。不遷居亦謹，惟南郊大祀於齋宫致齋，餘皆於養心殿。無怠志惟欽。靜驗盈虛理，穆如師保臨。邇來雲氣作，便冀霈甘霖。二月初七八雪澤優霈，郊原含潤，此際弗雨儘可，而見雲作卽思渥雨，人情不知足，自我已然耳。

聖製雩祭齋居詩　乙巳

值祭胥當致敬虔，況於吁籲爲去聲祈年。明知今歲勝往歲，往歲春夏之交率多望雨，屢見篇什。今歲春來連得雨雪，實向年所僅見。因是求全更冀全。每見雲興輒顒若，隨聽風作益瞿然。宋儒性理書常讀，自愧未臻涵養篇。性理精義學類有存養篇，然程朱皆謂之涵養，較存養之意更爲圓融。

聖製祈穀齋居詩　丙午

遷坐臨齋日，新年值上正。月令廣義引田家五行云，上正三節，初三日也，尊歲首故稱上，或曰彼中呼爲夏正三，盖夏建寅正也。新歲祈年於初三日致齋，適逢令日。民天實惟食，國本莫如氐。臘雪恩雖被，上年冬臘月，近畿及各省均得雪優渥，天膏普被，爲近年所罕覯，實深欣感。南方意每縈。上年湖北、安徽、江蘇各屬，秋成偶歉，雖截漕蠲緩，拯濟再三，春前雨雪可冀麥收，而春耕尚早，南顧仍深縈念。麥成三白渥，顒冀稻田耕。

聖製祭社稷壇齋居養心殿作　丙午

節慶甫云畢，還宫肅三齋。張燈過閙厭，變食喜静皆。凡南郊大齋，遷居齋宫，忌用辛辣。若廟社之齋，則在養心殿齋居，雖弗忌辛辣，亦不用生葱韭。理事亦如常，引見掄弼諧。是日引見一百三十餘人。春雲時作止，祈佑甘雪佳。蘇杭知渥霑，淮徐音尚乖。荆歙尤縈念，去歲逢旱災。齋當清淨心，奈愁紛縈懷。

聖製次辛祈穀還宫齋戒之作　丁未

例弗隔年齋，今年上辛在正月初二日，若於是日行祈穀禮，則致齋當自上年十二月二十九日爲始，是以遵定例，改用次辛。次辛精祭諧。還宫三日先，去聲即景五言排。東壁圖書聚，齋宫東配殿，貯國初以來臣工恭進諸盛典詩册之入選者。層樓珠玉皆。占年誠慶慰，然敢釋虔懷。

聖製養心殿齋居詩　己酉

郊祭御齋宫，餘非遷坐躬。每歲祈穀、常雩、南郊三大祀外，凡遇祭祀，皆在養心殿致齋，雖不御齋宫，而懔恪之忱，則無異也。肅儀雖有别，致敬本來同。勅命勵無逸，祈年籲屢豐。底知春意發，梅朵亞盆融。

聖製養心殿齋居詩　己酉

中祀弗遷坐，齋居一例誠。食非戒辛辣，樂定徹音聲。常齋雖弗居齋宫，弗忌辛辣，然一例不飲酒，不作樂也。半夜聞霏雪，逮辰幸放晴。慰和虞並集，總是爲春耕。今春得雪甚優，又慮春寒有妨耕作。昨夜半復得雪，而辰刻旋即晴霽，實堪欣慰。

聖製齋居有作　庚戌

三日齋居一日增，所爲中祀欲親承。夙願一二年内於中祀躬祭一週。去歲於歷代帝王廟、先農壇皆以親祭。兹啓鑾前正值春仲祀期，是以朝日壇、文廟亦將躬親薦享，以盡予誠。左壇朝日壇在都城東。北廟文廟在皇城北。值相接，今歲仲春適值二月初五日丙辰，次日丁祭釋奠，又次日仲春上戊祭社稷壇，故連四日齋戒。春仲戊祈詣實應。天錫八旬曼以羡，心欽一已繼而繩。緬夷又遞請封信，富綱奏，據署騰越州總兵定住禀，探得緬國長孟隕將遣使來京祝釐，並欲求請封號，此皆希覯之事，感蒙昊眷，益切虔寅。美善盡裁滋業兢。

聖製齋宮卽事　辛亥

季月渥霑霖，宜農兆庶諶。趁耕苗已發，常請祭方臨。已願應時雨，其如靳澤陰。邇日傍晚，每陰而未雨。明當詣壇宿，虔惕意難禁。

聖製齋居卽事　乙卯

臘雪昨年渥，戒居齋殿深。慰和慮兼顧，上年秋雨過多，入冬後各直省多報雪澤，惟京畿微勞盼望，至臘月下旬得雪盈尺，固以爲慰，而雪大過寒，又恐或致傷麥，暨三日後快晴，始釋所慮。虧與昃殷心。日月薄食，固可前知。然予仰蒙昊佑，方以盛滿自戒，今正朔望垂象示警，何莫非上天慈愛之心，惟當益增敬凜，不敢事虛文。以此惟增惕，無他祇益欽。消災成語在，欽天監奏，日月食後三日得雪，其災卽解。新年積雪未消，正宜晴霽，若上元後再得甘霙，是所顒望。節後祝霙諶。

聖製齋居卽事　乙卯

昨歲因巡瀛，雩壇遣恭代。然而望澤憂，沿途惟軫慨。令春幸蒙佑，優渥甘膏沛。却以每作陰，心恐霖過最。自究願盡善，願多愁所會。時暘此齋居，頗覺方寸泰。咄此復失言，捷音盼卽逮。

御製進宮齋戒詩　丙辰

初承大祀肅虔恭，蹕啓西郊入法宮。稼穡力田四時首，天人交感一誠通。祈辛省歲豐登祝，出震乘春品彙融。三日清齋致寅畏，爲民精意體皇衷。

御製味餘書室齋宿詩　丙辰

韶光度春孟，節候益和暄。齋居臨仲月，清蹕啓御園。書室宜静憩，澄觀滌心源。釋奠仰至聖，右壇民社尊。承旨致虔祀，主敬恒存存。願希寸誠格，甘澤春夏蕃。洗兵靖苗逆，潤陌耕犂翻。誕敷造化力，豐稔蒙天恩。

御製初夏齋居詩　丙辰

人君統萬方，敬天第一要。呼吸皆感通，明旦時臨照。雨露蒙霑濡，日月荷焜耀。渺躬沐昊慈，寅承凛父教。尺度慎身心，克勤力仿傚。祀典肅虔恭，繼澤昭祈禱。敬望連春膏，沛然感大造。入春以後暘雨，維時二麥蕃滋，大田亦俱播殖茁發，惟望繼沛甘膏，以資接潤，倍慶豐登，益拜昊慈鴻佑。

御製齋宮静坐成詠　丙辰

朱鳥司南日正長，齋居清閟敞虚堂。觀心寧静思承祀，恭已端嚴念答陽。松蔭玉階微拓影，茗調石鼎淡聞香。銅龍晝漏徐徐轉，默念流光物我忘。

御製繼德堂齋居詩　丙辰

命名繼德義深長，敬述寸衷刻不遑。齋宿季秋臨禁闥，那居永夏駐山莊。避暑山莊，皇父賜書，所居堂額，亦名繼德。額同境異心無逸，德薄位尊體自强。庭訓日聆凛遵守，誕敷仁壽徧遐方。皇父紀元建號乾隆，乾行至健，備具四德。予仰蒙付託，日聆慈訓，惟自强不息，夙夜敬承，冀寰宇同遊仁壽爾。

御製入齋宫作 丙辰

三日致齋大祀臨，法宫嚴潔禁垣深。敬天誠肅修君職，承訓周詳盡子忱。自元正授璽以來，皇父精神益健，純嘏彌常，誨導諄諄，旰宵靡間，謂莅政誠民，皆以勅天之命，而悉歸於誠敬。予祗承彝訓，謹當服膺弗失也。變食心清八珍味，徹懸耳屏五絃音。芸生灰動氣機暢，有事南郊一念欽。

御製人日齋居詩 丁巳

開詔景和融，三陽轉春律。祈辛肅致齋，良辰應人日。遲遲宫漏長，綺旭輝盈室。清心體敬誠，息慮歸宥密。農事國本源，民勞宜撫恤。昊恩錫豐年，太和普洋溢。欽承聖訓深，念徵協逢吉。自上年元正授璽，予日聆聖訓，省歲念徵，並荷昊恩，歲登上稔，百凡順遂，惟當弗懈益虔，以冀永承鴻佑。

御製齋宫静坐成什 丁巳

大祀前期三日齋，宅心宥密静觀佳。知艱斯易籌民瘼，承祭必誠仰聖懷。敬望秋收豐稼穡，早蒙春澤潤根荄。羣生長養臨初夏，節候清和緑滿階。

御製齋居自警 丁巳

潔誠屏衆念，於穆宿齋宫。思慮於焉寂，神明庶可通。敬恭襄鉅典，寧静肅微衷。享帝祈昭格，西南早輯戎。楚中教匪竄入陜界，希圖勾結蜀匪。節經明亮、德楞泰等統領吉林索倫勁旅追捕，痛加殲戮。現在各路大兵雲集會勦，兹恭值南郊大祀，誠肅齋居，默籲昊恩助順，迅奏蕩平，以慰皇父綏靖疆圉至意。

御製齋居述志　丁巳

人君要務首敬天，四海蒼黎荷保全。感通呼吸匪間隔，神威咫尺真赫然。鬱攸不戒示警象，沐恩幸未致蔓延。恐懼戰兢無所措，自省皆臣積咎愆。泰壇潔祀申寸悃，赦過宥罪籲昊乾。盡人事庶弭災變，服膺古訓心拳拳。

御製新正齋居詩　戊午

大祀舉祈年，致齋新歲首。變食屏五薰，徵祥紀三有。月令廣義，正月一日平旦，漸漸風至暮，漸漸清明，一有風，二有陽，三有陰雲，號三有，其年大收。本年元旦，適符是占。上辛利農夫，東作興耜耦。小子敬授時，仰承父澤厚。祝願屢豐收，餘三復耕九。皞熙慶大同，指顧除小醜。教匪窮蹙，竄匿蜀境，現經大兵圍剿，已屬無可倖逃，剋期耆定，惟仰賴天恩昭鑒，助順功竣。天錫福綿長，康彊介眉壽。

御製仲春齋居述事　戊午

每歲春仲月，壇廟祭典繁。祈報總主敬，清齋滌心源。近喜得新雨，庶彙皆孳蕃。竭誠希屢稔，飽煖安黎元。聖人昭久道，淳化追羲軒。小子始聆訓，敬守期弗諼。潔衷願昭鑒，兵歛蒙天恩。

御製初夏齋居詩　戊午

候應清和雩祭臨，法宮齋宿潔微忱。保懷育物天慈感，勤敬持躬父訓欽。雖喜三春含透潤，仍希九夏繼甘霖。臣心戒慎庶昭格，誠肅祈豐農事深。上年夏秋，積潤本極優裕，自冬入春，因少雨雪，惟恐致暵，刻懷兢惕。旋於三月中旬普霑甘澍，麥禾咸克長畝，洵蒙昊澤。然九夏方長，必暘雨均調方得上豐協瑞，不敢遽以爲滿願。兹當潔齋將事，念民依而祈天命滋潦，此戒慎之誠也。

御製進宮齋戒作 戊午

大祀必還宮，先期齋三日。持躬務潔清，齋心歸宥密。主鬯凜寸衷，父恩筆難述。每事訓周詳，敬承備纖悉。卽欣稂莠除，良民永寧謐。陝境教匪，據宜綿等奏，經官兵屢次剿洗，賊勢窮迫，竄入深山。現在各路堵截兜擒，不日自可卽將賊首俘獻。其川省之賊，計所調滇黔勝兵亦可到齊，不難卽時撲滅，除莠安良，冀速符殷願，上慰聖懷也。

御製上元日齋居詩 庚申

北郊叩方壇，品物咸元吉。豐功贏十全，厚澤普洋溢。

大祀展祈年，致齋孟春月。昨冬瑞雪優，玉霙積魏闕。已兆今歲豐，鴻貺銘心骨。青陽首四時，環轉無休歇。肅祈帝降康，句芒品彙發。邪孽尚待消，王師申撻伐。終未清其源，追奔任馳突。默籲上天恩，垂慈速赦罰。教匪滋擾四年，雖各路殲除，餘孽尚未淨盡。惟有籲懇昊慈默垂鴻佑，以期指日肅清，俾陝蜀一方得銷鋒鏑之劫，樂業安居，同游化宇也。

御製還宮齋戒卽事 壬戌

兼程值齋日，歲首舉祈年。紫禁蹕初返，丹宸坐必遷。桃符煥門右，綵燕颺庭前。靜裏澄諸慮，爲民籲上天。

御製立夏日齋居述懷 壬戌

齋居驗節候，龍見屆長贏。盼澤瞻雲渺，籌戎願賊平。栽培滋百穀，養育遂羣生。翹望泰壇表，於昭鑒寸誠。

御製還宮齋戒作 壬戌

致齋三日禮經載，宮禁森嚴心倍清。恭默靜思付託重，守成建極凜持盈。

金鋪暖旭影曈曨，秋景清澄丹禁中。民氣漸蘇叨考佑，益求安治勉予衷。

御製還宮齋戒作　癸亥

御苑宴藩部，還宮敬致齋。祥霙滋衆植，新緑茁陳荄。歲稔方愉志，民安庶慰懷。祈辛希福佑，春盎九圍諧。

御製齋居敬述　癸亥

中旬舉祀典，祈穀望豐年。得辛立春後，齋宿致吉蠲。恭默屏雜念，遵禮坐必遷。臨民願飽暖，大業重仔肩。差慰予素志，邪淨除矛鋌。仰籲昊繂佑，格心治道宣。

御製齋宮敬述　癸亥

敬天欽考訓，致潔宿齋宮。境接三微迴，心祈百穀豐。見雩行祭典，舉耜重田功。曰肅徵時若，雲興望太空。

御製仲夏養心殿詩　癸亥

夏至齋居例養心，事天事地一誠欽。衷籌暄潤嘉禾普，境遠炎蒸廣厦深。蓮漏遲遲移砌角，松濤謖謖下庭陰。敬祈泰折康年錫，孚惠蒸黎慰素忱。

御製還宮齋戒作　癸亥

應時暘雨利嘉禾，候轉新秋曉氣和。石陌鳴鞭覽潤景，西成收穫萬箱多。今夏雨暘時若，大田禾黍暢茂滋蕃，可卜十分豐稔。

臨溪境敞倚虹堂，小憩傳餐閱奏章。三日致齋竭誠敬，告成太廟展秋嘗。茲當秋亨齋戒進宮，虔肅精誠，以申告綏萬屢豐之慶。

御製還宮齋戒作 癸亥

石衢拂曙啓行旂，典重冬烝太室修。齋必還宮致精潔，慰心郊外晚禾收。

臨河高啓倚虹堂，路便傳餐每歲常。秋斂田功農事畢，稍紓民苦獲豐穰。

御製齋宮静坐成詠 癸亥

三日遷居敬致齋，静觀生意茁陳荄。年光細驗白駒隙，治理未孚赤子懷。偶挹清芬浮茗椀，間聆逸響落松釵。洗心滌慮對蒼昊，福錫寰瀛慶孔皆。

御製首夏齋居詩 甲子

敬承大祀應遷坐，左个齋宮地潔清。民穀相依農最要，雨暘既濟歲方亨。蒼龍乍見羣生暢，朱鳥初臨庶彙榮。一念祈年願昭鑒，屢豐培養漸平成。常雩之典，祝雨暘之協序，即祈年穀之順成。比歲各直省俱獲有秋，今春時雨亦稱霑足，已兆屢豐。兹當進宮致齋，静志一心，將以昭事明禋，而虔伸精恪之忱也。

御製養心殿齋居詩 甲子

禁中雖較園庭熱，廣厦崇高覺爽涼。北至司時修大祀，南薰應律鼓純陽。導和節欲定心氣，致潔持躬慎典常。誠感坤元載萬物，容民厚德慶无疆。

御製齋居述志詩 甲子

繼統理萬方，艱哉爲天子。對越儼照臨，呼吸凜顧諟。迴思丙歲春，倡亂興邪詭。蔓延楚陝川，黎庶遭蕩徙。幸承上蒼恩，救刦全消否。欽若悟虛盈，曷敢稍矜喜。致齋叩南郊，清心待大祀。宇宙願登咸，花甲如環始。陰陽消息，天運自然，而人心之動静起而應之，故大易致慎於來復也。今將有事南郊，唯虔肅齋心，順承天道，以期普福於宙合耳。

御製養心殿齋居詩　乙丑

冬至宿齋宮，夏至養心，事天事地總丕欽。資始資生，同欽大德。予曾於甲子之冬長至前敬製南郊記，申論報本之原，以籲明昭之應。兹當陰陽之會，先期静志甯神，肅共皇祇大祀。因思方澤德合无疆，亦敬製北郊記，明含宏之理，銘誠恪之衷。紫禁致齋，復於篇什中略闡奥旨，所以昭事覆載者，同此寅恭也。省衷習静念七戒，謂三日齋，七日戒。驗候滋榮生一陰。微暑遠除金殿迥，輕颸時拂碧幰深。年年承祀祈明佑，迴憶訓言感寸忱。予於受璽後職嚴主鬯，每於躬舉精禋，先期必召至寢殿，諄諄告誡，必潔必誠，祈明佑之鑒臨。欽訓言之在耳，寸忱感慕，寧有終極耶。尤凜寅畏。迴憶三年訓政，每遇大祀，

御製初秋養心殿詩　乙丑

致齋抒敬悃，嘗祭及時修。紫禁漸消暑，白藏已届秋。西成方待穫，東國恰鳴騶。繼述懷前憲，寸忱凜率由。

御製初夏齋居詩　丙寅

大祀前期必遷坐，禁垣左个肅齋居。葱籠松影蔭瑶砌，和藹蘭芬布綺疏。於穆寸衷涵静謐，澄清諸慮倍安舒。庶幾誠意格蒼昊，時若綏豐洽里閭。

御製初秋養心殿詩　丙寅

習静法宮敬致齋，初秋新爽氣清諧。鑪香淡裊碧沙牖，竹影輕籠白玉堦。細驗田功真有穫，默探學海信無涯。幾閒披覽怡然得，味道咀含奥旨佳。

國朝宮史續編卷之三十

典禮二十四　祭祀五

先蠶壇饗祀儀

臣等謹案：乾隆七年壬戌，始建蠶壇於西苑，所有詣壇致享、閱筐、獻繭諸儀，已具前編。稽自乾隆二十七年迄六十年，其間皇后親祠先蠶者二，妃攝事者三十有二。嘉慶元年，皇后躬行饗祀者一。二年，今皇后以貴妃行饗祀者一。三年、五年、六年，遣妃恭代者三。六年四月，今皇后正位中宮，七年、八年，皇后躬行饗祀者二。九年、十年，遣妃恭代者二。至乾隆四十二年、嘉慶四年，例遣王福晉恭代。誠以苑窳報功，著在祀典，王政農桑並重，禮之行於宮苑者，實敬承無斁焉。至皇后躬桑儀，詳見前編。

令節設供儀

臣等謹案：前編恭載天香亭元日行禮，次及仲春之朔祭日，仲秋之望祭月，七月七夕祭牛、女，歲節天穹寶殿、欽安殿設醮諸儀，皆與現行則例相符。至坤寧宮祀竈，稽之禮經，天子不親五祀。伏讀乾隆乙卯高宗純皇帝聖製詩識語，仰見聖論精確。蓋祀竈因祀神而及，舉典迓禧，其義折衷至當，千古不刊。謹録聖製詩，并登皇上御製諸篇，以著飶馨之茂祉云爾。

元旦令節，萬壽聖節，二至四孟節天香亭設供儀（儀具前編。）

仲春朔祭日，仲秋望祭月，七月七夕祭牛、女設供儀（儀具前編。）

十二月二十三日坤寧宮祀竈儀（儀具前編。）

聖製坤寧宮祀竈日作　乙卯

廿三神祀舉坤寧，（每歲例於嘉平二十三日祀神於坤寧宮。迴思雍正乙卯祀竈，已過百日之事，即乾隆元年，至今已滿六十年矣。）天地栟幪普錫靈。屈指歲除值來復，問躬帝史幾高齡。曰慙曰感誠難盡，或没或存正可聽。（用張子西銘語。）七字促成殿諸什，三朝與物慶初青。（二十六日正月節。）

坤寧宮祀神，乃祖宗家法，萬世遵依。卽每歲元旦，詣堂子行禮，亦其義也。予詩所云祀神，意包甚廣。至祀竈古無明文，不見典謨，雖載禮記，但漢晉以後所傳七祀之一，非天子應行大典，故皇祖未嘗舉行。（康熙六十一年中從未祀竈。）皇考乃定嘉平廿三祀竈日，於坤寧宮祀神，並面南敬設天地神位，行九拜禮，以迓新年福禧。至於東厨竈神位前，亦致三叩。予六十年謹遵弗忽，普祈年穀順成，民物康和，所謂有其舉之莫敢廢也。而和韻諸人，未解詩義，率重於竈，此不可不明示衷懷耳。

聖製祀竈日坤寧宮作　丙辰

深意昨年示，（坤寧宮祀神，乃我朝家法，與每歲元旦詣堂子神前行禮之義相同。至祀竈雖爲七祀之一，而非天子應行之典，是以皇祖時從未舉行。皇考始定臘月廿三祀竈日，於坤寧宮祀神，並面南敬設天地神位，行九叩禮，以迓新禧。而竈神前亦致三拜。予歲歲謹遵毋敢忽。上年乙卯，是日成詩，命內廷翰林和韻，而諸人率重於祀竈，未能解予詩義，因復識明示之。明禋是日呈。政歸應子是，體健此躬行。以歸政而論，則今歲坤寧宮祀神，應爲子皇帝之事。但予仰荷天眷，年將九旬，身體康健，且敕幾訓政，無異常年，自當親詣行禮，以申虔謝。九宇率稱稔，十全更一贏。從前兩平準噶爾，一定回部，再掃金川，靖臺灣及降緬甸、安南各一，合二次受廓爾喀降，爲十全武功。曾作十全記以識之。今明亮等奏，斬馘石柳鄧，苗疆全定，大功告成，則於十全之外，又贏一績矣。天禧超自古，兢業凜持盈。自古帝王康彊逢吉，五福俱備，未有能如予者。昊天鴻貺，予心且感且惕，惟有益深兢業耳。

御製坤寧宮祀竈詩　辛酉

五祀舊俗沿，黄羊盆瓶置。嘉平迓新禧，坤寧設神位。雲車翔太虚，終歲蒙佑賜。法宮鎮中央，萬年多福地。拜天守前規，永繼祖考志。厚澤錫寰瀛，敬俟春韶至。

御製坤寧宮小除夜成什　壬戌

典隆五祀億年同，赫奕坤寧紫禁中。迓福民風傳廣陌，拜天祖制展皇宮。桃符焕彩欣春啓，吉爆連聲識歲豐。兵戢人安施教養，辦香虔爇祝蒼穹。兵戢而後民安，教養亟施風會，俾趨淳穆。每遇歲時令節，聞閭閻之吉爆，未嘗不切切予懷而深於祈祝也。

御製坤寧宮小除夜作　癸亥

五祀循周禮，拜天祖制詳。每歲小除夜，坤寧宮祀神，並南面設天地神位，行九拜禮。東廚竈神前亦致三叩，以祈年穀順成，民和物阜之意也。禮緣義起，祖制精詳，是宜遵行弗怠。迎禧迓青律，從俗用黄羊。户貼宜春字，爐薰有飶香。九衢傳吉爆，士庶樂繁昌。

令節天穹寶殿、欽安殿設醮儀儀具前編

御製欽安殿瞻禮詩　丁巳

配極北辰拱，樞機統萬神。聲靈敷赤縣，殿宇焕丹宸。沐德欽一己，祈恩安庶民。願施大威近據額勒登保等奏報，攻剿楚匪，逆首林之華斃於鎗，研訊俘擒賊黨，驗明屬實，即磔屍傳首以徇，覃家耀殘喘游魂亦即可蹦獲。又據惠齡等奏，連次於陝西紫陽等處剿戮賊匪無數，賊勢十分窮蹙，即當并力翦

力，即日蕩氛塵。

除，所冀神佑，迅奏膚功，籲禱彌切。

國朝宫史續編卷之三十一

典禮二十五　勤政一

御門聽政儀

臣等謹案：御門之典，以宫中御乾清門聽政得名。圓明園則御勤政殿，亦曰御門。凡折本下内閣，得旨於某日御門辦事，届日，乾清門預陳御榻黼扆，勤政殿則御寶座。所有内閣部院衙門捧本、進本，内閣學士讀本，宣答時大學士、學士等承旨，記注官及翰林、御史侍班諸儀，前編悉載。謹稽向例，凡御門日，奏事處不接遞封口奏章。乾隆三十四年，高宗純皇帝特頒聖諭，謂章奏不得壅於上聞，設果有糾彈建白，豈御門聽政之日，轉不得奉旨施行，於政體亦屬未協。嗣後著奏事處一體接收。又若讀本生疏，及進本閣部諸臣入班遲延，以及行走班次錯誤者，乾隆、嘉慶年中，疊奉聖諭、諭旨，訓飭綦嚴。臣等伏讀聖製御門詩什，仰見虞門四闢，久道化成，義實關於法祖。乾隆六十年九月初三日，我皇上蒙恩册立儲位，是日御門禮成，召見宣諭，尋命御門日皇太子謹出視儀。蓋我皇上受恩受訓之初，皆著於御門大典。則大式型前軌，負扆日覆，允爲勤政首務，豈特著朝章之謹肅云爾哉。

乾隆三十四年十一月初五日，奉諭旨：聞向來御門日期，奏事處人員遇各衙門及科道封口奏章，概不轉遞。此乃伊等拘泥舊例，甚屬無謂。朕綜理庶政，凡内外臣工章奏，無日不進御披覽，豈有納之於平時，而於御門聽政之日，轉却而弗納之理？且御門不過片刻，既退仍照常辦事，本屬兩不相妨。而此等封口奏章，或係糾彈，或關建白，其中緊要之事，并有須卽予施行者。若既至宫門，復行駁回，於公務既不無延緩，且恐無識者轉疑奏函有壅於上聞之時，於政體亦屬未協。在前明朝政廢弛，君上每不樂親爲聽覽，臣下望風希旨，往往藉故稽留，以售其蒙蔽之術。我國家綱紀肅清，朕夙夜孜孜，勤求治理，從不使臣工得以阻格自專，矧奏牘上陳，豈宜稍有屏遏？嗣後御門日期，凡有封奏事件，俱著一體接收呈覽。著爲令。

嘉慶十一年三月二十四日，奉諭旨：文職各衙門在圓明園輪流值日，向遇御門日期，除刑部不推班外，其餘各衙門皆係推班。因思御門理事，正以勤政敕幾，是日各衙門堂官多有至圓明園者。若因御門辦事，以次推班，是循例輪奏之事，轉有壓擱，殊失御門本意。且刑部並不推班，若云刑名事務較繁，豈此外各衙門皆係事簡乎？嗣後逢朕在圓明園御門之期，所有應行值日奏事各衙門，均著勿庸推班。

五月十七日，奉諭旨：刑部事務較繁，每日皆需堂官在署辦理，嗣後卽遇御門理事，及本衙門帶領引見，該班奏事日期，均著輪留堂官一人在署辦事，不必全行赴園。

聖製御門日書懷　癸未

何嘗不日對公卿，曰此明廷舊典行。涉故事斯懼其怠，雖微務必盡吾誠。亦惟晰理爲非是，敢或從情作重輕。禮以齊之德以道，恧哉久矣竟奚成。

聖製御門日作 乙酉

折本積黄扉，明廷待指揮。每因遵典故，益切慎幾微。綏屢心誠慰，持盈意敢違。如云虞穀賤，進退定何依。連歲遇稔，有慮穀賤傷農者，斯則無一而可矣。人之不知足有如是哉？

聖製御門日作 甲午

豈不公卿日覲咨，御門舊制每釐之。循名責實應於是，御門理事，本以御乾清門得名。若駐圓明園，則御勤政殿，而部院諸臣自京中往者，未免夙興五鼓矣。恤下體情亦在兹。詎祇尋常依典故，恒殷俊乂贊猷爲。莫予違益發言慎，曰咎還思誰執其。

聖製御門日作 戊戌

廿七月中簡吉禮，二十七月之内，凡遇大祀躬行，中祀則遣官，其經筵、耕耤諸典，例皆停止。惟御門聽政及御殿視朝爲勤政要務，例當如常舉行，并服色是日亦易，素服不御。御門御殿例無刊。敕幾以此實政繫，修典寧其虛數去聲觀。却有侍儀節相預，大學士高晉入覲在京，已命回兩江總督任，渠以備位綸扉，從未得瞻御門大典，懇請於是日隨班與觀儀節，再行啓程，從之。每看背本省郎難。内閣學士奏折，本率係背誦，凡記憶未熟及清語生疎者，往往遺忘訛舛，視爲難事。臨軒降旨惟清語，每奏一折本畢，降旨悉以清語，漢大學士中曾習清書者，亦能領會，誠國朝善制也。法祖由來見一端。

聖製御門日作 辛丑

御門折本待綸宣，例事亦爲勤政先。了識安民在察吏，未能去慝且求賢。心怡宿雪忘寒峭，眼看生雲願澤連。是日復陰。大學士兼裹行四，合予三百六旬年。余今年七十有一，而大學士英廉七十五歲，嵇璜亦七十一歲，協辦大學士尚書永貴七十六，蔡新七十五，合之得三百六十八歲。本日御門閣臣領旨耆年者四人，實亦國家盛事。

御製御門日作　丙辰

嚮晨庶政詢，咨諏切羣彦。御門國典常，視儀夙承眷。慎德懷圖永，懋勉萬方奠。更闢四門聰，遇事無成見。久道淳化敷，皇仁海宇徧。繼緒惕寸衷，曷敢躭安宴。敬勤孚昊乾，綏豐溥禹甸。

國朝宮史續編卷之三十二

典禮二十六　勤政二

宮中常日視事儀

臣等謹案：前編典禮門，於常日視事備詳恭閲實録、寶訓並閲本、閲摺、召對、引對諸儀。稽自乾隆二十七年迄六十年，其間所奉聖諭，每飭部院衙門，凡陳奏事件及引對人員，日有常經，不得便安曠事。中外具題本章，雖筆畫偶誤，一經洞燭，莫不指示周詳，寓杜漸防微之至意。洎乎紀元周甲，王、大臣等議請將直省尋常奏件，酌改題咨，以歸簡要。仰惟宸衷淵惕，謂一日不至倦勤，卽一日務存兢業，往復諄示，益亹健行。是以三年訓政之中，孜孜不息，時措攸宜。迨我皇上親政以來，命臣等恭纂高宗純皇帝實録，每輯成一卷，排日繕呈御覽。俟全書告成，循例貯内閣，敬同五朝實録一體恭進，日以爲常。凡中外陳奏引對事宜，莫不隨時徑達，預防壅蔽留滯之漸。至若每日夙興視事，一切均仰承高宗聖訓，繼述諭旨，以徵治法之原，並著勤政之實焉。

乾隆三十五年四月初七日，奉諭旨：今日各部旗衙門奏事甚少，又無引見人員，必係因正在祈雨之時，見朕望澤維殷，遂不欲以奏函煩瀆，殊未能深體朕意。朕勵精勤政，日以爲常。兹當盼望甘霖，惟有益凛敬勤，期無叢脞，豈肯轉因此稍圖省事便安？著傳諭各衙門，於應行奏辦事件，即行陳奏，毋稍壅滯。

四十九年九月二十七日，奉諭旨：朕年老寡寐，每日夙興，原即於養心殿視事。諸臣自家入朝趨直，住居稍遠者，其起身必當更早。大學士嵇璜、蔡新、伍彌泰，俱年逾七旬，現交冬令，氣候漸冷，若衝寒早起，於頤養之道，究屬非宜。嗣後嵇璜、蔡新、伍彌泰，俱著加恩令其於日出後進朝，如遇風雪沍寒之日，即不入直亦可。其三品以上七旬之大臣準此，以示朕優養老臣之至意。

五十六年十月二十三日，奉諭旨：近來大學士、九卿奏事，及各衙門帶領引見，朕於夙興之時，一經詢問，即據奏事處奏稱，俱已伺候齊集。朕因年高少寐，每當丑寅之際，即垂衣待旦以爲常。而諸臣因請駕較早，率皆先時祗候。且漢大臣中多有住居城外者，趨朝自必更早。如詩所云東方未明，顛倒衣裳，殊屬無謂。況目今冬月日短，朕用膳辦事，總在卯正以後。諸臣早集朝房，亦無所事。嗣後各該衙門遇有陳奏事件，及帶領官員引見，俱著於卯正到齊，亦不爲遲，以示體恤。

五十八年十二月初三日，奉諭旨：兵部具題，覆試武舉弓力刀石不符，將監射大臣分别議處一本。經朕披閱，本内首頁即看出清、漢文竟將十五阿哥□□之名俱誤寫十一阿哥之名永瑆，實大不是。部院大臣凡遇題本事件，君前臣名，於阿哥名字，自應一體書寫。但入奏章疏，理應敬謹檢點。即大臣名字，尚不應稍有錯誤，況阿哥之名，豈得誤行繕寫？設將來歸政傳旨時，亦似此誤書可乎？各部院具題本章，篇頁繁多，該管堂司官雖不能逐加詳看，偶有笔誤，或所不免。而於題頭出語，關係緊要之處，必當留心檢閱。此本錯誤，卽在開頁數行，朕一覽卽經看出，而該部竟率行呈進。可見堂司官於進呈本全未寓目，竟以此等照例具題之件，朕未必閱看，草率從事。若非朕指出，則題本内阿哥名字，尚有錯誤，傳鈔邸報，豈不貽笑天下？兵部如此，其餘部院似此疏忽者，恐亦不少。今兵部此本，經朕看出，是大小臣工於題奏事件有不敬謹將事者，天理昭彰，總不能始終混過。卽將兵部堂司官律以大不敬之罪，亦所應得。朕不爲已甚，姑從寬辦。而於此一事，益見政無鉅細，朕竟不得不躬親綜理，漸愧之餘，倍深兢惕。至慶桂係特令在部專上衙門辦事之人，尤當細心檢點，今亦玩忽若此，所司何事？所有該部堂官俱著交部嚴加議處。其掌印郎中，獲咎較重，著卽革職。其餘本内列名兵部滿、漢司員，亦著一併交部嚴加議處。嗣後大小臣工，務當倍加謹凜，勤慎供職，毋得再有玩誤，自蹈重戾，以副朕丁寧教誡至意。將此通諭九卿知之。

六十年六月二十六日，奉諭旨：留京王、大臣會同六部議將各省題奏事件畫一辦理一摺，應依議。但朕之意不可不明白宣示，各省尋常事件，從前原止係照例題報。近自一二十年以來，各省督撫每將例應具題之件改爲奏摺，以便一月之中，發摺數次，見其辦事認真。該督撫既已奏到，朕無不逐加批答，遂至踵習成風，徒滋繁瀆。今經王、大臣等議歸簡要，恐外間無識之徒，疑朕披閱憚煩，大臣等因而迎合，以向來具奏之件，大半改爲題咨。不知國家創立奏摺，原爲關係民瘼一切緊要事宜而設。至於王、大臣現改題咨各欵，皆係無關緊要之件。此内如接收交代，盤查倉庫無虧等欵，更爲有名無實。各省遇有前後交代，及督撫甫經到任時，無不相沿具奏，僉稱並無虧短。乃現在福建一省，倉庫空虚，已閱多年，而該省歷任督撫、藩臬等，仍以並無虧缺具奏，其明驗也。可見此等摺奏不過藉詞搪塞，實屬無謂。況王、大臣等所改題咨各欵，皆屬尋常按例之件，其實係重要急務，原仍許其隨時專摺具奏。至於題陞調補等件，向來該督撫具奏後，尚須勅部覈議。迨議覆疏題，朕必確加察覈，或照該部准駁，或照督撫所請施行，是權衡悉由朕親裁，又何必具奏在先，轉致辦理紛歧？若謂朕憚於披閱，則臨御以來，已六十年矣。朕敬天勤民，維日孜孜，迄今已五十九年又過半矣，未嘗稍存懈弛。現距丙辰歸政之期，衹餘半年，豈五十九年半之久不敢怠遑，而此半年之内轉致稍圖安逸，有是理乎？卽如朕現因熱河及近畿一帶雨澤稀少，宵旰焦勞，無時或釋。每遇閣章遞到，無不親加詳閱。是朕於辦理庶務，從不肯一刻稍寬。不特此也，卽明年歸政以後，遇有緊要之件，尚當指授嗣皇帝率諸大臣等凜遵妥辦，俾得聞朕教誡，有所稟承，仍與今日無異。總之，朕仰承昊眷，康彊逢吉，一日不致倦勤，卽一日務存兢業。雖歸政後，亦豈肯置政事於不問？此次王、大臣等所改題咨各款，各省如何遵照辦理之處，仍著各該部按照彙奏事件之例，於年終開單彙奏一次，其中准駁及有無遲逾之處，朕可一覽而知，庶刪其繁複，而仍綜其大綱，於法制更爲周密。將此通諭中外知之。

嘉慶元年正月二十日，奉太上皇帝勅旨：本日畢沅等奏籌辦軍糧軍火情形一摺，内稱仰副聖主宵旰勤求，上慰太上皇帝注盼捷音等語，措詞實屬無謂。本年傳位大典，上年秋間卽明降諭旨，頒示中外，一切軍國事務，仍行親理，嗣皇帝敬聆訓誨，隨同學習。其外省題奏事件，並經軍機大臣等奏定欵式，通行頒發。畢沅並不遵照辦理，是何意見？無論辦理苗匪一事，起自上年二月，一切軍務機宜，俱係朕酌籌指示。現在軍營奏摺，亦無不逐加批覽。卽自嘉慶元年以後，內而部院各衙門，外而督撫大吏等奏章事件，亦皆朕躬親綜覽，隨時訓示。豈因有授受之典，卽自暇自逸，置政事於不問乎？各省陳奏事件，如摺內皇上睿鑒字樣，自應欽遵頒發格式，照常繕寫。今畢沅等所奏之摺，分別聖主及太上皇帝。試思聖主睿鑒等字樣，有何同異？而畢沅等故爲此區別之見，有是理乎？揆之伊等意見，不過如年內禮部太常寺具奏儀注等事，或遞兩分，或遞一分，漫無定見，總是私心鄙見，以致種種錯誤，謂之畏首畏尾，尚屬高置，竟是不知事理，可笑而已。畢沅等身爲封疆大吏，於此等尋常事件，輒緦緦過計，鄙陋若此，設遇地方重大要務，安望其能經理裕如耶？畢沅、姜晟，均著傳旨嚴行申飭，仍交部議處。並通諭各督撫知之。

四年六月十七日，奉諭旨：今日朕詣觀德殿，回至北上門，面詢御前侍衛兼奏事處行走之扎克塔爾，以各衙門有無引見官員。據奏，有宗人府引見官八員。其時管理宗人府之睿親王淳頴隨侍轎旁。朕意欲詢彼係何項人員，而未經降旨，淳頴亦無一言。及至回宮，問之奏事太監，則稱今日並無引見人員。因令軍機大臣查詢。旋據軍機大臣遵旨查奏，而詢扎克塔爾，據稱本日宗人府遞有引見官八員奏摺，係伊親自接收，後來如何徹去，扎克塔爾並不知道。復詢問管理宗人府王等，據淳頴稱，本日宗人府本遞有引見官八員，係淳頴徹去，詢問其故，則稱因別處並無引見，是以奏摺徹出。又詢問奏事太監，據稱此項引見奏摺，係奏事處行走員外郎景文徹去各等語。此事殊有關係。其平時引見人員，無論員數至數十百員，總應隨時帶領。淳頴豈不知之？從前和珅攬權專政，將各省奏報及在京各衙門奏摺任意壓擱，最爲伊罪之大者。蓋由和珅以軍機大臣兼御前大臣，勢權過重，内外官員畏其聲勢，不敢違拗。是以朕親政以來，軍機大臣及御前大臣，彼此不令相兼，所以杜專權而防壅蔽。今淳頴輒將已遞之摺復行徹去，是竟欲首先嘗試復和珅之故智矣。況宗人府衙門並非淳頴一人居首辦事，何得專擅徹出？如外省州縣衙門遇有官行文書一經投入，卽成案據，尚不能輕易徹回，何況朝廷之乾清門，章疏既經投遞，豈有公然擅徹，出入自由之理？若如此陋習相仍，設有封口奏章，或參劾大臣章疏，亦可任其徇私，託人代爲徹下，相爲壅蔽，使下情不得上達乎？卽淳頴之意，以朕自觀德殿回宫，正值天氣暑熱，爲朕節勞起見。殊不知朕日理萬幾，年甫四旬，從不以此爲勞。而八員之引見，本亦不足爲勞。況伊卽因别處並無引見人員，不欲以該衙門八員特行帶領，又何妨預行商定，另日帶領，何得將已遞之摺徑行徹回？殊屬膽大。此事扎克塔爾於朕詢問時，因宗人府奏摺係伊接遞，卽據實回奏，所奏引見人數，亦無錯誤，與伊並無不合，非因伊係番人，故寬其罪，而已遞復徹，實係淳頴一人之咎。淳頴著交宗人府嚴加議處。其奏事員外郎景文，因淳穎令徹，卽將奏摺徹出，尚係沿從前畏懼和珅之積習，卑鄙無恥之風，竟未悛改，可恨之至。朕必力加整頓，斷不姑容，著交内務府議處。至奏事太監等，朕平日管束綦嚴，伊等因淳頴欲徹奏摺，不敢從中阻止，尚屬可原，應免置議。但此事因係初犯，是以從寬辦理。嗣後内外衙門凡有陳奏事件，一經接受，皆應直達朕前，聽候批示，毋得捺擱擅徹。倘有仍蹈前轍者，一經察出，必當從重治罪，決不寬貸也。將此通諭知之。

七年九月二十九日，奉諭旨：向來内閣呈進本章，凡遇太常寺等衙門具題之件，有關壇廟典禮者，奏事處呈進時，敬列於是日各本章之前，並預備盥洗，候朕浣手敬謹披閱。至每日披覽奏摺，奏事處先將外省所遞奏摺呈閱後，始將各部院衙門事件以次進呈，此内有關係大祀典禮者，亦一律照常呈遞，殊不足以彰誠敬。嗣後禮部、太常寺及各衙門具奏事件，除封奏照常呈進外，其恭遇天地、祖宗大祀各項典禮儀注，或奏摺及緑頭牌内有稱述尊號之處，本係露封陳奏者，奏事處即應照進本之例，先行呈遞，敬候披閱，以昭慎重。

十年十一日初十日，奉諭旨：現在時屆嚴冬，氣候寒沍，滿、漢大臣中年老者遇有奏事等項，趁曉趨朝，嚴寒倍甚。從前曾經降旨，諭令滿、漢年屆六十以上大臣，遇進朝之日，准令筆帖式等代遞繕牌，著照舊遵行。該大臣等可於卯刻進朝，聽朝宣召。其年至七十以上，曾賞令紫禁城騎馬之滿、漢文武一品大臣内，如有不能乘騎者，著加恩准令自製兩人舁抬小椅乘坐進内，以示格外體恤至意。

二十四日，奉諭旨：朕因四公主下嫁後，尚未臨莅賜第。俯允所請，定於本日前往傳膳，此亦典禮之常。是以前經諭令值日該旗推班，各衙門如有引見官員，自可無庸帶領。至應奏事件，仍應照常呈遞。朕未明求衣，本日較常時更早，原欲披覽事件後，前赴四公主第，回宮辦事，召見臣工，儘屬從容。乃本日文武大小衙門，竟無一事陳奏。如朕往彼，果有竟日盤桓，或須晚膳回宮，則尚可以此藉口。今朕於卯刻前往，膳後詣各廟拈香，回宮尚不過辰刻，爲時甚早，豈本日各衙門竟無一應行陳奏之事乎？自係各該大臣等耽於安逸，相率在家晏起，而轉以仰體爲詞，實太不成事體。所有文武各衙門堂官均著傳旨申飭。嗣後遇有此等臨幸傳膳日期，各該堂官仍應照常奏事，如再有藉此曠誤者，必當一併懲處不貸。將此通諭知之。

十二月初三日，奉諭旨：前月二十四日，朕臨莅四公主賜第，因各衙門俱未進內奏事，當卽降旨訓諭。本日朕詣瀛臺閱看冰嬉，各衙門奏事，祇有吏部及正黄旗滿洲呈遞述旨，並内務府奏事一件，綿恩、奕紹各奏事一件。此外，如内廷行走王公、大臣、侍衛官員等，皆係本應入直者，其餘各衙門幷未奏事，各該堂官均未進朝，復蹈前轍。朕惟日孜孜，勤求治理，未明求衣，秉燭批章，遇有臨莅地方日期，必較常日早起數刻，辦事召對，儘屬從容。而諸臣等每逢車駕臨莅處所，輒相率不行奏事入朝，真所謂上行而下不效。試思朕高居宮内，辰時辦事，較之曉起傳膳他處，豈不安逸？且衝寒校藝頒賞，係屬年例，有何娱觀之處？乃諸臣等任意偷安，在家晏起，畏避早寒，年長者尚可寬恕，年少者實堪痛恨。自圖安逸，轉以仰體爲詞，積習不改，殊屬怠玩不知振作。本日除遞摺各衙門及内廷諸臣外，其餘滿、漢文武、大小衙門堂官，均著傳旨申飭。嗣後遇有臨莅傳膳地方日期，各該衙門仍復藉詞不行奏事者，必皆交部懲處，不能再邀寬貸。將此通諭知之。

十一年四月初七日，奉諭旨：本日朕親詣行禮畢，由天壇至承光殿用早膳辦事。是日係鑲黃旗滿洲、蒙古、漢軍三旗值日推班，呈遞并無事件之摺，殊可不必。倘呈遞並無事件之後，即有緊要事件，或遞與不遞，豈得因推班日期而誤要事乎？嗣後遇朕親祭之日，奉事著推班，其餘出入俱著照舊輪班奏事，帶領引見。

六月十三日，奉諭旨：昨因晉隆於陳奏謝恩事件並不親赴宮門呈遞，已另降諭旨，將晉隆及誤行接收之奏事官分別懲處矣。滿、漢文武大臣等年逾六旬以外者，前經准令於趨朝入直之期，差人先遞繕牌，以示體恤。至遇有自行陳奏事件，及本身謝恩等事，自仍當躬親呈遞。其年在六旬以內，無論繕牌摺奏，俱不准差人代遞。該文武大臣等各宜凜遵訓諭。嗣後倘復有率意差人代遞者，奏事官著不准接收。

九月二十四日，奉諭旨：現在將交冬令，天氣漸寒，朕秉燭披章，照常辦事。惟王公、大臣等奏事入直，其年老者衝寒待漏，未免精力不支。嗣後時屆三冬，所有應行入朝之王公及一二品文武大臣，年在七十以上者，均著加恩於辰初進內，預備宣召，以示體恤耆臣至意。

十月二十六日，奉諭旨：朕親製勤政殿記及勤政箴，實因身受皇考厚恩，不敢暇逸，惟勉勤政治民，庶酬遺志。而近來內外諸臣怠惰於心者甚多，實心任事者少，每以晨興爲苦，以致沉擱事件頗多。從前屢經降旨，飭令在京各部院衙門遇有應奏事件，即逢朕傳地方日期，亦皆隨時陳奏，無得怠惰積壓。乃昨朕詣闡福寺拈香，在彼傳膳辦事，各部院衙門無一奏事之摺。本日則六部、理藩院、内務府各衙門俱各陳奏事件甚多，且有一衙門陳遞數摺者，明係昨日因朕詣闡福寺，憚於早起前往遞事，至今日積有多件，一併陳遞。怠惰偷安，又蹈故轍，大屬非是。朕勤求治理，惟日孜孜，未明求衣，秉燭閲事，從不肯稍憚煩勞。並非因本日奏事較多，倦於披閲，實因無事恐致積壓。部院中今日所奏多件，試問伊等豈盡皆昨日趕繕者乎？且本日陳遞月摺，即共有七處。刑部奏事四件，内除奏斬決述旨一件，或云逢朕拈香之日，意取吉祥，留至今日陳遞，尚爲有説。其餘三件，昨日有何不可具奏？又如禮部所奏，係皇史宬事件；理藩院所奏，係喇嘛事件，儘可於昨日陳遞，何以任意延擱？各部院衙門習氣，每逢陳奏事件，其兼内廷行走各員，往往不肯定期，諉之專在本衙門行走堂官定日具奏。而該堂官等一聞另傳地方，輒心存苟安，任意晏起，在家躭逸，至將緊要事件亦壓至次日陳遞，轉以仰體朕躬爲詞，尤屬非是。朕臨莅各處，並非意在遊觀。昨謁闡福寺拈香，本係歲例舉行；此後如瀛臺閲看冰嬉，蓋因體恤八旗兵丁，校藝頒賞，且一切批章召對，仍與在宫内無異。而辦事畢後，亦旋即回宫，何嘗多爲流連，耽玩景物。昨日在闡福寺，各衙門竟無應辦之事，殊深慚愧，虚度一日。書云：「一日二日萬幾」，一日不辦事，所擔擱者甚多。譬如昨日既無可辦之事，朕何嘗趁暇游玩諸殿座，於辰刻即已回宫，諸臣又何得藉仰體爲詞耶？在京各部院衙門，皆可以佐朕爲治。朕時加訓飭，該堂官等猶不知振作若此者，何況外省積習相仍，效尤滋甚，因循疲玩，政務又安免廢弛耶？昨日隨駕前往之軍機大臣、總管内務府大臣及在南書房、尚書房入直之趙秉冲、桂芳，又雖未奏事因他事到彼之部院堂官禄康、德瑛、長麟、博興、瑚素通阿、特克慎、扎郎阿及學士朱珪，先經有旨令其間數日進内；協辦大學士費淳，現在予假，無庸懲處外，其餘遲至本日奏事之各堂官，均著交吏部、都察院察議，以示懲戒。嗣後各衙門一有應奏事件，俱著隨時具奏，卽逢朕傳地方日期，亦不得遲擱怠玩。設再有藉詞壓擱，遲至次日始行陳奏者，必行懲處不貸。將此通諭知之。

十一月十五日，奉諭旨：前經屢降諭旨，令各衙門遇有應奏事件，卽隨時陳奏，毋涉需緩積壓。乃本日奏事者又復寥寥，惟理藩院具奏謝恩，内務府奏回子學生二事，此外各衙門竟無一陳奏事件。因檢查憲書，今日適係破日，諸臣等自緣意存拘忌，將應奏事件暫緩呈遞，亦屬非是。朝廷政事繁多，惟日孜孜，又恐不及，若稍涉延緩，勢必輾轉沉擱，豈不漸滋叢脞之弊？向來惟萬壽慶節、元旦、除夕及齋戒期内，刑部例不奏事，此外並無停止章奏日期。若拘於日者家言，則繙閱憲書，動多禁忌。如本月二十七、二十八兩日，皆係破日，又豈皆不奏事？所謂一日二日萬幾無曠庶官者，顧如是乎？著再傳諭部院等衙門，嗣後於一切應奏事件，隨時呈遞，勿再存此等拘忌俗見，以副朕勤政勑幾至意。

十三年正月十九日，奉諭旨：向來内廷行走諸王，例應每日進内入直。惟念儀親王係朕之長兄，現已年逾六十，冬間天氣嚴寒，夙興入直，實覺勞瘁，卽時值夏令，亦不免於暑熱，允宜特加優恤，以資頤養。嗣後儀親王所管各處，遇有值日奏事及帶領引見並應行慶賀時節，仍照常進内呈遞繕牌；其餘無事之日，卽不必進内，仍照舊在内廷行走，用示恩眷。成親王俟將來年逾六旬，亦一體加恩。至滿漢、文武一品大臣年在七十以上者，遇奏事值班之期，除仍遵照前降諭旨遣人呈遞繕牌外，交冬以後，著於辰正進内；交春以後，著於辰初進内。其内廷行走年逾七旬之大臣每日應入直者，亦照此例。至緼布現雖未届七旬，但年已六十有九，筋力不能强健，亦著加恩准照前例，用示朕引年尚齒優待耆臣至意。

四月二十四日，奉諭旨：一日萬幾，豈可稍怠。本月二十二、二十三兩日，内閣均未進呈刑名本章，實屬非是。雖因二十一日朕初得皇長孫，爲國家茂衍蕃釐，但究於定制未協，又涉怠於勤政。況此次初得長孫，宫中並未設席演劇，諸事照常，而諸臣何必如此迎合耶？向來凡遇慶喜令辰，將立決章奏暫緩呈進，原有一定章程，並無因誕育皇孫連日不進刑名本章之例。設從前原議章程内載有此條，朕亦必早爲删除。試思政務殷繁，豈容稍有曠悮？若祇將立決章奏暫爲緩進一日，猶屬可行。至於尋常刑名事件，即降旨後尚須俟次年秋審辦理，且届時亦有情實緩決之分，此時何所避忌？前日朕未見奏遞刑名本章，已覺不愜，乃待至昨日，猶未呈進，實屬非是。似此積壓頻仍，勢必漸形叢脞，豈朕勑幾勤政之意乎？大學士等均傳旨申飭，嗣後不必如此揣摩。朕非好言祥瑞之主，唯知勤政愛民耳。再前此誕育四阿哥時，在廷諸王公大臣，均各呈遞如意，四阿哥係朕登極後皇后誕生之子，臣工等抒忱展慶，理所當然。即前日諸臣等因皇長孫誕育，亦即呈遞如意，朕因初慶抱孫，特行賞收，並於兩次俱回賞如意，用示錫祉聯情。至此後慶育蕃昌，正未有艾，將來凡遇誕生皇子、皇孫，諸王公大臣等均不准呈遞如意，違者治罪。將此旨著内閣存記，併諭諸王公大臣等知之。

十四年十一月二十一日，奉諭旨：前因儀親王、成親王均係朕兄，且有年齒，曾經降旨，遇嚴寒盛暑，以及不奏事之日，無庸進内，以示體恤。而儀親王等年齒漸高，現仍每日進内，轉非所以仰體朕心。王等雖在内廷行走，非如御前大臣、侍衛等引見時例應入内站班者可比，無事之日，原不應進乾清門。嗣後儀親王等除有應奏事件及帶領引見人員，仍照例進内，其餘無事之日，竟不必進内，應往該管宗人府及都統衙門辦事，不必每日趨朝始爲勤職也。

聖製閲摺詩 丙午

題章黄閣票簽呈，閲摺硃批手自評。每日部院及各省督撫照例題本事件，俱由閣臣票簽進呈，覽畢批發。其各省及新疆關係緊要事件，俱用奏摺封函呈進，手自批閲。宵旰一心奉天理，饑寒萬姓念民情。大都奏請恩施處，無不辰聞午卽行。凡有關民瘼加恩之事，或於奏摺批准，或特降諭旨，無不卽日辦理，不令稍稽時刻。底更刊頒示中外，諸臣或有以刊刻上諭及硃批諭旨爲請者，念皇考所頒訓諭臣工之旨，足以昭垂萬禩，不必更頒發矣。聖人垂訓久光明。

國朝宮史續編卷之三十三

典禮二十七 勤政三

御殿視朝儀

臣等謹案：勤政之義，莫詳於皇上御製勤政殿記，允垂泰交晉晝之鴻經。若夫宮廷典禮，首重朝儀。上以昭九重臨莅之勤，下以作萬國觀瞻之肅。句臚仗衛，班列糾陳，各謹所司，不徒循故事已也。前卷裒載大慶、令節、受賀諸儀，茲則以朝期升殿，凡王公加授爵級及職官遷除叙薦、例當行禮謝恩，其外藩使臣以時至者，亦得與朝集之盛。前編恭輯聖製視朝詩於宮殿門，伏讀戊戌聖製御門詩注云：「御門聽政及御殿視朝，爲勤政要務，」敬遵移載典禮，並登節年聖製、御製詩，以著嚮明臨照之鉅典焉。

乾隆五十四年四月二十六日，奉諭旨：向來遇升殿行禮，都察院堂官俱在殿上西邊站立，而丹墀下儀仗前，分上中下三段，共設糾儀御史六員，不足周覽管攝。今思丹陛上不過王公數人，大學士、都察院堂官耳目較近，儘敷糾察，儀文自能整肅。而丹墀下行禮人員較爲衆多，自非御史六人所能稽察周到。嗣後著於都察院堂官内輪往二人，在頭層品級山兩旁站立督率，再於每品正從、東西，不拘滿、漢科道，各派一員，專司彈壓。科道員數較多，每次止用三十六員，儘爲寬裕。著於朕未升殿以前，在品級山兩旁向上按排分立，届時留心稽覈。如行禮人員有越班不齊者，既可隨時指示，而於錯誤不遵者，亦無難指名糾劾，更足以昭體制而肅朝儀。著爲令。

視朝之禮：每月五日常朝之期，得旨「升殿」，凡王公以下謝恩各官，具銜名送鴻臚寺列疏，交内閣。届日，所司設案一，於太和殿内西楹次，陳筆硯。記注官四，立殿内西楹後。展中和韶樂於殿檐前，丹陛大樂於太和門檐下。鑾儀衛陳鹵簿於丹墀内，步輦於太和門外，五輅及馴象、仗馬均於午門外。王以下文武百官朝服，外藩陪臣以時至者，服本國服色，畢會闕下。質明，侍班執事官入就班位，鴻臚寺官按翼引王公由午門左右門入太和左右門，就丹陛位立，東西面。文武百官由午門左右掖門入昭德門、貞度門，就丹墀位立，東西面。外藩陪臣隨西班百官後入。届時，鴻臚寺奏請御殿，午門鳴鐘鼓。皇帝禮服乘輿出宫，前引後扈如常儀，至太和殿後檐降輿。中和韶樂作，奏「隆平之章」，樂章隨四時十二月律，辭具通禮。皇帝御太和殿，升座。工偃麾戛敔，樂止。鑾儀衛官贊「鳴鞭」，丹墀内三鳴鞭，戲竹交。丹陛樂作，奏「慶平之章」。樂辭同三大節。鴻臚寺官贊「排班」，引謝恩官出班，其餘各官仍按本班立。序立北面，贊「進」，皆進，贊「跪，叩，興」，王公百官行三跪九叩禮，退，復班次，樂止。鴻臚寺官引外藩陪臣出班，序立北面，贊「進」，進，就西班拜位立。丹陛樂作，奏「治平之章」，樂辭同三大節。贊「行三跪九叩禮」，退，復班次，樂止。乃賜茶，畢，丹墀内三鳴鞭，中和韶樂作，奏「顯平之章」，樂章隨四時十二月律，辭具通禮。鴻臚寺官奏「禮成」，皇帝啓座，乘輿還宫。

聖製太和殿視朝詩　丙戌

五更微雨鷄鳴止，衮衮千官肅侍儀。金鼎煙中三殿曙，林鍾律裏八音披。中和韶樂六月律應林鍾。陞遷畢謝萃朝彦，職貢例瞻引海夷。時暹羅國貢使在京，例於御殿日引行禮。蕆事更衣向西苑，出城欲趁曉涼宜。

聖製季夏視朝詩　丁亥

視朝雖是具常儀，不欲無端闊久時。暑節雨霑瀼夜露，清晨雲散晃朝曦。千官百辟欽惟亮，祖德宗功鑒在兹。無易由言泰平日，總宜益切敬勤思。

聖製太和殿視朝詩　辛卯

曈曨曉闕啓芙蓉，香擁金鑪露氣濃。禮具以時臨黼座，樂鳴應月奏林鍾。六月，以林鍾爲宫鎛鐘，擊以起樂，編鐘從之。敢云會極還歸極，惟奉天宗與地宗。三十六年斯一志，遑因日久懈虔恭。

御製御太和殿作　丁巳

熹微曙景上樓端，辨色趨朝集百官。仙仗飄飄排玉陛，御鑪馥郁繞珠欄。父恩天眷受誠重，地廣民稠治最難。本朝家法，日理萬幾，引對百官，均在内殿，無間時刻。至太和殿爲正朝，遇行大典禮及慶節受賀則御之。凡大小臣工恭己答陽思盡職，凜承寶訓倍求安。

御製御太和殿作　辛酉

遷調叙用，有應謝恩者，鴻臚寺按例彙集人數，請期御殿。兹以冬季俞該寺所請，諏吉視朝，嚮明臨詔，大寶祗承，益凜恭己圖治之思。

三年未御殿，册后禮宜行。抱蜀臨天下，承先奉大清。艱哉時保泰，凜若慎持盈。授受思丙歲，尤殷永慕情。

御製御太和殿作　癸亥

臯應宏開夜嚮晨，中和大樂奏韶鈞。職思負扆臨三殿，位凜當陽治萬民。授受典垂恩永戴，危微心念德常新。止仁衷切求懷保，寰宇難期化美淳。嚮明負扆，恭己臨朝，以伸羣下覲謁之悃，亦舊典也。惟思克副天位，仁政敷施，俾寰宇俗臻淳美，是予所夙夜凜承，不遑暇逸者也。

御製御太和殿作　癸亥

正殿受朝賀，國家舊典循。瑞煙金鼎裊，仙伏玉階陳。負扆治天下，臨軒對庶民。迴思親授寶，深愧化難淳。

御製御太和殿作　甲子

曙景熹微碧宇迢，千官劍珮共趨朝。鐘聲清越鳳樓徹，鼎篆悠揚龍闕飄。負扆守成欽寶訓，臨軒圖治凜明昭。敬思授璽衷誠感，何日方欣六幕調。

國朝宮史續編卷之三十四

典禮二十八　勤政四

經筵進講儀

臣等敬惟我國朝列聖相承，右文重道，講筵令典，歲必舉行。高宗純皇帝耄學焕章，精探道蕴。每聖論宣示，發先儒未發之奥，抉經師未抉之疑，朔解天成，合内聖外王，一以貫之。自乾隆二十七年壬午迄六十年乙卯，其間乙巳以新建辟雍，躬行釋奠禮，遂講學於成均。壬午、辛卯、庚子、甲辰，因舉巡典，餘歲悉御講筵。庚戌以來，進講之日，皇上暨諸皇子、皇次孫俱恭侍經帷，備聆聖論。蓋自戊午歲肇舉斯典，乙卯以前，春秋親講者二十有三；癸未迄乙卯，二十有六，統計四十九次。皇上嘉慶元年丙辰及今十年乙丑，御春筵者七，秋筵者一。所有聖論、御論，先後刊入聖製、御製文集，具有成編。兹恭輯聖製、御製經筵卽事及文淵閣賜茶諸什，并録臣工議增筵宴事宜、進講儀注。伏讀聖製乙卯經筵句云：「詩示心傳及政傳」，仰見聖治聖學，道出一原。前編列於宫殿門文華殿進講儀下，兹移載典禮，以彰勤政之實要云。

乾隆三十九年二月十一日，軍機大臣等奏：遵旨查向來經筵禮成後，在協和門筵宴。嗣於乾隆二十九年因經陳奏，筵宴時有閒雜人等闌入，於禮制非宜，奉旨停止。今蒙聖諭，經筵爲崇文大典，筵宴不應停徹，交臣等另議。查經筵後筵宴，向來易致擁擠者，因設在協和門之南，往來人衆，難於稽管。今請於經筵日預設宴席於文華殿東西配殿内，恭候皇上禮成後，所有應行與宴人員，各按班次，在彼祇領，庶禁地森嚴，人役無從混入，於典禮益昭整肅。從之。

五十一年二月初二日，軍機大臣等奏：經筵禮成賜宴時樂章，應添歌抑戒之詩，并派大臣管宴。請飭交禮部增入會典則例遵行。報聞。

嘉慶十五年二月初五日，奉諭旨：向例臨御經筵，升殿及宣講後，講官同侍班各官均於文華殿丹墀内行三跪六叩禮。丹墀中亘甬道，兩旁行禮之處，殿内不能俯矚，嗣後著改於丹陛上分左右行禮。

經筵之禮：歲春仲月，秋亦以仲月。皇帝將舉經筵，禮部承旨諏吉奏聞。預期，翰林院奏進講官銜名，請旨派滿、漢講官各二員，直講經書。其四書題、經題，由掌院學士暨直講官恭擬，進呈御覽。圈出書題、經題各一，恭竢御論發下，隨撰擬講章。進呈欽定後，恭繕清、漢文御論書、經各一道，交入大内，並繕清、漢文講章，交派出之講官預備進講。届日，所司於文華殿寶座前恭設御案，南向。設講案於殿内正中，北向。翰林院官恭陳清、漢文御論於案，書左，經右。陳清、漢文講章於講案，亦分設左右。講官補服蟒袖，大學士、九卿、詹事及記注官、糾儀給事中、御史、各執事官均補服，集文華殿丹墀内，東西按班序立。届時，禮部堂官詣乾清門奏請。皇帝常服，乘輿出宫，扈衛如常儀。禮部堂官導引，由後左門出左翼門，至文華殿丹陛，降輿，御寶座。後扈大臣二人，立御座旁左右。前引之禮部堂官立殿門外左右。扈衛立階下。記注官升西階，入殿右門，立柱西，東面。鳴贊官就立東西檐下，贊「排班」。講官、侍班、糾儀各官就丹陛拜位立。贊「跪，叩，興」，行二跪六叩禮。興，鴻臚寺官一人，引滿講官由殿左門闑右入，大學士、吏户禮部尚書、侍郎、通政司使、副使，詹事府詹事、少詹事、各侍班官，以次隨入門，由闑左列滿講官後。若衍聖公入覲，列東班之首。糾儀給事中二，立班末。鴻臚寺官一人，引漢講官由殿右門闑左入。兵刑工部尚書、侍郎、都察院左都御史、副都御史、大理寺卿、少卿、各侍班官以次隨入門，由闑右列漢講官後。糾儀御史二，立班末。鴻臚寺官退，就左右檐下立。鳴贊官贊「進講」，滿、漢直講官出班，詣講案前，跪，三叩，興，退，復位。滿直講官一人，出東班，南行數武，西趨及中門左棖前折旋，北面就案左，展書，進講清文畢，却退折旋，東趨，復位。漢講官一人，出西班，東趨，逾中闑，及左棖前折旋，北面就案左，展書，進講漢文畢，却退，折旋，西趨，復位。皇帝闡發書義，宣示漢文御論，講官暨侍班官跪聆畢，興。又滿直講官一人，出班，西趨，逾中闑，就案右。漢直講官一人，出班，東趨，就案右，先後講經，畢，却退，復位。皇帝闡發經義，宣示清文御論，各官跪聆畢，滿、漢大學士二人，各奏辭感服，興。鴻臚寺官引由左右門出，就丹陛拜位序立，聽贊，行二跪六叩禮。禮成，皇帝啓座，由殿後臨文淵閣。凡文淵閣直閣、校理、檢閱等官，均於閣前丹墀内序立侍班。鴻臚寺官、引講官、侍班官、記注官，分左右入閣内，按品分行序立。皇帝賜羣臣坐，咸一叩，坐。賜茶，禮成，仍引出，禮部堂官導駕乘輿還宫。是日宴講官暨侍班各官、記注官於文華殿東廡之本仁殿，歌抑戒之詩。宴畢，各官行禮謝恩如儀。

聖製春仲經筵詩　癸未

春風東壁啓文軒，書蕴經微細討源。自是鴻儒曾有詁，孔懷赤子未能言。是日講大學如保赤子三句，易經咸速也二句。咸恒實具乾坤體，速久惟應天地尊。訓詁家向泥六子，長少相配，以世俗夫婦窺聖人序卦，曲爲損益，不首下經之論，自生支節，不知下經首咸恒，咸，即天行之速，恒即地道之常，其爲乾坤，具體直截了當，因儒臣講畢，詳論示之。闡繹豈徒修令典，欽哉絜矩個中存。

聖製春仲經筵詩　甲申

文華春講集羣英，精義嘉言與論評。四海耕桑因所利，萬幾敕毖省其成。是日進講論語因民之所利而利之，尚書屢省乃成。詎惟守註毋甚解，亦曰尊聞在力行。内外交修非二事，隣哉思日贊治平聲平。

聖製春仲經筵詩　丙戌

講筵又隔一年春。乙酉春日南巡，未御經筵。翰典文華舉令辰。緝學詎云循故事，樂羣相與集諸臣。義無適莫惟君子，是日進講論語無適也，無莫也，義之與比；書經皇建其有極，斂時五福，用敷錫厥庶民。福有斂敷厥庶民。御論聊抒心所會，斯之未信頌休頻。

聖製春仲經筵詩　丁亥

翰典彬彬舉仲春，輪番進講列儒紳。誠明盡性斯先覺，盛德甄心在日新。進講四書不逆詐一節，易經日新之謂盛德一句。儼若要偕經義守，同然無取頌聲頻。撰良喜勝常年者，兆啓文昌壁值辰。是日適值壁宿。

聖製春仲經筵詩　戊子

塗雘文華新落工，宮殿丹雘，自雍正庚戌油飾之後，至今將及四十年，故命所司，以次修理。茲文華殿新值落成。講筵輝煥柍桭紅。時惟長善春臨仲，典以興賢歲舉隆。絜矩恕忠籌國治，是日進講大學是以君子有絜矩之道也，尚書一日二日萬幾。勑幾兢業亮天功。親裁御論抒心會，無取都俞稱頌同。

聖製春仲經筵詩　己丑

列筵寧祇禮文崇，玩味經書義不窮。毋自欺惟慎己獨，時進講大學所謂誠其意者毋自欺也，尚書欽哉惟時亮天工。勗胥欽迺亮天工。君臣要在交相儆，心意由來本是同。二語闡是日御論義。衍聖許教陪講席，衍聖公孔昭煥以新修太學，親臨釋奠，來京陪祀，至是並命侍筵觀禮。黽哉何以繼家風。

聖製春仲經筵詩　庚寅

儒臣廣殿共云云，何異書齋此樂羣。明物由行述虞舜，養賢以及玩周文。是日進講孟子由仁義行二句，易頤卦象傳聖人養賢以及萬民句。兩行玉椀分茶味，一對金鑪裊篆紋。勗在聞知致高大，詎惟典故取斯勤。

聖製春仲經筵詩　壬辰

撰良廣殿御光春，記語易文衍繹頻。欲擬漸摩先率性，以言輔相輒憂民。是日進講中庸修道之謂教，易經輔相天地之宜。惜陰强勉功不息，隔歲親行日又新。庚寅御經筵後，惟辛卯春以恭奉皇太后東巡，舉行暫隔一年。敢謂長上聲年疎典學，衛公抑戒義猶存。

聖製春仲經筵詩　癸巳

師古仍惟舊典式，清書漢語各分曹。（凡進講，先書，次經書與經。各先清次漢，每講官一巡畢，即發御論一通，則以清、漢語分講。）龍香近護黃帷案，鷺序雙排綵袖袍。（是日講官及侍班官並補服，惟講官加服領袖袍。）好惡同民可不慎，酢酬慮善敢從怡。（是日進講大學民之所好好之，民之所惡惡之，說命慮善以動，動惟厥時二章。）講筵謾擬頌崇學，並進知行勉正勞。

聖製仲春經筵詩　甲午

朵殿彬彬羣彥羅，右文大典舉春和。兩題著論寧勞我，一例輟爲奚示他。後獲先難詮以獨，功崇業廣解休訛。（是日進講論語仁者先難而後獲，書經功崇惟志，業廣惟勤。余作御論，以克己復禮釋書題，而解經則以用卿士引爲爲君者之責，義似親切。）載咨朗誦篇章者，頌語漫陳願琢磨。

聖製二月六日經筵作　乙未

輕雲釀雪仲春和，廣廈談經儒彥羅。詎曰崇文循典故，欲因體道互研磨。新民要在於修己，惠我還須勿問他。（是日進講大學日日新又日新，易經有孚惠我德。）殿後文淵將建閣，（文淵閣向僅沿襲虛名，今擬於文華殿後建閣，爲貯四庫全書之所。）待成四庫貯書多。

聖製春仲經筵詩　丙申

經年講席一躬臨，龍袖儒臣喜盍簪。（經筵講官，滿、漢各八員，進講侍班服領袖袍，以別於衆，此舊例也。）日麗風和春藹吉，周書魯語義抽尋。（是日進講論語百姓足君孰與不足，書經君子所其無逸。）撫民時切不足志，勑已惟懷無逸心。後閣文淵新慶洽，（殿後度地建文淵閣，爲貯四庫全書之所，今始落成。）俾觀合有共賡吟。

聖製春仲經筵詩　己亥

經筵兩歲闕臨諸，撫帙猶然意戚予。（丁酉、戊戌兩年未舉經筵之典。茲已逾大祥，進講惟允雖戚未能忘而禮不敢過也。）況閱大祥應講習，相將精義繹經書。先勞勞更期無倦，上下下斯光有餘。（是日論語進講先之勞之請益曰無倦，易經進講自上下下其道大光。予所製御論，於論語則以爲夫子此言爲有司親民者而發，而人君爲政之道實不外此，臣之勞在身，君之勞在心。於易經則以爲自上下下二語，非止申明損上益下，蓋言爲上者當不自恃崇高，應虛己撝謙，尊賢納諫，乃由上以下，其下其道有弗大光者乎，雖文臣皆以爲確論，而斯之猶未能信耳。）著論聊因抒己見，盈庭咨爾莫虛譽。

聖製經筵畢臨文淵閣有作　己亥

文淵咫尺近文華，禮蕆經筵此賜茶。（文華殿進講畢，御文淵閣召講官及侍班諸臣入列坐，賜茶。）新署冰銜協名實，（新設文淵閣領閣事二員，以大學士兼掌院者充之。提舉一員，以内務府大臣充之。直閣六員，以内閣學士、詹事、少詹事、學士充之。校理十六員，以庶子、侍讀、侍講、編修、檢討充之。檢閲八員，以内閣中書充之。）待藏四庫焕雲霞。次排雖畢事求覈，（於永樂大典散篇内集輯成編，不下三百八十餘種，多有世不經見之書，命館臣詳加校勘，分别應鈔應刊，以公同好。）檢校宜精期與賒。佇遲（去聲）功成開慶宴，木天佳話更堪誇。

聖制春仲經筵詩　辛丑

南巡去歲經筵闕，廣殿熙春集佩裾。學傳（去聲）易言分晰注，（是日講大學傳第十章，此之謂絜矩之道，因論發明忠恕一貫即絜矩之義，以見聖賢心傳之一。又講易文言乾始能以美利利天下，不言所利，論以乾之德，不可見於四海，見之猶天不言而時行物生，所以爲大，人君體天者也，有孚惠心，勿問元吉，即不言所利之義。）清文漢義各陳書。（經筵用滿、漢文講官等依次進講，御論亦滿、漢文分别宣諭，以遵舊典。）知之切在行之力，古與稽當今與居。漫頌古稀猶講學，武公抑戒老於予。

聖製經筵畢文淵閣賜茶作　辛丑

經筵例著賜茶典，高閣成來遂此移。（向例，講筵畢賜茶。自文淵閣成後，丙申、己亥經筵即命講官及侍班諸臣於文淵閣列坐，賜茶。）魚魯縱教精致覈，居諸間（去聲）有故爲遲。（辦理四庫全書，始於癸巳歲，迄今將及十年，尚未成書。蓋謄録議叙較優，承辦者或欲留此館局以爲邀恩之地，則是自私自利而不計公事之淹留矣。）鷄鳴嘗繹善和利，蠹簡要分公與私。咨爾校讎總羣輩，可宜淹過浹旬期。

聖製春仲經筵有述　壬寅

講筵重啓仲之春，書義經言細繹循。知者樂而仁者壽，在知人復在安民。是日進講論語知者樂仁者壽，書經在知人在安民之文淵閣落成已久，而四庫全書第一部昨歲冬始得告成，今排列架上，古今美富，畢聚於此，實爲慶幸云。崇文詎祇詮其語，實力猶應行以身。高閣雖云落成久，書成四庫慶斯真。句。

聖製春仲經筵詩　丙午

昨歲辟雍行創禮，文華常例末重觀。仲春於是典學業，稽古依然咨講官。安利乎仁知去聲利次，是日所講書，論語仁者安仁，知者利仁。尚書正德利用，厚生惟和之句。朕著論以爲，顏淵安仁，子貢利仁，及修六府似易和三事爲難，謂雨暘之和，非人力所能致也。詳見論文。修和爲政致和難。更教侑宴歌抑戒，向年經筵畢賜講官等宴，無樂侑席。茲自本年爲始，特命於經筵宴内歌抑戒，用古樂宮商角徵羽音律，頒之樂部，永遠奉行。勉效武公敢自寬。

聖製經筵畢文淵閣賜茶有作　丙午

御罷經筵例賜茶，經筵向無賜茶例，雍正年間皇考命增此典。崇儒恩諭特爲加。文淵閣合敷茵坐，向即於文華殿賜茶，因築文淵閣成，遂移於此。稽古義非梯几睎。口説躬行須有別，都俞吁咈莫争差。芸橱四庫收誠富，鑽仰無能喟自嗟。

聖製仲春經筵即事成什　丁未

依例經筵舉仲春，耄齡肯便謝躬親。虚名寧渠徒數典，實踐由來在淑身。與子與賢凛天命，予謂與賢與子，天命胥不可恃，惟在君人者敬天愛民，慎守其器，以爲凝承之本耳。至解大畜者，注家俱以不家食爲養賢，而賢者不食於家。予意當以家爲私，以不家食爲去私。又九二六五主柔臣剛之解，亦近曲説。茲所論非有心立異，但折衷於理而已。畜時畜巳慎時新。是日講孟子天與賢則與賢，天與子則與子。易經大畜卦剛健篤實，輝光日新其德。無心立異以著論，亦弗泥乎疏者倫。

聖製仲春經筵詩　戊申

文華廣殿集儒卿，講學寧惟例事呈。必也淑今在稽古，要當晰理更研精。安能慮始思能得，明有功資惇有成。是日講大學安而后能慮，慮而后能得。書經明作有功，惇大成裕。製論求平不求異，伊余所愧乃躬行。

聖製仲春經筵詩　己酉

仲春撰吉御經筵，勤學可辭茲老年。註謂拘墟朱及馬，夫子於韶，自有相契於時幾勑命之原，是以感之誠而嘆其極。自司馬遷增以學之二字，朱子遂泥其説，而且申之以九十一日知味之論，反覆置辨，去之愈遠。論微變例後申前。向例，講筵論二篇，一四書題，一經題。今歲以首篇講聞韶章，遂於子謂韶盡美矣章而引伸其説，以見韶樂盡美盡善之實，是已有二篇，因不復命經題。舜因言在胥盡矣，武或詩删善闕焉。見前後御論二篇。萬古宫商依則永，殊其人世愧增旃。

按：今非無韶，以韶之言在也。然則韶果有乎？以今之人，撫今之世，雖日詠勑命時幾之章，永其言而律其聲，不可謂韶也。愧何如之！如是則謂之無韶亦可。至於武之盡美易知，而其未盡善，無可徵之言，是以予疑夫子删之，即删其未盡善者也。前年曾定詩經全部樂譜，及辨朱載堉樂律全書之謬，己於一字一音，竊見依永和聲之原。至於聲音之道，本與政通，而又實與性通，舍性而求樂，無有是者。舜既爲性之德，又際中天之治，宜其發於聲容者，盡美盡善。若是則韶樂雖在數千載之上，而實不絶於千載之下也。

聖製春仲經筵詩　庚戌

慶節都過返禁垣，講筵詄蕩此臨軒。崇文要在敦實力，發義仍教著御論。傾覆栽培順天道，自彊不息法乾元。是日四書講栽者培之，傾者覆之。經題講天行健，君子以自强不息。非沽八十猶勤學，抑以躬行示子孫。命皇子等及皇次孫於是日亦從至文華殿聽講。

聖製仲春經筵詩　辛亥

學講依然八十翁，經書理晰不同同。如聞一貫斯知十，允執兩端用厥中。是日講論語回也聞一以知十，賜也聞一以知二。大禹謨允執厥中。實踐期惟慎宵旰，虛辭豈尚艷雲風。外王内聖寧殊道，望未見誠慚愧躬。

聖製春仲經筵六韻　壬子

半宵問報同雲佈，破曉未瞻六出飛。適值經筵舉仲月，及臨翰席朗春暉。德修宿闢程家劄，程頤論經筵劄子貼黄有云，天下治亂繫宰相，君德成就責經筵，二語未爲通論。蓋君德正，天下治亂所關，君德成就而天下焉有不治者乎？若頤所言，則人君但深居高處，自修其德，而天下治亂漠不相關，其德安在？且宰相獨非人君所用乎？倘宰相以天下之治亂爲己任，而目無其君，尤大不可。詳見向書程頤論經筵劄子後。瑞點空懷謝客衣。守位以思要稱去聲位，唯幾成務合研幾。是日講論語君子思不出其位，易繫辭唯幾也故能成天下之務。可知一貫在忠恕，無外九經求是非。引俗欲圖徐入古，命歌抑戒聽音希。古樂之宫商角徵羽，俗工不知，即今之五六工尺上等字也。乙巳秋，命駢注樂章内，令樂工肄習之。丙午年，因向御經筵畢賜講官宴並無侑樂，即於是年命依古樂歌抑戒之章，即合申儆之義，亦欲引俗入雅耳。

聖製春仲經筵詩　癸丑

雖曰經筵循舊典，恰欣雨後曉春晴。幼齡逮此未探要，耄歲猶吾艱造精。無息至誠非勉强，有威自畏凛聰明。是日講中庸至誠無息，不息則久。尚書天聰明自我民聰明，天明畏自我民明威。臨民修已詎二事，却愧弗關言在行。

聖製春仲經筵詩　甲寅

文華復此講筵臨，未可徒言典制尋。博厚高明天地德，顯仁藏用聖人心。是日四書講中庸悠遠則博厚，博厚則高明。易經講繫辭顯諸仁，藏諸用。返躬踐履誠何有，望雨憂勞正不禁。清漢章胥一再讀，每御經筵，先期簡派滿、漢講官各二員，是日以次進講。朕亦將四書題御論用漢文讀之，繼將經題御論用清文讀之。蓋滿洲讀書人久習漢文，於清文轉多生疏，漸至忘本，是深可慮，講筵並用清、漢文，職是之由。弗忘本爾義猶深。

聖製春仲經筵詩　乙卯

對越崇祠致敬虔，文華咫尺御經筵。居今稽古春中月，望道勤民六十年。敦化流川那大小，達聰明目勗仔肩。是日四書講小德川流，大德敦化。書經講亶聰明作元后，元后作民父母。丙辰講席應兒事，詩示心傳及政傳。

乾隆戊午春，肇舉經筵之典，親製論二篇宣示。迨今歲乙卯，其間非有巡幸諸事，歲必行之。綜計六十年中，御講筵者四十九次，得論凡九十八篇，向無手録之本。乙巳秋，山莊幾暇，因將戊午至癸卯以前之論，彙書一通，釐爲五册。其自丙午近十年以來之論，則每歲經筵後，於養心殿續書之，自爲一册，附裝焉。予仰蒙天恩祖眷，踐祚週甲，克遂初心。明年丙辰正月上日，卽當歸政，嗣後經筵爲子皇帝之事，予可以不復御文華親講矣。因命將此六册陳之文華殿，以誌數典。予自幼讀書，服膺孔子之訓，今當八旬有五，而好學孜孜，未曾少閒，是以歷年經筵論中樹義闡微，時有心得，固不敢離經剏異，亦非欲與經師講家較短絜長。惟期因文見道，闡明先聖立言之旨，以示治世臨民，總不出古聖心傳政要，修己立誠。我子孫臨講席者，其聰聽之。乾隆乙卯仲春御識。

聖製經筵畢文淵閣賜茶之作　乙卯

六十經筵絶筆應，明年欣看子之承。明年丙辰元旦歸政後，予豈遂耽安閒不爲經理庶務，至如朝祭、講學一切典禮，自屬子皇帝之事，予可以頤適觀成，洵千古未有之嘉祥也。千秋鮮有嘉祥事，一晌不無感慨增。學未至精今棄學，徵惟在政那堪徵。文淵閣賜茶臨坐，曰惜曰慙念兩仍。

聖製命皇帝春仲經筵郎事　丙辰

春仲經筵崇德輝，事雖儀典義深微。傳心殿名祭俾思精一，會典載，御經筵日，例命大學士一員祭傳心殿。予乾隆六年御經筵，特行躬親致祭禮。昨六十年以踐基符願，仍親祭以致虔恪。殿中所崇祀，自伏羲以至孔子，皆皇師、帝師、王師、先聖、先師、內聖、外王，道統相承，精一心傳，乃治世臨民之本。茲授位子皇帝，俾勤習庶務，訓學卽所以訓政，因命依例以仲春御經筵，是日亦令先親祭傳心殿，令知治法不外心法、道法也。御論看猶足發揮。皇帝將所御製論呈覽，此次首題大學，詩云樂只君子，民之父母。次題易經，元者善之長也。亨者嘉之會也。首題御論，言人君於民必當保赤求寧，則下民傾心感戴，若依父母。次題御論，言元者生物之始，亨者生物之通，春生夏長，自順其序，發揮題藴尚不至紊。訓政詎應忘訓學，知文實不外知幾。元正昨甫相授受，陶景虞薰慎莫違。

御製仲春經筵詩 丙辰

青陽左个闢經筵，廣殿華簪集衆賢。論闡儒臣資啓沃，旨承太上代敷宣。民依父母由恩浹，易著元亨示象旋。是日進講四書，詩云，樂只君子，民之父母。周易元者善之長也，亨者嘉之會也。聖化漸摩文治盛，夙聞詩禮凛心傳。

御製經筵後文淵閣賜茶卽事 丙辰

儀成講席列文華，層閣敷茵例賜茶。宸翰懸楣昭日月，全書充棟燦雲霞。玉階風静鑪烟直，珠牖簾疎樹影斜。交泰一堂歌湛露，皇州春色正無涯。

御製仲春經筵詩 丁巳

右文承旨御經筵，左个文華傑閣前。拂拂和風翻翠葆，融融綺旭度花甎。政勤人道中庸紀，訓本帝心洪範編。是日進講中庸人道敏政，地道敏樹。尚書是彝是訓，于帝其訓。探討儒臣資啓沃，披陳講案義敷宣。

御製仲秋經筵詩 辛酉

春月經筵典曾舉，仲秋講學始陳儀。風清旭皎輝高宇，鷺序鴛班集玉墀。節用愛人實政布，保民孚惠吉占宜。是日進講論語節用而愛人，周易有孚惠心勿問元吉二節。愧無文治敷王化，負扆中心慙作師。

御製御文華殿經筵成什　壬戌

講筵春啓集儒簪，欲使淳風播士林。樹德無爲爲衆鵠，行師用正正人心。經文敬守先言博，圖治應從古籍尋。朂爾進規休溢美，政多闕失愧方深。

御製御文華殿經筵成什　癸亥

講席親臨集宿儒，春盈堂陛旭輝敷。道惟明德欽伊訓，政在養民法禹謨。是日進講大學顧諟天之明命，尚書德惟善政政在養民二節。修己治人念前典，潛心師古守良模。文華普被消乖戾，願共黎元尊正途。

御製仲春經筵詩　甲子

旭麗風和二月春，執經進講集儒臣。文章論闡書中奥，翰苑筵羅席上珍。經筵御文華殿，集儒臣進講，闡發聖賢彝訓，治平要道，故每歲舉行，未嘗有闕。今歲以紀元甲子，於經筵次日幸翰林院，謹遵皇考九年甲子之典也，廣集儒簪，賡吟錫賚，敬紹作人之化，嘉惠藝林，庶期文教光昌，士風彌臻醇茂。敷教設庠敦孝悌，謹身制度勉清淳。是日進講孟子謹庠序之教申之以孝悌之義，易經節以制度二節。化民成俗加勤敬，圖治必從典籍循。

聖製仲春經筵詩　乙丑

傳心東壁接宮牆，春盎文華溥豔陽。文華殿在傳心殿右。講席敷宣希古聖，經筵討論守前章。臨民居敬政無易，行健法天體自强。是日進講論語居敬而行簡，易經君子以自强不息二節。味道精研圖郅治，弼予不逮倚賢良。

御製仲春經筵詩　丙寅

春律中分暖旭遲，文華進講論題拈。用人極量取於善，致豫虚衷守以謙。是日進講孟子樂取於人以爲善，易經序卦傳有大而能謙必豫。克己諮諏求美備，持盈延納引安恬。探尋奥旨敷爲政，舊學新知勉日添。

國朝宮史續編卷之三十五

典禮二十九 勤政五

御殿傳臚儀

臣等謹案：前編具載殿試前列十卷，進呈欽定，按名引對；翼日，御太和殿傳臚。茲恭輯臚唱儀注，並稽乾隆二十七年以後疊奉聖諭，屏諛頌之習，嚴晝試之程，所以遴真材、期實用者。又常於聖製篇什暨皇上御製詩，見其義焉。至紫光閣武試，乾隆五十五年庚戌迄六十年乙卯，恭遇臨軒校閱之日，皇上暨諸皇子、皇孫奉命親試騎射，以昭家法而示鵠程，洎嘉慶丙辰迨今乙丑，已閱五科。鴻化作人，干城並重，事關舉典，謹依例具續於編。

乾隆二十八年四月二十四日，奉諭旨：嗣後殿試進呈十卷，不必預拆彌封，候朕閱定後，再行按名傳齊，帶領引見。

三十六年四月二十四日，奉諭旨：前因殿試對策貢士等多用頌聯，甚非先資拜獻之道，屢經降旨飭禁。今日讀卷諸臣將擬定十卷進呈，閱其文詞，仍未免頌多規少，其間且有語涉瑞應者，朕意深爲不取。夫文章華實不同，卽繫士習淳漓之辨。貢士等進身伊始，若徒撏撦浮辭，習爲諛頌，豈敦尚實學本意。現就各卷中擇其立言稍知體段，不致過事鋪張者，拔列前茅。其措詞近浮，及引用字句失當之卷，酌量抑置，以昭激勸。並將此旨通行曉諭知之。

四十六年四月二十五日，奉諭旨：向來殿試新進士，有至次早始交卷者，雖伊等草茅新進，對揚之始，未免矜持，但考試給燭，最滋弊竇。至於連宵達旦，則更長人倦，防閑更未能周。且朝考例作四題，尚不過日入完場，而殿試對策一道，窮日之力，寫作已可從容，何必焚膏繼晷，始得成章乎？況殿廷重地，尤宜謹慎，嗣後殿試交卷，至遲亦以日入爲度，不得仍准給燭。其不能完卷者，仍准列入三甲末，士子等各宜自勉，以副朕剔弊遴才之至意。

五十四年四月十二日，奉諭旨：新進士殿試，著在保和殿考試，所有預備茶水等事，不必護軍、校尉人等伺候，卽照正大光明殿考試之例，令太監等經管，光禄寺亦毋庸預備飯食，朝考卽照此辦理。

臚唱之制：讀卷翼日，所司陳鹵簿於太和殿前，設中和韶樂於太和殿檐下，丹陛大樂於太和門内。設黄案一於殿内東楹，南北肆；一於丹陛上正中，東西肆。設雲盤於丹陛下，設采亭、御仗、鼓吹於午門外。記注官四，於殿内西楹後班立。王公以下侍班各官，朝服序立，陪位如常儀。大學士一人，立殿外東檐下。禮部尚書一人，立大學士之次。宣制官一人，立東樂懸之南，均西面。傳臚官立丹陛西階，每層一人，均東面。内閣官奉黄榜，設殿内東案。讀卷官及執事官集東丹墀内。諸貢士公服，會午門外，鴻臚寺引入，按名次奇偶，序立東西丹墀之末。届時，禮部堂官詣乾清門奏請，皇帝禮服乘輿出宫，禮部堂官導引。皇帝御太和殿升座，中和韶樂作，奏「隆平之章」，樂止。階下鳴鞭三，丹陛大樂作，奏「慶平之章」。鳴贊官贊「進」，鴻臚寺官引讀卷執事各官就拜位，贊「行三跪九叩禮」，興，退，復位，樂止。大學士進殿左門，詣東案前奉黄榜出，授禮部尚書，陳於丹陛案，三叩，興，避立於左。鳴贊官贊「齊班」，丹陛大樂作，序班官東西分引諸貢士就拜位，重行北面立。贊「宣制」，諸貢士跪，樂止，宣制曰：「某年月日，策試天下貢士。第一甲賜進士及第，第二甲賜進士出身，第三甲賜同進士出身。」宣畢，傳臚官唱第一甲第一名某，以次接傳至丹墀下，序班官引出班次，就御道左跪；第二名就道右稍次；第三名就道左又次，皆臚傳者三。次唱第二甲某等若干名，第三甲某等若干名，不引出班。樂作，諸進士聽贊，行三跪九叩禮，興，退，復位，樂止。贊「舉榜」，禮部尚書就榜案前跪奉以興，降自中階。禮部官承以雲盤，十人前引，張黄蓋，出太和門中門，一甲三名進士隨出，諸進士左出昭德門，右出貞度門。階下鳴鞭三，中和韶樂作，奏「顯平之章」。以上樂章均具會典。禮部堂官奏「禮成」，皇帝啓座，乘輿還宫。

聖製傳臚日作 癸未

中和樂奏旭光昕，臚唱金階燦五雲。雖是三年例一舉，誠期多士致超羣。家修廷獻原存行，去聲責實循名詎止文。似矣榮辭勉從政，佐予敷治萬民欣。

聖製御殿傳臚詩 丙戌

三年一舉右文儀，未可尋常例視之。衆對策皆攄所學，親掄頌在不忘規。昨閲前列十卷，親爲掄定，條對雖皆詳贍，而原擬之第六卷尚知頌不忘規，因特擢第一。或逢甘雨隨金榜，時頗望雨。且喜微風靖綵旗。必有真材濟實用，殷吾渴念竚於茲。

聖製御殿傳臚六韻　辛丑

龍虎傳臚唱，是日恰值戊辰。太和曉日暾。國朝經百載，春榜得三元。我朝開國百四十年以來，會狀聯元及鄉試、殿試兩元者已不乏人，而三元尚未見。昨會試榜發第一名之錢棨，即鄉試解元，及廷對又復舉首，不特科名之盛，亦覘文運之隆云。文運風雲壯，清時禮樂蕃。載咨中四義，昨策士以愛民勤政、吏治民風、學術真僞、弼教協中四條爲問。敷奏近千言。詎止求端楷，廷試對策，讀卷官例於佳卷中取書寫端楷者擬置前列，錢棨此卷列於第四，因其條對較諸卷詳切，特拔第一，既而開彌封視之，乃知其爲會元也。所期進讜論。王曾如可繼，違弼我心存。

御製御殿傳臚作　丙辰

丙辰籲俊典依前，教養菁莪六十年。皇父以丙辰年建元，特開恩科，六十年間，會榜共二十七次。今承恩旨，以丙辰爲嘉慶元年，仍命依例開科，勉承久道化成之效，嘉惠士林也。壽宇作人昭化洽，金階選士聽臚傳。榜懸龍虎彤墀直，雲護旌旗紫軑連。文楷佳名期雅正，爲霖渴望副求賢。科場文體期於雅正，本科狀元爲趙文楷，所冀顧名思義，以副其實。霖雨濟時，克協求賢盛典，於多士有厚望焉。

御製御殿傳臚作　壬戌

大典掄魁重士林，臚傳特進廣廷琛。雙元獨冠三吳彥，今歲鼎甲三人，皆係江蘇狀元。吴廷琛則會試第一名及第，庶異日卓有表見，人稱名榜足副予渴賢之願，期與多士共勉之。萬選都由一念欽。經正民興邪自熄，道隆化樸理誠深。慚予薄德臨天下，若渴求賢望作霖。

紫光閣閱武試儀。儀具前編

聖製紫光閣閱武舉詩　丙戌

文會春場武會秋，初冬親試技觀尤。干城固繫心所蘊，扛石原分力不侔。捨此亦無他術取，掄今或備異時酬。臨軒惟冀真材得，詎止區區典故修。

嘉慶十年十月二十日，奉諭旨：本日朕御紫光閣閱看會試中式武舉，馬步箭中者甚少，弓刀石俱屬平常，姑就其技藝稍可者，照例分別録用。惟内有湖南省武舉諶思棠、廣東省武舉鄧天保二名，照所註弓力試看，俱不能開，似此技藝庸劣，前此會試及覆試時如何閲看？殊屬草率。又有安徽省武舉孫文湧一名，於開試十二力弓後，忽又跪奏乞恩。當命王、大臣向其詢問，據稱求再賞開十四力之弓等語，尤屬膽大冒昧。該武舉既能開十四力之弓，何以不於會試覆試時求請開試？乃敢於朕前率行陳請，實屬從來未有之事。此三人本應俱罰停殿試，念係初次違式干冒，伊等草茅新進，姑不加以責備，所有諶思棠等三名，已加恩仍以衛守備録用矣。至武會試掄才大典，監試復試，均應認真校閲，其技藝平常者，豈應濫行與選？二阿哥初次派令覆試，已著軍機大臣面行傳旨申飭。其餘會試時校看武舉諶思棠之莊親王綿課、尚書明亮，校看武舉鄧天保之公綿佐、尚書鄒炳泰，及派出覆試之成親王□□、定親王綿恩，協辦大學士費淳、尚書長麟，均著交宗人府、吏部、都察院，分別察議。嗣後若再有似此開弓違式，並冒昧乞恩者，本人均應罰停殿試。其會試覆試派出之王、大臣，若不認真校看，致朕親閲時有如諶思棠、鄧天保二人之開弓違式者，一併交部議處。

臣等謹案：武科之設，爲取人供用之一途。我朝選藝拔尤，法良意美，而於親試鉅典，除液壖之馳道，張武成之黄幄，仰覩天臨黼座，衡品精詳。果有翹關超距之英，無不當前立見。恭繹高宗聖製詩，暨近奉皇上諭旨，益以見立制之嚴明，施恩之寬大。士有奮志功名之會者，能勿以徼幸爲戒，而以赳桓自勵也哉。

國朝宮史續編卷之三十六

典禮三十　勤政六

懋勤殿勾到儀

臣等謹案：直省秋讞，經九卿會議後，各道御史復奏，請旨勾到。届日，懋勤殿預設御案，東向，案陳黄册。又設低案，一於殿中，西向；一於御案旁，北向，案設硃筆及硯。皇帝升座後，内閣學士一，捧案由、名單匣，由階中；大學士捧覆奏本匣，暨軍機大臣、刑部堂官、内閣學士等，由階右；記注官四，由階左，均趨入殿。大學士等北向列跪，記注官南向次立。皇帝命大學士一人執筆，就旁案跪，展覆奏本。内閣學士就中案跪，啓匣，舉奏案由、人名。皇帝展閲黄册，詳酌宥否。其予勾者，大學士舉硃筆加勾。既畢，黄册授紅本處，覆奏本匣發刑科，仍交刑部。所有各儀，前編具載。臣等伏思好生之德，帝王與天地同量。自乾隆二十七年迄五十九年中，恩予停勾者凡三次。至六十年奉有聖諭，本年秋審人犯停勾，而情節較重者，軍機大臣會同部臣覈辦。以來歲丙辰即爲皇上御極初元，若連歲停勾，恐莠民不知畏法，辟以止辟，尤爲仁至義盡也。皇上嘉慶元年暨三年、四年、九年，恩予停勾者凡四次。謹録先後所奉聖諭、諭旨，用昭欽慎之心，以著祥刑之典。至辦理勾到處所，在圓明園則御洞明堂，避暑山莊則御依清曠殿，盛京則御迪光殿，以地非中禁，例不備書。

乾隆二十七年十月十一日，上御懋勤殿勾到，内閣大學士等面奉諭旨：國家秋讞大典，上繫刑章，下關民命，慮囚時設情法未衷於至當，何以昭弼教之用心？每歲刑部進呈各省情實人犯招册，朕必將逐案事由一一披覽，使獄情毫無遺漏。而各案適輕適重，又詳爲稱量比擬，有其跡雖涉疑似，而情尚一線可原者，既於册内折角存記；卽情罪重大，於法萬無可貸，不得已而予勾之案，亦反覆推勘。於所犯實欵，隨其節目，次第折角。及勾到前一日與臨勾之時，必三經檢覈，務俾苗髮無疑，然後予勾。所謂求其生而不得，則死者皆無憾也。夫緩重犯須臾之命，使被害者銜寃不得自伸，婦寺之仁，刑官尚不應出此，何况天下共主？若以既麗三尺，均屬應斷之刑，而不爲銖量權衡，將案内細微同異之由，並歸無憾，則此輕掉之心，已乖與衆共棄之本義。此朕自揣兢兢明慎，固不肯稍存寬嚴之見，卽督撫、九卿，已數爲擬議，猶未敢稍緣因任者也。第向來勾到事畢，原閲招册祇存貯内閣，其問刑衙門不過與聞臨時商榷之言，而先事全局折衷，所以一再不釋者，未能盡喻，又何以定司憲之準？所有本年各省情實招册，可於勾到後卽發交刑部，其近今二三年内閣所貯册，一併檢發該部，俾詳悉披繹，因端領會，庶幾體朕意以求協中，則成牘不爲無助。著爲例。

三十八年十月十七日，奉諭旨：秋讞大典，經九卿會覈定擬，繕册進呈。朕親爲再三披閲，覈其情罪輕重，分别勾存。其稍有一綫可原者，必爲求其可生之理，予以停勾。而實在情真罪當者，亦不能曲法市恩，稍存姑息，以期無枉無縱。並於勾到時將應勾應免之故，詳晰諭示，大學士、刑部等官皆備聞之。蓋以民命至重，從不肯掉以輕心也。第國家明罰勑法，原以協刑期無刑之義。今秋審招册内情實應勾人犯，每歲總不見少，豈朝廷之教化尚有未孚，抑愚民罔知犯法之由，輕蹈重辟乎？古云：「刑人於市，與衆棄之」，原欲使家喻户曉，共知儆畏。今刑部及外省奉到秋審勾決之旨，不過遵照辦理，而其人所犯何罪，律應正法之故，民間不能周知，無怪乎歲舉明刑之典，而犯法者仍衆也。自當於秋後處決時，將該犯必應正法情節，摘出簡明數語，揭示通衢，俾愚民觸目警心，庶不致輕罹法網。但今年各省應勾人犯，業經辦竣，已屬不及。著自朝審勾到爲始，大學士會同刑部將予勾不予勾各犯，並經朕酌覈情罪，分別辦理之處，節録情由呈覽，隨時榜示市曹，俾衆知朕明慎用刑之意。嗣後辦理各省秋審勾到時，並著大學士、刑部每次將各犯應勾應緩情節一體摘叙數語奏聞，行知各該督撫，於處決時出示曉諭，以昭儆戒，庶幾窮鄉僻壤皆知辟以止辟之意。著爲令。

四十六年九月十一日，奉諭旨：秋審勾到事件，軍機大臣辦理較爲熟諳，著同大學士一體承旨。

五十五年七月二十九日，奉諭旨：本年届朕八旬萬壽，自當照例將秋朝審情實人犯加恩停其勾決，而刑部、九卿、科道等因係停勾之年，於各省秋審、朝審招册案犯覈議具題時，想亦不過虛應故典，未必照每年詳慎辦理。但其中有情罪重大者，如糾衆聚刦、奪犯傷差、妖言惑衆、逞兇殘殺並官員侵漁帑項，勒斂民財之類，非殘忍不法，卽有關於民俗官方，予以監候，已屬法外之仁，使更久稽顯戮，不特死者含寃莫釋，而莠民奸吏，日久漸忘，非所以肅刑章而昭炯戒。刑部以爲應仍入於秋審勾到者，案本不多。朕矜慎庶獄，不厭詳推。所有此次刑部另開情重各犯，仍著會同九卿、科道，和衷研覈。倘有覈其情節尚可緩至明年者，九卿、科道不妨切實指出簽商。讞獄大典，在常時尚宜詳慎，況際此行慶施恩之時乎？

六十年九月十八日，奉諭旨：本年係停止勾決之年，軍機大臣會同刑部，將秋審朝審各犯情罪尤重者，照前例摘叙案由，請旨另勾，繕摺具奏。朕詳加閱看，內官犯六名，情節皆不至甚重，著仍牢固監禁，俟丁巳年秋審時，再行覈辦。

十一月二十七日，奉諭旨：本年勾到朝審情實各犯黄册内舊事至三十餘案，人數甚多。每年各該犯俱照例綁赴市曹，仍概不予勾，自應覈其情節，量爲末減。各犯有已過三次勾到、情罪較重者，著加恩改爲監候，牢固監禁，遇赦不赦。其已過三次勾到、情罪稍輕者，著加恩改爲緩決，將來遇應行減等之時，仍照例辦理。著大學士會同刑部秉公詳覈，分别定擬具奏，以副朕清理庶獄至意。

嘉慶三年八月初十日，奉諭旨：現在辦理秋審，詢據刑部本年情實人犯起數較少，上年業將前兩次停勾各犯歸併勾到。茲剿辦教匪，大功届竣，諸事吉祥，所有本年情實各犯，著暫停勾。俟明年再行歸併辦理。此内情節尤重者，仍著該部照向例查明，摘出開單具奏辦理。

四年五月初三日，奉諭旨：前曾推皇考嘉惠士林至意，仍舉行鄉會試恩科。今思祥刑之典，爲皇考九旬萬壽應沛殊恩，朕雖不獲申祝嘏悃忱，仍當仰體皇考法外之仁，停辦秋讞，俾得普沾遺澤。況雍正元年、乾隆元年暨朕卽位初元，俱經停勾。所有本年情實各犯，著推恩停止勾決。

五年三月初二日，奉諭旨：每年刑部辦理秋審，呈進黄册，俱係將各省情實官犯及服制人犯首先進呈，一經分別予勾後，該部卽行文各該省，不論遠近，部文到日，卽遵照處決。其餘常犯，則按照省分遠近，進呈黄册，以次勾到。此向來辦理成例也。惟念勅法明刑，務存矜恤，所有罪應斬絞人犯，除立決外，餘令監禁，俟秋後處決者，原係於執法之中，寓哀矜之意。該犯等於未届勾到以前，或在監所病斃，得免肆市，亦屬法外之仁。今因係官犯服制，卽將黄册先行進呈，其予勾人犯，部文一經到省，卽日行刑，是同一秋審，而此等官犯服制，較之各該省情實常犯處決日期，近省或早至一二月，遠省或早至月餘及數旬不等，先行受法。且各省官犯中，多有令其解交刑部監禁者，例應歸入朝審辦理，其勾到日期，又在各省常犯之後。是同一官犯，轉因解部監禁，而處決日期較之在本省監禁候決、文到施刑者，又復遲早懸殊，未爲平允。著自本年爲始，刑部辦理秋審，其官犯服制黄册無庸先期進呈，俱於每次呈進各該省情實常犯招册時，將此二項人犯另繕黄册，列於常犯黄册之前，一併呈覽，聽候勾到。以示格外矜全，用刑務得其平至意。

九年七月二十七日，奉諭旨：我國家重熙累洽，世際承平，從前康熙二十三年皇曾祖聖祖仁皇帝以歲逢甲子，渥沛恩綸，停止秋審。逮乾隆甲子再週，皇考高宗純皇帝式循前典，解澤載敷，曾奉特旨，將是年情實人犯停止勾決。兹又屆甲子紀年，朕紹承洪緒，寰宇恬熙，允宜恪遵成憲，省歲恤刑。所有本年朝審、秋審各省情實人犯，著加恩停其勾決。

十年閏六月十七日，奉諭旨：向例秋審朝審勾到日期，均係在冬至十日以前。本年秋讞，因上年停勾，將所有人犯與本年新案一併辦理，人數較多。經長麟面奏，合計勾到日期次數加增，恐冬至十日以前辦理稍形迫促，當卽飭令刑部檢查舊案，冬至前十日以内，有無辦過現審重犯。兹據刑部查明，自乾隆三十五年以後，遇有現審立決人犯，於冬至五日以前奏請處決者，歷次辦有成案。冬至五日前，既可辦理現審立決案件，則秋審朝審勾決，亦事同一例。所有本年勾到日期，著核計次數，均擬定在冬至五日以前辦理完竣。嗣後遇停勾之次年辦理勾決，一年併辦兩年者，卽照此例，以冬至五日前爲斷。如專辦本年者，仍遵照舊例，以冬至十日前爲斷。該衙門載入會典則例遵行。

九月初六日奉諭旨：朕閲各直省本年秋審人犯册内，由刑部改實爲緩者三起，而改緩爲實者共有八十三起之多，數省如出一律，其故殊不可解。外省辦案，狃於救生不救死之説，最爲陋習。今部改各案，經朕一一詳閲情節，多係按律改正，均屬平允，並非刑部堂官有意吹求。朕矜恤庶獄，罪疑惟輕，從未諭令該部將秋讞案件嚴行勘覈。夫律文自有正條，該督撫、臬司等辦理各案，並不援照科斷，轉引他條遷就定擬，謂非有心輕減而何？護庇兇犯，不顧死者含寃，妄謂積陰功，不知獲罪愈重矣。朕所以禁止從重定罪者，原指本律外再行加等問擬者而言。若舍本律而别引他條，則舛謬滋甚，豈協中之義乎？况案情内或有一線可原之處，朕於勾到時自有權衡，該督撫等總當依律定擬，不得率行末減。人命至重，豈容稍有偏畸？向例秋審失入一案及失出五案者，督撫、臬司均有處分，嗣經降旨寬貸。各省大吏自因吏議既寬，更無瞻顧考成之慮，遂爾遇事從輕，欲博寬厚之名，而不思辟以止辟之道，於明刑弼教，大有關係。嗣後著該部將辦理秋審失入一案及失出五案者，仍前定立處分，俾職司刑讞者各知儆惕，遇事庶加詳慎。本年係發令之初，所有此次定擬實緩錯誤，失入一案及失出五案之各省督撫、臬司，姑從寬免其交議，仍於辦理秋審完竣後，各傳旨嚴行申飭。此後如有定擬錯誤者，均照定例議處，但各直省督撫等不可因有此旨輒又有意過嚴，致失持平之意。若妄事周内，則獲咎更重。總當詳覈案情，確引律條，虚衷定讞，務期無枉無縱，以副朕執法用中、諄諄訓誡至意。

十月二十三日，奉諭旨：朕欽恤庶獄，明慎用刑。平日於各直省及法司衙門讞獄奏上，無不折衷平允。至於秋朝審勾到，關繫尤重。朕先於進呈黄册反覆審觀，定其應勾不應勾，猶恐權衡稍有未當。每逢勾到之辰，必默參天時氣候，以驗用刑之能否協中，誠以好生大德，天人相與之際，甚可畏也。此次朝審勾到，有關霊一起，係於本月十七日補進黄册。朕初以該犯敢在禁城之内放爆，裝傷誣賴，情節甚重，自應予勾。迨昨日下午時分，風色稍覺陰寒，朕因此動念，復加詳覈。該犯因家道寒苦，不能聊生，一時於該班處所裝傷妄拏，希冀邀賞，其所妄拏之籍陞與該犯素不相識，並無挾仇陷害情事，設或籍陞因此身受苦累，釀成命案，則關霊亦無可曲宥。今籍陞於到案之日，卽行訊明，旋就省釋，是該犯亦無拖累人命之事，較之本年斬犯克升額，與因家貧發掘祖母墳墓，圖取金銀首飾者，其情節輕重懸殊，且該犯並不敢肆爲盜竊等事，惟委係貧苦，情急糊塗，尚可寬其一線，是以酌定免勾，而天氣旋就清朗。本日勾到，風日融和，是朕辦理庶獄務求至當之心，早邀天鑒，敬凜益深。所有內外問刑衙門，俱當深體朕意，不獨引律斷罪，不可稍涉偏畸，而事關命案，亦不可令死者含寃地下，總一慎重民命之意也。將此通諭知之。

聖製閱秋審情實册有作　辛亥

兩年案牖一年披，每逢正壽之年，各省秋審情實之案例予停勾。今歲並閱上年秋讞，頗無寧晷。寧晷刻無弗道疲。慎在虞書訓明弼，難循梵典説慈悲。其生其死實自取，或寬或嚴非我爲。曾曰哀矜而勿喜，幼齡成誦老勤斯。

御製慎刑詩　壬戌

民生鮮守禮，逞欲干憲章。不忍一朝忿，遂致身敗亡。律設由自取，平心斯得詳。爰酷固過當，姑息亦乖常。廢法縱兇暴，猛厲苦善良。明慎庶可理，期於咸中慶。哀矜而勿喜，敬體古聖王。亟欲俗淳厚，斡運祈上蒼。秋讞爲一歲用刑之大綱，求其可生者凡七而得一焉。蓋情實免勾者百有餘犯，實決者六百餘，不敢不慎也。然計用兵之所誅者，豈可以倍蓰算乎？良用惻於予衷，亟望上蒼之默佑而速蕆其事也。

國朝宮史續編卷之三十七

典禮三十一 宴賚一

皇太后宴儀

臣等謹案：璿闈孝養，禮極尊崇。遡自乾隆二十六年以後，高宗純皇帝侍奉慈宮，歲時歡承娛宴。三十六年辛卯，恭祝皇太后八旬茂典，敬登前卷慶節儀。至若每歲新正，皇太后臨重華宮家宴，舊例，上躬詣啓祥門竢迎寶輦，嗣遵懿旨，迎於百子門，一切拜跽儀文，並命節勞從簡。蓋是時上壽周甲，蕃禧五代，繞膝孺依之愛敬，不以恩諭稍弛。而我皇上沖齡逮事，飴樂孫行，實親睹慈孝立隆之極則。臣等恭録聖製侍宴諸詩，接年續載，如見曩日春暉介景，庭闈藹肅，允宜衍慶於未艾者焉。至如捧觴視膳，禮有恒經，已見宮史前編者，不復贅云。

聖製新正重華宮侍皇太后宴詩 壬午

答臘冬冬送喜頻，韶年綺宴奉慈親。西池敬進南山壽，八袠初開首歲春。火樹銀花迎節物，吴童越叟望時巡。宮中行樂同天下，聖母康寧萬福臻。

聖製新正重華宮侍皇太后宴詩 癸未

家宴開初歲，稱觴獻聖慈。瑶屏百壽字，銀燭九華枝。物色行看鬯，春聲總是怡。敢云天瑞鼎，恒願祝鴻釐。

聖製新正重華宮侍皇太后宴詩　甲申

東郊昨日始迎春，北闕今朝迓鳳輪。寶榼珠盤酬節令，紅芽翠莢總鮮新。宮中堯舜鴻禧甲，膝下陽和燕語申。詎爲慈遊事華衍，天經欲示萬方人。

聖製新正重華宮侍皇太后宴詩　乙酉

西望瑶池降鳳輿，新正佳祉萃彤廬。千春進爵期無射，萬壽如山願有餘。寶鴨篆凝噴瑞柏，金雞談踏燦祥蕖。昇平漫議過華衍，今歲承歡此復初。

聖製新正重華宮侍皇太后宴詩

新正家宴迓新禧，歲歲承歡始此時。旭日正輝三秀草，光風不動萬年枝。綵衣喜顧孫曾長，壽酒翹歌福禄宜。先節華鐙陳入席，忻隨鳳輦步遲遲。

聖製新正重華宮侍皇太后宴詩　戊子

鳳輿西望降慈寧，春慶重華祝福齡。養志要惟安海宇，承歡端是始家庭。稱觴正對萬年柏，映砌方舒八葉蓂。入夕九華輝永巷，新蟾照影似爲停。

聖製新正重華宮侍皇太后家宴作　己丑

初歲開韶淑景妍，長街掖輦步花甎。承歡膝下始今日，行樂宮中例萬年。四海九州共尊養，一堂五世見曾玄。月華雪彩相輝映，喜沃心田作福田。

聖製新正重華宮侍皇太后宴卽景成什誌慶 庚寅

家宴重華例有常，承歡首歲肇千祥。條風東陸暄初布，愛日南陔晝漸長。恩謂六旬寬禮數，奉慈諭，一切跪拜之儀皆令從簡。誠惟萬壽祝康强。瓦鴛積玉山鼇暎，慈顧應知喜倍慶。

聖製正月二日重華宮恭侍皇太后宴喜成長句 辛卯

月寅年卯日逢辰，是日甲辰，合以歲支月建，皆東方發生之氣。壽域宏開茂以新。晉書天文志十二次度數，壽星在辰，史記卯爲茂，漢書辛爲新。大德之徵四胥得，洪疇曰福一先掄。重增綺甲普增歲，命欽天監於時憲書紀年下增注六十一歲至百二十歲，自今歲辛卯始。共慶禧冬預慶春。入夕眉蟾雖未上，迎階雪象朗如銀。

聖製正月初六日重華宮恭侍皇太后家宴詩 壬辰

官家仍是説前家，首祚承歡莫此加。階玉有蓂惟六葉，蕊珠無樹不三花。郤嫌繞膝曾玄鬧，共喜延齡歲月賒。一刻千金真在是，春宵寧爲賞燈華。

聖製新正重華宮侍皇太后宴卽事成近體 癸巳

上正令節迓初韶，田家五行，以正月初三日爲上正三節，曰上者尊歲首，曰三節者謂夏建寅正，或又稱夏正三也。家宴重華繼頌椒。六十開三子皇帝，八旬有二母東朝。偏翻古史曾誰比，實沐天庥用是昭。不許外人知小矣，萬方同樂始宮寮。

聖製正月二日重華宮侍皇太后宴詩 甲午

開年日吉復時良，明炳還同月德昌。月丙寅是日丙辰，漢書明炳於丙。西閶琱輿迎繹繹，青宮華袞侍煌煌。椒蕃歲實扶屏麗，梅放春花合殿香。聖壽益增心益慕，膝前虔祝共天長。

聖製正月二日重華宮侍皇太后宴喜而成什　乙未

青宮家宴啓開年，喜領曾玄繞座前。母子壽登百五十，古今瑞越世三千。狰獰雪象迎春踞，璀璨銀花入夕燃。扶輦長街壽康返，壽康宮，聖母所恒燕寢之處也。明朝問寢倍欣然。

聖製新葺寧壽宮落成於新正二日恭侍皇太后宴敬紀八韻　丙申

元旦率羣辟，東朝典禮循。翼辰呈曲讌，首祚笑言親。寧壽慶成落，禎祥邀錫申。妃嬪陪肅肅，孫子集振振。鳩杖全無藉，皇太后步履康健，雖製玉鳩杖恭進，仍不藉扶持也。兕觥奉有倫。高年健太極，行樂信天真。此日旰宵志，他時宴息身。期仍斯侍膝，永祝萬千春。

聖製正月二日重華宮侍皇太后宴詩　丁酉

瑶池西望降鸞軒，慈旨恭迎百子門。向年恭迎皇太后，例於啓祥門。邇歲蒙聖母憐予遠步，命迎於百子門，不數武即重華宮也。翼旦開筵循例著，萬年侍膝祝心存。萱幃奕奕延禧永，蓀砌振振衍慶繁。歷數古今誰似此，益欣益敬籲天恩。

乾清宮家宴儀

歲正月元旦及諸令節、皇帝萬壽慶辰，乾清宮家宴，宮殿監預期奏聞。既承旨，飭諸司供備。届日，設皇帝御筵於寶座前，設皇后寶座宴席於御座東次，稍後左右設皇貴妃、貴妃、妃、嬪宴席，東西向，俱北上。届時，宮殿監奏請皇后率皇貴妃以下具吉服，詣宴位祗竢。皇帝升座，皇后以下就位次跪，行一拜禮，作樂進宴如儀。祥見前編。皇帝進酒時，皇后以下各出座跪，行一拜禮。宴畢，皇后以下出座謝宴，行二肅一跪一拜禮。皇帝啓座，還便殿，皇后以下各還本宮。

皇后千秋宴儀

皇后千秋，於本宮筵宴。宮殿監預期奏聞，既承旨，飭諸司供備。屆日，設皇后御筵於寶座前，設皇貴妃、貴妃、妃、嬪宴席於左右，東西向，俱北上。屆時，宮殿監啓請皇貴妃以下具吉服，詣宴位祇竢。皇后升座，皇貴妃以下就位次跪，行一拜禮。作樂進宴如儀。詳見前編。皇貴妃詣皇后前進酒，貴妃以下各出座跪，行一拜禮。宴畢，皇貴妃以下出座謝宴，行二肅一跪一拜禮。皇后啓座，還後宮。皇貴妃以下各還本宮。

皇貴妃千秋宴儀

皇貴妃千秋日，同貴妃、妃、嬪宴於本宮。皇貴妃升座，貴妃等位各依次入座，進宴如儀。見詳前編。宮殿監進酒時，貴妃等位各於座次行一拜禮。宴畢，行禮如初。皇貴妃啓座還後宮。貴妃等位各還本宮。貴妃千秋宴，儀同。

國朝宮史續編卷之三十八

典禮三十二　宴賚二

太上皇帝宴儀

臣等謹案：堯尊舜醴之盛，稾飫無文。後世大安進膳，德壽稱觴，史家侈爲美談。然時會未極其隆，則恩禮曷覩其備。欽惟我皇上履祚延洪，祗承尊養，自嘉慶初元，恭捧大祀福酒，晉祝太上皇帝。旋荷太上皇帝回賜吉觴，古所稱天子燕喜，帝室鴻庥，疇能似此陳義之高，垂模之大者也。伏考國朝宴禮，以正月元日乾清宮宴爲初筵，乾清宮家宴親藩儀，分載後卷。綺席迎釐，歲循成典。洎乎父事東朝，肅申愛敬，稱觥介景之盛舉，尤爲非常罕遘，視例事宜有加隆。慶惟太上皇帝備仁壽尊親之戴，鑒皇帝孝養歸善之誠，凡於剏典初行，悉屏彌文弗事。開宴之日，一如常禮。惟仰睹黼座中臨，衮衣隅侍，堂陛鏘洋之會，皇帝躬自捧觴起舞，上祝太上皇帝億齡無疆，一時茂軌煒煌，聖情衎譽，有非天保九如所能揚美萬一者。臣等恭紀侑宴舞辭，以昡鉅儀而彰全盛。而若前此慈闈之晉斚，每歲宮籞之勇筵，凡惇宗引年、右文揚武諸大宴，謹以次臚載於編。御園宴依例不備書。

皇帝侍奉太上皇帝，問安視膳，日以爲常。恭遇慶節令辰，躬親侍宴，預布諸司共備。設太上皇帝御筵於寶座前，皇帝宴位於太上皇帝寶座東次。屆時，太上皇帝升寶座，皇帝涖宴位，率親王以下與宴者行禮獻宴，作樂如常。皇帝進酒時，躬詣太上皇帝寶座前，北面跪，奉觴上壽。飲畢，受爵，退，復宴位。太上皇帝賜皇帝酒，進爵大臣承勅旨進酒，退。樂既闋，所司引慶隆舞進，按節起舞入侑。餘並如常儀。

太上皇帝宴慶隆舞辭

洪惟太上，景福自天。紀元周甲，席瑞循環。丙辰肇歲，寶命躬膺。昊慈默籲，祖武敬繩。初願克符，弗踰前紀。誕畀元良，丕承宗祀。孟陬朔旦，瑞啓重光。大庭授受，申錫無疆。精一執中，心傳欽守。媲美勳華，世躋仁壽。右第一章惟聖握符，祗嚴昭事。肅肅泰壇，惇稱殷禮。南郊就位，有舉必躬。祈辛卜稼，祭雩占龍。陟降靈祇，精禋肸蠁。四序鈞調，百神歆享。雨暘寒燠，曰風曰時。八徵敬念，九寓醇熙。壽增上耋，弗懈益虔。茂膺多祜，翕應蕃駢。右第二章謨烈顯承，福基萬億。對越在天，升馨昭格。羹牆申慕，彝訓式欽。晨興惕若，實録披尋。四蒞陪都，珠邱展謁。締搆艱難，緬維開國。威宣弧矢，化肅冠裳。祗循前典，曰篤不忘。繼繼繩繩，昭哉嗣服。於萬斯年，錫兹祉福。右第三章聖人勅政，綜攬萬幾。至誠悠久，惟日孜孜。恭乃壽徵，健爲乾體。洞照八埏，勵精寸晷。丹毫批奏，彤陛延英。劭農履耤，展義巡行。相度塘隄，於河於海。肄武習勤，賚藩宣愷。純亦不已，用介大年。貞恒保泰，往牒孰肩。右第四章民應如草，聖澤如春。大鈞默運，宙合同仁。五免丁糧，三蠲庾米。豁欠寬徵，恩覃肌髓。爰諮稼穡，普及封圻。偏隅有告，大賚龐施。民隱燭微，吏猷選最。岸獄平反，拊循攸賴。乾坤燾載，日月照臨。莫名帝力，允享天心。（右第五章）聖謨廣運，文德誕敷。道隆金鏡，象麗瑤樞，禮正圖編，詩鼇樂府。四庫分排，七閣崇貯。講筵著論，史鑑宣評。圜橋集鼓，泐石横經。文薈三千，詩裒五萬。雲漢倬章，日星炳焕。作人敷教，恩榜駢聯。梗枏杞梓，良材蔚然。（右第六章）皇猷赫濯，載纘武功。殊方奉朔，逖裔從風。準部回疆，天戈疊指。二萬輿圖，宅畋斯啓。金川再定，卭僰犁庭。樓船震懾，海嶠敉寧。緬孟叩關，交趾貢闕。衛藏安禪，奕葉徼夷向日。鴻勳十告，馳驟禹湯。苗頑率服，績繼紫光。（右第七章）範九五福，惟帝時承。億齡瑞啓，奕葉祥凝。寶篆十全，堂顔四得。甲子稽撓，貞元衍易。洪開壽寓，迭舉耆筵。珍符闡繹，景緯昭宣。惟德之基，惟福之積。芝檢文輝，蘿圖慶溢。九如蔓羨，八表蕃釐。重輪繼照，光我皇儀。（右第八章）太上立德，咸五登三。崇稱却讓，湛澤均覃。動植蕃昌，裨瀛熙洽。子帝承顔，來冕引牒。祥源益溥，慶祚洪延。瑤圖汁紀，珠斗輝躔。純嘏緝熙，康彊逢吉。光啓帝期，永綏皇極。會元章蔀，正載經畡。願齊聖算，長頌臺萊。（右第九章）

國朝宮史續編卷之三十九

典禮三十三　宴賚三

乾清宮宴親藩儀

臣等謹案：元旦親藩之禮，歲於乾清宮舉行。豫期請旨欽派近支宗室王公等入宴。定制，皇子列宗室諸王上，家宴則循長幼爲坐次。皇上登極元年，承太上皇帝勅旨，位正君臨，分逾齒序。蓋天澤之辨如是，間有因事改期。洎嘉慶三年戊午，勅於養心殿舉行，家法所貽，要以示篤親之無間。至如乾隆甲辰上元、庚戌聖壽正日，均賜家宴於乾清宮，卽事攄唫，備彰鴻慶。臣等敬輯聖製詩什，用著實徵，並以昭鉅典於萬禩云爾。

聖製乾清宮小宴親藩詩　丙戌

家宴開元旦，崇規祖考留。依然迓春祉，具爾沐天庥。屏展芳椒麗，爵斟旨酒柔。梨園陳法曲，歛福錫箕疇。

聖製元旦乾清宮家宴宗藩卽席得句　甲午

琯運元辰啓，環循綺甲臨。木生干值午，火剋兆惟金。敢以端凝久，而忘敬畏心。宗藩式嘉會，綿瓞萬年深。

聖製元宵乾清宮家宴卽事成什　甲辰

元宵慶每御園行，紫禁逢因近啓程。向年元宵慶節，均於御園，以便於施放烟火也。今歲以正月二十一日由宮中啓蹕南巡，因卽於乾清宮設宴。嘉夜寶燈輝萬壽，丹墀華柱迴雙撐。每歲十二月二十四日，乾清宮丹陛左右設金龍柱二，各懸繡金字萬壽寶聯十六幅，聯句工麗，字畫端楷，仍係前明時舊制。除夕則易懸萬壽燈。今歲在宮内度元宵，華燈朗耀，寶炬珠聯，益見太平嘉節之盛。月圓仍是圓幾望，是月十六日酉初月望，茲十五日仍在望前也。殷鑑益親鑑在明。萬壽燈聯傳自前明，我朝因仍舊制，藉存殷鑒，益凛然於敬天勤民之義耳。浩穰皇都盛歌舞，宮中樂亦共輿情。

聖製乾清宮家宴得句　庚戌

質明庭賀昳時宴，風日晴和天錫機。著論近慙四之得，申四得論，明其義。勅懷益凛萬惟幾。八旬開袠春秋永，五代同堂今古稀。位祿名壽，原於大德。予荷天祖眷佑，幸得壽躋八旬，自視祇覺欿然，惟有益凛萬幾以答嘉貺，近著帝王五代同堂者，史牒未聞。今日正壽，家宴座中五代臚歡，實爲非常鴻慶，亦不敢肆然自足也。敬識滿招謙受際，曰欣不及惕依依。

乾清宮普宴宗室儀

臣等謹案：宴宗室常行之禮，支掄近派，爵列尊行，所以示等差，而非徧及也。至瀛苑大宴，肇始乾隆丙寅之秋，前編具詳其典。越壬寅，上敬念太祖以下本支緜延十世，子姓蕃衍盈二千人，推舊澤而布新綸，自例膺爵秩外，凡宗室閒散，一體給予四品頂戴。爰諏癸卯春正之吉，御乾清宮受賀錫宴，嘉賚普頒。稽古堯廷睦族，姬室展親，無如此垂恩篤祜之長，亦無如此教育成全之厚。一時肆筵具邇，慶莫大焉，典莫隆焉。謹特書其儀，以表盛事。

乾隆四十八年正月初十日，上賜宗室王公等宴於乾清宮，欽命皇子以下王、貝勒、貝子、公暨三四品頂戴宗室一千三百八人入宴，其三四品頂戴人員内，以事未入宴者，咸與賞，合計凡二千人。是日，所司陳中和韶樂、丹陛大樂，集世德舞隊、承應宴劇人等祗竢，恭設御筵於乾清宮正中寶座前，布和碩親王以下、輔國將軍以上四十八人宴席於殿内，近支將軍、侍衛、官員宴席於兩廊，有品級之宗室侍衛、官員、近支閒散宗室宴席於丹墀左右，均東西向。遠支閒散宗室宴席於甬道兩旁，北向。爲席五百三十。届時，與宴之王、貝勒、貝子、公、宗室等詣乾清宮丹陛上，丹墀下左右，按次肅竢。上升座，鳴贊官贊「排班」，贊「進」，御前大臣引王公宗室等行三跪九叩禮，興，各入宴次，行一叩禮，坐。每進茶、進饌、進酒，咸就坐行一叩禮。樂章依次遞奏，宴劇承應如常。上進酒時，舞隊進，歌世德舞辭。宴畢，上啓座，咸於坐次跪送，派出管宴之皇子、御前大臣等，分頒恩賚如意、朝珠、文玩、銀、幣有差，咸跪領，退。王公宗室等由宗人府堂官引至乾清門謝恩，行三跪九叩禮。餘如前編所具瀛臺錫宴儀。

乾清宫普宴宗室樂章

升座中和韶樂：中天鳳紀開新列，堯階繡茵。聖德重華九族親，垂光惇叙家人。敷仙蓂十葉宜春，扇雍和，和氣誾，郁祥芬。瓊蕤捧日，寶鄂承雲。

進茶丹陛清樂：瑞旭中天麗，慶溢昌期，敞金門嘉敍宗支。叢雲五色蔭仙芝，華林萬樹連瑶帀，光煜熗，景逶迤。正韶風乍吹，奉乾清燕喜。奉乾清燕喜，天家慶篤重光瑞。孫曾四代龍樓侍，寶胄衍振振公子，九族天親，九重樂事。一解蕃祉，喜燕播仁慈。燕播仁慈，因緣時節匪遲遲，銀潢一派瞻天咫。瞻天咫，並家人禮拜丹墀。並家人禮拜丹墀，寅秋惇敍典行時，更鴻儀卅載重提。二解椒繁瓞衍瓊華紀，都從若木秀新枝，襲慶從今始。特恩四品列華資，雁行接次，綵服紆金紫。紆金紫，尊其位，富貴以親之。三解棣華篇，軒宮展愛。梓材書，疆畎敷菑。宸躬教養本無私，中天顯，庸庸祇祇。四解合族敦宗傳古禮，肆筵几，行葦方苞叶歌詩。太平時，同榮一體華連理，同莖異畝穗雙歧，周家仁政親親始。五解況皇朝洪錫類，賁天庥，光贊放勳治。恩載推，禮則宜，鳳麟左右並來儀，黃幕受洪釐。六解影颺蒼旂，聲騰仙吹，言情俯講家人禮。仙掌露，似珠霏。仙掌露，似珠霏。帕傳柑，盤撒荔，滿袖共香攜。寵沐無涯，拜恩華，玉案底。拜恩華，玉案底。七解寶序相輝，温顏有喜。篚筐昭貺便蕃意，陳玉帛以將之。陳玉帛以將之，燦精鏐，列錦綺。御墨與封題，寵沐無涯，拜恩華，玉案底。拜恩華，玉案底。八解曦輪垂照光輝美，億萬載花跗韡韡。禮樂茂前徽，史書欽聖瑞。趨辭

進酒丹陛清樂：珠斗杓迴，銅龍春靄。詳雲繪，壽寓熙臺，慶衍靈長派。一解天潢嘉會，九華敷，影扇菱開。看天榆銀映，更日杏紅栽。輝爛爛，綵屏翔玉勝。馥霏霏，仙木間宮梅。接花茵，宗英師濟。仰紫座，文治昭回。瑞綿姬籙，氣盎堯階。二解化日舒遲景蕩駘，聯萼跗，樂耆鮐。瓜綿百世溯豳部，雲仍萬葉猗蘭茁，蟠根仙李嗤唐代，承華懋哉。玉牒鏤瓊瑰，導璇源。鴨緑三江大，

球琳品，楨榦材。球琳品，楨榦材。三解 蹌濟濟，寶胄肩排，天家一氣培。展懿親，仁恩敷睿懷。肅肅兮，圭瓚醻。雍雍也，金石諧，接武上天街。四解 喜酬庸五等，一番爵賞開。慶惇宗九族，一般衮繡裁。總擢秀三台，一時藩翰才。荷龍章，寵載頒。承鳳綍，銜新拜，列座處，紫綬青緺。五解 望南山，獻頌來。辛韭登盤，剛卯鐫牌。光艷艷，麟衫鶴彩。羽翩翩，花翎黃帶。六解 晴雪影，映松釵，鑪烟金穗飄芳靄。枌楣戔帖垂銀薤，唐花繡纈珠千琲。觚稜鳷鵲旭初升，宮壺仙漏春如海。七解 祥麟趾，威鳳喈，金華葩璘承芝茁。蒼龍孑蜺颺青旆，昭華瑞琯三陽泰。周家宗室是城垣，高陽才子多元凱。八解 椒花醴，栢葉醅。露湛尊罍，霞映罘罳。風扇金階，黃幄上曦馭徘徊。泛瑶觴，玉是和闐采。泛瑶觴，玉是和闐采。二千人歌咢榮懷，天顏笑語春生藹。東西序列，昭穆班排。九解 金枝玉蕾，蕙蕊蘭荄。棣華孔懷，蓼蕭樂愷。不立監偨，不藉卿陪，不用糾儀史在。化雍和，時麗佳，芽透宮槐。頌進臺萊，斟和氣，酎象清淮。聽和聲，樂奮春雷。聽和聲，樂奮春雷。願年年北斗樽迴，東廂壽酒賡歌拜。旅酬禮洽，積慶圖開。十解 受洪禧，千萬載，降福穰穰孔皆。六幕和風扇九垓，融融佳氣蓬萊。仰堯文蕩蕩巍巍，親睦平章淳化推。更行葦篇裁，協箾韶天籟，五雲長捧紫霞盃。趨辭

進丹陛清樂：景麗仙瀛，雲藹彤庭。煜煜燦芝英，春風送晴，春露含清，寶爐香篆徐縈。羽儀幸接青霄路，紳珮欣聯紫闥情。鸑鷟鳴，蒲箑生，萬年珠樹同慶。一解 金枝派衍雲仍盛，一規仁壽懸高鏡。卿雲色向瑤枝映，工歌先唱麟之定。阿閣動和風，步履三霄聽，趨陪邀得天家幸。二解 堪慶，四海熙和際治平，丹陛彩霞明。枝耀華平，葉茂祥蓂。宣韶濩，奏咸英。中天華日曈曈正，瀉珍

珠滿溢金莖。延皇屬，論宗盟，亘古於斯爲盛。解三看樓角初陽遲映，聽枝上宫鶯早鳴。天厨特勅賜芳馨，春有脚，似恩榮。解四金盤自明，玉盌自瑩，山腴水豢未須稱，蘭蒸蕙蒸。由來禁臠詩珍盛，淳熬將出龍頭鼎，多是鹽梅滋味成。不須更啖如瓜棗，但飽天恩總益齡。解五龍墀位定，慶振振寶牒分榮。祥鍾鵲果，迓多福自天申景命。今朝公姓駢蕃會，念靈根式固，日榦光華交映。洪釐懋錫，占五色雲邊，宗人星炳。解六晝漏永，瑶階静，見雉尾雙開，天顔喜氣凝。展親誼篤，温綸款被，廣殿樂盈盈。氣求聲應，仰聖系彪鴻，一人有慶。解七深幸，鎬京詩，同拜命，棣萼會，安能並。分餐玉食，鳳髓麟羹。更飄來仙音一片，暖律新調笙吹應。飫春膏，恰今番人勝花勝。解八愷樂歌成，咸邀四品殊榮。俊髦耆年總玉潢，賚予歸來黄帕擎。慶仙源景福凝承，彩雲長護蓬瀛。趨辭

還宫中和韶樂：璇霄氣應韶鈞，仰重熙令辰。行葦恩華衍燕申，歡承麟趾振振。霑椒觴芳酎含醇，荷龍光，光被均。瑞璘彬，萬年聖壽，一本天倫。

乾清宫普宴宗室世德舞辭

天開聖清，覺羅肇興。列祖繼緒，統壹寰瀛。右第一章

溯祥長白，垂統發蹟。幅員廣大，景附悦懌。右第二章

聖皇立極，與天比崇。純常茀禄，昌後隆宗。右第三章

篤親九族，錫恩覃厚。金黄帶垂，峩冠品授。右第四章

枝蕃蕚榮，皇情則怡。嘉承天和，方春載熙。右第五章

璇宫肆筵，宗人爰集。黼繡盈庭，班行辨級。右第六章

皇睠有喜，便蕃賚予。侍衛賜茶，恩涵露湑。右第七章

肫仁溥澤，大府頒金。皇慈既渥，以洽壬林。右第八章

宗人拜舞，臚歡忭祝。億萬斯年，永綏多福。右第九章

聖製正月十日乾清宮普宴宗室得句誌喜十韻 有序，癸卯。

韶開玉琯，蓂莢敷十葉之春；派毓璇源，姬瓞衍萬年之祚。昔初紀展親錫宴，敞瀛苑而聯賡；洎昨秋詔爵宣綸，普天潢而示寵。懋典踵行於惇敘，廣筵肇啓於乾清。臚子姓者凡二千人，支繁十世；自王公以及三四品，燕衎一堂。既增秩以賜金，復承筐而授斝。序賢序齒，孝弟之心油然；有本有文，禮樂之事備矣。仰龍興於東土，慶逮雲礽；遡麟趾於西京，恩推水木。準四十九旗之世例，爾子孫勉承錫類之榮；席百卅餘載之皇圖，我國家永迪興仁之教。歡申渥闓，喜誌長言。

事成時節藉因緣，宗子加官此日全。向來閒散宗室，無按品給頂之例。昨歲秋因閱蒙古家譜，知各蒙古王公子嗣年已及歲者，俱給以頂戴。陡思我宗室支派繁衍，轉無職級，不足以示親親而崇體制。爰降旨將王、貝勒、貝子、公之子嗣及宗室年已及歲者，俱照蒙古王公、台吉、塔布囊之例，分別給予頂戴；其宗室現在當差職分較小者，亦准其與閒散宗室一體給予頂戴。因令大學士、軍機大臣會同宗人府分別詳議奏聞。四代未行或有待，自我世祖定鼎燕京，加恩蒙古世襲，即爲今現行例。而我宗室除王公以至奉恩將軍各有世襲，其餘盡爲閒散宗室，無頂戴官銜。我皇祖、皇考加恩宗室者，無所不至，而未降斯旨，即予歷四十七年之久，亦未思及此。昨秋方有此論，豈非舉大事亦必有時節因緣乎。一時爰舉乃無愆。仁皇憲帝恩垂鑒，近派遠支禄永延。式詠綿瓜胥祖澤，遂歌行葦列賓筵。起瀋前勳寧忘爾，例元後嗣合同然。戊戌年因恭閱列聖實録，得備悉懿親藎臣勤勞佐命之勳，因降旨復還睿親王多爾衮封號，追謚曰忠，並令補繼襲封。又豫親王多鐸、禮親王代善、鄭親王濟爾哈朗、肅親王豪格、克勤郡王岳託，其子孫所襲，均非始封之名，交軍機大臣會同宗人府議復其原號，並補置牌位，配享太廟。至蒙古乃元之後裔，其王公、台吉、塔布囊等子嗣年已及歲者，尚各按定例給以應得品級頂戴，況宗室閒散，名登玉牒，自應一體定議，給予頂戴，且俾各知自愛，藉此可以教育成全，益足昭國家展親睦族之誼。簪纓被矣禮義勗，家室肫乎孝弟先。醉酒莫言茲飽德，篤親匪曰漫興賢。已欣設席長幼序，復有承筐次弟宣。共沐天庥示海宇，大清國祚萬斯年。

惇叙殿宴宗室儀

臣等謹案：前編載瀛臺錫宴，誌崇雅殿初易惇敍之名，自乾隆丙寅始。洎嘉慶甲子，中閱五十餘年，地邇蓬瀛，人懷水木，當年燕衎之庥，恒顧名而思義焉。皇上福敍彝倫，慶敷先澤，載彰渥典，用洽周親。蓋家法之寅承，天倫之至樂，於肆筵授几之次。示推心置腹之誠，非特鋪張盛事而已也。宴間，敬依高宗純皇帝丙寅元韻，成七律三章，又復授簡分賡，用柏梁體聯句如故事，視昔雅頌矢音，實有過之。謹詳著其儀，並輯御詠以紀實云。

嘉慶九年十月二十四日，皇上賜宗室王、貝勒、貝子、公等宴於瀛臺之惇敍殿。先期，内務府總管大臣承旨，飭所司供備，奏請欽派王一人進爵。是日，陳中和韶樂、丹陛大樂於殿外檐次左右，恭設皇上御筵於寶座前，布皇子、王、貝勒、貝子、公等宴席於殿内，宗室等宴席於左右配殿，張演劇行臺於庭中。届時，皇上吉服，乘輿出宫，至澄懷堂少憩。皇子、王、貝勒、貝子、公、宗室等咸蟒袍補服，預集殿内及左右配殿席次，序立秖竢，駕至，咸跪，興。中和韶樂作，皇上御惇敍殿升座。咸於坐次行一跪三叩禮，樂止。尚茶正舉茶案，進至殿中門閾外，進茶，丹陛清樂作。上進茶，咸於坐次行一叩禮，樂止。總管太監及尚茶正、拜唐阿等以次行茶，中和清樂作。尚膳正進御饌，啓筵冪，以次徹各席冪，樂止。承應上演劇，徹饌，宴劇下。丹陛大樂作，進果筵。皇子、王、貝勒、貝子、公、宗室等咸於坐次起立，派出之進爵王，釋補服，進爵。上進酒，皇子、王、貝勒、貝子、公、宗室等咸於坐次行一叩禮，樂止。承應上演劇，總管太監及尚膳正、拜唐阿等以次行酒，徹果筵，宴劇下。皇子、王、貝勒、貝子、公、宗室等咸出，就殿陛序立，行一跪三叩禮，樂止。內務府總管大臣奏「禮成」，中和韶樂作，上啓座還宮，咸於坐次跪送。管宴王大臣分頒恩賚蟒袍、文綺、茶、果各有差，咸跪領，退，詣乾清門謝恩，行三跪九叩禮，如儀。

御製孟冬二十四日曲宴宗親於瀛臺惇敍殿，敬依皇考丙寅原韻用誌盛典有序 甲子

蓋聞燕歌既醉，備五福於萬年；發詠斯干，占四祥於百世。是以伊耆惇敍，舜協德曰重華；文考仁親，周迪光而韡鄂。數典傳其盛美，因時而慶同心。我國家長白肇源，惟祖宗曼殊應運。一堂奚啻五代，共派不異千枝。遵舊澤而延洪，繼先猷而式序。當甲子重開之歲，正冬陽暄麗之辰。地接蓬瀛，年徵豐有。載張廣宴，歡合宗親。步元韻而敬賡，歌三章而叶律。

法駕朝排右掖垣，年週花甲盛宗藩。展親重設西園宴，睦族非開北海樽。天作白山垂帝系，神徵朱果溯仙源。本支蕃衍承先澤，瓜瓞緜緜萬葉孫。

小陽春候旭光明，寶殿張筵俯閬瀛。渥典開先歌湛露，貽謀啓後鞏皇清。敷茵酬酢諸屏翰，接席歡言四弟兄。置腹推心誠浹洽，遠殊周室論宗盟。

答陽惇敍景通曨，珠樹徐昇温旭融。稼穡徧登足倉廩，兵戈全戢靖蠶叢。賡詩仍命抒青管，既醉應教徹碧筩。錫賚聿昭皇考德，協和固本廸仁風。

國朝宮史續編卷之四十

典禮三十四　宴賚四

臣等謹案：元正朝會，歲有常儀。恭遇萬壽正慶之年及每十年國慶，特行宴禮。所有乾隆三十五年庚寅、五十五年庚戌，聖製元會作歌，敬於前卷慶節、令節儀恭載。兹臚陳設宴儀注，以誌典章之大備焉。

太和殿元會宴儀

太和殿筵宴之禮：恭遇萬壽聖節正慶及元旦國慶，豫期，禮部疏請舉行宴禮，簡派進爵大臣。既得旨，乃偏布諸司供備。届日，尚茶庀茶，尚膳庀御饌，王以下、入八分公以上進饌筵牲酒，光禄寺具酒宴，兩翼供羊。鑾儀衛陳法駕鹵簿於太和殿前以至午門外。樂部設中和韶樂於太和殿檐下，丹陛大樂於太和門内，笳吹、隊舞、雜技、百戲於殿外東隅。尚膳總領設御筵於寶座前，加黄冪。武備院張黄幕於丹陛正中，内務府掌儀司設坫案於幕次，尊、爵、金巵、壺、勺具。禮部張青幕於丹墀内。光禄寺每幕置尊，陳官饌，具席皆有冪布。内外王、貝勒、貝子、公、額駙、台吉、一品大臣等宴於殿内，東西向。後扈大臣宴席於寶座後，左右僉向。前引大臣宴席於寶座前左右，東西向。領侍衛内大臣暨記注官宴席於寶座後左右，南向。理藩院尚書、侍郎、都察院左都御史、副都御史宴席於殿外左右檐下，東西向。一二品世爵暨侍衛等宴席於丹陛上，東西向。喜起舞大臣宴席於左翼稍東，西向。禮部帶慶隆舞大臣二員宴席於黄幕左右。三品以下文武百官宴席於丹墀左右青幕内，按翼爲序，如常朝之位，均東西向。外藩使臣宴席於西班末，東向。先是，内外王、貝勒、貝子、公、額駙、台吉等朝服集太和門外，文武大臣、百官朝服，朝鮮等國使臣服本國服，集午門外。届時，鴻臚寺、理藩院官引内外王、貝勒、貝子、公、額駙、台吉等在丹陛上，文武百官在丹墀内，朝鮮等國使臣在西班末，分翼序立。禮部堂官奏請御殿，皇帝禮服，乘輿出宫。午門鳴鐘鼓，中和韶樂作，皇帝降輿，御太和殿，升座，樂止。階下三鳴鞭，鴻臚寺、理藩院官分引内外王、貝勒、貝子、公、額駙、台吉暨入班大臣等就殿内，不入班之二品世爵、侍衛等就丹陛上，三品以下文武百官就丹墀内，朝鮮等國使臣就西班末，各於本宴位行一叩禮，坐。丹陛清樂作，尚茶正暨侍衛、執事官舉茶案，以次申中道進至檐下，進茶官捧茶，由殿中門入。王以下咸就本位跪，進茶官自寶座中陛升至御前，當右，北面跪，進茶，興。王以下行一叩禮。進茶官跪，受茶甌，由右陛降，出中門。羣臣咸坐，侍衛等官行茶，王以下文武百官暨各使臣受茶，咸於坐次行一叩禮。尚茶徹茶案，樂止。乃展御筵羃，並徹王以下席羃，退，進酒。掌儀司官三，由黄幕内一奉壺，一執爵，一執金卮，以次進至殿中門閾外，左立，西向。丹陛清樂作，進爵大臣於宴位興，離席，釋補服，服端罩時釋端罩王以下皆興。進爵大臣由殿中門入，跪，王以下咸跪。掌儀司官舉壺，實酒於爵，由中門入，西面跪，授爵。進爵大臣捧爵興，自寶座中陛升至御前，當右，北面跪，進酒，興，由右陛降，復位，行一叩禮，王以下隨行禮。進爵大臣興，由右陛升，跪受爵，仍由中陛降，復位，跪。掌儀司官入，跪受虚爵退，乃以金卮實酒，承旨賜進爵大臣酒。王以下起立，掌儀司官入，立授卮，進爵大臣跪受卮，行一叩禮，飲卒卮。掌儀司官立受虚卮，退，進爵大臣叩，興。王以下皆坐，進爵大臣出，加補服。（服端罩時加端罩。）入宴次，坐。執事官賜果食於羣臣，各行一叩禮，樂止。進饌，尚膳正舉饌入，恭進御前。丹陛清樂作，執事官賜饌於羣臣，各行一叩禮。尚膳率屬舁坫案至殿中階下，管宴之王大臣於宴位興，離席，視侍衛行殿陛諸王大臣酒，光禄寺官行丹墀青幕内文武百官暨各使臣酒，王以下俱就本位行一叩禮，樂止。是時，禮部堂司官引慶隆舞進於丹陛上，司章歌作，司舞飾面具，乘禺馬，進揚烈舞，司弦、司箏、司阮、司節、司抃諸樂人以次奏技。喜起舞大臣十有八人，朝服，由殿左門入，詣正中跪，三叩，興，退立於左，循歌聲按隊起舞。（歌辭具見前編慈寧宫宴儀。）大臣每對舞畢，行三叩禮，歌闋，退。笳吹進，（歌舞均見前編。）番部合奏進，（樂辭均見前編。）内務府官引朝鮮俳、回部、金川番童等陳百戲，畢，各退。尚膳徹御筵。丹陛大樂作，王以下咸起立，於坐次行一跪三叩禮，樂止。鑾儀衛官贊「鳴鞭」，階下三鳴鞭，中和韶樂作，（以上樂章均如常禮。）禮部堂官奏「禮成」，皇帝啓座，乘輿還宫。

乾隆三十四年十二月二十八日，奉諭旨：獻歲爲朕六十慶辰元會，筵宴羣臣，用昭愷惠。定例爲宗室王公及大臣中之指定班次，得入殿與朝正外藩按序就宴，其一二品大臣均在丹陛列席，令式相沿已久。第思大學士、尚書階秩較優，顧與丹陛羣工聯茵齒坐，尚於體制未協。所有元旦太和殿筵宴，大學士　尚書俱著依班次列坐殿内　以示洽禮辨儀至意。著爲令。

保和殿宴外藩儀

每歲除日，賜外藩蒙古王公等宴於保和殿。前期，内務府庀饌，奏請簡派進爵大臣。届日，陳中和韶樂、丹陛大樂，隊舞、笳吹、番部合奏、朝鮮俳、回部、金川番童等各雜技畢集祇竢。武備院張黄幕，内務府設坫案於幕次，尊、爵、金卮、壺、勺具。尚膳總領設御筵於寶座前。布外藩王公暨内大臣宴席於殿内左右，東西向。後扈大臣宴席於寶座後，左右僉向。前引大臣宴席於寶座前，東西向。領侍衛内大臣暨記注官宴席於寶座後，南向。台吉、侍衛等宴席於左右丹陛上，東西向。均按翼按品爲序。理藩院尚書、侍郎、喜起舞大臣等宴席於殿東檐下，西向。禮部帶慶隆舞大臣、内務府總管宴席於黄幕左右，東西向。先時，外藩王公大臣等咸朝服祇竢。届時皇帝御殿，行宴禮，凡就位、進茶、進饌、進爵、行酒、樂舞入侑、宴畢謝恩諸儀，均與太和殿元日朝會儀同。

國朝宮史續編卷之四十一

典禮三十五　宴賚五

乾清宮千叟宴儀

臣等謹案：千叟宴爲聖祖仁皇帝康熙壬寅年刱典，維時高宗純皇帝甫十二齡，初荷恩育宮中，躬逢嘉會，親見耆耇盈庭，環祝曼羡，介眉錫福，懋著上儀。閱乾隆乙巳，凡六十四載，屆御極之五十年，聖齡古稀有五，重念祖德孳培，皇人壽穀，國有大慶，必稽典奉行，以符紹庭繼序之初志。爰諏正月初吉，重賜千叟宴於乾清宮。與宴諸臣，自宗室王、貝勒以下暨内外文武大臣官員、致仕大臣官員、受封文武官階、紳士兵丁、耆農工商以及外藩王公、台吉、回部、番部、土官、土舍、朝鮮賀正陪臣之齒逾六十者，凡三千餘人。其大臣年七十以上、官員兵民等年九十以上者，准子孫扶掖入宴。年最高者，如百五歲之司業銜郭鍾岳等，得隨一品大臣同趨黼座，親與賜觴。猗歟盛哉！普天率土，喜洽春長，蜚佗驪陸以來，孰能臻此福德之厚，亦孰能布此恩禮之隆，舉一世而偕遊仁壽之天者也！臣等謹輯宴儀、樂章，並敬録聖製恭依皇祖原韻詩，以著聖揆同符，樹義大而垂訓遠者焉。

乾隆五十年正月初六日，賜千叟宴於乾清宫。是日，陳中和韶樂於乾清宫檐下，丹陛大樂於乾清門内。張黄幕於丹陛正中，陳坫案於幕内，尊、爵、金卮、壺、勺具。陳恩賚各件於甬道左右。張青幕於各宴次。每幕置尊，陳官饌，席皆有冪。列宴席五十於殿廊下，二百四十四席於丹墀内，一百二十四席於甬道左右，三百八十二席於丹墀外左右，爲席八百。應入宴之王、貝勒、貝子、公、一二品大臣等於殿廊下，三品以下五品以上官員於丹墀甬道左右，六品以下至衆年老之拜唐阿以及兵民匠藝人等於丹墀外左右，均東西向坐。先時，引應入座衆叟於丹墀左右宴次，豫行入班。入坐之王公、大臣等於殿外左右階下祗竢。届時，中和韶樂作，上御殿，升座，樂止。鳴贊官贊「排班」，贊「進」，丹陛大樂作。御前大臣二，引王、貝勒、貝子、公、大臣等由左右階進至丹陛。贊「跪，叩」，衆叟俱隨王公班後，於坐次行三跪九叩禮，樂止。引王以下大臣等各按品級入宴，行一叩禮，坐。衆皆於坐次隨行一叩禮，皆坐。進茶，丹陛清樂作，上進茶，王以下大臣等於坐次行一叩禮，衆隨叩。侍衛等行茶，王以下大臣等於坐次行一叩禮，衆隨叩，樂止。進果筵，展筵冪，以次展各席冪。進酒，進爵大臣進酒如常宴儀。丹陛清樂作，上進酒，王以下大臣等於坐次行一叩禮，衆隨叩。上召入宴一品大臣及衆叟中一百五歲至九十歲者，至寶座前，跪，手賜卮酒。尋命諸皇子、皇孫、皇曾孫等行殿内王以下大臣酒，侍衛等於各官、衆叟宴次行酒，並承旨分賜果食於各宴席。咸於坐次行一叩禮。進饌，丹陛清樂作，承應上，演劇。饌畢，承應下，徹饌。王以下大臣等於坐次行一跪三叩禮，衆隨叩。中和韶樂作，上啓座，還宫。管宴王大臣分頒恩賚詩刻、如意、壽杖、朝珠、繒綺、貂皮、文玩、銀牌各有差，咸跪領，退。隨引至乾清門謝恩，行三跪九叩禮，如儀。

乾清宮千叟宴樂章

升座中和韶樂：乾隆五十年春，月王正日辰。帝世重熙盛典陳，高年高會楓宸。有盈庭鶴髮臣民，望鑪香，開扇輪，共尊親。年逾書亥，福迓重申。

進茶丹陛清樂：壽愷昇平瑞，慶叶重熙。仰宸躬行健天儀，乾符象顯泰階期。久於其道唐虞際，超頊佶，軼提蜚。正宵衣旰食，德之純不已。德之純不已，輿圖二萬鴻勳啓。全書三萬奎文麗，允文武古稀天子。八表羲圖，萬年軒紀。解一 宴啓，拜舞首宗支。首宗支，公卿牧伯共追隨，歸田人許扶鳩至。扶鳩至，更陪臣海外高麗。更陪臣海外高麗，封翁壽爵上丹墀，並皤皤皓首龐眉。解二 軒鼙黃鸝練雀羣僚底，兜鍪隊帥旅熊羆。濟濟章縫士，宸躬敷錫徧羣黎。老農匠藝，鼓舞軒鼙喜。軒鼙喜，春筵上，萬萬萃期頤。解三 溯當年龍光喜起，到於今燕翼謀詒。吾皇繼述茂前徽，重開宴，重光奠麗。解四 尚爵朝廷先尚齒，觴稱兕。千復千人介維祺，樂清時。東膠養老三王治，南山獻頌九如詩，引年今日多加禮。解五 況天家諸福備，慶曾元，五代同堂喜。桐有蕤，蘭載猗，春風花發萬年枝，瓜瓞衍洪禔。解六 福有由基，人惟德致，君王有道嘉祥備。風皞皞，景熙熙。風皞皞，景熙熙。合諸天，環大地，都是吉雲垂。日月無私，普人間添甲子。普人間添甲子。解七 寶翰天題，元音虞陛。人分一首賡颺義，聯百韻，柏梁詩。聯百韻，柏梁詩。帝庸歌，人七字。金石播英詞，日月無私，普人間添甲子。普人間添甲子。解八 天人嘉應重華世，問史册誰能媲美。珥筆慶昌期，稱觴千萬歲。

進酒丹陛清樂：紫禁春開，壺天雲靄。羣仙會，共祝臺萊，春滿三千界。一解春風寰海，紫霞同上萬年杯。仰乾清辰共，正泰運天開。紅瑟瑟，初陽升若木。白輝輝，晴雪在宮槐。換桃符，千門懸綵。喧爆竹，萬户轟雷。南弧獻瑞，北斗斟醅。二解大禹崇情惡旨懷，但尋常，却酒杯，獸樽庭下醴陳陪。衢樽陌上春醲海，瓦樽田畔盤堆菜。同浮玉罍，不是等閒排，是豳風春酒公堂介。稱觥衆，徧九垓。稱觥衆，徧九垓。三解雲縵縵，卮琢瓊瑰，皚皚暎玉階。光灩灩，和闐白玉材。碧瀣漿，芳滿壺。黄封醞，甘滿罍，德産自西來。四解有年垂九十，幾人壽耇鮐。更頭銜一品，幾人廊廟材。總優老恩推，幾人手賜杯。照天光，席近前。斟天酒，春生靄。三爵也，酡貌春回。五解更芳筵，布兩階。蒲篷堯厨，桃實瑶臺。但到處飽餐沆瀣，問何人曾聞天籟。六解三百歲，合三槐，綸扉阿伍偕嵇蔡。朝天免使晨星戴，風寒免使朝珂待。天教頤養享康寧，傳來感激羣寮寀。七解瞻雲日，閶嶠來。春巡六度江干届，春綸兩度殊恩沛。新恩司業諸生拜，持將百五歲春秋，酬恩萬倍籌添海。八解堯尊沛，周賚排。如意瓌材，繡段雲裁鳩杖天街。三十兩，人帶銀牌。萬民衣，字寫皇恩大。萬民衣，字寫皇恩大。帶鑪烟，捧出瑶階。兒孫巷陌傳佳話，人間誰到，天上初回。九解山龍繡綵，金石和諧。德貫三才，堂顔五代。勝上春臺，勝拜堯階，勝祝華封人在。帝揮絃，民阜財。壽世羲媧，大有垓垓。問來朝，菜甲挑纔，樂春盤，有酒如淮。樂春盤，有酒如淮。願年年天上春來，香山洛社人千倍，燕毛禮洽，燕喜圖開。十解願從今，嘉會再。壽宿長明上台，千叟恩榮宴屢開。重將十體詩排，積篇章無量京垓。敷錫宜民福孔皆，感雨露恩栽，壽佛醍醐海，五雲長是繞蓬萊。趨辭。

進饌丹陛清樂：壽寓同登，萬國咸寧，協氣徧寰瀛。三宵露盈，三殿春生，一人端拱乾清。鶺鑪鸞扇祥烟裊，珠樹銀旛繡影縈。鷺序横，虎拜成，布筵設席同慶。解一先春瑞雪農祥正，上辛一日豐年定。鷄竿詔下新頒令，階蓂六葉良辰慶。迎氣浹旬旂，剪綵明朝勝，都來瑞叶筵前應。解二昭敬，白髮蒼顏氣屏營，黄帕正高擎。瑶檻如迎，瓊陛如繩，移雕案，近金莖，柘黄纖直龍銜柄。望紅雲低傍前楹，調寶鼎，晉仙羹，捧向御筵端正。解三何須侈麟腴鳳脡，何須詡駝峰豹羹。君王旰食爲民情，菲飲食，禹功成。解四綏桃露零，碧藕風清。摘梨大谷瑞煙凝，金盤幾層。安期巨棗如瓜贈，餦餭粔籹高頭飣。不是尋常讌席横，回城三果倈包貢，帝耒天戈種得成。解五龍墀排定，啓黄封四豆甘凝。天庖味永，看八百瓊筵班列整。羣臣長飽天家禄，有田間瓦鬴，鼓腹兒孫偕慶。今朝筵上，又來飽德堯厨，含滋周鼎。解六執醬爵，祝噎哽，更有春仲羅鳩。君親袒割牲，古儀附會，諸儒掇拾，何如此日誠。一堂和樂，仰君酢臣醻，情親禮敬。解七歡慶，玉筵頒，天語命。克食賜，傳餐盛。鼎珍禁臠，共得斟羹。更招來孫曾扶掖，六膳攜歸仙味敻，向堯蒲，荷分惠罇非幸。解八授几儀成，三千黄髮盈庭，今古何人見此曾。億兆京垓讌屢行，願長此萬壽稱觥，照世杯明仁壽鏡。趨辭

還宮中和韶樂：雲開黼座氤氳，望天囘紫宸，九拜龍光舞蹈申。仙韶聲，遠徧聞。退朝班，仙仗繽紛。到蓬萊，攜紫雲，散仙羣。九重曼壽，千叟長春。

乾隆四十九年九月二十八日，奉諭旨：朝鮮國進獻年貢陪臣，向例於歲底到京。明正舉行千叟

宴，中外大小臣工耆庶，年逾周甲者，咸得預宴，用普壽祺。朝鮮國素稱恭順，比於内臣，其陪臣亦應一體入宴，以昭寵眷。著禮部即速行文該國王，所有今歲年貢正副使，酌派年在六十以上者一二員來京，俾得預兹盛典，共沐光榮，以示朕加惠遠邦，優禮耆年之至意。

十月初九日，奉諭旨：緊古帝王御世，建極凝庥，上有敷錫之君，下享康寧之福，洎乎近代，史册鮮稱。我皇祖冲齡踐阼，統御寰區，仁漸義摩，涵濡休養。康熙年間，曾舉行千叟宴，與中外臣民躋壽宇而迓繁禧，誠爲千載一時之嘉會。朕誕膺丕緒，敬紹鴻圖，仰承昊蒼眷顧，福佑朕躬，年逾古稀，尚能康强勤政。惟是斂時錫福，期舉世咸登仁壽。著於乾隆五十年正月初六日舉行千叟宴盛典，用昭我國家景運昌期，重熙累洽，嘉與中外臣民耆老介祉延禧之至意。所有一切事宜，著各該衙門敬謹預備。

十一月二十三日，奉諭旨：明歲舉行千叟宴，原定四品以下官員年過六十五歲以上者始准入宴，現在人數已增至三千，而官員與兵丁不同，如必六十五歲以上方准入宴，則年過六十不得邀榮者甚多。著加恩凡在京四品以下現任原任各員年六十者，俱准其入宴。用昭普錫春祺，加惠耆臣之至意。

十二月二十三日，奉諭旨：新正舉行千叟宴，所有與宴之官員兵民年在九十以上者，俱准其子孫扶掖入宴。其文武大臣年逾七十者，令其自行揣量，如步履稍艱，亦准其子孫一人扶掖入宴。以示朕優眷耆年，有加無已之至意。

聖製千叟宴恭依皇祖原韻　乙巳

抽秘無須更騁妍，惟將實事紀耆筵。追思侍陛髫垂日，皇祖於壬寅歲舉行千叟宴，實從古未有之曠典。維時與宴王大臣命諸皇子賜觴，以示慈惠：至年未及歲之皇子、皇孫，並命侍立觀禮。余時年甫十二，躬逢嘉會，親見耆筵慶錫、龍光燕譽之隆，閱今乙巳凡六十四年矣。訝至當軒手賜年。今歲乙巳，朕御極五十年，恭依皇祖成典，於新正初六日再舉千叟宴禮，其有年屆九十及一品大臣以上，皆召至御筵前，手賜之觴，以昭天恩國慶、疇酢一堂之盛。君酢臣醻九重會，天恩國慶萬春延。祖孫兩舉千叟宴，史策饒他莫並肩。

國朝宫史續編卷之四十二

典禮三十六　宴賚六

皇極殿千叟宴儀

臣等謹案：嘉慶初元，再舉千叟宴禮於寧壽宫之皇極殿。皇帝奉太上皇帝端御東朝，率天下耆耋臣民嵩呼獻壽。其儀率多由舊，而盛事實視前有加。蓋是日與宴席者三千五十六人，列名邀賞者尚五千人，上自樽槐，下逮衿襏，以至蒙古、回部、番部、朝鮮、安南、暹羅、廓爾喀諸國陪价，略其年甲，咸集殿墀，數逾八千人之衆。又是年恭屆太上皇帝聖壽八十有六，臣僚中六旬入宴者，猶爲乾隆元年始生之人，雖榮以叟名，皆荷六十年天恩長養所致。至於中天慶會，上聖心傳，依仁皇元韻而載賡，鑒子帝和章之善述，四詩一貫，垂示方來。從兹茂衍國章，普燕人瑞，益神遊於泰上成鳩之世，而紀京垓積筴於無窮也。

嘉慶元年正月初四日，皇帝奉太上皇帝再舉千叟宴於寧壽宫之皇極殿。是日，陳中和韶樂於皇極殿檐下，丹陛大樂於寧壽門内，布内外王、貝勒、貝子、公、台吉、一二品大臣等宴席於殿内，朝鮮、回部、番部、暹羅、安南、廓爾喀等國使臣宴席於殿廊下，三品大臣官員宴席於丹陛甬路，四品以下有職官員宴席於丹墀左右，其餘拜唐阿、護軍、馬甲以及兵民匠藝人等宴席於寧壽門外，均左右向。先時，内外王、貝勒、貝子、公、大臣等於殿外左右階下按翼序立，文武官員及各國使臣以及兵民匠藝人等，豫行入班祇竢。届時，中和韶樂作，皇帝奉太上皇帝御皇極殿，升座，樂止。鳴贊官贊「排班」，贊「進」，丹陛大樂作，管宴大臣引内外王公、大臣由左右階進至丹陛，按班序立。贊「跪」，行三跪九叩禮，各國使臣及衆叟隨行禮，樂止。引内外王公、大臣等入殿内，各於坐次行一叩禮，坐，餘隨行一叩禮，皆座。進茶，如前宴儀。尚膳舉太上皇帝、皇帝果筵，展筵冪，丹陛清樂作，内務府掌儀司官執壺爵，由中路進至殿門閾外、西向立，實酒於爵。進爵大臣就案前正中跪，掌儀司官跪授爵，進爵大臣接受，興，由寶座中陛升，跪，進爵於皇帝。皇帝受爵，捧詣太上皇帝寶座前，北向跪，進爵，興，就地平正中行一叩禮，王以下及衆叟咸於座次行一叩禮。皇帝興，就太上皇帝寶座前跪受虚爵，立授進爵大臣，還御寶座。太上皇帝召入宴王公、一品大臣及衆叟中一百六歲至九十歲者，至寶座前，跪，手賜卮酒。尋命諸皇子、皇孫、皇曾孫、元孫等行殿内王以下大臣酒，侍衛等於各官、衆叟宴次行酒，並承旨分賜果食於各宴席，咸就坐行一叩禮。進饌，丹陛清樂作，承應上，演劇。饌畢，承應下，徹饌，王公以下及衆叟咸於坐次行一跪三叩禮。中和韶樂作，太上皇帝、皇帝啓座還宫。管宴大臣分頒恩賚詩刻、如意、壽杖、朝珠、繒綺、貂皮、文玩、銀牌各有差，咸跪領，退。隨引至寧壽門謝恩，行三跪九叩禮，如儀。

皇極殿千叟宴樂章

升座中和韶樂：乾隆六十一年，授嘉慶初元。叟宴三開鉅典傳，天家尊養彌虔，建維皇錫極無偏。率臣隣，逮户編，曁垓埏。軒宫初御，春殿長筵。

進茶丹陛清樂：壽世欣逢泰，茂典重開。肆耆筵，國庶同儕。星雲卿景麗三階，太平氣盎春如海。歌露湑，頌臺萊。共依光闕下，祝軒齡億載。祝軒齡億載，東皇獻歲晨熹靄。南弧朗曜祥光對，聽臚頌，吉符書亥。黼座承顔，衮衣娱綵。一解樂愷，錫福衍京垓。衍京垓，宗支耆宿並魁台，鵷行師濟聯寮宷。聯寮宷，更東瀛西極偕徠。更東瀛西極偕徠，名藩使价快追陪，湛溶溶，春茗浮杯。二解旗營將校連軍隊，章縫韋布列翹材。矍鑠誇同輩，康衢父老頌聲皆，肆廛甽澮，競説恩光逮。恩光逮，彤墀畔，拜舞一聲雷。三解溯前典，醲膏渥沛。迓元正，綺席新排。大千熙皞到春臺，瞻佛壽，純釐懋介。四解鳳闕龍樓騰麗采，集冠裾，同上雲霄。金奏諧，玉琯催。觚稜日上初筵屆，天家蕃祉萃庭陔。萃庭陔，陽春普芘三千界。五解記髫齡，依聖代，閲春秋六甲今環再。髮同皚，背似鮐，乾爲大父荷滋培，耆碩也嬰孩。六解協氣春回，和風晝藹。十行恩詔真寬大，如酥雨浥天街。如酥雨浥天街，被人間凡草木，滲漉到根荄，舜陛堯階。合歡心，增萬倍。合歡心，增萬倍。七解聖壽延洪，皇仁錫賚，衆仙咸預耆英會。賡曼羨，詠康哉。賡曼羨，詠康哉。積籛齡，同絳甲，願祝大年晐，舜陛堯階。合歡心，增萬倍。合歡心，增萬倍。八解人天盛事超前載，睹耆壽盈廷颺拜。子帝歲承歡，億年方未艾。趨辭進酒丹陛清樂：紫殿春長，東華日上。隆尊養，共晉瑶觴，甲子增無量。一解靈臺儀象，堯辰舜丙再開祥。值老人書亥，更吉日重光。福穰穰，三陽方啓泰。祺喈喈，列宿正逢亢。拜雞竿，歡聲衢壤。瞻鳳扆，喜氣宫牆。膏斟玉斝，露泛絲囊。二解栗陸驪連滶柏皇，緡惇史，試較量。幾家鷺序東朝上，幾家鶯襏西膠饗，幾家龍衮南陔養，衢尊共嘗，籥雅共蹡堂。偏九州萬國同歡暢，評千古，總少雙。評千古，總少雙。三解糺縵縵復旦雲翔，瞳瞳麗景光，暉靄靄春陰覆苑牆。斗北辰，日右旋，星東壁，垣左方，建極仰維皇。四解自初元御極，丙辰年升炷香。更六旬啓宇，丙甲年聯左廂。再環甲膺圖，丙辰年傳元良。荷天恩，德合符，承天意，珍符貺，初御殿賢越虞唐。五解頌攸寧，曼壽長。五福增題，五代顔堂。更後此頤和養性，便從今遂初符望。六解蔥寶露，酌天漿，和闐玉爵痕都匠。周廷共聽金鐘壯，堯階共覩燈旛颺。一家神聖兩尃筵，虞裳拂地萊衣仰。七解重熙世，叟宴張。康熙初舉含飴傍，乾隆再舉乾清上，於今嘉慶龍樓仗。三番七十五春秋，神明而壽年猶壯。八解南弧朗，南極光。上曁宗潢，下曁農商，外曁梯航。六七十都入班行，敢高年偓羡籛喬仿。敢高年偓羡籛喬仿，九旬開，聖壽康强，都由君父恩培養。穉兒飽乳，小草含漿。九解七言雲盎，三疊奎章。堯賡舜颺，孫酬祖唱。似召軒凰，似鼓媧簧，似叶咸池高響。孝兼忠，彝訓詳。萬舞廣場，百韻柏梁。向筵前鼓舞軒鼚，況年年例舉春觴。況年年例舉春觴，荷需雲零露龍光，青宫紫閣偕醲賞。諸生授簡，四國承筐。十解税全蠲，科額廣，説與年少丁黄。如此恩深樂且康，身經六十年長，却隆名，謙德尊光。銜感鴻施報曷將，祝錫嘏純常，萬慶開筵賞，君王又進紫霞觴。趨辭進饌丹陛清樂：壽寓熙春，廣樂臚陳。大澤普無垠，吉日占辛，首祚逢辰，九重授朔方新。階蓂四葉宜徵瑞，厨篚三宵共拜恩。合臣鄰，逮士氓，鹿苹得食相引。一解迎年瑞雪飄瓊粉，九州萬國同豐稔。歛春菜甲添芳潤，條風剛報梅花信。晴旭暎金鋪，宮音諧玉軫，一家堯舜龍顏近。二解瞻覲，日月光華焕紫雯。紺髮集楓宸，撓紀重輪，鎬宴重巡，歡心合奉君親。以天下養聯羣悃，蔭慈雲，億萬由旬。壽無量，福咸臻，視膳瓊筵躬進。三解都不是尋常櫻筍文，豈羨神仙鳳麟。瓊縻玉膳郁芳芬，逾貳膳，越常珍。四解庭燎方昕，寶鼎微薰，引年更老聚冠紳。蹈德詠仁，十年再飫天厨醞。山菓匏豕君餘餕，勝奏琅璈會列真。試看皓首龐眉侶，曾是前番預燕人。五解羣工卿尹，逮黎庶並列華茵。朝班六十，趨釦砌，扶來鳩杖穩。肩隨七袠分行入，更頒金養老，以次銀牌細認。茹藜唅糗，從兹飽咽醍醐，喜添霜鬢。六解賡三祝，聯百韻，總是聖澤涵濡。瞻雲就日殷，銅樓闢曙，綺席羅馨，分來玉食均。昇平樂事，慶鼎養方隆，燮諧景運。七解錫晉，合耆筵，優賜問，瞻色笑，依龍衮。膏斟翠釜，香屑珠塵。願帝齡自天增錫，岱嶽喬松同比峻。聽歡聲，騰四遠，祝延無盡。八解愷宴歡欣，一時象叶需雲。台耇三千壽軼輪，齊奉軒皇仰大椿。聽此日天上韶鈞，更祝年年康爵晉。趨辭

還宮中和韶樂：儀鸞扇合爐煙，聽仙韶繹然。盛禮觀成九攆虔，翹瞻斗運晨躔。退朝班，皇極門前，頌堯仁，贊啓賢，合羲年。聖能昌後，天不違先。

乾隆六十年十月二十六日，奉諭旨：我國家重熙累洽，景運昌明，綏萬屢豐，中外禔福。所以

涵濡休養，咸登仁壽者，實爲史册所罕覯。我皇祖聖祖仁皇帝沖齡踐阼，統馭寰區，仁漸義摩，熙熙皞皞。康熙年間，曾舉行天叟宴，與天下臣民躋壽寓而迓繁禧，爲千載一時之嘉會。朕誕膺丕緒，敬紹鴻圖，夙夜孜孜，勤求治理。仰賴昊蒼篤佑，列祖貽庥，海宇乂安，人民樂利。曾於乾隆五十年乙巳，恭照皇祖千叟宴舉行盛典，迄今已逾十年，逢吉康强，精神純固。明歲丙辰，紀元周甲，躬舉授受上儀，尤屬曠古所未有。天下臣民，歌詠太平，期頤衍慶者，此十年内又不知凡幾。允宜再啓耆筵，以紀重光之盛。著於明年正月初吉，再舉千叟宴盛典。惟是前次乙巳，朕壽七旬有五，是以六十歲以上者，俱令與宴。明年朕壽八旬開六，若仍照前次六十以上，卽准入宴，年齡皆如兒輩，長幼懸殊，轉爲未協。此次應自七十歲以上准其入宴，用示朕介景延祺、申錫無疆至意。

嘉慶元年正月初四日，奉太上皇帝勅旨：本日舉行千叟宴，京畿及各旗籍兵民踴躍偕來，相預盛典，龐眉皓首，矍鑠盈庭，實爲吉祥盛事。業經分别加恩，普加賞賚，並各加賞緞匹銀錁外，所有老民熊國沛，年一百六歲，邱成龍，年一百歲，尤屬昇平人瑞，俱著加恩，賞給六品頂戴。其九十以上老民鄧永珀、梁廷裕、閑散覺羅烏庫里、步甲文保、舒昌阿、馬甲王廷柱、内務府閑散人田起龍、王大榮，俱著賞給七品頂戴，以示引年養老、敷錫壽祺至意。

聖製初御皇極殿開千叟宴用乙己年恭依皇祖元韻　丙辰

歸禪人應詞罷妍，新正肇慶合開筵。便因皇極初臨日，朕於丙申年豫營寧壽宮，爲歸政後頤居之所，皇極殿卽寧壽宮前殿也。落成以來，已閱二十年，尚未臨御。茲既紀元周甲，幸符初願，元旦授璽子皇帝，大典禮成，敷天慶洽，因諏吉初四日御此殿。復照五十年新正乾清宮千叟宴之例，再舉耆筵，一時鮐壽盈堦，嵩呼拜舞，洵爲曠古未有之吉祥盛事。重舉乾清舊宴年。教孝教忠惟一篤，曰今曰昨又旬延。敬天勤政仍勗子，敢謂從茲卽歇肩。

御製恭和聖製初御皇極殿開千叟宴，用乙巳年恭依皇祖元韻 丙辰

開祺淑景喜清妍，千叟三番繼祖筵。聖祖仁皇帝肇舉千叟宴，太上皇父乾隆五十年乙巳重舉盛典，閱今十一年。壽宇延洪，敷天同慶，特命叟宴三開，自此每十年一舉，遞增億萬，申賜無疆。四日後庚書亥字，是日辛亥。六旬周甲始辰年。皇父丙辰踐阼，周甲遂初。子臣恭荷慈恩，忝膺大寶。敢云繼德，惟日聆聖訓，寅承治法，期副燕翼之恩耳。敬承慈旨鴻禧迓，勉矢寅衷寶祚延。壽寓觴稱萬萬壽，心傳勤政凜仔肩。

國朝宮史續編卷之四十三

典禮三十七　宴賚七

文淵閣賜宴儀

臣等謹案：我朝右文盛典，莫大於修輯四庫全書。仰惟高宗純皇帝聖學淵深，超繩越契，睿裁欽慎，舉事因時。自乾隆癸巳迄壬寅歲，垂十年而全書第一分觀成。先是命於大内建文淵閣，以重藏弆。又勅仿麟臺故事，設官典掌，俾各分職繫銜，著爲定額。至是仲春撰吉，法駕親臨，爰推進講賜茶例，集在事諸臣而宴勞之，所以嘉成功、示優禮也。竊維儒紳榮遇，渥被非常，斯舉也，視甲子賜宴翰院，丙寅賜宴瀛臺，同爲曠典。臣等謹約舉宴儀，並恭録聖製用幸翰林院例成詩四章，以彰千載一時之盛。至文淵閣賜茶詩什，分載經筵進講儀。

乾隆四十七年二月初二日，上御經筵禮成，幸文淵閣，賜宴。豫期，諸司供備。設御筵於寶座前，布總裁、總閱、領閣事、提舉閣事宴席於閣内，總纂、直閣事等宴席於閣外廊次，纂修、校理、總校、分校、提調、檢閱等官宴席於丹墀内。張演劇行臺於庭中。上臨宴座時，命諸皇子率侍衛等行諸臣酒。所有入坐、進茶、進酒、進果饌，均如常宴儀。宴畢，上還宮，諸臣跪送。命諸皇子分頒恩賞總裁等九人、總纂及各官等七十七人如意、文綺、雜佩、筆墨、硯、箋有差，咸跪領，退。次日，恭詣乾清門謝恩，行三跪九叩禮如儀。

聖製經筵畢文淵閣賜宴，以四庫全書第一部告成，庋閣内用幸翰林院，例得近體四律，首章即疊去歲詩韻 壬寅

長律昨春示程督，昨年經筵，四庫全書第一部未竣，故有「咨爾校讐總羣輩，可宜淹過浹旬期」之句，以示程督。茲第一部書已於昨冬告蕆，而第二三四部全書亦俱繕就萬册以上，此後照鈔，較易成書矣。迅成膏晷竟前移。書多二酉本難究，歲始浹旬原弗遲。庫四羣欣瞻有蕆，奉三我自凜無私。繁於永樂醇於典，按明永樂大典一萬一千九十五册，凡五年書成。今四庫全書每部三萬六千册，又薈要每部一萬二千册，自癸巳年起至今壬寅，將及十年間，薈要兩部及全書第一部共六萬册均已蕆事，裝潢貯閣，較之永樂大典數多五倍。又，按湧幢小品載，編輯供事者凡二千一百六十餘人。今纂修謄録等不過千人，而五年期滿，即予甄敘録用，是以人皆踴躍，事半功倍。又大典於經史皆依韻編次，割裂凌舛，漫無統紀，有乖柱下藏書之義。茲四庫全書悉依經史子集爲部次，體例尤較醇整云。嘉矣儒臣善副期。

百年禮樂合興哉，禮樂原從經史來。溯此津源淵已得，四庫全書共鈔録四部，今第一部已得者弆文淵閣，其第二三四部則分庋盛京之文溯閣、避暑山莊之文津閣、圓明園之文源閣。述茲言行德猶該。共殷劉向校書志，寧數相如獻賦材。諸子雖曾豫董事，皇六子、皇八子、皇十一子並命充總裁閲四庫全書。近復命諸皇子暨師傅等選録明臣奏義。祇當二宋速賓陪。用宋祁延客修唐書事，是日賜宴，即令諸皇子侑諸臣酒並頒賞。

丙申高閣秩干歌，今喜書成鄴架羅。宋輯明修彼有爲，去聲 宋太宗踐位後，恐世人譏其慙德，因集文士修太平廣記、太平御覽、文苑英華三大書，欲以疲其力而箝其口。明永樂亦以得位不正，集文人爲大典，以弭草野私議。今所輯四庫全書，惟在蒐輯遺佚，以廣流傳，爲萬世藝林津逮，實非彼用意所可比也。重熙累洽此無他。較其三萬猶富矣，即此十年詎久麽。鼓瑟吹笙筐將是，二月初二日春仲經筵禮畢，即於是日賜四庫全書館總裁、總纂、總校、分校、提調各官等宴，併徧賞總裁九人、總纂各官等七十七人如意、雜珮、文綺、筆墨、硯箋等物，其謄録等不得與宴者，令頒賜宴席果品食物。至辦理全書之總纂紀昀，先是已屢遷至内閣學士，陸錫熊屢遷至光禄寺卿，陸費墀屢遷至少詹事。茲並將孫士毅擢爲太常寺少卿，韋謙恒陞授贊善，曹錫寶、王太岳均陞授國子監司業，其編修吴省蘭

等記名遇缺陞用，以示優奬。慶兹日麗與風和。從來舉事待時節，四庫修書未豫籌。癸巳經營謂遲也，癸巳歲始思及依經史子集爲四庫全書，並命輯永樂大典中散篇成帙。然朕臨御已三十餘年，亦望七之歲矣，斯事體大而物博，時略嫌遲，故甲午聯句詩有「逢會略嫌遲歲月，就將惟亹願觀成」之句。今壬寅甫及十年，薈要兩部及全書第一部均已蕆事，裝潢貯閣，適當春仲經筵，賜宴行慶，適觀厥成，實堪喜慰耳。壬寅慶落可歌不。副吾志矣志誠愜，勵我爲哉爲正悠。回憶四章吟翰苑，卽今宴祗一人留。乾隆九年十月，幸翰林院賜宴，彼時賦詩者共三十八人，閱今三十餘年，重與陪此宴者，惟大學士嵇璜一人，不無今昔之感。

紫光閣凱宴儀

臣等謹案：前編載豐澤園凱宴，是爲初定金川、繼平回部，兩次飲至之禮。洎乾隆丙申，再定兩金川功成，時以初夏吉日，上御午門受俘，旋幸西苑，御紫光閣，賜凱旋諸將士宴。儀同前編。召將軍、參贊、領隊大臣等，手賜卮酒，軍機大臣亦與焉。凡宴次，舞技畢集，兹金川俘獲番童，並陳番中儺戲。裔樂來同，鴻勳宣鬯。臣等謹録聖製凱宴詩，以著武功十全之一焉。

聖製四月二十八日紫光閣凱宴成功諸將士詩丙申有序

績宣西僰，洗兵波靖金川；凱叶南薰，錫宴筵開紫閣。旋蹕舉勞還之典，昨朝纔解征衣；御樓受俘獲之儀，詰旦全陳繫組。念徼外棧穿冰雪，瘁以五年；指壁間米聚山川，成於百戰。功宜懋賞，允兹晉爵加章；實稱循名，遂爾圖形系贊。緊此日同堂之愷樂，酬諸臣歷歲之藎誠。酌酒親頒，一醽霑殊非易；承筐共拜，千緡賚亦奚多。撫陳迹以增懷，難忘視昔；幸後來之繼踵，益勉從今。六章詎曰侈文，億載願言偃武。

己巳班師原赦罪，己巳之奏凱，非受降，乃赦罪。彼乃所屬土司，逆命則討之，服罪而赦之，安得與外夷相提並論，謂之受降哉？丙申宴凱信成功。樊崇甫以十年叛，郎卡自赦罪之後，未及十年，即侵擾鄰境。念番俗搆爭，乃其常事，遂置不問。莽布奚當六戰雄。蠶食狼貪終弗改，雞連鯢取孰矜窮。五年宵旰勞西顧，幸覩酬勳禮樂融。

郊勞昨還曉受俘，禮應凱宴答功膚。修儀偃伯斯宜矣，夜雨朝晴有是乎。廿七夜半後快澍渥霑，未曉而霽，夜雨朝晴，最爲難得，於盛典尤覺相宜。紫閣貌圖俾績顯，金巵手賜按名呼。宴間，召將軍阿桂、豐昇額，參贊海蘭察、額森特，領隊大臣奎林、和隆武、福康安、普爾普，擇其餘勞績茂著之人，及軍機大臣舒赫德、于敏中、福隆安等至座前，親賜巵酒，以示優眷。鋌瘝著處恫關切，念此何敢耀武吾。

美諾重征得重易，勒圍多戰信多勞。初攻甏拉，雖經歲始平，及收復美諾諸境，則未旬日而蕆事。至促浸，則層層險阻，賴阿桂不憚艱瘁，將士奮勇宣勞，每因難以奏績，前後不啻百戰。詎予隴蜀無已望，念彼櫱芽有藉薅。資哩卡了消雪窟，木思西里化冰曹。而今都是光明境，屯戍相將事桴槹。

上將歸來是近臣，阿桂、豐昇額俱軍機大臣兼領侍衛內大臣，其餘亦在御前乾清門行走者多。國朝家法萬年循。解兵笑彼一盃酒，示澤欣茲滿座春。夷樂寧須闢僸佅，俘歌合此奏罜㑀。阿桂等所俘番童，有習鍋莊及斯甲魯者，即番中儺戲也，亦命陳之宴次。鴻勳集矣雨暘若，祇恐驕生志倍寅。

紫光閣峙液池邊，爲寫戰圖廊展前。紫光閣壁間，舊列西師戰圖已滿，昨歲展拓前楹，以備繪金川戰績，命將軍等具稿以進，擇其事最大、戰最偉者繪之。幸矣竟如操左券，嘉哉所賴掌中權。揚威擣險重無藉，櫜劍弢弓合有然。五載劬勞信不易，一爲歡喜一爲憐。

伊犁回部早成勳，又勒畫圖新舊分。詎我佳兵不知戢，奈其伏莽敢忘勤。（索諾木濟，其父惡，蠶食鄰封，與僧格桑狼狽爲奸，背恩反噬，不得不聲罪致討。今幸成功，而追憶艱險，不啻痛定之思矣。）頻思舊績翻因戚，多出翹材繼以欣。（平定伊犁回部時所繪一百功臣，今存者不過十之一二，撫念概然。今所繪功臣中，世家子弟及新進之人頗不乏翹材，則又爲之欣幸云。）湛露采薇重賦罷，益欽保泰敢云云。

國朝宮史續編卷之四十四

典禮三十八 宴賚八

紫光閣宴外藩儀

臣等謹案：新正曲宴外藩，自雍正年間始。乾隆二十五年以前，每於豐澤園設大幄次，肆筵頒賞。洎平定伊犂回部，高宗純皇帝命鼎新紫光閣武成殿，移外藩筵宴於閣下，歲以爲常。四十一年，兩金川平，土司番目輪覲者，准綴斯筵。四十七年，適朝鮮、琉球、南掌、暹羅四國陪臣並集，特敕與宴觀禮。自是而安南、（今越南）緬甸、荷蘭諸國陪臣，廓爾喀來使，臺灣生番，先後以朝正至者，咸與焉。是宴也，蒙古汗王侍子，各從品秩，列内親王等之次，優以賓禮。行酒時笳吹番樂並作。我皇上御極以來，初歲仰依福座，邇年循舉春筵，紹家法而偉國章，用表綏懷暨訖之盛。臣等伏考前編，載紫光閣錫宴儀，是爲辛歲慶成始事。謹補録是年聖製宴外藩詩，仍按年遞紀，並恭録御什，以著昇平王會之大同焉。

聖製紫光閣曲宴外藩紀事 辛巳

柷聲三作翕如隨，琴上春温動縻絲。中外一家宜愷樂，耕桑九服正熙怡。紫光佳話從今紀，豐澤恩筵合此移。每歲宴朝正外藩，例於豐澤園設大幄次，兹以紫光閣落成，遂移筵宴於此。戢武毋忘詰戎戒，皇清奕葉奉天禧。

聖製新正紫光閣賜外藩小宴即席得句　壬午

歲歲名藩賀正入，鈞沖今益覲光臣。元朝式序羣公拜，蒙古汗王、貝勒公等，各視品級，於内親王、貝勒、公等之次行禮。敍曲宴還教三接申。勒壁畫圖思偉績，閣中備列功臣畫像并贊。開筵酒醴欵嘉賓。蒙古諸王優稱之曰賓客。呼韓位在侯王上，漢室偏誇服遠人。

聖製紫光閣錫宴外藩並各回部即席得句　癸未

紫閣高騫黄幕低，舊藩新部賀正齊。宜頒湛露聯疏逖，恰看卿雲蔚配藜。德愧衆星拱北極，疆踰大夏譯東鞮。謾詢計里爲多少，拔達克山西更西。

聖製元正二日紫光閣賜蒙古王公及回部宴即席得句　甲申

元正纔過綺筵排，節賜先期爲值齋。上元前，例宴外藩，並行賜賚。兹以值齋，故先期於初二日即頒宴賞。遂試冰嬉千隊出，是日並令觀冰嬉。旋歌露湛八音諧。舊藩已似世臣藎，新部胥嫻國禮佳。紫閣猶然戰圖繪，旌功益切奠遐懷。

聖製紫光閣曲宴外藩並回部詩以誌事　乙酉

值歲外藩入覲顔，新增伯克序年班。四方來賀誠非易，三接推恩未可删。筐篚兩廂頒等第，魚龍百戲鬬斑斕。西師繪壁思羣力，敢曰折衝尊俎間。

聖製新正紫光閣小宴外藩及朝正回部詩以誌事　丙戌

分班回部畢朝正，扎薩蒙恩數世更。九拜那須典屬授，七槃共樂掌儀呈。椒觴蘭核歡胥洽，綺翠毿豐賚並行。圖書詩詞焕崇閣，幾番迴憶惕予情。

聖製紫光閣曲宴外藩即席得句　丁亥

北漠西崑畢覲正，紫光宴賚典依成。乘陽詎止行時令，施惠端因聯衆情。花舞簇爲太平字，樂音奏出徵韶聲。寰區清宴胥和樂，撫此尤殷戒滿盈。

聖製紫光閣賜宴外藩作　戊子

北漠一家久號賓，西瀛賀歲有陪臣。宜頒厚賚嘉誠悃，共列芳筵接燕申。酒止三巡非既醉，酪斟重平沃寓含醇。御園指日臨嘉夜，載看煙花萬樹新。

聖製紫光閣賜宴外藩即席得句　己丑

新正慶賞例施行，紫閣瑶光初旭晶。卜晝酒惟一巡遍，宣春樂亦八音呈。相娱詎止乘時令，嘉惠多因聯遠情。壁勒戰圖思往績，逾年征緬底遲成。

紫光閣壁間，粘西師成功戰圖。五年之間，定兩大部落，不爲不速。而蕞爾匪緬，以恃遠負險，又因春夏秋三時皆有瘴氣，不可進兵，故遲之逾年，尚未蕆事。對此戰圖，頗增愧懣。

聖製紫光閣賜宴外藩疊去年題句韻　庚寅

正節欣逢天澤行，初三日大雪繽紛，自晨達午，積可四五寸，田家五行以是日爲上正三節，適遇祥霙，尤徵稔兆。池冰鋪雪閃光晶。筵開紫閣諸藩侍，樂奏丹墀萬舞呈。巡酒都遵令儀什，聽歌敢忘勅幾情。驃蠻歸命王師返，去歲紫光閣賜宴，有「壁勒戰圖思往績，逾年征緬底遲成」之句，蓋其時正籌進兵勦緬。及冬月師抵老官屯。攻圍方急，顧其地水土惡劣，兵有病者，因傳諭徹軍。旨未至而緬酋適遣其頭目詣軍營籲乞歸誠，傅恒等具奏，遂俯從所請，班師。亦可云然告武成。

聖製紫光閣賜宴外藩卽事有詠　辛卯

外藩輪歲覲新正，例有恩筵示惠榮。久罷池邊張廣幕，（向於液池旁張廣幕賜宴，後因紫光閣武成殿構成，遂每於閣中設席。）仍因岸側搆層甍。六清賜醴迓春社，四壁繪圖告武成。禮樂雖云聊暨備，惕乾敢曰此升平。

聖製紫光閣賜宴外藩卽席成什　壬辰

柷起中和奏樂韺，肆筵紫閣午曦明。底須九拜遵朝典，惟是三巡聯衆情。新附烏孫來北漠，（土爾扈特）舊班㒟僕熟西瀛。（回部）撫茲敢曰能開剏，益切冰淵惕守成。

聖製紫光閣曲宴外藩卽席得句　癸巳

崑西漠北共朝趨，三接聯情惠有孚。筵列雕盤裝粔籹，茵連華服逮鏤鍝。（都爾伯特台吉等向以未出痘，祇遣人賀正。今亦有出痘可入關者，茲親王策凌烏巴什之子公爵索諾木雍忠，卽以出痘親來賀正，因令入座。）辰良日吉答詔令、長治久安懷永圖。燕語家人寧藉譯，（向接外藩王公等，皆用蒙古語。蓋素所熟諳，近則回語並已通習，卽新疆伯克等亦不藉舌人傳譯矣。）却非吁咈與都俞。

聖製紫光閣曲宴外藩卽席成什　甲午

層閣紫光太液濱，外藩曲宴錫昌辰。禮非元會朝儀肅，情恰聯茵燕語申。需雅還同笳吹奏，（是宴升座行禮，奏中和韶樂，賜酒時則奏笳吹番樂，以外藩等所習知也。）承筐別繼列觴陳。（宴後例有賞，內府大臣司其事。）上正三節宜行慶，（是日正月三日。）撫序垂衣倍敬寅。

聖製紫光閣宴外藩卽事成什　乙未

外藩恩宴例初年，協洽情宜與衆聯。共慶靈登稻昌卜，（見淮南子）合教樂備禮明宣。促成醼什勝鄰舊，將寫戰圖廡展前。向年平定西域，曾繪戰圖張紫閣壁。即日蕩平金川，擬於閣外展接前廡，以備繪圖紀績。兩紀崇勳藉輿力，惻然竟覺勝欣然。

聖製紫光閣曲宴外藩即席得句　丙申

廊展前楹布席寬，果然逮繪戰圖觀。昔西師凱旋，曾録其功績繪爲戰圖張壁。今征勦金川，集勳在即，而自進攻促浸以來，摧堅奪隘，戰績尤多。擬添繪新圖紀盛，豫展前楹以待，當於凱宴時張之。聯情雖合此中外，効力那忘彼赳桓。將是承筐祗循例，及陳凱宴此真歡。鏤鍝近已習生痘，綵服欣看捧爵盤。蒙古以未出痘者爲生身，不敢至内地。是以策凌烏巴什雖歸誠二十餘年，惟於熱河朝覲，昨歲渠已出痘，因亦來京朝正，即命其筵前進酒。

聖製紫光閣曲宴即席成什　丁酉

紫閣筵開迓始春，每教卜日先去聲於人。是日爲人日前一日。民安物阜期引翼，北漠西戎仰集鱗。時朝正，新舊諸藩，年班回部、哈薩克來使及輪班覲謁之土司等咸集，並命與宴。衆土司都欣得所，兩金川那更侵鄰。戰圖左右陳前廡，豫拓閣之前廡，以待紀功，今張戰圖於壁。叨沐天庥倍敬寅。

聖製紫光閣曲宴外藩即席成句　庚子

紫光曲宴遠情聯，戊已曾經罷二年。可再停筵衆顒若，勉教御座越悽然。順時八舉斟風俗，列席三巡侑管弦。和樂不忘詰戎意，戰圖兩壁繪金川。

聖製新正紫光閣賜宴外藩即席得句　辛丑

昨秋慶典舉山莊，番徼回城畢享王。驛路遠疆省重至，年班舊部俾依常。昨歲仲秋，於山莊行慶典，凡杜爾伯特、土爾扈特及回部各土司均來慶祝，所居部落皆遠，因免其朝正，以省驛遞。惟各蒙古扎薩克及喀爾喀等值年班者，仍照例令朝京師。世臣三接情逾切，紫閣羣參儀久詳。今日先春迓初祉，縟文那用九行觴。

聖製紫光閣小宴外藩卽席得句　壬寅

庚歲山莊慶畢來，庚子歲，以余七旬慶典，蒙古諸藩及回部降番等畢集山莊。辛年紫閣免番回。辛丑春正，因免番回等重來，以示優恤。西崑北漠茲均集，東瀰南瀛許並陪。茲壬寅紫光閣賜宴，番宮、回部皆按例入覲，并命朝鮮、琉球、南掌、暹羅四國使臣亦入宴觀禮，向年所未有也。示惠聯情豈虛爾，持盈保泰益殷哉。楣間題額從頭閱，惟慎寧徒逞賦才。

聖製正月五日紫光閣賜宴得句　癸卯

太液冰凝積雪皚，紫光光暎鎬筵開。同欣宿麥三百兆，共慶新春兩日迴。昨初三日立春，正月節。淑氣一堂融玉琯，傾心列席酌金罍。今年霍罕輪來覲，每歲新正於紫光閣筵宴蒙古王公年班回部，今歲霍罕伯克那爾巴圖不遠二萬餘里遣使輪班入覲，因令一體與宴，以昭柔遠之誼。柔遠應教宴賜陪。

聖製紫光閣曲宴外藩紀事　甲辰

外藩曲宴錫初正，皇考垂庥例奉行。典宴外藩，向無此典，始自雍正年間，皇考以是加賚諸藩，聯屬中外，用示慈惠。西苑御園黃幕張，去聲　自皇考時至乾隆二十四年以前，每歲宴朝正外藩或於豐澤園，或於圓明園，皆設大幄次，曲宴頒賞。平回定準紫光成。按日下舊聞及春明餘録，均載紫光閣之名，而蹟難詳考，約在豐澤園之北，時應宮之南。至乾隆二十五年平定伊犁回部，因鼎新紫光閣落成，圖功臣像於閣上，并弆藏得勝靈纛、軍器以誌武成，嗣是每歲遂移外藩筵宴於此。百朋有秩逮遐壤，三接無非洽下情。百歲熙和逢歲稔，去歲直隸及各省幸獲有秋，十二月廿一、廿五等日連得臘雪，渥澤優霑，土膏滋潤，於春田最爲有益。執規惟益慎持盈。

聖製紫光閣賜宴外藩卽事書懷　乙巳

準夷回部及金川，三捷都蒙天佑全。勒以戰圖一已凜，紀之詩律衆臣賢。迴思安自危獲此，豈肯樂斯憂忘前。瀛漠筰邛春宴共，自乾隆二十五年平定伊犁回部，鼎新紫光閣，嗣是準噶爾、回部每歲以年班入覲，與外藩蒙古王公等同與春宴。及平定兩金川後，該處土司等亦准其按年輪班入覲，一體與宴，以示柔遠。持盈惟益惕衷淵。

聖製紫光閣曲宴外藩卽席得句　丙午

行慶新正例紹前，承筐兼以渥恩宣。自雍正年間，皇考始行新正筵宴外藩典禮，例於豐澤園張大幄次，設宴賜賚。乾隆初年，余敬紹前典，依例舉行。初猶黃道張氈幄，今率紫光肆綺筵。自乾隆二十五年平定伊犁回部，鼎新紫光閣，後遂移宴於閣下。共迓春禧占穀日，更欣雪色積瓊田。昇平曲讌聯中外，周覽壁圖尚惕然。

聖製正月二日紫光閣小宴外藩得句　丁未

紫光高閣荅陽敞，翼旦開筵慶歲華。酒醴笙歌彬有禮，衣冠進退肅無譁。聯茵廣厦期悠久，將幣承筐逮遐邇。新襲藩王馳弟覲，新襲哈薩克王汗和卓遣其弟阿哈岱來京朝覲，因令隨年班藩部等一體入宴。外臣恭順是予嘉。

聖製紫光閣賜宴外藩得句　戊申

紫光朝旭射斑斕，賚宴俶春例有頒。都士進京以身熟，都爾伯特親王策凌烏巴什，土爾扈特貝子錫喇扣肯，皆身熟來京。蓋蒙古以未經出痘者爲生身，不令進京。出痘者爲熟身，方可進京，隨朝班行禮。策凌烏巴什者卽自準噶爾首先歸順三策凌之一，而錫喇扣肯卽噶爾丹策凌之外孫，在彼皆爲貴族人也。笮卭入席值年班。每歲年班，西域回部外，四川番部頭目亦令分班入覲，一體與宴。執殳惟是壓行令，柔遠那能言閉關。用漢光武事。撫此人歸天與際，益思保泰守成艱。

聖製紫光閣賜宴外藩作　己酉

紫光曉日射觚稜，嘉宴屏藩例事仍。縱目宜農積冬雪，殷心保泰凜春冰。漠陲新部胥儀熟，土爾扈特、都爾伯特各部，雖皆新附，然已屢值年班，拜跪俱能如儀。臺嶠生番許惠承。臺灣屋鼇、阿里山、大武壠、傀儡山四社生番頭目三十餘人，上年隨福康安協力勦賊，甚爲出力。茲願赴京瞻覲，是日併予入宴，以嘉其向化之誠。德薄漸蒙天貺屢，兩番戰勝又圖增。上年一歲之中，臺灣、安南兩蕆大功，俱令於閣中補繪戰圖，用昭昊貺。

聖製紫光閣賜宴卽席得句　庚戌

東朝鮮尚琉球暹羅安南，西竺廓爾喀北藩新舊覃。舊内扎薩克暨喀爾喀、新都爾伯特、土爾扈特、回部並以年班來集。四訖敢言聲教廣，一堂欣看禮儀諳。撫茲泰保念愈惕，戒彼豐亨語不慙。深幸八旬身體健，需雲晉日接能三。

聖製紫光閣宴外藩卽事有詠　辛亥

層構光春淑氣含，南瀛北漠例恩覃。每歲蒙古、西域回部、朝鮮各外藩朝正，至者例於是處錫恩宴賚。今歲西北則又有哈薩克，南則有緬甸、暹羅各使臣，亦隨班入宴。壁圖歷閱猶生惕，閣績頻標豈易談。準噶爾、回部、金川、臺灣四處，俱經我師蕩平奏績，其緬甸、安南二役，因有瘴癘，未經深入，乃罷兵。後緬甸孟隕先遣其頭目等於戊申秋輸忱歸順，安南阮光平先遣其姪阮光顯於己酉秋賫表乞降，而阮光平亦卽於昨歲萬壽節前至避暑山莊躬親祝嘏。凡此六大功，或事非得已，或功成不戰，俱仰荷昊恩默爲佑順，事後追思，洵非易致也。外域大功成者六，内潢小醜弃其三。至王倫、蘇四十三、田五三小醜，發兵討罪，不過一兩月卽已勦滅無遺。然在内地，正所謂弄兵潢池不足數耳。持盈保泰惟今日，虔祝風和及雨甘。

聖製紫光閣賜宴外藩卽席得句　壬子

嘉宴紫光啓洗春，明廷卜晝列聯茵。東西南北賀來萃，歲月時日福迓申。詩與戰圖觀以舊，捷由驛奏盼重新。綺筵卽景餘三詠，每歲紫光閣賜宴外藩，必有詩什，至丙辰歸政，亦近餘三次矣。逮丙欣應屬後人。

聖製紫光閣賜宴外藩作　癸丑

首祚迎禧宴紫光，茵聯新舊到藩王。并宣回部親詢政，回部等入覲者，每召至御前，詢其地方年景及部衆安樂情形。素習回語，不藉舌人傳譯也。亦召陪臣手賜觴。每年此間筵宴年班，外藩蒙古王公、台吉等輪召至御榻前，手賜觴酒，其各國陪臣與宴者，亦得邀賜，以昭慈惠。霍罕謝愆脫逋宥，霍罕伯克納喇巴圖前因拏獲薩木薩克，未卽解京，私自釋放，曾降旨不准其進貢。上年四月間，籲請遣使入覲，念其悔過懇切，因復允其所請。廓喀作平聲讀歸順罷兵强。廓爾喀此番窘迫歸降悔罪，出於至誠，予亦體上天好生之德，宥罪罷兵。今其使臣大頭目噶箕第烏達特塔巴等來京，令其一體入宴，並優加賞賚，中朝柔遠之道，固當如是耳。戰圖又得重增册，天眷十全敬益蘉。

聖製新正紫光閣賜宴外藩作　甲寅

新正初祉惠應宣，柔遠迎禧依例然。翼日值齋當徹樂。每歲開詔於紫光閣筵宴外藩，今年新正蠲吉初六日時享太廟，翼日初三，即值齋戒之期，例不用樂，是以今日即行賜宴，以示燕愷。良辰卽景此開筵。冰嬉雖戲意詰武，燈節猶遲月待圓。踵事增華漸從盛，每因同豫凜心淵。

聖製紫光閣賜宴外藩並荷蘭使臣作　乙卯

紫光閣紀武成功，幸得十全天眷蒙。新舊屏藩典屬敍，六旬慶賀荷蘭同。上年十月間，廣東督臣長麟、撫臣朱珪奏，據夷商稟稱，荷蘭國王以向在廣東貿易，感沐天朝恩德，久欲抒誠効悃，今專主國事呢德啵等在叭吖味就近探聽，聞明年大皇帝六十年大慶，專差貢使嘚𠯠，恭賫表貢赴闕，卽如本國王親來叩賀等語。朕鑒其嚮化之誠，允其所請，該使臣情殷瞻覲，遄程行走，已於歲内到京，新正例於此閣賜宴外藩，因令該使臣一體與宴，以示懷柔。農田有兆雪積厚，節候因遲春未融。中外熙和誠盛事，居諸示象惕乾衷。

聖製紫光閣賜宴外藩作　丙辰

紫光春宴肇嘉徵，嗣子同臨示惠應。各國南西來輻輳，今歲朝鮮於朝正貢使外，又特遣正副使臣來賀國慶，其安南、暹羅、廓爾喀亦俱遣陪臣奉表貢於上年嘉平到京稱賀，並命一體宴賚，以示柔遠惠綏之意。外藩東北擬孫曾。新舊蒙古外藩世爲臣僕，每於新正來京，及八月萬壽節至熱河慶賀，並隨獮木蘭，捆忱篤摯，直若一家，多有其祖父及侍朕躬，今皆爲年少之人，朕視之不啻孫曾行輩，誠自古未有也。歷觀帝史今與古，獨沐天恩戰且兢。一字敬哉家法凛，期之奕葉永欽承。

御製恭和聖製新正紫光閣賜宴外藩作元韻　丙辰

壽宇宏開念八徵，紫光布席示慈應。九圍共朔遐兼邇，五代同堂元繼曾。閣建苑西標績樹，座隨膝下倍心兢。可汗起舞殊唐代，庭訓旰宵凛敬承。

御製紫光閣賜宴外藩詩　丁巳

朝正王會集共球，錫宴紫光愷澤流。勳紀十全瞻惠遠，恩敷諸部示懷柔。版圖二萬新疆闢，皇父平定準噶爾、回部，拓地二萬餘里，興屯耕牧，雪山瀚海之間饒如內地，自古幅員之廣，無有過此者。聲教六旬花甲週。皇父丙辰紀元六十年中十全武功，惟久道化成，是以聲教四訖，無遠弗屆。列座羣藩深沐德，河山帶礪荷天庥。

國朝宮史續編卷之四十五

典禮三十九　宮規一

臣等謹案：前編之誌典禮，特載宮規一門，自位號、儀節、進奉、安設，次及宮殿常行事宜，條列賅備。良以國家法制，於禁掖尤詳，一切飭修内政謹小慎微，所以著成規而昭世守也。臣等續奉纂輯，凡萬年不易之典，或約舉舊例，以識大端，或增載新規，以崇體要，敬稽聖諭、諭旨、欽定宮中現行則例暨官撰諸書，分系於編，不敢繁複牽綴。其時遠事大，間有紀載所未詳者，恭本聖製詩文及注，隨事撰入，以備數典徵實之本原。謹分三則，曰宮中定制，曰宮中事例，曰宮中門禁，仍以宮規綜其目焉。

宮中定制

一、殿龕供奉

嘉慶元年十二月初三日，奉太上皇帝敕旨：雍正年間，於養心殿東佛堂佛龕之右，供奉聖祖仁皇帝、孝恭仁皇后神位，原以廟享歲有常期，而宮闈近地，可以朝夕頂禮，以抒思慕之誠。是以朕登極後，卽遵照成法，亦於右次添供皇考世宗憲皇帝神牌。丁酉年，復供奉孝聖憲皇后神牌於一龕。此係皇考不匱孝思之所創設，我子孫自當永遠遵守。但歷代久遠，而神龕有一定位數，萬萬年之後，嗣皇帝自當照此一例供奉。因思養心殿之西佛堂現供之佛，將來朕移居寧壽宮之養性殿時，自應移於養性殿之西配殿。現在養心殿之西配殿，當照此東佛堂一律造龕，將來萬萬年後，中間佛龕之左右，朕及子孫皆可依次安設神牌。俟傳至朕玄孫萬年後，再將東佛堂聖祖牌位移於壽皇殿，從此世代遞祧，依次移供，可以奉爲世守。我國家億萬斯年，代代相承，雲礽衍慶，瓜瓞緜延，爲亘古所未有。至壽皇殿中龕，係雍正年間供奉聖祖仁皇帝聖容；左龕，係乾隆初年供奉皇考世宗憲皇帝聖容，將來朕萬萬年後，當在右龕。敬思聖祖仁皇帝踐阼六十餘年，深仁厚澤，超越史册。皇考世宗憲皇帝勵精圖治，綱紀肅清，且壽皇殿及養心殿供奉聖容、神位，皆係皇考遺制。朕仰荷天恩，纘承聖祖、皇考貽緒，自登極以來，於今六十餘年，開疆拓土，敬天勤民，自維功德，勉紹前徽，萬萬年後，聖祖、皇考及朕均當在不遷之列。將來壽皇殿九龕供滿時，當由朕以下爲始，以次遞祧。所有圓明園安佑宮、熱河永佑寺，均當照此一律供奉，以昭法守而示來兹。此係朕偶爾思及，豫爲指示。若果能仰荷上蒼眷佑，衍祚龐洪，實我國家無疆之慶，此朕之期望而不敢必者。我子孫當敬體此意，祈天永命，庶幾上邀昊眷，克符斯願耳。

四年正月初六日，奉諭旨：嘉慶元年十二月内，先經欽奉皇考高宗純皇帝勑旨：雍正年間，於養心殿東佛堂佛龕之右，供奉聖祖仁皇帝、孝恭仁皇后神位，是以朕遵照成法，亦於右次添供皇考世宗憲皇帝、孝聖憲皇后神牌於一龕，萬萬年之後，嗣皇帝自當照此一例供奉。因思養心殿西佛堂現供之佛，將來朕移居寧壽宮之養性殿時，應移於養性殿之西配殿。現在養心殿之西配殿，照東佛堂一律造龕。將來萬萬年後，中間佛龕之左右，依次安設神牌。俟傳至朕玄孫萬年後，再將東佛堂聖祖牌位移於壽皇殿。等因，欽此。嗣於嘉慶二年十一月初六日，朕又面奉勑旨：將來萬萬年後，應敬將聖祖仁皇帝、孝恭仁皇后神牌移供壽皇殿，再敬將世宗憲皇帝、孝聖憲皇后神牌移供於西龕之東。嗣皇帝敬奉考妣神牌，供奉於西龕之西。欽此。朕祇聆面訓，謹誌勿忘。今欽遵嘉慶二年續奉勑旨，應敬將聖祖仁皇帝、孝恭仁皇后神牌移奉於壽皇殿，世宗憲皇帝、孝聖憲皇后神牌，移奉於西龕之東。即著祗造皇考高宗純皇帝、皇妣孝儀純皇后神牌，涓吉供奉於西龕之西，用昭妥侑。所有一切派員移奉各事宜，著該衙門敬謹預備。其圓明園安佑宮，亦敬謹照此恭移安奉。

臣等謹案：内殿虔奉帝后神位，晨夕展誠，洵爲萬世敬尊愛親之剏典。皇上慕篤寢門，恪遵成命，昔瞻依而今對越，受福有常，實由宮庭密邇基之。御書龕額聯句，謹分載宮殿門。

一、内廷朝賀

元旦朝賀之禮：（長至萬壽節同。）先期由禮部奏請，得旨「受賀」。設中和韶樂於乾清宮檐下，丹陛大樂於乾清門内，祇候皇帝御太和殿，受羣臣朝賀。禮成，乘輿至乾清宮檐前，降輿。中和韶樂作，（樂章與外朝同。）皇帝御乾清宮，升座，樂止。槅扇垂簾，宮殿監恭導皇后率皇貴妃、貴妃、妃、嬪等位以次進，皇后就正中拜位立，皇貴妃、貴妃、妃、嬪等位稍後，左右立，均北面。丹陛大樂作，奏「雝平之章」，辭曰：「關雎四教，家邦作孚先。黄裳元吉地承天，六宮仁順化穆宣。麟之趾兮，萬福之原。」行六肅三跪三拜禮，樂止。升簾，各還宮。貴人等位詣皇帝前皇后前行禮，俱在後宮，由宮殿監預期請旨。宮殿監引皇子等位升東西階，就丹陛上東西拜位北面立。丹陛大樂作，樂章與外朝同。行三跪九叩禮；宮殿監率闔宮首領太監在東西丹墀下隨行禮畢，樂止。宮殿監奏「禮成」，中和韶樂作，皇帝啓座還宮。

一、中宮慶賀

元旦慶賀之禮：長至節同，惟萬壽聖節皇后前不請行禮。先期由禮部奏請，得旨「允行」。屆日，内監陳皇后儀駕、九鳳黄曲蓋陳宮檐下正中，拂、香鑪合、盥盤、盂、鉼、几、椅、節、纖、扇、旗、瓜仗陳階下東西，大儀輿、黄輿、鳳輿陳宮門外。設中和韶樂於宮檐前，丹陛大樂於門内。質明，内監設皇貴妃、貴妃、妃、嬪拜位於月臺左右，設王妃、公主、格格、命婦拜位於丹陛上，分東西班。設引禮命婦二人，贊相禮義。屆時，皇貴妃、貴妃、妃、嬪以下與賀者，咸朝服祇竢。引禮命婦轉傳内監、奏請皇后御内殿。皇后禮服升座，中和韶樂作，奏「淑平之章」，辭曰：「承天地道光，嗣徽音兮儷我皇，椒宮壼教彰。萬國爲儀燕翼昌，彤管紀芬芳。春雲渥，環珮鏘，安貞德有常。敷内政，應無疆。」樂止，引禮命婦引皇貴妃、貴妃、妃、嬪以下各就拜位，行六肅三跪三拜禮。丹陛大樂作，奏「正平之章」，辭曰：「正坤維兮儷皇極，母儀昭萬國，福履永綏將，六宮承法則。」禮成，復原位立、樂止。皇后啓座，中和韶樂作，奏「順平之章」，辭曰：「瑶樞焕上台，椒殿風和麗景開；晴旭上蓬萊，佳氣氤氳徧九垓。祥雲護燕禖，培麟趾，毓蘭荄，雉扇影徘徊。看瑞靄，集宮槐。」皇后還宮，皇子詣皇后宮行禮如儀。

嘉慶十年十二月初二日，奉諭旨：據禮部具題慶賀元旦令節禮儀一本，已另降諭旨，照例行禮，停止筵宴矣。慶賀元旦令節，典禮攸關，王公百官等在朕前行禮，公主、福晉、命婦等在皇后前行禮之處，該部自應分晰題奏。乃閱本内所進慶賀禮儀，將公主、福晉、命婦等在皇后前行禮一節，一併列入，並將公主、福晉、命婦等應否進内行禮，夾片請旨，殊屬非是。禮部堂官著交部察議。嗣後著將元旦令節公主、福晉、命婦等應否進内行禮，另摺請旨。所有此次題請明年元旦公主、福晉、命婦等進内行禮之處，著停止。

一、千秋慶賀

皇后千秋令節：皇后行禮受賀之處，先期由禮部奏請，奉皇帝俞旨，行禮受賀如儀。皇貴妃、貴妃、妃千秋，詣皇帝皇后前行禮，俱不設樂。嬪壽辰、貴人生辰同。常在生日不請行禮。皇子成婚後、公主下嫁後，遇生辰，詣皇父、皇后前行禮，不設樂。皇后千秋，皇貴妃、貴妃、妃千秋，嬪壽辰，貴人生辰，皇子、公主生辰，俱有恩賜。分載經費門。

一、宮中遇喜

内庭等位遇娠，於御醫上夜月分爲始，每日食用照額加半。誕彌後，例有恩賜。分載經費門，餘詳前編。

一、皇子誕生

初生稱皇子，賜名後，始按位次稱皇幾子。賜名例詳前編。所生年月日時，係内庭某位某氏生，宮殿監敬謹登記，俟恭修玉牒載入。公主、皇孫、皇孫女同。遇皇子周歲晬盤，例用玉陳設二事，玉扇墜二枚，金匙一件，銀盒一圓，犀鍾一捧，犀棒一雙，弧一張，矢一枝，文房一分，晬盤一具，果筵一席，由宮殿監奏交内務府預備。公主、皇孫、皇孫女晬盤同，惟公主、皇孫女不備弧矢。

一、皇子就傅

皇子屆六齡入學，詣尚書房東次西向室所奉至聖先師神位行禮，見總師傅、師傅行對揖禮，就坐讀書。平時相見，握手致敬。其師傅以翰林資深有學行者充，由大學士、掌院學士公同豫選引見，候旨簡用，每晨入直授讀。總師傅以時稽察課程。凡皇孫、皇曾孫、皇玄孫入學同。

一、引選秀女

凡三年一次，引選八旗秀女，由户部奏請；每年一次，引選内務府所屬秀女，由内務府奏請，屆期豫備，宮殿監率各首領太監關防，以次引選。例具前編。

嘉慶五年十一月二十六日，奉諭旨：向來挑選秀女，皇后、皇貴妃、妃、嬪之親姊妹俱應備挑，於體殊有未協。嗣後自嬪以上，其親姊妹，著加恩不必備挑。户部、内務府卽遵照辦理，著爲令。

六年三月初二日，奉諭旨：朕綜理庶務，皆率由舊章。從前皇考高宗純皇帝每次挑選八旗秀女時，派王等於聖祖仁皇帝派衍二十四近支宗室内，查明應進緑頭牌者指配。今朕挑選秀女，自應遵照此例，於世宗憲皇帝派衍近支宗室内按其世系指配。著將此旨交派出王等，嗣後應行呈進宗室等名次，惟於世宗憲皇帝派衍近支宗室名次繕寫緑頭牌，照例呈進，俟朕挑選秀女時，酌量指配。永著爲例。

初三日，奉諭旨：從前公主多有下嫁蒙古王之子，鮮有下嫁八旗勳舊之子者，是以每遇挑選八旗秀女，並未另立章程，將公主之女，亦一體挑選。著交户部、八旗，嗣後每遇挑選秀女，加恩將公主之女停其挑選。永著爲例。

十一年五月十四日，奉諭旨：明年應行選看之秀女，其八旗滿洲、蒙古内外三品以上文武官員秀女，年至十三歲，查明豫備選看。下屆雖年已及歲，著毋庸預備復選。嗣後仍照舊辦。

同日，奉諭旨：嗣後選看秀女，八旗漢軍文職筆帖式以上、武職驍騎校以上官員秀女，預備選看；其兵丁等秀女，均著毋庸豫備選看。

十八日，奉諭旨：嘉慶九年二月間選閲秀女，見其衣袖寬大過甚，且竟有纏足者，變俗根本，莫此爲甚。當經明降諭旨，飭知八旗，嚴加禁止。昨復降恩旨，嗣後八旗漢軍文職筆帖式以上、武職驍騎校以上官員之女，仍照常備選；其兵丁女子選看之處，著行停止。特係軫念窮兵，多方優恤，因恐該兵丁等藉有此旨，遂將女子任意隨俗，變妝纏足，率違定例，殊失朕教誡之意。著交八旗都統等嚴飭所屬，嗣後如有任意從俗，私心變制者，將其父兄嚴加懲治；該管各員亦從重議處，毋謂朕教之不豫也。

一、加恩幼侍

臣等謹案：皇子生，設乳母、侍母，承侍内宫，按年月日給與分例。分載經費門。有加賞者，出自特恩，不在常例。至承侍之皇子卽皇帝位，其乳母例邀封贈，其子嗣例邀世職産業之賜；侍母無封贈世職，仍一體邀賞。

嘉慶三年四月二十一日，奉太上皇帝勅旨：從前朕之乳母、侍母等，曾經酌量加恩賞給世職家産。現在皇帝之乳母、侍母等，亦應一體加恩。著照乾隆元年之例，將皇帝三次乳母應封字様，照例撰擬，另行封贈外，其子嗣等俱賞給騎都尉世職，承襲三次，仍酌量賞給房居住，並各賞銀一千兩，安置産業。其侍母等雖無封贈之例，亦照此各賞給房屋一所，銀一千兩。

一、恭謝恩賜

皇上遣人賫物頒賜内庭等位，至則跪受，北面行六肅三跪三拜禮，告原賫賜人轉奏謝恩。

内監等蒙賜官職，加賞賚，加錢糧，及新授宮殿監以至各首領，俱由宮殿監通知奏事太監，轉奏謝恩。

國朝宮史續編卷之四十六

典禮四十　宮規二

宮中事例一

一、書「福」頒賜

臣等謹案：内殿寶藏先朝御用「賜福蒼生筆」，鏤文髹管，閲世恒新。恭查康熙年間，偶蒙親書大「福」字，頒賜臣工。至雍正年間，遂著爲恩例。乾隆二年丁巳，高宗純皇帝諏吉十二月朔書「福」開始，欽承手澤，敬用此筆書第一「福」字，歲以爲常。十四年己巳，特製書「福」詩，以昭繩承家法。十七年壬申以後，屆日，先詣闡福寺升香、還宮，迺開筆，取闡揚福德之義。自前丁巳至後丁巳，六十年中，蓋普天受福無疆矣。皇上於嘉慶六年辛酉祇循茂典，敷錫重重，實衍億萬年多福之慶。臣等敬稽宮史前編，附載於禮儀類。緬維祖宗規製所繫，謹移載宮規，備録聖製己巳詩謹從補載。暨御製詩什，以著吉徵而詳事例，其儀弗敢略焉。

歲十二月朔，皇帝御重華宮，懋勤殿首領太監陳金龍牋、大筆、墨海，祇候皇帝升座，進「賜福蒼生筆」，書「福」字懸内宮。自是將軍、督撫奏函至，有旨特賜者，御書緘賜之。十七日，召御前大臣、侍衛至重華宮。二十六七等日，召王公、大臣、内廷翰林等至乾清宮。先期，奏事官具名籤以請，欽定若干人，分日頒賜，迺下内閣通傳。至日，齊集乾清門，宮殿監預傳各首領太監集庭内執事。屆時，皇帝升座，重華宮於殿中，乾清宮於西暖閣。王公、大臣等與領福字者，以次集階下肅竢，懋勤殿首領太監陳高案、筆墨，展金龍牋，皇帝每書「福」一方，王公、大臣等一人進詣御案前，跪，候書畢，叩首秖領，興，恭捧而出。餘俱按日依次跪領如儀。

聖製書「福」詩 有序　己巳

歲暮書「福」以賜庭臣，謹遵皇考成例，亞禧斂錫之義，於是爲昭，每欲成詩，以不得佳句而止。兹當清暇，復此迎年，揮翰之餘，拈鬚有作，亦不復計工拙云。近始藩屏逮百僚，臨軒書「福」慶恩昭，九疇箕子疇書演，一筆王家筆陳超。嘉與紅箋迎介祉，相扶綵勝煥元朝。不徒弄翰欽敷錫，家法繩承仰聖堯。

聖製嘉平月朔開筆之作　辛亥

嘉平吉朔欣開筆，皇考家風欽栩垂。每歲嘉平月朔開筆書「福」以賜王公及内外大臣，蓋敬遵皇考時成例也。斂福因之謁闡福，寺名，是日依例於是拈香，亦協迓禧斂福之義云。於時慎亦錫惟時。三層樓閣仍躬陟，寺後佛樓凡三層，今日仍依舊登陟，尚不覺勞，仰蒙昊貺，年逾八袠，實不敢不自强耳。八袠康强賴昊禧。似此四年歸政近，其能否曷敢言期。

聖製嘉平月朔之作　癸丑

嘉平月之朔，開筆奉先猷。每歲例於臘月朔日開筆書福，以次錫王公、大臣、内直侍從及各省督撫等，謹遵皇考家法也。闡福佛資力，是日早先詣闡福寺拈香，冀資佛力，普福蒼生，亦有合於箕疇敷錫之意。錫民箕叶疇。略惻輿陟級，猶可步周樓。往年來此禮佛，俱步陟登樓，今年司事者預備小輿，以八十有三之年亦應少爲節勞，登樓周歷，則仍步行如常。氷戲降觀待，鞠勞行賞酬。向於朔日觀氷嬉，分棚擲鞠，懸的演射，亞歲藉以行賞，亦成恩例。纍纍雪成垜，的的澤知稠。憶昨終朝惕，憑觀微解愁。近得雪未甚優渥，尚幸雲氣濃積，不意昨晚頓爾起風，知其必晴，心殊未愜。今早往北海，見氷上堆雪頗豐，蓋積雪結實，不止二寸，愁懷少釋。

聖製嘉平月朔開筆疊癸丑韻　乙卯

開筆嘉平朔，年年奉憲猷。雍正年間，皇考每歲書「福」頒賜。予敬遵家法，自乾隆二年至今六十年，例於十二月朔日開筆，始書「福」字，頒賜王公、大臣、內直侍從及督撫等。曾於己巳製詩有「家法繩承仰聖堯」之句。六旬忽週紀，明歲合移疇。明年爲嗣子皇帝嘉慶元年，值嘉平朔亦應書「福」賜天下。但今嘉平則尚乾隆年也，故仍開筆書「福」。自此歲歲予與子皇帝重重書「福」以承天恩敷錫寰宇，誠國慶佳話。仍此資佛力，於焉陟梵樓。自乾隆十一年建闡福寺，十七年以後，每歲嘉平朔日先詣寺拈香，回宮開筆書「福」，是以癸丑詩有「闡福佛資力，錫民箕叶疇」之句。茲仍依例詣寺，其佛樓三層，亦仍登陟，幸蒙天佑，精力尚强，不以爲勞也。位傳幸已近，恩沐忍云酬。冬雪誠優渥，夏收冀卜稠。獨茲盼捷信，昨節次據福康安、和琳奏，大兵已將賊巢四面攻圍，擒獲起衅裝癲之緊要賊目等，並稱吳八月之子吳廷禮等與吳隴登互相仇殺，正可乘此機會，出其不意，將首逆一鼓成擒。想此時捷報已經在途，盼望郵音，益增縈系。今日開筆吉期，特多書二「福」字，頒賜福康安、和琳二人，早迓春祺，以爲迅即成功吉兆。未免望郵愁。

聖製嘉平月朔開筆疊辛亥詩韻　丙辰

開筆嘉平肇吉朔，敬遵家法萬年垂。每歲嘉平月朔開筆書「福」賜王公、內外大臣等，此皇考時成例。予六十餘年來每歲敬遵，我子孫所當萬年法守也。以云歸政當付子，以歸政而論，書「福」賜賚臣工，今年當爲子皇帝之事。然予仰蒙天眷，精神康健如常，即如今早謁闡福寺拈香，寺後佛樓三層，仍依舊登陟，並不覺勞，何敢不自强以承昊貺。是以訓政勑幾，孜孜猶昔，俾子皇帝諸事益得練習，豈非予與子皇帝下及天下臣民大同之福耶。尚覺身强可應去聲時。五福斂時欽叩昊，庶民錫厥普承禧。光陰五歲如一瞬，不敢言期幸副期。辛亥嘉平月朔開筆之作，有「似此四年歸政近，其能否曷敢言期」之句。蓋其時尚未敢自信。今歲元正大廷授璽，竟得初心愜遂，盛典觀成，是不特幸副四年之期而已，瞬閱五年矣。予之叨沐帡幪貽燕之恩，斯真爲千古所未有耳。

聖製嘉平月朔開筆再疊辛亥詩韻　丁巳

五年前作七年事，每歲嘉平月朔開筆書「福」以賜王公及內外大臣等，辛亥年開筆時，作詩有「似此四年歸政近，其能否曷敢言期」之句。蓋其時距丙辰尚有五年，夙夜兢兢，未敢自信。自上年元旦授璽，初願幸符，嘉平開筆，疊辛亥韻詩，復有「不敢言期幸副期」之句。迄今又閱二年，仰賴天祖眷貽，年躋望九，精神强固，訓政如常，實爲從古太上皇未有之盛事。茲又屆書「福」吉辰，迴溯辛亥作詩之時，已閱七年，因援例賡吟，仍疊前韻，以志吉祥。符願深蒙天眷垂。祖往宗來創家法，嘉平書「福」之事，皇祖時從未舉行。自皇考創爲成例。予御極以來，敬循家法，歲歲遵行，奉爲典則。蓋以斂時敷錫，推一人之福以及天下，實敬推祖宗之福以普被無疆也。九疇五數值嘉時。今冬昨臘幸連稔，昨歲各省收成率多豐稔，今歲暘雨亦每應時，各省奏報早晚稻收成分數自十分至九分八分以上不等，瑞協屢豐，寰瀛稱慶，恰符錫福之徵。遇朔迎春合戩禧。賜福欣欽捧手筆，皇考書「福」之筆，敬謹尊藏，髹管上舊鐫「賜福蒼生」四字，最爲吉祥法物。是以每歲書「福」必敬用此筆書第一「福」字，欽承手澤，用示錫福大同，海隅蒼生，咸登仁壽至意。彼貽聰聽萬年期。予敬遵皇考成例，每歲書「福」，計六十餘年以來，海宇昇平，民物康阜，十全刻寶，四得著論，五福五代名堂，今又將有來孫之喜，實仰賴燕貽垂裕。茲恭捧御用珍毫，歡欣欽仰，尤願我世世子孫聰聽恪守，至於億萬年未有艾爾。

御製嘉平月朔重華宮開筆述志　辛酉

子之福卽予之福，丙辰冬至二十五日，聖製夜雪詩句。斂錫欽承永拜嘉。式煥前猷光奕禩，誕敷光澤布重華。民安政協期無忝，宗德祖功詎有涯。立極維皇被寰宇，蒼生沐惠始天家。

御製嘉平月朔重華宮開筆作　壬戌

書福遵前典，重華奕禩昭。敷宣先澤渥，斂錫庶民饒。建極多方燮，宅中四序調。春臺欣共樂，淑氣運珠杓。

御製嘉平月朔重華宮開筆書「福」，集洪範字成五言律卽事　癸亥

錫福二之日，吉占民事思。念徵遵聖訓，保極協天時。直道乃無側，哲臣庶有爲。敷言陳禹範，用紀會倫彝。每歲嘉平月朔日，詣闡福寺拈香後，御重華宮，用「賜福蒼生筆」開筆書「福」，遵前典也。不可無詩以紀，因衍箕疇字成之，以協用敷錫厥之義，普迓蕃禧。

一、茶宴聯句

臣等謹案：康熙二十一年正月十四日，聖祖仁皇帝御乾清宫，開昇平嘉讌，俯同羣臣賦詩，用柏梁體，是爲我朝君臣聯句數典。厥後間奉舉行，設宴或不一其地。迺自高宗純皇帝乾隆八年癸亥以後，始歲御重華宫行之，後率用正月初吉。惟五十三年卜二月朔，待臺灣紅旗至也。是宴也，例弗授觴，飭尚茶以松實、梅英、佛手三種，沃雪烹茶，曰三清茶，布果飣合爲席。詩成頒賞，恩禮加隆。至重華宫爲高宗純皇帝躍龍福地，恭繹乾隆六十年聖諭，謂新年宴賚廷臣，賦詩聯句，俟歸政後，太上皇帝於正殿設座，嗣皇帝於配殿設座，俾世世子孫衍慶聯情，永垂法守。恭載訓諭門。嘉慶三年戊午，太上皇帝卽擬以平定教匪聯吟。迨八年癸亥，皇上迺於同樂園肇舉斯典，以成先志而慶太平。嗣是歲遵成例，於重華宫舉行，其聯句詩，奉御製句爲發端首倡，餘則臣工繼響，不敢摭録，仍詳著其儀，用誌賡拜虞廷、開韶喜起之鴻祉云爾。

歲正月吉，皇帝召諸王、大學士、内廷翰林等於重華宫茶宴聯句。奏事太監豫進名簽，既承旨，按名交奏事官，宣召入宫祗竢。屆時引入。宫殿監豫飭所司具茶果，承應宴戲。懋勤殿首領太監等具筆墨紙硯，諸臣俱以次一叩，列坐。御製詩下，授簡聯賡，宴畢頒賞，諸臣跪領，行三叩禮，趨退。其恩賜之物，宫殿監臨期恭候欽定，排列呈覽後，按名分給。

一、進春帖子

臣等謹按：春帖子之制，先春摛藻，用迓百祥。恭讀高宗純皇帝聖製詩集，自乾隆八年癸亥，始吟此體，或五言，或七言，不拘首數，臚實成章。皇上勤念歲功，迎韶書瑞，鋪牋禁闥，焕映椒屏。臣工之内直者，亦得藉抒吉語，駢頌新禧，真太平佳事也。謹附著其例以紀盛。

每歲立春之前，南書房翰林等例擬春帖子詞。遇歲内立春，在臘月二十日以前恭進；新歲立春，則以二十日後進，交懋勤殿首領太監恭呈御覽後，陳設乾清宫西暖閣温室内案上。將舊歲所進春帖子詞换出，收貯懋勤殿。仍頒賜諸翰林「福」字箋暨筆墨箋紙等物如例。

一、進時憲書

臣等謹案：御定時憲書，欽天監例以二月朔豫呈來歲書式，俟覽定鐫版。每歲十月朔日，獻朔。儀具前編。伏考我朝中外頒章，咸稟正朔。自朝鮮、蒙古以迄準部、回城諸屬國，俱經測量晷度，考定歲時節氣，刊在憲書。乾隆四十一年，兩金川平；五十五年，安南來降，悉按輿圖，增書其地節候。我皇上嘉慶八年賜越南國新封，授時頒朔如制。至紀年之典，向惟花甲一周，高宗純皇帝以三元令序，數本循環，且每歲直省疏報壽民，多百齡以上者，申命司天，加編至一百二十年。著爲恒例。洎夫祚登環甲，册命皇太子，新建嘉慶初元，皇上臚誠懇奏，恭進乾隆六十一年時憲書。斯誠堯授舜齊，亘古未逢之盛事。謹恭録聖諭，敬昭郅隆茂軌，以綿寶籙於京垓無算焉。

乾隆六十年十月初一日，奉諭旨：皇太子率同王、大臣等具奏，恭進乾隆六十一年時憲書，以備内廷頒賞之用。覽奏具見悃忱。朕登極初年，默禱昊慈事，言之屢矣，不復贅言。明歲丙辰，改稱嘉慶元年，舉行歸政之禮。茲皇太子及王、大臣以朕歸政改元，爲曠古未有之盛典，雖現在頒朔，以嘉慶紀年，而宫廷之内，若一體循用新朔，於心實有未安，特進獻乾隆六十一年時憲書。臚詞籲請，出於至誠。朕亦俯從所請，用備頒賞内廷、皇子、皇孫及曾元輩，並親近王、大臣等，俾得遂其愛戴之忱。其分頒各省外藩，可以不必，竟當用嘉慶元年時憲書，以符定制。因思來歲歸政，朕爲太上皇帝，歷稽前典，有上尊號之文，殊屬無謂。太上皇帝，非若太皇太后、皇太后因母儀而崇上徽稱者可比。況朕御極六十年來，敬天法祖，勤政愛民及拓土開疆諸實政，彰彰可考。又何藉聖神文武文字虚示尊崇。且以臣子而稱揚君父，本屬後世沿用虚文，於禮原未盡協。我聖祖仁皇帝平定三藩及恭遇慶節，從前臣工等屢有以上尊號爲請者，聖祖皆却而弗許，訓諭煌煌，實可爲萬世法。今朕特預降此旨，將上尊號一事停止，卽朕效法皇祖之心，亦卽御極初年齋心默禱，不敢上同皇祖紀年之初念也。嗣皇帝及臣工當恪遵朕諭，不必復有瀆請。朕惟敬祈昊貺，精神純固，康强逢吉；嗣皇帝秉承指示，克肩負荷，海宇熙和，治臻上理，此卽國家吉祥盛事。況太上皇帝稱號，已極尊崇，嗣皇帝躬率臣民以天下養，尤爲古今郅隆盛軌，又何必徒尚繁文，務爲虚美耶？從前太廟尊藏列朝册寶，乃隨時鐫造，玉之色質長短本未能一律。壬寅歲特命精選和闐良玉，敬製五朝册寶全分，以奉太廟，而將舊奉之册寶命恭送盛京太廟尊藏。又將未鐫册寶各分親加釐擇，凡玉色與太廟相同者，定爲廟字號，以備後來朝廷祔廟鐫用。其色質不同者，爲喜字號，以備國家慶典鐫用。並申諭内府大臣，敬謹藏弆，若所用玉色漸少，該衙門應奏明取用，永以爲定制。至朕歸政後，應用喜字號玉寶，鐫刻太上皇帝之寶玉册，卽將近朕製十全老人之寶説鐫刻，作爲太上皇帝寶、册，以彰熙朝盛瑞。將來嗣皇帝亦能如朕之懋承天眷，壽屆期頤，再舉上儀，一切典體皆可敬謹遵循，實我國家億萬年無疆之福也。將此通諭中外知之。

一、進春

歲立春，順天府按欽天監所推春圖製春山，飾土牛及勾芒神春山一案；勾芒神執策立土牛左，合設一案，各二案。先一日，具春座，舁送禮部。屆日，禮部尚書、侍郎率其屬，兼管順天府尹、府尹、府丞具進春表章，咸朝服集午門外。立春前一時，府屬官率護春吏舁春座至，府學生員七十五人接舁，入自中門，兼管府尹、府尹等奉恭進皇帝春座，由昭德門進，止後左門外。禮部官屬前引，尚書、侍郎及兼管府尹等從。宫殿監率各首領太監，具蟒袍補服；鑾儀衛太監衣駕衣祗俟。欽天監博士報時刻，鑾儀衛太監出，奉春座至乾清門，兼管府尹等跪進表章並春圖，總管一人接進，啓門首領太監等接舁春座，由乾清門中門進，陳於乾清宫西暖閣。恭俟皇帝御覽畢，仍請出，交掌儀司，順天府官率員役舁至太和殿東暖閣奉貯，將舊歲所進輿出。其恭進皇后宫春座，陳交泰殿，恭俟皇后懿覽畢，請出，舁至保和殿東暖閣奉貯，將舊歲所進輿出如儀。

國朝宮史續編卷之四十七

典禮四十一 宮規三

宮中事例二

一、上燈

臣等謹案：禁闥懸燈，聯輝寶炬，古多侈爲太平點綴而已。乾清宮之有萬壽燈聯，凡十六幅，字句工麗，傳自前明。我朝因仍舊制，藉存殷鑒，弗以虚詞屏之。洎乎高宗純皇帝重葺寧壽宮慶成，敕翰臣選進皇極殿燈聯，臚寫數十年來實政綦備。乾隆五十四年己酉臘月，以開歲恭屆聖壽八旬，依例樹柱綴聯，普昭鴻慶，恒春久照，萬古熒煌，豈特爲上元瑞景，徒夸觀美云爾哉。臣等恭紀上燈事例，謹以皇極殿燈聯詞續於編，四時和謂之玉燭，誌佳節之祥徵，抑亦耀重光之盛典也。

歲十二月二十四日，總管内務府大臣率員役由乾清門舁燈竿進，安設天燈於丹陛下左右，安設萬壽燈於丹陛上左右。是日，宮殿監率首領太監等關防，樹燈竿訖，懸掛天燈。自是每夕上燈，至二月初三日出燈日止。其萬壽燈自樹竿後日懸繡金字寶聯十六幅。詳見前編。屆除夕，於皇上升保和殿筵宴時，總管内務府大臣仍率員役由乾清門進，換聯安燈，並安設兩廊暨甬道石欄上燈。是夕暨元旦、正月十一、十四、十五、十六等日，俱上燈，至正月十八日出燈。其上燈之夕，宮殿監傳各該處首領太監等伺候。屆時，宮殿監副侍一人，從乾清門引掌儀司音樂首領太監等至丹陛上，東西排立，營造司首領面北，行一跪一叩禮，贊「上燈」，敬事房太監一名同乾清門太監一名，在乾清門檐下起標燈，掌儀司音樂太監等奏丹陛清樂，歌「火樹星橋之章」。樂章見前編。營造司太監等上萬壽燈，各該處首領太監等上兩廊及石欄燈。上畢，樂止，退。同日，皇極殿上燈如例。

皇極殿燈聯十六幅：

左八聯，南前「南斗炳珠弧，六旬御宇，萬禩頤和，堯封祝曰聖人壽；前星臨黼扆，九陛崇基，三元肇祚，周雅歌之君子寧。」北後「北極共皆期，子帝爲帝，曾孫有孫，五福堂前歡舞綵；後天錫難老，長春如春，元夜不夜，九華燈下壽稱觥。」東左「東作穡關心，雪融隴麥，燭照田蠶，課雨占晴尚初志；左旋杓向角，節宴堯漿，燈詞舜軫，撫時行慶有前規。」西右「西域被流沙，年班藩部，歲報屯田，照世杯圓里二萬；右垣通閣道，出震迪光，乘乾垂裕，和時燭朗界三千。」東南「東國舊戎衣，歙爾有籥，作岐有鼛，小物克勤詠糠燭；南邦昔車斗，恬海如麟，翕河如鏡，民風可觀戒燈船。」西南「西園翰墨林，四庫積玉，七閣抽琅，大乙藜光燈以右；南宮禮樂地，兩舉制科，六開恩榜，文昌珠彩月同圓。」東北「東揖木公朝，十年慶典，千叟恩榮，洛社畫圖鳩杖集；北迎元日詔，五代齒繁，百家算倍，康衢燈火篠驂遊。」西北「西定噶喇依，恭者我僕，偕者我俘，戀目更番入春宴；北踰額濟勒，威曰歸降，德曰歸順，鴻臣來賀御東朝。」

右八聯，（南前）南面久仔肩，求衣問夜、秉燭待章，福用敷之次五極；前盟果如意，鳥篆鐫瓊，鴻文刻玉，古維稀矣四三皇。」（北後）「北戒拱論都，河得真源，淮得真源，九如咸頌川方至；後車勤覲岳，岱猶望幸，嵩猶望幸，萬壽宜歌山有臺。」（東左）「東廂啓儒席，論敷奧旨，雅肆古歌，詩誦壽萬千無量；左海侑賓筵，句補吹笙，鄉觀飲酒，禮成月三五而盈。」（西右）「西敍溯成功，振以特磬，聲以鎛鐘，節序新詞卑火樹；右文邕鳴盛，風有干城，雅有髦士，科名舊事壓燈毬。」（東西）「東震日最尊，樓湧萬佛，經譯三乘，歡喜園中法輪轉；南瞻部妙勝，印寫祕文，塔飄吉帛，光明天上慧燈懸。」（南東）「西社賽春燈，市流絡繹，酺溢倉糧，六十年逢年布惠；南榮曝朝日，户弛繆租，漕除玉粒，二千萬絫萬全蠲。」（東北）「東陸鳥司開，辛祈紺殿，亥耤黛轅，顒若躬親奕葉守；北辰象布令，秋獮上蘭，冬嬉太液，昭哉心法耄期勤。」（西北）「西來福德智，高六帝帝，享萬年年，典盛禮隆臚舊政；北向子臣民，受至尊尊，爲衆父父，天符人瑞遂初心。」

聖製題彭元瑞撰皇極殿燈聯詞 有序 丁未

寶柱簇行行綵勝，製昉乾清；繡旛先面面華燈，慶長寧壽。（乾清宫燈柱，樹於臘月二十四日，即每日綴燈聯。至歲除日換燈收聯，此舊例也。）俟八載方臨茲御，而萬事貴豫以成。蘄集吉語於王春，用表祥輝於皇極。爰咨内翰，聿奏聯詞。其惟瑞簪朵殿之毫，久經予納大鈞之鑄。成文來上，省覽載嘉。體以偶連，裁廿言而雲屬；辨由位正，動八方以風行。十六聯務去陳言，五十年胥臚實政。曷克臻此，賴天恩祖德之貽；是惟艱哉，皆旰食宵衣所致。語有徵而可信，思取巧而不佻。異宋宮內禪之三，盛真稀古；駕明製虛言之耦，事必因時。乾清宮燈聯仍明代翰臣所擬，不過點綴燈節虛詞，巽元瑞此聯遠甚。什以弁吟，書宜表卷。屬詞泰陛，較富張説之七言；述職明廷，實殊章懋之一疏。屈指籌開八袠，建竿生藹藹之春；盟心宇御六旬，負扆猶孜孜之日云爾。

凡事曾聞豫立詮，嘉稱元瑞製燈聯。東西次第南而北，左右分明後與前。神以通靈氣以運，六爲之儷四爲駢。雙撐寶柱輝皇極，燈柱樹皇極殿前。虔祝天恩待八年。

聖製題彭元瑞所撰皇極殿燈聯　丙辰

八柱燈聯元瑞彭，預教屬句十年成。乾清宮燈柱，每歲臘月二十四日樹柱懸聯，除夕收聯換燈，以慶歲迎韶，其聯詞乃明代之舊。丙午年於寧壽宮皇極殿仿製既成，命內庭翰臣撰擬燈聯，彭元瑞屬稿呈進。蓋事貴預立，時乃省成，溯丙申始修寧壽宮，十年而製燈柱，越丁未題以詩，己酉以予開年八旬萬壽，初立柱綴聯，至今丙辰，距撰詞時又十年矣。東西南北方隅列，左右後前次第呈。燈柱八面，各綴一聯，其詞中首字以南前北後東左西右屬對，標明四隅，亦各以其方位排列，次第井井，巧不涉佻，深堪嘉予。詰武敷文勤實政，撫遐惠近戒虛名。聯句所臚，皆予御極五十年以前實事，如平定西域、兩金川諸武功，編輯四庫全書，定禮樂，開恩榜諸文治，與夫恩禮鴻臣，綏徠藩部，除漕蠲租，省方施惠諸大典，至於劭農課量，勤政單心，繩祖武以敕幾，戒民風而崇樸，距細臚陳，均非虛語。以視乾清宮燈聯明代翰臣等點綴燈節，星橋火樹，徒侈諛詞者，實巽今製遠甚。予所有取者，意存崇實，不騖虛名，一再題詞，猶初志也。恐難符願竟如願，前題詩時，予年七十七歲，計至丙辰歸政，猶有八年，因有「雙撐寶柱輝皇極，虔祝天恩待八年」之句。彼時雖自覺精力尚健，而敕幾敷政，惟慮年臻耄耋或有豫怠，惟日孜孜，益加自勉。今幸荷昊慈，竟符所願，每至寧壽宮閱視燈聯，在元瑞實本事爲頌詞，而予視之不啻進陳規語矣。頌以爲規燭照明。

一、開寶

歲正月，欽天監預選吉日、吉時開御寶。掌儀司知會宮殿監，先期具奏。屆日，宮殿監率交泰殿首領太監等設供案於殿中，陳酒果，爇香燭，行三跪九叩禮應吉時開封，陳寶於案，奏請皇帝拈香行禮。禮畢，捧寶貯匣内如儀。凡誥勅請用御寶，暨行幸請寶齎送各儀，詳見前編。

御製開寶日作　丁巳

交泰殿名奉宗器，欽承授寶心。沐恩最優渥，聆訓仰高深。自昨歲元正蒙皇父大廷授寶，旰宵訓政，予刻凜捧盈，虔思抱蜀，冀無忝主器，以仰副恩命。開篆循年例，瓣香致寸忱。所希安楚蜀，聖德布綸音。湖北教匪逆首現尚逋誅，四川達州所屬亦有匪徒滋事，今大兵雲集，冀卽禽獮草薙速就殲擒，俾稂莠除而閭閻同遊化日耳。

一、封寶

歲暮，欽天監預選吉日、吉時封御寶。前一日，内閣具奏。屆日，内閣學士一員率典籍詣乾清門，門左設黃案，宮殿監率交泰殿首領太監敬謹啓匣，捧寶出，陳案上。學士率典籍等洗拭畢，交泰殿首領仍捧入，恭貯於匣。其封寶之儀，與開寶同。

御製封寶日作　辛酉

又臨封寶日，餘賊未全平。庶事虞叢脞，兵機屢變更。深憐民刦重，敬籲昊恩宏。宗器垂萬禩，思艱慎捧盈。

御製封寶日作　壬戌

軍務幸平静，萬幾總繫衷。治民勤匪懈，封寶例攸同。希澤綢租遍，酬勳晉爵崇。春光敷禹甸，普戴昊恩鴻。天心仁愛，賞善罰惡，呼吸可通，予默體此意，於一切措施惟以至誠感格而兢兢業業，刻對旦明。今大功幸蕆，仍祈中外滌慮澄心，同承昊貺，凜福極而答休徵，予臣民其共勉焉勗哉。

國朝宫史續編卷之四十八

典禮四十二　宫規四

宫中禁门

臣等謹案：大内之有門禁，關防巡儆，立法有常，不特周廬千列，執戟百重，供翊衛而已也。我朝宫禁肅清，郎衛與兵衛並重，弗襲古制而自與古合。比年以來，皇上申嚴稽覈，懲誡宴安，規制加詳。所有晝坐門闌，夜守扃鑰，以及進班防範各事宜，恭見於訓諭各條。臣等謹參考皇朝通考、會典，增輯門禁一則，用以著章程之由舊，辨次舍之整齊，不可以久而或弛云爾。

一、合符

合符之制：塗金爲之，鐫陽文「聖旨」字，外匣並鑰，均藏大内。於景運、隆宗、東華、西華、神武門豫頒陰文合符一扇存貯。如遇夜有奉旨飭遣及緊急軍務，應卽時啓門者，俟大内持出陽文合符，直班護軍統領、參領取陰文合符比驗，乃啓門。如由蒼震門、啓祥門等處，直班護軍統領、參領比驗啓放如之。又，步軍統領衙門及正陽、西直二門，頒給陰文合符同，遇應啓門時，該城門領立時比驗啓放。其餘各門，遇陽文合符至，該城門領馳報步軍統領，親賫陰文合符，比驗啓門，均於次日具奏。值皇上車駕行幸，陽文合符交留京辦事王、大臣輪班交替看守，俟皇上迴蹕還宫，即恭繳交入大内。皇上迴蹕駐圓明園，徑送御園宫門繳進。

一、宿衛

宿衛之制：〇三旗侍衛，分六班，更番輪直。班分兩翼，鑲黄旗爲左翼，正黄旗爲右翼，正白旗半爲左翼，半爲右翼。各設侍衛班領二員。署班領二員，侍衛三十員，直乾清門，爲内班。散秩大臣一員，侍衛親軍十名，直中和殿；侍衛什長三名，侍衛親軍三十名，直太和殿，爲外班。以領侍衛内大臣一員總統之。内大臣、散秩大臣二員隨班入直。〇八旗前鋒營，八旗護軍營，一體分班守衛。景運門：直班大臣一員，司鑰長一員，主事一員，護軍校二員，傳籌護軍校一員，門筆帖式一員，閲門藉護軍六名，護軍十八名，傳籌護軍九名。隆宗門：印務參領一員，護軍參領一員，護軍校二員，傳籌護軍校一員，門筆帖式一員，閲門籍護軍一名，護軍十八名，傳籌護軍九名。後左門、後右門：護軍參領各一員，護軍校各二員，門筆帖式各一員，閲門籍護軍各一名，護軍各十三名。中左門：護軍參領一員，護軍校一員，閲門籍護軍二名，護軍九名。中右門：前鋒參領一員，前鋒校一員，閲門籍護軍二名，前鋒九名。左翼門、右翼門：護軍參領各一員，護軍校各一員，閲門籍護軍各一名，護軍各九名。體仁閣、弘義閣、昭德門、貞度門、協和門、熙和門：護軍校各一員，護軍各九名。午門：護軍參領一員。左門：閲門籍護軍二名。左右門：護軍校各二員，護軍各十三名。東華門、西華門、神武門：護軍參領各一員，護軍校各二員，閲門籍護軍各二名，護軍各十八名。

蒼震門、啓祥門：護軍參領各一員，護軍校各二員，閱門籍護軍蒼震門二名，啓祥門一名。護軍各十三名。中正殿：正門、後門、東北隅、東南隅：護軍校各一員，護軍各九名。吉祥門、西北隅：護軍參領各一員，護軍校各一員，護軍各九名。文華門：護軍校一員，護軍九名。茶膳房：護軍參領一員，護軍校一員，護軍十名。箭亭：護軍校一員，護軍九名。銀庫門、內銀庫：護軍參領各一員，護軍校各一員，護軍各九名。內東小庫、西小庫：護軍校各一員，護軍各四名。壽康宮長庚門、西南門：護軍參領各一員，護軍校各一員，護軍各九名。西隅：護軍校一員，護軍九名。寧壽宮寧壽門、皇極門、斂禧門、錫慶門、履順門、蹈和門、保泰門、茶膳房、東北隅、西北隅：護軍參領各一員，護軍校各一員，護軍各九名。紫禁城四門內磴道、柵欄：護軍校各一員，護軍各九名。北上門：護軍校一員，護軍九名。火班：護軍校一員，護軍七名。以上各委鑲黃、正黃、正白三旗官軍，按日分班。凡丑未日爲鑲黃旗首班，寅申日爲鑲黃旗二班，己亥日爲正黃旗首班，子午日爲正黃旗二班，卯酉日爲正白旗首班，辰戌日爲正白旗二班。各輪番直宿。又，防範火班遇應用齊集處，由直班之護軍統領及司鑰長等，於左翼門等處護軍每門調二人，共四十六人，協同內府直班官兵候遣，闕門以外五門及紫禁城外周圍，俱用下五旗護軍，每旗各二日輪班直宿。總隸於景運門直班統領稽察。

一、傳籌

傳籌之制：紫禁城內，五籌遞傳。每夕，自景運門發籌，西行，過乾清門，出隆宗門。循而北，過啓祥門。迤而西，過凝華門。迤而北，過中正殿後門。迤北至西北隅。迤而東，過順貞門、吉祥門至東北隅。迤而南，過蒼震門，至東南隅。迤而西，仍至景運門。凡十二汛爲一周。紫禁城外每夕八籌遞傳，自闕左門起訖。

一、門鑰

門鑰之制：恭遇皇上乘輿出入，各門均啓中門。每夕，景運門直宿司鑰長率官軍至後左門、後右門、中左門、中右門、左翼門、右翼門、太和門、昭德門、貞度門以次驗視扃鐍。午門，以隆宗門護軍參領；東華門，以蒼震門護軍參領；西華門，以啓祥門護軍參領；神武門，以吉祥門護軍參領，分視扃鐍畢，各遣護軍校納鑰於司鑰長，受驗諸門鑰，彙貯於篋，復加扃鑰。詰朝，各門校領鑰以次啓門，日以爲常。

一、禁令

紫禁城門禁令：凡王公、官員、執事人等，各有限制，不得擅行。其准於應行之門出入者，由直班官軍詢明放進。如有無故溷入及濫攙入、濫縱入者，分別議處。午門右門，惟王公得行。左門，准各衙門官吏行。其內大臣、侍衛、內務府等官，及內廷有執事官與內府各執役人等，准由禁門行者，均將姓名及所隸旗分、佐領、內管領造册咨送登籍，於經由之門各置一通。工匠服役人等，則由該管衙門各給火烙印腰牌，書姓名、工作差役，持爲出入符驗。以護軍之識字者，專檢門籍，稽其出入。籍内無名及不帶腰牌者，不准放行。又，每門設紅杖二，以護軍二人更番輪執，坐門下，親王以下經行，皆不起立。有不報名擅入者，撻之。

乾隆四十七年十一月十三日，奉諭旨：紫禁城内，每日有進班之王公及領侍衛内大臣、大臣、部院大臣、都統、護軍統領等五人，自應每夜巡察各所屬侍衛、章京、護軍。嗣後著自二更起至五更止，進班之領侍衛内大臣不時巡察該管侍衛親軍，護軍統領不時巡察該管章京、護軍校、護軍。至外圍之各堆撥，著進六班之王、大臣等輪流不時巡察。倘有曠班以及任意睡卧不坐更者，一經查出，卽會同領侍衛内大臣參奏治罪，以示懲儆。朕仍不時派進班之御前侍衛、乾清門侍衛暗中巡察。如查出曠班及貪眠之人，務將該管之大臣一併治罪。

嘉慶十年三月初二日，奉諭旨：本日據前鋒統領、護軍統領等奏稱，遵旨徧查各門堆撥器械，有黲舊損壞應行修補者，照例咨行武備院修理。其稍覺黲舊者，亦著陸續一律抽換外，嗣後器械内如有損壞，令其一年兩次咨行該院修補。至五年，仍令照例修造整齊更換，等語。俱著照所請行。兵器原可百年不用，不可一日不備。紫禁城内外各門堆撥，俱有官給槍刀器械排設，直班官兵俱各令佩帶腰刀，原以防倉卒意外之虞，並非徒壯觀瞻而已。但承平日久，官兵怠玩成習，漸至舊章廢棄。其各門堆撥直班官兵，見王、大臣經過，始行匆忙覓取腰刀佩帶，或竟有倉卒不及佩帶者，卽各門直班侍衛等亦然。此朕素所深知。昨神武門章京、護軍等擒拿逆犯薩彌文之時，乃係奪取該犯所執槍刀扎砍，顯係彼時伊等並未佩帶腰刀。本應將伊等治罪，但念擒拿逆犯時尚屬各知奮勉，姑未深究，仍將被該犯砍扎受傷之章京、護軍校、護軍等分別陞賞，此朕格外恩施，伊等不可不知也。嗣後各門堆撥所設器械，著不時查點，務使鋭利適用。直班侍衛章京、護軍校、護軍等，務令俱各常川佩帶腰刀，違者該管大臣等嚴參懲治。並將此通諭諸王大臣等，每遇經過紫禁城内外各門堆撥時，若直班官兵内有不佩帶腰刀者，即行查問，告知該管章京大臣等嚴行辦理。倘該管章京大臣等瞻徇不辦，即將該管章京大臣一併參奏。著將此旨敬謹鈔録，於各門堆撥直班房内各貼一通，示諭直班官兵永遠遵行。慎毋視爲具文，因循塞責，尋復廢弛。如有不遵，定即從重治罪，決不輕貸。將此通行曉諭，俾各實意奉行。

九月二十八日，奉諭旨：昨日軍機大臣會同刑部審擬護軍校闗靈在景運門外裝傷妄拏一案。闗靈身充護軍校，在禁城内該班，輒自行放爆動刀，妄拏誣陷，問擬大辟，實屬罪由自取，與所拏之人無涉。第禁城之内，門禁自應肅清。各官員進内當差，豈容任意攜帶厮役多人出入往來，毫無限制。即如此案，大理寺寺丞桑英以六品微員是日進内隨班陪奏，其跟班家人竟得走至景運門外，在於臺階坐歇，實屬不成體制。試思禁地森嚴，即宗室、王公、蒙古王公等秩分較崇，其護衛本屬不少，至該班入内，則當大加減省。此外，文武一二品大臣及四五品以上各堂官因事進内，均應酌量傔從人數，不得過多。至侍衛司官章京等，除本館、本衙門原在禁城之内，以及該班直宿等事，自不能不准其酌帶僕從。至於引見奏事之時，並亦任聽家丁等徑至景運隆宗門外雜沓紛擾，大屬非是。著交滿、漢大學士、尚書詳悉會議，將禁城之内王公、大臣官員等應帶人數多寡，以及所帶僕從應分別等級行至何處爲止，嚴定章程，不准逾越，並繪圖貼説，一併奏聞，以肅定制。〇大學士尚書等會議，王公、大臣官員進内，隨帶護衛僕從人數：親王、郡王准帶十人，貝勒、貝子、公、一品文武大員准帶八人，二品文武大員及三品京堂官准帶六人，四五品京堂官准帶四人，文職五六七品、武職三四五六品官員准帶二人，文職八品、武職七品以下官員准帶一人。除護衛官員照舊隨帶進內行走外，其餘僕從人等，自王以下文職三品、武職二品以上大員並內廷行走各官，所帶之人，准其至景運門、隆宗門外，在臺階下二十步外停立，此外跟人，概令於左翼、右翼二門臺階爲止。責成管門章京率領護軍稽查。其經由神武門者，出入俱令循東西夾道行。其東華門內之西夾道，向北行走趨過左翼門，可徑至景運門外，應禁止僕從人等出入。造辦處及內務府衙門，人役衆多，應令總管內務府大臣日派司員稽查，毋得往來隆宗門外停留坐立。其左翼、右翼、協和、熙和、闕左、闕右等門，俱責成該管官校分地稽查，毋得稍逾禁限。奏入，奉旨：「依議。其蒙古王、貝勒、貝子、公、台吉及回部、番部之王、公、伯克、土司等所帶僕從，亦均著各按品級，分別人數、地界行走，不准逾越。且本年呈進湯羊之蒙古台吉、官員等，向於東華門三座門內雜沓擁擠，亦非體制。著交原議大臣定立界限具奏，以歸畫一。欽此。」尋議：嗣後蒙古呈進湯羊等項之台吉到京，由理藩院派筆帖式、領催帶進東華門，指令於三座門外石橋以南排列，聽候交納。其三所夾道舊設有蒙古朝房，年班入覲之王公、台吉等隨帶役人均於夾道內停立，應令照新例定額遵行。奉旨：「依議」。

國朝宮史續編卷之四十九

典禮四十三　冠服

臣等謹案：周官追師，掌王后之首服；内司服掌王后之六服。凡朝祭令典，各准其式用之。我朝彤闈法服，定制詳明，具載前編宮史。兹臣等參考皇朝禮器圖式及欽定宮中現行則例，與前編所載小異者，謹續於後，以一儀式焉。

皇太后冠服

冬朝冠，薰貂爲之，綴朱纓。中安金纍絲三鳳冠頂一座，上銜三等大東珠一，二等東珠九，三等東珠四，三等珍珠三，小珍珠四十八。金鳳七，飾二等東珠六十三，小珍珠一百四十八，貓睛石七。金翟一，飾小珍珠十六，貓睛石一。金箍一，鑲青金石一，飾二等東珠十三。金垂掛二，一金桃花，鑲青金石，兩面飾二等東珠六，次等珍珠五，三等珍珠六，四等珍珠三百有二，末綴珊瑚。一鑲青金松石，飾二等東珠十六，次等珍珠五，三等珍珠十六，四等珍珠三百二十四。冠後護領，垂明黄縧二，末綴寶石，青緞爲帶。夏朝冠，鵝絨爲之，餘製悉如冬朝冠。金領約，週圍金雲十三，飾二等東珠十一，三等東珠四，次等珍珠四，明黃縧，貫珊瑚背雲二，松石墜角四。金珥，左右各三，貫頭等東珠十二。朝服朝珠，中左右共三盤，一東珠，一珊瑚，一蜜珀。吉服朝珠一盤，各色珠身、佛頭、記念、背雲、大小墜珠寶雜飾隨所御，俱用明黃縧。綵帨，緑，繡「五穀豐登」，佩箴管、鞶袠之屬，縧俱明黃色。朝褂，石青色，片金緣，前後繡立龍四，下通襞積，四層相間，上爲正龍四，下爲「萬福萬壽」。領後垂明黃縧，其飾珊瑚墜角。又朝褂，無襞積，石青色，緣金繡龍如前，下幅「八寶平水」。領後垂明黃縧，其飾，珊瑚各色墜角惟宜。緞、紗、單、袷各惟其時。冬朝袍，明黃色，披領及袖俱石青色，片金加貂緣，肩上下襲朝褂處亦加緣。繡文金龍九，間以五色雲。中無襞積。下幅「八寶平水」，披領行龍二，袖端正龍各一。袖相接處，行龍各二。領後垂明黃縧，其飾，珊瑚墜角。又朝袍，明黃色，片金加海龍緣，中無襞積，裾後開，餘均如前。夏朝袍，明黃色，片金緣，中無襞積，裾後開。緞、紗、單、袷各惟其時。餘製如冬朝袍。冬朝裙，片金加海龍緣，上用紅色織金壽字緞，下鑲石青行龍妝緞，皆正幅。有襞積。夏朝裙，片金緣，緞、紗各惟其時。餘製如冬朝裙。吉服褂，八團龍石青緞袍，九龍鵝黃緞。

皇后冠服

冬朝冠，薰貂爲之。夏朝冠，鵝絨爲之。三鳳冠頂所銜之三等東珠四，定爲四等珍珠三。金箍定爲三等珍珠十三。餘與皇太后同。冬夏朝褂、朝袍、朝裙、吉服，均與皇太后同。

皇貴妃冠服

冬朝冠，薰貂爲之。夏朝冠，鵝絨爲之。三鳳冠頂所銜之三等大東珠一，定爲三等大珍珠一。金鳳七，二等東珠十九，三等東珠四十四。金箍，二等東珠十二。垂褂二，一用二等東珠四，次等珍珠四，四等珍珠二百五十五；一用二等東珠十二，次等珍珠十二，四等珍珠二百四十九。領約，二等東珠七。珥，二等東珠十二。朝珠三，中用三等珍珠一盤，青金石二盤，並綵帨所佩之屬，俱用明黄縧。餘與皇后同。冬夏朝褂、朝袍、朝裙，與皇后同。吉服、袍用金黄緞。

貴妃冠服

冬朝冠，薰貂爲之。夏朝冠，鵝絨爲之。金鳳七，二等東珠十一，三等東珠五十有二。金箍，三等東珠十二。垂褂二，一用四等珍珠一百九十有二，一用四等珍珠二百有四。朝珠三，珊瑚二盤，蜜珀一盤，並綵帨所佩之屬，俱用金黄縧。餘與皇貴妃同。　冬夏朝褂，領後垂金黄縧。朝袍用金黄色。餘與皇貴妃同。

妃冠服

冬朝冠，薰貂爲之。夏朝冠，鵝絨爲之。三鳳冠頂銜貓睛石一，三等東珠九，五等東珠二，四等珍珠二，小珍珠三十二。金鳳五，三等東珠三十五，小珍珠一百有五。垂褂二，一用三等東珠四，四等珍珠一百八十有八；一用三等東珠十二，四等珍珠一百九十有七。領約，三等東珠七。珥，三等東珠十二。綵帨，緑，繡「雲芝瑞草」。餘與貴妃同。冬夏朝褂、朝袍、朝裙、吉服，均與貴妃同。

嬪冠服

冬朝冠，薰貂爲之。夏朝冠，鵝絨爲之。三鳳冠頂用二翟鳥銜𠐊子石一，無光東珠八，四等珍珠二，小珍珠三十二。金翟五，無光東珠二十有五，小珍珠九十有五。又金翟一，小珍珠十六。金箍，無光東珠八。垂褂二，一用無光東珠三，次等珍珠三，四等珍珠一百七十有二；一用無光東珠八，次等珍珠八，四等珍珠一百七十有七。領約，無光東珠七。珥，四等東珠十二。綵帨，緑色，不繡花文。餘與妃同。冬夏朝袍，用香色。吉服，石青褂，上四團龍，下四團夔龍袍，九龍香色緞。餘與妃同。

貴人服色

吉服，石青褂，八團夔龍。袍與嬪同。

常在服色

吉服，褂，袍，與貴人同。

皇子福晋冠服

冬朝冠，薰貂爲之。夏朝冠，鵝絨爲之。冠頂銜紅寶石一，五等東珠十，金孔雀五，五等東珠二十有五，小珍珠三十有九。金翟一。金箍，五等東珠九。垂褂二，均用小珍珠一兩六錢。領約，五等東珠七。珥，五等東珠十二。朝珠三，珊瑚一盤，蜜珀二盤。綵帨，綠色，不繡花文。凡所佩之屬，均用金黄縧。朝褂，石青色，片金緣，前繡行龍四，後行龍三，領後垂金黄縧，雜飾惟宜。冬夏朝袍，均用香色，朝裙如制。吉服，石青褂，四團龍。袍，九龍，香色緞。

國朝宮史續編卷之五十

典禮四十四　儀衛

皇太后儀駕　萬壽輦

臣等謹案：乾隆十六年，皇太后六旬萬壽，肇舉祝釐盛典，上躬奉慈駕入宮。皇太后御金輦，明黃緞幃，繡壽字篆文，奉輦以二十八人。嗣是二十六年、三十六年，皇太后七旬八旬萬壽，禮皆如之。

龍鳳輿一。（髹以明黃，中安鈒花金頂，明黃重幨，繪金龍鳳，坐具明黃緞，彩繡龍鳳，舁以十六人。）儀輿二。（圓頂，塗金，明黃雲緞爲衣，餘同龍鳳輿，舁以八人。）龍鳳車一。（髹以明黃，中安鈒花金圓頂，明黃金緞爲衣，坐具明黃緞，彩繡龍鳳，輪黃髹，駕馬一。）儀車二。（圓頂塗金，餘同龍鳳車。）朱氂拂塵二。金提鑪二。金香合二。金盥盆一。金唾壺一。金水瓶二。塗金交椅一。塗金方几一。曲柄三幨九鳳蓋一。金節二。（以黃紗繡五色鳳，綴朱氂五。）直柄三幨九鳳繖十。直柄三幨寶相花繖四。直柄三幨全紅方繖四。龍鳳扇八。雉羽扇八。金龍鳳旂十。卧瓜四。立瓜四。吾仗四。（以上各制具詳前編。）

皇后儀駕

鳳輿一。髹以明黃，中安鈒花金頂，明黃重幨，繪金鳳，坐具明黃緞，繡彩鳳，舁以十六人。儀輿二。圓頂，塗金，明黃雲緞爲衣，餘同鳳輿，舁以八入。鳳車一。髹以明黃，中安鈒花金頂，明黃金緞爲衣，坐具明黃緞，繡彩鳳，輪黃髹，駕馬一。儀車二。圓頂，塗金，餘同鳳車。朱氂拂塵二。金提鑪二。金香合二。金盥盆一。金唾壺一。金水瓶二。塗金交椅一。塗金方几一。曲柄三幨九鳳蓋一。金節二。以黃紗繡五色鳳，綴朱氂五。直柄三幨九鳳纛十。直柄三幨寶相花纛四。直柄三幨全紅方纛四。龍鳳扇八。雉羽扇八。金鳳旂十。卧瓜四。立瓜四。吾仗四。以上各制具詳前編。

皇貴妃儀仗

翟輿一。髹以明黃，中安素金頂，明黃重幨，繪金翟，坐具明黃緞，繡彩翟，舁以八人。儀輿一。圓頂，塗金，明黃雲緞爲衣，餘同翟輿，舁以八人。翟車一。髹以明黃，中安素金頂，明黃雲緞爲衣，坐具明黃緞，繡彩翟，輪黃髹，駕馬一。儀車一。圓頂，塗金，餘同翟車。朱氂拂塵二。金提鑪一。金香合一。金盥盆一。金唾壺一。金水瓶二。塗金交椅一。塗金方几一。曲柄三幨七鳳蓋一。金節二。以紅紗繡五色鳳，綴朱氂五。直柄三幨寶相花纛六。直柄三幨瑞草花纛四。雉羽扇四。團扇六。鳳旂六。彩旂四。卧瓜二。立瓜二。吾仗二。以上各制具詳前編。

貴妃儀仗

翟輿一。髹以金黃，中安素金頂，金黃重幨，繪金翟，坐具金黃緞，繡彩翟，舁以八人。儀輿一。圓頂，塗金，金黃雲緞爲衣，餘同翟輿。儀車一。髹以金黃，中安素金頂，黃金雲緞爲衣，坐具金黃緞，繡彩翟，輪黃髹，駕馬一。朱氂拂塵二。金提鑪一。金香合一。金盥盆一。金唾壺一。金水瓶二。塗金交椅一。

塗金方几一。曲柄三檐七鳳蓋一。金節二。以紅紗繡五色鳳，綴朱氂五。直柄三檐寶相花繖六。直柄三檐瑞草花繖四。雉羽扇四。團扇四。鳳旂六。彩旂四。卧瓜二。立瓜二。吾仗二。以上各制具詳前編。

妃采仗

翟輿一。髹以金黃，中安銅質塗金頂，金黃重檐，繪金翟，坐具金黃緞，繡彩翟，舁以八人。儀輿一。銅頂，塗金，金黃雲緞爲衣，餘同翟輿，舁以四人。儀車一。髹以金黃，中安銅質金圓頂，金黃雲緞爲衣，坐具金黃緞，繡彩翟，輪金黃髹，駕馬一。銀提爐一。銀香合一。銀盥盆一。銀唾壺一。銀水瓶一。塗金交椅一。塗金方几一。金節二。以紅紗繡五色鳳，綴朱氂五。直柄黃繖二。直柄三檐寶相花繖四。團扇四。鳳旂四。卧瓜二。立瓜二。吾仗二。以上各制具詳前編。

嬪采仗

翟輿一。髹以金黃，中安銅質塗金頂，金黃重檐，繪金翟，坐具金黃緞，繡金翟，舁以八人。儀輿一。銅頂，塗金，金黃雲緞爲衣，餘同翟輿，舁以四人。儀車一。髹以金黃，中安銅質塗金圓頂，金黃雲緞爲衣，輪金黃髹，駕馬一。銀提爐一。銀香合一。銀盥盆一。銀唾壺一。銀水瓶一。塗金交椅一。塗金方几一。以上各制具詳前編。金節二。以紅紗繡五色鳳，綴朱氂五。直柄三檐寶相花繖四。團扇二。鳳旂二。卧瓜二。立瓜二。吾仗二。

凡儀駕、儀仗、采仗，旂繖，頂俱塗金。舁輿、轝仗，俱用旂尉。內廷則用內監，服紅綢織小團花遯衣，緑帶氈帽，綴紅絨纓，銅頂，繫金黃翎。

國朝宮史續編卷之五十一

宮殿

臣等謹案：宮殿爲國家萬年締構，前編規制具詳。自乾隆壬午以後，高宗純皇帝創守貽模，道崇豫立，是以寧壽宮觀成於丙歲，毓慶宮鼎新於卯秋，一則鞏福基於廿年歸政之前，一則擴鴻圖於周甲建儲之後。因時舉重，冠古立隆，豈特壯王居、麗宸極，紫微閣道，上應天文已哉？又若焕帝家之堂構，内則有乾清宮之修；重聖作之圖書，外則有文淵閣之建。凡夫經營繕治，可久可大之業，無一不本諸神謨廣運，以爲棟隆卜吉，丹雘示勤。古稱合宮明堂，儀天矩地，誠曷能方斯之美備者。伏睹我皇上臨軒御宇，時以亹承家法爲心，恭讀御製毓慶宮記、養心殿銘，悉皆闡述前徽，丕昭世守，不啻仰松雲而祝苞茂焉。臣等續輯是編，以宮殿爲宮史名義所由起，自外朝以達内廷，各就其徑路相屬，依次增書。而若壽皇殿、雍和宮瞻禮之所，暨西苑臨御諸處，一如前例恭載。至聖製御製詩文以及禁扁楹帖，或珍懷手澤，或鑑著心箴，典要不刊，允宜詳紀。若夫對時抒寫諸作，備極富有日新之盛，久奉刊頒兩朝御集，昭示寰區，無事縷陳，以歸簡要云爾。

宫殿一

外朝一

皇朝宫殿，居都城正中，環以皇城，周十八里有奇，廣袤三千六百五十六丈五尺，高一丈八尺，下廣六尺五寸，上廣五尺三寸。甃以磚，朱塗之，上覆黄琉璃瓦。城四門，南曰天安，北曰地安，東曰東安，西曰西安。天安門外東西南三面，垣周四百七十一丈三尺六寸。南曰大清門，東爲長安左門，外垣周一百五十五丈。西爲長安右門，外垣周一百六十七丈五尺一寸。各設三座門，此皇城外郛之製也。

紫禁城居皇城内，周六里，廣袤一千六十八丈三尺二寸，南北長二百三十六丈二尺，東西長三百有二丈九尺五寸，高三丈，堞高四尺五寸五分，下廣二丈五尺，上廣二丈一尺二寸五分。城四門，南曰午門，北曰神武，東曰東華，西曰西華。四隅角樓各一，牆外東、西、北三面守衛圍房七百三十二間。此紫禁城内維之制也。

皇城内河流四面環繞，由地安門外西步梁橋入者，經景山西門引入，環紫禁城，是爲護城河。護城河西面之水，自紫禁城西南隅流經天安門外金水橋，東南注御河，是爲外金水河。又西闕門下有地道，引護城河水經午門前至東闕門外，循太廟右垣，南流折而東，注太廟戟門外筩子河東南合御河。其由地安門東步梁橋入者，經東安門内望恩橋注御河。其入紫禁城者，由神武門西地道引護城河水流入沿西一帶，經武英殿、太和門前，是爲内金水河，復流經文淵閣前，至三座門，從鑾駕庫巽方出紫禁城。此皇城内外水道經由之次也。

大清門在都城正陽門内，爲皇城第一門，面南，正中三闕，上爲飛檐崇脊。門前地方廣數百步，爲天街，俗名棋盤街，周以石闌，左右石獅、下馬石牌各一。門内千步廊，東西嚮朝房各百有十楹，又折而北嚮，各三十四楹，皆聯檐通脊。凡吏、兵二部月選官掣籤，禮部鄉會試磨勘，刑部秋審，俱集於此。朝房外，東爲户部米倉，西爲工部木倉，其北天街横亘，東出爲長安左門，西出爲長安右門，門各三闕，東西嚮。門外下馬石牌各一，趨朝者由此出入。其北，正中南嚮者爲天安門，五闕，上覆重樓九楹，彤扉三十有六，前臨御河，跨石梁七，爲外金水橋。橋南北石獅各二。其南華表對峙。國家大慶覃恩，宣昭書於門樓上，由堞口正中承以朵雲，設金鳳銜而下焉。是爲皇城正門。其北相直爲端門，制與天安門同，南立華表二，東西兩廡各二十六楹。此外朝三門之制也。

太廟街門在端門東廡正中，門内爲太廟。南嚮，朱門丹壁，覆以黄琉璃瓦，衛以崇垣。周二百九十一丈六尺，琉璃磚門三，左右門各一，戟門五，崇基石闌。中三門，前後俱三出陛，中九級，左右各七級。門内外列戟百有二十。左右門各三，均一出陛，各五級。前殿十有一楹，重檐垂脊，承沉香柱。正中三楹，飾金梁棟。階三層，繚以石闌。正南及左右凡五出陛，一層四級，二層五級，三層中十有一級，左右九級。中殿九楹，同堂異室，内奉列聖、列后神龕，均南嚮，後界朱垣。中三門，左右各一門，爲後殿，制如中殿，奉祧廟神龕，均南嚮。前殿兩廡各十有五楹，階均八級。東廡爲配饗功王位，西廡爲配饗功臣位。東廡前、西廡南，燎鑪各一。中殿、後殿兩廡各五楹，藏祭器。後殿東廡南燎鑪一。戟門外石梁五。橋北井亭二，六角，閑以朱欞。橋南東爲神庫，西爲神廚，各五楹。廟門外之西南，奉祀署三楹，東嚮。左右房各三楹，垣一重，門一，北嚮。東南宰牲亭三楹，前治牲房五楹，均西嚮。垣一重，門一，西嚮。井亭一，六角，閑以朱欞。西南卽太廟街門，五楹。西北爲太廟右門，三楹，均西嚮。

臣等謹案：太廟時饗，每歲孟春於正月上旬卜日，孟夏、孟秋、孟冬以朔日。孟春時饗，如遇祈穀齋戒之期，皇帝詣太廟，出入、導迎樂設而不作。歲除前太廟祫祭，月大建以二十九日行禮，小建以二十八日行禮。恭考廟制，中殿供奉太祖高皇帝、太宗文皇帝、世祖章皇帝、聖祖仁皇帝、世宗憲皇帝、高宗純皇帝、列聖、列后神位。祭日，恭請奉安前殿。禮成，恭送至中殿，供奉如初。後殿供奉肇祖原皇帝、興祖直皇帝、景祖翼皇帝、顯祖宣皇帝、列聖、列后神位，大祫日，恭請奉安前殿。禮成，恭送至後殿供奉。其四孟時饗，遣親王詣後殿行禮。間遇夏雩、秋獮，遣親王代饗。執俘西至，例獻於太廟街門。所有祭儀，具載會典。其稍别於舊者，乾隆三十六年大學士等奏，聖壽周甲，懇請節勞，用專誠敬。奉高宗純皇帝諭旨，量爲定議。自宫中御禮輿，至太和門階下降輿，御輦，入西北門，至太廟北門外，御禮輿，入左門，循東垣行至戟門外東階下降輿，步入左門，至幄次。迨禮成，由戟門左門出，升輿如儀。至每祭特派皇子、親王隨詣列祖位前上香，遴近支宗室分獻帛爵，緣情起義，典必加隆。我皇上登極以來，膺命主鬯，歲薦躬承，洎已未九秋，祔升十室，對越居歆，欽祏宇之巍然，仰羹牆之如在。臣等續撰宮史宮殿門，例詳廟社規制，併恭輯聖製、御製節年大饗詩什，備昭禮盛福穰之極則焉。附案：各門恭載詩文，體例有關典要者，按年録注，系以幹支。凡御書不録注，不系幹支。又先朝御筆暨鐫刻詩文，爲萬年鑒觀所繫，舉其大者，仍前備載，餘注明恭見前編。

聖製孟冬時享太廟詩　壬午

午門嚴左鼓，廟亭致欽崇。思孝奉先切，維親執事同。獻帛酒皆宗親執事。萬年福綿奕，三獻樂沖融。僾愾寧常語，誠知一脈通。

聖製孟冬時享太廟詩　癸未

重檐曙色披，九蓋瑞煙蕤。六世非遥脈，一心遡上思。禮儀惟覺速，廢徹那言遲。積月年將轉，追懷無盡期。

聖製孟夏時享太廟詩　甲申

日積月成嬗，春徂夏復來。追思心罔極，往聖治猶恢。永念勤民要，斯誠卜世培。繼繩誰是責，敢不益欽哉。

聖製孟冬時享太廟躬詣行禮詩　乙酉

鷄人噭百官，夜漏未云闌。披曙午門出，答陽太室寬。黄彝三獻肅，朱瑟七成彈。敬憶宣尼語，稍紓心所安。

聖製孟夏有事太廟述事　丙戌

鼛鼓肅寅牌，午門雨濕街。是日復雨。有顒霑澤思，無那去聲奉先懷。燕翼貽庥永，駿支執事皆。祭歸不作樂，凡祭祀禮成，有導迎樂，齋則不作。雩祀又臨齋。

聖製孟冬時享太廟詩　丁亥

敬識宣尼語，必躬心始虔。僾聞親一脈，勿替引千年。孟朔祀惟舉，小陽律正宣。禮成將肅退，祇覺意惓然。

聖製孟冬時享太廟詩　壬辰

祭衣晉朏明，夜雨喜朝晴。五代有餘烈，一心無盡情。和平宣雅樂，博碩薦嘉牲。奏假差欣者，今年幸稔成。

聖製歲暮祫祭太廟禮成述事　壬辰

祫祭由來重四時，躬親歲暮企追思。升香昭穆節頻度，祫祭九廟合饗，自恭詣中位上香畢，迭引至列祖、列宗位前上香。每思往返經過凡八度，略涉瀆褻。一脈相承覺益切，萬年有永祝如斯。既愉以戚惜廢徹，義與宣尼可合之。執事濟蹌遴近支。太廟執事並用宗室人員，今特簡派近支宗室，皆皇祖孫曾玄輩，敬謹將事。近交大學士等定議，派親王、皇子八人分列隨詣上香，庶昭敬簡，且稍節步蹈之繁。

聖製孟冬時享太廟禮成有述　癸巳

齋宿舉冬禋，躬承追慕申。瓣香均致炷，去歲祫祭，例自中位上香畢，迭至列祖、列宗前上香，往返八度，慮涉瀆褻，且步履亦太多。因更定儀注，親詣中位，餘命誠親王率皇子等各分上香。茲孟冬時享，祇因五位同堂，仍均舊例，均親詣上香。所謂禮以義起，且均致思慕之忱。清酒惜三陳。宗室濟蹌助，明庭禮樂彬。告成更頒朔，律協海西濱。今歲頒朔，憲書中增歸順土爾扈特和碩特汗王等所居之地，及烏里雅蘇台附近諸部，凡二十五處。

聖製孟冬時享太廟禮成有述　甲午

吉朔乘時禮舉烝，履霜羲象凜堅冰。萬年似續期無忝，一脈精神若有憑。僾愾固嘗親祖考，繼繩豈敢忘高曾。卽如宣祝欲流涕，代祭知他恐未能。

聖製歲暮祫祭太廟禮成六韻　甲午

四時鈞運轉，九世祫禋臨。歲暮祫祭太廟，九世祖宗同堂。公旦達孝創，宣尼論語斟。敢云指諸掌，惟是切於心。節少步趨數，入聲期恒躬祭欽。祫祭禮文繁重，自前歲以來，予春秋已逾六十，命閣部諸臣將縟儀少節以要，諸臣因議於正位躬致瓣香，列祖各位則派近支諸王及皇子恭代，而入廟之路亦改由廟垣北門循牆而東，至戟門前降輿，冀稍省步趨之勞，益得專誠對越，且可期歲必親莅，用展追遠之思。又茲三閱歲，無那隙流陰。帛酒近支獻，冀因親脈歆。

聖製歲暮祫祭太廟禮成述事　乙未

或問禘之答，不知義最精。存誠心果篤，出治掌如平。源本宗溯祖，趨蹡弟與兄。壬辰冬，因予春秋已逾六十，命閣部諸臣議，正位躬致瓣香，列祖各位則派近支諸王及皇子恭代，以節繁縟，內惟裕親王爲朕兄，餘皆弟姪及孫曾輩矣。禮成忻以戚，肯俾代而行。

聖製孟秋時享太廟禮成述悲　丁酉

歲月迅如流，忽忽屆孟秋。祔來祭斯始，自聖母升祔以來，初值時享，是以親詣行禮，而既虞後此爲吉祭之始，追憶慈恩，倍增悲慕。虞後憶從頭。易吉敢違禮，思恩益結憂。禘嘗具深義，夫子必從周。

聖製孟冬時享太廟詩　丁酉

每歲躬冬享，（每歲自熱河奉聖母還駐暢春園，孟冬時享太廟必親詣行禮，隔數日一往問安。迴思此景不可復得。曷勝悲慕。）今年倍溯思。豐於何敢爾，（母豐於昵義莫大焉然久近之間終覺有殊亦人情之常，雖聖人能異此乎！）續莫大乎斯。久近究情異，趨蹌以禮持。禘嘗關治國，夫子昔言之。

聖製歲暮祫祭太廟禮成誌感　丁酉

鴻龍運斗促流年祫祀仍臨此吉蠲。與祭以躬義斯重，慎終追遠意惟虔。溯由一脈宗而祖，派演天潢曾以玄。讀祝敬聽增位號，（祫祭之禮，自肇祖至皇考世宗憲皇帝、列聖、列后，俱入祝文宣讀。今歲新增聖母孝聖憲皇后位號，敬聽不勝悲哽。）不禁驀地涕潸然。

聖製孟冬時享太廟禮成有述　戊戌

陪京返時馭，清廟舉冬烝。惟切奉先思，敢忘開創曾。無文六英樂，（南郊樂九奏，北郊樂八奏，宗廟樂六奏，禮也。）不和太羹鐙。繩繼萬年願，惕乾一意兢。

聖製歲暮祫祭太廟是日雪詩　辛丑

瑞霙達曙積金鋪，太室修禋叶六符。鼓瑟吹笙歌永思，霏（去聲）珠灑玉兆祥敷。同宗詎祗一脈也，治國其如示掌乎。弟子姪孫出聖祖，（正位躬致瓣香，列祖各位則近支諸王及皇子一同拈香，獻帛獻酒者皆余弟子姪孫，均皇祖曾元孫輩，本支慶衍，實前古史册未有之盛矣。）天家慶羡古來無。

聖製孟冬時享，適重刻五廟册寶告成，恭奉尊藏，敬成長律誌事　有序　壬寅

文謨武烈，列聖所以觀成；玉檢金繩，在天于焉對越。賁龍章於太室，册寶重陳；鐫鴻績以和闐，球圖式焕。精微德產，致吉蠲於四十七載以前；孝享靈承，殷啓迪於億萬斯年而後。于時

日維甲子，榦支徵長發之祥；祀展孟冬，函牒麗方新之象。祇膺餘慶，言奉陪京，庶幾陟降於紹庭，思文克配；允矣照臨於時夏，景命同昭。用告升禋，虔攄長句。

五廟重陳册寶虔，珍球精刻致和闐。方長色質同一律，册寶皆隨時敬造，玉色長短率未能相符。兹賴祖功宗德，全有回部和闐産玉之區，選致良材，一律造成册寶。祭不欲數，因以孟冬時享，恭奉入廟，徹出舊有册寶，即送至盛京太廟尊藏，既展孝思，亦申殷鑒。謨烈顯承奉大全。太室升新值冬孟，陪京弆舊溯基先。奈何弗監乎二代，惟曰欲臻于萬年。

聖製孟冬時享太廟禮成述事　甲辰

邇常躬祭值冬烝，朕臨御以來，凡南郊大祀，必躬親將事。自甲子以後，每祀俱有禮成述事詩。至時享太廟，自御極後，每多親詣行禮，至今不啻百餘次。而述事詩則或有或無。近年自熱河迴蹕，率值孟冬時享，每必親行，至歲暮祫祭，則無不親祭也。祫祀恒親奉豆登。去歲自慙兩番闕，昨歲因詣盛京，恭謁祖陵，至十月望後迴蹕，孟冬時享未獲躬詣，至祫祭時值氣滯舊疾偶作，因遣皇子恭代。五朝倍慕一心增。六英和協禮分樂，百世本支雲與仍。我朝自太祖、太宗、世祖、皇祖、皇考以暨朕躬一輩者，爲太祖六世來孫，至永字輩爲曷孫，綿字輩爲仍孫，奕字輩爲雲孫。凡九世至今歲，朕所得玄孫載錫爲十世。又命宗人府查出太祖長子褚英支派下，得載字輩下又一輩，因用奉字賜名，曰奉福、奉壽。是自太祖至今爲十一世矣。瓜瓞繁衍，本支極盛，仰惟天眷，佑啓萬年，我奕禩子孫可不欽念詒謀，以期仰承燕天昌後之隆乎。十一代綿瓜瓞永，統惟天眷萬年承。

聖製歲暮祫祭太廟禮成述事　乙巳

一年纔一舉，追王祀千秋。尚未藉扶掖，無非沐喚咻。分行稍簡禮，壬辰年冬，因余春秋已逾六十，俞閣部諸臣所議，於正位躬致瓣香，列祖各位派皇子及近支諸王恭代，以省繁縟。有「升香昭穆節頻度，執事濟蹌遴近支」之句。一脈永垂庥。期待將歸政，乾隆六十年祫祭時，次年將歸政，擬仍親詣列祖神位前拈香，不令諸皇子恭代，以展積忱，以符舊典。拈香親詣周。

聖製歲暮祫祭太廟禮成述事是日雪詩　丁未

禘嘗萬古義應循，歲暮躬行致慕寅。恰值六花飄瑞雪，正當昨日入新春。肅供執事近宗室，皆皇祖曾元輩進帛酒。派衍靈源冀佑神。皇祖來孫茲預禮，曾孫奕純今日入班執事。藐予七世閱親人。予逮事皇祖，下見玄孫載錫，已閱七世。

聖製孟冬時享太廟禮成述事　庚戌

孟冬朔值立冬辰，是日立冬時享欽承年八旬。不與祭誠如不祭，能躬親籲更能親。祖功宗德仰太室，日麗風和靄小春。復此五週當致政，卜符願否倍生寅。

聖製孟冬時享太廟禮成述事，是日頒朔詩　乙卯

孟冬承天祐，親禋太室虔。仰瞻擕嗣子，初叩對先筵。萬載皇清福，一心奕葉綿。禮成頒朔吉，嘉慶肇新年。

聖製歲暮祫祭太廟禮成述事，疊乙巳詩韻　乙卯

升香恭代舉，歲暮祫祭九世廟主，合食太室。自壬辰年冬予年六十有二，時允閣部諸臣之請，惟於中位前躬致瓣香，列祖位前派皇子及近支諸王恭代，以節繁文，以致精恪，至今倏閱二十三年，仰蒙昊佑踐基周甲，欽感難名。倏度廿三秋。符願虔增肅，乙巳祫祭時，自度精力尚健，擬於歸政前一年歲暮祫祭，仍俱親詣列祖神位前拈香，不令恭代。因有「期待將歸政，拈香親詣周」之句。今既幸符初願，敬仍依舊典，用展與祭之忱，而周旋左右，步履從容，禮成竟不覺勞。此皆仰蒙列祖默垂愛眖，明年歸政後，一應祭典皆子皇帝之事，敬感追慕，一時念切，筆不盡言。蒙恩噢以咻。六旬豈易致，列聖普敷庥。奕葉禘嘗示，義深孔述周。

御製孟春時享太廟禮成恭紀　丙辰

春禘初承祭，精禋肅祼將。五朝序昭穆，一念見羹牆。繼志心滋懼，蒙恩敬未遑。禮成餘感慕，虔祝錫嘉祥。

御製孟夏時享太廟禮成恭紀　丙辰

禘夏禮經著，闢心溯本源。寅承繩祖武，申命法先言。皇父宵旰勅幾，悉遵五朝聖訓。自授璽以來，時承面命，茲對越琱筵，益深紹衣之念。駿烈超前古，貽謀裕後昆。仰瞻增敬惕，主祀念時存。

御製孟冬時享太廟禮成恭紀　丙辰

祀典三襄禴禘烝，孟秋嘗祭闕躬承。本年孟春、孟夏，並今孟冬時享，俱躬親承祭，至秋嘗以隨皇父駐蹕熱河，循例遴遣恭代。羹牆僾愾瞻依在，俎豆飶芬儼若憑。觀德憶年序昭穆，凝禧萬祼逮雲仍。五朝實録日恭讀，祖武宗功凜敬繩。

御製歲暮祫祭太廟禮成敬述　丙辰

報本申誠敬，嘉平祫祭專。白山祥啓聖，朱果慶承天。對越殷堂構，瞻依在几筵。訓諄思法祖，繼述重仔肩。

御製孟春時享太廟禮成恭紀　丁巳

獻歲開三始，因時禴祭修。光前思父訓，繩武廓王猷。皇父詔承謨烈，德大功崇，聲教覃敷，幾於盡天所覆。予日蒙慈訓，刻勵聰聽，茲膺主鬯，益凜紹衣之誠。宗德祖功大，水源木本求。渺躬刻自勵，繼述仰貽謀。

御製孟夏時享太廟禮成敬述　丁巳

祭禘時初夏，致誠祀事襄。几筵序昭穆，僾愾望羹牆。七代聖親見，皇父沖齡侍聖祖仁皇帝，至甲辰年慶得玄孫，上下親見七代，福壽之隆，今古無比。億齡德聿彰。繼繩欽後嗣，黽勉迪前光。樂備隆儀展，敬孚景福穰。肅祈敷祖武，天鉞掃欃槍。我朝列聖相承，文德武功，並臻隆盛，率土久享太平。乃教匪自外生成，搶刦滋事，興師勦捕，已及一年，尚未蕆清掃蕩，雖麽肅醜類原屬無能，而日久稽延，究不免擾民糜餉。惟仰冀列祖在天默佑，迅掃妖氛，輯寧黎庶，對越几筵，曷

御製孟冬時享太廟禮成恭紀　丁巳

報本修時祀，精虔肅祼將。五朝亹繩繼，三獻凜趨蹡。聆訓承家法，傳心率舊章。告功昭佑庇，海宇普嘉祥。勝虔禱。

御製歲暮祫祭太廟禮成敬述　丁巳

九廟几筵列，瞻依肅寸忱。祖功宗德大，父教子承欽。俎豆昭芬若，羹牆儼式臨。抒誠祈佑庇，邪首速成擒。教匪滋事，由楚而陜，近日被官軍兜剿入蜀，賊勢日蹙，依山緣水，藉崄岨以延殘喘。兹當改歲，象叶更新，仰賴在天默佑，悉俘逆首，速奏捷書，息事寧人，以布始和之化。

御製孟冬時享太廟禮成敬述　戊午

告朔臨冬孟，申虔太室宜。奉先揚大烈，繩武鞏丕基。功德九圍洽，訓謨奕禩垂。寸忱抒默祝，嘉佑剿邪師。川省教匪，自王三槐就擒後，已閲五旬，尚未剿除净盡。此等莠民，敢忘百五十年生成涵育之恩，在天垂鑒，惟望嘉佑師貞，速臻耆定。

御製歲暮祫祭太廟禮成敬述　戊午

几筵陳太室，合祭肅隆儀。宗族司罇帛，咸韶奏殿墀。憑臨昭有赫，德澤沐無涯。展拜抒微悃，金甌百代基。

御製孟秋時享太廟禮成敬述　己未

承祀已三載，秋嘗初潔誠。自丙辰初元主鬯以來，孟春、孟夏、孟冬祫祭皆躬親承祀，孟秋時享，則因隨皇考駐蹕熱河，循例遴遣恭代行禮。今年春夏在宫居憂，恭遇孟秋時享，始親灌獻，越紼秋嘗，彌增蠲敬。昭明通僾愾，感格見牆羹。沐澤年叨稔，憂心賊未平。敬祈垂鑒佑，川陜告成功。川陜各股賊匪剿捕尚未净盡，仰望列祖垂佑，速靖邊陲，虔奉尊彝，實深祈禱。

御製孟冬時享太廟禮成感述 己未

升祔甫逾旬，冬烝此肇禋。聲聞通僾愾，奠獻助酸辛。敬念祖宗德，悲分父子親。忍聽讀廟號，飲泣痛難伸。

御製歲暮祫祭太廟禮成敬述 己未

日月何其速，俄看大祫臨。瞻楹敬孚志，增位戚縈心。本年九月十九日，敬奉皇考高宗純皇帝神主升祔，太廟禮成，增位十室。十室澤彌厚，渺躬懼弗禁。知難倍兢業，啓佑鑒微忱。

御製孟冬時享太廟禮成敬述 庚申

冬烝履盛典，太室肅鴻儀。繼述一身重，德功奕禩垂。安民祈降福，平賊籲施慈。考志未全遂，仰瞻心益悲。蜀楚秦三省雖屢奏捷音，而大功未竣，曷以速慰慈廑，彌增愧慕。

御製歲暮祫祭太廟禮成敬述 庚申

大祫舉嘉平，質明禮告成。熙朝萬禩法，小子一心誠。祖佑鴻禧溥，民安泰運亨。未能酬考志，瞻仰益哀情。

御製孟冬時享太廟禮成恭紀 辛酉

諏吉行春礿，宜年叶穀辰。東方朔占書八日爲穀。羹牆通僾愾，昭穆仰尊親。制帛陳三采，嘉蔬薦五辛。寸忱承考澤，垂佑息征塵。初一、初二、初四等日，軍營疊報捷音，川陝楚諸路賊匪俱窮蹙竄散。新春事機大順，虔祈默佑，卽奏成功。

御製四月三日祫祭太廟禮成敬述　辛酉

嘉平祫祭禮之常，告廟除縗由舊章。每歲四孟及歲暮祫祭，此常行之禮，至釋服特祫太廟，卽古所謂吉禘是也。祖烈於昭緬繼述，孝思不匱見羹牆。承歡已失無方養，致氣惟存有飶香。創業守成任重大，殫心黽勉迪前光。憶自丙辰授政後，無日不以仔肩重任爲凛凛，現今三省餘匪殘蹙，大功將次告成，而一切安民畜衆，胥仰賴皇考鴻慈默佑，啓迪予衷，夙夜殫心，彌深兢惕。兹肅將對越，虔籲之殷與僾愾之情俱切也。

御製孟秋時享太廟禮成敬紀　辛酉

吉禋應時舉，太室展秋嘗。心溯羹牆表，誠通籩豆香。俯臨多患難，仰事實慙惶。叩禱希垂佑，祛邪我武揚。

御製孟冬時享太廟禮成敬述　辛酉

敬體祭如在，仰瞻祖考臨。常懷大業重，彌凛寸忱欽。籲佑賜年稔，祈恩救刦深。繼繩慚德薄，昭格溯居歆。

御製歲暮祫祭太廟禮成敬述　辛酉

大祫歲除舉，隆儀太室行。宗支捧帛爵，祖考見牆羹。追遠懷開創，思艱重守成。彌殷繼述志，兢業凛持盈。

御製孟秋時享太廟禮成敬紀　壬戌

嘗祭舉秋月，仰瞻儼鑒臨。承先述大法，纘武凛微忱。奠帛孫致敬，升香帝格歆。渺躬繼六廟，宵旰寸衷欽。

御製孟冬時享太廟禮成敬述 壬戌

孺慕時縈念，應用歲月增。心常感霜露，典自列嘗烝。六室仰昭穆，一身凜繼繩。莠民幸漸定，佑啓實臨憑。川陝楚三省捷報頻來，餘匪卽日掃除净盡，可期民安績蕆，實仰籲列聖之憑佑也。

御製歲暮祫祭太廟禮成敬述 壬戌

歲除舉大祫，太室展隆儀。十廟列籩豆，萬年固本支。豐功欽繼述，駿業凜昭垂。負荷仔肩重，永言亹孝思。

御製孟秋時享太廟禮成敬述 癸亥

三省事初定，繼繩凜寸忱。烝黎得休息，祖考式憑臨。率育思文什，肅雝清廟音。升香衷倍感，渥澤溥高深。

御製孟冬時享太廟禮成敬述 癸亥

祭典舉冬孟，吉蠲展敬忱。几陳三獻禮，階奏九韶音。歲稔田收穀，兵還民格心。於昭祖考佑，誠感懋丕欽。

御製歲暮祫祭太廟禮成敬述 癸亥

四序將更始，歲除大祫修。羹牆通佑啓，對越凜謀猷。世德期無忝，舊章勉作求。仔肩難負荷，垂澤固金甌。我朝自開國以來，列祖、列宗聖德聿彰，神功丕著，所以燕詒垂裕者，天澤引于勿替。兹當歲暮，廟中合享，予小子對越琱筵，肅共將事，寅念創垂之遠大，勉思繼述之鉅艱，殷籲福普坤維，長綏寶祚。

御製孟秋時享太廟禮成敬述 甲子

商金初協律，太廟展秋嘗。緬憶祖恩厚，永懷考澤洋。大統親承，艱哉爲后，念丕基付託之重，荷祖考恩澤之深，對越琱筵，恪恭倍凜。竭誠通優愾，肅志達馨香。基業守成重，仔肩敢不蘉。創業守成之難易，聖製文詳言之。予小子曷敢上擬功業之隆，然孜孜自勉，惟期無負仔肩繼述衷忱，不禁瞻仰羹牆而如訴矣。

御製孟冬時享太廟禮成敬述　甲子

祀典展冬烝，丕基勉敬承。一心欽統緒，六室儼臨憑。垂裕祈昌熾，恪恭亹繼繩。餘氛幸全定，保泰益兢兢。洗氛廓祲，民物阜安，於仲秋月三省奏蕆事之績，此皆仰賴列祖、皇考在天鴻慈默佑，予小子執籩將事，寅畏彌深，敢不敬告成功而益凜兢惕耶。

御製歲暮祫祭太廟禮成敬述　甲子

歲除行大祫，祀典敬承先。十室鴻猷啓，一身重任肩。德功册府備，優愾飶芬傳。嗣服衷欽感，永綏億萬年。

御製孟秋時享太廟禮成敬述　乙丑

嘗祭以時舉，永欽世德求。豆登瞻六室，騶騎啓三秋。敬念前猷大，聿昭巡典修。繼繩誠不易，愴憶考恩優。我皇考自踐阼以後，凡四次躬莅陪都，展謁祖陵。予小子於乾隆癸卯之秋曾恭隨鑾輅敬叩橋山，距今已二十餘年，依慕之忱，與時俱積。今歲孟秋，諏吉東巡，敬舉謁陵鉅典。是月朔正值時享之辰，祇惟列聖貽謀，垂裕萬世，仰瞻六室，展恪薦馨，適當啓蹕前期，珠丘在望，追思祖德考恩，永永無極，尤愴感於懷耳。

御製孟冬時享太廟禮成敬述　乙丑

秋祀抒虔告，冬禋值典成。三陵開大業，奕禩鞏皇清。肇造恢謨烈，繼繩慎滿盈。渺躬欽抱蜀，勤政報恩宏。

御製歲暮祫祭太廟禮成敬述　乙丑

授時歲云暮，祫祭舉隆儀。祖考永貽澤，子孫普受釐。存誠希妥侑，主敬沐鴻慈。仰事亹繩繼，守成固本基。

御製孟秋時享太廟禮成敬述 丙寅

秋嘗修典祀，太室肅隆儀。繼述懷先烈，敬勤副考慈。音容仰如在，香帛達誠思。不匱永欽感，持盈鞏國基。

御製孟冬時享太廟禮成敬述 丙寅

祖功宗德大，承繼重仔肩。肇造丕基固，誕敷駿烈宣。烝嘗祭以禮，水木脈長延。永念考恩厚，仰瞻終慽然。

國朝宮史續編卷之五十二

宮殿二 外朝二

社稷壇門，在端門西廡正中。門内爲社稷壇，北嚮。壇制方，二層，高四尺。上層廣五丈，次層廣五丈三尺。四出陛，各四級，皆白石。上層築五色土，中央黄。立社主以石，方廣尺有六寸，半入土中，築方坎藏之。祭畢，覆以木蓋。階下鼎鑪二，内壝方七十六丈四尺，高四尺，厚二尺，甃四色琉璃磚，各隨方色，覆瓦如之。四面門各一，門外柱各二，楣閾皆白石，扉皆朱櫺。壝北門外，鼎鑪二。西北隅，瘞坎二。北爲拜殿，又北爲戟門，各五楹，列戟七十有二，均上覆黄琉璃瓦。崇基前後各三出陛，壝外西南爲神庫。

神厨各五楹，井一。壇垣周二百六十八丈四尺。内外丹雘，覆黄琉璃瓦。北三門，東、西、南各一門。循垣東北隅東嚮正門一，左右門各一，相對闕右門，爲乘輿親祭出入之所。壇西門外宰牲亭一，三楹，東嚮。井一。垣一重。門一，北嚮。西南奉祀署，東西各三楹。垣一重。門一，東嚮。東遣官房一楹，南嚮。東南爲社稷街門，五楹。東北爲社稷左門，三楹，均東嚮。

臣等謹案：祭社稷之禮，歲春祈秋報，皆以仲月上戊日祭大社大稷之神。以后土勾龍氏、后稷氏配大社，位右；大稷位左，均北嚮。后土勾龍氏，東位西嚮，后稷氏，西位東嚮。祭日，春戊常親祀，秋值巡獮，遣諸王恭代。禱雨澤，則有特祭。執獻俘馘於社稷街門，如太廟。所有祭儀，具詳會典。其稍别於舊者，乾隆三十六年，大學士等奏，聖壽周甲，請略裁縟節，以萃精心。奉高宗純皇帝諭旨，量爲更定，飭所司預設幄次於拜殿内，俟御輦由闕右門入東北門，至壇北門外御禮輿，入左門，循戟門東行，至拜殿東階下降輿，至幄次。迨禮成，由幄次至東階下升輿如儀。又嘉慶六年夏六月，皇上特舉祈晴之典，創始躬行，時暘立應，實爲右壇崇貺，休徵備集云。

聖製仲春祭社稷壇詩 癸未

春有事巡狩，代儀已隔年。去歲壬午南巡，遣官恭代，未得親祭。兹當躬毖祀，無任意夔虔。五戊遵今古，三牲卜吉蠲。祝釐懷歲際，迴憶歎秋連。益用增慙德，惟祈利大田。載芟誦周雅，示本見真詮。

聖製仲春祭社稷壇詩 甲申

無事必躬親，祈農逮仲春。蘢葱祥柏護，肥腯盛牲陳。土穀惟神道，稷龍亦佐禋。五方壤分色，七奏樂鳴鈞。希佑非關己，籲豐總爲去聲民。東郊將舉趾，膏雨願依旬。

聖製春仲躬祭社稷壇詩 丙戌

不幕通靈氣，陳筵蠲吉辰。古今重土穀，功德在民人。奠玉欽兹日，尺壇闊昨春。去歲南巡，未躬承祀事。

酒漿申酉幸，綏屢籲斯頻。

聖製春仲躬祭社稷壇詩　丁亥

四之日舉趾，伊古重春祈。土盛欣辰應，是日戊戌，説文，土盛於戊。穡甘著義微。訢闓發陽氣，和朗麗朝暉，執玉抒敬誠，連綴願不違。

聖製仲春躬祭社稷壇詩　戊子

蠲吉舉禋宗，春祈總爲去聲農。三牲獻博碩，一意致虔恭。問樹嗤賢對，苴茅罷土封。封建雖古禮，後世實不可行，即周因以過其歷而東遷以後，王如綴旒，亦安用此苟延爲哉？漢之七國，明之靖難，甚且操室中之戈矣。至鑿土苴茅，更循名而無所取義，故並識於此。戊年修戊祭，豐秝籲重重。

聖製仲春躬祭社稷壇詩　己丑

當春舉祈祭，先月沐優恩。今歲新正，兆占三白，屢被渥雪，土膏甚潤。祇此誠爲瑞，其他非所論。撰辰應上戊，仰德配元坤。歲歲躬承祀，春祭社稷壇，事每歲必躬行。非有攄兹敬意存。

聖製仲春朔日躬祭社稷壇詩　庚寅

曙色辨壇松，祈春躬祭重。五行欣值土，是日五行屬土。二月正興農。爰稼繹洪範，主陰考秩宗。年年承福胙，莫懈一心恭。

聖製仲春祭社稷壇禮成誌事　壬辰

明禋已隔春，昨歲適東巡。式禮方壇肅，秉誠一念純。敢辭年漸長，敬識祭當親。時澤祈靈錫，優膏利早畇。

聖製仲春祭社稷壇禮成述事　癸巳

春祈秋舉報，秋每事行蒐。每屆仲秋吉戊，正當出口行圍之時，是以每歲春祈率躬親展事。以此恒躬禱，原非爲去聲已求。佑民宜稼穡，福國遍寰陬。佇俟壝門外，平番俘獻囚。會典獻俘儀，先期擇吉遣大臣告祭太廟、社稷壇，押所解俘至廟壇街門外，跪獻畢，次日於午門樓檐楹正中行受俘禮。

聖製仲春祭社稷壇禮成述作　甲午

幹中支在始，是日戊子。土養物孳萌。是日修禋祀，寸心益誠敬。祈農念民重，自昔識君輕。三語欽斯兩，餘如疑孟評。孟子「民爲貴，君爲輕」二語，誠得責難之意，爲君者所當警省。至社稷乃立國養民之本，豈可轉列之次？夫旱乾水溢，事所常有，惟在爲君者盡心賑濟之，即使祭祀豐潔，又豈宜諉過於神而變置之？其說爲禮經所無，不免過甚，因如司馬光疑孟評之，以爲未可。

聖製仲春祭社稷壇禮成述事　乙未

廟左方壇右，當春敬事祈。佑農斯有重，卜稼願無違。晉玉陰墉潤，陳牲芳俎肥。躅辰連戊子，昨歲祭壇日在戊子，曾有「幹中支在始，土養物孳萌」之句。今歲祭日，復值戊子。土養物占幾。

聖製仲春祭社稷壇禮成述事　丙申

立社本通禮，酌尸非正論。通典，周祭社用尸，此禮久不行，亦弗當。戊干迎亨合，申歲酒漿繁。農諺歲逢申酉，乞漿得酒。是日並值戊申，庶徵歲美。五土色原備，三牲博以尊。崇朝值甘雨，是日雨。祇懼沐神恩。

聖製秋仲恭祭社稷壇禮成述事　丁酉

每歲春祈奉，今年秋報承。每年春祭社稷，俱親詣行禮。秋祭時以行圍塞外，駐蹕熱河，例遣諸王恭代。今歲因居憂未舉秋蒐之典，故得躬承秋祀。幸無值二誧，惟有祝三登。壝外獻功罷，昨春平定金川，俘逆酋索諾木等解京師，於社稷壇門外行獻俘告功禮。壇中奏樂應。二十七月之內，郊社大祀仍用樂；至御前導引及鹵簿大駕，則樂設而不作禮也。禮成詠良耜，毛詩序，良耜秋報社稷也。似續念猶兢。

聖製仲春祭社稷壇禮成述事　戊戌

吉日春祈舉，干支歲德同。是日戊戌。重重卜豐茂，秩秩禮昭融。功肇三農久，福覃九宇中。曰綏屢曰普，致禱願誠通。

聖製仲春社稷壇禮成述事　己亥

歲歲必躬親，春祈所爲民。禮應上戊日，虔值望霖辰。自去冬望雪，昨二月朔日雨纔二寸，切冀霑霈甘霖。鐘鼓克諧奏，豆籩亦具陳。方壇宣祝史，繹思去聲致惁頻。左傳季梁對隨侯云，奉盛以告曰，絜粢豐盛。謂其三時不害而民和年豐也。今祝文雖不用其語，而爲民祈佑之意則同。昨歲河南被水較重，安徽毗連處亦漫溢及之，湖北、甘肅、江蘇偏災均所不免，雖賑卹優施，冀民得所，然憶左傳民和年豐之文，不能不滋惁耳。

聖製仲春社稷壇禮成述事　辛丑

庚仲值南巡，庚子仲春值南巡，未獲詣壇行禮。躬祈合此春。辰良當上戊，歲德尚穰辛。盛樂登平奏，嘉牲博碩陳。年前三白兆，甘雨更希頻。

聖製二月朔日社稷壇禮成述事　壬寅

祈春逢上日，物土兆農祥。舉趾期惟始，申衷年籲康。雖霑三白渥，昨冬近京屢次得雪優渥，各省亦普徧霑足，多有奏報盈尺及七八寸者。仍冀早霖滂。國以民爲本，食天敢不蕧。

聖製仲春社稷壇禮成述事　癸卯

丁戊必相連，昨朝釋奠旋。仍勤七旬歲，爲籲萬民天。土穀功垂後，豆籩禮述前。春霖繼冬雪，冀佑利農田。

聖製春祭社稷壇述事 丙午

兩歲闕躬與，甲辰南巡，乙巳祔行，雍禮皆未得躬詣此祭。辟一心增悚虔。方壇擬圻澤，祈穀籲民天。禮玉圭有邸，升馨豆及籩。九州胥在宥，甘雨望霑全。通典立社之法，蓋各就其地而論之。予以爲，天子治四海，則天子之社於四海，宜無不在宥。昨歲南北各省冬雪雖獲均霑，而新春奏報雨雪者，惟山西、山東、陝、甘、浙江諸省，近畿及淮徐等處尚未奏得雨雪。京師之社爲萬方求福報功，惟籲春膏普霈，粒我蒸民耳。

聖製仲春社稷壇禮成述事 丁未

右祈應用戊，排日值旬朝。初十日戊申土德逢申穰，農諺，歲逢申酉，乞漿得酒。雪膏幸臘饒。上年自臘八日後，屢得祥霙，積至盈尺有餘，實爲兆豐之慶。金鑪欽以炷，玉燭願恒調。微雨昨惟寸，繼霑心更翹。

聖製仲春社稷壇禮成述事 戊申

祈固重於謝，勤春每闕秋。每歲以秋獮幸避暑山莊，是以仲秋吉戊未得躬承祀典。然祈重於報春祭，每親詣行禮。春膏叨厚澤，上冬各直省雪澤俱優，惟近畿得雪數次，未爲霑渥。上元節前大雪盈尺，心實爲慰。秋獲籲豐收。晉玉攄心悃，繫縲俘首囚。不堪陳獻典，周禮，大司馬若師有功，獻於社。玆逆首林爽文雖已就執，檻送來京，然以麼麽小醜，罪貫滿盈，自應伏辜，豈堪舉陳獻典。惟仰荷神庥，得以遄速蕆事，實深感惕。總是沐鴻庥。

聖製仲春朔吉社稷壇禮成述事 己酉

春戊率躬行，祈年福萬氓。有收叨昨惠，去年各省收成，仰邀神惠，俱屬豐稔。綏屢籲今誠。仲合孟占楙，漢書，豐楙於戊。今歲元旦逢戊，二月朔日，復值春戊祀典，尤叶祥占。近和遠始耕。升薌增肅穆，宿識已爲輕。

按孟子「民爲重，君爲輕」之語，似矣。予以爲天子亦大君也，不獨諸侯。至於犧牲粢盛之語，則實有悖於理之處。夫一邑一郡，有民人焉，有社稷焉。天下大矣，旱乾水溢，歲所常有，祭祀孰不以時？而犧牲粢盛，孰敢不盡其敬？亦在君與民而已。變置之語，孔子必不出諸口。夫子不云乎，洋洋乎如在其上。又引詩云：「矧可射思。」如因一時旱乾水溢，輒行變置，則與後世道家所謂反壇者何異？而朱子方注其詳以爲韙，甚矣其胥悖於理矣。並識於此，以示後之讀書者。

聖製庚戌仲春社稷壇禮成述事　庚戌

三祭四朝齋，朝日壇、文廟，皆爲中祀，致齋二日。社稷壇大祀，致齋三日。今春分丁戊，三祭相連，故齋期自初三日爲始，凡四日云。躬親蕆禮皆。蒙庥仍健旺，致敬敢違乖。土穀民之命，安和心以懷。秋膏雖積潤，春澤更祈佳。

聖製辛亥仲春社稷壇禮成述事　辛亥

中祀昨年蕆，前歲予以壽屆八旬，精力尚健，擬歸政以前於中祀皆親祭一週，以申誠敬。至上年已經次第蕆禮。春祈今歲仍。大祀仍勉躬親執禮。辛穰欣疊值，二月值辛卯。土德幸重徵。是日五行爲土。所勉心無逸，惟希稼有登。耄齡與拜緩，徵若益兢兢。

聖製壬子春祈社稷壇恭紀　壬子

社稷尊稱太，禮崇天地祇。句龍周棄配，酌古合今宜。按杜佑通典曰，顓頊祀共工氏子句龍爲社，烈山氏子柱爲稷，高辛氏唐虞夏皆因之。殷湯爲旱遷柱，而以周棄代之。孔穎達禮記疏云，鄭康成以社爲五土總神。稷爲原隰之神，句龍以有平水土之功，配社祀之；稷有播種之功，配稷祀之。賈逵、馬融、王肅之徒，以社祭句龍，稷祭后稷，皆人鬼非地神，是賈逵諸人直以后土句龍爲太社，后稷爲太稷矣。馬貴與文獻通考引朱子、楊復之説，並以鄭説爲長。我朝定禮最爲至當。是以會典所載，太社位右，太稷位左，俱北向。配以后土句龍氏，東位西向。后稷氏，西位東向。酌古合今，洵爲萬世不易之典。大祀躬仍執，己酉歲予以壽屆八旬，於中祀皆親祭一週，已盡爲君之職。嗣後即可遣官致祭。至大社，仍必每歲躬親行禮。今年八旬有二，幸賴上蒼鴻佑，精神强健倍昔，奠獻之際，益切寅恭。長上聲年心倍寅。四番壝外獻，五舉纛垂禧。乙亥年六月征準噶爾，先俘青海逋酋羅卜藏丹津，及投順復叛策凌孟克之子巴朗孟克忒木爾。十月平定準夷，俘達瓦齊。庚辰正月平定回部，馘霍集占。丙申四月平定金川，俘索諸木。凡四次皆依古禮獻於廟社。此次聲討廓爾喀，師出有名，兵

非爲利，顒籲神佑，庶幾能五舉獻
社之禮，迅蕆大功，曷勝虔祝。

聖製仲春祀社稷壇禮成述事　癸丑

昨春籲俘獻，秋月遂降番。前歲廓爾喀復來滋擾藏邊，罪實難逭，不得不命將興師，爲俘獲獻社之計。是以上年春祈禮成述事有句云「四番遺外獻，五舉籲垂禧。」蓋將繼青海準夷、回部、金川爲五也。及福康安等四月間進兵以後，七戰七捷，八月間，彼即窘迫再三乞降，憐其悃誠，因予俞允。雖未俘擒獻社，亦已速蕆大功，自非神恩垂鑒，何以及此。致佑何其速，感恩不可言。一心示本重，萬載表功存。五字詩成每，近年社稷壇躬祀禮成述事詩，一律皆五言，亦尊地數也。由來地數尊。

聖製甲寅仲春社稷壇禮成述事　甲寅

春祈因重農，每歲致寅恭。朕重農省歲，虔籲土功，每歲右壇春祭，遇巡幸之年，無不敬謹致齋，親詣行禮。非及節求恩雨，閱年望雪冬。自去年十一月二十九日得雪後，即無日不望繼霑，迄今已兩月餘，渴冀恩霈甘霖。今日薦璧奠帛之際，抒誠默禱，顒俟靈貺。焦心誠日甚，渴澤冀雲濃。責已深思過，仍惟籲土宗。

聖製仲春躬祭社稷壇禮成述事六韻　乙卯

右壇祈以春，民務重躬親。物土陳五色，紀年叩六旬，氣和欣禮洽，地潤逮耕新。去年秋雨既足，加以臘月祥霙盈尺，地土至今潮潤，大利春耕，感荷神庥，益深虔惕。弗幕遵常典，右壇祀事，遵古禮不設帷幕，壇北設亨殿，以備偶值風雨行禮。夫壇既無帷幕，偶遇風雨，於亨殿行禮宜也。無風雨則不可。古人定制，原有深意。昨太常寺具儀注稱亨殿行禮，其意欲省予登拜之勞。予豈敢如此，因命從舊制。升階秉篤寅。獻罍忱不已，舉玉事將竣。每歲仲春祭社稷壇，非值巡方，必躬親行禮。今予踐阼週甲，祇承將事，展恪慶成。明年元日歸政後，春祀即爲子皇帝之事，顧瞻壇壝，依戀彌增。七奏樂音闋，迴瞻意戀頻。

御製社稷壇禮成敬述六韻　丙辰

右壇崇國本，致祭禮宜親。鞏固敷坤德，清寧普昊仁。辨方分五色，育物始三春。念切垓埏廣，心殷恩澤均。民依懷敬畏，聖旨凜遵循。虔籲俘苗速，湘南早靖塵。近日官軍已距平隴賊巢不遠，賊首羽冀已翦除殆盡，惟祝速將渠魁按數生擒，及早蕆事，以靖楚疆，實感神佑於無極。

御製社稷壇禮成敬述　丁巳

報社禮經重，仲春品彙萌。辨方土五色，擇地壝上聲雙成。太社、太稷以后土句龍氏、后稷氏配爲壇二層，每祭壇上敷五色土，中央以黄、東青、南赤、西白、北黑，隨方築之。聖敬衷承凜，神功物被榮。寅恭陳玉帛，戛擊奏韶韺。歲美希連稔，民勞願輯兵。昨歲普獲上豐，冬春來復優霑雪澤，自可仍希連稔。惟教匪滋事將及一年，尚未翦除凈盡，雖一切軍需均支官帑，而運送糧餉、軍裝及官兵經過之處，究不能不資民力。膚功迅奏，俾民訖小康，實籲神功垂佑。臣心祈感格，昭鑒寸忱誠。

御製社稷壇禮成敬述六韻　戊午

四郊得甘澤，戊祭應中旬。左个春祺溥，右壇國本親。簫韶牆角奏，帛俎案前陳。時合耕畬始，心期暘雨勻。京都登上稔，蜀郡靖餘塵。蜀省教匪王三槐、徐添德等逆天偕道，與楚省姚之富、齊王氏等互相勾結滋擾，江沱官軍勦捕正在吃緊之時。敬惟太社司討罪之權，太稷溥降康之福，虔祈靈佑，迅掃庬頭，民藝新畬，户登上稔，幸垂昭鑒。帝慰衆情暢，祈神昭格申。

御製社稷壇禮成敬述　己未

春祈遣王代，仲春因大禮居廬，不親吉蠲之祀，遣親王恭代行禮。秋報敬躬行。曷敢居憂闕，虔希妥佑誠。幸蒙協暘雨，猶願戢戎兵。勞役民堪憫，稽誅賊未平。消邪亟歸正，肆赦盡更生。默禱神昭鑒，鴻禧溥蜀荆。四川逸賊竄入楚北境内，據倭什布奏報，以少抵衆，賊勢不敢猖獗，近復宣布恩旨，降者免死，庶賊黨知更生之路。復據松筠奏報，陝西南路賊勢已可次第掃蕩，仰祈默佑，俾蒼黎早免兵革也。

御製社稷壇禮成敬述六韻　庚申

主鬯承天命，人君社稷憑。春秋二祀展，祈報一誠凝。奠獻陳香帛，飶芬潔豆登。辨方土五色，瞻位壝上聲雙層。省歲禾豐稔，平邪士奮騰。叩求神賜佑，對越倍兢兢。

御製社稷壇祈雨敬紀　庚申

旱象已成矣，寸心縈百憂。難消萬民孽，祇稟一誠求。省咎知深重，祈天賜渥優。衆邪猶竄野，二麥遍荒疇。歲歉京畿郡，兵連隴蜀陬。愧爲九宇主，敬俟昊恩流。

御製社稷壇謝雨敬述　庚申

雨雖未深透，謝澤敢忘恩。禾壟新滋洽，麥田餘潤存。已霑培沃壤，再沛達陳根。默禱希昭鑒，郊圻遍實蕃。

御製社稷壇禮成敬述用去歲詩韻　庚申

春祀夏祈謝，隆儀三度行。每年右壇春秋祈報，敬遵舊典舉行。今歲四月二十四日因求雨，躬行步禱，得雨後，於閏四月初八日親詣申謝，已三度恪舉隆儀。右壇重根本，秋報展衷誠。周甸欣登穀，餘氛尚弄兵。雖看元惡獲，還願衆邪平。神力希全戢，天心體好生。蒼黎消刦難，澤被隴川荆。昨據額勒登保、長麟奏報，於階州境内痛勦賊匪，斬獲三千餘衆，殲戮僞元帥曾印並大小頭目侯長富等十九名，現在趕勦伍金柱一股，可期蕩净。又，先據德楞泰、勒保奏報，鮮大川被勦逃往巴州境内，欲投伊叔鮮文芳，團集硐寨藏匿。鮮文芳因鮮大川係著名首逆，即囑鮮大川所遣赴寨密商之鮮文屏、楊任山擒殺自贖。伊二人聽從，即用予戳斃鮮大川，割取首級呈驗。鮮文芳率衆團勇搜殺餘衆，川省賊匪聞風瓦解，其湖北賊匪，前據明亮奏報，生擒僞總兵熊方青，緊追徐添德，務獲三省捷音，實殷籲禱。

御製社稷壇禮成敬述六韻　辛酉

又届春祈社，仍憂賊未除。邪終竄山嶺，民尚委溝渠。自省予愆重，難酬考願舒。安民殄賊之策，夙夜運籌，罔敢暇逸，冀仰酬望捷遺志。今雖邪氛破散，而十分廓靖，尚候凱音。右壇圭邸，固爲豐歲之祈，又屬獻俘之所，武成大有，並求昊監。兵銷解聚蟻，歲稔叶維魚。雪渥叨恩厚，雨敷沛澤徐。叩天赦苦刦，萬姓樂於胥。

御製社稷壇祈晴敬紀　辛酉

祈雨祈晴總一誠，典章創始特躬行。雨暘同屬庶徵，祈報總關民瘼，而向來求晴儀注罕見舉行。兹特申殷薦齋祓躬親。先期，幸瞻開霽，是晨升陽昭朗，尤嚴惕畏也。非常積潦連旬溢，奇變大河故道更。蕩析閭閻萬民苦，籌量宵旰百憂縈。右壇昭格希垂佑，迅賜時暘宇宙清。

御製社稷壇禮成敬紀　辛酉

京畿全被澇，直省雨暘匀。既沐春祈佑，仍應秋報伸。兵消拯刦難，河去聲復救災屯。積潦猶淹稼，餘邪尚害民。欲除萬姓苦，盡此一誠真。虔籲神垂鑒，赦予瀆告頻。

御製社稷壇禮成敬紀六韻　壬戌

右壇祀上戊，農事重民生。國本隆儀舉，春祈鉅典行。輝煌土五色，精潔壝上聲雙成。致敬陳珪帛，和聲奏頀韺。甫田希大有，餘賊望全平。誠悃垂昭格，登咸寰宇清。右壇將事，固爲春祈鉅典，而乘時消沴除氛，尚祈鑒佑。正所謂去其螟螣也，曷勝虔籲之至。

御製社稷壇禮成敬述　癸亥

春祈重農事，祀舉右壇隆。感沐兵全弭，深叨雪兆豐。安民閭里謐，省歲土膏融。乾佑清螟蟁，休徵協雨風。升香飶芬薦，獻爵至誠通。致敬希昭格，康年寰宇同。

御製社稷壇禮成敬述　甲子

社爲國之本，上戊展精禋。掃地隆右壝，授上聲時惟仲春。雙成壇設位，五色土分垠。舉趾興東作，逢年福庶民。安瀾常順軌，太社、太稷司農事而主土功，現在衡工將居合龍，惟冀神庥垂佑，俾事機輻輳，早鞏金堤。更願此後水土奠乂，萬里九曲，永慶安瀾，鑒予爲兆民虔祈之念爾。淨孽永銷塵。各直省連歲告豐，實感昊禧神貺，而三省底定肅清後，良民各安於畎畝，則稂莠潛絶其萌芽，歲事成而民氣樂，期共躋於休和之宇也。九叩祈昭格，鑒予寸悃真。

御製仲春上戊社稷壇成敬述　乙丑

右壇展典祀，致敬肅春祈。穡事興周甸，農功舉近畿。雙成神妥侑，五色土分圻。樂奏調簫管，舞陳颺羽翬。年登望天佑，雨降切民依。綏萬六符協，陽和九宇歸。右壇春祀，歲於仲春上戊日，所以祈田功穡事也。干戚羽籥，工歌八變，其數與祭地祇同。每歲親臨將事，執圭陳珪，惟祈玉燭時調雨暘，應候普錫康年之福，以安九宇之民。初三日夜，微雨霑被，土膏滋潤。敬希普施時雨，利益初耕，對越精禋，倍深虔冀。

御製社稷壇禮成敬述　丙寅

國本重祈社，稽章春仲臨。抒誠希感召，致敬仰居歆。有飶香升宇，同和樂奏音。雙成展儀肅，五色辨方尋。省歲惟求稔，安民願格心。海氛望速靖，賜佑鑒予忱。洋盜首蔡牽滋擾臺地，勾結陸路匪徒合至二萬人，頗形猖獗，節經派調將弁官兵勦辦。玆閩浙總督玉德奏到，據各路渡臺將領及臺郡鎮道先後呈報，經鎮將等先將謝仔尾屯踞賊船賊匪痛加焚燒勦殺，擊燬賊船二十餘隻，生擒賊匪一百六十餘名，開通道路。現在兵勢聯絡壯盛，具有義民萬餘助戰，合計兵民共有二萬餘人，分投堵截鹿耳門及水陸各要隘，蔡逆斷無倖逃之路，即可生擒，餘匪亦不難一鼓撲滅。玆當吉戊有事於太社、太稷，不特省歲祈豐，冀邀神祐，即戢武告功，綏寧疆宇，亦惟右壇靈格，俾速擒巨憝，澄清餘氛，庶瀕海居民共臻安堵，而桀驁不馴之徒亦皆革面革心，同歸化宇，尤爲寸衷誠禱者也。

端門內，東朝房五楹，爲禮科公署。西朝房五楹，爲工科公署。其北，東爲太廟右門，西爲社稷左門。迤北兩廡，各四十二楹，均聯檐通脊。內東二十三楹，西二十楹，爲部院府寺監朝房。餘吏科公署七楹，户科公署九楹，在東。中書科直房六楹，兵科公署七楹，刑科公署七楹，又六科公所二楹，在西。其吏科迤北三楹，恭勒聖祖仁皇帝御製臺省箴，清、漢碑文各一通。恭見前編。朝房北，東出者爲闕左門，西出者爲闕右門。門外下馬牌石各一。凡九卿會議，揀選人員，驗看月官，俱集闕左門下。八旗都統會議，俱集闕右門下。門北，東西廡各三楹，爲王公朝集之所。甬道左設嘉量亭，量四周，恭鐫高宗純皇帝聖製嘉量銘。恭見前編。右設日景晷度，正中南嚮爲午門。

國朝宮史續編卷之五十三

宮殿三　外朝三

午門，爲紫禁城南正門。三闕，上覆重樓五。中樓深廣各九楹，東西四樓深廣各五楹。閣道十三楹，南北連亘。彤扉各三十有六，崇閎壯麗，俗所謂五鳳樓也。國家有大征討，凱旋獻俘，皇帝御午門樓受焉。樓上正中，設寶座，屏上，高宗純皇帝御筆聯曰：「車書通月竁，雲物壯天門。」併乾隆乙亥十月聖製定北將軍班第遣人解達瓦齊至御午門受俘詩。樓東楹，乾隆乙亥六月聖製午門受俘詩。謂巴朗孟克忒木爾等。樓中楹，乾隆庚辰正月聖製御午門受俘詩。謂霍集占等，以上詩俱恭載前編。樓西楹，乾隆丙申四月高宗純皇帝御筆金川平定御午門受俘卽事成什：

畏威赦罪昔己巳，偕德致俘今丙申。真首函呈非或首，生人組繫是孚人。陳儀凱獻聲靈赫，偃武歡騰禮樂彬。四沐天恩際時泰，盈虛默念倍惶寅。

午門中樓，左右設鐘鼓明廊。皇帝御大朝，鳴鐘鼓以爲節；親祀壇廟，出午門以鐘，享太廟以鼓。午門前，凡頒朔、宣旨及百官常朝，俱集於此。儀具會典，進時憲書儀分載典禮門。

聖製頒朔卽事　己酉

七旬望八八將至，歸政贉餘六載存。適百里人半九十，侍親祖者見元孫。民安吏治心增愧，世泰時和天籲恩。書裹行問紀雍正，明年時憲書紀年始於雍正九年辛亥，是雍正紀年僅餘五行而已。中心惜處不能言。

聖製頒朔日作　甲寅

廿五踐皇阼，六旬頒憲書。三代下，享國長久未有周甲者，祇我皇祖在位六十一年。予踐阼之初，焚香告天，惟願得六十年卽當歸政，不敢同皇祖六十一年。然皇祖以八齡踐阼，而予卽位時已二十五歲，以百年計之，已過四之一，彼時亦未計及若滿六十年當壽躋八十五歲也。今十月朔日頒乾隆六十年時憲書，仰蒙上蒼眷佑，得符初願，稽之載籍，實所未聞。誠然三代下，祇有一身予。獨沐天恩厚，深憐雍正除。憲書後紀年，例周六甲，乾隆元年憲書尚紀康熙十六年丁巳，歲月推遷，茲乾隆六十年憲書已不載雍正年號，閱時雖久，而荷昊禧承先烈，兢兢業業，猶是踐阼初心耳。寸心增感惕，惟恐或孤初。

聖製頒朔日作　丙辰

頒朔從兒同衆請，並行百部弗教多。上年九月，以孟冬月吉卽須頒朔，先於九月初三日建立皇太子詔，以今年丙辰爲嗣皇帝嘉慶元年。其時皇太子率王公、大臣等具摺籲請時憲書仍用乾隆年號，情詞懇摯，不能徑却，因允所請，照康熙六十一年時憲書式，遞年增載，並存乾隆年號，但祇須一百帙，以備宮廷及賜御前親近王、大臣等，而頒行天下者通用嘉慶紀年時憲書，以昭建元授時之正。乾隆六十二年閱，嘉慶地天人泰和。予踐阼時焚香告天，若得在位六十年，卽當歸政，不敢上同皇祖紀年以次遞增，是以上年朕意自今歲丙辰爲始，憲書祇用嘉慶年號。昨因俯順子臣諄請，並以乾隆紀年憲書備賜宮府，用徵盛時嘉祥，然非以頒行中外，雖於予初志微有未符，而天貺厚承。今歲元正授璽以來，訓政勅幾，康强如昔，爲自古希有，惟益深敬凜，冀得常迓鴻禧，訓嗣皇帝以爲政耳。初志微嫌未能副，與誠俯順匪全訛。獨承昊貺誰曾侶，惟感惟慚誌不磨。

御製頒朔詩　丙辰

時憲周花甲，靈臺再紀丁。皇父以丙辰建元，二年爲丁巳，明年又值丁巳，爲嘉慶二年，復周撓甲。祖籌孫衍筴，父教子趨庭。聖祖仁皇帝紀元數踰花甲，皇父以不敢上同聖祖，授寶訓政，命以嘉慶改元，趨庭稟教，愛日增長，當衍筴於京垓億秭也。鳳詔頒王朔，遐方仰大庭。瑤編輝八月，常見老人星。每歲時憲書，八月

秋分日躔壽星之次
允符萬萬壽大慶。

御製恭和聖製頒朔日作元韻　丙辰

肇丙開丁花甲始，三元環轉紀年多。皇父以丙辰建元六十年重屆，丙辰元正授璽，命以嘉慶改元。予承恩訓政，愛日舒長，於孟冬朔日恭進乾隆六十二年寶帙，備頒宫府。卷後羅開花甲已至一百二十年矣，從此三元遞衍，逐歲增籌，萬萬年長奉堯春，曷勝歡慶。乾隆嘉慶天垂佑，父教子承民協和。盛世吉祥誠罕覩，上豐暘雨喜無訛。瑶篇百部億齡衍，庭訓日聆凛琢磨。

御製頒朔詩　丁巳

大清聲教遠，聖治浹寰瀛。告朔頒時憲，書祥始帝京。心期民物阜，志願莠稂平。花甲周三載，康强五福盈。自丙辰奉勑旨改元，至今戊午，上溯乾隆丙辰，計六十三載。惟我皇父德盛福崇，與天合撰，實自古帝王所莫能比肩。今聖壽八旬有八，精神彌形充裕，朝夕訓政，亹亹孜孜，康强逢吉，將聚六世於同堂。兹届吉朔授時，凡聲教所及，荒陬戎索，奉朔歸王，安享太平日月，長在壽宇幈幪中也。

御製頒朔日作　辛酉

大清聲教被要荒，澤洽民心順典常。績紀十全尊正朔，德涵九有感先皇。龍髯難挽悲千古，鳳詔新頒惠萬方。敬授人時恢稾籥，兵消歲美籲穹蒼。

午門，爲門三，文武官出入由左，其右門惟宗室王公得行之。兩觀間掖門左右相對，各折而北入，不常啓。恭遇皇帝大朝升殿，百官各以東西班次由掖門入。殿試文武進士，鴻臚寺按中式名次引入，一名由左，二名由右，餘仿此。午門内，環金水河，跨石梁五，護以石闌。橋北正中南嚮爲太和門，廣宇九楹，中闢三門，重檐崇基，石闌層列，前後陛各三出，左右陛各一出，級各二十有八。其左右兩楹爲宿衛番直處。陛間列古銅鼎四，門前列銅獅二。左曰昭德門，右曰貞度門，各三楹，南嚮。東西兩廡，門東出者爲協和門，西出者爲熙和門，門各五楹，兩廡上下各二十二楹，皆崇基。東爲稽察欽奉上諭事件處，協和門南爲誥敕房，西爲繙書房。熙和門南爲起居注直房。東南隅由西嚮門入，爲内閣。東西爲滿本堂、漢本堂、蒙古堂及票簽房、稽察房、典籍廳。閣門外楣上，恭懸世祖章皇帝聖旨：「一應官員閒雜人等，不許擅入，違者處治不饒。」堂中，恭懸高宗純皇帝匾曰：「調和元氣」。堂之東爲紅本庫。又東爲尊藏實録庫，以備輪日進呈御覽。又書籍表章庫皆在其内。西南隅東嚮門内，舊爲國史館，今爲膳房外庫。此午門至太和門之制也。

太和門内，正中南嚮，爲太和殿，皇朝之正殿也。基崇二丈，殿高十有一丈，廣十有一楹，縱五楹，上爲重檐垂脊，前後金扉四十，金瑣牕十有六。殿内，高宗純皇帝御筆匾曰：「建極綏猷」，聯曰：「帝命式于九圍，兹維艱哉，奈何弗敬；天心佑夫一德，於時保之，遹求厥寧。」正中設寶座，皇帝大朝御焉。每歲元旦、冬至、萬壽三大節及國家有大慶典，則御殿受賀。凡大朝會燕饗，命將出師，臚傳多士及百僚除授謝恩，皆御焉。恭遇加上皇太后徽號，於殿内閲視册、寶；册立皇后如之。遇圜丘大祀，前一日，於殿内閲視祝版；祈穀、常雩大祈亦如之。嘉慶元年正月初一日，太上皇帝傳位於皇太子，親授寶璽，皇帝受寶登極，俱於殿中行禮。殿前爲丹陛，環以白石闌，龍墀三重，陛五出，下重級二十有三，中上二重級各九。上下露臺列寶鼎十有八，銅龜、銅鶴各二，日晷、嘉量各一。丹墀前甬道左右，范銅爲山，鐫正一品至九品清、漢文，東西各二行，行十有八，爲文武官行禮班位。殿左曰中左門，右曰中右門，皆三楹，南嚮，與昭德、貞度二門相對。其東出者爲左翼門，西出者爲右翼門。翼門之南，東爲體仁閣，西爲弘義閣，各重樓九楹。廊廡四周相接，共六十六楹，爲内務府銀庫、衣庫、緞庫、皮庫、茶庫、瓷庫分庋之所。武備院甲庫、氈庫、鞍庫附焉。

臣等謹案：高宗純皇帝聖製太和殿視朝傳臚詩暨皇上御製諸詩，皆以彰明鉅典，謹分載典禮門。

太和殿後爲中和殿，縱廣各三楹，方檐，滲金圓頂，金扉、瑣牕各二十有四，南北陛各三出，東西陛各一出，左右陛各三重，東西出。殿内，高宗純皇帝御筆匾曰：「允執厥中」，聯曰：「時乘六龍以御天，所其無逸；用敷五福而錫極，彰厥有常。」中設寶座，凡遇三大節，皇帝先於此升座。内閣、内大臣、禮部、都察院、翰林院、詹事府及侍衛、執事人員行禮畢，迺出御太和殿。恭遇加上皇太后徽號，於殿内閲視奏書。方澤大祀及饗太廟、祭社稷前一日，於殿内閲視祝版。親祭歷代帝王廟、先師孔子、朝日、夕月如之。每歲耕耤，閲視農器及穀種青箱，均於此。殿後爲保和殿，深廣九楹，前陛各三出。殿内，高宗純皇帝御筆匾曰：「皇建有極」，聯曰：「祖訓昭垂，我後嗣子孫尚克欽承有永；天心降鑒，惟萬方臣庶當思容保無疆。」中設寶座，每歲除夕，皇帝御殿筵宴外藩。每科策試、朝考新進士，俱於殿内左右列試。殿之左曰後左門，右曰後右門，與中左、中右二門相對。自太和殿至保和殿，兩廡丹楹相接，四隅各有崇樓，中路甬道連屬，後陛三出，迄北十餘武，崇基引陛南嚮者，卽乾清門也。

協和門之東爲文華殿，門五楹，南嚮，崇階三出，九級，内丹陛與露臺相直，臺左右二出陛，各十一級。殿深廣五楹。高宗純皇帝御筆匾曰：「緝熙明德」，聯曰：「道脉相承，經籍昭垂千聖緒；心源若接，羹牆默契百王傳。」中設寶座，屏上，高宗純皇帝御筆聯曰：「時惟長善春臨仲，典以興賢歲舉隆。」屏中聖製辛丑春仲經筵詩。恭載典禮門。每歲春秋仲月，皇帝御經筵，講臣於殿内進講。禮成，隨駕至文淵閣，賜坐，賜茶，茶畢，講臣退，詣本仁殿入宴。進講儀，聖製暨御製經筵詩。俱恭載典禮門。東廡曰本仁殿，西廡曰集義殿，後殿爲主敬殿。高宗純皇帝御筆聯曰：「遜修學懋敦時敏，莊敬成深裕日强。」中設寶座，屏上，高宗純皇帝御筆聯曰：「詎尚飾其貌，還因尊所聞。」屏中「聖製癸未仲春上浣經筵詩。」恭載典禮門。殿後爲文淵閣，我朝定制，文淵閣爲大學士兼銜，乾隆三十九年，高宗純皇帝特勅鼎建斯閣，許兼銜如舊。閣中藏弆欽定四庫全書，凡三萬六千册。詳載書籍門。置領閣事二員，提舉閣事一員，直閣事六員，校理十六員，檢閲八員，其收發宿直諸職，内務府司員筆帖式等輪任之。閣三重，上下各六楹。層階兩折而上，瓦青緑色。閣前甃方池，跨石梁，引御河水注之。左右列值松檜，閣後疊石爲山，山後垣門一，北嚮。門外稍東，設直房，爲直閣諸臣所居。閣内，正中設寶座，恭懸高宗純皇帝御筆匾曰：「滙流澄鑑」，聯曰：「薈萃得殊觀，象闡先天生一；静深知有本，理賅太極函三。」北嚮，高宗純皇帝御筆聯曰：「壁府古含今，藉以學資主敬；綸扉名副實，詎惟目仿崇文。」又恭懸乾隆丙申五月高宗純皇帝御筆題文淵閣詩：

每歲講筵舉，研精引席珍。文淵宜後峙，主敬恰中陳。四庫庋藏待，層樓結構新。肇成始昨夏，斷手逮今春。經史子集富，圖書禮樂彬。寧惟資汲古，端以勵修身。巍焕觀成美，經營愧亦頻。綸扉相對處，頗覺叶名循。

聖製題文淵閣詩 戊申

閣建文華殿後，貯四庫全書第一部，縹緗插架，實爲書城鉅觀。每歲仲春經筵畢，於此賜茶，遂成例事云。

重校兹看四庫成，魯魚累牘辨從精。四庫全書雖已列架排籤，然其中魯魚亥豕累牘連編，不得不令重加讐校，以成善本。雖云舉大遺其細，要在纂言觀厥行。從前鈔録四庫全書，謄録及分校、總校人員不無濫邀議叙者。予嘗謂，成此大事，不妨宥其細過。詎意提調、總校各員並不盡心經理，以致書中錯謬不可枚舉。姑念書已告成，不加重譴，原充提調侍郎陸費墀，僅予革職，罰令出資裝潢文匯、文宗、文瀾三閣書函。纂修尚書紀昀，罰令重繕應行賠寫之書，並率領文淵、文源二閣未經校出訛錯之分校、總校於上冬前往山莊，將文津閣未曾重校書籍再加詳閲。在彼時原校各員均邀優叙，既以此爲捷径，此番僅予薄懲，當亦無可置喙耳。捷徑既因得以速，薄懲豈可逭惟輕。源津溯並勘次第，此次文淵、文源二閣看出疎漏之原校官，既罰令前往山莊重校文津閣書籍，將來文津閣看出疎漏之原校官，亦即罰令往盛京重校文溯閣之書。次第校勘，總期精審無訛，以示予右文典學之至意。求當無非盡此誠。

御製題文淵閣詩 丁巳

文淵七閣首，聖記著精詳。宗匯津源貫，史經子集藏。皇父輯經史子集爲四庫全書，繕寫七部，特建七閣以貯之。禁垣曰文淵，圓明園曰文源，避暑山莊曰文津，盛京曰文溯，揚州曰文匯，金山曰文宗，杭州曰文瀾，用以嘉惠藝林。詳見淵源津溯四閣御製記。崇樓連棟宇，東壁啓圖章。掞藻雲霞護，輝煌奕禩彰。

閣中設寶座。屏上，高宗純皇帝御筆聯曰：「插架牙籤照今古，開編芸氣吐芳芬。」屏中聖製文淵閣記：

國家荷天庥，承佑命，重熙累洽，同軌同文，所謂禮樂百年而後興，此其時也。而禮樂之興，必籍崇儒重道，以會其條貫。儒與道，匪文莫闡，故予蒐四庫之書，非徒博右文之名。蓋如張子所云，爲天地立心，爲生民立道，爲往聖繼絶學，爲萬世開太平，胥於是乎繫。故乃下明昭，勅岳牧，訪名山，搜秘簡，并出天禄之舊藏。以及世家之獨弆，於是浩如淵海，委若邱山，而總名之曰四庫全書。蓋以古今數千年，宇宙數萬里，其間所有之書雖夥，都不出四庫之目也。乃掄大臣俾總司，命翰林使分校，雖督繼晷之勤，仍予十年之暇。夫不勤，則玩日愒時，有所不免。而不予之暇，則又恐欲速而或失之疎略，魯魚亥豕，因是而生。語有之：「凡事預則立」，書之成，雖尚需時日，而貯書之所，則不可不宿構。宫禁之中，不得其地，爰於文華殿後建文淵閣以待之。文淵閣之名，始於勝朝，今則無其處。而内閣大學士之兼殿閣銜者，尚存其名。兹以貯書，所爲名實適相副。而文華殿居其前，乃歲時經筵講學所必臨，於以枕經葄史，鏡己牖民，後世子孫，奉以爲家法，則予所以繼繩祖考覺世之殷心，化育民物返古之深意，庶在是乎！庶在是乎！閣之制，一如范氏天一閣。而其詳，則見於御園文源閣之記。

屏後，恭懸聖製題諸書詩十二首。分載書籍門。東内室南牀上，面西設寶座。三面仙樓，東仙樓南牀上，面西設寶座。上層樓明間，中設方式書槅一，南北嚮各設寶座一。閣内上下，均貯四庫全書。前楹後廡，恭懸聖製題詠諸詩。分載書籍門。

東盡室後廡西壁間，南嚮恭懸聖製命校永樂大典因成八韻示意詩：

大典猶看永樂傳，搜羅頗見費心堅。兼收釋道欠精覈，久閱滄桑惜弗全。未免取裁失踳駮，要資稽古得尋沿。貪多遂致六書混，割裂都緣正韻牽。彼有別謀漫深論，我惟愛古命重編。詞林排次俾分任，綸閣鉛黄更總研。何不可徵惟杞宋，寧容少誤致天淵。崇文藉以備四庫，摛什因而示萬年。

西盡室南嚮，恭懸聖製用十二辰本字題四庫全書作：

四庫搜經史集子，絶勝書畫收張丑。木天羣彥聚清寅，寧一青藜照金卯。名山蒐校及兹辰，給札授餐歲始巳。詎以軍事廢旁午，速成欲信斯之未。玩愒有戒居申申，繼晷焚膏窮二酉。乙覽秉燭金屈戌，三豕子夏辨己亥。

閣外，東有碑亭一。碑南恭刻清、漢字聖製文淵閣記。碑北，恭刻聖製文淵閣賜宴詩。恭載典禮門。

臣等謹案：高宗純皇帝每御經筵，必頒聖製詩懸於殿閣，允爲千古右文盛事。皇上繼述欽承，奉爲彝典，節年講學攄吟，特書張壁如例。謹依次分載典禮門經筵進講儀。

文華殿東爲傳心殿，東西設兩角門。北嚮五楹，爲治牲所；南嚮三楹，爲景行門。東隅井亭一，殿後祝版房三楹，神厨三楹。再後直房五楹。殿中廣五楹，祀皇師伏羲氏、神農氏、軒轅氏、帝師陶唐氏、有虞氏，王師夏禹王、商湯王、周文王、周武王，均正位南嚮。先聖周公，東位西嚮。先師孔子，西位東嚮。每月朔，太常寺堂官一員詣殿上香。每歲皇帝御經筵日，例請欽命大學士一員告祭。乾隆六年仲春，高宗純皇帝御經筵，特行親祭禮。六十年仲春，親祭如初。嘉慶元年仲春，皇上初御經筵，承勅旨親詣行禮。

聖製御經筵日親祭傳心殿敬成詩　有序　乙卯

每歲御經筵，先期派大學士一員，於是日黎明至傳心殿，恭祭皇師、帝師、王師、先聖先師。今歲予以在位六十年，夙契心傳，更符初願，躬親將事，用展敬虔。

文華殿側傳心殿，祭以經筵義本深。承祀例應大學士，升香一閱五旬今。予即位後，於乾隆六年御經筵日，親祀傳心殿一次，以後依中祀之例，每歲遣大學士致祭，僂指已五十五年矣。外王内聖幼知重，日引月長耄逮諶。十六字猶能背讀，行何有我愧成吟。

御製傳心殿瞻禮詩　丙辰

瓣香致誠敬，先聖儼憑臨。道著君師統，源探孝弟心。百王咸效法，億禩仰高深。瞻拜御涼德，寅恭矢素忱。

文華殿後，爲上駟院公署，當左翼門之東、門西嚮，所掌上乘御馬爲一廄，皇子良馬爲一廄，對子馬爲一廄。在公署南又北，南嚮爲箭亭，廣五楹，周以檐廊，中設寶座，東列卧碑，恭刻乾隆十七年高宗純皇帝訓守冠服騎射諭旨清、漢文一通。恭見前編。又乾隆四十三年五月二十八日聖諭：朕恭閲太宗文皇帝實録，天聰四年二月，上諭羣臣曰：昨攻取永平城，大臣阿山葉臣與猛士二十四人，冒火奮力登城，乃我國第一等驍勇人也。其二十四人，蒙上天眷佑，幸俱無恙。次日召伊等進見，朕心愴然，幾不能忍。此等猛士，與巴圖魯薩木哈圖及他處先登驍勇出衆之人，前已有旨，後遇攻城，勿令再登。及攻昌黎縣，薩木哈圖又復與焉。以後此等捐軀建功之人，勿得再令攻城。

但當令在諸貝勒、固山額真左右，遇衆對敵之時，與之同進。若彼欲自攻城，亦當止之。卽或廝卒中有一二次率先登城立功者，亦不可再令攻城，以示朕愛惜材勇之意。仰見我祖宗開創艱難，於戰勝攻取時，仁恩恤下，無微不至。是以人思感勵，敵愾效忠，所向克捷，開疆定業，肇造鴻圖，詒謀垂裕之道，實在於是。朕臨御以來，平定准部、回部及蕩平兩金川，我旗營勁旅中鼓勇先登、攻堅拔柵者固不乏人，卽緑營中亦間有出衆奮勉者，一經將軍等具奏，卽賞以巴圖魯號，用示奬勵。而伊等倍加感奮，凡遇攻奪碉寨，仍復超衆争先，以圖報効。其間屢建功績者固多，而因冒險傷殞者亦復不少。朕每爲矜憫，輒然於懷。兹紬繹祖訓，驍勇立功之人毋令再登，益敬服大聖人之用心，非孫臣所能見及也。今武功告蒇，函夏謐寧，繼此不願復有用兵之事。但兵可百年不用，不可一日不備，而謨訓昭垂，法良意美，亦不可一日或忘。用是敬録聖諭，明白宣示，我君臣當共恪守，以垂久遠，且使我世世子孫懋繼前規，勉思善述，以鞏億萬載丕丕基，其欽承毋忽。

殿東稍北，有石橋三，橋北爲三座門，門内今爲續修大清會典館。直北殿宇三所，是爲擷芳殿凡大内俱黄琉璃瓦，惟此用緑，爲皇子所居。中所爲皇上潛邸，乾隆乙卯十一月始移居焉。其前爲王公、文武大臣輪班宿衛直房。東爲御藥庫。西夾道内爲御茶膳房庫宇。又爲蒙古朝房。三座門外橋南相直，爲户部内庫、鑾儀衛内鑾駕庫。門北嚮，庫前石碣「古今通集庫」五字，内貯大駕鹵簿全分，大禮輿一，法駕步輿一，亮輿一，各式輿十四，法駕、騎駕、鑾駕凡三百七十餘件。橋之東，倚城隅南嚮，爲國史館。左爲東華門，門下有下馬牌石，紫禁城之東門也。

熙和門之西爲武英殿，制如文華殿。門前御河環繞，跨石梁三，護以石闌，殿廣五楹，後爲敬思殿，皆貯書籍。東廡曰凝道殿，西廡曰焕章殿。左右廊房六十三楹。凡欽定刊布諸書俱於此校刻裝潢，簡命王大臣管理。提調、纂修以翰、詹官充。乾隆三十九年，高宗純皇帝命創製聚珍版，排印羣書。東北爲恒壽齋，西北爲浴德堂，皆詞臣校書直次。殿垣之北，南嚮爲方略館、爲軍機章京直宿處。再折而北，東嚮爲回子學、緬子學。又北爲冰窖，爲造辦處。其中爲内務府公署。堂中恭懸世宗憲皇帝御筆匾曰：「職思綜理」，聖訓曰：「典司内府，庶務繁要，謹度課功，飭法制用，必規畫周詳，各盡厥職，俾宮府相爲一體。」

内務府鐵牌，鑄設所屬院司公署，其制：高四尺五寸，廣一尺九寸，厚一寸。恭勒順治十二年六月二十八日世祖章皇帝勅諭曰：「中官之設，雖自古不廢，然任使失宜，遂貽禍亂。近如明朝王振、汪直、曹吉祥、劉瑾、魏忠賢等，專擅威權，干預朝政，開廠緝事，枉殺無辜，出鎮典兵，流毒邊境，甚至謀爲不軌，陷害忠良，煽引黨類，稱功頌德，以致國事日非，覆轍相尋，足爲鑒戒。朕今裁定内官衙門及員數職掌，法制甚明，以後但有犯法干政，竊權納賄，囑託内外衙門，交結滿、漢官員，越分擅奏外事，上言官吏賢否者，卽行凌遲處死，定不姑貸。特立鐵牌，世世遵守。欽此。」

臣等謹案：内務府衙門，我國初裁抑中官，肅清内政，爰創斯制，以總管内務府大臣統之。於滿洲文武大臣或王公内簡用，掌内府一切事務，奉宸院、武備院、上駟院並隸焉。所屬廣儲、會計、掌儀、都虞、慎刑、營造、慶豐七司，内廣儲司管理六庫郎中二員，秩在諸司之上。至掌治堂事、總理府屬及各司院事宜，則有堂郎中一員，或由六庫郎中陞用，或擇院卿及内府護軍統領攝之。蓋總管内務府大臣下卽以堂郎中爲要職，等秩釐然，一掃明代内官監司之積弊。敬繹寶訓，允爲法制關繫之重，謹著於編。

武英殿西爲咸安宮，門三楹，殿五楹，東西配殿各三楹，爲恭製御服之所。其後殿宇二層，今爲恭修高宗純皇帝實録館。諭旨詳載書籍門。又西爲教習内府三旗及滿洲八旗大臣子弟肄業處，是爲咸安宮官學。學舍二十有七楹，以翰、詹官督課之。殿之南爲外瓷器庫，稍西爲南薰殿。乾隆戊辰，高宗純皇帝詔以内府所藏歷代帝后暨先聖名賢圖像尊藏於此。圖像詳載書籍門。併弆明諸帝玉册之貯工部外庫者，移於殿之西室。殿前卧碑一，恭刻聖製南薰殿奉藏圖像記並詩恭見前編。聖製書明列代玉册事文。恭載典禮門。

御製恭閲南薰殿收藏列朝帝王圖像敬記　辛酉

念典心殷古帝王，南薰什襲敬尊藏。珠庭如挹重瞳焕，日角猶含八彩彰。慕道深慙多失政，見牆祇愧未升堂。展觀自省衷彌凛，鑒戒昭垂謨誥詳。

殿西爲御書處，凡四十三楹，御製詩、文、法帖皆於此鐫刻。稍北卽西華門，門外有下馬牌石，紫禁城之西門也。

國朝宮史續編卷之五十四

宮殿四　内廷一

臣等謹案：我朝内宮之制，乾清、坤寧，法象天地，爲紫微正中，蓋與盛京開國剏建清寗宮，昭揭萬福之原，天然合一者也。東西闢門，象日月；左右列永巷二，每一永巷，以次列三宮，布爲十二宮，象十二辰。其後，東西分列五所，而躔周星共之義備矣。洪惟列聖燕詒，萬年枚實，宅中由舊，正位攸寧。緬昔高宗純皇帝沖齡十二，卽蒙聖祖恩養於毓慶宮，閱七十三年乾隆乙卯，皇上膺命册儲，爰自擷芳殿移居，賜題堂楣曰繼德，是以寢門尊養，宸極端臨，亘古以來，於斯爲盛，迥非往籍所傳宮殿之簿、禁匾之書，所能鋪張萬一。又況九重孜亹，問夜求衣，家法昭垂，倍嚴於出入起居之地。而且内殿進見，君臣無間隔睽違，上下交泰，民隱周知，誠有如我皇上御製勤政殿記所云者，視前代深居大内，徒狃晏安，奚啻霄壤之判歟。臣等臚紀内廷諸制，籍以見聖聖相傳，守成則儉奉堯茨，日監則銘存武牖，初不以尊嚴邃密、尚高拱之虚名焉。而若慈寧、寧壽，毓慶三宮，受福方長，陳義至大，謹從特書之例，分著於編。

乾清門，南嚮，廣宇五楹。中門三陛三出，各九級。周以石闌，前列金獅二。皇帝御門聽政，凡恭遇齋戒之日，太常寺進銅人，陳於扉左案上。凡召對臣工，引見庶僚，俱由門之右門出入。內廷行走大臣官員，俱得由之。乾清門之旁，左爲內左門，右爲內右門，皆南嚮。內左門不常啓，凡內官及承應人等出入，俱由內右門。軍機大臣、南書房翰林、內務府大臣官員出入，亦得由之。如遇皇帝御養心殿，召對文職三品以上、武職二品以上大臣年逾六十者，准奏事官由此門引進。詳載前卷訓諭門。墀下東出者爲景運門，西出者爲隆宗門，皆五楹，門各三。內左門之東，內右門之西，周廬各十二楹。東西各有侍衛直宿房。又東爲散秩大臣直班房及文武大臣奏事待漏之所，西爲辦理軍機事務處、總管內務府大臣辦事處。其南相對周廬各五，東爲宗室王公奏事待漏之所，西，舊爲內繙書房，今爲軍機處滿、漢章京直舍。其旁井亭各一。御門聽政儀，恭載典禮門。

乾清門內，左右陛北出者二，中路甬道相屬。正中南嚮者爲乾清宮。皇帝臨軒聽政，歲時於內廷受賀賜宴，及常日召對臣工，引見庶僚，接覲外藩屬國陪臣，咸御焉。宮廣九楹，深五楹，中設寶座，左右列圖史，璣衡、彝器。宮檐前爲露臺，列銅龜、銅鶴各二，嘉量、晷度各一，寶鼎四。左右丹陛，南出者二，東西出者各一。東西丹陛下有文石臺二，上安設社稷江山金殿。

宮內楣間，南嚮，恭懸世祖章皇帝御筆墨刻匾曰：「正大光明」。前，聖祖仁皇帝恭跋云：「皇考世祖章皇帝御筆正大光明四字，結構蒼秀，超越今古。仰見聖神文武，精一執中，發於揮毫之間，光昭日月，誠足媲美心傳。朕罔不時爲欽若，敬摹勒石，垂諸永久，爲萬世子孫法。康熙十五年正月吉旦恭跋。」後，高宗純皇帝恭跋云：「皇曾祖世祖章皇帝御筆匾額，四字傳心，一中法守，義足以括典謨。皇祖聖祖仁皇帝恭摹上石，蹟藏御書處，茲法宮重建，敬謹摹搨，恭揭楹端，對越羹牆，用昭示萬葉雲仍，其欽承無斁。乾隆六十二年孟冬月恭跋。」

兩楹，恭懸高宗純皇帝御筆恭摹聖祖仁皇帝御筆聯曰：「表正萬邦，慎厥身修思永；弘敷五典，無輕民事惟難。」上聯旁書：「康熙已酉聖祖御筆」。下聯旁書：「乾隆丁巳恭摹」。又高宗純皇帝御筆聯曰：「克寬克仁，皇建其有極；惟精惟一，道積于厥躬。」

五屏風上，恭刻聖祖仁皇帝聖製集經銘語：正中四則「惟天聰明，惟聖時憲，惟臣欽若，惟民從乂。」右末二則「知人則哲，安民則惠。」左次二則「首出庶物，萬國咸甯。」右次二則「愷悌君子，四方爲則。」左末二則「功崇惟志，業廣惟勤。」

後扆，恭懸高宗純皇帝聖製五屏風銘：

予年十二時，始解文義。每侍皇祖於乾清宮，得瞻御座後屏風集諸經銘語，即知綜括治道無遺。而爲君者必如是，然後可謂盡君道也。踐阼後，益用以自勵，思欲衍繹諸句，各爲一銘。而理精義博，日引月長，三十六年於茲，予亦六旬有一矣。昔衛武公作抑戒，老而自警也。予侍聖母，不宜言老，而自警之意，則不可無。大此集諸經語，誰不能成誦，然言之易而行之難。語云：適百里者半九十里。苟所行不符乎所言，予愧不滋甚哉。

自我民聽，天以爲聽。自我民視，天以爲明。無曰高高在上，惟命不于常。奈何弗敬，夙夜不遑。純佑惟休，惟恤亦無疆。（右惟天聰明。）粤我列祖，憲天惟聖。宅中圖治，敬勝義勝。允兹克明，佛時仔肩。以似以續，惟曰欲至于萬年。（右惟聖時憲。）予有股肱，予有心膂。恤小民之依，惟予與汝。曰惟欽哉，厥欽匪從。陳善弼邪，無私則公。（右惟臣欽若。）至弱而不可勝，至愚而不可欺。心焉懷保，庶其從治。厥類有四，厥數無萬。暑雨祁寒，曰咨曰怨。思艱圖易，適求厥寧。用顧畏于民碞，適觀厥成。（右惟民從乂。）百姓注耳目，一人孩之。萬幾凛旦明，一人裁之。惡乎危于不知，惡乎失于好逸，惡乎損招于矜驕。（右首出庶物。）人莫不衣食也，足之則寧。民猶水也，澄之則清。使菽粟布帛如水火，亦其難矣，豈可虚詡昇平。（右萬國咸寧。）和樂且湛，君子之愷。平易近民，君子之悌。君子終日乾乾，體仁長人，大都爲爲君者而言。（右愷悌君子。）譬如北辰，居其所而衆星拱之，德斯要矣。爲則者心誠奉之，苟失其德，孰與爲則。戒之慎之，斯焉惕息。（右四方爲則。）在昔文王，卽康功田功。志厪惠鮮，受命惟崇。詰戎固要，黷武非賢。以是爲功，失之天淵。（右功崇惟志。）曰宵衣，豈誠宵衣乎？曰旰食，豈誠旰食乎？卽誠宵旰而心不在焉，亦豈得謂之真勤乎？君者臣之師乎？將以督人，而已固可遺乎？（右業廣惟勤。）爲君奚難，難於知人，唐虞已然，而況而今。忠邪莫辨，善惡紛陳，貌不易察，心更難諶。量材授職，各有分司，廣諮博訪，或稱不知。在彼則可，在我則遲，蒿目焦心，分憂其誰。（右知人則哲。）三代以下，治世常稀，其故云何，安民莫爲。安民若何，莫如惠施。惠心勿問，元吉易辭。（右安民則惠。）

後書「乾隆三十六年歲在辛卯，孟春上澣御筆，乾隆六十二年歲次丁巳，孟冬月臣趙秉沖奉勅重摹。」

東壁，恭懸聖祖仁皇帝御筆墨刻蘭亭叙。西壁，懸唐岱、孫祜合仿李唐寒谷先春圖，每於歲時懸掛，平日收藏。東暖閣内，匾曰抑齋；西暖閣内，匾曰温室。皆高宗純皇帝御筆。

西暖閣北楹上，恭懸高宗純皇帝御筆乾清宮銘：

大哉至健，純粹而精。昭昭成象，蕩蕩難名。四德嬗用，六位時乘。静專動直，資始大生。我祖我考，奉是丹楹。五福敷錫，萬國咸寧。敢恃崇居，惴惴矜矜。益慎體乾，惟皇永清。

聖製孟冬還宮敬因重建乾清宮工成有作　戊午

昨歲乾清值祝融，紀年嘉慶匪乾隆。昨年孟冬二十一日，乾清宮弗戒於火，此事紀載應入於嘉慶二年。惟予自丙辰授璽後，並未退居寧壽宮，仍在養心殿，日勤訓政，事無鉅細，皆予自任之，敬思上天垂戒，誠以予仰邀洪貺，踐阼六十二年，壽躋望九，康强逢吉，諸福備膺，較之皇祖受眷尤爲優厚，未免欣喜過望，是以昊慈於篤祐之中示以戒滿之意。予惟撫躬自責，不以諉之子皇帝，此實敬凜寅畏之誠，詳見昨年悔過詩及頒發勅旨内。從來有應必有故，不以責儲惟責躬。萬户千門肯效侈，用漢未央宮事。復初如舊亦稱崇。重成枚實纔旬月，自昨年孟冬至今年仲秋，甫十閲月，大工重建告成，鴻規鉅制，一切復還舊觀，辦理甚爲妥速。兹值進宮吉日，特降旨將管理工程大臣官員等交部分别議敘，其工匠及總管内監等賞給緞匹有差。是日天氣晴和，敬謹申謝宮殿及司工各神靈，以答福佑，從此敬迓天庥，延釐集慶，吉祥鞏固，至於萬年，永益欽承無斁云。仍慙去聲卑之大禹宮。

御製重修乾請宮大工落成詩以誌事　戊午

去冬追憶尚心驚，喜見新宮不日成。天象昭垂申告戒，臣身修省本衷誠。父恩高厚瞻堂構，殿式巍峨備棟楹。鞏固斯干祝苞茂，永承乾健奉皇清。

御製乾清宮西暖閣敬述　癸亥

百有餘年建大清，渺躬繼述凜持盈。祖功宗德艱開創，天眷考恩亹守成。立極紹言繇寶祚，求賢佐治衞民生。仔肩任重虞難荷，彊勉敬勤一念誠。

臣等謹案：乾清宮爲嚮明出治之所，嘉慶二年十月，太上皇帝命將作重修。恭讀勅旨，欽感天心仁愛，默垂鑒佑，益凜持盈。復追繹聖祖諭旨，期四海之乂安，懋一人之有慶，是以松雲如舊，丹雘維新，與皇帝同迓天祖洪庥，鞏福基而崇肯構。臣等恭録聖製暨御製新宮慶成詩什，用誌萬年締造之吉祥。至前頒勅旨，謹分載訓諭門。

乾清宮之東爲昭仁殿，南嚮，聖祖仁皇帝在御時，日夕寢興之溫室也。高宗純皇帝敕檢内府書善本，先後排比，列架庋藏。（詳載書籍門。）扁曰「天禄琳琅」，嘉慶二年重建。

聖製重華宮茶宴廷臣及内廷翰林等，用「天禄琳瑯」聯句，是日復成二律 乙未

甲子琳瑯輯天禄，（辨訂舊版書爲「天禄琳瑯」，自甲子年始。）因之内殿庋昭仁。三旬閱歲編維舊，四庫於今書薈新。體固參差置應別，品資檢校得求真。（舊所辨宋版中頗有未確，今經訂正改徹者；亦有原辨疏漏，今爲考定增入者。）笑咨邇日抽增者，豈乏當時預選人。

交泰聯情聚翰僚，重華喜值小年朝。（見月令輯要，杭州府志。）聊因應節設芳茗，略異開筵詠蓼蕭。爲學立言當顧行，敕幾食旰與衣宵。崇文詎曰崇虛飾，復旦卿雲莫謾謡。

前楹，北嚮聯曰：「風奏南薰調玉軫，霞懸東壁燦瑶圖。」後室聯曰：「獨喜惜陰澄静照，更因稽古契遐心。」殿後，西室扁曰：「慎儉德」，聯曰：「瓊枝春意足，縹帙古香多。」再後西室扁曰：「五經萃室」，高宗純皇帝勅彙貯宋岳珂校刻五經於此。屏上，恭懸聖製五經萃室記。（恭載書籍門。）西嚮聯曰：有秋歷覽登三黼，旰食惟期協九經。」南嚮聯曰：「亦曰欽哉貫謨典，允惟難以作君師。」

高宗純皇帝聖製昭仁殿銘

四德何以首元？四時何以首春？仁者人也，要莫大於親親。刑寡妻以至兄弟，民同胞而物吾與，皆由此施，關痛癢而肫肫。然其所包者廣。是以孔子對門人之問不同，而莫非由己之所存。人宜盡勉，又何況乎爲君！吾用是居昭仁之殿，怵然惟恐有愧於斯言。

御製昭仁殿敬誌詩　戊午

不敢追思去冬事，上天示警寸心知。發仁止義斯昭德，得位安居莫忘去聲危。時凜昊恩垂至教，日聆父訓沐深慈。式瞻堂構增惭懼，舊額新宮敬始基。

乾清宮之西爲弘德殿，南嚮，殿内匾曰：「奉三無私」，皇上傳膳辨事處也。嘉慶二年重建。北壁，恭懸高宗純皇帝御筆大寶箴。後室匾曰：「太古心」，聯曰：「墨汁潤分瑶草緑，篆文清帶筆花香。」東室樓上聯曰：「九疇勤省歲，萬寶協書雲。」樓下聯曰：「得句因新意，耽書是宿緣。」又聯曰：「心爽天宇豁，情欣理境融。」殿後東室匾曰：「懷永圖」，聯曰：「雲霞紛綺麗，文物共葳蕤。」皆高宗純皇帝御筆也。

皇上御書聖製弘德殿銘

求全之毁，吉德也。辨之不已，是惑也。不虞之譽，凶德也。居之不疑，是感也。知惑不爲，直言其來。知惑而爲，諛言其滋。諛滋悔生，直來其亨。宜已而辨，汝奚爲善？宜疑而居，汝惡奚祛？屏乎營乎，其思德之所宏乎！

御製夏日奉三無私敬述　癸亥

仰瞻棟宇承先澤，盛夏全無暑氣侵。身逸心勞厪民瘼，吏疲政玩愧君臨。求安時覽天人策，克己常懷大寶箴。繼述仔肩難負荷，旦明兢業寸衷欽。

宮之東廡，内臣直廬三楹。聖祖仁皇帝御筆匾曰：「御茶房」。稍南三楹，爲端凝殿。西嚮，聖祖仁皇帝御筆匾曰：「執事」。殿名取端冕凝旒之義。御用冠袍帶履，俱貯於此。再南三楹，爲舊設自鳴鐘處。聖祖仁皇帝御筆匾曰：「敬天」。高宗純皇帝御筆聯曰：「簾縈香篆齋心久，座殷鐘聲問夜遲。」其地向因貯藏香及西洋鐘表，沿稱爲自鳴鐘，實仍統於端凝殿，列聖所御冠服朝珠尊藏於此，恭見高宗純皇帝聖製匣衍記。恭載典禮冠服門。其南，東出者爲日精門。門之南爲御藥房，聖祖仁皇帝御筆匾曰：「藥房」，又匾曰：「壽世」。再南一室，奉至聖先師及先賢、先儒神位。高宗純皇帝御筆匾曰：「與天地參」，聯曰：「開洙泗心傳，聖由天縱；集唐虞道統，德合時中。」轉而南，嚮北者爲尚書房，皇子、皇孫肄業處也。世宗憲皇帝御筆聯曰：「立身以至誠爲本，讀書以明理爲先。」高宗純皇帝御筆聯曰：「念終始典于學，於緝熙單厥心。」又聯曰：「閒庭不改風還月，攲案依然易與詩。」又乾隆壬戌、乙丑聖製詩二首。恭見前編。

聖製懷舊詩三先生三首

今古既殊宜，其教亦異施。古方教數年，今爲出閣時。憶半舞勺歲，皇考掄賢師。卽從師授經，詎惟習少儀。循循既善誘，嚴若秋霜披。背誦自幼敏，匪曰詡徇齊。日課每速畢，師留爲之

辭。以此倍多讀，胥益平生資。誰知童時怨，翻引老曰悲。不失赤子心，能無纏綣思。嗚呼於先生，吾得學之基。——右龍翰福先生

皇考選朝臣，授業我兄弟。四人胥宿儒，徐朱及張嵇。設席懋勤殿，命行拜師禮。其三時去來，可亭則恒矣。時已熟經文，每爲闡經旨。漢則稱賈董，宋惟宗五子。恒云不在言，惟在行而已。如坐春風中，十三年迅耳。先生抱病深，命輿親往視。未肯竟拖紳，近謁仍鞠跽。始終弗踰敬，啓手何殊爾。嗚呼於先生，吾得學之體。——右可亭朱先生

先生長鰲峰，陶淑學者衆。奉命訓吾曹，風吟而月弄。雖未預懋勤，八載寒暑共。常云三不朽，德功言並重。立言亦豈易，昌黎語堪誦。氣乃欲其盛，理乃欲其洞。是實爲學方，虛車徒駕要。因以書諸紳，未敢妄操縱。德功吾何有，言則企該綜。嗚呼於先生，吾得學之用。——右聞之蔡先生

御製冬日至尚書房詩　丁巳

髫齡卽入學，荏苒卅餘年。愧未明經史，勉期希聖賢。趨庭時領訓，受璽敬承天。兢業寸心凜，危微古藉傳。重遊新絳帳，試拂舊青氈。接席排文翰，連牀列講筵。弟兄仍共坐，子姪喜摩肩。惇敍尊皇父，卽看六代全。乙卯冬，皇父申諭歸政後，皇子、孫、曾、玄輩仍在尚書房讀書。今玄孫載錫已可冀得來孫，天潢衍慶，六世同堂，計六歲就傅，爲期亦不遠耳。

東室，恭懸乾隆四十一年十月初四日高宗純皇帝定諸王遞襲封爵諭一道。室南，恭懸嘉慶九年二月初七日皇上申訓皇子不得自署別號諭一道。西室，恭懸乾隆三十七年十月二十三日高宗純皇帝

訓守本朝冠服諭一道。俱恭載前卷訓諭門。西廡嚮東，中三楹，與端凝殿相對者爲懋勤殿。東嚮，聖祖仁皇帝沖齡曾讀書於此。高宗純皇帝御筆匾曰：「基命宥密」，凡圖史翰墨之具悉貯焉，是爲内廷翰林兼直之所。每歲秋讞時，刑科覆奏本上，皇帝御殿親閲招册，内閣大學士、學士及軍機大臣、刑部堂官面承諭旨於此。再南三楹爲批本處，聖祖仁皇帝御筆匾曰：「愼幾微」。凡内閣擬票本章俱由此處進呈御覽，然後票寫清文交閣。又南，西出者爲月華門。門之南爲内奏事處，每日内外臣工所進奏章及呈遞膳牌，由外奏事官接入，於此交内奏事太監進呈。得旨後，仍由此交出。又爲尚乘轎，祗奉皇帝出入御輿。轉而南，嚮北者爲南書房，内廷詞臣直廬也。稍東，爲内辦理軍機事務處。再東，爲宫殿監等辦事處。聖祖仁皇帝御筆匾曰：「敬事房」。又東爲侍衛直次。昭仁殿之左，東出者爲龍光門。弘德殿之右，西出者爲鳳彩門。此乾清門内乾清宫之叙置也。

國朝宮史續編卷之五十五

宮殿五　内廷二

乾清宮之北，正中爲交泰殿，滲金圓頂，制如中和殿。嘉慶二年重建。楣間南嚮恭懸高宗純皇帝御筆恭摹聖祖仁皇帝御筆匾曰：「無爲」，後扆恭懸高宗純皇帝聖製交泰殿銘：

乾清宮後，坤寧宮前，殿名交泰，象取地天。不顯祖宗，奉兹宮殿，居正臨民，曰明曰旦。始惟宮壼，逮及臣鄰，以御家邦，必本修身。匪祇循名，亦欽責實，健順協中，所其無逸。財成輔相，小往大來，無爲以治，聖訓昭垂。小人道消，君子道長，以左右民，尚慎无往。持盈保泰，勿恤其孚，於萬斯年，凜懷永圖。

後書乾隆壬辰孟春月之吉御筆。乾隆六十二年丁巳孟冬月臣趙秉沖奉勅重摹。

兩楹，恭懸高宗純皇帝御筆聯曰：「恒久咸和，迓天庥而滋至；關睢麟趾，立王化之始基。」殿中設寶座，左安銅壺刻漏，右安自鳴鐘，國朝御用寶璽二十有五，恭載典禮門。尊藏殿中。高宗純皇帝聖製寶譜序、壺漏銘。俱恭見前編。殿之兩廡，左出者爲景和門，右出者爲隆福門。殿後爲坤寧宮，廣九楹。其東暖閣，皇上御書聯曰：「天惟純佑命，俾爾戩穀，百禄是荷；民其勅懋和，綏以多福，萬壽無疆。」南嚮恭懸高宗純皇帝御筆坤寧宮銘：

萬物致養，是曰厚坤。安貞廣大，配天爲元。昔在盛京，清寧正寢。建極熙鴻，貞符義審。思媚嗣徽，松茂竹苞。神罔時恫，執豕酌匏。廣博無疆，黄中正位。以繼以繩，惟曰欲至于萬世。

閣上，高宗純皇帝御筆匾曰「福德相」，聯曰：「功德莊嚴輝寶月，薰聞安樂引祥風。」閣下東室，恭懸高宗純皇帝御筆匾曰：「紫垣」，西室聯曰：「斯干咏松竹，天保頌升恒。」西暖閣，高宗純皇帝御筆聯曰：「春靄瑶墀，綵霞呈五色；端凝綺閣，琪樹燦三珠。」宮左爲東暖殿，世宗憲皇帝御筆匾曰：「位正坤元」。右爲西暖殿，高宗純皇帝御筆匾曰：「德洽六宮」。右二殿，與昭仁、弘德二殿相對。東暖殿之東爲永祥門，稍北爲基化門，俱東出。西暖殿之西爲增瑞門，稍北爲瑞則門，俱西出。坤寧宮後，北嚮正中爲坤寧門，門外卽御花園也。

御花園在坤寧宮後，左曰瓊苑東門，右曰瓊苑西門。園中奇石羅布，佳木鬱葱，有古柏藤蘿，皆數百年物。正中爲天一門，前列金麟二。門北南嚮爲欽安殿，祀元天上帝。高宗純皇帝御筆匾曰：「統握元樞」，皇上御書匾曰：「道崇輯武」。頂安滲金寶瓶。殿前方亭二。其東稍北，疊石爲崇山。山正中有石洞，洞門顔曰：「堆秀」。左側恭鐫高宗純皇帝御筆「雲根」二字。山巔有亭，曰「御景亭」。山之東爲摛藻堂，堂内經史子集插架四周。高宗純皇帝敕録四庫全書薈要排貯於此。御筆匾曰：「摛藻抒華」，聯曰：「庭饒芳毯舖生意，座有芸編結古歡。」

聖製題摛藻堂詩　戊戌

全書收四庫，薈要稡其精。事自己巳兆，（命詞臣校勘永樂大典，並蒐輯遺書，分別應刊、應鈔、應存目三種，彙爲四庫全書。復於應鈔之中擇其尤精者，録爲薈要，列架弆摛藻堂内，以備臨憩閲覽。此堂原爲御花園貯書之所，己巳秋即命以經史子集四部分置，並有詩。蓋已爲之兆矣。）工今戊戌成。（薈要録於癸巳夏，至今戊戌始蕆工。）於焉適枕葄，亦欲勵尊行。設曰資摛藻，猶非識重輕。

御製摛藻堂詩　丁巳

四庫擇其要，薈萃貯山堂。插架已充棟，不數二酉藏。奎壁騰華彩，長現太乙光。右文欽聖主，絃歌暨要荒。

御製摛藻堂觀書詩　戊午

隨鑾幸吳越，七閣徧遊觀。（四庫全書告成，既分貯文淵、文源、文津、文溯四閣，皇父復以江浙爲人文之藪，發帑再繕三分，庋於揚州之文匯閣、金山之文宗閣、杭州之文瀾閣，共爲七閣，以嘉惠士林。歲甲辰聖駕南巡，予時隨扈，因得攬其勝。）薈要盈堂貯，琅函插架看。法言瞻式焕，君道凛其難。聖藻摛奎壁，右文覆被寬。

御製摛藻堂詩　己未

聖學由天縱，先言若合符。全書浩淵海，薈要擇精腴。繼統遵遺誥，傳心守舊謨。居憂時讀禮，魚藻影猶孤。

御製題摛藻堂詩　癸亥

四庫全書貯七閣，浩如淵海實繁多。集成薈要聚精粹，擇選英華遍採羅。摛藻丹宸仰充棟，味腴御苑視同科。（大内摛藻堂、長春園、味腴書室，各貯四庫全書薈要一部。）右文聖治光千古，末學欽承勉琢磨。

西室門外聯曰：「左右圖書，静中涵道妙；春秋風月，佳處得天和。」門内恭懸高宗純皇帝御筆匾曰：「宿鳳」，聯曰：「從來多古意，可以賦新詩。」摛藻堂院壁，恭刻高宗純皇帝聖製御花園古柏行。恭見前編 石上恭刻皇上御製古柏詩：

古柏布清陰，悲含寸草心。先皇遺澤厚，雨露億年深。

堂東爲凝香亭。堂前有池，池上爲浮碧亭。亭之南爲萬春亭。再南嚮，西者爲絳雪軒。軒前植海棠，軒内恭懸高宗純皇帝御筆匾曰：「視履考祥」，聯曰：「東壁焕圖書，琳瑯滿目；西清瞻典册，經緯從心。」右室聯曰：「樹將暖旭輕籠牖，花與香風並入簾。」又内室聯曰：「花初經雨紅猶淺，樹欲成陰緑漸稠。」軒南卽瓊苑東門也。

欽安殿之西，稍北爲延暉閣。閣上恭懸高宗純皇帝御筆匾曰：「凝清室」。東室聯曰：「雪朗西山送寒色，花輝東壁發生馨。」閣下聯曰：「麗日和風春淡蕩，花香鳥語物昭蘇。」又聯曰：「錦座凝香，花敷春苑麗；晴窗挹翠，霞帶曉屏舒。」閣前相對爲四神祠。西爲位育齋。齋西爲毓翠亭。齋前有池，池上爲澄瑞亭。卽亭爲斗壇，正面恭懸高宗純皇帝御筆匾曰：「神樞景福」，聯曰：「仁壽仰宏慈，長綿寶算；發生資大始，密運璿樞。」亭南爲千秋亭。又南爲養性齋。齋東嚮，七楹；南北嚮相接者各三楹，皆有樓。樓上正中恭懸聖祖仁皇帝御筆匾曰：「飛龍在天」，左室聯曰：「心蹟只今偏愛澹，詩情到此合添幽。」又聯曰：「一室虛生無限白，四時不改總常青。」右室聯曰：「自是林泉多蘊藉，依然書史得周旋。」又聯曰：「日永亭臺爽且静，雨餘花木秀而鮮。」樓下正中，恭懸高宗純皇帝御筆匾曰：「居敬存誠」，聯曰：「體道鳶魚看活潑，消閒書史挹菁英。」又聯曰：「暇當綈几身聊憩，景入紗疏意與存。」北樓下，南嚮匾曰：「悦心頤神」，聯曰：「古香研道祕，新藻發春妍。」南樓下東嚮聯曰：「四季風光無盡藏，百城古帙有餘馨。」齋西南間，南牆上聯曰：「商鼎周彝自典重，檻葩苑樹相芬芳。」皆高宗純皇帝御筆。齋之南，卽瓊苑西門也。欽安殿之後爲承光門，北嚮，列金象二。左爲延和門，右爲集福門，東西嚮。正中爲順貞門，其北相對爲神武門。門外有下馬牌石，卽紫禁城北門也。

日精門之東爲東一長街。南卽内左門，中爲近光左門，北爲長康左門。稍北而西卽瓊苑東門也。由近光左門而北，嚮西之門凡三，曰咸和左門、廣生左門、大成左門。咸和左門之東相對爲景曜門，中間南嚮者曰景仁門，門内爲景仁宫。前殿恭懸高宗純皇帝御筆匾曰：「贊德宫闈」。東壁懸臣張照敬書聖製燕姞夢蘭贊。恭見前編，後仿此。西壁懸燕姞夢蘭圖。廣生左門之東相對爲履和門，中間南嚮者曰承乾門。門内爲承乾宫。前殿恭懸高宗純皇帝御筆匾曰：「德成柔順」，聯曰：「三秀草呈雲彩焕，萬年枝茂露香凝。」東壁懸臣梁詩正敬書聖製徐妃直諫贊，西壁懸徐妃直諫圖。大成左門之東相對爲凝瑞門，中間南嚮者曰鍾粹門。門内爲鍾粹宫。前殿恭懸高宗純皇帝御筆匾曰：「淑慎温和」，聯曰：「篆裊猊爐知日永，風清虬漏報春深。」東壁懸臣梁詩正敬書聖製許后奉案贊，西壁懸許后奉案圖。右三宫之東爲東二長街，南則麟趾門，北則千嬰門也。街東與景曜門相對者曰凝祥門，再東爲昭華門，中間南嚮者曰延禧門。門内爲延禧宫，前御恭懸高宗純皇帝御筆匾曰：「慎贊徽音」，東壁懸臣梁詩正敬書聖製曹后重農贊，西壁懸曹后重農圖。履和門相對曰德陽門，再東爲仁澤門，中間南嚮者曰永和門。門内爲永和宫，前殿恭懸高宗純皇帝御筆匾曰：「儀昭淑慎」，東壁懸臣梁詩正敬書聖製樊姬諫獵贊，西壁懸樊姬諫獵圖。凝瑞門相對曰昌祺門，再東爲衍瑞門，中間南嚮者曰景陽門。門内爲景陽宫，前殿恭懸高宗純皇帝御筆匾曰：「柔嘉肅敬」，皇上御書聯曰：「詩以志言，景行三代上；東爲春位，陽德萬方同。」東壁懸臣張照敬書聖製馬后練衣贊，西壁懸馬后練衣圖。後殿恭懸高宗純皇帝御筆匾曰：「學詩堂」，聯曰：「多識本探風雅頌，僅存古匯畫書詩。」乾隆辛卯高宗純皇帝鑒定内府所藏宋高宗書毛詩及馬和之所繪圖卷，彙貯於此。屏間，恭懸高宗純皇帝御筆學詩堂記：

子曰：「小子何莫學夫詩。」於伯魚之過庭也，曰：「不學詩，無以言。」學詩尚矣。然學詩者豈以駢四儷七、叶聲韻、練詞藻爲能盡詩之道哉？必於可興可觀、可羣可怨、事父事君之大端，深入自得。然後藴諸内，則心氣和平；發諸外，則事理通達。於是言之文而行之遠，不讀關雎麟趾，不能行周官法度，是則有天下國家者，尤不可不學詩也。宋高宗命馬和之爲毛詩全圖，自書經以配之，間亦有孝宗書，豈和之始事於建炎，而蕆功於乾道，阜陵補書以卒成之乎？歷年既遠，散失者多，其在内府已登諸石渠寶笈書者，凡九卷。書成之後，續得者又八卷。而以新證舊，乃知向所藏，或失之精覈者凡五卷。夫真者既知其醇，則贋者宜去其疵，於是萃前後可信爲真者，都爲一笥，別藏於景陽宫後殿，而名之曰學詩堂。後或有所得，將以是證之，而歸其笥焉。各卷並爲題識書之，以傳信永世。卷之甲乙，以風雅頌爲次第，而不計書經者之前後。其已登石渠寶笈，今訂爲僞之五卷，則仍其舊，亦各爲識語書其後。夫高孝兩朝，偏安江介，無恢復之志，其有愧雅頌大旨多矣。則所爲繪圖書經，亦不過以翰墨娱情而已，豈真能學詩者乎？詩曰：「高山仰止，景行行止。」惜乎吾不能揖讓於清廟明堂之間也。

聖製正月五日重華宮茶宴廷臣及内廷翰林等，適新題學詩堂用以聯句並成是什　辛卯

東壁圖書貯景陽，（後宮左右列十二景陽，在左末向爲貯圖書之處。）新顔後殿學詩堂。緣收趙宋君臣蹟，企想姬周禮樂場。真弆寧誇多乃富，（内府原藏馬和之詩經圖，凡十七卷，詳加審定，去贗本五卷，存真蹟十二卷。或昔分今合，或昔合今分，其闕寫本詩者，則爲補書，秩然就理，各爲跋以系之，彙貯堂中。）贗祛無礙論從詳。相於有詠仍聯席，可識不爲猶而牆。初韶茶宴例重華，汲古敦今亦孔嘉。六義具存欣有繹，一言以蔽曰無邪。蚖膏鶴餤嫌頻俗，琅盌球盤頗近奢。商搉莫非風雅頌，左廂直擬鄭元家。（每歲於重華宮延諸臣入列坐左廂，賜三清茶及果飣合，詩成傳箋以進。）

東室聯曰：「古香披拂圖書潤，元氣沖融物象和。」又聯曰：「生機對物觀其妙，義府因心獲所寧。」

西室聯曰：「屋窻日朗蘭噴霧，鷄樹風輕玉靄春。」又聯曰：「書圃禮園無斁好，甌香研淨有餘欣。」皆高宗純皇帝御筆。此東六宮之敍置也。

六宮之東，有小長街。街南嚮東直出者爲蒼震門，街東爲内庫房。其北嚮西者爲欽昊門。門中嚮南爲天穹門。門内爲天穹寶殿，祀昊天上帝。殿内恭懸高宗純皇帝御筆聯曰：「無言妙化資元始，不已神功運穆清。」千嬰門之北，有殿宇五所，所謂乾東五所也。東二所，皇上潛邸曾居是。由日精門長街而南，其東爲仁祥門，再東相對爲陽曜門。正中爲齋宮，凡南郊及祈穀、常雩大祀，皇帝致齋於此。前殿五楹，中設寶座，恭懸高宗純皇帝御筆匾曰：「敬天」，聯曰：「克踐厥猷，聰聽祖考之

彝訓；無斁康事，先知稼穡之艱難。」又聯曰：「顒若謹淵居，神明其德；凜然勅先事，夙夜惟寅。」五屏風中匾曰：「洗心藏密」。聖製齋宮詩六章、（恭見前編）聖製齋居詩、御製齋居詩。（俱恭載典禮門齋戒儀。）皇上御筆聯曰：「温恭有恪心昌燕，夙夜惟寅典駿鴻。」西暖閣恭懸高宗純皇帝御筆聯曰：「皓月空懸心鏡朗，妙雲擁護智珠圓。」後殿匾曰：「誠肅殿」。殿内恭懸高宗純皇帝御筆匾曰：「莊敬日强」，聯曰：「慎獨謹幾，旦明懷帝載；思艱圖易，宵旰念民依。」西爲寢宮，皇上御筆匾曰：「敬止」，聯曰：「禮嚴遷坐毋不敬，誠格雖宫單厥心。」齋宮之東爲毓慶宮，乾隆六十年皇上受封皇太子時賜居，謹於本門另卷恭載。

月華門之西爲西一長街，南即内右門，中爲近光右門，北爲長康右門，轉東即瓊苑西門也。由近光右門而北，嚮東之門凡三，曰咸和右門、廣生右門、大成右門。咸和右門之西相對爲純佑門。中間南嚮者曰永壽門。門内爲永壽宮前，殿恭懸高宗純皇帝御筆匾曰：「令儀淑德」，聯曰：「三秀草呈雲彩焕，萬年枝茂露香凝。」東壁懸臣梁詩正敬書聖製班姬辭輦贊，（恭見前編後仿此。）西壁懸班姬辭輦圖。廣生右門之西相對爲崇禧門，中間南嚮者曰翊坤門。門内爲翊坤宮，前殿恭懸高宗純皇帝御筆匾曰：「懿恭婉順」，東壁懸臣張照敬書聖製昭容評詩贊，西壁懸昭容評詩圖，後殿恭懸高宗純皇帝御筆匾曰：「懋端壼教」，聯曰：「德茂椒塗綿福履，教敷蘭掖集嘉祥。」大成右門之西相對爲長泰門。中間南嚮者曰儲秀門。門内爲儲秀宮，前殿恭懸高宗純皇帝御筆匾曰：「茂修内治」，東壁懸臣張照敬書聖製西陵教蠶贊，西壁懸西陵教蠶圖。右三宮之西爲西二長街，南則螽斯門，北則百子門也。街西純佑門相對曰嘉祉門。再西爲啓祥門。中間南嚮者亦曰啓祥門。門内爲啓祥宮，前殿恭懸高宗純皇帝御筆匾曰：「勤襄内政」，東壁懸臣張照敬書聖製姜后脱簪贊，西壁懸姜后脱簪圖。崇禧門相對曰敷華門。再西爲綏祉門。中間南嚮者曰長春門。門内爲長春宫，前殿恭懸高宗純皇帝御筆匾曰：「敬修内則」，東壁懸臣梁詩正敬書聖製太姒誨子贊，西壁懸太姒誨子圖。後殿恭懸高宗純皇帝御筆匾曰：「德協坤元」，西室匾曰：「德洽六宫」。長泰門相對曰咸熙門。再西爲永慶門。中間南嚮者曰咸福門。門内爲咸福宫，皇上於嘉慶四年曾居是宫。前殿恭懸高宗純皇帝御筆匾曰：「内職欽承」，皇上御書聯曰：「一日萬幾，咸熙功有作；羣黎百姓，福錫德無疆。」東壁懸臣汪由敦敬書聖製婕妤當熊贊，西壁懸婕妤當熊圖。後殿恭懸高宗純皇帝御筆匾曰：「滋德含嘉」，聯曰：「天倪超萬象，神氣領三無。」東室恭懸高宗純皇帝御筆匾曰：「琴德簃」，皇上御書聯曰：「雨暘燠寒風，時庶徵敍；水火金木土，穀六府修。」西室恭懸高宗純皇帝御筆匾曰：「畫禪室」。此西六宫之敍置也。

御製春日咸福宫詩　己未

春氣年年好，今春祇覺悲。臨風時颯爾，觸目總凄其。鳳律驚頻换，龍髯恨莫追。敬恭守遺訓，此志永無移。

冬雪誠優渥，占豐慰聖心。籌農春正始，省歲念尤欽。西嶺素方積，東郊緑漸深。及時興畚鍤，勞力惻中忱。

三年勤訓政，厚澤沐誠多。力竭心難盡，恩深志不磨。瞻雲神索寞，揮淚雨滂沱。龍馭無歸日，天高唤奈何。

國朝宮史續編卷之五十六

宮殿六　内廷三

重華宮在百子門之北，向爲乾西五所。其西二所，高宗純皇帝龍潛時舊邸也。宮之前曰重華門，門内爲崇敬殿，殿内匾曰：「樂善堂」，高宗純皇帝潛邸時書。聯曰：「聖訓光昭，敬誠常自勗；天倫敦敍，忠孝在躬行。臣張廷玉奉勅敬書。」東壁恭懸高宗純皇帝御筆樂善堂記：

昔樂善堂集中，有所謂樂善堂記者，蓋用此堂之名，以名圓明園賜居桃花塢之堂，而記亦記彼處之勝，與宮中此堂無涉也。然彼時之樂善，祇數典漢東平王以爲亟。今斯堂則爲重華宮之前殿，不可以桃花塢堂之記概之。因思東平之樂善，原數典於大舜，所謂樂取於人以爲善也。兹適爲重華宮之前殿，則今之樂善，祇宜景仰大舜之爲，而不必更囿於東平之蹟矣。大大舜之取諸耕稼陶漁之善，世遠固不可徵，而詢岳咨牧載在虞書者，彰彰可考。無非舍己從人，與人爲善。而地平天成，庶績咸熙，胥於是乎基之，是乃千古帝王之法則，而非藩服屏翰者所可相提並論，其事體大而責任重也。昔之效東平爲甚易，今之企大舜爲綦難，是不可無記，以朝夕體之心而措諸政也。然而其志在是，其慙亦在是矣。

西壁恭懸高宗純皇帝御題張宗蒼畫詩：

好山濃若滴，灌木翠如流。雲起知將雨，風來乍似秋。展書惟静客，鎮日坐高樓。何必稱王粲，曾無羈世憂。

堂之東西暖閣俱供佛像。東暖閣恭懸聖祖仁皇帝御筆匾曰：「意蕊心香」，聯曰：「蓮花貝葉因心見，忍草禪枝到處生。」西暖閣恭懸高宗純皇帝御筆匾曰：「吉雲持地」，聯曰：「滿字一如心得月，梵言半偈舌生蓮。」堂之後爲重華宮，向南牆上恭懸高宗純皇帝御筆重華宮記：

宮殿之制，乾清、坤寧二宮爲紫微正中。左右各二永巷，每一永巷以次列三宮，斯爲十二宮。其後，東西以次各列五所。重華宮則昔之西二所也。雍正年間，予蒙賜居於此。卽位後，應升爲宮，彼時大學士鄂爾泰、張廷玉擬以重華爲額，雖頌之意耶，而規卽在此，是以俞而稱之。夫重華協帝，豈易言哉？必有所以勑幾興事、知人安民，而其本則在於審危微之心，執精一之中，是以四十餘年，惟日孜孜，宵衣旰食，雖未致隕越，而於熙世化民，究無所成。是故紀恩堂之記，爲於丙戌；抑齋之記，作於辛卯。凡所以遲遲慎重者，恐有言行不符，致負初心耳。若夫重華宮之記，自不可闕，而其應慎重又奚啻前二記之比哉。少而居之，長而習之，四十餘年之政，皆由是而出之。兹去歸政之年，亦祇一紀，然予猶是予也，政猶是政也，寰區猶是寰區也，而户口日以增，穀帛日以昴，養且不能，那更言教？蒿目焦心，難臻大當。迴思居是宮，勤聖學而談王道，不惟莫之有爲，而竟失於無策，則是記也，亦自訟自責之章，益增慚愧而已。昔宋孝宗倦勤之後，所居號重華宮，此係近年觀武林舊事而知者。其名不約而同。然既爲上皇，奚取重華之義，彼其之人，實非予所羨也。一紀之後，將退居寧壽宮，亦不忍移此名於彼。盖宿學之所安，舊劍不能忘也。是以四十八年以來，元旦除夕，無不於此少坐；新正與諸臣茶宴聯句，率爲例典。異日歸政，或時一來臨，更成佳話。其能踐斯言與否，則敬俟昊蒼之眷佑。今日之下，亦不敢豫爲侈談也。

聖製新正重華宮詩 癸未

元陽迓新祉，端月勤庶績。所希政咸熙，益勵强不息。來賓瀛極西，以德星拱北。惟是蒙天庥，詎云由己力。延洪在知足，敬勝斯念克。休養戒更張，寰海願職殖。

聖製新正重華宮詩 甲申

紀歲維閼逢，建月欣奏達。行時夏正佳，言治虞書括。重華予青宮，舊學時省察。望道猶未見，克己寧盡脱。綵勝亦銀楣，仙木亦繡闥。崇儉以身先，概屏(上聲)難戛戛。所願兆農祥，敬奉璇璣斡。

聖製新正重華宮詩 乙酉

歲值木奮軏，月得土長養。(正月建戊寅。)酉秀成熟兆，寅津輳達廣。迎禧始重華，注心遍九壤。瓦陰雪迷離，簷陽曦炯晃。勝椒煥黻屏，仙木扶鏤幌。新年語吉祥，寰海籲豐穰。

聖製重華宮對雨詩 丙戌

太室修禴侯，恰欣雨少間。明廷馭士餘，(是日引見各省入選舉人。)復見煙絲渙。爲澤已慶幸，知時更繾綣。

重華予青宫，憩息值清宴。簷處玉聲琤，簾際珠光燦。有喜共三農，昔惟賞書案。

聖製新正重華宫詩 丁亥

新正簡萬幾，麗日藹三陽。青宫迓青祉，月宇憶月將。坐言起而行，何有致富康。九重綺歲佳，茅屋那可忘。惟是勤庶政，隨時批奏章。

聖製新正重華宫詩 辛卯

迓祉初韶又履新，重華幾暇致來頻。丁年養德兹週甲，庚月建干似啓辛。正月建庚寅。傳著宣尼元者善，語稱平仲久而寅。紀正康節詩中驗，三十六宫都是春。

聖製重華宫卽事詩 戊戌

歲歲新正家宴開，門迎百子大安來。豈期此日承歡絶，遂令終天抱恨埋。過密早教收玉管，祝釐恒是罷金杯。韶辰嘉語誠難賦，七字依然秖寫哀。

聖製新正重華宫詩 己亥

書屋青宫貯舊編，新正一至未宜捐。華牋掞筆恧七字，綵服稱觴罷兩年。學業商量豈有進，勤勞獎藉絶無憐。祇希十六春秋閲，寧壽移居圖息肩。

聖製新正重華宫詩 庚子

廿七月逾當卽吉，元正祥雪佈新禧。天禔人事胥稱順，保泰持盈倍切寅。影度魚雲三素色，輝連蓂月九華枝。拈毫誰識予心戚，正是往年侍宴時。

聖製新正重華宮憶舊示諸皇子詩 壬寅

南郊祈穀迴，俶歲重華度。重華予舊宮，青年養德處。達實以操心，亦不煩屢語。彼時所生子，有三胥早故。一女后所遺，今老恒憐顧。和敬固倫公主，孝賢皇后所出，今亦五十二歲矣。概想五年前，初正迓慈御。家宴侍觀燈，那可復重遇。向來憂樂多，石火光陰驚。奢望八旬五，致政豫遲暮。十三春秋遥，得弗得未卜。叶便使信得之，百歲迅烏兔。未來以幻觀，過去以夢付。惟是敬勤念，孜孜無改素。

聖製千叟宴畢座重華宮得句 乙巳

内安外靖昇平世，五代一堂康健身。賓籙重開千叟宴，柏梁慶萃百庭臣。沐天恩實今古鮮，切己懼廑否泰循。忍弗孜孜勅幾命，勗過十載作閒人。

聖製新正重華宮詩 丙午

青宮吉語例新春，萬寓顒希福輳臻。大衍數周開歲衮，今爲五十一年。同堂代五荷天申。東朝頤彼待一九，寧壽宮在乾清宮之左，待歸政頤老尚餘九歲，亦可稱東朝矣，雖戲談，誠佳話。此室居之閱六旬。予自十二歲入居毓慶宮，十七娶皇后，始居此重華宮，逮今六十年矣。設曰重華顧名義，膛乎後矣愧惟真。

聖製新正重華宮詩 丁未

青宮花甲歲週諳，雍正丁未，予年十七，始居重華宮。至今歲丁未，正六十年。襲慶何非帝澤覃。十一世兹親見七，甲辰得玄孫載錫，因命查太祖長子褚英支派下於載字輩下又得一輩，因賜名奉福、奉壽，爲十一世。而予逮事皇祖、皇考，下見皇子、皇孫、皇曾孫、皇玄孫，是親見七世矣。仰蒙天眷，錫慶蕃昌，實爲古所未有。八旬壽逮近餘三。予今年七十有七，閱三年即爲八旬正壽，夙願乾隆六十年歸政，則爲八旬有六矣。茲尚孜孜自勵，不敢少懈敬勤耳。聯茵東壁開文讌，迓祉初正賦雅談。舊什新題遍楣梠，不逾一敬祝農蠶。

聖製新正重華宮二律　戊申

正值傳餐憩武成，（殿名，在紫光閣後。是日錫宴外藩，先於此傳餐。）置郵忽見達紅旌。衆欣賊首必生獲，細按軍書未報明。（將升座時，忽聞紅旗報至，云生獲逆首，一時與宴藩臣及執事人等皆歡喜動色。及覽福康安奏，祇云拏獲林爽文父母家屬，逆首尚未就獲。又稱令投出賊目阮和、陳泮等入山躧探，俟得確信，帶兵前往。並云林爽文恃其地勢險僻，勾結生番，祇須嚴防隘口，一面招致生番協同堵截，並不言現往何處擒拏，所奏殊不明晰。至此么𪓐小醜亦不值遞紅旗，而紅旗又非自軍營發來者，不知驛站何處添飾，馳遞軍務豈容虛惑，現在嚴行飭查。）雖此春韶行賁酒，那能歡樂聽歌笙。宴回卓午重華坐，七字聊攄不快情。

東壁聯吟例有詩，咄哉茲番（去聲）乃遲之。生擒賊首題方稱，（去聲）謾頌功成我不爲。速進督程勸且訓，安居深戒慮而疑。（林爽文逃入內山，雖據番社等俱稱協拏，但卽當趁此新勝之際，一鼓作氣，以重兵壓之。該番社等怖於軍威，自必上緊擒拏，若僅坐守遠處，傳諭擒獻，或番社貪其貲財，轉爲藏匿，或令竄入他處，而衆心因遲生懈，必致更稽時日。況據稱南路尚有賊匪竄出滋擾，福康安宜急將林爽文拏獲，卽馳赴南路殲除餘黨，倘疑慮不決，未免於事機遲緩，因馳諭訓戒，督其進程，朕心殊未愜也。）易云君子强不息，決策寧殊少壯時。

聖製新正重華宮疊去歲二律韻　己酉

去歲東廂遲句成，却緣遽馬誤馳旌。（上年正月九日於紫光閣賜宴外藩，將升座時，忽傳紅旗報至，及覽福康安奏，乃稱拏獲林爽文父母家屬，而紅旗實非自軍營來者。於是重華宮聯句遂未卽舉行。有「宴回卓午重華坐」七字，聊攄不快情之句。）幸逢月晦喜音至，乃得朔朝聯韻明。（福康安却已於正月初四日在內山老衢崎地方將林爽文拏獲，祇以遠隔重洋，直至晦日始接喜音，維時正社祭還宮，因卽於二月朔日錫宴聯句如例。）首祚青宮御（音迓）福禄，致齋惟肅屏（上聲）絲笙。（是日逢齋，雖遣官恭代，亦例不奏樂。）少過壯邁皤然老，弗改仍茲耽詠情。

借問如何乃謂詩，重華早訓志言之。先憂後樂於斯寓，弄月吟風那更爲。臺嶠已安起耕作，（臺灣因逆匪滋事，民間耕種失時，及平定後，撫臣徐嗣曾駐彼安輯。據奏，農民已各歸田里，耕作如常。）海邦重定免危疑。（安南之役，既以該國世守藩封，最爲恭順，而阮岳兄弟據城自立，聲討尤不容已。孫士毅率提督許世亨帶兵萬人，兩旬之內克復黎城。黎維祁亦即拜受册印，襲封國王，失而復得，危而復安，中朝字小之義亦云至矣。一傕其進一止進。上年福康安於攻克大里杙之後，未即直入內山擒拏逆首，慮其與賊以暇，致令逃竄，或遺孽未淨，則臺郡終不能安枕。是以催令遄進，以冀速獲二逆。昨歲新正重華宮亦有「生擒賊首題方稱，謾頌功成我不爲」之句。至安南一事，據孫士毅克復黎城後，隨即籌造船隻，辦運軍糧，爲直擣巢穴之計。予始亦以爲果然如此，爲該國永除後患，亦屬盡善之事。據孫永清奏，黎城至廣南地方，有二十餘程，用兵萬人，即須運糧夫十餘萬，勞費內地。而爲小邦計，萬全於事體既屬非宜，且小邦與廢亦有天命，黎維祁庸懦無能，安知非天厭其德而有此內訌之事乎？天命所在，孰能違之？因即降旨令其班師。此固與臺灣之爲內地情形迥不相同，然其應機則一也。視若不同同應時。應時即應機也。

聖製新正重華宮詩　庚戌

初詠關睢吉所遷，雍正五年，娶孝賢皇后，始自毓慶宮東所遷居於此西二所。避名毓慶聖恩淵。宮中添得重華號，向日所居，即位初即升以宮名，禮所當也。因循西四五所今爲建福宮、敬勝齋等處，以爲幾間憩遊之地，此予所謂自知過然亦無可復加，子孫奉此足矣。其東之五所，以爲少年皇子、皇孫及內監居之，亦無隙地矣。後世守此訓無事更張，實予之所喜，不然則是增吾過。且宮牆四圍能廓展乎？老人多慮直書，觀此語者慎之。世上閱來六十年。自雍正五年至今已六十四年，言六十者，舉成數也。當識人情莫忘舊，恰逢歲首又增鮮。六旬子奉八旬母，燈景迴思意黯然。

聖製新正重華宮詩　辛亥

重華昔日此重華，四海爲家茲舊家。開以九旬待天貺，數上聲從一始覺年賒。五十餘年以來，惟日孜孜，勤政愛民，無敢豫怠，以冀上答鴻庥，年復一年，歲月易得，昨已壽躋八旬。蓋旬爲成數，無可復加。今自一數起至九旬，歲月轉覺舒遲耳。春屏芳已催梅蕊，雪象輝知潤麥芽。便是丙辰歸政後，昔蕭何治長安宮殿，漢高祖嗔其壯麗。蕭何謂示後世無以加，意實深遠。是地爲西二所，予年十七賜居於此，即位後因升爲宮。其四五所亦爲建福宮、敬勝齋等處，當亦無可復加。至東五所雖皇子等亦曾居之，若嗣子皇帝亦升爲宮，想再不能踰此。我子孫萬年奉此足矣。予歸政後，於新正仍當來此看嗣子皇帝及羣臣聯句，豈非殊勝樂事。擬仍聯句看吟茶。

聖製新正重華宮詩　壬子

重華舊定名，蓋出閣臣議。是處乃雍正年間所賜西二所之居也。即位後應升爲宮，彼時大學士鄂爾泰、張廷玉擬是名以進，語雖涉頌，而予即以規視之。即頌以爲規，久勗傳心愧。重華新考名，因翻宋史職。叶　宋孝宗淳熙十六年正月己未，更德壽宮爲重華宮。二月壬戌，詔傳位皇太子，駕之重華宮居之。見宋史本紀。孝宗非所羨，著論曾責備。孝宗以能奉養高宗，得謚爲孝，然不能恢復中原，徒事燕遊未節，安得爲天子之孝？向曾著論刻石盛京及西湖，孝宗在南宋諸君，不知以復讐爲急，卒狃於偏安。予所論固責備之義，而發明天子之孝以不失祖業爲重，所關更大也。然可稱嘉兆，歸政三年近。叶　計歸政之期近餘三載，在當日命名意中並無孝宗之事，而六十年前已豫爲嘉兆矣。惕乎與愉乎，難爲情冀遂。

聖製新正重華宮詩　丁巳

憲書登壽八旬七，青邸成婚七十年。重華宮舊爲西二所，雍正五年予十七歲成婚，賜居於此，至今已七十一年矣。歸政稱皇慶惟我，勝堯禪舜得蒙天。授受之典，始於堯舜，然非親子及昆弟。予仰蒙天貺，紀元週甲，克符初願，授璽子皇帝，且身體康强，訓政如常，不特三代以下所未有，以視堯舜不啻過之。風調日麗初正吉，苗靖邪平昨歲遷。此後居諸受尊養，撫時誌幸亦欣然。

聖製新正重華宮有作　戊午

歷歲重華例有作，不忘舊亦是恒心。昨春幸值苗全靖，今蜀偏嫌首未擒。昨春來此，已於年前接到攻克石隆苗寨陣斬首逆石柳鄧之奏，湖南苗疆悉就平定。兹新正五日雖據宜綿、明亮等奏，於大竹、梁山營、山渠縣、廣元等處共殲賊數千名，但首逆俱未就擒，尚不足爲慰。北苑撰辰將啓駕，新正擇吉於初六日幸圓明園，明晨卽當啓駕矣。東廂曲宴罷連簪。每歲開韶，例於重華宮恭宴廷臣及內廷翰林等，命題聯句。近日盼望擒渠捷報，心緒焦煩，因罷行此舉。午前露布倘飛到，聯句圓明漫補吟。現在明亮、德楞泰等將竄至廣元邊界之賊悉力兜截，不令闌入棧道，又不使與川省教匪合夥，賊勢已窮，首逆齊王氏、姚之富等當可剋日擒獲。其宜綿等各路剿捕之賊俱屢有克捷，而勒保現由重慶一路前進，添調新兵數千，已陸續齊集，聲威愈壯，卽日會同宜綿、惠齡、恒瑞、慶成等四面攻圍，將川境之賊悉數廓清，擒渠蕆績。若早晚喜音飛至，仍當於圓明園補行聯句，以循例事，而誌新禧。

東室恭懸高宗純皇帝御筆匾曰：「芝蘭室」。世宗憲皇帝御筆聯曰：「芰荷香繞垂鞭袖，楊柳風横弄笛船。」併世宗憲皇帝聖製詩：

「青陽御紫微，瑞雪下彤闈。浹壤流天霈，綿區灑帝輝。水如銀度燭，雲似玉裁衣。爲得因風起，還來就日飛。」

右詩幅爲高宗純皇帝藩邸時世宗憲皇帝所賜也。高宗純皇帝御筆聯曰：「篆裊金爐，入座和風初送暖；花迎玉佩，映階芳草自生榮。」東廡爲葆中殿，殿内匾曰：「古香齋」，聯曰：「四壁圖書饒古色，重簾烟篆挹清芬。」西廡爲浴德殿，殿内恭懸高宗純皇帝御筆匾曰：「抑齋」，併聖製抑齋記：

予向居重華宫，潔治西廂爲書室，而名之曰抑齋。踐阼之後，於凡御園行館，據山水之佳，適性情之雅，可以凭棐几、展芸編者，無不以是爲名，示不忘舊也。而向未有記。夫記之意，識也。左史記言，右史記事是也。又記之言，志也。公府奏記進己志，是也。深居九重，暇餘萬幾，宵衣旰食之際，左右史之職，廢已久矣。夫誰與記之？而公府奏進己志，其能陳天命之艱，觖屋漏之隱者，亦鮮焉。是在自謹其起居，自任其出令，以代左右史之識。凜顧諟，欽幾微，以通公府之志，則抑齋之記，尤不可不作於今日者也。夫予向之所云抑者，不過欲退損以去驕吝，慎密以審威儀，所爲敬業樂羣之事耳。若夫今之所云抑，則豈數語所能盡者？命不易哉，無曰高高在上，抑也。日盈則昃，月盈則蝕，抑也。予臨萬民，凜乎若朽索之馭六馬，抑也。无平不陂，无往不復，艱貞無咎，抑也。斯其大者。至於一言之不謹，一事之不慎，其害將貽天下後世。嗚呼！今日之抑之艱，豈昔日之抑之易，所可相提並論者哉！衛武公作抑之詩，使人日誦於側以自警，彼諸侯也，尚知以是爲棘。則予之不忘舊日之命，而益勵日新之德，於以代左右史之識，通公府之志，不亦宜乎？重華宫之抑齋，其權輿也，故書記於室。

殿中聯曰：「賞心於此遇，即事多所欣。」宮後爲翠雲館，聯曰：「古訓手勤披，每競寸陰求日益；民依心默運，常先萬姓祝年豐。」東室匾曰：「養雲」，聯曰：「白雲有古調，青山無俗緣。」東次室匾曰：「長春書屋」。西室匾曰：「墨池」，聯曰：「屏展烟鬟，雲鶴閒看心共遠；座凝香篆，風松静覺韻偏清。」西次室匾曰：「澄心觀道妙」，聯曰：「四季風光無盡藏，百城古帙有餘香。」皆高宗純皇帝御筆。重華宮之東爲漱芳齋。齋中高宗純皇帝御筆匾曰：「正誼明道」。中設寶座。屏風上恭懸高宗純皇帝御筆「正誼明道詩」。恭見前編聯曰：「言動協規箴，惟敬作所；都俞垂典誥，主善爲師。」南楹皇上御書聯曰：「天作宮庭傳燕翼，敬承堂構集鴻禧。」東次室高宗純皇帝御筆聯曰：「柏子祥烟鼎噴馥，椒花吉語勝霏香。」又東次室門上，皇上御書聯曰：「明目達聰，嘉言罔攸伏；夙興夜寐，繼序思不忘。」東室匾二，一曰「莊敬日强」，一曰「高雲情」。聯二，一曰：「清燕凝神，天和閑處養；從容守正，元化静中涵。」一曰：「花香鳥語羣生樂，月霽風清造物心。」東次室門上聯曰：「由舊典時式，其永無愆；思庶政惟和，不敢自逸。」門内匾曰：「静憩軒」。又東牆聯曰：「不生波處心恒定，大寂光天相總融。」西室聯曰：「寫誠敬之心，禮章樂亮；會恬熙之象，日麗風和。」西次室聯曰：「清風明月食無盡，近景遐觀攬莫遺。」後殿北牆懸大寶箴一篇，殿後穿堂。匾曰：「稽古右文，聯曰：「恭己奉三無，澄心待萬幾。」堂後東廂匾曰：「金昭玉粹」，聯曰：「瑞景瓊樓開錦繡，歡聲珠閣奏雲韶。」東室匾曰：「隨安室」。皆高宗純皇帝御筆。

啓祥宮之西南嚮者，爲延慶門。門内爲延慶殿。殿後爲廣德門，門内爲撫辰殿。匾曰：「斂福宜民」，聯曰：「生機對物觀其妙，義府因心獲所寧。」殿後爲建福宮，恭懸高宗純皇帝御筆匾曰：「不爲物先」，東室聯曰：「交泰三陽肇羲象，歛時五福協箕疇。」西室聯曰：「香靄綺疏，蕙圃敷榮滋湛露；風清釦砌，芝房擢秀映長春。」聖製建福宮賦。恭見前編。

聖製建福宮題句　己亥

初葺建福宮，乃在壬戌歲。循名及責實，其義賦中備。有建福宮賦。亦有引未發，則別具深意。憶當元二年，廿七月守制。宮居未園居，夏月度兩次。炎熱弗可當，少壯禁之易。慈闈祝萬齡，然終必有事。圖茲境清涼，結宇頗幽邃。庶可逭煩暑，以爲日後備。前歲遭大故，暢春虔奉置。因循乃園居，昔皇考大事，常居養心殿，二十七月後始居御園宮內，凡經兩夏，彼時年力正壯，雖煩暑不甚覺也。後葺建福宮，以其地較養心殿稍覺清涼，構爲邃宇，以備慈壽萬年之後居此守制，然亦不忍宣之於口。前歲聖母大事，於暢春園九經三事殿安奉，本欲以無逸齋爲倚廬，而王、大臣敦請以居御園之九洲清晏與養心殿無異，不得已而從之。予亦自揣春秋望七，實不能如初元之耐熱，卽欲居建福宮之初意亦未得遂，每爲抱歉。向意惜未遂。慈寧南花園，實復同斯例。於慈寧宮南花園葺治樸宇數間，本亦如葺建福宮之意，且以備慈躬或不豫爲日夜侍奉湯藥之所，丁酉正月卽以爲苫次，後因王、大臣固請，遂亦移居養心殿。長上聲年孰弗願，筋力難從志。缺禮實已多，永言誌吾愧。

御製建福宮新正成詠，用杜甫宣政殿退朝詩韻　癸亥

獻歲元辰敷景運，東郊迎氣颺青旂。雪滋錦甸麥方沃，寒勒芳園柳未絲。四始昭宣生庶彙，三陽發育暢佳時。惟皇建福予欽繼，徧錫臣民曷敢遲。

建福宮後爲惠風亭。又北爲靜怡軒。高宗純皇帝御筆匾曰：「與物皆春」，聯曰：「雨潤湘簾，苑外青巒飛秀；風披錦幔，階前紅藥翻香。」西室，高宗純皇帝御筆匾曰：「四美具」。屏間，則聖製「視、

聽、言、動、思」五箴也。恭見前編聯曰：「墨壺琴薦相先後，舊詠新裁自品評」。又聯曰：「蘭殿藹晴暉，
爐烟結翠；芝宮呈秀采，砌草舒芳。」後西室，皇上御書匾曰：「萃勝」，又匾曰：「集英」。軒後爲
慧曜樓。樓西爲吉雲樓聯曰：「吉雲垂大地，慈鏡照諸天。」樓下匾曰：「如是室」，聯曰：「華海澄
明，性源離色相；法鈴朗徹，覺地了聲聞。」皆高宗純皇帝御筆。吉雲樓西爲敬勝齋，閣上高宗純皇
帝御筆匾曰：「旰食宵衣」，聯曰：「看花生意蕊，聽雨發言泉。」閣下東室，皇上御書聯曰：「吉傳顓
帝訓，義取召公書。」西室匾曰：「性存」，聯曰：「致虛涵白室，式古凛丹書。」齋西匾曰：「德日新」，
樓上聯曰：「恭己奉三無，澄心待萬幾。」又聯曰：「牙籤披古鑒，香篆引澄懷。」齋内有亭，匾曰「風
雅存」，聯曰：「金掌露浮盤影動，蓮臺風送漏聲遲。」皆高宗純皇帝御筆。其庭中垣門内，高宗純
皇帝御筆匾曰：「朝日暉」。西爲碧琳館，東嚮樓上匾曰：「靜中趣」，聯曰：「參得王蒙皴法，寫將
杜甫詩情。」又聯曰：「與物皆春，花木四時呈麗景；抗心希古，圖書萬軸引清機。」又左聯曰：「軒
墀饒秀潤，書史足吟哦。」右聯曰：「味道研精義，隨時愛景光。」樓下聯曰：「素心悦澹泊，勝託惟
静虛。」又聯曰：「窗意包涵畫，天容醖釀春。」館南爲妙蓮花室，聯曰：「青蓮法界本清净，白毫相光
常滿圓。」又聯曰：「轉諦在語言而外，悟機得真實之中。」室南爲凝暉堂，聯曰：「十二靈文傳寶炬，
三千淨土蔭慈雲。」南室匾曰：「三友軒」，恭懸高宗純皇帝御筆三友軒詩。恭見前編軒内，皇上御書聯曰：
「植物咸發育，内照務澄清。」凝暉堂之前爲延春閣，閣内南嚮高宗純皇帝御筆匾曰：「惠如春」，聯
曰：「玉砌風清，五色祥光棟宇；銅籤晝静，四時佳氣集蓬壺。」皇上御書聯曰：「瑶階鶴繞三株樹，

玉宇鸞鳴九子鈴。」又聯曰：「八千樹色皆生意，九十春光總太和。」東室門上扁曰：「清華」。西室門上扁曰：「朗潤」。東面室内高宗純皇帝御筆扁曰：「潔素履」。皇上御書聯曰：「山水之間發清響，古今以上多同人。」西面高宗純皇帝御筆扁曰：「静觀自得」，聯曰：「拂檻露濃晴樹濕，捲簾風細落花香。」又聯曰：「燕賀鶯遷，樂意相關禽對語；蘭芽桂蕊，生香不斷樹交花。」左室扁曰：「芝田」，右室扁曰：「蘭畹」，仙樓上扁曰：「澄懷神自適」。聯三，一曰：「吟情遠寄青瑶障，悟境微參寶篆香。」一曰：「春靄簾櫳，氤氲觀物妙；香浮几案，瀟灑暢天和。」一曰：「緑水亭前羅帶繞，碧山窗外畫屏開。」最上層南嚮扁曰：「俯暢羣生」。皆高宗純皇帝御筆。聯曰：「萬疊雲山煙樹擁，九重辰極斗杓懸。」北嚮扁曰：「高臨萬象」，聯曰：「高引薰時琴氣潤，遠宜眺望鏡心開。」西嚮扁曰：「煦周四序」，聯曰：「元氣中含三殿護，仁風旁達八窗開。」東嚮扁曰：「崇兆三登」，聯曰：「閣外峰巒迎爽氣，座間翰墨挹清芬。」皆皇上御書。閣西門上，南嚮者曰「含象」，北嚮者曰「懷芬」。閣前疊石爲山，巖洞磴道，幽邃曲折，間以古木叢篁，饒有林嵐佳致。山上結亭曰「積翠」。山左右有奇石，西曰「飛來」，東曰「玉玲瓏」。西爲石洞，曰「鷲峰」。南有静室，東嚮扁曰：「玉壺冰」。又扁曰：「鑑古」，聯曰：「湘管摛新會，芸編發古香。」皆高宗純皇帝御筆。静室，皇上御書聯曰：「暑雨祁寒惟省歲，先憂後樂總同民。」門上扁曰：「慶雲集」，又扁曰：「祥風翔」。其上有樓，供大士像。聯曰：「智珠不斷恒河界，明鏡長懸兜率邊。」又龕内聯曰：「流水如有意，高雲共此心。」正中樓上扁曰：「澹遠」，皆高宗純皇帝御筆。玉壺冰樓上扁曰：「大圓鏡」，又扁曰：「波羅諦」，皆皇上御書。

國朝宮史續編卷之五十七

宮殿七　内廷四

月華門之西相對爲遵義門。門西嚮南者爲養心門，中爲養心殿，皇上宵旰寢興之所也。凡辦理庶政，召對、引見，一如乾清宮。殿内楣間南嚮恭懸世宗憲皇帝御筆匾曰：「中正仁和」。正中設寶座。屏上恭刻高宗純皇帝御筆聯曰：「保泰常欽若，調元益懋哉。」併聖製詩：

西師歸振旅，東陸舒由庚。執徐奉執規，持躬凜持盈。三白兆宿歲，萬幾簡新正。閒中足養心，而予有所怦。懷安豈良圖，無逸斯元亨。自强勵不息，善長時偕行。

東壁，恭懸高宗純皇帝御筆養心殿銘：

人心惟危，在閑其邪。道心惟微，在培其芽。其閑其培，皆所爲養。操存舍亡，毋須臾放。有如時雨，沃此寸田。大公順應，動直静專。動匪憧憧，静匪寂寂。矧其爲君，更宜乾惕。一念之善，百禩蒙庥。一念之惡，萬姓貽憂。養之之方，存誠主敬。克己復禮，外王内聖。孰本孰末，外由内施。任重道遠，責萃君師。朵殿崇崇，顧名思義。作此銘辭，永訓後世。

西壁懸臣董邦達畫谿山清曉圖，高宗純皇帝御題詩：

天淡雲開今古情，新圖即景益分明。爽澄蘭沼波吹細，風度松林籟泛輕。白帝精神昨夜入，虚堂颯沓此時生。四家六法何須論，領略堂前妙趣呈。

東暖閣内恭懸高宗純皇帝御書聖祖仁皇帝聖訓曰：「天下之治亂休咎，皆係於人主之一身一心。政令之設，必當遠慮深谋，以防後悔。周詳籌度，計及久長。不可爲近名邀利之舉，不可用一己偏執之見。採羣言以廣益，合衆志以成城，始爲無偏無黨之道。孝者百行之原，不孝之人斷不可用。義者萬事之本，不義之事必不可爲。孝以立身，義以制事，無是二者，雖君臣父子不能保也。」世宗憲皇帝聖訓曰：「敬天法祖，勤政親賢。愛民擇吏，除暴安良。勿過寬柔，勿過嚴猛。同氣至親，實爲一體。誠心友愛，休戚相關。時聞正言，日行正事。勿爲小人所誘，勿爲邪説所惑。祖宗所遺之宗室宜親，國家所用之賢良宜保。自然和氣致祥，綿宗社萬年之慶。」皇上御書高宗純皇帝聖訓曰：「朕自臨御以來，惠愛黎元，加恩海宇，凡普免天下錢糧四次，普免漕糧二次。此外偶遇水旱偏災，隨時蠲免賑卹者，又不一而足。此皆由國家承平日久，生齒益繁，人君代天養民，允宜渥沛恩膏，俾閭閻共臻樂利，方爲子惠元元之道。我子孫纘膺大統，亦當以朕之心爲心，愛養斯民，推恩行慶。若能頻施曠典，視朕有加，實我大清國億萬年無疆之庥。」

門上東嚮，恭懸高宗純皇帝御筆新正養心殿詩：

竹苞松茂廣深沉，宵旰恒兹惕照臨。中正仁和銘在目，士農工賈廑於心。鈞陶恰喜三陽泰，職殖還希六宇愔。安逸不圖所爲養，書屏日日當師箴。

皇上恭集聖製句，御書聯曰：「惟是乾惕意，無非歡喜緣。」閣上恭奉龕位。恭載典禮宮規門。東嚮，皇上御書匾曰：「如在其上」，聯曰：「寢門對越音容在，秘殿瞻依僾愾深。」閣下南嚮高宗純皇帝御筆聯曰：「憂其所可恃，懼其所可矜。」皇上御書聯曰：「日夜雨露得其養，仁義禮智根于心。」閣下西嚮，皇上御書尚書無逸篇。閣西南，高宗純皇帝御筆匾曰：「明窗」，聯曰：「暇當綈几身聊憩，景入紗窗意與存。」併聖制明窗詩：

明窗詎曰尚高閑，闢達重華志仰攀。越若臨民慎恭己，克知圖易在思艱。

閣後室，高宗純皇帝御筆匾曰：「寄所託」。東室爲寢宮。西室，高宗純皇帝御筆匾曰：「隨安室」，聯曰：「無不可過去之事，有自然相知之人。」西暖閣恭懸世宗憲皇帝御筆匾曰：「勤政親賢」，聯曰：「惟以一人治天下，豈爲天下奉一人。」

高宗純皇帝御筆擬鮑明遠詩

一心奚所託，爲君止於仁。二典傳家法，敬天及勤民。三無凛然奉，大公何私親。四序協時月，熙績在撫辰。五事惟敬用，其要以備身。六府賴修治，其施均養人。七情時省察，懼爲私欲淪。八珍有弗甘，念彼饑餓倫。九歌揚政要，鄭衛漫亟陳。十聯書屏扆，式聽師保諄。

高宗純皇帝御筆敬賦中正仁和詩

奎畫殿楹懸，因文道以詮。養心奚外此，示後永無愆。律己旰宵慎，臨民政化宣。守中惟不倚，居正要非偏。仁則物皆育，和斯情畢聯。分雖各具義，合是一承乾。清宴寧堪恃，崇高益鞏虔。晨昏茲惕息，四字奉堯傳。

高宗純皇帝御筆養心殿四箴

我皇考聖訓曰：「敬天，法祖，勤政，親賢」，事祇四端，義該萬理。自古帝王莫不守此以治，違此以亂。予小子踐阼以來，平旦莊誦，惟日孜孜。畏與年長，會隨時觸。爰集經書成句，衍義綴辭，各得十六韻。入目驚心，既因自勵，亦以昭示來許。

皇矣上帝。詩 鑒觀四方。詩 昭假于下。詩 赫赫明明。詩 惟聖時憲。書 承天而時行。易 終日乾乾夕惕若。易 無怠無荒。書 畏天之威。詩 勑天之命。書 不顯亦臨。詩 俾爾彌爾性。詩 惟予一人。書 曷其奈何弗敬。書 敬勝怠者吉，義勝欲者從。國語 日日新，又日新。禮記 清明在躬。禮記 無然畔援，無然歆羨。詩 昭升于上。書 在止於至善。禮記 先天而天弗違，後天而奉天時。易 我不敢知。書 我其夙夜。詩 念茲在茲。書 怵惕惟厲。書 安而不忘危。易 於緝熙。詩 永言配命。詩 弼我丕丕基。書 ——右敬天箴

明明我祖。書 既受帝祉。詩 我來自東。詩 永清四海。書 之綱之紀。詩 惟民所止。詩 無忝皇祖。詩 奉先思孝。書 作樂崇德。易 肅肅在廟。詩 春禘秋嘗。禮記 思其所樂。禮記 聖有謨訓。書 若日月之照臨。書 式如玉。式如金。左傳 布在方策。禮記 罔有不欽。書 峻命不易。詩 遺大投艱于朕身。書 如親聽命。禮記 罔不惟德之勤。書 曰仁與義。易 迭用柔剛。易 一張一弛。禮記 不愆不忘。詩 民可近。不可下。書 無教逸欲有邦。書 夙興夜寐。詩 其爾典常。書 啓佑我後人。書 俾爾熾而昌。詩 ——右法祖箴

天行健。易 聖人則之。易 克綏厥猷惟后。書 一日二日萬幾。書 罔遊于逸。書 庶積咸熙。書 曰予一

人。禮記昧爽不顯。左傳與公卿大夫共飭國典。禮記考禮正刑一德。禮記無敢不善。書夙夜匪懈。詩敷政優優。詩惟幾惟康。書斯謀斯猷。書執事有恪。詩亦又何求。詩百工熙哉。書我獨不敢休。詩綱紀四方。書惟皇作極。書先之勞之。論語不遑暇食。書念之哉。書業廣惟勤。書勤則不匱。左傳時乃日新。書承天之道。禮記純亦不已。禮記政貴有恒。書愼終如始。書——右勤政箴

粵若稽古。書明四目。達四聰。書論道經邦。書謂之三公。周禮三事大夫。詩百辟卿士。詩宣力四方。書以佐天子。詩惟后非賢不乂。書其惟吉士。書寤寐求之。詩任賢勿貳。書靖共爾位。詩期予于治。書自朝至于日中昃。書晝日三接。易若涉淵水。書用汝作舟楫。書臣哉鄰哉。書尚克相予。書予其敷心腹賢腸。書出入自爾師虞。書假以溢我。詩我應受之。詩用勵相我國家。書邇可遠在茲。書人亦有言。詩惟治亂在庶官。書所寶惟賢。書惟一德一心。書欲至于萬年。書——右親賢箴

聖製命書各省總督以下知府以上、將軍以下總兵以上名於殿壁詩　丙戌

六卿近分職，日覲切疇咨。方伯各司牧，地遥或忘遺。念茲文武衆，胥任典常資。殿壁名陳列，宵衣予細披。元康傳要論，貞觀著前規。時亮虞廷愼，卓哉不可追。

聖製新正養心殿詩　丙戌

一心出治源，四序春爲首。春者生物心，養之在仁厚。和闓發天倪，醖釀育地紐。奉若善長德，滋培寸田受。

聖製新正養心殿詩　己丑

内殿兹宵旰，寸陰復分陰。流年值理紀，韶祉迓來臨。庶績願咸熙，益慎亹酌斟。三白幸已逢，農諺：正月見三白，田公笑嚇嚇。六花兆其諶。祈年昔猶昔，勤政今斯今。敢云此爲勞，此卽是養心。

聖製養心殿卽事詩　己丑

膏雨頻霑灑，首夏誠清和。日照弗炎騰，風送致爽過。彤殿豈閒居，魁卷閲如何。讀卷官以擬定殿試前列十卷進呈，細爲披閲，原擬第一卷頌語過多，不及第二卷之切實，因對易之。其原擬第三卷意稍薄弱，抑之第四，而擢原擬之第八爲第三。就所見評隲，先定甲乙，然後拆名引見，此新定例也。藻繢非所尚，敷陳在所羅。就此獲者搜，慮彼失者多。籲俊期真材，吾寧取揣摩。

聖製新正養心殿詩　癸巳

餘寒漸避窗，嫩暖欲上簾。新正簡幾務，内殿籌民嵒。志不紛爲静，政就理引恬。箇中求養心，寧知歲月添。陳揆值已盛，持盈益鞏謙。

聖製仲春養心殿詩　癸巳

祈春典學兩俱應，爲是還宫禮敬承。依例彤扉弆仙木，宫門門神春聯，例於二月初三日收庫。更當青瑣徹華燈。閒將半月翻欣静，閒勅萬幾敢忘兢。正值金川攻要寨，問郵中夜每頻興。

聖製宴坐養心殿卽事自驚詩　丙申

武功成矣久銷戈，秋稔今年豐者多。雖曰萬幾仍有暇，以云庶政尚無訛。心惟逢順斯易懈，志願自强永不磨。甘肅頓思遭旱處，歉餘冬冷況如何。

聖製夏日養心殿詩　戊戌

視朝雖常例，有如愛禮羊。避熱而弗行，是卽怠之方。怠則吾豈敢，長（上聲）年益自薆。都城烟火多，紫禁圍紅牆。固皆足致炎，未若園居良。園居且爲愧，暫熱庸何傷。熏風來殿閣，亦自生微涼。近政撫蘭亭，卽景玩詞芳。（近復臨董其昌所仿柳公權書蘭亭詩卷，命工摹勒上石，因殿閣微涼，有會公權聯句詩意。）

御製新正養心殿詩　庚申

始青暖律敷宮禁。發育滋生木德東。玉甩景舒輝綺旭。金鋪香靜轉融風。恩承高厚千春永。慶衍孫曾奕祺同。堂構敬瞻欽負荷。默祈昭格啓予衷。

御製新正養心殿述懷詩　辛酉

春始勾芒品彙昌，宮廷淑氣麗三陽。心縈楚蜀酬先志，歲紀未申度大祥。（正月初三日奉諱已閱再期，僅餘禫服矣。）邪肆奚能寧衆庶，事稽何以報高皇。幸聞陝省佳音續，亟願平安籲上蒼。（獻歲以來，再得剋捷喜信，本日接長麟等奏報，寧羌境内竄來賊四股内，張士龍在陳家埡經坐卡把總白玉喜殲戮，僞總兵魏元伏、頭目魏大富等又辛聰在燕子崖經官兵追剿，生擒頭目劉鳳仙。又楊開第餘黨王姓在巫山埡經遊擊常祿轟擊，殺賊甚多，其魏棒棒、李栽縫一股，經都司米章、張聯魁痛剿，自瓦店子追至巖方坪，於山梁氷雪中齊心搶上，殺斃多賊，餘竄入南江境内。而賊首李栽縫在山溝空屋内潛伏，爲千總沙生桂搜縛，訊據該犯三年内在陝甘打仗數十次，今生致凌遲，尤足爲快。逆匪伎倆，每以分股牽制我師，此次各股無不拐靡，惟有零星駾走，以待殲誅，而各路鄉勇奮力同仇，並徵人心效順，爰厚加賞賚，以勵成功。是日紺壇成禮，天氣曣温，六合晴朗，還宮披奏，皆昊恩考佑所貽，更祝垂慈迅臻耆定，以慰夙忱。）

御製初冬養心殿詩　壬戌

冬居紫禁夏居園，祖考長貽舊典存。御苑法宮同莅政，愛民省歲守先言。九分多稼欣成實，二省殘邪漫肆奔。蕆事不遥衷倍切，敉寧兆姓感天恩。

御製仲夏養心殿詩　癸亥

夏至齋居例養心，事天事地一誠欽。衷籌暄潤嘉禾普，境遠炎蒸廣厦深。蓮漏遲遲移砌角，松濤謖謖下庭陰。敬祈泰折康年錫，孚惠烝黎慰素忱。

御製仲冬養心殿詩　癸亥

僂指上陵八日期，還宮已届仲冬時。是日大雪節。養心寧静輝全照，莅政敬勤理不移。物阜民安願難遂，年登俗化事方宜。殫思宵旰彌兢業，保泰持盈念在兹。

御製養心殿銘

心應庶事，涵養道鴻。人君奉若，敬體昊穹。紫禁西壁，式瞻法宫。養心題額，外治内充。我祖我考，居此始終。小子繼绪，凜懼持躬。曷敢遷座，别創棟隆。於斯歡戚，孫曾永同。四壁宸翰，照臨在空。翼翼惴惴，福佑誠通。聿瞻堂構，樸儉是崇。紬繹庭訓，心會性融。

殿壁，並懸天下缺分繁簡單、各省文武官名單於其上。閣西室，高宗純皇帝御筆匾曰：「三希堂」，聯曰：「懷抱觀古今，深心託豪素。」並書聖製三希堂記。恭見前編北室門上，高宗純皇帝御筆匾曰：「自强不息」。閣後東室，高宗純皇帝御筆匾曰：「無倦齋」。西嚮，皇上御書聯曰：「怡情在書史，闗念總閭閻。」閣後西室，高宗純皇帝御筆匾曰：「長春書屋」，聯曰：「閒尋綺思千花麗，静想高吟六義清。」皇上御筆書聯曰：「麗日和風春淡蕩，花香鳥語物昭蘇。」又聯曰：「聰聽祖考之彝訓，先知稼穡之艱難。」又西室，高宗純皇帝御筆匾曰：「梅塢」。皇上御書聯曰：「敬修其可願，道積于厥躬。」殿後爲穿堂，嚮北匾曰「大有」，曰「咸宜」。嚮南匾曰「雲流」，曰風振」。北嚮匾曰「蘭巵涵春」，又匾曰：「與物皆春」，聯曰：「心天之心而宵衣旰食，樂民之樂以和性怡情。」又南嚮聯曰：「交泰三陽肇羲象，斂時五福協箕疇。」又北嚮匾曰：「爲君難」，聯曰：「新正淑氣迎條鬯，萬國春臺願美全。」皆皇上御書。後殿東門，高宗純皇帝御筆匾曰：「樂天」。北室皇上御書匾曰：「能見室」。再東爲寢宮，皇上御書聯曰：「動静觀心作德逸，知恬交養對時宜。」次東室，高宗純皇帝御筆匾曰：「攸芋齋」。後殿西門，高宗純皇帝御筆匾曰：「怡神」，聯曰：「萬物生成占月令，四時圖畫驗豳風。」配殿爲東西佛堂，東佛堂，高宗純皇帝御筆聯曰：「瑞相迴超無色界，真詮微示息言津。」西佛堂東龕内，高宗純皇帝御筆聯曰：「願力宏甘露，聞思契海潮。」西龕内聯曰：「成清浄寶覺，具廣大慧觀。」養心殿之前爲御膳房，匾曰：「膳房」，聖祖仁皇帝御筆也。

景運門之東相對爲誠肅門。入門南嚮爲奉先殿。前後各七楹，中設暖閣、寶牀内安神龕。世祖章皇帝以太廟四孟之饗，逾時稍遠，思得朝夕奠獻，展孝申虔，命稽往制修建。定以每逢萬壽聖節、册封大典、乘輿出入則有告。歲時節序、每月朔望則有薦，日三獻，如事生禮。列祖列后諱日，則有祭。俱内務府掌儀司供其事。詳見典禮門祭祀儀。殿東爲夾道，即蒼震門前直街也。

國朝宮史續編卷之五十八

宮殿八　内廷五

慈寧宮

臣等欽惟高宗純皇帝承奉懿徽，光天孝養，歲三大朝，率王公大臣詣慈寧宮稱慶，逾四十年。考是宮向不施層檐。恭届皇太后八旬晉祝，始增加前殿重檐而遹新之。宮西爲壽康宮。亦頤侍起居之所。宮後本咸安宮舊址。乾隆辛未改建壽安宮。越辛巳，重加修葺，則恭祝萱闈六七袠時，遞舉上儀之崇構也。洎丁酉以後，前二宮舊供佛地，莊嚴爲寶殿。敬於孝聖憲皇后誕辰暨上元前日，升香瞻禮，誌慕人天，并蒙訓垂奕禩，留爲奉養東朝所居，以昭舊典，義詳聖製詩什。

臣等臚敘三宮規制，並識緣起，用表萬億年鈞庭福地，慈雲環蔭之吉祥焉爾。

隆宗門之西爲慈寧宮。東爲永康左門，西爲永康右門，正中南嚮爲慈寧門。前列金獅二，門内左出者爲徽音左門，右出者爲徽音右門。正殿恭懸高宗純皇帝御筆匾曰：「寶籙駢禧」，又匾曰：「慶隆尊養」，聯曰：「愛日舒長，蘭殿春暉凝綵仗；慈雲環蔭，萱庭佳氣接蓬山。」屏聯曰：「蘭殿頤和尊備養，萱庭集慶壽延禧。」屏上，恭刻聖製慈寧宮頌：

懿懿慈寧，乾清宮右。歷代敦崇，以奉文母。昔實單檐，今易重構。申無方養，祝無疆壽。三大朝禮，率羣辟公。觀瞻斯協，慶忭攸同。熊熊丸丸，實實隆隆。左平右墄，納陛惟中。歲在重光，月惟陽復。八袠爰開，萬年永卜。五世曾玄，一堂雍肅。曷其有極，介祉景福。

聖製還宮詣慈寧宮恭問皇太后安喜而成什　丙申

三千餘里往還路，八十五齡康健躬。巷舞衢歌申衆悃，陸輿水舫慎予衷。安祥蒇事誠堪慶，今古膺鳌孰與同。適自東巡虔祝願，高年定並岱宗崇。

聖製二十五日爲聖母誕辰，詣慈寧宮瞻拜感成長句誌痛　丁酉

依舊慈寧清曉時，霑襟肅拜曷勝悲。龍輴已送元宮閉，鳳扆空瞻寶殿垂。神御羅陳遵昔典，后列神御，惟遇元旦敬同列祖、列宗供奉壽皇殿瞻禮，餘日尊藏。遇誕辰亦不詣奉先殿、壽皇殿行禮。今聖母之事雖哀莫能罄，而禮不敢踰，一切悉遵舊典。兹值誕辰，惟詣慈寧宮佛堂瞻拜，以申悲悃耳。栝棬敬撫切今思。祝釐昨歲那堪憶，一變誰知忽若斯。

後殿供奉佛像，聖祖仁皇帝御筆匾曰：「萬壽無疆」，高宗純皇帝御筆聯曰：「百八牟尼，現莊嚴寶相；三千薝蔔，聞清淨妙香。」又聯曰：「人天功德三摩地，龍象威神兩足尊。」前殿東廡南有佛堂，聖祖仁皇帝御筆匾曰：「四星容華」。宮左殿宇二層，東有門曰慈祥門，與啓祥門遥對。慈寧門之南爲長信門，又南舊爲永安門，左爲迎禧門，右爲覽勝門。今制，惟正南曰長慶門。右門内卽花園也。園中爲咸若館，供佛。高宗純皇帝御筆匾曰：「壽國香臺」，聯曰：「證最勝因，金界莊嚴歡喜地，讚無量壽，寶輪擁護吉祥雲。」館前有池，池上爲臨溪亭。館東爲寶相樓，西爲吉雲樓，西南

爲延壽堂，聯曰：「梳翎閒看松間鶴，送響時聞院外鐘。」又聯曰：「庭軒含静趣，花木吐新芳。」堂後層聯曰：「六藝興懷永，三餘悦性長。」又聯曰：「滿字一如心得月，梵言半偈舌生蓮。」又聯曰：「乾坤壺裏永，樓閣鏡中開。」東南爲含清齋，聯曰：「軒楹無藻飾，几席有餘清。」又聯曰：「晴漾慈雲靄，風和愛日長。」又聯曰：「鈞陶錦繡化工乴，松竹笙簧仙籟諧。」北爲慈蔭樓，聯曰：「靉假無言通旭卉，嚴恭有恪岦淵蜎。」樓下聯曰：「旭日正輝三秀草，光風不動萬年枝。」又聯曰：「禁籞有花皆簇錦，上林無鳥不調絃。」皆高宗純皇帝御筆也。

壽康宫

壽康宫在慈寧宫西，前爲壽康門，門内，正殿恭懸高宗純皇帝御筆匾曰：「慈壽凝禧」。聯曰：「玉琯應陽春，祥開南極；璇宫呈麗景，慶洽西池。」中殿聯曰：「慶叶瑶圖，融和開壽域；祥呈閬苑，熙皡樂康衢。」左壁聯曰：「卿雲扶鶴鑰，寶字鏤鸞楣。」右壁聯曰：「瑶屏百壽字，銀燭九華枝。」東暖閣聯曰：「福集璇圖天永錫，祥開綺甲日重光。」又聯曰：「光華呈愛日，仁壽徧和風。」後殿聯曰：「四海爲家欽養志，萬年介祉永承歡。」東楹匾曰：「頤和宣豫」。皆高宗純皇帝御筆。〇東室，皇上御書掛屏云：「和訶條國，在大海之中，地方二萬里，國有大山，山有石井，井中生千葉白蓮花，井邊青石上，有四佛足跡，合有八跡。月六齋日，彌勒菩薩與諸天神禮佛跡竟，便飛去。浮圖講堂皆七寶，國王長者常作金樹銀花、銀樹金花，供養佛。」〇西室，高宗純皇帝御筆聯曰：「金盤露滿瑶華麗，丹粟祥凝鶴算綿。」又聯曰：「歡心依日永，樂志願春和。」

聖製正月十四日作 戊戌

去春祈穀御園旋，同樂行時幸以先。去歲於正月八日奉聖母幸御園家宴賞燈，越三日，進宮齋戒，迨十四日早祈穀禮成後，即回御園問安。時聖母因佳節行慶，已先幸同樂園，是日慈躬稍覺違和，及敬詢起居，如常言笑，且仍歡賞無倦容。蓋愛憐予意，實深恐予知違和也。微覺安和殊近昨，却仍歡賞似常年。憐予之意誠深矣，豫節猶疑其次焉。誰識晨昏閱幾日，遂教顧復抱終天。壽康如昔夢成境，瞻拜徒茲淚湧泉。式禮敢遵神御屢，禮緣義起，予惟恪奉前規，不敢稍有過不及，如壽皇殿向奉皇祖、皇考御容，而皇祖妣、皇妣御容惟於除夕、元旦同列祖列后神御敬奉瞻拜。至圓明園之安佑宮，則祇奉皇祖、皇考御容，未及列后。惟養心殿及圓明園之東佛堂，皇考時曾恭奉孝恭仁皇后神位，因亦遵奉聖母神位至壽康宮。雖尊奉慈闈，頤慶年久，但其地宜留爲萬萬年奉養東朝所居，奕禩所當敬守，若於此安奉聖母御容神位，何以示垂貽久遠之圖，是以不敢輕率議加，以協舊典。昨冬恭遇聖誕令辰及茲上元前日，敬詣壽康宮，惟於佛前並瞻仰寶座行禮，以展悲慕之忱。蓋禮煩則瀆，敬奉本不在乎多，並體古訓毋豐於昵之義，斟酌以期於當。又長春宮每遇年節，向有懸孝賢皇后及皇貴妃等影之事，今聖母既不另奉聖容，因令罷長春宮懸像之禮。曾面諭皇子等存記，兹并詳識之。惟吟長句付哀絃。

聖製正月十四日作 己亥

壽康神御敢重張，壽康宮雖向年尊奉慈闈之所，但其地宜留爲萬萬年奉養東朝，不宜安奉聖母御容神位，惟恭遇聖誕令節及上元前一日敬詣壽康宮佛前展禮，並瞻仰寶座，叩謁以伸哀慕。今年仍循昨歲例行，詳見戊戌正月十四日詩注。却有先時禮佛堂。此日拜瞻聊寫痛，前春景象益增傷。上元誰復問佳節，兩歲忽驚近大祥。翟㡳繡茵依舊設，音容難覓恨茫茫。

聖製新正壽康宮禮佛作 庚子

不敢張神御，原存禮佛堂。痛心仰虛殿，搶首向空牀。廿七月過速，三年期逮將。啓程缺躬奠，今年正月，值聖母三週忌辰，以南巡啓程迴鑾計之，應於五月初旬至京方不誤殿試，北郊諸典禮，故不獲躬詣泰東陵躬奠，瞻念之餘，益增悽切。言念益增傷。

壽安宮

壽安宮在壽康宮後，東西爲長街。街西爲長庚門。門内正中南嚮爲壽安門。入門爲春禧殿，殿北爲壽安宮。正殿恭懸高宗純皇帝御筆匾曰：「長樂春暉」，又匾曰：「瑶樞純嘏」，聯曰：「百福屏開，慶叶九如宏壽域；五雲景麗，恩敷萬象入春臺。」又聯曰：「壽國樂舒長，韶成九奏；安輿承悦豫，舞效三呼。」又聯曰：「洪範演疇徵備福，黄鍾肇律叶長生。」又聯曰：「香宸引祥風，序符清晏，仙壺承愛日，景叶升恒。」東暖閣匾曰：「景暉」，曰「熙春」，聯曰：「紅梅翠竹天然畫，妙理清談不盡吟。」又聯曰：「松牖樂春熙，既安且吉；蘭陔宜晝永，曰壽而昌。」東樓下匾曰「集慶」，曰「宣豫」，聯曰：「芝楝雲霞麗，蘭陔日月長。」又聯曰：「宜春苑滿恒春樹，介壽筵開益壽花。」西暖閣匾曰：「慈釐積慶」，聯曰：「慶霄輝壽曜，仙圃麗春光。」又聯曰：「鈞庭延淑景，璇戺藹祥風。」西樓下，匾曰「華蔭」，曰「金藹」。聯曰：「静裏遠懷千古事，意中常滿十分春。」殿前，左右延樓迴抱相屬，中庭爲崇臺三層，上層匾曰：「慶霄韶濩」，聯曰：「鳳翥輝呈阿閣瑞，珠聯景繪泰階符。」中層匾曰：「曾城廣樂」，聯曰：「圖疇遞衍京垓積，律吕環生上下和。」下層匾曰：「崑閬恒春」，聯曰：「鳴豫叶雲韶，頌集九如開壽域；祝釐陳綵舞，歡聯萬象譜春臺。」殿後庭中，壘石爲山，植竹其間，左右各有室三楹，東曰「福宜齋」，聯曰：「西池增寶籙，南極耀珠躔。」西曰萱壽堂，聯曰：「寶篆長生籙，瑶屏集瑞圖。」皆恭祝孝聖憲皇后六旬七旬萬壽之年，高宗純皇帝御筆也。

聖製壽安宮銘

辛未題額，匪創伊修。慈寧六袠，行慶延庥。愛日循環，干甲載週。金穰辛建，物盛已述。七袠爰開，萬壽惟悠。合天下養，與太古谋。瓊宮枚枚，有桷有斿。蘭陔叶什，梅席稱觴。鴻儀重舉，以十爲籌。則百斯十，始而復周。

慈寧宮東北，即啓祥門夾道。其北，南嚮爲春華門。門内爲雨華閣，閣三層，覆以金瓦，俱供奉西天梵像。上層，恭懸高宗純皇帝御筆匾曰：「雨華閣」，中層匾曰：「普明圓覺」。聯曰：「青蓮法界普清淨，白毫相光離色空。」又聯曰：「三身具足根塵外，萬法齊歸願海中。」下層閣内聯曰：「善果皆歡喜，香雲普吉祥。」又聯曰：「靈鷲風香傳妙偈，澄潭月皎印真如。」下層匾曰：「智珠心印」，聯曰：「花布妙香霏四種，金塗傑閣現諸天。」又聯曰：「般若慈源，遠通華海匯；菩提覺路，妙轉法輪圓。」又聯曰：「妙果圓成，華海同歸無盡藏；靈因静證，珠宮常雨四時花。」又聯曰：「寶界現莊嚴，雲凝華鬘；香臺開般若，雨散曼陀。」東配樓下，聯曰：「佛日九層懸最上，智珠三界證真如。」西配殿聯曰：「不生波處心恒定，大寂光天相總融。」閣後爲昭福門。門外，西爲梵宗樓，樓上聯曰：「妙會梵香三界上，實參宗印四天中。」樓下聯曰：「七寶共莊嚴，金光高映；四花紛擁衛，香雨濃霏。」門内爲寶華殿。殿後爲香雲亭，其北爲中正殿，匾曰：「然無盡燈」，聯曰：「妙諦六如超衆有，善根三藐福羣生。」皆高宗純皇帝御筆也。

壽安宮之北爲英華門。門内爲英華殿，亦供奉佛像之所。庭前有菩提樹七株，殿前亭内碑上，恭刻聖製英華殿菩提樹詩：

何年畢鉢羅，植此清虚境。徑尋有旁枝，蟠拏芝幢影。翩翩集佳鳥，團團覆金井。靈根天所遺，嘉蔭越以静。我聞菩提種，物物皆具領。此樹獨擅名，無乃非平等。舉一堪例諸，樹以無知省。

聖製英華殿菩提樹歌

我聞法華調御丈夫成道處，乃於伽耶城中菩提樹。又聞華嚴海會諸如來，一佛一樹乃至恒沙數。一亦非合恒沙數非離，是佛是樹皆菩提。娑羅貝多閻扶誰則見，惟有菩提之樹鬱葱蔚郁常依佛日生光輝。英華之殿聳層甍，勝國莫考，國初曾以居慈寧。思齊太任篤奉佛，爰供法像延禧篤祜貽雲仍。時來瞻禮意肅穆，裝嚴寳軸相好合梵經。或云：卽是北斗之七星，貝帙一一名可徵。菩提七樹森列庭。是誠不可思議標祥禎。枝枝葉葉數無萬，如斯無萬數，繩繩繼繼永世綿皇清。

英華殿之西北，有城隍廟，雍正四年建，其祀典亦掌儀司所司。廟東，爲祀馬神之所。又東，卽神武門也。

國朝宮史續編卷之五十九

宮殿九 内廷六

寧壽宮

臣等謹案：乾隆壬辰歲，敕葺寧壽宮，待歸政後，備萬年尊養之所。洎丙申落成，奉皇太后稱慶。是年金川平定，還師奏凱，皇太后復幸是宮，賜上珍膳，並荷懿旨，就階下賜成功將佐及近臣等食，優賚有加。自是而後，中閲廿載，每佳節燕閒暨八旬開祝，凡在宮廷受賀，曲讌諸典，時一臨蒞舉行。迨夫耄齡備福，周甲巽位，克副六十年升炷心盟，爰以嘉慶丙辰朔旦授璽禮成，諏吉初四日御皇極殿，受皇帝袞衣綵舞，晉萬萬壽觴，率天下萬國耆叟八千餘人呼嵩抃蹈。一時丹墀上下，紫垣内外，歡聲若雷蓋自黄帝制爲合宮，剏十二樓以迎年，邃古迄今，無如此蟠天際地之鴻慶。猶且健行訓政，不以倦勤娱老稍卽安閒。至今瞻仰端朝，欽承賓構，凡牓題吟什，悉徵延祺保泰之殷懷。夫豈特絳闕金墉，詫閬崑之壯麗云爾哉？臣等續輯宮史，詳其制度，併恭載寧壽宮、養性殿、樂壽堂諸鉅製，以揭大端。而若頤和、萃賞、遂初、符望、一一軒閣題篇，恭見聖製詩四五集、餘集中者，不具録焉。

寧壽宫，在紫禁左垣，蒼震門東。其制九重，分中東西三路，南北繚牆一百二十七丈有奇，東西延亘三十六丈有奇。門六，正中南嚮爲皇極門，左爲皇極左門，右爲皇極右門。門外東出者曰斂禧門，西出者曰錫慶門。皇極門内爲寧壽門，列金獅二。寧壽門内正中爲皇極殿，前爲重檐，仿乾清宫制，殿内楣間南嚮恭懸高宗純皇帝御筆匾曰：「建極康寧」，聯曰：「惟以永年，敷錫厥庶民，嚮用五福；慎乃在位，佑啓我後人，撫綏萬方。」殿内東設銅壺刻漏。

皇上御製銘

敬授人時，語傳堯典。小子繼繩，敢不勤勉。夜寐夙興，改過遷善。用製漏蓮，隨時輪轉。範銅器成，層層舒展。時刻杪分，從無訛舛。勝彼洋鐘，奇巧迭演。皇考作銘，恭誦淚泫。守器毋忘，文思追緬。不匱惟勤，力行實踐。

殿内，西設自鳴鐘。殿廡東出者爲凝祺門，西出者爲昌澤門，再西爲履順門。殿後爲寧壽宫，宫内東暖閣東壁聯曰：「周雅慶攸寧，長宜茀禄；箕疇徵曰壽，遞演京垓。」樓下聯曰：「篆煙徐遞馥，芸帙静含清。」又聯曰：「庭陰那礙蒼松蓋，几馥還披緑字函。」西壁恭懸高宗純皇帝御筆寧壽宫銘：

寧咸萬國，壽先五福。宫用題額，文叶義淑。於赫皇祖，奉養慈闈。孝惠爰居，愛日延暉。小子踐阼，兹歷卌年。設復廿歲，八旬五臻。敬思仁皇，卜號康熙。六十一載，今古誠稀。同以爲艱，敢期過益。況值耄耋，歸政理得。遹新是宫，以待天庥。企予望之，願可如不。授終奉懿，其我朝舊禮自殊。斟酌損益，匪曰侈圖。殿稱皇極，重簷建前。宮仍其舊，爲後室焉。執豕敬神，我朝舊制。異日遷居，禮弗敢廢。清寧坤寧，祖宗所奉。朔吉修祀，寧壽斯踵。雖謝萬幾，寧期九畿。始予一人，壽同黔黎。告我子孫，毋逾敬勝。是繼是繩，永膺福慶。

聖製寧壽宮落成聯句，召大學士及内廷翰林等至重華宮茶宴卽席成什　丙申

八旬有五應歸政，踐阼之初盟宿忱。豫立中庸明訓著，宛看寧壽落成吟。漢唐太上那須數，一日上聲。太上皇之稱始於漢高祖之奉其太公，本不足比數。唐太宗興兵逼父讓位，更爲逆倫。睿宗在位未一年，卽因定亂傳位明皇，及明皇幸蜀，傳位肅宗，皆迫於勢之無可如何，均無足稱道也。堯舜傳心是所欽。

新正文宴例循成，吉語迎禧此共賡。宵雅昨因詠松茂，重華今用侑茶清。同庚異日胥耆宿，小翰他時亦上卿。同與茶宴諸臣，與余同庚及年相仿佛者，至朕歸政時亦俱在八旬以外。卽翰林中之年少者，彼時亦可至列卿矣。設果天恩符所望，迴思此際可無情。

業乎宋儒語，敬茲敢懈凜難諶。

聖製經筵罷因至寧壽宮詩　丙申

講學勤茲日，引年待異時。文臣胥讌見，經筵畢，命講官及聽講之部院諸大臣隨至文淵閣賜茶，俾觀閣中規制。蓋旅扈追隨。御前大臣、侍衛等凡所臨幸，無不扈從。步輦乘暇耳，耆宮遂幸之。是日進講論語「百姓足，君孰與不足」句，書經「君子所其無逸」句，並製御論以闡其義，宣示講筵。舊名襲寧壽，致政冀期頤。居此應無事，而今尚有爲。籌民及律己，衍義示忱辭。

聖製蒙聖母賜膳於寧壽宮喜而成什一韻二首　丙申

西筰蕆勳績，東朝豫懿懷。膳頒八珍列，樂奏六英諧。調鼎鹽梅共，采薇將士偕。皇太后幸寧壽宮，既賜余膳，並於階下賜將軍阿桂、豐昇額暨成功將領之功績最著者掄二十三人及軍機大臣六人飯食，賚物有差。古來多凱宴，幾見賜思齋。

母子情牽處，憂勞略釋懷。砌花都色喜，簷鳥亦音諧。暘雨幸時若，孫曾繞膝偕。還期就閒此，仍復侍萱齋。

聖製寧壽宮遺懷詩　戊戌

葺治寧壽宮，戒奢固非儉。以俟歸政時，老景消荏苒。屈指十七年，萬幾仍勤攬。（余素志俟八十五歲即擬歸政，兹距其期尚十七年，仍勵精勤政，不敢預存懈忽之心也。）即今望雨切，深愧誠無感。寧遜詠周雅，真遜吾何敢。常笑宋孝宗，圖逸非佳範。（宋孝宗在位廿八年，未滿高宗大祥之期即托因疾不能行孝，禪位於光宗，是蓋圖自逸而不以國事爲念耳。無論人君之孝與常人異，即人君所行胥當垂法子孫，以爲萬世恒守。若如孝宗之孝，則凡繼世之君皆當甫即位即禪位，以盡其子職，有是理乎？孝宗之事，余每非薄之。余則必待臨御六十年始爲倦勤之退，實異於彼所爲也。）

聖製寧壽宮詩　己亥

齋居有暇夏方長，步輦看工亦趁涼。率已成之先十五，（葺治寧壽宮，擬爲歸政時所居。所司以明年爲七旬萬壽，率即告成，已先十五年矣。）如期茂矣據中央。圖臨他日頤而養，敢懈今時敬不遑。一節惘然於意者，嫌他鋪設爲（去聲）端陽。（前爲皇極殿，後即養性殿。宮中每遇佳節，宮殿例有陳設。兹以端午陳設節物，閲之轉覺不愜。）

聖製寧壽宮題句　癸丑

寧壽溯原名，（是處乃皇祖奉孝惠皇太后所居也。丙申豫葺爲歸政後燕憩之所，逮今十八年，名仍其舊。）倦勤希宿情。爲期三載近，（屈指丙辰歸政，衹餘三年矣。）益篤一衷誠。符願待天貺，勑幾慎晚成。仔肩猶在己，忍不念民生。

聖製新正寧壽宮即事　戊午

嘉慶三年中外覃，乾隆六十並稱三。斯緣誠悃從羣願，豈是徘徊遂己貪。（予紀元週甲，克遂初願，於乙卯頒朔之前，豫詔丙辰爲）

子皇帝嘉慶元年，其時子皇帝率王公大臣等籲懇仍以乾隆紀年，情詞肫摯，實出至誠。因許進乾隆紀年憲書百帙，以備頒賜宮中皇子、皇孫及御前親近王大臣等，俾遂愛戴悃誠。其頒行中外者，俱用嘉慶紀年，於予初元焚香告天，不敢上同皇祖紀年以次增載之意，仍並行不悖。兩年以來，仰荷昊慈默佑，康健如昨，訓政不倦，此實史册僅見之盛事。而予祗承洪貺，弗懈益虔，初無一毫繫戀天位之心，洵可以質諸蒼穹向於所作詩内曾屢及之。洵沐天恩尚身健，仍勤政理訓兒諳。却因望捷僅朝夕，矻矻心勞亦所甘。予春秋八十有八，望九之年，精神純固，眠食佳安。若遂躭懷逸豫，置軍國重務於不問，非特無以仰副天眷，且非予付畀子皇帝之初心，不惟不忍，亦不敢。近因官軍剿捕教匪，雖屢經克捷，而川楚首逆如王廷詔、李全、姚之富、齊王氏、王三槐、徐添德、冉文儔、羅其清、高均德、張漢潮、陳崇德、林亮公、覃加耀等尚未就擒，盼望捷音早晚卽至，雖宵旰焦勞所不辭也。

寧壽宮後爲養性門，門外左出者爲保泰門，右出者爲蹈和門，西爲衍祺門。養性門内爲養性殿，殿東壁恭懸高宗純皇帝御筆題養性殿詩：

養心期有爲，養性保無欲。有爲法動直，無欲守靜淑。放彌與退藏，一起應一伏。伊余居養心，勤政恒自勗。久而弗肯懈，可以盟幽獨。設誠六十年，八旬有五足。允宜歸大政，餘日享清福。是用搆養性，一倣養心屋。引義爲長言，如願未敢卜。

聖製題養性殿詩丙申以後按年續載

養心養性義各殊，向已言之兹不贅。聖母賜食適於斯，所爲武成矜勞勩。勞勩我分何足云，况厪慈念眷弗置。幸此定功紓懿懷，稍覺吾心釋慚愧。心欲有爲性無欲，此句檃括向詩意。無逸一篇今正勵。惟待他年息肩時，誠哉養性謝萬事。

聖製新正養性殿八韻丁酉

又喜新正至，光陰信若流。窗低和旭暖，簾颺協風柔。積素祥輝暎，當春瑞氣浮。占農符吉摛懷片刻語，頤老待遲謀。此日仍勤政，爲（去聲）民敢忘憂。幾閒心越凛，興永句還遒。攬景初韶嫩，留。圖斯恒養性，十八遲（去聲）春秋。（余意於八十五歲歸政，以今計之，尚有十八年。）

聖製新正養性殿詩　戊戌

豫葺菟裘養性便，輸他臣例早車懸。（予擬於八十五歲歸政，較之人臣七十致任之例，已遲十五年矣。）勑幾忽閲册三載，歸政猶遲十七年。人世由來特荏苒，春光又喜漸迴旋。昌辰慶落陪慈賞，（寧壽宫落成時，曾於丙申新正二日恭奉聖母宴賞，撫今思昔，實難爲懷云。）俯首思量祇黯然。

聖製新正養性殿詩　己亥

養性新正例有詩，爲緣歸政紀其期。七旬年歲將臨矣，十六春秋且俟之。（余初願，俟春秋八十五歲即當歸政，以今歲計之，尚隔十六年。）賀節卽今猶未可，（今年元旦，尚在二十七月之内，故未舉行朝賀慶典。）隨時愛景自相宜。西陵指日啓行蹕，追憶前春越益悲。

聖製新正養性殿詩　庚子

兩年未此慶春禧，亦有長言誌歲時。（新正至養性殿，例有詩以紀。歲時戊戌、己亥兩年，雖未慶春，亦仍循例有詩也。）五位十成開七袠，新來舊除（去聲）指前期。（余將以八十五歲歸政居此，自今計之，猶隔十五年。）猶餘卅半恒居此，用以春初再識斯。古紀懸車繫臣職，自憐宵旰益孜孜。

聖製新正養性殿詩　辛丑

古稀天子兹開袠，自一數來又指旬。更閲四年乃居此，（今歲辛丑，余年七十有一，計至八十五歲歸政，尚待十四年。）恰當斯日又逢春。孜孜敢懈仔肩佛，（余仰蒙天祖眷佑，年逾七十，精神如昔，上年刻「古稀天子」之寶，卽聯刻「猶日孜孜」之璽，以自勗勵，歸政以前，不敢少懈也。）靄靄惟欣與物闓。底識予懷暢俯仰，重樓鴛瓦積餘銀。

聖製新正養性殿詩　壬寅

他年頤養處，新歲豫遊辰。頗覺在茲近，計復十三年即當居此矣。可能居此真。孜孜勤勉政，靄靄喜迎春。三白昨冬渥，鴛樓尚積銀。

聖製新正養性殿詩　甲辰

預搆菟裘歸政前，新正每以憩臨便。迎人佳矣陽和節，屈指待之十一年。寧壽宮爲歸政時所居。余夙願以八十五歲歸政，自今歲甲辰計之，尚十一年。去日可知來日近，盼時轉覺到時延。如云百里半九十，惟是孜孜益勗旃。

聖製新正養性殿詩　丁未

養心貴有爲，養性圖無事。初成是殿時，在丙申年率已言其義。倐忽閲十年，新正每一至。去者日以遠，來者日以近。叶屈指復八年，宿願庶幾遂。有望懼無成，增年乃減歲。茲猶日孜孜，遑敢懈初志。既而輾然笑，胥非第一諦。

聖製養性殿即事詩　庚戌

例以初韶迓新祉，慶開八袠拂吟箋。題詞又復逮三歲，自丁未題詩後，逮今又三年矣。歸政仍當候五年。柏植假山漸成古，梅稱真樹欲含妍。有無爲裹分心性，丙申題養性殿詩云：養心期有爲，養性保無欲。心動而性静也，要之均宜得養。一字總須養以全。

聖製養性殿口號　乙卯

養心養性分動静，丙申歲新葺寧壽宮，是殿告成，題句云「養心期有爲，養性保無欲。有爲法動直，無欲守静淑。」蓋予居養心殿，惟以勤政勑幾爲重。至六十一年歸政後始居養性殿，可以優游無爲。故是殿一如養心殿之制，而動静攸殊。丙申初詠，已著明此意。春月春風殊昔今。覺丙申遙丙辰近，陸思策語尚況吟。自丙申題句以來，至今歲乙卯，已二十年。計丙辰歸政祇一年之近，然孜孜乾惕之意益未敢稍寬。因思國策「行百里者半九十里」語，彌覺親切有味。

殿西壁，恭懸聖製題董誥畫懿戒圖詩：

養性預成朵殿崇，經營不藉庶民攻。紹興宴樂鄙宋帝，懿戒威儀慕武公。此日憂勤仍亟勗，他時敬慎尚期同。抑齋迴憶當年額，斯志依然勵始終。

東暖閣内匾曰：「明窗」，聯曰：「蜃窗日暖蘭噴霧，鷄樹風輕玉藹春。」又東壁聯曰：「太和道共養，純嘏性彌敦。」東暖閣後匾曰：「隨安室」，室東匾曰：「儼若思」，西暖閣聯曰：「福並海山增寶帙，壽同松柏映瑤階。」西室匾曰：「墨雲室」，高宗純皇帝御筆墨雲室記：

畢沅進古墨一方，長盈尺，博二寸，厚十分寸之二，匣刻晁氏記，以爲僧法一所藏南唐李廷珪之物。夫既爲物矣，玩物喪志，一言皆可以概之。而有不然者，蓋古之物樸於今，今之物華於古，尚樸屏華，孰謂蹈喪厥德之失。而況文房之器，繼往昭來，漱六藝之芳潤，視其他珍玩者爲有間矣。墨之形之膚之欵之價，晁氏言之詳矣，兹弗贅。獨其體刻爲雲，而晁則未言及之。夫雲能致雨，墨生筆花，發爲文，其與春膏之澤被萬物何以異哉？予構築養性殿於寧壽宮，以爲倦勤後寢興之所，其義已見向年之什。而其清温室宇，一如養心殿之式。養心殿西暖閣之温室昔名之曰三希堂，未可移之養性殿而名之也。兹適得此古墨，卽可以「墨雲」名此室。蓋三希爲内聖外王之依仁，正符養心；墨雲爲含英咀華之游藝，適合養性。爰記其實如右，並爲之圖，命諸臣各以己意和之，不必拘體賡韻，亦西清一段佳話也。

樓下東壁聯曰：「圖書探秘蘊，鐘鼎玩清嘉。」室後匾曰：「長春書屋」，聯曰：「花鳥引機緒，詩書藴道荄。」後室匾曰：「香雪」。西佛堂聯曰：「篆凝細縷蘭烟紫，芳遞疎櫺菊蕊黄。」南次室聯曰：「古樹當庭直，天花滿庭馨。」又聯曰：「閒情空外寄，妙道箇中參。」南盡室聯曰：「閒披芸簡牕前朗，静聽松風户外敲。」北次室聯曰：「到來月相原如是，静處塵心郝更生。」又聯曰：「忍草禪枝恒自在，芝田花雨相絪緼。」養性殿後爲樂壽堂，聯曰：「樂在人和，肯寄高閒規宋殿；壽同民慶，爲中尊養託潘園。」東暖閣次間聯曰：「波含素影澄心鏡，魚躍清淵識道機。」堂之前後廊壁，嵌高宗純皇帝御書敬勝齋法帖，如淳化軒閣帖例。詳載書籍門石刻類北閣内爲寢宫，聯曰：「景清神謐天常泰，水趣山情静可論。」又聯曰：「樂惟四時適，壽與萬方同。」寢宫東間聯曰：「亭臺總是長生境，鶴鹿皆成不老仙。」西暖閣聯曰：「智者樂兼仁者壽，月真慶值雪真祥。」西次間聯曰：「趣爲水哉暢非俗，樂惟仁者寄於山。」樂壽堂樓上匾曰：「與和氣游」，聯曰：「座右圖書娱晝景，庭前松竹藹春風。」明間樓下，聯曰：「十香階草纔蘇紐，風細盆梅欲放榮。」後樓上北嚮聯曰：「心觸清機親翰墨，日遊潤景足精神。」樓下北嚮聯曰：「籠庭水樹宜涼影，匝砌烟花帶露姿。」堂後門内南嚮匾曰：「樂壽堂」，聯曰：「動静得其宜，取義異他德壽；性情隨所適，循名同我清漪。」堂東聯曰：「智仁適會動還静，枕葄無非史與書。」又聯曰：「鳥吟花笑自餘樂，月白風清無盡藏。」又聯曰：「成陰喬木天然爽，過雨閒花自在香。」東西室聯曰：「庭饒芳毯鋪生意，座有芸編結古歡。」又聯曰：「商鼎周彝自典重，檻葩苑樹相芬芳。」

樓佛堂聯曰：「春物薰馨含慧業，名禽宛轉入聞思。」佛堂後聯曰：「智水仁山從體道，奇花瑞草總含芳。」

聖製題樂壽堂詩 丙申

寄興由來在山水，向以萬壽山背山臨水，因名其堂曰樂壽，屢有詩。後得董其昌論古帖，知宋高宗內禪後有樂壽老人之稱，喜其不約而同，因以名寧壽宮書堂，以待倦勤後居之。紹興先我篆題銘。因名寶額待他日，冀叶貞符娛曼齡。憂則付人樂則壽，存吾順事没吾寧。用張子西銘語。廿年屈指居斯俟，恩許之乎賴昊靈。

聖製樂壽堂詩 丙申

智樂仁斯壽，名堂本有由。不期契南宋，恰可額塗裘。勤政今猶勗，引年此豫謀。如誠副兹願，餘外更何求。

聖製題樂壽堂詩 己亥

樂壽由來寓智仁，取名別有意焉循。謂將歸政斯堂憩，當異勑幾此日諄。南宋偶同鄙他志，宋高宗居德壽宮，自稱樂壽老人。高宗未及耄期，急圖内禪，意在避事偷安，余深鄙之。斯堂命名樂壽，乃取智水仁山之義。後知偶與相同，並非襲其稱，亦弗改也。西池追憶愴吾神。丙申新正寧壽宮落成，恭奉安輿侍宴慶賞，曾有詩紀事。新正把筆應言吉，其奈前題讀丙申。

聖製題樂壽堂詩 庚子

一雪敷天德，初正迓歲和。異時擬娛老，是日偶相過。十五年非遠，旰宵今敢訛。勤民與祈歲，捨此念無他。

聖製樂壽堂詩　辛丑

樂壽樂何如，年幾望待諸。謂十四年也。願奢因有此，余夙顧於八十五歲時頤志寧壽宮，至未歸政以前不敢少弛乾惕，惟夙夜敬勤以顒迓天庥耳。恩錫祇顒予。乾惕身猶健，敬勤志敢疎。兩廊排石搨，樂壽堂左右廊壁嵌敬勝齋帖，石刻如淳化軒嵌壁之列。慙愧豈稱書。

聖製新正樂壽堂詩　癸卯

一歲依然一歲新，百年得幾上聲百年人。古稀天子有去聲三益，勅命時幾以萬真。住此尚當遲週紀，臨斯恰復值初春。庭軒規制肖淳化，長春園之淳化軒先已落成，原爲歸政後園庭憩息之所。茲寧壽宮之樂壽堂乃仿其規制爲之。風俗爲慙未返淳。

聖製新正樂壽堂詩　乙巳

堂開樂壽合前聞，寧壽宮與萬壽山均有樂壽堂題名，後始知宋高宗亦有樂壽老人之稱，然其時已失中原，不圖恢復，雪父兄之恥，輒退居德壽，晏安謝責，實余所深不取也。事異名同攸有分。十歲春秋亦其速，今歲乙巳，距歸政之期尚餘十年。一身宵旰尚茲勤。圖鷟綵盎蘭孫長，睡鴨香鑪柏子焚。設曰軒楹肖淳化，此堂之制，一如長春園之淳化軒。恧哉汲黯對云云。

聖製新正樂壽堂詩　丙午

開韶俶盎芸筵，歸政居斯數去聲待乾。由明年丁未數至六十年乙卯歸政，尚須九年，適符乾爻之數。予惟自強不息，益勵乾乾以冀昊貺耳。十載期惟餘九載，減年喜得是增年。待以九年，減一年是增一歲也。假山松柏當春翠，列缶梅蘭暎雪鮮。壽矣尚厪艱致樂，幸占氾勝兩教全。雪既優霑，春方條鬯，今歲樂壽誠樂壽矣。

聖製新正樂壽堂詩　戊申

古稀有八八旬近，歸政仍徯七歲留。尚此宵衣勤旰食，那能後樂勝先憂。申來未去屈指數，上聲減歲增年隨意酬。予今年七旬有八，自明年至八十有五歸政之期惟待七年，距歸政減一歲則予又增一年也。亶沐天恩遂初願，快哉此外更何求。

聖製新正樂壽堂得句　己酉

偶同將謂惟南宋，上海潘家却有之。命翰臣考訂，則明嘉靖間上海潘恩以南工部尚書歸老，其子四川右布政使允端作豫園，以奉其親，顔堂曰樂壽，故其昌詩有「尚書綦履，右轄風流」之句，是樂壽堂已有其二矣。文敏歌堂重悉故，向祇知宋高宗有樂壽老人之稱，屢引其事，近披石渠寶笈舊藏董其昌自書詩詞册内，有樂壽堂歌，相如慕藺此何辭。數上聲欣屈指六年近，自今歲計至予丙辰歸政之年，尚餘六載，惟有朝夕乾惕，日以孜孜，覬俟昊蒼眷佑，果符宿望，爲自古未有盛事，不特潘氏僅屬私庭家慶，亦豈宋高宗偏安媮惰早圖逸豫者可比乎？暇值來觀首祚熙。符望否乎何敢必，天恩静俟勉孜孜。

聖製題樂壽堂詩　甲寅

廿載堂成久，居安亦近斯。能乎待天錫，企爾慎躬爲。屈指兩寒暑，高年延晷曦。歇肩兹尚未，敢弛敬勤思。

聖製樂壽堂用丙申舊作韻　丙辰

丙申預作菟裘計，堂擬紹興早勒銘。丙申葺寧壽宫爲倦勤後娱老之所，名此堂曰樂壽，蓋因宋高宗内禪後有樂壽老人之號，見董其昌論古帖。是年有詩以明予志，幸荷昊蒼眷佑，今歲丙辰元日已符歸政初願，自揣精力强健如常，子皇帝初登大寶，用人理政，尚當時加訓誨，何忍卽移居寧壽宫，效宋高之自圖安逸耶？日往月來忽廿歲，居今歸政得耆齡。付憂與子詎忘付，寧壽斯身敢卽寧？惇史百王相較量，獨承厚眷賴蒼靈。

聖製新正樂壽堂詩　丁巳

向曾計歲以居此。予踐阼之初，焚香告天，若得在位六十年，卽當傳位子皇帝，因豫於丙申歲葺寧壽宫，爲歸政後尊養之所，每歲臨憩斯堂，必有題句，僂計居此之期，恒見於篇什中。歸政兹仍訓政該。上年元旦，大廷授璽，得遂初心，實從古未有之盛。但子皇帝初登大寶，用人理政，尚不能如予之經理熟悉，且予精神强健，何忍遽自圖安？是以訓政籌幾，俾子皇帝於民瘼政衡益加練習，豈非子皇帝之福卽予之福，亦卽天下臣民之福耶。物理人情在開示，久安長治要裁培。寢興六十養心慣，予卽位以來，居養心殿六十餘載，最爲安吉。今既訓政如常，自當仍居養心殿，諸事咸宜也。今耄耋遲迴樂壽來。今予年近九旬，康强訓政，若將來幸越期頤，或稍覺倦勤，卽當遷居於此，以享大年閒靜之樂。然惟敬待天恩，弗當豫計歲月耳。斯後弗當計歲已，敬承天眷一心恢。

聖製樂壽堂作　戊午

向曾計日擬居旃，丙申年葺寧壽宮，預爲倦勤娛老之地，擬歸政後移居於此，以資頤養，計日以俟，屢見前作。玆却養心座未遷。洎丙辰授璽子皇帝，初願幸符，自揣精力强健如常，不敢遽圖自逸，而養心殿乃每日視事之所，予以望九之年勅幾訓政，居處一切應仍其舊，用迓吉祥。歸政依然此訓政，己便兼亦欲人便。養心殿在乾清門西，遵義門之內，向來召見王公、大臣、六部、九卿及引見官員等俱由乾清門進內，趨走甚近。若寧壽宮則相距較遠，不若養心殿之便，是以仍照常居此，非惟自便，兼欲便於大小臣工也。忽教改觀去聲今乎昔。信弗讓時歲與年。張子西銘語誠達。懶重摛藻紀吟箋。

樂壽堂後爲頤和軒，匾曰：「太和充滿」，聯曰：「景欣孚甲含胎際，春在人情物性間。」楣間北嚮聯曰：「麗日和風春澹蕩，花香鳥語物昭蘇。」後間匾曰：「導和養素」，聯曰：「靜延佳日春長盎，茂對祥風景總宜。」東暖閣南嚮匾曰：「隨安室」，聯曰：「慶烟紈縵籠青瑣，淑景和闇麗紫宸。」西暖閣聯曰：「隨時自適天倪協，卽事多欣道味涵。」又穿堂門上嚮北匾曰：「引清風」，嚮南匾曰：「挹明月」。樂壽堂之西爲三友軒，寢宮匾曰：「胸中常養十分春」。院西隨牆門東嚮匾曰：「承暉」，西嚮匾曰：「挹爽」。頤和軒西院爲如亭，樓下西室聯曰：「境是天然贏繪畫，趣含理要入精微。」頤和軒後爲景祺閣，東有廳舍三楹，左立山石，顏曰：「文峰閣」。東山上有亭一，曰「翠鬟」。下有石洞，曰「雲竇」。閣下聯曰：「庭饒芳毯鋪生意，座有芸編結古歡。」匾曰「靜聽」，曰「澄觀」。養性門之東爲閱是樓，聯曰：「日長蓮漏三階正，春到梅盆合殿香。」樓下聯曰：「開窗魚鳥含天趣，攲案詩書味道腴。」東室聯曰：「芝篆薰晨鼎，蓮檠檢夜書。」西室聯曰：「閒情空外寄，妙道箇中參，」又聯曰：「插架牙籤照今古，開編芸氣吐芳芬。」樓東竹院，聯曰：「松風亦常聽，水月乃全提。」樓後垂花門内爲尋沿書屋。屋後爲景福宫。院西爲景福門。院内東有山石，顔曰「小有洞天」。宫内恭懸高宗純皇帝御筆匾曰：「五福五代堂」，聯曰：「燕翼仰貽謀，斂時五福；瓜綿徵篤祜，至於萬年。」西壁恭懸高宗純皇帝御筆五福頌：

寧壽宫後曰景福宫，我皇祖奉孝惠皇太后所居也。余既豫葺寧壽宫爲歸政後燕憩之所，而景福宫則仿建福宫中静怡軒之制鼎新之。軒有屏，嘗撰五事箴，揭之以代銘座。斯宫義取頤養，實惟五福爲宜。夫五福世所艷稱，顧昔人無闡之者，爰頌而列諸黼扆。第考洪範五福傳疏，或分詮，或遞釋，無所專主。余以爲壽富康寧及考終命，皆受之於天，而好德則修之於人。玩五皇極之辭曰：「予攸好德，汝則錫之福」，與此互相發明。中庸言位禄名壽，必推本於大德，足爲五福主德之證。而正蒙所云：「德者福之基，福者德之致。」尤深切而著明。余故於攸好德之頌，詳暢厥旨。然帝王之福，乃天下之公，而非一身一家之私，其徵自與常人異。誠如所期，信爲備福。余益惟敬修德以迓天庥，而弗敢期其必。

箕疇凡九，極建惟五。斂時五福，其目未譜。於九詳焉，壽爲初祜。華封所作，麥邱所語。唐堯則辭，齊景則喜。聖弗聖分，於斯可覩。景福之宫，肇我皇祖。竹苞松茂，以養聖母。歲久重

葺，倦勤擬居。作此屏扆，五當其數。衍繹範言，頌是曼壽。詩引昌黎，敢怠永久。——右壽

國君大夫，問富答殊。有天下者，奚問答諸。既艱問答，其富若無。然亦有焉，乃在民乎。宣尼正對，萬世帝模。省力薄賦，猶可勉圖。時若雨暘，屢豐難期。是用危懼，敢詡尊居。又若求財，常苦不足。艱致者多，詎曰金珠。菟裘豫營，勒此屏辭。設誠符望，肩卸心娱。——右富

皇清開國，承運奉天。宅中建極，敷錫八埏。兹百餘載，將萬斯綿。三聖繼承，謨烈丕宣。藐予小子，佛時仔肩。治圖康寧，夕惕朝乾。愛民祈歲，察吏求賢。雖有梗化，弗致蔓延。九州安内，萬里拓邊。幸未隕越，敢爲奮言。八旬有五，擬兹引年。敬之一字，用作心傳。——右康寧

福何由生，端在乎德。德復在好，人我胥棘。顧名思義，行道有得。然殊吉凶，原道言憶。吉則徵善，凶必召慝。應好其善，斁乃無射。五福之四，賅彼四則。皇極敷錫，無好必斥。作汝用咎，禄賢是篤。五九相應，訓君尤亟。勵以多年，子云敬式。垂老弗諼，蘄告方來。——右攸好德

踐阼之初，炷香告天。設蒙洪庥，歷六十年，便當歸政，以授後人。豈圖逸豫，有願於中。於穆皇祖，幼齡居尊，六十一載，化被海壖。小子廿五，繼體乘乾，敢同祖歷，耆耋況臻。新兹景福，爰待卽閒，存吾順事，横渠銘焉。九疇所云，五福冀全。然未敢必，敬俟天恩。——右考終命

聖製題景福宮詩　丙申

式擬静怡室，（是宮仿静怡軒之制，爲之名則仍景福之舊。）題仍景福楣。琴書無俗韻，花木有仙姿。雨後生礙，（新正屢雪，昨復微雨，地氣濕潤，大似江南。）春來日下墀。綴辭成五頌，好德敢忘之。（近製五福頌，揭之此處屏間，頌意以攸好德爲主，兼用自勉也。）

聖製題景福宮詩　庚戌

當年景福薦鴻稱，五福幸今五代增。乙未於此曾製五福頌書殿屏，甲辰喜見五代玄孫，因用皇祖所賜皇考五福堂之名，增五代二字，懸殿中，敬識天庥。斂錫三朝慶家法，惕乾百世保庥徵。永言惟敬淵衷勗，自顧何修昊貺膺。兹獲箕疇念時敍，七十壽時，曾鐫古稀天子之寶。兹當八袠初開，復鐫八徵耄念之寶，慶協箕疇，益殷時敍，用冀仰酬鴻賜。益承天眷益兢兢。

聖製題景福宮詩　乙卯

華之受卽勷之授，乙卯丙辰兩歲連。今日過當成昨日，明年至喜號元年。惟精惟一欽心法，曰就曰將勉治筌。聯詠箕疇幸如願，自昨辛亥歲新正聯句，以洪範九五福排歲爲題，至今歲六十年乙卯，而五福適全，仰蒙昊貺，聯詠箕疇，俱如所願。來歲丙辰，傳位嗣皇帝，而予踐阼之初，告天之詞，幸獲符望，不特三代以後未有倫比，卽唐虞授受，非屬父子，亦不能若予承受天恩爲獨厚，予之感戴兢惕，更當何如耶！深蒙昊貺益虁然。

楣間南嚮，聯曰：「句披月脇天心妙，窗納千巖萬壑風。」宮之東樓下，恭懸高宗純皇帝御筆五福五代堂記。

五福堂者，皇祖御筆賜皇考之匾額也。我皇考敬謹摹泐奎章，於雍和宮、圓明園胥用此顔堂，以垂永世。丙申年，予葺寧壽宮内之景福宮，以待歸政後宴息娱老。景福者，皇祖所定名，以侍養孝惠皇太后之所也。予增爲五福頌以書屏，而未以五福名堂者，蓋引而未發，抑亦有待也。兹蒙天貺，予得玄孫，五代同堂，爲今古希有之吉瑞。古之獲此瑞者，或名其堂以藇其事，則予之所以名堂，正宜用此五福之名。且卽景福宮之地，不必別有構作，而重熙累慶，仍卽皇祖皇考垂裕後昆、貽萬世無疆之庥也。若夫獲福必歸於好德，尤在好其善以斂錫厥庶民，五章之中，三致意焉，兹不複贅。予子、孫、曾、玄讀是記及堂中五福頌者，應敬思皇祖、皇考所以承天之福，必在於敬天、愛民、勤政、親賢，毋忘舊章。予之所以心皇祖、皇考之心，朝乾夕惕，不敢暇逸，以幸獲五代同堂之慶，於萬斯年，恆保此福，奕葉雲仍。可不勉乎？可不慎乎？

北樓上聯曰：「旭日正輝三秀草，光風不動萬年枝。」東樓上聯曰：「每聞善事心先喜，或見奇書手自鈔。」宫後爲梵華樓。樓西爲佛日樓聯曰：「鳥雀聽經皆宿慧，風旛説偈自高標。」樓下聯曰：「古月映禪枝，莊嚴遍示；妙香霏法界，功德同參。養性門之西卽衍祺門也。門内爲古華軒，聯曰：「明月清風無盡藏，長楸古柏是佳朋。」軒西爲褉賞亭，東爲抑齋，齋中爲佛堂。西室聯曰：「心田淨洗全如水，鼻觀清芬詎必蓮。」齋外山上爲擷芳亭。亭西爲矩亭。古華軒之西北爲旭輝亭。亭中西間聯曰：「鼎篆蘭烟直，窗含旭影新。」古華軒後垂花門内爲遂初堂，堂内楣間匾曰：「養素陶情」。東室聯曰：「墨斗硯山時遺逸，琪花瑶草底須妍。」又聯曰：「屏山鏡水皆真宰，蘿月松風合静觀。」堂東配殿匾曰：「愜志舒懷」。堂之西北爲延趣樓，聯曰：「軒亭喜淳樸，甌研總清嘉。」堂之北有山，上有亭曰「聳秀」。後爲萃賞樓。西次室匾曰：「聚景」，聯曰：「金界樓臺思訓畫，碧城鸞鶴義山詩。」又聯曰：「四時應接真無暇，一晌登臨屬有緣。」萃賞樓上東室匾曰：「積芳」，聯曰：「高居因見遠，貞復會旋元。」西室匾曰：「延緑」，聯曰：「素壁題詩還自檢，明窗披帙雅相親。」東室樓下聯曰：「閒廷不改風還月，欹案依然易與詩。」樓上佛堂西間聯曰：「便有春風吹左右，似聞了義示緣因。」樓後西南爲養和精舍，聯曰：「春鳥有言率和樂，上林無樹不森沈。」又聯曰：「四壁圖書鑑今古，一庭花木驗農桑。」北次室聯曰：「日長蓮漏三階正，春到梅盆合殿香。」西樓上匾曰：「雲光」，聯曰：「一龕古佛鐘魚寂，半榻天風衣袂寒。」龕内聯曰：「寶界妙蓮開瑞相，香雲慈竹印真如。」樓北有山，山上立亭曰「碧螺」。再北爲符望閣。南面東門匾曰：「欣遇」，西門匾曰：「得全」。閣中聯曰：「澄懷觀物真超矣，得意忘言亦快哉。」又聯曰：「緑樹巖前踈復密，白雲窗外卷還舒。」北嚮匾曰：「清虚静泰」，聯曰：「萬彙天全，觀生物氣象；四時景備，得久照光華。」閣内樓上聯曰：「四壁圖書鑑今古，一庭花木驗農桑。」東室聯曰：「清風明月食無盡，近景遐觀攬莫遺。」閣西聯曰：「畫情八窗納，春意百花舒。」又聯曰：「俯臨常似披圖畫，得契宛堪悦性靈。」又聯曰：「居中攬外襟懷暢，擊轂摩肩職植殷。」閣東聯曰：「雲卧天闚無不可，風清月白致多佳。」又聯曰：「即事暢天倪，知仁同樂；會心成静寄，遠近咸宜。」符望閣東牆南嚮匾曰：「延虚」，北嚮匾曰：「愜志」。西牆南嚮匾曰：「挹秀」，北嚮匾曰：「澄懷」。閣西爲玉粹軒，匾曰：「得閒室」，聯曰：「甄性神明境，陶情翰墨筵。」北室匾曰：「淨塵心室」，聯曰：「洗不期其箏笛耳，悦原契此淨明心。」又聯曰：「春物薰馨含慧業，名禽宛轉入聞思。」門上匾曰：「超妙」。玉粹軒北室聯曰：「禽音仍唱迦陵偈，花色全標幻海禪。」符望閣西北山上爲竹香館，有八角門，匾曰：「映寒碧」。樓中正面，聯曰：「庭軒含静趣，花木吐新芳。」聯曰：「爰處宜四季，周流觀八虚。」又聯曰：「庭有松筠趣，筵多翰墨香。」樓下聯曰：「護徑數竿足，畫窗一橙便。」又聯曰：「松雲清楝牖，書契洽瑯嬛。」又聯曰：「偶披風送爽，恰傍竹延虚。」又聯曰：「流水今日，明月前身。」符望閣後爲倦勤齋，正樓内聯曰：「信可超繪事，於焉悦性靈。」又聯曰：「智仁適會動還静，枕葄無非史與書。」西室聯曰：「動趣都涵澹，静機常覺寧。」西樓上聯曰：「當春蓮漏永，坐久蕙烟微。」樓下聯曰：「經書趣有永，翰墨樂無窮。」正樓下聯曰：「春秋富佳日，松竹葆長年。」皆高宗純皇帝御筆也。齋北偏東爲禎順門。

北京古籍叢書

國朝宫史續編

[清] 慶桂 編纂 左步青 點校

下册

國朝宮史續編卷之六十

宮殿十　内廷七

毓慶宮

臣等欽惟我皇上篤膺天佑祖詒，高宗純皇帝眷愛隆重，既荷乾清宮緘名付畀之恩，於以萃毓慶宮受命那居之福。蓋自冲齡養正，夙宵定省，芘斯宇者十年。洎乎册儲履位，承訓問安，前後居此又閲五年，實與當日初地重華，同一興祥而協吉者矣。至若我朝慎簡元良之家法，維持久遠之國章，顧兹垣墉式固，堂構攸寧，更弗以暇涉游觀，别圖營建，是我皇上繼繩之美，義備於記文詩什，不啻諄復再三。臣等盥讀欽識，欣瞻紫籞鴻規，延鼇未艾。謹於宮史敍次内廷所及，珥筆特書，以崇剏制。不徒效大夫之頌輪奂，詩人之祝苞茂已也。

毓慶宮，接紫禁齋宮東垣。前爲祥旭門，再南爲前星門。祥旭門内爲惇本殿。楣間正中，恭懸高宗純皇帝御筆匾曰：「篤祜繁禧」，聯曰：「祖德敬而承，仰思堂構；天恩引以翼，遠逮雲仍。」乾隆六十年皇上受封皇太子後命居毓慶宮時御賜也。前楹，楣上北嚮恭懸高宗純皇帝御筆匾曰：「履道安敦」，聯曰：「篤學在躬行，宜循實踐；淑心惟理順，克務懋修。」爲皇上龍潛藩邸，高宗純皇帝臨幸時所賜，乾隆六十年十月請入，恭懸於此。皇上御書惇本殿敬紀詩：

九經要義重親親，惇敍本枝溥聖仁。盡孝弟忱大幹建，以天下養寸心純。澤周遐邇人民感，壽慶期頤茀禄臻。殿額日瞻詩敬紀，誕敷帝德徧含淳。

東西暖閣皆供佛。東佛堂，高宗純皇帝御筆聯曰：「慧燈朗照諸天曉，甘露長涵大地春。」西佛堂，皇上御書匾曰：「調御能仁」。後殿爲毓慶宮，正中南嚮皇上御書聯曰：「就傅幼齡居，前星繼照；慎儲家法守，舊地重華。」

御製毓慶宮記

紫禁東偏，地當左個，爲毓慶宮。雍正年間，皇考同和恭親王奉命居此宮。至乾隆年間，予與諸兄弟子姪同居者益衆矣。實諸皇子、皇孫養正毓德之那居，非予一人武功慶善之潛邸也。敬溯庚戌正月三日，諭以「重華宮爲興祥之所，卽歸政以後，亦尚思年節重臨，奉時行慶，世世子孫，惟當永遠奉守，毋事更張。至東五所內，爲年少皇子、皇孫公共所居，若照重華宮之例，另行興建，不特宮牆四圍別無隙地可以廓展，且亦非朕垂示後昆之意。」仰見我皇考垂裕貽謀，昭兹奕禩，世世所當敬守。然今之不令諸皇子居此之故，則不可不明示予意也。予在潛邸時，宮中曾居毓慶宮及千嬰門內之頭二所，後移居擷芳殿之中所，今皆仍循其舊，遵訓曷敢少易哉。歲乙卯九月三日，宣諭立儲，於十一月十八日命自擷芳殿移居毓慶宮，復賜額繼德堂。丙辰元旦，寅承大寶，日侍寢門之膳，敬申定省之忱，胥自此宮趨詣，誠古今未有之盛事也。我皇考曾著儲貳金鑑一書，立萬世之大防，爲熙朝之良法，予之不令諸皇子居此宫者，亦敬法皇考慎簡元良，維持久遠，非敢别有創造，爲幾暇遊觀之地。敬申此義，書於宫庭，觀斯記者，亦可知予承先垂後之深意矣。繫以銘曰：

寅荷天眷，渥承考慈。繼德爰處，受福無涯。書成金鑑，念兹在兹。既屏窺測，庶杜猜疑。豈圖逸樂，匪事遊嬉。竹苞松茂，桂棟雲楣。國禎家慶，鞏我邦基。子孫永保，敬守良規。

御書毓慶宫述事詩

左箇青宫額毓慶，髫齡於此十年居。予五歲即蒙恩賜居此宫，至十五歲始移住東二所。改元訓政恩難報，養志承歡願未舒。乙卯九月三日，蒙恩封皇太子，命居毓慶宫，賜額繼德堂。丙辰元旦，改元嘉慶，命即皇帝位，日聆慈訓，侍膳承歡，方冀永侍春暉，孰意追攀不及，又逾兩年之久矣。民社關心繼大德，經書載道味三餘。味餘書室，予昔日書房舊額，今移置此室。幾閒臨莅存深意，敬體考衷慎建儲。

毓慶宫，係康熙年間建造，爲皇太子所居之宫。至雍正年間，皇考及和親王亦曾居此。乾隆年間，予兄弟及姪輩自六歲入學，多有居於此宫，至成婚時，始賜居邸第，此數十年之定則也。予蒙恩獨厚，自乙卯至己未，居此四年。今雖居養心殿，若仍令皇子居毓慶宫，致啓中外揣摩迎合之漸，大非皇子之福。敬遵我皇考歷年所降之旨，於建儲一事，萬分慎重，永守勿替。此予留置毓慶宫爲幾暇臨幸之處，意在杜邪心，息詖説，非爲遊覽消遣也。嘉慶辛酉孟春月御識。

御製新正毓慶宫詩丙辰以後按年續載。

開韶喜氣滿宫庭，暢發三陽候始青。綺旭徐移瑶砌影，和風静裊御鑪馨。輝煌彩勝依椒壁，馥郁唐花透玉瓶。福地承恩毓嘉慶，禎祥敷錫萬方寧。

御製初冬毓慶宮詩　丙辰

慶節初過返法宮，瑣窗麗景正和融。鑪陳玉叱香盈室，菊映金鋪艷滿叢。藹藹小陽温禁闥，熙熙愛日暖珠櫳。承恩吉叶斯干什，苞茂攸寧奎壁東。

御製新正毓慶宮詩　丁巳

肇歲祥符介祉繁，韶光徧滿紫微垣。乾隆斂福錫民福，嘉慶承恩戴昊恩。予承皇父朝夕訓政，並荷蒼昊降康，年豐民樂。兹際春祺，韶㞤，惟益勵敬勤，以迓鴻貺。春布三陽宇宙普，敬孚一念旰宵存。熙熙淑景敷清晝，東壁長依愛日暄。

御製毓慶宮即事詩　丁巳

慶節備御園，進宮緣祀事。禁垣暖旭輝，麗景中庭萃。毓慶幼時居，蒙養守素志。前歲沐聖恩，斯干肇福地。苞茂詠攸寧，承訓一心誌。予幼齡時曾居於此。前歲乙卯夏，皇父重新葺治，是秋九月，予蒙恩旨正儲位賜居焉。去歲元正授璽以來，切近趨庭祇聆慈誨，春暉所照，衍慶彌長。在上不驕矜，常德保厥位。無逸斯有爲，思艱可圖易。擇要首敬天，欽明理深邃。兢業凛難諶，曷敢偶放恣。聆誨日趨庭，惕若寸衷識。景福頌綿延，雅化朔南暨。年例以二月朔坤寧宮祭神，皇父駐蹕御園，必先期進宮，以昭禋事，天佑至誠，景福彌劭，聲教四訖，莫不尊親感應，昭然可見。

御製毓慶宮疊去歲韻　丁巳

紫微左箇舊青宮，候應小春旭正融。窗外鳥鳴流逸韻，階前菊綻布芳叢。香浮石鼎縈金鴨，影度花磚上綺櫳。父澤天恩身敬受，毓成嘉慶禁垣東。

御製毓慶宮静坐成什　戊午

紫禁東偏髫歲居，何期聖澤獨施予。宫接紫禁齋宫之東垣，向爲養蒙之地。予髫齡時亦曾居此，乙卯夏間，皇父重命繕葺，是年九月，恩旨建儲，予遂蒙賜居，仔肩重寄，篤念肯堂，沐恩志切肯堂構，承訓心懷輯里閭。毓德危微稽典誥，慶豐積蓄始耕畬。深宫晏坐籌民瘼，後樂先憂意漫舒。慶幸之餘，常懷敬惕。

御製毓慶宫敬述　戊午

髫歲曾居此，詩書昕夕吟。敬承皇父澤，鉅任勉寸忱。自慙才檮昧，撫字曷克禁。日聆庭訓切，紬繹復討尋。遵循期永久，天恩時懋欽。毓慶應嘉兆，斯干歌矢音。

御製毓慶宫憶昔有感詩　壬戌

髫齡卽居此，訓政復三年。予髫齡時曾蒙恩賜居，乙卯九月立儲後，復賜名繼德堂。自丙辰至戊午，日蒙訓政，臨莅中朝，而寢興仍居於此。永慕慈恩厚，常思考澤延。龍光昌厥後，燕翼繼於前。薄德衷滋懼，安民爲政先。

御製毓慶宫疊戊午舊作韻　壬戌

法宫左箇依丹禁，綺旭滿窗忘冱寒。省歲愁多旱澇患，臨民未覺室家安。殫心測度羣情幻，圖治辛勤九宇寬。宵旰不遑恐辜德，力行身體作君難。

御製毓慶宫宴坐作　癸亥

初韶多暇玩年光，春轉璣衡泰運昌。書笥詩囊探舊蹟，竹鑪茗椀發新香。昔時深沐慈恩厚，此日常懷聖澤洋。福地億齡傳盛事，建儲考訓守毋忘。毓慶宫予於髫齡時曾蒙賜居，嗣於乙卯歲正名儲位，賜額繼德堂。今雖帝居中御，而兹地仍爲臨幸之所，實仰承皇考不豫建儲之意，爲我大清萬禩不易之法守也。

御製春日毓慶宫詩　癸亥

丹禁春和盎，宫庭麗景諧。惠風颺珠樹，暖旭絢瑶階。莢茗延新爽，觀書寄静懷。寸衷繫民事，願協雨暘佳。

農功起南畝，力作庶民勞。心軫茅簷下，身居魏闕高。曷能蘇困苦，尚未靖逋逃。年稔羣情定，可紓宵旰忉。

東室西嚮，高宗純皇帝御筆聯曰：「插架牙籤照今古，開編芸氣吐芳芬。」幅書聖製宴坐齋中偶爾成詠：

歲月堂堂忽六旬，書窗昔日憶修身。宵衣旰食玆誰代，夕惕朝乾切己頻。大率懶爲高興事，不期喜用長年人。金剛不住念深契，却住勤民一念真。

右詩幅，亦爲皇上藩邸時所拜賜，後居是宫請入者。北嚮聯曰：「非留遊目騁懷地，時切承先啓後心。」西室南嚮聯曰：「一室常延九宇慶，四時惟念萬民安。」過穿堂爲後殿，高宗純皇帝賜額曰：「繼德堂」。東室聯曰：「知人則哲，安民則惠；功崇惟志，業廣惟勤。」迺皇上御書也。

御製繼德堂詩　丙辰

大德愧難繼，仰瞻祇自慚。寅恭寸心凛，恩澤萬方覃。城市春光滿，肖翹生意含。授時思曰肅，畿甸溥和甘。

御製繼德堂齋居詩　丙辰

命名繼德義深長，敬述寸衷刻不遑。齋宿季秋臨禁闥，那居永夏駐山莊。避暑山莊皇父賜書，所居堂額亦名繼德。額同

境異心無逸，德薄位尊體自強。庭訓日聆凜遵守，誕敷仁壽徧遐方。皇父紀元建號乾隆，乾行至健，備具四德。予仰蒙付託，日聆慈訓，惟自强不息，夙夜敬承，冀寰宇同遊仁壽爾。

御製繼德堂靜坐成什　丁巳

遲遲晝景日初長，靜下書帷玩典章。德禮心符境高遠，君師道合意包藏。授時又盼霏甘雨，靖逆渴思殄寇狂。冬春雪澤優霑，田疇透潤，但時屆雨水，東作方興，得應候之雨，於農功更當有益。至鄖襄教匪逆首久應俘獲，達州匪徒亦當剿淨，連日未見軍報，跂望喜音，倍爲殷切耳。繼德欽瞻御題額，愛民勤政寸衷蕘。

御製繼德堂有會詩　丁巳

安安息萬緣，至靜通幽隱。返照透虛靈，外誘慎牽引。察理公則明，遇事必勤敏。圓鏡發容光，磨鍊功夫盡。物來無遁形，妍媸爲標準。養氣純浩然，觀心自平允。善繼豈易言，德化孚庶尹。

御製繼德堂自箴詩　丁巳

繼德顔堂義深遠，心存肯構迪前光。先言追繹持精一，庭訓親承敢怠忘。典則昭垂奕代守，威儀敬慎萬夫望。居高御下衷常凜，圖易思艱刻不遑。

御製繼德堂述志詩　丁巳

五朝承駿業，大德洽生民。堂額欽父命，善繼凜予身。肯構非易事，君難古訓陳。小子實檮

味，一己存恭寅。誨言敬尋繹，力行得遵循。壽宇慶鞏固，庶類咸陶甄。沐澤倍兢業，抒毫素志伸。

御製繼德堂作　戊午

元宵節已過，還宮敬祀神。紫禁陽和溥，淑景當芳辰。六合蒙造育，噍噍樂庶民。久沐聖主德，髓浹而肌淪。邪教敢不靖，小醜衝征塵。蕩平欣指日，仍荷鞠育仁。邪教起於湖北，現在林之華、覃加耀一股已殄除淨盡，楚境廓清。其由蜀入陜及川省之賊，昨據勒保奏，將徐添德等遣往萬縣，勾結新起之賊首曾柳、郭長俊二犯殲斃，并勦洗擒獲共三千餘名。又據明亮、德楞泰奏，追勦自川折回陜境高均德等股賊匪，於城固洋縣及五郎廳一帶地方痛加殲戮，計殺賊六七千名，生擒二千餘名，其自行投出者又有千餘名，此時軍威大振，賊匪聞而膽落，各路軍營自必人人奮勇，悉俘首逆，以蕆膚功，可計日而定，從此閭里安恬，共沐食德飲和之福矣。欽承訓誨切，爲政得遵循。願錫四方福，純嘏祝駢臻。

御製繼德堂述志詩　戊午

繼德誠非易，瞻楣仰父恩。縈心懷衆庶，立志法先言。修己新知懋，詰戎舊典存。召和慶斯毓，遵道本須惇。繼德堂前爲毓慶宮，又前爲惇本殿，皆皇父所賜額，顧名思義，益勉敬勤。撫育首親族，綏倈固外藩。九經循實踐，凛訓寸衷尊。

御製繼德堂靜坐自述　壬戌

皇考賜額勉小子，堂顔繼德凛顧諟。日勤庶政總紛紜，直省積習多委靡。況兼戎馬尚奔馳，六易暑寒患未弭。川陜餘氛一日未淨，則民刦一日未消，早夜虔籲慈佑，實爲蒼生額祝也。難酬遺志咎益深，風木興悲曷能已。籲天除刦福萬民，仰望雲霄衷敬俟。

御製繼德堂静坐成詠　壬戌

瞻額思艱感考澤，賜名繼德凛其難。移風易俗寧羣姓，察吏綏邦勵衆官。庶政多乖衷益愧，邪源未靖意彌殫。旰宵圖治無功效，欲闡前謨刻不安。

御製繼德堂詩　癸亥

地居丹禁左，堂額類山莊。紹述懷先澤，繼繩守舊章。省躬主勤敬，念典不愆忘。訓政事超古，永思金鑑詳。欽定儲貳金鑑一編，詳言建儲之弊，永爲世守家法。乾隆乙卯秋始宣恩命，簡畀藐躬，命居毓慶宫，敬念貽謀，倍凛負荷之重，不敢刻忘欽惕也。東次室爲味餘書室，皇上御書聯曰：「六時空五藴，一月喻三身。」

御製味餘書室偶成　丙辰

昔年額味餘，書窗親筆硯。心清覽圖書，遊藝皆安便。忽承恩命申，非常蒙寵眷。敬天懷小民，施仁撫禹甸。凛訓日趨庭，豈敢自專擅。仍此赤子心，事親盡歡忭。

御製味餘書室齋宿詩　丙辰

韶光度春孟，節候益和暄。齋居臨仲月，清蹕咎御園。書室宜静憩，澄觀條心源。釋奠仰至聖，右壇民社尊。承旨致虔祀，主敬恒存存。願希寸誠格，甘澤春夏蕃。洗兵靖苗逆，潤陌耕犁翻。誕敷造化力，豐稔蒙天恩。

御製季春味餘書室詩　丙辰

候臨穀雨日初長，書室清齋祀事襄。淡淡和風飄綺牖，遲遲暖旭度迴廊。金盆静伴聞花馥，石鼎徐開浥茗香。喜趁幾閒探古籍，經帷舊學自評量。

御製初夏味餘書室詩 丙辰

坐愛書齋夏日長，左圖右史耐推詳。鑪烟細裊徐成篆，花氣微傳淡浥香。性悟鳶魚皆入妙，心空道術兩相忘。三餘靜裏誠堪味，深惜分陰刻未遑。

御製味餘書室晏坐偶成 丙辰

讀畫敲詩亦偶然，三餘樂趣靜中便。萬幾之暇遊心淡，未許清幽若昔年。

漫擬仲舒獨下帷，先賢典籍暇時披。焚香瀹茗饒清興，味得餘閒性地知。

御製味餘書室偶成八韻 丁巳

初韶春色滿，書室靜偏宜。簾下和風轉，窗疎綺旭遲。鑪烟凝寶篆，盆卉吐芳姿。綵勝懸珠閣，祥雲積玉墀。清心童煮茗，樂志自敲詩。久道栽培厚，深恩雨露施。（皇父臨御週甲，化日舒長，世躋仁壽，以不敢上同聖祖紀年，於上年授寶訓政。予寅荷渥恩，祇承提命，惟無逸知艱，時縈衷曲，冀時和歲稔，民物阜安，庶以仰慰聖懷。）授時敷暖律，育物繫遐思。稽事方興候，所欣雪偏滋。

御製味餘書室作 丁巳

樂道屏俗慮，味餘育天和。遇物鮮留戀，無住觀恒河。代謝最迅速，湯湯東逝波。知者恐不及，勤學苦琢磨。少壯若暴棄，挽日徒揮戈。見性却嗜欲，培植蠲宿疴。

御製味餘書室題句 丁巳

室本舊時額，味餘意可尋。經書堪樂性，吟射自娛心。欲了此身事，何期寶命臨。從茲鮮（上聲）

閒諏，承旨寸衷欽。

御製味餘書室作　丁巳

書室青幽若昔年，齋居事簡得安便。窗虛玉凹鋪花影，簾静金鈎裊篆烟。曠覽古今如夢幻，坐觀春夏迭推遷。最欣時稔雨晴順，農政由來國本先。

御製味餘書室晏坐成詠　丁巳

別室新開仍舊額，縑緗位置自清便。詩書悦性古今括，民社縈心午夜牽。豈得安閒如昔日，陡懷和樂憶當年。匡牀晏坐影成隻，壁有瑶琴歎斷絃。

御製仲夏味餘書室詩　丁巳

司南朱鳥厥民因，長養滋蕃功繼春。茂對黍禾較暘雨，静觀圖史束心身。怡情書室名依舊，勑政朝堂德日新。凛若高居九重上，欽承父訓永遵循。

御製味餘書室自箴　丁巳

四時相代謝，倏忽小春時。御園二旬駐，祀事又及期。禁中肅齋戒，太室永孝思。法宫喜清閟，珠櫳藹午曦。窗明芸編展，几静菊馥披。味餘仍舊額，境易志不移。萬幾偶有暇，圖史足自怡。君道勤最要，稍怠機務疲。日聆庭訓切，念兹更在兹。分陰當愛惜，白駒如箭馳。努力在少壯，況余承邦基。堂構職難副，凛若宗器持。

御製味餘書室晏坐成詠　丁巳

深宮晏坐廑窮簷，幸沐維魚屢叶占。民庶谋求足衣食，朝廷根本在閭閻。心殷宵旰政無暇，念切蜀秦澤未霑。蜀匪尚未净盡，近日巴州通江復有滋擾之處。楚匪被剿，又竄逃入陝省興安邊界，計此時吉林索倫兵當已到齊，惟冀明亮、德楞泰等鼓勵戎行，以次蕩除，悉俘逆首，完善蕆功，殷盼倍切。卽願全除邪教藪，光天化日樂安恬。

御製味餘書室偶成　丁巳

愛景輝南窗，光明滿書室。静覺冬晝長，匡牀樂容膝。鑪薰裊水沈，結篆絪緼出。觀心諸境空，太和自洋溢。萬物皆備吾，相忘於道術。駒隙肯忽諸，惜陰戒耽逸。

御製新春味餘書室詩　丁巳

年前春早轉，静室迓青陽。麗日輝金戺，條風拂紫閶。承恩綏福祉，省歲願豐穰。秉耒興耕種，夏秋雨澤優霑，各省收成豐稔，冬前據報雪澤亦俱普被，二麥種齊出土。惟近京尚未得雪，今已入春，土膏脈起，定有應候祥霙，虔冀及時速降爾。書雲兆吉祥。土牛擊童豎，綵燕翦閨房。應候心虔祝，京畿瑞雪颺。

御製味餘書室作　戊午

先聖心傳在縹緗，精華四庫彙羣芳。披尋典籍淵微著，探討經書至妙藏。學藴天人道最大，任兼民社敬毋遑。欲希堯舜加勤勉，磨練鑽研凜就將。

御製味餘書室夜坐詩　戊午

冬夜宜静坐，挑燈讀古書。沈潛安萬慮，寧謐味三餘。定志惟觀妙，養心在集虛。都忘蓮漏永，月影度牕徐。

御製仲春味餘書室有感詩　庚申

流陰逝水同，倏已三改歲。又值仲春初，依然風日麗。迴思比翼儔，頓隔千萬世。空帷坐無聊，深恨遺精衛。未能參色空，觸境多膠滯。此心務虚靈，慎毋自縛繫。

御製味餘書室作　壬戌

室額仍昔年，人境俱遷易。髫齡習詩書，遊心於簡册。味道樂三餘，沈潛身受益。今則總萬方，宅中承考澤。幾務日探尋，有暇臨講席。師古懷永圖，治法在經籍。

御製味餘書室讀書有會詩　癸亥

書室舊題易新地，味餘雅興心難置。昔日讀書衹課程，今兹讀書圖郅治。予承渥澤總臣黎，曷敢怠荒廢政事。聖王古訓在簡編，取之無竭用不匱。從來經正庶民興，察理求賢辨義利。爲己爲人久則明，笑彼浮言豈能肆。

御製味餘書室静坐觀書有會詩　癸亥

仲夏晝刻長，幾閒愛日永。舊室對縑緗，善行心引領。願希古聖賢，典謨治道炳。探尋味芳腴，紬繹得修綆。由義先居仁，遇動處以静。責己勝責人，返求日三省。艱哉化未淳，俗敝多頑梗。移風嗟何時，敬勤勉自警。

御製味餘書室述志詩　癸亥

室額潛邸題，味餘有二義。昔年日讀書，芸窗毓精粹。游藝悦性靈，陶情在文笥。今則治寰區，承恩守天位。幾餘思養民，宵旰理庶事。所味時阜和，常沐豐年瑞。浹洽俗淳良，生聚遍昌熾。六符應泰階，大同品物遂。

味餘書室再東爲知不足齋，聯曰：「小心惕若君先慎，大寶艱哉序不忘。」又聯曰：「肯構恒思安廣宇，仰楣時凛錫嘉名。」西室聯曰：「郅治昇平徵肅乂，授時兢業凛盈虚。」西次室匾曰：「毋不敬」，聯曰：「作求欽燕翼，肯構繼鴻圖。」皆皇上御書。

御製題知不足齋詩　戊午

齋名沿鮑氏，闕史御題詩。集書若不足，千文以序推。齋額沿杭城鮑氏藏書室名。乾隆辛卯、壬辰，詔采集天下遺書，鮑士恭所獻最爲精夥。内唐闕史一書，曾經奎藻題詠。嗣後其家刊刻知不足齋叢書，以唐闕史冠册，用周興嗣千文以次排編，每集八册，今已十八九集，可謂好事之家矣。予别有所會，縈心惟邦基。寰區至廣大，焉能物無遺。不足志最衆，撫字須真知。既知亟拯救，飽暖漸可期。民足君始足，民艱君道虧。一夫不得所，吾之責奚辭。譬諸舟寄水，浮沈繫安危。凛訓愛庶姓，念兹復在兹。

國朝宮史續編卷之六十一

宫殿十一　内廷八

壽皇殿

臣等謹案：神御殿之名，昉自宋代，猶漢原廟遺意。然至崇建徧郡國，奉祀及禪院，議者以爲非禮。我朝法宮嚴閟，義重羹牆，壽皇殿之制，高矗景山，近通陟降，實仿太廟而約之。歲時内謁告虔，著爲成憲。舊址在景山東北隅，其建置緣起，詳見高宗純皇帝聖製重建壽皇殿碑文。兹依前編，備陳規制，以見旅楹松桷，允叶寢成孔安之頌焉。至饗祀諸儀，分載典禮門。

神武門之北，過橋爲景山。山前爲北上門。門左右嚮北，長廡各五十楹，其西爲教習内務府子弟讀書處。東曰山左裏門，西曰山右裏門。門内爲景山門。入門爲綺望樓，樓後卽景山也。山周二里餘，有峰五，中峰高十一丈六尺，左右峰各高七丈一尺。又次左右峰各高四丈五尺。峰各有亭踞其巔，中曰「萬春」，左曰「觀妙」，又左曰「周賞」，右曰「輯芳」，又右曰「富覽」。山後爲壽皇殿。南臨景山中峰，正中南嚮寶坊一，前榜曰：「顯承無斁」，後曰：「昭假惟馨」。左右寶坊二，左前榜曰：「紹聞祇遹」，後曰：「繼序其皇」。右前榜曰：「世德作求」，後曰：「舊典時式」。北爲磚城門三，門前石獅二。門内戟門五楹，大殿九室。左右山殿各三楹，左曰：「衍慶」，右曰：「綿禧」。東西配殿各五楹。神庫、神厨各五。碑井亭各二。碑亭恭刻聖製重建壽皇殿碑文。碑陰分鐫清、漢文重建壽皇殿諭旨。恭見前編

乾隆十五年五月初十日，内閣奉諭旨：壽皇殿恭奉皇祖聖祖仁皇帝、皇考世宗憲皇帝聖容，朕以時躬詣行禮，愾聞僾見，得申逮事之忱。仰惟太祖、太宗、世祖聖容，列后聖容，向於體仁閣函奉尊藏，未獲修歲時展謁之禮。粤稽前代安奉神御，或於宫中别殿，或於寺觀淨宇，本無定所。國家緣情立制，宜極明備周祥。敬念列祖創垂，顯承斯在，永懷先澤，瞻仰長新。式衷廟祫之儀，期協家庭之制，應卽於壽皇殿增修丹雘，恭迎列祖列后聖容，敬謹奉安，於歲朝合請懸供，肅將裸獻，以昭誠慤。所有應行典禮，著内閣大學士會同内務府王、大臣等詳悉具議以聞。詳載典禮門饗祀儀。

嘉慶四年九月，皇上恭奉高宗純皇帝御容敬安殿内，殿内中龕匾曰：「紹聞衣德」，左龕匾曰：「對越在天」，皆高宗純皇帝御筆。右龕匾曰：「同天光被」，皇上御書也。殿後東北曰集祥閣，西北曰興慶閣。殿東爲永思門，門内爲永思殿。殿西暖閣，高宗純皇帝御筆聯曰：「一氣感通昭陟降，萬年嗣服式儀型。」東暖閣樓上聯曰：「祖德思無逸，天心格有孚。」樓下聯曰：「萬年家法式，永衣德言聞。」北壁聯曰：「每懷肯堂構，卽境見羹牆」，聖祖仁皇帝御筆也。又東爲觀德殿，嘉慶四年奉安高宗純皇帝梓宫於殿内，九月移奉裕陵。殿中聖祖仁皇帝御筆匾曰：「正大光明」，聯曰：「琴韻聲清，松牕滴露依蟲響；書帷夜永，蘿壁含風動月華。」再東爲護國忠義廟，範關帝立馬

像。聖祖仁皇帝御筆匾曰「忠義」。

雍和宮

臣等謹案：我朝家法，凡先皇臨御興居之所，昭事清嚴，多尊爲佛地。至夫龍池肇迹，必特申蠲潔，以答洪貺而篤瞻依，不啻若唐之慶善，宋之景靈，僅薌祠祀已也。粤維世宗憲皇帝肇封雍邸，地卜京師艮維，雍正三年，命升爲雍和宮。乾隆十年，高宗純皇帝景遡趨庭，表虔薦福，爰飭一新丹雘，莊嚴相好，選高行梵僧居守，其崇奉之義，具詳聖製雍和宮碑文。每届春正，躬親展禮，歲時車駕復常詣焉。宮中曩奉聖祖仁皇帝賜額曰「五福堂」，實衍後來五代來昦之慶。矧我高宗純皇帝誕聖靈區，卽在於是。恭讀節年宸詠，備抒孺慕，並誌發祥。星虹照室之徵，寶相長生之瑞，允宜千春頂禮，萬古尊親者也。伏覩我皇上志切紹庭，以時瞻拜，祖恩考佑，彌謹繹思，受釐正未有艾。臣等依例敬登壽皇殿之次，以見珠宮琳宇，福界因依，尤足以彰崇禮之典云。

雍和宮在皇城東北，繚垣四周，南北袤延一百二十一丈，東西廣四十九丈。宮前寶坊二，左坊前榜曰：「慈隆寶葉」，後曰：「四衢淨闢」。右坊前榜曰：「福衍金沙」，後曰：「十地圓通」。正中石坊一，南嚮，前榜曰：「寰海尊親」，後曰：「羣生仁壽」。自是而內，甬道相屬，爲昭泰門。門以內東西列碑亭。中爲雍和門。門內天王殿，匾曰：「現妙明心」，聯曰：「法鏡交光，六根成慧日；牟尼真淨，十地起祥雲。」左右環以迴廊，正中爲雍和宮，聯曰：「接引羣生，揚三千大化；圓通自在，住不二法門。」又曰：「法界示能仁，福資萬有；淨因臻廣慧，妙證三摩。」宮後爲永佑殿，聯曰：「般若慈源，覺海原無異派水；菩提元路，德山相見別峰雲。」殿後爲法輪殿，匾曰：「無量壽輪」，聯曰：「龍象莊嚴，寶界常新真實相；人天拱翊，福田普證妙明心。」又曰：「鬘雲采護祥輪，錦軸光明輝萬象；龍沼慶貽寶地，玉毫圓足聚三花。」左右山殿各三楹。西爲戒壇，乾隆四十四年高宗純皇帝命仿熱河廣安寺戒壇式，改建方壇三層，每層環以石闌，列佛像。東爲藥師壇。是年並改建重樓，上下各五楹，與戒壇相配。戒壇内匾曰：「律持定慧」，聯曰：「法會啓無邊，共守真如願力；律宗超最上，總持實相因緣。」東樓上匾曰：「能仁普度」，聯曰：「寶地徧沾功德潤，香臺恒擁吉祥光。」樓下匾曰：「慈雲應念」，聯曰：「廣一切善緣，現莊嚴相；普如是功德，發歡喜心。」法輪殿後爲萬福閣，匾曰：「緣覺妙諦」，又曰：「放大光明」。南嚮聯曰：「以不可思議説微妙法，具無量由旬作清淨身。」北嚮聯曰：「説法萬恒沙，金輪妙轉；觀心一止水，華海常涵。」西嚮聯曰：「丈六顯金身，非空非色；大千歸實所，卽境卽心。」東嚮聯曰：「合大地成形，非有爲法；與衆生同體，作如是觀。」中層匾曰：「淨域慧因」，下層匾曰：「圓觀並應」，聯曰：「慧日麗璇霄，光明萬象；法雲垂玉宇，安隱諸方。」東爲永康閣，聯曰：「慧日朗諸天，圓輝寶相；吉雲垂大地，淨掃塵根。」西爲延綏閣，聯曰：「獅座寶花，拈來參妙諦；檀林法乳，觸處領真香。」右三閣並峙，上有閣道相通，其後則綏成殿也。

聖製雍和宮碑文恭見前編。

聖製喇嘛説

佛法始自天竺，東流而至西番，其番僧又相傳稱爲喇嘛。喇嘛之字，漢書不載，元明史中，或訛書爲剌馬。予細思其義，蓋西番語謂上曰喇，謂無曰嘛，喇嘛者，謂無上，卽漢語稱僧爲上人之意耳。喇嘛又稱黄教。蓋自西番高僧帕克巴，始盛於元，沿及於明，封帝師、國師者皆有之。我朝惟康熙年間，祇封一章嘉國師，相襲至今。其達賴喇嘛、班禪額爾德尼之號，不過沿元、明之舊，换其襲敕耳。蓋中外黄教總司以此二人，各部蒙古一心歸之。興黄教卽所以安衆蒙古，所繫非小，故不可不保護之。而非若元朝之曲庇諂敬番僧也。其呼土克圖之相襲，乃以僧家無子，授之徒與子何異，故必覓一聰慧有福相者，俾爲呼必勒罕，幼而習之，長成乃稱呼土克圖，此亦無可如何中之權巧方便耳。其來已久，不可殫述。孰意近世其風日下，所生之呼必勒罕率出一族，斯則與世襲爵禄何異？予意以爲大不然。蓋佛本無生，豈有轉世？但使今無轉世之呼土克圖，則數萬番僧無所皈依，不得不如此耳。去歲廓爾喀之聽沙瑪爾巴之語，刦掠藏地，已其明驗。雖興兵進勦，彼卽畏罪請降，藏地以安。然轉生之呼必勒罕出於一族，是乃爲私，佛豈有私？故不可不禁。兹予製一金瓶，送往西藏，於凡轉世之呼必勒罕，衆所舉數人，各書其名置瓶中，掣籤以定。雖不能盡去其弊，較之從前一人之授意者，或略公矣。夫定其事之是非者，必習其事而又明其理，然後可。予若不習番經，不能爲此言。始習之時，或有議爲過興黄教者，使予徒泥沙汰之虚譽，則今之新舊蒙古畏威懷德，太平數十年可得乎？且後藏煽亂之喇嘛，卽正以法，元朝曾有是乎？蓋舉大事者，必有其時與其會，而更在乎公與明。時會至而無公與明以斷之，不能也。有公明之斷而非其時與會，亦望洋而不能成。兹之降廓爾喀，定呼必勒罕，適逢時會，不動聲色以成之，去轉生一族之私，合内外蒙古之願，當耄近歸政之年，復成此事，安藏輯藩，定國家清平之基於永久，予幸在兹，予敬益在兹矣。

臣等敬維高宗純皇帝八旬有二之年，特著喇嘛説一篇，以聖人御世權衡，作壽佛宣揚義諦，是爲功德宏深所繫，不第護持彼教，開悟羣生已也。迺復以雍和宮向爲藏僧讚唄之所，爰命用四體書鐫是説於碑亭，四周環刻，洵堪瑞映珠幢，輝增金地，亘萬刦而不磨者矣。

聖製雍和宮瞻禮詩　甲申

龍池慶邸鹿王筵，福佑三千與大千。新歲自天霏玉葉，延禧特地禮金田。無遷便是法雲住，每至常瞻聖日懸。綵勝華鐙依舊綴，黯然爲（去聲）憶卌年前。

聖製詣雍和宮禮佛作　庚寅

興慶當年選佛場，初春幾暇禮空王。六街三市皆珠玉，利物宜人大吉祥。東壁圖書原静好，（東書院卽在宮左側，齋曰大和。）昔時歲月黯神傷。六旬兄弟相隨逐，（時和親王以領宮務相隨。）話到髫年電火光。

聖製入安定門至雍和宮瞻禮詩　庚寅

邸第吾生長，（上聲）今來忽六旬。昔年景頻憶，先節敬應申。（八月間，慶賀禮繁，乘暇先至此瞻拜。）砌下花新錦，庭前松老鱗。緬懷趨訓日，黯爾獨傷神。

聖製詣雍和宮禮佛疊今歲新正詩韻　庚寅

趨庭每憶少年場，邸闕因之叩鹿王。法化報身畫裏相，去來今世鏡中祥。誰知新歲塤篪喜，幻作斯時存没傷。新正來謁時，和親王以領宮務在列，因有「六旬兄弟相隨逐」之句。今再過已邈然不可復得，曷勝軫惻。了識無生還有恨，惟應慙愧仰威光。

聖製雍和宮瞻禮作　甲午

仲月東壇舉祀親，禮成順至躍龍津。別兹迴憶垂髫歲，予自十二歲進宮侍皇祖。何此忽爲華髮人，昨暮今朝真逝水，經筵祭社又將旬。正月廿九日進宮舉行諸典，逮今又旬日矣。書齋片刻旋言去，因欲詢安謁暢春。

聖製立春後一日雍和宮瞻禮作　乙未

歲首仍多暇，春初憶舊時。言瞻野鹿苑，原是躍龍池。忍草迎韶發，禪林履露滋。未能泯色相，祗益緬恩慈。

聖製新正詣雍和宮禮佛卽景誌感　戊戌

邸宮禮佛命春輿，雪後天街物象舒。梵綱法筵輝四界，凝華積素護三車。書齋温室徘徊處，昔日今時想像餘。雖曰無生喻宗旨，昔時皇考提唱宗風，常聞無生之旨。到斯每憶我生初。

聖製雍和宮瞻禮作　戊戌

靈壇將事罷，取便至興宮。昔以躍龍著，今惟演象崇。聞詩嗟莫得，存澤撫猶同。百念紛吾感，那能契本空。

聖製新正雍和宮瞻禮詩　己亥

舊宮瞻禮例新正，輕散春雲旭影明。望雪靡神不宗際，撫時于耜欲臨并。何當應禱六霙霈，無那希膏一意怦。齋閣東廂胥熟路，憶親惟念我初生。

聖製新正雍和宮瞻禮詩　庚子

雍和宮是躍龍邸，大報恩宜轉法輪。例以新正虔禮佛，每因初地倍思親。禪枝忍草青含玉，象闕蜂臺白積銀。十二幼齡纔離去聲此，康熙六十一年，始蒙皇祖養育宮中。雍正年間，遂永居宮内。訝今瞥眼七旬人。

聖製雍和宮瞻禮作　辛丑

俶歲迓禧騈，撰良禮梵筵。維新宣象教，依舊躍龍淵。七十茲開一，今時憶昔年。餘寒融積雪，萬井靄祥烟。

聖製人日雍和宮瞻禮詩　壬寅

從來七日是靈辰，潛邸雍和禮法輪。鼉鼓螺笙宣妙梵，人心物色啓韶春。今來昔去宛成歲，地厚天高那報親。設以古希有二論，斯之吾亦始成人。余實康熙辛卯生於是宮也。

聖製新正雍和宮瞻禮詩　癸卯

梵天輝象界，昔日躍龍淵。例有叩新歲，那無憶少年。一齋大和盎，雍和宮之東爲書院正室，皇考御題額曰大和齋。四海量包全。遲曰人求舊，懷居理亦然。

聖製新正雍和宮瞻禮詩　丙午

例以新正禮，那能舊邸忘。聖蹤餘想像，佛道合宣揚。臘雪資田潤，春風與物昌。於斯蓄五代，五福肇名堂。昔皇祖御書五福堂以賜皇考，因敬摹奎文，以顔楣額。今繁衍五代，皆是堂有以肇慶也。

聖製新正雍和宮瞻禮詩 丁未

宮號雍和卽禁林，雍和宮本皇考藩邸，登極後命名曰雍和宮。乾隆十年，予念斯地爲龍池肇迹之區，非可褻越，因莊嚴佛像，選高行梵僧司守，以爲祝釐之所。問誰於此稱去聲居住。亦惟調御堪演教，故每初正來致欽。孚甲春蕪纔脈脈，排衙慧樹自森森。躍龍悟到無心旨，不失由來赤子心。

聖製新正詣雍和宮瞻禮作 戊申

詩禮趨庭想像中，首春瞻謁歷年同。頻繁未敢奉神御，雍正元年，我皇考就壽皇殿奉安皇祖御容，朔望瞻禮，牲新時薦。予卽位後，亦就壽皇殿東室虔奉皇考御容以配。又於圓明園建安佑宮九室，恭移恩佑寺所奉皇祖御容於中，以皇考御容配東一室。顧瞻堂構，如見羹牆，皆所謂禮以義起者。茲雍和宮雖係皇考潛邸，未敢頻奉神御，慮蹈宋代徧及郡國祀繁致褻之譏也。清淨惟應作佛宮。俯仰之間由是視，繼繩所繫切於衷。金仙端坐無言說，了示當前色與空。

聖製新正雍和宮瞻禮詩 己酉

禪枝根積雪皚皚，邸第誠應佛域開。庭宇依然滋肅穆，繼繩寧敢負栽培。豈期莅政忽焉老，尚憶生初於是孩。予以康熙辛卯生於是宮，至十二歲始蒙皇祖養育宮中。瞥眼光陰七十九，一心迴向證如來。

聖製新正雍和宮瞻禮詩 庚戌

躍龍真福地，奉佛永潛宮。此宮爲皇考潛邸，雍正年間卽稱此名，後有人竊稱宜賜和親王居之者。朕以爲皇考舊臨御之殿，孰可當之，且和親王府曾經回禄，向若聽浮言賜之，則此地不可問矣。尚憶初生我，忽來八十翁。親恩寧有極，祖顧感無窮。百念一時具，難言色卽空。

聖製新正雍和宮瞻禮詩 辛亥

龍飛參舊邸，象教叩新禧。雍若春生矣，和兮物識之。貞元轉鴻運，顧復溯烏私。來每逢人日，成人本在兹。

聖製新正雍和宫瞻禮作　壬子

首正謁潛邸，依例歷來皆。不敢奉神御，大内之壽皇殿，御園之安佑宫，熱河之永佑寺，皆供奉皇祖、皇考神御，以時瞻禮。兹於潛邸不敢復奉神御，恐不符三處之體，且慮貽黷祀之譏也。庶幾愜佛懷。虔申無量座，静憩大和齋。仰緬當年志，春祺與物諧。

聖製新正雍和宫瞻禮詩　甲寅

新正瞻舊邸，老大溯初生。内聖學未至，外王治那成。萬幾惟益慎，一念敢忘誠。稽首籲天貺，優霑霈六霙。

聖製新正雍和宫瞻禮示諸皇子詩　乙卯

躍龍宫自我生初，七歲從師始讀書。廿五登基考承命，六旬歸政祖欽予。予自幼齡仰蒙皇祖眷育，至乙卯歲踐阼之初，即炷香告天，若蒙昊蒼鴻貺，得在位六十年，即當歸政，不敢上同皇祖紀元週甲之後更思多歷年所，然其時實未計及予已二十有五歲，若至六十年則須壽登八十有五也。逮至五旬後始思及之，曾以此意奏知聖母。彼時聖母諄諭以予躬膺付託之重，天下臣民所係望，即至六十年亦不當傳位自逸。次晨予即以聖母所諭默奏上帝，若能長奉慈寧，壽躋頤慶，予亦何敢復執前願？乃自丁酉年以來，所願既虚，於是仍冀得符初志，至丙辰即當歸政。今歲天恩申錫，竟獲週甲紀元，明歲丙辰正月元旦，親授大寶於嗣皇帝，吉祥孰大於是。史册所紀，帝王受貺，無此優厚。今雖傳位已近，而予益凛孜孜，不敢少懈。國策所云，行百里半九十者，更當日慎一日，敬承天祖之眷佑也。月長日引勗無逸，物阜民安愧有餘。深幸天恩錫符望，永言題壁示聽諸。

聖製新正雍和宫瞻禮疊乙卯韻　丙辰

六旬歸政告天初，適百常懷半九書。誰識㡛幪恩錫昊，竟符精一訓傳予。户封刑措曾何有，正己安民慙尚餘。邸地仰瞻憶髫歲，流光望九電如諸。

御製雍和宮瞻禮敬紀　丁巳

躍龍福地肇嘉祥，永駐春暉衍慶長。祖澤貽谋奕禩述，雍和宮爲皇祖世宗憲皇帝潛邸，登極後改邸爲宮。肇祥福地，時雍協和，予仰沐慈暉，延洪篤祜，皆祖澤之留貽也。父恩垂訓寸心蘉。盛時授受超堯舜，唐虞授受，本非一姓，是以格廟受終，即成易代。豈如我皇父乾德健行，與天同體，大廷授受，訓政如常，予承恩稟誨，得有遵循，誠祁嫓所不及也。原廟衣冠陋漢唐。皇父登極後，奉皇祖神御於雍和宮，至乾隆十年，又以龍池發迹之區，尤宜清穆，因裝嚴佛像，選高行梵僧司守，永爲薦福之所。即舊邸以申妥侑，視前代之別建原廟月遊衣冠者，蓋夐乎遠矣。大德難名寰宇洽，敬思肯構迪前光。

御製雍和宮瞻禮詩　癸亥

躍龍誠福地，澤溥十三年。衣德亹繩舊，傳心敬紹先。道惟昌厥後，治勉繼乎前。景仰彌增凜，深仁奕禩延。

宮之東爲書院。門三楹，入門爲平安居，匾爲世宗憲皇帝御筆。殿内高宗純皇帝御筆匾曰：「因寄所托」。後有書室三楹，其北有堂。堂後爲如意室，匾亦世宗憲皇帝御筆也。殿内高宗純皇帝御筆匾曰：「與天遊」。東室爲佛堂，聯曰：「於澹泊中尋理趣，不空色際忘言詮。」西室内聖祖仁皇帝御筆匾曰：「爲善最樂」，高宗純皇帝御筆聯曰：「情將物外適，道與古人期。」

聖製如意室述懷　甲申

此室幼居曾，偶來感弗勝。無端朝夕裏，不覺歲年增。牆見真徒語，庭趨那再能。踟蹰緬如意，可未負丕承。

聖製如意室詩　丙午

總角讀詩書，樂羣識字初。予與和親王從幼卽居此。詎知有如許，斯豈意能諸。淑景新芸閣，明光舊綺疏。拈鬚七旬六，故我也漸與。

如意室之後，正中南嚮爲書院正室，世宗憲皇帝御筆匾曰：「太和齋」。又聖祖仁皇帝御筆匾曰：「爲善最樂」，聯曰：「種德在寬仁，俾昌爾後；立身惟忠孝，永建乃家。」

聖製太和齋詩　庚寅

竹石逕蕭森，芸齋廣且深。一時多古意，萬物識春心。風細簾旌翠，雪融簷溜斟。大和契元善，聖日照於今。

聖製太和齋詩　己亥

書齋築東壁，仰聖藻顔楣。撫序顯春象，於人發惠施。不同識君子，保合訓先師。寰宇登臺意，早基毓德時。

聖製太和齋詩　辛丑

邸苑近東廂，文牕敞肯堂。傳餐兼理政，淑氣正韶光。不盡椿萱思，依然翰墨香。太和含宇宙，與物樂時康。

東寢宮，高宗純皇帝御筆匾曰：「窗含遠色。」西室屏門上，前曰：「勸農」，後曰：「課織」。繪耕織圖於屏間。庭中爲山。山東南有亭，世宗憲皇帝御筆匾曰：「翼然」。亭後殿二重，其前高宗純皇帝御筆匾曰：「静挹化源」。太和齋之東，其南爲畫舫。舫之後，左右迴廊相接，北嚮有臺，匾曰：「大塊文章」。其南嚮正室與臺相對者，聖祖仁皇帝御筆匾曰：「五福堂」。堂内高宗純皇帝御筆匾曰：「悦目賞心」，聯曰：「大德曰生，到處和風甘雨；與民偕樂，隨時擊壤歌衢。」堂後書室數楹，匾曰：「幽偏自怡」，聯曰：「健行乾不息，遜志益無方。」

聖製五福堂有詠　乙巳

堯額楣間焕，舜歡膝下承。今來老年者，昔憶幼齡曾。斂錫箕疇叶，惕乾羲象仍。同堂欣五代，昔皇祖御筆書此額以賜皇考，恭懸潛邸此堂，用昭垂裕。昨歲余得玄孫，五世同堂，因即景福宫之地顔曰「五福五代堂」，數典實由於此。詳見所製五福五代堂記中。祖考肇庥徵。

太和齋之西爲海棠院，匾爲世宗憲皇帝御筆。院内匾曰：「香紅雨」，院後書室匾曰：「清暉娱人」，聯曰：「雲山勸動静，花木驗農桑。」又後室匾曰：「高雲情」。皆高宗純皇帝御筆。由海棠院西循廊而北，有長房一帶横繞，由長房之西臺門拾級上下，更後延樓一所，西爲斗壇，聖祖仁皇帝御筆匾曰：「祝齡壇」。壇東爲佛樓。樓前有平臺。其東佛堂三楹，宫西後爲關帝廟，前爲觀音殿，殿内匾曰：「香林寶月」，亦高宗純皇帝御筆也。

國朝宫史續編卷之六十二

宫殿十二 西苑一

臣等謹案：古昔苑囿之設，類騁遊觀，無與實政。我朝之有西苑，循金、元、明以來舊址。重以國家百數十載延美承平之澤，時敕奉宸，量加葺綴，無大營造。周不越十里，接宫垣不遠百步，地連爽塏，居尚樸構，間有金碧丹雘，以崇勝概，供臨幸，要皆大典禮之所關，非僅爲對時彌性，塗飾耳目於一時已也。原夫列聖相承，握勵精圖治之本，自仁祖枌題勤政殿額，昭示來兹；憲皇繼序，恒莅此爲理事晝接之所。洎高宗御極六十年中，奉慈豫者逾四十年，慶武成者贏十次。每法駕出入苑門，外藩侍子，異域降人，踵逻跽覲無虚歲。至於演耕弄田，浴蠶温館，首以敦勸農桑，協因時創制之宜。又如時應之籲休徵也，悦心之廑旰食也，韻古以定樂也，三希以考文也，馬射重材武也，冰嬉課勞勩也，茂典迭陳，不可勝紀。塔山瀛海之間，實無往非大聖人單心宥密所見端，而非幾暇優游之所可虚託者。迺至宗人執酳，詞臣侍讌，征帥勞還，名王上壽，歲時譽處之恩，率常霑渥於此，又豈甘泉上林之所能比擬萬一乎？臣等續輯宫史，循前例誌西苑一門，鋪敍自勤政殿始。伏讀皇上御製勤政殿記、勤政箴，仰見紹述心傳，闡爲經法。臣等既敬登聖製勤政殿詩之次，而於兩朝詩文之關繫典則者，謹擇要臚載，用徵聖撰之同焉。

西苑在西華門西，門三，東嚮，榜曰「西苑門」。入門卽太液池。源引西山玉泉，從德勝門水關達後湖，入苑匯爲巨池，周廣數里，上跨長橋，修數百步，樹坊楔二，東曰「玉蝀」，西曰「金鰲」。橋北爲北海，南爲中海，又南爲南海，卽瀛臺禁地，此液池之勝概也。由苑門循池東岸渡板橋，折而西，臨池面北門三楹，榜曰「德昌門」，左右朝房各三楹。門内北嚮正殿五楹，聖祖仁皇帝御筆扁曰：「勤政」，高宗純皇帝御筆聯曰：「常切單心歸宥密，每懷勅命凛幾康。」

聖製敬題勤政殿詩　辛丑

勤政額康熙，年陳考莫知。（此匾爲皇祖御書，但莫知爲何年御筆也。）幾閒雖一豫，政要切疇咨。兩字楣端揭，千秋家法垂。山莊及御苑，一例永欽兹。（圓明園勤政殿爲皇考御筆，嗣是萬壽山、香山及避暑山莊勤政殿皆余恪遵家法一例書額。）

聖製題勤政殿詩　甲辰

勤政爲君要，此言孰弗知。存中外達者，以久敬從之。察吏安民際，深居獨處時。名言憶光武，樂此不爲疲。

聖製題勤政殿詩　丙午

御園及山莊，殿胥勤政名。（是處檐額，皇祖所御題。其圓明園、萬壽山、清漪園、香山靜宜園及避暑山莊，凡聽政之所，均以勤政名之，實數典於此。）數典實於兹，皇祖額焕楹。敢不勑天命，敢不念民生。戒忽忽以怠，勿察察爲明。寄言聰聽者，經權在敬誠。

聖製題勤政殿詩　癸丑

奎章兩字示千年，敢弗欽承家法傳。遊豫處無不題額，是地勤政殿爲皇祖御題，圓明園之勤政殿爲皇考御題。予於清漪園、静宜園及避暑山莊皆遵書是額，蓋家法相承，雖遊豫之處，弗敢忘也。旰宵時永念仔肩。幸看歸政三歲近，仍慮倦勤半九延。用顔真卿坐位帖意。猶日孜孜慎晚節，聰聽奕葉朂斯綿。

御製勤政殿記

我皇考於理事正殿，皆顔「勤政」，誠以持心不可不敬，爲政不可不勤也。六十餘年身體力行，垂教後嗣子孫臣庶，觸目警心，知所效法，永保無疆之庥，常警怠忽之念。予小子敬承大業，夕惕朝乾，無時或懈。蓋天下至大，惟日孜孜，恒恐不及。若聽政不勤，或勤而不加審察，則叢脞隨之，流弊滋甚矣。夫敬爲勤之本，惟敬勝怠。心主於敬，則無時不提撕警省。所謂清明在躬，氣志如神，遇事洞燭，見理精詳，雖克勤而不覺其勞，無所用其勉强，從容中道，心主於敬之功效也。自天子以至於庶人，皆以敬勤爲立身之本。君勤則國治，怠則國危。臣勤則政自理，怠則政不綱。爲學不勤，則學業無成。力農偶怠，則田功必棄。以至工商賤業，事雖異而理則同也。我朝家法，無一日不聽政臨軒，中外所同知，彼好逸厭勞者，皆心不能主於敬，故不勝怠惰之念耳。視前明之君深居大内，隔絶臣工，竟有不識宰相之面者，相去奚啻霄壤。朕承考訓，曷敢忘敬勤，曷敢耽逸樂，一日二日萬幾，至繁且重。内而六部九卿，外而直省大吏，誠能夙夜在公，存心匪懈，各勉敬勤，匡予不逮，衆志成城，何患不治乎？若心存懈怠，身耽安逸，惟知尸禄保位，國計民生，漠不動念，則政事廢弛，其害可勝言哉？故書此記於殿壁，既以自戒，兼告諸臣，庶幾永持此敬勤不怠之志，仰副我皇考垂示後人、立身圖治之大經大法，期共勉以毋忘，是予之至願也。謹記。

臣等欽惟我皇上既成此記，復親灑宸翰，懸御園勤政殿東壁。地則先聖後聖之豫遊，文則中外大小臣工之咨儆，別有摹搨分賜之本。臣等謹數典於西苑楣額，而以斯記與御製勤政箴並著云。

御製勤政箴

爲政在勤，勤則不匱。建極寰區，凜承主器。一日萬幾，曷敢暫置。居敬開誠，殫心撫字。宵旰不遑，永勵此志。誕告百揆，敬共爾位。亮采寅清，竭忠盡智。務抒大猷，毋憚小累。致君澤民，夙興夜寐。一德咸孚，欽明光被。勿耽晏安，日就怠棄。弼予一人，勉圖郅治。

殿後面南曰「仁曜門」。又南渡橋爲瀛臺。平隄石欄，歷級而登，有閣北嚮，聖祖仁皇帝御筆榜曰「翔鸞閣」，廣七楹，建相風金鳳於屋極，左右延樓迴抱，各十九楹。閣後樓東曰「祥輝」，西曰「瑞曜」。由閣而南爲涵元門，門内東嚮爲慶雲殿，西嚮爲景星殿，正中南嚮爲涵元殿，高宗純皇帝御筆匾曰：「天心月脇」。

聖製題涵元殿詩 癸巳

躧臺貽勝國，庭樹百年枝。古殿臨中正，新題易柍楣。舊名香扆殿，乾隆辛酉易此額。瓦陰餘積雪，簾額煦春曦。物物涵元化，欽哉茂對時。

聖製題涵元殿詩 辛丑

一元涵萬彙，斯殿更涵元。義若符乾德，心因企善源。況當春以始，願闡福之門。實政祛虛語，十行寧靳恩。每歲新正頒發恩旨，展賑蠲緩，加惠羣黎，以普春澤。

聖製涵元殿詩　癸卯

趯臺宮殿建前明，卽境還因間去聲易名。每至涵元思乙乙，仰欽大造德生生。四時消息由他運，萬物色形祇自呈。一部羲經注於此，勗哉惟是體乾行。

聖製題涵元殿詩　乙巳

涵元義寓涵元氣，元氣之涵豈易言。必也己私淨以去，乃能天理静而存。試看卽景春將發，都契無形道作原。可不對時物思育，寧徒依例詔頒温。

聖製涵元殿詩　戊申

朶殿趯臺中，勝朝規制崇。西苑創自前朝，今瀛臺上之涵元殿諸處皆仍其舊，至迤北之豐澤園、惇敍殿各處，乃康熙年間所建，迤南之淑清院、實月樓、同豫軒一帶，則又乾隆年間所增也。乘除餘想像，景物漸沖融，且勒楊稊緑，已薰梅萼紅。貞元消息處，槖籥具鴻功。

聖製題涵元殿詩　壬子

趯臺中正殿，題額曰涵元。卽景春方孟，會心道與存。陽舒氣以始，仁實政之原。一念周九寓，吾民可被恩。

東室，高宗純皇帝御筆扁曰：「含經味道」，聯曰：「四面波光動襟袖，三山烟靄護壺洲。」又聯曰：「風篁叶韶濩，雲樹靄蓬壺。」又扁曰：「澄觀朗鑒」，又聯曰：「精神山水萃，義理知仁該。」又聯曰：「於此間得少佳趣，亦足以暢敍幽情。」又聯曰：「飛躍天機適，琴書道趣生。」殿東爲藻韻樓，聯曰：「湛華饒水木，挹韻在琴書。」又聯曰：「春色芳菲入圖畫，化機活潑悟魚鳶。」又聯曰：「琴薦墨壺都帖妥，天光水態儘沖容。」西爲綺思樓，聯曰：「四圍悦目皆仁智，一晌會心有縹緗。」又聯曰：「啅樹春禽彈舌綺，友松古鶴泯心葩。」正北相對爲香扆殿。

聖製題香扆殿詩 甲午

冰牀過太液，香扆坐春初。銅旭窗明暖，芸編几淨陳。詎惟資博物，要必始修身。佔畢少年處，誰爲刮目人。

聖製題香扆殿詩 丙申

十五讀書處，忽忽五十年。縹緗若有待，學業祇依然。慚愧誠多矣，殷勤欲勉旃。於中稍得力，弗蹈自欺愆。

聖製新正香扆殿詩 己酉

香扆勝朝殿，躚臺一併留。北由本平地，南俯却層樓。翰墨因心静，景光隨意投。迴思讀書此，六十閲春秋。雍正甲辰皇考命予讀書於此，不覺已閲六十餘年矣

聖製香扆殿憶舊作 甲寅

香扆名原題勝國，甲辰曾此作書寮。香扆殿乃明時舊名，雍正二年甲辰，皇考命讀書於此，時予年方十四，僂指倐已七十餘年，荏苒流光，宛如昨日。年方十四似昨日，歲閲七旬得幾朝。猶故依然增我愧，成何惕若祇心焦。顒希天佑歸政近，計至後年丙辰歸政，近餘兩年，彼時得息仔肩，可以一

（編自娱，惟冀仰蒙天佑如願耳。）閒讀芸編勉旰宵。

聖製香扆殿有感詩　乙卯

舊蹟溯前明，殿仍香扆名。丹青縱葺染，堂構弗增營。（是殿係前明舊蹟，殿額卽仍原名，蓋歷四五百年之久矣。丹雘黯駁之處，不得不量加修飾，然未嘗別有增構也。）志學讀書處，（予年十四五時於此讀書，始能詩。）吟詩壓韻生。卽今耄耋矣，所就竟何成。

香扆殿東有室三楹，北嚮匾曰：「溪光樹色」，聯曰：「圖畫參生動，詩書閱古芳。」北接三楹，西嚮匾曰：「虚舟」，聯曰：「閒雲入窗牖，清露滴梧桐。」又聯曰：「心澹水木秀，興幽魚鳥閒。」又聯曰：「鑪香晝静芸編展，花海春深竹檻清。」殿西有室三楹，北嚮匾曰：「水一方」，聯曰：「從來多古意，可以賦新詩。」又聯曰：「緗帙氤氲映，晶簾澹蕩低。」北接三楹，東嚮匾曰：「蘭室」，聯曰：「亭臺涵月鏡，花木暢天機。」又聯曰：「過眼寸陰求日益，關心萬姓祝年豐。」殿後南嚮，崇基臨下，爲趯臺陂舊址，亦曰南臺，高宗純皇帝御筆匾曰：「瀛臺」。東爲春明樓，西爲湛虚樓。中庭有木變石，石上恭刻高宗純皇帝御題詩：

香扆前塀峙，棱棱勝國留。莫稽來所自，難悟是何由。風雨長林裏，荆凡大海陬。精華有獨得，氣味本相投。寧介榮枯意，還辭斤斧修。春明如續録，文獻此堪求。

瀛臺南爲迎薰亭，高宗純皇帝御筆匾曰：「對時育物」，聯曰：「相於明月清風際，只在高山流水邊。」自翔鸞閣至迎薰亭，統名瀛臺，三面臨水，奇石花樹間列，巖壑曼迴，臺南蓼渚蘆灣，參差掩映，卽南海也。

聖製瀛臺記恭見前編

聖製新正瀛臺詩　壬午

韶正郁靄瑞光浮，西苑行時偶燕遊。寶帖宜春金薤墨，綵屏延壽玉麟洲。萬年枝是彤墀植，六出花猶碧瓦留。百歲重熙人樂業，歡聲爆竹滿皇州。

聖製新正瀛臺書懷二首　癸未

萱戺問安退，瀛臺閲歲來。日融冰色暗，風拂柳稊開。淑景方徐釀，漏聲且謾催。盆椿緋五出，思到石湖梅。

宫牆近市鄽，爆竹響聲連。帝里真稱富，荒村豈盡然。迴思遭潦地，更切望民天。慶賜雖乘令，中心秖益煎。

聖製正月二十九日瀛臺即景詩　癸未

御園燈節度侵尋，有事還宫清蹕臨。路便瀛臺片刻攬，冰融液沼一篙深。盼來二月柳開眼，信遞羣芳梅啓心。敢曰對時春可樂，維王不易惕難忱。

聖製正月晦日瀛臺即景六韻　甲申

經筵尚遲日，西苑偶行春。底論一分去，聊爲片刻巡。笙歌却舟泛，詩句笑樓掄。誰見蓂全落，恰欣蘚漸新。芳菲無遠限，蘊藉有良因。最好尋吟處，由來不染塵。

聖製瀛臺雜詠　甲申

祭罷瀛臺駐翠鑾，更衣之便遂傳餐。乍聞柳處藏鶯語，真是花前走馬看。今日非關懶問景，暢春因欲敬詢安。試耕地已新苗茁，好在凌晨露氣溥。

聖製新正瀛臺詩　乙酉

問安之便出西華，咫尺南臺路不賒。纔隔旬餘新歲是，恰欣春曉景祺嘉。篆凝瑞靄猊噴霧，爆響平安樹綴葩。迎節綵縈惟卜晝，幾曾宮臘照紅紗。

聖製新正瀛臺即景詩　丙戌

外藩恩宴例新正，小仗黃麾度禁城。便輾冰牀液池鏡，先臨綺閣躍臺瀛。陽階綠意蕪將吐，温室芳姿梅正榮。排次外廷待告備，偷閒聊作探春行。

聖製仲春瀛臺詩　丁亥

祭罷迴鑾路轉西，躍臺仲月曉寒淒。池餘冰雪春猶淺，架列詩書古與稽。向以問安過翠蹕，茲因進講駐彤闈。向來祭社稷壇禮成，皆至瀛臺更衣，即詣暢春園請皇太后安。茲以次日經筵，因於宮中多駐一日。偷閒偶此尋芳景，却是韶光尚有徯。

聖製仲春瀛臺即景詩　戊子

經筵撰吉略需時，有暇仙瀛攬結宜。樓出輕烟横翡翠，池生新水澈琉璃。雪融未盡山一幓，雲布方濃天四垂。不雨無妨雨更好，因知知足是誠誰。

聖製仲春瀛臺詩　庚寅

右社昨承祭，明當御講筵。宮中有餘暇，西苑此周旋。池玉冰融水，隄金柳摇去聲煙。興心共農父，舉趾可于田。

聖製新正瀛臺詩 壬辰

紫閣春筵待備陳，趯臺憩賞啓韶新。殿屏綵燕吟將嬾，苑樹花梅望已頻。也識土猶潤碁鬥，却嫌風每送魚鱗。陰晴課量從頭切，此責惟吾敢諉人。

聖製瀛臺雪景詩 壬辰

密飄細灑夜連曉，咨起居餘到趯臺。望遠瓊樓彌漠漠，積深冰浦浩皚皚。座宣卿貳籌幾務，陣閱駕鵝掄軼材。每冬太液冰堅，令八旗與内府三旗簡習冰嬉之技，分棚擲采毬，互程趫捷，並設旌門懸的演射，用嫻步伐止齊之節，皆輪番閲視，按等行賞，以爲常例。行賞勵勤資卒歲，豈徒玩景此頻來。

聖製仲春瀛臺卽景詩 丁未

視朝講學胥蕆禮，三日猶遲齋坐遷。有暇趯臺試遊豫，無何太液漾淪漣。苔茵陽砌緑烘旭，柳線横隄黄染烟。瞥眼補桐讀書處，補桐書屋爲余少時讀書之處，庭有雙梧，其一爲風雨所摧，乾隆甲子歲命奉宸補植之，因顔以今名。迴憶當時典學緑陰中，静觀佳興，已六十餘年矣。對來乔木古稀年。

聖製仲春瀛臺卽景詩 戊申

右社躬禋蕆禮成，遂臨西苑祭衣更。載陽仲月欣佳景，素尚雙文仰聖情。素尚齋數典避暑山莊皇祖所題額，是日傳膳視事於此。隄柳梳風黄欲緑，盆梅培雪澤爲榮。驛章裁奪那知倦，今日接福康安奏，審訊林爽文及籌往南路擒拿莊大田情形，並各省奏摺頗繁纖細，俱經裁奪，雖披閲移時，而不以爲倦也。矢願孜孜，亦纖細胥存公與明。

聖製仲春瀛臺卽景詩　庚戌

右壇禮蔵祭衣更，例向瀛臺取便行。青瑣彤闈齋未久，紅桃緑柳治相爭。風光麗矣仍含潤，詩句宜哉衹愛清。明日東巡應啓蹕，所欣歷歷閲春耕。

御製瀛臺晴泛歌　戊午

循南岸登寳月樓，凴眺指掌俯皇州。皇州春色看已滿，連雲甲第瑞氣浮。聖製樓記包括大，落筆千言有神會。樓在瀛臺南岸適中，北對迎薰亭，皇父於戊寅歲因舊址擴而經營之。庚辰作記有云：高居而竦心坦斯樂，樂斯民而竦勵己。聖謨宏遠，包括無涯。至謂文有神會，落筆可以千言，興有時來，待機不妨數歲，誠行文之實境，亦惟聖人能自得之也。小子何須重綴詞，便命蘭舟拂朝靄。昨宵雷雨灑軒墀，又繼郊原霡霂滋。液池彌望添新漲，湯湯千頃碧琉璃。翬飛傑閣印清影，天外明霞合西嶺。春波湛緑滴遠空，恍遊鏡中塵𡍼屏。亭臺結構念前明，失守邦基屬大清。永懷殷鑒法祖烈，敬承父訓思持盈。

御製冬日瀛臺詩　癸亥

瀛臺建造溯前明，殷鑒非遥歲月更。三海相連澄玉鑑，千門若接焕朱甍。臨軒樹裏標龍闕，倚檻雲中攬鳳城。户口繁滋籌教養，思艱圖易衛民生。

由藻韻樓折而東，南嚮者爲補桐書屋，高宗純皇帝嘗讀書於此。庭有雙桐，其一爲風雨所摧，乾隆九年補植。斲舊桐爲四琴，貯書屋中。北嚮聯曰：「摩空野鶴養真性，繞壑風泉清道心。」西室聯曰：「清陰欲凌霄漢上，遠意自在山水間。」北嚮者爲隨安室，匾曰：「駐景」，聯曰：「柳陰分緑籠琴几，花片霏紅入鏡屏。」又聯曰：「景清神謐天常泰，水趣山情静可論。」又聯曰：「庭陰那礙蒼松蓋，几馥還披緑字函。」又聯曰：「每聞善事心先喜，或見奇書手自抄。」又聯曰：「素壁題詩還自檢，明窗披帙雅相親。」由書屋折而東，爲待月軒，聯曰：「寫楹常看霞生際，對座宛當月上時。」又聯曰：「半匳緑水菱花對，一橙青山畫幅横。」軒南爲海神祠，北建六方亭於石巖上，曰鏡光亭。又構亭於水中，曰牣魚亭。轉石徑而南，爲牝谷。綺思樓西，山上有臺，匾曰：「八音克諧」。臺北爲長春書屋，聯曰：「松煙衝翠幄，雲徑繞花源」，又聯曰：「澮蕩青陽盎，棼熅瑞旭舒。」東室匾曰：「賓鳳」，聯曰：「閒庭不改風還月，攲案依然易與詩。」又聯曰：「商鼎周彝自典重，檻葩苑樹相芬芳。」西室匾曰：「學林」，聯曰：「庭饒芳毯鋪生意，座有芸編結古歡。」又聯曰：「鳥吟花笑有餘樂，月白風清無盡藏。」後門匾二，曰「延爽」，曰「導清」。後小室曰漱芳潤。聯曰：「勝地尚傳詩句在，好山合作畫圖看。」又内室聯曰：「悟物思遥託，悦心非外求。」西穿堂聯曰：「地高遊目遠，雲斂騁懷寬。」

長春書屋西，臨池有亭，匾曰：「懷抱爽」。左右山石間，有劍石二，石上，恭勒高宗純皇帝御筆曰「插笏」。瀛臺南，隔池相對，爲寶月樓。樓下，恭懸聖製寶月樓記。恭見前編 東室匾曰：「錯繡」，曰「卷綃」，聯曰：「雲容水態從頭會，秋月春風取次拈。」又聯曰：「玉宇近高寒，欄憑十二；慶霄增朗徹，界俯三千。」又聯曰：「烟雲舒卷攬勝賞，松石古澹怡遠情。」南室匾曰「芳援」，曰「玉萃」，聯曰：「雲斂琳霄目因迥，水澄蘭沼意俱深，」又聯曰：「寫影水中央，萬川同印；澄輝天尺五，一鏡常懸。」又聯曰：「風物似登瀛，景呈瑶島；雲山疑卷畫，影漾金波。」樓中匾曰：「仰觀俯察」，聯曰：「佳興四時同，圖呈苑裏；清光千里共，鑒徹池心。」皆高宗純皇帝御筆也。

聖製寶月樓六韻　壬午

鈎軸青旗轉，璇璣玉燭調。高樓春可望，斜漢月恒邀。旭靄占多穀，是日穀日。露湑詠蓼蕭。敬思九功敍，敢詡八瀛朝。綵燕翔屏綺，銀花壓勝韶。晚來鈎影挂，欲釣上元宵。

聖製寶月樓詩　癸未

液池轣轆冰牀過，春閣峥嶸翠蹕停。柏子祥烟鼎噴馥，椒花吉語勝霏馨。行時窗俯九條陌，數上聲日階舒五葉蓂。歲歲御園上元度，高樓寶月付詩屏。

聖製寶月樓詩　乙酉

液池南岸有高樓，寶月佳名題上頭。正望元宵生玉魄，堪憑春色始皇州。綵屏吉語農祥籲，香扆恒銘民莫求。保泰深心端在此，敢因韶節恣歡遊。

聖製寶月樓詩　丁亥

高閣聳嵯峨，新年此一過。纔看平聲生玉宇，詎在湧金波。欄不數入聲扶上，上聲窗惟暫凭去聲眺。長安街市上，去聲春色漸融和。

聖製寶月樓詩　戊子

淑氣漸和凝，高樓拾級登。北杓已東轉，西宇向南憑。樓臨長安街，街南俾移來西域回部居之。室宇即肖其制。門户新粘帖，街衢早爨燈。團圞三五近，眺賞又何曾。上元例在御園陳煙火，此樓從未賞節。

聖製寶月樓詩　己丑

冬冰俯北沼，春閣出南城。（樓近倚皇城南牆。）寶月昔時記，（向作寶月樓記粘壁。）韶年今日迎。屏文新茀禄，鏡影大光明。鱗次居回部，（牆外西長安街内屬回人，衡宇相望，人稱回子營，新建禮拜寺，正與樓對。）安西繫遠情。

聖製寶月樓詩　庚寅

層構聳耽耽，液池南復南。新蟾纔一掐，古偈悟千潭。詎必華燈賞，雅宜清興探。西山登處見，春氣鬱煙嵐。

聖製寶月樓詩　辛卯

傑閣聳宮城，蜃窗耀日晶。俯看肩轂輳，深厪治安情。凍浦猶遲解，新蟾漫逮盈。雖然稱寶月，未賞玉輪明。

聖製寶月樓詩　壬辰

兩層傑閣出城頭，（樓在液池南岸，倚皇城牆，俯臨城外。）春色皇州俯滿眸。素壁綵屏新換帖，碧簷銀魄始垂鈎。丹梯那似惠連陟，玉斧何須吴質脩。寶月名樓亦已久，幾曾玩月一登樓。

聖製題寶月樓詩　癸巳

兩層傑閣倚宮城，初歲韶光俯帝京。富矣教之聞聖語，祁寒暑雨驗民情。八窗間（去聲）貼宜春字，三市猶喧爆竹聲。佳麗皇州歸朗照，果然寶月副其名。

聖製登寶月樓詩　甲午

液池南岸向西巡，中據瓊樓倚綺陰。拾級便因登寶月，披窗恰正值韶春，六街三市誠殷富，育物對時在拊循。設更箕疇驗卿士，顒哉籲俊佐經綸。

聖製登寶月樓詩　庚子

流丹飛閣液池邊，到每春初近上弦。朝弗逢蟾暮弗至，興如寄月望如圓。光恒今歲同昨歲，照徹三千與大千。俯視六街誠富庶，惟殷保泰益瞿然。

聖製登寶月樓詩　壬寅

重閣枕城層，一年一度登。自慙多搆築，原未屢吟憑。南海冰凝液，本一液池，因間以苑牆，俗遂呼北海、中海、南海，是樓在南海之南岸。西山雪積棱。對時稱順適，爲此益兢兢。

聖製登寶月樓詩　癸卯

翡翠瓦雙層，一年纔一登。皇州春色好，百歲太平應。益凜持盈意，敢誇錫羡膺。問予切兢處，視此液池冰。

聖製寶月樓詩　甲辰

南岸兩層樓，城街俯下頭。一年登一度，新景又新酬。曉月那常遇，寶月樓在瀛臺南，每歲春初，偶一臨之，率值月方上弦，是以庚子詩有「朝弗逢蟾暮弗至，興如寄月望如圓」之句。條風已漸柔。憑觀燈市鬧，百歲帝王州。

聖製登寶月樓詩　乙巳

傑閣倚宮城，登臨恰始正。八窗憑豁朗，萬户俯寧盈。爲去聲計温飼策，益殷乾惕情。詎因圖玩景，實欲悉民生。

聖製寶月樓卽景詩 丙午

三陽初歲景，百世帝王都。恰合登樓望，不孤寶月呼。新蟾銀漢麗，積玉液池鋪。撫序勑幾處，惟懷慎永圖。

聖製寶月樓詩 丁未

樓楯枕黃城，長安街俯呈。萬年祝鞏固，百室幸寧盈。豈不還淳願，兼思同豫情。廑哉惟保泰，遑敢詡豐亨。

聖製寶月樓自警詩 辛亥

液池南岸嫌其遠，搆以層樓據路中。卅載畫圖朝夕似，新正吟咏昔今同。俯臨萬井誠繁庶，自顧八旬恐脞叢。歸政五年亦近矣，或當如願昊恩蒙。

國朝宮史續編卷之六十三

宮殿十三　西苑二

由仁曜門折而東，過崑崙石渡橋，有亭曰「垂虹」，又東南一亭曰「俯清泚。」稍北爲淑清院，匾爲聖祖仁皇帝御題，乾隆年間增葺。高宗純皇帝御筆匾曰：「水流雲在。」

聖製淑清院卽景詩　癸未

西壇蕆事轉西華，西苑更衣路不賒。松竹四時常秀野，峰巒百歲鎖谽谺。已看春意淑而邕，更聽泉音清且嘉。欲識箇中真妙趣，烏能言候却無譁。

聖製淑清院詩　癸未

太和臚唱罷，西苑易朝衣。泉石百年古，松篁四面圍。猶清春已謝，曰淑善之幾。何必五絃攖，薰歌萬物揮。

聖製淑清院詩　甲申

苔皴松蓋蔭，石激泉琴鼓。假山四百年，岡巒鬱吞吐。草木雖未芳，陽和已將煦。徘徊閱淑清，世界卽上古。牆外市鄽聲，疑是修月户。

聖製淑清院詩　甲申

淑清信何地，光潤是今朝。雨過花增色，春深樹密條。到疑三島上，坐可列仙招。將謂晴無礙，山雲又建標。

聖製淑清院雜詠三首　甲申

御殿常朝禮易成，西華路轉趁涼行。黻裳脱却生衣换，真覺林泉淑且清。○壺中尋徑得巖齋，素尚蕭然意興佳。何必北窗待風至，娱神亦可傲無懷。○翠木參天原祛暑，白泉響雪解招涼。竹鑪火候今姑捨，片刻聊將七字償。

聖製淑清院詩　乙酉

春將淑矣石泉清，峭蒨之間小暢情。却是喬松無改度，濤傳上古以來聲。

聖製淑清院詩　乙酉

金輿西轉御朝迴，别院淑清向曉開。松柏鬱森籠仲夏，壺洲隱暎望南臺。乍看泉雪心無暑，静對階茵意與培。脱却山龍换時服，箇中始覺稱遊陪。

聖製淑清院詩　丙戌

松幾百年物，泉猶太古音。其間春淑在，耐可暢清尋。曲折竹陂護，玲瓏石逕深。華鐙雖點綴，何礙淡然心。

聖製淑清院詩　丙戌

南池迤北岸，步輦便中移。松竹最佳古，石泉更雅奇。崇牆界内外，曲逕度嶔嵜。應卽入宫禁，得毋遊久時。

聖製淑清院詩　丁亥

有泉有石有松柏，兩字佳名稱（去聲）淑清。略覺汙他責實者，中人一例設華榮。

聖製淑清院詩　丁亥

液池東北角，來往必由斯。景淑昌百卉，境清恒四時。席猶未暇煖，輦又向前移。世若稱太始，（太清之始，日月淑清。出淮南子。）吾方愧對之。

聖製淑清院詩　戊子

有樹百年上，有瀑一丈餘。如是林泉間，散步聊相於。淑氣迴九州，豈斯獨舍諸。而更饒者清，融融洒洒如。遠覺隔世塵，近會託古初。牆外市聲喧，民艱又廑予。

聖製淑清院詩　己丑

春氣漸和淑，春院猶颯清。被物物未知，化工運無形。松峙弗改色，泉流有常聲。何必尋芳菲，松泉足怡情。

聖製淑清院詩　庚寅

凍泉珠凝（去聲）落林塘，塘上文軒翰墨香。峙背數尋拏翠柏，依傍一曲繞紅牆。景光欲淑權爲戢，水石惟清衹守常。設值羣芳争麗日，於名反覺未相當。

聖製淑清院詩 辛卯

分明山是假，豈礙樹爲真。以此成太古，居然遠市塵。背看峰展畫，右挹瀑垂紳。憩步消清暇，澄心識淑春。

聖製淑清院詩 壬辰

步輦循東岸，牆門近以便。假山羅古柏，是爲淑清院。每來必先至，每至必息宴。寧惟名義佳，真覺精神忭。春意淑而清，豈在芳華燦。

聖製由液池東岸入淑清院得句 癸巳

紫光藩宴例新正，待備南臺入淑清。七尺紅牆隔塵俗，百株蒼柏護蓬瀛。灑然泉石堪延步，蔫爾古今一繾情。勝國遺蹤何處覓，祇餘幾卷閱春明。

聖製題淑清院詩 癸巳

右社近西苑，乘輿取便臨。更衣因小憩，問政敢忘欽。惟是惕乾意，而非山水心。韶春未言毖，院額特知音。

聖製新正淑清院詩 甲午

問安退輦向西墉，春首風光已異冬。祇以紫樓待華宴，先於素屋賞幽供。珠垂玉綴鳴飛澗，柏翠松蒼護假峰。淑氣好從清處看，底須紅緑太繁濃。

聖製由液池東岸入淑清院門詩 乙未

初春藩宴待班齊，西苑鳴鑾小憩徯。太液鋪冰原是水，長衢凍雪不生泥。石門纔入仙凡別，松磴寧辭高下躋。素尚齋真愜懷抱，方來春意任吟批。

聖製新正淑清院詩　丙申

昨晚侍家讌，今晨問懿安。退猶有餘暇，便以適清盤。春雪連臘雪，民歡切己歡。松篁與松石，銀世界中看。

聖製新正淑清院詩　丁酉

每歲新正遊淑清，淑清兩字最怡情。時光漸漸入和藹，物意欣欣向發生。砌草葉輕依北染，盆梅枝不獨南榮。明窗淨几堪披簡，却愧聞尊知以行。

聖製淑清院詩　辛丑

循東岸以南，牆門入取便。門内松石古，咫尺仙凡判。誠如楊炯文，淑清而啓旦。醖釀春和始，寧在芳華燦。即景因得句，拙速吾猶慣。

聖製淑清院詩　壬寅

淑者和之象，清爲麗以初。稚春最切矣，小院乃相如。慢韻西江磬，往年江西得古鎛鐘十一，爲補成十二，貯淑清院内之韻古堂。閒披東壁書。莫嫌物華勒，暖律善吹噓。

聖製題淑清院詩　癸卯

每來淑清院，無不詠淑清。兹來會心別，不覺敬畏生。淑有善之理，清實國之稱。以善治國政，萬民蒙太平。然斯豈易哉，在敬天愛氓。兩字訓奕世，羹牆仰聖情。（淑清院匾，皇祖御筆也。）

聖製新正淑清院詩　甲辰

曲院久傳名，柏松種自明。仙凡一牆隔，峭蒨幾峰崢。所喜猶存雪，（淑清院爲勝朝舊蹟，樹石蒼古，院名則皇祖御題。）偶臨又始正。奎文妙體物，果是淑而清。

聖製題淑清院詩　乙巳

液池東岸有牆門，路便恒因入繚垣。底識韶華萃書室，爲瞻奎書麗文軒。清斯未邕春方報，淑則非枯景可論。兩字鴻章該造物，主人誠善體乾元。（「體元主人」，皇祖所用小璽也。）

聖製新正淑清院即景詩　丙午

外藩曲宴例新正，待備恒因憩淑清。泉溜石幽清作韻，苔烘陽淺淑含情。聖人體物雙文示，（淑清院匾，皇祖御筆書額也。）御苑行時百世亨。即景偶然成七字，亦厘保泰與持盈。

聖製新正淑清院詩　丁未

新正行慶例開筵，待備淑清憩息便。清矣境貽百歲上，淑哉春領四時先。遠來近悅胥關政，夕惕朝乾敢懈虔。似此亦惟勤八度，（自明歲乾隆五十三年至六十年，凡八度新正，即届歸政之期。）遂將致事豫耆年。

聖製題淑清院詩　辛亥

紫光將賜宴，待備淑清宜。（匾額爲皇祖御題。每歲新春，於紫光閣賜宴外藩，率先憩此，以待衆人齊備。）春稚恰如此，昔陰迅若斯。唐花識生意，人柳復初時。（昔年人字柳仆於風，命補種之，荏苒光陰已三十餘年矣。）善矣（謂淑）未妍（謂清）際，堯情正可思。

聖製淑清院詩　乙卯

初正俶祉宴，待備淑清臨。淑本乾元善，清恒萬載深。聯情愜中外，祈歲叶晴陰。永繹奎章意，院額皇祖御筆也。詎因遊賞心。

御製淑清院詩　戊午

曲水沿亭角，紆迴注石池。青連莎毯拓，碧醮柳絲垂。淑氣熙春媚，清暉麗日遲。文軒偶登陟，天藻焕雲楣。

院東北隔水有室，南嚮，聖祖仁皇帝御筆匾曰：「葆光」。高宗純皇帝御筆聯曰：「天向淡間無礙迥，雲從閒處有餘姿。」又聯曰：「心觸清機親翰墨，目游潤景足精神。」院左渡小橋，有堂三楹，舊爲「蓬瀛在望」，今爲韻古堂。屏上恭刻高宗純皇帝聖製韻古堂記：

韻古堂因何而作也？曰：用舊堂而易以新名，是易也，非作也。然則因何而易也？曰：以獲古鎛鐘，貯之斯堂，易其名，亦可云作也。鐘之出，以臨江牧者物色坡陀間，掘地而得古鐘十一。地方大吏以聞，傳至闕下，辨其銘，知爲周時所鑄，是宜羶薌其事而爲之記也。堂在淑清院，南臨液池，可望瀛臺，故舊名曰「蓬瀛在望」。而今易之爲「韻古」也。蓋自黄帝命伶倫與榮將鑄十二鐘以和五音，是鐘之於樂爲最古。黄鐘而下，三分損益，上下遞生。黄鐘定而八音六律無不定，以立均出度，紀之以三，平之以六，成於十二，以爲萬事根本。故帝王制禮作樂，莫不以是爲棘。或曰：鎛鐘大小殊，編鐘大小同，其説如何？律鐘之説又如何？曰：八音無非律，磬亦律磬，琴亦律琴，其他諸樂，無不皆然，獨鐘云乎哉？然金聲而玉振之，金爲始，故曰：律鐘。非編鎛之外別有所爲律鐘也。云有律鐘者，篤古泥而不知音者也。鎛鐘大小殊而厚薄同，編鐘大小同而厚薄殊，其不同者，正所謂同也。且如排簫長短殊而一孔，長簫一器而六孔。長簫、編鐘之説也，排簫、鎛鐘之説也。故鎛鐘、排簫先出，而編鐘、長簫後出，此首剏質樸、椎輪大輅之義也。律應十二鐘，缺其一，爲補成之，以全厥初也。聆其聲，頗不合於今律，則以古器經久而移其本音，古人論之詳也。我聖祖心天之心，政古之政，親考律吕，正齊量，無不大當。而獨未及鎛鐘者，豈以時將有待，故引而未發耶？今既得古鎛鐘於西師奏凱之時，則闡前開後，備八音之正撰，垂一代之鴻規，在此時乎！在此時乎！故因記韻古堂而申其義如此也。

聖製韻古堂詩 壬午

西江出鎛鐘，東壁稽册府。定樂概增今，今以臨江得古鎛鐘，仿鑄入樂，副以特磬，備十二律，聲振始終之節。古鐘闕一者，並爲補足，弆之堂中。藏器號韻古。服堯之服頌堯言，不行堯行堯豈然，韻古顔堂吾恧旃。斯民三代語不刊，安得華胥風現前。

聖製韻古堂詩 壬午

特懸古器出江邊，曾見姬家建子年。一笑拘墟吾未免，泉聲風籟總同然。

聖製韻古堂詩 癸未

古堂貯古器，筍席得從容。帶水方生芷，屏山惟植松。允宜協六律，誰與論三雍。設向在懸叩，端應是夾鐘。

聖製題韻古堂詩　癸未

古房液池邊，古鐘依律編。周迴十二月，隱現幾千年。詎曰音歸正，還教闕補前。古鐘十一，得自江西臨江，廷臣辨識，以爲周器，補成十二，懸於此堂，並詳加考正，定以古鎛鐘卽係律鐘，勅樂部嗣後用樂，各按十二月律吕，悉以律鐘起調，以協雅音。無能致率舞，衹合此高懸。

聖製韻古堂詩　甲申

鎛鐘特磬均依古，所爲去聲西江古器呈。遂使笙簧無舛律，乃知天地有元聲。溪堂在簴常含韻，春祭聆章正叶平。本朝中和樂皆以平爲章。鄒孟設如誦服服，放勳益切勉行行。

聖製韻古堂詩　乙酉

古鐘自何來，來自西江涘。列簴以十二，題名義由起。行令歲之首，太簇入律始。育物叶輳達，對時欽天紀。却懷尊盧初，詎有軒堂此。

聖製韻古堂詩　丙戌

溪堂液沼前，周代鎛鐘懸。依次十二月，閲時千百年。遐思雅頌際，仍在瑟琴邊。韻古寧惟是，成康治杳然。

聖製題韻古堂詩　丁亥

斯民三代語難删，每至溪堂輒赧顔。韻古要當行古道，豈關十二鎛鐘間。

聖製韻古堂詩　庚寅

堂貯古鎛鐘，因之名韻古。古韻猶可聞，古道安能覩。斯民三代民，誰敷司相輔。自訟實難行，行之扞格賈。知然而曉曉，空言其奚補。

聖製題韻古堂詩 壬辰

律呂相生貞起元，古鐘十二月推援。若詢及節應時句，太簇爲宫徵旨存。

聖製韻古堂詩 癸巳

鎛鐘因以獲西江，易額溪堂貯六雙。向因江西臨江得古鎛鐘，嘗釐定宫懸聲振之節，仿鑄入樂，並製特磬，用章條理。其古鐘闕一者，兼爲補完十二，貯之堂内，而額今名。居易華原吟樂府，匪今伊昔古聲厖。

聖製題韻古堂詩 甲午

西江古器列南臺，瀛臺又謂之南臺。有暇於斯每一來。考羽量宫遜未矣，關睢麟趾緬悠哉。春音正叶和而盎，冰鑑猶呈朗以皚。禮樂周官因可溯，其間揖讓那能陪。

聖製韻古堂詩 丁酉

堂以貯古鐘，因之名韻古。問鐘何由來，出自西江土。己卯冬，臨江得古鐘十一，辨其爲鎛鐘，命鑄以補足之，弆此堂中，因名之曰韻古。詳見昔所作記。剥蝕歲月深，無復辨徵羽。偶從中郎思，步兵猶可睹。復古不易哉，欲言意先憮。

聖製題韻古堂詩 辛丑

鐘獲西江存古韻，作堂補器罣思遥。由來韻古應法古，詎在宫商角徵調。

聖製題韻古堂詩 甲辰

堂因獲古鐘，遂以額韻古。詎在宫商間，典謨垂訓詁。三代尚惘然，唐虞瞠目憮。斯民猶斯民，順則安能覿。昌黎曾有言，罅漏惟苴補。

聖製韻古堂詩 丙午

古鐘十一西江獲，乾隆己卯歲，江西臨江得古鐘十一，大吏以聞，致闕下，辨其爲周時鎛鐘，命補鑄以足十二律之數。置此堂中，而以韻古顔之，詳見昔所作記。補一因顔韻古堂。可笑時人習工尺，引之欲令識宫商。時人止知五六工尺上等字爲音，不知即古樂之宫商角徵羽也。昨秋閲張照論樂箚子，辨析甚詳，因諭綜理樂部諸臣等，將所奏樂章每字駢注宫商角徵羽及五六工尺上字，令樂工肄之，亦引俗入雅之意也。

聖製韻古堂詩 丁未

西江來古器，西苑創新模。新亦成舊矣。此堂以己卯年江西獲古鐘，因就淑清院別室額此名。歲常此日俱，每歲新春開議，率先憇此。瞠猶遜周夏，恧敢望唐虞。自幼讀論語，樂云鐘鼓乎。

聖製韻古堂詩 辛亥

西江獻鎛鐘，闕者爲之補。己卯年，江西獻古鎛鐘十一枚，因爲補成十二，以爲中和韶樂之用。古鐘弆此堂中，而顔之曰韻古。律吕十二全。金聲玉振舉既即仿鑄鎛鐘，按月起調，並製特磬，用備聲振之節。因就斯舊堂，數典稱韻古。即境偶思之，樂云詎鐘鼓。睪想三代風，斯民那能覿。

左側垣門，恭鐫聖祖仁皇帝御筆「曲澗浮花」四字。門東爲流杯亭，高宗純皇帝御筆匾曰：「流水音」，聯曰：「積素墜枝全作雨，懸流落澗半成冰。」亭北爲素尚齋，聯曰：「花香鳥語無邊樂，近景遐觀取次拈。」又聯曰：「晝永花香醺似醉，雨收天色碧於藍。」齋西室，高宗純皇帝御筆匾曰：「得靜便」，聯曰：「境詣幽惟刼藻繢，水澄波處養天真。」齋東疊石上，恭鐫高宗純皇帝御筆曰「紫雲」，曰「功奪造化」。南室，聖祖仁皇帝御筆匾曰：「賞修竹」。左右廊之北，高宗純皇帝御筆匾曰：「響雪」，聯曰：「庭竹張真畫，階泉滴暗琴。」又聯曰：「圖畫奇參窗户裏，築琴響遞搨牀邊。」廊之東南有池，池上有室，爲「千尺雪」。左右門上匾曰「凝華」，曰「流靄」，聯曰：「書遇會心皆可讀，泉能觸慮劇堪聽。」又東爲魚樂亭，亭中恭刻高宗純皇帝御筆曰：「箇中自有玉壺冰」。循池岸折而南，爲日知閣，榜爲聖祖仁皇帝御筆。閣内，高宗純皇帝御筆匾曰：「漱玉飛珠」，聯曰：「秋月春風常得句，山容水態自成圖。」又聯曰：「境盡趣無窮，魚躍鳶飛同活潑；水流機不息，瀑淙雪淨總鮮新。」閣後左門東南爲春及軒，軒左爲交蘆館，聯曰：「山色溪光相罨畫，汀蘭岸芷吐芳馨。」又左爲芸齋，齋稍南爲賓竹室，聯曰：「自是林泉多蘊藉，依然書史得周旋。」又聯曰：「禽鳥雜歌傳户外，篠簜爽籟下雲標。」室南爲蕉雨軒，聯曰：「春泉石罅淙聲細，新竹風前弄影娑。」又南曰雲繪樓，聯曰：「道堪因契真佳矣，畫豈能工有是夫。」又聯曰：「衆皺峰如能變化，太空雲與作浮沉。」又聯曰：「花香鳥語無邊樂，近景遐觀取次拈。」又聯曰：「心觸清機親翰墨，目游潤景足精神。」樓西爲韻磬居，又西南曰清音閣，聯曰：「宫商之外有神解，律吕以來無是過。」閣與樓上下相通，有門，匾曰「印月」，門外東南則船塢也。由清音閣沿隄而南，爲同豫軒，東室聯曰：「魚躍鳶飛參物理，耕田鑿井樂民和。」東内室匾曰「大圓鏡」，曰「小方壺」，聯曰：「夏屋暢清吟，風篁半嶺；春城通曉望，烟樹萬家。」又聯曰：「景清神謐天常泰，水趣山情静可論。」西室聯曰：「麗日和風春澹蕩，花香鳥語物昭蘇。」

聖製同豫軒詩　壬午

西苑行春春未歸，開年已覺盎韶輝。賜筵高閣待儀備，小憩文軒愛景徽。市俯六街欣既富，日臨八穀卜如幾。吾民同豫吾恒願，豫在屢豐願每違。

聖製同豫軒詩　癸未

碕岸周遭鏡影皚，中央金碧焕瀛臺。東南綴景兹堪憩，軒在瀛臺東南。西北遵王方遞來。時回部極西愛烏罕部之愛哈莫特沙汗及哈薩克西部烏爾根齊部之哈雅布汗、啓齊玉蘇部之努喇麗汗、巴圖爾汗以次奉表貢馬。窗俯六街驗蕃庶，民猶三代慎栽培。曰同固可然艱矣，言倡斯非益戒哉。

聖製新正同豫軒詩　甲申

玉斗運鴻龍，椒罇陳白獸。聯情瓊宴張，待備霞軒留。駢羅綵勝輝，消息春光漏。芸霏翰墨筵，情怡禮樂囿。豫願萬民同，臺登普在宥。

聖製同豫軒詩　乙酉

新舊萃藩封，三接不可缺。賚與宴並行，所以聯情悦。涓休月之六，嘉饗答韶節。同豫此臨憩，紫光閣名，賜宴之所。待整設。軒墀既静佳，甌研亦清潔。羲經在棐几，玩象觀辭説。雷出地奮軋，撫辰敬斯切。

聖製同豫軒詩　丙戌

周王爻象鄒人語，每至軒齋細義深。寬大十行均免漕，去聲循名庶未負初心。

聖製同豫軒詩 丁亥

初律漸引達，淑氣欲條鬯。行時讌藩屏，三接期情暢。紫閣筵有待，趯臺景相望。斯焉先憩遊，林麓依清曠。軒額顧名思，法經陳几上。順動天地如，勅刑敢偏向。和樂願同民，而更慎其放。

聖製同豫軒詩 戊子

首歲始行春，駕言西苑臻。書軒液池角，初律曉曦闉。竹爆閙街市，冰光閃柍桭。額名曰同豫，豫實願同民。

聖製同豫軒偶題 己丑

世間好惡甚難齊，南北之强各異蹊。以一人同天下豫，何殊適越北轅輗。

聖製同豫軒詩 庚寅

行時實願豫同民，又值開韶淑景新。綣彼茅簷蔀屋者，向隅寧止一其人。

聖製同豫軒詩 辛卯

西苑例春醼，南池憩曉餐。軒在液池南岸，紫光閣賜宴外藩，每先臨此，傳餐待備。徘徊聊待備，吟詠適清歡。篆鼎非烟結，華鐙是晝看。豫同中與外，家法永綏安。

聖製同豫軒詩 壬辰

書軒耐可法經尋，由豫勿疑朋盍簪。最是子淵能注易，求賢説盡聖王心。

聖製同豫軒詩　癸巳

歲稔時和幸偶逢，又廑穀賤逮傷農。由言無易兹同豫，受益惟謙滋勵恭。

聖製同豫軒詩　甲午

步輦向南移，雲軒據月陂。於焉斯小憩，耐可引深思。在易雷出地，循名象玩辭。金川廑遠念，勦逆正行師。

聖製同豫軒詩　庚子

書軒顔額久，思義每殷衷。伊保訓宜惕，羲皇卦可窮。亦云鑒昭彼，寧曰逸圖躬。動欲不違衆，庶幾衆豫同。

聖製同豫軒詩　辛丑

昔歲初春每一過，去年依例有新哦。自丁酉大事後，兩年未至斯軒。向以紫光閣賜宴，每先至此待備。昨春以過二十七月，一切按例舉行，故復來此。光陰迅速誠堪訝，詩句頻繁爲底那。砌近松巖雲蓋密，窗臨冰沼鏡奩磨。繹思同豫當同孰，應在吾民敍九歌。

聖製同豫軒口號　壬寅

傳曰先憂而後樂，書云暑雨與祁寒。書軒自昔額同豫，同豫爲難爲不難。

聖製同豫軒詩　癸卯

待備春筵每坐斯，是日宴外藩於紫光閣，先憩此傳膳。循名不覺怵然思。一民不得所則怨，同豫之云未易期。

聖製同豫軒口號 甲辰

同豫由來久額軒，初年景物又堪論。陸思僻壤窮鄉者，兩字循名未易言。

聖製同豫軒口號 丙午

同豫寓因同樂意，羲經順動亦甄心。希之刑罰清民服，挈要應惟一字欽。

聖製同豫軒詩 丁未

書軒同豫名，豫義繹思精。彰矣元貞嫿，艱哉刑罰清。合惟公以溥，謂同也。戒在滿斯傾。謂詡豐亨豫大之説也。觀象廑無逸，遑云際泰亨。

聖製同豫軒口號 辛亥

每臨此地待春筵，思義顧名爲恧然。暑雨祁寒怨咨有，謂云同豫豈其然。

御製同豫軒有會詩 戊午

寰宇皆赤子，心願同皥熙。胡爲作不靖，棄安偏蹈危。聖人以順動，奮武利行師。邪剿良自豫，化洽如風馳。軒名見睿思，剛健應事基。亟願達露布，兵戢民永怡。勦捕教匪，久應蕆事，乃遲遲尚未奏到，賊情百變，軍情亦遥遠難知，惟冀諸將抒忠奮勇，尅日掃蕩，欃槍戢邪，和衆同蒙豫順之庥也。

御製同豫軒詩 癸亥

寰區民衆一人養，願溥豫樂天下同。己溺己飢切予志，時和難遇多困窮。先憂廑念歲功重，雨暘籌較辨歉豐。體大物博治不易，勉竭誠敬勞寸衷。

軒後爲鑑古堂，聯曰：「花如濯錦芳迎埒，草盡貫珠潤疊茵。」又聯曰：「智仁適會動還静，枕葄無非史與書。」又聯曰：「圖書左右怡情久，翡翠蘭苕浴浪鮮。」軒左曰「香遠室」，聯曰：「鳶飛魚躍天機錦，秋月春風大塊章。」軒右曰「静柯室」，聯曰：「會心多野趣，契理謝言詮。」香遠室之西，有静室，榜曰「自在觀」，山下有室，榜曰「鷺濤」，皆高宗純皇帝御筆也。

國朝宮史續編卷之六十四

宮殿十四　西苑三

由仁曜門折而西，有屋數楹，爲聖祖仁皇帝養蠶之所。又西有橋，建亭其上，爲結秀亭。亭西爲豐澤園，南嚮，門五楹，門外一水横帶，前有稻畦數畝，聖祖仁皇帝嘗親臨勸課農桑。世宗憲皇帝歲舉耤田，先期演耕於此。高宗純皇帝踵行彝典，迨六旬後，始飭所司播種如例。皇上念切知依，心殷肯穫，每一莅止，尤時廑稼穡艱難之想焉。聖製豐澤園記。恭見前編。

聖製豐澤園詩　壬午

左藝蔬畦後弄田，園名豐澤緬堯年。新正淑氣迎絛鬯，萬國春臺願美全。紫脱朱英非瑞應，人和歲稔冀祥駢。豳風圖畫天然繪，于耜時臨意倍乾。

聖製豐澤園演耕作　癸未

耕豈端資習，先皇肇重農。一般田器戒，三墢藉儀從。祈歲有虔志，畢功無惰容。旋當千畝莅，敬事勅司宗。

聖製豐澤園詩　癸未

油菜登場麥秀齊，弄田藝稻緑秧萋。邇來雨澤誠優矣，得共農民大慰兮。歷覽恰從鳞甸外，小停取便鳳城西。略因清暇尋餘事，竹徑松軒觸緒題。

聖製豐澤園演耕作　甲申

豐澤真豐澤，端因習禮臨。墢無千畝遠，潤過一犁深。往歲逢曾罕，三農喜不禁。迴思播種日，雍正年間，皇考演耕於此，每隨播種。重穭教垂今。

聖製豐澤園詩　乙酉

鏡面輾冰牀，須臾駐岸旁。春園攬豐澤，農畝卜初祥。庭有松筠趣，筵多翰墨香。東郊將傳耜，物意遞韶光。

聖製豐澤園演耕作　丙戌

耤禮行將舉，弄田先習耕。仰窺垂制意，豐澤園爲皇考每歲躬耕耤田豫行演耕之地。特寓重農情。金耜翻土潤，青箱播穀精。林鳩偏入聽，唤雨一聲聲。

聖製豐澤園演耕作　丁亥

耕耤必演耕，重農勸一再。演者引以習，精義固有在。推返雖易事，思艱惟耜耒。詩詠來牟貽，書稱土物愛。緬想卅年前，從行此承誨。

聖製豐澤園詩　丁亥

亭榭各標額，總名豐澤園。當年廛農圃，園規制樸素，環以桑徑稻畦，皇祖時建爲幾暇勸課農桑之所，因賜名豐澤云。此日緬文言。適以習耕至，對斯古屋存。何當霈甘雨，生意攬前軒。

聖製雨中演耕作 己丑

耕耤演習成例禮，舉之況寓重農理。今朝適值雨霎霎，近臣告我漸泥滓。耕亦豈須頻演習，意謂躬行或可止。笑而謂之非汝知，當耕遇雨正所喜。譬彼胼手塗足人，蓑笠扶犁寧避此。

聖製豐澤園詩 癸巳

學稼鄰學圃，一園二者兼。重兹欽祖訓，顓若爲民占。昨歲幸邀眷，綏邦願屢覘。雖然寧易致，惟是敬勤添。

聖製自北岸至豐澤園三首 癸巳

太液冰融漾水清，拖牀輕舫兩艱行。肩輿遵岸臨豐澤，南望瀛臺鏡裏呈。

人柳依然石堰邊，底須新舊較其年。譬如張緒驀當面，祇似閒繙南史篇。

菜畦如罫茁葱菁，冬有況當春令行。地氣已酥兼雪化，時哉農父逮興耕。

聖製豐澤園疊去歲韻 甲午

樸園放勳刱，菜圃稻塍兼。敢不民爲重，而惟歲是占。屢綏幸如願，前歲各省普慶豐收，昨歲秋成又俱在十分及九分以上。四牖乃連覘。保泰其難矣，慶同畏共添。

聖製豐澤園詩 丙申

此園皇祖刱，學圃寓勤農。冬菜風障護，治圃者縛秫稭爲籬護風，謂爲風障。秋蔬雪隴豐。觸觀總淳樸，愜意可從容。南望瀛臺麗，奢哉非所宗。

聖製豐澤園詩 戊申

園名豐澤建康熙，逮百春秋閱歲時。逕入松扉沿柳岸，境連茆舍與筠籬。畫圖掩映都成趣，稼穡艱難尚克知。南望瀛臺金碧燦，戒於彼乃劭於斯。

御製遊西苑豐澤園卽事詩 丁巳

三海闢元明，境仿蓬瀛置。飛閣接露臺，隱約求仙意。熙朝屏異端，教民本仁義。爰創豐澤園，憲皇重農事。演耕勸力田，隴畝開隙地。卽此知歉豐，穀寶誠上瑞。彌望盡陌阡，耘耨督苑吏。帝心率舊章，春耦勤齋記。雨暘每較量，大有頻蒙賜。小子凜繼繩，授時亶郅治。

聖製惇敘殿柏梁體聯句詩序 恭載前編

園門內爲惇敘殿，高宗純皇帝御筆匾曰：「睦親九族」，聯曰：「彝訓念貽謀，本支百世；仙源長篤慶，華萼一堂。」又聯曰：「玉水涵波遠，瓊枝浥露榮。」

聖製惇敘殿有感詩 壬辰

殿本名純一齋，以宴宗室於此，移其額於西室而名此。

丙寅此開宴，舊殿易新名。敬述皇祖事，用聯九族情。堯情思典載，禹拜緬謨誠。欲再不忍舉，其如多變更。朕叔輩及兩弟皆卽世，故不忍重舉是典。

聖製惇敘殿有懷詩 甲午

顔楣曰惇敍，開宴憶同堂。卅歲過電影，自丙寅賜宴後，至今歲將及三十年矣。今朝仍景光。其間儘多故，不覺引清傷。更弗行斯典，愁歌棠棣章。

聖製惇敍殿有詠　乙未

惇敍皐陶訓，九經列在三。偶臨原以暇，再舉則何堪。丙寅秋曾集王公、宗室等於此賜宴聯句，今將三十年，而當時與宴親藩存者無幾，因不忍再舉矣。竹韻風輕戛，梅芬春細含。奚因遺遠緒，綈几擁書函。

聖製惇敍殿有感詩　辛丑

以親九族著虞經，惇敍依然此殿庭。閲三十年如一瞬，丙寅於此宴宗室，故顔殿額曰惇敍。乘餘閒至恰韶青。水源木本胥融盎，授几賡歌憶燕寧。盛典欲重循輒罷，顧瞻老輩若晨星。

聖製惇敍殿得句　癸卯

丙寅斯設宴，卅八逮今年。億丙寅八月於惇敍殿錫宴宗親，維時與宴者朕諸叔昆弟子姓凡百人，有事未至者尚五十餘人，有柏梁體聯句詩，逮今癸卯凡三十八年矣。彼聚尊及近，茲聯卑以全。窄嫌庭院席，寬就殿墀筵。昨歲加恩宗室，分別議給頂戴。茲以春正十日嘉宴，行慶賀禮，本支蕃衍至二千人，瀛臺惇敍殿墀限於地隘，難以肆筵，因於乾清宮丹陛上錫宴，實盛典佳話也。數典實因此，重成五字篇。

聖製惇敍殿有感詩　乙巳

丙寅會惇敍，具爾百人筵。丙寅八月，於惇敍殿錫宴宗親，用柏梁體聯句，與宴者凡百人。有似晨星幾。丙寅閲今乙巳，凡四十年，當時與宴百人，今存者惟禮親王永恩、莊親王永瑺、裕親王廣禄、貝子永碩、公弘曧、嵩椿、永瞰、永瑋、散秩大臣永瓚、輔國將軍弘寧、永忠，侍衛永珂、永定、永玗，城守尉永愍、告退城守尉永榮、告退奉恩將軍永慶、四品頂帶弘旽、永信、永敦、永達、永珩、永修，革退貝勒球琳、閑散弘敏等二十五人。蓋四分中已去其三矣。無殊電影然。方將宴千叟，朕御極五十年，荷蒙天貺，中外乂安。昨歲復得五代玄孫，特頒恩詔，用普春祺於新正初六日恭依皇祖舉行千叟宴典禮。更復紀長篇。獨沐天恩厚，愛民心益虔。

聖製題惇敍殿詩　戊申

數上聲典原堯典，惇敍雖出臯陶謨以親九族，則述堯典也。當春正首春。兩行不欲數，入聲 自丙寅八月於惇敍殿錫宴宗親，維時諸叔昆弟子姓與宴凡百人，至癸卯正月普行錫宴宗室，多至二千人，以惇敍殿墀隘難肆筵，因於乾清宮丹陛上錫宴，數十年凡兩舉此典，亦禮不欲數之意也。九族永惟親。風日已含淑，心懷與共闓。奉時頒惠政，黄閣有絲綸。每歲春初，查上年有偏災地方，皆降旨加賑。

御製孟冬二十四日曲宴宗親於瀛臺惇敍殿，敬依皇考丙寅原韻用誌盛典詩。恭載典禮門。

殿東爲菊香書屋，聯曰：「庭松不改青葱色，盆菊仍霏清淨香。」又聯曰：「相於明月清風際，只在高山流水間。」殿後爲澄懷堂，榜爲聖祖仁皇帝御筆。堂内匾曰：「觀衆妙」，聯曰：「心田喜色良勝玉，鼻觀真香不數蘭。」又聯曰：「展圖恰對景清候，得句多於神謐餘。」又聯曰：「庭鐃芳毯鋪生意，座有芸編結古歡。」堂北爲遐矚樓，聯曰：「體物豈緣誇麗藻，撫時端藉勵雄心。」又聯曰：「千疊雲峰空外迥，三農雨露望中深。」樓下聯曰：「窗通碧水蒼山外，人坐光風霽月中。」東室聯曰：「攬景真無盡，會心迥不同。」西室匾曰：「圖史自娱」，聯曰：「點綴雲峯留碧宇，參差水榭引朱船。」皆高宗純皇帝御筆也。豐澤園西爲荷風蕙露亭，與亭相對有門，南面石刻匾曰：「静谷」，聯曰：「勝賞寄雲巖，萬象總輪奇秀；青陰留竹柏，四時不改蘢葱。」北面石刻匾曰：「雲竇」，聯曰：「月地雲階，别向華林開静境；屏山鏡水，時從芳徑探幽蹤。」入門爲崇雅殿，殿内東室聯曰：「乍雨乍晴春事好，宜詩宜畫物華殊。」西室聯曰：「翠合三山連閬苑，波涵一鏡儼蓬瀛。」又聯曰：「金猊靄入瑤編潤，玉樹花均蔀屋香。」殿後，東爲靜憩軒，聯曰：「澄懷茹古涵今處，悦志麥疇黍隴間。」又聯曰：「興餘豪處應還淡，思不紛時可入微。」西爲懷遠齋，又後有臺，北嚮臨水，榜曰：「歌舞昇平」，聯曰：「水中樓閣浮青島，天上笙歌繞碧城。」其南隔水相對，爲純一齋，匾爲聖祖仁皇帝御筆。高宗純皇帝御筆聯曰：「烟景滿前供妙墨，芳洲隨處引清游。」又聯曰：「偶在參天一，閒憑味道腴。」

由德昌門折而西，有門東嚮，入門，循山徑紆曲而南，爲春耦齋，北嚮，東室聯曰：「即事既多美，託好有常因。」又聯曰：「曉露蘭陔外，香風禾隴間。」又聯曰：「心澹水木秀，興幽魚鳥閒。」西室聯曰：「林薄濃陰藏別院，汀洲新水漲前津。」閣上匾曰：「香嚴」，聯曰：「縈洄水抱中和氣，平遠山如蘊藉人。」又聯曰：「潤挹雲霞氣，真參泉石靈。」又聯曰：「雨餘迎目潤，春滿入懷欣。」又聯曰：「土香階草纔蘇紐，風細盆梅欲放榮。」又聯曰：「閒情空外寄，妙道箇中參。」

聖製春耦齋記 恭見前編。

聖製春耦齋詩 癸未

片刻傳餐去，暢春將問安。五牛聊閲古，是齋貯韓滉五牛圖，向有記。一墢尚餘寒。農務惟心廑，春光舉眼看。行當試耕候，咨爾上林官。

聖製春耦齋詩 癸未

習罷春耕小憩遲，綺窗點筆更餘思。狹廬多有胼胝者，念彼應知愧在兹。

聖製春耦齋詩　甲申

候安將欲御園迴，取便春齋小憩來。心切方興東作矣，況當祭社甫成纔。

聖製春耦齋詩　甲申

試耕餘暇臨春耦，綈几湘屏足静怡。慚愧胼胝力作者，茅檐終歲少閒時。

聖製題春耦齋詩　甲申

視朝昨日宿彤闈，宜夏還因御苑歸。便可傳餐延小駐，迴思試耦迅如飛。田看一律公私茂，秋預千倉黍稷希。目下望晴晴正好，那辭蒸暑熾炎暉。

聖製春耦齋詩　乙酉

液池西岸轉，取便出皇城。春耦適當道，晨餐乃啓行。弄田稻香蔚，學圃菜芳迎。晴雨邇來協，因之慶慰生。

聖製春耦齋詩　丙戌

春齋小駐爲傳餐，速返園庭切問安。雖是試耕期尚遠，弄田潤已露華溥。

聖製春耦齋小憩得句　丙戌

往返無過三四推，便稱春耦憩來宜。愧他農父勤南畝，勞苦誰憐胼與胝。

聖製春耦齋詩　丁亥

弄田耕罷憩華齋，宴坐芸窗却惘懷。爲憶良農勤甽畝，茅檐安得暫閒佳。

聖製春耦齋詩 戊子

習禮常臨耤禮前，豈辭一再重民天。春齋小憩思農父，念彼胝胼意惘然。

聖製憩春耦齋作 己丑

豐澤昔園名，春耦今齋額。學圃與學稼，總廑民生戚。春耦復斯時，綣彼勞阡陌。豈其三四推，華屋便憩息。成詠卽自訟，徒教粘素壁。

聖製題春耦齋詩 庚寅

路便經西苑，齋堂暫憩留。曉雲看又散，春景懶言遊。節緩花猶勒，風摇柳始柔。明知時可待，近每切先憂。

聖製春耦齋詩 辛卯

軒檻俯琳池，冰光座上披。埭篁嘉節報，盆卉好春姿。名蹟五牛弆，韓滉五牛圖及項聖謨臨滉本，蔣廷錫臨聖謨本，凡三卷，彙弆齋中。餘閒一晌宜。耦耕雖尚早，于耜亦斯時。

聖製春耦齋詩 壬辰

書齋古園内，豐澤久名垂。寧啻廑學圃，兼當重務耔。五牛閲舊蹟，齋中彙藏韓滉五牛圖及項聖謨、蔣廷錫臨橅各本。一晌得新詩。春耦時雖未，豳風句可思。

聖製題春耦齋詩 癸巳

春耦鄰豐澤，無非穡事從。五牛貯圖寓，[唐韓滉有五牛圖卷，明項聖謨曾臨之，故大學士蔣廷錫復臨項本，向俱入内府，因合篋弆齋中。]三白幸畦封。綈几憩言便，蜃窗倚望重。邇雖疎舉趾，[向於耕耤前期俱在豐澤園演耕，邇年以吉亥扶犁之禮久習，毋庸豫演，而齋名則仍切劭農也。]意實不忘農。

聖製春耦齋卽事詩　甲午

春月已臨仲，春田將傳耕。邇來期集霰，盼去每成晴。苑北演雖潤，郊南耤擬行。[耕耤前期向於豐澤園演耕，邇年以扶犁之禮久習，不復豫演，而耕耤之典則非遇巡幸外出，歲必躬臨，是以今歲耤田，計期甫屆迴鑾，仍擬親行也。]壁詩一再讀，[春耦齋以弄田得名，每當春時，臨憩吟詠，必及演耕語，書以粘壁。今演習之禮已省，循誦曩詩，不免滋恧耳。]略愧向年情。

聖製豐澤園演耕畢憩春耦齋作　甲午

演字曾無六經見，由來訓習久沿訛。可因已罷數年閱，[春耦齋本以演耕得名，邇年因扶犁之典久習，率停豫演，不覺已閱數載矣。]未得仍停此日過。[茲以進宮齋戒之便，順道經豐澤園，仍一演習，非惟使舊典不至久輟，且前期習勞，於身體亦甚有益也。]實以劭農爰再舉，亦堪摛藻事重哦。自强不息傳羲象，斯卽一端切己多。

聖製春耦齋小憩詩　丙申

鳳樓適受俘，鸞閣將開宴。於斯待告備，視事兼傳膳。二月東巡狩，春耦過未辨。弄田已播種，林丞職敢慢。菁葱黍苗蔚，幸沾透雨徧。愁旱歷東省，逢膏逮京縣。吉禮以次行，轉愁爲尉幻，雖然敢卽怡，無逸書在案。

聖製題春耦齋詩　壬寅

弄田豐澤園之北，園裏齋原樸素成。節憶陶潛春以及，事非桀溺耦而耕。宴游詎止聊娛目，稼穡應知最繫情。漢詔由來猶近古，效其給種每施行。漢文帝嘗有因春議賑貸詔，今則於青黃不接時借民牛具種糧，俾資貧民耕作，凡遇稍歉之地，歲以爲常。

聖製題春耦齋詩 丙午

祈春致祭右壇迴，路轉西華西苑來。一以更衣取途便，換祭服兼傳膳辦事。遂因視圃望膏培。春耦齋在豐澤園中，皇祖視樹藝，皇考演耕藉之所也。詳見向年記語。雖遲舉趾二之日，北方氣寒，況甫二月四日，尚未興鋤耕作也。惟冀如雲多以該。南望昨年經旱處，籲霑優渥益殷哉。上年安徽、湖北及淮徐、山東、河南等被旱處所，今春尚未得雨雪，已傳諭各該督撫虔誠祈禱，迅速復奏，顒望日益深切。

聖製春耦齋詩 戊申

近耄而今弗演耕，耤田亦復間去聲年行。春耦齋在豐澤園中，皇考昔演耕於此。予即位後踵行之。自甲午後，以年逾六旬，且扶犁之典久習，是以不復演耕，至耤田亦間年偶一躬親舉行矣。所司播種原依例，演耕禮近年雖不行，而內府大臣每年原按例耕種也。每一臨觀慚略生。

御製春耦齋即事詩 丙辰

豐澤演耕始憲皇，額齋春耦記其詳。康熙年間，建豐澤園於西苑，以課樹藝、較雨暘。世宗憲皇帝歲舉耤田，必先演耕於園北之弄田。皇父繼序，尤篤劭農，園中舊有齋，賜額春耦，並作記以紀。每幸西苑，常於此傳餐治事。豈因景富開亭治，總爲民艱協雨暘。念切閭閻敷厚德，心殷堂構迪前光。皇父春耦齋記闡成周得祚之長，由於世重農務，因述祖考彝訓必先知民艱，勤肯穫粒，我烝民即爲祈天永命之本，誠萬禩所當聽聽者也。元顛明躓懷殷鑒，誠敬斯須不可忘。

齋後楹，高宗純皇帝御筆匾曰：「雲木含秀」，庭際爲方池，隔池相對爲聽鴻樓，聯曰：「遠翠靄晴嵐，四山圖畫；清風生爽籟，萬竹笙竽。」東室聯曰：「烟霞表裏因心靜，天水空澄觸目新。」又聯曰：「每因物表延遥寄，似與天游得靜陶。」又聯曰：「風前竹韻金輕戛，石罅泉聲玉細潺。」西室匾曰：「神觀蕭爽」，聯曰：「鏡自遠塵皆入詠，物含妙理總堪尋。」又聯曰：「湖山入畫迎人翠，鳧雁當春得意鳴。」又聯曰：「雲容水態不相厭，畫意詩情分與投。」樓南，山石峭蒨，多巖洞，環以竹林，中涵小池數泓。逕路盤紆，亭榭間出。西北有小竹亭，由徑南折而東，面北爲植秀軒，聯曰：「筠含籟戛金石韻，花湛露霏錦繡香。」又折而西，爲石池，池穿石洞出，爲虚白室，東嚮，北室聯曰：「景向淡中宜藻繢，山從老處見精神。」南室聯曰：「連林新緑間舊緑，入户泉音復鳥音。」又聯曰：「是處暢觀頗役目，此間闔景足澄心。」又聯曰：「素壁題詩還自檢，明窗披帙雅相親。」室南爲竹汀亭。亭南爲愛翠樓。由竹汀折而西爲棕亭。又由樓南下，佛宇一所，北嚮臨池，匾曰：「大圓鏡」，聯曰：「西山氣爽，在我襟袖；北窗風至，自謂羲皇。」殿内匾曰：「智珠慧照」，聯曰：「天花不礙一林落，仙草真成四季芳。」其東稍北，有石門。門外横刻「薈蔚適於幽處合」，門内横刻「崟岈每與望中深」。又外石刻聯曰：「悟物思遥托，悦心非外緣。」内石刻聯曰：「芝徑繚而曲，雲林秀以重。」石門外卽荷風蕙露亭也。由亭循池西岸而南，爲茂對齋。聯曰：「舒卷天真任嵐靄，飛沉自得樂禽魚。」其右爲涵春室，匾曰「花港」，曰「緑淨」，曰「魚樂」，曰「晚香。」齋西有亭，匾曰「延賞」，皆高宗純皇帝御筆也。

國朝宮史續編卷之六十五

宮殿十五　西苑四

春耦齋循池西岸而北，高閣嚮南，曰紫光閣。聖祖仁皇帝嘗以仲秋校射於此。後於閣前冬試武進士，至今循以爲例。閣基本明之平臺，後改爲閣。乾隆二十五年重葺，四十一年又展接前廡。高宗純皇帝聖武遠揚，十全紀勝，在事諸臣炳列丹青，蒙恩親爲製贊，並弆藏得勝靈纛及俘獲軍器，各誌獲者姓名，以垂永久。又外藩錫宴，自乾隆二十六年始，雲臺紀勝，鞮譯來王，誠曠古未有之績也。正中面南石上，恭勒乾隆十七年三月二十日諭旨一道。恭見前編碑陰，恭勒乾隆二十四年四月二十五日諭旨一道。恭見前編又乾隆二十四年九月二十五日諭旨一道。恭見前編中楹，聯曰：「高閣美書勳，惟期偃武；新圖彰得勝，爲念宣勞。」又聯曰：「干羽兩階崇禮樂；車書萬國集冠裳。」東次間，恭懸聖製十全記：

昨准廓爾喀歸降，命凱旋班師詩，有「十全大武揚」之句，蓋引而未發。茲特敍而記之：夫記者，志也。虞書：「朕志先定」，乃在心。周禮：「春官掌邦國之志」，乃在事。旅獒以道寧，則兼心與事而言之，然總不出夫道。得其道，乃能合於天，以冀承乎貺，則予之十全武功庶一，靖臺灣爲一，降緬甸、安南各一，即今二次受廓爾喀降，合爲十。其内地之三叛麽麼，弗屑數也。前己酉廓爾喀之降，蓋因彼擾藏邊界，發偏師以問罪，而所遣鄂輝等未宣我武，巴忠乃遷就完事，致彼弗懼，而去歲復來，以致大掠後藏，飽欲而歸。使長此以往，彼將占藏地，嚇衆番，全蜀無寧歲矣。是以罪庸臣，選名將，勵衆軍，籌儲餉。福康安等深感朕恩，弗辭勞苦，於去歲冬月即率索倫、四川降番等精兵，次第由西甯冒雪而進。今歲五月，遂臨賊境，收復藏邊，攻克賊疆，履線險如平地，渡溜要若蹄涔。繞上襲下，埋根批吭，手足胼胝，有所弗恤。七戰七勝，賊人喪膽。及兵臨陽布，賊遂屢遣頭人匍匐乞降，將軍所檄事件，無不謹從，而獨不敢身詣軍營。蓋彼去歲曾誘藏之噶布倫丹津班珠爾等前去，故不敢出也。我武既揚，必期掃穴犁庭，不遺一介，亦非體上天好生之意。即使盡得其地，而西藏邊外又數千里之遥，所謂不可耕而守者，亦將付之他人，乃降旨允降班師，以蕆斯事。昔唐太宗策頡利曰：「示之必克，其和乃固。」廓爾喀非頡利之比，番邊殊長安之近，彼且乞命籲恩准之不暇，又安敢言和乎？然今日之宣兵威，使賊固意求降歸順，實與唐太宗之論有所符合。昔予記土爾扈特之事，於歸降歸順，已悉言之。若今廓爾喀之謝罪乞命，歸降歸順，蓋並有焉，以其悔過誠而獻地切也。迺知守中國者，不可徒言偃武修文以自示弱也。彼偃武修文之不已，必致棄其故有而不能守，是亦不可不知耳。知進知退，易有明言，予實服膺弗敢忘。而每於用武之際，更切深思，定於志以合乎道。幸而五十七年之間，十全武功，豈非天貺？然天貺逾深，予懼益切，不敢言感，惟恐難承，兢兢惶惶以俟天眷，爲歸政全人。夫復何言！

東盡間北壁，聖製平定回部告成太學碑文：

建非常之功者，以舉非常之事。舉非常之事者，以藉非常之人。然亦有不藉非常之人而舉非常之事、終建非常之功者，則賴昊蒼篤貺，神運斡旋。事若禍而移福，機以逆而轉順。順天者昌，逆天者亡。故犁準夷之庭，掃回部之穴，五年之間，兩勳並集，始遲疑猶未敢信，終劼劬以底有成，荷天之龍在兹，畏天之鑒益在兹。爰敍其事如左：達瓦齊之就俘也，伊犁已大定矣。無何而阿睦爾撒納叛，彼其志本欲藉我力以成己事，時也人心未定，佐饔者嘗，一蜮肆狂，萬蛆應響，峰屯蟻雜，不可爬梳。畏難者羣，謂不出所料，準夷終不可取，並有欲棄巴里坤爲退守謀。然予計其衆志不齊，將有歸正倒戈者。於是督策將帥之臣，整師亟進，既而伊犁諸台吉、宰桑果悔過勤王，思討逆賊以自贖，此天恩助順者一也。二酋大小和卓木者，以回部望族，久爲準噶爾所拘於阿巴噶斯鄂拓者也。我師既定伊犁，乃釋其囚，以兵送大和卓木波羅泥都歸葉爾奇木，俾統其舊屬；而令小和卓木霍集占居於伊犁，撫其在伊犁衆回。乃小和卓木助阿逆攻勤王之台吉、宰桑等，阿逆賴以苟延。及我師再入，阿逆遂逃入哈薩克，而霍集占亦卽收其餘衆，竄歸舊穴，此天恩助順者二也。準夷之事，前紀略見梗概，兹不復紀。紀興師討回之由，則以我將軍兆惠在伊犁時，曾遣副都統阿敏道往回議事，小和卓木乃以計誘阿敏道而拘之。及我師抵庫車問罪，彼擕阿敏道以來援，至中途害之及從行者百人，彼猶逞其狂悖，抗我師顔。且敢冒死入庫車城，乃雅爾哈善略無紀律，致彼出入自由。然我滿洲索倫衆兵士無不念國家之恩，効疆場之力，故能以少勝衆，逆渠懼而兔脱，此天恩助順者三也。知僨轅之無濟，掄幹材之可任，時將軍兆惠以搜勦準夷餘黨，至布魯特部落，已欵服其衆，因命旋師定回部，於是克庫車，存沙雅爾，定阿克蘇，略烏什，收和闐，師之所至，降者望風，直至葉爾奇木城下。而我軍人馬周行萬有餘里，亦猶强弩之末矣。二酋以其逸待之力，統數萬人，與我三千餘人戰。我師之過河者纔四百餘，猶能斬將搴旗，退而築堡黑水，固守以待，此天恩助順者四也。萬里之外，抱水救火，其曷能濟？乃予以去年六月即降旨派兵撥馬，欲以更易久在行間者耳。故兵馬率早在途，一遴進而各争前恐後，人人有敵愾之憤，此天恩助順者五也。副將軍富德及參贊舒赫德輩，率師進援，以速行戈壁中，馬力復疲，值狂回據險坐俟，頗有難進之勢。夫援軍不能進，則固守以待者危矣。而參贊阿重袞驅後隊之馬適至，夜擣賊營，我師内外夾攻，彼不知我軍凡有幾萬，握炭流湯之徒，自相蹂躪，顧命不暇，於是解黑水之圍，鹿駭麏驚，遁而保窟，我之兩軍合隊，全旅以迴阿克蘇，此天恩助順者六也。既而彼料我必再入，泰山之壓難當，乃於我師未進之先，攜其部落，載其重器，跳而遠去。而葉爾奇木、哈什哈爾二城之舊伯克等遂獻城以降。參贊明瑞一邀之於霍斯庫魯克，副將軍富德再陷之於阿爾楚爾，於是離心者面内，前途者反旆，二酋惟挈其妻孥及舊僕僅三百人入拔達克山境，此天恩助順者七也。人跡不通之地，語言不同之國，既已雀毆，寧不狼顧，其授我與否，固未可定也。然一聞將軍之檄，莫不援旗請奮，整旅前遮，遂得兇渠函首，露布遥傳，此天恩助順者八也。夷考西師之役，非予夙願之圖，何則？實以國家幅員不爲不廣，屬國不爲不多，惟廑守成之志，無希開創之名。兼以承平日久，人習於逸，既無非常之人，安能舉非常之事而建非常之功哉？然而輾轉輻湊，每以艱而獲易，視若失而反得，故自締始以逮定功，雖予自問，亦將有所不解其故，而不敢期其必然者。故曰非人力也，天也。夫天如是顯佑國家者，以祖宗之敬天愛民，蒙眷顧者深也。則我後世子孫其何以心上蒼之心，志列祖之志，勉繼繩於有永，保丕基於無窮乎？繫以銘曰：

二酋背德，始亂爲賊，是興王師，報怨以直。伊犁既平，蕞爾奚屑，徐議耕闢，徐議成役。以噢以咻，伊予本懷，豈其弗戢，圖彼窾回。彼回不量，怒臂當車，戕我王臣，助彼狂狙。始攻庫車，僨轅敗事，用人弗當，至今爲愧。悖逆罪重，我武宜揚，易將整師，直壓彼疆。阿蘇烏什，玉隴和闐，傳檄以定，肉袒羊牽。二酋孽深，知不可活，狼狽相顧，固守其穴。桓桓我師，周行萬里，馬不進焉，强弩末矣。以四百人，戰萬餘虜，退猶能守，黑水築堡。間信達都，爲之傷悼，所幸後軍，早行在道。督勅速援，人同怒心，曾不兩月，賊境逼臨。賊境逼臨，彼復儌隙，馬繼以進，賊營夜斫。出其不意，賊乃大驚，謂自天降，孰敢鋒攖。大鞣大膊，如虎搏兔，案角隴種，誰敢迴顧？黑水圍解，合軍暫旋，整旅三路，期並進焉。賊偵軍威，信不可支，挈其妻孥，遁投所依。所依亦回，豈不自謀，豈伊庇猿，而受林憂。利厥輜重，無遺盡掠，遺其都丸，遂來獻馘。詎惟獻馘，並以稱臣，捧齎表章，將詣都門。奏凱班師，前歌後舞，尸逐染鍔，温禺釁鼓。露布至都，正逮初陽，慈寧稱慶，亞歲迎祥。郊廟告成，諸典並舉，皇皇太學，豐碑再樹。豐碑再樹，敢予喜功，用不得已，天眷屢蒙。始之以武，終之以文，戡亂惟義，撫衆惟仁。布惠施恩，寰宇共喜，古不羈縻，今爲臣子。疆闢二萬，兵出五年，據實書事，永矢乾乾。

東壁，繪伊犂全圖，抱厦東壁，聖製平定兩金川告成太學碑文：

太上立德，其次立功，又其次爲立言。而德與功皆賴言以傳，言之無文，行而不遠，文之時義大矣哉。然傳德之辭直而寡，傳功之辭費而多。直而寡者，不因文而德自見；二典三謨，經世立教是也。費而多者，必因文而功乃明；周誥殷盤，佶屈聱牙是也。吾嘗讀韓昌黎平淮西碑，益悉此言之不爽。何則？彼其藩鎮，乃家奴之類，慫恿因循，以致宛成敵國，削而平之，是宜引以爲愧，而不可炫以爲功。賴昌黎之文，幾與江漢常武，同稱耆定。然有識者固知其辭費而多飾，而未知憲宗之愧與弗愧耳。今之平定金川之文，不有類於斯乎？解之者曰：逆酋羈縻徼外，非若淮蔡之居中土，元濟之爲世臣也。吾則以爲，既已受職爲土司，則是我臣；而其地近接成都，遠連衛藏，則是我土。我土我臣，而横生逆志，蠶食鄰封，將欲大有所爲，弗勦而滅之，則西川將不能安枕。兹雖蕆事，與平定淮蔡、擒吴元濟何以異？故宜引以爲愧，不可炫以爲功者以此。金川之始，見於己巳告功之文，兹不複記。記其復叛而復征，則其陰謀負恩，已自戊寅年始。蓋戊辰之師，實緣其跳梁不靖。而師既臨境，彼卽窮蹙乞降，遂以赦罪頒師。甫十年而其酋郎卡卽與革布什咱搆釁。又四年，遂與綽斯甲布及三雜谷爲敵。而逆子索諾木兇悖益甚，自恃地廣人衆力强，與各土司搆兵，訖無寧歲，故各土司皆畏之如虎。而以勢分力散，又莫能如之何。余以爲業已受其降，不宜復加兵，且蟻鬬蠻觸，不足以勞王師。因命地方文武大吏，隨宜彈壓，令弗越內地界，亦足以安民而示度耳。不虞地方大吏欲息事而每示寬，逆酋轉以爲無足懼而日益逞。其小金川逆酋僧格桑者，始則與索諾木水火相仇，繼乃狼狽爲奸，於是索諾木計殺革布什咱土司色楞敦多布，取其印勅以歸。而僧格桑亦侵佔鄂克什地界，且發兵圍其土司色達拉之官寨，期於必取。總督阿爾泰、提督董天弼知事不可掩，乃有發兵之請。是役也，或咎阿爾泰依違誤事之過，而余則以爲阿爾泰之過皆余之過。蓋金川因其地險衆悍，久蓄異志，是以有殺至維州橋之謠，則其不忘內地，情率可知。戊辰之役，我師采入屢勝，卽不宜赦其罪而受其降，此一誤也。甫十年而郎卡背恩作亂，以及逆子踵其蹟，皆不卽發兵問罪，惟令地方大吏隨宜處置，又屢誤也。以至尾大不掉，終於興師。故予不咎人之議爲窮兵黷武，而轉咎己之類於姑息養奸。蓋中國之制外域，張撻伐則彼懼而斂跡，主和好則彼輕而生心，漢唐宋明之覆轍，率可鑒也。若謂予窮兵黷武，則予賴天恩，平伊犁，定回部，拓疆二萬餘里，豈其尚不知止足，而欲滅蕞爾之金川，以爲揚赫濯、紀勳烈之圖哉？雖然，平伊犁，定回部，其事大矣。然費帑不及三千萬，成功不過五年。兹兩金川小寇，地不逾五百里，人不滿三萬衆，而費帑至七千萬，成功亦遲至五年。則以跬步皆險，番奴効命死守，故得延至今日。而我將軍阿桂立志堅定，決機明敏；兩副將軍及參贊領隊諸臣，同心合力；各軍士敵愾奮勇，凡經大小數百餘戰而後成功。視平伊犁、定回部，費力轉不啻倍蓰。設非天恩助順，衆志成城，則金川未易言滅，而國威或致少損矣。是不可以不記。觀斯文者，尚諒予懷慙悔過之不暇，知非稱功詡德而爲言。其庶幾乎！繫之以辭，用誌始末云爾。

小金首禍，曰僧格桑，兵救鄂什，竟抗顔行。督臣提臣，每事遷就，知弗勝任，將軍别授。功破巴朗，直取達圍，進抵資哩，數月克之。兩路夾擊，遂得美諾，鼠竄狼奔，金川助惡。既平贊拉，遂討促浸，雪多境險，奏功以沈。奏功以沈，賊更遮邳，緑營怯懦，遇戰辟易。兵既無能，將復失算，豈如南路，全師而返。重調勁旅，吉林索倫，健鋭火器，其心忠純。仍分兩路，堂堂正正，不旬日間，美諾重定。谷噶既入，馬尼並克，豢養旗兵，允得其力。釃三路進，一阻宜喜，及彼絨布，遇險而止。阿桂西路，則屢建功，羅博瀨普，逮遜克宗。喇穆山梁，日則了口，舉默格爾，以擾其後。明亮宜喜，亦據嶺梁，而復難進，徒然望洋。逮昨乙未，略康薩爾，木思工噶，賊碉並毁。明亮河西，亦有所據，日旁以前，五十里路。夾河兩軍，聲息可通，並清後路，遜克爾宗。菑則大海，昆色拉枯，層層破要，步步披嶇。遂克勒圍，紅旗飛遞，而何四月，大捷未至。既克西里，迺若建瓴，科布曲索隆古，不日而傾。雍中舍齊，易如拉朽，密圍噶喇依，賊其奚走。是時河西，明亮亦入，富德馬邦，傳檄芥拾。設非西路，圍噶喇依，則其兩路，亦無進期。諸軍既合，火攻周遭，雖據三穴，訖其奚逃。然猶死守，四十餘日，計窮力竭，乞命而出。金川之功，阿桂居首，特恩異數，加之宜厚。能出能入，有權有經，運長擊短，後實先聲。金川之功，允資羣力，寸步層峰，冰滑石仄。將軍指揮，無不奮勇，以此破敵，鹿埵隴種。金川之功，非予所期，事弗可已，久而得之。鬬猶獸困，捨懲雞肋，念我衆勞，至今心惻。金川之功，允賴上蒼，靖彼蕃徼，我武惟揚。勒碑太學，用遵成例，静言思之，文以誌愧。

西次間北壁，聖製補詠戰勝廓爾喀圖序：

補詠戰圖之什，逮斯凡六。歷數成功之全，卽今乃十。予幸在兹，予惕更在兹。蓋予受祖宗付託之重，度德量力，尚恐守成之或虧，敢懷開擴之奢望。且予自少讀書，卽欽天地愛物之心，深知窮兵黷武之戒。是以繼位之初，卽謹遵皇考之訓，許準噶爾之求和，罷兵寧人，將二十年矣。乃準夷内亂，歸降者踵接，思我喀爾喀之地，不能容爾許人，於是乘機撫衆，有甲戌之師。自是而兩定準夷，一平回部，再靖金川，緬甸、安南各歸順，臺灣一舉輯海洋，及此前後收廓爾喀，遂有十全之武功。使予自問，亦不知何以成此，則實賴上天默佑，每以險而獲安，常值危而得勝。較古之英君賢將、赫濯樹勳者，雖不敢云過之，而自審實無不及。所云予之幸，人或知，而予之惕，則人或未知也。所惕者何，自古爲天子者，孰非天之子，既爲天之子，天孰不愛之？而予獨承之深，受之屢，設有失德違愛，則所以罰之者亦必重。此予所以業業兢兢，不遑刻安者也。且前此八功之成，雖云絶域外洋，皆人力尚可施之地。若斯廓爾喀，則在萬里三藏之外，更數千里。陡壁線路，下臨深川，不能容馬，人皆踵跡而行。我將卒胼手胝足，雖惰窳疲弊，而氣愈鼓，心愈壯，突將無前，賊人駭爲天降。鹿埵隴種，傷生實多而憐之，乃致彼魂落膽喪，匍匐求降，此而弗圖其勞，予心又何忍！適不云乎，自少年卽深知窮兵黷武之戒，乃四十年之間，自甲戌始，十成武功，非用兵而何。幸而蒙天眷佑，得以劼劬蕆事，於民無一賦之加，於事有十全之美，則予之所以早作夜思，弊精勞神者，庶可少逭窮黷之譏耳。觀斯圖也，不啻共將卒之辛苦，實並切心膂之恫瘝。詩以言志，其志亦不外乎此爾。

西盡間北壁，回部全圖上，聖製副將軍富德奏報拔達山汗素爾坦沙獻逆賊霍集占首級並以全部納款稱臣信至詩：

罙入殲渠逃望風，情知三窟已途窮。嘉茲識早獻誠順，笑彼悔遲跋扈雄。和衆永看兩部定，成功速在五年中。天恩如此昭優貺，保泰彌殷慎勅躬。

西盡間西壁，聖製平定準噶爾告成太學碑文：

遼矣山戎薰粥，旃裘毳幕之人，界以龍沙，畜其騨奚，雖無恒業，厥有分部。蓋自元黄剖判，萬物芸生，東夷西夷，各依其地，謬舉淳維，未爲理據。皇古莫紀，其見之書史者，自周宣太原之伐，秦政亘海之築，莫不畏其侵軼，猾夏是虞。自時厥後，一二奮發之君，慨然思挫其鋒而納之宥，然事不中機，材不副用，加以地遠無定處，故嘗勞衆費財，十損一得。搢紳之儒守和親，介胄之士言征伐。征伐則民力竭，和親則國威喪。於是有守在四夷，羈縻不絶，地不可耕，民不可臣之言興矣。然此以論漢唐宋明之中夏，而非謂我皇清之中夏也。皇清荷天之寵，興東海，撫華區，有元之裔，久屬版章。歲朝貢，從征狩，執役惟謹。準噶爾厄魯特者，本有元之臣僕，叛出據海西，終明世爲邊患。至噶爾丹而稍强，吞噬鄰蕃，闌入北塞。我皇祖三臨朔漠，用大破其師，元惡伏冥誅，脅從遠遯跡，毋俾遺種於我喀爾喀。厥姪策妄阿拉布坦，收其遺孽，僅保伊犂。故嘗索俘取地，無敢不共。逮夫部落滋聚，乃以計襲哈密，入西藏，準夷之勢，於是而復張。兩朝命將問罪，雖屢獲捷，而庚戌之役，逆子噶爾丹策凌能用其父舊人，乘我師怠，掠畜於巴里坤，擣營於和卜多，於是而準夷之勢大張。然地既險遠，主客異焉，此勞往而無利，彼亦如之。故額爾德尼招之敗彼，亦以彼貪利而深入也。皇考謂我武既揚，不可以既，允其請和，以息我衆。予小子敬奉先志，無越思焉。既而噶爾丹策凌死，子策妄多爾濟那木扎爾暴殘，喇嘛達爾扎篡奪之。達瓦齊又篡奪喇嘛達爾扎，而酗酒虐下尤甚焉。癸酉冬，都爾伯特台吉策凌等率數萬人來歸。越明年秋，輝特台吉阿睦爾撒納、和碩特台吉班珠爾又率數萬人來歸。朕謂來者不可以不撫，而撫之莫若因其地其俗而善循之，且毋令滋方來之患於我喀爾喀也。於是議進兩路之師，問彼罪魁，安我新附。凡運餉籌馱、長行利戰之事，悉備議之。始熟經於庚戌之艱者，咸懼蹈轍。惟大學士忠勇公傅恒，見與朕同。而新附諸台吉，則求之甚力。朕謂犁庭掃穴，卽不敢必，然喀爾喀之地，必不可以久居若而人，毋寧用其鋒而觀厥成。卽不如志，亦非所侮也。故凡禡旗命將之典，概未舉行，人云偏師嘗試爲之耳。塞上用兵必以秋，而阿睦爾撒納、瑪木特請以春月，欲乘彼馬未肥，則不能遁。朕謂其言良當，遂從之。北路以二月丙辰，西路以二月己巳，各起行。哈密翰海向無雨，今春乃大雨，咸以爲時雨之師。入賊境，凡所過之鄂拓克，攜羊酒糗糒，迎恐後。五月乙亥，至伊犁，亦如之。達瓦齊於格登山麓結營以待，兵近萬。我兩將軍議以兵取，則傷彼必衆，彼衆皆我衆，多傷非所以體上慈也。丁亥，遣阿玉錫等二十五人夜斫營，覘賊向，賊兵大潰，相蹂躪死者不可勝數，來降者七千餘。我二十五人無一人受傷者。達瓦齊以百餘騎竄。六月庚戌，回人阿奇木霍集斯伯克執達瓦齊來獻軍門，準噶爾平。是役也，定議不過二人，籌事不過一年，兵行不過五月，無亡矢遺鏃之費，大勳以集，遐壤以定。豈人力哉，天也。然天垂佑而授之事機，設不奉行之，以致坐失者多矣。可與樂成，不可與圖始，亦謂蚩蚩之衆云爾。豈其卿大夫之謂，既克集事，則又曰「苟知其易，將勸爲之。」夫明於事後者，必將昧於幾先，朕用是寒心。且準噶爾一小部落耳，一二有能爲之長，而其樹也固焉；一二暴失德之長，而其亡也忽焉；朕用是知懼。武成而勒碑文廟，例也。禮臣以爲請，故據實事書之。其辭曰：

茫茫伊犂，大幹之西，匪今伊昔，化外羈縻。條支之東，大宛以南，隨畜獵獸，蟻聚狼貪。乃世其惡，乃恃其遠，或激我攻，而乘我緩。其計在斯，其長可窮，止戈靖邊，化日薰風。不侵不距，不來其那，款關求市，亦不禁訶。始慕希珍，終居奇貨，吏喜無事，遷就斯懦。慚不可長，我豈懼其，豈如宋明，和市之爲。既知其然，飭我邊吏，弗縱弗嚴，示之節制。不仁之守，再世斯斬，篡奪相仍，飄忽荏苒。夙沙革面，煎鞏披忱，集泮飛鴞，食黮懷音。錫之爵位，榮以華裾，膝前面請，願効前驅。兵分兩路，雪甲霜鋒，先導中堅，如鼉錯攻。益以後勁，蒙古舊屬，八旗子弟，其心允篤。二月卜吉，牙旗飄飄，我騎斯騰，無待折膠。泉涌於蹟，蕪茁於路，我衆歡躍，謂有天助。匪啻我衆，新附亦云，黃髮未覩，水草富春。烏魯木齊，波羅塔拉，台吉宰桑，紛紛款納。牽其肥羊，及馬湩酒，獻其屠耆，合掌雙手。予有前諭，所禁侵陵，以茶交易，大愉衆情。衆情既愉，來者日繼，纛達瓦齊，擁兵自衛。依山據淖，惟旦夕延，有近萬人，其心十千。勇不目逃，掄二十五，曰阿玉錫，率往賊所。銜枚夜襲，直入其郛，揮矛拍馬，大聲疾呼。彼人既離，我志斯合，突將無前，縱横鞺鞳。案角鹿埵，隴種東籠，自相狼藉，孰敢攖鋒。狐竄鼠逃，將往異域，回部遮之，兇渠斯得。露布既至，告廟受俘，凡此蕆功，荷天之衢。在古周宣，二年乙亥，淮夷是平，常武詩載。越我皇祖，征噶爾丹，命將禡旗，亦乙亥年。既符歲德，允協師貞，兵不血刃，漠無王庭。昔時準夷，弗恭弗諶，今隨師行，爲師候尉。昔時準夷，日戰夜征，今也偃卧，知樂人生。曰匪準夷，曰我臣僕，自今伊始，安爾遊牧。爾牧爾耕，爾長孫子，曰無向非，豈有今是。兩朝志竟，億載基成，側席不遑，保泰持盈。

抱厦西壁，繪兩金川全圖，聖製將軍阿桂奏攻克噶喇依賊巢，紅旗報至，喜成凱詩十首：

甲午桃花寺蹕停，軍書正此俯窗欞。幸哉今日仍憑處，緑柳中飛一點星。〇勒圍報捷夜行營，重值上陵晝返程。一刻萬人齊色喜，光明日月永銷兵。〇三月猶延一月餘，六軍奮勇豈饒渠。周遭火器熾攻處，早爛區區釜底魚。〇旬餘棧驛八朝至，一片紅旗萬馬飛。夾路羣番喜且懼，國之慶也國之威。〇險惡山川靖梟獍，邪深機阱絶根株，從今番部都安堵，强食奸欺自此無。〇蠶叢絶險隱妖氛，百戰功成古未聞。鼙鼓冬冬聲凱獻，羌兒稽首送將軍。〇堅碉林立萬重山，破險衝鋒歷盡艱。奏績都資軍將力，紅旗一道入桃關。〇姜維征處號維州，艷羨戎人謡語留。今日勒圍爲内地，無憂城果是無憂。〇盼捷經冬復入春，垂成偏覺意廑頻。今宵料得方安枕，明告慎哉用武人。〇流離此日穴巢傾，耆定從茲可罷兵。歌凱莫教容易聽，五年功幸一朝成。

樓上中間，高宗純皇帝御筆匾曰：「紫光閣」，聯曰：「天衢翊運風雲會，策府銘勳日月光。」

北壁，平定西陲凱旋圖上，聖製上巳日凱宴成功諸將士詩並序：

筵開飲至，剛逢祓飲之辰。苑啓瀛臺，恰奏濛瀛之績。於時上公晉畢，青郊解甲初還；蕃長敷菌，黄幄纏頭列侍。宫縣陳百部，將回中樂府齊登；錫爵遍三巡，以閣上圖形爲次。詎因詡挾纊投醪之惠，期得抒推心造膝之忱。且食刀闐璧偕來，包匭宜酬其效順；而紫綺朱提並賚，僉名合第彼成勞。從兹凱宴遐宣，足使天堂知樂。是用寅承永切，毋忘月䶢依光。非矜七德升歌，爰藉八章紀實。

出勞嘉勳蕆禮旋，昇平凱宴液池壖。闢疆掃逆誠資衆，助順成功總賴天。策績林林恩予厚，詢勞一一命來前。寧惟云不重生望，祇覺迴思越悚然。〇日麗風和春未深，獎庸備禮有壬林。試看偃伯靈臺上，詎數流觴曲水潯。命預綺筵排伯克，也陳夷樂奏任禁。笑聆蜀技無情者，那覺西悲動乃心。〇圓幕高張榆柳垂，犒筵喜值禊修時。策勳舍爵竟今日，邕武書常允不期。誰擬浯溪泐崖頌，我歌靈夏出車詩。紫光將畫凌烟像，穆棣同叨乾貺貽。〇成功將士錦衣旋，日月光輝軍氣蠲。藉我虎臣典宿衛，笑他杯酒解兵權。八旗子弟心如石，萬祼國朝龍荷天。宣看瘡瘢猶未愈，能無一體恫瘝連。〇柳舒花放正良辰，上日前期福履申。卸甲韔弓盡梟藻，凹晴豐額集魚鱗。千秋難遇太平宴，百戰歸來義勇身。獨憶儲胥宣力者，凱迴未見惜斯人。〇敦瓜烝栗允堪憐，二萬何期竟拓邊。遠愧周王興六月，遲過殷帝克三年。依楊霏雪凡經幾，立幟登弧盡陷堅。此日征夫真遄止，皇州春滿七條絃。○拔達山人獻馘歸，三軍飲至藹晴暉。勞心幸我紓宵旰，公道憑伊論是非。紫綺朱提頒渥澤，前歌後舞迓鴻機。歡來憶不同來者，勞爵手持淚暗揮。○芳節延禧淑氣清，禊歌聲是凱歌聲。元戎允合躬承袞，勇校均教手賜觥。藉衆力茲疆地戎，勅予心永奉天行。從來悟得受招理，虔鞏流謙愼捧盈。

東次間北壁，西陲獻俘圖上，聖製午門受俘馘詩。恭載前卷外朝門。

東盡間東壁圖上，聖製黑水行：

喀喇烏蘇者，唐言黑水同。去年我軍薄回穴，强弩之末難稱雄。築壘黑水待圍解，詎人力也天怫幪。明瑞馳驛踰月到，面詢其故悚予衷。蜂蟻張甄數無萬，三千餘人守從容。窖米濟軍軍氣壯，著木奚肯麥麴山鞠藭。引水灌我我預備，反資衆飲用益豐。銃不中去聲人中營樹，何至析骸薪材充。著木銃鐵獲萬億，翻以擊賊賊計窮。先是營內所穿井，圍將解乃胥其中。聞言爲之悵，諸臣實鞠躬。既復爲之感，天眷信深崇。敬讀皇祖實録語，所載曾聞我太宗。時明四總兵來戰，正值大霧彌雺雺。敵施火礮樹皆燬，都統艾塔往視攻。回奏敵礮止傷樹，我兵曾無傷矢弓。匪今伊昔蒙帝佑，覲揚前烈勵予沖。詎人力也天怫幪，大清寰海欽皇風。

西次間北壁，平定回部郊勞圖上，聖製郊勞出征將軍兆惠、富德及諸將士禮成紀事詩：

京縣郊南親勞軍，圜壇陳纛謝成勳。出師本意聊嘗試，奏凱今朝備禮文。釋甲弢戈罷征伐，論功行賞策忠勤。膝前抱見詢經歷，一瞬五年戚以欣。○同心萬里那睽違，畢竟歡言賦采薇。勇將歸來兼福將，黻衣著得解戎衣。漫稱偃武修文日，恐卽嬉文恬武機。飲至寧誇暢和樂，持盈益勵慎幾微。

西盡間西壁圖上，聖製副將軍富德等追及兩和卓木於阿爾楚爾，大勝回軍捷音詩：

慶宵對月方開筵，將軍捷報驛騎傳。擘囊展書歷歷閱，額手慶慰衷心憐。憐者我衆實奮力，慰者呵護惟賴天。萬有餘里所致馬，又踰戈壁無水泉。裹糧追賊幸尾及，彼逃乃在廿日前。明瑞先已折其角，未經大創猶抗顔。阿爾楚爾列賊衆，避其輜重伏據山。輕舉墮術在所戒，集思持重勝算先。偏伍彌縫密佈置，發縱指使皆英賢。諸大臣均予心膂，巴圖魯侍衛比肩。夙所教養共休戚，敵愾兼逮輿儓焉。同心戮力功克就，二豎鼠竄圖苟延。戰罷檢閱傷一卒，殲彼計級乃盈千。師難到葉爾奇木，況過數千里行遄。以少勝衆翦賊黨，國威赫濯揚天邊。優敍未足酬勞績，桂觴欲泛還罷旃。百年養士今獲效，祖宗福蔭貽萬年。佇待俘虜到露布，西師之役方稱全。西師之役方稱全，行張凱宴勞凱旋。

聖製尊藏得勝靈纛於紫光閣詩以紀事 有序 丙申

師中麾督剷旌，軍勝壯風雲之色；徼外績成偃伯，兵銷騰日月之光。郊臺既列拜以告勳，紫閣遂尊藏而誌武。溯自虎符申命，壁壘新而一將宣勞；因之貔旅同心，弓刀利而八旗賈勇。應指揮以破險，咸勵赳赳桓桓；運鈐略以出奇，仍合堂堂正正。艱辛百戰，先登則蟻聚就殲；摩蕩七旂，並舉則鷹揚奮擊。顧壁間之圖畫，建牙稱是英姿；振地角之鼓鉦，展旆知其勇號。韜函媲昔，與西陲珠飾以交輝；櫜戢從今，叶北斗玉衡而永定。

郊臺武定叩蒼穹，陣列靈旂凱禮雄。宣力勤勞資衆將，坐謀籌畫賴元戎。建時吉氣占剛日，豎處軍祥符勝風。例以伊犁及回部，尊藏高閣紀成功。

聖製弆藏所獲金川軍器於紫光閣並誌以詩有序 丙申

邛籠剷淨，深林無伏莽之遺；檠木俘來，遠徼有戢戈之喜。指點戰圖張壁，懾我威弧；檢稽獲簿陳庭，收其脱帽。金璅已拋殘重甲，嗌犀兕之尚多；鉛丸惟懸賸空囊，識蟲沙之早化。短鋒誰佩，漫矜犵黨之銛；左插何施，自斂脱光之影。蕩兩川而兵洗，金氣全消；鑄九鼎以勳銘，銅標詎比。虎皮韜櫝，連函用誌武成；鳳咮濡毫，長律寧誇文具。

出師寧曰圖俘物，弆器亦因紀武功。貝甲鑾刀胥就獲，搴旗斬將並稱雄。金川金小穴俱掃，兩金川分東西，東爲小金川，西爲金川，俗亦謂之大金川云。白鹿白狼跡豈同。那肯事平忘衆力，惟應泰保慎吾衷。

御製紫光閣八韻 丙辰

紀勳垂奕禩，崇閣焕簷楹。二萬新疆闢，十全聖武成。皇父耆定武成，自乾隆乙亥至庚辰，再平準部，一平回部，拓地二萬餘里。戊辰、辛卯兩次平金川，己丑平緬甸，丁未平臺灣，戊申平安南，己酉、辛亥兩次平廓爾喀，武功凡十全云。威靈暨諸部，聲教遍寰瀛。除暴樂安衆，信天皆應兵。皇父大武十全□□出於戢暴安民，綏靖藩服，必其自干天討，乃不得已而用。所爲應兵非佳兵，是以天助順而成功速，屢見聖製，諄切告誡，天下萬世所當敬體者也。圖麟列褒鄂，賜酺集公卿。寶繪鬚眉動，鴻文銘贊榮。皇父每届策勳，即録在事功臣圖形茲閣，親製像贊，以酬庸而勵衆。自平西域、定兩金川、收臺灣、服廓爾喀，凡四次，雲臺煙閣不足多也。瞻依思保泰，繼述凛持盈。又喜有苗格，要荒奉大清。

御製紫光閣觀射詩　丙辰

皇清重騎射，習武以身先。七札力須徹，三侯中（去聲）欲連。烏號弧勁直，錦埒馬盤旋。承訓課兒輩，鴻規奕載傳。

聖製紫光閣閱武舉詩，（恭載典禮門。）聖製紫光閣曲宴外藩詩，（恭載典禮門。）御製紫光閣曲宴外藩詩。（恭載典禮門。）

閣後爲武成殿，乾隆二十五年建。高宗純皇帝御筆匾曰：「綏邦懷遠」，聯曰：「兩階干羽欽虞典，六律宮商奏采薇。」又聯曰：「定武戢干戈，遐荒永靖；成功標竹帛，奕禩常昭。」殿左右壁，恭懸高宗純皇帝御筆西師詩、開惑論。左右廡，各十有五楹。石刻聖製自乙亥軍興訖己卯成功詩二百二十四首。

聖製武成殿即事詩　壬午

筵開御延閣，儀具憩廣殿。惟是念衆勞，敢曰恃天眷。周廊泐壁詩，數載籌筆見。處泰益乾惕，際和戒安宴。武成一再過，孜孜圖永奠。

紫光閣之北爲時應宮，榜爲世宗憲皇帝御筆。前殿祀四海四瀆龍神，正殿祀順天佑畿時應龍神，世宗憲皇帝御筆匾曰：「瑞澤霑和」。後殿祀八方龍王，聖製時應宮記。（恭見前編。）

御製時應宮瞻禮詩　戊午

甘澤昨欣二寸霑，瓣香謝佑敬來瞻。慰心始見如膏沐，奢望仍希曰肅占。麥穎微芒青壠茁，柳條披拂綠絲纖。父祈子繼寧辭瀆，願爲農民霢霂添。（初七日，皇父幸御園，詣宮拈香。予以釋奠臨雍，春祭社稷齋戒，伊邇命弗隨往。今新雨初霑，專誠謝貺，實報而兼祈）

總屬重農之意，再三之瀆，弗敢辭也。

宫之東，北嚮爲福華門，門外卽金鼇玉蝀街也。

國朝宮史續編卷之六十六

宮殿十六　西苑五

由西苑門循池東岸而北，爲蕉園舊址。嚮北爲蕉園門。門之南，折而西，面南爲萬善門。門内爲萬善殿。正中龕内，世祖章皇帝御筆匾曰：「敬佛」，高宗純皇帝御筆聯曰：「萬象證圓通，金輪妙轉；三乘歸定慧，華海長涵。」又聯曰：「了悟徹聲聞，花拈妙諦；淨因空色相，月印明心。」殿後，聖祖仁皇帝御筆匾曰：「敬佛」。後殿爲千聖殿。其東爲迎祥館，聯曰：「辨見還參柏，徵心欲剥蕉。」又聯曰：「古樹當庭直，天花滿座馨。」館東爲朗心樓，樓廣三楹，聯曰：「花宮具見嚴而妙，别室還饒静且嘉。」又聯曰：「松風謏詩意，水月空禪心。」樓之東南爲大悲壇，壇五楹，匾曰：「妙印真如」，聯曰：「般若示禪修，檀薫澄觀；陁羅參梵韻，貝讚精持。」千聖殿西爲集瑞館，聯曰：「塵袪滋意蕊，聞復發心香。」館西爲悦性樓，樓廣三楹，聯曰：「洗不期其箏笛耳，悦原契此淨明心。」又聯曰：「耆崛鳥吟都送喜，香林花色總離塵。」萬善殿東室，聖祖仁皇帝御筆匾曰：「惠迪吉」。西室，高宗純皇帝御筆匾曰：「敬佛」。

聖製萬善殿瞻禮詩　庚寅

液池南北一舟通，命棹蕉園爲（去聲）落工。（萬善殿在蕉園中，猶前明所建，閲久剥落。今歲鼎新之，茲届蕆工，拈香瞻禮。）松户百年依舊緑，梅梁八架換新紅。金仙本自泯成壞，塵世誰爲悟色空。初正陀羅音禮懺，（工既落成，緇流於大悲壇禮懺，懺文陀羅尼乃新依梵音釐正者。）笑予者箇未全融。

聖製萬善殿詩　庚寅

古砌猶存柏，今園不見蕉。正名去書室，（舊時還小内監十餘人讀書於此，且有教習督課之。昨以書館與僧寮相混，於禮非宜，因移置他處。）設色焕禪寮。無暇參白業，有欣對碧霄。精藍息心處，漫與問前朝。

御製萬善殿瞻禮詩　丙辰

蕉園始前明，崇智（殿名）有舊式。萬善建招提，盡登極樂國。簷楣焕御書，心印清淨域。我來叩金容，臘日施粥食。萬頃玉鑑開，澄澈無二色。瀛臺峙沼南，長虹亘樓北。映帶景清佳，福地化工植。震旦象教傳，普瞻大雄力。卽願摧魔軍，寶光消鬼蜮。（楚省苗匪教匪滋事，各逆首尚有未就俘擒者。現在官軍四處搜捕，自無漏網，念佛法無邊，所冀以大威力速消魔障爾。）

御製萬善殿瞻禮詩　丁巳

玉鏡輝太液，掩映亭臺深。澄澈無塵滓，疎影連寒林。嘉平月初吉，恰值臘日臨。冰牀放西苑，轣轆泊岸潯。石徑得平坦，夾路喬松森。寶殿額萬善，萬善由一心。各了自身事，不使外誘侵。聖皇開壽宇，大千震雷音。聲教誡赫濯，古史難披尋。背德蠢螟螣，朋比爲邪淫。六師下蜀道，指日繁組擒。光華爍佛宇，籲天鑒寸忱。

御製萬善殿時應宮設壇祈雨紀事　庚申

今春缺甘澤，夙夜心徬徨。已屆清和節，炎飈鼓亢陽。昔歲遇祈雨，龍潭畫眉岡。路遠難往返，居憂事異常。昔歲隨皇考住圓明園，每遇祈雨，皆於西山畫眉山黑龍潭設壇。今在二十七月内，不應住圓明園。由京城至黑龍潭，往返幾及百里，恐誤聽政，恃於西苑内萬善殿時應宮設壇祈禱，敬望天恩沛澤。若西苑地潔淨，萬善古佛場。六時心攝受，演説雲輪章。羽流行法籙，致敬叩上蒼。赦罪普銷刼，渥霶即沛滂。尤願兆洗甲，陜蜀全脱殃。有如時雨化，苦海登慈航。渺躬荷大業，曷敢稍怠荒。竭誠唯自責，雲漢引領望。

御製臘月萬善殿瞻禮詩　庚申

明鏡鍊液池，彌望光清潔。冰牀轣轆乘，輕速長繩掣。賀臘古招提，時應嘉平節。緩步出松關，虬枝互盤結。歲寒知後凋，插雲儼成列。入室禮蓮臺，頻生大歡悦。萬善一法包，奚必强分别。真如不空空，性海光照徹。僧衆經讖喧，紛呶廣長舌。以此云進修，沸湯能止熱。雪山面壁時，原無一字説。探原在自心，返觀味親切。

萬善門西行，抵水埠，有亭出水中。高宗純皇帝御筆匾曰：「水雲榭」。石碣恭刻高宗純皇帝御筆「太液秋風」四字，即燕山八景中之一也。

聖製太液池泛舟三首　癸未

飛龍蓬島御風輕，蓬島、飛龍，液池舟名。尚前明物，時加修飾，供御用。暢好液池新水生。却是西濛人不識，直云天上坐而行。時愛烏罕等部陪臣請瞻仰御舟，允之，並喜詫以爲得所未覩。○盆梅隄柳争春色，岸芷汀蘭勒水芳。何必其來盼衮衮，會看一到去堂堂。

〇玉蝀金鼇亘卧虹，承光樓閣倒涵空。勝朝遺跡春明夢，殷監兼存水監中。

聖製太液池泛舟卽景雜詠　戊子

液池春水恰勝篙，淺漾轔紋静息濤。素艇居然利轉動，層樓榜岸繫龍艘。液池中有瀛海飛龍船，層樓飛甍，勢甚閎麗，蓋明時舊製。歷年修葺，壯觀而已，以艱於舉動，每繫岸不用。〇第一名泉遠溯津，新波暗長拍船脣。書雲迴雁卽去雁，字柳今人非昔人。〇水面樓臺鏡裏圖，當年佔畢記曾吾。庭前莑莑萋萋者，幾換新梧伴舊梧。〇春菜青隨冬菜生，園欣豐澤重農情。卽看土脉含香潤，指日行將此試耕。〇烟光澹澹接波光，松色青青柳色黄。梟雁翺翔真得所，笑他也自託君王。〇過牐還須小步隄，犂然水便有高低。又看桂棹蘭槳盪，聊爲乘閒快覓題。〇三海何曾五里遥，液池舊有三海之名，蓋明時内監所稱，相沿未改。其實兩橋隔之耳，經行不過五里，若輩虚誕可見一斑。椓人張大笑前朝。心無俗便神仙境，韓衆安期底用招。〇承光臺殿鬱嵯峨，金頂元顛明復磨。祇有東廂古松樹，春來依舊發新柯。

聖製太液池泛舟遊覽遂至畫舫齋詩　己丑

堂出漪瀾早備舟，遂教六棹奏黄頭。溶溶春水新波漾，北液今朝作刱遊。〇三面紅牆暎水光，精藍間去聲出梵雲翔。御河橋接通津亘，南望横拖玉蝀長。〇新蒲剌緑微微出，弱柳薰黄漸漸濃。瓊島入來白塔影，迴瞻錯認北高峰。〇行行近岸肩輿候，清憩何妨趁暇幾。了識書齋稱畫舫，笑斯泛者舫寧非。

聖製泛舟太液池詩　庚寅

太液秋風裏，輕舟卽景論。元明春夢録，日月浪花翻。穗吐荻蘆老，實浮菱芡繁。金鼇横漾過，遂與到蕉園。

聖製太液池泛舟詩　辛卯

初生春水綠波清，六棹蘭舟送以輕。不廿日前揭爾憶，拕牀曾是碾冰行。〇永安寺名白塔矗岧嶤，掬手波中若可招。冰水設還相較量，究欣漾影此爲遥。〇黄薫岸柳綠生莎，春意舒遲覺漸多。漫惜新花猶未發，雪英纈樹匪梅何。〇蒼雲縹渺望瀛臺，分付吟情俟再來。登岸合教還紫禁，封章應有待批裁。凡駕行之日，雖無輪班引見之員，而各省督撫奏摺仍卽以時批發。

聖製太液池泛舟詩　乙未

液沼冰融可泛舟，致齋前偶試清遊。還宮況此爲路便，監水因他作楫求。魚躍雁迴化工暢，天光雲影静機投。鳴榔聲裏忙登岸，爲接軍書報置郵。連日盼望軍郵甚切，適於舟上接阿桂、富德奏函，隨命登岸，輿中啓閲，將回宮批答，不暇遊覽。

御製太液冬曉詩　丙辰

熹微曙色動遥空，殿閣參差入望中。漠漠同雲初釀雪，蕭蕭古樹慣摇風。寒林積霧喧乾鵲，極浦凝煙下遠鴻。三海相連波萬頃，蓬萊信可一舟通。

御製液池始冰詩　丙辰

今冬暖氣盛，一之日始冰。向陽初欲結，南岸微覺凝。映日流澌漾，因風縠紋層。轉瞬嘉平月，玉鏡堪臨憑。

御製太液冬曉詩　丁巳

三海周環玉鏡明，境開冬曉景光清。熹微樓角朝曦上，掩映林端寒雀鳴。汀畔連延接文館，波心崱屴起珠甍。遍觀京邑生民聚，首善之鄉百室盈。○金蹟元顛明復墟，大清一統會車書。撫時鑑古誠超彼，圖治安民責在予。九有閭閻全沐澤。寸心宵旰始能舒。速祈寧靜消邪逆，盡樂昇平稂莠除。

御製太液春望詩 戊午

微雨初晴後，蒼茫太液池。三篙猶碧漲，百頃漾清漪。旭暖波光活，烟開柳色移。憑輿欣極目，樓閣畫中披。

御製太液秋風詩 戊午

萬頃烟波盈太液，高秋蕭爽下西風。平翻浪影鷗盟亂，遠拂雲光雁字籠。岸映菰蒲連衆緑，汀摇荷芰褪新紅。淑清院裏涼飈滿，一葉飄飄墜井桐。

水雲榭之北，有白石長橋，通行人來往。東西樹坊楔二，曰「玉蝀」，曰「金鰲」。橋下洞七，中洞南嚮石刻匾曰：「銀潢作界」，聯曰：「玉宇瓊樓天上下，方壺圓嶠水中央。」北嚮石刻匾曰：「紫海迴瀾」，聯曰：「繡轂紋開環月珥，錦瀾漪皺焕霞標。」橋西紅牆夾道有門相對，南即福華門，其北爲陽澤門，可達於闡福寺也。金鰲玉蝀橋之東有崇臺，即臺址爲圓城，周數百步，設以睥睨。兩掖有門，東爲「昭景」，西爲「衍祥」。門各有樓，入門由磴道左右分上，中搆金殿，爲承光殿，即元時儀天殿之舊也，俗名團殿。殿内，高宗純皇帝御筆匾曰：「懸圃風清」，聯曰：「何處五雲多，大羅天上；飛來三嶠秀，太液池邊。」又聯曰：「風月清華贏四季，水天朗澈繞三洲。」又聯曰：「水以澄渟謀目静，山惟平遠致心閒。」

聖製承光殿詩　壬午

層城巍邃殿，宴罷一登臨。地迴春風早，蹟陳古木森。唐花多淑色，時鳥有和音。與物欣韶泰，瓊華又佈陰。

聖製承光殿作　戊子

崇臺廣殿御橋頭，祭罷更衣少憩留。時卉欲酬新節令，老松不較古春秋。仙瀛猶隔林雲表，太液初開奩鏡流。旬日闊違殷問寢，命輿無暇事遨遊。

聖製仲春承光殿詩　己丑

右壇祭畢返金輿，適值明當進講書。遂以駐驂宿禁裏，因之攬景趁幾餘。崇臺綺殿聊容與，越日前園問起居。不覺七朝萱砌隔，迅哉駒影益廑予。

聖製憩承光殿詩　己丑

清曉視朝蕆禮文，復欣霽景散徂雲。更衣路便兹流憩，批牘時勤畢處上聲分。柏露潤從仰處去聲浥，荷風香自俯中聞。崇臺詎止無煩暑，興亦因之迴不羣。

聖製承光殿詩　辛卯

視朝蕆嘉儀，更衣臨便殿。風入千年松，颯爽謝揮扇。古人此乘涼，徒向誌中見。蒼翁笑婆娑，誌豈曾覿面。

聖製夏日承光殿詩　壬辰

太和清曉簡魁元，夏日依然返御園。路順因之更禮服，驛來便以閱崇軒。御殿後臨此更衣，適溫福軍營奏章至，即於此批閱，並爲籌示機宜，面授軍機大臣傳諭郵寄。隨時勤政寧容忽，應變籌軍豈易言。衛士漫嫌稍久待，非因問景玩高奔。

聖製承光殿更衣卽景有作　癸巳

南郊雩祭蕆儀迴，途便更衣朶殿來。樹撫金源層蓋古，波臨太液一奩開。衣衫雨後凉猶峭，几席風前静不埃。欲返御園問慈豫，無須佳處久徘徊。

聖製憩承光殿作　乙未

返蹕圓明園，憩駕承光殿。爲娱聖母情，宜割賢妃綣。春風緒並吹，春雲惜因散。彌月未霑澤，望雪殷宵旰。籌農無時置，餘事可付慢。

聖製憩承光殿作　乙未

蕆祭西墉轉，順途層闕臨。更衣憩體暫，詢寢繫懷深。古柏千年調，時禽二月音。北瞻瓊島近，又喜作春陰。

聖製憩承光殿六韻　乙未

遠宇輕雲歛，層城曉旭輝。於斯稅鸞輅，遂此换龍衣。牕景異春夏，松陰齊瘦肥。小停清漏聽，速駕御園歸。閲稼歷郊野，詢安謁寢闈。有行莫非事，無逸以爲依。

聖製祭罷返御園小憩承光殿即事詩　丙申

層城因據御橋東，來往恒斯憩息同。適以春祈禮松社，遂玆晨省謁萱宮。波臨太液鳶魚樂，節逮中和景物融。古柏依然風月好，金元明豈介心蓬。

聖製承光殿詩　辛丑

雉堞鬱岧嶤，承光舊蹟標。承光殿爲金元時舊蹟。金元事已往，松柏古增遥。液謂太液池俯冰將解，島謂瓊島翹陰復招。雨佳雪亦可，總屬澤春苗。

聖製承光殿詩　辛丑

衣更祭服便途中，遺蹟金源朶殿崇。已度春陰瓊島北，尚遲秋籟液池東。古松也放新釵嫩，睡鴨還消細篆融。返籞林無問安事，殿中舊題有「亟返園林爲問安」之句。不堪卒讀默傷衷。

聖製承光殿詩　壬寅

承光匪自今，建置溯遼金。古樹籟宜聽，新春景重尋。輕陰生島側，是殿北對白塔，即古瓊華島。宿雪積牆陰。怵爾懷殷鑒，無違悦志吟。

聖製題承光殿詩　壬寅

更衣理事此爲便，曉視朝仍御苑旋。黻冕何妨松柏入，清和如陟漢霄懸。奏章雖報時膏被，據胡季堂、鄭大進、西寧等陸續奏報，本月十二日夜雨，入土三四寸不等。田畝還希渥澤連。獨是河工期又過，阿桂等奏，約初十日合龍，十三四日可奏報到京。今爲期已過，奏章未達，南顧殷殷耳。惕然南望切憂煎。

聖製承光殿詩　丙午

還宮御殿具常儀，以雨傳宣命罷之。去歲本同今歲日，昨歲亦傳四月廿五日御殿，至期，寅卯間值雷雨停止，有「傳宣停御殿，衣濕扈千官」之句。今年却較去年遲。去年四月二十八日芒種時，麥已結穗。今年四月廿四日甫届小滿，故麥纔吐穗，是今年之得雨早於去年半月也。承光路便清堪憩，太液波增朗入披。起麥蘇禾及時節，益欽益戒敢嬉怡。

聖製承光殿即景有感詩　丁未

春祈藏禮右方壇，路便承光磐以桓。黻冕入齋因易服，棲遲據案遂傳餐。南瞻正切即聞捷，上年冬底，福建臺灣彰化縣大里杙等莊逆民林爽文等，結黨倡邪會，謀爲不軌，總督常青駐劄厦門，調遣官兵勦捕，水師提臣黃仕簡、陸路提臣任承恩，各帶官兵，已於正月初四等日先後抵臺灣，節次據常青奏報，黃仕簡等連日用砲擊殺賊衆數千人，餘黨遁入內山，已傳旨令常青渡臺灣，督率文武員弁務期搜捕淨盡，不留餘孽。然黃仕簡等抵臺灣月餘，自已痛加殲戮，而尚未報勦賊捷音，日夜切盼。北駕非關欲問安。向年以祭祀等事，自御園還宮，及事藏則迴御園，詣暢春園恭問慈安，是以庚辰承光殿詩有「每還宮禁無非事，亟往園亭切問安」之句。今右壇禮成迴園，於此易服傳餐，而十年以前之事已不可復得，能弗愴然。迴憶十年無此事，不禁撫景暗凄酸。

聖製承光殿詩　乙卯

金元最陳蹟，禁外苑之中。是殿金時所建，重修時曾得金時錢可證，後即瓊華島，自元及明皆仍此名，在紫禁城外，臨西苑太液池。枚實臨池迴，往來熙績同。每自宮還御園，率於此傳膳視事。祭歸誠有恪，古對思無窮。默念乘除際，難諶惕切衷。

御製承光殿春望詩　丙辰

雉尾雲移退早朝，承光圓殿液池標。波含綺旭千重錦，坊建長虹百尺橋。麟閣圖功傳策府，龍亭紀勝麗晴霄。廣寒瓊島皆陳蹟，聖代同春景富饒。

御製承光殿即景詩　丙辰

團殿鬱嵯峨，儀天蹟未磨。承光殿俗名團殿，即元朝儀天殿舊址。樓臺得地迴，松栝閱年多。塔鎮瓊華島，橋横大液波。帝京形勝固，玉燭永調和。

御製承光殿詩　壬戌

前朝傳古殿，形勝據虹梁。億載金湯固，四時松柏蒼。千門霞焕彩，三海玉騰光。到處瞻宸翰，永欽聖澤洋。

殿前古栝槎枒，傳爲金時遺植。

聖製詠承光殿古栝詩　癸卯

秀色鎮參天，團城根據巔。有堂聽古籟，承光殿東有堂曰古籟殿，前松栝槎枒，皆傳是金時遺植。無榦不真仙。影度金元月，幻同楊柳烟。世臣之謂要，喬木亦應然。

殿南石亭，置元時玉甕，甕鐫聖製玉甕歌并序。參見前編。柱間並刻詞臣四十人奉敕詠玉甕詩。

聖製觀承光殿玉甕再作歌　癸巳

元史世祖至元間，初成瀆山大玉海。敕置廣寒碧殿中，逮今五百有餘載。青緑間以黑白章，雲濤水物相低昂。五山之珍伴御榻，見日下舊聞。從臣獻壽歡無央。監院道房曾幾歷，仍列承光似還璧。相望瓊島咫尺近，豈必銅仙獨淚滴。和闐玉甕昨琢成，質文較此都倍嬴。周監在殷殷盛夏，一經數典惕予情。

按：元史至元二年，瀆山大玉海成。陶宗儀輟耕録稱爲黑玉酒甕。朱彝尊日下舊聞引孫國敉燕都遊覽志，稱爲玉缸。高士奇金鼇退食筆記亦止引輟耕録之文而注道人作菜甕語。此外俱無可考，亦無直稱爲酒海者。蓋瀆山即瓊華島，以四面皆有水圍是山耳。故下文即云敕置廣寒殿，設謂玉海刻有山瀆，則不當更以海稱。若以瀆山爲產玉之地，查元史外國傳不載于闐等產玉諸國，亦無瀆山之名，更可證非舉其出產之地。至漢郊祀志所云瀆山，乃蜀之岷山，不聞產玉也。因作是歌，並識於後。

殿後爲敬躋堂。堂十五楹，南抱承光殿，其北環城，臨積翠堆雲橋。東爲古籟堂，堂内扁曰：「象昭」，聯曰：「蒼官壽客結好友，岸芷汀蘭入畫圖。」又聯曰：「花香鳥語無邊樂，近景遐觀取次拈。」又東爲朵雲亭。堂西爲餘清齋，齋西室扁曰「環秀」，曰「涵虛」，聯曰：「座挹山光兼水態，窗延秋月與春風。」又聯曰：「鏡裏林花舒艷裔，雲邊樓閣隱神仙。」由齋内曲廊而西爲沁香亭，其後累石爲小山，山上有亭，爲鏡瀾亭。圓城外，東西界以紅牆，東爲承光左門，西爲承光右門，北駕石梁，制如金鼇玉蝀。南北有牌坊二座，其南曰「積翠」，北曰「堆雲」。過橋即永安寺也。

國朝宮史續編卷之六十七

宮殿十七　西苑六

團殿之北，過積翠堆雲橋爲白塔寺，今爲永安寺。寺門三間，南嚮，入門爲法輪殿，殿五楹，内奉釋迦佛，高宗純皇帝御筆匾曰：「慈雲覺海」，又匾曰：「人天調御」，聯曰：「靈鷲風香傳妙偈，澄潭月皎印真如。」又曰：「青蓮法界本清淨，白毫相光常滿圓。」殿後拾級而上，有坊一座，其南榜曰「龍光」，北曰「紫照」。左右有亭二，東曰「引勝」，西曰「滌靄」。引勝亭内石幢，恭刻聖製白塔山總記：

京都於唐爲范陽，於北宋爲燕山，遼始稱京，金、元、明因之。雖城郭宮市建置沿革時或不同，而范陽都會居天下之上游，俯寰中之北拱，誠萬載不易之金湯也。宮殿屏扆，則曰景山。西苑作鎮，則曰白塔山。白塔山者，金之瓊華島也。北平圖經載遼時名曰瑶嶼，或卽其地。元至元時，改爲萬歲山，或曰萬壽山，至明時則互稱之，或又謂之大山子。見王紱北京八景圖識語中。本朝曰白塔山者，以順治年間建白塔於山頂。然考燕京而詠八景者，無不曰瓊島之春陰。故予於辛未年題碣山左，亦仍其舊，所爲數典不忘之意耳。山四面皆有景，惜春明夢餘録及日下舊聞所載，廣寒仁智之殿，玉虹金露之亭，其方隅曲折，未能盡高下窈窕之致，使人一覽若身步其地而目覩其概。蓋地既博而境既幽，且禁苑森嚴，外人或偶一窺視，或得之傳聞，其不能覩之切，而記之詳也亦宜。茲特界爲四面，面各有記，如柳宗元之鈷鉧、石城諸作。俾因文問景者若親歷其間，嘗鼎一臠，足知全味云爾。

漪瀾亭内石幢，恭刻聖製塔山南面記：

承光殿之北，太液爲橋，南北各有坊，南曰「積翠」，北曰「堆雲」。過堆雲坊卽永安寺，殿曰法輪，殿後石磴拾級而升，得稍平道。左右二亭，曰「引勝」，曰「漪瀾」。復因迴疊石中仍拾級，左右各爲洞，玲瓏窈窕，刻峭摧崣，各極其致，蓋卽所謂「移艮嶽」者也。穿洞而上，適與拾級而上者平。洞之上，左右各有亭覆之，曰「雲依」，曰「意遠」。平處爲佛殿，前曰「正覺」，後曰「普安」。兩廂各有殿，東曰「聖果」，西曰「宗鏡」。又自永安寺牆之東，緣山而升，路中有振芳亭，再升爲慧日亭，稍西則順治年間建塔碑記及雍正年間重修碑記。復略升，則進普安殿之東廊矣。其寺牆之西，亦緣山而登，半山有亭，匾曰「蓬壺挹勝」。再登則爲悦心殿。偶臨塔山，理事、引見恒於此。其後爲慶霄樓，每逢臘日，奉皇太后觀冰嬉之所也。悦心殿東側書屋，爲静憩軒。轉石屏入牆門，則仍普安殿。自殿後陟石階，將百磴卽山頂，白塔建於此。塔前琉璃佛殿，曰「善因」。考日下舊聞，山頂爲廣寒殿，蓋卽建塔之所。山中爲仁智殿，則今普安佛殿是。塔後列刹竿五，或謂之轉梵經，或謂之資瞭遠，其下爲藏信礮之所，八旗軍校輪流守之。蓋國初始定燕京，設以防急變者。雍正年間，復申明其令，載在史策。其發信礮金牌，則藏之大内。予因思之，比及藉此知守，其失守已多矣。然而覩此知懼，凛天命，畏民碞，戒盛滿之志，繫苞桑之固，則信礮之制，豈非祖宗之良法美意，萬世所當慎守者乎？

聖製塔山西面記：

室之有高下，猶山之有曲折，水之有波瀾。故水無波瀾不致清，山無曲折不致靈，室無高下不致情。然室不能自爲高下，故因山以構室者，其趣恒佳。慶霄樓既據山之高，樓西緣廊而降，有二道，其一向南，不數武，爲一房山，蓋房中覆湖石成山云。歷磴以下，爲蟠青室，迴廊環其外。緣廊北降，達山之西，憑廊向南俯睇，有深淵。東則山之西脚，而山半腰有亭曰「揖山」，乃從悦心殿西角門而出者。其下峭壁插入，滉然覩然，若龍湫之有神物也。波與太液通，石橋鎖其口，橋之南步隄東轉，可通悦心殿及永安寺前。橋之北則琳光殿前，爲山西總路矣。又其一轉而北，有亭焉，曰「妙鬘雲峰」。歷石磴而下，則水精域，其下有古井。古井向有記，闢諸家記載，謂引金水河轉機運𣂏之兆，及輦土壓勝之謬。凡山之陰，山之麓，所爲屈注飛流，線溪畝池，皆綆汲此井以成其勢。水精域之下爲甘露殿，又下爲琳光殿，則就平陸爲山西之路。轉而北爲閲古樓，樓壁砌三希堂法帖碑版。攀梯而登，與地平，稍北則畝鑑室，窗臨清池，即鑿山溪引古井之水也。閲古樓後楹，平臨山溪，石橋架其上。度橋有小石亭，梁柱皆泐詩。過亭𡺃岈崱屴，徑衹容人，攝齊而上，出巖牆門，與慶霄樓後門相望，而山西之景略畢。

聖製塔山北面記：

自閲古樓巖牆門出，轉而東，則邀山亭。又東北則酣古堂。堂之東室倚石洞，循洞而東，則寫妙石室。堂與室之南，皆塔山之陰，或石壁，或茂林，森峙不可上。而室之東間乃樓也。踏梯以降，復爲洞，𥦗窱窅㬟，若陶穴，若嵌𥧌，旋轉光怪，不可殫極。若是者行數百武，向東忽得洞門出，則豁然開朗。小厂三間，曰「盤嵐精舍」，而其南則仍石巖陡立。然羊腸之逕，可以躋而上，達看畫廊。廊屬山東景，兹不復綴。自精舍轉而北，至環碧樓，緣飛廊而下，則嵌巖室。折而西，小山亭額曰「一壺天地」。又西扇面房，額曰「延南薰」。其盤嵐精舍之西，由洞門北行數十武，亦達扇面房。自房而西，爲小崑邱，蓋畝鑑室水盈池，則伏流不見。至邱東始擘巖而出爲瀑布，沿溪赴壑，而歸墟於太液之波。又西爲銅露盤，銅仙竦雙手承之，高可尋尺。此不過綴景，取露實不若荷葉之易，則漢武之事率可知矣。又西爲得性樓，爲延佳精舍，爲抱沖室，爲隣山書屋。名雖殊而因高以降，或一間，或兩架，皆隨其宛轉高下之趣而各與題額。又自畝鑑室北牆門而出，緣山蹊亦可達此。至隣山書屋則就平地，廊接道寧齋矣。其東乃漪瀾堂。蓋山之北以堂與齋爲主室，而圍堂與齋，北臨太液，延樓六十楹，東盡倚晴樓，西盡分涼閣，有碧照樓、遠帆閣分峙其間。各對堂與齋之中，南瞻窣堵，北眺滄波，頗具金山江天之概。故登樓與閣，偶有吟咏，無不以是爲言。由漪瀾堂而東，則蓮華室，以奉大士及妙法蓮華經得名。出牆門而南，則爲塔山東面之境矣。若夫各室内，或題額，或聯語，率銘意寄興，無關於景概之全，斯則不悉載。

聖製塔山東面記：

因舊置而修飾之謂之沿，易新建而刱爲之謂之革。山之南，沿者多而建者少。山之北，革者夥而置者稀。然東北渺「瓊島春陰」之石幢，雖出於新建，亦實述其舊置。由石幢登山逕，爲看畫廊，其上則交翠庭。庭之下，廊之側，攀援石洞以出爲古遺堂。對之者戀影亭。自堂躡梯以下，仍依洞以出，爲見春亭。遂循東岸，可至半月城前。而自交翠庭步嶺路至智珠殿者，分左右階而下，亦達半月城前。蓋殿原據城上埤堄，即平殿基也。過石橋則陟山門，而白塔山四面之事畢矣。白塔建自順治八年辛卯，至於今蓋百有二十年矣。夫士民之家，尚以肯構爲言，況兹三朝遺蹟，地居禁苑，聽其荒廢榛薉爲弗當。然予自辛酉、壬戌之間，始稍稍有所葺建，至於今凡三十年，而四面之景始畢成而爲之記。雖云發内帑以徐爲之，然而視春明夢餘録、日下舊聞所載，有過之無不及矣。知我罪我，吾豈能辭哉！

引勝滌靄亭後，各有石，東曰「崑崙」，西曰「嶽雲」。由甬道拾級而上，左右有方亭二，東曰「雲依」，西曰「意遠」。亭下各有石洞，東洞扁曰：「楞伽窟」。正中爲正覺殿，殿後爲普安殿，高宗純皇帝御筆扁曰：「慧根圓相」，又扁曰：「如如不動」。聯曰：「真諦總涵華海露，慈光長仰德山雲。」又曰：「心鏡朗懸空色相，智燈長滿燭人天。」殿前，東爲宗鏡殿，西爲聖果殿。殿後，石磴層躋而升，爲善因殿，中供梵銅佛像。殿後卽白塔也。由白塔東下至山足，爲智珠殿。東嚮，供文殊佛像。高宗純皇帝御筆扁曰：「般若香臺」，聯曰：「塔影迥懸霄漢上，佛光常現水雲間。」其前圓牆如月城，由殿後緣山徑折而北，爲交翠庭，聯曰：「波光入窗澹，草色護堦新。」庭北迴廊環遶而下，爲看畫廊，聯曰：「竹柏之懷，與心神妙遠；智仁之性，共山水效深。」廊下有石室，中涵巖洞，洞内供大士像。洞門上石刻「真如」二字。別室有小樓，聯曰：「天闊雲非繫，波空月自明。」又折而東至山麓，有石碣，恭刻高宗純皇帝御筆「瓊島春陰」四字，燕山八景之一也。

聖製人日瓊華島詩　乙酉

人日登臨古所傳，靈辰迓祉慶初年。祗宜佳處賞松竹，例是今朝禁管絃。是日逢國忌，例不舉樂。雪積樹根堆喜色，春融峰角蔚祥烟。輕陰設復霏時玉，騈慰東郊利麥田。

御製瓊島春陰詩　戊午

傑峙瀛洲瓊島峨，冥濛春色得來多。凝烟掩映連宮闕，欲雨微茫接駁娑。待寫新題抽彩筆，先占甘澍潤嘉禾。宸襟茂對悦心殿名賞，五記祥披勝概羅。西苑之鎮，曰白塔山，即金之瓊華島。本朝順治間，以建白塔於山頂而名。然考燕京而詠八景者，無不艷稱「瓊島春陰」，皇父題碣山左，亦仍其舊，以示數典不忘之意，並考其方隅界爲四面，各記其勝概，詳見聖製白塔山總記。塔山南面、西面、北面、東面各記中。

永安寺牆之左，緣山而升，爲振芳亭。再升爲慧日亭。又南，穹碑二，一爲順治八年建塔碑文，一爲雍正十一年重修碑文，皆臣工恭紀。永安寺西，山半有亭，匾曰：「蓬壺挹勝」。又西，由山麓躡級而上，爲悦心殿。每臨幸時視事於此。東室聯曰：「員嶠曉烟連碧漢，曲池春雨念蒼生。」又曰：「是處暢觀頗役目，此間閟景足澄心。」西室匾曰：「静挹古香」，聯曰：「雲端曠奧軒疑畫，樹杪高低圃是懸。」

聖製悦心殿即目詩　壬午

承光直北是瓊華，宛轉虹橋路不賒。積雪欣滋瑶島樹，輕陰又疊赤城霞。梅將春信徐徐遞，詩與韶光旋旋加。因憶子輿明訓在，悦心禮義足生涯。

聖製臘日悦心殿侍皇太后膳即景得句　癸未

年年慈豫奉嘉平，更喜瓊華島名雪始晴。千里麥欣壅秋本，幾峰樹訝發春榮。綵屏節事遐齡祝，鏡浦冰嬉例賞行。每歲冬月，陳冰嬉，既因使習衆藝，亦欲藉以行賞也。此日悦心真是悦，然吾豈敢忘去聲持盈。

聖製新春悦心殿詩　甲申

謁廟有餘暇，陟山亦偶然。春陰又覺好，細雪已徐翩。底藉椒花頌，待吟瓊葉篇。悦心端在此，可以答韶年。

聖製臘日悦心殿侍皇太后膳疊去歲詩韻　甲申

高低四寸雪鋪平，萬歲巒光暎座晴。瓊華島，元時爲萬歲山。一例臘前霑愷澤，去歲臘前一日得雪，今歲臘前二日得雪。千林培後毓和榮。每逢雪後，令步軍收培樹根，既不虛瑞澤，亦因以行賞，週年以來，率成例矣。　皚皚玉巘畫中列，轆轆冰牀鏡裡行。今日慈心真是悦，壽籌添擬海山盈。

聖製悦心殿詩　乙酉

曉日上窗温，匡牀小憩存。壁詩忽隔歲，嵐畫又迎軒。攀陟寧宜亟，詩書悦可敦。此中覓消息，至矣子輿言。

聖製雪後悦心殿詩　乙酉

雪霙已止奚妨止，雪色欲晴猶未晴。便教活畫觀瓊島，真是躡梯步玉京。朶殿有花仍菊秀，上林無樹不梅榮。半年一到誠何謂，誰識居然信暢情。

聖製新正悦心殿詩　丙戌

新正暢好多清暇，咫尺瓊華試攬登。恰喜輕雲生靉靆，兼看宿雪積崚嶒。玉甍迴接三霄慶，綺勝詳占百福膺。萬户皇都春富貴，持盈念益切吟憑。

聖製悦心殿詩　丁亥

崇閣罷春筵，綺殿試清眺。瓊島記春明，春陰望空躁。華檠例綴景，今歲斯初到。仙木亦璨璀，假山亦蒨陗。悦心詎在兹，乃在祥霙霄。

聖製悦心殿詩　戊子

紫光醼罷惜餘陰，瓊島春歸試攬尋。翠柏蒼松徑熟識，繡檠賓帖殿初臨。乘時欲奉陽和德，汲古思探義理深。今日略知心可悦，幸緣積素在林岑。

聖製悦心殿即事詩　戊子

乘興維舟復陟山，殿在永安寺山之麓，即元時萬歲山之故址。載臨朶殿翠微間。春陰恰喜瓊華潤，明季瓊島春陰爲燕山八景之一，亦即此地，見春明夢餘録及日下舊聞諸書。細浪從披太液潺。花木且遲二月景，詩書聊伴片時閒。悦心漫道於斯悦，遥繾軍情那解顔。時正籌征緬軍務，日夜問郵章。

聖製新正悦心殿詩 己丑

三冬頻望雪，鮮有悦心時。春澤今真渥，穀朝幸在兹。是日正月八日爲穀日。濃雲猶作勢，集霰又先期。笑似老農矣，何曾苗碩知。

聖製悦心殿詩 己丑

一水圍瓊島，因之過石橋。波光全瀲灩，柳色已招摇。時有春陰合，便希雨澤邀。邇來心略悦，麥隴雪培饒。

聖製悦心殿詩 己丑

南郊承祭罷，北淀問安旋。暢春園、圓明園俱在都城之北，俗名海淀，而其中又自分南北。是處更衣慣，輕輿取路便。露濃林似沐，夏淺卉猶鮮。攬景兹無暇，心儀愛日懸。

聖製悦心殿詩 己丑

玉塔聳崔巍，瓊島圍羅列。浸映太液光，精神堪澡雪。冕黻於焉换，御太和殿傳臚後，至此更衣視事。竹素於焉設。展卷恰虞書，知人云則哲。惟帝其難之，得賢心庶悦。

聖製新正悦心殿詩 庚寅

躍龍邸第炷香還，路便因之到瀆山。元之瀆山，即明季之瓊島也。樹態峰姿濯雪後，屏南硯北伴幾閒。三冬望澤心那悦，一晌行春意始憪。烟火皇都憑當庶，可能此象遍區寰。

聖製由液池東岸遂至悦心殿漫題三首　庚寅

液池衹是一湖水，明季相沿三海分。好（去聲）爲張大娱人主，仇士良言夙所聞。○淑清（院名，在瀛臺東北角。）石逕出宫牆，東岸夤緣二里强。瓊島春陰景正好，遂登山殿攬煙光。○山殿岧嶤號悦心，悦心得不易難諶。祈農敕政先憂切，卅五年初勵至今。

聖製仲秋悦心殿詩　庚寅

慶辰行禮奉慈寧，山殿聊因路便停。恒侍康强心有悦，謹承温清視無形。波翻太液俯階見，風颯銀河平牖聽。郊外適纔觀銍艾，潦餘旋轉賴圓靈。

聖製人日悦心殿詩　壬辰

昨朝迎慈豫，今晨趨問安。退咨政以畢，新正值餘閒。人日當登臨，瓊島此陟攀。朶殿棲崇椒，春屏舞祥鸞。絲管例弗舉，（是日忌辰，例不作樂。）書史良足觀。理義實悦心，子輿有名言。

聖製過御河橋遂至悦心殿詩　壬辰

蕆祭猶當居禁林，經筵明日仲春臨。御園旋蹕咨安適，一宿先馳膝下心。○幾政疇咨暇有餘，液池西岸度輕輿。冰消春水呈溶滀，鳧雁乘波樂莫如。○迤邐金鼇玉蝀橋，（御河橋兩岸牌坊匾名。）向東北轉路非遥。至元萬歲明瓊島，名異山同秀相（入聲）招。○喬柯低榦鬱林岑，巖殿軒𢈢憩悦心。雖是悦心寧易悦，正當卽景盼春陰。

聖製新正悦心殿詩　癸巳

昨日承歡今問安，退猶餘暇小游盤。近惟瓊島無多路，高俯液池有曠觀。閲閲萬家根本固，（地居最高處，俯覽萬家烟井，景象豐盈。其間甲第連雲，多有開國勳賢遺構，基鞏業安，規模宏遠。）京師首善俗風端。一臨百慮匯心內，祗顧積霙略所寬。

聖製人日悦心殿詩　甲午

祈辛迴喜恰成人，退以詢安愛敬申。依例茲辰徹宴樂，（是日遇忌辰，例不奏樂。）無妨應節事遊巡。正希瓊島春陰好，已覺瑶軒淑氣闓。曰此悦心那易悦，西川捷報望來頻。

聖製悦心殿詩　乙未

幾餘初歲試遊尋，咫尺塔山憩悦心。恰對春屏吟翼日，又看瓊島佈輕陰。屢霑仍冀斯爲雪，（京師於冬至月、臘月屢曾得雪，不過三四寸而止，冀得渥霑益佳，故每遇徵陰，即盼其釀雪耳。）望穫無遑始自今。更盼捷音越以甚，安能卽境豫清襟。

聖製新正悦心殿詩　丙申

新正藩宴循成例，待備遊山陟碧峻。五歲軍功一朝蕆，（兩金川負恩抗拒，不得已而用兵。自收復儹拉以來，攻勦促浸，再閲寒暑。今阿桂已統兵圍攻噶喇依賊巢，即日便可掃穴擒渠，大功全蕆，通計前後約及五年。）三冬雪澤翼辰仍。（昨歲冬雪屢霑，既優且普，新正二日復渥祥霙，足徵農慶。）於斯卽景心誠悦，詎敢生驕志忘（去聲）兢。珠綴屋簷玉鋪砌，摛吟合有幾章增。

聖製新正悦心殿詩　丁酉

華筵待備塔山臨，今歲悦心真悦心。七德功成甯蜀徼，三登稔告慰農箴。荷嘉羣望都稱慶，遇順予衷倍切欽。祗有祈年無別冀，卽看瓊島靄春陰。

聖製悦心殿得句　庚子

祇宫瞻禮罷，路便塔山尋。一雪將盈尺，首春真悦心。綴花高下樹，鏤玉礀礷岑。責實看瓊島，循名又作陰。

聖製悦心殿詩　壬寅

悦心夫豈易言兮，偶悦心應敬益躋。慶值四方無事日，慰當三白已霑畦。因知卽景今爲幸，耐可翻書古與稽。孟子佳言從幼讀，時時亦自要提撕。

聖製紫光閣宴罷小憩悦心殿作　丙午

賚筵有餘暇，瓊島便途臨。悦心殿卽明瓊島春陰處也，爲燕山八景之一，見春明夢餘録及日下舊聞。卽此期名副，無他可悦心。歷觀題與詠，倐閲昔和今。彷彿松杉杪，英英欲作陰。

聖製題悦心殿詩　壬子

殿據崇阿號悦心，落成不計幾迴臨。顧名艱致十之五，惕息切存昔至今。必也雨暘時以若，凛乎謙滿命艱諶。庭中種樹龍鱗老，指曰吾憂共爾深。

御製悦心殿卽目詩　丙辰

元明瓊島傳，京邑據形勝。梵寺列刹竿，鈴語半空聽。危亭占峯尖，旋螺盤石磴。永安寺名固金甌，浮屠標上乘。俯覽太液池，玉鑑光清瑩。周衢士庶繁，縱横市廛亘。教養首善區，盈寧象堪凭。悦心實在兹，豈徒暢遊興。

御製悦心殿卽目詩　戊午

神京第一最高處，憑眺悦心列九衢。商賈市廛集首善，王侯甲第壯皇都。常叨帝澤俗彌樸，屢沐豐年農益愉。候屆清明雨初降，仍祈甘澍再霑濡。

悦心殿東爲静憩軒。殿後爲慶霄樓。每逢臘日，高宗純皇帝奉皇太后觀冰嬉之所也。匾曰：「雲木含秀」，聯曰：「延賞亭臺皆入畫，向陽景物又從新。」又聯曰：「得水之情，盆魚有樂；領山之趣，卷石皆奇。」

聖製慶霄樓詩　庚寅

巖巔切碧虚，因迴搆樓居。琳宇烟霞近，祥鸞羽翼舒。子房堪比似，弘景合相於。暫坐旋言去，華哉祇愧予。

聖製慶霄樓詩　甲午

瓊島層樓號慶霄，開韶節亦近元宵。銀花火樹從無賞，上元節例於御園陳燈火，宴外藩，從未於此慶賞。燕貼鶴旛近可招。翰苑詞兼規頌獻，巘屏意切雨暘調。憑觀萬户誠殷富，曰教惟慚化尚遥。

聖製題慶霄樓詩　丙申

聳翠層樓窣堵傍，慶霄真覺薄汾陽。一時偶憶謝宣遠，五字曾吟張子房。翰墨娱情簡芸馥，韶春有脚缶梅芳。皇州甲第紛憑望，保泰持盈廑念長。

聖製觀護軍冰技行賞詩　丁酉

歲暮家家多窘迫，例因冰技沛恩施。乍驚此日憑觀處，大異常年侍覽時。彩徹旌旗遵國制，持仍弓矢耀軍儀。
常年走隊時，按八旗旗色各負小旌與弓矢相間。今因在二十七月之內，盡徹旌旗，惟令持弓矢習射云。
歲習勞佈惠非無事，要卽其中酌用之。
閱冰技本以歲暮行賞兵丁，因令照常演肆，定其等差，而今昔相形，益覺悽愴。

聖製嘉平廿一日於西苑覲年班各部並臺灣生番示以冰嬉卽事得句　戊申

賀正近遠畢來同，撫諭憑輿言語通。
今早往西苑用膳辦事，所有年班藩部、暹羅貢使，向於西華門外迎謁。今歲並有臺灣生番頭目俯伏道傍瞻覲，憑輿撫諭。據各通事譯奏，具見誠悃，至蒙古、回部則予素習其語，不待舌人之傳也。
西北新番稱舊僕，
四衛拉綽羅斯部、和碩特部、都爾伯特部、土爾扈特部，皆屬新附，然今都似舊臣矣。
東南捕鹿學賓鴻。
上年福康安征勦臺灣逆匪，生擒逆首林爽文、莊大田，其時內山各社生番遵檄協力効命，頗爲踴躍，當卽厚加賞賚。旋據福康安奏，各番目情願來京謝恩，嘉其誠懇，因允所請。茲屋鰲總社番頭目華篤哇哨及所轄六社番目阿里山、總社番頭目阿巴里及所轄八社番目大武壟、總社番頭目樂吧紅及所轄五社番目傀儡山、總社番頭目加六賽及所轄七社番目並通事社丁共四十二人，班迎西華門外，隨入西苑賜食，並令與觀冰嬉。該生番等平日以捕鹿爲業，山野之性，居然拜跪如禮，而形色亦俱極恭敬歡服，已命於職貢圖增繪補編，以誌國家撫御廣遠，益勵欽承帝佑。
冰嬉仍寓詰戎訓，苑覲都懷奉朔衷。衆喜康強頌四得，獨深虔鞏昊恩蒙。

聖製臘日觀冰嬉因詠冰牀　甲寅

繩牀殊古製，冰上可拖行。
冰牀古無其制，起於宋北邊雄霸滄景之間，見江鄰幾雜志、沈括筆談。蓋舟車之用，遇冰而窮，惟此可以利涉，一人挽之，可載數人，用力少而受直廉，京師所在有之，亦利濟之一端也。
舟水車陸異，濟人利物并。毬爭武因習，旗逐賞分平。
國俗有冰嬉之典，樹旗門，整編伍士，皆緹衣齒履，鵠立以俟。駕前分棚，擲踘健步爭先意注手承及旗分八色，盤旋彌絡，懸毬仰射，如凌虛振翼，自在游行，事畢依例按名頒賚。八旗及內府三旗，歲於冬至後舉行，親臨閱賞，向作冰嬉賦，所謂「順彼月令，以訓以賚。勇者特旌，任者均賜。普被曰仁，有差曰義。」蓋肄武習勞，不忘家法，且寓以行慶施惠，資八旗度歲之計，用普國恩，名爲嬉而實關鉅典也。
家法國恩普，羣欣度首正。

御製觀冰嬉詩　丙辰

萬頃液池玉鑑憑，八旗勁旅競超騰。雷轟三疊齊呈技，電掣千夫各奏能。飛矢射時全命中，綵毬抛處又分棚。嘉平行賞羽林遍，習武昆明例事仍。

御製冰嬉詩　丁巳

液池練武邁昆明，禁旅騰驤選俊英。行賞歡心同挾纊，習勞健足競登瀛。雷鳴電掣迴旋疾，星轉飈馳蹴踏輕。發矢千軍龍戲繞，奪毬一月掌先擎。光含玉沼凝璿鏡，韻合冰牀傍綵旌。五十步休羨百步，普霑帝惠樂嘉平。冰嬉之制，藉習武以行賞賚，示嘉惠兵丁之至意。每歲冬月，簡八旗子弟角藝液池，皇父親御冰牀，第其高下，以次頒賞。勇者特旌，餘皆均賜，所以鼓勵而激勸之者，即一較技間仰見仁至而義盡焉。

御製觀冰嬉詩　壬戌

鬻發寒飈五夜凝，玉壺涷合液池冰。迴旋鳳翥輝明鏡，宛轉龍幡引綺堋。旅進藏身甘遜讓，高才捷足定超騰。非徒遊覽原行賞，教養仁心永服膺。

慶霄樓後，有亭曰「擷秀」。亭西，奇峰秀矗，有亭南嚮，匾曰：「妙鬘雲峰」。樓西爲揖山亭。又西拾級而下，有延廊環抱山石間，築室其中，榜曰：「一房山」，聯曰：「好山一窗足，佳景四時宜。」又聯曰：「翠霏峰四面，青罨戶千螺。」由房內南間石巖盤旋而下，爲蟠青室。悅心殿前，循山西行，有石橋，南北坊楔各一，前後各有榜，南嚮曰「涵秀」，曰「濯錦」。北嚮曰「挹源」，曰「豔雪」。渡橋有坊楔二，南嚮曰「芳淥」，曰「舞藻」。北嚮曰「靜游」，曰「紉香」。其中爲琳光殿。殿後爲甘露殿。榜曰：「蓮界慈緣」，聯曰：「不二啓津梁，同歸法海；大千空色相，自覓心珠。」庭多奇石，環繞皆水。又後有殿，榜曰：「水精域」，聯曰：「鎮留嵐氣閒庭貯，時落鐘聲下界聞。」此塔山上下四周全勝之概也。

國朝宮史續編卷之六十八

宮殿十八 西苑七

琳光殿北，延樓二十五楹，左右圍抱相合。高宗純皇帝御筆匾曰：「閱古樓」。壁嵌欽定三希堂法帖石刻。分載書籍石刻門。後層匾曰：「翠湧虹流」。

聖製閱古樓詩 丙戌

苕華四壁按年排，每到因之閱古釵。設以春明尋近蹟，幾多殷鑒惕予懷。

聖製閱古樓詩 丁亥

金薤琳琅嵌壁周，因之閱古遂名樓。樓如有識應平聲還笑，閱者爲誰正未休。

聖製閱古樓詩 戊子

石刻勒四壁，風華稱閱古。詎惟資學書，尚友思名語。漢唐豈足云，商周不可覩。然有遺訓垂，無逸以爲所。

聖製題閱古樓詩 戊子

四壁圖書資閱古，詎云真蹟賞龍蛇。公權筆正誠知要，足括晉唐數大家。

聖製閱古樓詩　己丑

借問延樓何以名？樓壁間嵌三希堂法帖石。三希古蹟聚精英。閱人閱水徒悲歎，欲笑吴中陸士衡。

聖製閱古樓詩　庚寅

重樓何事最稱奇？四壁球琳寶翰披。驀念今人斯閱古，古人那復閱今時。

聖製題閱古樓詩　辛卯

寶笈曾收墨蹟真，命鐫琬琰壽千春。細思樓上留名者，都是從來閱古人。

聖製閱古樓詩　壬辰

泐壁三希藏黑寶，三希堂法帖石板泐壁間，因名。千秋書法至今垂。誰云過眼雲烟擬，亦曰因心楷則知。淳化精華斯數典，比歲擇内府所藏淳化閣帖善本，訂覈精審，鈎摹入石，就御園搆軒泐石版於廊壁，軒額即以淳化顔之，寓意略仿閱古。過庭撰述昔存規。設如閱古鑒治亂，在彼吾懷詎在兹。

聖製閱古樓詩　癸巳

四壁石碑砌，三希法帖藏。别教貯淳化，近於御園東搆淳化軒，以校摹閣帖，石刻嵌之廊壁，數典此也。一例賞烟光。得失亦因鑒，惕乾那敢忘。漫徒供目玩，喪志詎爲良。

聖製題閱古樓詩　乙未

閱古雖因藏帖版，顧名思義每釐諸。萬年君鑑垂明鑑，一部尚書勝法書。鐵畫銀鈎亦何異，朝乾夕惕敢留餘。如云意在希珍賞，不是知予是罪予。

樓之後楹，平臨山池，建石亭於上，恭鐫高宗純皇帝御筆匾曰：「烟雲盡態」。其北爲畝鑑室，室三楹，後臨方塘，引古井之水由石亭山池注之。聯曰：「天光水態披襟袖，岸芷汀蘭入畫圖。」左室聯曰：「山容空外秀，波態席前浮。」右室聯曰：「一泓水鏡呈當面，滿魄冰輪映舉頭。」後室聯曰：「鏡光呈朗照，竽韻發清機。」皆高宗純皇帝御筆也。聖製古井記。恭見前編。

閲古樓北爲漪瀾堂，聯曰：「蘿逕因幽偏得趣，雲峰含潤獨超羣。」又聯曰：「籟動風滿谷，波澄月一奩。」西暖閣聯曰：「四面波光動襟袖，三山烟靄護壺洲。」堂後左右有過山石洞，檐前匾曰：「秀寫蓬瀛」。

漪瀾堂正中北嚮爲碧照樓，樓門匾曰：「湖天浮玉」，樓上聯曰：「空明愛天水，飛躍任魚鳶。」長廊六十楹，左右環繞，俱有樓。東盡倚晴樓，西盡分涼閣。樓左爲遠帆閣，亦北嚮，閣上聯曰：「水光山色澹容與，雲帆月舫常留連。」又聯曰：「湧金何事稱圖畫，浮玉端知在户庭。」閣下南嚮匾曰：「層觀上躋」，東室匾曰：「卽事多美」，聯曰：「雲卧天遊無不可，風清月白致多佳。」明間匾曰：「天鏡開奩」。閣後爲道腴齋，聯曰：「風自涼經松越峭，月原明映水逾清。」西室聯曰：「静參倪笕禽魚適，悦可襟懷翰墨憑。」閣上聯曰：「石古泉清，軒窗爽且静；風恬露潤，花竹秀而鮮。」

漪瀾堂之右有堂，匾曰：「晴欄花韻」，聯曰：「樹將暖旭輕籠牖，花與香風並入簾。」明間聯曰：「墨斗研山足遺逸，琪花瑶草底須妍。」西室匾曰：「壺天」，門外匾曰：「可月」，聯曰：「花香鳥語無邊樂，近景遐觀取次拈。」東室匾曰：「宜雪」，門外匾曰：「依山」。後簷正面聯曰：「境是天然贏繪畫，趣含理要入精微。」堂前有臺，與堂相對，其右爲紫翠房，卽順山房也。聯曰：「巖壑有奇趣，烟雲無盡藏。」房之東爲蓮華室，聯曰：「相於明月清風際，只在高山流水間」。相對小室匾曰：「真如」。供梵王像。聯曰：「黄花翠竹常住相，仙露明珠自在心。」漪瀾堂後，石洞出山頂，有亭爲摺扇形，匾曰：「延南薰」，又匾曰：「適餘清」。其東，山上有亭，匾曰：「一壺天地」，聯曰：「望宜銀海月，清擬玉壺冰。」亭東爲環碧樓，樓下聯曰：「西山翠色生巖腹，北渚清漣漲岸限。」樓上聯曰：「雲歛琳霄目因迴，水澄蘭沼意俱深。」由樓繞廊而下，爲嵌巖室，聯曰：「澗筑松濤相問答，峰容波態總氤氲。」又聯曰：「參差遻畔羅奇石，三兩亭前立古松。」延南薰亭西，渡石橋，有亭曰「小崑邱」。亭西南上有平臺石柱，爲銅仙承露臺，後垣匾曰：「碧虚」。西南小樓爲得性樓，聯曰：「俯臨常似披圖畫，得契宛堪悦性靈。」又聯曰：「拂座涼生高栝籟，入簾波漾白蘋秋。」樓下爲延佳精舍，聯曰：「滿窗松石無非古，一屋雲烟總是清。」北小室爲抱沖室，樓之左右，翼以山廊，歷磴而下，爲鄰山書屋。聯曰：「境因徑曲詩情遠，山爲林稀畫幨開。」又聯曰：「樹色碧無礙，山光静有餘。」環碧樓西爲盤嵐精舍，西間聯曰：「無礙搜奇披谷靄，有時延賞愛巖風。」明間聯曰：「林亭雨過峰巒秀，花徑風迴錦繡香。」東間聯曰：「嵐飛生翠常疑雨，峰有真姿不藉春。」由盤嵐精舍石洞攀援而上，爲寫妙石室，聯曰：「石縫若無路，松巢別有天。」由寫妙石室石洞而出，爲酣古堂。堂之南爲邀山亭。亭東北爲古遺堂，聯曰：「秋月春風常得句，山容水態自成圖。」室内匾曰：「巢雲」，聯曰：「苔青增砌古，山静覺窗虚。」堂相對爲巒影亭，門上匾曰：「梢雲」，曰「霏玉」。堂下爲見春亭，亭南卽智珠殿。殿前有橋，渡橋而東，卽陟山門也。

承光殿之東，與蕉園門相對者爲桑園門。入門循池東岸而北數百步，過陟山門、篠門，路西有水殿十一楹，以藏御舟。路東，門三楹，西嚮，入門循廊躡山而北，有堂據山巔，北嚮者曰「雲岫厂」，聯曰：「風月清華贏四季，水天朗澈繞三洲。」西嚮者曰「崇椒室」。由崇椒長廊曲折北下，有軒，北嚮臨池，榜曰：「濠濮間」。軒内匾曰：「壺中雲石」，聯曰：「眄林木清幽，會心不遠；對禽魚翔泳，樂意相關。」又聯曰：「畫意詩情景無盡，春風秋月趣常殊。」池三面，纍石爲山，東有水洞，二水之來去所經也。軒北有石梁，曲折池面，北接石坊。坊上石刻横書，南嚮曰「山色波光相罨畫」，北嚮曰「汀蘭岸芷吐芳馨」。又石刻聯二，南嚮曰：「日永亭臺爽且静，雨餘花木秀而鮮。」北嚮曰：「蘅皋蔚雨生機滿，松嶂横雲畫意迎。」由石門而北，門三楹，入門爲春雨林塘。殿内匾曰：「水天清永」，聯曰：「烟景入疎簾，圖書帶潤；波光縈曲岸，水木餘清。」東室聯曰：「青未了時山障合，白初生處月窗虚。」又聯曰：「清風明月食無盡，近景遐觀攬莫遺。」後軒臨方池，榜曰：「空水澄鮮」，聯曰：「雨餘山色深於黛，風定波光正可人。」

池北相對爲畫舫齋，匾曰：「竹風梧月」。東室聯曰：「詩句全從畫裏得，雲山常在鏡中留。」又聯曰：「於澹泊中尋理趣，不空色際忘言詮。」又聯曰：「常借青山作屏障，由來大塊假文章。」

西室門匾曰「浴德」，曰「汲古」，聯曰：「布席只疑天上坐，憑窗何異鏡中遊。」室内聯曰：「雲容水態不相厭，畫意詩情分與投。」又聯曰「窗近春洲，宛爾棹波聞欸乃；簾開秋水，恍然載月漾空明。」又聯曰：「雲容水態從頭會，春月秋風取次拈。」又聯曰：「心跡只今偏愛澹，詩裁到此合添幽。」四周以廊，臨瞰方池。池上兩廊各有室，東爲鏡香室，聯曰：「露湑花遞馥，風度水生紋」，匾曰：「動静交養」。西爲觀妙室。齋左水石間，有古槐一柯，搆亭其間，曰「古柯庭」，聯曰：「竹秀石奇參道妙，水流雲在示真常。」又聯曰：「雲端曠奥軒疑畫，樹杪高低圃是懸。」庭東廊宇，接一小厦，爲緑意廊，與古槐相對，聯曰：「雖是境蹊略紆轉，果然松竹不尋常。」廊之北爲得性軒，庭後有室西嚮，曰「奥曠室」，聯曰：「山參常静雲參動，躍有潛魚飛有鳶。」又聯曰：「藉松爲幄陰偏秀，倚石成章興迴殊。」

畫舫齋之右，池上架石梁，構廊其上，曲折達於西，爲小玲瓏室。匾曰：「得真趣」，聯曰：「有懷虚以静，無俗窈而深。」又聯曰：「雨後峰姿都渥若，風前竹韻特悠然。」水殿北爲龍王廟，廟後中路，有小渠亘之，自太液池注水入春雨林塘者也。上有橋，橋南北坊各一，渡橋北行，即先蠶壇。先是，康熙時於豐澤園左立蠶舍，雍正間禮臣議建祠北郊，比先農。乾隆七年，廷臣議以郊外道遠，且水源不通，無浴蠶所。考唐宋時后妃親蠶，多在宫苑之中。明代亦改建於西苑。高宗純皇帝監前制，於苑之東北隅築垣周百六十丈，面南稍西，正門三，左右門各一。入門爲壇一層，方四丈，高四尺，陛四出，各十級。三面樹桑柘，西北爲瘞坎。壇東爲觀桑臺，高一尺四寸，廣一丈四尺，陛三出。臺前爲桑園，臺後爲親蠶門。内爲親蠶殿，廣五楹，高宗純皇帝御筆匾曰：「葛覃遺意」，聯曰：「視履六宫基化本，授衣萬國佐皇猷。」東西配殿各三楹。殿後爲浴蠶池，池北爲後殿。殿内高宗純皇帝御筆匾曰：「化先無斁」，聯曰：「三宫春曉覘鳩雨，十畝新陰映鞠衣。」屏間俱繪蠶織圖。後殿規制如前殿，均覆以緑琉璃瓦。宫左爲蠶婦浴蠶河，自外垣之北流入，由南垣出，設牐啓閉。南北木橋二，南橋之東爲先蠶神殿，西嚮，覆以緑瓦。左右牲亭一，井亭一。北爲神庫，南爲神厨。殿垣之左爲蠶署三楹，過北木橋東爲蠶所二十七楹，皆西嚮，由壇西北沿隄門三楹，内爲荷沼。沼北南嚮，堂五楹，不施丹飾，爲鏡清齋。齋内匾曰：「不爲物先」，聯曰：「照檻浄無塵，風來水面；開簾光有象，月印波心。」又聯曰：「憑觀悟有術，妙理契無爲。」又聯曰：「庭餘松竹足消夏，架有詩書藉討源。」東室聯曰：「圖書左右怡情久，翡翠蘭苕浴浪鮮。」後軒聯曰：「峯姿濯翠入澄照，鏡影含虚愜曠懷。」齋東臨池有室，爲抱素書屋，聯曰：「地學蓬瀛塵自遠，身依泉石興偏幽。」由書屋東廊而下，爲韻琴齋。西嚮聯曰：「賞心樂事無倫比，妙色真聲兼占之。」又聯曰：「爽澄蘭沼波吹細，風度松林籟泛輕。」齋左嚮南一亭，臨太液池岸，榜曰「碧鮮」。

鏡清齋之西，有山池石梁，築室其上，榜曰「畫峰室」，聯曰：「花香鳥語無邊樂，水色山光取次拈。」鏡清齋之後，北臨山池。池左右皆峰巒巖洞，飛瀑流泉，瀠洄環注。池中有石壩，上下潺湲不絶。架廊三楹於上，爲沁泉廊。廊西有巖，幽邃窈窕，石門岈然。巖上爲枕巒亭，四面皆山也。廊東有石橋。橋南即抱素書屋。橋北繞池，由石磴而上，爲罨畫軒。東室聯曰：「一室之中觀四海，千秋以上驗平生。」西室匾曰：「標青」。循軒東廊而南，有屋兩楹，北俯清泚，爲焙茶塢。聯曰：「石泉益峭緣經雪，竹柏雖蒼解媚春。」又聯曰：「商鼎周彝自典重，檻葩苑樹相芬芳。」

由境清齋沿隄西南行，爲西天梵境。有琉璃牌坊，南臨太液池。南嚮榜曰：「華藏界」，北嚮榜曰：「須彌春」。坊北山門榜曰：「西天梵境」。入門爲天王殿，左右石幢各一，左刻金剛經，右刻藥師經。殿後爲大慈真如寶殿，高宗純皇帝御筆匾曰：「恒河演乘」，聯曰：「無住蔭慈雲，葱嶺祇林開法界；真常揚慧日，鷲峰鹿苑在當前。」又北嚮聯曰：「日月輪高，眪七寶城如依舍衛；金銀界淨，湧千華相正現優曇。」殿後拾級而登，有大琉璃寶殿。殿二層，榜曰：「華嚴清界」，聯曰：「七寶同莊，金界普成具足相；三輪共轉，玉毫齊放大圓光。」又聯曰：「現法化報身，分湧真常蓮葉；攝聞思修教，並拈微妙曇華。」殿四面，迴廊六十七楹，四隅各有樓相接。西天梵境之西，有琉璃牆如屏障。牆北爲真諦門。門内爲大圓鏡智寶殿。殿内匾曰：「法界真常」，聯曰：「歡喜普人天，增五福德；莊嚴護龍象，現八吉祥。」殿後有亭，改建樓五楹，爲後佛樓。聯曰：「相現莊嚴，曇霏融舍衛；果成福德，海會演耆闍。」殿北及左右屋宇四十三楹，皆貯四藏經板之所也。

太液池之北有亭五，中曰「龍澤」，左曰「澄祥」，曰「滋香」，右曰「湧瑞」，曰「浮翠」。亭建水中，面臨北海，所謂五龍亭也。亭後石坊二，南嚮榜曰：「性海」，北嚮榜曰：「福田」。其北爲闡福寺。入門爲天王殿。殿後榜曰：「宗乘圓鏡」，聯曰：「妙華普現無窮境，慧日常懸自在天。」再後爲大佛殿，規制宏敞，倣正定隆興寺，重宇三層，簷前各有高宗純皇帝御筆匾，上曰「大雄寶殿」，中曰「莊嚴圓徹」，下曰「福田花雨」，聯曰：「真諦別傳，趨妙莊嚴路；能仁權應，現常清淨身。」殿内榜曰：「有大威德」，聯曰：「放百寶無畏光明，歷劫智珠長朗；入三昧甚深微妙，諸方心印同圓。」再後有殿，高宗純皇帝御筆匾曰：「真實般若」，聯曰：「正法眼長明，慧燈不滅；無漏身自在，性海遥通。」聖製闡福寺碑文。恭見前編。

御製闡福寺瞻禮詩　癸亥

福自天申錫，敷厥衆庶民。保極守天位，毓德日日新。佛教貫儒理，兼愛斯能仁。利濟諸苦業，解脱超沉淪。設像雖土木，誠敬斯通神。誕敷大誓願，恒沙結善因。

寺東爲澂觀堂，堂内匾曰：「樂意静觀」，聯曰：「娱目引清機，烟霏林秀；會心得佳趣，月印波澄。」又聯曰：「澹懷憑有照，妙理契無爲。」又聯曰：「青未了時山障合，白初生處月窗虚。」堂之後有殿，匾曰：「寄清淨心」，聯曰：「雲移峰影天常静，風蹙波紋水不知。」又匾曰：「浴蘭軒」，又聯曰：「心田淨洗全如水，鼻觀清芬詎必蓮。」皆高宗純皇帝御筆也。浴蘭軒後爲快雪堂，堂五楹，兩廡刻快雪堂法書，聯曰：「奇幽未許畫圖續，至静雅宜詩句吟。」又聯曰：「當窗畫景開青岫，泛水書機玩白鵝。」又聯曰：「江硯宣豪供刌景，明窗淨几展時晴。」又聯曰：「高處近天無暑氣，人間此地是蓬瀛。」

聖製快雪堂記

淳化閣帖之重刊，以內府向有賜畢士安之初刻，而世鮮原本，用以永其壽，而公後來臨池習書者也。爾時並有以覓快雪堂原刻爲請者，（其人爲裘曰修。）置而弗許。蓋以淳化所收頗富，其內不過缺一快雪帖耳，餘則倍蓰勝之。至彼墨蹟，則早收入石渠，且刻之三希堂法帖矣。一之爲甚，其可再乎？乃今楊景素以快雪石刻來獻，且云快雪堂石刻本，故臣馮銓所集，其子孫不能守，鬻於閩之黃氏；茲黃氏復不能守，臣曾督閩，知其事，故貰之以獻。欲却之則事已成，且舉關翰墨，非貢諛逢惡之爲，因受之。並築堂爲廊，以嵌石版，從淳化軒之例也。石版長短寬窄不一，且有木刻三版，因命內府摹淳化之善手，重撫其蹟而泐之石，俾長短寬窄，較若畫一。其木版仍置堂中，以記數典。列觀兩廊，秩如彬如，弗啻黃氏所未營，而亦馮氏所未逮矣。夫快雪堂之建，因石刻，非因雪。然循名責實，三冬未逢時玉，蒿目焦心，又何有於悅目娛志，而閱古則增滄桑之歎，問今益凜好惡之戒。凡吾所爲記，多出於誌愧，而不出於誌喜也。

聖製題快雪堂詩　庚子

昨歲成堂方望雪，徒爲記事未爲詩。即今正值時晴美，對景方知快雪奇。石搨砌廊補木搨，（昨歲楊景素進快雪堂石刻，乃馮銓子孫鬻於閩之黃氏者。因築堂爲廊嵌石，舊有木刻三版，並命補摹泐石，俾較若畫一，其木版仍置堂中。詳見快雪堂記並題句。）舊姿弆匣證新姿。氣求設有雲龍應，臘瑞仍當此佇之。

聖製快雪堂得句　辛丑

堂顏快雪應聲隨，三白去冬果渥施。試看牆陰猶積素，便披帖面有駢奇。是帖首快雪而殿以松雪諸帖，堂成後，即於庚子元旦大雪，冬月復占符三白，斯亦奇也。新春翰墨欣堪賞，小閣幽偏亦自宜。石補木藏胥述古，雅於説命取其師。

聖製匣弆快雪堂補刻木版法帖因題句　辛丑

石刻因何木補爲，其間委曲率難知。故教摹手易石矣，頗覺傳神類木之。渴損陰寒識顏筆，右顏真卿帖。怒濤苦霧見蘇詞。右蘇軾帖。漫誇朱草愧五色，更詡珊瑚收一枝。右米帖。所補木版即此三種，皆櫽括帖中語。匣衍由來誌數典，廊圍乍喜畢採奇。證訛並以清漫漶，木版米帖内，當日蒙恩預名表預訛題，今改之，并蘇帖中漫漶者亦易之。翰墨良緣永静怡。

聖製以快雪堂補刻木版及補刻石版搨本聯裝成卷仍用匣弆木版韻題句　辛丑

難知缺石故何爲，代木由來人盡知。木既宛如中郎矣，石何不可步兵之。補新用以成全部，弆舊還教識此詞。一二二而一叶契，葉花花與葉同枝。聯裝足考精神貫，合撰相投水乳奇。嗜古豈能辭玩物，每因自恧弗因怡。

聖製重華宫茶宴内廷大臣翰林等題快雪堂帖聯句並成二律　辛丑

己歲堂成庚歲符，己亥冬快雪堂成，庚子元旦即大雪，冬月復符三白之占。辛年聯句粹羣儒。捉刀無礙皆朝彦，初年聯句於宴次，授簡每稽時刻，嗣後先成御製句即發交内廷翰林，排次成什，非預宴諸人皆自撰也。搦管有懷藴道腴。咨爾衣冠諸魚雅，毋忘吁咈衹都俞。光春茶宴兹廿七，自乙丑年重華宫聯句至今，凡二十七度矣。斯亦古稀一種夫。

詩會例於養德宫，圖書府正壁居東。馮鐫黄貫事已往，帖本馮銓所刻，鬻於閩之黄氏。閣帖廊陳例取同。築堂爲廊，以嵌石版，從淳化軒例也。快雪爲倡松雪殿。帖以快雪爲冠，殿以松雪諸帖。以斯始恰以斯終。崇文稽古寧云此，待欲長言輒愧衷。

聖製題快雪堂詩　壬寅

無翼飛來片羽投，築堂廊壁嵌而收。聚於所好雖佳矣，百度惟貞可戒不。木刻還教補石闕，己亥冬，得快雪堂石刻，因築堂爲廊，以嵌石版。其原有木刻三版，並命內府善手重摹，泐之於石，俾長短寬窄畫一。其木版仍弆堂中，以記數典。偶遊率與暢冥搜。近年每喜吟三白，或果祥符叶氣求。堂成於己亥年冬，庚子元旦即得瑞雪盈尺，冬臘之間尤爲優渥。昨歲十一月十二日初次得雪，已積地六寸，且連日彤雲密布，京師於十七、二十二日續又得雪兩次，直隸、山東、河南、山西、江南、湖廣、陝甘均陸續奏報本月初十、十一、十二等日得雪自三四寸至盈尺不等，實爲普遍優渥云。

聖製題快雪堂詩　甲辰

湖石爲屏曲徑縈，過來瀟灑憩軒楹。瓊枝瑤巘紛猶積，嫩日條風弗礙晴。饒有香芸書未展，更無餘暇帖徒呈。喜他兩字題堂後，歲歲祥霙不負名。

聖製快雪堂詩　丁未

書堂額快雪，幸每副其名。几怯臨池倦，廊看補版呈。快雪堂石刻，缺者後人易以木刻。茲將木版弆置堂中，另刻石補嵌廊壁，俾還舊觀。玉增松柏秀，澤潤麥麰榮。好古得全古，却因惡略生。

聖製快雪堂得句　辛亥

補石砌廊更收版，己亥得馮銓快雪堂石刻，中有木刻三版，未爲全璧。因命補摹泐石，築堂爲廊，砌石其中，仍將木版弆堂之西室，以存其舊。明端類聚室之東。庚子復得明周王有燉摹刻蘭亭敍及圖畫詩跋端石十四段，其中亦有缺逸不全者，嗣取益王續刻全搨本，補摹刻之原石背面，以石版長短不一，難以砌廊，因卽置之堂之東室，以從其類。似茲位置堪稱妥，那識應去聲求每致同。自名堂後，數載以來，每得雪，益覺名實相副。松柏有花幻點綴，峰巒無玉不玲瓏。然予慰處渠去聲祇此，潤共心芽宿麥芃。

闡福寺西，有方殿，廣七楹，榜曰「極樂世界」。四隅各有亭，池流環抱，四面跨白石橋。橋外各樹琉璃坊楔，南曰「證功德水」，曰「現歡喜園」，北曰「妙境莊嚴」，曰「法輪高勝」，東曰「震旦香林」，曰「神洲寳地」，西曰「安養示諦」，曰「仁壽普緣」。殿内南嚮匾曰：「性海圓成」，聯曰：「於萬斯年，香林沾法雨；大千世界，福地湧祥雲。」又聯曰：「龍象顯示真提，瑞現須彌瞻相好；人天廣開正覺，歡臚舍衛證聞修。」殿内北嚮聯曰：「無量勝因，恒河參善果；真如妙境，祇樹擁祥光。」又聯曰：「勝緣超最上乘，兜率十重垂寳絡；福德集無遮會，閻浮一切湧曇霏。」殿内東嚮聯曰：「寳相現莊嚴，雨花香積；祥輪開廣大，旭樹金輝。」殿内西嚮聯曰：「遍諸吉祥，華嚴呈福海；皆大歡喜，乾闥護珠林。」極樂世界之北爲萬佛樓。樓廣七楹，三層，乾隆三十五年建。樓下聯曰：「十住引千光，佛力不可思議；一成該萬有，我聞如是吉祥。」中樓聯曰：「香海觀皆融，法流永匯；曇花跌偏結，壽世同持。」樓上匾曰：「華藏恒春」，聯曰：「龍象護莊嚴，滿多寳藏；人天洽歡喜，偏恒河沙。」樓前，東樹寳幡桿，西立石幢。幢北面，恭刻乾隆庚辰聖製萬佛樓成是日瞻禮得句：

六旬慶誕沐慈恩，發帑範成兩足尊。數（去聲）計萬因資衆舉，（建樓範佛，以紀慶典。内外王公、大臣亦有請鑄佛像爲祝者，統以萬計，並奉樓中，因以萬佛名樓。）層看三此建樓騫。香花卜日瞻禮始，福德被民願力存。設曰遐齡祈壽算，肫誠還以祝徽萱。

幢東西南三面，刻清字、蒙古字、西番字。樓南有池，跨池爲橋，橋南曰「普慶門」，樹坊楔一，榜曰「大千輪駐」，曰「滿萬曇霏」。橋北樹坊楔一，榜曰「現大吉祥」，曰「聚諸福德」。普慶門內，東西設石幢二，東刻金剛經，西刻藥師經。樓東曰「寶積樓」，西曰「鬘輝樓」。左右各有門，東門內爲澄性堂，聯曰：「景向沖融理趣會，興於上下化機存。」又聯曰：「鳶飛魚躍同澄徹，雲影天光會渺茫。」又聯曰：「情性由來耽澹泊，文章豈必藉淪漣。」堂外環以遊廊，堂前有池，後有石山。山後爲鏡藻軒。軒前有池，軒內聯曰：「縠縐金風萬頃叠，鏡澄白露十分清。」又聯曰：「淺紅深碧連天静，秋夕春朝特地嘉。」軒西南爲致爽樓，聯曰：「波含素影澄心鏡，魚躍清淵識道機。」又聯曰：「煙霞表裏因心静，天水空澄觸目新。」又聯曰：「雲斂琳霄目因迥，水澄蘭沼意俱深。」又聯曰：「俯臨常似披圖畫，得契宛堪悦性靈。」又聯曰：「碧鏡光中拖曲堰，緑雲叢裏出高樓。」鏡藻軒院西有圓光門一，內有室三楹，爲澹吟室。室內聯曰：「展圖恰對景清候，得句多於神謐餘。」軒東南石上，有亭一，爲湛碧亭。軒東爲清約池，聯曰：「漪翻蘭沼風含爽，霽卷銀河氣奏澄。」皆爲高宗純皇帝御筆。西門內爲妙相亭。亭內樹石塔，上鐫貫休畫十六應真像，並恭勒聖製貫休畫十六應真像贊。

第一阿迎阿機達尊者　衣披百衲，杖扶一筇。梵書貝帙，注目横胸。阿利吒迦，此云數珠。若有所記。記則不無，而非文字。

第二阿資答尊者　抱膝獨坐，嗒然若忘。心是菩薩，貌是鬼王。左旃檀塗，右利刀割。何怨何恩，平等解脱。

第三拔納拔西尊者　閉目巖中，入無生忍。流水行雲，事理俱泯。聊復爾爾，起心則那。威音賢刼，一瞬而過。

第四嘎禮嘎尊者　撼石側膝，於焉以息。惟是上人，非語非默。眉毛拖地，以手挽之。詎云揀擇，示此絲絲。

第五拔雜哩逋答𠻟尊者　頽顇其面，𤺥硊其身。中有相好，孰識此因。以經擲地，參學事訖。佛尚不居，而況非佛。

第六拔哈達剌尊者　灌頂豐頤，著水田衣。七佛説偈，都得聞之。目窮色空，任其蚌鷸。趺坐盤陀，行脚事畢。

第七嘎納嘎巴薩尊者　前身飲光，後身慧理。西竺靈鷲，識飛來此。芒鞵幾兩，竹枝一根。可放下著，永住聖因。

第八嘎納嘎拔哈喇錣雜尊者　五蘊六識，真幻異同。竪此一指，非彼天龍。與木石居，毛生手足。何不翦之，誰翦豕鹿。

第九拔嘎沽拉尊者　軒鼻呴口，數珠在手。萬法皈一，一法不受。娑羅樹下，兀然忘形。演無聲偈，有童子聽。

第十喇乎拉尊者　亢眉瞪目，若有所怒。借問佛子，怒生何處。喜爲怒對，怒亦喜因。畫師著筆，任其傳神。

第十一租查巴納荅嘎尊者　倚槎枒樹，憩傴僂身。誰爲觸背，誰爲主賓。示其兩指，以扇拂之。捉模不得，擬議卽非。

第十二畢那楂拉拔哈喇錣雜尊者　有台其背，有龐其眉。經横於膝，無慮無思。稽首尊者，壽復何若。待燃燈筵，待彌勒閣。

第十三巴那塔嘎尊者　了一切法，參如是經。水流石冷，風過花馨。示圀圇地，示光明藏。立意掃除，是謂理障。

第十四納阿噶塞納尊者　曉目突額，若鬼臾區。見者莫怖，大慈真如。呿哃偃仰，合掌雙手。不聖不凡，非無非有。

第十五鍋巴嘎尊者　扇取祛熱，衣取蔽寒。云無寒熱，是外道禪。熱卽熱中，寒離寒裏。金不復礦，氷仍是水。

第十六阿必達尊者　以沉水香，炷折脚鼎。三藏靈文，轉彈指頃。法尚不住，何像可留。問誰多事，曰此貫休。

亭後有殿，扁曰：「真實般若」，聯曰：「正法眼長明，慧燈不滅；無漏身自在，性海遥通。」亦高宗純皇帝御筆。萬佛樓之西有門，外爲通衢，卽陽澤門道也。

國朝宮史續編卷之六十九

經費

臣等謹案：前編立經費一門，首列宮中鋪陳器皿、年例、日用諸費，次臚恭進皇太后儀物，及賜賚内庭金幣之數。而吉禮、嘉禮、筵宴、賞需，下至薪蒸蔬果之微，咸準月奏爲定。蓋本周官九式，羞服、幣帛、匪頒、好用之各有常經，聿昭馭内之宜者也。敬維高宗純皇帝儉德率先，綜六十年中，閱時久則垂爲定制，詒謀遠則懷爲永圖。我皇上繼志欽承，慎微謹度，宫府歲供之費，有裁省而無增加。兹臣等續輯經費事例，亦惟約舉大凡，以誌率由無改。至若嘉慶建元之歲，欣逢太上皇帝稱尊受祜，萬古立隆，允宜特有進奉。而聖慈諄訓，屏郤彌文，先是勅命皇太子率廷臣詣重華宮，恭瞻先朝恩賜器用諸珍，遠遡尊藏歲月，虔誦題識緣起，一一如親手澤之存，罔不肅然起敬，油然生慕。臣等特書法物，冠於卷端，仰見國家陳器之祥，實與球賨貽留，永光奕禩。而内庭鋪宮品物，仍循恒例，以次撮舉於編。

恩賜尊藏法物

高宗純皇帝御識盛珠盒一。

此盒所盛珠二顆，乃皇祖御用。雍正元年，特命總管劉進忠傳旨所賜，年甫十三，恭謝恩賜，於養心殿西暖閣召見，蒙垂詢諳達中有無可用之人。時卽恭奏「諳達多係東三省樸魯之人，不過弓馬、清語嫻熟。惟海蘭、阿岱二人才具尚可」等語。回奏後，海蘭、阿岱簡派北路出師，屢著勞績。雍正年間，俱已用至副都統。可見予在沖齡，仰蒙皇父鑒許知人，亦不可不記也。雍正十二年冬尊藏。

高宗純皇帝御識盛福胙器一。

雍正元年祈穀上辛禮成，盛貯福胙手賜者，時年甫十三歲。仰承於初元祭辛賜胙，不可不記。雍正十二年冬尊藏。

高宗純皇帝御識貯火鐮漆盒一。

此漆盒内貯火鐮，康熙六十一年，皇祖由熱河迴蹕，駐王家營行宮。適報有虎負嵎，皇祖命二十一叔慎郡王率領虎鎗往捕。時予侍側，奏懇隨行。皇祖親撫諭曰：「俟再有虎，親率汝往。」皇祖念孫臣年幼，恐致驚悸，又不欲令稍拂意，慰諭兼至，故有此賜。當日聖慈垂愛，珍重憐惜若此，至今每一念及，聲淚俱下，是不可以不記。乾隆元年尊藏。

高宗純皇帝御識菩提朝珠一。

此菩提朝珠，乃康熙六十一年賜居萬壑松風後，值予八月十三日生辰，在皇祖前行禮日，蒙手賜者。謹記。乾隆元年尊藏。

高宗純皇帝御識木碗一。

此木碗乃予十二歲蒙皇祖賜居避暑山莊内之萬壑松風時所頒賜者。聖慈眷注，於諸孫中特加優異，摩挲手澤，欽感何極。謹記。乾隆元年尊藏重華宫，後逢年節仍恒用。

高宗純皇帝御識脂玉念珠一。

此脂玉念珠，雍正十年皇父於萬幾之暇召皇子、大臣等開示禪宗，予於「物皆我身，物非我已」之義有會，仰蒙印可，已透重關，爾時所手賜者。是不可以不記。乾隆元年首藏。

高宗純皇帝御識明黄馬尾鞓帶一。

此明黄馬尾鞓帶，雍正十二年皇父燕居，參證宗乘，予獨能悟徹「明暗寂照、行住體用合一」之旨，深荷嘉許，得三層進步。爾時親仰合掌東向，恭謝祖宗默佑我大清億萬禔福，並蒙特賜此帶。尤不可以不記。乾隆元年尊藏。

臣等謹案：高宗純皇帝尊藏先朝法物，不啻此數，此恭就賜物之有識語者書之。此即乾隆六十年聖諭所舉重華宫東首頂櫃尊藏聖祖賜物；西首頂櫃之東，尊藏世宗賜物之可記者也。至西首頂櫃之西，尊藏孝聖憲皇后賜物，其兩頂櫃下所貯，則高宗潛邸常用服物。又宫中大櫃二，貯孝賢純皇后嘉禮時裝奩，曾蒙訓示諄詳，啓後人展視篤思於勿替。恭載前卷訓諭門。又如列聖所御冠服朝珠，敬貯端凝殿之南楹，定爲二十五層之匣。高宗御用冠袍帶履，則貯於端凝殿之中三楹，聖製匣衍記備述之。恭載前卷典禮門。又如孝賢純皇后東珠頂冠、東珠朝珠等物，藏弆長春宫，聖諭賜爲世代皇后服用。恭載前卷訓諭門。此皆不僅爲鋪宫陳設誌者。臣等暨分載各卷，而於法物之有所自承，特著彤闈世寶，以較前史所侈宫中金貝綺紈，宣索進奉，糜費鉅萬，其爲基化守約，孰如今之家法昭然，垂亘古不易之軌則歟。

經費一

鋪宫

皇太后　玉盞金臺一分，金器用凡三十有六，銀器用凡一百三十有五，銅器用凡五十有四，錫器用凡六十有九，鐵器用凡二十有七，磁器用凡一千七十有一，漆器用凡七十有二，各式燈件五十有二。

皇后　玉盞金臺一分，金器用凡三十有六，銀器用凡一百有五，銅器用凡四十有六，錫器用凡六十有五，鐵器用凡十有六，磁器用凡一千十有四，漆器用凡六十有八，各式燈件三十有四。

皇貴妃　銀器用凡七，銅器用凡十有五，錫器用凡十有七，鋄金鐵器用凡二，磁器用凡一百四十有一，漆器用凡六，羊角把燈一。

貴妃　銀器用凡六，銅器用凡十有三，錫器用凡十有六，鋄金鐵器用凡二，磁器用凡一百有十，漆器用凡四，羊角把燈一。

妃　銀器用凡六，銅器用凡十有二，錫器用凡十有五，鋄銀鐵器用凡二，磁器用凡八十有三，漆器用凡四，羊角把燈一。

嬪　銀器用凡六，銅器用凡八，錫器用凡十有一，鋄銀鐵器用一，亮鐵器用一，磁器用凡六十有七，漆器用凡三，羊角把燈一。

貴人　銅器用凡七，錫器用凡九，鋄銀鐵器用一，亮鐵器用一，磁器用凡五十有二，漆器用凡二，羊角把燈一。

常在　銅器用凡五，錫器用凡五，鋄銀鐵器用一，亮鐵器用一，磁器用凡三十有八，漆器用一，羊角把燈一。

皇子福晉　銅器用凡二十有三，錫器用凡二十有二，鐵器用凡十有四，磁器用凡五十，漆器用凡七，各式燈件六。

皇子側室福晉　銅器用凡八，錫器用凡八，鐵器用凡四，磁器用凡二十有四，漆器用凡三，羊角把燈一。

皇孫福晉　銅器用凡八，錫器用凡八，鐵器用凡四，磁器用凡二十有四，漆器用凡三，羊角把燈一。

皇曾孫福晉　銅器用凡五，錫器用凡四，鐵器用一，磁器用凡二十有五，漆器用一，羊角把燈一。

臣等謹案：前編於宮庭陳設及分例，均已縷析條分，無庸複載，謹臚其大要，以著恒規。而其間小有損益，則本宮中現行則例，用符定制，並增皇孫、皇曾孫福晉鋪用各件於後。

宮分

皇太后　金二十兩，銀二千兩，寧綢、粧緞、倭緞、閃緞、金字緞、雲緞、衣素緞、藍素緞、帽緞、楊緞、宮綢、紗、綾、紡絲、杭細、綿綢、各色布共一百六十匹，金線二十綹，絨、棉線、棉花共五十六觔，二三號銀鈕共四百箇，二三五等貂皮、熏貂、海龍皮共一百二十四張。以上年例。　每日盤肉猪羊各一口，又猪肉十二觔，雞鴨二，鷄子二十，粳米等米共六升五合，各種粉、麪共十九觔，豆折、脂麻共四合五勺，豆腐各品件共四觔八兩，糖、蜜、雜果共四觔三兩七錢，油、醬、醋共六觔十三兩，生菜十五觔，茄、瓜共四十，大小分量白黄油蠟共二十九枝，更蠟一枝（夏例五兩，冬例十兩），紅羅炭（夏例二十觔，冬例四十觔），黑炭（夏例四十觔，冬例八十觔）。以上日用。

皇后　銀一千兩，寧綢、粧緞、倭緞、閃緞、金字緞、雲緞、衣素緞、藍素緞、帽緞、楊緞、宮綢、紗、裏紗、綾、紡絲、杭細、棉綢、各色布共一百五十匹，金線二十綹，絨、棉線、棉花共五十六觔，裏貂、烏拉貂皮共九十張。以上年例。　每日盤肉猪肉十六觔，羊肉一盤，又猪肉九觔，猪油一觔，鷄鴨一，鷄子十，粳米等米共四升六合，各種粉、麪共九觔八兩，豆折三合，豆腐各品件共三觔四兩，糖、蜜、雜果共二觔一兩一錢，油、醬、醋共二觔十四兩，生菜十五觔，茄、瓜共四十，大小分量白黄油蠟共十九枝，更蠟一枝（夏例五兩，冬例十兩），紅羅炭（夏例十觔，冬例二十觔），黑炭（夏例五十觔，冬例六十觔）。以上日用。

皇貴妃　銀八百兩，寧綢、粧緞、倭緞、閃緞、金字緞、雲緞、衣素緞、藍素緞、帽緞、楊緞、春綢、宮綢、紗、裏紗、綾、紡絲、杭細、綿綢、各色布共一百十八匹，金線十四絡，絨、棉線、棉花共四十四觔，裏貂、烏拉貂皮共七十張。以上年例。　每日猪肉十二觔，羊肉一盤，鷄鴨用一，鷄子五，粳米一升五合，麪五觔，豆腐各品件共二觔六兩，糖、蜜、雜果共八兩，油、醬、醋共一觔三兩五錢，生菜十二觔，茄、瓜共二十，一兩五錢重白黄油蠟共十三枝，紅羅炭（夏例十觔，冬例十五觔），黑炭（夏例三十觔，冬例六十觔）。以上日用。　六安茶十四兩，天池茶八兩。以上月例。

貴妃　銀六百兩，寧綢、粧緞、倭緞、閃緞、金字緞、雲緞、衣素緞、藍素緞、帽緞、楊緞、春綢、宮綢、紗、裏紗、綾、紡絲、杭細、綿綢、各色布共九十七匹，金線十二絡，絨、棉線、棉花共三十五觔，裏貂、烏拉貂皮共五十張。以上年例。　每日猪肉九觔八兩，間日羊肉一盤，鷄鴨用一，鷄子四，粳米一升三合五勺，麪三觔八兩，豆腐各品件共二觔四兩，糖、雜果共五兩六錢，油、醬、醋共十五兩八錢，生菜十觔，茄、瓜十六，一兩五錢重白黄油蠟九枝，紅羅炭（夏例十觔，冬例十五觔），黑炭（夏例三十觔，冬例六十觔）。以上日用。　六安茶十四兩，天池茶八兩。以上月例。

妃　銀三百兩，粧緞、倭緞、閃緞、金字緞、雲緞、衣素緞、藍素緞、帽緞、春綢、宮綢、紗、裏紗、紡絲、杭細、綿綢、各色布共八十匹，金線十絡，絨、棉線、棉花共二十八觔，裏貂、烏拉貂皮共三十張。以上年例。每日猪肉九觔，間日羊肉一盤，鷄鴨十（以月給），粳米一升三合五勺，麪三觔八兩，豆腐各品件共二觔，糖、雜果共五兩六錢，油、醬、醋十五觔，生菜十觔，茄、瓜十六，一兩五錢重白黄油蠟共六枝，紅羅炭（夏例五觔，冬例十觔），黑炭（夏例二十五觔，冬例四十觔），以上日用。六安茶十四兩，天池茶八兩。以上月例。

嬪　銀二百兩，粧緞、倭緞、閃緞、雲緞、衣素緞、帽緞、楊緞、春綢、宫綢、紗、裏紗、紡絲、杭細、綿綢、各色布共五十四匹，金線六綹，絨、棉線、棉花共二十一觔，裏貂、烏拉貂皮共二十四張。以上年例。每日猪肉六觔八兩，間日羊肉一盤，鷄鴨十（以月給），粳米一升二合，麪二觔，豆腐各品件共二觔，糖二兩，油、醬、醋共十三兩五錢，生菜八觔，茄、瓜十二，一兩五錢重白黄油蠟共六枝，紅羅炭（夏例五觔，冬例八觔），黑炭（夏例二十觔，冬例三十觔），以上日用。六安茶十四兩，天池茶八兩。以上月例。

貴人　銀一百兩，倭緞、雲緞、衣素緞、藍素緞、帽緞、楊緞、宫綢紗、裏紗、綾紡絲、各色布共三十八匹，金線三綹，絨、棉線、棉花共十六觔，裏貂、烏拉貂皮共十四張。以上年例。每日猪肉六觔，間日羊肉一盤，鷄鴨八（以月給），粳米一升二合，麪二觔，豆腐各品件共二觔，糖二兩，油、醬、醋共十一兩五錢，生菜六觔，茄、瓜十二，一兩五錢重白黄油蠟共五枝，紅羅炭（冬例五觔），黑炭（夏例十八觔，冬例二十五觔），以上日用。六安茶七兩，天池茶四兩。以上月例。

常在　銀五十兩，大卷八絲緞、五絲緞、雲緞、衣素緞、藍素緞、春綢、宫綢、紗綾、紡絲共十一匹，棉花三觔。以上年例。每日猪肉五觔，間日羊肉一盤，鷄鴨五（以月給），粳米一升二合，麪二觔，豆腐各品件共一觔，糖二兩，油、醬、醋共十一兩五錢，生菜六觔，茄、瓜十二，一兩五錢重黄蠟、羊油蠟共三枝，黑炭（夏例十觔，冬例二十觔）。以上日用。

皇子　上學後月銀三十兩，成婚後月銀五百兩，一兩五錢重白蠟羊油蠟共四枝，更蠟一枝（夏例五兩，冬例十兩），紅羅炭（冬例五觔）黑炭（夏例十五觔，冬例二十五觔）。以上日用。

皇孫　成婚後月銀二百兩，一兩五錢重白蠟羊油蠟共四枝，更蠟一枝（夏例五兩，冬例十兩），紅羅炭（冬例五觔），黑炭（夏例十五觔，冬例二十五觔）。以上日用。

皇曾孫　成婚後月銀一百兩，一兩五錢重白蠟、羊油蠟共四枝，更蠟一枝。（夏例五兩，冬例十兩），黑炭（夏例四觔，冬例十觔）。以上日用。

公主　月銀二十兩，一兩五錢重白蠟、羊油蠟共四枝，更蠟一枝（夏例五兩，冬例十兩），紅羅炭（冬例五觔），黑炭（夏例十五觔，冬例二十五觔）。以上日用。

皇子福晉　粧緞、倭緞、閃緞、雲緞、衣素緞、帽緞、楊緞、春綢、宮綢、紗、裏紗、綾、紡絲、杭細、綿綢、各色布共五十四匹，金線六綹，絨、棉線、棉花共二十一觔，烏拉貂皮十張。以上年例。每日猪肉十觔，間日羊肉一盤，鷄子八，粳米等米及豆共二升四合，麪八觔，懷麪、豆粉共二兩一錢五分，脂麻、澄沙共一升二合，豆腐各品件共四觔十二兩五錢有奇，糖一觔，油、醬、鹽、醋共三觔五兩五錢，生菜五觔，醬茄瓜、薑、椒料各件有差，一兩五錢重白黄油蠟共十七枝，更蠟一枝（夏例五兩，冬例十兩），紅羅炭（夏例五觔，冬例十觔）黑炭（夏例三十觔，冬例七十觔）。以上日用。

皇子側室福晉　粧緞、倭緞、閃緞、雲緞、衣素緞、紗、裏紗、綾、紡絲、杭細、各色布共二十七匹，金線三綹，絨、棉線、棉花共十觔八兩，烏拉貂皮五張。以上年例。每日猪肉十觔，間日羊肉一盤，鷄子三，粳米、老米共十合，麪二觔八兩，懷麪、豆粉共一兩五錢，脂麻、澄沙共三合，豆腐各品件共一觔十四兩一錢有奇，糖四兩，油、醬、鹽、醋共九兩八錢，生菜四觔，醬瓜、薑、椒料各件有差，一兩五錢重黃蠟、羊油蠟共三枝，黑炭（夏例十觔，冬例十八觔）。以上日用。

皇孫福晉　粧緞、倭緞、閃緞、雲緞、衣素緞、楊緞、紗、裏紗、綾、紡絲、杭細、各色布共二十九匹，金線三綹，絨、棉線、棉花共十觔八兩，烏拉貂皮五張。以上年例。每日猪肉十五觔，羊肉二觔，鷄子六，粳米、等米及豆共一升六合，麪六觔，懷麪、豆粉共一兩一錢，脂麻、澄沙共八合，豆腐各品件共三觔十一兩五錢有奇，糖十二兩，油、醬、鹽、醋共二觔八兩，生菜四觔，醬瓜、薑、椒料各件有差，一兩五錢重白黃油蠟共八枝，更蠟一枝（夏例五兩，冬例十兩），紅羅炭（夏例二觔，冬例五觔），黑炭（夏例二十觔，冬例四十五觔）。以上日用。

皇曾孫福晉　粧緞、倭緞、閃緞、衣素緞、紗、綾、紡絲、杭細、各色布共十七匹，金線三綹，絨、棉線、棉花共九觔，烏拉貂皮五張。以上年例。每日猪肉十觔，羊肉二觔，鷄子四，粳米等米及豆共一升六合，麪四觔，懷麪、豆粉共一兩一錢，脂麻、澄沙共六合，豆腐各品件共二觔四兩五錢有奇，糖八兩，油、醬、鹽、醋共二觔五兩，生菜三觔，醬瓜、薑、椒料各件有差，一兩五錢重白黄油蠟共九枝，更蠟一枝（夏例五兩，冬例十兩），紅羅炭（夏例二觔，冬例五觔），黑炭（夏例二十觔，冬例四十五觔）。以上日用。

官女子　銀六兩，雲緞、春紬、宫紬、紗、紡絲、杭細共六匹，棉花二觔。以上年例。每日猪肉一觔，米七合五勺，鹽三錢，生菜十二兩。以上日用。

皇子、皇孫福晉下女子　宫紬、紗、杭細各一匹，棉花二觔。以上年例。日用分例與官女子同。

家下女子　銀五兩，春紬、綿紬各一匹，布四匹，棉花二觔。以上年例。日用猪肉半觔，生菜十兩，餘分例與官女子同。

乳母　雲緞、衣素緞、紡絲、紗、綾、綿紬各一匹，布五匹，棉花三觔。以上年例。銀二兩，米二斛，以上月例。日用分例與官女子同。

保姆　銀二兩，米一斛，以上月例。日用分例與乳母同。

國朝宮史續編卷之七十

經費二

恩賜事例

臣等謹案：前編於恩賜內庭事例，臚載銀幣品目綦詳。至因事特賜，如乾隆五十四年以來歲八旬萬壽，六十年以周甲慶成，敕賜皇太子、皇子、皇孫金銀各有差，頒由內府，不涉度支。我皇上於嘉慶六年酌定內庭誕生阿哥、公主賞例，均前後奉有聖諭、諭旨，宜著於編。而皇后千秋以下恩賜，內庭誕祥恩賜次焉。其宮監錢糧事宜，移載官制門。

乾隆五十四年十一月初八日，奉諭旨：明歲係朕八旬萬壽大慶，皇子、公主等各有所需之項，著施恩皇六子、皇八子、皇十一子、皇十五子、皇十七子、和敬公主、和孝公主、綿恩阿哥各賞銀五千兩，綿億阿哥、綿惠阿哥、綿懿阿哥各賞銀二千兩，所賞銀兩俱由寧壽宮支領。

六十年十二月初十日，奉諭旨：發出金一千三百兩，分等頒賞。皇太子金二百兩，皇八子、皇十一子、和孝公主各一百兩，皇十七子、皇孫綿寧、綿恩各七十兩，綿億、綿惠、綿志、綿懃、綿懿、綿總、綿偲、綿慶各五十兩，皇曾孫奕純、奕紹各四十兩，奕綬、奕綸各三十兩，皇元孫載錫二十兩，和敬公主之孫鄂勒哲依圖二十兩。

嘉慶六年十月廿七日，奉諭旨：嗣後皇后、內庭主位及皇子、皇孫、皇曾孫福晉生阿哥，照例賞給銀兩表裏，主公主格格著減半賞給。

十三年四月二十六日，奉諭旨：從前我皇考高宗純皇帝萬壽旬慶，皇子、皇孫等祝嘏呼嵩，情殷慶獻。仰蒙俯鑒悃忱，曲加體恤，預賜多金，備進貢品，延釐錫福，盛典昭垂。明歲爲朕五旬萬壽，諸王誼屬宗親，自必同殷祝頌。因思儀親王、成親王係朕之兄，慶郡王永璘係朕之弟，定親王綿恩在朕諸姪中居長，且係御前大臣，其次卽榮郡王綿億，亦在內廷行走，俱較諸王爲近，允宜酌加錫賚，用遂抒誠。儀親王、成親王、慶郡王永璘著各賞銀一萬兩，定親王綿恩著賞銀八千兩，榮郡王綿億著賞銀六千兩，均由造辦處給發祗領，俾從容備進貢物。此外諸王俱著仍照每年萬壽慶節循例獻祝，毋許多備貢品。倘於例外加增，朕亦斷不賞收。諸王其各凜遵訓諭，以副朕意。

皇后千秋恩賜金九兩，銀九百兩，表裏六十三端。

皇貴妃千秋恩賜表裏二十四端，上用果桌一，賞用果桌八。

貴妃千秋恩賜表裏二十端，上用果桌一，賞用果桌六。

妃千秋恩賜表裏十六端，上用果桌一，賞用果桌四。

嬪壽辰恩賜表裏十二端，中品果桌一，賞用果桌二。

貴人生辰恩賜表裏八端，內用果桌一，賞用果桌一。

皇子生辰恩賜銀九百兩。

公主生辰恩賜表裏十二端，中品果桌一，賞用果桌二。

皇后誕祥恩賜銀一千兩，表裏三百端。

皇貴妃誕祥恩賜銀五百兩，表裏二百端。

貴妃誕祥恩賜銀四百兩，表裏一百端。

妃誕祥恩賜銀三百兩，表裏七十端。

嬪誕祥恩賜銀二百兩，表裏四十端。

貴人誕祥常在同恩賜銀一百兩，表裏二十端。

皇子福晉誕祥恩賜銀二百兩，表裏四十端。

皇孫福晉誕祥恩賜銀一百兩，表裏二十端。

皇曾孫福晉誕祥恩賜銀五十兩，表裏十端。

吉禮例用

臣等於前卷典禮門恭輯祀神儀，凡迎送禱祝之文畢具。而所需金銀幣紙，謹依前編體例，歸經費門，爲吉禮例用。又於前卷列册立册封儀，凡金册頁數並册文備載。而皇后納采大徵及恩賜后父母儀品，皇子娶福晉行初定禮，及恩賜福晉父母儀品，公主下降初定日筵宴桌張，均應臚入經費，爲嘉禮例用。至若内庭歲時燕喜，陳設瓶盂壺杓、桌張宴花，並以次登載，爲筵宴例用，而宫庭之事例備矣。

坤寧宫四孟月祀神，每次用金錠二，重各五兩；銀錠二，重各五十兩；龍緞、蟒襴緞、片錦各件共十匹，細布二十匹。

春夏二季立杆大祭，每次用九色潞綢綾各九尺，白夏布二尺，紘一兩，棉線三觔八兩，高麗紙八十五張，竹料紙三十二張，染紙槐子十觔，白礬二觔，撒滿衣二分，用畢入庫貯。

每月敬神，用高麗紙五十八張，竹料紙二十四張，棉線一兩五錢。

四月初八日堂子浴佛，用高麗紙二十八張，棉花八兩，棉線五錢，撒滿衣二分，用畢入庫貯。

春秋祭馬神，用紅潞綢七丈一尺二寸五分，青潞綢七丈九尺一寸六分，緑潞綢二尺，高麗紙二十七張，竹料紙八張，棉線五錢，藍布幔五架，用畢入庫貯。

嘉禮例用

册立皇后補行納采禮：文馬十（鞍轡具），幣百端，布二百匹，甲胄十。如皇后父係外藩則用。行大徵禮：金百兩，銀萬兩，金茶器一，銀茶器、盥盆各二，幣十端，文馬二十（鞍轡具），閑馬二十，馱馬二十。

賜后父母：金百兩，銀五千兩，金銀茶器、盥盆各一，帛五百匹，布千匹，馬六，弓一張，矢一壺，朝服各一襲，冬夏衣各一稱，貂裘各一，帶一，甲胄一。如皇后父係外藩則用。

皇子福晉行初定禮：金頂環一，銜珊瑚東珠各七；金珥六，銜東珠各一；金釵六，銜珍珠各五者三，珍珠各一者三。金臂約二，金鈕一百，銀鈕二百，幣百端，棉三百觔，貂皮共一百四十，狐皮共二百五十，海龍皮七，染貂皮三。

賜福晉父母：金十兩，銀七百兩，朝服一襲，帶一分，韡襪各一雙，文馬二（鞍轡具），金珥六，銜珍珠各一，青狐皮袍一，海龍皮六。初定日：設筵宴於福晉父母家，用羊四九，餑餑桌五十張，酒宴五十席，酒五瓶。成婚日：設筵宴於箭亭並長房內，用羊五九，內合巹用者五，餑餑桌五十張，酒宴六十席，酒六十瓶。

公主下降行初定並成婚禮：皇帝前宴席六十，乳酒、黃酒共七十瓶，羊七九。皇太后宮宴席三十，乳酒、黃酒共二十瓶，羊二九。並於皇太后、皇帝、皇后、皇貴妃、貴妃、妃、嬪各宮設常宴桌各一張。

筵宴例用

皇太后筵宴：金瓶折盂各一，執壺二，杓二，盃盤十分，大鍾二十四，銅鍍金大酒盃四十。

皇帝筵宴：玉盞金臺二分，金瓶折盂各三，執壺二，杓二，盃盤十分，大鍾二十，椀六十，銅鍍金大酒盃六十。

皇后筵宴：金瓶折盂各一，執壺二，杓一。

内庭筵宴：黄緞牀刷二十二，地平刷一，均用畢入庫貯。賨刷松蓬果罩三分，絹宴花五百枝，通草宴花九十枝，均一年一次换造。宴上各樣牌子四百三十五箇，五年一次换造。

皇帝宴蒙古王、貝勒、貝子、額駙、公、台吉等，於每年上元、上元前一日並除夕，各用餑餑桌九十張，酒四十瓶，獸肉五觔。如遇風雪，宴徹，卽以桌張頒領。皇太后宴外藩公主、格格、福晉等，於每年上元後一日用常宴桌二十張。皇太后、皇后、皇貴妃、貴妃、妃、嬪各宫，皇子福晉、公主，均於每年上元、上元前一日並除夕，各用拉拉桌張、餑餑桌張如例。

國朝宮史續編卷之七十一

經費三

節省事例

臣等謹案：皇朝文獻通考於國用首標節用一門，推本於列聖慎德永圖，垂爲法守。載稽乾隆三十年敕查宮中歲例及使用人數，不獨較前明大加撙節，即衡之康熙年中及乾隆二十年以來，亦愈汰愈約，無可再省之端。他如鹽榷官之有歲供物用，造辦處之有支給成規，雖糜費涉及纖豪，必訓飭嚴其積漸。謹案年登載，並恭録聖製節儉論、御製節儉論各一篇，以著其大凡。於經費門增列節省事例，而支發時之應存應領，悉准欽定宮中現行則例。至犒軍、給賑及一切和雇工需，皇上屢發廣儲之藏，從無靳惜。蓋患貧必斥，言利無聞，易言：「自上下下，其道大光」，實權輿於是。夫豈簡編紀載可罄敷天感頌者歟。

乾隆三十三年七月三十日，軍機大臣等奏：皇上恭閱聖祖仁皇帝實録，發下一單，交臣等查對。內載康熙年間大學士、九卿、詹事科道等覆奏：查前明光禄寺每年送內所用各項錢糧二十四萬餘兩，今每年用三萬餘兩。每年木柴二千六百八十六萬餘觔，今止用六七百萬觔。每年用紅羅等炭共一千二百八萬餘觔，今止用一百萬餘觔。前代宫女至數千人，今慈寧宫、寧壽宫外，乾清宫妃嬪下使令老媪、灑掃宫女合計止一百三十四人。交臣等將現在各項數目多少交各該處詳查具奏。茲查内庭每年及茶膳房止用木柴二百四十五萬觔，紅羅等炭共七八十萬觔，光禄寺錢糧每年並無送内動用之款。至宫内女子，除壽康宫、寧壽宫及阿哥、公主、福晉下使用外，現在内庭主位下使用女子止一百零四人，較之康熙年間更屬減少。報聞。

四十一年十月十二日，奉諭旨：伊齡阿於今年春間呈進大荷包二千對，爲數太多。荷包等物，一年賞需有限，何必如此過多，此亦即伊齡阿高興之一端。著交内務府大臣傳旨申飭。

四十六年四月十八日，奉諭旨：本日徵瑞進到風肉八百塊，殊屬過多，業經分賞。至該監督照例進呈，止須數十塊已足敷用，即多亦不過百塊。今乃進至八百塊之多，豈不因此過增宰殺？徵瑞甚屬不曉事體，著傳旨申飭。

五十年正月二十九日，總管内務府大臣等奏：遵旨查慶豐司餵養牛隻供上用分例，向係一百頭。今奉到硃筆裁減四十頭，止需牛六十頭。至應用各項奶子，復行覈算，尚多牛十頭，應請再行減去十頭，止需五十頭已足敷用。報聞。

五十九年六月十六日，軍機大臣等奉諭旨：據奇豐額奏動用耗羡銀兩一摺，内稱：本年正月，奉文成造尺寸大小不等金磚六千塊，副磚二千四百塊等語。現在宫殿各座並無新造工程需用金磚之處，朕之所知。又何須行文成造，並爲數如許之多？徒置無用。此必係工部以備用爲名，令其成造解送，圖得鋪墊使費，並可藉端開銷，又未奏聞。工部各堂官何以漫無查察？至金簡久任工部，於此等事尤應留心查覈，乃率行咨令成造，徒滋糜費。著傳諭金簡及該堂官等，將此項金磚有何需用，何以率行咨造如許之多，據實明白回奏。

八月十四日，軍機大臣等奉諭旨：近來蘇揚等處呈進物件，多有雕空器皿，如玉盤、玉琬、玉鑪等件，殊屬無謂。試思盤碗俱係盛貯水物之器，鑪鼎亦須貯灰，方可燃爇。今皆行鏤空，又有何用？此皆係該處奸猾匠人造作此等無用之物，以爲新巧，希圖厚價獲利。而無識之徒往往爲其所愚，輒用重貲購買，或用價租賃呈進。朕於此等物件從不賞收，卽使擲回，而奸商已得厚利。伊等總未喻此意，甚至回疆亦效尤相習成風，致使完整玉料俱成廢器。至搬指所以鈎弦闓體，若搬指套，近亦俱用玉成做，甚屬無謂。搬指套原以便於佩帶，今以玉爲之，更覺累重無當，殊爲可惜。著傳諭揚州、蘇州鹽政、織造等，此後務須嚴行飭禁，不准此等奸匠仍行鏤刻成做，並出示曉諭，令其一體知悉。以杜奇衺而歸純樸。所有回疆呈進雕空碗蓋一箇，並著發交閱看。

六十年八月初六日，造辦處奏：年例糊飾宮内殿窗一摺，奉諭旨：各殿座窗槅換糊之處太多，恐係該管官員藉端糜費。著寄信伊齡阿，將朕不常臨幸之處再加删減。

嘉慶元年正月初二日，奉太上皇帝勅旨：前降諭旨，以丙辰年爲始，内外大臣年節三貢，毋庸備物呈進。但王公、大臣等年節呈進如意，乃自雍正年間舉行至今，以聯上下新年喜慶之意，是以仍准其呈進分賜，用迓吉祥。乃昨日貝勒、貝子、公等及部院侍郎、散秩大臣、副都統紛紛呈進如意兩分，殊覺繁瑣，不可不定以限制。嗣後凡遇元旦及朕與皇帝壽辰慶節，宗室親王、郡王、滿漢大學士、尚書始准呈進如意，其餘概不准呈進。至外省督撫，止准按例呈進土貢。其鹽政、織造、關差俱有得項，所有年例辦進備賞之物，均仍照向例，按次備進一分，以備賞用，不得復有增添。倘伊等私自備物呈進，一經查出，必當重治其罪，以節糜費。

二十日，奉太上皇帝敕旨：向來兩淮鹽政例進土物風猪肉一百塊，皮糖八匣。本日蘇楞額呈進風猪肉、皮糖均加一倍，殊屬非是。鹽政、織造、關差等備進備賞之物，早經明降諭旨，祇許照例呈進一分，以備賞用。乃蘇楞額轉加倍進呈，其意何居？其多進之風猪肉一百塊、皮糖八匣，俱著擲還。蘇楞額著傳旨嚴行申飭，并交部議處，以爲挾私取巧者戒。

五月十二日，奉太上皇帝勅旨：前經降旨，令内外大臣年節無庸備物呈進，惟遇朕及嗣皇帝壽辰慶節，准在京王公、大臣等僅遞如意，藉以聯情抒悃。今思本年係朕歸政之初，爲嗣皇帝登極之始，或恐内外王公、大臣等未喻朕意，又思於八月及十月朕與嗣皇帝壽辰時，備物祝嘏。殊不思朕御宇六十年來，國家昇平昌阜，大内存貯，珍物駢羅，即佛像亦無可供奉之處。而嗣皇帝方當以儉樸爲天下先，原不宜貴奇異奢華之物。是用再行通諭，此後除鹽、織、關差向有公項購辦備賞物件外，其餘内而王公、大臣，外而督撫，不但貢物不必進呈，即如意亦不許備進。其土貢惟麥麪、果品、茶葉、藥材等項，准其照例呈進，以備薦新分賞之用。不得額外增添陳設、綢緞各物，以示體恤而節繁費。如有違例瀆進及奏事處濫行接收者，必當一併治罪。俟朕九旬大慶，嗣皇帝四旬壽辰，屆時應否准其抒忱祝嘏之處，另候勑旨遵行。將此通諭知之。

十三年十二月初二日，奉諭旨：禮部奏：嘉慶十四年元旦筵宴，應進皇后桌九張，羊九隻，酒九瓶，照例交内務府轉進等語。元旦筵宴，例進皇后桌張羊酒，祇係備賞之需，毋庸多爲呈進。著改爲桌三張，羊三隻，酒三瓶。嗣後每屆十年舉行元旦筵宴，卽照此備辦。著爲例。

聖製節儉論

嘗讀皇祖實録云：「明季宮中歲用七十萬，漸次節省，至康熙五十年祇用七萬。至臣民僭用妄費，非不禁約，徒致法令滋繁，究於無補。」大哉王言！誠得治國平天下之要道矣。因令内務府查近年一歲度支，則稱乾隆二十年以七萬計，三十年以三萬計，四十年以二萬計。予非以此自鳴也。蓋修己治人之道，無過於節儉。節儉則嗜欲不行，無聲色貨利之失德，所以爲善也。然天子之節儉與庶人不同矣。世道人心，日流日下，逢君之欲者多，引君以道者寡。爲君者設自鳴其節儉，則出納之吝者有之矣，量入爲出者言之矣，弊衣羸馬者形之矣，甚而至於興利虐民。漢唐宋明之以此而失民心，侵尋以至於亡國者，皆由是也。且昇平日久，户口日滋，物價騰踊，勢所必然。是以内務府近有加價和買之議，卽如請行，此亦可以節儉而不與之乎？嗟夫！節儉豈易言哉。至於返樸還淳，豈非善政？然天地所生之物止有此數，昔以十人食之，今以百千人食之，顺治初年，各省民數一千六十三萬餘口，近年增至二萬八千餘萬口，是加至二十餘倍之多也。米安得不貴？米既貴，諸物安得不貴？遊手好閒僧道之流，且藉此以餬口。設盡敺之力田，言之易而行之難，安得許多田與之乎？均田井田之事，設行之今，未得其利而先致其亂，非至愚泥古者不爲也。爲今之計，補偏救弊之不暇，實無一勞永逸之法也。卽近代之崇禎著布袍，其時羣頌爲美德，何救於亡國乎？若晉武之焚雉頭裘，唐明皇之銷銀器，胥爲暫博美名，其後更窮奢極欲。而齊建武之欲毁酒鐺，直令蕭穎胄譏其曲宴之奢，益爲可笑可鄙。故吾之所爲節儉者，亦如吾君子小人論中所云，不可不明，不可不慎，而又不可顯其迹而已耳。

御製節儉論

儉，美德也。古昔帝王莫不崇儉則治。然儉貴乎有節，而節用又以愛人爲本，非所謂聚歛掊克也。夫治國者理財爲要，足食足兵，非用財乎？是當用而不應節也。宮室服御，備物而已，若踶巧盈侈，耗國正用，是所當節也。而又必以勤政親賢之念主於中，得其當止之道，無過不及矣。治天下者，先言節儉。創業之君，茅茨土階，不期儉而自儉。守成之主，安富尊榮，易至於驕奢，而怠心生，敬念懈，政不綱矣。洪惟龍興東海，甲奮十三，混一海宇，敬瞻盛京故宮，不斵不雕，葛燈土壁，萬世景仰。欽惟帝政，裁汰冗費，於養民之實惠不惜帑金，普免天下錢糧，於用兵之賞勸又數千萬，内外臣民，涵泳聖德。而躬行節儉，法先啓後，垂念深遠。聖人執中建極，無所偏倚，以節儉爲政本，以祖宗之心爲心，斯可以開萬年之鴻規，用溥渥澤於無涯也夫。

臣等謹案：右論一篇，爲皇上在潛邸時恭承御試之作，深有鑒於宮室服御宜懲巧而戒奢，發明創業守成之美德。蓋先之以克勤克儉，本之以惟精惟一，蚤契上聖心傳，洵足以紹成規而探政要矣。

支發事例

乾隆二十八年七月初八日，總管内務府大臣等奏：遵旨查銀庫月摺内所開内務府支取繡匠錢糧及膳房支用一項。衣庫額設三旗繡匠，食一兩錢糧者一百三十五名，外招募民繡匠四十名，係織染局舊定額數，每名食銀一兩，其匠頭一名食銀一兩五錢，由内務府行文向户部支領。此項民繡匠四十名，於乾隆五年經總管内務府大臣海望奏，請將三旗繡匠一百三十五名作爲定額，其織染局外募民繡匠四十名自應裁革。但此項匠役俱係順治、康熙年以來招募，子孫供役數世，若遽行裁汰，恐一時不能生理，餬口無資。仍請暫令隨三旗繡匠應役，如有缺出，停其頂補，陸續裁汰。奉旨：既有如許繡匠，嗣後不必外雇。其織染局内民繡匠四十名，不必裁汰，遇有缺出，仍著頂補。是以此項民繡匠四十名，每月所支户部銀四十兩五錢，即係銀庫月摺内所開之數。再查膳房支取備用銀兩，向係光禄寺關領。於乾隆二十七年六月經光禄寺奏：將膳房買辦銀兩自二十八年起按春秋兩季，令膳房徑向户部支領，每銀千兩照例出平餘銀二十二兩存公，如遇購辦時市價偶有騰貴動用，無庸添領正項。如無添用之項，存至千兩，即行交官。是以膳房一年應領銀三萬兩内，春季領過銀一萬五千兩，其秋季應領銀一萬五千兩，因皇上駐蹕熱河，所需預備買辦之項甚多，若俟秋季支領，恐有遲誤，是以於五月預期關領。報聞。

三十一年十一月初一日，奉諭旨：嗣後凡各宫主位差首領太監至緞庫更换緞匹顔色，計有幾宫，各换緞匹若干，俱各開單交敬事房，著總管知會内務府。每次著内務府大臣一人率同堂郎中前往，並著總管桂元、王忠内去一人監看彈壓，一同帶領各宫首領太監至緞庫更换緞匹，對换顔色。自换之後，不許私自再行更换。

四十六年十月二十四日，總管内務府大臣等奏：遵旨查養心殿、圓明園、廣儲司銀庫及户部銀庫收放銀兩章程。養心殿收貯銀項，如係庫平，兑發時每千兩扣存二十兩；蘇廣平兑發時，每千兩扣存十兩；蘇州市平兑發時，照原平給發不扣。所有扣項，年終彙奏。圓明園收貯銀項，如係庫平，兑發時每千兩扣存四十兩。所有扣項，除發工程處公費等項外，餘銀歸入正款，年終彙奏。廣儲司收貯銀項，内除阿哥月例、内用、賞用及成造活計照依庫平給發外，其各工交領等項，每庫平千兩扣存五兩。所有扣項，年終彙奏。報聞。

五十二年十月二十九日，奉諭旨：嗣後廣儲司造辦處等庫應行撥發銀兩，卽著内務府蘇拉匠役擡運；圓明園庫撥發銀兩，卽著苑户擡運，不准雇用民夫，以示慎重。

嘉慶十三年十一月二十一日，奉諭旨：我朝家法相承，宫庭之用，甚爲節省。每歲自皇后、妃、嬪以至女子等所得綢緞分例，載在宫中則例，永遠遵循。前年因内廷例用之件，有需外省織辦者，朕意不如將庫貯之物量爲抵給，既可省交辦之煩，而宫中亦得適用。是年緞庫所抵物件，均屬敷足。皇后曾率同妃、嬪等陳謝，咸深歡感。至去歲抵給物件，多屬平常，且不足數。皇后以事屬細微，未及具奏。至本年又值支領公用之期，皇后曾諭令總管太監孫進忠，傳諭内務府大臣等：皇后分例本多，無容計較，惟妃、嬪以下及女子等每歲賞件衹有此數，不得減少，致不敷用；若再似上年短缺，必據實奏聞。經孫進忠面告英和、蘇楞額，均已聆悉。乃前日在大和齋傳膳辦事，召見廣興，據奏：總管太監孫進忠挑斥抵給物件，係與緞庫官員串通一氣，欲交外省織造，以便需索規費等語。朕即以事關外廷官員交結近侍，如果確有憑據，必當嚴行懲辦。而廣興又不能指出確係何人，朕即覺其所言不實。昨據皇后奏及前事，因令將本年抵給物件逐一詳核，實共少綢緞至數十件之多。該管大臣等於宮中例應支給之件任意尅減，實屬不知大體。且於皇后曾經傳諭之處，並未奏聞，尤爲錯誤，應與承辦庫官均著軍機大臣會同該部嚴加議處。至廣興於面奏時並不將孫進忠係奉皇后傳諭據實陳奏，佯作不知，轉以庫官勾結内監有意挑揀爲詞，希圖聳聽。及命軍機大臣等向伊詢問，令其指出庫官姓名確據，以憑嚴辦，廣興仍復毫無指證，惟稱係屬疑心，豈有將懸揣疑似之詞遽加人以交結近侍之罪？況孫進忠傳述皇后所諭，並無格外挑斥之處，該管大臣等衆所共知，廣興豈有不知之理？乃竟敢挾詐面欺，不知其是何居心！廣興著軍機大臣會同該部再行嚴加議處，仍先革去頂戴，不准進内，聽候部議。至孫進忠，於皇后傳諭時即應奏聞，再行傳知，乃並未具奏，亦屬疎漏。孫進忠並著交軍機大臣議罪。

二十四日，奉諭旨：昨因廣興擅自尅減宮中例用綢緞一事，將總管内務府大臣英和等五人一併嚴議，其處分本應實降，已降旨各予降級留任，尚不足以示懲儆。廣興種種謬妄欺飾，其居心全不可問。英和等五人同係總管内務府大臣，辦理此事，既聞皇后令總管太監孫進忠傳諭，即應公同面商，將各項抵給綢緞親自點驗，妥爲辦理，不應聽廣興一人專擅。如廣興仍固執不從，卽應據實參奏。乃伊等非但於綢緞虧短、物料平常，一任廣興剋減，置之不問，甚至以内廷所用服色竟攙入醬色至數十匹之多，豈偶然一二匹無心混入者可比？伊等並不留心寓目，任聽廣興一人恣其狂謬，僅止背後談論。常福面奏，亦知攙入醬色之謬，事前何故不加駁斥？事後追論何益！朕待内務府大臣公平信任，毫無偏向，因何從前懼怕文寧，今又懼怕廣興？殊屬庸碌無能之至矣。再不奮勉，將來不知又懼怕何人，實屬可笑可鄙！可見伊等全不實心任事，竟係欲任廣興率意妄行，待其自罹罪譴，相率袖手旁觀，不行阻止。此種情事，亦難逃朕洞鑒。所有總管内務府大臣内原係二品頂戴之英和、阿明阿、和世泰三人，著均降爲三品頂戴，並革去花翎。已降三品頂戴之蘇楞額、常福，著再降爲四品頂戴。至伊等原管各職任較多，一時難以盡行更换，姑各令照舊管理，以觀後效。

二十八日，奉諭旨：昨因此次内務府抵給宫中例用綢緞内有醬色紗數十匹，謬誤尤甚，特降旨令軍機大臣查明是否係廣興一人主見。兹據詢明，廣興祇認將紗匹擬抵之處係伊主見，其顔色並未指定，係由庫官配搭，以致錯誤。復又跟詢該庫官等，據稱此次廣興實未指定醬色，伊等備辦呈進，未加檢點，實屬糊塗錯誤等語。廣興於宫分例給綢緞任意扣抵，專擅妄行，前已將伊革職。其餘各内務府大臣等不行阻止，亦未公同點驗，致有錯誤，亦經各予處分，并降頂拔翎，以示懲儆。此時均可無庸再議。至庫官達林等前此亦經得過處分，但伊等於預備宫分抵給紗匹，輒用醬色紗攙入，實屬草率，不應再留緞匹庫當差，著交總管内務府大臣等卽將該庫官達林、福緣、福寧阿、威赫四人撤調别處當差，其緞匹庫郎中二缺、員外郎二缺，另行詳慎保送，帶領引見，候朕補放。至現在清查緞庫，尚未完結，俟查明有無虧短再行核辦。

錢糧事例

一、宫殿監每年例於廣儲司奏請撥銀五萬兩，交自鳴鐘庫貯應用。每月將用款開具奏銷。

一、内庭需用各項錢糧，例應向總管内務府各衙門領用者，俱由宫殿監用敬事房圖記行文支領。如奉上傳有立卽需用之款，准各該處具支領人員職名赴領，領後隨報明敬事房，於五日内補用圖記，行文備案。每月一次將支領過各項錢糧逐款分晰開具清檔，鈐蓋敬事房圖記，於下月十五日以内呈報總管内務府，以憑核對奏銷。

一、奉特旨賞人銀兩，俱按數支給，仍將某人傳旨之處於奏銷月摺内聲明。

一、内庭宫分銀兩按例支給。例見前卷。

一、各宫女子至二十五歲俱令出宫，皆由本宫自行給賞。其貴人以下所用女子，定有恩賞銀兩，照例支給。進内十五年以外者賞銀三十兩，十五年以内者賞銀二十兩，十年以内者賞銀十兩。

一、房租銀，係雍正四年欽奉恩賞官房一所取租，交敬事房庫貯，遇一切雜差公項酌量支用。敬事房仍於每歲底開具奏銷。

一、賞借官銀，係乾隆八年欽奉恩賞官銀一萬兩，凡首領太監等整製衣帽併家中有事，准借官銀。敬事房仍將借過銀數於每歲底開具奏銷。

一、總管首領太監等有貽誤差事，奉旨議罰月銀，如在一年以外者，敬事房呈報總管内務府，轉行外部扣除。其一年以内者，入於敬事房庫貯，遇一切雜差公項酌量支用，仍於每歲底開具奏銷。

一、總管首領太監等有因假扣除公費，入於敬事房庫貯，遇一切雜差公項，酌量支用，仍於每歲底開具奏銷。

一、總管首領太監等隨駕出外者，例給盤費銀。乾清宫總管每日三錢，别項總管二錢，首領二錢，太監一錢。由宫殿監屆時奏准，行知總管内務府支領。

一、總管首領太監等隨駕出外者，例給官飯。隨侍等處首領太監等食外膳房飯，各宫等處首領太監等食内首領飯。由宫殿監屆時奏准，行知各該處支領。

國朝宮史續編卷之七十二

官制

內官之制，專誌宮闈使令諸役，其裁設事例，已具前編。迻維列聖相承，肅清宮府，鐵牌申禁，萬古爲昭。蓋兢兢於名器之不可假，而防微杜漸之不可不周也。高宗純皇帝勅修四庫全書時，檢有明季吕毖校次宮史一編，其中敘述中官事蹟，如稱司禮監秉筆掌印等官竟有「秩尊視元輔，權重視總憲」之語，仰蒙特諭指出，垂誡將來，仍存其書，以爲考鏡得失之助。聖意深嚴，允宜遵守勿替。我皇上祗奉前謨，一切臨馭有經，紀綱咸飭。宮中現行則例，載稟睿裁，重加釐定。於凡內官之奬勸議過，勸懲互用，條目綦詳。竊考我朝典章大備，羣籍中從不立宦官一門，惟於宮史及宮中則例約舉規條，取明職守。蓋猶周禮閽人寺人，載在版書，不遺下士之意。臣等依例續輯，循宮廷苑囿，以別其所司之地。綜傳宣奉御，陳設灑掃，以覈其所任之勞。又如教字之停派漢員，報允之弗由禮部，曾奉特旨更定者，皆關經制，録冠簡端。又自嘉慶四年皇上特諭停止挑取旗下太監，併覈明差務之最簡者，汰除冗額，裁制攸宜，允爲正本清源之道。謹述官制三卷。

官制一

臣等謹案：設立敬事房，置總管、副總管，自康熙十六年五月始。太監等授官職，自康熙六十一年十二月始。敬事房大總管授四品，自雍正元年九月始。敬事房名爲宮殿監，及有官之太監等加銜，自雍正四年六月始。太監等官職不分正從，自雍正八年六月始。食二兩錢糧太監等恩加錢糧，自雍正元年正月始。恩加錢糧有定額，自雍正二年正月始。所有諭旨，臚載前編。兹恪遵皇上欽定宮中現行則例節年增定各條，分爲恩卹、恩賞、處分三事，用著不刊之典焉。

恩卹則例

乾隆四十一年七月二十四日，奉諭旨：前派豐昇額等八人，分班輪替，將養心殿等處存貯陳設物件逐細查點，並派英廉總理其事。今據豐昇額等奏：自奉到諭旨後，親赴各處輪替清查，按册點驗，俱屬相符，並無遺失缺少情弊等語。是各該處經管之首領、太監尚屬小心，應量加奬勸，以示鼓勵。著交内務府大臣查明，如有應罰錢糧在一年以下者，加恩全行豁免；其過一年以上者，著加恩豁免一半。

嘉慶四年四月二十二日，養心殿總管梁進忠奉諭旨：總管内務府大臣緼布奏：查抄入官西直門外白石橋地一頃零九畝，著賞給宮内、圓明園、清漪園、静明園太監等取租，以爲永遠料理衆太監等恩濟莊廟宇香火，並太監等塋地需用之費，其應得執照，著緼布辦給。

二十三日奉諭旨：昨賞太監等地一頃零九畝，所取租銀，不敷一年香火等项之用。此外尚有地一頃八十畝，與此地毗連，著加賞衆太監及南府、景山太監等取租。嗣後南府、景山總管首領太監亡故者，亦於恩濟莊太監塋地内埋葬，不必入於外學教習學生塋地。

總管

凡食四兩錢糧無品級總管，病至一個月，退錢糧一兩；至六個月，再退一兩五錢。至一年，錢糧全止。　食五兩錢糧六品職總管，病至一個月，退錢糧一兩；至六個月，再退二兩，革去六品職。至一年，錢糧全止。　食七兩錢糧五品職總管，病至一個月，退錢糧二兩；至六個月，再退二兩五錢，革去五品職。至一年，錢糧全止。　食八兩錢糧四品職總管，病至一個月，退錢糧三兩；至六個月，再退二兩五錢，革去四品職。至一年，錢糧全止。

以上凡食恩加錢糧總管病退者，病愈仍行添給；因病革職並錢糧全止後，准其在家養病一年。如病痊後，仍准進内當差。其應否仍當總管差事，由宮殿監督領侍等指名奏聞，請旨遵行。如一年以外病未報痊，不能當差，照例奏退爲民。

首領

凡食二兩五錢錢糧無品級首領，病至一個月，退錢糧五錢；至六個月，再退一兩；至一年，錢糧全止。　食三兩錢糧無品級首領，病至一個月，退錢糧五錢；至六個月，再退一兩二錢五分；至一年，錢糧全止。　食三兩錢糧八品職首領，病至一個月，退錢糧五錢；至六個月，再退一兩二錢五分；至一年，錢糧全止。　食四兩錢糧七品八品職首領，病至一個月，退錢糧一兩；至六個月，再退一兩五錢；至一年，錢糧全止。　食五兩錢糧五品職首領，病至一個月，退錢糧二兩；至六個月，再退一兩五錢；至一年，錢糧全止。

以上無品級及有職首領，因病革退並錢糧全止後，准其在家養病半年。如病痊後，仍准進內當太監差事。如遇首領缺出，由宮殿監督領侍等指名奏補。如半年以外病未報痊，不能當差，照例奏退爲民。

太監

凡食二兩錢糧太監，病至六個月，退錢糧一兩；至一年，錢糧全止。　食二兩五錢錢糧太監，病至一個月，退錢糧五錢；至六個月，再退一兩。至一年，錢糧全止。　食三兩錢糧太監，病至一個月，退錢糧一兩；至六個月，再退一兩。至一年，錢糧全止。　食四兩錢糧太監，病至一個月，退錢糧二兩；至六個月，再退一兩。至一年，錢糧全止。均照例奏退爲民。

以上總管、首領、太監三項，凡食恩加錢糧者，因病扣止，如病痊仍出當差，經旬無誤，其所退錢糧卽予增給。再，首領太監内如有當差年久曾經出力者，雖因病奏退爲民，錢糧全止，仍由宮殿監督領侍等奏聞請旨，賞給月銀一兩，制錢五百。

凡各處太監恩加錢糧，俱按欽定現行則例内額數，不准增添。其定額内如有缺出，每年終將當差勤慎者揀選奏補。

恩賞則例

嘉慶九年二月二十六日，奉諭旨：養心殿五品總管太監，著照乾清宮五品總管太監之例，每月食銀七兩，米七斛。藥房八品首領太監，著照各等處八品首領太監之例，每月食銀四兩，米四斛。圓明園六品總管太監，著每月食銀六兩，米六斛。此係朕因各該處差使較多，特加恩賚，即著總管內務府大臣等載入宮中則例，永遠遵行。

凡年終，於崇文門項下取銀二千五百兩，恩賞宮殿監、總管、首領、太監，共銀二百十兩。四執事、四執事庫首領、太監，共銀一百三十兩。　自鳴鐘首領、太監，共銀四十兩。　懋勤殿首領、太監，共銀六十兩。　尚乘轎首領、太監，共銀一百兩。　乾清宮首領、太監，共銀六十兩。弘德殿首領、太監，共銀四十兩。　養心殿首領、太監，共銀一百二十兩。　鳥鎗處首領、太監，共銀十兩。　弓箭匠處太監，共銀十五兩。　按摩處太監，共銀十兩。　御茶房首領、太監，共銀一百三十兩。　御膳房總管、首領、太監，共銀一百五十兩。　御藥房首領、太監，共銀四十兩。乾清門首領、太監，共銀三十兩。　內左門首領、太監，共銀三十兩。　內右門首領、太監，共銀三十兩。　月華門首領、太監，共銀二十兩。遵義門首領、太監，共銀二十兩。齋宮首領、太監，共銀十兩。　毓慶宮首領、太監，共銀三十兩。　御花園首領、太監，共銀二十兩。做鐘處首領、太監，共銀三十兩。造辦處首領、太監，共銀四十兩。南花園首領、太監，共銀二十兩。寧壽宮首領、太監，共銀五十兩。瀛臺首領、太監，共銀二十兩。永安寺首領、太監，共銀十兩。畫舫齋首領、太監，共銀十兩。伺候射箭首領、太監，共銀十五兩。圓明園總管、首領、太監，共銀一千兩。

以上各項，宮殿監臨時按例請旨。

凡年終，於廣儲司項下取制錢一千五百貫，恩賞衆太監等，宮殿監臨時酌定請旨。

處分則例

乾隆二十八年二月初十日，總管王常貴奉諭旨：初九日，乾清門侍衛車必色、富爾哈、呼什、依德等，帶領虎鎗處人等至静宜園内，殺虎三隻。據車必色奏稱，尚有人腦骨一具，諒非外人，或係該園太監，或係園户。彼時因見人被虎傷，朦混呈報，只稱病故，或報逃走，以圖了事。至鹿圈内少鹿九隻，豈有虎三隻於三五日内即能食鹿如許之多？爾等詳查自上年臘月以前，静宜園太監内病故幾名，逃走幾名。至園户人等，著交總管内務府大臣和爾經額，亦一體嚴查。再，此事與總管楊茂、李三屯無干。該總管向隔數日始至該處查看地方，該園總領、副總領及園内首領隱瞞不肯呈報有虎者，恐奏後無虎，致涉謊報。再，車必色奏，殺虎之處尚有猪毛。因朕不在彼駐蹕，太監等養猪亦或有之，致被虎攫食。該處當差之人，再無不知之理。若即時具奏，朕派人前往，亦斷不至此，皆係伊等報遲所致。着將静宜園首領交總管治罪，其總領、副總領交總管内務府大臣和爾經額治罪具奏。

五月十七日，總管王常貴奉諭旨：今日總管内務府大臣奏圓明園太監張福禄控告海嶽開襟首領李忠、天心水面首領張老格一案，僅係偷竊杉槁尖、破爛版片，非若偷竊陳設、傷損官物，應從重治罪者可比。凡太監值房内孰無此物？首領李忠、張老格不必革去首領，著交圓明園總管治罪。似此微細之事，太監張福禄自應於該管總管處控訴。若總管不辦，再至朕前叩告，朕必將總管一併治罪。迺張福禄並未於總管處控訴，竟至朕前叩告，甚屬藐法無知，此風斷不可長。張福禄不必發掌儀司，即交宫内總管重責六十板，發打掃處永遠擡水。再，太監等吃酒賭錢口角等事，自應總管等辦理，似此小事，遽至朕前叩告，實屬大膽。如再有犯者，加倍治罪。

六月二十九日，總管太監潘鳳等奏：前於五月内，據首領張義功呈報：圈禁太監趙進禄在果房後值房内放火，經首領傅進忠、太監蔡如意看見撲滅，當即告知總管賈進禄、陳進忠、王忠，將趙進禄責處，發掌儀司圈禁。今趙進禄復於六月間偷竊太監蔣元傑衣件逃走，旋經拏獲，請交總管内務府大臣從重治罪，並請將本管首領張義功倍罰月銀八個月；總管賈進禄等從前於趙進禄放火時僅議責八十板圈禁，並不奏辦，應將賈進禄、陳進忠、王忠、桂元等名下並各罰月銀六個月。得旨：潘鳳、賈進禄等糊塗不曉事體，趙進禄有此放火不法之事，即應早爲奏聞嚴辦，乃匿不具奏，今復犯竊脱逃，始行具奏，甚屬不堪。首領張義功，當時若不據實呈報，豈止僅罰月銀，尤當重治其罪。但伊既經呈報，卽屬無罪。太監趙進禄於大内禁地放火，復偷竊衣服，屢次逃走，實屬不法，若不從重懲治，無以示儆，趙進禄著交總管内務府大臣重加杖責，卽行正法。並曉諭衆太監，令其各知儆懼。傅進忠、蔡如意二人，一見放火，立卽撲滅，應行奬勵，著總管内務府大臣量加賞賜。首領張義功，既經呈報總管，尚無不合，毋庸議罰月銀。至總管賈進禄等，既知放火情事，卽應奏明嚴究，乃僅將趙進禄責處，發司圈禁，殊屬草率了事。且太監等安得擅行鎖人？賈進禄著革去頂戴，仍留總管，罰月銀一年。陳進忠、王忠著罰月銀半年。潘鳳、桂元俱係總管，著總管内務府大臣查明伊等在圓明園住班時，賈進禄等議將放火之趙進禄責八十板圈禁各情節，潘鳳等是否知情，如實係不知，尚可寬恕；倘曾經告知，伊等仍然隨同附和，均應議處。但潘鳳、桂元較賈進禄等尚屬有間，潘鳳著罰月銀半年，桂元著罰月銀三個月；若實係不知，卽可免罰。將此傳諭知之。

三十年閏二月十五日，奉諭旨：總管内務府大臣奏：審明遺失念珠一案，並請將總管李裕、張國祥、吴進忠交宫殿監督領侍等治罪一摺，已降旨依議。但以馮國泰等商謀竊取，計圖傾陷，謂李裕等失於查察，殊於情事未協，轉不足以服伊等之心。朕之所以懲治伊等者，因舍衛城所管各鋪面什物不全，必係趙連璧平時偷竊，經王永貴接受交代時查點不全。趙連璧自問竊取心虧，方肯甘於認賠。若果止因殘損，勒令賠補，則宫殿陳設甚多，卽使年久損舊，其物現在，誰肯以私錢償官物？李裕等身爲總管，近在一園，豈有園内什物被人私竊，漫無稽查？及王永貴收監勒賠，尚不能查出真情究治，而聽其捏稱殘損賠完，冀掩飾其偷竊之迹，伊等所管何事？是伊等之罪無可寬，全在於此。著傳諭總管内務府大臣等照此議罪，並將此明白諭令李裕等知之。

三十六年三月二十二日，總管内務府大臣等奏：查太監劉進福在敬事房幫差，代首領李進忠收管衣物，膽敢將太監開其里衣服偷竊，及事敗，仍復種種狡詐，計贓已在一百二十兩以上，照例擬絞監候。首領太監李進忠，革去首領，鞭八十，分撥外圍當差。其首領楊雙全，筆帖式牛國祥、佟安，均罰錢糧一年。總管王常貴、王忠、九十一、張玉、桂元、蕭雲鵬，任聽值房私貯衣物，均照應奏不奏例，加罰錢糧二年。太監張進朝，亦有看守不嚴之咎，鞭八十。首領高進、曹進孝，未能稽查搜檢，均各罰錢糧一年。得旨：此案太監劉進福情罪甚爲可惡，若照擬絞監候，秋後處決，須至明年予勾，不足蔽辜，著卽行處決。至首領太監李進忠，僅予革職，分撥圍外當差，亦不足示懲，著改撥香山，每月賞給一兩錢糧米石，充當苦差。餘依議。

四十一年四月初九日，軍機大臣等奏：遵旨審訊行營當差太監張進成跳牆索取物件一案，據張進成供稱，聞地方官租有房屋堆貯豫備雜項物件，卽帶領民夫數人前往，强取白蠟、銀硃、高粱、麩子等物，正在擡出，卽被番役拏獲等語。查太監隨圍當差，一切盤費、飯食、馬匹、車輛均係官爲給發。今張進成敢於行營地方帶領民夫向地方官强取什物，實爲不法，已奉旨發往黑龍江，給索倫爲奴。所有該管首領太監張保祥，不能管束，該革去頂戴，仍罰錢糧三年。其總管太監等有管教稽察之責，一任張進成滋事，應將總管太監郭永清、倪興旺、桂元、蕭雲鵬俱罰錢糧三年，以示儆戒。得旨：依議。

四十五年九月十九日，奉諭旨：總管内務府大臣等奏：訊據太監蘇常供稱，向在圓明園司房當差，因患目病痰濕等症，告退爲民等語。蘇常已降旨枷號重責，發往伊犁給厄魯特爲奴矣。看來蘇常病廢，必非實情，不過積有微貲，不願當差，捏稱患病。彼時總管太監李裕看顧情面，遂聽其告退。今李裕業經身故，姑免深究；若使尚在，必須重治其罪。著傳諭各處總管太監等，嗣後遇有太監告退者，必須詳晰驗明病廢屬實，方准告退。如有指稱事故，希圖退閒，該總管太監等不行據實查出，徇情准退，代爲奏請者，一經發覺，將該總管一併嚴行治罪。

五十三年八月二十六日，總管内務府大臣等奏：遵旨查總管吕進忠、蕭得禄、首領趙進忠，皆係供奉内庭總管首領，而膳房總管王進寶，飯食尤其專責，乃於主位，公主飯食，至晚全未預備，實屬漫不經心，非尋常錯誤可比。除將總管蕭得禄、首領陳進忠各重責二十板，總管王進寶重責四十板外，應請將總管蕭得禄、首領陳進忠各罰月銀一年。膳房總管王進寶再加倍罰月銀二年。至總管吕進忠、首領趙進忠，雖有別項差使，咎亦難辭，應請各罰月銀半年。總管蕭雲鵬雖係年老，精神不到，請量減罰月銀三個月，以示懲儆。得旨：「知道了。」

嘉慶四年十一月二十二日，總管内務府大臣等奏：奉諭旨，祭神房太監白進孝，於本月十八日初次逃走，宮殿監督領侍蕭得禄未經具奏，甚屬不合。總管太監常永貴，理應會同總管等參奏之事，乃竟一人參奏，實屬狂妄。蕭得禄、常永貴俱著交總管内務府大臣議罪。查蕭得禄係宮殿監督領侍，於逃走太監例應奏聞嚴拏 乃未經具奏，實屬遲誤，應請罰月銀六個月。總管太監常永貴，因藿得禄未經具奏，卽一人參奏，究屬狂妄越分，應請罰月銀一年。得旨：常永貴著加恩寬免一半，仍罰月銀六個月。

宮殿監處分則例

凡宮殿監接奉上諭具奏事件，有不敬謹詳明以致舛錯者，罰月銀一年。

凡宮殿監遇有各處首領缺出，有不將人去得，或年久出過力者保送，從中徇情者，罰月銀一年。

凡宮殿監俱係各處首領太監內補放之人，其有懷挾平日私忿、假公報復者，罰月銀一年。

凡宮殿監管轄各處首領太監等，有不按例秉公辦理、任性用法者，罰月銀一年。以上頭等罪四條。

凡宮殿監欽奉上諭禁約之事，日久廢弛者，罰月銀六個月。

凡宮殿監辦理宮內一切事務，有不勉力向前、諸事推諉者，罰月銀六個月。

凡宮殿監有不及時覺察，致各處首領太監有過誤應干議處、該總管尚不知者，罰月銀六個月。以上二等罪三條。

凡宮殿監於宮中一切禮儀怠忽舛失者，罰月銀三個月。

凡宮殿監議罰議責各處首領太監等，有不按例處分，或引例比擬差錯者，罰月銀三個月。

凡宮殿監於宮中一切按例用度，如柴炭、冰、蠟之類。有不節慎察覈，以致糜費錢糧者，罰月銀三個月。

凡宮殿監非因公事使令各處首領太監者，罰月銀三個月。以上三等罪四條。

以上各條，宮殿監領侍等互相秉公稽察，有犯者引例參奏治罪，仍各記檔。若犯頭等罪三次，二等罪五次，三等罪十次，仍不改悔，具牌請旨，交總管內務府大臣治罪。其有一人犯罪而衆宮殿監領侍等隱飾不行參奏，經上訪出，或被各處首領太監等告發審實，將衆宮殿監等交總管內務府大臣從重治罪。告實之首領，加一級；告實之太監，賞銀十兩。

各處首領太監等處分則例

凡宮殿監等處太監等有在禁地口角鬥毆者，如係首領，罰月銀六個月；太監，重責六十板。其首領等非本身犯罪，係該管太監犯罪者，祗屬失察，照本例減等，罰月銀兩月。

凡宮殿監等處太監等有在禁地白日飲酒酗醉者，如係首領，罰月銀六個月；太監，重責六十板。其首領等非本身犯罪，係該管太監犯罪者，祗屬失察，照本例減等，罰月銀兩月。

凡宮殿監等處太監等有在禁地賭博者，如係首領，罰月銀六個月；太監，重責六十板。其首領等非本身犯罪，係該管太監犯罪者，祗屬失察，照本例減等，罰月銀兩月。以上頭等罪三條。

凡宮殿監等處太監等欽奉諭旨傳宣事件，有不應干與之人探聽傳播者，如係首領，罰月銀四個月；太監，重責四十板。

凡宮殿監等處太監等有不謹慎火燭、失誤看守者，如係首領，罰月銀四個月；太監，重責四十板。其首領等非本身犯罪，係該管太監犯罪者，祗屬失察，照本例減等，罰月銀一月。

凡宮殿監等處太監等有不勤慎以致睡誤坐更者，如係首領，罰月銀四個月；太監，重責四十板。其首領等非本身犯罪，係該管太監犯罪者，祗屬失察，照本例減等，罰月銀一月。

凡宮殿監等處太監等有不守法度、諠譁無禮者，如係首領，罰月銀四個月；太監，重責四十板。其首領等非本身犯罪，係該管太監犯罪者，祗屬失察，照本例減等，罰月銀一月。

凡各宮殿等處太監等收貯一切陳設器皿官物，有不謹慎安置，以致失誤傷損者，如係首領，罰月銀四個月；太監，重責四十板。其首領等非本身犯罪，係該管太監犯罪者，祗屬失察，照本例減等，罰月銀一月。

凡各宮殿等處太監等收貯一切錢糧用度官物，有不謹慎察覈，以致遺失缺少者，如係首領，罰月銀四個月；太監，重責四十板。其首領等非本身犯罪，係該管太監犯罪者，祗屬失察，照本例減等，罰月銀一月。

凡宮殿監等處太監等有將内外事情妄行傳宣者，如係首領，罰月銀四個月；太監，重責四十板。

凡宮殿監等處太監等如係首領，有不服總管管轄者，罰月銀四個月；太監有不服本管首領管束者，重責四十板。以上二等罪八條。

凡宮殿監等處太監等承值一應祭祀供獻器物，有不敬謹將事、倨侮不恭者，如係首領，罰月銀兩個月；太監，重責二十板。

凡宮殿監等處太監等有失誤關防者，如係首領，罰月銀三個月；太監，重責三十板。

凡宮殿監等處太監等有不看守本管地方，擅至不應至之處，如係首領，罰月銀兩個月；太監，重責二十板。

凡宮殿監等處太監等，有告假因而遲誤進内者，如係首領，罰月銀兩個月；太監，重責二十板。

凡宮殿監等處太監等俱屬宮殿監管轄，若宮殿監因官差傳集，各處首領太監等有抗違不至，以致失誤差事者，如係首領，罰月銀兩個月；太監，重責二十板。以上三等罪五條。

以上各條，由宮殿監領侍等不時秉公稽察，有犯者，如係首領，具牌引例參奏治罪；太監，按例責處。仍各記檔。其各處首領太監，若犯頭等罪三次，二等罪五次，三等罪十次，仍不知守法悛改，具牌請旨，交總管内務府大臣治罪。

凡各處太監等如初次逃走被獲者，枷號一個月，責三十板，交總管太監撥在外圍當差，減食一兩錢糧；十年後，仍給二兩錢糧。如自行投回，在一個月之内者責三十板，交進減食一兩錢糧；一年後仍給二兩錢糧。兩個月之内者，責三十板，交進減食一兩錢糧；二年後仍給二兩錢糧。三個月之内者，責三十板，交進減食一兩錢糧；三年後仍給二兩錢糧。三個月之外者，責四十板，交進減食一兩錢糧；四年後仍給二兩錢糧。二次逃走，俱自行投回者，枷號一個月，責三十板，交總管太監撥在外圍當差，減食一兩錢糧；十年後，仍給二兩錢糧。初次逃走被獲，二次逃走自行投回者，枷號兩個月，責四十板，交總管太監撥在外圍當差，減食一兩錢糧；十年後仍給二兩錢糧。初次逃走自行投回，二次逃走被獲者，發往吴甸鍘草三年，責四十板；滿日，交總管太監撥在外圍當差，減食一兩錢糧；十年後仍給二兩錢糧。初次、二次逃走，俱係被獲者，發往黑龍江給兵丁爲奴。三次逃走俱係自行投回者，發往吴甸鍘草三年，責四十板；滿日，交總管太監撥在外圍當差，減食一兩錢糧；十年後仍給二兩錢糧。三次逃走，内有一次被獲者，發往黑龍江給兵丁爲奴，責六十板，枷號一個月；發遣後遇赦釋回，復行逃走，無論投回被獲，概行責六十板，枷號一個月，仍發往黑龍江給兵丁爲奴。

宮殿監議罪則例

凡宮殿監等處太監等有在外犯法，由外部奏明要人者，宮殿監察明犯人，具牌奏明，即行送出，交外部按例治罪。

凡宮殿監等處太監等有在内犯法，情罪較重，宮殿監不敢擅專者，具牌奏明，即行送出，交總管内務府大臣治罪。

凡宮殿監等處太監等有在内犯法，情罪較重，宮殿監不能剖斷者，具牌奏明，即行送出，交總管内務府大臣審理。

凡宮殿等處太監等有奉上諭議罰議責者，有經宮殿監查參議罪者，皆按宮殿監及首領太監等處分則例定擬。其有本例所不能該，可引例比照辦理，仍將所引比照之例聲明。

國朝宮史續編卷之七十三

宮制二

額數職掌

乾隆三十四年十一月初五日，奉諭旨：向來萬善殿有年幼太監十餘人在内讀書，派漢教習一員專司其課。該處復係僧徒典守，與學舍雜居，既屬非禮，且太監職在供給使令，就使讀書，不過教之略識字體，何必選派科目人員與之講授，令其通曉文義乎？在前明閹豎擅政，司禮秉筆，惟所欲爲，因使若輩通文，便其自利之計，甚至選詞臣課讀，交結營私，此等粃政，朕每深非而痛斥之。我朝宮府肅清，太監等從不令干與政事，卽不識字何礙？或伊等間有登記檔册之處，但能粗辨字畫足矣。現今讀清書之太監等在長房一帶，派内務府筆帖式課之，此等讀漢書之人，原可附近該處另選内務府筆帖式之曾讀漢字書者授之句讀，又何必爲之專設一漢員教令讀書乎？所有萬善殿派用漢教習之例，著永遠停止。其如何酌撥房屋，選派人員各事宜，交總管内務府大臣定議具奏。

四十一年十二月初三日，奉諭旨：向例内監先由禮部報名記檔，再交内務府大臣驗看後，分派各處充役。近來報名者甚少，或因部中胥役需索，致伊等觀望不前，亦未可定。此例蓋沿明季舊辦理，以專責成。嗣後内監報名，不必仍由禮部。

嘉慶四年四月十一日，總管蕭得禄等奉諭旨：從前宫中太監缺額者，皆因外邊王公、大臣使令太監過多，原無定額。今朕欽定諸王、貝勒、貝子、公等使令太監各有額數，不許多增。如有逾額者，令其送進宫内，交總管等分撥當差。嗣後停止挑取旗下太監。再，朕披閲現行則例，各處太監額内竟有與則例不符者，或以前有增減之處，爾總管等詳細查明，並將各處首領太監額數查覈，量其差務，酌加增減。先將養牲處、鴿子房二處裁汰。再將圓明園、清漪園、静明園太監酌定額數。其所用太監數目較比以前欽定額數，分晰彙奏，以便將來修理現行則例。

十一月初三日，總管蕭得禄等奏：禮部尚書德明遵旨查辦，請將太廟太監首領王德順賞給七品頂帶，副首領張禄、韓成賞給八品頂帶，所有錢糧照例支給，毋庸加增。謹據所稱轉奏。得旨：俟補修則例時，將此七品官職首領一名、八品官職副首領二名，載入則例。

十四年十一月十九日，奉諭旨：前曾降旨，欽定親郡王、貝勒、貝子、公等應用太監額數，以杜冒濫。是以年來未照乾隆年間之例，令王、貝勒等將伊家太監送進當差，原以特示體恤。惟現在宫中所用太監較朕覈減之額尚缺三百餘名，實不敷使用。著於親郡王、貝勒、貝子、公等所用太監足額之家，各選進三四名，以備當差。

額數職掌條例

敬事房

四品總管一，宮殿監督領侍。五品總管二，宮殿監正侍。六品副總管六，俱宮殿監。專司遵奉諭旨辦理宮内一切事務及應行禮儀，承行總管内務府各衙門文移，收覈外庫錢糧，甄別調補宮内各項太監，查視各門啓閉，巡察火燭、關防等事。總管月銀八兩，米八斛，公費制錢一貫三百。舊額：四品總管三，嗣裁爲一；增五品總管二。副總管月銀七兩，米七斛，公費制錢與總管同。凡委署總管無定額，於七品執守侍内委署，仍食本職銀、米、公費。七品首領二員，俱執守侍。八品筆帖式二員，俱侍監。太監二十六名，專司掌案辦事，承行内務府文移，巡防火燭、坐更等事。首領月銀四兩，米四斛，公費制錢一貫。筆帖式月銀三兩，米三斛，公費制錢七百。舊額四，今裁爲二。太監内食月銀三兩、米三斛者三，銀二兩五錢、米二斛半者七，銀二兩、米一斛半者十六；公費均制錢六百。

乾清宮

七品首領一，執守侍。八品副首領一，侍監。太監二十五名。專司供奉列祖實録、聖訓，江山社稷殿香燭，收貯賞用器物、本處陳設，灑掃及御前坐更等事。首領月銀四兩，米四斛，公費制錢一貫。副首領銀米同，公費制錢七百。太監内食月銀三兩、米三斛者三，銀二兩五錢、米二斛半者六，銀二兩、米一斛半者十六；公費均制錢六百。舊額二十四，嗣增一。

臣等恭查：乾清宫首領舊額四，以執守侍充者二，侍監充者二。今裁二，設正、副首領各一。正以執守侍爲之，副以侍監爲之。

乾清門

八品首領二，俱侍監。太監十二。專司御門聽政寶座、黼扆，晨昏啓閉，稽察大小臣工出入，登記尚書房翰林入直、侍衛直宿名單及灑掃、坐更等事。首領月銀四兩，米四斛，公費制錢七百。太監月銀二兩，米一斛半，公費制錢六百。

昭仁殿兼龍光門

八品首領二，俱侍監。太監十。專司陳設、灑掃、坐更等事。首領月銀四兩，米四斛，公費制錢七百。太監月銀二兩，米一斛半，公費制錢六百。

弘德殿兼鳳彩門

八品首領二，俱侍監。太監十。專司陳設、灑掃、坐更等事。首領月銀四兩，米四斛，公費制錢七百。太監月銀二兩，米一斛半，公費制錢六百。

端凝殿兼自鳴鐘

七品首領一，執守侍。太監十。專司近御隨侍賞用銀兩，驗自鳴鐘時刻及陳設、灑掃、御前坐更等事。首領月銀四兩，米四斛，公費制錢一貫。太監内食月銀三兩、米三斛者三，銀二兩五錢、米一斛半者四，舊額五，嗣裁爲四。銀二兩、米一斛半者三；舊額二，嗣增爲三。公費均制錢六百。

懋勤殿兼本房

七品首領一，執守侍。八品首領一，侍監。太監十。專司承值御筆並收掌文房書籍、登載内起居注及御前坐更等事。正首領月銀四兩，米四斛，公費制錢一貫。舊額二，嗣裁爲一，增副首領一。副首領銀米同，公費制錢七百。太監内食月銀三兩、米三斛者三，銀二兩五錢、米二斛半者四，舊額五，嗣裁爲四。銀二兩、米一斛半者三；舊額二，嗣增爲三。公費均制錢六百。

四執事

七品首領一，執守侍。八品首領一，侍監。太監三十五。專司上用冠袍帶履，隨侍執傘執爐，承應上用武備，收貯備賞衣服及御前坐更等事。正首領月銀四兩，米四斛，公費制錢一貫。副首領銀米同，公費制錢七百。太監内食月銀三兩、米三斛者十五，銀二兩五錢、米二斛半者十四，舊額十五，嗣裁爲十四。銀二兩、米二斛者六；舊額五，嗣增爲六。公費均制錢六百。

臣等恭查：四執事首領，舊額一，今增設副首領一，以侍監爲之。

四執事庫

八品首領一，侍監。太監二十。專司收掌上用冠袍帶履，鋪設寢宫幃幔及坐更等事。首領月銀四兩，米四斛，公費制錢七百。太監内食月銀三兩、米三斛者五，銀二兩五錢，米二斛半者五，銀二兩、米一斛半者十；公費均制錢六百。

臣等恭查：四執事庫太監，舊額十八，今增二，共額二十。

奏事處

八品首領一，侍監。太監十七。專司傳宣諭旨，引帶召對人員，承接題奏事件，隨侍及御前坐更等事。首領月銀四兩，米四斛，公費制錢七百。太監内，司奏事食月銀四兩、米四斛者三。司隨侍食月銀三兩，米三斛者二，銀二兩、米一斛半者二。司記檔食月銀三兩、米三斛者二，銀二兩、米一斛半者二。供使令食月銀三兩、米三斛者二，銀二兩五錢、米二斛半者一，銀二兩、米一斛者三；公費均制錢六百。其有恩賜官職者，各按品級給銀、米、公費。

臣等恭查：奏事處舊不設首領，屬四執事兼轄。嗣增首領一，以侍监爲之。舊額太监十八，嗣於奏事項下裁一，共額十七。

日精門

八品首領二，侍監。太監八。專司啓閉關防，灑掃、坐更等事。首領月銀四兩，米四斛，公費制錢七百。太監均月銀二兩，米一斛半，公費制錢六百。

月華門

八品首領二，侍監。太監八。專司啓閉關防，灑掃、坐更等事。首領月銀四兩，米四斛，公費制錢七百。太監均月銀二兩，米一斛半，公費制錢六百。

南書房

不設首領，屬月華門首領兼轄。太監四，專司應候内廷翰林出入及坐更等事，均月銀二兩，米一斛半，公費制錢六百。

上書房

不設首領，屬日精門首領兼轄。太監四，專司至聖先師前香燭，陳設，灑掃及坐更等事，均月銀二兩，米一斛半，公費制錢六百。

尚乘轎

八品首領二，侍監。太監三十二。專司承應請轎、隨侍及御前坐更等事。首領月銀四兩，米四斛，公費制錢七百。太監内食月銀三兩、米三斛者十，銀二兩五錢、米二斛半者十六，舊額十，嗣增爲十六。銀二兩、米一斛半者六；舊額十二，嗣裁爲六。公費均制錢六百。

御藥房

八品首領二，俱侍監。太監二十。專司帶領御醫各宫請脈，煎藥、坐更等事。首領月銀四兩，米四斛，公費制錢七百。太監内食月銀三兩、米三斛者三，銀二兩五錢、米二斛半者五，銀二兩、米一斛半者十二；公費均制錢六百。

交泰殿

八品首領二，俱侍監。太監六。專司尊藏御寶，收貯勳臣黄册，驗自鳴鐘時刻，陳設、灑掃、坐更等事。首領月銀四兩，米四斛，公費制錢七百。太監月銀二兩，米一斛半，公費制錢六百。

坤寧宫兼坤寧門

七品首領一，執守侍。八品副首領一，侍監。太監十二。專司供奉神前香燭，陳設、灑掃、關防、坐更等事。首領月銀四兩，米四斛，公費制錢一貫。副首領銀、米同，公費制錢七百。太監月銀二兩，米一斛半，公費制錢六百。

臣等恭查：坤寧宫兼坤寧門，舊額首領二，俱侍監。嗣改爲七品首領一，以執守侍爲之；八品副首領一，以侍監爲之。

東暖殿兼永祥門　西暖殿兼增瑞門

八品首領各一，均侍監。太監各十四。專司陳設、灑掃、坐更等事。首領均月銀四兩，米四斛，公費制錢七百。太監均月銀二兩，米一斛半，公費制錢六百。

臣等恭查：東西暖殿，舊額正副首領各一。今裁一，設八品首領一，以侍監爲之。

景和門　隆福門

以上二處，八品首領各二，俱侍監。太監各八。專司啓閉關防、灑掃、坐更等事。首領月銀四兩，米四斛，公費制錢七百。太監月銀二兩，米一斛半，公費制錢六百。

基化門　端則門

以上二處，八品首領各一，俱侍監。太監各八。專司啓閉關防、灑掃、坐更等事。首領月銀四兩，米四斛，公費制錢七百。太監月銀二兩，米一斛半，公費制錢六百。

臣等恭查：基化門、端則門二處，舊額首領各二。嗣裁爲一，仍以侍監爲之。

內左門　內右門

八品首領各二，均侍監。太監各十二。內左門專司啓閉關防、灑掃、坐更等事。內右門除啓閉，關防、灑掃、坐更外，兼查茶膳房人等、衆太監等出入，每晚起更時，宮內等處報無事畢，具單送敬事房。首領月銀四兩，米四斛，公費制錢七百。太監月錢二兩，米一斛半，公費制錢六百。

咸福宮

景仁宮　永壽宮　承乾宮　翊坤宮　鍾粹宮　儲秀宮　延禧宮　啓祥宮　永和宮　長春宮　景陽宮

以上十二宮，八品首領各二，均侍監。太監十二。專司本宮陳設、灑掃、承應傳取、坐更等事。首領月銀四兩，米四斛，公費制錢七百。太監月銀二兩，米一斛半，公費制錢六百。

臣等恭查：景陽宮首領太監兼司御書房收貯書畫等事，設額名數，仍與各宮同。

近光左門

不設首領，屬景仁宮首領兼轄。太監五，專司啓閉關防、灑掃、坐更等事。太監月銀二兩，米一斛半，公費制錢六百。

近光右門

不設首領，屬永壽宮首領兼轄，所司及太監額與左門同。

養心殿　重華宮　建福宮

共七品首領一，執守侍。八品副首領二，侍監。太監四十五。專司收貯賞用物件及陳設、灑掃、御前坐更等事。首領月銀四兩，米四斛，公費制錢一貫。副首領銀米同，公費制錢七百。太監內食月銀三兩、米三斛者十，銀二兩五錢、米二斛半者十一，（舊額十，嗣增爲十一。）銀二兩、米一斛半者二十四（舊額爲二十五，嗣裁爲二十四。）公費均制錢六百。

臣等恭查：以上三處，舊設七品首領二，八品副首領二。今裁七品執守侍首領一，餘如舊額。

養心殿內兼吉祥門

五品副總管一，监副侍。七品首領二，執守侍。八品副首領三，侍監。太監五十。專司近御隨侍，收掌內庫錢糧並古玩、書畫、陳設、灑掃及御前坐更等事。總管月銀七兩，米七斛，公費制錢一貫二百。首領月銀四兩，米四斛，公費制錢一貫。副首領銀、米同，公費制錢七百。太監內食月銀四兩、米四斛者十，月銀三兩、米三斛者十，月銀二兩五錢、米二斛半者十一，（舊額十，嗣增爲十一。）月銀二兩、米二斛者十九；（舊額二十，嗣裁爲十九。）公費均制錢六百。

御書房

臣等恭查：前編載御書房額設八品首領一，侍監。太監十二。專司收貯書籍等事。嗣省，以景陽宮首領太監等兼司其事，見本宮項下。

古董房

八品首領一，侍監。太監十二。專司收貯古玩器皿，坐更等事。首領月銀四兩，米四斛，公費制錢七百。太監月銀二兩，米一斛半，公費制錢六百。

御茶房

七品首領二，執守侍。八品副首領三，侍監。太監五十。專司上用茗飲果品及各處供獻、節令宴席、隨侍、坐更等事。首領月銀五兩，米五斛，公費制錢一貫。副首領月銀四兩，米四斛，公費制錢七百。太監内食月銀三兩、米三斛者十，銀二兩五錢、米二斛半者二十，銀二兩，米一斛半者二十；公費均制錢六百。

臣等恭查：御茶房舊設七品首領三，執守侍爲之。八品首領四，侍監爲之。今裁七品者一，八品者一，共正副首領五。太監四十五，今增五，共太监五十。

御膳房

七品總管二，執守侍。八品首領六，侍監。太監一百。專司上用膳饈，各宫饌品及各處供獻，節令宴席，隨侍、坐更等事。總管月銀五兩，米五斛，公費制錢一貫。首領月銀四兩，米四斛，公費制錢七百。太監内食月銀三兩，米三斛者二十，銀二兩五錢、米二斛半者二十，銀二兩、米一斛半者六十；公費均制錢六百。

臣等恭查：御膳房舊設七品總管三，今裁一。八品首領十，今裁四。共七品總管二，八品首領六。太監仍舊。外增設擡水差使者十。

鳥鎗處

八品首領一，侍監。太監四。專司隨侍上用鳥鎗及御前坐更等事。首領月銀四兩，米四斛，公費制錢七百。太監食月銀三兩、米三斛者一，銀二兩五錢、米二斛半者一，銀二兩、米一斛半者二；舊設太監食銀米皆同，嗣分別加增。公費均制錢六百。

臣等恭查：鳥鎗處舊設七品首領一，嗣改爲八品，以侍監爲之。

弓箭處

不設首領，屬鳥鎗處首領兼轄。太監五。專司隨侍上用弓箭及御前坐更等事。太監内食月銀二兩五錢、米二斛半者二，銀二兩、米二斛者三；舊設太監四，食銀、米皆同，嗣分別加增。公費均制錢六百。

臣等恭查：弓箭處舊設太監四，嗣增一，共太監五。

按摩處

不設首領，同屬鳥鎗處首領兼轄。太監六。專司隨侍請髮及御前坐更等事。太監内食月銀二兩五錢、米二斛半者二，銀二兩、米一斛半者四；舊銀米皆同，嗣分别加增。公費均制錢六百。

南果房

八品首領一，侍監。太監八。專司收貯乾鮮果品、坐更等事。首領月銀四兩，米四斛，公費制錢七百。太監月銀二兩，米一斛半，公費制錢六百。

養牲處　鴿子房

臣等恭查：以上二處，舊設首領太監。於嘉慶四年奉有諭旨裁汰，恭載本卷。再查前編載鷹房狗房首領太監，今遵現行則例删。

國朝宮史續編卷之七十四

官制三

額數職掌條例

毓慶宮

八品首領二，均侍監。太監十二。專司陳設、灑掃及坐更等事。首領月銀四兩，米四斛，公費制錢七百。太監內食月銀三兩、米三斛者一，銀二兩五錢、米二斛半者二，銀二兩、米一斛半者九；公費均制錢六百。

臣等謹案：乾隆六十年乙卯，詔宣册立之命。皇上於十一月冬至後由東所移居毓慶宮。嘉慶元年丙辰正月元日，受寶禮成，遂以青宮臨御，表正宸垣。於是設立首領太監各項人員，以符體制。伏查宮中則例，列於齋宮之次。兹謹移載。

蒼震門

八品首領一，侍監。太監八。專司啓閉關防、灑掃、坐更等事，並稽查祭神房人等出入。首領月銀四兩、米四斛、公費制錢七百。太監月銀二兩，米一斛半，公費制錢六百。

遵義門

八品首領一，副首領一，俱侍監。太監六。專司啓閉關防，灑掃、坐更等事。首領、太監月食銀、米、公費皆與蒼震門同。副首領月銀三兩，米三斛，公費制錢七百。

臣等恭查：蒼震門、遵義門，舊額首領各二，嗣各裁爲一。遵義門增副首領一，太監八，嗣裁爲六。

齋宮

八品首領一，侍監。太監八。專司陳設、灑掃、坐更等事。首領月銀四兩，米四斛，公費制錢七百。太監月銀二兩，米一斛半，公費制錢六百。

御花園

七品首領一，執守侍。八品副首領一，侍監。太監二十四。專司園內斗壇、四神祠等處香燭，培澆花樹，飼養池魚、仙鶴及陳設、灑掃、坐更等事。首領月銀四兩，米四斛，公費制錢一貫。副首領月銀三兩，米三斛，公費制錢七百。太監均月銀二兩，米一斛半，公費制錢六百。

臣等恭查：御花園舊額首領二，副首領二，俱以侍監爲之。嗣改設七品首領一，以執守侍爲之。八品副首領一，以侍監爲之。

天穹殿

不設首領，屬景陽宮首領兼轄。太監八。專司香燭、灑掃、坐更等事。太監均月銀二兩，米一斛半，公費制錢六百。

臣等恭查：天穹殿舊額八品首領二，嗣裁。

祭神房

八品首領一，侍監。副首領一，無品級。太監二十六。專司祭神省牲、坐更等事。首領月銀四兩，米四斛，公費制錢七百。舊額二，嗣裁爲一。副首領月銀三兩，米三斛，公費與首領同。太監均月銀二兩，米一斛半，公費制錢六百。

中正殿

首領一，無品級。太監八。專司香燭、灑掃等事。首領月銀三兩，米三斛，公費制錢七百。太監均月銀二兩，米一斛半，公費制錢六百。

英華殿

首領一，無品級。太監四。專司香燭、灑掃等事。首領月銀三兩，米三斛。太監均月銀二兩，米一斛半。首領、太監俱不設公費。

欽安殿兼城隍廟

八品首領一，侍監。太監十四，俱充道士。專司唪誦經懺、焚修香火等事。首領月銀四兩，米四斛，公費制錢七百。太監均月銀二兩，米一斛半，公費制錢六百。

臣等恭查：欽安殿兼城隍廟，舊額首領三，太監十二。嗣裁首領二爲一，增太監二爲十四。

壽皇殿兼永思殿

八品首領一，侍監。副首領一，無品級。太監十。專司御容前香燭、灑掃、坐更等事。首領月銀四兩，米四斛，公費制錢七百。副首領月銀三兩，米三斛，公費與首領同。舊額首領一，嗣增副首領一。太監均月銀二兩，米一斛半，公費制錢六百。舊額四，嗣增爲十。

雍和宮

首領一，無品級。太監四。專司陳設、灑掃等事。首領月銀三兩，米三斛，公費制錢七百。舊額副首領一，嗣裁。太監均月銀二兩，米一斛半，公費制錢六百。舊額六，嗣裁爲四。

臣等謹案：宮中則例恭列雍和宮於壽皇殿之次，今遵移載。

兆祥所兼遇喜處

首領一，無品級。太監六。專司灑掃等事。首領月銀三兩，米三斛，公費制錢七百。太監均月銀二兩，米一斛半，公費制錢六百。舊額十，嗣裁爲六。

打掃處

八品首領二，俱侍監。太監六十。專司各處打掃、運水、添缸、一應雜差、坐更等事。首領月銀四兩，米四斛，公費制錢七百。舊額首領一，嗣增爲二。太監均月銀二兩，米一斛半，公費制錢六百。舊額七十五，嗣裁爲六十。

熟火處

八品首領二，俱侍監。太監五十。專司各處安設熟火、擡運柴炭、一應雜差、坐更等事。首領均月銀四兩，米四斛，公費制錢七百。太監均月銀二兩，米一斛半，公費制錢六百。

柴炭處　燒炕處

臣等恭查：以上二處，舊設首領各二，太監各二十五。今裁，其職事即由打掃處兼司。

造辦處

八品首領一，侍監。太監四。專司帶領造辦處外匠造辦一切物件。首領月銀三兩，米三斛，公費制錢七百。舊額首領二，嗣裁爲一。太監均月銀二兩，米一斛半，公費制錢六百。舊額二十五，嗣裁爲四，移十五入做鐘處，另設。

做鐘處

八品首領一，侍監。太監十五。所司與造辦處同。首領月銀四兩，米四斛，公費制錢七百。太監内食月銀二兩五錢、米二斛半者二，銀二兩、米一斛半者十三；公費均制錢六百。

北小花園

首領一，無品級。太監六。專司培灌花樹、灑掃等事。首領月銀二兩五錢，米二斛半，公費制錢七百。太監均月銀二兩，米一斛半，公費均制錢六百。

讀清字漢字蒙古字書房

均不設首領，屬敬事房首領兼轄。清字房太監六。漢字房太監十。蒙古字房太監四。月銀均二兩，米一斛半，公費均制錢六百。

皇太后宮

六品副總管二，俱執事侍。八品首領一，侍監。太監四十六。茶房首領一，侍監；太監十。膳房首領二，俱侍監；太監二十。藥房首領一，侍監；太監六。副總管均月銀五兩，米五斛，公費制錢一貫一百。首領均月銀四兩，米四斛，公費制錢七百。太監均月銀二兩，米一斛半，公費均制錢六百。

臣等恭查：皇太后宮舊額首領五，嗣裁爲一。茶房、膳房、藥房首領三，嗣增爲四。

太妃位下

八品首領一，侍監。太監十。首領月銀四兩，米四斛，公費制錢七百。舊額二，嗣裁爲一。太監月銀二兩，米一斛半，公費制錢六百。

太嬪位下

首領額同。太監八。首領、太監銀、米同。

貴人　常在位下

不設首領。太監各四。月銀二兩，米一斛半，公費制錢六百。

太妃以次位下膳房

統設七品首領一，執守侍。八品首領二，俱侍監。太監二十四。七品首領月銀五兩，米五斛，公費制錢一貫。八品首領月銀四兩，米四斛，公費制錢七百。太監月銀二兩，米一斛半，公費制錢六百。

太妃以次位下藥房

不設首領，屬御藥房首領兼轄。太監八，月銀二兩，米一斛半，公費制錢六百。

慈寧宮佛堂

首領五，副首領二，俱無品級。首領内充喇嘛者三。太監三十二，内充喇嘛者十五；學喇嘛經者四。首領均月銀三兩，米三斛，公費制錢七百。副首領月銀二兩五錢，米二斛半，公費同。舊額十，嗣裁爲七。太監月銀二兩，米一斛半，公費制錢六百。舊額五十二，嗣裁爲三十二。

壽康宮

八品首領一，侍監。太監六。首領月銀四兩，米四斛，公費制錢七百。舊額副首領二，無品級。嗣設八品首領一。太監均月銀二兩，米一斛半，公費制錢六百。

寧壽宮

七品首領二，執守侍。八品副首領二，侍監。太監五十。首領月銀四兩，米四斛，公費制錢一貫。副首領銀、米同，公費制錢七百。舊額首領四，均無品級。嗣設七品首領二，八品副首領二，銀米亦按品增給。太監内食月銀三兩、米三斛者四，銀二兩五錢、米二斛半者六，銀二兩、米一斛半者四十；公費均制錢六百。舊額十六，嗣增爲五十。

皇子下

八品首領一，侍監。太監二十五。首領月銀四兩，米四斛，公費制錢七百。太監月銀二兩，米一斛半，公費制錢六百。舊額二十，嗣增爲二十五。

公主下

首領一，無品級。太監四。首領月銀三兩，米三斛，公費制錢七百。太監月銀二兩，米一斛半，公費制錢六百。

皇孫下

首領一，無品級。太監十五。首領月銀三兩，米三斛，公費制錢七百。太監月銀二兩，米一斛半，公費制錢六百。

皇曾孫下

首領一，無品級。太監二。首領月銀三兩，米三斛，公費制錢七百。太監月銀二兩，米一斛半，公費制錢六百。

瀛臺兼武成殿

八品首領一，侍監。副首領二，無品級。太監二十二。專司陳設、灑掃、坐更等事。首領月銀四兩，米四斛，公費制錢七百。副首領月銀三兩，米三斛，公費同。舊額副首領一，嗣增一。太監月銀二兩，米一斛半，公費制錢六百。

畫舫齋兼蠶壇

八品首領一，侍監。副首領二，無品級。太監十四。專司陳設、灑掃、坐更等事。首領、副首領、太監，銀、米、公費均與瀛臺同。舊未設額，嗣增。

永安寺兼承光殿

八品首領一，侍監。副首領二，無品級。太監十。專司陳設、灑掃、坐更等事。首領月銀四兩，米四斛，公費制錢七百。副首領月銀三兩，米三斛，公費同。舊額副首領一，嗣增一。太監月銀二兩，米一斛半，公費制錢六百。

臣等恭查：則例列瀛臺於景山之前。今遵移載。

景山

七品總管一，執守侍。八品首領二，侍監。總管月銀五兩，米五斛，公費制錢一貫。首領月銀四兩，米四斛，公費制錢七百。委署首領太監無定額。首領無品級者月銀三兩，米三斛，公費制錢七百。太監月銀二兩，米一斛半，公費制錢六百。其恩加月銀不爲定額。有恩賞品級者，即按品級給銀、米、公費。

南府

七品總管一，執守侍。八品首領四，侍監。總管月銀五兩，米五斛，公費制錢一貫。首領月銀四兩，米四斛，公費制錢七百。委署首領及太監無定額。無品級者月銀三兩，米三斛，公費制錢七百。太監月銀二兩，米一斛半，公費制錢六百。其恩加月銀，不爲定額。有恩賞品級者，即按品級給銀、米、公費。

圓明園

六品總管一，執事侍。七品副總管四，執守侍。七品首領十，俱執守侍。八品副首領二十二，俱侍監。無品級首領五十一。太監五百三十二。總管月銀六兩，米六斛，公費制錢一貫一百。副總管月銀五兩，米五斛，公費制錢一貫。首領月銀四兩，米四斛，公費與副總管同。副首領銀、米均與首領同。公費制錢七百。無品級首領均月銀三兩，米三斛，公費與首領同。太監内技勇七十，均月銀三兩、米四斛，船上月銀三兩、米三斛者六，月銀二兩五錢、米二斛半者八，各處當差月銀二兩五錢、米二斛半者五十，月銀二兩、米一斛半者三百九十八；公費均制錢六百。舊額四百六名，嗣定爲五百三十二。

臣等恭查：圓明園舊額七品總管二，嗣定爲四。八品首領十八，嗣定爲二十二。無品級首領四十二，嗣定爲五十一。此内有恩賞八品首領二。

清漪園　静明園　静宜園　盤山　暢春園　泉宗廟　聖化寺

均係圓明園總管首領太監等承應差務。

避暑山莊

係宫内總管首領太監等承應差務。

内務府所屬掌儀司

八品首領二，侍監。副首領四，無品級。常行當差太監六十。首領月銀三兩，米三斛。舊額五，嗣裁爲二。副首領月銀二兩五錢，米二斛半。舊額八，嗣裁爲四。太監月銀二兩，年米十六斛。舊額一百，嗣裁爲六十。其公費均由恩賞，每月制錢四十分，每分制錢六百。

司樂副首領二，無品級。太監八十。專肄中和樂器。首領月銀二兩五錢，米二斛半。（舊未設額，嗣增。）太監月銀二兩，米一斛半。（舊額六十，嗣增爲八十。）其公費均由恩賞，每月制錢四十分，每分制錢六百。

臣等恭查：掌儀司舊額設有圓清太监六，觔斗太監十四，均裁。

鑾儀衛

首領一，無品級。太監八。首領月銀二兩五錢，米二斛半。（舊額副首領四，今改設首領一。）太監月銀二兩，年米十六斛。（舊額三十，嗣裁爲八。）均無公費。

營造司

八品首領一，侍監。副首領二，無品級。太監三十。首領月銀三兩，米三斛，（舊額二，嗣裁爲一。）副首領月銀二兩五錢，米二斛半。（舊額三，嗣裁爲二。）太監月銀二兩，年米十六斛，（舊額四十，嗣裁爲三十。）其公費均由恩賞，每月制錢十五分，每分制錢六百。

奉先殿

八品首領一，侍監。副首領一，無品級。太監十四。首領月銀三兩，米三斛。（舊額二，嗣裁爲一。）副首領月銀二兩五錢，米二斛半。（舊額五，嗣裁爲一。）太監月銀二兩，米一斛半。（舊額二十，嗣裁爲十四。）

臣等恭查：舊額有太和殿、中和殿、保和殿、文華殿、武英殿、奉宸苑、尚衣監、武備院、酒醋局首領太監各缺，現行則例均裁。

南花園

首領一，無品級。太監七。首領月銀三兩，米三斛。太監月銀二兩，年米十六斛。

永安寺

首領一，無品級。太監七，俱充喇嘛。又太監六，習喇嘛經。首領月銀三兩，米三斛，公費制錢七百。太監月銀二兩，米一斛半，公費制錢六百。

大西天

首領一，無品級。太監九，俱充喇嘛。首領月銀三兩，米三斛，公費制錢七百。太監月銀二兩，米一斛半，公費制錢六百。

簾子庫兼門神庫

首領二，無品級。太監十。首領季銀四兩五錢，米九斗。太監季銀三兩，米與首領同。前編分載舊額

臣等謹案：前編開載禮部所屬萬善殿、番經廠、漢經廠、工部所屬傳心殿，首領、太監各缺，首領各一，太監各八，嗣改首領二，太監十兼之。

今遵現行則例均裁。

太常寺所屬太廟

七品首領一，執守侍。八品副首領二，侍監。太監二十。首領季銀九兩，米九斛。副首領季銀六兩，米四斛。舊額首領一無品級，嗣改設七品者一，八品者二。太監銀、米同。

陵寢内務府所屬　陵寢地方

首領一，無品級。太監三。首領月銀四兩，米四斛。舊額二，嗣裁爲一。太監月銀二兩，米一斛半。舊額十，嗣裁爲三。

妃園寢

不設首領太監，屬管陵首領兼轄。舊額太監六，今裁。

臣等恭查：以上首領太監等有出缺者，由内務府奏准行文宮殿監，擬寫名單請旨辦理。

國朝宮史續編卷之七十五

書籍

臣等欽惟我國家文治光昭，典章明備，列聖御集，敷文成化，景鑠萬年，中祕所藏，册府所列，非前代天禄石渠、嘉則麗正所能媲盛。宮史前編立書籍一門，列目凡十有六。嗣後聖文美富，纂輯刊布，增益良多。悉依門類，以次續編。我高宗純皇帝典學崇深，文思光被，羅遺書於海内，萃儒士於禁中，編爲欽定四庫全書，珍藏七閣，其在大内者曰文淵閣。又撮其精要，爲四庫全書薈要二部，其在大内者曰摛藻堂。又以古籍遺聞，人間未見，懼其終就湮没，特創聚珍版，印行綿宇，嘉惠來兹，武英殿司之。内藏宋遼金元明版舊書，難得罕覯，爲經籍根柢，考證淵源，輯爲天禄琳琅書目前後二編，昭仁殿司之。又若歷代帝王名臣圖像，尊藏南薰殿，法戒昭然，聖記、御詩等百世以垂奕禩。又若官繪、官撰、臣工恭進，凡天文地理、宮殿名勝之藻績，藏於圖房、茶庫，均有關官府制度，圖史並傳。凡此諸目，皆前輯宮史時所尚未舉行者，允爲雲霞彬蔚，金石振聲，自有書契至今，無能臻斯美備。謹推廣前例，按部續編，曰實録，曰聖訓，曰聖製，曰御製，曰御題，曰鑒藏，曰欽定，曰方略，曰典則，曰經學，曰史學，曰志乘，曰字學，曰類纂，曰校刊，曰石刻，曰圖像，曰圖刻，曰圖繪。其梵文竺典，藏之淨境者，仍前例弗登焉。

書籍一

實録

太祖高皇帝實録一部 十三卷

太宗文皇帝實録一部 六十八卷

世祖章皇帝實録一部 一百四十七卷

聖祖仁皇帝實録一部 三百零三卷

世宗憲皇帝實録一部 一百五十九卷

臣等謹案：宮史前編，首登列聖實録，丕彰功德之原，開國承家，神謨世守，不特焜耀簡册已也。洎乎嘉慶四年四月，皇上命特開史館，恭修高宗純皇帝實録，並命重繕乾清宮陳設五朝實録各一分，共計六百九十卷。尋於六年五月繕本告成，進呈御覽，敬謹尊藏如例。瑶樞寶帙，振古常新，實億萬年紹聞繼序之本云。

嘉慶五年四月初七日，奉諭旨：朕恭閲高宗純皇帝實録，内載乾隆三年十月欽奉諭旨：四朝實録，理當畫一。今正值重繕列祖實録之時，應敬將恭加皇祖尊謚增入實録内。後世子孫，不得援以爲例。欽此。現在補繕乾清宫陳設五朝實録，應將上年恭加皇祖世宗憲皇帝尊謚睿聖二字，敬謹增入。其餘各處恭貯五朝實録，不必更動。

八年十二月十七日，奉諭旨：嗣後恭進五朝實録時，敬將五朝本紀一併進呈。

高宗純皇帝實録一部 一千五百卷

嘉慶四年三月十四日，奉諭旨：現在恭纂高宗純皇帝實録，宜擇潔淨處所，敬謹纂辦。且在事承辦大小各員，人數衆多，更須地方寬敞。因思清字經館，朕在藩邸時曾至其地，頗爲整齊静肅。所有繙譯經典現已竣事，著將該處作爲實録館，並將清字經館後屋四十餘間一併歸入。俾纂辦之地，益得寬展。其原存經版，令該管官酌量移貯。至將來朕出入西華門時，在館總裁各官毋庸照清字經館之例排班站立。

八月十八日，奉諭旨：本月十九日恭進實録，朕應跪接。是日係往觀德殿祭奠之期，著於辰刻恭進實録，先奉安於乾清宫東暖閣，朕還宫後拈香行禮。

十一年十一月十七日，奉諭旨：慶桂奏：將查明禮部開列會典則例所載，雍正、乾隆年間恭逢實録儀注進呈内奉安舉案，均係侍衛承值，尚未允協。現在恭纂高宗純皇帝實録，卷帙浩繁，典禮至重，未便僅令侍衛等將事。自應奏派貝子、公以下宗室官員，屆期分司齎捧，並派親王、郡王、貝勒等護衛，方足以昭虔恪。明年恭送皇考高宗純皇帝實録時，應如何酌定儀注，務臻盡善，並交大内接管歸架之處，著皇次子、儀親王、成親王、慶郡王會同軍機大臣敬謹妥議具奏。

十二年二月初五日，奉諭旨：乾清宫西暖閣内安設書格，恭貯五朝實録、聖訓，排次充盈。兹纂繕皇考高宗純皇帝實録、聖訓將屆告成，諏吉受書。敬惟皇考臨御寰宇六十年，訓政三年，久道化成，功文巍焕，載之簡册，篇帙尤繁，理應依次排貯。因念乾清宫東暖閣内向亦安設書格，與西暖閣規制相同。東暖閣位次居尊，自應恭奉五朝實録、聖訓先期移貯東暖閣，俟受書日再恭奉高宗純皇帝實録、聖訓安庋西暖閣，於敍次益昭允協。著欽天監卽選擇吉日時具奏，候朕簡派親王大臣敬謹移貯。

臣等欽惟高宗純皇帝御宇六十年，訓政三年，深仁厚澤之所彌綸，駿烈豐功之所昭布，有非紀載所能殫述者。臣等承命恭纂實録，仿例攟編，凡硃批、紅本、記注、閣簿、科鈔、旗册，一事一言，靡不竭誠蒐輯。謹自雍正十三年八月二十三日起至是月末爲一卷，以後按月釐爲二卷，閏月如之。嘉慶元年元旦，授寶禮成後，敬誌太上皇帝起居鴻儀，併欽奉勅旨，按年酌分二卷。至嘉慶四年正月三日，宣誥付遺，是爲堯典終篇。統全部計之，定爲一千五百卷成數。每纂成一帙，排日上呈宸覽，或間進雙本，寒暑不輟。仰荷睿裁詳慎，得有禀承。今僂時八載，全部告成，將以尊藏金匱，垂示萬年。遐哉繩契以來未有之寶書，允足以闡心傳而彰達孝。臣等謹珥筆恭紀，允爲贊頌無既云。

御製高宗純皇帝實録序

皇清荷上天之眷顧，龍興遼瀋，肇造丕基。太祖、太宗開創鴻業，休有烈光。世祖定鼎燕京，上繼列版圖式廓。聖祖久道化成，覃敷厚澤。世宗整綱飭紀，立政明倫。洪惟我皇考高宗純皇帝，上繼列聖之心傳，下垂億齡之統緒，聖德神謨，一辭莫贊。臨御六十三年，主敬克勤，孜孜不倦，全始全終，有如一日。予小子承古今未遇之隆恩，際國家昇平之盛世，大廷授璽，日領訓言。龍馭上賓，攀號曷及。爰命儒臣涓吉開館，敬謹纂輯實録，歷八寒暑，修成一千五百卷。炳炳麟麟，猗歟盛哉！綜千古帝王之心法治法，道統政統，靡不賅備。自有載籍圖書以來，未有若斯之盛者也。服膺庭訓，蠡測管窺。我皇考之實心實政，大端有四焉：一曰敬天。大祀歲歲躬親，聖壽彌高而精誠益勵，康健純常，自强不息，昭事聿懷，恒久不已。軍國重務，悉準以天理，至誠感格，如響應聲。親製大雩祝文，齋心步禱，鴐未還宫，甘霖立沛，此尤真切著明。相通呼吸，所由先天弗違，如形召影，本於欽若之實心也。一曰法祖。五朝實録，晨興敬觀，六十三年，周而復始。四莅盛京，珠邱展祀，敬覩先朝服御，追思水源木本，感慕無已。恭述太宗文皇帝戒萬世勿改衣冠，勒碑以昭法守，於萬斯年，引之勿替。爰在沖齡，蒙聖祖仁皇帝恩眷獨隆，有福過於予之諭。當世宗憲皇帝大事，盡哀盡禮，純誠純孝。恭侍孝聖憲皇后，承歡頤慶者四十餘年，掖輦則祇奉慈寧，居廬則永言孺慕。篤念本支，推恩惇敍。軫開國之親藩，復其封號。聯宗潢之譜系，優以品秩。唐帝之睦族，周室之展親，何以踰此，法祖之至誠，仁孝之極則也。一曰勤政。萬幾綜攬，鉅細躬親。晨興手披奏牘，召對臣工，周詢民隱。凡莅政所，悉以勤政題額，無逸書屏，垂示後人，敬守成憲，孰敢稍耽晏安，有負慈訓。蓋清明在躬，氣志如神，法天行健，純一不已。六十三年之大政，皆本於大聖人主敬克勤。奕禩蒙庥，永循程式，誠勤政之明效大驗也。一曰愛民。君臨九有，奉天治民，禮樂政刑，獎善懲惡，皆所以愛之也。自古聖帝明王未有如我皇考之肫誠懇切，洞悉羣情；軫念雨暘，周諮稼穡，偏祲偶告，惠愷遄加，不令一夫失所。念藏富於民，損上益下。爲厚生至道，普免漕糧者三，錢糧者五，蠲免積欠，賑恤歉荒，億萬京垓，不可數計。省方觀民，行慶施惠，河防海塘，親臨指示，永沐安瀾，保全生命，聖德之感孚，直至於奕代獲福無量。明刑弼教，尤於庶獄矜慎周詳。存辟以止辟，刑期無刑，寓仁育於義正之中。好生之德，洽於民心，淪肌浹髓，含生肖翹，靡不思慕，聖人愛民之聖澤，至矣盡矣。金甌鞏固，玉燭長調，實基於此也。夫此四端，爲我皇考心法治法，彰明顯著，不待敬述。而典章作述，酌古準今，欽定禮器圖式，煥然詳備。肇建辟雍，復古而不泥古，軌物修明，極千載一時之盛焉。經文之德，皇哉唐哉。聖製文三集，詩五集，詩文餘集，苞羅萬有，陶鑄羣言。評全史以昭懲勸，訂諸經而正異同。欽定四庫全書，貯之四閣，又頒江浙珍藏，合爲七閣，迥非二酉三倉所能仰方萬一也。舉制科者再，特開恩榜者七，棫樸菁莪，登瀛洲、列廊廟者，英才碩輔，接踵而進焉。壽考作人之雅化，美矣備矣。緯武之烈，巍巍乎，蕩蕩乎，莫能名焉。我朝弧矢開基，武備尤重，聖人天縱，曾發二十矢中十九，御神鎗無虛發。每歲行獮木蘭，蒙古王公，鱗集景從，開誠布澤，懷德畏威，藹然家人父子，和雍親睦，皆至德所感化也。頒行紀律，整飭戎行，成兩朝未竟之志，開拓新疆二萬餘里。五年之間，平準噶爾，定回部，聖武遠揚，兩勳並集，田田宅宅，同我太平。若哈薩克、若布嚕特，常通朝貢。其全部歸順者，則有土爾扈特四十餘萬衆，實力撫綏，傾心向化。兩金川自作不靖，天戈所指，掃穴犁庭。若緬甸之悔罪投誠，安南之敂關面内，廓爾喀之齎表輸忱，纍至絡繹。上蒼佑啓聖衷，成曠古未有之大武鴻勳。至齊倫甘回、臺灣林莊等小醜蠢動，咸伏刑章。功溢於十全，化孚於九有。皆本於念昔先猷，不忘肄武，是以所向克捷。荷天之恩眷，開萬世太平之基，豐功駿烈，超越往古，盛德大業至矣哉。我皇考本誠敬以事天，抒誠敬以法祖，用誠敬以勤政，敷誠敬以愛民。故德福兼隆，備五福，綜四得，五世同堂，親見七代，紀年週甲，符告天初願。晉稱太上皇帝，授璽藐躬，訓政三年，恩垂億禩。敬思皇考六十三年中之實心實政，盡包括於一千五百卷實録卷帙之中。我大清億萬斯年子孫臣庶，永矢至誠至敬，仰慕高宗純皇帝之實心實政，則長承昊眷，共荷考慈，悠久無疆，曷其有極也哉。謹序。

聖訓

太祖高皇帝聖訓一部　四卷

太宗文皇帝聖訓一部　六卷

世祖章皇帝聖訓一部　六卷

聖祖仁皇帝聖訓一部　六十卷

世宗憲皇帝聖訓一部　三十六卷

臣等謹案：乾隆初年，高宗純皇帝增製五朝聖訓序文，宣付剞劂，頒示萬方。兹以嘉慶四年遵旨重繕一分，計共一百十二卷，陳設乾清宮如例。

高宗純皇帝聖訓一部（三百卷）

嘉慶四年四月，皇上命恭纂實録諸臣併輯，分目凡四十：曰聖德，曰聖孝，曰聖學，曰聖治，曰敬天，曰法祖，曰文教，曰武功，曰睦族，曰用人，曰愛民，曰勤政，曰求言，曰察吏，曰理財，曰慎刑，曰省方，曰治水，曰蠲賑，曰積貯，曰賞賚，曰恤兵，曰牧政，曰訓臣工，曰嚴法紀，曰重農桑，曰興禮樂，曰廣幅員，曰正制度，曰篤勳舊，曰褒忠節，曰崇祀典，曰禮耆年，曰靖奸宄，曰厚風俗，曰飭官寺，曰綏藩服，曰飭邊疆，曰恤臣下，曰勵將士。書成，裒分三百卷。謹循例請旨刊行。

御製高宗純皇帝聖訓序

古昔聖帝明王，經世載道，立言牖民，二典三謨，殷盤周誥，固已包括古今，函蓋宙合，靡不賅備矣。洪惟我皇考高宗純皇帝，承五朝之統緒，集千聖之大成，闡六經之微言，垂億齡之寶訓，聖謨洋洋，文思光被，敬集爲三百卷，分四十門類：曰聖德，溯性功也。曰聖孝，敦大本也。曰聖學，緬稽古也。曰聖治，欽敷化也。曰敬天，永念信天主人之純一不已也。曰法祖，聿懷古稀天子之孝思不匱也。曰文教，則仰觀文成化，無思不服也。曰武功，則述奮武集勳，無遠弗屆也。曰睦族，親其親也。曰用人，賢其賢也。曰愛民，敷本仁由義之大綱也。曰勤政，著主敬存誠之極則也。曰求言，採芻蕘也。曰察吏，辨誠僞也。曰理財，節用愛人也。曰愼刑，明罰勑法也。曰省方，觀民設教也。曰治水，宣性導湮也。曰蠲賑，救貧窮也。曰積貯，備施貸也。曰賞賚，酬勳勞也。曰恤兵，憫奔走也。曰牧政，肅郵傳也。曰訓臣工，勅綱常也。曰嚴法紀，申律令之則也。曰重農桑，裕衣食之原也。曰興禮樂，隆制作於億兆年後也。曰廣幅員，闢疆域於二萬里外也。曰正制度，示準繩勿踰也。曰篤勳舊，勉子孫勿替也。曰褒忠節，勵羣倫也。曰崇祀典，答眷佑也。曰禮耆年，兩開千叟之筵也。曰靖奸宄，丕昭十全之績也。曰厚風俗，去奢從儉也。曰飭宦寺，防微杜漸也。曰綏藩服，則厚往薄來，輸誠嚮化也。曰飭邊疆，則赫聲濯靈，畏威懷德也。曰恤臣下，砥廉隅也。曰勵將士，明賞罰也。此皆我皇考六十三年實心所行之實政也。載在實録，人弗易見，用是敬頒聖訓，俾薄海臣庶，拜手同觀，祇奉恩綸，長聆慈誨。遠超典謨誥之篇，聿立德功言之極，巍乎焕乎，美矣備矣。予小子管窺蠡測，奚能摹擬萬一哉！仰惟訓政三年，日依膝下，親聆誨諭，銘感五中。敢不以心爲心，以政爲政，庶酬高厚之恩，期副教訓之願。奕葉雲礽，同予此志。自求多福，永荷考眷於無涯矣夫。謹序。

國朝宮史續編卷之七十六

書籍二　聖製

臣等謹案：列聖御集，備載宮史前編。欽惟高宗純皇帝，勤九旬之耄學，集羣聖之大成。六十三年中，炳耀天章，綜賅成數，具詳於聖製鑑始齋詩識語，暨皇上恭誌跋文。伏考前編，已登聖製文初集、詩二集之目。而臣工籲鋟文初集，實以乾隆二十八年癸未告成。茲續輯宮史，起於二十七年壬午，，仍敬列文初集爲冠首，用誌歲增月益，簡帙大全。次臚詩集，以符體例而徵美富焉。

高宗純皇帝聖製文初集一部　三十卷 詳前編

高宗純皇帝聖製文二集一部　四十四卷

乾隆二十九年甲申至五十年乙巳，聖製文四百一十一篇。大學士臣梁國治等恭請分類編次，繕校敬刊。内經筵論二卷，論二卷，說二卷、附解一首，諭三卷，記六卷，序二卷、附後序一首，題辭一卷，按語、識語、書後一卷，跋一卷，考三卷，辨二卷，碑文五卷，書事三卷，雜著三卷，頌一卷，賦一卷、附銘四首，硯銘二卷，贊四卷。

高宗純皇帝聖製文三集一部 十六卷

乾隆五十一年丙午至六十年乙卯，聖製文一百二十六篇。尚書臣沈初等恭請分類編次，繕校敬刊。内經筵論一卷，論二卷、附說四首，説一卷，諭一卷，詔、訓一卷，記二卷，序一卷，題辭、識語、書後、跋一卷，辨、碑文一卷，書事二卷，雜著一卷，硯銘一卷、附贊二首，贊一卷。

高宗純皇帝聖製詩初集一部 四十四卷詳前編

高宗純皇帝聖製詩二集一部 九十卷詳前編

高宗純皇帝聖製詩三集一部 一百卷

乾隆二十五年庚辰至三十六年辛卯，聖製詩一萬一千五百一十首有奇。協辦大學士尚書臣于敏中等恭請繕録校刊。

高宗純皇帝聖製詩四集一部 一百卷

乾隆三十七年壬辰至四十八年癸卯，聖製詩九千九百首有奇。協辦大學士尚書臣梁國治等恭請繕録校刊。

高宗純皇帝聖製詩五集一部 一百卷

乾隆四十九年甲辰至六十年乙卯，聖製詩七千七百二十首有奇。大學士臣王杰等恭請繕録校刊。

高宗純皇帝聖製詩文餘集一部 二十二卷

嘉慶五年，皇上敬承先志，恭輯高宗純皇帝聖製詩文。自丙辰環甲至己未春正，凡詩七百五十首，爲二十卷。文三十六首，爲二卷。内詔、諭、記、序一卷，識語、雜著一卷。特命尚書臣彭元瑞、侍郎臣戴衢亨繕録校刊。

聖製觀歷年詩集卽事　丙辰

五集詩成四萬多，自乾隆元年丙辰以後所作諸詩，每十二年編次爲一集。兹六旬年滿，共得五集。凡壇廟祭祀、用人行政、省方問俗、關心暘雨、廑念農桑，並幾暇辨訂經史子集，闡發儒先奥義，或遊覽所至，或一名一物，撫箋染翰，不覺已成四萬二千餘首。作皆有爲，却匪誇多。今雖授寶子皇帝，應娱老罷詠，而訓政勑幾，未敢自耽逸豫，每關幾務之大及課量晴雨，涉筆成吟，猶不能自已也。每慙杜老有前哦。「賦詩何必多」，杜甫句也。既爲太上吟應簡，可奈隨時「隨時愛景光」，蘇武句也。景若何。詎以倦勤耽静寂，仍因訓政勵研摩。消閒唐宋觀惇史，授受其閒似此麽。

聖製鑑始齋題句　戊午

五集篇成四萬奇，讀作有餘之奇。自嫌點筆過多詞。然非弄月吟風爾，惟是書心信手斯。白傅陸監較過彼，平聲李狂杜苦亦殊其。却思此後應簡作，讓使人評意溺詩。

余十二歲時，蒙皇祖賜居萬壑松風之側，因名之曰鑑始齋。自沖齡佔畢，至今八旬有八，仰沐昊慈祖佑，精神康健，訓政如常，實從古帝王未有之事。因憶予少時卽喜作詩，不屑爲風雲月露之詞。自御極以來，雖不欲以此矜長，然於問政勑幾，一切民瘼國事之大者，往往見之於詩。計丙辰至丁卯，編爲初集，得詩四千一百六十六首。戊辰至己卯，編爲二集，得詩八千四百八十四首。庚辰至辛卯，編爲三集，得詩一萬一千五百十九首。壬辰至癸卯，編爲四集，得詩九千九百二首。甲辰至乙卯，編爲五集，得詩七千七百二十九首。合計五集，共四萬一千八百首，亦云富矣。古之詩人，年高而詩多者，在唐爲白居易，在宋爲陸游。居易以太和、開成編年，分四集，爲卷僅二百有二，爲篇僅千有五十六。陸游之詩，初編祇四十卷，再編通前祇八十五卷。本朝輯全唐詩，一代三百年，二千二百餘人之作，纔得四萬八千九百餘首。今予詩五集，釐爲四百三十四卷，總計四萬一千八百首。而樂善堂全集，在潛邸時所著者，尚不入此數。是予以望九之年，所積篇什，幾與全唐一代詩人篇什相埒，可不謂藝林佳話乎！然予初非以韻語一事與文人學士絜量多寡也。夫詩以言志，言爲心聲，非僅絺章繪句，如詞人東塗西抹之爲。且爲人君者，若專以吟詠爲能，亦卽溺情之一端，自古有戒，予曷肯出此。實因予臨御六十餘年，中間大功屢集，鴻儀疊舉，兼以予關心民事，課雨量晴，占年省歲，數十載如一日，而閱事既多，析理尤審，卽尋常題詠，亦必因文見道，非率爾操觚者比，乃質言，非虛語也。今春秋八十有八，自丙辰授璽以來，猶日訓子皇帝政。自維耄耋之年，吟什原應從減，擬將每年依例之作，量爲簡省，而事之有關大體者，仍不能不涉筆成章，以昭紀實。計丙辰至今，又閱三年，復得詩數百首，此後應於五集外另編餘集，若更叨洪貺，算衍期頤，復得裒然成帙，滙爲別集鉅觀，豈不更爲史册希有之隆軌乎？偶題鑑始齋，迴溯髫齡以至今日，卽詩集之多，亦皆眷貽之厚。爰綜其全數，並抒夙志，附識於此。

皇上御製跋併銘

洪惟我皇考御極以來，勤政之暇，每以詩文紀事。鉅細畢該，天人理貫，誠圖治之權衡，臨民之準則也。自乾隆元年丙辰至六十年乙卯，詩成五集，共得詩四萬一千八百首。文成三集，共得文一千三百五十五篇。富有美備，不可殫書。滿望壽越期頤，長瞻天藻，與日月同輝，昭垂不朽。顧未能遂，痛莫能伸。今夏宫中守制，敬於幾暇校閲黄綾詩文本，計自後丙辰至戊午三年中，併己未正月，復得詩七百五十首，文三十六篇。謹編成餘集，命尚書彭元瑞、侍郎戴衢亨敬司其事。顧餘集之名，非予小子所敢臆造。恭檢戊午避暑山莊鑑始齋御製詩附識内云：「計丙辰至今，又閲三年，復得詩數百首，此後應於五集外，另編餘集。」煌煌聖諭，敢弗敬承。餘集中諸作，訓政居十之七八，不倦於勤，孜孜以誨予小子爲先務。方期日聆庭訓，永侍慈顔，得所遵循，免致失措。況近年邪民弗靖，塗炭黔黎，示以行軍勝算，勉力籌幾，雖逆首連伏憲章，餘孽未能盡淨。己未正月二日，力疾成望捷之詩，孰意此章竟爲絶筆。嗚呼痛哉！天下臣民讀「殘赤不勝災」之句，亦可知予皇考愛民之一念，直流傳於億萬禩。亦可知予承皇考之訓誨，除邪安民之苦心，實出於萬不得已也。餘集既成，敬跋於末頁，系以銘曰：

文以傳心，詩以言志。日月麗天，江河行地。六十四年，實心實事。萬有畢該，衆理咸備。法祖敬天，臨民圖治。文德武功，良猷薈萃。顧予藐躬，欽哉後嗣。若凛淵冰，持盈恐墜。憶昔承歡，膝下日侍。捧爵依筵，隨鑾攬轡。莫覩慈容，昕朝揮淚。倏過小祥，邪氛猶熾。望捷未酬，憂懼叢積。願鑒寸忱，速昭靈異。佑子佑民，遺謨早遂。庚申孟秋，拜手敬誌。

國朝宫史續編卷之七十七

書籍三 御製

臣等欽惟我朝作述立隆，世宗憲皇帝有雍邸集之鉅製。高宗純皇帝有樂善堂全集之成編。允乎聲振開先，懋昭帝廷家學於億禩。我皇上紹衣立言，契詩教治，原爲一貫。自乾隆壬辰至乙卯，薈爲味餘書室全集。自嘉慶丙辰至癸亥，繼爲御製詩初集。而自丙辰至乙丑，則御製文初集。鏤刻觀成，海内快先睹焉。自兹宸藻日新，垂敷政敷言之極則，實權輿於是。謹恭録序文、題什暨所奉諭旨，以發明緣起云。

味餘書室全集定本一部 四十二卷

皇上青宫典學時所著詩文，彙爲味餘書室全集。嘉慶五年，大學士臣慶桂等恭請繕校，得旨俞允。復親加删訂，勒爲定本。六年刊刻成書。内古今體詩三十四卷，古文六卷，附味餘書室隨筆二卷。

御製序

文以載道，詩以言志。幼而習，長而行，安身立命之處，必應以經書爲標準。我朝龍興遼瀋，國語、騎射，誠爲最要根本，固應億萬禩敬承勿懈，然爲海宇之主，亦不能不以文治化成天下。故天家子弟，六齡即入上書房，從師受業，陶冶性情，涵濡德義，日親宿儒，克勤力學，雖才質有不同，聰鈍有互異，而化其驕泰之性，使知孝弟之方，悟經書之奧，功非淺鮮矣。視彼前朝太子，偶一出閣講學片時者，奚啻天壤之分哉！予悟性遲鈍，乙酉年入學，從覺羅奉碩亭先生讀書，至壬辰年，而五經粗畢。從謝東墅先生學今體詩，至丙申年，始從朱石君先生學古文併古體詩，直至今日，時於幾暇，仍相商酌討論。書窗景況，宛然如昨也。内廷諸大臣合詞陳請予在潛邸所著詩文全行發出刊布，再三却之不可。因敬思皇考御極初年，曾允廷臣請，刊刻樂善堂全集，頒行海内，何敢比擬萬一。然舊稿中恭和御製諸篇，皆經皇考閱定，此内甲辰年恭和遊龍井詩中，「泉雷忽疑雨，竹春不知秋」十字，係皇考丹毫改定之句，此成親王、慶郡王所目睹者，若不發刻，何以誌趨庭盛事？他如詞義淺陋、無關治道諸作，概删去弗録，共計古今體詩三十四卷，約計三千二百餘首；文六卷，計百餘篇；附隨筆五十二則，皆書室之課程，併隨鑾記事諸作，觀者可知我皇考當日眷予之深恩，淪浹無涯，實非筆墨所能形述。至於雕琢字句，刻畫精工，予素不屑爲此。兹允廷臣繕刻之意，在宣揚慈父渥澤，爲萬世子孫效法，豈欲與文人學士争長也哉！至味餘之義，已見原序，故不複言。是爲序。

御製原序

詩爲心聲，文爲行輔。古人學文著集，浩如淵海。予六歲入學，習經書；十三學詩，十七屬文，書窗朝夕，行帳寒暑，幸無間斷。若今體格律，初從學於東墅師傅，古體詩及古文，從石君師傅習焉。予賦性魯鈍，賴二先生切磋琢磨之功，十有餘年，略開茅塞。自丙申訖癸卯，爲文八十餘篇；自壬辰訖癸卯，爲詩二千八百餘首，如欽命和韻、恭紀聖德諸篇，皆鋪陳揚厲，颺言太平。禁城、御園、書帷課藝諸作，皆陶詠情性，抒寫古意。塞外、南苑，皆隨時卽景，遇境成言。盛京諸篇，皆歌詠舊風，欽述祖德。今歲杪，石君先生自福建學使任滿回書房，謂予曰：「夫詩文者，特一藝耳。身心倫物之間，天人義利之辨，若習焉而不察，卽蔓發乎詩文，求其擇精而語詳，不易得矣。」乃從予稿本中删其繁冗，去其重複，擇論三十餘篇，詩五百餘首，復加鈔録，計成十二卷。予曷敢以詩文自鳴，然好之習之，爰就所删擇定本，而爲序於前，以紀歲月。

御題詩　丁巳

書帷舊稿偶觀披，過半風雲月露詞。遣興陶情全付彼，立言紀實始基兹。涵濡筆彩墨華潤，疏瀹文瀾性海滋。游藝詩林期正大，樞機卷放繫深思。

嘉慶五年六月十六日，奉諭旨：軍機大臣、南書房翰林等奏請將朕在藩邸時所製味餘書室詩文全集刊刻頒行一摺。從前皇考御極初年，曾允大臣所請，刊刻聖製樂善堂詩文集，頒行海内。奎章炳炳，萬古常新。朕自維典學之功實覺淺陋，焉敢仰希皇考。但諸臣等既有此奏，懇請甚殷。於幾暇亦曾檢閲曩時所作詩文，將沖年稿本量爲删去。自乾隆丙申年以後，從朱珪習詩文，朝夕講求，篇章漸夥，復經親爲檢定，其中尚有可存之作。但遽付棗梨，恐字句間不無應行斟酌之處。著將朕檢存壬辰至乙卯年味餘書室詩文，仍交朱珪詳細勘訂。如有應酌之處，粘簽陸續進呈，俟朕閲定，再發交繕刻。

皇上幾餘懋學，凡所施行，紀以吟詠。自嘉慶元年丙辰至八年癸亥，御製古今體詩三千三百八十首有奇。大學士臣慶桂等恭請繕録校刊。

御製詩初集一部　四十八卷

嘉慶八年正月十六日，奉諭旨：慶桂等奏，懇請刊刻御製詩初集，頒示中外一摺。朕萬幾餘暇，偶事摛毫，本不欲與文士逞藻矜奇，傳播藝苑。但自元年受璽，日侍皇考訓政，凡釐綱剔紀、決勝籌幾諸大端，無不寅承指示，見諸施行，往往紀以吟詠。迨四年後，夙夜孜孜，亦惟以軍務民生、雨暘水旱爲念，篇章所積，大率紀捷勸民之什，居十之八九，其泛覽留題者絶少。朕素不喜風雲月露之詞，亦不欲以此擅揚。敬思皇考高宗純皇帝學集大成，奎章富有，每十二年爲一集，編至五集，尚有餘集，實爲古來詩人所未有。朕游藝篇章，曷敢上同聖製，意欲以八年爲一集。今既據内廷臣工合詞奏懇刊頒，著照所請，交慶桂等將元年至八年御製詩編爲初集，繕校刊刻。

御製文初集一部　十卷

嘉慶元年丙辰至十年乙丑，御製文六十篇。大學士臣慶桂等恭請分類編次，繕校敬刊。内經筵論、臨雍論一卷，頌一卷，碑文一卷，碑記、記一卷，序一卷，跋一卷，諭二卷，書事一卷，説、箴、銘、雜著一卷。

御製序

内廷大學士慶桂等，排次自丙辰年所著各體文，奏請刊刻，併乞製序。予素不能文。在潛邸時，書窗日課，不過發抒經義，詠懷古史，已摘録於味餘書室全集内矣。自丙辰受璽以來，親臨庶政，日不暇給，實無遑游情翰墨，十年中僅成六十餘篇。本欲不允所請，然此六十餘篇，如經筵諸論，則探尋聖賢奥旨之精微；南郊、北郊二記，則敬述緝熙凝命之根本；盛京頌、松山杏山書事文，則恭紀祖功宗德之實蹟；勤政殿記，勗諸臣日凛敬共；邪教説，期庶民皆趨正道。名雖文集，實皆莅政勤民之極則，豈研京鍊都，騁妍抽秘，與文人學士争長也哉？是予允刊刻之意，在此而不在彼。觀予文者，各思勤敬之大本，圖治之至要，庶有裨於人心世道耳。是爲序。

國朝宮史續編卷之七十八

書籍四　御題

臣等謹案：四庫書成，備邀睿鑒，復荷親賜題詠，詳審其是非得失，爲之論定表章。不特從古帝學無此閎深，無此精覈，卽自來嗜古文獻家，亦斷無能如此條貫賅通，折衷悉當者。仰惟高宗純皇帝幾暇摛毫，或弁諸簡首，或揭在梠楣，無非右文覺世之殷懷所寄。臣等續編宮史書籍門，謹從聖製詩集暨文淵閣恭懸宸翰中，裒録御題諸書之作。詩注詳見聖製詩集。撰注人名氏詳見天禄琳瑯書目。四庫全書總目者概不備録。綜計書凡五十九種，仍依經、史、子、集爲後先，以見讀書秘鑰。幸賴聖言標舉，獲覩指歸，而政治圭臬，經世範圍，胥可由此領要而旁通焉。若夫異代著録儒臣，於千百載後，榮被寵光，蒐羅評隲，則尤亘古未逢之曠典。其仰沐御題，儲在天禄琳瑯，以舊槧見珍者，别爲鑒藏類，恭紀後卷。

易傳燈　四卷

御題詩　有序　戊戌

是書舊署徐總幹撰而不著名。其子序謂，其父嘗師事吕祖謙、唐仲友，所學似尚有禀承，顧取釋氏傳燈語，爲經解標題，謬戾甚矣。其言君子小人、吉凶陰陽之義，頗有闡發，而所論河圖數象、牽附九宫，則又乖於正道。蓋其書純駁參半，乃指斥後學差誤，得無責人則明而責己則昏歟？以其哀輯於散帙之中，亦云希覯。録備四庫，庶幾瑕瑜不掩。系詩簡端，譏之正所以惜之也。

徐氏隱名故以何，標題想亦自知過。本來畫卦由古聖，胡乃傳燈擬梵陀。學述東萊道未見，習沿永叔語傷訛。明云後學多差誤，可識其人差已多。

周易總義 二十卷

御題詩 甲午

長沙撰總義，觀象玩辭符。總貫諸家解，義通十翼扶。人心卽天地，易理示規模。多辯原成躁，求精翻涉麤。彼非謂此是，喜合率攻殊。略覽廿卷有，頗嘉各弊無。發明尚平正，流布未宏敷。設曰不言好，安能概置乎。

周易要義 十卷

御題詩 甲午

華父師敬子，其學傳紫陽，紫陽注周易，獨稱卜筮方。舉占意有謂，恐人涉荒唐，魏乃宗正義，删繁取其臧。釋文考陸氏，兼引馬鄭王，簡以得其要，約而頗致祥。彝尊尚弗知，希寶誠吉光，開宗闡虚元，孔門教用彰。三易明周稱，蓋謂取岐京，叶乾健具四德，坤順惟隨倡。弗牛而曰馬，牝馬行旡疆，然予更思之，仍卽一乾剛。乾坤分去聲既定，餘卦推類明，叶大端弗失正，十翼臣之良。出處益卓然，正色立朝綱，豈徒託空言，用易誠有常。四庫廣搜羅，楙柱出珍藏，鈔刻俾歸之，牗世文教昌。卷首題五言，用賁世守長。

易緯乾坤鑿度　二卷

御題詩　癸巳

乾坤兩鑿度，撰不知誰氏。矯稱黄帝言，倉頡爲修飾。叶以余觀作者，蓋後於莊子。南華第七篇，率已揭其旨。倏忽鑿七竅，竅通渾沌死。乾坤卽倏忽，渾沌實太始。乾坤既鑿開，太始斯淪矣。言易祖繫辭，頗覺近乎理。靈圖測險阻，乃或述讖緯。叶有純亦有疵，稽古堪資耳。黄震著日抄，所論正非鄙。欽若斯足徵，撫卷勵顧諟。

禹貢指南　四卷

御題詩　甲午

微禹其魚功不刊，導川敷土下民安。九州既奠爰分域，四海會同永宴瀾。毛晃指南因有述，文淵闕氏乃無端。焦竑志籍傳名著，朱子説書取訓鑽。千古根源率由溯，諸家附會概祛謾。獨於分野稱星宿，未識恢恢天道寬。

禹貢説斷　四卷

御題詩　甲午

指南向已題毛晃，説斷兹當屬傅寅。五服九州辨貢賦，三江四海析涯垠。積年累月而窮究，繼晷焚膏亦苦辛。代易時陳因失舊，定訛補闕爲完新。祇台妄以知德先，紛去聲彼奚辭注語頻。更有諸家難著筆，流沙今越海西濱。

絜齋家塾書鈔 十二卷

御題詩 戊戌

議論持醇正，興亡鑑古今。致危惟戒逸，勝怠莫如欽。惜未聯全璧，幸仍揀碎金。流斯失法度，先已獲予心。

陳氏尚書詳解 五十卷

御題詩 甲午

帝王行事具心中，挈要一言迴鮮同。數上聲彼專通難僂指，得兹詳解足治平聲躬。卷成五十能探奥，書秘半千未發蒙。大典闕收誠惜漏，休陽復購可稱功。新興教化爲根本，古壁精微與擴充。詩義雲烟誰過眼，珍斯片羽願研窮。

絜齋毛詩經筵講義 四卷

御題詩 乙未

講義要當重切磋，絜齋不事頌辭阿。解經依註無爲異，取古誡今有足多。雅頌諸篇惜已失，風南數首出重羅。喿離故國三致意，其奈孱王弗聽何。

詩經世本古義 二十八卷

御題詩 有序 壬寅

明何楷，閩人，著詩經世本古義，凡二十八卷。依時代爲次，名曰「世本古義」，以公劉、七月、大田、甫田諸篇爲首，而殿以曹風下泉。計三代有詩之世，始夏少康，終周敬王，凡二十八王，因配以二十八宿，各爲序目。雖其書於名物訓詁考證詳明，而鉤棘字句、牽合史傳、强附名姓時代，以舒窈紹兮指爲夏徵舒，碩鼠指爲魏壽餘，又以草蟲爲南陔，菁莪爲由儀，緡蠻爲崇邱，穿鑿附會，不可枚舉。且以孔子删定之三百篇，敢於任意顛倒，不師古訓，妄興異議，實索隱行怪之徒，不可爲訓。徒供考證，正宜束之高閣耳。

弗遵孔子所删詩，敘世傳經自出奇。割裂雅風畏忘彼，差排星宿巧符其。楷而失則何之謂，撰以成乖杜豈辭。可惜用功無用地，束諸高閣合於斯。

孫氏春秋經解 十三卷

御題詩 甲午

注疏春秋充棟夥，高郵作解費研磨。學從安定居名第，書出臨川罷制科。鑿傳鄙他相佩劍，翼經嘉此匪操戈。諸公列國事悉具，抑伯尊王義不訛。發奥依然準平正，折衷要是弗偏頗。邵張珍弆今歸紀，汲古深心有足多。

春秋辨疑 四卷

御題詩　癸巳

直遷權臣退自怡，著書胡趙奉爲師。宗經頗具明卓見，異註不爲遷就詞。非史信哉超衆論，亡詩作也辨羣疑。一王天下無他義，三變周公豈逆知。可惜代湮多散佚，允宜重録表扶持。瞠乎徒仰獲麟筆，無暇方慚下董帷。

春秋讞義　九卷

御題詩　戊戌

聽訟吾猶人，無訟以爲本。春秋經世書，道德齊禮謹。尊王而賤霸，賴是以示準。人心與天理，藉斯以不泯。讞有評獄義，獄實刑之引。春秋豈其然，求精失之遠。夢得已一誤，元杰重儓允。後賢議前賢，辯駮咨口吻。類此各標長，允棟奚能盡。

此木軒四書説　九卷

御題詩　戊戌

雲間績學衆傳諸，經説方成又説書。一刹不容有二佛，此言果可説書歟。

按：袁熹書説，論者謂其較所作經説爲優，其中固不無可節取，閲及孟子「以予觀於夫子」章，謂孔子不特春秋之世不容有二，從是以後更數千歲，六經四子書苟未澌滅，亦不得生如孔子其人，蓋猶一刹不容有二佛也。意在推崇孔子，而擬不於倫，尊之固如是乎？且以釋氏語闌入儒書，尤乖説書之體。昔昌黎謂荀楊大醇而小疵，余謂袁熹此書，乃小醇而大疵耳。

說文解字篆韻譜 五卷

御題詩 甲午

徐鍇說文兄鉉序，依然朱氏曝書藏。制文遵古見誠卓，作隸趨今辨以詳。許慎特嘉研六篆，賈魴何事變三倉。成編割裂異大典，因字區分述舊章。惟是微傳資訓詁，信堪小學示津梁。即看緗谷勤收弆，意在尊聞實所藏。

兩朝綱目備要 十六卷

御題詩 甲午

侂胄家奴抵罪宜，禁軍何致似興師。深謀爾日出彌遠，月落還如星替之。○孟浪挑金固匪宜，幸和可忘詰戎師。西山豈啻工章句，一疏興衰實繫之。

建康實録 二十卷

御題詩 甲午

六朝三百有餘年，建業興衰廿卷傳。文物風流信有矣，經綸世教或無焉。幸洪武始統歸一，逮永樂斯都以遷。我每孝陵親奠酹，不禁弔古爲悽然。

郝氏續後漢書 九十卷

御題詩 戊戌

身充信使被拘留，兩國恰逢奸計投。願附魯連未遂志，空言思託著書酬。○陳壽寧稱史筆人，續之尊漢見誠醇。獨嫌董卓仍列傳，卽未叛臣亦亂臣。○褒貶從來不可誣，要公千載賞和誅。篡臣仲達祇篡魏，篡漢寧非孟德乎？○福華編撰鄂功陳，覊絆真州十六春。未免南方君子笑，笑他不叛北方人。○帛詩或者假前題，學術忠誠孰可齊。設使子卿逢地下，著書差勝娶胡妻。

錢塘遺事 十卷

御題詩 甲午

失策明題去建康，却耽山水便都杭。湖邊歌舞酣餘樂，天外徽欽棄遠荒。八帝歷年纔百五，多奸少正致淪亡。翻書千古垂殷鑒，漫例飛鴻徒號堂。

御題詩 戊戌

遺事錢塘撰一清，興亡政要紀分明。考蹤似仕又如隱，致歎爲凡與作荆。進據失兼失退據，宋氓異更異元氓。湖山歌舞依然在，鏡古孰非殷監呈。

慶元黨禁 一卷

御題詩 甲午

宮闈通情侂胄求，汝愚曾是失深謀。慶元黨禍延邦國，揖盜開門自有由。

兩漢博聞 十二卷

御題詩 甲午

遷創班承范繼哉，篡言功足補秦灰。博聞特舉兩書要，頗繆還兼百卷該。撰者或訛楊及魯，注之却讓馬和裴。因披遺籍知來雨，正值望霖雨庶來。

乾道臨安志　三卷

御題詩　乙未

南渡忘讎久論之，最初輿志始觀茲。武林掌故因堪考，宋紙存刊乃更奇。官署宮城寧復昔，吳山越水鎮如斯。臨安四度親訪古，當面失哉此細披。

水經注　四十卷

御題詩　有序　甲午

酈道元水經注，自明至今，惟朱謀㙔校本行世。其文與杜佑通典、樂史太平寰宇記所引經注往往不合，又多意爲改竄，殊失本來面目，近因裒集永樂大典散見之書，其中水經注雖多割裂，而按目稽覈，全文具存，尚可彙輯。與今本相校，既有異同，且載道元自序一篇，亦世所未見，蓋猶據宋人善本録入。茲經館臣排綴成編，凡篇目混淆、經注相錯者，悉加釐訂。其脱簡有自數字至八九十字者，亦並爲補正。以數百年叢殘缺佚之書，一旦復還舊觀，若隱有呵護者然，亦藝林佳話也。因題六韻紀之。

檢書斷簡萃全珍，自序猶存善長真。却以殘山將剩水，竟如合浦與延津。笑他割裂審無術，際此完成若有神。南北少訛因未到，古今略異究堪循。悉心編纂誠宜奬，觸目研摩信可親。設以春秋素臣例，足稱中尉繼功人。

南宋都城紀勝録　一卷

御題詩　有序　癸巳

宋自南渡之後，半壁僅支，而君若臣溺於宴安，不以恢復爲念。西湖歌舞，日夕流連，豈知剩水殘山，已無足恃，顧有若將終焉之志，其去燕巢危幕幾何矣。而耐得翁爲此編，惟盛稱臨安之明秀，謂民物康阜，過京師十倍。又謂中興百年餘，太平日久，視前又過十數倍，其味於安危盛衰之機亦甚矣哉。然彼或窺見廟堂之上，不能振作，爲此以逢其所欲，抑亦知其書流傳，必貽笑於後世，故隱其姓名，而託於子虛烏有之倫乎？不然則既操子墨，寧未讀孟堅兩都賦，託諷諫以立言，而爲是違道鋪張也。覽是編，其時事可知，因題句並序如右。

一綫南遷已甚危，徽欽北去竟忘之。正當嘗膽卧薪日，却作觀山玩水時。後市前朝誇富庶，歌樓酒館鬬笙絲。咄哉耐得翁傳録，可似蘭臺兩賦奇。

增補武林舊事　八卷

御題詩　戊戌

補因廷焕原周密，舊事武林想像間。正向金朝稱姪際，那仍豪興賞湖山。〇都人士女走如狂，天子真稱孝壽皇。便是北方有歸櫬，安能五國解淒涼。〇朝歌暮舞勝都京，水秀山明湊雅情。繪出承平真氣象，爾時豈果是承平。

大金德運圖説　一卷

御題詩　有序　癸巳

大金發祥於愛新水。愛新者，國語金也，故建國卽以金爲號。乃因金色白，遂欲從而尚之，妄矣。且五德之運，説本無稽，縱如所言，亦取其或生或剋。議者以宋爲火德，遼爲水德，大金當爲金德。夫宋雖南遷，正統自宜歸之宋，至元而宋始亡，遼金固未可當正統也。若夫商尚白，周尚赤，其見於經者，亦衹白牡騂剛之類，各從其色。至如上衣下裳，元纁相稱，則三代同之。而德運之論，固未之前聞也。自漢儒始言五德迭王，遂推三皇五帝，各有所尚，後更流爲讖緯，抑又惑之甚矣。夫一代之興，皆由積德累仁，豈在五行之生剋？而服御所尚，自當以黄爲正，餘非所宜。元明制度尚黄，不侈陳五德之王，其義甚正，本朝因之，足破漢魏以後之陋説。因題是編，並闡而正之。

德運相承雖有之，繼天立極豈因斯。六經未見明文紀，兩漢方傳家語辭。不出五行生剋術，那關萬姓順違爲。卽云正統當歸正，亦曰基仁乃永基。八帝瑞符縱殊別，一時色尚已參差。宅中圖大土應守，表衆居尊黄實宜。朝夕惕乾惟益勵，休祥讖緯底須奇。勝朝未議國朝述，足破千秋萬古疑。

經義考　卷三百

御題詩　丁酉

秦燔弗絶殆如繩，未喪斯文聖語曾。疑信雖滋後人議，述傳終賴漢儒承。天經地緯道由託，一貫六同教以興。藜閣炎劉校誠韙，竹垞昭代撰堪稱。存亡若彼均詳注，文獻於兹率可徵。遠紹旁搜今古會，焚膏繼晷歲年增。考因晰理求其是，義在尊經靡不勝。枕葄寧惟資汲鑒，闡崇將以示孫曾。

武經總要 四十卷

御題詩 甲午

論兵千載如聚訟，真是徒工紙上談。居重馭輕自不易，困民養卒則何堪。若言愛物斯誠有，以曰知軍或未諳。龐籍汰多意猶韙，韓琦救後慮惟覃。第觀卌卷稱綜古，詎足武經爲指南。旗藉緑營維内外，慎遵祖制萬方戡。

鶡冠子 三卷

御題詩 癸巳

鈇器原歸厚德將，雜形匪獨老和黄。朱評陸注同因顯，柳謗韓譽兩不妨。完帙幸存書著楚，失篇刦勝代稱唐。帝常師處王友處，戒合書紳識弗忘。

守城録 四卷

御題詩 癸巳

攝篆德安固守城，因而失事論東京。陳規屢禦應之暇，湯璹深知紀以精。小縣傍州或可賴，通都大邑轉難行。四夷守在垂明訓，逮迫臨衝禍早成。

九章算術 九卷

御題詩 有序 乙未

是書雖爲晉劉徽注，而其名則始見於唐書。蓋自李淳風注釋，義遂大顯。北宋時人罕習者，漸以湮晦。南宋慶元中，鮑澣得其本，寫入秘閣，世亦莫得而見。明初，編列永樂大典。然依韻分排，閱者鮮能究其端委，則雖存猶亡也。兹以校勘四庫全書，詞臣於斷簡零篇中裒輯得九篇，悉符鮑澣之舊。顧鮑本無圖，今諸臣按注意補爲之，雖未能必其盡合，皆可因注推演而知，則亦未嘗或紊，視澣所傳，始有過之無不及矣。算法自皇祖表章以來，可謂大備，是書至今始出，或亦顯晦有時，固有莫知其然而然者乎？夫九章昉於周官，六藝教於洙泗，余雖未習其事，要不得謂非學者所當肄業及之者也。系詩題識如左。

算術由來非所學，不知難强以爲知。大成廣集欽皇祖，六藝曾論愧仲尼。分韻笑他割裂者，補圖欣此稡完之。時爲顯晦晦今顯，是用摛毫作弁辭。

書苑菁華 二十卷

御題詩 甲午

好惡爲君宜慎哉，蒐書種種挈篇來。不能無彼因有此，用識心存欲政推。運筆諸家備傳法，臚篇廿卷允稱才。臨池郙盡帝王事，獨愛公權一語該。

長短經 九卷

鄞縣創爲救弊論，愛憎歐業匠和函。向時雖類縱横説，憂末原歸理道談。○宋刊弆自教忠堂，通變稱經曰短長。比及亂時思治去聲亂，不如平日慎行王。○卷原稱十今失一，總目翻看餘一篇。既是梓州善經濟，不應平聲辟召又何焉。○津瀛文苑繼家聲，四庫蒐羅俾贊成。邂逅世臣獻遺簡，向年論學憶西清。

曲洧舊聞 十卷

御題詩 甲午

留金弗紀金間事，曲洧依然紀舊聞。二帝播遷雖自取，禍緣新法變更紛。○建隆端拱政堪徵，紹聖宣和百事興。設使子孫守祖制，何愁萬世不繩承。○汴都掌故頗傳真，説部非同耳食倫。何事臨安安半壁，冰天雪窖忘去聲君親。○清濁渭涇本自殊，操戈同室若爲乎。因翻汝璪獨藏本，略恨爾時程與蘇。

敬齋古今黈 八卷

御題詩 有序 乙未

永樂大典，聚書雖多，而依韻雜排，割裂凌亂。以有用之書，散置無用，誠可惜已。茲命詞臣重加校録，裒輯於零斷之餘，率多善本，古今黈其一也。此書目見於元史者凡四十卷。今所收雖僅五之一，而四庫臚編，具有條理，仍不失爲完書。且辨晰疑義，折衷釐正，尤極精審，洵散篇中之最佳者。至李治以黈名書，惟取義於不外聽，予則以黈纊塞聰，有合於君臨之道，因題什而序之。

韻分書割太無端，不學從來致浩歎。裒散排全資翰苑，連珠集腋得神完。覃研喜見仁卿著，典覈應同觀國看。方朔刱言藴古衍，繹文永惕作君難。

意林　五卷

御題詩　甲午

集録裁成庾潁川，意林三軸用兹傳。漫嫌撮要失備載，嘗鼎一臠知味全。○都護安南政不頗，用儒術致政平和。奇書五卷銅柱二，無忝祖爲馬伏波。○六經萬古示綱常，諸子何妨取所長。節度豈徒務佔畢，要知制事有良方。○五卷終於物理論，太元經下已亡之。設非天一閣珍弆，片羽安能欣見斯。

太平御覽　一千卷

御題詩　甲午

太平誰不喜，求實匪求名。必也勵乾惕，還當戒滿盈。設徒資黼黻，終致詡豊亨。宋帝懷慙德，三書弭衆兵。搜羅雖已富，考證未云精。四庫翻其目，五言寫我情。

帝王經世圖譜　十六卷

御題詩　有序　癸巳

帝王經世之道，具在六經。法戒所垂，取則不遠。顧篇籍殽陳，披覽非一時可竟。唐仲友乃撮舉諸經要旨，列爲圖譜，旁採傳註，附以總説，分門别類，條理秩然，讀之而其辭易通，玩之而其義易見，允爲政治圭臬。若夫擇之精，語之詳，提要鈎深，用力不紛，而見功甚鉅。宜周必大題辭，比諸水之流東，而車之指南也。夫左圖右史，藉資觀省之益。兹乃彙而爲一，包括靡遺。永樂大典中搜羅甚富，如此書之有資君道，蓋不屈指數也。洵稱萬世帝王經世宏編，宜侑諸座右，鑑以朝夕，庸詎賞其廣蒐博記已哉。序識大端，用申作詩之意。

后皇建極亮天工，法在六經幾部中。守此治兮違此亂，慎惟始亦要惟終。譜圖刱見唐仲友，敘語詳言周子充。詎止存羊愛其禮，須知示鵠折乎衷。四千年裏廢興夥，百廿篇間隳括融。理世津梁心以慕，作君軌範聽當聰。行間總是珍希有，座側恒應置一通。寧曰纂言資博考，踐行益用勗吾躬。

職官分紀　卷五十

御題詩　乙未

立政惟人義豈磨，股肱喜起勅幾歌。古今制異難沿襲，襄贊職同在協和。經史歷編無不備，縹緗獨弆有堪多。雙松書屋東皐隱，弗出對敭又以何。

歷代制度詳説　卷十二

御題詩　甲午

中原文獻有家模，講學還從張與朱。酌古準今列條目，鎔經鑄史示師謨。詎寧考據資談柄，欲見施行洽化樞。昔未羶薌後知重，吁嗟此弊那能無。

唐闕史 二卷

御題詩 甲午

知不足齋奚不足，渴於書籍是賢乎。長編大部都庋閣，小説卮言亦入厨。闕史兩篇傳摭拾，晚唐遺蹟見規模。彦休自號參寥子，參得寥天一也無。

宋元憲集 三十六卷

宋景文集 十二卷

御題詩 有序 丁酉

宋庠、宋祁兄弟同負盛名，且同舉進士，時以大小宋並稱。乃其官位，一至宰輔，一爲尚書，事業所就既殊，情性亦奢儉各異。故其詩文沈博新警，因各隨其性之所近，而爲世所傳誦則同。及戒其子不令刊類文集行世，亦同。迨其後雖經合刊，繼而仍歸散佚，又同。兹復裒輯成集，並以聚珍板印而流傳之，又無弗同。其同不同之故，庠與祁固無能知之，余亦烏從而知之。然其散也，由於自欲韜晦，而其聚也，幸有永樂大典之僅存，佚之於七百餘年以前，而完之於三百年以後，則又復歸於同。余因合題一詩，並冠於兩集簡首，更使之不同而同，則向之所謂同不同者，皆可勿深論，是之謂大同。

二宋合刊曾紀王，惜哉分集失傳詳。學如有本終難晦，行不負言久益彰。伯也孤風表雅操，仲兮强識富文章。雖稱儉過及奢過，弗愧元方與季方。收拾碎珍得全册，吟題七字冠前行。休嗤大典紛割裂，愛禮幸兹存餼羊。

文恭集 四十卷

御題詩 乙未

久曾割裂得全難，四庫搜羅爲去聲復完。如此立朝有本末，可教遺帙聽彫殘。既經呈覽斯予事，自與發潛令彼安。通集原應俾鈔録，至文乃合命鐫刊。教坊致語寧忠告，道院青詞實異端。去取之間繫旌癉，示兹大略付儒官。

忠肅集 二十卷

御題詩 丁酉

散編裒集還全璧，世久湮淪傳始今。必有鬼神爲呵護，自然天地佑忠忱。未嘗釋卷於經邃，却匪空言見理深。出處一身守直亮，是非兩字辨僉壬。明陳十害邪辭闢，分析二章正氣森。六百載餘惜悃篤，裕陵見擯獨何心。

忠愍集 三卷

御題詩 乙未

主和誤國罪奚辭，卽使弗和禍亦隨。慷慨捐軀誠可尚，詩文成集合教垂。浩然之氣塞天際，不幸而生革命時。全彼忠還申己義，事非得已慘何爲。

若水厲志不屈，捐軀以成其忠，克全臣節，亦其生辰之不幸。然大金當革命之時，自非若水之所得而抗，殺之以全其名，亦卽以申己之義。其事本非得已，第解頤斷舌，處之太慘，金將尼瑪哈實不免過當。夫金宋在當時，猶敵國也。若明永樂篡逆，於不附己者橫加誅戮，則皆其本朝臣子，且洪武所留貽者，仍俱戕賊不顧，其於天理澌滅殆盡，甚且投鐵鉉於鑊，剥景清之皮，則殘忍慘毒，尤非人類所爲。向每爲之不平，兹論李若水事，因併及之。

北山集 卷三十

御題詩 癸卯

公論天秋不可誣，進因秦檜是邪途。左遷究以權奸迕，七疏曾於正史無。弗覈始終將韙彼，難逃衡鑒用吟吾。雖云幹蠱由其子，作僞心勞實拙乎。

按鄭剛中，金華人，紹興中進士，官至禮部侍郎，出爲川陝宣撫副使。史稱剛中由秦檜以進，故於和議不敢有違，及使陝西，棄和尚原與金，後又以宣撫專擅，忤檜竄謫以死。是其人依附權奸，梯榮倖進，本無足取。今四庫全書所録剛中北山集，有諫和議四疏及議和不屈一疏，又救曾開、胡銓二疏，既與正史不合；又徐夢莘三朝北盟會編，蒐括章奏事實無遺，而不及此七疏。蓋剛中集乃其子良嗣所編，恥其父附秦檜，因僞撰諫和議等疏，以蓋前愆。此雖良嗣之幹蠱乎？而千秋公論，邪正難誣，雖有孝子慈孫，百世不能改也。館臣以剛中詩文尚可觀，録入全書，披覽時因爲題什，以懲作僞云。

絜齋集 二十四卷

御題詩 乙未

學爲君子儒，體用亦相符。性悟雖宗陸，身名未異朱。邊情言頗悉，民務政多殊。大典昔割玉，裒編今合珠。虛車祛藻繪，實地有功夫。傳世固如此，詩文餘事乎。

滄浪集 三卷

御題詩 戊戌

言志曾聞舜典宣，爾時誰識所爲禪。假禪宗以定詩品，混儒釋兼紊後先。

按：嚴羽滄浪集詩辨，以爲禪道在妙悟，詩道亦在妙悟，且僂舉正法眼、小乘禪、臨濟、曹洞之類，以定詩品。不惟引釋教以證儒宗，已爲冠履倒置，比擬弗倫。豈知佛生於周昭王時，至漢明帝時始入中國，其教亦惟演經守律而已。至達摩於蕭梁時至中國，始倡禪宗頓悟之法，是虞廷所爲詩言志者，乃數典之最祖。彼時之詩，亦可以禪宗概之乎？夫詩有別裁，偶涉禪趣，固無不可。若宋之蘇軾及我朝之張照，每有吟詠，托禪意者十之七八，已失詩之本旨。若嚴羽此集，津津以禪門乘果，定詩之品格，其所謂不涉理路，不落言筌者，羽早自犯涉理路而落言筌，即禪家所謂擔板漢，未必非此人也。詩以闢之，用示後之學詩者。

金淵集 六卷

御題詩 乙未

宋末元初鳴以詩，早年仇白已名馳。却看排次還面目，信有甲丁爲獲持。雄逸或堪蘇伯仲，清真亦偶陸塤篪。擬之李杜誠猶遠，則實淵源限代時。

古城集　七卷

御題詩　壬寅

出處惟持正氣純，三朝奏議識其人。弩車未免泥去聲於古，鈇鉞不辭試以身。學闢姚江守篤實，文殊獻吉尚華新。貞觀小斷我心獲，疵小原無害大醇。

劉蕺山集　删本不列卷後同

黄道周集

御題詩　有序　乙未

比因彙輯四庫全書，各省博訪遺編以進。裒聚既廣，則甄别宜精。而明末諸人文集内，多有論列邊防兵事詆觸本朝者，館臣隨時檢出請燬，理固宜然，亦不可不有所決擇，因於幾餘披覽衡定之。夫爲明臣而指斥我朝，所謂吠非其主，本無可罪。其或人品無繫重輕，言事又剽竊無據，及已入本朝，苟活求生，又謬託爲明遺民，如屈大均之流者，燬之誠不足惜。若黄道周之博物典彙，劉宗周之疏稿，則不可燬。蓋二人當明政不綱，權移奄宦，獨能守正不阿，多所彈劾，至今想見其風節凛然。而且心殷救敗，凡有指陳，悉中時弊，假令當日能用其言，覆亡未必如彼之速，卒之致命遂志，以身殉國，允爲一代完人。若因字句干犯，并其全書而棄之，致使忠臣正士，其言論不能並傳不朽，余豈忍爲之哉！爰命廷臣就其應避之字略爲删改，書仍録而存之。使天下後世知余大公至正之心，維持名教而不苛小節，重其人因及其書，且爲千古之君若臣垂戒示勸，不徒味其文藝而已。既以宣論，並題詩各書其集端。

搜羅四庫事磨研，去取其間公道傳。人各抒忠斯可録，言雖觸諱忍從捐。寧同仲達吠堯日，不愧觀文報宋年。平日犯顔急盡節，如之二者實堪憐。

松泉詩文集 四十六卷

御題詩 壬寅

時晴書早壽茗華，子舍兹呈遺稿嘉。詩與古期歸雅正，文非時調去浮誇。席前我偶懷賈誼，書讀爾休塹趙奢。舊日西清劇談輩，衹今誰在惹咨嗟。

周禮井田譜 二十卷

御題詩 癸巳

仁政必由經界始，井田穀禄率因平。雖然今古特殊異，設也閭閻多變更。誰肯忘私畢公事，難稱均地限民名。斯之未信關睢意，周禮周官敢漫行。

道命録 十卷

御題詩 有序 癸巳

宋李心傳集當時論伊川程子之事二十餘條，其言毁譽各半，名之曰道命録。意在推尊伊川，以道屬之，而以命惜之。過矣。夫天命謂性，率性謂道，道卽由於天命，非命之外別有所謂道也。故董仲舒云：「道之大原出於天，天不變，道亦不變。」實爲篤論。若心傳所爲命，乃窮通禍福之命，卽孔子所罕言，顧以附屬於道，亦小之乎論道矣。或者曰：「孔子不云乎？道之將行也與，命也。道之將廢也與，命也。何嘗不相提並論？」不知孔子之言，正申明道之行與廢。由於率性復命之能與不能，而不繫於公伯寮之沮與不沮。公伯寮其如夫子之率性復命何？故朱子亦謂命有兩種，其意則引而未發。且二程氏之品誼，亦正不同，明道純粹不露圭角，伊川則不免於客氣，致有洛蜀之黨。夫黨豈君子所宜有？如東漢之黃憲、徐稺，不入黨錮之中，其矯然拔俗，誠有足取，彼顧厨俊及，互相標榜，適以自害，然猶出於小人之中傷也。若伊川之與蘇軾，皆係正人，乃至門户分歧，而憑附之徒遂至彼此攻訐不已，顯然操同室之戈，亦獨何哉！夫以道學而流爲黨援，其弊至無所底止，非清流之福，更非國家之福，所繫於世俗人心者甚鉅。而心傳道命之説，尤不衷於道。因題是編，並爲之序而正之。

天命於人之謂性，道惟率性乃无過。應知道也世常守，曰屬命焉理則郍。董子故稱不變爾，尼山曾是罕言他。雖云藉此傳名永，亦頗因兹致禍多。兩敗俱傷正何益，出行處順或非訛。黄徐不入鉤中黨，洛蜀還操室裏戈。明道淵乎量無涘，伊川清矣挹斯波。心傳作録意誠美，取義失斟費廣羅。

至正條格　卷二十三

御題詩 癸巳

書云弼教在明刑，尚律何如尚六經。條格居然觀至正，道齊未足示儀型。每爲左袒非公允，衹可偏安乖輯寧。世祖有元開刱主，孫謀貽厥失聰聽。

江東十鑑 一卷

御題詩 癸巳

十勝原無一勝終，誰云鑑此合江東。徒因南渡君臣怯，勗以北征議論公。藉是便希成正統，謂他未可奏膚功。搤吭拊背曾何有，楚尾吴頭衹自窮。都會上游應冀北，提封次者亦關中。少師故是金閶侶，桑梓情牽識未通。

洪範政鑒 存本不列卷後同

御題詩 癸巳

天運五行人五事，失修類應自分明。致休豈外常存敬，弭咎由來在未萌。蔡註旨哉去膠固，箕書備矣示平成。昭陵惕鑒政忠厚，言行相符仁則誠。

宋中興聖政草

御題詩 癸巳

少康光武始堪稱，何事建炎號中興。輕議武湯慙盡善，高談堯舜匹先登。偏安衹有姑息計，北伐曾無恢復能。徒曰親征望敵返，未聞業刱受終膺。求賢進退都無定，遠佞優游幾實曾。碎實細人索供（平聲）故，斥璫内侍竊權仍。舉凡率可知時政，曲譽安能逃後繩。七字永言昭鑒戒，艱哉天命慎欽承。

重明節館伴語録

御題詩　癸巳

重明館伴紀倪思，序語無非飾强詞。稱姪却私稱彼虜，畏人反詡畏吾儀。豈誠强屈弱伸也，祇以言游利啗之。南渡偷安顔特腆，千秋殷鑒慎哉斯。

國朝宮史續編卷之七十九

書籍五　鑒藏一

昭仁殿天禄琳瑯前編

臣等謹案：往代延閣廣内之書，徒侈縹緗閎富，徒未有如我高宗純皇帝鑒古精深，多文求舊，一時瑯嬛充牣，咸應昌會而備甄藏者。溯自乾隆甲子歲，敕檢内府書善本，進呈覽定，列架庋置昭仁殿，御題「天禄琳瑯」爲額。越乙未，重加整比，删除贋刻，特命著爲天禄琳瑯書目前編，詳其年代刊印、流傳藏弆、鑒賞採擇之由，書成凡十卷，繕録陳設，後入欽定四庫全書者是也。臣等按次詳稽，備登宮史。總計原貯宋版書七十一部，金版書一部，影宋鈔書二十部，元版書八十五部，明版書二百五十二部。其中最善本如前漢書、資治通鑑、九家注杜詩三種，皆特邀宸賞，曩曾命寫聖容於卷端，謹首録御題識語、詩章，虔誌當日天顔有喜之慕。其諸書中，以槧本尤佳，曾荷褒題鈐璽者，一體恭載。餘仿史家經藉志例，以經、史、子、集爲綱，以宋、金、元、明刊版朝代爲序，臚舉書目卷數，以見前編舊帙，部分具存。更賴七閣函儲，長留天地，足以徵萬古藏書未有之珍祕，自我大清乾隆朝始焉。至聖製重華宮茶宴用天禄琳瑯聯句詩，謹分載前卷宮殿門。

聖製題宋金元明舊版書三十八部

宋版漢書 一百卷

卷首恭繪高宗純皇帝聖容 鈐乾隆雙璽，左方鈐寶二，曰德日新，曰執兩用中。

御題語

内府藏舊刻書甚夥，而前後漢書雕鐫紙墨，並極精妙，實爲宋本之冠。覽前人跋語，知舊爲吳興趙孟頫家物，輾轉流傳，一歸之王世貞，再歸之錢謙益。王錢二輩，皆精於賞鑒，而愛惜珍貴，至比之寶玉大弓，良非虛語。每一繙閱，楮墨猶香，古今至寶，真有神物護持耶。乾隆甲子仲秋之月御題。鈐寶三，曰乾隆宸翰，曰幾暇臨池，曰稽古右文之璽。

御題詩

冠冕琳瑯天祿收，因刊書目閱從頭。吳藏本自趙魏國，楚得重歸王弇州。久入上方不知故，兹編四庫識其由。舊盃新斝多佳玉，却笑無能大白浮。乙未新正下澣御題。鈐寶二，曰幾暇怡情，曰得佳趣。

宋版資治通鑑綱目 五十九卷

卷首恭繪高宗純皇帝聖容 鈐乾隆雙璽。

御題詩

涑水𥽱爲開義例，紫陽述訂益精微。直傳一貫天人學，兼揭千秋興廢機。敬勝治兮怠勝亂，念兹是耳釋兹非。三編惟此遵綱紀，輯覽曾無越範圍。録出新安留面目，𢍰增天禄有光輝。外王内聖斯誠備，勿失服膺永勅幾。乾隆甲午仲秋月御筆。鈐寶二，曰乾隆宸翰，曰幾暇臨池。

宋版九家集注杜詩 三十六卷

卷首恭繪高宗純皇帝聖容 鈐乾隆雙璽。

御題詩

平生結習最於詩，老杜真堪作我師。書出曾録實郭集，本應寶慶及淳熙。九家正注宜存耳，餘氏支辭概去之。適以遺編搜四庫，乃斯古刻見漕司。希珍際遇殊驚晚，尤物闇章固有時。重以琳瑯續天禄，幾閒萬遍讀何辭。乾隆甲午仲春月中澣御筆。鈐乾隆雙璽

兑氏之戈和氏弓，續增天禄吉光中。浣花眉列新全帙，金粟身存舊卷筒。尤物寧論顯與晦，逢時亦有塞兮通。武英棄置今方出，絜矩人才默惕衷。乙未仲春月御筆。鈐寶二，曰乾隆宸翰，曰幾暇臨池。

宋版東萊家塾讀詩記 三十二卷

御識語

此吕氏家塾本也。説詩家自毛鄭後，同異紛紜，鮮所折衷。東萊兼綜衆説，絜要提綱，斷以己意，於三百篇之義，殆庶幾乎。向爲檇李項氏家藏，卷約字工，猶屬閩中舊刻，其珍惜之。乾隆御識。鈐寶二，曰幾暇怡情，曰乾隆宸翰。

宋版春秋分記 九十卷

御題詩

分記原通記，尊王義寓中。年經國爲緯，外抑内斯崇。統萬乃惟一，會殊則以同。稀珍傳宋槧，遺暇可研窮。乾隆甲午秋御題。鈐寶一，曰乾隆御筆。

宋版六經圖 不分卷

御題詩

太古圖先書後出，考書或不考圖非。陳刊苗序誠探要，物列文彰允造微。典備六千年燭照，册貽五百載芸䨴。玩時愓日凜儆戒，惕夕乾朝守範圍。傳授都因著姓氏，次銓還以正依韋。六經敢曰能窺道，一己惟應勵勅幾。敬奉禋宗陳俎豆，恪遵家法置冠衣。帝王學與儒生異，罪我由他知我稀。乾隆乙未仲春月御筆。鈐乾隆雙璽。

宋版後漢書 一百二十卷

御題語

范書八志不傳，後人雜取東觀漢記等書以補之。蓋自宋以前無全本。其不全者，轉爲仍古之舊。宋本無八志者，民間本也。若此書有八志者，學官本也。乾隆御題。鈐寶一，曰乾隆宸翰。

宋版隋書 八十五卷

御題語

此書字蹟紙質墨瀋，與趙吴興、董華亭題跋文選可稱聯璧。大内貯宋本書固多，視此並遜一籌矣。乾隆甲子九秋御筆。鈐寶二，曰乾隆宸翰，曰攡筆流雲藻。

宋版資治通鑑考異 三十卷

御識語

是書字體渾穆，具顏柳筆意，紙質薄如蟬翼，而文理堅緻，爲宋代所製無疑。中間十二卷至第十八卷舊闕，不知誰氏補鈔，幾與雕本莫辨。皇媧煉石，竟成完璧，亦玆書之幸也。乾隆甲子秋八月御識。鈐寶三，曰幾暇臨池，曰稽古右文之璽，曰含味經籍。

宋版通鑑紀事本末 四十二卷

御題詩

涑水編年著通鑑，建安紀事別成書。興亡本末爲金鑑，條理因依若輔車。雖有增前斯數典，便稱續後此開初。淳熙紙墨香天禄，玩味孜孜日警予。乾隆乙未新春御筆。鈐乾隆雙璽。

宋版帝學 八卷

御題語

此宋學士范祖禹編輯，進上乙覽元本也。成於元祐戊辰，重刊於嘉定辛巳，藏弆御府有年，每於幾餘展閱，不特芬流楮墨，足備石渠東觀之遺。而自宓羲迄宋，凡帝王務學求師之要，燦然眉列，實爲千秋金鑑。董子有言，强勉學問，則聞見博而知益明，因題卷首以誌自勗云。乾隆甲子重九前一日。鈐寶二，曰稽古右文之璽，曰乾隆宸翰。

御題詩

元祐成書心已殫，逮乎嘉定又重刊。欣兹祖禹芸編在，不異九齡金鑑看。務學求師著儀軌，修身莅政示倪端。知之行矣吾猶恧，綈几寧惟玩古觀。乙未新正再題。鈐乾隆雙璽。

宋版新唐書糾繆　二十卷

御識語

新唐書糾繆，宋吴縝所作也。觀其離爲二十門，逐條考證，摘舉舛訛，詢稱犁然有當。夫以宋代文學之臣，如歐陽修、宋祁者，主持館局，不免紕繆牴牾。信史之難，亶其然乎？是書允爲宋刻舊本，幾暇覽觀，用誌數語於卷首。乾隆甲子十月廿有八日。鈐寶二，曰莊敬日强，曰内府書畫之寶。

宋版古列女傳　八卷

御題語

劉向列女傳，宋嘉定間閩中所刊，圖書並列，殆古遺製。大内有顧愷之女史箴圖，旁書箴文，卽董其昌刻入戲鴻堂帖者，不知蘇子容所見列女傳畫爲墨蹟耶？抑刻本也。乾隆甲子秋九月御題。鈐寶二，曰乾隆宸翰，曰攡筆流雲藻。

宋版南華真經　十卷

卷首，御書南華真經四字。鈐寶一，曰乾隆宸翰。

御題語

大內宋鋟南華經，傳自永樂間，蠅頭細書，紙香墨古，誠寶跡也。古人有巾箱五經，便於行役登臨觀覽，斯亦其類歟。乾隆御筆。鈐寶二，曰乾隆宸翰，曰稽古右文之璽。

宋版容齋三筆 十六卷

御識語

洪忠宣皓，節並蘇典屬國，而時會之難有過之。其子邁，博學淹通，壽登耆耋，爲宋宿儒。孫亦世其家聲。善人有後矣。邁所著容齋隨筆，雜誌古今，以傳其所聞，此爲隨筆之三，真宋鋟也。乾隆御識。鈐寶三，曰稽古右文之璽，曰乾隆宸翰，曰萬國農桑寤寐中。

宋版太學新編排韻字類 七十六卷

御識語

此宋太學本也。依韻分編，備聲律之用。與選青賦箋同屬閩中所刊，跡其字古墨香，藏之祕府，足爲縹緗生色。乾隆甲子秋日御識。鈐寶二，曰乾隆宸翰，曰幾暇臨池。

宋版楚辭 八卷

御題詩

信是身清志猶烈，允宜朱註向爲刊。害公有疾託蕭艾　正道無妨擬蕙蘭。論古恒明論今闇，責人則易責躬難。罣然惕若披芸處，敢作尋芳漱潤觀。乾隆乙未仲春御筆。鈐乾隆雙璽。

宋版謝宣城詩集 五卷

御題詩

李杜稱詩久，樓洪鋟版行。芸香資望古，藻繢足怡情。詎祇摛辭麗，頗多契理精。欲嗤劉刺史，何據五言城。乾隆乙未春御筆。鈐乾隆雙璽。

宋版新刊詁訓唐昌黎先生文集 五十一卷

御題語

宋刊昌黎集五十一卷，卷前有乾學徐健菴諸印，想未收入御府之先，爲舊臣徐氏藏書。字畫精好，紙墨細潤，非坊賈貌爲舊刻者可比。天禄琳瑯所貯韓集，當以是本爲第一。乾隆御題。鈐寶三，曰乾隆宸翰，曰幾暇臨池，曰幾暇鑒賞之璽。

御題詩

載道惟文語不磨，齊昌黎者更伊何。唐家制度傳垂露，宋氏槧鉛存擘窠。真是起衰空八代，弗慙濟溺息千波。言宜長短四氣盛，玩味多年受益多。乙未新正再題。鈐乾隆雙璽。

宋版新刊五百家註音辨昌黎先生文集 五十九卷

御題詩

子厚退之昔並傳，論文可擬以詩詮。韓如杜也柳如李，此則聖而彼則仙。註五百家孰窺奥，垂千萬代獨鈎元。學焉有志知難到，難到猶然勵勉旃。乾隆甲午仲秋御筆。鈐乾隆雙璽。

宋版新刊五百家註音辨唐柳先生文集 三十二卷

御識語

五百家註昌黎集，實宋槧之佳者。柳子厚集，雖亦五百家註，版式、行款、標題並同，而紙色墨香，遜韓集遠甚。且正集廿二卷以下，至末皆闕，又改目録終以彌縫之，更非完善。第柳集註刊本，今鮮存者，亦覺片羽可珍，惟當居韓之次耳。附識題韓集詩之後，並書冠此集卷端。乾隆甲午秋御筆。鈐乾隆雙璽。

宋版六臣註文選 六十卷

御識語

此書董其昌所稱與漢書、杜詩鼎足海内者也。在元趙孟頫，在明王世貞、董其昌、王穉登、周天球、張鳳翼、汪應婁、王醇、曹子念，並東南之秀，俱有題識。又有國初李楷跋。紙潤如玉，南唐澄心堂法也。字跡精妙，北宋人筆意。漢書現在大内，與爲連璧，不知杜詩落何處矣。天禄琳瑯中若此者，亦不多得。乾隆御識。鈐寶二，曰乾隆宸翰，曰稽古右文之璽。

宋版唐文粹 一百卷

御識語

唐文粹一百卷，五代姚右史鉉所纂，昔人稱其用意精博，世甚重之。乃翻刻既繁，流傳互異，是本字畫工楷，墨色如漆，猶見臨安孟琪原雕面目。予選唐宋文醇，依儲欣例，於唐韓柳外，增李翺、孫樵兩家。讀書稽古者，以文醇爲專家定本，而參之文粹以博其趣，庶幾可乎。乾隆御識。鈐寶二，曰乾隆宸翰，曰幾暇臨池。

宋版選青賦箋　十卷

御識語

此宋人省試諸賦選本，卽唐人試帖及今館課之類，蓋一時坊刻也。特筆法精鑱，爲宋本中絶佳者。卷首末俱有文氏停雲印，良可珍秘。乾隆甲子秋分日御識。鈐寶二，曰乾隆宸翰，曰稽古右文之璽。

金版貞觀政要　十卷

御題詩

好名曾昔議文皇，三代下名好亦臧。言不以人廢如是，書原同帝範之蕿。吴兢采輯質文備，梁肅鋟行勸誡詳。幾度披芸欽古鑒，寧徒玩紙墨精良。乾隆乙未初夏御筆。鈐乾隆雙璽。

影宋鈔周易輯聞　六卷

御題詩

廣大無不備，夫惟易道然。輯聞傳汴水，述學衍先天。觀彼多合聖，切予斯體乾。影鈔猶識宋，遠矣緬韋編。乾隆甲午仲冬御筆。鈐寶二，曰得象外意，曰乾隆宸翰。

影宋鈔清波雜志　十二卷

御題詩

逸史犂然志紹熙，久無傳本此稱奇。唐鈎晉蹟隔一間，明影宋刊非兩岐。世道人心斯繫矣，南遷北伐早卑之。清波門外西湖水，洗盡當年諛墓辭。乾隆甲午冬御筆。鈐寶二，曰所寶惟賢，曰乾隆御筆。

影宋鈔孔子家語 十卷

御題詩

天禄青藜信也非，何於家語却相違。祖傳孫辨名因正，明影宋刊世已稀。多漏鮮全斯乃萃，鈎元提要志焉希。愀然敬對君爲政，一語興邦凛勅幾。乾隆甲午仲秋月御筆。鈐乾隆雙璽。

影宋鈔新儀象法要 三卷

御題詩

梁代渾儀已制之，失傳蘇頌乃重爲。有經有緯述前驗，具説具圖期後垂。亦曰用心究鈎股，卽看影槧悉毫釐。大成圓象精錙黍，皇祖鴻貽萬世規。乾隆乙未孟春上澣御筆。鈐乾隆雙璽。

影宋鈔離騷草木疏 四卷

御題詩

疏傳草木異劉王，特重離騷廿五章。豈爲春園問桃李。獨存古道弔沅湘。辨精魚魯篇篇覈，義寓興觀字字芳。雖是羅田版亡矣，步兵從可識中郎。乾隆乙未春月御筆。鈐乾隆雙璽。

元版大學衍義 四十三卷

御識語

大學八條，著爲聖經。而真西山衍義一書，首剟聖賢性命之精，旁採古今治亂之迹，發揮經術，璨若列眉，誠孔氏之功臣也。坊賈傳刊，率多訛謬，此書雕鋟精善，尚屬元刻舊本。每一披覽，心目豁然，藉是或得仰窺聖奥，用臻治理，則補裨寧有涯涘耶。甲子小春下澣御識。鈐寶三，曰幾暇臨池，曰稽古右文之璽，曰讀書析理。

元版樂書　二百卷

御題語

宋陳暘樂書二百卷，與其兄祥道所著禮書，並傳於世。其間網羅散失，參攷古今損益之故，犂然具備，而女樂一篇，尤足垂千古炯戒。楊萬里序中特著明之，意深遠矣。幾暇閒披，有資君德，夫豈獨雕鋟精好，輝映東壁耶！乾隆甲子秋分後二日御題。鈐寶二，曰稽古右文之璽，曰乾隆宸翰。

元版唐國史補　三卷

御識語

是書採摭開元至長慶故事，以補國史之遺。凡三百有六節，軼事方言，頗資觀覽。其間采取各條，亦間有載入正史者，是序文所云慮正文之或闕，非盡闕也。其字跡刻畫精能，當推爲元本之冠。乾隆御識。鈐寶二，曰幾暇臨池，曰稽古右文之璽。

元版山海經　十八卷

御識語

山海經一書，流傳最古，而近世無善本。是本筆法，刻畫清峭，當爲元版之佳者。明吳郡黄氏省曾，曾合刊水經、山經爲上下集，其字跡彷彿相同，蓋以是刻爲藍本也。乾隆御識。鈐寶二，曰稽古右文之璽，曰乾隆宸翰。

元版道命録　十卷

御識語

道命録十卷，宋嘉熙間編次濂洛關閩五先生進退黜陟之所由，而終以謚議贈卹制詔。元時重刻於龜山書院，則又續增作書後。所有事實乃元代追崇典册之文也。其云道命者，蓋言道之行與廢，皆命云爾。此書猶是元龜山書院初本。乾隆甲子秋日御識。鈐寶二，曰乾隆宸翰，曰幾暇臨池。

元版韋蘇州集　十卷

御題語

韋應物五言詩，高遠閒淡，世所罕及，年至九十餘，益造微妙。浮屠皎然工詩，嘗擬其體，應物語之曰：「人各有能有不能，子欲爲我，且失其故步。」至今傳爲知言。白居易繼守蘇州詩云：「敢有文章替左司」，其見推重如此。惜其文，史逸不傳，所傳者特詩集耳。是集編次雕鋟，雅稱善本。予愛讀其詩，因書數語於卷首。乾隆甲子九秋三日御題。鈐寶二，曰乾隆宸翰，曰幾暇臨池。

明版東觀餘論　二卷

御題詩

米已闢王黄斥米，從來聚訟每紛如。千載下議千載上，幾事實當幾事虚。筆正明言在心正，古書垂法示今書。重摹淳化加詳訂，也覺斯之未信予。乙未新正中澣御筆。鈐乾隆雙璽。

明版白氏長慶集七十一卷

御題詩

儒雅曾聞白樂天，漫將率易議前賢。但從性地中流出，月露風雲總道詮。〇人咸謂香山之詩傷於易，不知其易處正難及也。偶讀其集題此。甲子仲冬御筆。鈐寶二，曰稽古右文之璽，曰乾隆御筆。

鑒藏宋版書四十七部

宋版周易十卷　宋版監本纂圖重意互註點校毛詩二十卷　宋版周禮十二卷　宋版纂圖互註周禮十二卷　宋版春秋經傳集解三十二卷　宋版春秋經傳解三十卷存目　宋版監本纂圖春秋經傳集解三十卷　宋版春秋左氏音義五卷　宋版監本附音春秋公羊註疏二十八卷　宋版春秋公羊經傳解詁十二卷　宋版監本附音春秋穀梁註疏二十卷，重本凡二部。　宋版五經不分卷　宋版四書二十八卷　宋版南軒先生張侍講孟子詳說七卷　宋版大廣益會玉篇三十卷　宋版唐書二百二十五卷　宋版通鑑紀事本末卷見前重本，凡二部。　宋版諸史提要十五卷　宋版新唐書糾繆卷見前　宋版唐書直筆新例五卷　宋版唐宋名賢歷代確論一百二卷　宋版方輿勝覽。七十卷　宋版纂圖互註荀子二十卷　宋版纂圖互註南華真經卷見前重本，凡二部。　宋版戰國策十卷　宋版農桑書四卷　宋版程氏演繁露六卷　宋版嘯堂集古録二卷　宋版黄氏補千家註杜工部詩史三十六卷　宋版新刊五百家註音辨昌黎先生文集五十六卷　宋版新刊詁訓唐柳先生文集四十八卷　宋版六一居士集一百卷　宋版東坡先生和陶淵明詩四卷　宋版欒城集八十四卷　宋版六臣註文選卷見前重本，凡四部。　宋版玉臺新詠十卷，重本凡二部。　宋版聖宋文選三十二卷　宋版文章正宗二十四卷　宋

版續文章正宗二十卷　宋版蘭亭考十三卷

鑒藏影宋鈔書十五部

影宋鈔復齋易説六卷　影宋鈔童溪易傳三十卷　影宋鈔三禮圖二十卷　影宋鈔論語集説十卷　影宋鈔張狀元孟子傳二十九卷　影宋鈔新集古文四聲韻五卷　影宋鈔張時舉小學五書不分卷　影宋鈔集補後漢書年表十卷　影宋鈔續資治通鑑長編一百八卷　影宋鈔九域志十卷　影宋鈔考古圖十六卷　影宋鈔金壺記三卷　影宋鈔王摩詰文集十卷　影宋鈔劉賓客外集十卷　影宋鈔盤洲文集八十卷

鑒藏元版書七十九部

元版周易本義啓蒙翼傳四卷　元版尚書註疏二十卷　元版書集傳六卷　元版詩傳通釋二十卷　元版禮經會元四卷　元版儀禮圖十八卷　元版附釋音春秋左傳註疏六十卷　元版春秋諸國統記六卷　元版九經不分卷　元版説文解字三十卷　元版大廣益會玉篇三十卷　元版六書正譌五卷　元版史記一百三十卷，重本凡五部。　元版漢書一百卷　元版晉書一百三十卷　元版古史六十卷　元版資治通鑑二百九十四卷，重本凡二部。　元版資治通鑑綱目五十九卷，重本凡三部。　元版通鑑總類二十卷　元版十七史詳節二百七十三卷　元版十七史纂古今通要二十卷　元版通典二百卷　元版通志二百卷，重本凡三部。　元版宋名臣言行録七十五卷　元版五朝名臣言行録二十四卷　元版自警編不分卷　元版博古圖三十卷，重本凡二部。　元版纂圖分門類題註荀子二十卷　元版河南程氏遺書七十九卷　元版近思録十四卷，重本凡二部。　元版朱子語類一百四十卷，重本凡二部。　元版類編標注文公先生經濟文衡七十二卷，重本凡二部。　元版詳注東萊先生左氏博議二十五卷　元版胡子知言三卷　元版困學紀聞二十卷，重本凡二部。　元版北户録三卷　元版夢溪筆談二十六卷　元版詩苑叢珠三十卷　元版分類

補註李太白詩集二十五卷　元版唐翰林李太白集二十六卷　元版集千家注分類杜工部詩二十八卷，重本凡四部。　元版增
廣注釋音辨唐柳先生集四十八卷，重本凡三部。　元版陸宣公集十卷　元版歐陽文忠公文集一百五十三卷　元版東坡集一百二卷
元版增刊校正王狀元集註分類東坡先生詩二十五卷　元版欒城集九十六卷　元版欒城集八十四卷　元版伊川擊壤
集二十卷　元版黃太史精華録八卷　元版屏山集二十卷　元版象山先生集三十二卷　元版金臺集二卷　元版文選
六十卷　元版兩漢文鑑四十卷　元版三國志六十卷　元版續文章正宗二十卷　元版類編層瀾文選四十卷　元版新
編古賦題十八卷　元版新編事文類聚翰墨全書一百三十四卷

鑒藏明版書二百五十部

明版韓詩外傳十卷，重本凡二部。　明版詩經集傳二十卷　明版詩緝三十六卷，重本凡四部。　明版周禮十二卷　明版儀禮
十七卷　明版三禮四十九卷　明版三禮考註六十四卷　明版大戴禮記十三卷　明版大學衍義四十三卷，重本凡三部。　明版大學
衍義一百六十一卷　明版監本附音春秋穀梁傳註疏二十卷　明版春秋經傳集解三十卷，重本凡二部　明版國語二十一卷，重本凡四部。
明版十三經註疏三百三十三卷　明版九經釋音不分卷　明版七經圖不分卷　明版六經圖不分卷，重本凡四部。　明版五經圖不分
卷　明版六經正誤六卷　明版五經四書性理大全二百二十五卷　明版五經四書一百六卷　明版五經八十二卷　明版樂律
全書四十七卷　明版樂舞全譜不分卷　明版爾雅三卷　明版埤雅二十卷，重本凡二部。　明版許氏說文解字五音韻譜十一卷
明版重刊許氏說文解字五音韻譜十二卷，重本凡四部。　明版隸釋二十七卷　明版歷代鐘鼎彝器款識法帖二十卷　明版
六書精蘊六卷　明版韻補五卷　明版改併五音類聚四聲篇十五卷　明版改并五音集韻十五卷，重本凡二部。　明版重刊
改併五音集韻卷同上　明版詩韻釋要六卷　明版童蒙訓二卷　明版養正圖解不分卷，重本凡二部。　明版廿一史二千五百九十三卷

明版史記一百三十卷，重本凡二部。　明版漢書一百卷，重本凡二部。　明版後漢書一百三十卷，重本凡二部。　明版晉書一百三十卷，重本凡四部。　明版梁書五十六卷，重本凡二部。　明版陳書三十六卷，重本凡二部。　明版北齊書五十卷　明版周書五十卷，重本凡二部。　明版舊唐書二百卷　明版五代史記七十四卷　明版南唐書三十卷　明版文公先生資治通鑑綱目五十九卷　明版資治通鑑綱目二百四卷，重本凡二部。
明版資治通鑑綱目一百七十七卷　明版資治通鑑綱目八十六卷　明版資治通鑑綱目集説六十一卷　明版通鑑紀事本末四十二卷　明版歷代通鑑纂要九十二卷，重本凡一部。　明版通鑑總類二十卷　明版少微通鑑節要八十四卷，重本凡二部。　明版吴越春秋十卷　明版十六國春秋一百卷　明版路史三十八卷　明版貞觀政要二十卷，重本凡二部。　明版帝學八卷　明版歷代君鑑五十卷　明版文獻通考三百四十八卷，重本凡五部。　明版大明會典二百二十八卷　明版大明集禮五十三卷　明版水經山海經五十八卷　明版古今遊名山記二十卷　明版泊如齋重修考古圖十卷　明版寶古堂重修宣和博古圖三十卷
明版大事記二十四卷　明版秦漢印統八卷　明版讀史漫録十四卷　明版班馬字類二卷　明版標題句解孔子家語三卷　明版荀子二十卷，重本凡二部。　明版五臣音註揚子法言十卷，重本凡三部。　明版劉向新序十卷　明版劉向説苑二十卷
明版徐幹中論二卷　明版文中子十卷　明版皇極經世書十卷　明版心經附注不分卷　明版天原發微八卷，重本凡二部。
明版聖學心法四卷　明版五倫書六十二卷，重本凡五部。　明版格物通一百卷　明版古今考三十八卷　明版老子道德經二卷
明版南華真經副墨八卷　明版沖虚至德真經八卷，重本凡二部。　明版戰國策十卷　明版吕氏春秋二十六卷　明版論衡三十卷　明版農書七十卷　明版六子全書六十卷，重本凡六部。　明版五子全書八卷　明版荆州稗編一百二十卷　明版梁溪漫志十卷　明版何氏語林三十卷　明版野客叢書三十卷　明版重廣補註黄帝内經素問二十四卷，重本凡二部。　明版重修政和經史證類備用本草三十卷，重本凡二部。　明版圖繪寶鑑七卷　明版宣和書譜二十卷　明版東觀餘論卷見前，重本凡二部。

明版古今法書苑七十六卷　明版初學記三十卷，重本凡四部。　明版白孔六帖一百卷，重本凡三部。　明版百川會海不分卷　明版羣書考索二百十二卷　明版事類賦三十卷，重本凡三部。　明版紀纂淵海一百卷　明版古今合璧事類備要三百六十六卷，重本凡二部。　明版羣書集事淵海四十七卷　明版錦繡萬花谷八十卷　明版藝文類聚一百卷　明版新編古今事文類聚二百二十一卷　明版唐詩紀事八十一卷　明版楚辭十七卷　明版曹子建集十卷　明版陶靖節集十卷　明版類箋唐王右丞集十八卷　明版分類補註李太白詩集二十五卷　明版分類補註李太白詩文集三十五卷　明版集千家註杜工部詩集二十二卷，重本凡二部。　明版杜工部全集六十六卷　明版陸宣公集二十二卷　明版韓柳全集四十六卷　明版韓柳全集八十八卷　明版昌黎先生集五十一卷　明版柳文四十八卷　明版元氏長慶集六十卷，重本凡二部。　明版追昔遊詩集三卷　明版李義山集三卷　明版歐陽文忠公集一百五十八卷　明版歐陽先生文粹三十卷　明版伊川擊壤集二十卷　明版司馬太師温國文正公傳家集八十卷　明版老泉先生文集十四卷　明版東坡全集一百十卷　明版三蘇先生文粹七十卷，重本凡二部。　明版南豐先生元豐類稿五十一卷　明版臨川先生文集一百卷　明版朱文公文集一百卷　明版重鍥文公先生奏議十五卷　明版象山先生全集三十六卷　明版鴻慶居士文集十四卷　明版渭南文集五十卷　明版漫堂劉先生文集二十二卷　明版鐔津文集二十卷　明版弇州山人四部稿一百七十四卷　明版代囊子集二十六卷　明版六家文選六十卷，重本凡十一部。　明版六臣註文選卷同前　明版文選註十二卷　明版文選補遺四十卷　明版古文苑二十一卷　明版六朝詩彙一百十四卷　明版竇氏聯珠集五卷　明版唐文粹一百卷，重本凡四部。　明版萬首唐人絶句一百一卷，重本凡二部。　明版西山先生文章正宗二十五卷　明版文苑菁華纂要九十四卷　明版詩學大成三十卷　明版歷代名臣奏議三百五十卷　明版諸儒箋解古文真寶五卷　明版詞致録十六卷　明版龍筋鳳髓判二卷　明版山谷老人刀筆二十卷　明版滑耀編不分卷

國朝宮史續編卷之八十

書籍六　鑒藏二

昭仁殿天禄琳瑯續編

臣等謹案：嘉慶二年丁巳十月，勅尚書臣彭元瑞等仿前編體例，重輯天禄琳瑯續編。維時徧理珠囊，詳驗楮墨，旁稽互證，各有源流，而其規模析而彌精，恢而愈富。凡前人評跋，名家印記，俱確有可徵，絶無翻雕駁文，爲坊肆書賈及好事家僞托者。蓋以前編之目，仰禀高宗純皇帝辨訂精醇，儒臣得所依據。而自欽定四庫全書以來，淵海儲藏，尤足以廣聞見參詳之助。是以前編書目十卷，後編則二十卷；前編書四百二十二部，後編則六百五十九部，萬有二千二百五十八册，視四庫全書逾三之一。前編宋元明版外，僅金刻一種。後編則宋、遼、金、元、明五朝梓本俱全。合前後二編觀之，不啻與緑字丹文，輝映萬古。臣等謹依例恭録聖製題篇，並分臚卷帙，以備幾餘澄鑑，以昭我皇上崇文念典之同揆云爾。

聖製題宋版書七部影宋鈔書二部

宋版易傳　六卷

御題詩

卜筮書違秦火殃，大程平正傳言常。周張朱介三賢卓，凶悔吝中一吉當。開物無爲自成務，抑陰有道在扶陽。幽明通以性命順，内聖由來貫外王。癸卯清和御筆。鈐寶一，曰古稀天子之寳，上鈐寶二，曰乾隆御覽之寶，曰古稀天子。

宋版尚書詳解　十三卷

御題詩

五十八篇始至終，歷爲詳解折於中。道心毋使人心雜，聖法由來王法通。士行胡編誠足踶，九峰蔡傳實相同。設如切已舉其要，二典三謨用不窮。癸卯暮春月上澣御筆。鈐寶二，曰古稀天子之寶，曰猶日孜孜。上鈐寶二，曰乾隆御覽之寶，曰古稀天子。

宋版三禮圖　二十卷

御題詩

尚忠尚質尚乎文，三代因之政已分。何必衣冠定相襲，要知和敬有尊聞。觀圖可識睢麟意，撫册猶欣舊繭芬。汲黯讜言對漢武，懷哉那復更云云。癸卯仲夏御筆。鈐寶二，曰古稀天子之寶，曰猶日孜孜。上鈐寶二，曰乾隆御覽之寶，曰古稀天子。

宋版佩觿　三卷

御題詩

衛風第廿一章句，名寓佩觿解結求。小學從來大學本，今文應溯古文由。肆言那戀錢五萬，容面偏欣土一抔。蟬蜕分明地仙列，斯人奚翅畫家流。癸卯初夏御筆。鈐寶一，曰古稀天子之寶。上鈐寶二，曰乾隆御覽之寶，曰古稀天子。

宋版唐陸宣公集 二十二卷

御題詩

熟讀東坡進奏篇，欣看議疏陸家宣。行間字裏通時事，曲譬直陳總道詮。一部允當置棐几，萬言猶喜見初鐫。梁洋失及忠州遺，惜舍何殊天與淵。癸卯仲秋御筆。鈐寶二，曰古稀天子之寶，曰猶日孜孜。上鈐寶二，曰乾隆御覽之寶，曰古稀天子。

宋版朱文公校昌黎先生集 五十卷

御題詩

校集都因考異銓，門人李漢更詳編。官書率就私書獻，杭本應爲蜀本先。無礙兼存期自擇，允爲獨出更誰肩。一篇原道接孔孟，見道因文啓宋傳。癸卯仲春御筆。鈐寶二，曰古稀天子之寶，曰猶日孜孜。上鈐寶二，曰乾隆御覽之寶，曰古稀天子。

宋版增廣注釋音辨唐柳宗元集 四十七卷

御題詩

文章韓柳稱伯仲，邪正立身冬夏然。黨入叔文真是謬，州憐禹錫或猶賢。政傳柳郡差可耳，廟祀羅池實幸焉。終是昌黎敦厚道，惜其末路鮮周旋。癸卯仲夏御筆。鈐寶二，曰古稀天子之寶，曰猶日孜孜。上鈐寶二，曰乾隆御覽之寶，曰古稀天子。

影宋鈔班馬字類 三卷

御題詩

采摭欣傳檇李婁，居然影宋似雕鎪。荀袁原未範圍出，班馬藉因奧窔求。喜此朝絃而暮誦，嘉伊遠紹更旁搜。披翻快處緣惡旨，笑異東坡大白浮。丁酉冬月中澣御筆。鈐寶二，曰所寶惟賢，曰乾隆御筆。上鈐寶二，曰乾隆御覽之寶，曰古稀天子。

影宋鈔周髀算經　不分卷

御題詩

皇祖精明勾股絃，惜吾未習值髫年。授時以是爲要矣，考古亦常有舛焉。設匪敬誠存曰旦，可能容易事占天。而今老更難爲學，自晝追思每愧旃。癸卯孟夏御筆。鈐寶二，曰古稀天子之寶，曰猶日孜孜。上鈐寶二，曰乾隆御覽之寶，曰古稀天子。

鑒藏宋版書二百二十三部

宋版周易十卷　宋版周易本義十二卷　宋版大易粹言十二卷　宋版童溪王先生易傳三十卷　宋版周易輯聞六卷　宋版纂圖互注尚書十三卷　宋版附釋音尚書注疏二十卷　宋版增修東萊書説三十五卷　宋版毛詩四卷　宋版詩集傳二十卷　宋版呂氏家塾讀詩記三十二卷，重本凡二部。　宋版周禮十二卷　宋版東巖周禮訂義八十卷　宋版儀禮十七卷，重本凡二部。　宋版儀禮圖十七卷　宋版禮記二十卷，重本凡三部。　宋版大戴禮記十三卷，重本凡二部。　宋版三禮圖卷見前，重本凡二部。　宋版司馬氏書儀十卷　宋版春秋經傳二十卷　宋版春秋經傳集解三十卷，重本凡七部。　宋版春秋集注十一卷，重本凡二部。　宋版監本附音春秋穀梁傳注疏二十卷，重本凡二部。　宋版春秋繁露十七卷　宋版論語十卷　宋版孝經一卷　宋版孟子十四卷　宋版孟子集疏十四卷　宋版九經不分卷　宋版經典釋文三十卷　宋版公是先生七經小

傳三卷　宋版羣經音辨七卷，重本凡二部。　宋版六經圖不分卷　宋版說文解字韻譜五卷　宋版重刊許氏說文五音韻譜十二卷　宋版班馬字類三卷，重本凡五部。　宋版佩觿卷見前　宋版大廣益會玉篇三十卷，重本凡三部。　宋版廣韻五卷　宋版集韻十卷　宋版韻補五卷　宋版史記一百三十卷，重本凡五部。　宋版史記索隱一百三十卷　宋版漢書一百卷　宋版晉書一百三十卷　宋版前後漢紀六十卷，重本凡二部。　宋版稽古録二十卷　宋版資治通鑑三百二十四卷　宋版續資治通鑑長編一百八卷　宋版通鑑紀事本末四十二卷，重本凡三部。　宋版隆平集二十卷　宋版古史不分卷，重本凡三部。　宋版戰國策十卷　宋版鮑氏國策上卷同　宋版諸臣奏議一百五十卷　宋版十七史詳節二百七十三卷　宋版諸儒校正兩漢詳節六十卷　宋版東萊先生晉書詳節三十卷　宋版校正北史詳節二十八卷　宋版古今紀要十九卷　宋版通鑑總類二十卷，重本凡三部。　宋版漢雋十卷，重本凡二部。　宋版四明志二十一卷　宋版宣和奉使高麗圖經四十卷　宋版吳越春秋十卷　宋版紹興十八年同年小録不分卷　宋版新入諸儒議論杜氏通典詳節四十二卷　宋版纂圖互註六子全書六十二卷　宋版老子荀子揚子文中子四十四卷　宋版家語十卷，重本凡二部。　宋版十一家註孫子三卷　宋版沖虛至德真經八卷，重本凡三部。　宋版纂圖互註南華真經十卷，重本凡三部。　宋版纂圖互註荀子二十卷，重本凡二部。　宋版纂圖互註揚子法言十卷，重本凡二部。　宋版新纂門目五臣音註揚子法言上卷同　宋版揚子法言上卷同　宋版帝學八卷，重本凡三部。　宋版朱子語類一百四十卷　宋版麗澤論說集録十卷　宋版西山先生真文忠公讀書記五十九卷　宋版重廣補註黄帝内經素問二十四卷，重本凡四部。　宋版黄帝内經上卷同　宋版新編證類圖註本草四十二卷　宋版周髀算經不分卷　宋版夏侯陽算經不分卷　宋版太元經十卷　宋版元包經傳五卷，重本凡二部。　宋版畫繼五卷　宋版墨池編六卷　宋版書苑菁華二十卷　宋版嘯堂集古録二卷　宋版劉子十卷　宋版夢溪筆談二十六卷　宋版梁谿漫志十卷　宋版演繁露十六卷　宋版論

衡三十卷　宋版自警編十一卷　宋版自警編不分卷　宋版藝文類聚一百卷　宋版初學記三十卷　宋版孔氏六帖三十卷　宋版事類賦三十卷　宋版綿繡萬花谷一百二十卷　宋版博物志十卷　宋版西京雜記六卷　宋版雲溪友議三卷　宋版漢官儀三卷　宋版楚辭補注十七卷　宋版楚辭集注八卷　宋版箋注陶淵明集十卷　宋版梁昭明太子文集五卷　宋版寒山子詩集一卷　宋版集千家注分類杜工部詩二十七卷　宋版集千家注批點杜工部集二十二卷　宋版常建詩集二卷　宋版韋蘇州集不分卷，重本凡二部。　宋版權文公詩集十卷　宋版朱文公校昌黎先生集五十一卷　宋版朱文公校昌黎先生集五十卷，重本凡二部。　宋版昌黎先生詩集十卷　宋版增廣注釋音辨唐柳先生集十卷，重本凡三部。　宋版盧户部詩集十卷　宋版孫可之文集十卷　宋版經進周曇詠史詩三卷　宋版唐英歌詩三卷　宋版范文正公集二十四卷，重本凡二部。　宋版無爲集十五卷　宋版南豐曾子固先生集三十四卷　宋版曾南豐先生文粹十卷　宋版節孝先生文集三十卷　宋版和靖先生文集三卷　宋版臨川先生文集一百卷，重本凡二部。　宋版重廣分門三蘇先生文粹一百卷　宋版蜀本標題三蘇文六十二卷　宋版三蘇先生文粹七十卷　宋版王狀元集諸家注分類東坡先生詩二十五卷　宋版增刊校正王狀元集注分類東坡先生詩卷同上　宋版豫章先生遺文二十卷　宋版山谷老人刀筆二十卷　宋版淮海集四十九卷　宋版東萊呂太史集五十卷　宋版詳註東萊先生左氏博議二十五卷　宋版横浦先生文集二十卷　宋版南軒先生文集四十四卷　宋版晦菴先生文集二十九卷　宋版漫塘劉先生文集二十二卷　宋版後村居士集五十卷，重本凡二部。　宋版文選三十卷，重本凡二部。　宋版六家文選卷同上，重本凡七部。　宋版唐文粹一百卷，重本凡二部。　宋版玉臺新詠十卷，重本凡二部。　宋版古文苑九卷　宋版古文苑二十卷　宋版真文忠公續文章正宗二十卷　宋版古今文章正印七十六卷　宋版妙絶古今不分卷　宋版萬首唐人絶句一百一卷　宋版新增合璧聯珠萬卷菁華一百四十卷　宋版韻

語陽秋二十卷　宋版花間集十卷

鑒藏影宋鈔書九部

影宋鈔易小傳六卷　影宋鈔論語十卷　影宋鈔孟子十四卷　影宋鈔歷代鍾鼎彝器款識二十卷　影宋鈔班馬字類見前卷　影宋鈔唐史論斷三卷　影宋鈔唐開元禮一百五十卷　影宋鈔琴史六卷　影宋鈔坡門酬唱二十三卷

鑒藏遼版書一部

遼版龍龕手鑑四卷

鑒藏影遼鈔書一部

影遼鈔龍龕手鑑同上卷

鑒藏金版書一部

金版重修政和殿經史證類備用本草三十卷

鑒藏元版書一百一十六部

元版學易記九卷　元版周易經傳集程朱解附録纂注十四卷　元版書集傳六卷　元版書傳集録纂注六卷　元版周禮集説十卷　元版禮經會元四卷，重本凡二部。　元版儀禮經傳通解三十七卷　元版儀禮經傳續二十九卷　元版春秋諸傳會通二十四卷　元版春秋經傳集解三十卷　元版春秋胡傳三十卷，重本凡二部。　元版春秋師説三卷　元版春秋左氏補注十卷　元版春秋屬詞十五卷　元版四書辨疑十五卷　元版增修互註禮部韻略五卷　元版歷代鐘鼎彝器欵識二十卷　元版重刊許氏説文五音韻譜十二卷　元版大廣益會玉篇三十卷，重本凡二部。　元版改併五音類聚四聲篇十五卷，重本凡二部。　元版前漢書一百卷　元版後漢書一百二十卷　元版金史一百三十五卷　元版元經薛氏傳九卷　元版資治通鑑考異三十卷　元版稽古録二十卷　元版通鑑釋文辨誤十二卷　元版通鑑總類二十卷　元版資治通鑑綱目五十九卷　元版增修陸狀元集百家注資治通鑑詳節一百二十卷　元版通鑑續編二十四卷　元版宋史全文續資治通鑑三十六卷　元版國語解二十一卷　元版戰國策十卷，重本凡二部。　元版南唐書三十卷　元版貞觀政要十卷　元版孝肅包公奏議集十卷　元版東坡先生奏議十五卷　元版東坡奏議卷同上　元版十七史詳節二百七十三卷，重本凡二部。　元版諸儒校正唐書詳節六十卷　元版漢雋十卷　元版通志二百卷　元版文獻通考三百四十八卷　元版孔叢子七卷　元版晏子春秋八卷，重本凡二部。　元版經史證類大全本草三十卷　元版素問病機氣宜保命集三卷　元版風俗通義十卷　元版元包經傳五卷　元版潛虛不分卷　元版冷齋夜話十卷，重本凡二部。　元版困學紀聞三十卷　元版事類賦三十卷　元版百川學海不分卷　元版韻府羣玉二十卷，重本凡四部。　元版增修詩學集成押韻淵海二十卷，重本凡二部。　元版事文類聚翰墨全書九十八卷　元版事文類聚翰墨大全前集卷同上　元版增修事文類聚翰墨全書後丙集卷同上　元版新編排韻增廣事類氏族大全二十卷　元版拾遺記十卷　元版鶴林玉露十六卷　元版曹子建集十卷　元版陶靖節集十卷　元版集千家注分類杜工部詩二十七卷　元版分類補注李太白詩五卷，重本凡二部。　元版李文公集十八卷　元版增廣注釋音辨唐柳先生集四十七卷，重本凡二部。　元版劉賓客外集十卷　元版元豐類稿五十卷　元版歐陽文忠公集一百五十三卷　元版王荆文公詩五十卷　元版淮海集四十九卷　元版豫章羅先生文集十七卷　元版屏山集二十卷，重本凡二部。　元版竹洲文集二十卷　元版渭南文集五十二卷　元版梅亭先生四六標準四十卷　元版勉齋先生黄文肅公文集四十卷　元版西山先生真文忠公文集五十一卷　元版松雪齋文集十卷　元版魯齋遺書六卷元版淵潁吳先生集十二卷　元版道園學古録五十卷　元版六家文選三十卷　元版文選卷同上　元版選詩補注八卷　元版玉臺新詠十卷　元版唐文粹一百卷，重本凡二部。　元版文章正宗二十四卷　元版古文苑二十卷　元版東萊標注三蘇文集五十九卷　元版迂齋先生標注崇古文訣三十五卷　元版瀛奎律髓四十九卷　元版皇元風雅十四卷　元版文心雕龍十卷　元版全唐詩話二卷　元版詩人玉屑二十卷　元版增類換聯詩學攔江網七十卷　元版絶妙詞選二十卷

鑒藏明版書二百八十九部

明版關氏易傳一卷　明版東坡易傳八卷　明版周易傳義大全二十四卷　明版周易全書二十一卷　明版易象大旨八卷　明版東坡書傳二十卷，重本凡二部。　明版書傳會選六卷，重本凡二部。　明版書傳大全十卷　明版潁濱先生詩集傳十九卷　明版詩集傳二十卷　明版詩緝三十六卷　明版六家詩名物疏五十卷　明版二賢言詩不分卷　明版詩經世本古義二十八卷　明版毛詩古音考四卷　明版詩經類考三十卷　明版儀禮註疏十七卷　明版禮記集説十六卷　明版禮記集説大全三十卷　明版春秋胡傳三十卷　明版春秋經傳集解三十卷，重本凡三部。　明版春秋集傳大全七十卷　明版左氏春秋鐫二卷　明版十三經註不分卷　明版五經四書大全不分卷　明版五經旁訓十九卷　明版涇野先生五經説二十一卷　明版六經圖不分卷，重本凡四部。　明版七經圖不分卷　明版六經正誤六卷　明版博雅十卷　明版埤雅二十卷　明版埤雅廣要四十二卷　明版歷代鐘鼎彝器欵識二十卷　明版説文字原六書正譌五卷　明版隸釋二十七卷　明版漢隸字源六卷　明版五侯鯖字海附五經難字二十一卷　明版重刊改併五音集韻十五卷　明版古今韻會舉要三十卷　明版韻補五卷　明版正韻統宗五卷　明版韻譜本義八卷　明版古今韻分注撮要五卷　明版韻苑考遺不分卷　明版音韻日月燈六十卷　明版史記一百三十卷，重本凡二部。　明版三國志六十五卷　明版舊唐書二百卷　明版逸周書十卷　明

版國語解二十一卷，重本凡二部。　明版前後漢紀六十卷　明版貞觀政要十卷，重本凡二部。　明版東萊先生音註唐鑑二十卷，重本凡二部。　明版資治通鑑四百九十八卷　明版資治通鑑綱目二十七卷，重本凡三部。　明版通鑑紀事本末五十六卷　明版唐六典三十卷　明版河防一覽十四卷　明版荊川先生右編四十卷　明版經濟類編一百卷　明版歷代名臣奏議三百五十卷

明版宋名臣言行録四十九卷，重本凡二部。　明版近代名臣言行録十卷　明版四明尊堯集十一卷　明版陳少陽先生盡忠録八卷　明版金陀粹編五十八卷　明版史記評林一百三十卷，重本凡二部。　明版漢書評林一百卷，重本凡二部。　明版漢雋十卷

明版兩漢博聞十二卷　明版十七史詳節二百七十三卷，重本凡二部。　明版水經注四十卷　明版三輔黃圖六卷　明版雍大記三十六卷　明版楚故略二十卷　明版歷代地理指掌圖不分卷　明版杜氏通典二百卷　明版通志二百卷，重本凡二部。　明版文獻通考三百四十八卷　明版二十子全書不分卷　明版五子全書不分卷　明版孔子家語十卷　明版孔子集語二卷　明版管子二十四卷，重本凡二部。　明版韓非子二十卷　明版荀子二十卷，重本凡二部。　明版南華真經十卷，重本凡二部。　明版吕氏春秋二十六卷　明版説苑新序二十卷　明版説苑卷同上　明版太元經十卷　明版中説十卷　明版二程全書五十一卷　明版大學衍義四十三卷　明版心經附注四卷　明版慈溪黃氏日鈔九十七卷　明版性理大全一百二十九卷　明版五倫書六十二卷，重本凡二部。　明版童蒙訓三卷　明版世範三卷　明版歷代臣鑒三十七卷　明版讀書劄記八卷　明版容齋隨筆五集七十四卷　明版丹鉛總録二十七卷　明版七修類藁五十一卷　明版王氏農書三十六卷，重本凡二部。　明版博古圖録考正三十卷

明版考古圖十卷　明版重修考古圖卷同上　明版金石文七卷　明版法帖釋文考異七卷　明版金薤琳瑯二十卷

明版世説新語三卷　明版世説新語補二十卷　明版説略不分卷　明版鶴林玉露十六卷　明版輟耕録三十卷　明版學海二百二十卷　明版漢魏叢書不分卷　明版四十家雜説不分卷　明版古今逸史不分卷　明版藝文類聚一百卷，重本凡二部。

明版北堂書鈔一百六十卷　明版初學記三十卷　明版白孔六帖一百卷，重本凡四部。　明版海録碎事二十二卷　明版羣書考索一百五十六卷　明版記纂淵海一百卷　明版羣書集事淵海四十七卷，重本凡三部。　明版事物紀原十卷，重本凡二部。　明版事物紺珠四十六卷　明版古今事物原始三十卷　明版文林綺繡三十八卷，重本凡二部。　明版唐類函二百卷，重本凡三部。　明版詩壇叢韻二十八卷　明版事詞類奇三十卷　明版雲仙雜記十卷　明版姓氏急就篇二卷　明版奇姓通不分卷　明版程幼博墨苑十五卷　明版袖珍方大全四卷　明版楚辭王註十七卷　明版篆文楚騷五卷　明版董仲舒集一卷　明版陶靖節集十卷，重本凡四部。　明版駱子集注四卷　明版唐王右丞詩劉須溪校本六卷　明版唐王右丞集十四卷，重本凡二部。　明版唐常侍集十卷　明版唐儲光羲詩集五卷　明版顔魯公文集十五卷　明版李太白詩十二卷　明版集千家注杜工部詩集二十卷，重本凡五部。　明版集千家注杜工部詩集二十二卷　明版韋蘇州集不分卷，重本凡二部。　明版唐陸宣公翰苑集二十四卷　明版昌黎先生集五十一卷，重本凡四部。　明版韓文考異五十一卷　明版杜樊川集十七卷　明版唐皮日休文藪十卷　明版河東先生集四十五卷　明版元白長慶集一百三十六卷　明版文潞公文集四十卷　明版宋林和靖先生集七卷

明版武溪集二十卷，重本凡二部。　明版歐陽文忠公集一百五十三卷，重本凡二部。　明版節孝先生文集三十卷　明版張文潛文集十三卷　明版元豐類稿五十卷，重本凡二部。　明版濟北晁先生雞肋集七十卷，重本凡二部。　明版丹淵集四十卷　明版浮溪文粹十五卷　明版栟櫚集二十五卷　明版知稼翁集二卷　明版梅溪先生文集五十四卷，重本凡二部。　明版晦菴先生朱文公文集一百卷　明版象山先生全集三十六卷　明版慈湖先生遺書十八卷　明版龍川先生文集三十卷　明版秋崖小稿八十三卷　明版文山先生全集二十卷　明版疊山謝先生文集二卷　明版石屏詩集十卷　明版晞髮集六卷

明版白玉蟾海瓊摘稿十卷　明版靜修先生文集十卷　明版稼村先生類稿十卷　明版貢文靖公雲林詩集六卷

明版雲峰胡先生文集十卷　明版臨川吳文正公集一百卷　明版黃文獻公文集十卷　明版道園學古録五十卷　明版淵穎吳先生集十二卷　明版上京紀行詩一卷　明版圭齋文集十六卷，重本凡二部。　明版雲陽李先生文集十卷　明版六家文選三十卷，重本凡四部。　明版六臣註文選卷同上　明版唐文粹一百卷，重本凡四部。　明版文苑英華一千卷　明版文苑英華辨證十卷　明版宋文鑑一百五十卷，重本凡二部。　明版元文類七十卷　明版周秦兩漢文選十二卷　明版秦漢文鈔十二卷　明版迂齋先生標注崇古文訣三十五卷　明版漢魏六朝一百三家集一百十八卷　明版歷代文紀一百三十一卷　明版妙絶古今不分卷，重本凡二部。　明版晉二俊文集二十卷　明版古文奇賞一百三十五卷　明版文翰類選大成一百六十三卷　明版書記洞詮一百二十卷　明版古論大觀四十卷　明版玉臺新詠十卷，重本凡二部。　明版古樂府十卷　明版古詩紀一百五十六卷

明版箋注唐賢絶句三體詩法二十卷　明版唐詩類苑二百卷　明版唐雅二十六卷　明版唐百家詩集不分卷　明版唐詩紀事八十一卷　明版宋藝圃集二十二卷　明版全唐詩話二卷　明版菊坡叢話二十六卷　明版增廣類聯詩學大全二十卷　明版升菴詩話四卷　明版哲匠金桴五卷　明版絶妙詞選二十卷

藏鑒明鈔本書八部

明鈔尚書纂傳四十六卷　明鈔書纂言二十八卷　明鈔詩經解頤四卷　明鈔四書待問二十二卷　明鈔增廣鐘鼎篆韻七卷　明鈔劉子十卷　明鈔百家詩話總龜一百卷　明鈔吳都文粹十卷

國朝宮史續編卷之八十一

書籍七　鑒藏三

五經萃室

宋版五經一部

臣等謹案：昭仁殿後廡，「慎儉德」三楹，分右一楹彙貯宋岳珂校刻五經全編，凡九十卷，御題「五經萃室」爲額，聖製記文，識集成之幸，而推廣於位置政務之咸宜。大哉！誠因學喻政之彝訓也。每經分詠一詩，親灑宸翰，冠諸册首。而於岳氏忠良有後，能以經訓紹聞，特荷褒榮，尤足以爲世道人心之勸。至於影橅倣刻，並許横經下士，萬本流傳，仰見恩洽同文，情公好古，又豈僅以相臺舊帙，古墨流香，徒作希珍之玩已耶？

聖製五經萃室記

事雖大而無關於天理人心之正者，不可炫其有文而爲之記。事雖小而有關於天理人心之正者，不可惘其無文而弗爲之記。兹五經萃室之記，蓋有合於後之所云者。五經之有關於天理人心，夫人之所知也。而謂其事小者，徒以萃宋時岳珂所刻之五經故曰小。然而六百歲之間，分之復合，散之仍聚，則其事亦不謂小。而况闡數大聖人之精微，示天理，正人心，斯可憫其無文而弗爲之記耶？岳珂所刻之五經奈何。蓋自乾隆甲子時，薈萃宋、元、明三代舊版，藏之昭仁殿，名曰「天禄琳琅」。其時卽有岳氏所刻之春秋，未詳其所由來，亦不過與別部春秋一例載之天禄琳琅之書而已。兹復得岳氏所刻易、書、詩、禮記、四種，而獨闕春秋。因思天禄琳瑯中或有其書，命細檢之，則岳氏所刻之春秋故在。其板之延袤分寸，無不脗合。而每卷之後，皆有木刻亞形相臺岳氏刻梓、荆溪家塾印，大小篆、隸文、楷書不等。且每頁之末，傍刻篇識，如易之乾坤卦、書之堯舜典之類，其用心精而紀類審，即宋版之最佳者亦不多見也。至於收藏家，則易、書、詩、蓋同經七八家，而略有異。易、書、詩三經，皆有晉府書畫之印及徐乾學、季振宜、陳定書、李國壽、陳氏世寶敬德堂諸印，圖書又有覃懷李氏印，蓋大同小異云。藏禮記者四家，晉府書畫印，李國壽印，覃懷李氏印，敬德堂圖書印。藏春秋者三家。宋本印，項氏萬卷樓圖籍印，季振宜印。夫岳氏之書，既分而合，幸合，則不可使復分。但天禄琳瑯之書久成，所録諸書皆以四庫分類，架貯昭仁殿。其丙申以後所獲之書，別弆於御花園之養性齋，以待續入。兹撤出昭仁殿之「春秋」，以還岳氏五經之舊，仍卽殿之後廡所謂「慎儉德」室者，分其一楹，名之曰「五經萃室」。都置一几，是舊者固不出昭仁殿，而新者亦弗闌入舊書中，似此位置，可謂得宜。吾因思之，位置一切政務，亦能如是胥得宜乎？所謂得宜者，亦有合於天理人心之正，而不違五經之旨乎？刻書家多矣，若兹分而復合者蓋少。遂命選善書者，如影宋鈔之例，通録其五經正本，以壽世而公來者。吾於是慨武穆之忠，而喜其有文孫承繼家聲也。又恨宋高宗之信奸相、忘復讐，而自壞其長城也。又謂天之報施善人固不爽，而司馬遷怨尤之語，誠不足爲信史也。

聖製題五經萃室岳珂宋版五經詩 有序 癸卯

經天行地，精華統備於三才。合璧聯珠，美富集成於一室。薈數聖人之寶訓，全帙重完。收千載上之遺文，新題式煥。溯自相臺鋟刻，名重荆溪，天禄搜羅，版留岳氏。顧麟經久歸部目，而戴記續入鑒藏。偉兹四庫之全，更獲五經之萃。驗標名於篇頁，易詩書槧刻皆符。審印字於鈐題，篆隸楷規模悉肖。經七八家而收藏可證，閲六百歲而分合堪稽。爰因慎德之後楹，更出昭仁之祕本。書仍舊簡，羅函排鱗次之觀；楣焕新顔，堆几翕雁行之序。緬流傳之復合，道必因文；愜位置之咸宜，學還喻政。忠良翊運，惜當時自壞長城；謹厚傳家，喜後嗣克稱肯構。復旦光懸日月，朗映西山；聚垣數應星辰，勤披乙夜。吟成七字，摛唐律而珍護縑緗。弁以五章，影宋鈔而壽貞梨棗。從此觀瀾觀海，範圍綜百氏菁英。庶其是訓是行，什襲貽萬年典則。

羲文萬載萃精神，日用尋常卽化鈞。義漏朱家緣後代，注傳王氏以前人。韋編堅矣今何在，紙牘脆哉兹尚珍。我豈善言言豈敢，手胼口沫意猶諄。

右易經

五經無不帝王師，切已端惟謨典詞。自幼服膺驚老矣，曰言熟口愧行之。徒成今日還明日，空作念兹仍在兹。岳氏相臺書復合，文昌呵護信稱奇。

右書經

删詩書子所同諳，論語惟詩獨屢談。必也性情養有正，斯於政事布無慙。體殊大雅與小雅，爲在周南及召南。恰喜五經兄弟翕，稡兹一室樂和湛。

右詩經

家塾荆溪宋梓聞，相臺曾刻五經文。舊收天禄春秋獨，續合豐城四部羣。吴楚已夷狄以視，桓文斯正譎之分。尊王誰識宣尼旨，廣義豪釐謬實紛。

右春秋

禮樂貫乎天地人，斯須不可去諸身。雖曾二戴藩籬涉，實異三經饜飫醇。捨此無能爲治主，幸其有後繼忠臣。周官法度如行者，意在關雎與趾麟。

右禮記

聖製重華宮茶宴廷臣及内廷翰林等五經萃室聯句，復成二什　甲辰

春宴紫光閣以旋，重華依例賜茶筵。彼因偃武外藩惠，此則崇文内翰宣。室萃五經剏新詠，星聯列宿繼前緣。善人報施終無爽，夷跖評量笑馬遷。

自壞長城早定論，幸傳家學有賢孫。格天一德兹何在，辨祖二編今尚存。遂與影鐫期永世，聚其神會弆文軒。九經治藴五經内，共勗尊行豈易言。

國朝宮史續編卷之八十二

書籍八　欽定一

摛藻堂

四庫全書薈要

臣等謹案：薈要萃全書之精，自乾隆癸巳特詔編録，閲七載告成。命於乾清宮北摛藻堂排貯，鈐摛藻堂印識之，以别於御園味腴書室所藏者也。經部列架六，史部列架十，陳於左。子部列架六，集部列架十，陳於右。函以木櫝，其二三種同函者，中用格别之。凡萬一千二百六十六册，四百六十四部，每書前皆有提要，括書中大指，而考證附册尾焉。首列總目一函，次經部百七十三種，釐三百八十四函。史部七十種，六百四十函。子部八十二種，三百八十四函。集部百三十九種，五百九十二函。總二千函。錦贉環羅，左宜右有，信足苞藝林之奥要，光祕府之珍儲也。謹録聖諭詩篇於簡端，而分系各書門目於後。

乾隆三十八年五月初一月，奉諭旨：朕幾餘懋學，典册時披，念當文治修明之會，而古今載籍，未能蒐羅大備，其何以裨藝林而光策府？爰命四方大吏加意採訪，彙上於朝。又以翰林院署舊藏明代永樂大典，其中墜簡逸篇，往往而在，並勅開局編校，芟蕪取腴，每多世不經見之本。而外省奏進書目，名山秘笈，亦頗裒括無遺。合之大内所儲，朝紳所獻，計不下萬餘種。自昔圖書之富，於斯爲盛。特詔詞臣詳爲勘覈，釐其應刊、應鈔、應存者，系以提要，輯成總目，依經、史、子、集部分類聚，命爲四庫全書。簡皇子、大臣爲總裁以董之。間取各書繙閱，有可發揮者親爲評詠，題識簡端，以次付之欹劂，使遠邇流傳，嘉惠來學。其應鈔各種，則於雲集京師士子中擇其能書者，給札分鈔，共成善本，以廣蘭臺石渠之藏。第全書卷帙，浩如淵海，將來庋弆宮庭，不啻連楹充棟，檢玩爲難。惟摛藻堂向爲宮中陳設書籍之所，牙籤插架，原按四庫編排。朕每憩此觀書，取攜最便，著於全書中擷其菁華，繕爲薈要，其篇式一如全書之例。蓋彼極其博，此取其精，不相妨而適相助，庶縹緗羅列，得以隨時流覽，更足資好古敏求之益。著總裁于敏中、王際華專司其事。書成，卽以此旨冠於薈要首部，以代弁言。

聖製重華宮茶宴内廷大臣翰林等題四庫全書薈要聯句並成二律　庚子

薈要書成庋摛藻，聯吟文宴啓重華。酌經炊史儒風邑，鼓瑟吹笙淑氣嘉。卜以晝而弗卜夜，行非酒也乃行茶。亦知臨樂應不歎，未免思前暗自嗟。

全成四庫尚需時，要帙稡鈔今蕆斯。摛藻先陳真是速，味腴繼貯亦非遲。薈要稡全書之精，每部凡萬二千册，一貯摛藻堂，於己亥年告成。一貯味腴書室，於庚子年告成。有如嘗鼎一臠美，足傲儲編二酉奇。稽古右文緬祖訓，皇祖御寶有稽古右文小璽。牖民迪世有深資。

欽定四庫全書薈要總目一函

經部一百七十三種

周易注疏二函　周易口義二函　横渠易説、易璇璣共一函　東坡易傳一函　紫巖易傳二函

漢上易傳二函　易義海撮要二函　易小傳一函　周易玩辭二函　大易粹言五函　復齋易説、周易本義共一函　文公易説三函　童溪易傳二函　周易輯聞二函　周易禆傳、易象意言、周易鄭注共一函　東谷易翼傳一函　郭氏傳家易説一函　易傳義附録四函　丙子學易編、易學啓蒙通釋共二函　三易備遺一函　俞氏集説二函　學易記二函　易纂言一函　易本義通釋二函　易附録纂注一函　周易啓蒙翼傳一函　大易輯説二函　周易本義集成一函　周易會通三函　日講易經解義四函　御纂周易折中三函　御纂周易述義一函　易數鉤隱圖、易象圖説共一函　易象數鉤深圖、易圖通變共二函　易緯一函　尚書注疏三函　尚書全解五函　東坡書傳一函　東萊書説二函　尚書説一函　書經集傳一函　尚書詳解一函　尚書句解一函　書集傳纂疏一函　書纂言一函　書傳纂注二函　尚書纂傳二函　日講書經解義二函　欽定書經傳説四函　禹貢指南、禹貢地理圖共一函　禹貢説斷一函　毛詩注疏六函　毛詩指説、毛詩本義共一函　毛詩集解五函　詩總聞二函　詩補傳二函　吕氏讀詩記三函　詩經集傳一函　詩傳遺説一函　詩緝三函　詩經疑問、毛詩解頤共一函　欽定詩經傳説五函　御纂詩義折中二函　詩地理攷一函　毛詩名物鈔一函　詩疏廣要一函　左傳注疏八函　春秋左氏傳説一函　左傳事類始末一函　公羊注疏三函　穀梁注疏二函　尊王發

微一函　春秋傳一函　春秋權衡一函　蘇氏春秋集解一函　葉氏春秋傳一函　春秋辨疑、春秋本例共一函　春秋列國臣傳一函　春秋集解四函　春秋胡氏傳一函　春秋後傳一函　春秋提綱一函　春秋集注一函　春秋通説一函　春秋經筌三函　春秋或問一函　春秋詳説三函　讀春秋編一函　春秋本義四函　春秋釋義大成二函　春秋會通三函　春秋闕疑四函　春秋屬辭二函　春秋集傳一函　日講春秋解義五函　欽定春秋傳説六函　欽定春秋直解二函　春秋世紀編、春王正月考共一函　周禮注疏五函　周禮訂義九函　禮經會元一函　太平經國書、考工記解共一函　儀禮注疏四函　儀禮集説三函　經禮補逸一函　儀禮鄭注句讀一函　禮記注疏七函　禮記集説二十函　陳氏禮記集説二函　日講禮記解義五函　欽定周官義疏七函　欽定儀禮義疏九函　欽定禮記義疏十一函　三禮圖二函　大學衍義三函　大學義衍補十一函　御注孝經、御纂孝經集注、孝經注疏共一函　孝經衍義七函　論語注疏一函　論語解一函　論語集説一函　孟子注疏二函　孟子説一函　孟子集疏一函　孟子傳二函　四書集注章句一函　四書集編二函　四書纂疏五函　四書通三函　四書通證一函　四書通旨一函　四書纂箋三函　四書辨疑一函　日講四書解義四函　經典釋文三函　五經文字、九經字樣、羣經音辨共一函　六經奥論一函　六經正誤一函　經説、十一經問對共一函　五經蠡測一函　爾雅注疏一函　爾雅翼二函　釋名、廣雅、埤雅共一函　説文解字二函　玉篇二函　漢隸字源一函　御定康熙字典十函　御定清文鑑十函　廣韻一函　集韻二函　古今韻會三函　御定音韻闡微二函　欽定同文韻統一函

史部七十種

史記十函　前漢書十二函　後漢書九函　三國志六函　晉書十二函　宋書九函　南齊書四函　梁書三函　陳書二函　魏書十一函　北齊書二函　周書三函　隋書八函　南史七函　北史十一函　舊唐書二十一函　唐書二十一函　舊五代史八函　五代史三函　宋史四十四函　遼史四函　金史十一函　元史十七函　明史三十函　前漢紀二函　後漢紀二函　資治通鑑三十四函　綱目前編四函　綱目正編十七函　綱目續編七函　御定綱目三編四函　御批通鑑輯覽二十五函　欽定月令輯要四函　山海經一函　水經注四函　春明夢餘録七函　欽定西域同文志三函　欽定皇清職貢圖二函　太祖聖訓、太宗聖訓、世祖聖訓共一函　聖祖聖訓五函　庭訓格言一函　聖諭廣訓一函　世宗聖訓三函（高宗聖訓謹竢補入空函。）　硃批諭旨五十二函　欽定大清會典六函　欽定大清通禮三函　皇朝禮器圖式五函　欽定國朝宫史四函　國語一函　吴越春秋一函　十六國春秋四函　十國春秋六函　貞觀政要一函　通鑑紀事本末十七函　宋史紀事本末五函　元史紀事本末一函　明史紀事本末六函　通志四十六函　通典十五函　通考三十六函　唐鑑一函　御製評鑑闡要一函　書録解題二函　經義考二十函　欽定天禄琳瑯書目二函　欽定西清古鑑八函　錢録一函　經世圖譜二函

子部八十二種

家語一函　荀子一函　春秋繁露一函　鹽鐵論一函　説苑一函　新序、法言共一函　太元經一函　白虎通議、中論共一函　孔叢子、傅子共一函　中説、帝範共一函　御定資政要覽、帝學

共一函　御纂性理精義一函　御纂朱子全書九函　御定小學集注一函　御定執中成憲、御製日知薈説共一函　管子二函　韓非子一函　戰國策二函　虎鈐經一函　素問二函　難經本義、玉龍經共一函　醫宗金鑑十四函　齊民要術一函　農桑輯要一函　御定廣羣芳譜十二函　欽定授時通考七函　京氏易傳、參同契通真義共一函　周髀算經、五經算術共一函　新儀象法要、測圓海鏡、分類釋術共一函　御定歷象考成七函　欽定律吕正義一函　御製數理精蘊十二函　御定歷象考成後編二函　御定儀象考成三函　欽定律吕正義後編十五函　墨子、晏子春秋共一函　御製道德經註、道德經共一函　莊子一函　列子、關尹子共一函　文子、鶡冠子共一函　抱朴子二函　淮南鴻烈解二函　論衡二函　潛夫論、博物志共一函　顏氏家訓、曲洧舊聞共一函　拾遺記、述異記共一函　世説新語一函　酉陽雜俎一函　唐摭言一函　北夢瑣言一函　老學菴筆記一函　新唐書糾繆一函　困學紀聞二函　欽定書畫譜十八函　欽定淳化閣帖釋文一函　欽定墨法集要、欽定聚珍版程式共一函　欽定淵鑑類函五十七函　欽定駢字類編五十函　欽定分類字錦十六函　欽定子史精華十二函　欽定佩文韻府八十五函　欽定韻府拾遺九函　欽定叶韻彙輯三函

集部一百三十九種

聖祖文集二函　聖祖文二集三函　聖祖文三集二函　聖祖文四集二函　世宗文集一函　樂善堂全集二函　高宗文初集二函 二集三集謹竢補入空函　高宗詩初集四函　高宗詩二集八函　高宗詩三集十一函 四集五集餘集謹竢補入空函　徐孝穆集一函　庾子山集注三函　曲江集一函　王子安集一函　盈川集、盧昇之集共一

函　駱丞集、陳拾遺集共一函　王右丞集二函　李太白集二函　杜工部集三函　次山集、權文公集共一函　毘陵集一函　柳河東集三函　昌黎集四函　劉賓客文集二函　元氏長慶集二函　白氏長慶集五函　樊川集一函　會昌一品集二函　李義山文集一函　李義山詩集一函　甫里集一函　騎省集一函　小畜集二函　武夷新集二函　安陽集二函　范文正公集三函　武溪集一函　清獻集一函　文忠集九函　宛陵集二函　端明集三函　嘉祐集一函　元豐類稿三函　傳家集四函　臨川集五函　丹淵集二函　東坡全集十函　施注蘇詩五函　欒城集六函　青山集一函　山谷集六函　淮海集二函　雞肋集三函　景迂生集三函　後山集二函　竹友集、簡齋集共一函　石湖詩集二函　渭南文集二函　劍南詩稿七函　放翁逸稿一函　誠齋集九函　于湖集二函　盤洲集三函　梅溪集四函　止齋集三函　龍川集二函　陵陽集一函　四明文獻集一函　滹南集二函　滏水集一函　遺山集三函　湛然居士集一函　陵川集三函　秋澗集八函　静修集二函　松雪齋集一函　石田集一函　圭塘小稿一函　道園學古録五函　道園遺稿、仲宏集共一函　文安集一函　文獻集三函　淵潁集二函　待制集二函　禮部集二函　圭齋集一函　雁門集、金臺集共一函　安雅堂集一函　玩齋集二函　鐵崖古樂府、復古詩集、麗則遺音共一函　清秘閣集一函　誠意伯文集四函　宋文憲集五函　大全集二函　懷麓堂集七函　家藏集五函　石田詩選一函　震澤集三函　王文成全書六函　空同集四函　大復集二函　迪功集、蘇門集共一函　甫田集二函　荆川集二函　遵巖集三函　震川集四函　滄溟集二函　御選古文淵鑑九函　御定歷代賦彙二十一函　御定全唐詩四十三函

御選宋詩十函　御選金詩三函　御選元詩十一函　御選明詩十七函　御定咏物詩選十二函　御定題畫詩類九函　御選唐詩六函　御選唐宋文醇五函　御選唐宋詩醇六函　皇清文穎十一函　楚辭補注一函　文選九函　玉臺新咏一函　百三家集十八函　樂府詩集六函　唐文粹八函　宋文鑑九函　中州集三函　元文類五函　明文衡七函　宋詩鈔十二函　元詩選十九函　明詩綜十二函　經史講義八函　翰苑集一函　文心雕龍一函　御定詞譜四函　歷代詩餘十二函　詞綜二函

國朝宮史續編卷之八十三

書籍九　欽定二

文淵閣

四庫全書

臣等謹案：乾隆壬辰歲，高宗純皇帝詔開四庫館，網羅天下遺書。復裒輯永樂大典中散篇，勒成善本。挈其事實爲提要，臚其名數爲總目，約之爲簡明目録，精之爲全書考證，而薈要尤先慶觀成焉。其權衡綱領，大而經訓史法，細而博物考名，皆與世道人心、典章制度有所關繫，莫不上秉睿裁，詳見節年所頒諭旨。謹依次恭録，以著聖人刱舉之大端。至全書浩博，貯文淵閣有年，我皇上敬念聖製增多，具關典訓，爰命續繕尊藏，以次歸入空函排架。仰見心法一中，光昭四表，誠穆然於文思文明之盛際焉。

乾隆三十七年正月初四日，奉諭旨：朕稽古右文，聿資治理，幾餘典學，日有孜孜。因思策府縹緗，載籍極博，其巨者羽翼經訓，垂範方來，固足稱千秋法鑒。即在識小之徒，專門撰述，細及名物象數，兼綜條貫，各自成家，亦莫不有所發明，可爲游藝養心之一助。是以御極之初，即詔中外搜訪遺書，並令儒臣校勘十三經、二十一史，偏布黌宮，嘉惠後學。復開館纂修綱目三編、通鑑輯覽及三通諸書。凡藝林承學之士所當户誦家絃者，既已薈萃略備。第念讀書固在得其要領，而多識前言往行以畜其德，惟蒐羅益廣，則研討愈精。如康熙年間所修圖書集成全部，兼收並録，極方策之大觀，引用諸編，率屬因類取裁，勢不能悉載全文，使閲者沿流泝源，一一徵其來處。今内府藏書，插架不爲不富。然古今來著作之手，無慮數千百家，或逸在名山，未登柱史，正宜及時採集，彙送京師，以彰千古同文之盛。其令直省督撫、學政等通飭所屬，加意購訪。除坊肆所售舉業時文及民間無用之族譜、尺牘、屏幛、壽言等類，又其人本無實學，不過嫁名馳騖，編刻酬倡詩文，瑣屑無當者，均無庸採取外，其歷代流傳舊書内有闡明性學治法、關繫世道人心者，自當首先購覓。至若發揮傳注，考覈典章，旁暨九流百家之言，有裨實用者，亦應備爲甄擇。又如歷代名人洎本朝士林宿望，向有詩文專集，及近時沉潛經史，原本風雅，如顧棟高、陳祖范、任啓運、沈德潛輩，亦各著成編，並非勦説卮言可比，均應概行查明。在坊肆者，或量爲給價。家藏者，或官爲裝印。其有未經鐫刊祗係鈔本存留者，不妨繕録副本，仍將原書給還。並嚴飭所屬，一切善爲經理，毋使吏胥藉端滋擾。但各省蒐輯之書，卷帙必多，若不加之鑑别，悉令呈送，煩複皆所不免。著該督撫等先將各書敍列目録，注係某朝某人所著，書中要旨何在，簡明開載，具摺奏聞，候彙齊後，令廷臣檢覈。有堪備閲者，再開單行知取進。庶幾副在石渠，用儲乙覽；從此四庫七略，益昭美備，稱朕意焉。

三十八年二月初六日，奉諭旨：軍機大臣議覆朱筠條奏内將永樂大典擇取繕寫，各自爲書一節，議請分派各館修書翰林等官前往檢查，恐責成不專，徒致歲月久稽，汗青無日。蓋此書移貯年深，既多殘缺，又原編體例係分韻類次，先已割裂全文，首尾難期貫串。特因當時採摭甚博，其中或有古書善本，世不恒見，今就各門彙訂，可以湊合成部者，亦足廣名山石室之藏。著卽派軍機大臣爲總裁官，仍於翰林等官内選定員數，責令及時專司查校，將原書詳細檢閲，並將圖書集成互爲校覈，擇其未經採録而實在流傳已少、尚可裒綴成編者，先行摘開目録奏聞，候朕裁定。其應如何酌定規條，卽著派出之大臣詳悉議奏。至朱筠所奏，每書必校其得失，撮舉大旨，敍於本書卷首之處。若欲悉仿劉向校書序録成規，未免過於繁冗。但向閲内府所貯康熙年間舊藏書籍，多有摘敍簡明節略附夾本書之内者，於檢查洵爲有益，應俟移取各省購書全到時，卽命承辦各員將書中要指檃括、總敍厓略，粘開卷副頁右方，用便觀覽。

十一日，奉諭旨：昨據軍機大臣議覆朱筠條奏，校覈永樂大典一摺，已降旨派軍機大臣爲總裁，揀選翰林等官，詳定條規，酌量辦理。兹檢閲原書卷首序文，其言採掇蒐羅，頗稱浩博，謂足津逮四庫。及考之書中别部區函、編韻分字，意在貪多務得，不出類書窠臼，是以踳駮乖離，於體例未能允協。卽如所用韻次，不依唐宋舊部，惟以洪武正韻爲斷，已覺凌雜不倫。況經訓爲羣籍根源，乃因各韻轇轕，於易先列蒙卦，於詩先列大東，於周禮先列冬官。且採用各字，不論易、書、詩、禮、春秋之序，前後錯互，甚至載入六書篆隸真草字樣，摭拾米芾、趙孟頫字格，描頭畫角，支離無謂。至儒書之外，闌入釋典道經，於古柱下史專掌藏書、守先待後之義，尤爲鑿枘不合。朕意從來四庫書目，以經、史、子、集爲綱領，裒輯分儲，實古今不易之法。是書既遺編淵海，若準此以採擷所登，用廣石渠金匱之藏，較爲有益。著再添派王際華、裘曰修爲總裁官，卽令同遴簡分校各員，悉心酌定條例，將永樂大典詳悉校覈。除本係現在通行，及雖屬古書而詞義無關典要者，不必再行採録外，其有實在流傳已少，其書足資啓牖後學、廣益多聞者，卽將書名摘出，撮取著書大旨，敘列目録進呈，俟朕裁定，彙付剞劂。其中有書無可採而其名未可盡滅者，祇須注出簡明略節，以佐流傳考訂之用，不必將全部付梓，副朕裨補闕遺、嘉惠士林至意。再，是書卷帙如此繁重，而明代蔵役謹閲六年，今諸臣從事釐輯，更係棄多取少，自當剋期告竣，不得任意稽延，徒誚汗青無日。仍將應定條例，卽行詳議具奏。

三月二十八日，奉諭旨：前經降旨，令各該督撫等訪求遺書，彙登册府。近允廷臣所議，以翰林院舊藏永樂大典，詳加別擇校勘，其世不經見之書，多至三四百種，將擇其醇備者付梓流傳，餘亦録存彙輯。與各省所採及武英殿所有官刻諸書，統按經、史、子、集編定目録，命爲四庫全書。俾古今圖籍薈萃無遺，永昭藝林盛軌。乃各省奏到書單，寥寥無幾，且不過近人解經論學、詩文私集數種，聊以塞白。其實係唐宋以來名家著作，或舊版僅存，或副稿畧具、卓然可傳者，竟不概見。當此文治光昭之日，名山藏弆，何可使之隱而弗彰，此必督撫等視爲具文，地方官亦第奉行故事，所謂上以實求，而下以名應，殊未體朕殷殷諮訪之意。且此事並非難辨，尚爾率略若此，其他尚可問乎？況初次降旨時，惟恐有司辦理不善，藉端擾累，曾諭令凡民間所有藏書，無論刻本寫本，皆官爲借鈔，仍將原本給還。揆之事理人情，並無阻礙，何觀望不前一至於此？必係督撫等因遺編著述，非出一人，疑其中或有違背忌諱字面，涉手干礙，豫存寧略毋濫之見。藏書家因而窺其意指，一切秘而不宣，甚無謂也。文人著書立説，各抒所長，或傳聞異辭，或紀載失實，固所不免，果其略有可觀，原不妨兼收並蓄；卽或字義觸礙，如南北史之互相詆毁，此乃前人偏見，與近時無涉，又何必過於畏首畏尾耶？朕辦事光明正大，可以共信於天下，豈有下詔訪求遺籍，顧於書中尋摘瑕疵、罪及收藏之人乎？若此番明切宣諭後，仍似從前疑畏，不肯將所藏書名開報，聽地方官購借，將來或別有破露違礙之書，則是其人有意隱匿收存，其取戾轉不小矣。且江浙諸大省，著名藏書之家指不勝屈，卽或其家散佚，仍不過轉落人手，聞之蘇湖間書賈書船，皆能知其底裏，更無難於物色，督撫等果實力訪覓，何慮終湮。惟當嚴飭地方官，勿假手吏胥，藉名滋擾，衆人自無不踴躍樂從。卽有收藏吝惜之人，泥於借書一癡俗説，此在朋友則然，今明旨徵求，借後仍還故物，於彼毫無所損，又豈可獨抱秘文，不欲公之同好乎？再，各省聚書最富者，原不盡在本地人之撰著，祇論其書有可採，更不必計及非其地産，則搜輯之途更寬，方不致多有遺逸。著再傳諭各督撫等，予以半年之限，卽遵朕旨，實力速爲妥辦，俟得有若干部，卽陸續奏報，不必先行檢閲。若再似從前之因循搪塞，惟該督撫是問。將此一併通諭中外知之。

五月十七日，奉諭旨：前經降旨，博採遺編，彙爲四庫全書，用昭石渠美備，並以嘉惠藝林。

旋據浙江、江南督撫及兩淮鹽政等奏到購求呈送之書，已不下四五千種，並有稱藏書家願將所有舊書呈獻者，固屬踴躍奉公，尚未能深喻朕意。方今文治光昭，典籍大備，恐名山石室，儲蓄尚多，用是廣爲蒐輯，俾無遺佚，冀以闡疑補闕。所有進到各遺書，並交總裁等，同永樂大典内現有各種，詳加核勘，分别刊鈔，擇其中罕見之書，有益於世道人心者，壽之梨棗，以廣流傳。餘則選派謄録，彙繕成編，陳之册府。其中有俚淺訛謬者，止存書名，彙爲總目，以彰右文之盛。此採擇四庫全書本指也。今外省進到之書，大小長短、參差不一，既無當於編列縹緗，而業已或刻或鈔，其原書又何必復留内府？且伊等將珍藏善本應詔彙交，深爲可嘉。若因此收藏不發，轉使耽書明理之人不得保其世守，於理未爲公允，朕豈肯爲之？所有各家進到之書，俟校辦完竣日，仍行給還原獻之家。但現在各省所進書籍已屬不少，嗣後自必陸續加多，其如何分别標記，俾還本人，不至淆混遺失之處，著該總裁等妥議具奏。仍將此通諭知之。

三十九年五月十四日，奉諭旨：國家當文治修明之會，所有古今載籍，宜及時蒐羅大備，以充策府而裨藝林。因降旨命各督撫加意採訪，彙上於朝。旋據各省陸續奏進，而江浙兩省藏書家呈獻者種數尤多，廷臣中亦有紛紛奏進者。因命詞臣分别校勘，應刊應録，以廣流傳。其進百種以上者，並命擇其中精醇之本，進呈乙覽，朕幾餘親爲評詠，題識簡端。復命將進到各書，於篇首用翰林院印，并加鈐記，載明年月姓名於面頁，俟將來辦竣後，仍給還各本家，自行收藏。其已經題詠諸本，並令書館先行録副，即將原書發還，俾收藏之人，益增榮幸。今閲進到各家書目，其最多者如浙江之鮑士恭、范懋柱、汪啓淑，兩淮之馬裕四家，爲數至五六七百種，皆其累世弆藏，子孫克守其業，甚可嘉尚。因思内府所有古今圖書集成，爲書城鉅觀，人間罕覯，此等世守陳編之家，宜俾尊藏勿失，以永留貽。鮑士恭、范懋柱、汪啓淑、馬裕四家，著賞古今圖書集成各一部，以爲好古之勸。又進書一百種以上之江蘇周厚堉、蔣曾瑩，浙江吴玉墀、孫仰曾、汪汝瑮，及朝紳中黄登賢、紀昀、勵守謙、汪如藻等，亦俱藏書舊家，並著每人賞給内府初印之佩文韻府各一部，俾亦珍爲世寶，以示嘉獎。以上應賞之書，其外省各家著該督撫、鹽政派員赴武英殿領回分給；其在京各員，即令其親赴武英殿祇領。仍將此通諭知之。

七月二十五日，奉諭旨：四庫全書處總目，於經、史、子、集内分晰應刻、應鈔及應存書名三項，各條下俱經撰有提要，將一書原委，撮舉大凡，並詳著書人世次爵里，可以一覽了然。較之崇文總目，蒐羅既廣，體例加詳，自應如此辦理。第此次各省搜訪書籍，有多至百種以上至六七百種者，如浙江范懋柱等家，其裒集收藏，深可嘉尚。前已降旨，分别頒賞古今圖書集成及初印佩文韻府，并擇其書尤雅者，製詩親題卷端，俾其子孫世守，以爲稽古藏書者勸。今進到之書，於纂輯後仍須發還本家，而所撰總目，若不載明係何人所藏，則閲者不能知其書所自來，亦無以彰各家珍弆資益之善。著通查各省進到之書，其一人而收藏百種以上者，可稱爲藏書之家，即應將其姓名附載於各書提要末。其在百種以下者，亦應將由某省督撫某人採訪所得，附載於後。其官板刊刻及各處陳設庫貯者，俱載内府所藏，使其眉目分明，更爲詳細。至現辦四庫全書總目提要，多至萬餘種，卷帙甚繁，將來鈔刻成書，繙閲已頗爲不易，自應於提要之外，别刊簡明書目一編，祇載某書若干卷，註某朝某人撰，則篇目不繁，而檢查較易，俾學者由書目而尋提要，由提要而得全書，嘉與海内之士，考訂源流，用昭我朝文治之盛。著四庫全書處總裁等遵照悉心妥辦，并著通諭知之。

四十年十一月十七日，奉諭旨：據四庫全書館總裁將所輯永樂大典散片各書進呈，朕詳加披閲，内宋劉跂學易集十二卷，擬請刊刻。其中有青詞一體，乃道流祈禱之章，非斯文正軌。前因題胡宿集，見其有道院青詞、教坊致語之類，命删去刊行，而鈔本仍存其舊。今劉跂所作，則因已身服藥交年瑣事，用青詞致告，尤爲不經，雖鈔本不妨姑存，刊刻必不可也。蓋青詞跡涉異端，不特周、程、張、朱諸儒所必不肯爲，即韓、柳、歐、蘇諸大家，亦正集所未見。若韓愈之送窮文，柳宗元之乞巧文，此乃擬托神靈，游戲翰墨，不過借以喻言，並非實有其事，偶一爲之，固屬無害。又如時文爲舉業所習，自前明以來，通人擅長者甚多，然亦只可聽其另集專行，不並登文集，況青詞之尤乖典則者乎？再，所進書内，有擬請鈔録之王質雪山集，内如論和戰守疏及上宋孝宗書諸篇，詞旨剴切，頗當事理，竟宜付之剞劂；但其中亦有青詞一種，並當一律從删。所有此二書，著交該總裁等重加釐正，分别削存，用昭評隲之允。至現在纂輯四庫全書，部帙計盈數萬，所採詩文既多，自不能必其通體完善，或大端可取，原不妨棄瑕録瑜。如宋穆修集，有曹操帳記，語多稱頌，謬於是非大義，在所必删。而全集或録存，亦不必因此以廢彼，惟當於提要内闡明其故，使去取之義曉然。諸凡相類者，均可照此辦理。該總裁等務須詳慎決擇，使羣言悉歸正雅，副朕鑑古斥邪之意。

四十一年六月初三日，奉諭旨：昨四庫館呈進裒集永樂大典散片内，有麟臺故事一編，爲宋時待制程俱撰，具詳當時館閣之制。所載典掌三館秘閣書籍，以執政領閣事，又有直秘閣、秘閣校理等官，頗稱賅備。方今蒐羅遺籍，彙爲四庫全書，每輯録奏進，朕親披閲釐定，特於文華殿後建文淵閣以弆之，以充策府而昭文治。淵海縹緗，蔚然稱盛。第文淵閣，國朝雖爲大學士兼銜，而非職掌，在昔並無其地。兹既崇構鼎新，琅函環列，不可不設官兼掌，以副其實。自宜酌衷宋制，設文淵閣領閣事總其成；其次爲直閣事，同司典掌；又其次爲校理，分司註册點驗。所有閣中書籍，按時檢曝，雖責之内府官屬，而一切職掌，則領閣事以下於内閣翰詹衙門内兼用各任之。其每銜應設幾員，及以何官兼充，著大學士會同吏部、翰林院定議，列名具奏，候朕簡定。令各分職繫銜，將來即爲定額，用垂久遠。至於四庫所集，多人間未見之書，朕勤加採訪，非徒廣金匱石室之藏，將以嘉惠藝林，啓牖後學，公天下之好也。惟是鐫刊流傳，僅什之一，而鈔録儲藏者，外間仍無由窺覩，豈朕右文本意乎？翰林原許讀中秘書，即大臣官員中有嗜古勤學者，並許告之所司，赴閣觀覽，第不得攜取出外，致有損失。其如何酌定章程，並著具議以聞。

七月二十六日，奉諭旨：關帝在當時，力扶炎漢，志節凛然，乃史書所謚，並非嘉名。陳壽於蜀漢有嫌，所撰三國志，多存私見，遂不爲之論定，豈得謂公？從前世祖章皇帝時，曾奉諭旨，封爲「忠義神武大帝」，以褒揚盛烈。朕復於乾隆三十二年降旨，加「靈佑」二字，用示尊崇。夫以神之義烈忠誠，海内咸知敬祀，而正史猶存舊謚，隱寓譏評，非所以傳信於萬世也。今當鈔録四庫全書，不可相沿陋習，所有志内關帝之謚，應改爲「忠義」，第本傳相沿已久，民間所行必廣，難於更易，著交武英殿將此旨刊載傳末，用垂久遠。其官版及内府陳設書籍，並著改刊，此旨一體增入。

九月三十日，奉諭旨：昨四庫全書薈要處呈進鈔録各種書籍，朕於幾餘披閲，見粘簽考訂之處，頗爲詳細。所有各簽，向曾令其附録於每卷之末，即官板諸書，亦可附刻卷尾。惟民間藏版及坊肆鐫行之本，難以概行刊入，其原書訛舛業經訂正者，外間仍無由得知，尚未足以公好天下也。前經降旨，令將四庫全書總目及各書提要編刊頒行，所有諸書校訂各簽，並著該總裁等另爲編次，與總目提要一體付聚珍板排刊流傳，既不虚諸臣校勘之勤，而海内承學者得以由此研尋。凡所藏書，皆成善本，亦以示嘉惠士林至意。

十一月十七日，奉諭旨：前因彙輯四庫全書，諭各省督撫遍爲採訪。嗣據陸續送到各種遺書，令總裁等悉心校勘，分别應刊、應鈔及存目三項，以廣流傳。第其中有明季諸人書集，詞意牴觸本朝者，自當在銷燬之例，節經各督撫呈進並飭館臣詳細檢閲。朕復於進到時親加披覽，覺有不可不爲區别甄核者。如錢謙益，在明已居大位，又復身事本朝；而金堡、屈大均，則又遁跡緇流，均以不能死節，靦顔苟活，乃托名勝國，妄肆狂狺，其人實不足齒，其書豈可復存？自應逐細查明，概行燬棄，以勵臣節而正人心。若劉宗周、黄道周，立朝守正，風節凛然，其奏議慷慨極言，忠藎溢於簡牘，卒之以身殉國，不愧一代完人。又如熊廷弼受任疆埸，材優幹濟，所上封事，語多剴切，乃爲朝議所撓，致使身陷大辟。嘗閲其疏内，有「灑一腔之血於朝廷，付七尺之軀於邊塞」二語，親爲批識云：「至此爲之動心欲淚，而彼之君若不聞，明欲不亡得乎？」可見朕大公至正之心矣。又如王允成南臺奏稿，彈劾權奸，指陳利弊，亦爲無慚骨鯁。又如葉向高爲當時正人，頗負重望，及再入内閣，值逆閹弄權，調停委曲，雖不能免責賢之備，然視其綸扉奏草，請補閣臣疏至七十上，幾於痛哭流涕，一概付之不答，其朝綱叢脞，可不問而知也。以上諸人所言，若當時能採而用之，敗亡未必若彼其速。是其書爲明季喪亂所關，足資考鏡，惟當改易違礙字句，無庸銷燬。又彼時直臣，如楊漣、左光斗、李應昇、周宗建、繆昌期、趙南星、倪元璐等，所有書籍，並當以此類推，即有一二語傷觸本朝，本屬各爲其主，亦止須酌改一二語，實不忍並從焚棄，致令湮没不彰。至黄道周另有博物典彙一書，不過當時經生家策料之類，然其中紀本朝事蹟一篇，於李成梁後設謀甚害，具載本末，尤足徵我朝祖宗行事，正大光明，實大有造於明人。而彼轉逞狡謀陰計，以怨報德。伏讀實録，我太祖高皇帝以「七大恨」告天，師直爲壯，神戈所指，肇建鴻基，實自古創業者所莫及。雖彼之臣子，亦不能變亂黑白，曲爲隱諱，存其言，并可補當年紀載所未備。因命館臣酌加節改，附載開國方略後，以昭徵信。近復閲江蘇所進應燬書籍内，有朱東觀編輯崇禎年間諸臣奏疏一卷，其中多指言明季秕政，漸至瓦解而不可救，亦足取爲殷鑒。雖諸疏中多有乖觸字句，彼皆忠於所事，實不足罪，惟當酌改數字，存其原書，使天下後世，曉然於明之所以亡與本朝之所以興。俾我子孫永念祖宗締造之艱難，益思兢兢業業，以祈天而永命。其所裨益，豈不更大，又何必亟燬其書乎？

又若彙選各家詩文內有錢謙益、屈大均所作，自當削去，其餘原可留存，不必因一二匪人致累及衆。或明人所刻類書，其邊塞兵防等門，所有觸礙字樣，固不可存，然祗須削去數卷，或削去數篇，或改定字句，亦不必因一二卷帙遂廢全部。他如南宋人書之斥金，明初人書之斥元，其悖於義理者，自當從改，其書均不必燬。使無礙之書，原聽其照舊流行；而應禁之書，自不致仍前藏匿，方爲盡善。著四庫全書總裁等妥協查辦，粘簽呈覽，候朕定奪。並將此通諭中外知之。

四十二年八月十九日，奉諭旨：前經降旨，各省藏書家所呈書籍，於辦畢後卽行發還。至督撫等自購呈進者，俱經奏請，留供石渠之藏。其在京大臣官員等所進之書，亦俱請備儲中秘。昨歲大學士等議定文淵閣藏書章程云：「俟全書告竣後，各藏其副於翰林院署，立架分貯」等語。朕命纂輯四庫全書，原以嘉惠天下萬世，公諸同好。令外省藏書家進到之書，既經陸續給還，所有在京大臣等呈進書籍，亦應一體付還本家，俾其世守。若爲翰林院藏副計，則各處所進書函，長短寬狹不等，分籤插架，不能整齊。莫若俟四庫全書鈔録四分完竣，令照式再鈔一分，貯之翰苑，既可備就書之人入署就閱而傳布詞林，亦爲玉堂增一佳話。其各督撫購進諸書，將來仍可彙交武英殿，另行陳設收藏。將此諭令四庫館總裁等遵照辦理。

十月初七日，奉諭旨：四庫全書館進呈李薦濟南集，其詠鳳凰臺一首，有「漢徹方秦政，何乃誤至斯」之語，於理不順。因檢查北史文苑傳敍，亦有「頡頏漢徹，跨躡曹丕」之句，韻府因而録入，均屬未協。秦始皇焚書坑儒，其酷虐不可枚舉，號爲無道秦，後之人深惡痛絶，因而顯斥其名，當無不可。若曹丕躬爲篡逆，稱名亦宜。至漢武帝在漢室，尚爲振作有爲之主，且興賢用能，獨持綱紀，雖黷武惑溺神仙，乃其失之小疵，豈得直書其名，與秦政、曹丕並論乎？且自古無道之君，至桀紂而止，故有指爲獨夫受者。若漢之桓靈，昏庸狂暴，遂至滅亡，亦未聞稱名指斥。何於武帝轉從貶抑乎？又如南北朝彼此互相詆毁，南朝臣子稱北朝主之名，北朝臣子亦稱南朝主之名。宋之於金元，金元之於宋亦然。此皆局於其地之私心，雖非天下之公，尚無傷於正理。若李延壽乃唐臣，李廌乃宋臣，其於中國正統之漢武帝，伊祖未嘗不曾爲其臣，豈應率逞筆端，罔顧名義，輕妄若此！且朕御製詩文内，如周、程、張、朱，皆稱爲子，而不斥其名，又如韓昌黎、蘇東坡諸人，或有用入詩文者，亦止稱其號而不名。朕於異代之臣，尚不欲直呼其名，乃千古以下之臣，轉將千古以上之君稱名不諱，有是理乎？朕命諸臣辦理四庫全書，親加披覽，見有不協於理者，如關帝舊謚之類，卽降旨隨時釐正。惟準以大中至正之道，爲萬世嚴褒貶，卽以此衡是非。此等背理稱名之謬，豈可不爲改正，以昭示方來。著交武英殿將北史文苑傳敍改爲漢武，韻府删去此條，酌爲改刊。所有陳設之書，悉行改補。其李廌集亦一體更正。並諭四庫全書館臣等，於校刊書籍内遇有似此者，俱加簽擬改，聲明進呈，毋稍忽略。將此通諭知之。

十一月十四日，奉諭旨：前日披覽四庫全書館所進宗澤集内，將夷字改寫彝字，狄字改寫敵字。昨閲楊繼盛集内，改寫亦然。而此兩集中又有不改者，殊不可解。夷狄二字，屢見於經書，若有心改避，轉爲非理。如論語夷狄之有君，孟子東夷西夷，又豈能改易？又何必改易？且宗澤所指係金人，楊繼盛所指係諳達，更何所用其避諱耶？因命取原本閱之，則已改者皆係原本妄易，而不改者原本皆空格加圈，二書刻於康熙年間，其謬誤本無庸追究。今辦理四庫全書應鈔之本，理應斟酌妥善。在謄録等草野無知，照本鈔謄，不足深責。而空格則係分校所填，既知填從原文，何不將原改者悉爲更正？分校、覆校，俱係職官，豈宜失檢若此！至總裁等身爲大臣，於此等字面尤應留心細勘，何竟未能逐一校正？其咎更無所辭，非他書總核記過者可比。所有此二書之分校、覆校及總裁官，俱即著交部分別議處。除此二書改正外，他書有似此者，並著一體查明改正。並諭該館臣，嗣後務悉心詳校，毋再輕率干咎。

四十四年二月二十六日，奉諭旨：四庫全書館節次彙進各省送到違礙應燬書籍，朕親加抽閱，内如徐必達南州草所載奸商奸璫結賄欺君諸疏，俱持論不撓，極爲抗直。又如蕭近高疏草内，載其劾大璫潘相等以礦税擾民。宋一、韓掖垣封事，亦有劾東廠及税監李鳳、梁永等蠹國病民諸疏，均屬詳明剴切。又侯震暘天垣疏略，以客氏再入禁中，抗章極論，并及於沈漼之交通内臣，亦能侃侃不阿。雖其間若徐爾一之九八分疏，極口詆斥孫承宗，而於温體仁、霍維華等，則曲加贊譽，是非倒置，以圖熒聽。此外亦不過摭拾陳言，固無足取。其餘讜論危言，切中彼時弊病者，實俱無慚骨鯁。前因明季諸臣如劉宗周、黄道周等，立身行己，秉正不回，其抗疏直諫，皆意切於匡濟時艱，忠藎之忱，溢於簡牘，已降旨將其違礙字句酌量改易，毋庸銷燬。因復思明自神宗以後，朝多粃政，諸臣目擊國勢之阽危，往往苦口極言，無所隱諱，雖其君置若罔聞，不能稍收補救之效，而遺篇具在，凡一時廢弛瞀亂之迹，痛切敷陳，足資考鏡。朕以爲不若擇其較有關係者，別加編録，名爲明季奏疏，勒成一書，使天下萬世曉然於明之所以亡，亦可垂示方來，永爲殷鑒。況諸臣彈劾權奸，指摘利病，至不憚再三入告，實皆出自愛君體國之誠。而其姓名章疏，不盡見於明史。朕方欲闡幽顯微，又何忍令其湮没弗彰？況諸臣在勝國言事，於我國家間有干犯之語，彼自爲其主，不宜深責。非若身入本朝，肆爲詆悖者可比。原不妨就其應存諸疏，將觸背字面量爲改易選録，餘仍分別撤燬，於辦理違礙書籍，似屬並行不悖。著交該總裁遴選一二人，詳悉校閲，編輯繕録，以次呈覽，候朕鑒定。並將此通諭中外知之。

四十六年二月十三日，奉諭旨：據四庫全書總裁奏進所辦總目提要内，請於經、史、子、集各部，冠以聖義、聖謨等六門，恭載列聖欽定諸書及朕御製、御批各種。所擬殊屬棼繁。從前開館之初，曾經降旨，以四庫全書内惟集部應以本朝御製詩文集冠首，至經、史、子三部仍照例編次，不必全以本朝官書爲首。今若於每部内又特標聖義諸名目，雖爲尊崇起見，未免又多增義例。朕意如列聖御纂諸經，列於各本經諸家之前；御批通鑑綱目等書，列於各家編年諸書之前；五朝聖訓、硃批諭旨、方略等書，列於詔令諸門之前；御注道德經，列於各家所注道德經之前。其他以類仿照編次，俾尊崇之義與編纂之體並行不悖。至閲其總目，特載朕前後修書諭旨及御題四庫諸書詩文爲卷首，所辦未爲盡協。四庫全書，體大物博，將來書成之日，篇帙浩繁，舉何爲序？所有歷次所降諭旨，列之總目首卷以當序，事屬可行。且官撰諸書，亦有以諭旨代弁言者，自不得不如此辦理。至朕題四庫諸書詩文，若亦另編卷首，將來排列，轉在列朝欽定諸書之前，心尤未安。雖纂校諸臣尊君之意，然竟似四庫全書之輯端爲朕詩文而設者然，朕不爲也。著將所進詩文六卷撤出，仍分列入朕御製詩文各集内，俾各爲卷首，則編排在列朝欽定諸書之後。而四庫書内，朕所題各書詩文，列在本集卷首，庶眉目清而開帙了然。將此諭令館臣遵照辦理。

十五日，奉諭旨：昨據四庫全書總裁奏進總目，請於經、史、子、集各部冠以聖義、聖謨等六門，業經降旨，令將列聖御纂、御批、御製各書，分别各家著撰之前，不必特標名目。並令將卷首所録御題四庫諸書詩文撤出，分列御製詩文各集之前，所以示大公也。朕一再思維，四庫全書之輯，廣搜博採，彙萃羣書，用以昭垂久遠，公之天下萬世。如經部易類，以子夏傳冠首，實爲説易家最古之書，允宜弁冕羲經。若以欽定諸書列於各代之前，雖爲纂修諸臣尊崇本朝起見，而於編排體例，，究屬未協。況經、史、子、集各部内，尚有前代帝王論著，以本朝欽定各書冠之，亦有未合。在編輯諸臣，自不敢輕議及此。朕則筆削權衡，務求精當，使綱舉目張，體裁醇備，足爲萬世法程。卽後之好爲論辨者，亦無從置議，方爲盡善。所有四庫全書經、史、子、集各部，俱著各按撰述人代先後，依次編纂。至我朝欽定各書，仍各按門目，分冠本朝著録諸家之上，則體例精嚴，而名義亦秩然不紊，稱朕折衷詳慎之至意。將此諭令館臣遵照辦理。

十一月初六日，奉諭旨：昨閲四庫館進呈書，有朱存孝編輯迴文類聚補遺一種，内載美人八詠詩，詞意媟狎，有乖雅正。夫詩以温柔敦厚爲教，孔子不删鄭衛，所以示刺示戒也。故三百篇之旨，一言蔽以無邪。卽美人香草以喻君子，亦當原本風雅，歸諸麗則，所謂托興遥深，語在此而意在彼也。自玉臺新詠以後，唐人韓偓輩，務作綺麗之詞，號爲香奩體，漸入浮靡。尤而效之者，詩格更爲卑下。今美人八詠内所列麗華髮等詩，毫無寄托，輒取俗傳鄙褻之語，曲爲描寫，無論詩固不工，卽其編造題目，不知何所證據。朕輯四庫全書，當採詩文之有關世道人心者，若此等詩句，豈可以體近香奩，概行採録？所有美人八詠詩，著卽行撤出。至此外各種詩集内有似此者，亦著該總裁督同總校、分校等詳細檢查，一併撤出，以示朕釐正詩體、崇尚雅醇之至意。

五十二年五月十九日，奉諭旨：熱河文津閣所貯四庫全書，朕偶加繙閲，其中訛謬甚多。已派隨從阿哥及軍機大臣並部院隨出之阮葵生、阿肅、胡高望、嵩貴、吉夢熊，再行詳加校閲改正。因思文淵、文源二閣所貯四庫全書，其訛舛處所亦皆不一而足。除年老大學士稽璜不派外，著派科甲出身之尚書、侍郎、京堂以及翰詹科道部屬等官，分司校閲。其尚書、侍郎管理事務繁多者，每日每人著各看書一匣；六阿哥、八阿哥及事簡之堂官各看書二匣；京堂翰詹科道部屬等官，每人每日各看書二匣。再，六部司員中，並著該堂官每司各派出一人，每日各看書二匣。總計大小各員不下二百餘人，每日二匣，計算不過兩月，兩閣書籍卽可校閲完竣。其文淵閣書籍，著在文華殿、内閣等處閲看。文源閣書籍，著在圓明園朝房閲看。内中天中推算等書，交欽天監堂司各官專看。樂律等書，交樂部專看。醫藥等書，交太醫院官員專看。文淵閣書籍，著六阿哥、阿桂專司收發；其挖改換頁等事，卽交彭元瑞、金簡管理。文源閣書，著伊齡阿、巴寧阿專司收發；其挖改換頁等事，著八阿哥、劉墉專管。八阿哥現住圓明園，劉墉係總師傅，自必隨同阿哥等在彼居住；即著八阿哥、劉墉常川住彼，以資料理。並揀派武英殿匠役前往圓明園承辦，仍著六阿哥、阿桂總司其事。除校出一二錯字即隨時挖改，毋庸零星進呈。如有語句違礙，錯亂簡編，及誤寫廟諱，並繕寫荒謬，錯亂過多，應行換五頁以上者，再隨報進呈，仍查明原辦總纂、總校、提調、校對各員分別治罪。並將業經議敍、已登仕版之該謄録，亦予斥革。俾甄叙不得濫邀，而藏書益臻完善。並著六阿哥、阿桂一面即行酌派分閱。天氣炎熱，閱書諸人家中早飯，於辰正進，申初出，仍給與清茶暑湯，京中金簡、園中伊齡阿司其事。一面將如何分派校勘酌定章程之處，隨報具奏。

嘉慶八年四月初二日，奉諭旨：四庫全書內，恭繕皇考高宗純皇帝聖製詩文，存貯諸閣，奎文炳煥，垂示萬古。惟聖製詩自四集以後，文自二集以後，俱未繕寫恭貯，理宜敬謹增入。此外，如八旬萬壽盛典及續辦方略、紀略等書，亦應一體繕入庋藏。尚書紀昀係纂辦四庫全書熟手，著即詳悉查明，開單具奏。

初七日，奉諭旨：現在續行繕辦四庫全書，前已諭令紀昀查明具奏。兹據將應入各書開單呈覽，並擬出事宜十條。著添派慶桂、董誥、朱珪、戴衢亨、英和、錢樾、潘世恩，會同紀昀經理。並將應辦各事宜悉心妥議具奏。

國朝宮史續編卷之八十四

書籍十　欽定三

文淵閣

四庫全書

聖製重華宮茶宴廷臣及内廷翰林，用四庫全書聯句，復得詩二首　甲午

四庫輯書焕東壁，七言聯句聚西清。台衡乙乙都抽思，檢校彬彬亦署名。四庫全書總裁既令概與吟宴，并其總校之翰林三人亦令至重華宮入宴、和韻。日轂却欣逢任養，是日壬戌，任養於壬，更符八轂祥占。月干更適建文明。正月建丙寅，明炳於丙，文明之象也。漫言嘉會斯和樂，心在金川願洗兵。

瑯嬛秘籍歷增多，從事讕言覺太過。瑯嬛記載：張華嘗爲建安從事，遊於洞宮，遇一人於途，問華曰：「君讀書幾何？」華曰：「華之未讀者二十年内書蓋有之，若二十年外固已盡讀之矣。」因共至一處大石中，忽有門，引入一室，陳書滿架，其人曰：「此歷代史也。」又一室，曰：「萬國志也。」惟一室封識甚嚴，有二犬守之，曰：「此玉京諸秘籍，二犬龍也。」華歷觀諸室書，皆漢以前事，多所未聞者。華欲賃住數十日，其人曰：「此瑯嬛福地，豈可賃耶？」云云。古今書籍，即在人間者，豈能讀遍？所言未免過誇，不必石室秘藏始足證其妄也。史乘書倉屏忌諱，初下採訪遺書之旨，應者寥寥，意必督撫中疑有忌諱干礙字面，豫存寧略毋濫之見，以致觀望不前。因復諭各省，以既下詔訪求遺籍，豈有尋摘瑕疵罪及收藏家之理？令各明切曉諭，釋其疑畏，於是天下之書皆踴躍呈獻。稗官雜説概蒐羅。要拈擒藻先謄繕，御花園擒藻堂中，本就大内所有書籍分四庫貯之。曾有詩云：「芸篇貯萬卷，牙籤分四部」云云。兹命于敏中、王際華於全書中擇其尤精者，别爲薈要，與全書一體繕録，仍按四庫陳弆堂中。典數上聲開元廣勘磨。著作酬他業勤肆，施行愧我

政如何。

欽定四庫全書總目一部二百卷

經部

易類一百五十九部一千七百四十八卷　附録八部十二卷　書類五十五部六百五十卷　附録二部十一卷　詩類六十二部九百四十一卷　附録一部十卷　禮類周禮之屬二十二部四百五十三卷　禮類儀禮之屬二十二部三百四十三卷　附録二部一百二十七卷　禮類禮記之屬二十部五百九十五卷　附録二部十七卷　禮類三禮總義六部三十五卷　禮類通禮之屬四部五百六十三卷　禮類雜禮書之屬五部三十五卷　春秋類一百十四部一千八百一卷　附録一部十七卷　孝經類十一部十七卷　五經總義類三十一部六百八十一卷　附録一部三十六卷　四書類六十三部七百三十二卷　樂類二十二部四百八十二卷　小學類訓詁之屬十三部一百二十二卷　小學類字書之屬三十六部四百七十八卷　小學類韻書之屬三十三部三百一十三卷

史部

正史類三十八部三千六百八十一卷　編年類三十八部二千六十六卷　紀事本末類二十二部一千二百五卷　別史類二十部一千四百八十五卷　雜史類二十二部二百七十三卷　詔令奏議類詔令之屬十部八百二十二卷　詔令奏議類奏議之屬二十九部六百五十二卷　傳記類聖賢之屬二部七卷　傳記類名人之屬十三部一百十三卷　傳記類總録之屬三十六部八百八卷　傳記類雜録之屬九部二十一卷　史鈔類三部四十八卷　載記類二十一部三百八十卷　附録二部九卷　時令類二部二十九卷　地理類宮殿薄之屬二部十一卷　地理類總志之屬七部九百四十一卷　地理類都會郡縣之屬四十七部二千七百五十二卷　地理類河渠之屬二十三部五百七卷　地理類邊防之屬二部二十四卷　地理類山水之屬七部一百十三卷　地理類古

蹟之屬十四部一百二十五卷　地理類雜記之屬二十八部二百十三卷　地理類遊記之屬三部十五卷　地理類外紀之屬十七部九十八卷　職官類官制之屬十五部三百七十五卷　職官類官箴之屬六部十七卷　政書類通制之屬十九部二千二百九十八卷　政書類典禮之屬二十四部一千五十一卷　政書類邦計之屬六部五十三卷　政書類軍政之屬四部二百七十一卷　政書類法令之屬二部七十七卷　政書類考工之屬二部三十五卷　目録類經籍之屬十一部四百二十四卷　目録類金石之屬三十六部二百七十六卷　史評類二十二部三百八十二卷

子部

儒家類一百十二部一千六百九十四卷　兵家類二十部一百五十三卷　法家類八部九十四卷　農家類十部一百九十五卷　醫家類九十六部一千八百十三卷　天文算法類推步之屬三十一部四百三十五卷　天文算法類算書之屬二十五部二百八卷　術數類數學之屬十六部一百四十七卷　術數類占候之屬二部一百三十五卷　術數類相宅相墓之屬八部十七卷　術數類占卜之屬五部二十五卷　術數類命書相書之屬十四部五十三卷　術數類陰陽五行之屬五部五十五卷　藝術類書畫之屬七十一部一千六十六卷　藝術類琴譜之屬四部二十九卷　藝術類篆刻之屬二部九卷　藝術類雜技之屬四部四卷　譜録類器物之屬二十四部一百九十九卷　附録一部三卷　譜録類飲饌之屬十部十九卷　譜録類草木鳥獸蟲魚之屬二十一部一百四十五卷　雜家類雜學之屬二十二部一百七十七卷　雜家類雜考之屬五十七部七百七卷　雜家類雜説之屬八十六部六百三十二卷　雜家類雜品之屬十一部八十三卷　雜家類雜纂之屬十一部五百三十六卷　雜家類雜編之屬三部九十二卷　類書類六十四部六千九百七十三卷　小説家類雜事之屬八十六部五百八十卷　小説家類異聞之屬三十二部七百二十四卷　小説家類瑣記之屬五部五十四卷　釋家類十三部三百十二卷　道家類四十四部四百四十二卷

集部

楚辭類六部六十五卷　別集類一千七十五部一萬八千七十二卷　總集類一百六十四部九千七百二十卷　詩文評類六十四部七百三十卷　詞曲類詞集之屬五十九部一百三卷　詞曲類詞選之屬十二部二百六十二卷　詞曲類詞話之屬五部九十卷　詞曲類詞譜之屬二部六十卷　詞曲類南北曲之屬三部十七卷

國朝宮史續編卷之八十五

書籍十一　方略

臣等謹案：方略爲史家紀事之一體。我朝自聖祖仁皇帝親征噶爾丹，降其所部，詔撰平定朔漠方略，是爲簡册書勛之始。高宗純皇帝初命纂輯平定金川方略，詳具前編。厥後軒韜神運，決勝十全，類皆有紀績之書，發揚鴻烈。洎乎我皇上纘緒集勳，一稟聖訓所云「義方謂方，智略謂略」之旨，用以格苗除慝，安乂八埏，長鞏後圖，無非亹酬先志也。臣等裒敍諸編，爰以乾隆丙午集成之開國方略冠首，丕昭天造經綸、王業艱難之所肇端，而兩朝燕詒繩繼，功在廟堂，政在方策。惟期衹席咸登，彌光郅治。傳曰：「武有七德，義莫大焉。」於虖偉哉。

欽定開國方略一部

乾隆三十八年敕撰。編年恭載，書成，凡三十二卷。命館臣以國語繙譯全部卷帙如之。五十四年校刊。

聖製開國方略序

粤昔成湯放桀於南巢，惟有慙德，曰：「予恐來世以台爲口實。」斯誠大聖人昭德垂裕萬世之訓，而非漫爲謙辭也。蓋世之治亂，猶日月之盈晦，四時之周序。治極必亂，亂極亦必返治，此守器者所宜保泰，而嬗代循環，所由有開刱也。湯之後爲武王，其於處桀紂，則武已不如湯矣。三代以下，武之不如，其餘又何足屈指數？故以開刱論之，實不如有元之與我大清也。夫中國之嬗代，莫非其祖宗本其君之臣子也。有元興於北漠，我大清興於東海，與中國無涉，雖曾受明之官號耶，究不過覊縻名繫而已，非如亭長、寺僧之本其臣子也。況乎戴不共之讐，乘自壞之勢，我朝始基居長白山北之俄朶里城，國號滿洲，越數世至肇祖，居赫圖阿拉，在俄朶里城西一千五百餘里。地當明境邊徼之外，本非屬國。傳至景祖、顯祖，爲尼堪外蘭搆釁於明，貽害二祖。我太祖以不共戴天之讐，又乘明季紀綱廢壞，閹宦弄權之勢，乃奮志復讐。於天命三年以「七大恨」告天，遂親統師征明。撫順招降守將，擊敗全軍，嗣於薩爾滸破明四路兵二十萬衆，神武布昭，克定遼瀋，我國家億萬載之丕基遂肇於此。至我太宗雖亦躬擐甲冑，臨陣決戰，然既得盛京，規模已定，較之太祖斯稍易矣。撫定中原，建基立極。以武王于湯有光擬之，則實於漢明有光，而唐宋在所弗論矣。故兹開國方略之著，不重於繼明定中原，而重於自俄朶里以至赫圖阿拉，因「十三甲」篳路藍縷，得盛京而定王業。若夫興王之始，長白朱果，蓋猶簡狄元鳥，姜嫄履跡。天生聖人治四海，必有祥符與衆不同，而更在於聖人之奮智勇，受艱辛，有以冠人世，答天命，夫豈易哉！予小子守祖宗之業，每於讀實録，觀我太祖開國之始，躬干戈，冒鋒刃，有不忍觀、不忍言而落淚者。繼思不忍觀、不忍言之心，爲姑息之仁，其罪小；觀至此而不念祖宗之艱難，不勤思政治，以祈天永命，慎守神器，其罪大。故令諸臣直書其事，以示後世。卽明臣之紀本朝事蹟，如黄道周之博物典彙之類，不妨節取以示證信實。然予此爲，非啻自勵而已也。欲我萬世子孫皆如予之觀此書之志，其弗動心落淚，深思永念，以敬天命，守祖基，兢兢業業，懼循環治亂之幾，則亦非予之子孫而已矣。此開國方略之書所以作也。嗚呼，可不敬哉！可不慎哉！

聖製重華宮茶宴以開國方略集成爲題聯句并成二什 丁未

東壁新正例屬吟，紫光宴返集儒簪。書成開國懷前永，蹟示承家戒後深。不忍觀尤不忍泯，開國方略告成，敬序簡端，以創業艱難，有不忍觀者。然而念祖宗勤政治，祈天永命，慎守神器，觀是書益知虔恭寅畏，此方略所以不可不亟爲編輯也。勉惟繼在勉惟欽。奈何弗敬召公訓，亦曰乾乾惕照臨。

守成開創昔評量，昔爲創業守成難易説，謂守成實難，必有以光前烈，啓後圖，是創業者未竟之難，即守成者分内之難也。如明之季年，惟失守成之道，我祖宗乃得肇基東土，統壹寰區。敬繹方略所載，足資殷鑒。失守乃争創業强。正勝劉家及朱氏，勳齊涿鹿與昆陽。撫兹累洽思誰致，惕彼難諶敢不蔑。歸政近哉餘八載，慎終凛凛更皇皇。

欽定平定準噶爾方略一部

乾隆三十七年勅撰。記開闢西域始末。冠以聖製準噶爾全部紀略。以下釐爲三編，前編五十四卷，述聖祖以來撻伐之事。正編八十五卷，述掃蕩伊犁，俘達瓦齊及削平阿睦爾撒納，殲馘波羅尼都、霍集占之事。續編三十三卷，述平定後經理典制諸事。凡一百七十二卷。

聖製平定準噶爾方略序

平定準噶爾方略書成，纂言者以序請。夫序者，所以敍其事之本末，而因文以悉其肯綮也。事之本末，則方略三編盡之矣。太學之碑，磨崖之銘，西師之詩，開惑之論，亦既悉其肯綮矣。如是，則可以不煩重序。雖然，五年之間，大勳兩集，又十年而後書成，是不可以無序。且朔漠金川，前例具在也。乃允其請而爲之序曰：功不可以虚成，名不可以僞立，幸不可以屢徼，志不可以少侈。夫用兵中國，自古爲難。而況踰沙漠天山，萬里而遥乎？旰斯宵斯，劼劬以至有成，功非虚而名非僞，是僅可免後人之指摘耳。若夫揚揚自詡，以爲誠若能操必勝之券，則不惟致物議而貽口實，於心亦誠恧若也。藉衆之力，幸底於績，然我士卒之攖鋒鏑者不爲少矣。故此書之輯，率因忠魂義魄，不忍令其泯没無聞，具載以誌之，而猶不在於擴土開疆之爲也。既平準噶爾，延及回部，悉主悉臣，耕作賦役興焉，此亦一再徼幸矣。而猶不自知足，欲屢試我鋭而別有圖，是志侈也。志侈者不祥，故近日撤征緬之旨甫降，而彼適投誠，我兵振旅以還，告成事焉。此非盈虚消息之理，捷若響應乎？是則此序之作，不惟迴思而若有驚，亦且永圖而懷有戒也。

欽定平定兩金川方略一部

乾隆四十一年敕撰。記殲除小金川逆酋僧格桑、大金川逆酋素諾木事。嘉慶五年校刊。

聖製平定兩金川方略序

前平定金川，實祇受促浸一處之歸降。後平定兩金川，則併促浸、儹拉兩處削平之，而屯戍其地。不讀前方略，不知予之撫順宥過之寬惠。不讀後方略，不知予之保大經久之苦心，兩金川之背恩奢望，屢赦屢叛，與夫不得已用兵之原委，亦既見之後告成太學之碑文矣。兹方略成，而司事者以序請。從其請，是贅言；不從其請，是闕禮。以書之有弁詞，蕆體例也。夫示之義方之謂方，定之智略之謂略；有方無略失之執，有略無方失之隨，二者相需殷而相得彰。且方有隅之義而象地，略有包之義而象天，乾圓坤方，陰静陽動，卽兵法實不出乎此。要之本於敬而弗懈，公而無私，泰而不驕，勤而非躁，然後能賞罰明而進退當，緩急應而機宜合。運之九重之上，示之絶域之遥，忘憂不可，掣肘益不可。是必注精神於董事之諸臣，而念辛苦於衡鋒之策士。嗚呼，定方略豈易言，而成方略更難覩也。今幸覩方略之成，庶乎五年忘餐廢寢之勞得以少慰，而藉以解後世窮兵黷武之譏。所謂伐逆不伐順，伐險不伐夷者，或庶幾乎。

欽定臨清紀略一部

乾隆三十九年勅撰。記勦滅山東逆賊王倫始末，以其授首臨清，故以臨清紀略名。凡十六卷。四十六年校刊。

欽定蘭州紀略一部

乾隆四十六年敕撰。記勦滅甘肅逆回蘇阿洪等始末。以其盡殲於蘭州城外之華林山，故以蘭州紀略名。凡二十四卷。嘉慶三年校刊。

聖製陝甘總督勒爾謹等奏報勦捕撒拉爾番回誌事十韻 有序　辛丑

撒拉爾番回往年因大加懲創，安静五十餘年，今其醜類復滋。昨督臣勒爾謹奏：撒拉爾番回蘇阿洪等，因争立新教，殺傷舊教數人。遣官往捕，而賊匪等竟敢抗拒，並戕知府副將。勒爾謹因率臬司福崧領兵往勦，更調集甘省提鎮仁和等五路兵，而賊已乘間侵佔河州。維時事起倉卒，勒爾謹暫駐狄道，藩司王廷贊保守蘭州省城。賊乃間道進逼省城，焚燒關廂。西安巡撫畢沅以聞，將軍伍彌泰、提督馬彪各領兵赴援。奏到，卽勅簡八旗勁旅並大學士阿桂、尚書和珅等往莅其事。乃兵甫啓行，而王廷贊卽奏誅殺賊匪教主馬明清。兹勒爾謹、畢沅、仁和等奏克復河州，省城圍解，且擒賊匪要犯多人，擊退上山，卽日可期勦滅云云。因勅分別獎賞，頒諭中外，並賦十韻紀事如左：

囗西黑帳本番雛，白帽非回竄籍呼。囗西番又名黑帳房，與内地回人帶白帽者另本一種類。昨勒爾謹等奏，乃以其不食猪肉，遂沿俗稱番回。現已飭令詳查具奏，毋令竄混。爭教始因執新舊，據州遂肆攫萑苻。撒拉爾番回本舊教，近因賊首蘇阿洪等欲另立新教，殺害舊教數人，肆行不法。該督委蘭州府知府楊士璣、河州協副將新柱前往查拏，途次白莊，被逆番聚衆殘害。時勒爾謹一面率臬司福崧帶督標兵五百名往勦，一面調集仁和等五提鎮兵二千名會勦，而逆匪乘官兵未到之先，竟擁男婦二千餘搶佔河州，實爲罪大惡極，神人共憤。如狂一旦爲猖獗，不畏三章置鑕鈇。提鎮領兵皆宿將，甘肅提督仁和、西安提督馬彪及各鎮總兵圖欽保、德寧等皆曾經出兵金川，久歷戎行，故臨陣調度井然，因并交部從優議敘，以示獎勵。監司守省具嘉謨。甘肅藩司王廷贊，以文臣能保守省城，於賊匪圍逼時悉力守禦。又安定縣回民馬明清，係賊人新教之主，前已拏禁省城。王廷贊因賊人索取，許其城上一見，指稱稟明督臣批至釋縛，隨將馬明清正法，以免後患，辦理實合機宜，因賞給一品頂帶，仍交部從優議敘。會征有算妖氛斂，決戰無前賊勢孤。此案事起倉卒，勒爾謹先調各路官兵會籌征勦，仁和由途次迎勦，並令德寧、額爾恒額一面把守賊人所毁河橋施放礮位，一面直渡黄河，率官兵奮勇殺賊。圖欽保復手刃四賊，將逆匪擊退上山，此時賊衆已成釜底遊魂，擒滅指日可計矣。近日伏林遠滿四，甘省番回雜處，好勇鬭狠，其常也。近年之王伏林、明季之滿四暨今之蘇阿洪，皆其類也。然小醜潢池，官兵一至卽盡灰滅耳。何辭淨勦受駢誅。分馳禁旅原資衆，先據畢沅奏報蘭州被圍，卽簡派健鋭、火器兩營京兵四千名，選乾清門巴圖魯侍衛帶領，又欽差大臣和珅、拉旺多爾濟及海蘭察、額森特前往督率，並命大學士、公阿桂由河南取道往同會勦，以壯聲勢。詳覽軍書敢懈吾。本省制軍紓壯略，鄰封安撫裕良圖。勒爾謹既調集甘省各路兵，而畢沅在西安境内聞報，卽悉心調度協濟，滿漢官兵事事迅速妥協，並有先辦而與所降諭旨相合者，實屬可嘉之至，因賞給一品頂帶，仍交部從優議敘，以奬賢勞。羣心齊自成功速，小醜殲將乏處逋。方籲佑隨聞捷信，是日雩祭，有「薄伐番回不容已，維揚速冀晏邊民」之句，回鑾至御園，遂接此奏，誠昊乾垂貺也。曰欣曰敬曰慙夫。

欽定石峰堡紀略一部

乾隆四十九年勑撰。記勦滅甘肅逆回田五始末。以其盡殲於石峯堡，故以石峯堡紀略名。凡二十卷。

聖製遲速論

今春爲南巡記，亦既詳論宜遲宜速之機。大抵於兵事宜速，河務宜遲，而要於敬天明理，非漫論也。蓋屢省而有得於己之言也。歸而有甘肅逆回田五之事，彼時以爲盜弄潢池，不過藉邪教以惑人心，如五斗米、一炷香之類，地方官自能平之，頗不芥於懷。既而思之，不芥於懷，或卽違敬明之義，得毋有所失乎？已而剛塔有小勝之報，李侍堯有坐守之乖，以致賊徒翻山而遁，餘黨蔓延猖獗，肆擄民居，攻縣城。自今年四月南巡迴蹕日，卽有甘省逆回田五等復借新教名色，糾衆滋擾。提督剛塔帶兵往捕，田五鎗傷後自刎，賊目田介洪、吴二、韓二等均已就殲。乃剛塔武夫無知，李侍堯不早赴軍營調度督勦，致餘黨李鬍子、馬鬍子等於馬家堡、馬營街兩次翻山逃竄，因復糾黨張文慶、馬四娃、楊填四、馬文熹等四出攻犯隆德縣、静寧州通渭縣、伏羌縣城，於該處之底店鹿鹿山、石峯堡等處肆行搶掠，賊勢遂致蔓延。西安巡撫畢沅遂有徵兵防守之議，蓋恐秦隴煽動，不可收拾。朕閲所奏，卽硃批以爲若汝所議，雖十萬兵不敷用，又將何以滅賊乎？西安巡撫畢沅因見回匪猖獗，恐秦隴煽動，請於各處要隘分兵堵塞，使其無路奔竄等語。畢沅書生之見，未嫺軍旅，朕謂用兵在阨其要而折其鋒，苟不殲厥渠魁，東西抵禦何益？因卽批諭：如汝所籌，十萬兵亦不敷用，又何以滅賊擣穴乎？然知李侍堯、剛塔、畢沅及本省緑旗兵不能了此事，卽降旨用福康安爲陝甘總督，同海蘭察領乾清門巴圖魯、侍衛、章京等二十八人馳驛先往，並調阿拉山蒙古兵一千、四川降番兵二千、寧夏滿洲兵一千、撒拉爾老教回兵一千及甘涼兵二千、延綏兵一千，共兵不滿一萬，又命大學士阿桂領健鋭火器營兵二千以爲後勁。福康安一臨底店，卽與海蘭察等率先至之寧夏阿拉山兵二千，立挫賊鋒，逼之入石峯堡。福康安至隆德軍營，卽與海蘭察率先至之寧夏阿拉山兵進勦底店，奮勇殺賊數百名，生擒三十餘名，賊勢膽落，後路肅清餘賊，追逼入石峯堡。於時諸路大兵雲集，直擣石峯堡賊巢，而阿桂所率之八旗勁旅亦至，因四面設卡，層密環圍，濬掘壕溝，斷絕水道，不十日間，賊匪殲戮淨盡，將賊首張文慶、馬四娃、楊填四等全數生擒，與先獲之馬文熹等一同解赴熱河廷鞫，分別斬磔，以申國法而快人心。於是諸路兵陸續畢集，而阿桂所領之京兵亦到，周圍築柵困之，斷其水路，不十日而淨殲餘孽，生獲渠魁。此又南巡記所謂宜速而莫遲，未致昧事機而無成也。夫兵凶戰危，且予老矣，豈更樂於用兵而有窮黷之爲？然事機之來，應之不速，設果致賊氛蔓延，全秦煽動，如畢沅之所慮者，豈不貽笑無窮？而予肯辭以老，坐視弗理乎？予更思之，勝國之兵，卽今之緑旗兵也。而其訓練，或尚不如今之緑旗。其董事之臣，似今之李侍堯、剛塔、畢沅者或亦少矣。文臣掣肘於中，武臣作僞於外，其君付之不問，弗如是，則我皇清何以得有明之天下乎？雖然，是宜鑒宜懼，而不可恃天之寵以自矜。且卽小可以喻大，蕞爾逆回，設非應之速而勦以淨，其害有不可勝言者。始之一念之忽，予深自以爲過。繼之一念之敬，仍蒙天佑而速蕆功。則是遲速之論，可以默置而弗以明示子孫乎？可弗以前明爲戒，而怠於敬天，暗於明理，而弗慎於用兵乎？用兵固貴速，而不敬不明，未有弗致僨事者。是予所以惓惓也。

欽定臺灣紀略一部

乾隆五十三年勅撰。記勦滅臺灣逆賊林爽文、莊大田始末。凡七十卷。

聖製勦滅臺灣逆賊生擒林爽文紀事語

平伊犁，定回部，收金川，是三事皆關大政，各有專文勒太學。誅王倫，翦蘇四十三，洗田五，是三事雖屬武功，然以内地懷慙，弗藊其說。至於今之勦滅臺灣逆賊，生擒林爽文，則有不得不詳紀顛末以示後人者。向之三，予惟深感天恩，蒙厚貺。次之三，予實資衆臣之力，得有所成。若茲臺灣逆賊之煽亂，乃卒然而起，兵出於不得已，而又不料其成功若是之易也。蓋自康熙二十二年平定臺灣之後，歷雍正逮今乾隆戊申，百餘年之間，率鮮卅歲寧静無事。而其甚者，惟朱一貴及茲林爽文。朱一貴已據府城，僭年號。林爽文雖未據府城，然亦僭年號矣。朱一貴雖據府城，藍廷珍率兵七日復之，不一年遂平定全郡。林爽文雖未據府城，亦將一年，始獲首渠，平定全郡。則以領兵之人有賢否之殊，故曰事在人爲，不可不慎也。林爽文始事之際，一總兵率千餘兵滅之而有餘，及其蔓延猖獗，全郡騷動，不得不發勁兵，命重臣，則予遲速論所云，未能速而失於遲，予之過也。然而果遲乎則何以成功？蓋遲在任事之外臣，而速在籌策之予心。故始雖遲而終能成以速，非誇言也，蓋紀其實而已。若黄仕簡、任承恩初遲矣，而予於去年正月卽命李侍堯速往代常青爲總督，辦軍儲。常青往代黄仕簡，藍元枚往代任承恩，司勦賊之事。而郡城與仕簡，弗致失於賊手，是幸也，是未遲也。（黄仕簡、任承恩既至臺灣，南北互相觀望兩月餘，遂至與賊以暇日以滋蔓。幸予於正月初旬值李侍堯入覲，卽命往代常青爲總督，而命常青代黄仕簡，又隨命藍元枚代任承恩，是以郝壯猷於三月初八日自鳳山棄城敗歸，立卽置之於法。常青適於初九日到郡，整頓兵威，屢挫賊鋒，郡城得以無失。使常青不卽到，則郡城必失守，仕簡或被賊獲，皆未可知，是始雖遲而實未爲遲也。）既而常青祇能守郡城，藍元枚忽以病亡，是又遲矣。而天啓予衷，於六月卽自甘省召福康安來熱河，授之方略。八月初，卽命福康安、海蘭察率百巴圖魯及各省精兵近萬，往救諸羅，是又未遲也。（常青雖固守郡城，未能親統大兵往救諸羅。藍元枚正籌會勦，旋以病亡。又幸予於六月内早令福康安來觀熱河，卽命於八月初二日同海蘭察率巴圖魯侍衛章京百餘人馳赴閩省，並豫調川湖黔粵精兵近萬人，分路赴閩，維時諸羅被圍日久，糧餉火藥道梗不能運送，若非天啓予衷，及早命重臣統勁旅前往，幾至緩不濟事。是常青等救諸羅雖遲，而予所辦亦未爲遲也。）福康安等至大擔門，開舟阻風，風略定而啓行。又以風遮至崇武澳不能進，是又遲矣。然而候風之際，後調之兵畢至，風平浪靜，一日千里，齊至鹿仔港，是仍未遲也。（福康安到厦門，於十月十一日自大擔門開船，被風打回。十四日得風，駛行半日，又以風轉，遮至崇武澳停泊，似覺遲滯。然當此候風之際，四川屯練二千，廣西兵三千俱至，而風亦適利，遂於二十八日申時放洋，至二十九日申時兵船齊抵鹿仔港，千里洋面，一帆直達，其餘之兵，亦陸續配渡。福康安率此生力之兵，旬日内頓解諸羅之圍，繼克賊巢，生擒逆首，是未渡以前若遲，而計其成功又未可謂遲也。）夫遲之在人，而天地神明護佑，每以遲而成速，視若危而獲安。有如昔年開惑論所云者，予何修而得此於天地神明之錫祉哉！如是而不益深敬畏，勤政愛民，明慎用兵，則予爲無良心者矣。予何敢，抑又何忍乎？夫用兵豈易言哉？必也凜天命，屏己私，見先幾，懷永圖，方寸之間，日日如在三軍前。而又戒掣肘，念衆勞。且予老矣，老而精神尚健，不肯圖逸，以遺難於子孫臣庶，藉以屢成大勳，此非天地神明之佑乎？亦豈非弗失良心，得蒙天鑒乎？福康安等解圍殲賊，以及生擒賊渠諸功績，已見聯句之詩之序，茲不贅言。獨申予之不得已用武，又深懼用武之意如是，以戒後世。占驗家以正月朔旦值剥蝕，爲戈兵之象。遠者固無考，自漢至明，屢逢其事，然亦有驗有弗驗。（元旦日食，自漢迄明，有四十七。其本係政治廢弛，及僭竊僞朝，無論已。如唐之太宗、宣宗元旦日食，其年俱寧靖無事。至宋仁宗四十餘年之中，元旦日食者四，最後嘉祐四年亦無事。此其弗驗者也。惟寶元元年，元昊反；康定元年，元昊寇延州；皇祐元年，廣源州蠻儂智高寇邕州；又元代世祖至元二十九年元旦日食，是年廣西上思州土官黃聖許結交趾爲援，寇陷忠州、江州及華陽諸縣，此其有驗者也。）若昨丙午，可謂有驗矣。以予論之，千歲日至，可坐而致，剥蝕亦可筭而定也。既定矣，其適逢與不逢，原在依稀恍惚之間，且亦乏計豫使之必無也。若使之無，是爲詐也。不惟不能避災，或且召災。故史載宋仁宗朝第二次康定元年春正月朔當日食，司天楊惟德請移閏於庚辰歲，則日食在正月之晦。帝曰：「閏所以正天時而授民事，其可曲避乎？」不許。夫日食必當在朔，可知古稱月晦日食者，多移閏曲避之術耳。至於不得已而用兵，惟在見幾而作，先事以圖。遲不失於應幾，速不失知不易於不達。惟敬與明，秉公無私，信賞必罰，用兵之道，其庶幾乎！夫行此數端，甚不易矣。知不易而慎用兵，又其本乎？凡軍旅事，必當有方略之書。書成，卽以此語冠首篇，亦不更爲之序矣。

聖製福康安奏報生擒莊大田紀事語

昨生擒林爽文，則勦滅逆賊事可稱蕆大端。兹生擒莊大田，則肅清臺灣事方稱臻盡善。二逆狼狽爲奸，得一而不得二，餘孽尚存，慮其萌芽，且彼既聞首禍被獲，則所以謀自全而倖逃生，入山固易追，赴海則難捕矣。是以先事周防，屢申飭諭。莊大田在南路，距海甚近，不慮其入山而慮其入海，則追捕甚難。因屢次降旨，令福康安等慎防其入海之路，思慮所及，隨時豫勅。兹福康安盡心畫策，凡港口可以入海者，無不移舟設卡。因聞莊大田帶同匪衆俱在柴城，初二日欲往蚊率社，經番衆極力抵禦，復行退回。初五日黎明，軍官由風港發兵，越箐穿林，遂有賊匪突出拒敵。我兵迎擊，海蘭察率領巴圖魯侍衛奮勇齊攻，殺賊三百餘，生擒一百餘，追至柴城，賊愈衆多，然恐攻撲過急，莊大田或臨陣被殺，或乘間竄逸，轉不能悉數成擒。福康安分兵數隊，以徐合攻，自山梁佈陣抵海岸，適烏什哈達所率水師得順風，連檣齊至，沿海進圍。水陸合勦，自辰直至午刻，殺賊二千餘。羣賊奔潰投水，屍浮海如雁鶩，而獨莊大田伏匿山溝，以致生擒。是豈人力哉？天也。二逆以么𡱁小民，敢興大亂，殺害生靈，無慮數萬，使獲一而逃一，未爲全美，斯皆生致闕下，正國法而快人心，反側潛消，循良樂業。福康安、海蘭察等畫謀奮勇，不負任使，固不待言。然非天佑我師，俾獲萬全，豈易致此耶？更查康熙六十年四月朱一貴於臺灣起事，提督施世驃、總兵藍廷珍於五月由澎湖進兵，至六月收復臺灣府城，計閱七日，於閏六月始擒獲朱一貴，計閱一月餘，至雍正元年四月，而餘黨悉勦盡。自朱一貴起事至臺灣全郡平定，始末閱兩年。兹林爽文於五十一年十一月起事，其黄仕簡等前後誤事經一年，福康安等於上年十一月由鹿仔港始進兵，其間解諸羅縣之圍，克斗六門，攻破大里杙賊巢，至本年正月獲林爽文，計閱四十二日。繼獲莊大田，計閱三十二日。自林爽文起事至臺灣全郡平定，始末共閱一年三月，是較之藍廷珍等成功更爲迅速矣。夫逆賊入内山，生番非我臣僕，性情不同，語言不通，其遵我軍令與否，未可知也。福康安示之以兵威，使知畏；給之以賞項，使知懷。其經畫周密，賢於施世驃、藍廷珍遠甚。又得海蘭察率百巴圖魯攻堅陷鋭，遂得前後生獲二囚。且李侍堯悉心董理軍儲，毋誤行陣。使不以李侍堯易常青之總督，則軍儲必誤。不以福康安易常青之將軍，則成功必遲。兹盡美盡善，以成功於三月之間，則上天之所以啓佑藐躬，俾以望八之年而獲三捷之速，則予所以深感昊慈，豈言語之所能形容也哉！自斯以後，所願洗兵韜甲，與民休息，保泰持盈，日慎一日，以待歸政之年，庶不遠矣。雖然，仔肩未卸，必不敢以娱老自怠，所爲猶日孜孜，仍初志耳。

欽定安南紀略一部

乾隆五十六年勅撰。記初復黎維祁國，繼受阮光平降始末。凡三十二卷。

聖製戡定安南復封黎維祁爲國王功成班師之記

安南内訌始末及命師爲之復國重封之故，已見聯句之詩之序，兹不贅記。記功成班師事宜，曰：

安南雖南瀛小邦耶，然亦有民人焉，有社稷焉。且奉本朝正朔，稱外藩者百餘年。其邦遭亂，興滅繼絶，禮亦宜之，是蓋奉天道也。然彼邦之遭亂豈無所由？且其據黎城而擅號召者，原非一姓也。安南自宋封丁部領爲王，其後黎桓、李公蘊、陳照、黎季犛、黎利、莫登庸、黎維潭遞相篡奪六百八十餘年，國非一姓。則自古至今，主中華而稱正統者，率可知矣。雖乘除有命，而興亡在人。順天者昌，逆天者亡，吁！是不大可畏乎。黎城既復，嗣孫重封，其陷於阮之土地以次傳檄而定。孫士毅出關，由諒山一路進兵，直克黎城，復封黎維祁爲國王。阮惠等已逃回廣南舊巢，所有安南境土，除大兵攻克之太原、處北、宜光、興化外，其餘如海陽、山南、山西、安廣各道，俱經傳檄收復。現在阮惠等所居之廣南，原爲占城國地，並非黎氏境土。二阮窮蹙，竄歸廣南，去黎城又二千餘里，是役也，官軍裹糧以進，設臺站以運，不資安南一草一木，而安南荒亂之餘，亦不能供軍儲也。官軍纔萬餘，而臺站運糧之夫，將用至十餘萬，則勞内地矣。因護外小邦，爲之掃穴執醜而勞内地，是大不可也。且既已爲之興滅繼絶，則彼之竄寇應付彼平之。夫以國家之力，抵廣南，執二醜，亦優爲之。但權其輕重，知止不殆，佳兵不祥，且安南亦一小邦也，黎氏近代以來，鮮有能爲自强之君，或者天將厭其德乎？夫天厭其德之邦而予助之，則予豈敢？出師以定亂，班師以知退，或者不違天道，而有合於王者之師乎？是爲記。

聖製書安南始末事記

春日齋居，敬觀皇祖御書心經，張照等跋，録御製「戒之在得」之諭，憬然有悟。因憶安南始末事，爲之記曰：我皇祖「戒之在得」之訓，孫臣固建堂於避暑山莊，其義其事，已見之前後之記矣。昨歲夏居山莊，因有緬甸歸順之事，不無爲之喜。無何而有孫士毅復黎城、封黎王之奏，則又不無爲之喜。夫喜者，懼之對也。懼則若有所失，喜則無所更慮。若有所失，心不敢放；無所更慮，心或放乎？緬甸歸順，無過宴賚山莊，事則已矣。安南之事，雖云復其城，封其王，而其兇首未擒，弗屑費中國之力爲藩國掃蕩擒渠，因降旨班師，使孫士毅速遵旨班師。卽逆兇復擾黎城，則固外藩之事，變亂無常，亦不屑每問之。乃孫士毅駐彼逾月，以待或有所擒獻，而又未曾謹設防，以致逆兇席捲而來。我師倉卒與戰，遂有所失，而提鎮三臣，同以致命。幸而孫士毅全師以歸，尚不致有傷國體，然而赫濯威重，實不無少損焉。夫興滅繼絶，弗利其土地臣民，此非欲得也。然而得其名與得其實同之。安南之事，予果無得名之意乎？喜而忘懼，謂之能戒可乎？故予不咎孫士毅之貪功，久駐失防，致損威重，而自咎予之未能體皇祖訓戒之在茲。書以誌過，抑亦慎守此志於永久弗替云爾。

聖製再書安南始末事記

今春書安南始末事記者，不在悉自昔安南事之成敗，而在識予畫安南事之喜懼。大端已見前弗贅。茲因孫士毅陛見熱河，而此事亦去歲駐茲所經理也，故誌其詳而書之。

蓋黎維祁之庸昏，孫士毅之失算，以致阮惠復據安南，向固言之詳矣。黎城初復，使黎維祁果奮發有爲，自能力敵阮惠，使孫士毅早遵旨班師，或預爲設備，亦不致阮惠率數萬衆忽至黎城而據之。事固有相因而至者，詳見向所作書安南始末事記。然使孫士毅卽早遵旨班師，而阮惠亦必復來，是不過無傷我官軍之事耳。但甫經興滅繼絶之藩國，視其仍滅絶而弗救可乎？則是師猶無了期也。茲黎氏實因天厭其德而自喪其國。而阮惠以獲罪王朝，震悚悔過求降，並請詣闕乞封，阮惠復據黎城，自知罪過重大，再三於孫士毅處悔罪乞降。孫士毅不爲轉奏，亦屬得體。及福康安到彼，阮惠知易威望重臣，事必問罪，益加震悚，送還留滯之兵，籲求來歲詣闕恭祝八旬萬壽，因以乞封，並先遣其姪阮光顯於今歲萬壽前來山莊，乞加恩宥。權其輕重，既於國威無損，且於事機有合，不爲已甚，予宿志也。蓋黎氏既爲天所厭，而中朝與其再興兵役，何若允其請封，以成此息師安衆之美。然此皆上蒼眷佑予躬，不期而臻此大順耳。斯則不勞師而寧衆，與封黎氏無異。若夫一提二鎮，損軀行陣，國家酬庸自有恒典。朕且責其於安南立廟崇祀，亦足以表國家有勇烈之臣，而自古死綏者或鮮其匹矣。壯士臨陣，非死卽傷，領兵之臣所弗諱也。若孫士毅則總督而爲帥臣也，設亦如三武臣所爲，則所繫國家威重者其事體大，將不可止。所嘉者，許世亨左右其間，必令督臣全師而歸。孫士毅當阮惠復來時帶兵身衝行陣，聞許世亨力爲勸阻，且使武臣控騎遄行，必令督臣全師入關，無損國家威重。世亨願捐軀異域，實屬深識大體賢臣，以此倍加嘉憫。孫士毅原不欲生還，既而納許世亨之正論，寧全師振旅，歸闕請罪，是皆以國爲重。予嘉憫不已，不啻不以爲非，而且以爲是也。夫予臨御五十四載，經大事屢矣，每以危而復安，視若失而乃得，卽予自問，亦不知何以臻此。所謂非人力也，天也。天之眷予者獨厚，不忍言報，惟恐弗勝。卽此納降安南一事，恐後人未識輕重久長之至計，故復敘而書之。

欽定廓爾喀紀略一部

乾隆六十年勅撰。記平定廓爾喀始末。凡五十四卷。

欽定平苗紀略一部

嘉慶元年勅撰。記勦平湖南逆苗石三保、貴州逆苗石柳鄧等始末。凡五十六卷。

欽定平定三省方略一部

嘉慶七年勅撰。記勦平湖北、四川、陝西三省教匪始末。謹竢書成分卷。

御製平定三省紀略序

天生民而樹之君，使司牧之，奚能獨任斯事，故必分命岳牧，教養兆庶。誠能愛民如赤子，民亦敬官如父母，豈有干犯名義之事哉？若不知教養，聽其游惰，及至聚衆搶刦，不得不用兵討捕。其實民則無知妄作，官則不教而誅。良民被賊屠戮，固深憐憫，卽罹法之賊，亦不知所犯，豈非官失於教乎？官既不教，民則有奸詭之徒，創立邪教，幻稱彌勒，名踵白蓮，斂錢惑衆，治病燒香，妄談禍福因果，愚民被其煽誘。醜類既衆，遂思蠢動，到處鼓惑，並未易衣冠，立國號，不過意圖刦掠子女財幣，非有謀爲不軌叛逆之心。遂於丙辰年辰月起於楚地，蔓延陝蜀，豕突狼奔，蜂屯議聚，焚殺擄掠，無所不爲。雖命將出師，練團集勇，奈旋翦倏起，東勝西逃，勢如野火燎原，卒難撲救。朕夙夜焦愁，廣詢博採，集議而行，虛衷延納。賴經略額勒登保、參贊德楞泰忠勇清貞，盡力籌辦；行間諸將士，効命疆埸，不避險阻。而三省諸良民，誼切同仇，知方有勇，追奔逐北於叢叢，寒暑饑餒，艱苦備嘗。經七年之久，事始告成，擒戮著名首逆百餘人，積惡頭目數百人，掃除脅從二十餘萬衆，悔罪投首者亦有數萬。而陣亡之將士以及被害之黎庶，更不可以數計。嗚呼痛哉！予受璽臨軒，適逢斯患，實予不德所致。然揆厥所由，總因大法而小不廉，上行而下不效，視官階爲利藪，不恤國計民生，惟思保位謀利，苟且因循，遷延疲玩，守牧既如此處心積慮，又何能體察小民之疾苦？自然視同秦越矣。任吏胥作奸犯科，錙銖較量，以致衆怨沸騰，激而生變，官逼民反之語，信非謬也。幸邀天恩考佑，三省寧謐，萬民復安。予益凜天命難諶，民碞可畏，治益求治，安益求安，兢業爲懷，以期衆姓咸登袵席，永爲盛世之良民。語云：「經正則庶民興」，是在賢守牧實心愛民，有爲有守，除暴安良，道德齊禮，庶幾可望太平，仰酬我皇考六十年治世之苦衷於萬一。若有剥削小民，重利忘義，或自顧爵位，徇庇劣員，或自肥身家，淩虐黔首，朕必執法重懲，決不姑恕。若有政聲卓越，善蹟彰著之良吏，朕必破格録用，立加榮錫。咨爾内外臣工，賛襄圖治，公爾忘私，國爾忘家，上下交儆，用鞏我國家億萬載無疆之慶，是予之至願也。

國朝宫史續編卷之八十六

書籍十二 典則

臣等謹案：典則之書，所以表儀文，崇政令，一代之典章制度存焉。欽維高宗純皇帝經猷炳焕，模範古今，溯乾隆壬午以來，巡蹕時勤，壽釐迭晋，一切鴻規茂舉，著爲程式，綱目粲然。而百司庶府之所奉行者，莫不治要修明，恪循一定之準則。我皇上丕承法守，躬受禪儀，比年來仰繼前謨，增修會典諸書，欽定宫中則例。卽今宫史之續編，既煩親賜鑒裁，復荷冠之御序，信今貽後，允臻千古政經之大備焉，不特縹緗增重已也。

欽定南巡盛典一部

乾隆五十六年勅輯。分十二門：曰天章，曰恩綸，曰蠲除，曰河防，曰海塘，曰祀典，曰褒賞，曰籲俊，曰閱武，曰程途，曰名勝，曰奏議。凡一百卷。

聖製南巡盛典序

南巡盛典之作，非朕志也。兩江總督高晋，輯書既成，始以入告，念已成事不可止。第南巡所經，非獨江南也，若他省踵爲之，不益繁且贅乎？遂下軍機大臣議。則請令浙江、山東、直隸督撫録其事系南巡者，裒付高晉，都爲一書，斯體備而文省，乃俞之。越歲而薈纂蕆事，復郵進以序請。朕惟南巡之典，亦遹率我皇祖成憲，祗奉慈寧，宣祺導豫，而民隱遐阻，以勤以安，不自暇逸。迺肇自冀兗，達於淮海之域。溯乾隆辛未以暨乙酉，蓋四莅焉。於凡風土之物宜，吏治之善否，民生之利病，既諏覽而規措之。而所在耆庶婦孺，臚歡祝釐，前于後喁，跰項相望，繫兹林總親愛之誠，每見益摯。然敬惟聖母春秋高，而江浙經涂數千里，頓置煩數，非所以適頤養也。爰於四巡迴蹕時，面勅東南諸大吏，勿更以南巡籲，亦既衆喻之矣。輯書者顧因是有言曰：「曩者鑾輅時至，慶惠迭行，淪浹肌髓。兹臣民顒跂懇欵，既弗克申，則鴻典茂儀，非是莫紀。愷澤良政，非是莫著。碩畫深遠，非是莫循。大文炳鑠，非是莫備。」予曰：「不然。朕法祖省方，承志尊養，惟其實不惟其文。」若夫慶賜所頒，治要所舉，咨度所周，罔不布在詔令，洽於人心。而觀風察聲，以時賡識，大者揭諸石，餘亦録詩文各集中，尚不欲與文士競短長，奚以是敷陳扢摧爲哉？惟是翕河遵海，係於澤國民寧者綦鉅。朕親履相度，定清口水誌，以衛下河。培海塘坦簍，以驗沙漲。與夫徐州之隄，微湖之牐，及諸河防興作，皆蘄於灑瀋康乂，綜而編耆之。俾有司知所稽式，亦固其宜。且使諸有土大小吏，憬然於巡守本意，各慎厥職，阜厥民，不啻朕之入疆考詢，毋忘毋怠。而朕幾暇披覽及之，亦不啻蒼赤之瞻就依戀。時在目前，則是書又未嘗不可作。然朕之志，實在彼而不在此。序而付之剞劂，則從皇祖序幸魯盛典例也。

聖製南巡記

舉大事者，有宜速而莫遲，有宜遲而莫速。於宜速而遲，必昧機以無成；於宜遲而速，必草就以不達。能合其宜者，其惟敬與明乎？敬者敬天，明者明理。敬天斯能愛民，明理斯能體物，千古不易之理也。予臨御五十年，凡舉二大事：一曰西師，一曰南巡。西師之事，所爲宜速而莫遲者，幸賴天恩有成，二十餘年，疆宇安晏，茲不絮言。若夫南巡之事，則所爲宜遲而莫速者。我皇祖六度南巡，予藐躬敬以法之。茲六度之典幸成，亦不可以無言。我皇祖蕩蕩難名，予藐躬瞠乎景仰，述且弗能，作於何有！然而宜遲莫速之義，則不可不明示予意也。蓋南巡之典，始行於十六年辛未，是即遲也。南巡之事，莫大於河工，而辛未、丁丑兩度，不過勅河臣慎守修防，無多指示，亦所謂遲也。至於壬午，始有定清口水誌之諭。向來河臣率皆靳拆清口，恐干多費工料之議。洪湖盛漲則開五壩，下河一帶無歲不被偏災。自壬午年三次南巡，始定高堰五壩水誌高一尺，清口則開放十丈爲準，俟秋汛後洪湖水勢既定，仍如常接鑲口門。嗣是河臣恪守此法，數十年來下河免受水患，田廬並資保護。丙申，乃有改遷陶莊河流之爲。向來清口每慮黃水倒漾，康熙己卯春皇祖南巡，親莅河干閱視形勢，命於清口迤西隔岸挑陶莊引河導黃使北，因河臣董安國開放過早，旋復淤墊。其後庚辰、辛巳、壬辰、甲午以及雍正庚戌，歷命大臣會同河臣籌勘挑辦，功迄未就，嗣以黃水倒灌，舍開陶莊引河，更無善策。丙申春，諭令河臣薩載詳悉履勘，繪圖貼説，往返指示，即於是年秋興工，至丁酉仲春蕆事，開放新河，大溜暢達，既免黃流倒漾之虞，兼收清水刷沙之益，因命建河神廟以答神佑。見御制碑記。庚子，遂有改築浙江石塘之工。浙江海塘自戴家橋迤西皆柴塘，不足資鞏護，庚子南巡，親臨閱視，因勅該督撫於老鹽倉一帶改建魚鱗石塘，仍諭令存留舊有柴塘，以爲重門保障。辛丑、壬寅等年，陸續採辦石料，勘估建築，至癸卯八月，該督撫富勒渾、福崧等奏報，石塘三千九百四十丈全行告竣。今甲辰，更有接築浙江石塘之諭。浙江海塘老鹽倉一帶，魚鱗石塘雖已全竣，而章家菴以西惟藉范公塘土隄一道衛護，形勢單薄，不足以資捍禦。因先期傳諭該督撫詳晰籌畫，採石鳩工。茲甲辰南巡，親臨指示，不惜百餘萬帑金，降旨一律接築石塘，俾海濱黔黎永資樂利。至於高堰之增卑易磚，庚子南巡，閱視高家堰工，據薩載請，將三堡、六堡等卑矮磚工加高。予以磚工究不若石工之經久，因命毋惜帑費，一律改建石工，分年修甃，以冀永遠鞏固。徐州之接築石隄並山，丁丑、壬午、乙酉三次南巡，均至徐城閱視河工形勢，次第籌辦，添甃石隄，俱用石十七層，以資鞏固。其舊有石工三段，長九百七十餘丈，較之丁丑新建石隄短少二三層，於庚子南巡時命嵇璜、薩載會勘，一律加高十七層。又自韓山至奎山一帶，向止土堰，茲亦一律接築石隄四百五十丈，直連山脚，俾濱河永保安居。無不籌度咨諏，得宜而後行，是皆遲之又遲，不敢欲速之爲。夫臣之事君，其有知不可而强諍者鮮矣。河工關係民命，未深知而謬定之，庸碌者惟遵旨而謬行之，其害可勝言哉！故予之遲之又遲者以此。而深懼予之子孫自以爲是，而後之司河者之隨聲附和，而且牟利其間也。與其有聚斂之臣，寧有盜臣。在他事則可，在河工則不可。河工而牟利，宣洩必不合宜，修防必不堅固，一有疎虞，民命繫焉，此而不慎，可乎？然而爲君者一日二日萬幾，胥待躬親臨勘，而後剔其弊，日不暇給焉。則仍應於敬天明理根本處求之，思過半矣。予之舉兩大事而皆幸以有成者，其在斯乎！其在斯乎！若夫察吏安民，行慶施惠，羣臣所頌以爲亟美者，皆人君本分之應爲，所謂有孚惠心，勿問元吉，予嘗以此自勗也。至於克己無欲，以身率先，千乘萬騎，雖非扈蹕所能減，而體大役衆，俾皆循法而不擾民，亦亟其難矣。斯必有以振其綱而挈其要，然後可以行無事而胥得宜，實總不出敬明兩字而已。故兹六度之巡，攜諸皇子以來，俾視予躬之如何無欲也，視扈蹕諸臣以至僕役之如何守法也，視地方大小吏之如何奉公也，視各省民人之如何瞻覲親近也。一有不如此，未可言南巡，而西師之事，更不必言矣。敬告後人，以明予志。

欽定八旬萬壽盛典一部

乾隆五十四年正月，大學士臣阿桂等奏請恭輯是編。所紀皆聖壽七旬以後之事，恭仿聖祖仁皇帝萬壽盛典初集體例，增爲八門：曰宸章，曰聖德，曰聖功，曰盛事，曰典禮，曰恩賚，曰圖繪，曰歌頌。凡一百二十卷。五十七年校刊。

欽定滿洲祭神祭天典禮一部

乾隆四十二年勅撰。恭紀國朝肇造以來，舊制相沿之祀典。凡祭期、祭品、儀注、祝詞一一詳載。凡六卷。四十三年校刊。

欽定續通典一部

乾隆三十二年勅撰。門目體例一仍杜佑之舊，惟佑以兵附刑，此析而爲二。其纂言紀事，則唐天寶以後取材於通志、文獻通考而有所增益，宋嘉定以後取材於欽定續文獻通考而有所翦裁。凡一百四十四卷。

欽定皇朝通典一部

乾隆三十二年勅撰。門目體例，與五朝通典同。凡一百卷。

欽定清文會典則例一部

乾隆二十九年，高宗純皇帝命繙譯諸臣用國語繙譯，親定成書。凡一百八十卷。三十三年校刊。

欽定中樞政考一部

乾隆五十年勅修。凡緑營中樞政考七十六卷，八旗中樞政考六十卷，八旗則例三十二卷。五十五年校刊。

欽定户部鼓鑄則例一部

乾隆三十一年勅修。京外各省鼓鑄及礦廠事宜，悉依雍正元年至乾隆三十年成案彙編。凡十卷。三十四年校刊。

欽定太常寺則例一部

乾隆三十四年敕修。曰大祀，曰中祀，曰羣祀，曰告祭，曰巡祭，曰祀賦，曰工程，曰庫貯，曰官屬。另輯五門：曰升配，曰升祔，曰册寶，曰恭進册寶，曰加上尊謚。凡一百二十卷。五十四年校刊。

臣等謹案：則例與會典互爲經緯，自乾隆辛巳欽定大清則例全書，數十年來，内外奉行，政經具備，顧其間亦有踵事加詳，不得不因時損益者。曩者六部、八旗及院寺曹司所據則例、條例、律例諸編，每以歲月屢更，間從事於訂釐之役。比蒙皇上允臣工請，徧加修輯，而萬幾之暇，推詳指正，一禀睿裁。舉舊行例牘，若金之歸於一範，而綱之挈其全綱焉。其各部院衙門則例，既經重纂，未敢冗登，以俟新編之永垂畫一焉爾。

欽定增修大清會典一部

嘉慶六年奉旨增修。謹竢書成分卷。

乾隆五十一年二月初十日，奉諭旨：據大學士、九卿等奏請續修會典一摺内稱，自乾隆二十二年命修會典後，至今又三十年，應重加編勒，以昭遵守等語。國家之有會典，昉之典謨官禮，俾一代大經大法，細目宏綱，無不瞭如指掌，用以昭示法守，而垂信來兹。今大學士、九卿等合詞奏請重修，係爲慎重典章起見，其事原屬應行。但朕御宇五十一年，仰承昊蒼垂貺，眷佑朕躬，今雖年逾古稀，精神如舊。默計自踐阼以來，一切用人立政，無時不以敬天法祖爲念。今幸版圖式廓，海宇敉寧，嘉與中外臣民，共享昇平之福。而朕兢兢業業，一心永肩，終不以久而稍懈。蓋所以迓天庥、紹祖烈也。若以上屆重修會典後，節年法制典章，規模增廓，卽爲編勒成書，固足以昭美備。惟是從前節次降旨，朕年八十六歲時卽當歸政，若果仰膺天眷，獲遂斯願，誠爲國家延洪上瑞。夫自古帝王有父子內禪者，非其君怠荒厭事，卽其時事故相乘，是以倉猝授受之間，略無典禮可採。今國家正當全盛，將來歸政時，勅下禮官詳議典禮，一切祭天、告廟、受朝、頒詔諸大儀，實爲千古未有之盛事，甚鉅典也。則當於是時重修會典，將歸政典禮一併編入，俾我奕世子孫有享遐年而親相授受者，得所遵循守法，豈不休歟？所有大學士、九卿等奏請重修會典之處，此時且不必行。至各部院衙門前次會典告成後，所有更改則例，仍著各該堂官陸續另册詳晰編輯，以俟將來彙入會典。將此通諭中外知之。

嘉慶六年九月十五日，奉諭旨：御史梁上國奏請續修會典一摺，所奏甚是。大清會典一書，自乾隆二十二年修纂成書後，至五十一年，經大學士、九卿奏請續修。欽奉皇考高宗純皇帝諭旨：俟歸政時，勅下禮官重修會典，將歸政儀文一併編入。仰見皇考慎重典章，昭示法守至意。朕親政後，在二十七月以內未遑辦理，此時正應開館纂輯，俾臻完備。將乾隆二十三年以後增定一切典禮及修改各衙門則例，編輯成書，頒行中外。交大學士、九卿將開館事宜酌定章程，妥議具奏。

欽定續纂詞林典故一部

嘉慶九年二月，皇上臨幸翰林院，載舉賜宴賦詩之典，復命掌院大學士臣朱珪、侍郎臣英和所請，恭照高宗純皇帝欽定詞林典故之例，重輯是編。較原書增聖諭、天章二門。凡六十四卷。

御製續纂詞林典故序

乾隆戊辰，詞林典故書成，大學士張廷玉等以序請。聖製弁於卷首，輝騰東壁、彩焕西清於千萬年，敬稽舊制，洪惟我皇考臨御六十載，闡一道同風之盛治，開壽宇作人之嘉祥，鴻才碩彦，濟濟蹡蹡，登芸署、遊鳳池者，以千萬計。承右文重道之澤，敷郅治保邦之猷，豈徒炫染才華，研鍊詞賦而已哉！前書僅八卷，今自戊辰至嘉慶甲子，又續增至六十四卷。具昭儲才之盛，彌欽化育之隆。予小子敬承大業，益亹求賢，登玉堂之國士，其思經世載道，立言牖民，務修根柢之學，毋尚虚車之飾。弼予莅政，庶期化民成俗，實有厚望焉。乙丑仲冬月，大學士朱珪請序，敬闡皇考前序之深意，續書於後，以誌我朝木天之盛軌。奎壁珠輝，鳳池華翰，與四庫石渠同垂奕禩，永昭不朽矣。

欽定宮中現行則例一部

嘉慶十年重修。釐爲四卷。首列聖諭、上諭，卷末裁汰歲修、處分二門。餘如原書。

欽定國朝宮史續編一部

嘉慶六年勅修。仿前編之例分六門：首訓諭，次典禮，次宮殿，次經費，次官制，次書籍。其子目視前稍增，凡一百卷。御製序文。遵旨恭録前編聖諭之次，以集大成云。

國朝宫史續編卷之八十七

書籍十三　經學

臣等欽惟高宗純皇帝聖學集成，六十年表章羣籍，大備於藏書之府，精闡於説經之文，兹已分著本門書籍各卷中。仍循前例，專列經學之目，特舉欽定詩經樂譜一書，詳其始末，以見詩樂真傳，探本於仁祖律吕正義，而實仰賴我高宗耄齡好古之勤。又且睿解超神，澄明琴譜當入經部樂類，不當入子部藝術類。蓋隨舉一端，足闚全藴，不特爲誦詩學樂諸家訂千秋之得失已也。至於詔以國語譯經，久奉鏤行海内，則又同文極盛，用以廣教思於无窮者矣。

欽定詩經樂譜全書一部

乾隆五十一年敕諸皇子及樂部大臣詳定。於朱載堉原書，釐其詩篇，釐其宫調，仍於各譜駢注七音字樣，彙成一書。凡三十卷。五十三年校刊。

聖製命諸皇子及樂部大臣定詩經全部樂譜諭

朕向披閲明朱載堉樂律全書所載樂譜内，填注五六工尺上等字，並未兼注宫商角徵羽；而於雅、頌、烝民、思文諸詩，以時俗豆葉黄等牌名小令分譜，未免援古而入於俗。又所著琴譜，一絃之内，用正應和同四聲，長至十六彈，不勝其冗。而一音之中，已有抑揚高下，是徒滋繁縟，而近於靡曼，有類時曲。曾經降旨，交樂部皇六子永瑢及德保、鄒奕孝等，將朱載堉樂律全書内疎漏歧誤之處詳晰訂正，分列各條，載於本書提要之後，以垂永久而昭雅正。因思詩三百篇皆可歌詠者也。魏晉時尚有文王鹿鳴等四章，但未著宫調，學者茫然不知耳。而朱載堉詩譜又固執周詩不用商聲之説，以角調譜國風，徵調譜小雅，宫調譜大雅，羽調譜周頌，而專以商調譜商頌。夫商調乃宫商之商，非夏商之商也。此其穿鑿拘墟，不待辨而自明，豈足與言五音、述三百哉？且古樂皆主一字一音，虞書依永和聲，雖有清濁長短之節，合之五聲六律，祇於一句之數字内分抑揚高下，不得於一字一音之内參以曼聲。後世古法漸湮，取悦聽者之耳，多有一字而曼引至數聲，此乃時俗伶優所爲，正古人所譏煩手之音，未足與言樂也。從前朕親定中和韶樂，細繹皇祖欽定律吕正義，考訂精審，皆主一字一音，實爲古樂正聲，永當遵守。現在朝會大典，鐘虡鏗鍧，備極莊雅。朕前於經筵之典，令歌抑戒之詩，於瓊林、鷹揚兩宴，令歌棫樸、干城之詩，皆親爲指定。而三百篇全詩，三代而後未有全行譜定者。朱載堉所譜，又復雜以俗調，或自行杜撰，不可爲訓。所當詳加訂正，叶之宫商，俾操縵安絃之士，皆得矢詩遂歌，更足以昭復古。著派皇子等會同樂部大臣悉心精覈，其詩篇内應用某宫某調者，俱著詳審文義，定爲某宫調，仍於各譜駢注七音字様，彙成一書，俾四始六義之文，皆可歌詠，分刌節度，悉符正始元音。庶幾考古而益進於古，以副朕條理集成、引俗入古至意。將來書成時，即名之曰「詩經樂譜全書」，並將此旨弁於簡端，亦不必重爲之序矣。

聖製編訂詩經樂譜全書竟因題八韻　戊申

三百蔽一句，關雎樂不淫。由來在言志，可以永諸音。清廟聲鐘磬，嘉賓鼓瑟琴。風王衰世歎，頌魯本邦欽。譜古却沿俗，四庫全書内有明世子朱載堉樂律全書，其意亦在崇尚古樂，乃所著樂譜但填工尺等字，而漏宮商角徵羽。且將康衢、擊壤兩歌合而爲一，標題爲立我烝民章，於周頌思文篇後，附尚書大禹謨水火金木土穀惟修一節，標題爲思文后稷章。無論書詞不應入歌，其牽强附會已屬師心自用，況又以豆葉黄、金字經時曲小令譜之，則是名爲復古，轉援古而入於俗矣。曾命皇子及典樂大臣詳加校正，以駁其非，並題是什書其卷首。近又命樂工按載堉所譜歌之，其思文后稷章竟彷彿時曲，然於詩句尚無割截。至立我烝民章直割截上下字句，强附曲牌，全無義理，尤可鄙笑。復命一字一聲，按五音歌之，令廷臣共聽，雅俗昭然，人人共喻，益見其無知妄作矣。律商錯用金。樂中商調乃五音之商，與商周何與？而載堉詩譜固執周詩不用商聲之説，以角調譜國風，徵調譜小雅，宮調譜大雅，羽調譜周頌，而專以商調譜商頌。夫歌詩一章之中，豈能不使五音俱備？此其穿鑿拘墟之見，與高叟言詩何異？奚足與言五音三百之義耶！全書聞未昔，典樂矧於今。美刺都關政，興觀可悦心。從頭學詩竟，老更惜分陰。

樂律全書一部

朱載堉原書，奉勅照律吕正義補其疎漏，正其歧誤，定著此書。

乾隆五十一年十二月十七日，奉諭旨：朕披閲朱載堉樂律全書，所論音律算法，稱引繁賾。但其中較律吕正義一書疎漏歧誤之處正復不少。蓋樂律算法，義本相通，必須講求貫串，以期畫一。卽如樂律以黄鐘爲本，而尺度之長短視絫黍爲準。但黍有縱横，亦有大小顆粒，若用縱黍則較長，若用横黍則較短，其大小顆粒亦如之，原難定以爲準也。是書所論横黍百粒，當縱黍八十一粒之説，尚爲牽强。又書中所載樂譜内填註五六工尺上等字，並未兼註宮商角徵羽字樣，未免援古入俗。自應仿照律吕正義，逐細添註，方爲賅備。蓋古樂皆主一字一聲，如關關雎鳩、文王在上等詩，咏歌時自應以一字一音，庶合聲依永律和聲之義。若如朱載堉所註歌詩章譜，每一字下輒用五六工等字，試以五音分註，未免一字下而有數音，是又援雅正而入於繁靡也。卽以琴瑟而論，上古操縵，亦係一字一音。後世古樂失傳，而製譜者多用鉤擘掃拂等法，以悦聽者之耳。遂使一字而有數音，幾與時曲俗劇相似，更失古人審音知樂、能使人人聲入心通之意。且如殿陛所奏中和韶樂，從前未免沿明季陋習，多有一字而曼引至數音者，聽之殊與俗樂相近。經朕特加釐正，俾一字各還一音，目今朝會大典，鐘虡鏗鍧，備極莊雅，業經載入律吕正義，彰彰可考，獨不可融洽貫通乎？著交管理樂部算法館之皇六子永瑢及德保、鄒奕孝、喜常，會同精覈朱載堉所著此書，分門别類，務將樂律全書較律吕正義疎漏歧誤之處，分列各條，公同詳晰訂證。如書中凡例體裁，逐加考評，載於提要之後，以垂永久而昭釐定。

聖製樂律全書題辭

朱載堉樂律全書之謬，已見前論。兹一再閲，其以曲調譜古歌者，立我烝民之歌，乃調寄豆葉黄，而合康衢童謡與老人擊壤歌爲一章者，其思文后稷章，乃調寄金字經，附以大禹謨水火金木土穀惟修八句，爲金字經之二，皆襍輳而成。至南風歌爲調寄鼓孤桐，先以古琴操返彼三山兮十六句，而繼之以南風之薰四語，更屬狂誕。考舜歌南風，見於樂記，有篇名而無其辭。韓非子、淮南子、史記皆是秦及西漢人，未見其辭也。鄭康成禮記注云：「其辭未聞」，是東漢亦尚無其辭也。解愠阜財四句，始於家語及尸子，孔穎達正義云：「家語王肅所增加，非鄭所見，尸子襍説，不可取證正經。」故亦斷爲此詩今無。是則南薰一曲，漢唐人尚疑之，惟輔廣以爲家語必有所據。南風長養萬物，猶人君長養萬民，爲得聖人之意云云。尸子爲六國時人，家語乃孔氏所傳，且歌詞尚髣髴喜起之遺，未可定斷爲非虞廷雅奏。若返彼三山兮十六句，出自古琴操，乃晉孔衍所編，其書今亡，惟見於諸家類書所引。唐吳兢謂：「琴操紀事，好與本傳相違。」朱子曰：「琴操一書，載堯舜文武孔子之詞尤謬，知者可一覽而悟也。」是琴操之紕繆，古人早有定評。今細覈其辭，首所云三山，卽尚書之壺口雷首太岳，孔安國傳以爲三山是也。漢書地理志、太平寰宇記，均以爲地近蒲坂，故緣舜都而附會其名。其下文鋪敍五老及黃龍負圖之事，則出於論語考比讖、春秋元命苞，皆緯書不足爲證。其語如後世侈陳符命者所爲，豈堯舜授受而出此？且明云案圖觀讖，讖始於秦，盛於東漢，三代之書無讖字也。擊石拊韶，鳥獸蹌蹌，鳳凰來儀，乃尚書益稷篇句。凱風自南，下同衛風，其出於魏晉人僞作，不辨可明。凱風卽南風，見爾雅，使舜果有此句，郭璞注雅何以不引？而獨指衛風。且凱風南風，不應連舉，解慍阜財，何返悲喟？宋郭茂倩樂府雖引之，尚爲兩章，載堉不但不知決擇，且妄以贗詩冠於南薰之首，以合於俗樂曲牌名，實爲昧古義而侮聖言矣。若秋風章，乃調寄青天歌，雖全用漢武帝辭，然漢代歌辭見於漢書樂志及諸籍者，不下數千章，載堉何以獨譜秋風辭？考明徐學謨識餘録稱，載堉之父厚烷，以進壽表失稱臣，及刱二仙廟、育才等館，皆上僭無狀，降發高牆。且謂其好爲詭故不情之事，欲以釣譽取名。載堉或因其父獲罪，不無怨懟之意。漢武求仙，嘉靖好道，載堉或竟寓意於此，亦未可知也。夫援古入俗，固載堉之謬，樂記云：「君子於是語，於是道古」，載堉不知古聖人致治之道，又乏考古之識，鹵莽滅裂，真無知妄作之尤者。是於樂理已失，豈足與言正始之音哉！因載明其謬，並命以其四譜如宮商三百之例，以一字一音，譜以正調。其載堉杜撰所爲之四章，亦按其宮商，勒爲一編，俾知音律者一覽而知其妄，庶亦復古之一端耳。

聖製再題朱載堉樂律全書詩 丁未

琴譜躊知古樂非，見前題載堉琴譜詩。全書更與辨淵微。欲求廣博失精覈，聖製由來總範圍。載堉所著樂律全書，於定律審音之道不能會通原委，誤解古書，師心臆説，是以律呂雜用，清濁不分，其踳駁不可枚舉。茲命皇六子與館臣等欽遵皇祖御定律呂正義，詳加校覈，逐一指駁訂正，益仰見聖製精微，理明數備，爲千古不易之準。而載堉之謬，亦一覽瞭然矣。〇譜書工尺漏宮商，數典徒令意渺茫。祇備一家言或可，束之高閣正相當。載堉譜中有工尺而漏宮商，則是其混古雜今也。〇小令由來格已卑，烝民那得强上聲填詞。載堉譜中有立我蒸民章、思文后稷章，以豆葉黄、金字經曲牌分譜。夫取古歌頌配以時曲小令，是援莊雅而入於里俗矣。即此一端可該全部，其錯雜舛謬不足與言樂，不待深辨耳。一端已足該全部，不可與言樂可知。

琴譜一部

朱載堉原書，奉勅釐定，録入四庫全書。

聖製乙卯重題朱載堉琴譜並命入四庫全書以示闢識事

載堉此譜，丁未曾題其以俗琴溷古樂，且訾韓蘇之未議及也。詳見御製詩集。茲偶翻舊稿，尚有未盡之意，是以重示闢而識其事。

夫琴，無可闢也。琴之有譜，不可不闢也。經之言琴者，其制曰五絃之琴。樂記大琴、明堂位爾雅。中琴、明堂位。頌琴，左傳其名曰龍門、空桑、雲和。並周禮大司樂。其用曰鼓，詩曰彈，檀弓曰操縵安絃，學記如是而已，曷嘗有所謂指法、手勢、吟猱綽注之瑣瑣哉？向於香山聽唐侃彈琴作詩，謂卽古樂。迨後釐定中和韶樂，始悟一字一音之爲古，而今琴爲俗，故曾題朱載堉樂律全書，再三闢其踳駁，並令定全詩樂譜，頒播海宇矣。近閱四庫全書著録，有明嚴澂松絃館琴譜、本朝程雄松風閣琴譜二種，紀昀等不入之經部樂類而附之子部藝術類，雖本宋陳暘樂書，列今琴於俗部之意，微足示雅鄭之別耶？然今之言琴者，但知煩手淫聲，日引月長，習今昡古，經部、子部、樂類、藝術類，其誰辨之？故不得不重闢之，俾人易曉也。蓋琴之有書自西漢，其指法自蔡邕，著譜自唐以前，譜手勢自趙耶利，譜作半字自唐以至於宋，雖漢迄今二千餘年，亦云古矣。然今琴所述者，堯之神人暢，舜之南風，文王之羑里，周公之越裳，孔子之龜山，亦均漢後之法，傳三代上之事，其然豈其然哉？且其所謂神人暢諸操，亦必非當時聖人之所作也。明馮惟訥編詩紀一書，備載於古逸一門，蓋亦攟摭舊聞，以見賅博。其間真僞不暇考覈，惟納去古益遠，其所編集無足置論。夫唐虞之書，惟二典三謨實有可信，若神人暢，不過就堯時任禹之事敷衍成文，辭意又多不類。卽南風歌，雖見於家語，而家語世已疑其多僞，其他羑里、越裳、龜山等辭，想亦皆後人就當時之事撰擬之，三代以前恐無是辭也。三代以上之琴曰五絃，舜之琴。曰七絃，文王之琴。如是而止。予惟信三代以上之言，至如三代以下之言，皆如孟子所謂不可盡信也。其指法，若勾挑剔抹者，十二律無是音，其膺字，如芒讀作七、䒷讀作三之類，篆籀以來無是字，所謂之詩，毛鄭以來無是解，故朱子以爲尤謬，鄭樵以爲異端，陳暘以爲詭說，曾是大樂與天地同和，而可爲所奪哉！卽以事理論之，禮云：「士無故不徹琴瑟」，蓋人人能之。今之琴譜，人自爲師，家自爲學，彼之所譜，此不能通其法；甲之所彈，乙不能喻其辭。琴工學之數年，至血指或不成聲。古之教者，春誦夏絃，一時之課而已。人生年十三，卽學樂誦詩，使如所譜，其必三代之爲士者，皆胼手重繭，溺音廢業而後可。儀禮鄉飲酒禮，工歌三終，笙入三終，間歌三終，合樂三終。凡詩十有八篇，雅之文王大明，皆以祀先王，頌之長發，奏之大禘，章句最多，使如所譜，用之燕饗，必卜其晝，又卜其夜，用之祭祀，其不跛倚以臨者幾希矣。審是則今譜之不可行，必非古樂昭昭矣。然則琴無譜乎？曰有，虞書曰：「詩言志，歌永言，聲依永，律和聲。」樂記曰：「比音而樂之謂之樂」，此古樂之精言也。今詩經樂譜，諸器皆臚正聲，此樂之合於古者。中和韶樂，大典尊嚴行用，此樂之宜於今者。皆一字一音，庶幾得趙彥肅所傳之遺，不至如楊傑所譏之失矣。尚何琴譜之足云。總之，古今之界，不可不明言。樂非自予定，實乃自予而顯。制作之事，戒泥古，更戒徇俗。卽井田封建之必不可行，而辟雍之必宜復，均是道也。識成以冠兩譜（經部樂類、子部藝術類。）之首，並命補書入朱載堉琴譜。

聖製題明世子朱載堉琴譜詩 丁未

憶昔於香山，曾聽唐侃琴。穆如餘古風，謂勝箏琶音。其後定韶樂，皇祖書沿尋。乃悟古在兹，一字一絃吟。（唐侃，内府旗人，曾出兵受傷，善彈琴，任副都統，後年老乞休，居香山。乾隆辛酉年曾聽伊彈琴，音節抑揚，謂卽古樂，屢有詩嘉之。及後釐定中和韶樂，細繹皇祖欽定律呂正義，考訂精審，一字一彈，乃知古樂琴聲均屬一絃一字，非如侃所彈世俗之繁音促節也。）非虞書律和聲，何有扬與沉。（虞書依永和聲，雖有清濁長短之節，合之五聲六律，而總不外一字一彈。若一字數彈，則有抑揚往復以圖悅聽之爲，是俗工曲調，非古樂矣。）兹翻載堉譜，亦可謂用心。指法雖闢俗，十六煩弗禁。叶甚至譜𠃋（讀作七。世俗琴譜所載指法，右手有二十四勢，左手有二十九勢，合數字減筆爲一字，其上半記左手指法及徽數，其下半記右手指法及絃數。如曰卄，取散字起筆，謂右手散彈，左手不按徽也。曰七，謂七絃也，曰乙，取挑字一，乙謂右手食指挑絃也。字典中實無此等字，可知非古矣。𢫬，讀作三。如曰大，謂左手大指也。曰九，謂大指按九徽也。曰勹，取勾字一勹，謂右手中指勾絃也。曰三，謂三絃也。今載堉亦用此指法，何異俗譜所載乎？幾不隣哇淫。古人幼而學，操縵胥所任。操縵所以和性情，人人皆可學，而能者以其簡也。若如俗譜所爲，必久工斯技方可，豈人人所能乎？猱綽在所擯，四字謂正應和同。長何堪。授此譜以習，安能喻林林。叶　朱載堉琴譜所載關雎章，雖一字一絃，不用吟猱綽注抹擘撮掄等五十三勢，然一絃之內，用正應和同四聲，長至十六彈，已不勝其冗，而一音之中，已有抑揚高下，不免煩手之譏。且於琴尚可，令配以金石竹匏之類則不成章，此實近日命樂工親試而知之者。載堉之意，亦欲復古，不知古人之律原有清濁長短之節，然亦祇於一句數字之內，分抑揚高下，不得於一字一音之內復有抑揚高下，轉致趨於繁縟，徒爲悅耳之具，而於詩歌字義究不能晰，則古人所謂感人心而天下和平者，又安在乎？是載堉所譜，欲避俗而仍不免於引古入俗也。韶樂用正聲，應和同弗侵。今中和韶樂一字一彈，祇用正聲，不用所謂應和同三聲，非特迥異俗樂之一字數彈，卽朱載堉琴譜之十六彈亦未可同日語，而所謂應和同者，實亦後人所闌增者，豈虞書所有哉？宜引今合古，戒混古雜今。今琴較琶古，然非古琴諶。韓蘇大手筆，可曾此酌斟。

按：昌黎、東坡二人，實博古大雅士也。其聽穎師賢師之琴，胥可謂極力摹寫，然亦何嘗不可用於箏琶之類，則與白居易之琵琶行無大殊也。穎師賢師，不究其禪律，而習琴焉，不可謂務本。而其所彈，想亦俗調，韓蘇未嘗闢之。且一絃一音，與一絃數音，並未明論其與古合否也。以致西清詩話及彥周詩話辨論弗已，入者主之，出者奴之。予以爲愈去愈遠，而總亦未曾指出韓蘇之實未臻處也。予翻悔向之以唐侃俗調爲古樂，而今方知一字一音之爲古樂，無取繁音悅聽，較箏琶略清之俗調琴也。夫學問之道，無窮止之日，設非今之細心審訂，卽以昔之俗調琴爲古矣。推之萬理萬事，孰不如是，余是以老而益勤於學耳。

欽定清漢合璧易經一部

乾隆三十年，高宗純皇帝命繙譯諸臣用國語繙譯，親定成書。凡四卷。三十一年校刊。

欽定繙譯禮記一部

乾隆四十八年，高宗純皇帝命繙譯諸臣用國語繙譯，親定成書。凡三十卷。五十七年校刊。

欽定繙譯春秋一部

乾隆四十九年，高宗純皇帝命繙譯諸臣用國語繙譯，親定成書。凡六十四卷。五十九年校刊。

國朝宮史續編卷之八十八

書籍十四　史學一

臣等謹案：政書原於二典，史法祖於春秋。我大清纂述列聖本紀，似續萬年，誠足以耀帝王之謨而嚴天子之事也。欽惟我高宗純皇帝貫徹天人，權衡百世，於累朝正史、別史、傳記、奏議各體，靡不發諸天縱，示以鑑裁。正往代之偏私，祛儒生之固陋。其大者如御纂評鑑闡要、御批通鑑輯覽、敕撰儲貳金鑑、敕輯國史貳臣傳諸書，皆自乾隆二十七年以後蒐釐攷訂，勒爲鉅編。其間或上溯唐虞，下逮勝國，人所不敢言而聖人言之。或近而潢胄，遠而蒙古回部，古所不備詳而今特詳之。偉哉！史學之博大昌明，未有際於斯盛者矣。臣等謹推廣前編，一一詳紀於書籍門，統之曰史學。

太祖高皇帝本紀一部　二卷

太宗文皇帝本紀一部　四卷

世祖章皇帝本紀一部　八卷

聖祖仁皇帝本紀一部　二十四卷

世宗憲皇帝本紀一部　八卷

高宗純皇帝本紀一部　謹竢書成分卷

嘉慶八年十二月初二日，奉諭旨：御史賈允升奏請恭修本紀一摺，所奏甚是。向來史書皆有本紀以爲弁冕。我朝列聖相承，均經國史館恭修本紀，敬謹貯藏。伏念皇考高宗純皇帝聖德神功，登三咸五，業於四年春特命纂修實録，現已進呈至三十年。自應恭修本紀，以垂史册。著國史館總裁派提調等督率謄録，就近赴實録館，將業經進呈之書照副本鈔寫，恪遵編纂，隨時進呈，務於實録告成後陸續辦竣。其鈔寫實録副本卽藏貯國史館，以資考據。至國史館尊藏五朝本紀，尚未裝潢成帙，亦著該館將原本分函裝修謹貯，並著另繕一分進呈，以昭慎重。

欽定宗室王公功績表傳一部

乾隆四十六年勅撰。乾隆二十九年命宗人府、内閣考覈宗室王公戰功，爲目録一卷，世系表一卷，親王傳二卷，褫職王公、貝勒傳一卷，郡王傳一卷，貝勒、貝子、鎮國公、輔國公傳一卷。嗣以事或未備，語或不經，命國史館重修此本，專傳三十一人，附傳二十一人。凡十二卷。嘉慶二年校刊。

乾隆二十九年九月二十六日，奉諭旨：宗室中封授王公顯爵者，或有伊等先世建立豐功，是以寵列勳階，世襲罔替。或有分屬天潢本支，誼當出就外府，錫之崇秩，俾備屏藩。而其中惟著有軍功之王、公等，當國家開基定鼎時，宣猷効績，載在宗盟，若不爲之追闡成勞，昭示來許，將傳世滋久，不惟伊等功績莫彰，無以使奕世子孫觀感奮發，競知鼓勵，甚至支派遠近，漸亦難於稽攷。卽如顯親王、康親王、簡親王、信郡王、順承郡王、平郡王及軍功所封公等，其酬庸世及，中外固所共知，然受封本末，事具實録國史，簡牒尊藏祕府，未便輕事披檢，重以紀載體例，不越因事繫年，難免後先參互，於一王一公之事蹟未經裒彙成編，其令大學士會同宗人府於實録、國史内，如顯親王以下各王公等，凡立功之端委，傳派之親疏，一一悉心採訂，分繕成帙，進呈以備觀覽。

四十三年正月初十日，奉諭旨：睦親彰善，王政宜先；繼絶昭屈，聖經所重。朕自臨御以來，間日恭閲列祖列宗實録一册，因得備知祖宗創業艱難，及爾時懿親藎臣，勤勞佐命，底定中原，偉伐殊功，實爲從古所未有。而當時策勳錫爵，榮號崇封，所以酬答者本從優厚。迨其後，或有及身緣事，旋被降削者；或有子孫承襲，更易封號者。迄今平情準理，若不爲之溯述闡揚，追復舊恩，於心實有所未愜。因念睿親王多爾袞，當開國時首先統衆入關，掃蕩賊氛，肅清宫禁，分遣諸王，追殲流寇，撫定邊陲，一切創制規模，皆所經畫。尋卽奉迎世祖車駕入都，定國開基，以成一統之業，厥功最著。顧以攝政有年，威福不無專擅，諸王、大臣未免畏而忌之，遂致殁後爲蘇克薩哈等所搆，授欵於其屬人首告，誣以謀逆，經諸王定罪除封。其時我世祖章皇帝實尚在沖齡，未嘗親政也。夫睿王果萌異志，則方兵權在握，何事不可爲？且吴三桂之所迎，勝國舊臣之所奉，止知有攝政王耳，其事更無難號召。卽我滿洲大臣心存忠篤者，自必不肯順從。然彼誠圖爲不軌，無難潛鋤異己，以逞逆謀。乃不於彼時因利乘便，直至身後以歛服僭用明黄龍衮，指爲覬覦之證，有是情理乎？況英親王阿濟格，其同母兄也，於追捕流賊回京時誑報李自成身死，且不候旨班師，睿王卽遣員斥責其非，並免王公等往迎之禮。又因阿濟格出征時，脅令巡撫李鑑釋免逮問道員，及擅至鄂爾多斯土默特取馬，令議其罪，降爲郡王。平日辦理政務，秉公持正若此，是果有叛志無叛志乎？又實録載：睿王集諸王、貝勒、貝子、公、大臣等遣人傳語曰：「今觀諸王、貝勒、大臣，但知諂媚於予，未見有尊崇皇上者。予豈能容此？昔太宗升遐，嗣君未立，英王、豫王跪請予卽尊位，予曰：爾等若如此言，予當自刎，誓死不從，遂奉皇上纘承大統。似此危疑之時，以予爲君，予尚不可，今乃不敬皇上而媚予，予何能容？自今以後，有盡忠皇上者，予用之愛之，其不盡忠、不敬事皇上者，雖媚予，予不爾宥也。」且云：「太宗恩育予躬，所以特異於諸子弟者，蓋深信諸子之成立，惟予能成立之。」每覽實録至此，未嘗不爲之墮淚，則王之立心行事，實能篤忠藎，感厚恩，深明君臣大義，尤爲史册所罕覯。使王彼時如宋太宗之處心積慮，則豈肯復以死固辭，而不爲邪説搖惑耶？乃令王之身後久抱不白之寃於泉壤，心甚憫焉。假令當時王之逆跡稍有左驗，削除之罪果出於我世祖聖裁，朕亦寧敢復翻成案？乃實由宵小奸謀，搆成寃獄，而王之政績，載在實録者，皆有大功而無叛逆之跡，又豈可不爲之昭雪乎？昨於乾隆三十八年因其塋域久荒，特敕量爲繕葺，並准其近支以時祭掃。然以王之生平盡心王室，尚不足以慰彼成勞，朕以爲應加恩復還睿親王封號，追謚曰忠，補入玉牒，並令補繼襲封，照親王園寢制度，修其塋墓，仍令太常寺春秋致祭。其原傳尚有未經詳敘者，並交國史館，恭照實録所載，敬謹輯録，添補宗室王公功績傳，用昭彰闡宗勳至意。

又如豫親王多鐸，從睿親王入關，肅清京輦，卽率師西平流寇，南定江浙，實爲開國諸王戰功之最。乃以睿親王之誣獄株連，降其親王之爵，其後又改封信郡王，雖至今承襲罔替，但以王之勳績，超邁等倫，自應世胙原封，以彰殊眷。豈可以風影微眚，輒加貶易乎？朕以爲應復其原封。又，諸王中披堅執鋭，拓土開疆，共成一統之業者，如禮親王代善，後改封康親王；鄭親王濟爾哈朗，後改封簡親王；肅親王豪格，後改封顯親王；克勤郡王岳託，後改封平郡王；當時俱茂著壯猷，克昭駿烈，載在宗盟。今其子孫所襲，均非始封之名，外人不知，妄疑宗藩當國家締造時，有大勳勞，而後裔均不得長延帶礪，似爲闕典，卽其本支承家襲慶，以去祖漸遠，幾忘其先世錫封之由，弗克顧名奮效，所係於宗室子孫者甚重。況功臣世封內，如揚古利之英誠公，費英東之信勇公，額亦都之果毅公，俱以本號相傳。其子孫承襲者，各能溯勳閥以宣偉績，不失故家喬木之遺。今以親賢世胄，竟改其初封嘉號，何以垂詒奕禩，示酬庸追本之義乎？朕以爲應復其原號。著交軍機大臣會同宗人府悉心妥議具奏。其餘宗室諸王、貝勒等，如有顯著功績，其封爵後經降奪者，除本人身罹重愆，自不當復邀優典。若係承襲之子孫獲咎議處者，僅當斥其本身，而不當追貶其祖宗世爵，方爲平允。亦著一併會查議奏。再，配享太廟諸王，僅有通達、武功、慧哲、宣獻四郡王，其太祖、太宗、世祖時，戮力行間、櫛風沐雨之親藩，如向所舉數人，皆未之及。蓋由當時議禮諸王，各懷私意，遂爾沒其勳伐，不能同侑馨香，豈足以彰公道？所有睿親王、禮親王、鄭親王、豫親王、肅親王、克勤郡王俱著補置牌位，配享太廟，用以妥功宗而昭渥典。至通達郡王係顯祖之子，武功、慧哲、宣獻三郡王係景祖之子，當時雖身與配享，第以三郡王宗支已在覺羅宗室王公表傳內，亦未立通達郡王傳、國史傳又以屬在宗潢，令此四王無所附麗，亦覺缺典。著交内閣、國史館補爲立傳，通達郡王入於宗室，武功等三郡王列於國史諸大臣傳之前。或當時紀載簡少，功績無由稽覈，不拘詳略，各立一傳，以徵信實。

四十六年十一月二十六日，奉諭旨：宗室王公表傳，簡親王喇布、順承郡王勒爾錦、貝勒洞鄂，事蹟俱不詳晰。又簡親王傳内，稱其生有神力，語尤不經。查此書係何年編纂，此外尚有似此語句及敍次草率者，並著交國史館恭查實録紅本，另行改纂，以昭徵信。

五十三年十二月初五日，奉諭旨：國史館纂修王公、大臣表傳，前經降旨令總裁等董飭纂修等官，將乾隆四十年以前王公大臣表傳纂辦進呈，候朕欽定成書頒行，並寫入四庫全書，垂爲信史。今該館業已按期編纂，將次告竣，因思四十一年以後王公、大臣，事功才品，亦多可紀。即其中有瑕瑜互見、功過不掩之處，亦當並存其實，以示傳信。今該館既遵前旨，將次竣事，自應續行纂辦。著國史館總裁率編纂各官，將乾隆四十一年以後至五十年所有王公、大臣例得分立表傳者，查據内閣紅本及軍機處檔案，詳悉裒輯，以次進呈。俟再過十年，屆期另降諭旨。

欽定蒙古回部王公表傳一部

乾隆四十四年勅輯。凡内外扎薩克及降附回部宣猷効力、著有功勳者，以一部落爲一表傳，其事實顯著者，各立一專傳。清、漢、蒙古字三體，各一百二十卷。嘉慶七年校刊。

乾隆四十四年七月二十九日，奉諭旨：我國家開基定鼎，統一寰區，蒙古四十九旗及外扎薩克喀爾喀諸部咸備藩衛，世篤忠貞，中外一家，遠邁前古。在太祖、太宗時，其抒誠效順、建立豐功者固不乏人，而皇祖、皇考及朕臨御以來，蒙古王公等之宣猷奏績、著有崇勳者亦指不勝屈。因念伊等各有軍功事實，若不爲追闡成勞，裒輯傳示，非奬勳猷而昭來許之道。著交國史館會同理藩院，將各蒙古扎薩克事蹟譜系詳悉採訂，以一部落爲一表傳，其有事實顯著之王公等，卽於部落總傳後每人立一專傳，則凡建功之端委，傳派之親疎，皆可按籍而稽，昭垂奕世。該總裁大臣等卽選派纂修各員，詳愼編輯，以清、漢、蒙古字三體合繕成帙，陸續進呈，候朕閲定成書後卽同宗室王公功績表傳以漢字録入四庫全書，用垂久遠。其各部落並將其所部之表傳、專傳以三體合書，頒給一册，俾其子孫益知觀感奮勵，副朕推恩念舊至意。

欽定恩封宗室王公表傳一部

乾隆四十一年勅修，四十九年校刊。

欽定清文恩封宗室王公表傳一部

乾隆四十一年，高宗純皇帝命繙譯諸臣用國語繙澤，親定成書。四十九年校刊。

欽定國史列傳

天命年起至乾隆年止，凡一千一百四十二篇。

乾隆三十年六月二十三日，奉諭旨：朕恭閲世祖章皇帝實録，内載大學士甯完我劾奏陳名夏之疏，有與魏象樞結爲姻黨一欵。朕向聞魏象樞在漢大臣中尚有名望，乃與黨惡之陳名夏聯姻，藉其行私護庇，則亦不得謂之粹然無疵之名臣矣。因取閱國史館所撰列傳，祇稱以事降調，而不詳其參劾本末，則後之人亦何由知其事爲何事，而加之論定乎？向來國史館所輯列傳，原係擇滿漢大臣中功業政績素著者列於史册，以彰懿鑠。其無所表見及獲罪罷斥者，概屏弗與。第國史所以傳信，公是公非所關，原不容毫釐假借，而瑕瑜並列，益足昭衡品之公。所謂據事直書，而其人之賢否自見，若徒事鋪張誇美，甚或略其所短，暴其所長，則是有褒而無貶，又豈春秋華衮斧鉞之義乎？且以衆所共譽之魏象樞，尚有瑕隙可抵，非今日因事稽覈，誰復摘其隱微？若罪惡顯著之陳名夏，及楊義所參交結黨援之孫承澤，俱曾身爲大臣，特以身名隕越，國史擯而弗書，將世遠年湮，更無由知其罪狀之昭宣與夫糾彈之顛末，伊等轉得以文詞著述掩蓋其生平。則其餘美惡參半之人，境過事忘，因而彌縫隱護者益復不少。即如索額圖、明珠、徐乾學、高士奇輩，當時非不藉藉人口，而迹其行事，或則恃才自恣，或則倚附結納，交通聲氣，雖學問或有可稱，而品誼殊無足取，此等若非官爲立傳，則世人毁譽任情，久益流傳失實。且其載之家乘，大率不外乎行狀墓誌，非其子若孫志在顯親，即其門下士工於諛墓，將必自撰私傳，轉至揄揚溢分，徵實難憑。昔年滿洲淳樸之風從無是事。而世代遞降，薰於習染，一二性喜詩文之人，生前倡和吹噓，身後假他人筆墨，誇張阡隴者，亦頗有其人矣。即如索額圖、明珠、揆敍、阿靈阿等，皆以世臣勳閥，身罹愆尤，國史概從屏斥，久之且不知其爲何如人，又何以爲一代汗青之據？前命廷臣編纂宗室王公功績表傳，現已告成，事實釐然可考。因思大臣之賢否，均不可隱而弗彰，果其事功學行，卓卓可紀，自應據實立傳，俾無溢美。若獲罪廢棄之人，其情罪允協者，固當直筆特書，垂爲炯戒，卽當日彈章過於詆毁，吏議或未盡持平，亦不妨因事並存，毋庸曲爲隱諱。從前國史編纂時，原係彙總進呈，未及詳加確覈，其間秉筆之人，或不無徇一時意見之私，抑揚出入，難爲定評，今已停辦年久，自應開館重事輯修。著將國初以來滿漢大臣已有列傳者，通行檢閱，覈實增删考正。其未經列入之文武大臣，内而卿貳以上，外而將軍、督撫、提督以上，並宜綜其生平實蹟，各爲立傳，均恭照實録所載及内閣紅本所藏，據事排纂，庶幾淑慝昭然，傳示來兹，可存法戒。朕將特派公正大臣爲總裁，董司其事，以次陸續呈閲，朕親加覈定，垂爲信史。並著該總裁官將作何蒐輯，酌定章程，不致久稽時日之處，詳識具奏。

九月十五日奉諭旨：前以國史原撰列傳，祗有褒善，惡者惟貶而不録。其所以爲惡，人究不知，非所以昭傳信也。因降旨開館重修，特派大臣爲總載，董司其事，並令詳議條例以聞。今據該總裁等議奏開館事宜，内稱：滿漢大臣定以官階，分立表傳；旗員自副都統以上，文員自副都御史以上，及外官督撫、提督等，果有功績學行及獲罪廢棄原委，俱爲分别立傳等語。所議尚未詳備。列傳體例，以人不以官，大臣中如有事功學術足紀，及過蹟罪狀之確可指據者，自當直書其事，以協公是公非。若内而部旗大員循分供職，外而都統、督撫之歷任未久、事實無表見者，其人本無足輕重，復何必濫登簡策？使僅以爵秩崇卑爲斷，則京堂科道中之或有封章建白、實裨國計民生者，轉置而弗録，寧非缺典？且如儒林亦史傳之所必及，果其經明學粹，雖韋布之士不遺，又豈可拘於品位，使近日如顧棟高輩終於湮没無聞耶？舉一以例其餘，雖列女中之節烈卓然可稱者，亦當覈實兼收，另爲立傳。諸臣其悉心參攷，稽之諸史體例，折衷斟酌，定爲凡例，按次編纂，以備一代信史。至立表之式，固當如所定官階爲限制，仍應於各姓氏下注明有傳無傳，使覽者於表傳並列者，卽可知某某之媺惡瑕瑜。而有表無傳者，必其人無足置議。有傳無表者，必其人實可表章。則開卷瞭然，不煩言而其義自見。朕每覽歷代史册，褒譏率無定評，卽良史如司馬遷，尚不免逞其私意，非阿好而過於鋪張，卽怨嫉而妄爲指摘，其他更可知矣。我朝百餘年來，於大小臣工彰善癉惡，一秉至公，實可垂爲法戒。今悉據事覈實，立爲表傳，總裁、大臣公同商榷，朕復親爲裁定，傳之萬世，使淑慝並昭，而衮鉞不爽，不更愈於自來秉史筆者之傳聞異辭，而任愛憎爲毁譽者耶？將來成書時，卽以朕前後所降諭旨弁之簡端，用示慎重修輯國史之意。

三十七年十月二十八日，奉諭旨：國史館進呈新纂明珠列傳，内所列郭琇糾參各款，臚採不全，於覈實紀載之義未合。明珠在康熙年間身爲大學士，柄用有年，乃竟不克自終，漸至植黨營私，市恩通賄，勢燄熏灼，物議沸騰。皇祖疊申誡諭，期得以恩禮保全，而明珠不知省改，致爲郭琇參奏，復念其於平定三藩時曾有贊理軍務微勞，不卽暴示罪狀，然亦立予罷斥，並未嘗廢法姑容。後雖量爲録用，僅授内大臣之職，距其身殁二十餘年，不復再加委任。此實皇祖恩威並用，權衡纖毫不爽，迥非三代以後所可幾及。而確覈明珠罪案，祇在徇利太深，結交太廣，不能恪守官箴，要不至如明代之嚴嵩、温體仁輩竊弄威福，竟敢陰排異己，潛害忠良，舉朝側目而莫可誰何也。卽如明珠以現任閣臣，而郭琇卽以露章臚款，抨擊甚力，使明珠果能如明季諸奸之箝制言路，則郭琇矢口之間，早已禍不旋踵，卽或深謀修隙，亦必多方狙伺，假手擠排。乃郭琇因此一疏，遂以鯁直受知，不及二年，卽由僉都御史洊擢都御史，不聞明珠之黨有能爲之抑阻者。雖其間亦曾因事論黜，而我皇祖鑒其政績風力，由閒廢中擢爲湖廣總督，後因紅苗搶奪，隱匿不報，削籍歸里，其罪實由自致，亦非明珠之黨藉事以爲報復。今郭琇列傳具在，可考而知也。至於明珠生平，是非功過原不相掩，我皇祖慎持予奪之柄，至公至明，因物付物，恭繹聖諭，仁至義盡，一一適如其人之所自取，卽此可以窺見萬一。兹館臣裒輯明珠事蹟，因檢閣庫，未獲郭琇劾章，似由當日留中不下，遂據館中所存郭琇稿刊本，撮載大凡。但其間删削過多，恐傳之既久，或疑修史者有意曲爲隱諱，於據事直書之旨無當也。因命於明珠傳中全列郭琇參本，俾天下後世得喻此事本末，共知我國家立綱陳紀，朝宁肅清，從無有宵小僉壬，如前代之得以怙權干政。而我皇祖聖明英斷，刑賞持平，實爲執兩用中之極則。朕稟承祖訓，凡一切用人行政，無不本此意爲折衷。用是剖晰原委，宣諭中外，仍命録載傳後，使定論昭然，永以示傳信而垂法戒焉。

四十年三月二十一日，奉諭旨：國史館進呈所纂王鴻緒列傳，於左都御史郭琇劾鴻緒與高士奇招納賄賂等案，僅敍大略，而郭琇原疏未經載入，恐傳之後世，其不知鴻緒輩之罪狀者，妄疑一劾卽去，或有屈抑；其知者又疑秉史筆之人意存袒護，不肯顯暴其短，豈朕特命另修史傳之意乎？夫王鴻緒、高士奇與明珠、徐乾學諸人，當時互爲黨援，交通營納，衆所共知。如郭琇初劾諸事，並不爲枉，而我皇祖不加窮究，僅予罷退。蓋於明珠念其曾有襄辦討平吴逆之勞，而王鴻緒、高士奇諸人，則因文學尚優，宣力史館，是以屢下明詔，剴切曉諭，曲予矜全，實由我皇祖聖德。然卽以諸人事蹟而論，雖有交結賄賂之私，亦止於暗爲關照，不至勢焰熏灼，生殺擅專，如前明嚴嵩輩之肆奸蠹國，陷害正人，此亦人所共知也。卽如郭琇參劾明珠、王鴻緒諸人後，旋經皇祖特加任用，未聞有能稍事排擠者。卽其後郭琇於總督任内因他事罷官，亦由其自取，並非諸人之所能媒孽，又實由我皇祖聖明。是郭琇原疏於諸人被劾款蹟，皆當據事直書，不必稍爲删節，使天下後世，曉然於王鴻緒輩之罪狀如此，郭琇之鯁直如此，其後之自取罪戾如此，並敬悉我皇祖之仁智並用，措置得中又如此，既可令海内傳爲美談，且足令朝臣共知鑑戒，其於世道人心，甚爲有益，何必曲存隱諱乎？其明珠本傳前已降旨改修外，著交該館總裁將王鴻緒、徐乾學、高士奇等列傳覆加覈訂。所有郭琇等原劾諸疏，悉載入傳内，另繕呈覽。其餘有類此者，並著一體詳載，以示大公而昭傳信。

四十六年十月初四日，奉諭旨：國史之修，彰善癉惡，信今傳後。從前編纂時，因係彙總進呈，未及詳加考覈，抑揚出入，難爲定評。是以於乾隆三十年特頒明旨，簡派總裁董率纂修各官，將國初以來滿漢大臣已編列傳者通行檢閲，覈定事實，增删考正，以期不虛美，不隱惡。其未編列傳之文武大臣，内自卿貳以上，外自將軍、督撫、提鎮以上，並綜其生平實蹟，各爲立傳，恭照實録紅本，據事直書，以彰法戒。其或限於資格，懿嫿弗傳，並令博採旁搜，如儒林隱逸及列女中之節烈卓然可稱者，亦覈實兼收，另爲立傳。昨又評定開國以來宗親戚冑，勳績昭著，繼獲罪愆、以致削爵除籍，如睿親王諸人，其是非功過，諭令該館重加編纂。又我朝定鼎之初，明末諸臣望風歸附，如洪承疇、祖大壽、李永芳等，在勝國雖爲不忠於主，在本朝則爲宣力之臣，特命入於貳臣傳之甲編。其進退無據，謬託保身，如錢謙益、龔鼎孶、馮銓諸人，則列入乙編，以昭褒貶之公。蓋春秋者天子之事，朕於本朝王公、文武大臣，是非功過，一秉大公至正，凡此皆朕所指示該總裁等，令其悉心排纂，以次呈進，候朕親自裁定，庶幾華衮斧鉞，凜然共見筆削之嚴也。乃自開館以來，迄今十有七年，其所纂成進御之書，甚屬寥寥。現在所辦臣工表傳，毋論開國諸臣，早可蒐輯成編，卽皇祖、皇考實録久經告成，維時諸臣事蹟亦無難檢閱，縱使廣爲採録，以昭考覈之精，亦何至遲遲若此！至朕臨御初政，贊襄左右諸臣，按其通籍筮仕，如在皇考之朝者，亦應一體立傳，其猷爲顯著，尤在人耳目之表，載筆亦無虞失實。如此則史館裒輯成書，安得復藉延歲月，而不嚴立程限乎？朕每覽前代史册，褒譏好惡，卒無定評。兹國史諸臣列傳，皆經朕親自披覽，是是非非，不少假借。該總裁等務卽董飭所司，速爲纂辦進呈，候朕鑒定，務臻覈實，垂爲信史。其如何定限完竣之處，並著詳議奏聞。

欽定國史年表一部　内副都御史以上，外總督巡撫以上，凡二十四册。

欽定國史忠義傳一部　凡三百九十二篇。

欽定國史貳臣傳一部　分甲編乙編。凡三十卷。

聖製命國史館編列明季貳臣傳諭

昨閲江蘇所進應燬書籍内，有朱東觀選輯明末諸臣奏疏一卷，及蔡士順所輯同時尚論録數卷，其中如劉宗周、黄道周等，指言明季秕政，語多可採，因軍機大臣將疏中有犯本朝字句，酌改數字，存其原書。而當時具疏諸臣内，如王永吉、龔鼎孳、吴偉業、張縉彦、房可壯、葉初春等，在明已登仕版，又復身仕本朝，其人既不足齒，則其言不當復存，自應概從删削。蓋崇奬忠貞，即所以風勵臣節也。因思我朝開創之初，明末諸臣，望風歸附，如洪承疇以經略喪師，俘擒投順；祖大壽以鎮將懼禍，帶城來投。及定鼎時，若馮銓、王鐸、宋權、謝陞、金之俊、黨崇雅等，在明俱曾躋顯秩，入本朝仍忝爲閣臣。至若天戈所指，解甲乞降，如左夢庚、田雄等，不可勝數。蓋開創大一統之規模，自不得不加之録用，以靖人心而明順逆。今事後平情而論，若而人者，皆以勝國臣僚，乃遭際時艱，不能爲其主臨危授命，輒復畏死倖生，靦顔降附，豈得復謂之完人？即或稍有片長足録，其瑕疵自不能掩。若既降復叛之李建泰、金聲桓及降附後潛肆詆毁之錢謙益輩，尤反側僉邪，更不足比於人類矣。此輩在明史既不容闌入，若於我朝國史，因其略有事蹟，列名敍傳，竟與開國時范文程、承平時李光地等之純一無疵者，毫無辨别，亦非所以昭褒貶之公。若以其身事兩朝，概爲削而不書，則其過蹟轉得藉以掩蓋，又豈所以示傳信乎？朕思此等大節有虧之人，不能念其建有勳績，諒於生前；亦不能因其尚有後人，原於既死。今爲準情酌理，自應於國史内另立貳臣傳一門，將諸臣仕明及仕本朝各事蹟據實直書，使不能纎微隱飾，即所謂雖孝子慈孫，百世不能改者。而其子若孫之生長本朝者，原在世臣之列，受恩無替也。此實朕大公至正之心，爲萬世臣子植綱常，卽以是示彰癉。昨歲已加謚勝國死事諸臣，其幽光既爲闡發，而斧鉞之誅不宜偏廢，此貳臣傳之不可不覈定於此時，以補前世史傳所未及也。著國史館總裁查考姓名事實，逐一類推，編列成傳，陸續進呈，候朕裁定焉。

聖製命國史館以明季貳臣傳分甲乙二編諭

我國家開創之初，明季諸臣望風歸附者多，雖皆臣事興朝，究有虧於大節，自不當與范文程諸人略無區別。因命國史館以明臣之降順者另立貳臣傳，據實直書，用彰公是。茲念諸人立朝事蹟既不相同，而品之賢否邪正亦判然各異，豈可不爲之分辨淄澠？如洪承疇在明代身膺閫寄，李永芳曾乘障守邊，一旦力屈俘降，歷躋顯要，律以有死無貳之義，固不能爲之諱，然其後洪承疇宣力東南，頗樹勞伐，李永芳亦屢立戰功，勳績並爲昭著，雖不克終於勝國，實能効忠於本朝。昔戰國豫讓初事范中行，後事智伯，卒伸國士之報，後之人無不諒其心而稱其義。則於洪承疇等又何深譏焉。至如錢謙益行素不端，及明祚既移，率先歸命，乃敢於詩文陰行詆毀，是爲進退無據，非復人類。又如龔鼎孳曾降闖賊，受其僞職，旋更投順本朝，並爲清流所不齒；而其再仕以後，惟務靦顏持禄，毫無事蹟足稱，若與洪承疇等同列貳臣傳，不示等差，又何以昭彰癉？著交國史館總裁，於應入貳臣傳諸人詳加考覈，分爲甲乙二編，俾優者瑕瑜不掩，劣者斧鉞凜然，於以傳信簡編，而待天下後世之公論，庶有合於春秋之義焉。然朕所以爲此言者，非獨爲臣子勵名教而植綱常，實欲爲君者當念苞桑而保宗社。蓋此諸人未嘗無有用之才，誠使明之守成者能慎持神器而弗失，則若而人皆足任心膂股肱，祖業於是延，人才卽於是萃。故有善守之主，必無二姓之臣，所以致有二姓之臣者，非其臣之過，皆其君之過也。崇禎臨終之言，不亦舛乎？

五十四年六月初六日，奉諭旨：朕閲國史館所進貳臣傳乙編，内薛所蘊、張忻二人俱曾順從流賊，後始歸降本朝。嚴自明則既經投誠，後於尚之信謀叛，輒復從逆，嗣又與尚之信同降。此等從賊反覆之人，俱於立傳之例，大爲不協。夫人臣策名委質，忠於所事，既遇宗社改移，自應抗節捐軀，方無愧在三之義。是以明末殉難諸臣，朕嘉其忠烈，特爲賜謚。雖其中有曾經抗我顔行者，亦令一併褒謚。蓋以各爲其主，在本朝則爲梗化，而在勝國不失爲効忠，未忍令其湮没弗彰，爰爲之賜謚表揚，以發幽光而昭激勸。至在前明業經身登仕版，繼復臣事本朝者，伊等能知天命攸歸，率先投順，且間有功績可紀，不可擯而不録。第因其大節究屬有虧，因特命第其優劣，另立貳臣傳，分甲乙二編，於忠厚之中，仍寓激揚之道，所以垂教於萬世者甚大。此内卽有歸順之後又去而從唐、桂、福、潞各王者，雖其人反側無定，然唐、桂各王究爲明之宗支，尚可託辭於繫懷故主，卽列入乙編，不至有乖史例。若薛所蘊、張忻、嚴自明諸人，或先經從賊，復降本朝，或已經歸順，又叛從吴、耿、尚三逆，進退無據，惟知嗜利偷生，罔顧大義，不足齒於人類。此外如馮銓、龔鼎孳、金之俊等，其行蹟亦與薛所蘊等相仿，皆靦顔無恥，爲清論所不容。而錢謙益之流，既經臣事本朝，復敢肆行誹謗，其居心行事，尤不可問，非李永芳、洪承疇諸人歸順後曾著勞績者可比，若爲之立傳，其何以勵臣節而示來兹！國史爲天下大公，是非筆削，法戒凛然，豈可稍容假借？所有貳臣傳甲乙編内，如馮銓、龔鼎孳、薛所藴、錢謙益等者，著該館總裁詳細查明，概行奏聞，撤去不必立傳。若以伊等行爲醜穢，一經删削，其姓名轉不傳於後，得倖免將來之訾議，不妨僅爲之表，排列姓名，摘敍事蹟，並將此旨冠於表首，俾天下萬世共知似此行同狗彘之徒，既不得炳丹青之列，仍不能逃斧鉞之誅，於彰癉更爲有益。該總裁等其悉心校覈，以副朕扶植綱常、折衷公當至意。

五十六年三月二十日，奉諭旨：朕恭閲世祖章皇帝實録，内有直隸總督張元錫被麻勒吉呵辱自刎之事，因取國史館所纂張元錫列傳，詳加披閲。内載張元錫於任直隸總督時，值孫可望降附，學士麻勒吉賫勅往迎，至順德府，元錫出迓，麻勒吉責其失儀，加以呵辱，元錫歸引佩刀自刺，以家人救未絶，經巡撫董天機奏聞，命學士折庫納往究，並令赴京質對。元錫具陳麻勒吉苛索凌辱情狀，下九卿科道議，將麻勒吉革職，旋經降級留任，數月後元錫復自縊身死等語。朕閲此情節，當時開國之初，滿漢不無意存歧視，此案自係袒護滿洲，故於麻勒吉議從末減。試思張元錫接見麻勒吉時，若非任意需索，肆行呵斥，種種受辱難堪，何至以總督大員遽爾輕生自刎？迨赴京對鞫，復未將伊屈抑之處爲之申理，致張元錫含寃莫雪，仍復自縊。麻勒吉妄作威福，情罪甚大，設在此時，朕必當寘之重典，決不稍爲寬貸。至張元錫服官本朝，並無劣蹟，雖係明季庶吉士，未經授職，與曾任前明清要、靦顔改節者不同，非但不應列入貳臣乙編，并不應編列貳臣傳内。乃國史館臣不加詳審，輒與馮銓、龔鼎孳諸人一例編輯，該總裁亦不免存偏護附和之見。著飭行該館從前所辨諸臣列傳，有身事本朝而在勝國時僅登科第未列仕版者，均著查明改正，毋庸概列貳臣，以昭信史。朕彰善癉惡，一秉大公，於偷生貪禄、行同犬彘之流，即身後亦不能倖邀寬假，而覈其事蹟，與貳臣有間者，則必加以區別，使薰蕕不致混淆。設張元錫等地下有知，當必銜感於泉壤，而天下萬世知朕於滿漢諸臣一視同仁，褒貶悉歸至當，益可曉然於激勸之大義也。

欽定國史逆臣傳　凡二卷

乾隆五十四年十二月初九日，奉諭旨：前因國史館所進貳臣傳乙編内有先順流賊、仍降本朝，投誠後復行從逆者，皆係反覆小人，不值爲之立傳，是以降旨令將伊等列傳概行撤去，祇爲立表，排列姓名，摘敘事蹟。今思此等偷生嗜利之徒，進退無據，實爲清議所不容，若僅於表内略摘事蹟，敍述不詳，使伊等醜穢之行不彰，後世得以倖逃訾議，轉不足以示懲戒。但貳臣傳内原分甲乙二編，如甲編内洪承疇、李永芳諸人皆曾著績，宣勞本朝，有功可紀；即列入乙編者，歸順本朝之後，並未嘗别生反側；若吴三桂、耿精忠、李建泰、姜瓖、王輔臣、薛所蘊、張忻等，或先經從賊，復降本朝，或已經歸順，復行叛逆，此等行同狗彘、靦顔無耻之人，並不得謂之貳臣。若亦一同編列，轉乖史例。著國史館總裁即行詳悉查明，特立逆臣傳，另爲一編，庶使叛逆之徒，不得與諸臣並登汗簡，而生平穢蹟，亦難逃斧鉞之誅，方爲公當。至如馮銓、龔鼎孳等，罔顧名節，身事兩朝，降附之後，又無功績可紀，從前殁而錫謚，蓋因本朝定鼎之初，世祖章皇帝尚在沖齡，未嘗親政，睿親王等綜理事務，皆在草創權宜之際，或欲藉此收拾人心，不暇覈實，被彼時爲史者所欺耳。今久而論定，使伊等倖竊易名之典，實不足昭彰癉之公。所有貳臣傳内似馮銓等之曾給美謚者，亦著國史館查明，概行追奪，以示朕維植綱常、慎重名教至意。

國朝宮史續編卷之八十九

書籍十五　史學二

御纂評鑑闡要一部

乾隆三十六年，大學士臣劉統勳等恭修通鑑輯覽成，親製評語，凡八百餘條，釐爲十二卷。

聖製評鑑闡要序

編年之書，莫備於皇祖御批之資治通鑑綱目。蓋是書集三編爲一部，自三皇以至元末明初，振綱挈目，謹予嚴奪，足以昭萬世法戒，爲人君者不可不日手其帙而心其義也。然皇祖雖嘗抉精微、徵辭旨，著論百餘首，亦惟析疑正陋，垂教後世耳。於其書則一仍厥舊，無所筆削也。故全書篇幅雖多，而議論乃什倍於事實，卽如前編之中，總論、史論、音釋、辨疑、考證，紛不一家。（已上總論等五種，雜引諸家之説，或稱胡氏宏、胡氏一桂、熊氏禾，並無專家主名，且有自稱愚按者。考前編第一卷首載外紀，乃元陳桱編次，則各種所引，皆桱采集無疑。）正編之中，凡例、（朱子著）發明、（尹起莘著）書法、（劉友益著）考異、（汪克寬著）集覽、（王幼學著）考證、（徐昭文著）正誤、（陳濟著）質實、（馮智舒著）濫觴益甚。至於續編之作，成於有明諸臣，其時周禮沿尹起莘例作發明，而廣義則出於張時泰效劉友益書法而爲之者。夫發明、書法，其於歷朝興革正統偏安之際，已不能得執中之論，而況效而爲之者哉？且以本朝之臣而紀其開國之事，自不能不右本朝而左勝國，此亦理之常也。況三編中嬗代崛起之際，稱太祖而繫以我者，不一而足，亦非體例也。故命儒臣纂歷代通鑑輯覽一書，盡去歷朝臣各私其君之習而歸之正，自隆古以至本朝，四千五百五十九年事實，編爲一部全書。於凡正統偏安，天命人心繫屬存亡，必公必平，惟嚴惟謹，而無所容心曲徇於其間。觀是書者，凜天命之無常，知統系之應守，則所以教萬世之爲君者，卽所以教萬世之爲臣者也。書中批論，一依皇祖之例，自述所見，據事以書者十之三，儒臣擬批者十之七，而經筆削塗乙者七之五，卽用其語弗點竄者亦七之二云。

御批通鑑輯覽附明唐、桂二王本末一部

乾隆三十三年敕撰。以明正德中李東陽等所修通鑑纂要舛漏，命詳考史傳，著爲此編。凡書法褒貶，一秉聖裁。其沿訛踵謬之處，親爲諭定。至明季福王，特命於己酉一年分注，以存其位號。而唐、桂二王遺事，並詔續爲編録。凡一百十六卷，附四卷。

聖製書通鑑輯覽明崇禎甲申紀年事

通鑑輯覽將成，司事者舉通鑑綱目三編之例，於甲申歲欲大書順治元年，分注崇禎十七年於下。且凡勝朝事皆別書明，而於李自成陷京師，卽繫以明亡。余曰不可。夫三編之例，非述續編之例乎？續編於元順帝二十七年卽分注明年元主北奔，而繫以元亡，去至正二十八年爲洪武元年。且自順帝十五年明祖起兵之後，於凡元政卽別書元以示異，雖臣各私其君之義也，而朕實鄙之。蓋以理責人者必先以理自處。天下者，天下之天下，非一家之天下也。言悖而出者，亦悖而入。居今之時，貶亡明而尊本朝，如明之於元，其誰曰不可？然朕不爲也。通鑑輯覽之書，非一時之書，乃萬世之書。於正統偏安之繫，必公必平；天命人心之嚮，必嚴必謹。且正編續編，既一正其自視尊大之陋習，而顧於本朝嬗代之際，有所偏向，是不有愿於心而貽來世之譏乎？兹於甲申歲仍命大書崇禎十七年，分書順治元年以别之。卽李自成陷京師，亦不遽書明亡，而福王弘光元年，亦令分注於下。必俟次年福王於江寧被執，而後書明亡。夫福王設於江南能自立，未嘗不可爲南北朝，如宋高宗之例也。而奈其日卽慆淫，以致天命去而人心失，是非開刱者欲究我兵威，而實守成者自失其神器也。若夫唐王、桂王，窮竄邊隅，苟延旦夕，此正與宋之帝昺、帝昰同例，不可仍以正統屬之，用以示萬世守成之主，思天命人心之難諶，凜凜乎，惴惴乎，保祖宗所貽留，爲臣民所繫屬，而不敢謬悖書法之可有高下焉。庶幾朕纂通鑑輯覽之本意，或不失春秋大一統之義乎？

聖製命通鑑輯覽附紀明唐、桂二王事蹟諭

甲申歲，我國家既定鼎京師，而明福王朱由崧爲南京諸臣迎立，改元首尾一載。其後唐王朱聿鍵、桂王朱由榔相繼稱號者又十有餘年。當時以其事涉本朝開創之初，凡所紀年號，例從芟削。卽朱璘之明紀輯略，亦以附三王紀年，爲浙江撫臣等所奏燬。兹以搜訪遺籍，外省奏進此書，閲其體例，非不尊崇本朝，且無犯諱字跡，徒以附紀明末三王，自不宜在概禁之列。前命編纂通鑑輯覽，館臣請不録福王事實，因念歷朝嬗代之際，進退予奪，擊乎萬世公論。若前代偏私袒徇之陋習，以曲筆妄爲高下，朕實鄙之。卽如福王承其遺緒，江山半壁，疆域可憑，使能立國自强，未嘗不足比於宋高宗之建炎南渡。乃孱弱荒淫，自貽顛覆。而偏安之規模未失，不可遽以國亡書法絶之，特命於明崇禎末附紀福王年號，仍用雙行分注，而提綱則書明以爲别。至蕪湖被執，始大書明亡。蓋所以折衷至是，務合乎人情天理之公也。至於唐王、桂王，遁跡閩滇，苟延殘喘，不復成其爲國。正與宋末昰、昺二王之流離海島者相類，本不得等於福王之例，是以輯覽内未經載入。今思二王究爲明室宗支，與異性僭竊者不同，非僞託也。且其始末雖無足道，而奔竄事蹟亦多有可攷，與其聽不知者私相傳述，或致失實無稽，轉不若爲之約舉大凡，俾知二王窮蹙情形不過如此，更可以正傳聞之譌舛。又，其下諸臣，以旅拒王師者，向多以僞官目之。然其間如白文選、李定國等，本獻賊義子，反側無常，彼在明已合稱賊、稱僞，自當準春秋書盜之例。又如金堡等之五虎横行、把持國是者，亦無足齒録。若其他各爲其主，始終不屈，以至隕首捐軀者，不一而足。較宋末之文天祥、陸秀夫實相彷彿，雖混一之初，兵威迅掃，不得不行抗命之誅，而諸人瑣尾間關，有死無貳，洵無愧人臣忠於所事之義。迄今日久，將遂泯没，朕甚憫之，亦宜略爲紀録，使之有傳於後。設以爲載筆有體，則凡事涉二王者，不妨直以彼字稱之，用存偏正之别。而其臣則竟書爲某王之某官某，概不必斥之爲僞也。明紀輯略，已命有司弛其禁，而通鑑輯覽校刊將竣，其令四庫全書館總裁詮敍唐、桂二王本末，别爲附録卷尾。凡彼時仗節死義之人，考訂事迹，悉與備書，朕將親爲裁定，宣付刊行。俾讀者咸知朕大中至正，未嘗有一毫私意偏倚其間，而崇奬忠貞，亦足以爲世道人心之勸。書成即以此諭同御製輯覽原序並冠卷端，庶將來有所參考，喻朕意焉。

聖製命館臣入吳三桂擒桂王由榔諭

通鑑輯覽附録之載唐王、桂王，所以匹於宋之帝昺、帝昰，以示萬世之實録也。館臣以吳三桂爲叛臣，不書其擒桂王由榔事，而以屬之愛星阿。夫愛星阿固爲定西將軍領兵，而三桂彼時實爲平西大將軍，且必應殄滅由榔。三患二難之議，發自三桂，卽後之進兵檄緬甸，毆李定國，降白文選，皆出自三桂之籌畫，其功固不可泯也。然其諸籌，豈實爲我國家哉？彼時伊已具欲據滇黔而有之之心，由榔、定國、文選而在，伊豈能據之哉？蓋自古權奸，無時無之，亦無地無之，三桂之必欲滅由榔，實猶近日之阿睦爾撒納之必欲滅達瓦齊，達瓦齊而在，阿睦爾撒納必不能據準噶爾，詳見西師詩及開惑論。則彼之爲我宣力，皆所以自爲也。今昔相形，三桂之奸計畢露，又何不可功則功之，而罪則罪之乎？其依國史三桂傳，盡載其入緬事莫删。昔許子將之相曹操，兩言撮其要，而操亦喜，適所舉二人，頗甚類之，亦在用之而已矣。又在先覺之，俾毋出我範圍而已矣。

聖製書命館臣入吳三桂擒桂王由榔諭卷識語

偶覽所書命館臣入吳三桂擒桂王由榔諭，以吳三桂之擒桂王由榔，與阿睦爾撒納之欲滅達瓦齊事適相同。蓋彼時洞見逆賊蓄心竊據已久，然非藉天朝聲靈兵力，必不能速成功以逞其私，故其爲我宣力，正所以自爲謀，古來奸雄類皆如是。總在人君有以燭其隱微，不事億逆，而狡獪伎倆自無所施耳。因命將阿睦爾撒納所奏二摺，繙譯清、漢，並其本文，附録卷末，以示萬世之馭遠夷者。乾隆甲寅冬，八十四老人御識。

聖製閱通鑑輯覽作　辛亥

厭次三冬勤歲餘，四千三百閱居諸。書凡一百二十卷，自黃帝元年甲子至崇禎甲申，凡四千三百四十一年，云四千三百者，舉成數也。正惟尊統偏嚴統，初命編纂通鑑輯覽，館臣於明紀之末請不録福王事，予意以爲福王當日苟能立國自强，未嘗不可比宋之南渡，雖孱弱荒淫，自貽顛覆，而偏安之規模未失，不當於甲申卽書明亡也。因特命於甲申後仍用雙行分注，附紀福王年號。及至蕪湖被執，始大書明亡以絶之。至唐、桂二王，遁跡閩滇，已不成其爲國，正與宋之昰、昺二王流離海島者相似。然究係明室宗支，不同於異姓之僭竊，是以復命館臣詮敍唐、桂二王本末，編次卷尾，且使後世有所徵信。其彼時仗節死義之人，並令考訂事蹟，悉予備書，以示崇奬。自來修史者多軒本朝而輊勝國，皆出於一己之私見，而不合乎天理人情之公，不可以作史，並不可以讀書。此編體例一本至公，以爲萬世君臣法戒，史册權衡，幾餘簡編相對，差不負耳。善足師予惡戒予。雖曰知乎行未逮，亦云好去聲矣體猶疎。編年看到甲申例，自愜平生稱讀書。

欽定訂正通鑑綱目續編一部

先是，通鑑綱目續編義例有未協之處，於乾隆四十七年奉勅訂正。卷數一如前書。

聖製命皇子及軍機大臣訂正通鑑綱目續編諭

朕披閱御批通鑑綱目續編，內周禮發明、張時泰廣義，於遼金元事多有議論偏謬及肆行詆毀者。通鑑一書，關係前代治亂興衰之迹，至綱目祖述麟經，筆削惟嚴，爲萬世公道所在，不可稍涉偏私。試問孔子春秋內有一語如發明廣義之肆口漫駡所云乎？向命儒臣編纂通鑑輯覽，其中書法體例，有關大一統之義者，均經朕親加訂正，頒示天下。如內中國而外夷狄，此作史之常例。顧以中國之人載中國之事，若司馬光、朱子義例森嚴，亦不過欲辨明正統，未有肆行漫駡者。朕於通鑑輯覽內存弘光年號，且將唐王、桂王事蹟附録於後，又諭存楊維楨正統辨，使天下後世曉然於春秋之義，實爲大公至正，無一毫偏倚之見。至於東夷、西戎、南蠻、北狄，因地而名，與江南、河北、山左、關右何異？孟子云：「舜爲東夷之人，文王爲西夷之人」，此無可諱，亦不必諱。但以中外過爲軒輊，逞其一偏之見，妄肆譏訕，毋論桀犬之吠，固屬無當，卽區別統系，昭示來許，亦並不在乎此也。況前史載南北朝相稱，互行詆毁，此皆當日各爲其主，或故爲此訕笑之詞。至史筆係千秋論定，豈可騁私臆而廢公道乎？夫歷代興亡，前鑒不遠，人主之道，惟在敬天勤民，兢兢業業，以綿億萬載之丕基。所謂天難諶，命靡常，常厥德，保厥位，誠不在乎區區口舌之爭。若主中國而不能守，如宋徽欽之稱臣稱姪於金，以致陵夷南渡，不久宗社爲墟，卽使史官記載曲爲掩飾，亦何補耶？所有通鑑綱目續編一書，其遼金元三朝人名地名，本應按照新定正史，一體更正。至發明廣義內三朝時事不可更易外，其議論詆毁之處，著交諸皇子及軍機大臣量爲删潤，以符孔子春秋體例。仍令黏簽進呈，候朕閱定。並將此論冠之編首，交武英殿照改本更正後，發交直省督撫各一部，令各照本抽改。將此通諭中外知之。

聖製通鑑綱目續編內發明廣義題辭

甚矣周禮等發明廣義之爲誣而謬也。大一統而斥偏安，內中華而外夷狄，此天地之常經，古今之通義。是故夷狄而中華，則中華之；中華而夷狄，則夷狄之，此亦春秋之法，司馬光、朱子所爲亟亟也。兹發明廣義乃專以貴中華、賤夷狄爲事。貴中華、賤夷狄，猶可也，至於吹毛求疵，顛倒是非，則不可。而矢口漫駡，誣白爲黑，又豈温良君子之所爲哉？嘗考遼金元三朝，惟金世宗、元世祖二帝最爲賢明，史册具在，美不勝言。而廣義則曰：「世宗固一世之賢君，雖中華令主，何以過之，然羣臣不能將順其美，以底大順，要亦天厭其德，故使之有君無臣，僅成一代之小康耳。」夫賢如金世宗，而又責其無臣，且謂天厭厥德，金世宗有何德之可厭？豈非中外之見芥蔕於胸腹，好議論不樂成人之美乎？又如金禁女真人學南人衣飾一條，金主謂從官曰：「女真舊風，最爲純直，汝等當習學之不可忘。」此正敦尚節儉，率由舊章，發明乃云：「用夏變夷，固爲美事，奚必禁而絕之」，特書曰禁，深貶之也。夫以遵舊制不忘本者而貶之，尤爲拘迂紕繆。且自古變祖宗之章服制度者，不數世而國勢衰弱，元魏遼元已事可鑒，彰彰甚明，秉筆者獨不觀前史之事乎？最其甚者，蒙古額呼布格自歸於上都，蒙古主釋不治，其黨布拉噶等伏誅一事。額呼布格，世祖介弟也，受命鎮和林，乃敢搆逆興兵，僭稱尊號，其罪可勝誅乎？元世祖以諸王乃太祖之裔，不忍加戮，惟誅布拉噶等。此世祖之大度，曲貸其死，可謂韙矣。乃發明謂「世祖致令其弟僭立和林，則所以處之未盡其道。布格之悖，未如象之頑，而世祖處弟之友，豈不有愧於舜乎」云云。其言尤爲背謬。夫象之傲，不過不順於家，所爲鬩牆之釁耳。額呼佈格則儼然稱帝，謀危宗社也，其罪之輕重大小，不待智者明之，而猶謂不如象之頑乎？益不然矣。且春秋之義，善善欲長，從未有以堯舜責人者。若象於舜升庸之後，如額呼布格之所爲，舜亦未必復封之有庳，而乃以此責元世祖，非惟不公，且不明矣。又如書太子珍戩卒一條下，載中庶子巴拜以其子阿巴齊入見，諭之以毋讀蒙古書，須習漢人文字。初閲之，以爲太子珍戩令人毋讀蒙古書，是忘本矣，因重檢閲元史本傳，則云：「中庶子巴拜，以其子阿巴齊入見，諭令入學，巴拜卽令其子入蒙古學。逾年又見太子，問讀何書，其子以蒙古書對，太子曰：我命汝學漢人文字耳。」云云。蓋珍戢之意，以蒙古人習蒙古書，自其家傳舊學，如今滿洲人之於清文，童而習之，不須入學始能也。命學漢人文字，則欲其兼通經史，知古今事耳。乃綱目删改本文，且云「諭之以毋讀蒙古書」，則是毫釐千里，而使後之讀綱目者，竟以珍戢爲忘本，有是理乎？總之，是書之成，乃成化時商輅等修輯，其後周禮續爲發明，張時泰又續爲廣義附刻於後，吹毛求疵，顛倒是非，甚至矢口漫罵，誣白爲黑，其所關於世道人心甚大。昨既命皇子及軍機大臣量爲删去其破口者，以符孔子春秋之義。兹復舉其尤紕謬者數端，用作題辭，仍録是書卷端，以存是非曲直之公，以昭天命人心之正，俾覽古者得以折衷焉。雖然千萬年後，寧無如周禮輩其人者之顛倒是非、誣白爲黑者乎？吾於是知懼矣。然而悠悠之口，其亦不必懼而已矣。

御撰通鑑綱目三編一部

乾隆四十年勅撰。是書初有張廷玉等所撰本，事跡漏落，音譯失真。至是，詔大學士臣舒赫德等改修，義例本通鑑輯覽，譯語本新定遼金元史國語解，分注則採明史紀傳，詳具始末，作發明以闡書法，作質實以備考證。凡四十卷。

乾隆四十年五月十五日，奉諭旨：前曾命仿朱子通鑑綱目體例，纂爲明紀綱目，刊行已久。兹披閱葉向高集，見其論福藩田土疏，所敘向日旨意之養贍地土，原給四萬頃，卿等屢奏地土難以湊處，王亦具辭令減去二萬頃云云。則福王當日所得之田僅二萬頃。今綱目載福王常洵之國條云：「賜莊田四萬頃，中州腴土不足，取山東湖廣田益之。」與向高言不合。又所載青海朵顔等人名，對音沿用鄙字，與今所定同文韻統音字及改正遼金元國語解未爲畫一，是張廷玉等原辦綱目惟務書法謹嚴，而未暇考覈精當，尚不足以昭傳信。著交軍機大臣卽於方略館將原書改纂，以次進呈，候朕親閱鑒定。其原書著查繳。

十八日，奉諭旨：昨因明紀綱目考覈未爲精當，命軍機大臣將原書另行改輯，候朕鑒定。因思綱目三編，雖亦曾經披覽，但從前所進呈之書，朕鑒閲尚不及近時之詳審。若通鑑輯覽一書，其中體例書法，皆朕親加折衷，一本大公至正，可爲法則。此次改編綱目，自當倣照辦理。又明史内於元時人地名，對音訛舛，譯字鄙俚，尚沿舊時陋習，如圖作爲兔之類，既於字義無當，而垂之史册，殊不雅馴。今遼金元史已命軍機大臣改正另刊，明史乃本朝撰定之書，豈轉可聽其訛謬？現在改辦明紀綱目，著將明史一併查改，以昭傳信。朕非於此等音譯字面有所偏袒，蓋各國語音不同，本難音存牽合，卽如滿洲、蒙古文譯爲漢文，此音彼字，兩不相涉，乃見小無識之徒，欲以音意之優劣，强爲分别軒輊，實不值一噱。朕每見法司爰書，有以犯名書作惡劣字者，輒令改寫。而前此書回部者，每加犬作□，亦令將犬旁删去。誠以此等無關褒貶，而適形鄙俚，實無足取。況當海宇同文之世，又豈可不務爲公溥乎？將此通諭知之。所有原頒明史及綱目三編，俟改正時並著查繳。

欽定明史本紀一部

此書經始於康熙十八年，續修於雍正二年，告成於乾隆四年，至是四十二年。因本紀中有疎略，不足以資論定，奉勅補纂。凡二十四卷。

乾隆四十二年五月十三日，奉諭旨：前因明史内於蒙古人地名音譯未真，特命館臣照遼金元三史例，查覈改訂，並就原板扣算字數刊正。其間增損成文，不過數字而止，於原書體例，無多更易。兹閱所進簽改之英宗本紀，如正統十四年巡撫福建御史汪澄棄市，并殺前巡按御史柴文顯，同時殺兩御史，而未詳其獲罪之由，不足以資論定。又土木之敗，由於王振挾主親征，違衆輕出，及敵鋒既迫，猶以顧戀輜重，不卽退軍，致英宗爲額森所乘，陷身漠北。乃紀中於王振事不及一語，尤爲踈略。雖本紀爲全史綱領，體尚謹嚴，而於帝王政刑征伐之大端，關係國家隆替者，豈可拘泥書法，闕而不備？致讀者無以考鏡其得失。蓋緣當時紀事每多諱飾，又往往偏徇不公，而明史修自本朝，屢淹歲月，直至朕御極以後，始克勒成一書。其時秉筆諸臣，因時代既遠，傳聞異辭，惟恐涉冗濫之嫌，遂爾意存簡括，於事蹟要領不能臚紀精詳，於史法尚未允協。前因明紀綱目所載，本末未爲賅備，降旨另行改輯。所有明史本紀，並著英廉、程景伊、梁國治、和珅、劉墉等，將原本逐一考覈添修，務令首尾詳明，辭義精當，仍以次繕進，候朕親閱鑒定，重刊頒行，用昭傳信。

國朝宮史續編卷之九十

書籍十六　史學三

欽定古今儲貳金鑑一部

乾隆四十八年勑纂。自周迄元明，凡册立儲貳、義關鑑戒者，備臚事實。首載聖祖仁皇帝、高宗純皇帝聖諭。凡六卷。五十年校刊。

康熙五十二年二月初二日，諭領侍衛内大臣、大學士、九卿等：趙申喬陳奏皇太子爲國本，應行册立。朕自幼讀書，凡事留意，纖悉無遺。況建儲大事，朕豈忘懷，但關係重大，有未可輕立者。昔立允礽爲皇太子時，索額圖懷私倡議，凡皇太子服御諸物，俱用黄色，所定一切儀注，幾與朕相似，驕縱之漸，實由於此。索額圖誠本朝第一罪人也。宋仁宗三十年未立太子，我太祖皇帝並未豫立太子，太宗皇帝亦未豫立太子。漢唐以來，太子幼沖，尚保無事。若太子年長，其左右羣小結黨營私，鮮有能無事者。人非聖人，誰能無過？安得有克盡子道如武王者。今衆皇子學問見識不後於人，但年俱長成，已經分封，其所屬人員未有不各庇護其主者，卽使立之，能保將來無事乎？且爲君難，爲臣不易，古來人君窮兵黷武者有之，崇尚佛老者有之，任用名法者有之。朕御極五十餘年，朝乾夕惕，上念祖宗遺緒之重，下念臣民仰望之殷，乾綱獨斷，柔遠能邇，體卹臣庶，毫無私心。當吴三桂叛亂時，已失八省，勢幾危矣。朕灼知滿、漢、蒙古之心，各加任用，勵精圖治，轉危爲安，是以數十年來海宇寧靖。今欲立皇太子，必能以朕心爲心者方可立之，豈宜輕舉？卽臣僚爲國爲民，念茲在茲，先憂後樂者，實不易得。太子之爲國本，朕豈不知，立非其人，關係匪輕。朕將允礽從幼教訓，迨後長成，變爲暴虐，無所不爲，不知忠孝，不識廉恥，行事乖戾，有不可言者。推其故，皆由瘋狂成疾，迷惑所致，此疾有二十餘載矣，凡人醉後傷人，醒時知悔，伊似長醉不醒，所爲過惡，身不自知。伊之儀表及學問才技，俱有可觀，今一至於此，非瘋狂而何？自廢而復立以來，朕尤加意教訓，心血耗盡，因伊狂疾終不全愈，故又行廢黜。孟子云：「父子之間不責善，責善則離，離則不祥莫大焉。」大學云：「人莫知其子之惡」。蓋父之於子，嚴不可，寬亦不可，誠爲難事，如朕方能處置得宜耳。爾諸大臣俱各有子，凡人幼時，猶可教訓，及其長成，一誘於黨類，便各有所爲，不復能拘制矣。立皇太子事，未可輕定，特召集爾衆大臣，明示朕意。趙申喬所奏摺，著發還。

臣等謹案：古今儲貳金鑑卷首，恭載高宗純皇帝諭旨。謹分載典禮門。

欽定續文獻通考一部

是書自乾隆十二年勅撰，至三十七年告成。輯宋遼金元明五朝事跡，續馬端臨之舊。凡二百五十二卷。

欽定皇朝文獻通考一部

初與續文獻通考爲一編。乾隆二十年，命自開國以後專爲一書，其二十四門，初亦仍馬氏之目。茲恪遵諭旨，增羣廟、羣祀二門，爲二十六門。凡三百卷。

欽定歷代職官表一部

乾隆四十五年勅撰。敍述本朝内外文武官職階級與歷代沿襲異同之處，并增本朝八旗官制及新疆官制，分門詳訂。凡七十二卷。

乾隆四十五年九月十七日，奉諭旨：國初設官分職，不殊周官法制，及定鼎中原，參稽前代，不繁不簡，最爲詳備。其間因革損益，名異實同。稽古唐虞建官惟百，内有百揆四岳，外有州牧侯伯，奮庸熙載，亮采惠疇。周則監於二代，立三公三孤。秦漢以後，爲丞相，爲中書門下平章知政事。明洪武因胡惟庸之故，改丞相爲大學士。其實官名雖異，職守無殊，惟在人主太阿不移，簡用得人，則雖名丞相，不過承命奉行，卽改稱大學士，而所任非人，竊弄威福，嚴嵩之流，非仍名大學士者乎？蓋有是君，方有是臣。惟后克艱厥后，庶臣克艱厥臣。昔人言天下之安危係乎宰相，其言實似是而非也。至六官卽今之六部，周禮典制綦詳，要亦本於唐虞司徒秩宗諸職。外而督撫，自秦漢以來，所稱守牧節度行省，卽唐虞十二牧之遺。歷朝改革，建置紛如，難以勝數。我國家文武内外官職品級，載在大清會典，本自秩然。至於援古證今，今之某官，卽前某代某官，又或古有今無，或古無今有，允宜勒定成書，昭垂永久，俾覽者一目了然。現在編列四庫全書，遺文畢集，著卽派總纂總校之紀昀、陸費墀、陸錫熊、孫士毅等悉心校覈，將本朝文武内外官職階級與歷代沿襲異同之處，詳稽正史，博參羣籍，分晰序説，簡明精審，毋冗毋遺。其議政大臣、領侍衛内大臣、八旗都統、護軍統領、健鋭、火器營、内務府並駐防將軍，及新疆增置各官，亦一體詳晰考證，分門別類，纂成歷代職官表一書，由總裁覆覈，陸續進呈，俟朕閲定。書成後，即以此旨冠於卷首，不必請序，列入四庫全書，刊布頒行，以昭中外一統、古今美備之盛。因首論丞相一官，餘可類推，覽是編者，其各顧名思義，凜然於天工人代，兢兢業業，夙夜靖共，以庶幾克艱無曠之義。欽哉。

欽定明臣奏議一部

乾隆四十六年勅輯。明代諸臣奏疏，未有定本。兹擇其危言讜論，得失攸關，以著勸懲而垂法戒。胥按其時代編入。凡四十卷。

聖製命皇子等編輯明臣奏議諭

歷代名臣奏疏，向有流傳選刻之本。四庫全書内，亦經館臣編次進呈。其中危言讜論、關係前代得失者，固可援爲法戒。因思勝國去今尤近，三百年中藎臣傑士、風節偉著者實不乏人，跡其規陳治亂，抗疏批鱗，當亦不亞漢、唐、宋、元諸臣。而奏疏未有專本，使當年繩愆糾謬、忠君愛國之忱，後世無由想見，誠闕典也。即或其人品誼未醇，而其言一事，陳一弊，切中利病，有裨時政者，亦不可以人廢言。至神宗以後諸臣奏疏内，有因遼瀋用兵，涉及本朝之處，彼時主闇政昏，太阿倒置，閹人竊柄，權倖滿朝，以致舉錯失當，賞罰不明，其君綴旒於上，竟置國是若罔聞，遂至流寇四起，兵潰餉絶，種種秕政，指不勝數。若楊漣、左光斗、熊廷弼諸人，或折衝疆場，或正色立朝，俱能慷慨建議，剴切敷陳。設明之君果能採而用之，猶不致敗亡若是之極。其事距今百十餘年，殷鑒不遠，尤當引爲炯戒。則諸人奏疏，不可不亟爲輯録也。除明史本傳外，所有入四庫全書諸人文集，均當廣爲蒐採，裒集成編。卽有違礙字句，祇須略爲節潤，仍將全文録入，不可删改。此事關係明季之所以亡與我朝之所以興，敬怠之分，天人之際，不可不深思遠慮，觸目警心。著派諸皇子同總師傅蔡新等爲總裁，其皇孫、皇曾孫之師傅、翰林等，卽著爲纂修校録，陸續進呈，候朕親裁。書成後，卽交武英殿刊刻，仍鈔入四庫全書。將此旨冠於簡端。所有前次紀昀等選出神宗以後各奏疏，卽著歸入此書，按其朝代，一體編纂。

欽定皇清奏議一部

順治元年起，至乾隆九年止。凡四十册。

欽定勝朝殉節諸臣録一部

乾隆四十年勅撰。凡三千六百餘人。分專謚、通謚、祠祀三等，人各録其事跡爲傳。凡十二卷。

乾隆四十一年二月初八日，奉諭旨：大學士九卿等將明季並建文時殉節諸臣覈查，悉按史乘，擬予專謚、通謚及應入祀忠義祠者，分册具奏，甚爲允協。著照所議行。其進呈各册，於姓名事實，摘具梗概，頗見詳備。著名爲勝朝殉節諸臣録，交武英殿刊刻頒行。卽以原頒諭旨録冠卷首，仍附載廷臣所上議疏。朕特製詩篇題識簡端，用以垂示久遠。至大學士等議覆張若溎奏請勒限訪查一摺，所駁亦甚是。張若溎原奏，固爲善善從長之意，但現在廷臣等考覈釐次，以明史及輯覽爲據，旁及一統志及各省通志，參互考證。其仗節死義者已有三千六百餘人，是因世近可徵，而朕加恩訪録，迥非漢、唐、宋諸朝所可及，不可謂不多。今既各加旌典，俾得共與闡揚，於崇奬忠貞、風勵臣節之道，已無遺憾。即使再加蒐採，亦未必能復廣至千人。於此事全局有何增益？而稽諸文獻無徵之餘，必致真僞混淆，轉不足以昭傳信。且恐有司詢訪，不免於吏胥輩藉端滋擾里閭，更非朕軫卹遺忠之本意。此事亦著照所議毋庸辦理，並以此旨及議駁稿備載卷首，仍將此通諭知之。

聖製命議予明季殉節諸臣謚典諭

崇奬忠貞，所以風勵臣節。然自昔累朝嬗代，於勝國死事之臣，罕有録予易名者，惟我世祖章皇帝定鼎之初，於崇禎末殉難之大學士范景文等二十人，特恩賜謚。仰見聖度如天，軫卹遺忠，實爲亘古曠典。第當時僅徵据傳聞，未暇徧爲搜訪，故得邀表章者止有此數。迨久而遺事漸彰，復經論定，今明史所載，可按而知也。至若史可法之支撑殘局，力矢孤忠，終蹈一死以殉。又如劉宗周、黄道周等之立朝蹇諤，抵觸僉壬，及遭際時艱，臨危授命，均足稱一代完人，爲褒揚所當及。其他或死守城池，或身隕行陣，與夫俘擒駢僇、視死如歸者，爾時王旅徂征，自不得不申法令以明順逆。而事後平情而論，若而人者，皆無媿於疾風勁草。即自盡以全名節，其心亦並可矜憐。雖福王不過倉猝偏安，唐、桂二王並且流離竄迹，已不復成其爲國。而諸人茹苦相從，舍生取義，各能忠於所事，亦豈可令其湮没不彰？允宜稽考史書，一體旌謚。其或諸生韋布及不知姓名之流，並能慷慨輕生者，議謚固難於概及，亦當令俎豆其鄉，以昭軫慰。嘗恭讀我太祖實録，載薩爾滸之戰，明楊鎬等集兵二十萬，四路分出，侵我興京。我太祖、太宗及貝勒、大臣等統勁旅數千，殲戳明兵過半，一時良將如劉綎、杜松等，皆歿於陣。近曾親製書事一篇，用揚祖烈，而示傳信。惟時王業肇基，其抗我顔行者，原當多爲獮薙。然迹其冒鏑攖鋒，竭忠効命，未嘗不爲嘉憫。又若明社將移，孫承宗、盧象昇等之抵拒王師，身膏原野。而周遇吉、蔡懋德、孫傳庭等以闖、獻蹂躪，禦賊亡身，凛凛猶有生氣。總由明政不綱，自萬曆以至崇禎，權奸接踵，閹豎横行，遂致黑白混淆，忠良泯滅，每爲之扼腕不平。福王時雖間有追謚之人，而去取未公，亦無足爲重。予惟以大公至正爲衡，凡明季盡節諸臣，既能爲國抒忠，優奬實同一視。至錢謙益之自詡清流，靦顔降附，及金堡、屈大均輩之倖生畏死，詭託緇流，均屬喪心無恥。若輩果能死節，則今日亦當在予旌之列。乃既不能捨命，而猶假語言文字，以圖自飾其偷生，是必當明斥其進退無據之非，以隱殛其冥漠不靈之魄。一褒一貶，衮鉞昭然，使天下萬世，共知予準情理而公好惡，以是植綱常，卽以是示彰癉。凡諸臣事蹟之具於明史及通鑑輯覽者，宜各徵考姓名，仍其故官，予以謚號，一準世祖時例行。其令大學士、九卿、京堂翰詹科道，集議以聞。

聖製命議謚前明靖難殉節諸臣諭

前以明季殉節諸臣，各爲其主，義烈可嘉。爰命大學士、九卿等，集議予謚，所以褒闡忠貞，風勵臣節也。今復思建文革除之際，其臣之仗節死事者，亦具載史傳。當時永樂一藩臣耳，乃犯順稱兵，陰谋篡奪，諸臣以大義自矢，固當不共戴天。雖齊泰、黄子澄輕率寡謀，方孝孺識見迂闊，未足以輔助少主，然跡其尊主鋤强之心，實堪共諒。迨大事已去，猶且募旅圖存，抗詞抵斥，雖隕身湛族，百折不回，洵爲無慚名教者。他若景清、鐵鉉輩，或慷慨捐軀，或從容就義，其致命縱各不同，而志節凛然如在。下至東湖樵夫，補鍋匠之流，姓名即隱晦不彰，其心蹟固可追溯也。特以永樂殘刻性成，淫刑以逞，屠戮之慘，極於瓜蔓牽連，殆非人理。余讀史至此，未嘗不深憤而痛嫉之。雖其中葉少弛厲禁，而彼時臣子徇私曲諱，終不獲顯示褒揚，使忠臣義士之氣久弗克伸，良可憫惻。夫以勝國革命之時，其抗我顔行者，尚念其忠於所事，特命表章。矧建文諸臣，不幸遘遭內難，爲國捐生，成仁取義，顧可令其湮没於千百世下耶？允宜再集廷議，並予易名，以發幽光而昭公道，其覈實條具以聞。

聖製命議謚前明靖難殉節諸臣詩以誌事 有序 丙申

明建文革除之際，其臣之仗節死難者，史册所載甚多。當時永樂以藩臣犯順，陰謀奪國，諸人自當義不戴天。雖齊泰、黄子澄輩輕率寡謀，方孝孺識見迂遠，然其尊主鋤强之心，實堪共諒。其他如景清、鐵鉉等，或慷慨捐軀，或從容就義，甚至如東湖樵夫、補鍋匠之流，雖姓名不彰，而其心均足嘉憫。特以永樂殘刻性成，屠戮之慘，極於瓜蔓，殆非人理。朕讀史至此，未嘗不深爲憤恨。夫以勝國革命之時，其抗我顔行者，尚念其忠於所事，特予表章。矧建文諸臣，遘遭內難，取義成仁，豈可令忠臣義士之氣湮没弗伸？既命大學士等一體查議予謚，以發幽光而昭公道。復成長什，以誌其事。

項羽阬降本秦卒，黄巢縱殺乃唐人。豈如永樂誅戮者，都是孝陵培養臣。瓜蔓牽連何慘酷，松凋節烈總忠純。方齊謀拙斯宜恕，景鐵心貞實絶倫。潛德幽光賴褒闡，成仁取義忍沉淪。勒章七字聊表舊，惇史千秋閲重去聲新。

聖製題勝朝殉節諸臣録詩　有序　丙申

昨以勝國殉節之臣，各能忠於所事，不可令其湮没不彰，特勅大學士、九卿等稽考史書，核議予謚入祠，以昭軫慰。其建文諸臣之死事者，並命甄議。兹大學士等議上，録其生平大節表著者，予以專謚。餘則通謚爲忠烈、忠節，次則通謚爲烈愍、節愍，統計一千六百餘人。若諸生韋布，未通仕籍，及姓名無考如山樵市隱之流，則入祀所在忠義祠，統計又二千餘人，各爲一册呈進。覽之均爲允協，因名之曰勝朝殉節諸臣録，冠以所頒諭旨，附載廷臣議疏，彙刊頒行。俾天下後世讀史者有所考質。夫以明季死事諸臣，多至如許，迥非漢、唐、宋所可及，録而旌之，亦累朝所未舉行，似亦足以褒顯忠貞，風勵臣節。固不必如張若溎所請之徧行訪查，徒滋紛擾，致無了期。且即再入數千人，於表章大義，亦無所增減。廷臣駁議惟韙，亦並載之。爰題詩簡端，用示大意。

信史由來貴癉彰，勝朝殉節與擅薌。五常萬古既云樹，潛德幽光允賴揚。等度早傳遼及宋，宋李若水從欽宗至金營，不屈而死。金人相與言曰：遼國之亡，死義者十數，南朝惟李侍郎一人。後先直邁漢和唐。諸臣泉壤應相慶，捨死初心久乃償。

欽定功臣傳三集一部

乾隆四十四年勅纂。自乾隆二十三年以後，征勦緬甸、兩金川、烏什、臨清等處抒忠効命之文武大臣官員一千一百一人，兵丁一萬八千八十人。凡六十五卷。繙譯本與漢本同。

欽定功臣傳四集一部

乾隆五十三年勅纂。紀征勦撒拉爾並石峯堡等處抒忠効命之文武大臣官員一百三人，兵丁一千八百一人。凡十二卷。繙譯本與漢本同。

欽定功臣傳續集一部

乾隆五十九年勅纂。紀征勦台灣、安南等處抒忠効命之文武大臣官員三百二人，兵丁一萬一千五百四十七人。凡六十六卷。繙譯本與漢本同。

欽定功臣傳續集一部

乾隆六十年勅纂。紀征勦廓爾喀抒忠効命之文武大臣官員一百六十二人，兵丁一千九百三十八人。凡二十三卷。繙譯本與漢本同。

欽定功臣傳續集一部

嘉慶三年勅纂。紀征勦湖南、貴州苗匪抒忠効命之文武大臣官員二百六十人，兵丁六千五十三人。凡七十二卷。繙譯本與漢本同。

欽定功臣傳續集一部

嘉慶八年勅纂。紀征勦貴州興義仲苗並雲南威遠倮匪抒忠効命之官員七十六人，兵丁一萬一千一百八十三人。凡九十六卷。繙譯本與漢本同。

國朝宮史續編卷之九十一

書籍十七　志乘

臣等謹案：志乘之書，昭大一統之模，稽建置，詳封域，備風俗，析源流，數典之資在是。我高宗純皇帝闢地闡功，昄章逾二萬里，殊方星拱，壯我皇輿，廣矣、大矣。乃若紀恩依上塞之莊，揚烈緬留都之迹，欽定熱河、盛京兩志，尤鑠乎其炳奕禩焉。至於滿洲部族淵源，八旗名爵事行，以暨釐小徹辰薩囊之舊史，辨噶達素齊老之新圖，自神京達於八紘，莫不眉列而掌睞，斯則周禮誦訓道方志之所未及者矣。

欽定大清一統志一部

乾隆五十五年敕修。初於乾隆八年纂輯，二十九年以戡定西域，削平兩金川，特詔重修。洎新設承德府，暨各藩部欵服，昄章益廓，於是囊括輿圖，博摭載籍，綜爲全書。凡四百四十二卷。

欽定皇朝通志一部

乾隆三十二年敕撰。二十略之目，一仍鄭樵原書。至於六書之備西域，七音之增三合；天文殫歐邏巴之微，地理括伊犁河之外；禮本官繪之圖，樂本御定之律；藝文圖譜，稽中禁之秘藏；草木蟲魚，羅遐方之珍産，皆鄭樵所未及也。凡一百四十四卷。

欽定八旗通志一部

乾隆五十一年奉敕重纂。首列天章、敕諭，凡志十一：曰旗分，曰兵制，曰職官，曰氏族，曰土田，曰典禮，曰學校，曰選舉，曰營建，曰藝文，曰人物。凡表八：曰封爵，曰世職，曰宗人府大臣，曰内閣大臣，曰部院大臣，曰内大臣，曰八旗都統，曰直省大臣。後列八旗大臣題名。凡三百五十四卷。嘉慶四年校刊。

乾隆五十一年四月十九日，奉諭旨：四庫館進呈八旗通志一書，朕加披閲，其忠烈傳提要内，詳載開國以來列祖列宗褒獎功勳、風勵忠節之典，而於乾隆年間恩卹諸大政，俱闕而不載。如八旗陣亡官員，世職襲次已完，朕特降恩旨，賞給恩騎尉世襲罔替。而緑營官員陣亡議卹之例，止得難廕一次，非奉特旨加恩，不能得有世職。昨年降旨，凡有陣亡人員，無論漢人及旗人之用於緑營者，總與旗人一體給與世職。卽襲次已完，亦照例給恩騎尉，俾得賞延於世。蓋以官員等力戰敵愾，効命疆場，其義烈實堪嘉尚，是以特沛殊恩，使其子孫永承恩澤，懋答前勳，甚盛典也。乃通志内竟未登載，則將來此書之傳，何足以羽翼國史，昭示來兹？再，志内所載壯尼大卽護軍校，他如昂邦章京、阿思哈尼哈番之爲子男，阿達哈哈番之爲輕車都尉，拜他喇布拉哈番之爲騎都尉，拖沙拉哈番之爲雲騎尉，雖不便擅改原文，亦當加按注明，或請朕指示，使後人開卷曉然，方爲傳信。豈多人無一思及此？但知遷延其事，以爲領桌飯之計乎？是鈔史非修史矣。前因遼、金、元三史人地名原文，俱係當時國語，而後之修史者不諳文義，率以不善語言爲之譯寫，是以數年來特命館臣按照各史不改其事，但將語言詳加改正，鋟板重修，遂使當時名爵山川，暸如指掌。今以本朝之書，乃止仍原文開載，不爲分晰注明，開列凡例，以定章程，是爲前史盡心改正，而於本朝反不經意，不幾貽笑將來，傳疑後世，辦理太屬疏漏。此書著交軍機大臣會同該總裁重加輯訂，詳悉添注，加按進呈，候朕閱定後，再將文淵等閣陳設之書一體改正。所有原辦此書之總裁及纂修等，俱著逐一查明，交部議處。

欽定盛京通志一部

乾隆四十四年勅撰。

盛京舊有通志三十二卷，敍述多所舛漏，因命補正，勒爲定本。凡一百三十卷。

欽定熱河志一部

乾隆四十五年勅輯。分二十四門：曰天章，曰巡典，曰徠遠，曰行宫，曰圍場，曰疆域，曰建置沿革，曰晷度，曰山，曰水，曰學校，曰藩衛，曰寺廟，曰文秩，曰兵防，曰職官題名，曰宦蹟，曰人物，曰食貨，曰物産，曰古蹟，曰故事，曰外記，曰藝文。凡一百二十卷。

聖製熱河志序

爲各省之志書易，爲熱河之志書難。彼其以漢人書内地事，且各府州縣本有晉乘楚檮杌，薈而輯之，其易也不待燭照數計而龜卜也。熱河之志，則以關外荒略非内地，而遼、金、元之史，成於漢人之手，所爲如越人視秦人之肥瘠者然，故曰難。夫遼、金、元非若唐、宋之興於內地而據有之也。又，其臣雖有漢人通文墨者，非若唐、宋之始終一心於其主，語言有所不解，風尚有所不合。且遼、金、元皆立國不久，旋卽遜出，則所紀載，欲其得中得實，蓋亦難矣。夫遼、金、元之史紀內地，而欲其得中得實，尚且難之，況紀邊關以外荒略之地乎？其不能得中得實，亦益明矣。當今之時，熱河之志不可不成者，則以本朝荷天之眷百有餘年，累洽重熙，漢人已數世被覆載生育，其言語風尚，薰陶漸漬，不可以遼、金、元之漢臣例之，亦理之必然。況我皇祖建山莊於此地，非爲一己豫遊，實貽萬世之締構，而顧可無書以垂永久乎？山莊內本有溫泉，出而滙武列之水，俗遂有熱河之稱。茲雖爲府爲縣，而仍以熱河稱之者，存其朔、便於衆也。皇祖有詩云：「聚民至萬家」，蓋蕐路之際，人烟尚少，後乃閭閻日以富，耕桑日以闢，至於今將百年，屹爲都會。皇祖雖嘗名之曰避暑山莊，序詠三十六景，而未輯志者，其或有待耶？抑亦文獻不足徵，而遲遲爲之耶？山川里邑，建置沿革，與夫古蹟人物，司事之臣，雖捃摭遺逸，猶有未備未信者。其說具見於前，而吾之序是書以行世者，正所云在此不在彼。

聖製熱河考

考水源而不親履其地，晰其支派脉絡分合之由，雖博綜載籍，稽諸故老之流傳，不能參互而訂其踳。曩或以熱河爲濡水之源，余固心疑之而未暇深考。夫濡水卽灤河，自多倫諾爾之北而來，其源甚遠，又折而東南數百里，乃歷喀喇河屯，又東南流數十里，至鳳凰嶺，熱河乃南注會之，不應其源反出於此，蓋濡自有源，而熱河又別有源，是不容紊。今秋駐山莊，遣喀喇沁郡王拉特納錫第、内大臣努三往尋熱河之源，則得之於察汗陀羅海。（蒙古語察汗謂白，陀羅海謂首，蓋以山阜得名。）其地距熱河二百里而羸，流經固都爾呼達巴漢麓，（蒙古語固都爾呼者伏行，達巴漢者嶺也。）遂名固都爾呼河。西南至於中關東茅溝河，水自玳瑁溝出，西南流注之，又合而南流，賽音郭勒河水（蒙古謂好爲賽音，河爲郭勒。）自霍爾霍克（蒙古語謂熟食。）達巴漢之三道溝出，南流折而西，南與湯泉（泉出山莊東北湯山。）合，又西注之。三源既匯，又西南流，沿山莊東北，歷錘峯下。山莊行宮内亦有温泉流出匯之，於是始有熱河之名。南流折而東，復折而南，入於灤，是則熱河乃會濡水，而非濡源審矣。酈道元水經注云：「濡水又東南流，武列水入焉。其水三川派合，西源曰西藏水，西南流，東藏水注之；東藏水出東谿，西南流，與中藏水合。又南右入西藏水，故目其川曰三藏川。又東南流逕列谿，謂之武列水，東南歷石梃下，層巒之上，孤石雲舉，高可百餘仞，其水合流入濡。」按道元所言石梃，卽今錘峰；其曰三藏水，卽今固都爾呼、茅溝、賽音郭勒三源，則熱河之爲武列水無疑。第古今異稱，今人但知熱河而不知武列耳。然所云三川合流之序，則不足据。今考固都爾呼爲西源，茅溝爲中源，賽音郭勒爲東源。西源自北而來，先合中源，又南始與東源合。道元所謂西藏水，又豈能越中藏而先與東合哉？此其敍述錯綜，已足滋惑，而以中藏爲先合東藏，則又其顯然大謬者也。又如以濡水爲經白檀北。夫白檀乃今密雲，實非濡水所經，則誤以漢書地理志之泏水（亦名鮑邱水，卽今潮河。）爲濡，又從而傅會之矣。蓋徒尚耳食，而未親履其地，晰其支派脉絡分合之由，毋怪乎其舛也。或以爲熱河既會濡而東入於海，則謂之濡源，亦無不可，何須置辨？是大不然。夫江淮河濟，何一不入於海，而皆謂之海可乎？昔禹貢載導河自積石，或以爲亦若江之岷山、淮之桐柏矣。及今平定回部，乃知河源自葱嶺以東之和闐葉爾羌諸水，瀦爲蒲昌海，卽鹽澤，蒙古語謂之羅布諾爾。伏流地中，復出爲星宿海，蒙古語謂之鄂敦諾爾，卽元史誤譯爲火敦腦兒者，其水在枯爾坤之東。昔皇祖遣使窮河源得之於此，御製文以記，其時回部未入版圖，故止及星宿海也。至積石始名黃河。則大禹所記，亦第就目所經見者而言，道元又安能以所未經見者而一一詳訂其曲折也耶？苟非命使親履其地，烏知此之爲是而彼之爲非乎？近勅儒臣輯熱河志，故考其源，俾知所從事。若夫濡水之源，則更俟他日詳考之。

聖製重訂熱河考跋

右熱河考，乃乾隆戊子秋駐山莊時所作，内云黃河之源自星宿海，蓋據康熙年間侍衛拉錫等所窮，但至星宿海而止，卽指爲河源，是以皇祖御製幾暇格物編，亦以鄂敦漢云星宿。他臘漢云岡海。爲河源也。迨壬寅歲，命侍衛阿彌達往窮河源，親履目覩，復命詳奏。予始知星宿海尚非真源，其西南上游一河，蒙古語名阿勒坦漢云金。郭勒，漢云河。其水黃色，迴旋三百餘里，入星宿海，合流而下至貴德堡，水色全黃，始名黃河。又阿勒坦郭勒之西有巨石高數丈，蒙古語名噶達素漢云北極。齊老，漢云石。其崖壁黃赤色，上爲天池，釃流百道作金色，入阿勒坦郭勒，斯爲中國黃河之真源也。至羅布淖爾漢云蒲昌海。伏流地中，至此復出，是又爲阿勒坦郭勒之上源，於是考詢始明確，因著河源詩文，並命館臣詳訂前史載記之訛，輯爲河源紀略一書，刊行頒布，以決疑而傳信。然茲事體大理博，彼桑欽酈道元輩拘墟耳食，無足論已，卽元史有星宿海爲河源之文，亦失之疎，而誤譯鄂敦爲火敦，則漢人不通蒙古語之故耳。使非若今日之版圖式廓，予之精通蒙古語及漢文，更詢之親履目覩之人，率欲正千古之訛傳，得其確實，不亦難哉！因閱舊考河源未臻，更誌續得真源梗概如右。乾隆甲寅孟秋御識。

欽定滿洲源流考一部

乾隆四十二年勅撰。分四門：曰部族，附金史姓氏考，曰疆域，附明衛所城站考，曰山川，曰國俗，附官制、文字及金史舊國語解考。凡二十卷。

乾隆四十二年八月十九日，奉諭旨：頃閱金史世紀云：「金始祖居完顏部，其地有白山黑水」，白山卽長白山，黑水卽黑龍江。本朝肇興東土，山川鍾毓，與大金正同。史又稱金之先出靺鞨部，古肅愼地，我朝肇興時舊稱滿珠，所屬曰珠申，後改稱滿珠。而漢字相沿，訛爲滿洲，其實卽古肅愼，爲珠申之轉音，更足徵疆域之相同矣。又後漢書三韓傳，謂辰韓人兒生欲令頭扁，押之以石。夫兒初墮地，豈堪以石押頭？其説甚悖於理。國朝舊俗，兒生數日，置卧具，令兒仰寢其中，久而腦骨自平，頭形似匾，斯乃習而自然，無足爲異，辰韓或亦類是。范蔚宗不得其故，曲爲之解，甚矣其妄也。若夫三韓命名，第列辰韓馬韓弁韓，而不詳其義。意當時三國必有三汗，各統其一。史家不知汗爲君長之稱，遂以音同誤譯，而庸鄙者甚至訛韓爲族姓，尤不足當一噱。向曾有三韓訂謬之作，惜未令人盡讀之而共喻耳。若唐時所稱鷄林，應卽今吉林之訛。而新羅百濟諸國，亦皆其附近之地，顧昔人無能考證者，致明季狂誕之徒，尋摘字句，肆爲詆毀，此如桀犬之吠，無庸深較。而舛誤之甚者，則不可以不辨。若夫東夷之説，因地得名，如孟子稱舜東夷之人，文王西夷之人，此無可諱，亦不必諱。至於尊崇本朝者，謂雖與大金俱在東方，而非其同部，則所見殊小。我朝得姓，曰愛新覺羅氏，國語謂金曰愛新，可爲金源同派之證。蓋我朝在大金時，未嘗非完顏氏之服屬，猶之完顏氏在今日，皆爲我朝之臣僕，普天率土，統於一尊，理固如斯也。譬之漢、唐、宋、明之相代，豈皆非其勝國之臣僕乎？又有云，我祖宗時，曾受明龍虎將軍封號，亦無足異。我朝初起時，明國尚未削弱，因欲與我修好，借此以結兩國之歡，我朝固不妨爲樂天保世之計。迨我國聲威日振，明之綱紀日隳，且彼妄信讒言，潛謀戕害，於是我太祖赫然震怒，以「七大恨」告天，興師報復，自薩爾滸、松山、杏山諸戰，大敗明兵，明人欲與我求和，斥而不許，彼尚安能輕侮我朝乎？且漢高乃秦之亭長，唐祖乃隋之列公，宋爲周之近臣，明爲元之百姓，或攘或侵，不復顧惜名義。若我朝乃明與國，當闖賊擾亂、明社既移之後，吴三桂迎迓王師入關，爲之報讐殺賊。然後我世祖章皇帝定鼎燕京，統一寰宇，是得天下之堂堂正正，孰有如我本朝者乎？至若我國家誕膺天眷，朱果發祥，亦如商之元鳥降生，周之高禖履武。紀以爲受命之符，要之仍係大金部族，且天女所浴之布勒瑚哩池，卽在長白山，原不外白山黑水之境也。又金世紀稱，唐時靺鞨有渤海王，傳十餘世，有文字禮樂，是金之先卽有字矣。而本朝國書，則自太祖時命額爾德尼巴克什等遵製通行。或金初之字，其後因式微静佚，遂爾失傳。至我朝復爲刱造，未可知也。他如建州之沿革，滿洲之始基，與夫古今地名同異，併當詳加稽考，勒爲一書，垂示天下萬世。著派大學士阿桂、于敏中，侍郎和珅、董誥悉心檢覈，分條編輯，以次呈覽，候朕親加釐定，用昭傳信而闢羣惑，並將此通諭知之。

欽定蒙古源流一部

原書蒙古小徹辰薩囊台吉撰。乾隆四十二年勅譯。與元朝秘史約略相同，而敍述較爲詳備。凡八卷。

欽定日下舊聞考一部

乾隆四十四年勅纂。就朱彝尊原本十三門，增官署、苑囿二門。凡一百六十卷。

乾隆三十八年六月十六日，奉諭旨：本朝朱彝尊日下舊聞一部，博採史乘，旁及稗官雜説，薈萃而成，視帝京景物略、燕都游覽志諸編較爲賅備，數典者多資之。第其書詳於考古，而略於覈實，每有所稽，率難徵据，非所以示傳信也。朕久欲詳加考證，別爲定本，方今彙輯四庫全書，典籍大備，訂譌衷是之作，正當其時。京畿爲順天府所隸，而九門内外，並轄於步軍統領衙門，按籍訪諮，無難得實。著福隆安、英廉、蔣賜棨、劉純煒選派所屬人員，將朱彝尊原書所載各條逐一確覈，凡方隅不符，記載失實及承襲訛舛、遺漏未登者，悉行分類臚載，編爲日下舊聞考。並著于敏中總其成。每輯一門，以次進呈，候朕親加鑒定。使天下萬世知皇都閎麗，信而有徵，用以廣見聞而供研鍊。書成後，並卽録入四庫全書，以垂永久。其如何釐定章程，發凡起例之處，著于敏中等悉心酌議以聞。

聖製日下舊聞考題辭二首　第一章書緣起　癸卯　第二章書自儆

重考彝尊書以成，七言權當序而行。名因日下苟鳴鶴，蹟逮春明孫北平。朱彝尊所編日下舊聞，捃拾載籍及金石遺文，分爲十三門四十二卷，頗爲綜覈，與北平孫承澤所著春明夢餘録七十卷，均有裨於帝都考證。但其書不免罣漏淆訛，因命館臣重加訂正，其有春明夢餘録内所載亦間採輯。罣漏豈無補所闕，淆訛時有校從精。百年熙皞繁文物，朱彝尊書成於康熙二十七年，今又及百年太平熙皞，民物繁昌，自宮殿城市改置添建，復編增爲十五門，成書一百六十卷，名曰日下舊聞考。似勝三都及兩京。曾賦皇都與帝都，癸酉年曾賦皇都、帝都詩兩篇，帝都詩言自古建都之地莫過燕京之據形勝，皇都詩言今燕京體大物博，户口繁滋。若兹形勝古今無。金遷元復其久矣，自金大德中遷都燕京，城號中都，元至元間改名大都，明自金陵遷於北京，我朝因之，然其城郭宮殿，凡數遷移，率非金源之舊矣。明築清修滋盛乎。御苑法宮誠富此，返淳還樸益殷吾。余臨御四十餘年，凡京師壇廟、宮殿、城廓、河渠、苑囿、衙署，莫不修整，皆物給價、工給值，然究以頻興工作，引爲己過。辛丑歲曾著知過論以自箴。論成知過淵衷寫，更勵聰聽奕葉圖。

欽定河源紀略一部

乾隆四十七年敕纂。首載聖諭、聖製詩文暨凡例，次圖説，次列表，次質實，次證古，次辨訛，次記事，次雜録。凡三十五卷。

乾隆四十七年七月十四日，奉諭旨：今年春間，因豫省青龍岡漫口，合龍未就，遣大學士阿桂之子、乾清門侍衛阿彌達前往青海，務窮河源，告祭河神，事竣復命，並據按定南針繪圖具説呈覽。據奏，星宿海西南有一河，名阿勒坦郭勒，蒙古語阿勒坦卽黄金，郭勒卽河也。此河實係黄河上源，其水色黄，迴旋三百餘里，穿入星宿海，自此合流，至貴德堡，水色全黄，始名黄河。又阿勒坦郭勒之西有巨石高數丈，名阿勒坦噶達素齊老。蒙古語噶達素，北極星也；齊老，石也。其崖壁黄赤色，壁上爲天池，池中流泉噴涌，釃爲百道，皆作金色，入阿勒坦郭勒，則真黄河之上源也。其所奏河源頗爲明晰。從前康熙四十三年，皇祖命侍衛拉錫等往窮河源，其時伊等但窮至星宿海，卽指爲河源，自彼回程覆奏，而未窮至阿勒坦郭勒之黄水，尤未窮至阿勒坦噶達素齊老之真源。是以皇祖所降諭旨，并幾暇格物編星宿海一條，亦但就拉錫等所奏，以鄂敦他臘爲河流也。今既考詢明確，較前更加詳晰，因賦河源詩一篇，敍述原委。又因漢書河出昆侖之語，考之於今，昆侖當在回部中。回部諸水，皆東注蒲昌海，卽鹽澤也。鹽澤之水入地伏流，至青海始出，而大河之水獨黄，非昆侖之水伏地至此，出而挾星宿海諸水爲河瀆而何？濟水三伏三見，此亦一證。因於河源詩後復加按語，爲之決疑傳正。嗣檢閱宋史河渠志有云，河繞昆侖之南，折而東，復繞昆侖之北諸語。夫昆侖，大山也。河安能繞其南又繞其北？此不待辨而知其誣。且昆侖在回部，離此萬里，誰能移此爲青海之河源？既又細閱康熙年間拉錫所具圖，於貴德之西有三支河，名昆都倫，乃悟昆都倫者，蒙古語謂横也。横卽支河之謂。此元時舊名，謂有三横河入於河。蓋蒙古以横爲昆都倫，卽回部所謂昆侖山者，亦係横嶺，而修書者不解其故，遂牽青海之昆都倫河爲回部之昆侖山耳。既解其疑，不可不詳誌，因復著讀宋史河渠志一篇。兹更檢元史地理志，有河源附録一卷，内稱漢使張騫道西域，見二水交流，發葱嶺，滙鹽澤，伏流千里，至積石而再出。其所言與朕蒲昌海卽鹽澤之水入地伏流意頗合，可見古人考證，已有先得我心者。按史記大宛傳云，于闐之西，水皆西流，注西海。其東，水東流，注鹽澤，潛行地下。其南，則河源出焉。河注中國，漢書西域傳于闐國條下所引亦同，而説未詳盡。張騫既至蒲昌海，則或越過星宿海，直至回部地方，或回至星宿海，而未尋至阿勒坦郭勒等處，當日還奏，必有奏牘，或繪圖陳獻。而司馬遷班固紀載，弗爲備詳始末，僅以數語了事，致後人無從考證，此作史者之略也。然則武帝紀所云昆侖爲河源本不誤，特未詳伏流而出青海之阿勒坦噶達素，而經星宿海爲河源耳。至元世祖時，遣使窮河源，亦但言至青海之星宿海，見有泉百餘泓，便指謂河源，而不言其上有阿勒坦噶達素之黄水，又上有蒲昌海之伏流，則仍屬得半而止。朕從前爲熱河考，卽言河源自葱嶺以東之和闐葉爾羌諸水，潴爲蒲昌海卽鹽澤，蒙古語謂之羅布淖爾，伏流地中，復出爲星宿海云云。今覆閱史記、漢書所紀河源，爲之究極原委，則張騫所窮，正與今所考訂相合，又豈可没其採本討源之實乎？所有兩漢迄今，自正史以及各家河源辨證諸書，允宜通行校閲，訂是正訛，編輯河源紀略一書。著四庫館總裁督同總纂等悉心纂辦，將御製河源詩文冠於卷端，凡蒙古地名、人名譯對漢音者，均照改定正史，詳晰校正無訛，頒布刊刻。並録入四庫全書，以昭傳信。

聖製河源詩 壬寅

惟獄曰有五，惟瀆曰有四。四瀆河居一，宏功贊天地。金隄護九曲，邇年每有事。戊戌年儀封十六堡決口，庚子年睢寧之郭家渡、考城之張家油房掣溜，均在南岸。昨辛丑秋儀封青龍岡漫口則在北岸。瓠子訂已竭，靈源致虔祭。因遣侍衛往，豫省青龍岡漫工，因屢次合龍未就，於本年二月内命大學士阿桂之子、乾清門侍衛阿彌達前往，務窮河源，告祭河神，事竣復命，並據按定南針繪圖具説呈覽。所奏星宿海情形，有舊圖未備之處。星宿海，蒙古語鄂敦淖爾，鄂敦卽星宿，淖爾卽海也。星宿海有泉千百湧出，俱綠水，惟西南一河名阿勒坦郭勒，蒙古語阿勒坦卽黄金，郭勒卽河也。此河實係黄河上源，其水色黄，從東南流，更折而西北，回旋三百餘里，穿入星宿海，因會諸綠水，黄色微淡。自此合流東下，屈曲千七百餘里，至貴德堡，抉沙激浪，水色全黄，始名黄河。向以星宿海諸泉爲河源，雖未窮至阿勒坦郭勒之上源，而河由星宿海以行，謂之源亦不致大相逕庭云。窮源命必至。歸來新圖呈，舊圖稱未備。舊云星宿海，便卽河源是。叶蒙古語鄂敦，鄂敦星宿謂。此固非差訛，然河其南寄。因更向西行，溯回川益邃。色赤作黃金，別流無敢厠。詢以蒙古名，曰阿勒（兩字作一字讀，後仿此。）坦郭勒。叶阿勒坦謂黃金，郭勒則河義。更西得巨石，詢蒙古名字。阿勒坦噶達素，北極星名意。（阿勒坦郭勒之西有巨石，高數丈，亭亭獨立，名阿勒坦噶達素齊老，阿勒坦噶達素蒙古語北極星也，齊老，石也。惟此一石峯。其崖壁乃土，作黃赤色，更無草木，壁上爲天池，池中流泉噴湧，釃爲百道，皆作金色，入阿勒坦郭勒，實黃河真源也。）司水見道經，不約今古契。再上則赤壁，壁端天池積。叶釃泉作金色，真源信無二。山土胥金色，更無林木翳。東南流折北，屈注三百里。叶穿星宿海東，色微淡以易。東至貴德堡，遂作純黃色。叶向稱星宿源，亦未大差致。集林云有人，（未書其名）見婦浣紗異。張騫支機石，更述荆楚記。或到星宿海，傅會傳奇僞。統天一所生，軒圖旨早示。考訂誌其詳，惟籲安瀾賜。

按：班固漢書張騫傳，天子使窮河源，其山多玉石，采來獻天子；按古圖書名，河所出山曰昆侖云。而固贊又謂騫使大夏之後，窮河源，惡覩所謂昆侖者乎？故言九州山川，尚書近之，於是鄧展遂謂河源出於積石，是皆拘墟未見顏色之言。蓋千古以上，中國以外，紀載已舛，言語不通，而欲定其確實，何異北轅適越。考元史始有星宿海之名，而以爲河源。元，蒙古也。鄂敦，即星宿，彼時訛譯爲火敦，則漢人不通蒙古語耳，此爲近之。今則更溯以上，遂得真源。然昆侖之語，亦不爲無因。蓋昆侖在今回部中，回部諸水皆東注蒲昌海，即鹽澤也。鹽澤之水，皆入地伏流，至青海始出，則星宿海諸水皆是也。而大河之源，獨黃色爲靈異，更在星宿海之上，非昆侖之水伏地至此以出，而挾星宿海諸水爲河瀆而何？濟水三伏三見，此亦一證矣。獨漢書所云采五，則因昆侖出玉，未免牽就。詢之阿彌達，則稱河源皆土山，無石，無石安能有玉？夫非精通蒙古語及漢書，更問之親履其地之人，率欲定此事體大而地遠理博之事，不亦甚難乎？於甚難而得決疑傳正，亦一大快也。

欽定契丹國志一部

乾隆四十六年奉勅重定。以宋葉隆禮原本書中，忽内宋外遼，忽内遼外宋，茫無體例。所引胡安國諸説，尤多紕繆，爰命儒臣訂正，録入四庫全書。凡十七卷。

聖製命館臣重訂契丹國志諭

四庫全書館進呈書内，有宋葉隆禮奉勅所撰契丹國志，其説採摘通鑑長編及諸説部書，按年臚載，鈔撮成文，中間體例混淆，書法訛舛，不一而足。如書既名契丹國志，自應以遼爲主，乃卷首年譜，既標太祖、太宗等帝，而事實内或稱遼帝，或稱國主，豈非自亂其例？又是書既奉南宋孝宗勅撰，而評斷引宋臣胡安國語，稱爲胡文定公，實失君臣之體。甚至大書遼帝紀元於上，而以宋祖建隆等年號分注於下，尤爲紕繆。夫梁、唐、晉、漢、周，僭亂之主享國日淺，且或稱臣稱兒稱孫於遼，分注紀元尚可。若北宋則中原一統，豈得以春秋分國之例，概予分注於北遼之下？又引胡安國論斷，以劫迫其父開門納晉軍之楊承勳，謂「變而不失其正」。時承勳同父被晉圍，慮禍及身，乃劫其父致被晉戮，而己受晉爵賞。夫大義滅親，父可施之子，子不可施之父。父即背叛，子惟有一死以答君親，豈有蔑倫背義，尚得謂之「變而不失其正」？此乃胡安國華夷之見，芥蔕於心，右逆子而亂天經，誠所謂胡説也。其他乖謬種種，難以枚舉。朕詳加披覽，經指駁者數十條，館臣乃請撤出此部書。朕以春秋天子之事，是非萬世之公，昨曾著正統辨，論斷甚明。今契丹國志既有成書，紀載當存其舊，惟體例書法訛謬，於綱目大義有乖者，不可不加釐正。著總纂紀昀等詳加校勘，依例改纂。其志中之事蹟，如祭用白馬灰牛，氈中枯骨變形視事，及戴野猪頭披皮之事，雖迹涉荒誕，然與詩書所載簡狄吞卵、姜嫄履武，復何以異？蓋神道設教以溯發祥，古今胥然，義正如此，又何必信遠而疑近乎？其餘遼帝過舉，如母后擅權諸事，足爲後世鑑戒者，仍據志直書，一字不可易。該總裁等覆閲進呈，候朕親定，録入四庫全書。並將此旨書於簡端，以昭綱常名教、大公至正之義。

欽定清涼山志一部

乾隆五十年奉勅重修。曰聖製，曰天章，曰巡典，附恩賚，曰佛蹟，曰名勝，曰寺院，曰歷代崇建，曰靈感，曰方外，曰歷代藝文，曰國朝藝文，曰雜誌，曰物產。凡二十二卷。

國朝宮史續編卷之九十二

書籍十八　字學

臣等謹案：書契爲治察之本，三古已然。我朝剏制國書，訓行萬世，沿十二字母，得五聲合音，洵足以括漢文翻切之要妙。我高宗純皇帝精究律元，博通方語，每於幾暇摛文評史，輒爲之徵信訂訛，袪一切傅會詆諆之弊。遠至藩衛臣僕，仰蒙覲對諮詢，各以其國語之素習者，聯欵而優荅之。兹於書籍列字學諸編，一以誌聲韻之析微，一以示譯文之筦要，并以著配合詮釋之務存其真，俾天下臣民人人共喻。所以廣紹聞而助流政教者，其功甚鉅，豈區區小學家之徒侈會通云爾哉。

欽定音韻述微一部

乾隆三十八年勅撰。其合聲、切字，一本音韻闡微。惟闡微以字母之先後爲字之先後，此以領韻之字母爲首，餘則以次從之。凡一百六卷。

欽定滿珠蒙古漢字三合切音清文鑑一部

乾隆四十四年勅撰。以國語與蒙古語互相音釋，既兼載以明其義，復對音以定其聲。凡三十三卷。五十七年校刊。

聖製滿珠蒙古漢字三合切音清文鑑序

向既增訂清文鑑，序而行之，與夫穿鑿字法，謬寓褒譏，曲解方言，傅會漢語，一切務奇求勝，亦既辨之詳矣。茲三合切音清文鑑書成，司事者以序爲請。夫既有前序，則此可以不必重爲。然前書祇載國語、漢語而未及蒙古，此書乃並載蒙古語，所爲異於前書者，是不可以不闡其義。我國家自太祖、太宗以來，近邊諸蒙古部落久爲世臣，而至今則喀爾喀、青海及準噶爾之四衛拉特，前後歸順，蓋無一蒙古之非我臣矣。諸部語言音韻，剛柔雖略殊，而大段則一。卽國語雖與蒙古語異，而亦有一二相同者。朕卽位初，以爲諸外藩歲來朝，不可不通其語，遂習之，不數年而異能之，至今則曲盡其道矣。侵尋而至於唐古忒語，又侵尋而至於回語，亦既習之，亦既能之，既可以爲餘暇之消遣，復足以聯中外之性情。因悟天下之語萬殊，天下之理則一，無不戴天而履地，無不是是而非非，無不尊君上而孝父母，無不賢賢人而惡小人。彼其於語言文字中謬存我是彼非，入者主之，出者奴之，不亦仰而唾空，終於自污其面哉？故向有校正金元國語解之命，及製西域同文志，壹是義也。雖然，予以爲亦無足深怪作金元史者之讕人，何則？彼一類之人，尚有越人視秦人肥瘠之言，而況非其類者乎？又況彼實不解其語言音義乎？則又安能保千秋萬世後，不解此書者之不又將如作金元國史者之其人乎？前書之序，並命載於後，庶幾並觀以互相發明也。

欽定增訂清文鑑一部

乾隆三十六年，高宗純皇帝因前書未備，命臣工重加排纂，欽定成書。凡四十八卷。三十八年校刊。

聖製增訂清文鑑序

稽古語言文字之傳，不能不隨方隨時，代爲變易。將欲觀其會通，惟音義兩端爲之樞筦，獨是施之於繙譯，則以字之不得其音而舛者，亦以字之强索其義而逾舛。向評通鑑輯覽，糾前史譯本失真，則有校正金元國語解之命。及製西域同文志序諸作，復連類而引伸之。兹增訂清文鑑告竣，並爲𦾔厥指以詔來者。夫字之不得其音者，如明安之爲猛安，穆昆之爲謀克，猶云對字未叶耳。甚者乃因字法以寓褒譏，如金史書烏珠爲兀术，貝勒爲勃極烈或爲孛堇者是也。且同一蒙古人名，於膺世爵者則書羅卜藏，於隸讞牘者則書羅卜贓，沿流至今未改，不綦誕乎？至以字文强索其義者，如蒙古語鄂博，特堆砌之統詞，而曲説者以鄂爲嵯峨之峨，博爲軷祭之軷，自詡語出經傳，究之求其義而不得，遂并其音而失之，不愈盭乎？蓋對音本無義也。卽如國語稱天曰阿卜喀，蒙古語則曰騰格里，西番語則曰那木喀，回語則曰阿思滿，以漢文求之，皆無義之可索。且以漢文天字，設用國書合音，則字當云梯煙，夫梯煙寧有義乎？豈梯必梯磴之梯，而煙必煙霄之煙乎？穿鑿者又將謬解爲梯煙而上爲天之義，可乎？蓋嘗推而論之，前代之主，其不暇兼治漢文者，既一任夫承譌襲謬而莫之正，而兼治漢文者，乃轉爲漢文所牽掣，而不克博訂方言之異，精研聲律之元，譬諸以水濟水，誰能食之，非虚語也。洪惟皇祖聖祖仁皇帝，神靈天亶，制度考文，於列祖剏垂國書，廣大精微，貫弗賅洽，御定清文鑑全函，折衷大備。惟當時編纂諸臣，依國語分類排纂，未列三合切音漢字，注中間採經傳成語，以佐訓詁，日久易啓傅會穿鑿之習。朕志切紹聞，指授館臣，詳加搉覈。每門首著國語，旁附漢字對音，或一字，或二合，或三合切音，俾等量者不爽苗髮，而字之淆於不得其音者尠矣。詮釋具以日用常言，期人共曉，其俗解摭拾陳編章句，及以之乎者也爲文者，悉汰之。而字之汨於强索其義者，抑又尠矣。綜計續入新定國語五千餘句。若古官名、冠服、器用、鳥獸、花果等，有裨參考者，別爲補編，系之卷末。庶幾嘉與我子孫臣民，可以同文，可以傳世而行遠。是爲序。

欽定清漢對音字式一部

乾隆三十八年，高宗純皇帝命繙譯諸臣譯正，親定成書。凡一卷。三十八年校刊。

乾隆三十八年十二月初九日，奉諭旨：向來清字譯漢對音，其漢字有平上去入四聲，而清文之字本少，是以不拘平仄，僅仿六書假借之意，通融對譯。昨朕偶閱繙譯通鑑輯覽，内如衛與魏對音，清字通用一某字，但衛與魏原有輕重，二字中衛字應從輕呼，魏字應從重呼，清文衛與魏亦有輕重之分，是以於書内分別改正。卽如漢字，凡係尊稱者不加點，而罕漢等字，則加點以別之。專之與傳亦然。以此類推，如兩字而音有輕重可分者，卽從衛魏之例。其止一字之音，難以分寫者，則于本字左右上下照罕傳等字加點，以昭區別。卽不能盡如漢字之按四聲發圈，而於音韻不至相混，亦可以補對音所未及。著交繙書房大臣，詳悉妥議具奏，候朕審定，刊刻成書，用昭彰同文之盛。

欽定遼金元三史語解一部

乾隆三十六年奉勅校正。先是遼、金、元三史人名、地名、官名沿謬承訛，展轉失真。茲一一稽考更訂，悉秉睿裁，勒成此事。凡四十六卷。

乾隆三十六年十二月十三日，奉諭旨：前以批閲通鑑輯覽，見前史所載遼、金、元人地官名，率多承譌襲謬，展轉失真，又復詮解附會，支離無當，甚於對音中曲寓褒貶，尤爲鄙陋可笑。蓋由章句迂生，既不能深通譯語，兼且逞其私智，高下其手，訛以傳訛，從未有能正其失者。我國家當一統同文之盛，凡索倫蒙古之隸臣僕、供宿衛者，朕皆得親爲諮訪，於其言語音聲，皆能一一稽考，無纖微之誤。是以每因摛文評史，朕向懲其弊，曾命纂輯同文韻統一書，按以三合切音，令其會意諧聲，不相淆混。復因評史推闡及之，並命館臣就遼、金、元史國語解内，人地職官氏族及一切名物象數，詳晰釐正，每條兼系以國書，證以三合切韻，俾一字一音，咸歸脗合，並爲分類箋釋，各依本來意義，以次進呈，朕爲親加裁定，期於折衷至是，一訂舊史之踳駮。今金國語解業已訂正，而諸史原文尚未改定，若俟遼、元國語續成彙訂，未免多濡時日，著交方略館，卽將金史原本先行校勘，除史中事實久布方策，無庸復有增損外，其人地、職官、氏族等，俱依新定字音，確覈改正。其遼、元二史，俟其國語解告竣後，亦卽視金史之例，次第釐訂畫一，仍添派纂修官司其事，總裁等綜理考覈，分帙進覽候定，用昭正訛傳信之至意。

四十三年四月初五日，奉諭旨：前遼、金、元三史内人名字義多未妥協，因命編纂諸臣遵照同文韻統所載，詳加更正。蓋緣遼、金、元入主中國時，其人既未必盡曉漢文，以致音同誤用。而後此之爲史者，因非本國之人，甚至借不雅之字，以寓其詆毁之私。是三史人名不可不重爲釐定，而示大公之本意也。至本朝發祥定鼎以來，文武兼資，所有王公、大臣，載在史册，昭著耳目，人所共知。其命名之初，原係斟酌文義，清漢合宜，若必拘同文韻統所載，與遼、金、元史一體更改，將令前此諸臣，傳之奕禩，莫辨誰何。而現在諸臣之名字，又斷不能盡改。若有改有不改，前後參差互異，轉不足以示來兹。著傳諭各館總裁等，嗣後所辦各書，如遇本朝人名，第當詳考實録爲準，不必另行譯改。其從前已經辦過各書，亦著一并更正，以昭畫一。

聖製改譯遼金元三史序

改譯遼、金、元三史成，司事者以序請。史無序，例也。齊梁陳書及後五代乃有序，蓋出於宋臣修史者，剏爲之飾例也。亦足以觀其政之不綱，而事之紛紊也。若今三史之請序，將比於孰乎？曰：彼之序皆序其事，而此之序乃序其言，則不可以齊梁等比之矣。序其言，亦非爲之修辭飾説，乃改譯漢文，譯其國語之訛誤者。至於其國制度之理亂，君臣之得失，未嘗一字易。蓋史者，信也，所以傳萬世，垂法戒。彼其時之史，或已不能保其必信數百年之後無庸爲之修飾，且改譯者不過正其訛誤之語，而其舊史之布天下者自在也。讀史者執舊簡而證以新書，則可知語之異而事之同，則此序之不可不作，乃所以明吾志也。夫春秋一字之褒貶，示聖人大公至正之心。若遼、金、元三國之譯漢文，則出於秦越人視肥瘠者之手，性情各別，語言不通，而又有謬寓嗤斥之意存焉。此豈春秋一字褒貶之爲哉！向於改譯三史之旨，及同文韻統、熱河志諸序已屢言之，兹不複綴。夫遼金雖稱帝，究屬偏安；元雖一統，而主中華者纔八十年，其時漢人之爲臣僕者，心意終未浹洽。我國家承天庥命，建極垂統，至於今百四十年矣。漢人之爲臣僕者，自其高曾，逮將五世，性情無所不通，語言無所不曉。且今之纂修諸臣，卽有善通清書、兼習諸國字之人。則兹三史，必當及此時而改譯其訛誤者，是則吾於遼、金、元三代，實厚有造而慰焉。雖然，是造非吾造，乃天造，我國家重熙累洽而後得此，則所以祈天永命，日慎一日之忱，惟益兢兢，懼乃勝於慰焉云耳。

國朝宫史續編卷之九十三

書籍十九　類纂

臣等謹案：著述家之有類纂，薈衆體而爲一書，例也。至於史官裒輯，祕府蒐羅，或奉敕比排，或因事釐定，其間有恩澤之類，有慶典之類，有揚扢風雅、參稽名物之類，取義滋大焉。易曰：「方以類聚」，類之始也，纂言者因之。以擷菁英而賅廣博，亦各從其類也。詎惟備籤軸之儲弆，資藝林之考索已乎，爰掇其要如左。

欽定千叟宴詩一部

乾隆五十年正月六日，高宗純皇帝敬遵聖祖仁皇帝成典，於乾清宫再舉千叟宴，並恭依聖祖御製一先韻詩，頒賜筵前，許内廷臣工依韻賡和。又遴王公、文武大臣、蒙古回部藩臣及朝鮮國使臣等凡百人，仿柏梁體聯句。與斯宴者三千人，宣情抒頌，獻壽銘恩，極千古詠歌之盛，得詩三千四百二十九首，類纂爲集。凡三十六卷。

欽定重舉千叟宴詩一部

嘉慶元年正月四日，皇帝奉太上皇帝御寧壽宫之皇極殿，重舉千叟宴。聖製再用一先韻詩，頒賜筵前，皇帝恭和，内廷臣工並依韻賡和。又遴王公、文武大臣、蒙古内扎薩克諸藩臣等凡九十六人，仿柏梁體聯句。與斯宴者三千五十六人，得詩三千四百九十七首，類纂爲集。凡三十六卷。特命南書房翰林撰冠提要，用代子目，復題什以申詩教焉。

聖製南書房翰林集千叟宴詩成呈覽，命作提要示志詩　丁巳

千叟人加兩倍豐，例教内翰捉刀充。昨歲丙辰，紀元週甲，御皇極殿，重舉千叟宴。入宴者凡三千餘人，照乙巳千叟宴詩之例，令内廷翰林代作，合之得三千餘首，兹彙輯呈覽，其中别體甚多，頗見新意。然六義究應歸雅正，因題是什，申詩教云爾。多章未免多重出，别體因存别裁去聲同。那取新奇斯足喜，要提雅正以爲崇。詩之一字言何易，長律冠去聲兹表示衷。

欽定孚惠全書一部

乾隆六十年，尚書臣彭元瑞，恭紀高宗純皇帝御極以來，蠲紓振貸之政，周溥稠疊，計發帑金億萬萬有奇，裒輯聖製詩章，欽頒諭旨，系日編年，彙爲此書。又攡爲十類，曰普蠲錢漕，曰減除舊額，曰巡幸蠲免，曰差役蠲緩，曰偏隅蠲緩，曰偏隅賑借，曰截撥裕食，曰平糶減價，曰京廠常賑，曰蠲除積逋。蓋本皞熙之實政，臚爲方策之全編。總三十二册。凡六十四卷。

欽定辛酉工賑紀事一部

嘉慶六年，皇上命大臣督修永定河隄工，併遣卿員分理近畿賑務。事竣，勅纂是書，首列御製，以節次所降諭旨及諸臣摺奏纂輯成編。凡三十八卷。七年校刊。

御製辛酉工賑紀事序

嘉慶六年，辛酉，夏六月，京師大雨數日夜，西北諸山水同時並漲，浩瀚奔騰，汪洋匯注，漫過兩岸，石隄土隄，決開數百丈，下游被淹者九十餘州縣，數千萬黎民蕩析離居，飄流昏墊，誠從來未有之大災患。此工之所由興，而賑之所由起也。職此之由，實予不德之所致。予承天考命，撫綏萬方，授璽以來，兢兢業業，唯恐一夫之不獲，孰意罹此澇災，遭此未見之奇變。嗚呼痛哉！永定河向來雖經決口，爲患不鉅，卽被淹浸，何至波及多方？水從橋頂隄上漫過，人力難施，固非意料所及，若諉之氣數，是遇災不知懼，益獲天譴矣。從來消息盈虚之理，總視人君敬怠感召之機，書曰：「曰狂，恒雨若。」又曰：「滿招損」。予一念之忽，遂致如此，誠可畏也。若稍不實力救民，獲咎滋甚，予何敢，抑又何忍！故分命卿員多方賑卹，亟命大員督修石土隄工，工成於六年冬，而賑直至七年夏始畢。雖辦理尚爲迅速，全活者衆，然倉卒之間轉於溝壑者，已不知凡幾矣。古云：「救荒無善策」，惟盡予心耳。工成賑畢，爰命內廷諸臣編述節次所降諭旨及內外諸臣摺奏，纂集成書，頒示直省，俾令知予贖咎之本意。設遇水旱偏災，皆應實力拯救，庶幾挽回天意，轉歉爲豐，尤不可稍存諱飾。書誌予過，亦可諒予之苦心矣。是爲序。

欽定萬壽衢歌一部

乾隆五十五年八月，高宗純皇帝八旬萬壽，舉行慶典。大駕自圓明園進宮，仗間奏導迎之樂，左右隨行。尚書臣彭元瑞恭集聖製詩句三百首，攡事紀實，譔爲衢歌樂章，填綴宮譜，被諸管絃。尋命武英殿刊行。凡六卷。

欽定十全集一部

乾隆五十九年，尚書臣彭元瑞，敬紀高宗純皇帝武功十全，恭録聖製文四十四篇，聖製詩一千五百二十首，彙爲斯集。曰初定金川，曰初定準噶爾，曰再定準噶爾，曰平定回部，曰再定兩金川，曰平定臺灣，曰平定緬甸，曰平定安南，曰初定廓爾喀，曰再定廓爾喀。書成，命武英殿刊行。凡五十四卷。

欽定熙朝雅頌集一部

山東巡撫臣鐵保，採輯八旗滿洲、蒙古、漢軍人詩，録爲是編，恭呈睿覽，賜名熙朝雅頌集，御製序文刊行。首列諸王以下世爵，次八旗臣士，次閨媛。凡一百三十四卷。

嘉慶九年五月十九日，奉諭旨：我國家景運昌明，文治隆茂，八旗臣僕，涵濡聖化，輩出英才。自定鼎以來，後先疏附奔走之倫，其足任干城腹心者，指不勝屈。而於騎射本務之外，留意謳吟、馳聲鉛槧者，亦復麟炳相望。前此鐵保在京供職，曾有採輯八旗詩之請，經朕允行。兹據奏進詩一百三十四卷，請賜書名。朕幾餘披覽，嘉其搜羅富有，選擇得宜，格律咸趨於正，而忠義勇敢之氣往往藉以發抒，存其詩，實重其人，益仰見列聖培養恩深，蒸髦蔚起，正未有艾。爰統命名熙朝雅頌集，並製序冠於簡端，以垂教奕禩，非徒賞其淹雅博麗之詞也。著將原書發交鐵保，付之剞劂，用昭同風盛軌焉。

御製熙朝雅頌集序

皇清荷天恩，承祖佑，開基遼瀋，定鼎燕京，以弧矢威天下。八旗勁旅，藎臣世僕，同心一德，肇造億萬年丕丕基。都城分駐，列戍雲屯，黄白紅藍，有鑲有正。參贊河鼓之象，允協韜鈐之機，皇哉唐哉！世德作求，金湯永固，卜年應邁姬周，長鞏河山帶礪矣。夫開創之時，武功赫奕，守成之世，文教振興，雖吟咏詞章，非本朝之所尚，而發抒心志，亦盛世之應存，此熙朝雅頌集之所由作也。斯集爲巡撫鐵保所編，自八旗諸王、百僚庶尹以及武士閨媛，凡有關風俗人心、節義彰癉諸篇，得一百三十四卷，薈萃成書，請名具奏。朕幾餘評覽，遍拾英華，紬繹旬餘，未能釋手。敬仰列聖作人培養之厚，穆然想見忠愛之忱，英靈之氣。或從征効命，抒勇壯之詞；或宰邑治民，發肫誠之素。炳炳麟麟，珠聯璧合，洵大觀化成之鉅製，右文盛代之新聲。是以命集爲熙朝雅頌，視周家小雅殆有過之。八旗涵濡祖恩考澤百有餘年，名臣碩彦，代不乏人，經文緯武之鴻才，致君澤民之偉士，不可以數計。夫言爲心聲，流露於篇章、散見於字句者，奚可不存？非存其詩，存其人也。非愛其詩律深沈，對偶親切，愛其品端心正，勇敢之忱，洋溢於楮墨間也，是崇文而未忘習武。若逐末舍本，流爲纖靡曼聲，非予命名爲雅頌之本意。知干城禦侮之意者，可與言詩。徒躭於詞翰，侈言吟咏太平，不知開創之艱難，則予之命集得不償失，爲躭逸厭勞之作俑。觀斯集者，應諒予之苦心矣。我八旗臣僕豈可不深思熟慮，以乃祖乃父之心爲心，以乃祖乃父之言爲法，各勉公忠體國之忱，毋負命名雅頌、期望之深意，朕之至願也。

欽定四庫全書總目提要一部

乾隆三十九年敕撰。以綜括四庫全書各書原委。首列聖諭，次進表，次職名，次凡例，次門目，次經史子集總目提要。凡二百卷。

乾隆三十九年七月二十五日，奉諭旨：辦理四庫全書處進呈總目，於經史子集内分晰應刻、應鈔及應存書名三項，各條下俱經撰有提要，將一書原委撮舉大凡，并詳著書人世次爵里，可以一覽了然。較之崇文總目蒐羅既廣，體例加詳，自應如此辦理。第此次各省搜訪書籍，有多至百種以上至六七百種者，如浙江范懋柱等家，其裒集收藏，深可嘉尚，已降旨分別頒賞古今圖書集成及初印佩文韻府，并擇其書尤雅者，製詩親題卷端，俾其子孫世守，以爲稽古藏書者勸。今進到之書，於纂輯後仍須發還本家，而所撰總目，若不載明係何人所藏，則閲者不能知其書所自來，亦無以彰各家珍弆資益之善，著通查各省進到之書，其一人而收藏百種以上者，可稱爲藏書之家，卽應將其姓名附載於各書提要末；其在百種以下者，亦應將由某省督撫某人採訪所得附載於後。其官板刊刻及各處陳設庫貯者，俱載内府所藏，使其眉目分明，更爲詳備。至現辦四庫全書總目提要多至萬餘種，卷帙甚繁，將來鈔刻成書，繙閲已頗爲不易，自應於提要之外另列簡明書目一編，祇載某書若干卷，註某朝某人撰，則篇目不繁，而檢查較易，俾學者由書目而尋提要，因提要而得全書，嘉與海内之士，考鏡源流，用彰我朝文治之盛。著四庫全書處總裁等遵照悉心妥辦，并著通諭知之。

欽定四庫全書考證一部

是編以全書薈要内分簽考訂之處，奉勅編次成書。凡一百卷。五十四年校刊。

乾隆四十一年九月三十日，奉諭旨：昨四庫全書薈要處呈進鈔録各種書籍，朕於幾餘披閲，見粘簽考訂之處頗爲詳細，所有各簽向曾令其附録於每卷之末，卽官板諸書亦可附刻卷尾。惟民間藏板及坊肆鐫行之本，難以概行刊入，其原書訛舛業經訂正者，外間仍無由得知，尚未足以公好於天下也。前經降旨，令將四庫全書總目及各書提要編刊頒行，所有諸書校訂各簽，並著該總裁等另爲編次，與總目提要一體付聚珍板排刊流傳，既不虛諸臣校勘之勤，而海内承學者得以由此研尋。凡所藏書，皆成善本，亦以示嘉惠士林至意。

欽定祕殿珠林、石渠寶笈續編一部

乾隆五十年，勑仿前例續編，部首增法帖一門，仍詮列目次，首冠御筆，餘以册卷軸爲序。列朝以朝代序，臣工以年代序。院畫次之，洋法番畫又次之。其合璧書畫、刊本法帖、緙繡書畫之類，另編於後，詳載題跋款識，各以分貯之所爲卷。

聖製續纂祕殿珠林、石渠寶笈序

祕殿珠林，編自癸亥，成於甲子；石渠寶笈，編自甲子，成於乙丑，逮今均四十餘年矣。二集以三朝宸翰爲宗，而歷代所弆古人及本朝臣工之書畫，分門別類，精覈無遺，胥内廷翰臣張照、梁詩正等所爲。今視其跋，無一存者，亦可概也。自乙丑至今癸丑，凡四十八年之間，每遇慈宮大慶、朝廷盛典，臣工所獻古今書畫之類及幾暇涉筆者，又不知其凡幾，無以薈輯，日久或致舛譌。且二集章程具在，續纂亦非甚艱，因命内廷翰臣王杰等重集，一如前例。若三朝宸翰，已備録前集，兹不復載。其有石刻之未入者，仍敬録各類之卷首。然予之此舉，實因誌過，而非誇博古也。蓋人君之好惡不可不慎，雖考古書畫爲寄情雅致之爲，較溺於聲色貨利爲差勝，然與其用志於此，孰若用志於勤政愛民乎？四十餘年之間應續纂者，又纍纍若此，謂之爲未害勤政愛民之念，已且愧言之，而况於人乎？書以誌過，後之子孫當知所以鑒戒去取矣。至西清古鑑，可以類推，更弗贅言。

欽定西清續鑑一部

乾隆五十年，勅纂内府續藏諸器爲西清續鑑。五十九年，校補繕續集成，綜著録之器九百七十有五，書凡二十卷，附録一卷，爲甲編；其藏盛京者，釐爲乙編云。

欽定淳化閣帖釋文一部

乾隆三十四年，勅定内府所藏閣帖，以宋淳化四年賜畢士安本爲初搨，鈎摹重刻。復以王著等昧於考古，其標題排類，多有舛譌，命内廷翰臣審勘參稽，旁及音釋，於凡體例世次名系爵里，以及誤編複出之陋，悉爲辨證精詳。侍郎臣金簡依次恭録案語釋文，彙成是編，首登乾隆三十四年二月初六日諭旨，（分載石刻門）以聚珍版印行。凡十卷。

欽定西清硯譜一部

乾隆四十三年勅撰，凡陶之屬六卷，石之屬十五卷，共硯二百枚，圖四百六十有四。附録三卷，共硯四十有一，圖百有八。爲譜凡二十四卷。

聖製硯譜序

向詠文房四事，謂筆硯紙墨，文房所必資也。然筆最不耐久，所云老不中書，紙次之，墨又次之，惟硯爲最耐久。故自米芾、李之彦輩率譜而藏之，以爲藝林佳話。内府硯頗夥，或傳自勝朝，或弆自國初。如晉玉蘭堂硯，璧水暖硯，久陳之乾清宫東西暖閣。因思物繁地博，散置多年，不有以薈綜粹記，或致遺佚失傳，爲可惜也。因命内廷翰臣甄覈品次，圖而譜之。凡舊藏者若干枚，散置者若干枚，新獲者若干枚，其棄置庫中、爲之翦拂剖磨、鬱爲奇品者又若干枚。譜既成，欲命于敏中擬四六引言以行之。既思題句銘辭皆自作，且六日而成四十首，所謂惜淪棄，悟用人，慎好惡，戒玩物，無不三致意焉，則又不可以無文，而不序其梗概也。昔許採一文人耳，藏硯幾至百枚。兹百年太平，石渠天禄之府，貯硯多至二百枚，亦不爲過。而予以爲已過者，蓋意有所好，必有所繫，若謂文房之資，立言傳道，有異他物之爲。嗟夫，是予所以自解乎？抑亦所以自訟乎？

國朝宮史續編卷之九十四

書籍二十　校刊

臣等謹案：鐫書之制，昉自後唐長興，然不過五經印版而已。宋、元以來，槧本盛行，傳世亦尠。我朝自康熙年間御纂古今圖書集成，爰刱銅字版式，事半功倍，允堪模範千秋。迨我高宗純皇帝廣獻書之令，闢藏書之府，而刊書之法，亦彌精且備焉。不特雕梨壽世，盛簡牘之流傳，而蟬翼影鈔，古香可挹，松脂蠟印，活字兼行。蓋聖人嘉惠來學之殷懷，欲使海内咸得讀未見書，且使萬世咸仰敷文之化於勿替焉爾。

御定仿宋版五經一部

乾隆四十七年，高宗純皇帝以宋岳珂五經較諸殿監本爲最古，士林罕覯，勅武英殿書局詳加讐對，選善書館員照宋版影鈔，袤延分寸悉合。因仿其式重刊，用仿宣紙三印而後成，楮墨精良，備宫庭陳設之用，並宣賜内外臣工，恩許印本通行。是書前列珂所著沿革例一卷，若字畫，若注文，若音釋，若句讀，辨析精詳，蓋珂自述其刻經之總例也。凡九十卷。

御定重輯舊五代史一部

宋薛居正等原書。凡一百五十卷，目録二卷，乾隆四十一年高宗純皇帝命四庫館臣重加採輯編次，仿劉昫舊唐書例，列廿三史，奉勅刊行。

聖製題舊五代史八韻　丙申

上承唐室下開宋，五代興衰紀欲詳。舊史原監薛居正，（宋開寶中，詔修五代史，盧多遜、扈蒙、張澹、李昉、劉兼、李穆、李九齡同修，宰相薛居正監修，書成凡百五十卷。其後歐陽修別譔五代史記七十五卷，藏於家，修歿後，官爲刊印。）新書重撰吉歐陽。泰和獨用滋侵佚，（歐史既出，遂與薛史並行，當時以薛史爲舊史，歐史爲新史。至金章宗泰和時，始詔學官，專用歐陽史。於是薛史遂微。元明以來，傳本漸就湮没。）永樂分收究未彰。（永樂大典雖載其文，然割裂淆舛，已非居正等篇第之舊。）四庫蒐羅今制創，羣儒排纂故編償。（因校四庫全書詞臣等於永樂大典各韻所引薛史甄録條繫得十之八九，復採册府元龜、太平御覽、通鑑考異、五代會要、契丹國志、北夢瑣言諸書以補其缺，並參考新舊唐書、東都事略、宋史、遼史、續通鑑長編、五代春秋、九國志、十國春秋及宋人説部、文集并碑碣尚存者，以資辨證，卷帙悉符原書，而考覈更加詳備。）殘縑斷簡研磨細，合璧連珠體裁（去聲）良。遂使已湮得再顯，果然紹遠藉搜旁。（薛史文筆雖不及歐史謹嚴，而叙事頗爲詳覈，其是非亦不詭於正，司馬光通鑑多採用之。）兩存例可援劉昫，（書成呈覽，館臣請倣劉昫舊唐書之例，列於廿三史，刊布學官，從之。）專注事曾傳馬光。序以行之詩代序，惕懷殷鑒念尤長。

御定補刊通志堂經解一部

原書徐乾學輯，成德鐫版，奉勅訂正補刊。凡易三十九種，書十九種，詩十一種，春秋三十三種，三禮十二種，孝經四種，論語二種，孟子三種，四書八種，總經解七種。

乾隆五十年二月二十九日，奉諭旨：四庫全書館進呈補刊通志堂經解一書，朕閲成德所作序文係康熙十二年，計其時成德年方幼穉，何以即能淹通經術？向即聞徐乾學有代成德刊刻通志堂經解之事，兹令軍機大臣詳查成德出身本末，及知成德於康熙十一年壬子科中式舉人，十二年癸丑科中式進士，年甫十六歲。徐乾學係壬子科順天鄉試副考官，成德由其取中。夫明珠在康熙年間柄用有年，勢燄薰灼，招致一時名流如徐乾學等互相交結，植黨營私。是以伊子成德年未弱冠，夤緣得取科名，自由關節，乃刊刻通志堂經解，以見其學問淵博。古稱皓首窮經，雖在通儒，非義理精熟、畢生講貫者，尚不能覃心闡揚，發明先儒之精藴。而成德以幼年薄植，即能廣搜博採，集經學之大成，有是理乎？更可證爲徐乾學所裒輯，令成德出名刊刻，俾藉此市名邀譽，爲逢迎權要之具耳。夫徐乾學、成德二人，品行本無足取，而是書薈萃諸家，典贍賅博，實足以表章六經。朕不以人廢言，故命館臣將版片之漫漶斷闕者補刊齊全，訂正譌謬，以臻完善，嘉惠儒林。但徐乾學之阿附權門，成德之濫竊文譽，則不可不抉其隱微，剖悉原委，俾定論昭然，以示天下後世。著將此旨録載書首。

五十九年四月初六日，奉諭旨：管幹貞奏謝頒賜通志堂經解一摺，内稱是書係徐乾學裒輯，令成德刊刻邀譽，現經補刊頒發，於闡揚經義之中，即寓甄别黨私之義等語。通志堂經解一書，彙集諸儒經訓，洵足嘉惠士林。然當時裒輯此書，必非出於成德之手，自係徐乾學逢迎交結，代爲纂輯，令成德出名邀譽。是以刊訂時朕即於簡端剖示此意，頒賜各省藏弆。各督撫等具摺謝恩，多用駢體鋪敘泛語，而於朕闡揚經義、甄别黨私之意，並未敘及。即朱珪素稱能文，謝恩摺内亦無此意。今管幹貞獨能見及於此，言簡意賅，所見尚是，已於摺内批示，並將此諭令各督撫知之。

御定重刻論語集解義疏一部

魏何晏集解，梁皇侃義疏，東洋市舶本，奉勅校刊。

御定重刻補後漢書年表一部

宋熊方撰，凡十卷。奉勅校刊。

御定重刻唐會要一部

宋王溥撰。凡一百卷。奉勅校刊。

御定重刻九家集注杜詩一部

宋郭知達集注。凡三十六卷。奉勅校刊。

聖製題郭知達九家注杜詩（恭載前卷）

欽定武英殿聚珍版式一部

乾隆三十九年，侍郎臣金簡以四庫全書中善本請廣流傳，因仿宋人活字版式，鐫木單字二十五萬餘，印行稱便，賜名曰聚珍。金簡綜述其法，編是書奏進。凡圖十有六，説十有九，總爲一卷。

聖製題武英殿聚珍版十韻（有序　甲午）

校輯永樂大典内之散簡零編，並蒐訪天下遺籍，不下萬餘種，彙爲四庫全書，擇人所罕覯、有裨世道人心及足資考鏡者，剞劂流傳，嘉惠來學。第種類多，則付雕非易，董武英殿事金簡以活字法爲請，既不濫費棗梨，又不久淹歲月，用力省而成功速，至簡且捷。考昔沈括筆談，記宋慶曆中有畢昇爲活版，以膠泥燒成；而陸深金臺紀聞，則云毘陵人初用鉛字，視版印尤巧便。斯皆活版之權輿。顧埏泥體羸，鎔鉛質輭，俱不及鋟木之工緻。茲刻單字計二十五萬餘，雖數百十種之書，悉可取給。而校讐之精，今更有勝於古所云者。第活字版之名不雅馴，因以聚珍名之，而系以詩。

稽古搜四庫，於今突五車。開鐫思壽世，積版或充閭。張帖唐院集，周文梁代餘。同爲製活字，用以印全書。精越鷃冠體，（昨歲江南所進之書，有鷃冠子，即活字版，第字體不工，且多訛謬耳。）富過鄴架儲。機圓省雕氏，功倍謝鈔胥。聯腋事堪例，埏泥法以疎。毀銅昔悔彼，（康熙年間編纂古今圖書集成，刻銅字爲活版，排印蕆工，貯之武英殿，歷年既久，銅字或被竊缺少，司事者懼干咎，適值乾隆初年京師錢貴，遂請毀銅字供鑄，從之，所得有限而所耗甚多，已爲非計，且使銅字尚存，則今之印書不更事半功倍乎？深爲惜之。）刊木此慙予。既復羨梨棗，還教慎魯魚。成編示來學，嘉惠志符初。

武英殿聚珍版印行書一百二十六種（諸書續有排印，先列現行書目。）

周易口訣義一部（唐史徵撰）　溫公易說一部（宋司馬光撰）　吳園易解一部（宋張根撰）　易原一部（宋程大昌撰）　郭氏傳家易說一部（宋郭雍撰）　誠齋易傳一部（宋楊萬里撰）　易象意言一部（宋蔡淵撰）　易學濫觴一部（元黄澤撰）　易緯一部（不著撰人名）　禹貢指南一部（宋毛晃撰）　禹貢說斷一部（宋傅寅撰）　尚書詳解一部（宋陳經撰）　融堂書解一部（宋錢時撰）　詩總聞一部（宋王質撰）　續呂氏家塾讀詩記一部（宋戴溪撰）　絜齋毛詩經筵講義一部（宋袁燮撰）　儀禮識誤一部（宋張淳撰）　儀禮集釋一部（宋李如圭撰）　儀禮釋宮一部（宋李如圭撰）　大戴禮記一部（漢戴德撰　周盧辯注）　春秋釋例一部（晉杜預撰）　春秋傳說例一部（宋劉敞撰）　春秋經解一部（宋孫覺撰）　春秋辨疑一部（宋蕭楚撰）　春秋考一部（宋葉夢得撰）　春秋集註一部（宋高閌撰）　春秋繁露一部（漢董仲舒撰）　鄭志一部（魏鄭小同撰）　論語意原一部（宋鄭汝諧撰）　方言注一部（漢揚雄撰　晉郭璞注）　兩漢刊誤補遺一部（宋吳仁傑撰）　三國志辨誤一部（不著撰人名）　五代

史纂誤一部宋吳縝撰　東觀漢紀一部不著撰人名　魏鄭公諫續録一部元翟思忠撰　元朝名臣事略一部元蘇天爵撰　詩倫一部宋汪徽輯　鄴中記一部晉陸翽撰　蠻書一部唐樊綽撰　元和郡縣志一部唐李吉甫撰　元豐九域志一部宋王存等撰　輿地廣記一部宋歐陽忞撰　水經注一部漢桑欽撰後魏酈道元注　嶺表録異一部唐劉恂撰　琉球國志略一部國朝周煌撰　麟臺故事一部宋程俱撰　五代會要一部宋王溥撰　宋朝事實一部宋李攸撰　建炎以來朝野雜記一部宋李心傳撰　東漢會要一部宋徐天麟撰　漢官舊儀一部漢衛宏撰　直齋書録解題一部宋陳振孫編　絳帖平一部宋姜夔撰　唐書直筆一部宋呂夏卿撰　傅子一部晉傅元撰　帝範一部唐太宗撰　公是先生弟子記一部宋劉敞撰　明本釋一部宋劉荀撰　項氏家説一部宋項安世撰　農桑輯要一部元至元時官撰　蘇沈良方一部宋蘇軾沈括撰　小兒藥證直訣一部宋錢乙撰　周髀算經一部漢趙君卿注　九章算術一部晉劉徽注李淳風釋　孫子算經一部不著撰人名　海島算經一部晉劉徽撰　五曹算經一部不著撰人名　五經算術一部北周甄鸞撰唐李淳風注　夏侯陽算經一部時代未詳　寳真齋法書贊一部宋岳珂撰　墨法集要一部明沈繼孫撰　鶡冠子一部不著撰人名宋陸佃注　猗覺寮雜記一部宋朱翌撰　能改齋漫録一部宋吳曾撰　雲谷雜記一部宋張淏撰　學林一部宋王觀國撰　甕牖閒評一部宋袁文撰　攷古質疑一部宋葉大慶撰　朝野類要一部宋趙昇撰　澗泉日記一部宋韓淲撰　敬齋古今黈一部元李冶撰　意林一部唐馬總編　涑水紀聞一部宋司馬光撰　唐語林一部宋王讜撰　歸潛志一部元劉祁撰　老子道德經注一部晉王弼注　文子纘義一部宋杜道堅撰　張燕公集一部唐張説撰　顔文忠公集一部唐顔真卿撰　南陽集一部宋趙湘撰　宋元憲集一部宋宋庠撰　宋景文集一部宋宋祁撰　胡文恭集一部宋胡宿撰　祠部集一部宋强至撰　華陽集一部宋王珪撰　公是集一部宋劉敞撰　彭城集一部宋劉攽撰　淨德集一部宋呂陶撰　忠肅集一部宋劉摯撰　山谷詩注三集一部宋黄庭堅撰，任淵史容史季温注　後山詩注一部宋任淵撰　柯山集一部宋張耒撰　陶山集一部宋陸佃撰　學易集一部宋劉跂撰　西臺集一部宋畢仲游撰　浮沚集一部宋周行己撰　毘陵集一部宋張守撰浮溪集一部宋汪藻撰　簡齋集一部宋陳與義撰　茶山集一部宋曾幾撰　汪文定集一部宋汪應辰撰　雪山集一部宋王質撰　攻媿集一部宋樓鑰撰　乾道淳熙章泉稿一部宋趙蕃撰　止堂集一部宋彭龜年撰　絜齋集一部宋袁燮撰　南澗甲乙稿一部宋韓元吉撰　蒙齋集一部宋袁甫撰　恥堂存稿一部宋高斯得撰　拙軒集一部金王寂撰　金淵集一部元仇遠撰　牧菴集一部元姚燧撰

文苑英華辨證一部宋彭叔夏撰　歲寒堂詩話一部宋張戒撰　䂬溪詩話一部宋黃徹撰　浩然齋雅談一部宋周密撰

國朝宮史續編卷之九十五

書籍二十一　石刻

臣等謹案：帝王之學，本異儒生；文章之壽，宜並金石，此簡册所盛稱也。欽惟高宗純皇帝表章經學，則有聖製説經文之富，辟雍石經之新。述古銘功，則有國學承德府學石鼓之刱。考文數典，游藝見道，則有閣帖、稧帖、快雪堂帖、諸字法之楷模，詩帖、畫帖、碑帖諸文刻之精妙。至於撫時紀慶，因事摛吟，則有節年聯句詩，聿彰喜起賡歌之盛。臣等謹綜述而遞詳之，藉紀兩朝作述之鴻規。泐在貞珉，光垂翠版，足以壽京垓而未艾，奚啻立言不朽也夫。

御筆乾隆説經文碑

乾隆五十七年，高宗純皇帝允諸臣請，凡聖製中有闡發十三經微奥之粹言，勒石冠蔣衡所書十三經諸碑之首，樹立太學彝倫堂中。凡一十六碑，文一百四十有四。五十八年鐫。

乾隆五十八年十二月初十日，奉諭旨：昨安徽巡撫朱珪，進御製説經古文。閲其後跋，以朕説經之文，刊千古相承之誤，宣羣經未傳之蘊，斷千秋未定之案，開諸儒未解之惑，頌皆過當。但歷舉朕敬天法祖、勤政愛民各大端，見諸設施者，與平日闡發經義，實有符合，語皆紀實，並非泛爲訣詞。夫六經爲治世之書，内聖外王之道，無不賅備。若止尋章摘句，僅能得其糟粕，無由探索精微。卽使窺見義藴，垂諸著述，不能躬體力行，亦屬空言無補。朕臨御以來，勵精圖治，惟日孜孜，幾餘典學，於詩書六藝之文偶有闡發，俱與政治相關。卽義疏相承，舛訛未正者，爲之折衷定論，亦有裨於世道人心。凡平日出治之要，皆可與説經之言相印證。蓋發爲文章者，胥應見諸政事。我世世子孫，果能善繼善述，欽承法守，學于古訓，見諸躬行，以朕之心爲心，以朕之政爲政，則是我國家億萬年無疆之庥，朕於兹有厚望焉。此册著諸皇子及皇孫綿恩各繕寫一部，並將此旨冠於簡端，將頒設諸處，以垂久遠。至朱珪於御製古文紬繹推闡，能見其大，跋語尤得體要，殊屬可嘉。著賞給筆墨等件，以示奬勵。

御定石經

乾隆五十六年，勅檢懋勤殿貯蔣衡書十三經，命儒臣校勘，刻石列太學。凡一百九十碑。五十七年鐫。

乾隆五十六年十一月二十一日，奉諭旨：漢唐宋以來，皆有石經之刻，所以考定聖賢經傳，使文字異同，歸於一是，嘉惠藝林，昭垂奕禩，甚盛典也。但歷年久遠，率多殘缺，卽間有片石流傳，如開成紹興年間所刊，今尚存貯西安、杭州等府學者，亦均非全經完本。我朝文治光昌，崇儒重道。朕臨御五十餘年，稽古表章，孜孜不倦。前曾特命所司創建辟雍，以光文教；並重排石鼓文，壽諸貞珉。而十三經雖有武英殿刊本，未經勒石。因思從前蔣衡所進手書十三經，曾命内廷翰林詳覈舛譌，藏弆懋勤殿，允宜刊之石版，列於太學，用垂永久，著派和珅、王杰爲總裁，董誥、劉墉、金簡、彭元瑞爲副總裁，並派金士松、沈初、阮元、瑚圖禮、那彦成隨同校勘，但卷帙繁多，恐尚不敷辦理，著總裁等再行遴派三人，以足八員之數爲校勘。諸臣等其悉心研辨，務臻完善，以副朕尊經右文至意。

五十九年九月十七日，奉諭旨：國家以四書五經試士。經書自五代鐫版以來，久鮮手鈔，士子誦讀者多係坊本，卽考證之家，亦止憑前明監本。然監本中魚豕之舛訛，字句之衍缺，不一而足。甚至儀禮一經，脱去六節，增多二節，大爲聖籍之累。我朝文治光昭，聖祖仁皇帝御纂四經，朕復欽定三禮，武英殿官刻十三經，勘讐精覈，久已頒發黌序，嘉惠藝林。但各書卷帙繁多，草茅寒素，艱於購覓，未必盡人能讀。近因刊刻石經，出内府所弆天禄琳瑯宋版各經，古今流傳舊本，莫不薈萃，命總裁各官等詳悉校對，與武英殿官刻諸書參稽印證，多相脗合，其較坊監本互異之處，逐條摘出，釐訂成編，名爲考文提要，書不過六册，而俗本相沿譌謬，靡不開卷瞭然。夫經學至宋儒闡發而益昌明，以漢唐留貽之書，又加宿學名儒積年考訂，然後付諸剞劂。故其本較爲精審，士子以經義進身，平居諷讀，自當選求善本，冀得真詮。兹考文提要一書，簡覈明備，無難家誦户習。著仿唐石經時刻五經文字、九經字樣例，刊置經末，列樹戟門，並鐫版頒行天下。俾士子人人傳觀争寫，共窺中祕精華，不復襲別風淮雨之陋。但恐爲期過促，僻遠地方傳布尚有未周，著於乙卯科鄉試爲始，俟三科後，考試四書五經題文，俱照頒發各條，敬謹改正。倘再有沿用坊本以致舛誤者，將考官及士子分別議處停科，並載入科場磨勘條例，庶士子咸知折衷正義，不爲俗學所惑。此旨著即弁於考文提要簡端，以示朕稽古右文至意。

十月十五日，奉諭旨：昨九月間，石經館司事大臣等奏：士子所讀經書，多係坊本，即考證之家，亦止憑前明監本。然監本中魚豕之舛譌，字句之衍缺，不一而足。我朝文治光昭，聖祖仁皇帝御纂四經及欽定三禮，武英殿官刻十三經，勘讐精覈，久已頒發黌序，嘉惠藝林。但各書卷帙繁多，草茅寒素；艱於購覓，未必盡人能讀。近因刊刻石經，出內府所弆天禄琳瑯宋版各經，古今流傳舊本莫不薈萃。蒙命臣等詳悉校對，與武英殿官刻諸書參稽印證，逐條摘出，釐訂成編。書不過六册，而俗本相沿譌謬，靡不開卷瞭然，擬名考文提要，請頒行天下，俾士子人人得窺中秘精華，不復襲別風淮雨之陋。但恐爲期過促，僻遠地方傳布尚有未周，請於乙卯科鄉試爲始，俟三科後，考試四書五經題文，俱照頒發各條，敬謹改正。倘再有沿用坊監本以致舛誤者，將考官及士子分別議處停科。朕已允行。兹該館書成呈覽，抽閱數條，不過字句書體間有異同，於聖賢經義初無出入。在總裁等校刊石經，自應折衷善本，援据精詳。而士子等自束髮受書以來，父師授受，循誦習傳，若限以三科，遽令通行遵改，似屬强以所難。且恐鄉間村塾，傳布難周，未能家置一編，孰習貫串。或應試者因一二字句舛誤被斥，或考官等偶不及檢，遂干處分，似此繁例科條，轉非朕嘉惠士林、稽古右文之意。聖賢垂教之義，原不在章句之末，即流傳古本，儒先各守經師家法，未必無習誤承譌。士子等操觚搆藝，惟期闡發經旨，亦不必以一二字之增損、偏旁之同異爲去取也。另著該總裁等詳繹此旨，折衷妥議具奏。

聖製石刻蔣衡書十三經於辟雍序

前歲集石鼓文而爲之序，有曰：凡舉大事者，必有其會與其時　而總賴昭明天貺以成其功，信弗爽也。石鼓不過周宣王之事，列於文廟之門，以寓興文，尚俟其時其會。若夫十三經，則古聖先賢出諸口以傳道授教，其重於石鼓文，奚啻倍蓰哉。則今之石刻十三經是矣。蓋此經爲蔣衡手書，獻於乾隆庚申者，其間不無少舛譌。爰命内翰詳覈，以束之懋勤殿之高閣，至於今五十有餘年，亦既忘之矣。昨歲命續集石渠寶笈之書，司事者以此經請，乃憬然而悟曰：有是哉。是豈可與尋常墨蹟相提並論，以爲幾暇遺玩之具哉？是宜刊之石版，列於辟雍，以爲千秋萬世崇文重道之規。夫經者，常也，道也。常故不變，道則恒存。天不變，道亦不變，仲舒之言，實已涉其藩矣。蓋石經之昉，自炎劉一字，曹魏三字，石經之刻，所以考定聖賢經傳中文字同異，歸於一是，使天下萬世學者有所師承遵守。蓋考文爲三重之事也，昉自漢時經籍大出，白虎觀講論之後，熹平中以諸博士試甲乙科，爭第高下，更相告言。至有行賂定蘭臺漆書經字，以合其私文者，乃詔蔡邕等正其文字，刻石鴻都，一時觀視及摹寫者車乘日千餘兩，填塞街陌。事具後漢書。至魏正始中，更立石經，並刻魏文帝典論六篇。見戴延之西征記。其一字三字之分，宋洪适、本朝朱彝尊俱以漢爲隸字一體，魏爲古文篆字、隸字三體，蓋石經自王彌、劉曜入洛殘壞之後，雖晉裴頠、北魏崔光俱請修補，訖未完工。迨北齊乃自洛陽遷之鄴都，隋復自鄴遷至長安，屢經移徙，散失及營造用爲柱礎，十不存一。見隋書經籍志。至唐時，内府偶得一二遺字，即鈐用開元小印，列於法書名畫，以爲珍玩，其流傳亦已僅矣。訖不可考。李唐、北南宋雖曾有刻，或乖或不全。唐太和七年，勅於國子監講論堂兩廊創立石九經，並孝經、論語、爾雅，至開成二年告成，其地舊在務本坊，自天祐中韓建築新城，而經石委棄於野。至朱梁時，劉鄩守長安，用幕吏尹玉羽之言，遷置唐尚書省之西隅。至宋時地雜居民窪下霖潦，隨立輒仆腐壞折缺。呂大忠領漕陝右，始移置府學，至明時又補刻孟子。嘉靖乙卯地震，石經倒損，西安府學生員王堯惠等按舊文集其闕字，别刻小字立於碑旁，以便摹補。今在西安府學。劉昫舊唐書謂，石壁九經字乖，師法本朝顧炎武作金石文字記，亦刊其訛誤，乃知唐石經未爲善本。劉昫之言未誣也。其後孟蜀時亦刻石經，北宋刻兩體石經，今片石無存。金燕京廟學有九經石刻，見王惲秋澗集。明時尚存二碑，今亦無考。南宋紹興九年，刊石六經論語、孟子成，歲久殘缺。明宣德中，巡按御史吳訥收拾碎折補輳，得碑百片，置仁和縣學。宋廷佐復移之杭州府學，今存。然當時所刻春秋，僅左氏傳，禮記僅大學、中庸、學記、經解、儒行五篇，又無周禮、儀禮、孝經、爾雅，非其全也。茲則出一人之手，經諸臣之目，視歷代爲加詳矣。蔣衡後改名振生，江蘇金壇恩貢生。乾隆五年，以所書十三經進，賜以國子監學正銜，其經册貯懋勤殿。今以之上石，視唐石經所列銜，有書石官、書石學生，體例殊爲不倫，特命大學士、懋勤殿翰林校勘。予自六齡入學堂，讀易、書、詩三經，所爲易簡而天下之理得，二典三謨爲王道始，正變風雅，不知無以言。及長而涉獵三禮，覺與三經爲有間，去聲 謂易書詩。枕葄麟經，愼正統偏安之必公，春秋大一統，尊王黜霸，出於天命人心之公。予讀之有年，心契聖人筆削之旨，纂定通鑑輯覽一書，袪後代操筆之自私，示萬世守統之宜愼，分注系年，皆取春秋之義，差自謂讀書有得耳。孜孜饜飫，耄耋弗衰。雖自愧學之未成，迺今刻諸石，列諸辟雍，應時舉事，以繼往聖、開來世，爲承學士之標準，豈非厚幸也歟？蔣衡一生苦學之勤，亦因是酬矣。若夫歷代注疏，入主出奴，紛如聚訟，既冗且繁。衡祇書諸經正文，餘概從删，是也。或以爲不觀注疏，何以解經？予則以爲，以注疏解經，不若以經解經之爲愈也。學者潛心會理，因文見道，以六經參互之，必有以探其源而晰其奥者，是在勤與明而已。且予重刻木版之十三經注疏，頒布世間者不少也。舉辟雍，以五十年；勒石經，又越六載，凡所以待其時而逢其會。八十老人復得成斯大功者，何莫非賴昊天之鴻貺乎？昔著知過論，以爲其不可已者，仍酌行之，斯之謂矣。蓋凡物有其成，必有其壞。所謂石鼓石經者，皆是也。然向不云乎？經者，常也，道也。天不變，道亦不變。依聖人之門牆，示萬世之楷則，孰謂滄桑幻化，能移我夫子不朽之道也哉？是爲序。

嘉慶八年六月二十五日，奉諭旨：彭元瑞奏：太學石經現在所刊碑文，與聖祖仁皇帝御纂四經、康熙字典及高宗純皇帝欽定三禮、校定武英殿十三經，間有異同，請詳加察覈等語。石經爲同文盛舉，刊列黌宮，垂世行遠。今碑内文尚須檢校。著董誥、朱珪、紀昀、戴衢亨、那彦成將石經碑文與御纂、欽定各書悉心查對，有無異同，黏籤呈覽。

八月十七日，奉諭旨：前因彭元瑞奏：太學石經現在所刊碑文，與御纂、欽定本間有異同，請詳加察覈。特簡派大臣悉心檢校。兹據董誥等奏：將石經全部公同詳細校勘，除曾經奉特旨改刊各條外，實無違背更改之處，並開列清單進呈。因思石經爲同文盛舉，從前彭元瑞撰進之考文提要，亦係援引武英殿唐宋石經及天禄琳琅宋槧各書，作爲證據。現在太學石經早已刊布通行，毋庸改易。其石經内有遺漏筆畫及鐫刻草率各條，著交御書處查照修整，以臻完善。

御定重排石鼓文

高宗純皇帝用石鼓文所存字，親製首章、末章。自第二至第九章，命尚書彭元瑞補成，製十鼓以刻，列太學戟門左右，並置熱河學。凡十章。三百一十字。

聖製集石鼓所有文成十章製鼓重刻序

凡舉大事者，必有其會與其時，而總賴昭明天貺以成其功。武成九次無論矣，即如四庫全書及以國書譯漢藏經，皆始於予六旬之後。（自癸巳年蒐輯海内遺書，並於永樂大典内採集散篇，命館臣依經史子集督繕四庫全書四分。又佛經本出厄訥特克，一譯而爲唐古特之番，再譯而爲震旦之漢，其蒙古經則康熙及乾隆年陸續譯成。而未有國書之佛經，先於三十七年亦命開館譯定。兹二事卷帙浩繁，俱非易於觀成者，乃皆在予六旬後始命舉行，初亦不覺其遲也。）既而悔之，以爲舉事已晚，恐難觀其成。越十餘載，四庫全書則早參考裝潢畢，以貯之閣。而所譯漢藏，兹亦將告畢就。此非天恩垂佑，俾予雖老而善成此二事乎？近因閲石鼓文，惜其歲久漫漶，所存不及半。夫以國學興賢述古之爲，使千萬年之後，並此僅存者，胥歸無何有之鄉。有治世之責者，視之而弗救，予且不成爲讀書之人矣。斯事體大，千古讀書人所不能任，亦從無道及者。予故不作不文，及此未至耄耋智昏，爰藏此事。蓋石鼓之爲宣王時作，與夫宜置國學，爲萬世讀書者之津逮，自以韓昌黎之見爲正，車攻吉日之章，班班可考也。後人議論紛出，如董逌、程大昌據左傳成有岐陽之蒐，以爲成王鼓；鄭樵據殹丞二字，見秦斤、秦權，以爲秦鼓；馬定國據後周書以爲宇文鼓，陸友仁據北史以爲元魏鼓，至楊慎之僞作全文，爲尤謬甚，總不若韓愈之見爲正。蓋卽本鼓之文，取證小雅，可信也。若歐陽修集古録云，韋應物以爲文王鼓宣王刻，今應物石鼓歌具存，明以爲宣王，何曾有文王之說？近者尚誤，況與論三代以上哉？夫昌黎有其見而無其力，且未思及存其詩。則予較昌黎爲勝矣。茲用幸翰苑之例。乾隆九年重修翰林院落成，親臨錫宴，以張說東壁圖書府五律四十字爲韻，予賦東字及末音字二韻，其餘飭諸臣各分一韻賦詩。親定首章，截其長以補後數章之短，卽用文中字並成末章。自第二至第九，命彭元瑞按餘字各補成章。非因難以見巧，實述古以傳今。於是石鼓之文仍在十鼓，井井有條而不紊矣。舊鼓舊文，爲千古重器，不可輕動。但置木柵蔽其風雨，以永萬世。而新爲十鼓以刻十章，並列國學以公天下惠後儒，則仍周宣之文也。熱河文廟爲歲歲惠遠詰武之地，則亦命置之，以詔來世。庶乎宣王中興之烈不泯，宣聖牖世之道恒昭。而予及耄耋之年，尚得蕆此崇文之舉，孰非會之萃、時之合，深蒙昊貺之所致哉？希周家卜世之久，毖皇清重道之規。後世子孫，尚慎念之。是爲序。

逜我車既工，攻逜我馬既同。逜我車既好，逜我馬既駐。阜君子員=，云邋=獵其斿。麀鹿速=，君子之求。

右一八句，凡二十九字，重文三。

鄜廓猷音合衜，道允蕺熾佳維宦。宣天子謂公辻，徒我其㠯以𨳿。田簡辻徒迪狗衆，除衎道具駕。毆

遊我驋馭其亞，帥遊我弓其射。

右二八句，凡三十五字。

亞車迻＝，趣㐭酋車遺＝。續左驂𩦎＝，敕右驂𩦎＝。音速其莩𩱼＝，丑若反司馬相如大人賦休𩱼奔走其旆未詳旛＝。君子其來，衜導遊我鳴鑾。

右三八句，凡二十六字，重文六。

毆車趩＝，丑亦反行聲也敕策馬𨘋＝。音灑衜導𢶍彼𤔲盭逢，原隮𢶍彼大䠶。陸彤矢𩕐＝，鏃𠧪鹵弓㪅＝。音臺其莩䌛＝，音洛君子其來。

右四八句，凡二十七字，重文五。

遄來𨂝＝，音堅寺時余卅三十里。余射鹿于兹，六轡寫卸止。出勿𤕭憂微𩂣，霾或以時雨。逢原𨻰隰陰陽，霝靈帛泊𣐟華遨。禦天子之所。

右五九句，凡三十七字，重文一。

其淵㙾也孔深，帛泊淖𡋯＝。洋滔＝沔＝，泛澫漫之一方。其魚不識，𠷎＝烝佳維鱮。鯊鯊鰐鯾鯆鮒鯑音白又极楫又罟。

右六八句，凡二十九字，重文四。

其𨻯阪又多對，爲櫰棲𣐈音咎棫樸。楊柳及𣡕，栗既氐柢既柞。如莗莽如箬，及𠌶華及碩。禽𩋦翰㓨攸

宫，以寺(時)而乍(作)。

右七(八句，凡三十四字。)

其邍(原)孔庶，獸逌(迺)盜(寧)處。麋豖(豕)(豚)蜀，(犢)麀鹿雉兔。(音即)其吴，(古老反，白澤也。)(音憲)其虎。左驂馬執之，大黄弓射之。

右八(八句，凡三十二字，重文二。)

㿽鹿又奔，搏麀又貞。(填)鮮(篕)(菹)時吉，(旨)異(音拉，今作博雅謂之。)是申。如天之，(喜潘迪作嘉，朱彝尊石鼓考據施宿引説文作喜。)秀(藝)員(云)乍(作)。(未詳)(未詳)㿽以寫樂。

右九(八句，凡三十字，重文二。)

辻(徒)(馭)既射，(我)馬載止。用賢孔庶，康敕(馭)。(治)田車既安，日佳(維)丙申。用各爲章，害(曷)不永寧。

右十(八句，凡三十一字，重文一。)

聖製重排石鼓詩得句　庚戌

就石鼓所有三百十字，分排十章，並鑿成十鼓，各泐其面。

十什排成十鼓咸，崇文漫議創非凡。就其本有差鱗次，弗以所無爲雁讒。潘氏(迪)詳詮尚可取，楊家(慎)僞作概從芟。拈題既復囅然笑，那禁千年後削劖。

御定重刻淳化閣帖

高宗純皇帝勅以内府所藏淳化閣帖初搨本重摹。乾隆三十七年勒石。

聖製重刻淳化閣帖諭

朕幾餘不自暇逸，典學之優，時及臨池。曩曾輯内府所藏前人墨蹟，刻爲三希堂、墨妙軒二帖，廣示藝林。復念古帖流傳，可補墨蹟所未備者。惟宋淳化閣帖，鐫集尤爲美富，遠出大觀、太清樓諸本之上。但惜初搨與賜者絶尠，或云版尋殘損，當時已爲難得，後來翻刻愈繁，真意寖失，有志追摹者末由津逮。内府舊藏淳化閣帖極多，而此畢士安所得賜本搨最精好，爰特勅選工鈎摹上石，冀復舊觀。第王著昧於辨別，其所排類標題，舛陋滋甚，不當聽其沿譌以誤後學。因命于敏中等詳加考正，以次呈閱，候朕參定，分識各卷，並命蒐採諸家釋文，依字旁注。其互異者，折衷附記於後，以資省覽。是於考文稽古之中，兼寓舉墜訂譌之益，用嘉惠海内操觚之士焉。

聖製重摹淳化閣帖成因弆畢士安原本於淳化軒詩以誌事　癸巳

初搨曾經賜文簡，流傳七百七旬年。無雙善本教重泐，有數（去聲）吉光幸獨全。并弆書軒兹數（上聲）典，蓋由今視昔徒佳話，義具蘭亭序一篇。閣帖摹刻既成，列石於軒之兩廊，因即以淳化名軒。惟識藏古帖之由而非慕宋太宗之治，詳見所作軒記。非關治道彼稱賢。

聖製鈎填淳化閣法帖成因題以句　甲午

重鐫閣帖事雙鈎，石版既成斯贅旒。却命廓填排十册，迴看初搨勝三籌。解書那易工中選，得貌應從神外求。米芾跋潁上蘭亭帖謂：此本是褚遂良鈎填，清潤有勁，秀氣轉摺，毫鋩備盡，與真無異，非深知書者所轉不能到。世俗所收或瘦，乃是工人所作云云。米芾雖有此論，然鈎摹究係工人之事，即書家偶爲講示一二，容或有之。若必謂字字廓填下親匠藝所爲，必無是理。假令爲之，恐巧者轉不如習者之得手。蓋米芾輩好奇，創爲此説，而後人習焉弗察，遂爲藝林口實耳。今此帖命選御書處刻工佳手爲之，雖未能盡得原本神韻，然於輪廓部位頗不失銖黍也。

惜紙因之惜摹本，中郎恍遇步兵儔。

淳化閣帖重刻既成，因以雙鈎上石之木，命工填墨。昨夏駐山莊，幾暇比對臨寫，較之追摹墨搨，更能得其用筆神理。昔人所謂雙鈎廓填，下真蹟一等也。臨倣凡三次，始能脱其情而契其神，而鈎填之本，亦不可棄也。爰命裝潢成册，題識如右。

聖製立春日重華宫茶宴廷臣及内廷翰林，用重刻淳化閣法帖頒賜羣臣事聯句，即席復得詩二首　癸巳

月寅邂逅遇寅辰，更值東郊迎始春。相與賡歌酬節令，莫忘吁咈勗臣鄰。便持素椀啜八餅，可當雕盤薦五辛。昨歲有秋頻沐雪，惟殷戒滿檢心身。

初成響搨惠儒林，此事真宜聯席吟。顧我臨池無所似，喜其據古尚堪尋。三希伯仲開生面，九體準繩在正心。詎獨誠懸明是道，佇哉當孰獻良箴。

御定蘭亭八柱帖

第一册，虞世南摹蘭亭序。第二册，褚遂良摹蘭亭序。第三册，馮承素摹蘭亭序。第四册，柳公權書蘭亭詩墨蹟。第五册，戲鴻堂刻柳公權書蘭亭詩原本。第六册，于敏中補戲鴻堂刻柳公權書蘭亭詩闕。第七册，董其昌仿柳公權書蘭亭詩。第八册，御臨董其昌仿柳公權書蘭亭詩。乾隆四十五年勒石。

聖製題蘭亭八柱册詩　有序　己亥

自永和之修禊，觴詠初傳。迨貞觀之蒐珍，鈎摹迭出。惟定武馳聲籍甚，而闕文聚訟紛如。寖至翻刻失真，亦復操觚求似。顧善本之難覯，贗鼎無慮百千；且好手之罕逢，名蹟或存什一。緊諫議寫其篇帙，波折又新；洎香光倣彼筆蹤，杼機獨運。余既使舊卷之離而重合，因從幾暇再臨；尋復惜原本之剥而不完，詔付文臣徧補。於是四冊並教刻鵠，然而一編不外戲鴻。繼披柳蹟於石渠，兼集唐橅於壁府。仍琬琰之咸列，俾甲乙以分函。永爲藝苑聯珠，題曰蘭亭八柱。若承天之八山峻峙，極和布而爲堧；譬畫卦之八體流形，奇偶比而依次。分詠已舉其要，彙吟更括其全。

賺來自蕭翼，舉出本元齡。真已堂堂佚，搨猶字字馨。誰知聯後璧，原賴弆前型。柳公權書蘭亭詩，惟於戲鴻堂帖見之，初不知其墨蹟已入内府。近閲石渠寶笈書，始知其卷久列名書上等。石渠寶笈乃張照等校定，而董其昌所臨柳卷即藏照家。且戲鴻堂刻本亦照所深悉，乃柳卷無其昌題識及卷後黄伯思諸跋，未經刻入，皆其中之可疑者。照曾未一語及之，亦不免疎漏矣。恰爾排八柱，居然承一亭。擎天徒讆語，特地示真形。摹固得骨髓，謂虞馮書猶闕逕庭。謂柳見董其昌臨帖自識語。董臨傳聚散，董其昌臨公權卷，初藏張照家，本屬全卷，後以四言詩并後序及五言詩析而爲二。蓋照身後爲人竊取也。及二卷先後入内府，經比較知其故，復令聯綴成卷，俾爲完璧。名蹟流傳，離而爲合，或默有呵護之者耶。于補惜凋零。戲鴻堂所刻柳詩，漫漶闕筆者多。去歲特命于敏中就邊旁填補之。殿以幾餘筆，藝林嘉話聽。

聖製題董其昌臨柳公權禊帖詩　庚寅

香光禊帖倣誠懸，一乃二之誰所然。幸具董文仍在後，董其昌臨柳公權蘭亭全詩，並綴自跋於卷末，本爲完好，後不知誰何割裂，以四言五言詩分爲二卷，置張照諸人跋於四言詩卷尾，而董跋仍與五言詩相爲附麗，因詳加訂正，通裝一卷，俾還舊觀。訝移張識反居前。高士奇、陳元龍、張照三跋割裂爲二卷，舉張以概其餘，四言卷先獲，故云前。無分可識初無合，得半欣於兩得全。題什藝林傳盛事，那能書法悟離堅。見香光識語。

內府藏董其昌真蹟不下百數十種，所臨柳公權蘭亭詩，其一也。裒集既多，未暇悉爲題品，雖同入石渠上等，亦第以尋常董蹟視之。茲復得其蘭亭詩臨本，憶與舊藏有相類者，因出香光臨卷校之。則舊卷乃臨蘭亭四言詩十一人，並孫綽後序；新卷臨五言詩十人，卷後董自有跋。兩卷紙幅寬窄正同，且與戲鴻堂帖所刻柳書首尾次序無弗脗合，其爲全臨通本而割爲兩卷無疑。卽董自跋，止辨此書非誠懸不能，而深許其離堅合異之妙，未嘗致歎於得半，足爲全卷左證。又舊卷後有高士奇、陳元龍、張照三跋，歷敍字卷流傳始末，而不言其曾有缺佚。且兩卷押縫處，士奇之竹窗，照之張長卿二印，上下相間，無少參差。可見卷在張照家，尚爲全璧，不知何時析而爲二，而以後三跋置前半卷尾，此可怪也。夫物之顯晦離合，固有定數，二卷之離，不知幾年，使非前後並入內府，則亦無由終合。乃余見而疑，疑而校，校而復合，有不知其然而然者。豈墨池片楮，亦默有司其契者乎？蓋凡人精神所聚，必有不能泯没者。董此書殊自矜貴，諸人藏跋亦極爲寶重，諦視之，果其用意之作，精神既注，其不終於掩晦固宜。曏使兩卷不離，則亦仍以尋常董蹟視之，豈暇爲之詳悉審定？是則因有昔日之離，乃成今日之合，爲墨禪軒見董自跋增一因緣，庸渠非是卷之幸耶。既爲訂易合裝，並書以識異。

聖製題褚摹蘭亭卷詩　己巳

登善當時司檢校，韓馮摹本反無真。米黻跋蘭亭帖云：唐太宗既獲此書，使馮承素、韓道政之流摹賜王公，褚遂良時爲起居郎，蓋檢校而已。因知直道在千古，非以其書究以人。

聖製題馮承素摹蘭亭卷用舊題褚摹卷韻　壬辰

米記韓馮惜未見，米芾跋蘭亭帖云。唐太宗既獲此書，使馮承素、韓道政之流模賜王公云云。其說本之張彥遠法書要録，而元章惟於褚遂良摹卷跋詠及之，其餘皆不置題品，自係未能悉見。余於己巳夏題褚卷有「韓馮摹本反無真」之語，今以承素此卷及畫禪室所弆虞世南摹本，並昔所題褚卷，皆唐時名蹟，並入石渠寶笈，又足傲海嶽所不足矣。今看承素卷存真。雖欣無翼聯珍羽，艱致却慚似褚人。

聖製題戲鴻堂柳公權蘭亭詩帖詩　戊戌

虞褚蘭亭意早茫，何來柳帖戲鴻堂。虞世南、褚遂良所臨蘭亭序並流傳刻石已艱致，其真蹟則藏內府。公權此帖雖刻入戲鴻堂，而已漫漶，至墨蹟亦不可考也。刻工未必能知字，片石居然有斷章。刻本字體未爲甚工，筆畫亦多有殘闕者，蓋由當時刻本摹勒未善，而石刻又年久漫漶，故以其昌臨本較之，轉覺青過於藍矣。說項祇因憮自董，補王恰似得其羊。各詩闕筆，命于敏中倣其意補足之，其闕字悉以其昌臨本爲準，若臨本亦闕，則仍其舊，並以戲鴻堂原刻、于敏中補本、其昌臨本及御臨本命工摹刻，各爲一册，彙裝成函，以增禊帖之勝。閱年二百已漫漶，重搨嗤斯圖久長。

聖製命大學士于敏中補書柳公權蘭亭詩帖版缺畫者，詩以誌事　戊戌

公權禊帖早稱神，一脉香光得髓真。鐫刻戲鴻惜漫漶，戲鴻堂帖所刻柳公權蘭亭詩，多有闕筆。茲命于敏中就刻本漫漶闕畫者，因其邊傍補成全字，並仿董其昌臨本意書之，其原刻本及董書所無之闕字、闕句，則仍其舊，並以董臨之卷及余所臨卷鈎摹上石，各爲一册，亦藝林一段佳話也。補填卧虎付綵綸。董書幸聚豐城劍，其昌所臨蘭亭四言詩卷，先弆石渠，後復得其五言詩，取而較之，則實係一卷，析而爲二。且移高士奇、陳元龍、張照諸跋於四言卷，而留董原跋於五言卷中。蓋張照收藏時本屬全璧，其身後爲人竊取，割裂分售，因命移接重裝，彙成全卷，俾復舊觀，幸而俱入內府，離者得以復合，此亦翰墨因緣，莫知其然而然者乎？柳蹟應全合浦珍。藝也當知繫乎道，可忘筆諫乃其人。

聖製題公權書蘭亭詩并後序　己亥

偶看禊帖戲鴻堂，惜漫漶教闕補旁。公權書蘭亭詩，戲鴻堂刻本多有闕筆，因命于敏中就其漫漶闕畫者隨邊旁補成全字，同原刻本並董其昌臨卷及余所臨董卷鈎摹勒石，共成四册，曾

賦詩以識。將謂佳談藝苑擅，誰知真本石渠藏。戲鴻堂帖雖有公權蘭亭詩，而墨蹟則未見也。茲偶閱石渠寶笈書卷，則公權真蹟在焉。刻本卽此卷，惟少孫大年、黃伯思以下諸跋。却

疑有柳何無董，此卷既刻入戲鴻堂帖卷中，何以無其昌題識，又理之不可解者。所喜因羊翻得王。昨題戲鴻堂原刻公權帖，有「補王恰似得其羊」之句，乃惜柳蹟之散佚今於無意中得之，爲之一快。

虞褚馮鄭唐四絕，今復以此卷及虞世南、褚遂良、馮承素摹本並爲鈎刻，合成八册，擬以蘭亭八柱名之。虞卷本其昌畫禪室中物，柳卷則戲鴻堂所鐫，若褚馮兩卷乃香光固未之見，皆唐時名蹟，並裒集上石，足傲香光矣。

娛清暇足傲香光。

聖製再題蘭亭八柱册疊舊作韻　壬寅

鈎摹傳八柱，葢欲永其齡。卽此千秋寶，因他一序馨。香光開別體，筆諫著芳型。向因董其昌戲鴻堂刻有柳公權書蘭亭詩字句多闕，因命于敏中補成全字本，初閱戲鴻堂帖時意謂柳蹟久無存矣，嗣於石渠寶笈中得柳書蘭亭詩墨蹟，復得董其昌原本及余所臨董卷，鈎摹勒石，然究非永和九年原序，則復檢內府所藏虞世南、褚遂良、馮承素摹本，因並爲鈎刻，合成八册，名曰蘭亭八柱云。等上唐家帖，都排水際亭。山承天峙峻，卦畫易流形。摹本原存匣，補書憶在庭。命于敏中補書柳公權蘭亭詩帖版闕畫者，有「鐫刻戲鴻惜漫漶，補填卧虎付絲綸」之句，而今敏中又爲古人矣。真乎猶慮僞，苑矣那辭零。吟罷翻成笑，諸人詎此聽。謂帖中諸人。

聖製題蘭亭八柱再疊舊作韻　乙巳

逸少蘭亭帖，學摹自幼齡。至今迷徑路，徒爾歎芳馨。似玉猶含璞，如金始下型。六家萃佼佼，是帖以董其昌戲鴻堂所刻柳公權書蘭亭詩爲權輿，因命照原刻雙鈎廓填爲一本。又得董其昌臨柳卷爲一本，又檢內府所藏虞世南、褚遂良、馮承素三家摹本，蘭亭凡三本，薈萃爲六家。八柱峙亭亭。以前六家益以余所臨柳本，及命于敏中補柳書漫漶之新本，共成八卷，刻石題曰蘭亭八柱帖云。庶藉步兵貌，得覩御史形。臨流坐奇石，撫竹步閒庭。歷攬心神愜，祕珍星斗零。于敏中又已成古人，與諸家真蹟均似晨星矣。寧非玩物類，太保訓應聽。

聖製重修快雪堂帖

閩浙總督臣楊景素奏進馮銓所集快雪堂石刻，內木刻三版，高宗純皇帝命善手重橅。乾隆四十

年勒石。

聖製匣弆快雪堂補刻木版法帖因題句恭載前卷宮殿門。

聖製以快雪堂補刻木版及補刻石版搨本聯裝成卷，仍用匣弆木版韻題句恭載前卷宮殿門。

聖製再臨快雪堂帖裝册成因題以句甲午

藏帖因名快雪堂，伯衡鈎勒特精良。伯衡，馮銓字。銓此帖鈎摹最精。兩經臨寫知珍重，一晌對觀祗慙去聲惶。十卷如何漏淳化，帖以羲之快雪時晴爲冠，因而得名，其墨蹟久入石渠，實右軍真蹟。淳化閣收二王帖甚多，不知因何獨漏此種。三希更以憶襄陽。快雪堂徒以一帖獲名，予三希既藏快雪，並貯獻之中秋王珣、伯遠二種，遂以名堂刻帖。因憶米芾元日帖中有「臨明皇大令，真者在前，氣韻怵人」之句，喜其嗜古牧謙，故並及之。在前真者誠難似，筆諫惟思寓義長。

聖製題快雪堂褚遂良臨蘭亭帖詩辛亥

房齡薦乃獲蕭翼，登善書因賜士廉。數去聲本那能無同異，多摹自致有洪纖。近得褚摹絹本蘭亭敍，即馮銓刻入快雪堂法帖者，前後有銓圖章，其貞觀御書標題及卷後董其昌跋，分毫不爽，似爲真蹟無疑。惟較之向所刻蘭亭八柱帖之褚臨紙本，其用筆結體有不同處。蓋此絹本前標第十九本，紙本則未經標題，無從定其次數，要其所臨摹者不知其幾也。廣川書跋謂褚河南、歐陽率更臨蘭亭，皆自出家法，不隨點畫，則一時衆命臨原夥，唐太宗當時既獲蘭亭真蹟，命馮承素、韓道政、褚遂良等模賜王公，一時傳爲盛事。而米芾惟於褚本跋詠及之餘，皆不置品前後臨模多本，洪纖之間，豈必盡同耶？他日獨當諫不謙。按高宗欲立武昭儀，遂良將以死諫，謂長孫無忌、李勣等曰：太尉元舅司空功臣，不可題，自因他本不概見也。至其後高宗立后時，能直諫者惟遂良一人，是所臨蘭亭書法固佳，而其實究亦因人以傳也。究以人傳非以帖，使上有殺元舅功臣之名。遂良起於草茅，無汗馬之勞，致位至此，且受顧託，當以死爭云云。此其風節凜然，千載後猶有生氣。漫猜絹黑米家嫌。米芾題贈人帖有紙色黑，顯僞者之語。此卷雖絹色黝然，而字裏行間墨光神采煥發，似非登善不能正，不必以米顛所嫌爲疑耳。

御定補刻明代端石蘭亭圖帖

乾隆四十五年奉勑補刻。

乾隆四十五年十一月十八日，奉諭旨：從前内府摹刻蘭亭八柱帖，流傳名蹟，頒示臣工，久爲藝苑楷模。茲復得端石摹刻蘭亭及圖畫詩跋各種，命内廷翰林等詳校，並將内府舊搨本逐一比對，此搨係明永樂時周王有燉所摹，至神宗益王翊鈏及其子常灑又行補刻者。但歷年久遠，石刻缺略不全，著内廷翰林等詳查内府所藏舊搨蘭亭圖跋，交御書處補行摹刻，以臻完善。其圖畫著賈全摹補。刻成後，仍將流傳原委并缺略摹補緣由，詳晰題識，附刻於後，以昭嘉惠藝林至意。

聖製補刻明代端石蘭亭圖帖詩以誌事 壬寅

蘭亭八柱已精鐫，己亥歲，以内府所藏虞世南、褚遂良、馮承素摹蘭亭敘，柳公權書蘭亭，董其昌臨柳本及戲鴻堂原刻柳本，余所臨柳本，並命于敏中補成舊刻柳本漫漶之全字，本犂爲八卷，刻石題曰蘭亭八柱帖。繼得明摹惜弗全。庚子歲，復得明時摹刻蘭亭敘及圖畫詩跋端石十四段，因出秘府舊藏明搨本，命内廷翰林詳悉校勘，則是帖本明永樂十五年周王有燉所刻，而益王翊鈏於神宗二十年重鐫，其子常灑又於神宗四十五年補刻之本也。原刻定武蘭亭三、褚遂良摹本一、唐摹賜本一，又李公麟流觴圖，柳公權書孫綽蘭亭後序，米芾跋，有燉書諸家蘭亭考證並跋，又趙孟頫十八跋，朱之蕃跋明太祖流觴圖記，今石本定武蘭亭逸其一，流觴圖逸三分之一，蘭亭考證逸後一段，其趙孟頫、朱之蕃跋及洪武流觴圖記皆全逸焉。證以舊存合分寸，原石存十四段，今以益王原刻搨本度量尺寸，其逸去不全者補行摹刻原石背面，以成全璧。補之新繪幻雲烟。原刻流觴圖既缺逸不全，存者亦多刓剥，因命畫院供奉賈全臨仿補刻，俾臻完善。感興有若昔今視，一再無非翰墨緣。不必砌廊祇弆匣，昨歲得快雪堂帖石版，築堂爲廊，分嵌左右，其舊有補刻木版三叚，仍令鈎摹上石，而以木版匣弆堂中。今此帖石版長短不一，難以砌廊，亦仿快雪堂木版例，匣弆快雪堂。例依快雪永其年。

乾隆五十二年御筆仿繪此圖勒石，頒賜督撫諸臣，並命摹刻徧賜。

御筆仿李迪雞雛待飼圖詩帖

乾隆五十三年十月十一日，奉諭旨：昨頒賞直省督撫御筆仿李迪雞雛待飼圖墨刻各一分。蓋因朕軫念民依，勤求撫字，即雛哺之微，寓牧民之旨，是以特加摹勒，普行頒賜，非徒以幾餘游藝，留情於繪事詩章，僅令各督撫珍藏寶玩已也。實欲督撫等體朕惠愛黎元之心，時時以保赤爲念，遇有災賑事務，實心經理，勿忘小民嗷嗷待哺之情，庶幾視民如子，克稱父母斯民之責。凡身膺民牧者，並宜咸喻斯旨，承宣德意，方爲仰副朕懷。著各督撫於接奉後，敬謹觸目警心，勿僅視爲尋常詩畫，並照式多爲摹刻，遍及藩臬道府各州縣等，俾咸知留心民瘼，勉奏循良，以期無負朕教誨懃拳至意。

聖製新樂府帖　聖製全韻詩帖　聖製神樹賦帖　聖製懷舊詩帖　聖製月令七十二候詩帖　御筆娑羅樹畫帖　聖製青松詩畫帖　聖製改教詩帖　聖製言志詩帖　聖製知過論帖　聖製五百羅漢堂記帖　聖製古稀說帖　聖製蘭亭圖帖　御筆西番蓮畫帖　聖製趙孟堅落水蘭亭詩帖　聖製玉屏畫蘭詩帖　聖製題通鑑綱目續編帖　聖製生擒林爽文紀事帖　聖製生擒莊大田紀事帖　聖製平定臺灣二十功臣像贊序帖　聖製題彭元瑞撰皇極殿燈聯詞帖　聖製入崖口詩帖　聖製韓幹明皇試馬圖跋帖　聖製題顏真卿書朱巨川誥帖　聖製涇清渭濁紀實詩帖　聖製太常仙蝶詩帖　聖製王穀祥春雛得飼圖詩帖　聖製八徵耄念之寶記帖　聖製四得論四得續論帖　聖製墨雲室記帖　聖製正陽橋疏渠記帖　聖製回疆詩帖　聖製石刻十三經於辟雍序文帖　聖製圭瑁說帖　聖製搢圭說帖　聖製反蘇軾超然臺記帖　聖製廓爾喀歸降記帖　聖製書隋文帝改元事帖　聖製修德修刑論帖　聖製喇嘛說帖　聖製西藏善後事宜詩帖　聖製十全老人之寶說帖　聖製筆誤識過帖　聖製奏凱帖　聖製續纂秘殿珠林石渠寶笈序帖　聖製廓爾喀貢象馬帖　御筆小行楷書帖　聖製書虞書舜典集傳帖　聖製題張照千字文詩帖

聖製匜衍記帖　聖製南籠圍解詩帖　聖製自責詩帖　聖製較射詩帖　聖製授受禮成申示撰進頌册諸臣諭帖　御製凱宣三捷詩帖　御製潼河大捷詩帖　御製額勒登保台布等奏殲禦各情形詩帖　御製味餘書室全集序帖　御製邪教説帖　御製河決歎帖　御製平定三省紀略帖　御製盤山詩帖　御製幸翰林院錫宴禮成詩帖　御製見蝗歎詩帖　御製謁明陵紀事文帖　御製謁明陵詩帖　御製薩爾滸山詠事詩帖　御製辛巳歲我太宗大破明師於松山之戰書事文帖　御製懲蠹詩帖

臣等欽惟高宗純皇帝神運化工，道原心畫，奎章藻耀，罔不精詣入微。閲時既久，鏤珉滋富。我皇上敬承手澤，龍匵寶藏，復以幾暇濡毫，昭示天然矩矱，六體八法，妙用畢臻。近體之爲學問性情，默成之爲心傳治要。臣等謹就珍搨所藏，關繫政經之鉅、見道之精者，標陳大略。其專以文字垂型者，匯存御書處，條系釐然，具有歲月可稽，弗虞罣漏。又如臣工奉敕諸書，附列瑯嬛，積久彌夥，概不冗登。惟編録節年聯句詩章於後，以誌儒臣幸事，翰府美談，藉彰貞石者焉。

節年聯句詩帖

高宗純皇帝歲時召大學士、内廷翰林曲宴聯句，遇慶節宴宗親，舉盛事，宴耆年值巡典，宴扈從諸臣，皆以聯吟爲例。命詞臣敬繕成册，以次勒石。皇上依例舉行，謹備録如左。

玉盤聯句、趙北口冰嬉聯句乾隆二十七年　紫光閣錫宴聯句、歲朝圖聯句二十八年　冰嬉聯句二十九年　雪像聯句、趙北口觀鐙火聯句三十年　玉盂聯句三十一年　立春日得辛聯句三十二年　三清茶聯句三十三年　冰牀聯句三十四年

玉甕聯句三十五年 以上並臣于敏中敬書　學詩堂聯句三十六年　耕織圖聯句三十七年　淳化閣帖聯句三十八年　四庫全書聯句三十九年　天禄琳瑯聯句四十年 以上並臣王際華敬書　寧壽宮落成聯句四十一年　紫光閣錫宴聯句四十二年 以上並臣董誥敬書　三登澄海樓聯句四十三年　四庫全書薈要聯句、趙北口觀鐙火聯句四十五年　快雪堂帖聯句四十六年　月令七十二候聯句四十七年　職官表聯句、四登澄海樓聯句四十八年　五經萃室聯句、重華宮曲宴聯句四十九年　千叟宴聯句五十年　五福五代堂聯句五十一年 以上並臣梁國治敬書　開國方略集成聯句五十二年　平定臺灣聯句五十三年　戡定安南功成聯句五十四年　八徵耄念之寶聯句五十五年　洪範九五福之一曰壽聯句五十六年　洪範九五福之二曰富聯句五十七年　洪範九五福之三曰康寧聯句五十八年　洪範九五福之四曰攸好德聯句五十九年　洪範九五福之五曰考終命聯句六十年　重舉千叟宴聯句嘉慶元年 以上並臣王杰敬書　平定苗疆聯句二年臣沈初敬書　平定三省教匪誌喜聯句八年臣戴衢亨敬書　毓慶宮聯句臣戴衢亨敬書　翰林院賜宴聯句臣黃鉞敬書　惇敍殿聯句九年臣成親王永瑆敬書　職貢圖聯句、澄海樓聯句十年　書福聯句十一年 以上並臣戴衢亨敬書

國朝宮史續編卷之九十六

書籍二十二　圖像

臣等謹案：虞書觀古人之象，周禮掌天下之圖，所以鑑百王出治之程，而非特鋪張潤色已也。我朝文焕功巍，凡羣工應詔，絢采彰施，要皆繢陳實事。其中如南巡、大閲、禮器、鹵簿、職貢、諸圖，攸關制度典章，久藏祕府，與石渠寶笈同編。洎我高宗純皇帝敬觀實録，載摹開國戰圖，以昭有赫而示無疆。嗣是績闡十全，銘勳繪像，實爲炳燿鴻業千古莫京之盛。又且聖德景行，如南薰殿累朝縑素，甲乙珍儲，輿圖房、茶庫所藏，則上究司天，下賅益地，旁括河形海道，細寫風土名物，用以備官府稽覈，識旰宵經畫之大端。古人所爲最重圖籍，與右史並陳者，義繫乎此。臣等續輯宮史書籍門，增列圖像、圖刻、圖繪三類。蓋綈函錦𧝊，什襲宏多，爲之次第區詳，如列眉，如指掌，彬乎斐然，尤足以便披尋，而補前編之所未及者也。

南薰殿尊藏圖像

乾隆十二年，詔藏歷代帝后圖像，爲軸七十有九，爲册十有五，爲卷三。

乾隆十二年十月二十三日，奉諭旨：朕閲内務府庫所藏歷代帝后圖像，蓋沿襲前明以來之舊，扃鐍收藏，視同尋常圖繪，未經啓視，塵封蠹蝕，不無侵損。朕思勝朝陵寢，卽世遠年湮，尚爲之禁樵蘇而虔守護，使松楸勿剪，況縑素未渝，冕旒秀發，其何忍褻越置之！又明時帝后册寶，向貯工部庫中，歲久亦不免遺失殘毁。朕意併藏之南薰殿中，示崇敬焉。其中或有損闕，概令補綴完好，應重裝者卽付裝潢。其如何編列甲乙，存録檔籍，慎重珍藏之處，內廷大學士等會同內務府總管王、大臣妥議具奏。尋議：恭查南薰殿正殿五間，請於正中三間內各設硃紅漆木閣一分，五層，安奉歷代帝像，每一軸造楠木色小匣，用黄雲緞夾套包裹裝入，按閣層次，分列安奉。東一間，安奉后像，均照前式。至帝后册頁手卷，亦按次歸木閣安奉。西一間，置木櫃一，貯明時帝后册寶。其功臣像，按軸造小匣，套用紅雲緞，仍貯庫內。再，帝后圖像內，現有應修補者，請俟修補完好時，各按朝代，挨次編列甲乙，安奉木閣，並册寶收貯木櫃，一併登記檔籍。令內務府堂郎中、六庫郎中謹視收藏。每年六月擇期啓緘檢曝，歲以爲常。

聖製南薰殿奉藏圖像記　恭見前編

聖製朕既藏歷代帝后名臣像於南薰殿爲文以紀之并成是詩　恭見前編

御製恭閲南薰殿收藏列朝帝王圖像敬紀詩　恭載宮殿門

宓犧氏像一軸　絹本，縱七尺八寸，横三尺四寸七分，坐像，長四尺三寸。

帝堯像一軸　絹本，縱七尺七寸六分，横三尺五寸，立像，長五尺一寸二分。

夏禹王像一軸　絹本，縱七尺八寸二分，横三尺五寸，立像，長五尺一寸。

商湯王像一軸 絹本，縱七尺八寸二分，橫三尺五寸，立像，長五尺一寸。

周武王像一軸 絹本，縱七尺九寸五分，橫三尺五寸，立像，長四尺九寸。

臣等謹案：以上五軸，惟宓犧氏像前有臣馬麟畫四字，上書敍贊。餘四軸，有贊而無欵識。觀畫贊，自出馬麟一手。書畫譜引陳善杭州志：馬麟，遠子，能世其家，爲畫院祇候。畫史會要：馬遠，光寧間畫院待詔。此畫不知作於何時，惟敍中有日奉慈極語。考宋史，理宗卽位，尊楊皇后曰皇太后，同聽政，詔太后所居殿曰慈明。寶慶元年四月，皇太后手書「多病，自今免垂簾聽政。」三年，上尊號册、寶。紹定元年，上尊號册、寶。三年，上尊號册、寶。四年，皇太后年七十有五，上詣慈明殿行慶壽禮，則敍贊或卽理宗所製而書之者與。

梁武帝像一軸 絹本，縱二尺二寸二分，橫一尺七寸七分，立像，長一尺八寸。

唐高祖像一軸 絹本，縱八尺六寸二分，橫四尺，立像，長七尺五寸。

唐太宗像三軸 絹本，縱八尺六寸五分，橫四尺，立像，長七尺四寸。〇又絹本，縱二尺七寸，橫一尺五寸，半身像，長一尺九寸。〇又絹本，縱三尺二寸，橫一尺六寸，立像，長二尺。

後唐莊宗像一軸 絹本，縱八尺五寸五分，橫四尺，立像，長七尺五寸。

宋宣祖像二軸 絹本，縱六尺八寸，橫四尺七寸七分，坐像，長四尺九寸。〇又絹本，縱一尺七寸，橫一尺二寸八分，半身像，長一尺五寸。

宋太祖像四軸 絹本，縱七尺，橫五尺三寸，坐像，長五尺三寸。〇又絹本，縱八尺一寸五分，橫四尺，立像，長七尺三寸。〇又絹本，縱一尺八寸五分，橫一尺八寸，半身像，長一尺六寸五分。〇又絹本，縱一尺六寸，橫一尺一寸五分，半身像，長一尺二寸。

宋太宗像一軸 絹本，縱三尺三寸，橫一尺四寸五分，立像，長二尺二寸。

宋真宗像二軸　絹本，縱六尺五寸，横三尺六寸，坐像，長四尺五寸。○又絹本，縱二尺五寸，横一尺九寸，半身像，長一尺八寸。

宋仁宗像一軸　絹本，縱五尺九寸，横四尺，坐像，長五尺。

宋英宗像二軸　絹本，縱六尺四寸，横四尺九寸，坐像，長四尺五寸。○又絹本，縱二尺二寸，横一尺四寸，半身像，長一尺七寸。

宋神宗像二軸　絹本，縱五尺五寸，横三尺五寸五分，坐像，長四尺五寸。○又絹本，縱二尺五寸，横一尺八寸二分，半身像，長二尺一寸。

宋哲宗像一軸　絹本，縱五尺六寸，横四尺五寸，坐像，長四尺八寸。

宋徽宗像二軸　絹本，縱五尺九寸，横三尺三寸五分，坐像，長四尺六寸。○又絹本，縱二尺四寸五分，横一尺六寸，半身像，長一尺七寸。

宋欽宗像二軸　絹本，縱五尺九寸，横三尺四寸五分，坐像，長四尺九寸。○又絹本，縱三尺二寸，横一尺六寸五分，半身像，長二尺二寸。

宋高宗像一軸　絹本，縱五尺八寸，横三尺二寸二分，坐像，長四尺六寸。

宋孝宗像一軸　絹本，縱六尺二寸，横三尺四寸，坐像，長四尺九寸。

宋光宗像一軸　絹本，縱五尺八寸，横三尺四寸，坐像，長四尺七寸。

宋寧宗像一軸　絹本，縱五尺八寸，横三尺四寸五分，坐像，長四尺六寸。

宋理宗像二軸　絹本，縱五尺九寸，横三尺四寸，坐像，長四尺七寸。○又絹本，縱二尺，横一尺二寸，半身像，長一尺六寸。

宋度宗像一軸　絹本，縱六尺，横三尺四寸，坐像，長四尺七寸。

明太祖像十二軸　紙本白描，縱三尺四寸，横二尺，半身像，長二尺四寸。○又絹本，縱六尺三寸，横三尺一寸，坐像，長五尺二寸。○又絹本，縱八尺五寸，横五尺一寸，坐像，長四尺八寸。○又絹本，縱八尺八寸，横五尺一寸，坐像，長四尺八寸。○又紙本，縱五尺二寸，横三尺一寸，坐像，長四尺八寸。○又紙本，縱二尺六寸，横一尺五寸，坐像，長二尺二寸。○又紙本，縱六尺，横三尺四寸，坐像，長五尺九寸。○又紙本白描，縱三尺三寸，横二尺二寸，半身像，長二尺二寸。○又紙本，縱五尺三寸，横三尺一寸，坐像，長五尺。○又紙本，縱三尺三寸，横二尺，半身像，長二尺七寸。○又絹本，縱六尺二寸，横三尺三寸，坐像，長五尺一寸。○又紙本白描，縱三尺三寸，横二尺，半身像，長二尺四寸。

明成祖像一軸　絹本，縱六尺九寸，横四尺七寸，坐像，長四尺九寸。

明仁宗像一軸　絹本，縱三尺五寸，横二尺四寸，坐像，長二尺二寸。

明宣宗像三軸　絹本，縱六尺九寸五分，横五尺五寸，坐像，長五尺。○又絹本，縱二尺二寸，横二尺七寸，馬上像，長七寸二分。○又絹本，縱一尺二寸，横九寸五分，立像，長三寸五分。

明英宗像一軸　絹本，縱六尺五寸，横四尺八寸四分，坐像，長四尺四寸。

明憲宗像一軸　絹本，縱六尺五寸，横四尺九寸，坐像，長四尺三寸。

明孝宗像一軸　絹本，縱六尺五寸，横四尺九寸，坐像，長四尺一寸。

明武宗像一軸　絹本，縱六尺五寸五分，横四尺七寸，坐像，長四尺五寸五分。

明興獻王像二軸　絹本，縱七尺四寸，横五尺二寸，坐像，長五尺二寸。○又絹本，縱三尺四寸，横二尺四寸，坐像，長二尺四寸。

明世宗像一軸　絹本，縱六尺五寸，横四尺九寸，坐像，長四尺一寸。

明穆宗像一軸　絹本，縱六尺四寸，横四尺八寸，坐像，長四尺。

明神宗像一軸　絹本，縱三尺四寸五分，横二尺三寸五分，坐像，長三尺一寸。

明光宗像二軸　絹本，縱六尺三寸五分，横四尺，坐像，長三尺八寸五分。○又絹本，縱三尺四寸，横二尺四寸，坐像，長一尺九寸。

明熹宗像二軸　絹本，縱六尺四寸，横四尺九寸，坐像，長三尺六寸。○又絹本，縱三尺四寸，横二尺三寸五分，坐像，長一尺九寸。

宋宣祖后像一軸　絹本，縱六尺，横四尺七寸五分，坐像，長四尺二寸五分。

宋真宗后像一軸　絹本，縱五尺六寸，横三尺七寸八分，坐像，長四尺六寸。

宋仁宗后像一軸　絹本，縱五尺四寸五分，横五尺二寸，坐像，長四尺六寸。

宋英宗后像一軸　絹本，縱五尺九寸二分，横四尺五分，坐像，長四尺三寸。

宋神宗后像一軸　絹本，縱五尺四寸，横三尺六寸六分，坐像，長四尺一寸。

宋哲宗后像一軸　絹本，縱二尺五寸五分，横一尺六寸二分，坐像，長二尺一寸五分。

宋徽宗后像一軸　絹本，縱五尺八寸五分，横三尺三寸，坐像，長四尺五寸五分。

宋欽宗后像一軸　絹本，縱五尺九寸，横三尺三寸七分，坐像，長四尺三寸。

宋高宗后像一軸　絹本，縱五尺九寸，横三尺二寸，坐像，長四尺一寸。

宋光宗后像一軸　絹本，縱五尺四寸五分，横三尺四寸，坐像，長四尺一寸。

宋寧宗后像一軸　絹本，縱五尺九寸，横三尺五寸，坐像，長四尺四寸。

明孝慈高皇后像一軸　紙本，縱三尺三寸五分，横二尺三寸五分，半身像，長二尺六寸。

歷代帝王像一册　絹本，縱一尺四寸三分，横一尺六分，自伏羲氏起至宋寧宗止，凡十九葉。

聖君賢臣像一册　絹本，白描，縱八寸八分，横六寸七分，自伏羲氏起至韓信止，凡二十三葉，無欵識。

宋朝帝像一册　像絹本，標題紙本，縱一尺七寸五分，横一尺四寸五分，自宣祖起至度宗止，凡十六葉，前幅像對幅標題。

元朝帝像一册　像絹本，標題紙本，縱一尺八寸八分，横一尺四寸五分，自太祖起至寧宗止，凡八葉，前幅像對幅標題。

宋朝后像一册　絹本，縱一尺四寸五分，横一尺七寸五分，自宣祖皇帝后起至寧宗皇帝后止，凡十二葉。

元朝后像一册　絹本，縱一尺九寸三分，横一尺五寸二分，自世祖皇帝后起至后納罕止，凡八葉，末四像無標題。

元朝后妃太子像一册　仁宗皇帝后絹本，餘紙本，縱一尺三寸，横九寸五分，第一像無標題。自仁宗皇帝后起至后納罕止，凡六葉。第二三像無標題，末附太子像二。

明朝帝后像一册　上絹本，縱二尺一寸，橫一尺六寸，自太祖起至孝靜毅皇后止，凡九葉，每葉泥金字標題。下絹本，內惟光宗以下三葉紙本，縱橫如前，自世宗起至熹宗止，凡八葉，標題如前。

明朝帝后像一册　絹本，縱一尺四寸三分，橫一尺六分，自倉頡起至許衡止，凡三十一葉。

歷代聖賢像一册　絹本，縱一尺七寸七分，橫一尺五寸三分，凡十九葉，每葉清漢合璧。

孔子世家像一册　紙本，縱一尺五分，橫七寸六分，自孔子起至許衡止，凡六十葉，無欵識。

至聖先賢像一册

歷代聖賢名人像一册　紙本，縱一尺四寸，橫一尺，自周公起至金學士、趙景文止，凡二十二葉，末附未詳姓名一葉。

明太祖御筆二册　紙本，縱一尺二寸，橫不一例，上册凡硃墨筆四十九葉，釋文四十九葉，下册凡硃墨筆二十八葉，釋文二十八葉。

明宣宗行樂圖一卷　絹本，縱一尺二寸，橫二丈二尺，凡五像。

明世宗出警圖一册　絹本，縱二尺九寸，橫八丈二尺，坐像，身長五寸五分。

明世宗入蹕圖一卷　絹本，縱二尺九寸，橫八丈八尺五寸，坐像，身長五寸。

臣等謹案：此卷題識，無世宗字，惟與世宗像軸同篋藏，像亦相類。考明史：嘉靖十八年春二月乙卯，帝幸承天，夏四月壬子至。自承天甲子幸大峪山，丙寅還宮。以卷中山川形勢、歲時風景證之，當爲世宗也。

紫光閣功臣圖像

臣等謹案：紫光閣既寫戰圖，並以節次武功告成，自元臣及在事將軍、參贊、禁衛、統領諸臣，第其勳績，命工圖像。自庚辰以後，平定西域者一百人，平定兩金川者一百人，平定臺灣者五十人，平定廓爾喀者三十人，皆炳列丹青，藏弆斯閣。復掄其功之尤著者親製贊語，餘命廷臣撰擬。而文臣參密勿者，亦特與焉。兹敬録聖製像贊序言，以仰窺軫念忠勤之至意。且悉其策勛始末，迥非雲臺凌烟故事之所可同。至贊語具詳文集中，兹不備載。

聖製紫光閣五十功臣像贊序

西師之役，賴天佑，乘時運，資衆力，拮据擘畫，幸底厥績。固非予一人所敢逆料，敢期必也。然稍可以謝衆論、愜深衷者，無他，則以賞罰信而應機速耳。語云：「日中必熭，操刀必割，」言應機宜速也。書曰：「罪疑惟輕，功疑惟重，」言賞罰宜信也。機之來，發於無窮之源，而應以萬變之極，蓋難言之。若夫信賞罰，似非難事，而亦有所難者，則以不能因物付物，有所容心於其間耳。且罪疑而後從輕，若不疑而亦從輕，則偷生者何懼焉？功不疑而從重，其理固當，然涉疑而屢從重，則冒賞者生心，而真功反有向隅者矣，是知疑不可也。夫不疑而功惟真功，賞斯重焉。罪惟真罪，罰斯必焉。則捨命灰軀，冒矢石、投鋒鏑之倫，孰不勸以懲乎？兹者事定功成，寫諸功臣像於紫光閣，朕親御丹鉛，各系以贊，不過譽，不尚藻，惟就諸臣實事録之，並闡其義如右。雲臺二十有八，凌烟閣二十有四，而此五十人者，則以國家中外一統，宣力者衆，然此猶舉其尤赫者。若夫斬將搴旗，建一績、致一命者，亦不忍其泯滅無聞，將亦圖其形，而命儒臣綴辭焉。

聖製平定金川五十功臣像贊序

金川既平定，圖功臣像於紫光閣，序而贊之，一依伊犁回部之例。其故其義，前序言之詳矣，且捐軀盡節者，指不勝屈，寧忍令泯没無聞，而弗壽厥儀表、彰厥名聲者哉？夫用兵蓋難言之矣，無應機之謀，乏識人之鑒，而徒俾推轂，是藉寇兵而齎盜糧也。温福之僨車，朕深引以爲愧。而阿桂終能集事，朕又略因解嘲。至於午夜廢寢，當食忘餐，吁亦勞矣。夫無此勞，而徒曰有兵有將，汝其爲我征伐，則真窮兵黷武，而付其天下之成敗於不問者，朕弗爲也。觀此序者，或諒朕非窮兵黷武之爲，幸何如之！冀何如之！而朕之子孫，當凜佳兵之誡，苟不得已而用之，必深體此序之意，弗以冒昧行焉。則我大清億萬年無疆之休，基於是矣。前圖逮今甫十六載，事故過去者，卽十分之九，爲之愴然。而後生疊奮，繼前人之光，爲國家之用，林林源源以出，因又爲之慶矣。其兩被圖形，如阿桂之倫，豈非德業之光輝，人臣之厚幸。而較衛霍英鄂之流，更爲榮遇超越乎？

聖製平定臺灣二十功臣像贊序

近著勦滅臺灣逆賊生擒林爽文紀事語，以爲伊犁回部、金川三大事，各有專文；王倫、蘇四十三、田五次三事，不足蕆其功。若兹林爽文之勦滅，介於六者間，雖弗稱大事，而亦不爲小矣。故其次三訖未紀勳圖像，而兹福康安、海蘭察等渡海搜山，竟成偉勳，靖海疆，吁！亦勞矣，不可湮其功而弗識。故於紫光閣紀勳圖像，一如向三大事之爲。然究以一區海濱，數月底績，故減其百者爲五十，而朕親製贊五十者爲二十，餘命文臣擬撰，一如上次之式。夫用兵豈易事哉？昔漢光武有云：「每一發兵，頭鬚爲白。」況予古稀望八之年，鬢鬢早半白，而拓土開疆，過光武遠甚，更有何冀而爲佳兵之舉？誠以海疆民命，不得不發師安靖，所爲乃應兵，非佳兵也。然亦因應兵非佳兵，幸邀天助順而成功速，此予所以感謝鴻貺，不可以言語形容，而又不能已於言者也。昔人有言，滿洲兵至萬，横行天下無敵。今朕所發巴圖魯侍衛、章京等纔百人，已足以當數千人之勇。緑營兵雖多，怯而無用。兹精選屯練及貴州、廣東、湖廣兵，得近萬人，統而用之，遂以掃巢穴、縛逆首，是緑營果無用哉？亦在率而行之者，爲之埋根倡首，有以鼓勵之耳。若福康安未渡海以前，臺灣緑營已共有四萬餘兵，何以不能成功？則以無率而行之者，豈不然哉？且臺灣一歲三收，蔗薯更富，朕若微有量田加賦之意，以致民變，天必罪之，不能如是成功速也。後世子孫，當知此意，毋信浮論富國之言，愛民薄斂，明慎用兵，庶其恒承天眷耳。近日以宮商三百，逐章饜飫其義，竟如幼年書室學詩之時。然彼時但知讀其章句，而今則究其義味，因思采薇、出車諸章，乃上之勞下，其義正，斯爲正雅。祈父、北山諸什，乃下之怨上，其義變，斯爲變雅。夫上勞下，可也；下怨上，不可也。何則？下之怨上，固在下者不知忠義，然亦必在上者有以致之，斯則大不可也。我滿洲舊風，以不得捐軀國事，死於牖下爲恥，其抱忠知義，較祈父、北山之怨上爲何如？是則緑營之多恇怯思家，伊古有之，無足多怪矣。然爲上者，不可不存采薇、出車之意，更不可不知祈父、北山之苦。如其一概不知，而但欲開疆擴土，是誠佳兵黷武之爲，望其有成，豈非北轅而適越乎？故因爲功臣圖贊，而申其説如此，以戒奕葉子孫，並戒萬世之用兵者。

聖製平定廓爾喀十五功臣圖贊序

廓爾喀畏威，乞降歸順，武成平定，功臣効力，宜有圖贊。例應論爵，以軍機大臣爲首。而大學士阿桂以此番絶域歷險，實異常之勞，當以大將軍福康安爲首，因嘉許之，爲之序曰：武成圖功，逮此凡四。紫光閣圖功臣像，各爲之贊，自平定西域、兩金川、臺灣，逮此凡四次。夫用兵豈易言哉？必出於不得已，而不出於貪得恃强。審時應機，既明且斷，信賞必罰，仍總賴天貺助順，捨斯數者，未有不見其敗，而資窮黷之譏者也。伊犁、回部、金川既受俘蒇事，余已不復萌用武之心，無何而臺灣叛，福康安等渡海勦賊，不久生擒賊首，故此戰圖，仍依例以阿桂爲首。今之廓爾喀又在西藏數千里外，絶壁衝天，急湍臨峽，捨馬單步，非福康安、海蘭察二人同心鼓勇，身先士卒，斷不能成此七戰七勝之功。首圖其像，允合予心而符衆望也。西師、金川功臣各百，予親爲贊者各五十，餘命儒臣爲贊各五十，以成百數。臺灣功臣，予親贊者二十，餘命儒臣爲贊者三十，以成五十數。今平定廓爾喀之功臣，予親贊者十五，餘命儒臣爲贊者十五，以成三十數。蓋以西師及金川，歷年久而擴地廣，故人數多。臺灣成功速而地非廣，故人數次之。若廓爾喀則又速於臺灣，地雖險而實弗廣也，故予親爲贊者不過十五，儒臣爲贊者亦祇十五，然以總數較，仍勝凌煙雲臺之所表也。此實昊蒼護佑，國家祖宗教養所貽，賢材接踵，爲邦家光。予藐躬欽承惟謹，盛滿是懼，且歸政年近，老而畏事，遑敢復有他圖哉？

茶庫藏貯圖像

臣等謹案：茶庫在太和門迤西，隸内務府管理。乾隆十四年，移藏歷代帝后圖像於南薰殿，其歷代功臣像仍弆斯庫。爲軸二十有一，爲册三。

漢張良像一軸 絹本，縱六尺五寸五分，橫三尺二寸，立像，長四尺九寸五分。

漢韓信像一軸 絹本，縱八尺五寸六分，橫三尺九寸，立像，長七尺二寸。

漢周亞夫像一軸 絹本，縱八尺五寸五分，橫四尺，立像，長七尺。

漢班超像一軸 絹本，縱八尺五寸五分，橫四尺，立像，長七尺。

漢岑彭像一軸 絹本，縱八尺五寸五分，橫三尺九寸五分，立像，長七尺。

漢祭遵像一軸 絹本，縱八尺五寸五分，橫三尺九寸五分，立像，長七尺。

漢寇恂像一軸 絹本，縱八尺五寸五分，橫三尺九寸五分，立像，長七尺。

漢諸葛亮像一軸 絹本，縱六尺一寸，橫三尺，立像，長五尺。

漢張飛像一軸 絹本，縱八尺五寸五分，橫三尺九寸五分，立像，長七尺。

秦王猛像一軸 絹本，縱八尺五寸五分，橫三尺九寸五分，立像，長七尺。

唐狄仁傑像一軸 絹本，縱八尺五寸五分，橫三尺九寸五分，立像，長七尺。

唐薛仁貴像一軸 絹本，縱八尺五寸五分，橫三尺九寸五分，立像，長七尺。

唐郭子儀像一軸 絹本，縱八尺五寸五分，橫三尺九寸五分，立像，長七尺。

唐李光弼像一軸 絹本，縱八尺五寸五分，橫三尺九寸五分，立像，長七尺。

唐李晟像一軸 絹本，縱八尺五寸五分，橫三尺九寸五分，立像，長七尺。

唐尉遲敬德像一軸 絹本，縱七尺一寸，橫三尺二寸，立像，長六尺六寸。

唐李孝恭像一軸　絹本，縱七尺一寸，横三尺二寸，立像，長六尺六寸。

唐李克用像一軸　絹本，縱七尺一寸，横三尺二寸，立像，長六尺六寸。

宋岳飛像一軸　絹本，縱五尺七寸五分，横三尺一寸五分，坐像，長四尺九寸。

宋范仲淹像一軸　絹本，白描，縱四尺三寸，横二尺三寸，坐像，長八寸。

明姚廣孝像一軸　絹本，縱五尺七寸五分，横三尺八寸，坐像，長四尺。

歷代武臣像一册　紙本，縱九寸，横七寸，標題齊太公、武成王不稱名，吴司馬、孫武子以下二十一人皆一例，書至宋曹武穆以下八人，稱諡、稱名、稱官互異，凡十五葉。

唐名臣像一册　紙本，縱一尺四寸五分，横一尺三分，標題稱諡、稱名、稱官、稱字不一例，似後人隨筆所書，凡十一葉。

唐宋諸名臣像一册　像絹本，篆書，標題紙本，縱八尺五分，横六寸六分，卷首八分書唐宋諸名臣像六字，凡二十二葉，書額一葉，記一葉。

國朝宮史續編卷之九十七

書籍二十三　圖刻一

臣等謹案：輿圖房掌圖版之屬，凡中外臣工繪進、呈覽後，藏貯其中，其關繫經制、垂諸悠久者，特命鏤版以行。自乾隆二十六年勅編蘿圖薈萃，分類十三：曰天文，曰輿地，曰江海，曰河道，曰武功，曰巡幸，曰名勝，曰瑞應，曰効貢，曰鹽務，曰寺廟，曰山陵，曰風水。迨六十年奉勅續編，增多於舊繪。蓋由高宗純皇帝德業彌彰，勳猷愈大，疆宇滋擴，政教加詳，故典章亦富有而日新焉。臣等纂入宮史，首列實録戰圖，次紀盛京事蹟圖，次紀高宗純皇帝平定伊犂、回部、兩金川、臺灣、安南、廓爾喀、苗疆諸圖，並恭録聖製題幀詩什，餘合蘿圖薈萃兩編排纂云。

太祖實録戰圖一分　八册，凡七十七圖。

乾隆四十六年，高宗純皇帝敬覽乾清宮所藏太祖實録戰圖乃盛京舊本，特命依式重繪，一貯尚書房，一恭送盛京尊藏。

高宗純皇帝聖製敬題重繪太祖實録戰圖八韻

昊天有成命，長白肇嘉徵。實録内首載：長白山約高二百里，週圍約千里，鴨緑、混同、愛滹三江所出，初天降仙女於長白山東北布庫哩山下，有神鵲銜朱果吞之成孕，生男生而能言，長成，母告子曰：「天生汝，令汝定亂，可往彼處將所生緣由一一詳説。」乃與一舟，順流而下，言訖不見。時長白山東南鄂謨輝三姓爭雄，聞之往見，果非常人，異而詰之。答曰：「我乃天女所生，姓愛新覺羅，天降我定汝等之亂。」衆皆驚異，遂擁回。三姓人息爭，共奉爲主，以女妻之，定號滿洲，實我朝發祥之始也。草創大東始，規模方夏膺。旅猶五百闕，甲未十三增。實録内載：我太祖龍行虎步，舉止威嚴，心性忠實，剛果武勇蓋世，用兵如神。初起止遺甲十三副，兵不滿百，克圖倫城後，攻納中完濟漢，亦僅率兵四百，恩威並行，順者以德服，逆者以兵臨。於是削平諸部後，攻克明國遼東諸城，建都盛京，帝業遂定。圖遠先靖近，捫創更鼓升。實録内載：攻翁鄂落城時，太祖升屋督戰，被賊箭中首透盔，即以所拔之箭射賊，應弦而倒。又被他賊射中項，鏃卷如鉤，拔出，衆見被傷，欲扶回，太祖恐敵知覺，令勿近前，項血湧出，太祖以手搵箭眼，拄弓從容下屋。每恭讀實録至此，未嘗不流涕動心。其後兵力漸强，太祖欲復明先世之讐，乃書「七大恨」告天興兵，親冒矢石，授方略，大破明師二十萬於薩爾滸山。遂因書七恨，便以進千乘。有戰無不克，惟仁是用興。艱難思祖德，繼續勵孫承。重繪傳奕世，實録八册，乃國家盛京時舊本，敬貯乾清宮。恐子孫不能盡見，因依式重繪二本，以一本貯上書房，一本恭送盛京尊藏，傳之奕世，以示我大清億萬年子孫毋忘開創之艱難也。毋忘凜日兢。

盛京事蹟圖一分　紙本，縱一尺五寸，橫一丈二尺二寸，凡五卷。

第一卷，恭載太祖高皇帝己未年攻降朝鮮兵於固拉庫崖，破明兵四萬於阿布達哩岡。辛酉年征明，撫降永甸堡、寬甸堡、長甸堡、靉陽堡、大甸堡、新甸堡、鎮江城、險山堡、湯站堡、薩馬吉城、鳳凰城、草河城、青苔峪城、岫巖城、黄骨島城、歸服堡、紅嘴堡、耀州城、盖州城（後爲盖平縣）、熊岳城、五十寨城、永寧監城、欒固堡、復州城、鹽場堡、石河驛城、金州城（後爲寧海縣）。丙寅年征明寧遠，克覺華島。太宗文皇帝癸酉年取明旅順口城，丁丑年取明皮島。世祖章皇帝癸未年取明中後所城、前屯衛城、中前所城。甲申年四月征寧遠，遂入山海關，定鼎燕京。

第二卷，恭載肇祖原皇帝先世發祥於長白山，創業於赫圖阿拉。太祖高皇帝癸未年起兵，討尼堪外蘭於圖倫城，攻取蘇克素護河部之薩爾滸城。甲申年圍齊吉達城，擊敗棟鄂部兵，攻取蘇克素護河部之瑪爾墩寨。乙酉年擊敗渾河部兵於太蘭岡，攻取蘇克素護河部之安圖爪爾佳城。丁亥年攻取渾河部之巴圖達城。戊子年征完顔部，克其城。己丑年攻取渾河部之兆嘉城。癸巳年勦誅訥音部長於佛多和城，破葉赫哈達等九部兵於古哷城，攻富勒佳齊寨，擊敗哈達部兵。己亥年攻克哈達城，平其國。丁未年收撫瓦爾喀部衆於斐優城，攻克輝發城，平其國。辛亥年攻克窩集部之扎庫塔城，征取窩集部之烏爾固辰路。癸丑年征葉赫，降烏蘇城。戊午年攻克明清河城、三岔堡、花豹沖堡、撫安堡。征明，降撫順城、瑪哈丹城、東州城。己未年破明兵一萬於斐芬山，又破明兵一萬於碩欽山，又破明兵三萬於尚間崖，又破明兵五萬於舍哩衛，取開原城、鐵嶺城。辛酉年征明，撫降威寧營城、孤山驛城、甜水站城、奉集堡、中固城、懿路城、蒲河城、瀋陽城（後爲盛京）、慶雲堡、范河城、虎皮驛城、宋家泊城、静遠堡、武静營城、遼陽城、丁字泊、上榆林城、古城堡、十方寺城、海州城（後爲海城縣）、長勝堡、鞍山驛城、穆家堡、三河堡、鎮東堡、長永堡、長寧堡。壬戌年征明，收降鎮静堡，取西平堡，降盤山驛城，取平洋橋堡，收降中安堡、間陽驛城、鎮安堡，取廣寧城，收降牽馬嶺城、大寧堡、大清堡、錦昌堡、大茂堡、大勝堡、太平堡、大康堡、大定堡、大興堡、大安堡、正安堡。太宗文皇帝辛未年圍明大凌河城，破援兵四萬，降其城，攻降魚子嶂臺，擊敗明兵於小凌河岸。辛巳年破明兵十三萬於山杏驛。壬午年降明錦州城、杏山城、克塔山城。

第三卷，恭載太祖高皇帝戊戌年攻取安楚拉庫路。丁未年征取窩集部之佛訥赫城、鄂摩和素囉屯、赫什赫屯。戊申年攻取烏拉部之宜罕山城。己酉年攻取窩集部之瑚葉路。庚戌年征窩集部，招降尼瑪察諸路長、綏芬諸路長。壬子年征烏拉，築木城於赫爾蘇城。癸丑年攻克烏拉部之鄂謨城，攻克烏拉部之富勒哈城，平其國。甲寅年征取窩集部之雅蘭路、西璘路。己未年攻克葉赫東西二城，平其國。辛酉年征明，撫降鎮北堡、威遠堡。

第四卷，恭載太祖高皇帝丙辰年招服使犬路、諾囉路、錫喇忻路。太宗文皇帝壬申年由興安嶺征察哈爾。

第五卷，恭載太祖高皇帝丙辰年征薩哈連部，取其十一寨。

乾隆四十一年六月十八日，奉諭旨：盛京、吉林等處，乃我祖宗肇迹興王之所，前因皇輿全圖刊載地名不能賅備，命於實録内恭查，詳列清單，將原圖並交將軍弘晌等查明添補。嗣據弘晌等按其道里形勢將所開地名添繪成圖呈覽，已交輿圖處，將舊圖增改刊刻。但舊圖方幅有限，詳載地名字體已小，不能復列事蹟，於豳岐之締造，尚不足以示昭垂。緬惟列祖，天作基祥，鴻業經營，規模大備。如我太祖、太宗大破明師於薩爾滸山及凡戰勝攻取之地，開創艱難，皆有山川疆域可考。自宜節舉大要，分注圖中，俾我世世子孫按圖瞻仰，並得曉然於景命所貽，前勞所啓，益切欽承敬畏，以鞏億萬載丕丕基，詒謀垂裕之道，無有大於此者。著將盛京等處地方另行展拓，繪爲大圖一幅，溯自長白發祥，以至奄有瀋遼，建國遷都，暨神武戡定各事蹟，並爲標目，兼清漢字分注圖中，俾皆瞭如指掌，以備觀省而示久遠。即交大學士公阿桂、尚書公福隆安、協辦大學士尚書英廉、侍郎和珅督率所司敬謹辦理。其如何核計里數，展圖若干，足敷標識之處，著令西洋人悉心測算，並即飭工繪樣呈進，俟閲定卽壽諸棗梨，用昭世德鴻圖之盛。凜遵毋忽。

聖製恭題戰蹟輿圖詩 有序

盛京、吉林諸處，乃我祖宗肇迹興王之所，而皇輿全圖所繪，向未賅備。因敬稽實録事迹，命將軍弘晌等詳考道理形勢，按圖增補；且勅大學士舒赫德、阿桂等董所司拓爲大圖，於聖武豐功，標注地名之右，恭紀太祖、太宗親征及遣諸王貝勒等征討者，地凡一百四十有四。圖既成，將以壽之棗梨，垂示久遠。緬惟我國家自長白發祥，奄有瀋遼，天與人歸，丕基式廓。而我太祖、太宗身歷戎行，開剏艱難，皆有山川疆域可考。迄今按圖展對，並可想見當年景命所貽，前勞所啓。用是恭賦成什，誌不敢忘，即以是詩録之幀首，我世世子孫遵覽斯圖，其尚欽承敬畏，以鞏億萬載丕丕基，而於余所以述祖德而垂後昆者，庸可忽乎哉？

龍興東海佑承天，剏業時仔二帝肩。因以輿圖考當日，注之戰蹟示千年。祖功並茂德貽後，宗德還兼功繼前。心膂折衝同禦侮，躬親執鋭更披堅。凡經一百四十處，迺致九州萬國全。享此泰平守器者，可忘先業弛勤虔。

御題平定伊犂回部全圖一分 銅板紙印本，每幅縱一尺六寸，橫二尺七寸，凡三十四幅。

第一幅，聖製戰圖。補詠序：

西師定功於己卯，越七年丙戌，戰圖始成。因詳詢軍營征戰形勢以及結搆丹青，有需時日也。

夫我將士出百死一生，爲國宣力，賴以有成，而使其泯滅無聞，朕豈忍爲哉！是以紫光閣既勒有功臣之像，而此則各就血戰之地，繪其攻堅斫鋭、斬將搴旗實蹟，以旌厥勞而表厥勇。爾時披露布已有成詠者，即書之幀間；其未經點筆者，兹特補詠，凡六事。禮不云乎，聽鼓鼙之聲，則思將帥之臣。撫是圖也，有不啻若是之感。先是宵旰勤勞，雖日神馳於連營列陣之間；此則目擊心存，竟如指揮諸將士於折衝禦侮之際。而痛定之懼，予惟益欽天眷於無窮，凛月盈於有永，遑敢自詡坐謀，伐赫濯而忘兢業哉！

第二幅，平定伊犁受降圖。

第三幅，聖製西師底定伊犁捷音至，詩以誌事：

乘時命將定條枝，天佑人歸捷報馳。無戰有征歸絶域，壺漿簞食迎去聲王師。兩朝綈搆敢云繼，百世寧綏有所思。好雨優霑土宇拓，敬心那爲慰心移。

第四幅，格登鄂拉斫營圖。

第五幅，聖製阿玉錫歌：

阿玉錫者伊何人，準噶爾屬司牧臣。其法獲罪應剉臂，何不即斬犯厥尊。徒步萬里來向化，育之塞外先朝恩。薩拉爾來述其事，云即彼中勇絶倫。持銃迎面未及發，直進手奪無逡巡。召見賜銀擢侍衛，即命先驅清漠塵。我師直入定伊犁，達瓦齊聚近萬軍。鼓其螳臂欲借一，依山據淖爲營屯。我兩將軍重諮議，以此衆戰玉石焚。廟謨本欲安絶域，撻伐毋乃違皇仁。健卒掄選二十二，曰阿玉錫統其羣。曰巴圖濟爾噶爾，及察哈什副以進。叶阿玉錫喜曰固當，廿五人氣摩青旻。銜枚夜襲覘賊向，如萬祖父臨兒孫。大聲策馬入敵壘，厥角披靡相躪奔。降者六千五百騎，阿玉錫手大纛搴。達瓦齊擕近千騎，駾走喙息嗟難存。荆阿孟賁一夫勇，徒以藉甚人稱論。神勇有如阿玉錫，知方亦復知報恩。今我作歌壯生色，千秋以後斯人聞。

第六幅，鄂壘扎拉圖戰圖。

第七幅，聖製鄂壘扎拉圖之戰詩：

以誠馭詐致相輕，哈薩纔迴譎變生。戊己駐營擕少卒，螳螂怒臂阻前程。直何畏曲中宵出，一可當千衆賊驚。竟得全師逢接騎，整軍復入大功成。

第八幅，和落霍澌戰圖。

第九幅，聖製和落霍澌行。

今春我師勦逆夷，首戰實和落霍澌。斬將搴旗早報捷，酬勞頒賚已有差。即今生解俘囚至，曰渥赫特宰桑伊。散秩大臣曾授職，乃敢倡亂如鴞鴟。面詢彼所致敗故，咋舌惟歎天奪其。彼衆猶有千餘騎，覘知我寡設計奇。輜重遠行誘我逐，層層伏賊據險巇。官軍四百始馳至，少騎示弱山之陲。我進彼乃蠭涌集，鋭礮如雨循環施。我軍曾無一傷者，百靈擁護信有之。衝鋒突入矢齊發，賊乃喪膽紛離披。鹿埵隴種各逃命，大糅大膊張軍威。殲彼屍僵近四百，負傷遁者數無訾。是誠天助額手慶，奮勇要亦資人爲。問率軍者其人誰，超勇親王家聲詒。

第十幅，庫隴癸戰圖。

第十一幅，聖製庫隴癸之戰詩：

威弧有事射天狼，三穴窮追郕許藏。鋌險賊人雖鼠竄，擣虛士氣正鷹揚。五更直襲屯營寨，兩騎先收牧馬羊。以少勝多張撻伐，將軍誠勇著旂常。

第十二幅，烏什酋長獻城降圖。

第十三幅，聖製烏什城酋長霍集斯伯克攜回衆獻城降，詩以紀事：

執渠早是被恩榮，畏逼遷隨尚近情。識順料伊將倒戟，翦兇匪我願佳兵。申明昧雉霜嚴令，疊見牽羊肉袒迎。天佑人歸逮底績，越因兢業凜虧盈。

第十四幅，黑水圍解圖。

第十五幅，聖製黑水行。恭載前卷宮殿門。

第十六幅，呼爾璊大捷圖。

第十七幅，聖製我師詩：

我師萬里外，馬力實難繼。況深入賊巢，主客勢誠異。以此被所圍，固守鼓衆氣。豈忍罪輕進，惟奬勤王事。再三督援師，速進以接濟。亦不待督責，敵愾人同勵。屈指數居諸，兵應臨彼地。争勝在俯仰，所關信非細。中夜不安寢，亟盼佳音至。忽傳驛致章，秉燭披衣視。鏖戰五日夜，斬將搴旗幟。副將軍富德，參贊及軍士。同心成巨功，殲賊數千騎。已近將軍營，通信卒遣四。頑回百計攻，官軍一意備。以此歷三月，無恙皆寧謐。相商夾擊策，一舉期功遂。四月寤寐縈，今朝始慶慰。殷心念衆勞，額手感天賜。佇待捷音馳，國朝威遠被。

第十八幅，通古思魯克戰圖。

第十九幅，聖製通古思魯克之戰詩：

兩回酋昔困莎車，得地忘恩應翦除。赤翟蜂屯助白翟，儒如狼顧庇榮如。渡河騎卒五百耳，背郭賊將二萬餘。守壘竟同援兵返，忠誠迴憶益欷歔。

第二十幅，霍斯庫魯克戰圖。

第二十一幅，聖製霍斯庫魯克之戰詩：

回城既定進追兇，雙耳山前竄跡逢。賊已六千横據嶺，兵纔九百仰攻峯。遮回安集延逃路，直躡拔達山去蹤。將卒同心奮敵愾，千秋國史勒勳庸。

第二十二幅，阿爾楚爾戰圖。

第二十三幅，聖製阿爾楚爾之戰詩：

霍斯庫魯遁餘魂，合旅窮追玉水源。蕃部勤王隨契苾，旗軍勵志定堅昆。蚩尤所恃依重險，風后宛同握八門。健鋭營兵精火器，雪山倏作陸渾原。

第二十四幅，伊西洱庫爾淖爾戰圖。

第二十五幅，聖製伊西洱庫爾淖爾之戰詩：

三交三勝武貔雄，黠鼠徒嗟五技窮。一綫沿溪進魚貫，千尋列嶂突蠶叢。遊魂釜底雖潛脱，馳檄天邊竟定功。蕆事追思臨事慎，持盈永以勵深衷。

第二十六幅，拔達山汗納欵圖。

第二十七幅，聖製副將軍富德奏報拔達山汗素爾坦沙獻逆賊霍集占首級，並以全部納欵稱臣，信至，詩以誌事。恭載前卷宫殿門。

第二十八幅，平定回部獻俘圖。

第二十九幅，聖製御午門受俘馘詩。恭見前編。

第三十幅，郊勞回部成功諸將士圖。

第三十一幅，聖製二月二十七日郊勞出征將軍兆惠、富德及諸將士禮成紀事詩。恭載前卷宫殿門。

第三十二幅，凱宴圖。

第三十三幅，聖製上巳日凱宴成功諸將士詩。恭載前卷典禮門。

第三十四幅，大學士公臣傅恒等恭跋。

右圖十有六幅，始於伊犁受降，訖於回部獻俘。凡我將士，劘壘斫陣，霆奮席捲之勢，與夫賊衆披靡潰竄，麇奔鹿駭之狀，靡不摹寫畢肖，鴻猷顯鑠，震耀耳目，爲千古臚陳戰功者所未有。幀端各系以御製詩，成於奏凱録功、即事紀實者十；追敍時地、補圖補詠者六。既裝潢成册，親製序文冠於册首，並命臣等恭誌其後。伏惟西陲撻伐之役，歲不越五周，北庭以北，西濛以西，二萬餘里，咸隸版宇。懿此武成大定，胥荷我皇上廟算精詳，先機制勝，用以洪迓靈貺，佑順協孚。惟時在事諸臣，敬禀睿謨，以効忠宣力，克建厥勳，策名酬庸，賞延於世，聲施炳焉。當我師之再克捷也，叙豐功則有告成太學之碑，有勒銘伊犁、格登、葉爾羌、伊西洱庫爾淖爾之碑，闡偉畫則有西師詩、開惑論。而自乙亥軍興，迄己卯蕆事，見諸賡詠者，凡二百二十餘篇，咸勒石武成殿廡，用誌始末。至若五十功臣，則繪像紫光閣，題贊以寵異之。又繪其次者五十人，勅臣等擬贊同弆。而閣壁左右，則繪平定伊犁回部之圖。所以昭旂常、垂史牒者，舄奕乎其詳且備矣。兹册復因事綴圖，或採之奏牘所陳，或徵之諮詢所述。凡夫行間之奮敵愾、冒石矢、著勞勩者，悉寫其山川，列其事蹟，傳其狀貌。繼自今，恭撫斯圖，皆得按帙而指數之曰：是役也，某實任之；而先登，則某之績；分部襄勤，則某之力也。是準部之所以殄滅，回部之所以殲亡也，及瞻郊勞賜宴諸圖，則又曰：是聖主所以獎勞臣、示渥賚、慶武成也。若夫目擊心存，如指揮於折衝禦侮之際，與所爲欽天眷而凜月盈者，則序文又已舉其緊要，而詔示永久焉。臣等因溯出師以來，軍書旁午，宵旰運籌，臣等獲於前席咨對之餘，親聆方略，咸仰聖明指授萬里之外，坐照靡遺。兹圖所繪戰勝形勢，固皆密勿機宜，所燭如然犀、料如聚米者也。臣等管蠡微渺，更無能頌揚萬一云。

國朝宮史續編卷之九十八

書籍二十四　圖刻二

高宗純皇帝御題平定兩金川得勝戰圖十六詠一分　銅板紙印本，縱一尺六寸，横二尺八寸，凡十六幅。

第一幅，收復小金川戰圖。

聖製將軍阿桂奏報收復小金川全境，詩以誌事：

事之將難上峻山，事之將易下順水。旬日全定小金川，幅員五百有餘里。迴思六月僨事時，猖獗賊亦迅若此。一朝失亦一朝得，天道好還原定理。整兵直進討促浸，雪嶺險滑仍如彼。擬欲持以久困之，復慮師老致委靡。賈勇及鋒而用壯，一月三捷心焉企。我非黷武願佳兵，撻伐由來不得已。

第二幅，攻克喇穆喇穆及日則丫口戰圖。

聖製將軍阿桂奏報大兵攻克喇穆喇穆山梁及日則丫口，詩以誌事：

色淜普克固可進，喇穆喇穆轉在後。山梁上有賊戰碉，直進仍虞彼掣肘。我兵相勢分營圍，而匪聚徒亦嚴守。惟彼峰尖兩大碉，肋崖如削猿難走。以故賊不甚隄防，得此斯爲踞其首。搤吭拊背則無難，擣虚抵隙或堪取。分兵路路各進攻，别選精鋭登峯嶁。峭壁直上千仞高，以頂繼踵翼爲手。須臾遂克兩戰碉，賊衆盡殲無一漏。叶其餘各碉雖力拒，我圍益堅魚在罶。賊知難拒盡棄遁，我兵追戮多僵仆。乘勝勇氣百倍增，並即克日則丫口。是役諸將皆用力，而海蘭察功最右。相機取遜克爾宗，佇待捷音奏囊剖。

第三幅，攻克羅博瓦山碉戰圖。

聖製將軍阿桂奏報攻克羅博瓦山碉，痛殲賊衆，相機進勦，詩以誌事：

羅博瓦最高，四峯互圍擁。危石鎖巖岈，冰巖滑巃嵷。賊緊要門户，死守弗開空。然勢在必取，將軍申戒董。八旗子弟兵，其中多將種。心既堅忠義，力倍加拳勇。偏伍與彌縫，部署勞洞洞。夜發曉將及，賊聚拒衝湧。據高直下擣，我師屹弗動。待其近至前，持滿無不中。叶緑旗及土練，激勵均躍踴。履險如席平，騰高擬鳥氄。刀矛短兵接，賊敗不旋踵。隴種奔案角，悃踉逃穴孔。兩日剋八碉，廿六卡獲冗。賊巢斯已近，一鼓期收總。然予更有思，好生承天寵。逸德玉石焚，佳兵誡宜奉。渠魁所弗赦，脅從實懵懂。曉之令歸命，倒戈或陰拱。誅殺既弗亟，成功庶速鞏。寄諭相咨諏，慎事惟虔竦。

第四幅，攻克宜喜達爾圖山梁戰圖。

聖製副將軍明亮奏攻克宜喜達爾圖山梁，已據要隘，籌進取賊巢，詩以誌事：

宜喜達爾圖，賊之北門户。攻已一歲餘，曾未進數武。所以豐昇額，改圖易西路。叶明亮進正地，復以遇險阻。亦欲往西路，已謂議可許。阿桂令其迴，牽綴由宜喜。叶昨接阿桂奏，攻碉進了口。叶晴明望宜喜，賊碉毁弗覩。但見我軍營，列據山梁處。疑信尚未定，今朝奏囊剖。叶分攻彼七碉，奮勇齊並舉。一時皆卽克，兼得格勒古。惟餘第四碉，勵衆期必取。成功神且速，嘉勞去聲難盡語。而實賴天佑，助順默相輔。賊巢已逼近，螳臂應難禦。諸臣既同心，和則力共努。定功膺茂褒，捷音日夜佇。

第五幅，攻克日旁一帶戰圖。

聖製副將軍明亮攻克日旁一帶碉寨，詩以誌慰：

三軍同力努，諸將一心佳。達爾圖雖險，日旁梯可階。分兵還選隊，入箐更緣崖。正正旗先展，堂堂陣自開。聲東擊西應，前至後登皆。流滴飛[illegible]，抱頭互擠排。石包難復守，沙壩亦淪埋。望已賊巢近，擣從虛處挨。夾攻知日指，大捷候星差。和起真有子，欣餘切感懷。

第六幅，攻克康薩爾山梁戰圖。

聖製將軍阿桂奏報攻克康薩爾山梁碉寨木城，詩以誌事：

自克默格爾山梁，滿擬卽遞平賊信。侵尋待之逾兩月，密拉噶拉兵仍頓。蓋緣已扼賊門户，因以死守防益慎。彼處跬步無非山，石劍蠶叢允難進。於康薩爾築碉寨，弗遺餘力據險峻。嘉哉我將及吏卒，敵愾同志衆積恨。拔彼鹿角越彼濠，直逼碉根登奮迅。堅壘深窖一時摧，大輮大膊不遺憖。三日殲賊二百餘，遂奪山梁高萬仞。石碉凡十木城四，近碉寨卡全收盡。叶齊心努力悦以憐，普賚特旌夫豈靳。勒爾策依籌卽擣，迅雷不及掩耳震。譬如破竹已裂節，其解自當速迎刃。事半功倍豈期然，爲山九仞懼尤甚。叶佇俟紅旗報大捷，竭誠惟籲天助順。

第七幅，攻克木思工噶克丫口戰圖。

聖製將軍阿桂奏報攻克木思工噶克丫口等碉柵，詩以誌事：

自報克獲康薩爾，頓兵三月未能進。雖時斬剿賊小創，以近巢穴守愈峻。定計兩路爲夾攻，宜喜下壓乘其釁。精兵既益調遣定，爰趁天晴入奮迅。丫口爲賊境咽喉，未因宜喜潛抽引。而我將卒鼓敵愾，直冒烟火無回吝。三面險碉一時奪，自此徑進勢應順。西路捷實賴天佑，更稱望見北路近。得楞碉卡已攻獲，薩克薩谷下一瞬。一日可收三年功，佇待明亮報實信。

第八幅，攻克宜喜甲索等處戰圖。

聖製副將軍明亮奏報攻克宜喜甲索等處碉卡，詩以誌事：

去年宜喜據山梁，未進都因去路長。增調官軍足供用，更相籌畫總抒良。日旁別綴聊虛擲，甲索先攻且試嘗。鼓勇遂教分隊入，蔚兇都勵一心强。碉平柵克力羣奮，訊執醜擒氣越揚。乘勝齊兵擬下壓，截前料賊卽奔忙。兩軍會合指旦晚，衆志歡呼益黽蘉。三捷勒烏圍最近，紅旗第一到懸望。

第九幅攻克石真噶戰圖。

聖製副將軍明亮奏報攻克石真噶賊碉，詩以誌事：

宜喜雖經下壓攻，近巢力守聚羣戎。因教逾月阻多砦，忽報雙碉剋衆雄。軍雜役喧進猶巧，將先兵奮效惟忠。石包已俯勒圍背，捷盼紅旗指日中。

第十幅攻克菑則大海昆色爾山梁並拉枯喇嘛寺等處戰圖。

聖製將軍阿桂奏報攻克菑則大海昆色爾山梁並拉枯喇嘛寺等處，詩以誌事：

勒圍望見阻巴占，繞路進攻兵出潛。騰石攀林越溝底，屯蜂附蟻上碉尖。百餘處剋窮巢近，三日力殫羣賊殲。將卒一心同効藎，可嘉并與可憐兼。

第十一幅，攻克勒烏圍戰圖。

聖製阿桂奏摺至知攻克勒烏圍詳悉，詩以誌事：

勒烏圍賊舊官寨，垣固碉高不易攻。石卡木城接鱗次，水臨山背據蠶叢。計窮百變同攄藎，志合三軍共建功。優叙先行循令典，葳庸封爵待恩崇。

第十二幅，攻克科布曲索隆古山梁等處戰圖。

聖製將軍阿桂奏報攻克科布曲索隆古山梁等處碉寨，即期迅擣賊巢，詩以誌事：

西里剋來逮一月，賊巢近復阻山梁。索隆古據建瓴勢，噶喇依頻覆卵殃。冒險衝鋒資衆力，除兇助順賴天慶。紅旗早晚其將至，益切中宵盼不遑。

第十三幅，攻克噶喇依報捷圖。

聖製將軍阿桂奏攻克噶喇依賊巢，紅旗報捷，喜成凱歌十首。恭載前卷宮殿門。

第十四幅，凱旋圖。

聖製於郊臺迎勞將軍阿桂凱旋將士等，成凱歌十首：

郊臺仍是此郊臺，何幸重修盛事來。漫謂數年經契闊，精神注似日相陪。○勳臣率拜列靈旗，軍士鳴螺赫武儀。樂奏鐃歌行抱見，詰戎家法萬年垂。○己巳班師本受降，庚辰郊勞典鴻厖。放牛歸馬予素志，凱獻何期此見雙。○準部回城定五年，金川小寇亦如前。嘉予將士久敵愾，不覺對之增惻焉。○地險加之衆志堅，林碉步步戰而前。小於昔事難過倍，慰意恒因意惘然。○鑿穴而居避火器，終於面縛出蕃城。貪生螻蟻固如此，聚族將焚語豈誠。○倏經於役五春秋，棧道崎嶇似坦郵。夾路花紅復柳緑，阿誰致悔覓封侯。○脱却戎衣換吉衣，龍章示奬特恩稀。同心戮力還掄最，便解天閑賜六飛。○兵洗金川永不波，潢池跋扈竟如何。良鄉近遠多黎庶，歡喜都來聽凱歌。○凱歌亦豈易爲聞，五歲辛勤勞衆軍。我實未曾安五夜，幾多憂慮與平分。

第十五幅，受俘圖。

聖製金川平定御午門受俘卽事成什。恭載前卷宮殿門。

第十六幅，凱宴圖。

聖製四月二十八日紫光閣凱宴成功諸將士詩。恭載前卷典禮門。

御題平定臺灣戰圖一分 銅板紙印本，縱一尺六寸，横二尺八寸，凡十二幅。

第一幅，進攻斗六門戰圖。

聖製福康安奏大剿諸賊開通諸羅並進攻斗六門，賊勢潰散信至，詩以誌慰：

笨港雖攻取，諸羅仍艱進。幸早續發兵，重臣威名震。勇將選以百，新兵强夙振。渡海雖遲日，以遲翻成迅。齊力遂翦灜，一日風資順。進由鹿仔港，三朝倏臨陣。大克崙仔頂，一當百以奮。蔗田及草寮，蹂躪率稱盡。叶卽解諸羅圍，資賊糧胥運。勞軍及義民，歡呼逭饑饉。全活數萬命，旌切恩不吝。彰善樹風聲，嘉義名新晉。籌攻斗六門，破竹應解刃。佇剿大里杙，賊首生擒訊。指日以俟之，速遞大捷信。

第二幅，大埔林戰圖。

聖製補詠大埔林之戰詩：

諸羅圍解迤南通，斗六門當所必攻。不與暇因操勝計，破其堅乃易成功。路經三埔皆酣戰，賊擁千羣尚肆訌。大膊大鞣消頃刻，雄風何異捲飛蓬。

第三幅，攻克斗六門戰圖。

聖製福康安奏報攻克斗六門，詩以誌事：

斗六門攻克，今朝至捷音。遲聞因海上，別信遞山陰。百戰雄皆勝，諸臣嘉不禁。東南望翹企，實報首兇擒。

第四幅，攻克大里杙戰圖。

聖製福康安奏報攻克大里杙賊巢，詩以誌事：

斗六門既取，直前抵賊巢。躍溪飛馬渡，掃穴短兵交。背壘犯雄陣，乘宵揮遁鞘。渠魁猶待獲，盼切捷旌捎。

第五幅，集集埔戰圖。

聖製補詠集集埔之戰詩：

攻開大里逆潛逃，領衆追蹤佈置牢。齊率健兵涉溪險，別差精騎據峰高。有奔無路賊投水，恩并威行士飲醪。此是內山第一戰，首兇將逮斧其膏。

第六幅，攻剿小半天山戰圖。

聖製福康安等奏攻剿小半天山賊匪，并圍截賊首情形，詩以誌事：

曉接軍營報，攻平小半天。前稱獲眷屬，今復走兇奸。與暇近旬日，聚羣至二千。層層涉持重，屢屢戒遲延。將士真宣力，領軍可謝愆。並行賞與飭，期速奏功全。

第七幅，生擒逆首林爽文戰圖。

聖製福康安摺奏生擒逆首林爽文信至，詩以誌事：

大里灰摧破巢穴，頻繁馳諭戒逍遥。撫降輯衆日無暇，執訊招番井有條。究得生擒盡美善，不教餘孽伏根苗。移師南指如破竹，待捷音惟暮與朝。

第八幅，大武壠戰圖。

聖製補詠大武壠之戰詩：

首逆已從内山獲，次惟南路大田莊存。當車尚作螳臂計，武壠空傳蟻陣屯。攫戾破堅千隊奮，駾驚喙竄一時奔。舟師更遣豫防海，餘狚真成釜底魂。

第九幅，枋寮戰圖。

聖製補詠枋寮之戰詩：

枋寮武壠比隣接，敗後賊人聚守岑。頗解沿山截後路，那防剿隊出深林。蜂屯蟻雜都喪膽，倡亂逞奸爾悔心。投海沙蟲不計數，大田山竄待生擒。

第十幅，生擒莊大田戰圖。

聖製福康安奏報生擒莊大田信至，詩以誌喜：

正殷捷信盼連朝，忽接佳音至自遥。鹿耳鯤身防海逸，柴城瑯嶠獲山跳。一之爲甚竟至再，鴟既成擒豈赦鴞。永靖瀛壖揚國武，益深兢業昊恩昭。

第十一幅，渡海凱旋圖。

聖製福康安奏報抵厦門登岸，並巴圖魯侍衛等皆平安渡海凱旋，詩以誌慰：

往征進旅遲成速，迴渡登舟危得安。可識臣忠天必佑，益欽神護衆胥歡。除兇旋凱事全蕆，旰慮宵縈念始寬。自顧何修叨助順，持盈惟勵慎君難。

第十二幅，凱旋賜宴圖。

聖製賜凱旋將軍福康安、參贊海蘭察等宴，卽席成什：

去年此際未登程，蕆績今朝凱宴迎。來往算仍先一月，驅馳真是賴羣英。國威海嶠揚惟烈，祖德山莊佑實明。迴億旰宵斯擘畫，不徒勞耳慰猶誠。

慰中豈不自懷慙，何致愚民蹈法甘。論武邊防乃就弛，曰文諸吏率爲貪。債轅方悉誠吾過，伏鑕奚辭信彼堪。善後雖云大端定，猶餘廑念望東南。

善後詳陳十六條，用斯兩月駐成遥。抒猷山海安萬姓，錫宴君臣會一朝。念汝父當愜懷永，視如子合受恩饒。受恩饒處人知否，不嗜殺邀天惠昭。

西域金川宴紫光，臺灣凱席值山莊。敢稱七德七功就，又報一歸一事償。戒滿持盈增惕永，安民和衆繫懷長。養年歸政應非遠，益此孜孜勵自强。

御題平定廓爾喀戰圖一分　銅板紙印本，縱一尺六寸，橫二尺八寸，凡八幅。

第一幅，攻克擦木戰圖。

聖製攻克擦木圖詩：

今爲歸順昔歸降，一廓爾喀事有雙。未示兵威且利啗，豈知乞命獻誠腔。可嘉名將及勇士，何礙存卭遂定駹。擦木首攻卽前進，戰圖補詠靖番邦。

第二幅，攻克瑪噶爾轄爾甲戰圖。

聖製攻克瑪噶爾轄爾甲圖詩：

乘勝遂教鼓勇前，瑪噶爾轄地相連。密林伏賊將守險，峭壁降去聲兵倏破堅。其目七名衆六十，生擒以半別殲全。雖云不戰功爲上，戰卽成功合詠篇。

第三幅，攻克濟嚨戰圖。

聖製攻克濟嚨圖詩：

番境濟嚨西極邊，賄求彼尚占依然。石牆木卡層層固，據險阻堅處處連。冒雨衝宵分路進，破碉克寨一時全。近千殲賊復藏地，多害生靈亦覺憐。

第四幅，攻克熱索橋戰圖。

聖製攻克熱索橋圖詩：

復全番境臨廓境，一水橫流熱索河。其北其南賊胥禦，卽深卽險我須過。索拉直進大剿彼，我綠上游繞壓他。乘勝正兵架橋渡，莫非天助感誠多。

第五幅，攻克協布嚕戰圖。

聖製攻克協布嚕圖詩：

熱索橋過路可通，未逢賊禦進追窮。前臨協布嚕𡺸屯聚，上繞橫河得壓馮。無不克攻戰必勝，有餘力蓄剿争雄。堪嘉敵愾心同一，每閱飛章憐切衷。

第六幅，攻克東覺山戰圖。

聖製攻克東覺山圖詩：

愈近賊巢守愈固，兼之地更險而紆。分兵争首穿幽阻，合隊埋根克要區。手足胼胝胥惰窳，精神鼓舞益勤劬。有征無戰雖傳古，將惠兵忠實快吾。

第七幅，攻克帕朗古戰圖。

聖製攻克帕朗古圖詩：

分路橫河帕朗進，乞恩越切越甌還。將軍所檄都遵命，堪補曾遮懼見顔。何必犂庭不遺介，遂教振旅一時班。年前捧表陪臣至，更有崇恩厚賜頒。

第八幅，廓爾喀陪臣至京圖。

聖製廓爾喀陪臣至京詩：

七戰由來七獲捷，歷觀惇史鮮誠逢。自惟罪重撤原號，可示恩寬復舊封。繳册還金歸次第，承筐載橐俾從容。乃知德服勝威服，昊貺欽蒙滋勵恭。

御題平定安南戰圖一分 銅板紙印本，縱一尺六寸，橫二尺八寸，凡六幅。

聖製補詠安南戰圖序：

詢孫士毅安南戰事，縷晰以陳。因命畫院各爲之圖，補詠近體而序之曰：安南戰圖，非如伊犂回部、金川、臺灣之始以戰而終以成功也。非以戰成功，則可弗圖，而圖之者，實緣我將帥之臣，軍旅之士，涉遠冒險，攻堅破鋭，更有抱忠捐軀者，不爲之圖以紀其績，則予何忍！且阮惠之悔罪乞降，原因有征，斯亦未嘗非始終一事耳。夫有征無戰，尚矣。戰而有成功次之。予自定伊犂、平回部、剿金川以至近日戡定臺灣之役，皆經指授機要，戰無不克，攻無不取，以成此數大功。蓋戡亂伐暴，難言偃武，則雖不能有征無戰，而俱獲成功，要皆天心佑順，乃克臻此。成而復變，又終於不戰而成功，其事當較於戰而成功者爲勝焉。阮惠復至黎城，黎維祁仍棄其國，可謂變出不意。然予調福康安爲兩廣總督，仍將集兵聲討，迨阮惠再四籲懇，又遣親姪阮光顯詣福康安處齎表求降，福康安察其情形實出至誠，然後據情入告。予因思黎維祁不能立國，既徵天心厭棄，而中朝又不利其土地，卽使集兵聲討，亦不過歸於降服，而究未必卽服其心，則何如此之不戰而屈者，發於中，誠蕆功寧衆轉爲大順之機，是更足以見天心之佑予躬實爲至厚耳。是豈人力所謀乎？天也。藐躬臨莅五十四載，受天之祐，不一而足。而於安南之事，復不戰而成功，則予之所感激鴻貺，益深敬畏者當何如！間嘗論之，使孫士毅收黎城之後，卽能銳師至廣南獲阮惠乎？又如孫士毅遵旨早班師，雖無許世亨等三將之捐軀，將未至我境而黎城復失，其能不旋師以救之乎？又如孫士毅亦同三武臣之捐軀沙場，則士毅乃督戎重臣，傷國體爲大，不得不興師問罪，是誠佳兵無已時矣。且許世亨委曲護令孫士毅振旅而還，使己亦同歸，則更有說，乃仍捐軀疆埸，其知方有勇，爲常人所不能。每一道及，爲之落淚嘉尚。至孫士毅非不知朕之奬勵功臣，賞延後世，設亦捐軀，則其公爵必世襲罔替。人誰不死，且本欲衝鋒致命，迨聽許世亨之言，以國事爲重，寧歸而受朕之罰，而朕豈肯不諒其心加以罰哉？是二臣者，其事不同而心則同。茲事機之會，總戎振旅以歸，三將令藩國立祠酬忠，且阮惠因有此過而畏罪求降，不勞一旅以定海邦，是皆昊運旋轉，默爲呵護，豈予一人思慮所能及哉！自茲以後，益深敬勤，靜待天恩，六年歸政，夫何敢更生別念乎？此補詠安南戰圖之什所由作也。

第一幅，嘉觀訶詝戰圖。

聖製嘉觀訶詝之戰詩：

河邊求救恤諸煢，無外王師事有征。禁旅不須七萃發，總戎惟帥兩疆兵。持危治亂原出正，簞食壺漿多順迎。螳臂那當大車轍，嘉觀一戰赫先聲。

第二幅，三異柱右戰圖。

聖製三異柱右之戰詩：

師行二黨叩營門，巢近一酋逃負恩。正旅偏軍窮列寨，右抽左旋去聲剿蠻村。獲番多米胥資飽，繫寇長纓那許奔。誠喜國威延世將，名勳思克有元孫。

第三幅，壽昌江戰圖。

聖製壽昌江之戰詩：

三江横亘此爲脣，固守羣攖最要津。乘霧定方掩牙帳，渡瀘卜漏失重垠。攻堅悉鋭已奪魄，砍竹編槎可當去聲綸。將領前驅衆軍奮，嘉其同是漢軍人。

第四幅，市球江戰圖。

聖製市球江之戰詩：

遇險應知襲後攻，諭馳未至不期同。統軍素悉田豐策，勇將偏饒李愬雄。臨下據高彼頗熾，出奇制勝我成功。黎城將近兵威鼓，衆志維揚企績崇。

第五幅，富良江戰圖。

聖製富良江之戰詩：

門户黎城曰富良，彼雖固壘衆倉皇。數舟獨入真稱壯，既勇知方深惜臧。復國一王仍棄守，立祠三將永流芳。酬忠撫順遵王道，無事佳兵兆吉祥。

第六幅，阮惠遣姪阮光顯入覲賜宴之圖。

聖製阮惠遣阮光顯入覲賜宴之圖詩：

誰能不戰屈人兵，戰後畏威懷乃誠。黎氏可憐受天厭，阮家應與錫朝禎。今秋已自親姪遣，明歲還稱躬己行。似此輸誠外邦鮮，嘉哉那忍靳恩榮。

御題平定苗疆戰圖一分 銅板紙印本，縱一尺六寸，橫二尺八寸，凡十六幅。

第一幅，興師圖。

聖製興師二十韻：

黔楚苗叛連，事起倉猝釁。黔兵小勝屢，楚鎮遭殃獨。以此賊猖獗，民苗被屠毒。憶自定古州，民苗享安福。鎮筸更設前，防禦非不宿。歸流數十年，雜處任耕牧。久已不知兵，突遇亂生速。茲審知詳悉，昨冬逆謀伏。幸遣福康安，治錢移滇督。聞故馳至黔，正大解圍復。乘勝靖松桃，後路期清肅。入楚洗羣匪，善後細籌熟。延及川之孽，新督率兵戮。會合勢更壯，京觀築待卜。三思苗之變，非我利其族。作亂害生靈，荼衆投坑谷。興師不得已，曲直天昭矚。楚軍無可望，祗守鎮筸篤。渴待黔與蜀，雄軍助鄰域。叶靖逆奠窮黎，一日三捷續。

第二幅，勦捕秀山苗匪戰圖。

聖製和琳奏報勦捕秀山苗匪至湖南界，分設卡隘，肅清後路剋期會福康安進討，詩以誌事二十韻：

炮木洪安汛，三省界連道。黔楚兩省苗，分路各入擾。思欲搶秀山，川苗或合撓。川兵則屢勝，賊寨多焚剿。秀山城守嚴，民居皆安保。賊勢未至猖，但惜所殲少。和琳馳至蜀，沿邊肅清了。追至晏農地，傍寨期淨擣。所謂新番軍，勇壯胥輕矯。登山疾如飛，勝苗百倍好。初至卽率戰，川河蓋盡掃。分兵三路進，馬騰士均飽。聲勢愈以壯，如隼擊弱鳥。向被塗炭民，二千歸户早。尚未誤春耕，秋成冀萬寶。所惜賊分竄，溪曲及峰嶚。殲賊雖不多，然賊魂喪杳。進攻炮木山，松桃指日到。叶兩督既會師，威稜赫日皎。企待擒三兇，捷音速飛表。

第三幅，攻克㩧木山戰圖。

聖製補詠攻克㩧木山詩：

平苗已繪戰圖成，舊詠各題餘四呈。補詠聊因吟四什，首章㩧木紀攻程。

第四幅，攻解松桃之圍戰圖。

聖製福康安奏報大勦逆苗攻解松桃之圍，詩成二十韻誌喜：

正大既解圍，松桃應急救。其間嗅腦寨，聚賊益紛湊。糾藏巖谷間，淨勦路通透。而何餘犯逃，更聚松桃鬥。隨逃隨截殺，向前仍殿後。師更分兩路，謀成弗遲留。將近馬乾溪，賊益固守溜。層峰峙陡峭，險仄徑雜輳。開途渡溪河，百計無不售。衆兵雖敵愾，一當百勇懋。突將奮無前，心憫淚難收。圍城賊蜂擁，一戰胥竄走。城兵出夾攻，圍解雄功就。嘉憐言難盡，賜翎異賞

茂。視之如宗室，誠不因前后。在事諸將卒，恩賚普教厚。其守城兵民，賞亦命弗漏。赫濯威既
揚，整旅前洗寇。西川軍諒會，三逆首將授。佇待大捷音，早晚聞章奏。

第五幅，大勦土空寨苗匪解永綏城圍戰圖。

聖製福康安、和琳奏大剿土空寨苗匪解永綏城圍，詩以誌事：

過河卽克石花寨，據險賊叢土空屯。鳥道羊腸山極仄，兵單糧少堡孤存。顒顒待救時難緩，蠢
蠢盡殲刻與援。拜井析骸未至極，守官義户普加恩。便圖力進淨巢穴，翹望成功報曉昏。三逆就擒
靖苗域，永期善後慰黎元。

第六幅，攻克蘭草坪滚牛坡戰圖。

聖製福康安、和琳奏報攻克蘭草坪、滚牛坡，勦戮苗衆，將近賊巢穴，詩以誌事：

永綏雖解圍，苗寨聚猶衆。是應清後路，乃可勦穴空。迎面蘭草坪，山高賊聚重。二臣督諸
將，分佈三軍統。直衝及傍襲，胥中（去聲）窾要洞。攀險力入深，那顧胼胝恫。無前祇有進，嘉觀心切
痛。一鼓據其要，殲苗無數慟。仍有截糧寇，伺隙尚敢閧。巴圖魯侍衛，截之護糧送。相機進掃
巢，逆首期擒貢。誠嘉誠深憐，渴待捷音誦。

第七幅，攻克黃瓜寨賊巢戰圖。

聖製福康安、和琳奏攻克黃瓜寨賊巢，詩以誌事。

屈指十日盈，未接軍營章。兼之微望澤，益切心焦忙。因詣靈雨祠，肅請膏霑霶。憩餐理庶

政，驛遞軍書詳。險彼黄瓜寨，賊之巢穴藏。地據萬山中，夏令陰雨長。泥滑石林立，寨落週遭防。二臣率宿將，探徑劬勞忘。分兵五路進，既整且弗荒。夙曾經屢戰，知勇兼知方。分領同一心，值晴進勦强。攀岩復越坎，埋根我武揚。其奈雨復作，冒霔争先當。鎗箭簇雨陣，殲賊數無央。頑苗不能抵，遂據大山梁。四圍峙絶壁，賊巢據中岡。附近賊寨護，其數去聲幾百望。復值雨如注，徑途不可量。雨止勵將士，下壓賊奔惶。巢穴不能顧，逃竄山陰颺。燒寨并燬窖，數里燿火光。獨是逆首走，窮追驅龍驤。閲摺悦繼憐，悦賊不久亡。憐我衆軍勞，勳績籌奬償。佇待告全捷，殊恩褒忠良。

第八幅，攻克蘇麻寨戰圖。

聖製福康安、和琳奏攻克蘇麻寨一帶賊巢，詩以誌事：

七朝未接軍營章，宵旰南望不可當。攻克黄瓜巢穴掃，無奈賊首先逃亡。玆經詢明居首者，實吴半生稱吴王。所餘三逆雖稱首，服其管束同爲殃。但獲巨擘餘自易，蘇麻巢穴深潛藏。宿將五者領軍駐，牽掣賊勢據大梁。更分四路刻期進，入深攀險争相將。殲賊數多不可計，焚寨烈燄冲天光。輾轉賊首乃潛遁，慂兵整力前攻戕。上下西梁恃險固，誓擒要首騰奏詳。兩督衆將誠盡力，閲奏弗忍繾衷腸。嘉之憐之切方寸，那更督催進以忙。不逾數日企飛遞，俘逆功蒇承賞慶。

第九幅，攻得茶它柳夯等處賊巢戰圖。

聖製福康安、和琳等奏攻得茶它、柳夯等處賊巢，降苗愈衆，進圍鴉保廓家隴平賊穴，生擒賊首吴半生等，大功近成，得詩二律一韻：

春夏雨來胥計苗，師之正曲理原昭。誰知地險延時節，加以秋霖逭小宵。鼓勇直前圍近穴，擒生不日趁晴朝。香山紀勝亭無負，宜據諸峰頂最超。

喜接捷音靖逆苗，天恩錫福孔之昭。藎臣念祖同内外，手足腹心扶旰宵。何幸十全增一事，解愁九日慰今朝。雙忠旅勇胥勞苦，晉爵頒金賚合超。

第十幅，攻克高多寨生擒逆首吴半生戰圖。

聖製福康安、和琳奏攻圍高多寨，生獲逆首吴半生，大功告成，詩以誌喜：

功成知近沛恩施，旬日擒兇喜報馳。中外一心天賜佑，始終九月績非遲。批艱冒險衆誠苦，錫爵頒金我豈辭。慚愧未曾舞干羽，古今不逮審如斯。

第十一幅，攻克廖家沖生擒首逆石三保戰圖。

聖製補詠攻克廖家沖生擒首逆石三保詩：

廖家沖據石三保，惑衆假顛禍始猖。奪險擒渠不日剋，首功今尚憶賢良。

第十二幅，收復乾州戰圖。

聖製補詠收復乾州詩：

疆臣昔竟失乾州，三路兵驅上下游。十寨二臺雖據隘，一臣揮指大功收。

第十三幅，攻克强虎哨戰圖。

聖製補詠攻克强虎哨詩：

補圖次第各成篇。强虎之苗靖以全。邪教東西竄無定。凱音待蕆尚怩然。

第十四幅，攻克平隴賊巢戰圖。

聖製署將軍明亮等奏官兵攻克平隴賊巢，詩以誌慰：

藎臣繼逝心如失。兩將調停意少蘇。遄命大員商進勦。可嘉同志竭佳謨。乾州已獲仍前烈。平隴茲收續後誅。速待生擒致二豎。十全功外一功符。

第十五幅，捷來圖。

聖製捷來詩：

平隴驅巢守養牛，養牛復克捷音稠。雖然屢勝亦足喜，未得首兇那解憂。督率由來在志定，重輕豈可視佯投。用兵久矣懼兵甚，詎衹蕭王嘆白頭。

第十六幅，攻克石隆苗寨戰圖。

聖製明亮等奏報攻克石隆苗寨，陣斬石柳鄧，大功告成，詩以誌喜：

歷歲捷音盼，詰朝露布觀。七旬寧衹格，一首正誅完。毋已行殲戮，有慙舞羽干。兩臣規畫定，二將鎮持安。更復圖環擊，仍增贊大端。用長各努力，無貳合陳丹。鼓勇率羣旅，同心協衆官。險峯如翼上，深穴那容盤。平隴據前窟，貴魚襲後巑。分投進四路，冞入獨先殫。左右循頭壓，繞圍從尾刊。渠思冒險出，子乃被生攔。次第視功賚，慰心敢志寬。亦由衷素定，誠喜衆爭摶。本類度之愬，真成項遇韓。雙忠悲已渺，未得此功看。

御題平定仲苗戰圖一分 銅板紙印本，縱一尺六寸，横二尺八寸，凡四幅。

第一幅，勦捕仲苗南籠圍解戰圖。

聖製雲貴總督勒保奏報勦捕仲苗南籠圍解，詩以誌事三十六韻：

仲苗與楚苗，其類本同醜。饕餮雖人形，原非中土有。雜處黔楚間，國朝歸流受。乙卯楚苗叛，定以二年久。楚苗既剿淨，仲苗亂接肘。必其有宿謀，豫結共逞狃。設使起一時，官軍弗暇取。是誠曲直理，天恩昭鑒剖。原無伐彼心，彼實國恩負。然亦有煩言，左民置苗右。細咨或不無，却待議善後。靖楚卽伐仲，移師酌樞紐。督臣定青溪，統軍命掃莠。一戰克闗嶺，大路得通走。繼解新城困，遂克卡河口。獲賊目卜厭，是爲賊臂手。旋由普坪進，數千賊拒守。兵分兩路攻，繞道渡河陡。雄兵似天降，直抵南籠赳。立解半載圍，萬户歡聲吼。飛章捷報來，昊貺謝稽首。總統善用將，將佐均英偶。故迅解城圍，守者勞非苟。細披疾苦狀，惻然心動忸。吏民胥合旌，次第施恩厚。更與錫府名，興義新額茂。獨惜紛戰時，首兇乃竄藪。搜擒弗可遲，根拔枝易朽。粤兵自南來，黔兵從北扣。夾攻各順道，釜魚那抖擻。捧鮓及永豐，傍支分踐蹂。指日定黔疆，功全恩酌授。權息一處籌，仍厪三方垢。軍務癸成辛，寸衷略安宿。屈指數叶上聲時刻，甘寢二十九。眷佑榮爲慙，更宜八七叟。

第二幅，攻克洞洒當丈賊巢戰圖：

聖製雲貴總督勒保奏報攻克洞洒當丈賊巢，首逆七綹鬏王囊仙就擒，詩以誌喜：

昨臘湖南始靖苗，今春黔復起仲囂。猖乎雜種本聯氣，喜是逞狂未合朝。兩督率兵同策決，一臣翦逆獨功超。七兇臏六亦稱捷，露布連來盼匪遥。

第三幅，攻克北鄉巴林賊巢戰圖。

聖製雲貴總督勒保奏報攻克北鄉巴林賊巢，擒獲首逆王抱羊，苗疆底定，詩以誌喜：

三日遊山圖釋悶，依然不懌駕言迴。御園過午黔捷至，二逆解京一就灰。將勇兵强奇險破，躬催心運勝謀恢。却饒川蜀多襄贊，兇首猶遲生獲來。

第四幅，勦淨仲苗餘黨戰圖。

聖製雲貴總督鄂輝奏報勦淨仲苗餘黨，全黔底定，詩以誌慰：

勒保調川靖邪教，鄂輝留貴定黔苗。許多善後資徐理，諸務佳章報一朝。查得物娘擒女犯，黄阿金首執男僚。全仲洗盡下河莫，仍企凱音未免焦。

國朝宮史續編卷之九十九

書籍二十五　圖繪一

輿圖房圖目

皇輿全圖十卷（紙本方格，縱一尺七寸，横一丈六尺。）

第一卷，恭載聖製題輿地圖詩：

括地多年仰聖猷，（輿地圖自康熙年間皇祖命人乘傳詣各部，詳詢精繪而後定，或有不能身履其地者，必周諮博訪而載之，既成，鐫以銅板，垂諸永久。）覈真今復逮渠搜。（上年平定準噶爾迤西諸部，悉入版章，因命都御史何國宗率西洋人由西北兩路分道至各鄂拓克測量星度、占候、節氣，詳詢其山川險易，道路遠近，繪圖一如舊制。）閎誇詎類參軍注，陒塞應同主吏收。益切覲光周誥凜，匪關鑿空（上聲）漢臣求。宇安歲美吾恒願，望蜀寧當意更留

敢云擴宇蕆前猷，偃伯從兹罷剿搜。厄魯馬牛無一牧，箹沖屯堡並全收。（乾隆乙亥平定準噶爾各部，既命何國宗等分道測量，載入輿圖。己卯，諸回部悉隸版籍，復遣明安圖等前往，按地以次釐定，上占辰朔，下列職方，備繪前圖，永垂徵信。）本朝文軌期同奉，昧谷寒喧重細求。無外皇清王道坦，披圖奕葉慎貽留。庚辰秋八月，疊前韻再題。（上鈐廣運之寶。）

第二卷，（縱同上，横二丈二尺六寸。）

第三卷，（縱同上，横二丈五尺九寸。）

第四卷，縱同上，橫二丈四尺一寸。

第五卷，縱同上，橫二丈二尺五寸。

第六卷，縱同上，橫一丈六尺一寸。

第七卷，縱同上，橫二丈一尺七寸。

第八卷，縱同上，橫二丈。

第九卷，縱同上，橫八尺。

第十卷，縱同上，橫一丈四尺六寸。

皇輿斜格全圖四卷 絹本，縱三尺八寸，橫二丈三尺三寸，四卷同。卷首，恭載聖製詩，與方格圖同，鈐寶同。

霧靈山陵寢總圖一軸 絹本，縱七尺，橫三尺三寸。

永陵圖一幅 紙本，縱一尺九寸，橫三尺二寸。

福陵圖一幅 紙本，縱二尺六寸，橫二尺八寸。

昭陵圖一幅 紙本，縱三尺七寸，橫一尺九寸。

孝陵圖一軸 紙本，縱一丈零五寸，橫三尺七寸。

孝陵圖様一卷 紙本，縱三尺二寸，橫二尺七寸。

泰陵圖一幅 紙本，縱七尺四寸，橫八尺四寸。

勝水峪圖一軸 紙本，縱八尺五寸，橫三尺八寸。

勝水峪風水圖一幅　紙本，縱四尺一寸，橫四尺。

五峰山風水圖一卷　絹本，縱二尺九寸，橫二尺七寸。

龍旺坡風水圖一卷　絹本，縱三尺五寸，橫二尺二寸。

霍家莊風水圖一幅　紙本，縱二尺七寸，橫二尺九寸。

董各莊風水圖一幅　紙本，縱五尺四寸，橫四尺二寸。

蔣府山村風水圖一幅　紙本，縱三尺四寸，橫二尺七寸。

密勿村風水圖一幅　紙本，縱三尺六寸，橫三尺三寸。

灤河濡水源圖併考證一卷　紙本，縱一尺七寸五分，橫三丈四尺。

聖製灤河濡水源考證：

濡水見史傳者凡五，說文：出安東入漆涑者，涿郡之濡也。廣輿記：出易州窮獨山，一名聖女水者，易州之濡也，並音儒。左傳：出高陽者河間之濡也。而三水皆由天津入海，此獨石口外之濡讀如，難音與灤近，其水自由永平府之樂亭縣入海，與畿内三濡迴不相涉。又水經注：蒼梧之濡水出永豐縣濡山，字亦音儒，名亦適相同耳。而惟灤河之濡水源遠流長，雄於其四。酈道元水經注所云出禦夷鎮者也。昨歲命方觀承考濡源委，亦既繪其梗概，條分縷析而爲之説矣。然以漢文訓蒙古語，未如同文韻統得字音之正，而鄂博之類，穿鑿更甚。蒙古語謂堆砌石以表祭處爲鄂博。方觀承乃書作峩軷，且引鄭氏及詩大雅之言證爲軷，祭行路神之義，鑿而謬矣。曾爲鄂博説以正其誤。他如們綽克之爲們催，達巴罕之爲大壩，類此者不可枚舉，難以一一爲之辨訂也。因命嚮導大臣努三挈方觀承所遣同知黄立隆者，重循其源以至其委，於是二千餘里之灤河，曲折分合，盡得其實。因詳注其地名及諸水之匯流，而酈道元、歐陽修等並元史河渠志所載相舛誤者，都爲四條，考證如左。夫江淮河濟，中國之四瀆也，其理大物博，較之灤河濡水不啻倍蓰，而禹貢以數語盡之。茲注濡水數千言，猶有未盡焉。古今相去不可及者如此。蓋得其簡，則足以提要；而欲其詳，反不免致繁。抑以塞外中土，語言不同，人跡罕至，斯固難易所由殊，然則就同文韻統，會中外而傳濡水之實，詎不在此時乎哉？〇灤河源出獨石口外東北一百餘里，巴延屯圖古爾山，山爲興安，正幹自張家口向東至獨石口外爲大山，折而西北，過上都城入於圍場之海喇堪，與興安大嶺相連屬，出泉處較興安山梁尤爲特出。山陽、山陰樹木茂密，與他山異，信爲名山。山陽爲民人居址，山陰皆察哈爾蒙古游牧地。四泉湧出，名都爾本諾爾，涓流曲折，伏而復現。西北經訥克里和洛，有小水自東注之。又北經哈丹和碩之西，噶爾都思台之水自東注之。又曲折而西北流，至茂罕和碩，自都爾本諾爾至此計七十餘里。三道河自東來匯之，其水一出摩霍爾達巴罕，一出伊克達巴罕，一出楚庫爾蘇達巴罕，各相距十餘里，匯爲一河。河流始暢。又西北流，復有二小水，一自布爾噶蘇台，一自克爾哈達，先後來注之，八十里經察汗格爾，俗名西涼亭。烏蘭河屯、至上都店。入多倫諾爾界。又北流十餘里，經淖海和碩，折而東北二百五十餘里，經博洛河屯至庫爾圖巴爾噶遜河屯，喀喇烏蘇自東注之。又三十餘里至上都河屯，上都卽元開平府，灤水經其城南，故名上都河。察汗諾爾自北注之。又六十餘里經都什巴延珠爾克山至察汗鄂博，東克伊綳河自東北來匯之，河出興安山梁之陽，南流，伊克霍爾昆、巴罕霍爾昆、伊札爾三水自東注之，西與海留台河合而爲一，入於上都河。河水倍暢。折而東南流，十八里至磴口，額爾德尼布拉克自西注之。其水經多倫諾爾之北。又十二里至大河口，圖爾根伊扎爾河自東北來匯之。其水亦出興安山梁之陽，透迤西南流，錫喇扎拜自北入之，又西南流，摩霍爾、伊扎爾自東南入之，匯注於此。又南流七里，沙岱布拉克自西注之。又折而西南流二里，霍洛圖布拉克自東注之。又九里，海拉蘇台河自西注之。又一里，蒐集布拉克自東注之。又南流一里，渾齊布拉克亦自東注之。又十里，察汗郭勒自西注之。又十一里，什巴爾台河自東北注之。其水出伊克空鄂洛鄂博，西爲木蘭圍場西界。又折而西，復折而南八里，克籌布拉克自西注之。又十七里經鴈北灘，入四旗廳界。布爾噶蘇台哈丹和碩河自西注之。又十七里，經半壁山，又南經大廟灣，折而東，復折而西南五十八里，頭道河自西注之。又二里，羅密塔子亦自西注之。轉而東南流，三十二里至木廠。又折而東，流二十四里，經韭菜梁，又九十五里，經小遼東，至瓜地摩霍爾，阿爾善所出之湯泉自南注之。又二十七里，經西屯，庫爾奇勒河俗名小灤河。自北來匯之。其水出興安山梁之陽，三支分引過托霍隆和洛合爲一，西南流會瑪尼圖卡倫、哈朗圭達巴罕、珠爾噶台、海拉蘇台諸水折而東南，會霍來郭勒、哈爾渾諸水，又噶拜卓索、阿魯布拉、克昂阿諸水。復先後會之，合爲一河，注於此。自此遂名灤河，又二十七里至郭家屯，折而南流，四十六里至大對山，又折而東，復折而南，屈曲行八十餘里，至興隆莊入喀喇河屯界。南流五十九里，經五道河，折而西南流，四十九里至張博灣，興洲河自西北來匯之。其源出沙爾呼山，西經土城子東南，流曲注於此。折而東流，七十餘里經喀喇河屯，繞行宮東流，伊遜河自北來匯之。其水發源圍場內，南流經博洛河屯，與伊瑪圖河合，西南流屈折注此。東南流三十四里至石門，入熱河廳界。又四十七里經鳳凰嶺，固都爾呼河自北來匯之。其源出固都爾呼達巴罕，西南流與茅溝河合，又與賽音郭勒河合，三源既匯，沿避暑山莊東北，其水會茅溝後，即與湯泉合，至是行宮内亦有温泉流出匯之，遂名熱河。水至此益大，折而南流四十三里，白河自西注之。此與發源瑪尼圖達巴罕經密雲縣會潮河之白河異。又三十三里，老牛河自東北注之。又三十三里至滴水崖，南二河自東注之。又十里，柳河自西注之。又六里，車河自西注之。又三十餘里，至門子哨，入遷安縣界。黄花川自西注之。又三十二里，清河自東注之。又九里，豹河自東北注之。折而西流二十里，經灤河灘，又南流，折而東，復折而西，經楊枝峪，又東南流，二十一里入潘家口。折而東，又折而西十里，經走馬哨，又二十四里至澈河橋，澈河自西注之。又曲折東南流，七十餘里至白布店，恒河自西北注之。又折而東流，十餘里至煤峪口，長河自東北注之。又七十三里，過平崖子，清河自東北注之。（此與黃花川南之清河異。）折而南流，二十餘里至峽口，蛤螺河自東注之。又二十九里過遷安縣，西經黃臺山，又二十三里，折而東，三里河自東注之。（其河與二道泉合。）又南流二十餘里，經孤竹城，（入盧龍縣界。）又三十五里，至合河口，清龍河自東北來匯之。（其源出特布克，入桃林口，復有一水自冷口來會之，經永平府城，西過虎頭石，入於灤。）

河流至此，勢益寬大。又十一里，繞雪峯寺。又二十一里，過武山，西橫河自西注之。又三里，至偏涼汀。（入灤州界。）又東南流五十六里，過定流河，（入樂亭縣界。）又三十六里，至老河口。（灤河故道，今涸。）又西南流二十里，至小河崖，清河自西北注之。（此與黃花川南及平崖子之清河俱異。）又七里，至石家坨，灤自此分支，（名高密河，常涸，大雨時仍分流達海。）

折而西南流，五十餘里至新橋口，入於海。自河源至此，約二千餘里。○酈道元水經注云：「築長城「濡水出禦夷鎮東南」。按禦夷鎮爲北魏六鎮之一，其建鎮之所，雖不可考，而魏太祖紀云：於長川之西」。自赤城西至五原，延袤二千里。又魏世祖破蠕蠕，列置降人於漠南，東至濡源，西概五原陰山，分六鎮，是禦夷居六鎮之東，自獨石口外至開平，皆其故地。以今所考上郡河源方向，核之道元所言，非盡無稽。惟云「二源雙川，夾山西北流，」則未能實辨都爾本諾爾爲濡水正源，而以夾山來會之三道河誤爲濡源雙引。其云「出山合成一川」，卽今之茂罕和碩耳。至云「又西北逕禦夷故城東」，其遺蹟無可據，惟以鎮北百四十里計之，當在今烏蘭河屯之地。其餘諸山水，雖與今圖不能悉合，然所云「又北逕箕安山東，屈而東北流，」似卽今之多倫鄂博圖。其云「逕沙野西，又逕沙野北，」則似指伊克們綽克至喀喇烏蘇一帶沙磧言之。其云「三泉鴈次，合爲一水，注呂泉水，」則似今之克伊綳河合伊克霍爾昆等三源也。云「逆流水」，則似今之伊札爾也。云「木林山水」，則似今之海留台水也。云「又東盤泉水自西北東南流注濡河」，則似今額爾德尼布拉克也。又所云「東南水流迴曲，謂之曲河鎮，」以今圖屈折形勢觀之，蓋即今大河口。自此以下，道元即闌入白檀要陽。按其地，距所云「會武列水之熱河境」尚七百餘里。漢時郡縣，安得至此？其舛尚何待深辨乎？至云「濡水又東南逕盧龍塞」，則爲今之潘家口無疑。其云「塞道，自無終東出，渡濡水，向林蘭陘，東至清陘。」無終爲今玉田，林蘭陘蓋今喜峰口，清陘即今冷口，即此以證，不特塞垣疆界了然，即田疇引曹操迴軍盧龍塞之處亦可得其大概矣。其自潘家口以內至入海處，酈注所記州邑山水，雖名稱今昔不同，而以志乘訂之，皆約略可數，而未至大舛。蓋道元於諸水源委，詢考綦詳，故所言時有相合者，惟未嘗親履其地。且以漢言誌蒙古山水名目，往往傳訛傅會，更不免謬以千里，則泥古而不知核實之過也。〇歐陽修云：「灤水出炭山東北」，胡三省通鑑注因之。其後陳組綬職方圖考、顧祖禹方輿紀要皆從其說。今考獨石口外，無所謂炭山者，惟巴延屯圖古爾山。據努三云：「土人名其山爲黑老山」。按昔人有謂濡水出黑龍山者，龍老音轉承訛，黑龍山之言，似不爲妄。今巴延屯圖古爾山，其陽石色黝黑，所謂炭山，或即指此。而明統志，乃以萬全縣南之炭山當之，其地距獨石三百餘里，則更風馬牛不相及矣。〇元史河渠志：「灤水出金蓮川中」，今獨石口外濡源相近處，無所謂金蓮川者。按金史地理志云：「桓州曷里滸東川，更名曰金蓮川。」又元史地理志云：「世祖劉秉忠相宅於桓州東，灤水北之龍岡。」中統元年爲開平府，五年加號上都，即今之上都河屯，正在灤水之北，桓州尚在其西。考元周伯琦扈從北行記云：「至失八爾圖，地多泥淖，驛路至此相合，地多異花，有名金蓮花者，似荷而黄，至察罕腦兒，猶漢言白海也，歷數驛始至桓州。」又王惲中堂事記云：「灤野蓋金人駐夏金蓮」云云。考其地皆與上都河屯相近。失八爾圖，當爲什巴爾台，蒙古語泥濘處也，在上都西少北。察罕腦兒，當爲察汗諾爾，蒙古語白湖也，在上都南少西。金蓮川，當在什巴爾台、察汗諾爾之間。元陳孚金蓮川詩云：「茫茫金蓮川，日暎山色赭。昔人建離宮，今存但古瓦。」蓋金時於此建景明宮，爲避暑之所。許安仁疏有「金蓮千里之外」語，以距京師道里計之，亦相合。又今什巴爾台少西北，有和洛和山，蓋即金史所謂曷里滸者。川在其東，去獨石口幾五百里，其非濡源明甚。周伯琦賦得灤河送蘇伯修詩云：「清灤悠悠北斗北，千折縈環護邦國。直疑銀漢天上來，金蓮滿川静如拭。」蓋灤河先逕金蓮，後至上都，伯琦詠灤河而兼及金蓮，殆指河流所經言之，修元史者直以爲灤出金蓮川中，誤矣。

國朝宮史續編卷之一百

書籍二十六 圖繪二

天盤星斗圖一幅 紙本，圓徑二尺三寸。

西洋天球地球圖一分 天球圖六幅，紙本，圓徑五尺三寸五分。地球圖六幅，紙本，圓径四尺七寸。

右天文圖目。

坤輿全圖一幅 絹本，縱六尺一寸，横一丈一尺八寸。

清字坤輿圖一分 紙本，凡二幅，圓径四尺四寸。

漢字坤輿圖一分 紙本，凡二幅，圓徑四尺五寸。

皇輿全圖四函 紙本，凡二十五幀，分天地元黄四目，合綴成幅。縱左五尺六寸，中九尺九寸，右八尺，横上一丈二尺三寸，中一丈二尺三寸，下一丈一尺三寸。

皇輿方格全圖十卷

皇輿斜格全圖四卷 以上恭載前卷。

皇輿十排全圖十卷 縱横與方格全圖同。

大清中外全圖一分 紙本，縱四尺，横四尺九寸，内天下總圖一幅，中國圖十五幅，外國圖十五幅。

天下全圖一幅 紙本，縱四尺五寸，横七尺三寸五分。

十五省總圖一幅 紙本，縱七尺七寸，横九尺。

直省暨蒙古地方輿圖一幅 紙本，縱三尺三寸，横二尺二寸。

直省輿圖二幅 紙本，縱二尺二寸，横同。○又紙本縱一尺五寸，横一尺三寸五分。

十五省圖一分 絹本，凡十五幅，縱四尺二寸五分，横四尺一寸。内山東全圖縱三尺六寸，横六尺二寸。陝西全圖縱三尺二寸，餘俱同。

天下總圖一分 紙本，方格凡十排，每排縱四丈四尺七寸，横三尺三寸，横共三丈三尺。

盛京直隸十五省圖一分 紙本，凡十六排，縱横各見。

清字簽一統圖一幅 絹本，縱一丈二尺七寸，横一丈五尺。

十五省府州縣方向圖一函 紙本，凡十五册，每葉縱五寸五分，横同。

十五省驛站圖一函 紙本，凡十五册，每葉縱五寸五分，横五寸四分。

口外站道圖一函 紙本，凡二十四册，每葉縱五寸五分，横五寸四分。

右輿地圖目。天下總圖

盛京全圖一幅 紙本，縱二尺五寸，横三尺二寸。

盛京圖一分 紙本，縱一尺五寸，横一丈一尺八寸，凡五卷。

盛京事蹟圖五卷 恭載前卷。

盛京城闕圖一幅 絹本，縱四尺一寸，横同。

京城至盛京營道圖一幅　紙本，縱三尺六寸五分，橫八尺。

長白山等處圖一分　紙本，凡五排，每排縱一丈三尺，橫三尺七寸，橫共一丈八尺五寸。〇又一幅，紙本，縱六尺，橫五尺六寸。

長白山圖一幅　紙本，縱三尺八寸，橫三尺七寸五分。

長白山烏拉等處圖一幅　紙本，縱七尺二寸，橫七尺四寸。

盛京蒙古索倫等處圖一幅　紙本，縱三尺，橫二尺五分。

盛京至朝鮮圖一幅　紙本，縱三尺，橫一丈二尺五寸。

盛京鳳凰城至朝鮮道路圖一幅　紙本，縱五尺，橫四尺六寸。

黑龍江圖二幅　絹本，縱三尺七寸，橫五尺四寸。〇又紙本，縱二尺五寸二分，橫三尺三寸二分。

黑龍江白喀爾等處圖一幅　紙本，縱一尺九寸二分，橫六尺五分。

黑龍江一路入海圖一卷　紙本，縱一尺一寸，橫六丈六尺九寸。

山海關至寧古塔圖一幅　紙本，縱六尺，橫八尺三寸。

寧古塔圖二幅　紙本，縱三尺二寸五分，橫三尺三寸。〇又紙本，縱二尺三寸六分，橫三尺三寸五分。

松花江屯耕圖一幅　紙本，縱三尺三寸六分，橫四尺。

東三省地方圖一分　紙本，凡九幅，除第一幅，每四幅合作一分，一縱三尺八寸，橫三尺五分；二縱四尺，橫一尺八寸五分；三縱橫同前；四縱二尺八寸，橫一尺八寸四分；五、六、七、八、九，縱橫俱同。

京城至長白山吉林寧古塔圖一幅　紙本，縱七尺一寸，橫一丈四尺六寸五分。

喜峯口至索約勒濟烏里雅蘇臺營道圖一幅　紙本，縱二尺二寸五分，橫三尺七寸五分。

齊齊哈爾至墨爾根黑龍江烏魯蘇穆丹圖一幅　紙本，縱四尺七寸五分，橫六尺六寸。

黑龍江烏魯蘇穆丹圖一幅　紙本，縱七尺，橫八尺二寸。

伯都訥至格林圖一幅　紙本，縱七尺一寸，橫一丈。

古北口至索約勒濟齊齊哈爾至喜峯口圖一幅　紙本，縱四尺七寸五分，橫六尺六寸。

右輿地圖目。東三省圖

京城全圖五十一册　紙本，凡十七排，每排縱二尺六寸，分東西中三路，東西橫一丈三尺，中橫一丈六尺二寸。

北京城圖一幅　紙本，縱三尺五寸，橫二尺七寸。

南海子圖一幅　絹本，縱六尺七寸，橫七尺六寸。

直隸全省輿圖一幅　絹本，縱二丈三尺，橫一丈八尺。

直隸全省圖一幅　紙本，縱六尺八寸，橫五尺二寸。

直隸熱河木蘭等處圖二幅　絹本，縱四尺五寸，橫三尺二寸。〇又紙本，縱二尺四寸，橫一尺六寸五分。

熱河全圖一幅　紙本，縱二尺，橫三尺。

木蘭圍場圖一幅　紙本，縱三尺八寸，橫三尺五寸。

木蘭圖二幅　絹本，縱五尺六寸，橫四尺七寸。〇又紙本，縱四尺二寸，橫二尺七寸。

直隸陜甘山西邊垣圖一幅　紙本，縱五尺九寸，橫一丈六尺三寸五分。

山海關圖一幅　紙本，縱二尺，橫二尺五寸。

居庸南山宣府大同等鎮圖四册 絹本，縱一尺五寸，橫一尺二寸八分，四册同。

通州永定兩河村莊圖一幅 絹本，縱二尺六寸，橫六尺三寸。

宣府鎮圖一幅 絹本，縱五尺七寸，橫五尺八寸。

張家口至朔平邊牆外駐劄圖一幅 紙本，縱二尺五寸五分，橫一丈三寸。

古北口至依孫哈馬爾圖一幅 紙本，縱一丈一尺，橫五尺五寸。

口外諸山圖一幅 紙本，縱一尺八寸，橫二尺八寸。

張家口外游牧各地名圖一幅 紙本，縱二尺二寸五分，橫五尺二寸。

右輿地圖目。京師暨直隸諸境圖

江南全省輿圖二幅 絹本，縱七尺一寸，橫六尺九寸。〇又紙本，縱三尺三寸，橫三尺一寸。

江南全省地輿總圖一幅 絹本，縱六尺四寸，橫六尺八寸五分。

江南全省地輿道里圖一幅 紙本，縱四尺一寸，橫同。

安徽省輿圖一幅 紙本，縱二尺九寸，橫二尺二寸五分。

江揚輿圖一册 絹本，縱一尺九寸二分，橫一尺七寸，凡二十一葉。

蘇松輿圖一册 縱橫同上，凡十五葉。

常鎮輿圖一册 縱橫同上，凡十一葉。

淮徐輿圖一册 縱橫同上，凡十八葉。

安池太輿圖一册 縱橫同上，凡十九葉。

徽寧廣輿圖一册 縱橫同上，凡十七葉。

鳳陽輿圖一册 縱橫同上，凡二十葉。

廬滁和輿圖一册 縱橫同上，凡十五葉。

右輿地圖目。江南諸境圖

江西全省輿圖二幅 綾本，縱一丈一尺，橫同。〇又紙本，縱三尺三寸，橫二尺六寸。

南昌府屬圖一幅 綾本，縱五尺七寸，橫同。

饒州府屬圖一幅

廣信府屬圖一幅

南康府屬圖一幅

九江府屬圖一幅

建昌府屬圖一幅

撫州府屬圖一幅

臨江府屬圖一幅

瑞州府屬圖一幅

袁州府屬圖一幅

吉安府屬圖一幅

贛州府屬圖一幅

南安府屬圖一幅 以上縱橫同。

封禁山圖一幅 紙本，縱三尺八寸，橫三尺二寸五分。

右輿地圖目 江西諸境圖

浙江全省輿圖三幅 絹本，縱一丈二尺，橫一丈一尺四寸。〇又紙本，縱二尺四寸，橫二尺三寸。〇又紙本，縱四尺，橫同。

浙江省各府輿圖一分 絹本，縱一尺一寸，橫一尺四寸五分，凡十一幅。

杭州府地輿圖并説一册 絹本，縱一尺一寸七分，橫一尺一寸五分，凡二十二葉。

嘉興府地輿圖并説一册 縱橫同上，凡十六葉。

湖州府地輿圖并説一册 縱橫同上，凡十六葉。

寧波府地輿圖并説一册 縱橫同上，凡十二葉。

紹興府地輿圖并説一册 縱橫同上，凡十八葉。

金華府地輿圖并説一册 縱橫同上，凡十八葉。

衢州府地輿圖并説一册 縱橫同上，凡十二葉。

嚴州府地輿圖并説一册 縱橫同上，凡十四葉。

温州府地輿圖并説一册 縱橫同上，凡十二葉。

台州府地輿圖并説一册　縱横同上，凡十四葉。

處州府地輿圖并説一册　縱横同上，凡二十二葉。

杭州府輿圖一幅　紙本，縱三尺九寸，横四尺二寸。

嘉興府輿圖一幅　紙本，縱四尺二寸，横四尺一寸五分。

湖州府輿圖一幅　絹本，縱四尺三寸，横四尺二寸。

寧波府輿圖一幅　絹本，縱四尺一寸，横同。

紹興府輿圖一幅　絹本，縱四尺四寸，横四尺二寸。

金華府輿圖一幅　絹本，縱四尺四寸五分，横四尺二寸。

處州府輿圖一幅　絹本，縱四尺四寸，横四尺二寸。

衢州府輿圖一幅　絹本，縱四尺四寸，横四尺二寸。

嚴州府輿圖一幅　絹本，縱四尺三寸，横四尺二寸。

温州府輿圖一幅　絹本，縱四尺五寸，横四尺二寸。

台州府輿圖一幅　絹本，縱四尺二寸，横同。

浙江關隘圖一册　紙本，縱六寸七分，横六寸五分，凡二葉。

右輿地圖目。浙江諸境圖

福建輿圖一册　絹本，每葉縱三尺一寸五分，横三尺一寸，凡十葉。〇又一幅，紙本，縱三尺五寸，横三尺。

臺灣輿地圖一幅　絹本，縱三尺四寸五分，横八尺八寸。

福建省關隘全圖一幅　絹本，縱一尺七寸五分，横二尺。

右輿地圖目。福建諸境圖

湖廣全省輿圖二幅　絹本，縱一丈一尺四寸，横同。又紙本，縱四尺八寸，横三尺。○

湖廣全省營制道里圖一幅　絹本，縱一丈二寸，横八尺八寸。

武昌府屬圖一幅　絹本，縱五尺，横同。

漢陽府屬圖一幅

安陸府屬圖一幅

襄陽府屬圖一幅

鄖陽府屬圖一幅

德安府屬圖一幅

黄州府屬圖一幅

荆州府屬圖一幅

施州衛圖一幅

長沙府屬圖一幅

岳州府屬圖一幅

寶慶府屬圖一幅

衡州府屬圖一幅

常德府屬圖一幅

辰州府屬圖一幅

永州府屬圖一幅

靖州衛屬圖一幅

郴州屬圖一幅 以上縱橫同。

湖南地理圖一幅 絹本，縱七尺七寸，橫六尺四寸。

湖南全省府州縣山河圖一卷 絹本，縱二尺一寸五分，橫十七丈二尺六寸。

湖廣苗疆圖一幅 紙本，縱七尺八寸，橫五尺九寸。

鎮筸圖二幅 紙本，縱二尺三寸五分，橫四尺六寸。○又絹本，縱三尺，橫四尺二寸五分。

鎮筸紅苗圖一册 絹本，縱一尺一寸五分，橫一尺四寸，凡二十八葉。

右輿地圖目。湖廣諸境圖

河南全省輿圖二幅 絹本，縱一丈一尺八寸，橫一丈二尺四寸。○又紙本，縱橫三尺一寸。

開封府屬圖一幅 絹本，縱四尺九寸，橫五尺。

歸德府屬圖一幅

彰德府屬圖一幅

衛輝府屬圖一幅

懷慶府屬圖一幅

河南府屬圖一幅

南陽府屬圖一幅

汝寧府屬圖一幅

汝州屬圖一幅 以上縱橫同。

右輿地圖目。河南諸境圖

山東全省輿圖二幅 紙本，縱八尺一寸，横一丈六尺三寸五分。〇又紙本，縱二尺一寸，横三尺。

濟南府屬圖一幅 紙本，縱五尺三寸，横五尺二寸。

兖州府屬圖一幅 紙本，縱四尺七寸，横七尺五分。

東昌府屬圖一幅 紙本，縱四尺六寸，横三尺二寸。

登州府屬圖一幅 紙本，縱四尺，横四尺一寸。

萊州府屬圖一幅 紙本，縱四尺，横三尺九寸五分。

青州府屬圖一幅 紙本，縱五尺四寸，横三尺七寸。

右輿地圖目。山東諸境圖

山西全省輿圖三幅 綾本，縱一丈七尺九寸，横九尺。○又絹本，縱五尺五寸，横二尺八寸。○又紙本，縱三尺五寸，横二尺三寸。

太原府圖一幅 綾本，縱六尺七寸，横七尺三寸。

潞安府圖一幅 綾本，縱四尺，横三尺八寸。

平陽府圖一幅 綾本，縱八尺三寸，横五尺。

澤州府圖一幅 綾本，縱三尺四寸，横三尺九寸。

大同府圖一幅 綾本，縱五尺八寸，横六尺三寸。

沁州圖一幅 綾本，縱三尺五寸，横三尺九寸五分。

山西西路邊垣圖一册 絹本，縱一尺四寸三分，横二尺二寸三分，凡八葉。

山西中路邊垣圖一册 絹本，縱一尺四寸，横二尺二寸，凡六葉。

山西東路邊垣圖一册 絹本，縱一尺三寸七分，横二尺二寸一分，凡六葉。

歸化城等處道里圖一幅 紙本，縱三尺，横六尺四寸。

右輿地圖目。山西諸境圖

陝西全省圖一幅 紙本，縱四尺四寸，横五尺。

陝西全省邊腹圖一幅 絹本，縱五尺二寸五分，横五尺四寸五分。

陝西通省邊鎮圖一幅 絹本，縱五尺，横同。

陝西甘肅寧夏西寧等處安設駐防圖一幅 絹本，縱五尺二寸五分，横五尺。

陝西延綏鎮圖一幅　絹本，縱五尺三寸，横五尺五寸。
甘肅鎮圖一幅　紙本，縱四尺八寸，横九尺一寸。
寧夏鎮全圖一幅　絹本，縱六尺一寸，横一丈六尺二寸。
蘭州至固關道里圖一幅　紙本，方格，縱五尺一寸，横一丈。
西寧至達賴喇嘛地方圖一幅　絹本，縱三尺一寸五分，横四尺二寸。
惠回堡圖一幅　絹本，縱三尺，横二尺七寸。
陝西五邊道里圖二卷　絹本，縱一尺一寸七分，横二丈一尺。〇又絹本，縱横同上。
安西全鎮内外境汛輿圖一幅　絹本，縱三尺六寸，横四尺六寸。

右輿地圖目。陝西甘肅諸境圖

廣東全省輿圖一軸　絹本，縱六尺七寸，横六尺。〇又一幅紙本，縱四尺二寸，横四尺九寸。
廣東全省圖一幅　紙本，方格，縱七尺九寸，横一丈。
廣東各府輿圖并説一册　紙本，縱一尺三寸，横一尺二寸七分，凡三十三葉。
廣東各府輿圖全分一册　紙本，縱一尺四寸，横一尺三寸七分，凡十三葉。
廣州府輿圖一册　紙本，縱一尺六寸，横二尺二寸，凡三十五葉。
韶州南雄二府輿圖一册　縱横同上，凡十八葉。
潮州府輿圖一册　縱横同上，凡二十三葉。

惠州府輿圖一册 縱横同上，凡二十三葉。

肇慶府輿圖一册 縱横同上，凡二十五葉。

高州廉州二府輿圖一册 縱横同上，凡二十葉。

瓊州府輿圖一册 縱横同上，凡二十七葉。

雷州府羅定州輿圖一册 縱横同上，凡十四葉。

廣州府圖一卷 絹本，縱三尺三寸，横三尺二寸，圖説與前册同。

韶州府圖一卷

南雄府圖一卷

潮州府圖一卷

惠州府圖一卷

肇慶府圖一卷

高州府圖一卷

雷州府圖一卷

廉州府圖一卷

瓊州府圖一卷

羅定州圖一卷 以上縱横同。

廣肇二府圍基圖一軸 絹本，縱二尺，橫五尺七寸。

廣東廣西安南三不要圖一幅 絹本，縱二尺四寸，橫三尺。

右輿地圖目 廣東諸境圖

廣西全省輿圖二幅 綾本，縱一丈九寸，橫一丈九尺。〇又紙本，縱二尺六寸，橫三尺九寸。

桂林府屬州縣圖説一册 絹本，縱一尺七寸，橫二尺一寸五分，凡二十一葉。

慶遠府屬州縣圖説一册 縱橫同上，凡二十六葉。

太平府屬州縣圖説一册 縱橫同上，凡五十六葉。

思恩府屬州縣圖説一册 縱橫同上，凡四十八葉。

柳州府屬州縣圖説一册 縱橫同上，凡二十六葉。

平樂府屬州縣圖説一册 縱橫同上，凡十八葉。

潯州南寧二府屬州縣圖説一册 縱橫同上，凡三十四葉。

梧州府屬州縣圖説一册 縱橫同上，凡二十二葉。

廣西泗城土府疆域圖一幅 絹本，縱二尺四寸三分，橫二尺九寸。

廣西與安南交界營汛關隘圖一幅 絹本，縱二尺四寸五分，橫三尺四寸。

廣西雲南貴州三省交界圖一幅 絹本，縱二尺五寸，橫三尺一寸。

右輿地圖目。廣西諸境圖

四川全省輿圖二幅 綾本，縱一丈八尺六寸，橫一丈七尺四寸。〇又紙本，縱三尺八寸，橫四尺六寸。

西蜀通省便覽圖一册 絹本，縱一尺六寸五分，橫二尺二寸四分，凡四十一葉。

四川成都府至化林營圖六幅 綾本，每幅縱三尺，橫二尺四寸，合成一幅。

化林營至熱水塘喇嘛寺圖六幅 綾本，每幅縱三尺，橫二尺四寸，合成一幅。

四川打箭爐圖一幅 紙本，縱三尺八寸，橫五尺三寸。

建昌普雄涼山全圖一卷 絹本，縱三尺，橫四尺二寸。

四川苗疆圖一幅 紙本，縱二尺九寸八分，橫三尺八寸。

四川雲南西藏等處圖一幅 紙本，縱二尺九寸，橫同。

右輿地圖目。四川諸境圖。

雲南全省輿圖二幅 絹本，縱七尺，橫九尺。〇又紙本，縱三尺四寸，橫四尺。〇又一册紙本，縱一尺三寸，橫一尺七寸，凡四十八葉。

雲南省各府輿圖一册 紙本，縱一尺八寸，橫一尺二寸，凡四十八葉。

烏蒙鎮圖一幅 紙本，縱四尺，橫同。

烏蒙府輿圖一幅 絹本，縱三尺四寸，橫一尺九寸。

雲南永北府至烏斯藏道里圖一幅 絹本，縱二尺五寸，橫一尺九寸。

雲南各彝種圖一册 絹本，縱一尺二寸五分，橫七寸九分，凡四十四葉。

右輿地圖目。雲南諸境圖。

貴州全省輿圖三分 絹本，縱八尺二寸，横八尺六寸。〇又紙本，縱九尺，横一丈一尺。〇又紙本，縱二尺三寸，横二尺八寸。

貴州營汛全圖一幅 紙本，縱二尺九寸，横五尺九寸。

貴州威寧州圖一幅 絹本，縱三尺一寸，横四尺六寸。

貴州新疆全圖一幅 絹本，縱五尺，横三尺五寸。

貴州苗地圖二幅 紙本，縱三尺七寸，横六尺七寸。〇又紙本，縱六尺六寸，横九尺三寸。

黔省驛遞道路圖一册 紙本，縱一尺二寸五分，横一尺七寸，凡二十一葉。

右輿地圖目。貴州諸境圖

準噶爾諸部斜格輿圖一分 紙本，縱一尺三寸五分，横二尺一寸，凡十册，合綴成圖。

各處進藏路徑圖三幅 紙本，縱三尺八寸，横七尺三寸。〇又絹本，縱四尺三寸，横三尺二寸。〇又絹本，縱二尺一寸五分，横三尺二寸。

草達圖一卷 絹本，縱三尺，横一尺七寸五分

三藏分界圖一幅 紙本，縱三尺七寸，横六尺九寸。

三藏卡倫圖一幅 絹本，縱三尺七寸，横六尺七寸。

喀木藏衛圖二幅 紙本，縱三尺八寸，横八尺一寸。〇又紙本，縱二尺六寸，横六尺一寸。

西藏圖一幅 紙本，縱一尺八寸，横二尺九寸。

前藏圖一幅 紙本，縱九尺八寸，横六尺九寸。

後藏圖二幅 紙本，縱七尺一寸，横九尺。〇又紙本，縱二尺六寸，横三尺一寸。

獨石口至布伊爾庫掄圖一幅 紙本，縱九尺五寸，横五尺五寸。

獨石口至固爾班賽堪克嚕倫圖一分 紙本，凡二幅，每幅縱六尺五寸，横一丈一尺五分。

獨石口至固爾班賽堪鄂蘭索倫鄂爾多斯圖一分 紙本，凡二幅，每幅縱六尺，横一丈一尺七寸。

克嚕倫圖拉鄂爾坤色楞額圖一幅 紙本，縱四尺七寸，横一丈二尺。

吹畢拉伊克鄂蘭巴汗鄂蘭諾岷戈壁哈密至嘉峪關圖一幅 紙本，縱七尺五寸，横九尺。

嘉峪關外伊犁回部三藏等處圖一幅 紙本，縱二尺九寸，横三尺六寸。

嘉峪關至回部拔達克山城天方西海戎地圖一卷 絹本，縱一尺九寸，横九丈五尺。

嘉峪關至安集延等處圖一軸 紙本，縱四尺二寸，横六尺五寸。

嘉峪關至葉爾羌喀什噶爾等處道里圖一幅 紙本，縱四尺二寸，横七尺八寸。

噶斯哈密伊犁回部等處圖三幅 紙本，縱四尺二寸，横九尺。〇又紙本，縱二尺八寸，横五尺。〇又紙本，縱二尺四寸，横四尺五寸。

哈密至烏魯木齊道里圖一幅 紙本，縱二尺三寸，横六尺一寸。

烏里雅蘇臺烏魯木齊圖一幅 紙本，縱二尺五寸，横五尺。

阿爾台額爾得尼昭伊犁等處圖二幅 紙本，縱三尺二寸，横五尺，二幅同。

阿爾台分界圖二幅 紙本，縱三尺三寸，横四尺。〇又紙本，縱二尺，横一尺。

阿爾台交界圖一幅 布本，縱四尺四寸，横六尺。

阿爾台伊犁等處圖二幅 紙本，縱四尺八寸，横七尺六寸。〇又紙本，縱二尺八寸，横四尺四寸。

色楞額江圖一幅　紙本，縱三尺三寸，橫三尺七寸。

烏蘇里江圖一幅　紙本，縱二尺一寸，橫一尺九寸。

哈密全圖一幅　紙本，縱三尺九寸，橫四尺四寸。

青海圖二幅　紙本，縱三尺八寸，橫三尺二寸五分。○又絹本，縱一尺五寸五分，橫二尺七寸五分。

促浸儹拉全境圖一幅　絹本，縱二尺六寸，橫三尺二寸。

鄂齊爾至墨斯克罕崆喀爾道路圖一幅　紙本，縱二尺二寸，橫三尺。

伊犂回部等處圖二分　紙本，凡四排，每排縱一尺，橫六尺七分。○又一幅紙本，縱五尺五寸，橫九尺二寸。

俄羅斯地方分界圖一幅　紙本，縱三尺五寸，橫五尺六寸。

俄羅斯圖一幅　紙本，縱二尺五寸，橫三尺七寸。

堪達汗山圖一幅　紙本，縱九尺五寸，橫一丈四尺五寸。

朝鮮國圖一幅　紙本，縱三尺四寸，橫二尺五寸。

朝鮮全境圖一幅　紙本，縱六尺五寸，橫五尺五寸。

朝鮮國八道地圖一幅　紙本，縱四尺，橫二尺七寸。

右輿地圖目。蒙古、回部、朝鮮、金川、俄羅斯、衛藏諸境圖。

盛京至瓊州海圖一卷　紙本，縱一尺二寸，橫四丈六尺四寸。

蓋州至暹羅沿海圖一卷　紙本，縱一尺七寸，橫四丈八尺。

山海關洋圖一幅　紙本，縱一尺八寸，横二尺。

海洋清晏圖一卷　絹本，縱一尺七寸五分，横二丈五尺二寸。

浙閩沿海全圖一卷　紙本，縱一尺九寸，横四丈四尺七寸。

福建省沿海全圖一卷　綾本，縱一尺四寸，横一丈六尺三寸。

浙江省沿海全圖一卷　綾本，縱一尺四寸，横一丈六尺三寸。

粤東沿海全圖一卷　絹本，縱一尺七寸五分，横三丈七尺二寸。

山東江南浙江福建四省沿海圖一軸　絹本，縱四尺九寸，横一丈三尺九寸。

山東沿海輿圖一幅　絹本，縱二尺七寸，横四尺九寸。

山東至朝鮮海運圖一幅　絹本，縱六尺，横六尺五寸。

天津衛海道運糧圖一幅　絹本，縱三尺一寸，横六尺四寸。

海運島嶼圖二册　圖絹本，説紙本，上册縱八寸七分，横九寸四分，凡七十四葉。下册縱一尺一寸，横一尺三寸，凡二十四葉。

海運糧船圖一卷　絹本，縱二尺一寸，横四尺。

旅順海島圖一幅　紙本，縱四尺二寸，横二尺。

亨温至東海圖一幅　紙本，縱三尺一寸，横四尺八寸

閩海關六口全圖并説一册　圖絹本，説紙本，縱九寸五分，横一尺六寸五分，凡六葉。

臺灣澎湖海洋巡防全圖一卷　絹本，縱三尺三寸，横一丈五尺三寸。

澎湖臺灣海道圖一幅 紙本，縱四尺三寸，橫四尺二寸。

澎湖圖一幅 紙本，縱六尺五分，橫五尺七寸。

西洋畫澳門圖一幅 油布本，縱三尺二寸，橫五尺八寸。

長崎貿易圖一册 絹本，縱一尺，橫九寸五分，凡十六葉。

東洋南洋海道圖一卷 絹本，縱五尺四寸，橫四尺二寸。

西南海洋各番針路方向圖一卷 紙本，縱二尺二寸五分，橫二尺五寸六分。

浙海舟山形勢圖一卷 絹本，縱三尺一寸，橫三尺一寸。

浙江定海圖一幅 綾本，縱三尺一寸，橫三尺五寸。

江海墩臺營汛全圖一卷 絹本，縱九寸二分，橫四尺。

浙江省海塘全圖一幅 絹本，縱一尺五寸，橫二尺一寸。○又一卷絹本，縱七寸五分，橫五尺六寸。

松江海塘圖一卷 綾本，縱七寸，橫四尺八寸。

福浙兩省江海礮臺式樣圖一卷 絹本，縱九寸，橫二丈六尺七寸五分。

雍正十三年浙省海塘安瀾圖一軸 絹本，縱二尺六寸，橫六尺六寸五分。

乾隆二年浙省海塘安瀾圖一軸 絹本，縱二尺六寸，橫六尺七寸。

長江形勢圖一卷 絹本，縱一尺九寸，橫四丈二尺六寸。

萬里長江圖一卷 紙本，縱一尺三寸，橫七丈八尺五寸。

江工河圖一幅　絹本，縱一尺三寸五分，横三尺。

南昌府江湖圖一幅　絹本，縱一尺七寸，横一尺六寸。

南康府鄱陽湖圖一幅　紙本，縱三尺六寸，横一尺八寸五分。

章江隄壩圖一幅　紙本，縱一尺四寸，横一尺四寸。

武昌江岸圖一幅　絹本，縱一尺六寸，横二尺一寸。

安陸襄江圖一幅　絹本，縱一尺六寸，横一尺四寸五分。

雲南金沙江上下兩游全圖一卷　絹本，縱一尺七寸，横二十四丈三尺四寸。

明徐必達海防全圖十幅　絹本，縱五尺三寸五分，横一尺九寸，十幅同。

右江海圖目。

灤河濡水源圖併考證一册　恭載前卷。

灤河圖一幅　紙本，縱四尺八寸，横五尺。

黑龍江源圖一幅　紙本，縱三尺四寸，横二尺。〇又江中圖一幅，紙本，縱三尺四寸，横三尺八寸。〇又江口圖一幅，紙本，縱三尺七寸，横二尺九寸。

星宿海河源圖一幅　紙本，縱四尺五寸，横四尺三寸。

黄河發源圖一幅　紙本，縱三尺，横三尺二寸。

寧夏黄河圖一幅　紙本，縱五尺三寸，横四尺三寸。

寧夏黄河惠農渠圖一幅　紙本，縱一丈一尺，横四尺四寸。

寧夏河套圖二幅 紙本，縱五尺五寸，横三尺二寸。○又紙本，縱三尺一寸，横二尺五寸。

潼關至海黄河圖二卷 絹本，縱二尺六寸，横四丈二尺。○又絹本，縱九寸五分，横五尺八寸。

豫東二省黄河圖一卷 絹本，縱八寸五分，横三尺七寸。

江南黄河圖一軸 絹本，縱四尺一寸，横五尺四寸。

黄淮交匯入海圖一軸 絹本，縱二尺五寸，横四丈二尺二寸。

江淮河入海圖三軸 絹本，縱五尺四寸，横五丈一尺一寸。○又絹本，縱五尺三寸，横一丈五尺二寸。○又絹本，縱五尺六寸，横一丈五尺三寸。

正陽迤下淮河圖一幅 紙本，縱五寸五分，横一尺八寸。

淮黄隄壩圖一幅 紙本，縱四尺，横四尺五寸。

御壩圖一卷 絹本，縱二尺，横四尺五寸。

陶莊引河圖一幅 紙本，縱一尺九寸八分，横一尺九寸。

京城至揚州河圖二卷 絹本，縱二尺五寸五分，横六丈三尺。○又絹本，縱一尺五寸，横二丈五尺九寸。

京師至杭州河圖一卷 絹本，縱二尺五寸，横六丈六尺。

直隸運河圖一卷 絹本，縱一尺五分，横一丈三尺五寸。

山東運河圖一卷 絹本，縱一尺二分，横一丈三尺一寸。

江南運河圖一卷 絹本，縱一尺二分，横一丈三尺。

通州至天津運河圖一卷 紙本，縱一尺六寸，横九尺二寸。

天津南運河圖一卷　紙本，縱三尺，橫二尺。

衛河圖一卷　絹本，縱一尺二分，橫一尺四寸。

山東運河全圖一卷　絹本，縱九寸五分，橫六尺三寸。

韓莊水勢湖河圖一幅　紙本，縱一尺四寸五分，橫一尺六寸。

高堰石工全圖一幅　絹本，縱二尺一寸，橫二丈三尺七寸。

江南高家堰圖一幅　絹本，縱三尺二寸，橫四尺二寸。

龍門高堰大壩圖一幅　紙本，縱二尺一寸五分，橫六尺。

淮揚高寶七邑水利圖一軸　絹本，縱八尺七寸，橫六尺八寸。〇又一幅，絹本，縱四尺五寸，橫三尺五寸。

淮揚興修水利圖一幅　絹本，縱四尺七寸，橫三尺。

淮揚徐三府河圖三幅　絹本，縱三尺二寸，橫四尺九寸。〇又絹本，縱一尺六寸五分，橫二尺四寸。〇又絹本，縱一尺四寸，橫二尺七寸五分。

清江浦清河隄工圖一幅　紙本，縱一尺七寸五分，橫二尺四寸。〇又一幅，縱橫同上。

石林口至荆山口圖一幅　紙本，縱一尺七寸，橫二尺五寸五分。

真人洲引河圖一幅　絹本，縱二尺一寸，橫四尺一寸。

爪州越河圖一幅　絹本，縱二尺四寸五分五分，橫三尺。

蘇松常鎮四府河圖一幅　絹本，縱二尺三寸，橫四尺。

京師至山海關河圖一幅　紙本，縱四尺三寸，橫同。

直隸山西河東河道圖一卷 絹本，縱一尺四寸，橫一尺八寸。

通州永定二河圖一幅 紙本，縱二尺四寸，橫二尺八寸。

直隸永定等河圖一幅 紙本，縱六尺四寸，橫六尺一寸。

永定河圖一幅 紙本，縱二尺四寸，橫三尺二寸。

永定河圖二幅 紙本，縱七寸，橫一尺九寸。○又紙本，縱七寸，橫一尺三寸五分。

直隸水利營田圖一幅 紙本，縱三尺三寸，橫八尺四寸。

直隸水利工程圖一幅 紙本，縱四尺五寸，橫三尺五寸。

通州河隄工圖一卷 紙本，縱二尺，橫一尺。

河間府河圖一幅 紙本，縱二尺，橫二尺八寸五分。

薊運等河圖一卷 紙本，縱一尺六寸五分，橫六尺一寸。

還鄉河圖一幅 絹本，縱四尺二寸，橫二尺。

東西二淀河圖一幅 紙本，縱二尺七寸，橫四尺。○又二分紙本，縱二尺六寸，橫三尺一寸，凡四幅。

南北二泊河圖一幅 紙本，縱三尺三寸五分，橫一尺九寸五分。

開引拒馬河圖一幅 絹本，縱一尺五寸五分，橫九寸五分。

金沙江瀾滄江發源圖一幅 紙本，縱二尺八寸，橫二尺三寸。

岷山打沖河源圖一幅 紙本，縱二尺七寸，橫三尺三寸。

雲南大關河圖一卷 絹本，縱一尺六寸，橫四丈一尺八寸。

右河道圖目。

御筆平定兩金川得勝圖十六詠一分

平定伊犁回部全圖一分

回部得勝圖一分

平定臺灣戰圖一分

平定安南戰圖一分

平定廓爾喀戰圖一分

平定苗疆戰圖一分

平定仲苗戰圖一分 以上俱恭載前卷。

大兵圍雲南圖一幅 紙本，縱七尺，橫八尺四寸。

都統賴塔進取雲南地勢圖一幅 綾本，縱三尺二寸，橫二尺七寸。

大兵進取岳州圖一幅 紙本，縱三尺五寸，橫三尺。

大兵平吳應麒圖一幅 紙本，縱三尺八寸，橫六尺九寸。

衢州府大兵營盤圖一幅 紙本，縱二尺九寸，橫三尺三寸。

台州府官兵駐劄圖一幅 紙本，縱二尺四寸，橫三尺二寸。

處州府官兵駐劄圖一幅 紙本，縱橫各三尺三寸。

額爾德尼昭大兵戰陣圖一幅 紙本，縱一尺三寸，橫一尺九寸。

八旗陣勢圖一分 高麗紙本，縱一尺八寸，橫一尺九寸，凡十二幅。

兩金川地形全圖一幅 紙本，縱四尺三寸，橫四尺五寸。

湖北水操陣勢全圖二冊 紙本，縱一尺八寸，橫四尺五寸，凡六幅。〇又一幅同。

右武功圖目。

避暑山莊圖一幅 紙本，縱三尺五寸，橫八尺二寸。

山東御營站總圖二冊 絹本，每葉縱四寸五分，橫四寸二分，凡十葉。〇附經由州縣志畧一冊，紙本，縱橫同上，凡二十九葉。

直隸廠至高堰山盱路程圖一卷 絹本，縱九寸，橫三尺三寸。

直隸廠至高堰路程圖并説二冊 絹本，每葉縱三寸五分，橫三寸九分。

直隸廠至順河集路程圖并説八冊 絹本，每葉縱八寸，橫四寸。

德州至郯城營道圖并説十三冊 紙本，每葉縱四寸三分，橫四寸四分。〇又一分二十四冊，圖絹本，説紙本，每葉縱四寸二分，橫四寸四分。

山東德州起至郯城縣路程圖并志略二十八冊 圖絹本，説紙本，每葉縱四寸二分，橫同。

德州至泉林營道圖并説二冊 圖絹本，説紙本，每葉縱四寸二分，橫四寸八分。

泉林至德州營道圖并説二冊 圖絹本，説紙本，每葉縱四寸二分，橫四寸三分。

德州至泗水營道圖并説十九冊 圖絹本，説紙本，每葉縱四寸三分，橫四寸四分。

泗水至德州營道圖并説十六册 圖絹本，説紙本，每葉縱四寸三分，橫四寸三分。

嶧縣至德州營道圖并説二册 圖絹本，説紙本，每葉縱三寸六分，橫五寸一分。

劉智廟至江南五里鋪營道圖十三册 絹本，每葉縱四寸三分，橫四寸四分。

銅山縣起至山東德州營道圖十二册 絹本，每葉縱三寸六分，橫五寸一分。

德州坐起圖一册 絹本，縱七寸五分，橫一尺一寸五分。

曲阜縣泮水坐起圖一卷 絹本，縱八寸五分，橫一尺三寸五分。

泉林行宮圖一幅 紙本，縱九尺五分，橫一尺一寸八分。

山東交界至金山路程圖并説二十六册 絹本，每葉縱三寸六分，橫三寸七分。

山東運河水營全圖一卷 綾本，縱九寸五分，橫一丈四尺七寸。

江南路程圖一册 絹本，縱一尺，橫一尺六寸。

金山至江寧府程站圖三册 絹本，每册前圖後説，每葉縱五寸，橫四寸五分。

高良澗至秦家高崗路程圖并説二册 絹本，每葉縱三寸七分，橫三寸八分。

順河集至信義莊路程圖并説八册 絹本，每葉縱三寸六分，橫三寸七分。

順河集至崇家灣路程圖并説十五册 絹本，每葉縱三寸六分，橫四寸八分。

崇家灣至五臺山路程圖并説二册 絹本，每葉縱三寸六分，橫三寸八分。

徐家渡至于家店路程圖并説二册 絹本，每葉縱三寸六分，橫三寸八分。

宿遷縣至吴江縣路程圖十八册 紙本，每葉縱四寸五分，横四寸六分。〇又一分十九册，紙本，每葉縱四寸五分，横四寸六分。

鎮江府至棲霞路程圖一册 紙本，縱四寸五分，横四寸五分。

棲霞至江寧府路程圖一册 紙本，縱横同前，凡六葉。

江南龍泉莊至吉慶寺大營站圖十六册 紙本，每册前圖後説，每葉縱五寸，横四寸四分。

江南龍泉莊至金山行宫圖并説十二函 絹本，每函二册，每葉縱三寸五分，横四寸。

香阜行宫圖一幅 絹本，縱一尺二寸，横一尺七寸。

天寧寺行宫圖一幅 縱横同上。〇又一幅紙本，縱一尺五寸，横同。

高旻寺行宫圖一幅 縱横同上。〇又一幅縱一尺，横一尺三寸。

焦山行宫圖一幅 縱横同上。

焦山坐起圖一幅 紙本，縱一尺，横同。

金山寺行宫圖一幅 縱横同上。

嘉興至杭州大營道里圖説四函 圖絹本，説紙本，每葉縱四寸三分，横三寸九分，凡八册。

杭州省城行宫圖一卷 絹本，縱二尺，横一尺五寸。

杭州内行宫圖二卷 絹本，縱一尺九寸，横一尺三寸。

杭州外行宫圖一卷 絹本，縱一尺九寸，横二尺五寸。

西湖行宫圖二卷 絹本，縱二尺，横一尺五寸。〇又絹本，縱一尺九寸，横二尺五寸。

右巡幸圖目。

嵩山圖二幅　絹本，縱八寸三分，橫一尺一寸。〇又絹本，縱一丈一尺一寸，橫六尺二寸。

泰山圖一幅　紙本，縱六尺三寸，橫三尺八寸。

泰山全圖一卷　紙本，縱一丈二尺三寸，橫五尺七寸。

泰山盤道圖一幅　紙本，縱二尺，橫一尺。

壽嶽全圖一册　絹本，每幅縱一尺二分，橫一尺二寸，凡三十六葉。

五臺山圖二分　絹本，縱一丈一尺，橫六尺三寸，上鈐乾隆御覽之寶。〇又絹本，縱五尺八寸，橫三尺五寸。

大嶽太和全圖一卷　紙本，縱九寸，橫一丈五尺。

補怛落迦山總圖一卷　絹本，縱一尺二寸，橫九寸五分。

普陀山圖一幅　絹本，縱三尺二寸五分，橫四尺三寸。

四明山圖一幅　絹本，縱四尺九寸，橫三尺八寸。

天台全圖二幅　絹本，縱三尺三寸，橫四尺五寸。〇又絹本，縱二尺，橫五尺九寸。

終南山圖一卷　絹本，縱二尺六寸，橫六尺四寸。

巫山圖一軸　紙本，縱一丈一寸，橫四尺二寸。

峨眉山圖一軸　紙本，縱一丈八寸，橫四尺一寸。

緱山圖一幅　絹本，縱三尺二寸，橫同。

海州雲臺山圖一幅 絹本，縱五尺六寸五分，橫三尺一寸五分。

雲龍山圖一幅 紙本，縱七寸九分，橫一尺二寸六分。

百泉圖一幅 絹本，縱三尺二寸，橫三尺二寸。

龍門圖一幅 絹本，縱三尺二寸，橫三尺一寸五分。

嵩陽書院圖一幅 絹本，縱三尺二寸，橫三尺一寸。

吹臺圖一幅 絹本，縱三尺二寸，橫三尺一寸。

平山堂圖一幅 絹本，縱六寸八分，橫一尺。

望湖亭圖一幅 絹本，縱三尺一寸，橫二尺。

舊葺江南名勝圖一册 絹本，縱七寸七分，橫九寸七分，凡二十六葉。

新葺江南名勝圖二册 紙本，縱一尺二分，橫一尺四寸四分，共十葉。○又一册，絹本，縱七尺七分，橫一丈四尺五寸五分，共十五葉。

江南名勝全圖一册 絹本，縱七寸五分，橫一尺，凡五十三葉。

江寧府名蹟圖一册 絹本，前圖後説，縱五寸，橫四寸五分，凡四葉。

蘇州府名蹟圖一册 絹本，每葉縱五寸，橫四寸五分，凡七葉。

蘇州府名勝圖一册 紙本，每葉縱四寸，橫四寸六分，凡三葉。

浙江名勝四十一景圖并説三册 絹本，縱八寸，橫七寸五分，三册並四十一葉，前幅圖，對幅圖説。

浙江省城名勝圖一卷 絹本，縱一尺八寸七分，橫二尺八寸。

浙江省城西湖名勝圖一卷 絹本，縱二尺一寸，横二尺八寸。

西湖圖五函 圖絹本，説紙本，縱五寸，横四寸五分，每函二册，共十册。

西湖各景全圖一卷 絹本，縱一尺七寸，横二尺。

龍井圖一幅 紙本，縱一尺四寸，横一尺三寸五分。

海寧州安瀾園圖一卷 絹本，縱一尺五寸，横二尺。

右名勝圖目。

瑞穀圖一卷 紙本，縱三尺一寸，横七丈九尺。

嘉穀圖一幅 紙本，縱一尺六寸，横四尺。

右瑞應圖目。

福禄圖一幅 紙本，縱六尺五寸，横一丈。

琉球國貢全圖二册 説紙本，圖絹本，縱一尺七寸五分，横一尺五寸五分，凡二十二葉。

荷蘭車圖一幅 絹本，縱五尺七寸，横一丈。

利未亞洲魚圖一卷 絹本，縱一尺，横二尺一寸。

班禪額爾德尼入覲自西藏至塔爾寺路程圖二幅 紙本，縱二尺六寸，横三尺八寸。〇又一幅同。

諧奇趣水法圖一分 紙本，縱一尺八寸，横二尺九寸，凡二十幅。

右効貢圖目。

兩淮産鹽行鹽分合十圖一卷 絹本，每圖縱一尺八寸五分，横四尺二寸。

河東鹽池圖一卷 紙本，縱一尺三寸，横五尺六寸。

河東鹽池畦地全圖一卷 絹本，縱九寸，横一丈六尺二寸。

運城鹽圖一幅 紙本，縱一尺二寸五分，横三尺四寸。

右鹽地圖目。

曲阜聖廟圖一軸 絹本，縱五尺四寸，横二尺一寸。○又一幅，絹本，縱五尺六寸，横二尺。○又一軸，絹本，縱四尺五寸，横二尺。

孔林圖一幅 絹本，縱四尺一寸，横二尺。○又一軸，絹本，縱四尺五寸，横二尺。

關帝廟圖一軸 紙本，縱五尺五寸，横二尺八寸。

泰山廟圖二軸 絹本，縱七尺八寸，横四尺三寸。○又一軸，紙本，縱一尺一寸五分，横五尺六寸。

南嶽廟圖一幅 絹本，縱五尺四寸，横三尺二寸。

平陽府堯舜禹廟圖一幅 絹本，縱九尺，横九尺三寸。

南海普陀山寺圖一卷 絹本，縱一尺五寸八分，横一尺六寸二分，五幀同。

慈燈寺圖一幅 綾本，縱八尺，横一尺六寸。

多倫諾爾善因寺圖一幅 紙本，縱三尺一寸，横三尺七寸。

尖山海塘神廟圖二幅 絹本，縱一尺九寸，横一尺九寸。○又一幅，絹本，縱一尺九寸，横三尺七寸。

淨慈寺圖一卷 絹本，縱三尺二寸，横一尺八寸。

龍虎山上清宮龍虎觀圖一軸 絹本，縱二尺八寸，橫九尺二寸。

會龍山紫陽真人祠圖二軸 絹本，縱三尺三寸，橫一尺六寸四分。○又絹本，縱三尺三寸，橫一尺六寸四分。

月山寺圖一幅 絹本，縱三尺二寸，橫同。

少林寺圖一幅 絹本，縱三尺二寸，橫同。

白雲寺圖二幅 絹本，縱三尺二寸，橫同。

天寧寺圖一幅 絹本，縱二尺一寸，橫一尺八寸。

伊綳廟圖二幅 紙本，縱二尺五寸，橫一尺五寸。○又紙本，縱三尺，橫一尺八寸八分。

伊綳廟地盤圖二幅 紙本，縱二尺六寸，橫三尺三寸，二幅同。

右寺廟圖目。

臣等謹案：蘿圖薈萃前後編所列圖目，凡五百十數條，具見我朝圖牒之輝煌，函蓋天地，囊括今古，滙爲鉅觀。臣等詳紀於宮史書籍門者，以輿圖房隸在禁廷，典守綦重。自夫金石橅傳，宣賚臣工而外，兹則珍藏什襲，卷幅充盈，實河雒觀象以來未有之祕籙也。由斯以徵神謨廣運，聖緒凝承，在宮廷則本豳風無逸之時陳，數典章則邁王會獻令之極盛，班固所云握乾符、闡坤珍、披皇圖、稽帝文云者，不過鋪張揚厲之侈詞。其在今日，洵足光玉繩金檢於億萬斯年之慶也夫。